Duden

Das Wörterbuch der Abkürzungen

DUDEN

Das Wörterbuch der Abkürzungen

Rund 50 000 nationale
und internationale Abkürzungen
und Kurzwörter mit ihren
Bedeutungen

5., vollständig überarbeitete
und erweiterte Auflage
Von Dr. Anja Steinhauer

Begründet und bis zur 4. Auflage
bearbeitet von Dr. Josef Werlin

Dudenverlag
Mannheim · Leipzig · Wien · Zürich

Bearbeiterin der 5. Auflage Dr. Anja Steinhauer
Bearbeiter der 1.–4. Auflage Dr. Josef Werlin

Redaktion Ralf Osterwinter
Typografie Horst Bachmann
Herstellung Verona Meiling

Bibliografische Information der Deutschen Bibliothek
Die Deutsche Bibliothek verzeichnet diese Publikation in der Deutschen Nationalbibliografie;
detaillierte bibliografische Daten sind im Internet über http://dnb.ddb.de abrufbar.

Das Werk folgt der neuen Rechtschreibung.

Satz A–Z Satztechnik GmbH, Mannheim
(PageOne, alfa Media Partner GmbH)
Druck und Bindung Graphische Betriebe Langenscheidt, Berchtesgaden
Umschlaggestaltung Sven Rauska

Printed in Germany
ISBN 3-411-05015-2

VORWORT

Sechs Jahre sind seit der letzten Auflage des Duden-Abkürzungswörterbuchs vergangen, und viel hat sich im Bereich der Abkürzungen und Kurzwörter in dieser Zeit getan. Das betrifft alle Gebiete des modernen Lebens – besonders aber die (Computer)technik und die neuen Medien. Dort schreiten die Neuerungen rasant voran, und mit ihnen wächst die Zahl an neuen Begriffen, die in unsere Erfahrungswelt und in die deutsche Sprache aufgenommen werden. Wie so häufig in den technischen Fachsprachen ist die dominierende Sprache Englisch. Da heute in der Regel mit neuen Benennungen auch gleich die Kurzformen geschaffen werden, erreichen uns viele englische Bezeichnungen, die den Weg in die Allgemeinsprache gefunden haben (deutsche Entsprechungen gibt es oft gar nicht), direkt auf dem Wege der Kurzform. Das hat Vorteile – der Umgang mit englischen Vollformen wäre meist noch mühsamer –, erschwert aber häufig die Auflösung der Abkürzungen und Kurzwörter. Umso wichtiger ist ihre Aufnahme in das Duden-Abkürzungswörterbuch, und so sind viele Neuaufnahmen in diesem Buch auf englische Vollformen zurückzuführen.

Insgesamt sind rund 10 000 neue Einträge zu verzeichnen. Die Neuaufnahmen stützen sich wie schon in den vorhergehenden Auflagen auf die Auswertung verschiedener Printmedien (Tageszeitungen, Zeitschriften, Fachjournale, Monografien, Nachschlagewerke) sowie inzwischen auch auf die Recherche im Internet. Für die vorliegende Aktualisierung ist zudem der *Brockhaus multimedial 2004* mit 315 000 Stichwörtern systematisch durchsucht worden; alle Abkürzungen und Kurzwörter, die dort als Haupteinträge erfasst sind, finden sich im vorliegenden Buch.

Gestrichen worden sind wiederum Einträge, die sich aufgrund historischer Ereignisse wie der Gründung neuer Staaten erübrigt haben (etwa die früheren Kfz- oder Länderkennzeichen für Burma, heute Myanmar, oder Zaire, heute Demokratische Republik Kongo), oder solche, die durch neue Ausdrücke ersetzt worden sind (etwa ASU durch AU). Auch die auslaufenden deutschen Kfz-Kennzeichen, die nicht mehr neu vergeben werden, sind im Hauptteil gestrichen worden; da sie jedoch noch auf den Straßen zu sehen sind, wurden sie in einem Übersichtsartikel der nationalen Kfz-Kennzeichen mit aufgelistet.

Diese Übersichtsartikel sind neue Bestandteile des Duden-Abkürzungswörterbuchs. Sie bieten in übersichtlicher Anordnung geschlossene Listen zu verschiedenen Sachgebieten: Es finden sich Listen für die deutschen Bundesländer (die offiziellen Zwei-Buchstaben-Kürzel), für die Kurzformen der Bundesministerien, der Bundeswehr-Dienstgrade, der Diplom- und Doktorgrade und für die IATA-Codes deutscher Flughäfen. Des Weiteren sind im Bereich der Naturwissenschaften die Kürzel der chemischen Elemente und die internationalen SI-Einheiten in Listenform zu finden. Unter der Bezeichnung »Internetabkürzungen« sind die offiziellen internationalen Domainendungen der Länder (wie ».de« für Deutschland), allgemeine Domainendungen (wie ».com«), die geläufigsten Kürzel der elektronischen Kommunikation sowie die gängigen Usenet-/Newsgroups-Kategorien aufgeführt. Bei den Listen der Kfz-Kennzeichen wurden die aktuellen nationalen und die auslaufenden Kfz-Kennzeichen, die Sonderkennzeichen für Dienstfahrzeuge des Bundes bzw. der Länder sowie die internationalen Kfz-Kennzeichen aufgenommen. Außerdem finden sich die internationalen Staaten- und Währungscodes in der offiziellen Zwei- bzw. Drei-Buchstaben-Version der ISO sowie die Kürzel der US-Bundesstaaten. Alle Listen sind in den Hauptteil integriert und alphabetisch einsortiert (einen vollständigen Überblick bietet das Inhaltsverzeichnis).

Die zweite große Neuerung im vorliegenden Werk ist der »umgekehrte« Teil – hier finden sich zu den Vollformen die entsprechenden geläufigen Abkürzungen und Kurzwörter. Dieser Zusatzteil beantwortet die häufig gestellte Frage, wie ein bestimmtes Wort abgekürzt werden kann. Seit Jahren wird ein solcher inverser Teil im Duden-Abkürzungswörterbuch vermisst; mit der vorliegenden Auflage soll diesem Benutzerwunsch Rechnung getragen werden.

Herzlicher Dank gebührt Herrn Dr. Josef Werlin, der das Duden-Abkürzungswörterbuch 1971 erarbeitet, es bis zur 4. Auflage (1999) regelmäßig aktualisiert und auch zur vorliegenden Neubearbeitung eine umfangreiche Sammlung von Abkürzungsbelegen beigesteuert hat.

Wiesbaden, im Januar 2005
Dr. Anja Steinhauer, Gesellschaft für deutsche Sprache

INHALT

Zur Bildung, Gliederung und Schreibung von Abkürzungen und Kurzwörtern

1 Historischer Abriss

Abkürzungen und besonders Kurzwörter (zur Unterscheidung der Begriffe siehe Abschnitt 2) sind ein Phänomen der modernen Zeit, heißt es immer wieder. Das stimmt zwar für die Masse an Kurzformen, aber die Idee, Wörter abzukürzen, um auf ökonomische Art zu kommunizieren, ist nicht neu – ein Kurzwortlexikon aus dem Jahre 1934 beginnt mit dem Satz: »Wort- und Satzkürzungen sind ebenso alt wie die Schrift selbst.« Und tatsächlich finden sich schon in frühesten Schriftzeugnissen Kürzel (etwa die Kreuzesinschrift *INRI* oder *SPQR* für den römischen Senat); und auch die mittelalterlichen Handschriften und Urkunden sind dafür bekannt, dass sie eine Vielzahl an Kurzformen enthalten.

Ein signifikanter Anstieg an Kurzformen ist im späten 19. Jahrhundert und besonders im 20. Jahrhundert zu beobachten, was hauptsächlich mit der industriellen Revolution und der Entwicklung der Fachsprachen zusammenhängt. Denn vor allem aus der Fachkommunikation sind Kurzwörter nicht mehr wegzudenken – jedes Fachgebiet hat eine große Anzahl eigener Kurzwörter, ohne die man sich eine Verständigung kaum mehr vorstellen kann. Und das war der Grund für eine neue Entwicklung in der Geschichte der Kurzformen: Immer mehr dieser gekürzten Wörter tauchten auch in der gesprochenen Sprache auf. Und da die Buchstabenanzahl durch das Alphabet begrenzt ist, kann etwa eine Kombination von drei Buchstaben (die häufigste Form von Kurzwörtern) je nach Fachgebiet viele verschiedene Bedeutungen haben. Inzwischen hat jede umfangreichere Fachsprache eigene Abkürzungswörterbücher; in manchen Fällen gibt es gar mehrere für ein Fach.

Frühe Belege für Kurzwörter, die nicht als reine Augenblicksbildungen zu betrachten sind, sondern die als solche in die Kommunikation aufgenommen wurden, sind etwa *Hapag* (= *Hamburg-Amerikanische Packetfahrt-Actien-Gesellschaft,* 1847) und *BGB* (= *Bürgerliches Gesetzbuch,* 1900 in Kraft getreten). In der zweiten Hälfte des 20. Jahrhunderts begann sich eine Kurzwortforschung innerhalb der Sprachwissenschaft zu entwickeln, die bis heute dem Phänomen von Abkürzungen und Kurzwörtern auf der Spur ist, denn die Kurzwortbildung stellt heute unumstritten einen wichtigen Teil der Wortbildung dar.

2 Die verschiedenen Arten von Kurzformen

Gekürzte Wortformen werden heute hauptsächlich unterschieden in Abkürzungen und Kurzwörter. Wenn hier vom »Wörterbuch der Abkürzungen« die Rede ist, ist das also nur der Kürze des Titels zuliebe der Fall, aufgenommen sind neben Abkürzungen ebenso Kurzwörter – und vor allem diese werden in den letzten Jahrzehnten immer dominanter und stellen einen wesentlichen Bestandteil unseres Wortschatzes dar.

2.1 Abkürzungen

Von Abkürzungen spricht man, wenn sich die gekürzte Form auf die Schriftsprache beschränkt, die Kurzform also nicht als solche gesprochen wird, etwa bei *Abk., Hbf., Jhrg.* oder *z. B.:* Gesprochen werden die Langformen *Abkürzung, Hauptbahnhof, Jahrgang* und *zum Beispiel.*

Abkürzungen können relativ beliebig aus einer längeren Form gebildet werden – je nach Platzmangel kann man etwa *Jahrgang* mit *Jahrg., Jhrg.* oder *Jg.* abkürzen. Es werden also entweder nur der erste Buchstabe (*S.* = Seite) oder die ersten Buchstaben (*Abt.* = Abteilung) oder der erste und der letzte (*Dr.* = Doktor) oder der erste und weitere beliebige, möglichst für das Schriftbild charakteristische Buchstaben (*Jhg.* = Jahrgang, *z. Hdn.* = zu Händen) zur Bildung der Abkürzung eines Wortes herangezogen.

2.2 Kurzwörter

Kurzformen, die auch in ihrer gekürzten Form gesprochen werden, nennt man dagegen Kurzwörter, denn sie haben Wortcharakter (weshalb die Kurzwortbildung neben der Zusammensetzung und der Ableitung zur Wortbildung gezählt wird): Sie sind artikelfähig *(der Lkw, die Kita, das Abo)*, sie haben teilweise sogar ein anderes Geschlecht als ihre Vollform (*die Mikro* für *den Mikrowellenherd* – neben *das Mikro* für *das Mikrofon* – oder *die SMS* für *der Short Message Service*), und sie werden gebeugt (mit manchmal sogar eigenen Pluralformen: *die AGs* und *die GmbHs* gegenüber *den Arbeitsgemeinschaften* und *den Gesellschaften*).

Kurzwörter kann man nach ihrer Bildungsweise in verschiedene Gruppen unterteilen. Prinzipiell kann man sagen, dass bei der Kurzwortbildung (wie auch bei den Abkürzungen) eine Langform auf eine Kurzform reduziert wird. Dazu werden aus der Langform verschiedene Elemente ausgewählt, die dann die Kurzform bilden. Diese Elemente können Buchstaben, Silben/Silbenreste oder auch ganze Wörter sein, je nach Länge der Vollform. Und nach diesen Elementen richtet sich auch die Art des Kurzworts: Besteht es a) aus Buchstaben, wird es »Buchstabenkurzwort« genannt, besteht es b) aus Silben oder Silbenresten, handelt es sich um ein »Silbenkurzwort«; ist es c) eine Mischung aus beiden, heißt es »Mischkurzwort«. Kurzwörter aus Bestandteilen der Vollform mit eigener Bedeutung (wie *Hoch* für *Hochdruckgebiet*, *Gold* für *Goldmedaille* oder *Ober* für *Oberkellner/-in*) heißen in der Sprachwissenschaft »Morphemkurzwörter« (= »Wort-Kurzwörter«); sie spielen hier aber keine Rolle, da ihre Bedeutung klar ist und daher nicht in einem Wörterbuch aufgelöst werden muss.

a) Buchstabenkurzwörter bestehen häufig aus den ersten Buchstaben der einzelnen Komponenten der Langform (bei *ZDF* aus denen der drei Wörter *Zweites Deutsches Fernsehen*, bei *Pkw* aus den Gliedern der Zusammensetzung *Personen-kraft-wagen*); aus solchen Initialen gebildete Buchstabenwörter nennt man auch »Initialwörter« oder »Akronyme«. Buchstabenkurzwörter sind weiter zu unterscheiden nach der Art ihrer Aussprache – ob nach dem Lautwert der Buchstaben gesprochen (wie bei *EKG, ISBN* oder *UKW*) oder gebunden wie »normale« Wörter (etwa *DAX/Dax* oder *TÜV*). Besonders bei Letzteren passt sich die Schreibung nach einiger Zeit häufig derjenigen »normaler« Wörter an: *AIDS/Aids, DAX/Dax, NATO/Nato, SARS/Sars, UFO/Ufo* und nur noch so *Hapag, Laser* oder *Radar*. In einigen Fällen schwankt die Aussprache, meist ist die gebundene die umgangssprachlichere: [fats] neben [ef a zet] für *FAZ*, [raf] neben [er a ef] für *RAF* oder [sars] neben [es a er es] für *Sars/SARS*.

Eine weitere Differenzierungsmöglichkeit ist die Anzahl der Segmente: Die meisten Buchstabenkurzwörter bestehen aus drei Buchstaben, es gibt aber auch solche mit zwei Buchstaben *(AU, BH, KZ)*, solche mit vier Buchstaben *(GmbH, SARS/Sars, StGB)* und sogar einige mit fünf Buchstaben *(Laser)*. Mehr sind es kaum je und Kurzwörter aus nur einem Buchstaben gibt es ebenfalls selten (evtl. die Autobahnbezeichnungen wie *A 3* etc).

b) Bei den Silbenkurzwörtern treten solche mit einem Segment häufiger auf *(Bus, Lok, Zoo)*, aber auch hier sind diejenigen mit mehreren Segmenten häufiger: Die meisten Silbenkurzwörter haben zwei Segmente *(Kripo, Schiri)*, wenige bestehen aus dreien *(Helaba)*. Wenn die Kurzwörter aus dem Anfang der Vollform bestehen – wie *Akku* oder *Disko* –, nennt man sie auch »Kopfwörter« (*Akku* aus *Akkumulator*), entsprechend heißen diejenigen, die aus einem Endsegment bestehen, »Endwörter« oder »Schwanzwörter« (*Cello* von *Violoncello*).

c) Bei den Mischkurzwörtern sind mehrere Segmente nicht ungewöhnlich – zwei müssen es ohnehin mindestens sein, damit eine Mischung der Segmenttypen vorliegt. Es gibt Mischkurzwörter aus Buchstaben und Silben *(Azubi, EuGH, Gema)*, solche aus Buchstaben und Wörtern *(H-Milch, U-Boot, U-Haft)* und solche aus Silben/Silbenresten und Wörtern *(Dispokredit, Isomatte, Pauschbetrag)*.

Die Kurzwörter existieren in der Regel (zumindest einige Zeit lang) neben ihren Langformen, weshalb Kurzwörter oft eher in der Umgangssprache bzw. der gesprochenen Sprache zu finden sind; in der formelleren Schriftkommunikation wird häufig (noch) die Langform verwendet.

2.3 Kunstwörter

Eine Sonderform bilden Wörter, die wie Kurzwörter gebildet sind, deren Vollform aber nie eigenständig mit gleicher Bedeutung existiert hat; sie werden »Kunstwörter« genannt und kommen hauptsächlich bei Produktbezeichnungen und bei Namen von Institutionen vor: *Fewa (Feinwaschmittel), Haribo (Hans Riegel, Bonn), IKEA (Ingvar Kamprad aus Elmtaryd bei Agunnaryd), Osram (Osmium + Wolfram)* oder *Persil* aus *Perborat + Silikat*. Manche Kunstwörter werden bewusst so konstruiert, dass die Kurzform einen eigenen, passenden Sinn ergibt: *SAFE* für *Sicherheitsanalyse für Ernstfälle*.

2.4 Genormte und international festgelegte Kürzel

Eine vierte Gruppe bilden international festgelegte Kürzel. Sie dienen beispielsweise als Maß- und Mengeneinheiten (*m* = Meter, *l* = Liter) oder zur Bezeichnung physikalischer Größen (*v* für Geschwindigkeit etwa kommt von lat. *velocitas* – auch mit ebenfalls gekürztem Index: v_{max} = maximale Geschwindigkeit). Zu unterscheiden sind davon jedoch Buchstaben, die nur als Variablen dienen, nicht aber auf Kürzung zurückgehen, also keine Vollform besitzen (wie die Bezeichnungen der drei Seiten eines Dreiecks mit *a, b* und *c*).

International genormte Kürzel finden sich des Weiteren zur Bezeichnung der chemischen Elemente, aber auch als Länder- oder Währungscodes, Domainendungen in der Internetkommunikation und anderes mehr.

3 Zur Rechtschreibung

3.1 Abkürzungspunkte

Abkürzungen erhalten in der Regel am Ende der Einheit einen Abkürzungspunkt *(Dr., Jg., Whg.)*. Handelt es sich um die Abkürzung einer ganzen Wortgruppe, werden Abkürzungspunkte hinter jedes abgekürzte Wort gesetzt, mit einem Zwischenraum nach den Punkten (*i. A.* = im Auftrag, *n. Chr.* = nach Christus, *o. b. B.* = ohne besonderen Befund). Es gibt auch Doppelformen, etwa *M. f. G.* und *MfG* (= Mit freundlichen Grüßen). Die Schreibweise ohne Punkt ist meist die jüngere, modernere – so wird die früher geläufige Form *u. s. w.* (= und so weiter) heute als *usw.* wiedergegeben und auch der Parteiname *FDP* (dies wiederum ein Kurzwort) wird seit 2001 offiziell ohne Punkte geschrieben.

Kurzwörter werden generell ohne Punkte geschrieben (*FSME* = Frühsommer-Meningoenzephalitis, *HGB* = Handelsgesetzbuch), es sei denn, sie kommen aus fremden Sprachen und werden in der Originalform übernommen (*c. i. f.* = cost, insurance, freight, *O. F. M.* = Ordo Fratrum Minorum, *R. A. F.* = Royal Air Force).

Ebenfalls ohne Abkürzungspunkte werden geschrieben: **naturwissenschaftliche Einheiten** (*m* = Meter, *l* = Liter) bzw. **Größen** (*s* = Strecke, *v* = velocitas/Geschwindigkeit), **chemische Elemente** (*Ca* = Kalzium, *Na* = Natrium), Himmelsrichtungen (*O* = Osten, *SW* = Südwesten), **(international) festgelegte** bzw. **genormte Kurzformen** (ISO-Ländercodes, ISO-Währungscodes, Kfz-Kennzeichen etc.) und verschiedene **fachsprachliche Abkürzungen** für mehrgliedrige Zusammensetzungen (*JArbSchG* = Jugendarbeitsschutzgesetz).

3.2 Groß- und Kleinschreibung

Die Groß- und Kleinschreibung der **Abkürzungen** lehnt sich meist an die Schreibung der Vollform an; sie werden also mit großem Anfangsbuchstaben und folgenden kleinen Buchstaben geschrieben (*Hbf.* = Hauptbahnhof, *Tel.* = Telefon).

Bei den **Kurzwörtern** schwankt die Schreibung; ursprünglich kleingeschriebene Wörter behalten zwar meistens ihre Schreibung bei – so in *GfdS* (= Gesellschaft für deutsche Sprache) –, aber häufig werden die Anfangsbuchstaben von substantivischen Wortbestandteilen der Vollform auch großgeschrieben (*BMW* = Bayerische Motorenwerke, *TÜV* = Technischer Überwachungsverein).

In den Fachsprachen gibt es häufig Festlegungen zur Schreibung von Kurzformen. In der Rechtssprache etwa ist relativ einheitlich geregelt, wie die Kurzformen für die Bezeichnungen von Gesetzen gebildet werden: Die Anfangsbuchstaben der einzelnen Wortbestandteile der Vollform sind jeweils großzuschreiben, und nur weitere Buchstaben, die zur Verdeutlichung, zur besseren Sprechbarkeit oder zur Unterscheidung von anderen Gesetzen zusätzlich aus der Vollform ausgewählt werden, werden kleingeschrieben. (*SGB* = *Sozialgesetzbuch* und *StGB* = *Strafgesetzbuch*).

Eine solche Regelung der Groß- und Kleinschreibung wird aber nicht immer beibehalten; bei häufigem Gebrauch in der Alltagssprache werden Kurzwörter oft der Schreibung »normaler« Wörter angepasst und dann nur noch am Wortanfang großgeschrieben. Dies betrifft hauptsächlich phonetisch gebunden gesprochene Kurzwörter: *Aids, Bafög, Castor, Dax, Laser, Nato, Sars,* aber auch einige buchstabiert gesprochene wie *Kfz, Lkw, Pkw.*

3.3 Bindestrich

Abkürzungen und Buchstabenkurzwörter werden in Zusammensetzungen mit anderen Wörtern mit Bindestrich angeschlossen, egal ob sie als rechte oder linke Komponente einer Zusammensetzung erscheinen: *Zug-Abt., Leichtathletik-WM* oder *km-Zahl, Lkw-Maut.* Die Verwendung des Bindestrichs bei Zusammensetzungen mit Silben- und Mischkurzwörtern schwankt; ohne Bindestrich *Busbahnhof, Diskobesuch, Zoodirektion,* aber *Rehamaßnahme/Reha-Maßnahme, Stasimitarbeiter/Stasi-Mitarbeiter.* Da für das Setzen des Bindestrichs nach der amtlichen Rechtschreibung ein recht großer Freiraum eingeräumt ist, wird es hier immer Schwankungsfälle geben.

In Ableitungen mit Buchstabenkurzwörtern wird kein Bindestrich gesetzt, allerdings sind diese relativ selten *(CDUler, SPDler).*

4 Zur Pluralbildung und Beugung

Abkürzungen stehen in der Regel sowohl für den Singular als auch für den Plural eines längeren Ausdrucks, d. h., eine Markierung des Plurals ist nicht üblich: *ein, zwei Abt. = ein Abteil, zwei Abteile* oder *eine Abteilung, zwei Abteilungen.* Es gibt jedoch auch Fälle, in denen die Pluralform durch eine Verdopplung des letzten Buchstabens der Abkürzung angezeigt wird – das Verfahren gilt als veraltet, einige Formen haben sich aber durchgesetzt und sind erhalten geblieben: *ff. = folgende, Hgg. = [mehrere] Herausgeber.* Besser ist es – wenn für das Verständnis nötig – die Pluralform selbst sinnfällig abzukürzen: *Abtlgn. = Abteilungen.* Gelegentlich wird der Plural auch durch die Endung nach dem Punkt angezeigt: *Jh.e = Jahrhunderte.*

Eine Deklinationsendung wird bei Abkürzungen meist nicht angezeigt: *d.J. = dieses Jahres, lfd. M. = laufenden Monats.* Soll zum besseren Verständnis eine Endung ersichtlich sein, wird diese unmittelbar, das heißt vor dem Abkürzungspunkt, angehängt, wenn die Abkürzung mit dem letzten Buchstaben der Langform endet: *Bd. = Band* und *Bde. = Bände, Hr. Schulze = Herr Schulze* und *Hrn. Schulze = Herrn Schulze.* In allen anderen Fällen folgt die Beugungsendung nach dem Punkt: *des Jh.s = des Jahrhunderts.* Soll zum Beispiel eine weibliche Form deutlich werden, kann die Endung *-in* ebenfalls nach dem Punkt ergänzt werden: *Prof.in = Professorin, Verf.in = Verfasserin.*

Kurzwörter haben Pluralformen, da sie ja als eigenständige Wörter aufgefasst werden. Die Pluralmarkierung wird hier inzwischen recht einheitlich gehandhabt: Silbenkurzwörter und Mischkurzwörter erhalten generell ein Plural-*s (Akkus, Diskos, Kitas, Schupos).* Bei den Buchstabenkurzwörtern ist das genauso (*AKWs, Pkws/PKWs* – trotz abweichender Pluralendungen bei den zugrunde liegenden Vollformen *Atomkraftwerke, Personenkraftwagen*); nur in (veralteten) Einzelfällen werden noch die Endungen der Vollformen übernommen (selten noch *AGen* neben *AGs* für *Arbeitsgemeinschaften*). In vielen Fällen ist nur das Plural-*s* möglich: *GmbH* lässt sich gar nicht nach dem Grundwort *Gesellschaften* in den Plural setzen, denn das *G* für *Gesellschaft* steht im Kurzwort ganz vorn; die einzig sinnvolle Lösung ist daher *GmbHs.*

Einen Sonderfall bildet das Kurzwort *Castor (= cask for storage and transport of radioactive material).* Hier hat sich inzwischen die Pluralform *Castoren* etabliert, *Castor* wird offenbar nicht (oder nicht mehr) als Kurzwort empfunden, sodass die Pluralmarkierung sich an ähnlich ausklingende schon bestehende Wörter anlehnt: *Castoren* wie *Faktoren, Motoren, Sensoren, Vektoren.*

Die Beugung der Buchstabenkurzwörter schwankt *(die Auswertung des EKG/des EKGs, die Zulassung des Pkw/des Pkws).* Von der Neigung, das Genitiv-*s* einzusparen, sind allerdings nicht nur Kurzwörter, sondern auch Substantivvollformen betroffen.

5 Der Abkürzungsgebrauch in der Kommunikation

5.1 Verschleierung und Uneindeutigkeit

Abkürzungen und Kurzwörter sind für die, die mit den Vollformen nicht vertraut sind, zunächst unverständlich. Es gibt daher die Möglichkeit einer Verschleierung der eigentlichen Bedeutung, was besonders in den Bereichen der Politik und der Werbung auch ausgenutzt wird. Das liegt allerdings weniger an den Kurzformen als vielmehr an denen, die sie verwenden; sie könnten ihr Ziel ebenso mit euphemistischen oder unverständlichen Vollformen verfolgen (der Fachausdruck *Carcinom* beispielsweise ist ohne Vorwissen oder Lateinkenntnisse auch nicht aussagekräftiger als das Kurzwort *CA*, das Mediziner im Beisein von Patienten offenbar gern für die Bezeichnung einer Krebserkrankung verwenden – in beiden Fällen bleibt für Laien die Wortbedeutung unklar).

Kurzformen, die in den verschiedenen Fachsprachen, Gruppensprachen oder in der Umgangssprache gebildet werden, sind in der Regel für Außenstehende zunächst unverständlich. Die fachsprachlichen Ausdrücke wären dem Laien mit großer Wahrscheinlichkeit jedoch auch in der Vollform unverständlich – wer nicht weiß, was *DNS* ist, wird auch mit der Vollform *Desoxyribonucleinsäure* nichts anfangen können.

Eine kommunikative Schwäche, die Abkürzungen und Buchstabenkurzwörter mit sich bringen, liegt in der Uneindeutigkeit vieler Formen. Einzelne aneinander gereihte Buchstaben sind nicht mehr durchsichtig (vgl. *KV* mit seinen 29 Auflösungen in diesem Buch). Unterschiedliche Bedeutungen für ausdrucksseitig gleiche Formen gibt es meist bei Buchstabenkurzwörtern, aber gelegentlich auch bei sonstigen Kurzwörtern: Das Morphemkurzwort *Mikro* etwa kann als Femininum für *die Mikrowelle* (den *Mikrowellenherd*) stehen, als Neutrum für *das Mikrofon*.

Aufgefangen wird dieses Problem jedoch normalerweise, indem etwa in Zeitungsartikeln beim ersten Vorkommen einer Kurzform die Vollform mitgenannt wird und erst später im Text die (dann bekannte) Kurzform allein auftaucht.

5.2 Kommunikative Leistungen

5.2.1 Umdeutung von Kurzwörtern

Die Uneindeutigkeit der Kurzwörter ermöglicht aber auch gezielte Umdeutungen (Remotivierungen) der Vollformen im Nachhinein, die nicht unbedingt als negative oder bewusst euphemistische Aktionen anzusehen sind. *DIN* beispielsweise stand früher für *Deutsche Industrienorm;* heute wird mit *DIN* das *Deutsche Institut für Normung* selbst bezeichnet. Und die jedes Jahr in Wiesbaden stattfindende *HAFA* firmiert mit dem Untertitel *Hessens aktuelle Familienausstellung* – früher stand *HAFA* dagegen für *Hauswirtschaftliche Fachausstellung. AEG* (ursprünglich *Allgemeine Elektricitäts-Gesellschaft*) wirbt mit dem Slogan »Aus Erfahrung gut«, Tengelmann für seine Marke *A&P* mit »Attraktiv & Preiswert«, wobei die beiden Buchstaben ursprünglich für *The Great Atlantic and Pacific Tea Company* standen.

5.2.2 Neue Wortbildungsmöglichkeiten

Kommunikative Erleichterung bringen Abkürzungen und Kurzwörter jedoch vor allem im Bereich der Wortbildung: Die aus Wortgruppen hervorgegangenen Kurzwörter können sofort in neue Wortbildungskonstruktionen eingehen: Zusammensetzungen wie *ARD-Korrespondentin* oder *FAZ-Redakteur* sind mit den Vollformen nicht darstellbar. Besonders bei Namen für Institutionen oder Organisationen sind diese Wortbildungsmöglichkeiten wichtig – die Informationsweitergabe würde deutlich erschwert, wenn wir nicht die Möglichkeit hätten, vom *Nato-Gipfel* (hier sogar zwei Kurzwörter, da *Gipfel* ein aus *Gipfelkonferenz* gekürztes Morphemkurzwort ist), von der *KSZE-Schlussakte* oder den *EU-Richtlinien* zu sprechen. Auch Adjektivkomposita werden gebildet: *EU-weit.*

Aus Kurzwörtern gebildete Ableitungen kommen vorwiegend in der Umgangssprache vor: Suffixe wie *-mäßig* oder *-haft* können auch an Kurzwörter angehängt werden: »*TÜV-mäßig* ist das Auto in Ordnung«, »kripohaftes Verhalten«.

5.2.3 Geschlechtergerechte Formulierungen

Mit Kurzwörtern können geschlechtsneutrale Ausdrücke zur Verfügung gestellt werden, was im Bemühen um einen geschlechtergerechten Sprachgebrauch eine wertvolle

Hilfe ist. Durch das Auswählen nur weniger Segmente der Vollform wird häufig gerade der genusanzeigende Teil gekürzt, sodass das Kurzwort als geschlechtsneutral anzusehen ist.

Das Buchstabenkurzwort *OB* steht somit für *Oberbürgermeister* wie auch für *Oberbürgermeisterin.* Geschlechtsneutral sind auch Silbenkurzwörter wie *Hiwi* (*Hilfswissenschaftler* oder *Hilfswissenschaftlerin*) und das mit *i*-Suffix versehene *Studi* (*Student* oder *Studentin*) sowie Morphemkurzwörter wie *Vize* und *Ober* (*Frau Ober* für die Oberkellnerin).

Im Register verwendete Kürzel

Anthrop.	-	Anthropologie
Astron.	-	Astronomie
Bibl.	-	Bibliothekswesen
Biol.	-	Biologie
Buchw.	-	Buchwesen
Bw.	-	Bundeswehr
DDR	-	Deutsche Demokratische Republik
EDV	-	Elektronische Datenverarbeitung
Fernm.	-	Fernmeldewesen
Fernspr.	-	Fernsprechwesen
Geom.	-	Geometrie
hist.	-	historisch
iron.	-	ironisch
Kfz	-	Kraftfahrzeugwesen
Med.	-	Medizin
Meteor.	-	Meteorologie
Mil.	-	Militärwesen
NS	-	Nationalsozialismus
Pat.	-	Patentwesen
Pharm.	-	Pharmazie
Psych.	-	Psychologie
Schülerspr.	-	Schülersprache
Seef.	-	Seefahrt
Sprachw.	-	Sprachwissenschaft
Verbindungsw.	-	Verbindungswesen
Vw.	-	Versicherungswesen

Aa

a – anno, annus · Ar, *(schweiz.:)* Are · Atto ($= 10^{-18}$)
A – Abfall · Acre *(Flächeneinheit in USA u. GB)* · Aggregat · Akten *(bei Ämtern)* · Ampere *(früher für:)* Angström[einheit] · Amplitude *(A-Bild-Verfahren)* · Anordnung *(Rechtsw.)* · Argent *(Börse)* · Aufzeichnung *(Rechtsw.)* · Augsburg *(Kfz)* · Ausgabe · Austria *(Österreich; Kfz)* · Autobahn
Ä – Ämter
Å – Ångström[einheit]
a. – alt · am · an · anno (*lat.:* »im Jahre«) · anonym · ante (*lat.:* »vor«) · asymmetrisch · auch · auf · aus · außen
ä. – ähnlich · äußerlich
A. – Abteilung · Alt · Amt · Anno · Antiphon · Antrag · Anwalt · Arteria, Arterie · Ausschuss
AA – Aalen/Ostalbkreis *(Kfz)* · Advertising Association · Aerolineas Argentinas · American Airlines · Anonyme Alkoholiker · Arbeitsamt · Arbeitsanteil · Arbeitsanweisung · Arbeitsauftrag · Arbeitsausschuss; Assistenzarzt/-ärztin; Assistenzärzte/-ärztinnen · Aufgabeart · Augustiniani ab Assumptione *(kath. Orden der Assumptionisten)* · Ausbildungsabteilung · Ausführungsanweisung[en] · Auslandsabteilung · Auswärtiges Amt
aa, $\overline{\text{aa}}$, $\overline{\text{aa}}$. – ana partes aequales (*lat.:* »zu gleichen Teilen«; *Vermerk auf Rezepten*)
Aa. – Arteriae, Arterien *(Med.)*
a. a. – ad acta (*lat.:* »zu den Akten«)
a. A. – alte Ausgabe · alter Art · am Anfang · anderer Ansicht · auf Abruf · auf Anfrage · auf Anhänger *(Mil.)* · auf Anordnung · auf Anraten · auf Antrag
ä. A. – ältere Ausgabe
A. A. – Antiaircraft *(GB; Flugzeugabwehr)* · Armeeabteilung · Aufklärungsabteilung · Automobile Association *(GB)*
aaa – Autos, Avus, Attraktionen *(Berlin)*
AAA – abdominelle Aortenaneurysma *(Med.)* · Agricultural Adjustment Act · American Arbitration Association · American Athletic Association · American Automobile Association
A. A. A., AAA – Amateur Athletic Association *(GB)*
AAAA, A. A. A. A. – Amateur Athletic Association of America · American Association of Advertising Agencies
AAAMP – Ausschuss für Apotheken-, Arzneimittelwesen und Medizinprodukte
AAAS – American Academy of Arts and Sciences · American Association for the Advancement of Science
AAB – Allergiker- und Asthmatiker-Bund · Allgemeine Ausführungsbestimmungen [zur Eisenbahnverkehrsordnung] · Arbeiter- und Angestelltenbund *(Österreich)*
AABG – Arzneimittelausgaben-Begrenzungsgesetz
AAC – advanced audio coding
a. a. C., a. a. Chr. – anno ante Christum (*lat.:* »im Jahre vor Christus«)
AACC – Airport Associations Coordinating Council
a. a. Chr. n., a. a. C. n. – anno ante Christum natum (*lat.:* »im Jahre vor Christi Geburt«)
AACSB – American Assembly of Collegiate Schools of Business *(USA)*
AACVB – Asian Association of Convention and Visitor Bureaus
AAD – Allgemeiner Anlagedienst
AAEE – Aeronautical and Aircraft Experimental Establishment *(GB; Luftfahrtforschungsanstalt)*
AAFCE – Allied Air Forces Central Europe *(NATO)*
AAFNE – Allied Air Forces Northern Europe *(NATO)*
AAFSE – Allied Air Forces Southern Europe *(NATO)*
AAFU – All-African Farmers' Union
AAG – Allgemeine Anthroposophische Gesellschaft
ÄAG – Änderungs- und Anpassungsgesetz
AA. HH. – Alte Herren *(Verbindungsw.)*
AAI – Afro-Asiatisches Institut *(Österreich)* · Association Internationale Actuarielle
AAK – Atemalkoholkontrolle/-konzentration
AAK, A. A. K. – Arbeitsgemeinschaft allergiekrankes Kind
AAM – air-to-air-missile *(Luft-Luft-Rakete)* · angeborener auslösender Mechanismus
AAMA – American Apparel Manufacturers Association · Association of Art Museum Directors
AAN – Ausstattungsanweisung *(Mil.)*
AAnw. – Amtsanwalt[schaft] · Ausführungsanweisung
AAnz. – Amtlicher Anzeiger
a. a. O. – am angeführten/angegebenen Ort
AAP – Allied Administrative Publication · Apothekenabgabepreis
AAPA – American Association of Port Authorities

(Dachorganisation der Seehäfenverwaltungen) · Association of Asia Pacific Airlines
AAPC – All-African Peoples' Conference
AAppO – Approbationsordnung für Apotheker
ÄAppO – Approbationsordnung für Ärzte
AAPS – American Association for the Promotion of Science
AAPSC – Afro-Asian Peoples' Solidarity Council
AAPSO – Afro-Asian Peoples' Solidarity Organization
AAPSS – American Academy of Political and Social Sciences
aa. pt. aequ. – ana partes aequales (*lat.:* »zu gleichen Teilen«; *auf Rezepten*)
AAQS – Arbeitsausschuss Qualitätssicherung Folientastaturen
AAR – Antigen-Antikörper-Reaktion · Association of American Railways
a. a. r. – against all risk[s] (*engl.:* »gegen jedes Risiko/alle Risiken«; *Vw.*)
AARRO – Afro-Asian Rural Reconstruction Organization
AART, aaRT – allgemein anerkannte Regeln der Technik
AAS – Acta Apostolicae Sedis *(amtliches Publikationsorgan des Vatikans)* · Allgemeiner Ausschuss für Segelsport · Allmählichkeits- und Abwasserschäden · American Astronomical Society
a. a. S. – auf angeführter/angegebener Seite
AASHO – American Association of State Highway Officials
AASM – Assoziation Afrikanischer Staaten und Madagaskars
AAT – Administration de l'Assistance Technique des Nations Unies *(Verwaltung der Technischen Hilfe der Vereinten Nationen)* · average access time
AATA – Animal Air Transport Association
AATM – American Academy of Tropical Medicine
AATTA – Arab Association of Tourism and Travel Agents
AATUF – All-African Trade Union Federation *(Panafrikanischer Gewerkschaftsbund)*
AAU – Amateur Athletic Union · Arbeitsgemeinschaft der Umweltapotheker · Association of American Universities
a. a. u. c. – anno ab urbe condita (*lat.:* »im Jahre seit Gründung der Stadt [Rom]«)
AAUN – American Association for the United Nations
AAV – adenoassoziierte Viren
AÄV – Atemäquivalent
ÄAWI – Ärzte- und Apotheker-Wirtschafts-Institut
AAZ – Armeeausbildungszentrum
AAZVO – Apotheken- und Arzneimittel-Zuständigkeitsverordnung
AB – air base (*engl.:* »Luftstützpunkt«) · Aktiebolag (*schwed.:* »Aktiengesellschaft«) · Allgemeine Ausführungsbestimmungen [zur Eisenbahnverkehrsordnung] · Altbau · Amtsbürgermeister[ei] · anaerobes Becken *(Technik)* · Anodenbatterie · Anrufbeantworter · Anwendungsberater · Arbeitsbereich · Arbeitsbewertung · Arbeitsgemeinschaft Bäuerliche Landwirtschaft · armierter Beton · Aschaffenburg *(Kfz)* · Aufsichtsbehörde · Ausführungsbestimmung[en] · Außenbeamter · Außenhandelsbank · aussetzender Betrieb *(Technik)*
ab. – abends · aber · aberratio *(Biol.)* · abgefertigt · abgegangen · abgesandt · abonnieren; abonniert
Ab. – Abend · Aberration *(Biol.)* · Abitur; Abiturient[en]; Abiturientin[nen]
a. B. – am Berg · auf Befehl · auf Bestellung · außer Betrieb
A. B. – Arbeitsbataillon · Armeebefehl · Armierungsbataillon · Artilleriebeobachter; Artilleriebeobachtung · Augsburger Bekenntnis
AbA – außerbetrieblicher Arbeitsplatz/außerbetriebliche Arbeitsplätze
ABA – Abfallbehandlungsanlage · Amateur Boxing Association *(GB)* · American Bankers Association · American Booksellers Association · Antoniani Benedictini Armeni *(kath. Orden der Mechit[h]aristen)* · Arbeitsgemeinschaft/Arbeitskreis für betriebliche Altersversorgung
A. B. A. A., ABAA – Antiquarian Booksellers Association of America
AbändG – Abänderungsgesetz
ABAP – Advanced Business Application Programming *(Programmiersprache von SAP)*
ABAS – automatisches Briefannahmesystem *(Post)*
ABB – Arbeitsbefreiungsbescheinigung · Arbeitsstelle für betriebliche Berufsausbildung · Arbeitsgemeinschaft für Blitzschutz und Blitzableiterbau · Asea Brown Boveri
Abb. – Abbildung[en] · Abbindung
AbbauG – Gesetz über den Abbau der Wohnungszwangswirtschaft und über ein soziales Miet- und Wohnrecht
ABB-EDV – Allgemeine Bedingungen der deutschen

Möbelspediteure für Beförderungen von EDV-Anlagen, medizinischen Geräten und ähnlichen transportempfindlichen Gütern
ABBH – Allgemeine Bedingungen der deutschen Möbelspediteure für Beförderungen von Handelsmöbeln
abbl. – abblenden
Abbl. – Abblasung
abbr., abbrev. – abbreviated (*engl.:* »abgekürzt«)
Abbr. – Abbreviation; Abbreviatur[en]
ABBSchG – Verordnung über die Ausführungsbestimmungen zum Berufsschulgesetz *(Bayern)*
ABBVO – vorläufige Autobahnbetriebs- und -verkehrsordnung
ABC – Academia Brasileira de Ciencias · Advance Booking Charter · Agricultural Bank of China · Allied Banking Commission · American Broadcasting Company · Arbeitskreis bekennender Christen · Arbeitnehmer-Beratungs-Center · Atanasoff-Berry-Computer *(erster digitaler Computer; 1939–1942)* · Athletik- und Ballspielclub *(Ludwigshafen)* · atomar, biologisch, chemisch · Automatic Background Control
ABCC – Association of British Chambers of Commerce *(GB: Vereinigung britischer Handelskammern)*
ABC-Dir. – Direktive der Alliierten Bankkommission
ABC-Staaten – Argentinien, Brasilien, Chile
ABC-Waffen – atomare, biologische und chemische Waffen
ABD – automatisches Bremsdifferenzial *(Technik)*
Abd. – Abdankung · Abdeckung · Abend
ABDA – Arbeitsgemeinschaft der Berufsvertretungen Deutscher Apotheker
Abdr. – Abdruck[e]
Abdr. gen. – Abdruck genehmigt
Abdr. vorg. – Abdruck vorgesehen
abds. – abends
ABE – Allgemeine Betriebserlaubnis
ABEI – Allgemeine Bedingungen für Entwicklungsverträge mit Industriefirmen
ABEL – Advanced Boolean Expression Language
ABergV – Allgemeine Bergbauverordnung *(Bayern)*
ABest. – Ausführungsbestimmung[en]
A.-Bez., ABez. – Amtsbezirk
AbF – Arbeitsgemeinschaft betriebswirtschaftlicher Fachberater
ABF – Arbeit, Bildung und Forschung *(FU Berlin)* · Arbeiter- und Bauern-Fakultät *(DDR)* · Arbeitsausschuss für Begriffe im Fertigungsverfahren *(im DNA)* · Asset-Backed-Finanzierung(en)
Abf. – Abfahrt · Abfall · Abfassung · Abfertigung · Abfindung · Abforderung · Abfuhr · Abfüllung
AbfallBestV – Abfall-Bestimmungsverordnung
ABFI – Allgemeine Bedingungen für Forschungsverträge mit Industriefirmen
Abfk – Abfertigungskasse *(Bahn)*
Abfl. – Abflug
Abf.-Progr. – Abfuhrprogramm *(Bahn)*
Abfr. – Abfrageeinrichtung · Abfragung
AbfRest-ÜberwV – Abfall- und Reststoff-Überwachungsverordnung
Abf.-S. – Abfindungssumme
Abf.-Verg. – Abfertigungsvergütung
Abf.-Vorschr. – Abfertigungsvorschrift[en]
ABG – Allgemeine Betriebsgenehmigung · Allgemeines Berggesetz · Altenburger Land *(Kfz)* · Aufbaugesetz *(selten)* · Arbeitsgemeinschaft Berliner Galerien
abg. – abgeändert · abgefasst · abgekürzt · abgeordnet · abgerissen · abgeschlossen · abgesichert · abgestempelt · abgestürzt
Abg. – Abgabe[n] · Abgang · Abgase · Abgeordnete[r] · Abguss
ABGB – Allgemeines Bürgerliches Gesetzbuch *(Österreich)*
abgedr. – abgedrängt · abgedruckt · abgedrückt
abgef. – abgefahren · abgefasst · abgefertigt · abgeführt
abgeg. – abgegangen · abgegeben
abgeh. – abgeheftet · abgehoben · abgeholt
abgek. – abgekürzt
abgel. – abgelassen · abgelichtet · abgelöst
abger. – abgerechnet · abgereist · abgerissen
abges. – abgesagt · abgesandt · abgesondert
AbGes. – Abänderungsgesetz
abgeschl. – abgeschlagen · abgeschlossen
abgest. – abgestattet · abgestempelt
AbgG – Abgabengesetz
Abg.-H., AbgH – Abgangshafen · Abgeordnetenhaus
ABgm. – Amtsbürgermeister[el]
Abgn. – Abgabenachricht
AbgO – Abgabenordnung
Abg.-St., AbgSt – Abgangsstation
AbgVO – Abgabeverordnung
Abh – Abholer; Abholung *(Post)*
ABH – Allgemeine Bedingungen für Haftpflichtversicherung · Ausbildungsbegleitende Hilfe

abh. – abhängen; abhängig · abheben · abholen · abhören
Abh. – Abhandlung[en] · Abhang · Abholung
Abhd. – Abholdienst
Abhn. – Abhandlungen
Abh.-Sch., AbhSch. – Abholschein
Abi – Abitur
ABI – Arbeitsgemeinschaft Betriebliches Informationswesen · American Bell Inc.
ABIL – Anton-Bruckner-Institut Linz *(Österreich)*
ABilG – Gesetz über die Altbankenrechnung und die DM-Eröffnungsbilanz der Berliner Altbanken
ab in., ab init. – ab initio (*lat.:* »von Anfang [an]«)
ABIOS – advanced BIOS
Abit. – Abitur; Abiturient[en]; Abiturientin[nen]
abj, ABJ – Arbeitsgemeinschaft Bayerischer Junglehrer
.abk – automatical backup *(Dateierweiterung)*
ABK – Alliierte Bankkommission · Autobahnknotenpunkt
abk. – abkürzen
Abk. – Abkommen · Abkunft · Abkürzung[en]
ABKK – Allgemeine Betriebskrankenkasse
Abk.-L., Abk.-Liste – Abkürzungsliste
AB-Kunst – Allgemeine Bedingungen der deutschen Kunstspediteure
Abk.-Verz. – Abkürzungsverzeichnis
ABL – Allgemeine Bedingungen für die Ausführung von Leistungen · Arbeitsgemeinschaft bäuerlicher Landwirtschaft
abl. – abladen · ablagern · ablegen · ablehnen · ableiten · ablichten · abliefern · ablösen
Abl. – Ablage · Ablagerung[en] · Ablativ *(Sprachw.)* · Ablauf · Ablaut *(Sprachw.)* · Ablehnung · Ableitung · Ablieferung · Ablösung
ABl. – Amtsblatt · Anwaltsblatt
Abl. abs. – Ablativus absolutus *(Sprachw.)*
ABlAHK – Amtsblatt der Alliierten Hohen Kommission in Deutschland
ABlAllKdtr. – Amtsblatt der Alliierten Kommandatura Berlin
AblB – Ablieferungsbuch *(Post)*
ABlBMP, ABlPost – Amtsblatt des Bundesministers für das Post- und Fernmeldewesen
ABl. d. EKD, ABlEKD – Amtsblatt der Evangelischen Kirche in Deutschland
ABl.EG – Amtsblatt der Europäischen Gemeinschaften
ABlEGKS – Amtsblatt der Europäischen Gemeinschaft für Kohle und Stahl
ABlELF, ABlfELF – Amtsblatt für Ernährung, Landwirtschaft und Forsten
ABlEurGem. – Amtsblatt der Europäischen Gemeinschaften
Abl.-Fr., Abl.-Frist – Ablieferungsfrist
ABlKR – Amtsblatt des Kontrollrates in Deutschland
ABLP – Allgemeine Beförderungsbedingungen für den Luftverkehr (Güter)
Abl.-Pfl. – Ablieferungspflicht
Abl.-Pl. – Abladeplatz; Ablagerungsplatz
ABlPost – vgl. ABlBMP
Abl.-S. – Ablösesumme/Ablösungssumme *(Sport)*
Abl.-Sch., ABlSch. – Ablieferungsschein · Ablösungsschein
Abl.-Summe – Ablösesumme/Ablösungssumme *(Sport)*
Abl.-Term., Abl.-Termin – Ablieferungstermin · Ablösetermin/Ablösungstermin
AblVO – Ablösungsverordnung
ABM – Anti Ballistic Missile *(Antiraketenrakete)* · Arbeitsbeschaffungsmaßnahme[n] · Arbeitskreis für Betriebsführung, München
AbmarkgsG, AbmG – Abmarkungsgesetz
AbmVO – Abmarkungsverordnung
ABN – Arbeitsgemeinschaft Deutscher Beauftragter für Naturschutz und Landschaftspflege
abn. – abnehmen · abnorm[al]
Abn. – Abnahme; Abnahmestelle; Abnehmer · Abnormität · Abnutzung
Abo – Abonnement
ABO – Allgemeine Bauordnung · Apothekenbetriebsordnung
A.-Bo. – Ankerboje
AbordgB – Bestimmungen über Vergütung bei vorübergehender auswärtiger Beschäftigung der Beamten
Abordn.-Best. – Abordnungsbestimmungen
ABP –Arbeitsbeschaffungsprogramm
ABPTOE – Association of Bookseller and Publisher Training Organizations in Europe *(europäische Arbeitsgemeinschaft von Ausbildungs- und Fortbildungseinrichtungen des Buchhandels)*
abr – Amtliches Bayerisches Reisebüro
ABR – Arbeitsbeschaffungsreserven
abr. – abrechnen · abreisen · abrichten · abrunden · abrüsten
Abr. – Abrechnung · Abreise · Abriss · Abruf · Abrundung · Abrüstung
Abr.-B., Abr.-Buch – Abrechnungsbuch

Abrd. – Abrundung
AbrdVO – Abrundungsverordnung
Abr.-Nr. – Abrechnungsnummer
AbrPA – Abrechnungspostamt
Abr.-Term. – Abrechnungstermin
AbrVO – Abrundungsverordnung
ABS – Acrylnitril-Butadien-Styrol · American Bible Society · American Bureau of Shipping · Amt für Bevölkerungsschutz · Antiblockiersystem *(Kfz)* · Arbeitsbedingungen und Sozialleistungen · asset backed securities · Association Belge de Standardisation *(Belgien)* · Ausschuss für biologische Sicherheit
abs. – abseits · absetzen · absichtlich · absolut · absolvieren · absondern · absurd
Abs. – Absatz · Absender · Absetzung · Absicherung · Absicht · Absolvent · Absorption
a. b. S. – an berufsbildenden Schulen
AbschG – Abschöpfungserhebungsgesetz
abschl. – abschlagen · abschleppen · abschließen; abschließend
Abschl. – Abschlag · Abschluss
Abschl.-Ausz. – Abschlagsauszahlung
Abschl.-D. – Abschleppdienst · Abschlussdatum
Abschn. – Abschnitt
Abschr. – Abschreibung · Abschrift
AbsG, Abs.-Ges., AbsichG – Absicherungsgesetz
Absp. – Absperrung
Abs.-Pl. – Absatzplan; Absatzplanung
Abspr. – Absprache · Absprung
AbsSt – Absendestelle *(Post)*
abst. – abstammen · abstatten · abstellen · abstimmen · abstufen
Abst. – Abstammung · Abstand · Absteiger *(Sport)* · Abstieg · Abstimmung · Abstufung · Abwehrstelle *(Mil.)*
abstr. – abstrahieren; abstrahiert · abstrakt · abstreichen
Abstr. – Abstraktion; Abstraktum *(Sprachw.)* · Abstrich
ABT – Arbeitsstelle für Bibliothekstechnik *(Berlin)*
Abt. – Abtei · Abteil[ung]
ABTA – Austrian Business Travel Association *(Österreich)*
Abt.-Dir. – Abteilungsdirektor
Abt.-L., AbtL – Abteilungsleiter
Abtlg. – Abteilung
Abtlgn., Abtn. – Abteilungen
ABTOE – Association of Bookseller and Publisher Training Organizations in Europe *(vgl. ABPTOE)*
Abtr. – Abtragung · Abtreibung · Abtrennung · Abtretung · Abtrieb · Abtrift
ABU – Arbeitsgemeinschaft Betriebsuntersuchungen *(im RKW)* · Arbeitsgemeinschaft biologischer Umweltschutz
abug. – altbulgarisch
ABV – Abschnittsbevollmächtigter [der Deutschen Volkspolizei] *(DDR)* · Allgemeine Bedingungen der Vertrauensschadenversicherung *(Vw.)* · Amateurboxverband · Arbeitsgemeinschaft Baufachverlage · Arbeitsgemeinschaft Berufsständische Versorgungseinrichtungen · Arzneibuchverordnung · automatischer Blockierverhinderer
ABvBO – Ausführungsbestimmungen zur vereinfachten Eisenbahn-Bau- und Betriebsordnung
ABvBOS – Ausführungsbestimmungen zur vereinfachten Eisenbahn-Bau- und Betriebsordnung für Schmalspurbahnen
ABVP – Arbeitgeber- und Berufsverband Private Pflege
ABVT – Allgemeine Bedingungen für die Versicherung von Gütertransporten
abw. – abwählen · abwarten · abwärts · abwechseln; abwechselnd · abwehren · abweichen; abweichend · abweisen · abwerben · abwerten · abwertend · abwesend · abwickeln · abwerfen
Abw. – Abwahl · Abwärme · Abwasser · Abwechslung · Abwehr · Abweichung · Abwerbung · Abwertung · Abwesenheit · Abwicklung · Abwurf
a. b. W. – auf besonderem Wege
AbwAG – Abwasserabgabengesetz
ABWL – allgemeine Betriebswirtschaftslehre
Abw.-St., AbwSt – Abwehrstelle · Abwicklungsstelle
AbwV – Abwasserverordnung
ABz – Amtsbezirk
abz. – abzahlbar; abzahlen · abziehbar; abziehen · abzüglich · abzugsfähig
Abz. – Abzahlung · Abzeichen · Abzug
AbzG – Abzahlungsgesetz
Abz.-G., Abz.-Gesch. – Abzahlungsgeschäft
abzgl. – abzüglich
Abzw. – Abzweig[ung] · Abzweigstelle
ac – Acre *(Flächeneinheit in USA u. GB)*
Ac – Actinium *(Element)* · Altocumulus *(Meteor.)*
AC – Aachen *(Kfz)* · Abgeordnetenkonvent *(Verbindungsw.)* · access control · Aeroclub · Air Canada · Antrittskonvent · Army Corps *(GB)* · Army Council *(GB)* ·

Assessment-Center · Athletik Club *(Mailand)* · Augustana Confessio *(Augsburger Bekenntnis)* · Automobilclub
a c. – a cappella *(Musik)* · a conto (*ital.:* »auf Rechnung«)
à c. – à condition (*franz.:* »auf Bedingung«)
Ac. – Acidum (»Säure«)
a. c. – alternating current (*engl.:* »Wechselstrom«) · anni currentis (*lat.:* »laufenden Jahres«) · anno currente (*lat.:* »im laufenden Jahr«) · ante cibum (*lat.:* »vor dem Essen«; *Pharm.*) · argent comptant (*franz.:* »in bar«)
a. C. – ante Christum (*lat.:* »vor Christus, vor Christi«)
A. C. – Académie de Chirurgie *(Frankreich)* · Air Canada · Allgemeiner/Äußerer Convent *(Verbindungsw.)* · appellation contrôlée (*frz.:* »kontrollierte Marke«)
ACA – Aeroclub of America · Allied Commission for Austria · Alta Commissione Alleata *(ital.)* · Allied Control Authority (»Alliierter Kontrollrat«) · Arbeitsgemeinschaft Christlicher Arbeitnehmer · Armaments Control Agency (»Rüstungskontrollbehörde«)
ACAG – Allied Control Authority for Germany
ACAP – application control access protocol *(Internet)*
a capp. – a cappella *(Musik)*
ACB – Austrian Convention Bureau *(österreichisches Veranstaltungsbüro)*
ACBC – Akkreditierungsagentur für die Studiengänge Chemie, Biochemie und Chemieingenieurwesen an Universitäten und Fachhochschulen
acc – Akkordeon
ACC – Adaptive Cruise Control *(elektronisches Bremssystem)* · Administrative Committee on Coordination *(UNO)* · Air Control Center *(USA)* · Air Coordinating Committee *(USA)* · Allied Control Commission · Allied Control Council · Amberger Congress Centrum
acc. – accademia *(ital.)* · accedit (*lat.:* »es kommt hinzu«) · accelerando (*ital.:* »schneller werdend«; *Musik*) · accelerated, acceleration *(engl.)* · accepi (*lat.:* »ich habe angenommen«); acceptus (*lat.:* »angenommen«); accepté, acceptation *(franz.)*; accepted, acceptance *(engl.)* · accusativus *(lat.; Sprachw.)*
Acc. – Akzept
accad. – accademia *(ital.)*
acc. c. inf. – accusativus cum infinitivo *(lat.; Sprachw.)*
accel. – accelerando (*ital.:* »schneller werdend«; *Musik*)
ACCHAN – Allied Command Channel *(Alliiertes Oberkommando Ärmelkanal)*
ACCS – Air Command and Controll System *(NATO)*
ACD – automatic call distribution *(Telekommunikation)*
ACDB – Autoclub des Deutschen Beamtenbundes
ACDL – Arbeitsgemeinschaft Christlich Demokratischer Lehrer Hessen
ACE – Allied Command Europe *(NATO)* · Angiotensin-Converting-Enzym[e] *(Med.)* · Auto-Club Europa · automatic computing engine (*engl.:* »Elektronenrechner«)
A. C. E. – Administration de Coopération Economique *(Frankreich)*
ACEA – Association des Constructeurs Européens d'Automobiles *(Europäischer Automobilverband)*
ACEN – Assembly of Captive European Nations (»Vereinigung der versklavten Nationen Europas«)
AcetV – Acetylenverordnung
ACF – absolutely chlorine free *(Papierqualität)* · Arbeitsgemeinschaft für Christliches Fernsehen
A. C. F. – Automobile Club de France
ACHEMA – Ausstellung für chemisches Apparatewesen
a. Chr. – ante Christum (*lat.:* »vor Christus«)
a. Chr. n. – ante Christum natum (*lat.:* »vor Christi Geburt«)
Achskm – Achskilometer
ACI – Airports Council International · Automobile Club d'Italia
a. c. i. – accusativus cum infinitivo *(lat.; Sprachw.)*
ACICAFE – Association du Commerce et de l'Industrie du Café dans la CEE
ACK – acknowledgement · Arbeitsgemeinschaft Christlicher Kirchen
ACL – access control list *(EDV)* · Arbeitsgemeinschaft Christlicher Lebenshilfe · Arbeitskreis Christlich-Demokratischer Lehrer
ACLANT – Allied Command Atlantic *(NATO)*
ACL-Dollar – Area-de-convertibilidade-limitada-Dollar *(Dollar des beschränkt konvertierbaren Währungsraumes)*
ACLS – American Council of Learned Societies
ACM – Arbeitsgemeinschaft Christlicher Motorradfahrer · Association for Computing Machinery · audio compression manager
ACME – Association of Consulting Management Engineers *(USA)*
a. C. n., a. Chr. n. – ante Christum natum (*lat.:* »vor Christi Geburt«)
ACPA – American Crop Protection Association *(Pflanzenschutzverband)*
ACPI – advanced configura-

tion and power management interface *(EDV; Hardware-schnittstelle)*
ACR – advanced communication riser *(EDV)* · Allied Commission on Reparations · Audiocassettenrecorder
ACS – advanced connectivity system *(EDV)* · American Chemical Society · antiretikulärcytotoxisches Serum *(Med.)* · Australia Container Services · Automobilclub der Schweiz
ACT – Air Control Team · autologe Chondrozytentransplantation *(Med.)*
ACTE – Association for Commercial Television in Europe
ACTH – adrenocorticotropic hormone *(engl.; Kortikotropin; Med.)*
ACTICE – Autorité de Coordination des Transports Intérieurs de Surface Centre-Europe *(Koordinierungsbehörde für Binnenverkehr in Europa Mitte)*
ACTS – Advanced Communication, Technology and Services *(EU-Forschungsprogramm)*
ACV – Arbeitsgemeinschaft Chemische Verfahrenstechnik · Austrian Center Vienna *(Wien)* · Automobil-Club Verkehr
AD – Ablaufdiagramm *(EDV)* · Abwehrdienst *(Mil.)* · Ancillae Domini *(Dernbacher Schwestern; kath. Orden)* · Arbeitsgemeinschaft Druckbehälter · atopische Dermatitis *(Med.)* · Außendienst · Außendurchmesser · Austauschdienst · Autobahndreieck
a d. – a dato (*lat.:* »vom Tag der Ausstellung«)
a. d. – after date (*engl.:* »nach Ausstellungsdatum«) · an dem · an der · ante diem (*lat.:* »vor dem Tag«; *Wirtschaft*) · auf dem · auf der · aus dem · aus der
a. D. – an der Donau *(seltener für: a. d. D.)* · auf Dienstleistung · auf Dienstreise · außer Dienst
a. D., A. D. – anno Domini (*lat.:* »im Jahre des Herrn«)
ä. D. – äußerer Durchmesser
AdA – Akademie der Arbeit
ADA – Abgaszentrum der Automobilindustrie · Adenosindesaminase *(Med.)* · allgemeine Dienstanweisung · allgemeines Dienstalter · American Dental Association · American Dermatological Association · Americans for Democratic Action · Amtsdienstalter · Arbeitgeberverband Deutscher Apotheker · Atom Development Administration · Atomic Development Authority · Außendienstangestellter
ÄDA – Ärzteverband Deutscher Allergologen
ADAC – Allgemeiner Deutscher Automobilclub
ADAM – androgen decline in the aging male/Androgen-Defizit des alternden Mannes *(Med.)*
ADAnw. – Allgemeine Dienstanweisung
ADAP – Aktenedition zur deutschen Außenpolitik
ADAS – Abkommen über deutsche Auslandsschulden
ADAV – Allgemeiner Deutscher Arbeiterverein *(hist.)*
AdB – Arbeitsgemeinschaft der Buchhandlungen
ADB – Adressbuch des deutschsprachigen Buchhandels · African Development Bank · Allgemeine Deutsche Binnentransport-Versicherungsbedingungen · Allgemeine Deutsche Biographie · apple desktop bus *(EDV)* · Arbeitsgemeinschaft Deutscher Betriebsingenieure · Asian Development Bank
adb. – adiabatisch
A. D. B. – Allgemeine Deutsche Burschenschaft · Allgemeiner Deutscher Beamtenbund · Allgemeiner Deutscher Burschenbund
a. d. Bs. – aus dem Besitz
ADC – Air Defense Command *(USA)* · Analog-digital-Converter · Arbeitsgemeinschaft Deutscher Chorverbände · Art Directors Club · automated data collection
A. D. C. – Allgemeiner Deputierten-Convent *(Verbindungsw.)*
ADCA – Allgemeine Deutsche Creditanstalt
ad caps. – ad capsulam (*lat.:* »in eine Kapsel«; *Pharm.*)
ADCC – Air Defence Control Center
ADCoE – Art Directors Club of Europe
ADD – Allianz deutscher Designer · analog-digital-digital *(analoge Aufnahme, digitale Bearbeitung, digitale Wiedergabe)* · Arbeitsgemeinschaft Deutscher Detektive
Add. – Addenda (*lat.:* »Zusätze, Ergänzungen«); Addendum (*lat.:* »Zusatz, Ergänzung«) · Addition
a. d. D. – an der Donau · an diesem Datum · auf dem Dienstweg · auf der Durchreise
ADE – automated design engineering *(EDV)*
a. d. E. – an der Elbe
ADEKRA – Arbeitsgemeinschaft Deutscher Kraftwagenspediteure
ADELA – Atlantic Community Development Group for Latin America
ADEPE – Arbeitsgemeinschaft der Pelzwirtschaft
AdEW – Arbeitsgemeinschaft der Landesverbände der Elektrizitätswerke

ADF – Aktion Demokratischer Fortschritt · Arbeitsgemeinschaft Dermatologische Forschung · automatic direction finder
ADFC – Allgemeiner Deutscher Fahrrad-Club
ad fin. – ad finem (*lat.:* »bis zum Ende«)
a. d. G. – auf dem Gelände · auf/aus dem Gebiet · aus der Gegend
A. D. G. – Arbeitsgemeinschaft der Deutschen Glaubensbewegung
ADGB – Air Defense of Great Britain · Allgemeiner Deutscher Gewerkschaftsbund · Allgemeines Deutsches Gestütbuch
ad gen. – ad generalia (*lat.:* »zum Allgemeinen«)
adgo – adagio *(ital.; Musik)*
Adgo – Allgemeine Deutsche Gebührenordnung [für Ärzte]
a. d. Gr. – aus diesem Grund; aus diesen Gründen
ADH – Alkoholdehydrogenase · Allgemeiner Deutscher Hochschulsportverband · antidiuretisches Hormon *(Med.)* · Arbeitsgemeinschaft Deutscher Hochschulsport
Adh. – Adhäsion
a. d. H. – auf der Höhe · aus dem Hause
A. d. H., A. d. Hrsg. – Anmerkung des Herausgebers
ADHGB – Allgemeines Deutsches Handelsgesetzbuch (1861)
ADHS – Aufmerksamkeitsdefizit- und Hyperaktivitätssyndrom
ADI – Académie Diplomatique Internationale *(Frankreich)* · acceptable daily intake (*engl.:* »vertretbare tägliche Dosis«; *Med.*) · American Documentation Institute · autocad device interface (*engl.:* »Autocad-Geräte-Schnittstelle«)
AdIA – Aerodynamisches Institut Aachen
Adidas – Adi Dassler *(Firmengründer)*
ADIG – Allgemeine Deutsche Investmentgesellschaft
ad inf. – ad infinitum (*lat.:* »bis ins Unendliche«)
ad init. – ad initium (*lat.:* »zu Beginn, am Anfang«)
ad int. – ad interim (*lat.:* »zwischenzeitlich«)
A.-Dir., ADir. – Amtsdirektor · Archivdirektor
ADIZ – Air Defense Identification Zone *(Mil.)* · Allergie-Dokumentations- und Informationszentrum
adj. – adjektivisch · adjustieren
Adj. – Adjektiv *(Sprachw.)* · Adjunkt · Adjutant
a. d. J. – aus dem Jahre
ADK – Anti-Doping-Kommission · Arbeitsgemeinschaft Demokratischer Kreise · Arbeitgeberverband/Arbeitsgemeinschaft der Deutschen Kautschukindustrie · Arbeitsgemeinschaft der Kurierdienste · Arbeitsgemeinschaft Deutscher Kraft- und Wärmeingenieure *(im VDI)*
ADKA – Arbeitsgemeinschaft Deutscher Krankenhausapotheker
ADKI – Arbeitsgemeinschaft Deutscher Konstruktionsingenieure *(im VDI)*
AdKV – Arbeitsgemeinschaft deutscher Kunstvereine
AdL – Arbeitsgemeinschaft der Luftverkehrsunternehmen *(dt. Charterflieger)*
ADL – advance/decline line · Arbeitsgemeinschaft Deutscher Landwirte · Arbeitsgemeinschaft Deutscher Lasermedizinzentren · Arbeitsgemeinschaft Deutscher Lehrerverbände · Arbeitsgemeinschaft Deutscher Luftverkehrsunternehmen
a. d. L. – an der Lahn · an der Leitha · an der Limmat
ad l., ad lib., ad libit. – ad libitum (*lat.:* »nach Belieben«)
ad lit. – ad litteram (*lat.:* »nach dem Buchstaben«; *wörtlich*)
ADLLV – Allgemeiner Deutscher Lehrer- und Lehrerinnenverein
ad loc. – ad locum (*lat.:* »am Ort, zum Ort«)
ADM – Allgemeiner Deutscher Musikverein · Amplituden-Demodulation · Arbeitsgemeinschaft der Deutschen Milchkontrollangestellten · Arbeitsgemeinschaft des Deutschen Motorsports · Arbeitsgemeinschaft Deutscher Musiker · Arbeitsgemeinschaft Deutscher Musikkritiker · Arbeitskreis Deutscher Markt- und Sozialforschungsinstitute · Außendienstmitarbeiter
adm. – administrativ · admittiert
Adm. – Administration; Administrator · Admiral; Admiralität · Admission · Admonition
Admet – absorption, distribution, metabolism, excretion, toxicity *(Pharmaforschung)*
Admin – Administrator *(EDV)*
Admin-C – Administrative Contact *(Internet-Domain-Verwalter)*
ADMV – Aktionsgemeinschaft Deutscher Montessori-Vereinigungen · Allgemeiner Deutscher Motorsport-Verband · Allgemeiner Deutscher Musikverein
ADN – Accord européen relatif au transport international des marchandises dangereuses par voie de navigation intérieure *(franz.)* · Aden/Je-

men *(Kfz)* · Advanced Digital Network · Allgemeiner Deutscher Nachrichtendienst *(DDR)*
ADNV – Allgemeiner Deutscher Neuphilologen-Verband
ADO – allgemeine Dienstordnung · Arbeitskreis der Orgelsachverständigen Deutschlands
ado. – adagio *(ital.; Musik)*
a. d. O. – an der Oberfläche · an der Oder
ad oc. – ad oculos (*lat.:* »vor Augen, augenfällig«)
AdoptEG – Gesetz zur Erleichterung der Annahme an Kindes statt
AdoptVG – Gesetz über die Vermittlung der Annahme an Kindes statt
A. d. ö. R., AdöR – Anstalt des öffentlichen Rechtes
ADOSt. – Allgemeine Dienstordnung für die Staatsbehörden
AdP – Arbeitskreis der Pankreatektomierten
ADP – Adenosindiphosphorsäure · Allgemeine Demoskopische Presseagentur *(Berlin)* · Arbeitsdienstpflicht · Arbeitsgemeinschaft Dermatologische Prävention · automatic data processing
ADPCM – adaptive differenzielle Pulscodemodulation, adaptive Delta-Pulscodemodulation
AdR – Ausschuss der Regionen der Europäischen Union *(Europäisches Parlament)*
ADR – Accord européen relatif au transport international des marchandises dangereuses par route *(franz.)* · advanced digital recording *(Datenspeicherung)* · American Depositary Receipts *(USA; Anspruchpapier statt Originalaktie)* · Arbeitsgemeinschaft Deutscher Rinderzüchter · Astra Digital Radio · automatische Distanzregelung *(Kfz)*
Adr. – Adrenalin · Adressat; Adresse
a. d. R. – an der Ruhr
ad rat., ad rat. m. – ad rationem [meam] (*lat.:* »auf [meine] Rechnung«)
ad ref. – ad referendum
Adrema – Adressiermaschine
Adr.-Reg. – Adressenregister
ADS – Aktion Demokratischer Studenten · aktives Dämpfungssystem · Allgemeine Deutsche Seeversicherungsbedingungen · Allgemeiner Deutscher Sprachverein · american depository shares *(USA)* · applied digital solutions · Arbeitsgemeinschaft Deutscher Schafzüchter · Arbeitsgemeinschaft der Sakristanverbände des deutschen Sprachgebiets · Arbeitsgemeinschaft Deutscher Schweinezüchter · Arbeitsgemeinschaft Deutscher Studentenbühnen · Arbeitsgemeinschaft Deutscher Studentenschaften · Aufmerksamkeitsdefizitsyndrom
a. d. S. – an der Saale · an der See
ad sat. – ad saturationem (*lat.:* »bis zur Sättigung«)
ad sep. – ad separatum (*lat.:* »für sich, getrennt«)
ADSK – Autodesk *(Softwareunternehmen; USA)*
ADSL – Asymmetric Digital Subscriber Line *(Digitalübertragung)* · asymmetrische digitale Anschlussleitung
ADSp. – Allgemeine Deutsche Spediteurbedingungen
ad spec. – ad specialia (*lat.:* »zu den besonderen Umständen«)
a. ds. T. – an demselben Tag
ADSV – Allgemeiner Deutscher Sprachverein
ADSVB – Allgemeine Deutsche Seeversicherungsbedingungen
ADT – advanced DRAM technology · Allgemeiner Deutscher Turnerbund · Arbeitsgemeinschaft Deutscher Textilingenieure *(im VDI)* · Arbeitsgemeinschaft Deutscher Tierzüchter · Arbeitsgemeinschaft Deutscher Tumorzentren
ADTV – Allgemeiner Deutscher Tanzlehrer-Verband
ADU – Analog-digital-Umsetzer *(EDV)*
a. d. U. – an der Unstrut
A. d. Ü. – Anmerkung des Übersetzers
ADÜ Nord – Assoziierte Dolmetscher und Übersetzer in Norddeutschland e. V.
AdV – Arbeitsgemeinschaft der Vermessungsverwaltungen der Länder der Bundesrepublik Deutschland
ADV – Abteilung für Datenverarbeitung · Air Defense Version *(Technik)* · Akademie für Datenverarbeitung · Allgemeine Durchführungsverordnung · Arbeitsgemeinschaft der Drescher- und Lohnpflügeverbände · Arbeitsgemeinschaft Deutscher Verkehrserzieher · Arbeitsgemeinschaft Deutscher Verkehrsflughäfen · Arbeitsgemeinschaft Deutscher Versehrtensport · Arbeitskreis Datenverarbeitung · Atlas der deutschen Volkskunde · allgemeine/automatische Datenverarbeitung
adv. – adverbial, adverbiell *(Sprachw.)*; adversativ *(Sprachw.)*; adversus (*lat.:* »gegen«)
Adv. – Advent · Adverb *(Sprachw.)* · Advokat
ad. v., ad val. – ad valorem (*lat.:* »dem Wert nach«)
ADVA – automatisierte Datenverarbeitungsanlage

ADV DStO – Allgemeine Durchführungsverordnung zur Dienststrafordnung
ad vitr. – ad vitrum *(lat.: in eine Flasche einfüllen; Angabe auf Rezepten)*
advs. – adversativ *(Sprachw.)* · adversus *(lat.:* »gegen«)
AdW – Akademie der Wissenschaften · Arbeitsgemeinschaft der Wählerinnen
ADW – Air Defense Warning *(engl.:* »Fliegeralarm«) · Analog-digital-Wandler *(EDV)* · Arbeitsgemeinschaft Deutscher Werbungsmittler
a. d. W. – an der Weinstraße · an der Weser · an der Wupper
A. d. W. – Akademie der Wissenschaften
A. D. W. – Allgemeiner Deutscher Waffenring
Adware – advertising software
ADZ – Allgemeine Deutsche Zimmerreservierung
AE – Abfindungserklärung · American English · Angström[einheit] *(früher für: Å)* · Annoncenexpedition · Anschlusseinheit · Arbeitseinheit[en] · Artischockenblätterextrakt · Astronomische Einheit · Ausfuhrerklärung
ÅE – Angström[einheit] *(früher für: Å)*
AE, A. E. – Antitoxineinheit
a. E. – als Ersatz · am Ende
A. E. – allerhöchste Entscheidung · allerhöchste Entschließung · allerhöchster Entscheid/Erlass
AEA – Association of European Airlines
AEAI – Association Européenne des Assures de l'Industrie
AEB – allgemeine Einbruchdiebstahlversicherungsbedingungen
AEC – Association Européenne de Céramique · Association Européenne pour la Coopération · Atomic Energy Commission
AECA – Association Européenne des Cadres de l'Assurance *(Dachverband der leitenden Angestellten der Versicherungswirtschaft)*
AECB – Atomic Energy Control Board
AeCS – Aeroclub der Schweiz
AECS – Australia Europe Container Service
AeCvD – Aeroclub von Deutschland
AED – automatischer externer Frühdefibrillator *(Med.)* · Atomkernenergie-Dokumentation
AEDB – allgemeine Einbruchdiebstahlversicherungsbedingungen
AEEB – Association Européenne de l'Equipement de Bureau
AEED – Arbeitsgemeinschaft Evangelischer Erzieher in Deutschland
AEEP – Association of European Engineering Periodicals
AEF – Ausschuss für Einheiten und Formelgrößen *(im DNA)*
A. E. F. – Afrique Equatoriale Française
AEG – Allgemeine Elektricitäts-Gesellschaft · Allgemeines Eisenbahngesetz · Alterseinkünftegesetz · Anerbengericht · Arbeitnehmererfindungsgesetz
AEGEE – Association des Etats Généraux des Etudiants de l'Europe
AEH – Arbeitsgemeinschaft Evangelischer Hausfrauen
AEI – Arbeitskreis Europäische Integration · Association des Ecoles Internationales
AEIH – Association Européenne des Industries de l'Habillement
AEinkG – Alterseinkünftegesetz
AEIOU – Austria erit in orbe ultima, *(oder:)* Alles Erdreich ist Österreich untertan, *(oder:)* Allen Ernstes ist Österreich unersetzlich *(Buchtitel von Willy Lorenz; bekannteste Deutungen dieser Formel Kaiser Friedrichs III.)*
AEJ – Arbeitsgemeinschaft der Evangelischen Jugend
AELE – Association Européenne de Libre Echange *(Europäische Freihandelszone)*
AEM – adaptives Einspurmodell *(Kfz)*
AEMP – Associated European Management Publisher
AEN – Asociación Española de Normalización
aengl. – altenglisch
AEP – Agence Européenne de la Productivité *(vgl. EPZ)* · Apotheken-Ertragsplan · Arbeitsgemeinschaft Extraterrestrische Physik
AEPF – Arbeitsgemeinschaft für empirisch-pädagogische Forschung
AER – abnorme Erlebnisreaktion *(Med.)* · Association Européenne pour l'Étude du Problème des Réfugiés
aero., aeron. – aeronautisch
Aero., Aeron. – Aeronautik[er]
AES – advanced encryption standard
AESC – Association of Executive Search Consultants *(europäischer Verband der Personalberater)*
AESGP – Association Européenne des Specialités Pharmaceutiques Grand Public *(Verband der europäischen Selbstmedikations-Industrie)*
AEST – Allgemeiner Europäischer Stückguttarif
AET – Arbeitsgemeinschaft Entstörungstechnik · Arbeitskreis Energietechnik

AEU – Arbeitskreis Evangelischer Unternehmer in Deutschland
AEV – Abfallentsorgungsverband · Arbeiter-Ersatzkassen-Verband · Arbeitsgemeinschaft Erdölgewinnung und -verarbeitung · Ausbilder-Eignungsverordnung
AEVO – Arbeitserlaubnis-Verordnung · Ausbilder-Eignungsverordnung
AEVöD – Ausbilder-Eignungsverordnung öffentlicher Dienst
AEW – Airborne Early Warning *(Frühwarngerät)* · Arbeitsgemeinschaft Ernährungswirtschaftlicher Werbestellen
Af – Afghani *(Währung)*
AF – Air Force · Air France · alle Fahrt *(Seef.)* · Alternate Frequency *(Verkehrsfunk)* · Arbeitsfähigkeit · Atemfrequenz · Audiofrequenz · Ausgleichsforderung · Ausschuss Federn *(DIN)*
a. f. – al fine (*ital.:* »bis zum Ende«; *Musik*) · anni futuri (*lat.:* »künftigen Jahres«)
a. F. – alte Fassung · alte Folge · alte Form
AfA, Afa – Abschreibung/Absetzung für Abnutzung
AfA – Amt für Agrarordnung *(Nordrhein-Westfalen)* · Amt für Agrarstruktur *(Niedersachsen)* · Arbeitsgemeinschaft freier Angestelltenverbände · Arbeitsgemeinschaft für Arbeitnehmerfragen *(in der SPD)*
AFA – Amateur Football Association · Arbeitsgemeinschaft für Abfallbeseitigung · Arbeitskreis für Arbeitsstudien
Afa-Bund – Allgemeiner freier Angestelltenbund
AfaS – Arbeitsgemeinschaft für angewandte Schlafmedizin
AFAST – Association Franco-Allemande pour la Science et la Technologie
AfB – Arbeitsgemeinschaft für Bildungsfragen *(in der SPD)*
AFB – Air Force Base · allgemeine Feuerversicherungsbedingungen · Amtliches Fernsprechbuch · Arbeitsausschuss für Berufsausbildung · Arbeitsgemeinschaft Fachärztlicher Berufsverbände · Arbeitsstelle Friedensforschung Bonn · Ausführungsbestimmung[en] · automatische Fahr- und Bremssteuerung
AFBG – Aufstiegsfortbildungsförderungsgesetz
AFC – American Football Conference · automatic flight control · automatic frequency control
AFCALTI – Association Française de Calcul et de Traitement de l'Information
AFCE – automatic flight control equipment
AFCENT – Allied Forces Central Europe *(NATO)*
AfD – Abteilung/Amt für Datenverarbeitung
AfDB – African Development Bank
AFE – Arbeitsgemeinschaft zur Förderung der Elektrowirtschaft
AFeB – Amtliches Fernsprechbuch
AfELF – Ausschuss für Ernährung, Landwirtschaft und Forsten
AFET – Allgemeiner Fürsorgeerziehungstag
AFF – Aktion Funk und Fernsehen · Ansteuerungsfunkfeuer
aff. – affabile (*ital.:* »freundlich«; *Musik*) · affinis (*lat.:* »verwandt«; *Biol.*)
affet. – affettuoso (*ital.:* »leidenschaftlich«; *Musik*)
AFG – Afghanistan *(Kfz)* · Arbeitsförderungsgesetz
afgh. – afghanisch
Afgh. – Afghane; Afghanistan
AfI – Amt für Information
AFI – Alpenforschungsinstitut *(Garmisch-Partenkirchen)* · Alzheimer-Forschung-Initiative · American Film Institute
AFIAP – Artiste de la Fédération Internationale de l'Art Photographique *(Ehrentitel)*
A. F. I. D. – Agence Française d'Information et de Documentation
AFIR – Ausschuss für industrielles Rechnungswesen *(im VDI)*
Afis, AFIS – automatisiertes Fingerabdruck-Identifizierungssystem
AFIZ – Ausschuss für internationale Zusammenarbeit
AfK – Amt für Klassifikation *(DIN)* · Arbeitsausschuss für Klassifikation *(im DNA)* · Arbeitsgemeinschaft für Kerntechnik · Arbeitsgemeinschaft für Korrosionsfragen · Archiv für Kommunalwissenschaften *(Ztschr.)* · Archiv für Kulturgeschichte *(Ztschr.)*
AFK – Akademie für Führung und Kommunikation · aramidfaserverstärkte[r] Kunststoff[e] · Arbeitsgemeinschaft für Friedens- und Konfliktforschung
AFKG – Arbeitsförderungskonsolidierungsgesetz
AfL – Amt für Lehrerausbildung
AFL – Abfanglinie *(Mil.)* · American Federation of Labor · Antifibrinolysin *(Med.)*
Afl. – Aruba-Florin *(Währung)*
AFL/CIO – American Federation of Labor – Congress of Industrial Organizations *(USA; Gewerkschaftsbund)*
AfLuE – Amt für Landwirtschaft und Ernährung

AfLuT – Amt für Landwirtschaft und Tierzucht
.afm – adobe font metric *(Dateierweiterung)*
AfM – Arbeitsgruppe für Menschenrechte *(Berlin)*
AFM – Arbeitsgemeinschaft für fertigungstechnisches Messwesen *(im VDI)* · Arbeitsgemeinschaft freier Mineralölimporteure · Arbeitsgemeinschaft/Arbeitsgruppe Freier Mitarbeiter · Atomic Force Microscope *(Rasterkraftmikroskop)* · Außenhandelsverband für Mineralöl
AFMED – Allied Forces Mediterranean *(NATO)*
AfN – Arbeitsausschuss für Netzplantechnik
AFN – American Forces Network · Anzeigegerät für Funknavigation · automatische Frequenznachstimmung
AFNOR – Association Française de Normalisation
AFNORTH – Allied Forces Northern Europe *(NATO)*
AfNS – Amt für Nationale Sicherheit *(DDR)*
AFÖ – Akademische Föderation Österreichs
AFÖB – Arbeitsgemeinschaft zur Förderung der österreichischen Bauwirtschaft
AFP – Agence France Press *(französische Nachrichtenagentur)* · Allgemeine Frauenpartei · Arbeitsgemeinschaft Flughafenplanung · Artilleriefährprahm
AFPS – Armed Forces Press Service
AfPU – African Postal Union
AfR – Arbeitskreis für Rechtschreibregelung
AFR – Arbeitsgemeinschaft für Betriebs- und Sicherheitsfragen an Forschungsreaktoren · automatische Frequenzregelung
afr. – afrikanisch · altfränkisch · altfranzösisch · altfriesisch
Afr. – Afrika · Afrikaans · Afrikaner · Altfränkische · Altfranzösische · Altfriesische
afränk. – altfränkisch
afranz. – altfranzösisch
AFRASEC – Afro-Asian Organization for Economic Cooperation
AFREA – Association Française pour les Relations Economiques avec l'Allemagne
AFRG – Arbeitsförderungsreformgesetz
afries. – altfriesisch
afrik. – afrikanisch
afrk. – altfränkisch
afrs. – altfriesisch
AFRTS – Armed Forces Radio and Television Service *(USA)*
afrz. – altfranzösisch
AfS – Absetzung für Substanzverringerung · Arbeitsausschuss für Sensitometrie *(im DNA)*
AFS – aeronautical fixed service *(engl.; fester Flugmeldedienst)* · aktive Fahrwerksstabilisierung *(Technik)* · American Field Service *(Organisation für Jugendaustausch)* · andrew file system · automatisierte Fertigungssteuerung *(EDV)*
AFSOUTH – Allied Forces Southern Europe *(NATO)*
AFSS – Air Force Secret Satellite *(Geheimsatellit)*
AFSV – automatische Fernmelde- und Speichervermittlung *(Post)*
AFT – aeronautical fixed telecommunication · Antifibrinolysintest *(Med.)*
Afta, AFTA – Asean free trade area
AFTN – aeronautical fixed telecommunication network
AfU – Arbeitsgemeinschaft für Unfallverhütung · Ausführungsbehörde für Unfallversicherung *(Post)*
AfuG – Amateurfunkgesetz
AfV – Amt für Verteidigungslasten · Ausschuss für Verkehr
AFV – Anlagefondsverordnung · Auslandsfleischbeschauverordnung
AFVB – allgemeine Feuerversicherungsbedingungen
AFVD – American Football Verband Deutschland
AFW – Akademie für Führungskräfte der Wirtschaft · Arbeitskreis zur Förderung dekorativer Wirtschaftswerbung
AFZ – Allgemeines Flugfunksprechzeugnis · Arbeits- und Forschungsgemeinschaft »Graf Zeppelin«
aG – auf Gegenseitigkeit
Ag – argentum (*lat.:* »Silber«, *Element*)
AG – Aargau *(Schweiz; Kfz)* · Abwehrgruppe · Aktiengesellschaft · Aktionsgemeinschaft · allgemeine Genehmigung · Altersgeld · Amtsgehilfe · Amtsgericht · Anstellungsgrundsätze · Antigen *(Med.)* · Anwaltsgericht · Appellationsgericht · Arbeitgeber · Arbeitsgang · Arbeitsgemeinschaft · Arbeitsgruppe · Arbeitslosengeld · atmosphärische Gegenstrahlung · Aufbaugesetz · Aufklärungsgruppe · Auftraggeber · Aufwertungsgesetz · Ausfuhrgenehmigung · Ausführungsgesetz · autonomes Gebiet
AG, A.G. – Atomgewicht
ÄG – Änderungsgesetz
ag. – agitato (*ital.:* »aufgeregt, heftig«; *Musik*) · ausgelaufen
äg. – ägyptisch
Ag. – Agent; Agentschaft; Agentur · Antigen[e]
Äg. – Ägäis · Ägypten; Ägypter
a. g. – anderweitig genannt
a. G. – ab Grenze · als Gast ·

altes Gesetz · auf Gegenseitigkeit
A. G. – Assemblée Générale
AgA – Aktionsgemeinschaft Artenschutz · Ausschuss für gefährliche Arbeitsstoffe
AGa – Allgemeine Grundausbildung *(Bundeswehr)*
AGA – advanced graphics adapter · Allgemeine Geschäftsbedingungen für das Anzeigenwesen · allgemeine Geschäfts- und Dienstanweisungen · American Gas Association · Arbeitgeberanteil · Arbeitgeberverband Groß- und Außenhandel
AGAB – Aktionsgemeinschaft arbeitsloser Bürgerinnen und Bürger e. V. *(Schweiz)*
AGAF – Arbeitsgemeinschaft für Ausbildung und Fortbildung
AGAH – Arbeitsgemeinschaft der Ausländerbeiräte in Hessen · Arbeitsgemeinschaft für angewandte Humanpharmakologie
AGARD – Advisory Group for Aeronautical Research and Development *(NATO)*
AGAV, AgaV – Arbeitsgemeinschaft alternativer Verlage und Autoren
AGB – allgemeine Geschäftsbedingungen · Amerikagedenkbibliothek · Amtsgerichtsbezirk · Arbeitsgesetzbuch
agb. – angeboten
AGBG – Gesetz über die allgemeinen Geschäftsbedingungen
AGBGB – Ausführungsgesetz zum Bürgerlichen Gesetzbuch
AGBN – Arbeitsgemeinschaft der in Bayern tätigen Notärzte
AGBSHG – Gesetz zur Ausführung des Bundessozialhilfegesetzes
AGBz – Amtsgerichtsbezirk
AGC – automatic gain control
AGD, AGDir. – Amtsgerichtsdirektor
AGDL – Arbeitsgemeinschaft Deutscher Lehrerverbände
AGDP – Arbeitsgemeinschaft der deutschsprachigen Pilgerstellen
AGDW – Arbeitsgemeinschaft Deutscher Waldbesitzerverbände
AGE – Arbeitsgemeinschaft Energie · Arbeitsgemeinschaft Entwicklungsländer · advanced glycation endproducts · Alte Geschichte für Europa *(Verein)*
AGEH – Arbeitsgemeinschaft für Entwicklungshilfe
agerm. – altgermanisch
A.-Gew. – Atomgewicht
AGF – Arbeitsgemeinschaft der Deutschen Familienorganisationen · Arbeitsgemeinschaft der Großforschungseinrichtungen · Arbeitsgemeinschaft Fernsehforschung · Arbeitsgemeinschaft Feuerschutz · Arbeitsgemeinschaft für Forschung des Landes Nordrhein-Westfalen · Arbeitsgemeinschaft Fleisch · Arbeitsgemeinschaft Futter und Fütterung · Arbeitsgemeinschaft Getreideforschung · Arbeitsgemeinschaft Güterfernverkehr im Bundesgebiet
Agfa – Aktiengesellschaft für Anilinfabrikation
AGFF – Arbeitsgemeinschaft zur Förderung des Futterbaus *(Schweiz)*
AGFGO – Gesetz zur Ausführung der Finanzgerichtsordnung
AGFP – Arbeitsgemeinschaft Friedenspädagogik
AGFW – Arbeitsgemeinschaft Fernwärme
AGG – Arbeitsgemeinschaft katholischer Studenten und Hochschulgemeinden · Arbeitsgerichtsgesetz · Gesetz über Abwertungsgewinne · Gesetz über die Aktiengesellschaften
AGGPG – Arbeitsgruppe gegen Gewalt in der Pädiatrie und Gynäkologie
aggr. – aggressiv
Aggr. – Aggregat · Aggression; Aggresivität
AGGVG – Gesetz zur Ausführung des Gerichtsverfassungsgesetzes
AGI – Adolf-Grimme-Institut · Alliance Graphique Internationale · Année Géophysique Internationale · Arbeitsgemeinschaft Influenza · Arbeitsgemeinschaft Genossenschaftswissenschaftlicher Institute
AGIA – Arbeitsgemeinschaft Interessenvertretung Alleinerziehende
AGiL – Arbeitsgemeinschaft integrierter Lizenzsender
AG i. L. – Aktiengesellschaft in Liquidation
AGIP – Azienda Generale Italiana Petroli
AGIREV – Arbeitsgemeinschaft Internet Research e. V.
AGIS – Automatisiertes Gefechts- und Informationssystem Schnellboote
agisra – Arbeitsgemeinschaft gegen internationale sexuelle und rassistische Ausbeutung
agit. – agitato (*ital.:* »aufgeregt, heftig«; *Musik*)
Agit. – Agitation; Agitator
Agitprop – Agitation und Propaganda *(DDR)*
AGJJ – Arbeitsgemeinschaft für Jugendpflege und Jugendfürsorge
AGJWG – Gesetz zur Ausführung des Gesetzes für Jugendwohlfahrt
AGK – Arbeitsgemeinschaft Kälteindustrie
AGKT – Arbeitsgemeinschaft Kritische Tiermedizin

AGL – Abteilungsgewerkschaftsleitung *(DDR)* · Arbeitsgemeinschaft Landwirtschaft · Arbeitsgemeinschaft Luftfahrtausrüstung · automatisierte Gruppen-Lerndynamik
a. g. L. – akademisch geprüfter Landwirt
Agla – Ausgleichsamt
AGlB – Allgemeine Versicherungsbedingungen für die Glasversicherung
aglfrz. – anglofranzösisch
AGLMB – Arbeitsgemeinschaft der Leitenden Medizinalbeamten der Bundesländer
a. gl. O. – am gleichen Ort
AGLSV – Arbeitsgemeinschaft Literarische und Sachbuchverlage
AGM – angeborener gestaltbildender Mechanismus
Agm. – Arbeitsgemeinschaft
AG. MA – Arbeitsgemeinschaft Media-Analyse
AGMAG – Gesetz zur Ausführung des Bundesgesetzes über die Ausübung des Berufs der medizinisch-technischen Assistentin *(Bayern)*
AGMDT – Arbeitsgruppe Mittlere Datentechnik *(Baden-Württemberg)*
AGMM – Arbeitsgemeinschaft für Musikpflege und Musikerziehung
AGMR – Advanced Gas-cooled Maritime Reactor
AGMS – Arbeitsgruppe des Ministers/Sonderaufgaben *(DDR)*
AGN – Arbeitsgemeinschaft Güternahverkehr im Bundesgebiet · Arbeitsgemeinschaft Notärzte · Ausschuss Gestaltung von Normen *(DIN)*
AGNB – Allgemeine Beförderungsbedingungen für den gewerblichen Güternahverkehr mit Kraftfahrzeugen
AGNN – Arbeitsgemeinschaft in Norddeutschland tätiger Notärzte
AGNP – Arbeitsgemeinschaft für Neuropsychopharmakologie und Pharmakopsychiatrie
AGO – Abteilungsgewerkschaftsorganisation *(DDR)* · Allgemeine Gerichtsordnung *(Preußen)* · Arbeitsgemeinschaft des Omnibusgewerbes · Ausschuss für die Gebührenordnung
AGOA – Arbeitsgemeinschaft der Ordensarchive
AGOF – Arbeitsgemeinschaft Online-Forschung
AGÖF – Arbeitsgemeinschaft Ökologischer Forschungsinstitute
AGÖL – Arbeitsgemeinschaft ökologischer Landbau
AGP – accelerated graphics port · Arbeitsgemeinschaft der Priestergruppen *(kath. Kirche)* · Arbeitsgemeinschaft Personenverkehr · Arbeitsgemeinschaft zur Förderung der Partnerschaft in der Wirtschaft · Armeegerätepark
AGPD, AGPhD – Allgemeine Gesellschaft für Philosophie in Deutschland
AGPLAN – Arbeitsgemeinschaft Planung
AGPR – Arbeitsgemeinschaft der Pastoralreferentinnen und -referenten Deutschlands
AGPräs. – Amtsgerichtspräsident
AGQM – Arbeitsgemeinschaft Qualitätsmanagement Biodiesel
AGR – Advanced Gascooled Reactor · Aktion Gesunder Rücken · Amtsgerichtsrat
agr. – agrarisch · agronomisch · altgriechisch
Agr. – Agrarier · Agrikultur · Agronom; Agronomie · Agrumen · Altgriechische
AGr. – Arbeitsgruppe · Anstellungsgrundsätze
a. Gr. – ab Grenze
Agra – Arbeitsgemeinschaft der Redakteursausschüsse von ARD und ZDF
AgrarRefG – Agrarreformgesetz
AgrBauR, AgrBR – Agrarbaurat
AGRJWG vgl. AGJWG
AGS – adaptive Getriebesteuerung *(Kfz)* · adrenogenitales Syndrom *(Med.)* · Amtsgerichtssekretär · Arbeitsgemeinschaft der Selbstständigen *(in der SPD)* · Arbeitsgemeinschaft Schallplatte · Arbeitssicherheit und Gesundheitsschutz · Ausschuss für Gefahrstoffe *(beim BMAS)* · automatic gain stabilization *(engl.; automatische Verstärkungsregelung)* · Automobil Gonfarn Sport
ags. – angelsächsisch
AGSchZuVO – Landesverordnung über Zuständigkeiten auf dem Gebiet des Arbeits- und technischen Gefahrenschutzes
AGSEP – Asian-German sports exchange program
AGSGG – Ausführungsgesetz zum Sozialgerichtsgesetz
AGStPO – Ausführungsgesetz zur Strafprozessordnung
AGt – Ausschuss Gebrauchstauglichkeit *(im DNA)*
Agt. – Agent; Agentur
Agtr. – Agentur
AGU – American Geophysical Union · Arbeitsgemeinschaft für Umweltfragen
AgV – Arbeitsgemeinschaft der Verbraucherverbände
AGV – Akademischer Gesangverein · Angestelltenversicherungsgesetz · Arbeitgeberverband · Arbeitgebervereinigung · Arbeitsgemeinschaft der Grafischen Verbände · Arbeitsgemein-

schaft Verpackung *(im RKW)* · Auslandsfleischbeschaugebühren-Verordnung · automated guided vehicles
AGVereinsG – Gesetz zur Ausführung des Vereinsgesetzes
AGVersammlG – Gesetz zur Ausführung des Versammlungsgesetzes
AGVG, AGVSG – Gesetz zur Ausführung des Viehseuchengesetzes
AGVU – Arbeitsgemeinschaft Verpackung und Umwelt
AGVwGO – Gesetz zur Ausführung der Verwaltungsgerichtsordnung
AGW – Anthropologische Gesellschaft in Wien · Arbeitsgemeinschaft der Verbände der Gas- und Wasserwerke · Arbeitsgemeinschaft der Werbefachverbände · Arbeitsgemeinschaft Wanderfalkenschutz · Arbeitsgemeinschaft Wohnberatung · Atemgrenzwert *(Med.)*
AGWBewG, AGWoBewG – Ausführungsgesetz zum Wohnraumbewirtschaftungsgesetz
AGWE – Arbeitgeberverband von Gas-, Wasser- und Elektrizitätsunternehmungen
ägypt£ – ägyptisches Pfund *(Währung)*
agz. – angezeigt
AGZPO – Ausführungsgesetz zur Zivilprozessordnung
AGZPOKO – Ausführungsgesetz zur Zivilprozessordnung und zur Konkursordnung
AGZR – Allgewerkschaftszentralrat
Ah – Amperestunde · Aushilfe
AH – allgemeine Haftpflicht · Amtshilfe · Außenhandel
Ah. – Ahorn · Anhang · Anhänger · Aushang · Aushilfe
a. h., a. H. – ad honorem (*lat.*; »zur Ehre«)
A. H. – Alter Herr *(Verbindungsw.)* · Anno Hebraico (*lat.*: »im hebräischen Jahr«; *Beginn der jüdischen Zeitrechnung 3761 v. Chr.*) · Anno Hegirae (*lat.*: »im Jahr der Hedschra«; *Beginn der islamischen Zeitrechnung 622 n. Chr.*)
AHA – American Heart Association · Außenhandelsausschuss [des Zentralverbandes der elektrotechnischen Industrie]
AHagB – allgemeine Hagelversicherungs-Bedingungen
A. H. A. H. – Alte Herren *(Verbindungsw.)*
AHB – allgemeine Haftpflichtversicherungsbedingungen · Anschlussheilbehandlung · Außenhandelsbank
AHC – Allied High Commission
AHD – Arbeitsgemeinschaft für Hochschuldidaktik · Außenhandelsdienst [der Industrie- und Handelskammern und Wirtschaftsverbände]
ahd. – althochdeutsch
Ahd. – Althochdeutsche
AHE – Außenhandelserlasse
AHF – Antihämophiliefaktor *(Med.)*
AHG – Altschuldenhilfegesetz · antihämophiles Globulin *(Med.)* · Außenhandelsgesetz
Ahg. – Anhang · Anhänger · Aushang
AHGB – Allgemeines Handelsgesetzbuch
AHI – Archiv für Handel und Industrie
AHK – Alliierte Hohe Kommission [für Deutschland] · Anhängerkupplung · Außenhandelskontor · Auslandshandelskammer
AHK debelux – Deutsch-Belgisch-Luxemburgische Auslandshandelskammer
AHKG – Gesetz der Alliierten Hohen Kommission
a. h. l. – ad hunc locum (*lat.*: »an diese Stelle«)
AHLG – Anti-Human-Lymphozyten-Globulin *(Med.)*
AHMV – Arbeitskreis Heizungs- und Maschinenwesen staatlicher und kommunaler Verwaltungen
AhndG – Ahndungsgesetz
AHO – Allgemeine Hafenordnung · Ausschuss für die Honorarordnung der Ingenieure · Außenhandelsorganisation
Ahp – Aushilfsposten *(Post)*
AhP, Ahp. – Anhaltspunkt
AHPl – Arbeits- und Haushaltsplan
AHR, AH-Rdschr. – Außenhandelsrundschreiben
AHS – Aktion Humane Schule
A. H. S. – anno humanae salutatis (*lat.*: »im Jahr[e] des menschlichen Heils«)
AHSt – Außenhandelsstelle für Erzeugnisse der Ernährung und Landwirtschaft
AHStatDV – Durchführungsverordnung zum Gesetz über die Außenhandelsstatistik
AHStatG – Gesetz über die Außenhandelsstatistik
AHStG – Allgemeines Hochschulstudiengesetz *(Österreich)*
AHT – Arbeitsgemeinschaft Härtereitechnik · Arbeitsgemeinschaft Heizungs- und Lüftungstechnik *(im VDI)*
AHV – Alters- und Hinterlassenenversicherung · Alters- und Hinterlassenen-Vorsorge · Altherrenverband *(Verbindungsw.)* · Ausfuhrhändlervergütung
a. h. v. – ad hanc vocem (*lat.*: »bei diesem Wort«)
AHVB – Allgemeine Haftpflichtversicherungsbedingungen

AHVO – Allgemeine Hafenverordnung
AHZB – anzusetzender Hinzurechnungsbetrag
ai – amnesty international
.ai – adobe illustrator *(Dateierweiterung)*
AI – aerodynamisches Institut · Agenturinkasso · Air India · all inclusive · Amtsinspektor · anthropologisches Institut · Appenzell Innerrhoden *(Schweiz; Kfz)* · Appraisal Institute *(USA)* · archäologisches Institut · artificial intelligence *(EDV)* · Automobilindustrie
ai. – altindisch
a. i. – ab initio (*lat.:* »von Anfang an«) · ad interim (*lat.:* »einstweilen, unterdessen; vorläufig«)
A. I. – anno inventionis (*lat.:* »im Jahr[e] der Entdeckung«)
AiA – Angestellter im Außendienst
AIA – Aerodynamisches Institut Aachen · American Institute of Aeronautics · American Institute of Archeology · American Institute of Architects · American International Academy · Association Internationale Africaine · Association Internationale des Allergistes
AIAA – American Institute of Aeronautics and Astronautics
AIAC – Association Internationale d'Archéologie Classique · Association Internationale des Assureurs-Crédit *(internationale Kreditversicherungsvereinigung)*
AIB – Aerodynamisches Institut Braunschweig · Agency Investigation Board *(Prüf- und Zulassungsbehörde für IATA-Agenturen)* · American Institute of Banking · Anweisung für Abdichtung von Ingenieurbauwerken der Deutschen Bahn · Association des Industries de Belgique
AIBA – Association Internationale de Boxe Amateur
AIBM – Association Internationale des Bibliothèques Musicales
AIC – Aichach/Friedberg *(Kfz)* · Administration Internationale de Coopération *(Frankreich)* · American Institute of Chemists · American Institute of Cooperation · Association Internationale de Cartographie · Association Internationale des Charités *(internationaler kathol. Dachverband der Frauen-Vinzenz-Organisationen)* · Association Internationale de Cybernétique
AICA – Association Internationale des Critiques d'Art · Association Internationale pour le Calcul Analogique *(internationale Vereinigung für analoges Rechnen)*
AICB – Association Internationale contre le Bruit *(internationale Vereinigung gegen den Lärm)*
AICBM – Anti-Intercontinental Ballistic Missile
AICCF – Association Internationale du Congrès des Chemins de fer *(internationale Eisenbahnkongressvereinigung)*
AICGS – American Institute for Contemporary German Studies *(USA)*
AICL – Association Internationale de Littérature Comparée
AICMR – Association Internationale des Constructeurs de Matériel Roulant *(internationale Waggonbauvereinigung)*
AICPA – American Institute of Certified Public Accountants
AICS – Association Internationale du Cinéma Scientifique
AID – Aerodynamisches Institut Darmstadt · Allgemeiner Informationsdienst · Alliance Internationale de la Diffusion par Fil · Association Internationale de Développement · Association Internationale des Documentalistes et Techniciens de l'Information · Land- und Hauswirtschaftlicher Auswertungs- und Informationsdienst
AIDA – Association Internationale de la Distribution des Produits Alimentaires · attention, interest, desire, action (*Betriebswirtschaftslehre, USA:* »Aufmerksamkeit, Interesse, [Kauf]-wunsch, [Kauf]aktion«; *Bewertung einer Anzeige nach ihrer Wirkung*)
A. I. D. A. – Association Internationale de Droit des Assurances
AIDE – Association Internationale de Distribution d'Eau *(internationale Vereinigung zur Wasserversorgung)*
AIDEC – Association for European Industrial Development and Economic Cooperation
AIDO – Association Internationale des Directeurs de l'Opéra
AIDP – Association Internationale du Droit Pénal
AIDS – Acquired Immune Deficiency Syndrome *(Med.)* · Airborne Integrated Data Systems
AIDT – Association Interparlementaire du Tourisme
AIE – Associazione Italiana Editori
AIEA – Agence Internationale de l'Energie Atomique
AIECE – Association d'Instituts Européens de Conjoncture Economique *(Verei-*

nigung europäischer Konjunkturinstitute)
AIEE – American Institute of Electrical Engineers · Association des Instituts d'Etudes Européennes
AIEM – Association Internationale pour l'Essai des Matériaux *(internationale Vereinigung für Materialprüfung)*
AIEP – Association Internationale des Usagers d'Embranchements Particuliers
AIERI – Association Internationale des Etudes et Recherches sur l'Information *(internationale Vereinigung für Meinungsforschung)*
AIESEC – Association Internationale des Etudiants en Sciences Economiques et Commerciales
AIEST – Association Internationale d'Experts Scientifiques du Tourisme
AiF, AIF – Arbeitsgemeinschaft industrieller Forschungsvereinigungen
AIFF, .aiff – audio interchange file format
AIFM – Association Internationale des Femmes Médecins
AIG – advertising information group · Arbeitskreis Internationaler Gemeinschaftsdienste · Association Internationale de Géodésie · Auslandsinvestitionsgesetz
AIGA – Association Internationale de Géomagnétisme et d'Aéronomie
AIGG – Association Internationale de Géodésie et de Géophysique
AIH – Association Internationale de l'Hôtellerie
AIHS – Association Internationale d'Hydrologie Scientifique
AIIC – Association Internationale des Interprètes de Conférence *(internationaler Konferenzdolmetscherverband)*
AIIRM – Association Internationale des intérêts radiomaritimes
AIJD – Association Internationale des Juristes Démocrates
AIJE – Association des Industries du Jute Européennes
AIJP – Association Internationale des Journalistes Philatéliques
AIL – Academy of International Law *(USA)*
AILA – Association Internationale de la Linguistique Appliquée
AIM – Accord concernant le transport international des marchandises par chemins de fer · advanced information management · alternative investment market · American Indian Movement · Arbeitskreis industrielles Messen *(im VDI)* · Association Internationale de Météorologie · Association Internationale de la Mutualité · Associazione Italiana di Metallurgia · Australian Institute of Metals · automatic identification manufacturer · automatic interface management
AIMA – Alternative Investment Management Association *(GB)*
AIMPA – Association Internationale de Météorologie et de Physique de l'Athmosphère
AIMR – Association for Investment Management and Research
aind. – altindisch
Aind. – Altindische
AIOP – Association Internationale d'Océanographie Physique
AiP – Arzt/Ärzte im Praktikum
AIP – Aeronautical Information Publication *(Luftfahrthandbuch)* · akute interstitielle Pneumonie *(Med.)* · American Institute of Physics · Association Internationale de Police · Association Internationale de Psychotechnique
AIPA – Association Internationale de Psychologie Appliquée
AIPC – Association Internationale des Palais de Congrès · Association Internationale des Ponts et Charpentes
AIPCEE – Association des Industries du Poisson de la CEE *(Vereinigung der Fischindustrie in der EU)*
AIPCN – Association Internationale Permanente des Congrès de Navigation
AIPCR – Association Internationale Permanente des Congrès de la Route
AIPH – Association Internationale des Producteurs de l'Horticulture
AIPPI – Association Internationale pour la Protection de la Propriété Industrielle *(internationale Vereinigung für gewerblichen Rechtsschutz)*
AIPS – Association Internationale de la Presse Sportive
AIR – Arbeitsgemeinschaft Incentive-Reiseagenturen/Veranstalter · Asociación Interamericana de Radiodifusión · Association Internationale du Registre des Bâteaux du Rhin *(internationale Vereinigung des Rheinschifffahrtsregisters)* · Autorité Internationale de la Ruhr
air. – altirisch
Air. – Altirische
a. i. R. – auch in Reinschrift
AIRBR – Association Internationale du Registre des Bâteaux du Rhin *(internationale Vereinigung des Rheinschifffahrtsregisters)*

AIRCENT – Allied Air Forces Central Europe *(NATO)*
AIRE – American Institute of Radio Engineers
AIRH – Association Internationale des Recherches Hydrauliques
AIRNORTH – Allied Air Forces Northern Europe *(NATO)*
AIRSOUTH – Allied Air Forces Southern Europe *(NATO)*
AIS – Arbeitgeber-Informations-Service *(der Bundesanstalt für Arbeit)* · Association Internationale de la Savonnerie et de la Détergence *(internationale Vereinigung der Seifen- und Waschmittelindustrie)* · Association Internationale de la Soie · Association Internationale de la Sociologie · automatic identification system · [Fraunhofer-Institut für] Autonome intelligente Systeme
AISAM – Association Internationale des Sociétés d'Assurances Mutuelle
AISC – Association Internationale des Skål Clubs
AISE – Association Internationale des Sciences Economiques
AISI – American Iron and Steel Institute
AISJ – Association Internationale des Sciences Juridiques
aisl. – altisländisch
Aisl. – Altisländische
AISP – Académie/Association Internationale de Science Politique
AISPIT – Association Internationale de Séismologie et de Physique de l'Intérieur de la Terre
AIT – advanced intelligent tape · Alliance Internationale du Tourisme
AITA – Association Internationale du Théâtre d'Amateurs · Association Internationale des Transports Aériens
AITP – Autoimmunthrombozytopenie *(Med.)*
AITT – Association Internationale de la Teinture Textile
AIU – Alliance Israélite Universelle *(Jüdischer Weltbund)* · Association Internationale des Universités
AIV – Akademischer Ingenieur-Verband · Alters- und Invalidenversicherung · Architekten- und Ingenieurverein · Außenhandelsausschuss industrieller Verbände · Association Internationale de Volcanologie · automatische Informationsverarbeitung
AIW – Arbeitskreis Fachagenturen und Berater für Industriewerbung
AIWM – American Institute of Weights and Measures
AIX – advanced interactive executive
AIZ – Allgemeine Immobilienzeitung · Antiimperialistische Zellen
AiZ – Automation im Zug
AJEB – Arbeitsgemeinschaft für Jugend- und Erwachsenenbildung
AJI – Association Juridique Internationale
AjLE, AJLE – Ausschuss junger Lehrer und Erzieher *(in der GEW)*
AJT – Aktion Junge Touristik
ak – altkatholisch
Ak – Anschaffungskosten
AK – Absorptionskoeffizient · Aktienkapital · Alaska *(Staat der USA)* · Altenkirchen *(Kfz)* · Altkatholiken · Amtskasse · Anwaltskammer · Appellationskammer · Arbeiterkammer *(Österreich)* · Arbeitskarte · Arbeitskraft · Arbeitskreis · Armeekorps · Athletikklub · Aufräumungskosten · Ausfuhrkontrolle · äußerste Kraft *(Schifffahrt)* · Auszahlungskontrolle · Autokarte · Autorenkorrektur
AK, Ak. – Antikörper
ak. – akademisch · akustisch · akut · altkatholisch
Ak. – Akademie; Akademiker · Aktie[n] · Akustik
a. K. – am Kaiserstuhl · auf Kohle[basis] · auf Kommissionsbasis · auf Kredit · auf Kriegsdauer · außer Konkurrenz · außer Kraft
AKA – Abschnittsknotenamt *(Post)* · Akademische Auslandsstelle · Arbeitsgemeinschaft für kommunale Abfallwirtschaft · Ausfuhrkreditanstalt
akad. – akademisch
Akad. – Akademie[n]; Akademiker
Akad. d. K. – Akademie der Künste
Akad. d. Wiss. – Akademie der Wissenschaft[en]
AKAH – Arbeitsgemeinschaft der kommunqlen Ausländerbeiräte Hessen
akath. – altkatholisch
AKB – Allgemeine Kraftverkehrsversicherungsbedingungen · Alliierte Kommandantur[a] Berlin · Atomkraftwerk Bayern
AKBP – Abteilung für Auswärtige Kultur- und Bildungspolitik *(im Auswärtigen Amt)*
ÄKBV – Ärztlicher Kreis- und Bezirksverband
AKD – Arbeitsgemeinschaft kommunale Datenverarbeitung
AKdÄ – Arzneimittelkommission der Deutschen Ärzteschaft
AKDB – Anstalt für Kommunale Datenverarbeitung in Bayern
AKDH – Aktion Kinder des Holocaust
Ak. d. K. – Akademie der Künste

AkDR – Akademie des Deutschen Rechts
AKDStV – Arbeitsgemeinschaft katholischer deutscher Studentenverbindungen
Ak. d. Wiss. – Akademie der Wissenschaft[en]
AKE – Arbeitskräfteerhebung
AKEP – Arbeitskreis Elektronisches Publizieren
AKf – Arnoldshainer Konferenz *(ev. Bildungsarbeit)*
AKF – Arbeitsgemeinschaft für katholische Familienbildung
Ak.-Fam. – Akademikerfamilie
AKG – Allgemeines Kriegsfolgengesetz
AKH – Allgemeines Krankenhaus · Architektenkammer Hessen
AKHB – Allgemeine Bedingungen für die Kraftfahrhaftpflichtversicherung
Aki – Aktualitätenkino
AKI – Arbeitsgemeinschaft Deutsche Kunststoffindustrie · Arbeitsgemeinschaft Keramische Industrie
AKID – Arbeitsgemeinschaft katholischer Internatserzieher Deutschlands
AKiUB – Allgemeine Kinder-Unfallversicherungsbedingungen
AKJ – Arbeitskreis für Jugendliteratur
AKK – Anstalt für Kabel-Kommunikation
Akk. – Akkord · Akkordeon · Akkumulator · Akkusativ *(Sprachw.)*
akkr. – akkreditiert
Akkr. – Akkreditierung · Akkreditiv
Akku – Akkumulator
AKL – Arbeitsgemeinschaft Katholischer Liturgiedozenten · Arbeitskreisleiter
AKM – [Staatlich genehmigte Gesellschaft der] Autoren, Komponisten und Musikverleger *(Österreich)*
AKMB – Arbeitsgemeinschaft der Kunst- und Museumsbibliotheken
AKN – [Eisenbahngesellschaft] Altona-Kaltenkirchen-Neumünster · Amtskostennachweis *(Post)* · Aktionskonferenz Nordsee
AkNZ – Akademie für Notfallplanung und Zivilschutz
AKO – Amtskassenordnung · Armeekommando
AKO, A. K. O. – Allerhöchste Kabinetts-Ordre
AKommG – Kommanditgesellschaft auf Aktien
AKOR – Arbeitskreis Operational Research *(beim AWF)*
AKOTECH – Arbeitsgemeinschaft für Auslands- und Kolonialtechnik *(im VDI)*
AKP – Afrika, Karibik und pazifischer Raum · Arbeitsgemeinschaft Kirchliche Presse
AKR – Arbeitskreis Kunststoffrecycler
Akr. – Arbeitskreis
a. Kr. – auf Kredit · auf Kriegsdauer
AKRA – Arbeitsgemeinschaft Kraftwagenspedition
AKrB – Allgemeine Krankenversicherungsbedingungen
AKriegsfG – Allgemeines Kriegsfolgengesetz
AkrV – Arbeitskreis Vermessungswesen
AKS – anerkanntes Saatgut · Arbeitsgemeinschaft freiberuflich tätiger öffentlich bestellter und vereidigter Kraftfahrzeug-Sachverständiger · Arbeitskreis Kleinerer Sortimente · Arbeitskreis Kultursponsoring
AKSB – allgemeine Bedingungen für die Kraftverkehrs-Strafrechtsschutzversicherung
AKSchG – Gesetz über die Fristen für die Kündigung von Angestellten
Akt. – Akten · Aktien · Aktion[en] · Aktionär[e] · Aktiva · Aktivität[en] · Aktualität · Aktuar
Akt.-Eins. – Akteneinsicht
AktG, Akt.-Ges. – Aktiengesellschaft *(selten für:* AG*)* · Aktiengesetz
Akt.-Nr. – Aktennummer
AktO – Aktenordnung
AktOBGH – Aktenordnung Bundesgerichtshof
AktR – Aktienrecht
Akt.-Verz. – Aktenverzeichnis
Akt.-Z., AktZ – Aktenzeichen
Akü – Abkürzung
Aküfi – Abkürzungsfimmel
Akülex. – Abkürzungslexikon
Aküspr., Aküspra – Abkürzungssprache
AKUV – Arbeiter- und Krankenunterstützungsverein
Aküv – Abkürzungsverzeichnis [des Schweizer Militärs]
AkV – Arbeitskreis kleinerer Verlage
AKV – Aachener Karnevalsverein · allgemeine Krankenversicherungsbedingungen · allgemeine Kreditvereinbarungen · Allgemeiner Knappschaftsverein · Anzeige-Kathodenverstärker · Ausfuhrkreditversicherung · Deutscher Auslandskassenverein
AKV, a. K. v. – äußerste Kraft voraus *(Schifffahrt)*
AKW – Arbeitskreis Werbefernsehen der deutschen Wirtschaft · Atomkraftwerk
akz. – akzeptieren; akzeptiert · akzessorisch
Akz. – Aktenzeichen · Akzeleration · Akzent[e]; Akzentuierung · Akzept · Akzeptant · Akzeptanz · Akzeptation · Akzess · Akzession · Akzidenz · Akzise

Akz.-Dr. – Akzidenzdruck[erei]
Akz.-Kr. – Akzeptkredit
Al – Aluminium *(Element)*
AL – Abteilungsleiter; Abteilungsleitung · Ahnenliste · Alabama *(Staat der USA)* · Albanien *(Kfz)* · Alternative Liste · Amateurliga · Amtsleiter; Amtsleitung · Anschlussleitung · Anzeigenleiter · artificial life · Ausfuhrliste
al. – alemannisch · alias (*lat.:* »sonst«)
Al. – Alemannische · Alimente · Alinea *(Buchw.)* · Alkohol · Alumnat; Alumne · Anlasser *(Technik)* · Aluminium *(selten)* · Arbeitslose[r]
a. l. – ad libitum (*lat.:* »nach Belieben«)
a. L. – ab Lager · an der Lahn *(seltener für: a. d. L.)* · an Land · auf Lebenszeit · auf Lieferung
ä. L. – ältere Linie
A. L. – Arabische Liga; Arab League
ALA – Ahnenlistenaustausch · Allgemeines Luftwaffenamt *(Bw.)* · American Library Association · Arbeitsgemeinschaft der schweizerischen Aluminiumverarbeiter, -walzwerke und -hütten
Ala. – Alabama *(Staat der USA)*
ALADI – Asociación Latinoamericana de Integración
ALAI – Association Littéraire et Artistique Internationale
ALALC – Asociación Latinoamericana de Libre Comercio *(lateinamerikanische Freihandelszone)*
Alas. – Alaska *(Staat der USA)*
alat. – altlateinisch
ALB – allgemeine Lagerbedingungen [des deutschen Möbeltransports] · allgemeine Lebensversicherungsbedingungen · Amtliche Leichtathletik-Bestimmungen · allgemeine Lieferbedingungen · Arbeitsgemeinschaft landwirtschaftliches Bauwesen · automatische, lastabhängige Bremskraftregelung
alb. – albanisch
Alb. – Albanien; Albaner; Albanische · Albatros · Album · Albumin
AlBz – Aluminiumbronze
ALC – Arab League Council *(Rat der Arabischen Liga)*
ALCM – air launched cruise missile
Alcor – Algol converter *(EDV)*
Ald. – Aluminiumdose
ALDC – advanced lossless data compression *(EDV)*
Aldehyd – Alcoholus dehydrogenatus
Aldi – Albrecht Discount
ALE – Arbeitsgemeinschaft der Leiter deutscher nichtbundeseigener Eisenbahnen
ALEA – Allgemeine Lieferbedingungen für den Export von Anlagegütern
al. ed. – alia editione (*lat.:* »in einer anderen Ausgabe«)
ALEF – asset/liability efficient frontier
alem. – alemannisch
Alem. – Alemannische
AlF – Arbeitslosenfürsorge
ALF – Amt für Landwirtschaft und Flurneuordnung *(Sachsen-Anhalt)* · Ausschuss Luftfahrtforschungsprogramm
al f. – al fine (*ital.:* »bis zum Schluss«; *Musik*)
ALFCENT – Allied Land Forces Central Europe *(NATO)*
ALFT – Aluminium-Formol-Toxoid
Alfu – Arbeitslosenfürsorgeunterstützung
Alfü – Arbeitslosenfürsorge
AlfuG, AlfüG – Gesetz über die Bemessung und Höhe der Arbeitslosenfürsorgeunterstützung
ALG – Arbeitsgemeinschaft Literarischer Gesellschaften und Gedenkstätten
ALG, AlG – Arbeitslosengeld
alg. – algebraisch · algerisch
Alg. – Algebra · Algerien; Algerier; Algier · Algorithmus
ALGOL, Algol – Algorithmic Language *(EDV)*
ALHi, Alhi – Arbeitslosenhilfe
ALI – American Library Institute · Associazione Librai Italiani *(italienischer Buchhändlerverband)* · Autofahrer-Leit- und Informationssystem
A-Life – artificial life
ALITALIA – Aerolinee Italiane Internazionali
ALK – Amt für Landeskultur *(Hessen)*
alk. – alkalisch *(Chemie)* · alkoholisch
Alk. – Alkali · Alkohol
ALL – akute lymphatische Leukämie *(Med.)*
all. – allegro (*ital.:* »schnell«; *Musik*) · alleinig · alliiert · alliterieren[d] *(Sprachwiss.)*
All. – Allegro · Alleluja · Alliierte · Alliteration
AllA – allgemeine Anweisung
allarg. – allargando (*ital.:* »langsamer, breiter werdend«; *Musik*)
ALLBUS – Allgemeine Bevölkerungsumfrage der Sozialwissenschaften
alleg. – allegorisch
allegr. – allegretto (*ital.:* »mäßig schnell«; *Musik*)
allerh. – allerhand · allerheiligst · allerhöchst
allg. – allgemein
Allg. – Allgäu · Allgemeinheit
AllgABest., AllgAusfBest. – allgemeine Ausführungsbestimmung[en]
AllgDSeeVersBed. – allge-

meine Deutsche Seeversicherungsbedingungen
AllgDTranspVersBed. – allgemeine Deutsche Binnentransportversicherungsbedingungen
AllgEinbrVersBed. – allgemeine Einbruchsdiebstahlversicherungsbedingungen
AllgElekVersorgBed. – allgemeine Bedingungen für die Versorgung mit elektrischer Arbeit aus dem Niederspannungsnetz der Elektrizitätsversorgungsunternehmen
AllgFeuerversBed. – allgemeine Feuerversicherungsbedingungen
allg. Gen. – allgemeine Genehmigung
AllGeschBed. – allgemeine Geschäftsbedingungen
AllgHaftpflVersBed. – allgemeine Haftpflichtversicherungsbedingungen
AllgKrankVersBed. – allgemeine Krankenversicherungsbedingungen
AllgKVerkVersBed. – allgemeine Kraftverkehrsversicherungsbedingungen
AllgLagBed. – allgemeine Lagerbedingungen
AllgLebVersBed. – allgemeine Lebensversicherungsbedingungen
AllGO, Allgo. – allgemeine Gebührenordnung
AllgUnfVersBed. – allgemeine Versicherungsbedingungen für die Unfallversicherung
AllgVersBed. – allgemeine Versicherungsbedingungen
AllgVwKostO – Allgemeine Verwaltungskostenordnung
AllHKomm. – Alliierte Hohe Kommission
allj. – alljährlich
AllKdtr., AllKdtur. – Alliierte Kommandantura
AllMBl – Allgemeines Mitteilungsblatt
all. m. n. tr. – allegro ma non troppo (*ital.:* »schnell, aber nicht zu sehr«; *Musik*)
Allr. – Allrad[antrieb]
ALM – asset liability management/modeling
Alm. – Almanach · Almosen
ALO – Air Liaison Officer *(Luftverbindungsoffizier)*
ALP – Agrarleitplan · Automated Learning Process
alph. – alphabetisch
Alph. – Alphabet
ALR – Allgemeines Landrecht für die preußischen Staaten (1794) · automatische Lautstärkeregelung
Alr. – Aluminiumröhre
ALRT – Arbeitsgemeinschaft Luftfahrt- und Raumfahrttechnik *(im VDI)*
ALS – amyotrophe Lateralsklerose *(Med.)* · Antilymphozytenserum · Arbeitsgemeinschaft lichttechnischer Spezialfabriken
al s. – al segno (*ital.:* »bis zum Zeichen«; *Musik*)
ALSAG – Altlastensanierungsgesetz
Alt – alternate key *(Computertastatur)*
ALT – Arbeitsgemeinschaft Luftfahrttechnik
alt. – altaisch · alternativ
ält. – ältere, älterer; älteres; älteste; ältester; ältestes
ält. Ausg. – ältere Ausgabe
AltautoV – Altautoverordnung
AltbG – Altbankengesetz
altd., altdt. – altdeutsch
Altd., Altdt. – Altdeutsche
AltEinkG – Alterseinkünftegesetz
Altersh. – Altersheim · Altershilfe
altgr. – altgriechisch
Altgr. – Altgriechische
Alt Gr – alternate graphics key *(Computertastatur)*
AltH – Altenheim; Altersheim
altk., altkath. – altkatholisch
Altk., Altkath. – Altkatholik(en)
altl., altlat. – altlateinisch
Altl., Altlat. – Altlateinische
Altm. – Altmark
alts., altsächs. – altsächsisch
Alts., Altsächs. – Altsächsische
Altsp., Altspar. – Altsparer
AltsparG – Altsparergesetz
altspr. – altsprachlich
alttest. – alttestamentlich
Alu – Aluminium
ALU – arithmetic logic unit
ALU, Alu – Arbeitslosenunterstützung
ALV – Arbeitslosenversicherung
Alweg – Axel Lenard Wenner Gren
AlwG – Gesetz über eine Altershilfe für Landwirte
ALZ – Aluminium-Zentrale
Am – Americium *(Element)*
AM – Abrechnungsmaschine · Air Mail (*engl.:* »Luftpost«) · Amberg *(Kfz)* · Amperemeter · Amplitudenmodulation · Amtsmeister · Arzneimittel · Associated Member *(engl.; außerordentliches, korrespondierendes Mitglied)* · Ausfuhrmeldung
am. – amerikanisch · amorph
Am. – Amateur · Amerika; Amerikaner; Amerikanische; Amerikanismus
a. m. – anno mundi (*lat.:* »im Jahre ... der Welt«) · ante meridiem (*lat.:* »vor Mittag«) · ante mortem (*lat.:* »vor dem Tode«)
a. M. – als Mitglied · am Main · amtliche Mitteilung · anderer Meinung · angewandte Mathematik
A. M. – Aserbaidschan-Manat *(Währung)*
AMA – American Medical Association · Arbeitsgemeinschaft Motorrad fahrender Ärzte

amagn. – amagnetisch
AmateurFG – Amateurfunkgesetz
AMB – allgemeine Maschinenversicherungsbedingungen · ambulante medizinische Betreuung
amb. – ambulant
Amb. – Ambassadeur; Ambassador · Ambulanz
AMBV – Arthrogryposis multiplex congenita · Arzneimittelbenutzungsverordnung
AMC – American Motors Corporation · Auto- und Motorrad-Club
a. m. c. – a mundo condito (*lat.:* »seit der Erschaffung der Welt«)
AMD – Advanced Micro Devices Inc. · Akademie Mode Design *(Hamburg)* · altersbedingte Makula-Degeneration *(Med.)*
amd. – altmitteldeutsch · altmodisch
a. m. d. F. b. – augenblicklich mit der Führung beauftragt
A. M. D. G. – ad maiorem Dei gloriam (*lat.:* »zur größeren Ehre Gottes«)
a. m. d. Tit. – auch mit dem Titel
AME – Accord Monétaire Européen *(europäisches Währungsabkommen)* · advanced metal evaporated
amer., amerik. – amerikanisch
Amer., Amerik. – Amerikaner; Amerikanische
Amex, AMEX – American Stock Exchange *(USA)*
AMF – Allied Mobile Force *(NATO; alliierte bewegliche Eingreifreserve)* · Autorité de marchés financiers *(Frankreich; neue Börsenaufsichtsbehörde)*
AMFAR – American Foundation for Aids Research
AMFarbV – Arzneimittelfarbstoffverordnung
AMG – Allied Military Government · American Military Government · Arbeitsgemeinschaft Moderne Getränkeverpackung · Arzneimittelgesetz
AMG-EV – Arzneimittelgesetz-Einreichungsverordnung
AMGVwV – Allgemeine Verwaltungsvorschrift zur Durchführung des Arzneimittelgesetzes
AMI – akuter Myokardinfarkt *(Med.)* · American Megatrends Inc. · Auto Mobil International *(Leipzig)*
AMK – Arbeitsgemeinschaft »Die moderne Küche« · Arzneimittelkommission der deutschen Apotheker/Ärzteschaft · Aufmerksamkeitskontrolle
AML – akute myeloische Leukämie *(Med.)*
AMLCD – active matrix LCD
AMM – American Military Mission · Association Médicale Mondiale *(Weltärztevereinigung)*
Amm. – Ammoniak
amMR – amerikanische Militärregierung
AMMRA, Ammra – Arbeitsgemeinschaft mittelständischer Mineralölraffinerien
AMMRE – Anstalt für mechanisch-musikalische Rechte
AmMRG – Gesetz der amerikanischen Militärregierung
AmMRVO – Verordnung der amerikanischen Militärregierung
AMNG – Gesetz zur Neuordnung des Arzneimittelrechts
AMÖ – Arbeitsgemeinschaft Möbeltransport
AMP – Adenosinmonophosphat · airlines management partnership · aktive Arbeitsmarktpolitik · American Military Police
amp. – amputieren; amputiert
Amp. – Ampere · Ampulle · Amputation · Amputierter
AMPreisV – Arzneimittelpreisverordnung
AMPS – advanced mobile phone system
AMR – anisotrope magnetoresistive · Arzneimittel-Richtlinien des Bundesausschusses Ärzte und Krankenkassen · audio modem riser
AMRadV – Verordnung über radioaktive oder mit ionisierenden Strahlen behandelte Arzneimittel
AMREF – African Medical and Research Foundation
ams – auto, motor & sport *(Zeitschrift)*
AMS – Aeronautical Material Specifications *(USA; Richtlinien für aeronautische Werkstoffe)* · American Mathematical Society · American Meteorological Society · American Microscopical Society · Antikörpermangelsyndrom *(Med.)* · Arbeitsmarktservice *(Österreich)* · Assemblée Mondiale de la Santé *(Weltgesundheitskonferenz)* · Association des Musiciens Suisses *(Schweiz)*
AMSA – Advanced Manned Strategic Aircraft *(USA)*
A. M. T., AMT – Arbeitsgemeinschaft mittlerer Tageszeitungen
amtl. – amtlich[erseits]
Amtl. Anz. – Amtlicher Anzeiger
amtl. Begr. – amtliche Begründung
amtl. Bek. – amtliche Bekanntmachung
Amtm. – Amtmann/Amtmännin
Amtsbl. – Amtsblatt/-blätter
Amtsbl.-Vfg. – Amtsblattverfügung
Amtsdt. – Amtsdeutsch
AmtsG – Amtsgericht
AmtsG, Amtsgeh. – Amtsgehilfe

Amtsh. – Amtshandlung · Amtshauptmann; Amtshauptmannschaft
Amtshptm. – Amtshauptmann
AmtsL – Amtsleiter
AmtsO – Amtsordnung
AmtsR – Amtsrat · Amtsrichter
Amtsspr. – Amtssprache
Amtsvorm. – Amtsvormund
AMU – African Mineworkers Union · Afrikanisch-Madegassische Union
AMUE – Association for the Monetary Union of Europe
AMV – Atemminutenvolumen
AMVO – Altbaumietenverordnung · Verordnung über die gemeinsamen Anforderungen in der Meisterprüfung im Handwerk
AMVOB – Altbaumietenverordnung für Berlin
AMWarnV – Arzneimittel-Warnhinweis-Verordnung
am. Z., AmZ – amerikanische Zone
AN – Ammoniumnitrat · Ansbach *(Kfz)* · Arbeitnehmer · Arbeitsnachweis · Arbeitsnorm · Artikelnummerierung; Artikelnummer · Ausrüstungsnachweis
an. – altnordisch · analog · anomal; anormal
An. – Analyse · Anode · Anschrift · Arbeitnehmer
a. n. – absque nota (*lat.:* »ohne Kennzeichen«) · ad notam (*lat.:* »zur Kenntnisnahme«)
a. N. – als Nachweis · am Neckar
ana – ana partes aequales (*lat.:* »zu gleichen Teilen«; *Vermerk auf Rezepten*)
ANA – All Nippon Airways · antinukleare Antikörper *(Med.)* · Annaberg *(Kfz)* · Athens New Agency
ANAKON – Analytikerkonferenz
anal. – analog · analytisch
Anal. – Analogie · Analyse; Analytik
Anästh. – Anästhesie; Anästhesist; Anästhetikum
anat. – anatolisch · anatomisch
Anat. – Anatolien · Anatom[ie]
ANB – Air Navigation Bureau · automatische Notbremse
ANBA – Amtliche Nachrichten der Bundesanstalt für Arbeit
ANBW – Arbeitsgemeinschaft Norddeutscher Bildungswerke der Wirtschaft
ANC – African National Congress · Air Navigation Commission
a. n. C., a. n. Chr. – ante nativitatem Christi (*lat.:* »vor Christi Geburt«)
AND – Andorra *(Kfz)*
and. – altniederländisch · andante (*ital.:* »gehend; mäßig langsam«; *Musik*) · andauernd · andere · anders · anderweitig · andorranisch
And. – Andacht · Andante *(Musik)* · Andenken · Andorraner
Änd. – Änderung[en]
ANDA – abbreviated new drug application *(USA; beschleunigtes Zulassungsverfahren für Pharmazeutika)*
ÄndA, ÄndAO – Änderungsanordnung
ÄndB – Änderungsbestimmung[en]
ÄndBek., Änd.-Bek. – Änderungsbekanntmachung[en]
ÄndBest., Änd.-Best. – Änderungsbestimmung[en]
ÄndG, Änd.-Ges. – Änderungsgesetz
ÄndG AKG – Gesetz zur Änderung des allgemeinen Kriegsfolgengesetzes
ÄndG AnVNG – Gesetz zur Änderung des Angestelltenversicherungs-Neuregelungsgesetzes
and. g., and. gen. – anderweitig genannt
ÄndIHG – Gesetz zur Änderung des Gesetzes über die Investitionshilfe der gewerblichen Wirtschaft
andno., andtno. – andantino (*ital.:* »ein wenig gehend«; *Musik*)
andorr. – andorranisch
A. n. d. R. – Abfluss nach der Regelung
Änd.-Verf., ÄndVfg., Änd.-Vfg. – Änderungsverfügung
and. verg. – anderweitig vergeben
Änd.-Verord., ÄndV – Änderungsverordnung
and. vorg. – anderweitig vorgesehen
Änd.-Vorschl. – Änderungsvorschlag, Änderungsvorschläge
Änd.-Vorschr. – Änderungsvorschrift[en]
Änd.-Vtg., Änd.-Vtrg. – Änderungsvertrag
AnerbG – Anerbengericht
anerk. – anerkannt
Anerk. – Anerkennung
ANF – Anti-Nuclear-Factor · Atlantic Nuclear Force
anf. – anfahren · anfallen · anfangen; anfangs · anfassen · anfechten · anfordern · anführen
Anf. – Anfahrt · Anfall · Anfang · Anfänger · Anfechtung · Anforderung · Anführer
Anf.-Bil. – Anfangsbilanz
AnfG – Anfechtungsgesetz
Anf.-Geh. – Anfangsgehalt; Anfangsgehälter
Anf.-Gg., AnfGg. – Anfechtungsgegner
anfgl. – anfänglich
Anf.-Gr., AnfGr. – Anfechtungsgrund/-gründe
Anf.-Kl., AnfKl. – Anfechtungsklage; Anfechtungskläger

anfr. – altniederfränkisch · anfragen
Anfr. – Altniederfränkische · Anfrage[n]; Anfrager
anfränk., anfrk. – altniederfränkisch
Anfränk., Anfrk. – Altniederfränkische
ANG – Angola *(Kfz)* · Arbeitgebervereinigung Nahrung und Genuss · Ausschuss Normungsgrundsätze *(DIN)*
ang. – angeblich · angeboten · angehend · angehörend; angehörig · angekündigt · angelegt · angemeldet · angenommen · angestellt · angewandt · angular
Ang. – Angabe[n] · Angebot[e] · Angehörige[r] · Angelegenheit[en] · Angestellte[r] · Angriff
an. g. – anderweitig genannt
a. n. g., an. n. g. – anderweitig nicht genannt
angeb. – angeboren · angeboten · angebunden
Angeb. – Angebinde · Angebot[e]
angef. – angefangen · angefochten · angefordert · angeführt
angegl. – angeglichen · angegliedert
angeh. – angehend · angehoben · angehörend · angehörig
Angeh. – Angehörige[r]
angek. – angekommen · angekündigt
angekl. – angeklagt
Angekl. – Angeklagte[r]
angel. – angelernt · angelegt · angeliefert
Angel. – Angelegenheit[en]
angem. – angemahnt · angemeldet · angemessen · angemietet
angen. – angenommen
anger. – angereichert · angerissen · angerostet
angesch. – angeschafft · angeschossen · angeschrieben · angeschuldigt
Angesch. – Angeschuldigte[r]
angeschl. – angeschlagen · angeschlossen
angeschr. – angeschrieben
angeschw. – angeschweißt · angeschwemmt · angeschwollen
angest. – angestellt · angestoßen
Angest. – Angestellte[r]
angew. – angewachsen · angewandt; angewendet · angewiesen
AngKSchG – Gesetz über die Fristen für die Kündigung von Angestellten
angl. – angleichen · anglikanisch
Angl. – Angleich; Angleichung · Angliederung · Anglikaner
Anglersch., Angl.-Sch. – Anglerschein
AnglVO – Angleichungsverordnung
Angl.-Vtrg. – Angliederungsvertrag
Ang.-Sch. – Angelschein
Angst. – Angestellte[r] *(selten)*
AngV, Ang.-Vers., AngVers. – Angestelltenversicherung
AngVersG, AngVG – Angestelltenversicherungsgesetz
AngVersPfl., AngVPfl. – Angestelltenversicherungspflicht
anh. – anhalten · anhängend · anhängig · anhänglich · anheften · anhören
Anh. – Anhalt · Anhalter · Anhang · Anhänger · Anhörung
ANI – Agência de Noticias e de Informações *(portugiesische Nachrichtenagentur)* · Adventure Network International *(Kanada)*
ANIAI – Associazione Nazionale Ingegneri ed Architetti *(Italien)*
anim. – animato (*ital.:* »beseelt, belebt«; *Musik*)
ANIS – allgemeines nichtnumerisches Informationssystem
Ank. – Ankauf; Ankäufe · Anker · Ankündigung · Ankunft
Ankl. – Anklage · Ankläger · Anklang
Ankl.-Vertr. – Anklagevertreter; Anklagevertretung
Ank.-St., AnkSt. – Ankündigungssteuer
AnKüG – Gesetz über die Fristen für die Kündigung von Angestellten
ANL – Argonne National Laboratory *(USA; Atomforschungszentrum)*
anl. – anlässlich · anlautend *(Sprachw.)* · anlegen · anleiten · anlernen · anliefern · anliegend
Anl. – Anlage · Anlasser · Anlaut *(Sprachw.)* · Anleihe · Anleitung · Anlieferung · Anlieger
AnlAblG – Gesetz über die Ablösung öffentlicher Anleihen
AnlBG, AnlBeitrG – Gesetz über die Zahlung und Sicherung von Anliegerbeiträgen
Anl.-Bl. – Anlageblatt
Anl. f. d. Bed. – Anleitung für die Bedienung
ÄNLG – Ärzteniederlassungsgesetz *(Bayern)*
AnlG, Anl.-Ges. – Anlagegesetz · Anleihegesetz
AnlK, Anl.-K. – Anlagekapital · Anlagekosten · Anlegekosten · Anliegerkosten
AnlP, Anl.-P. – Anleihepapier
Anl.-Pl. – Anlegeplatz
Anl.-St. – Anlegestelle
AnlStockG – Anleihestockgesetz
AnlV – Anlageverordnung
anm. – anmelden
Anm. – Anmaßung · Anmeldung · Anmerkung[en]
Anm. d. Red. – Anmerkung der Redaktion

Anm.-Form. – Anmeldeformular
AN-MitbG – Gesetz über die Mitbestimmung der Arbeitnehmer in den Aufsichtsräten und Vorständen der Unternehmen des Bergbaus und der Eisen und Stahl erzeugenden Industrie
Anm.-Pfl. – Anmeldepflicht
Anm.-St. – Anmeldestelle
ann. – annoncieren; annonciert · annual *(engl.)* · annullieren; annulliert
Ann. – Annahme · Annalen · Annonce · Annullierung
Ann.-Exp. – Annoncenexpedition
Ann.-St. – Annahmestelle
an. n. v., a. n. v. – anderweitig nicht vergeben · anderweitig nicht vorgesehen
AnO – Anordnung
anon. – anonym
anord. – altnordisch
anord., anordn. – anordnen
Anord., Anordn. – Anordnung[en]
anorg. – anorganisch
anorg. Chem. – anorganische Chemie/Chemikalien
ANP – Algemeen Nederlands Persbureau *(niederländische Nachrichtenagentur)* · Arbeitsausschuss Normenpraxis *(im VDI)* · Ausschuss Normenpraxis *(DIN)*
anp. – anpassen · anpeilen
Anp. – Anpassung
ANPA – American Newspaper Publishers Association
anp.-f. – anpassungsfähig
AnpG, Anp.-Ges. – Anpassungsgesetz
AnpVO – Anpassungsverordnung
ANr – Aktennummer
ANR – Arbeitskreis Norddeutscher Rechenzentren
Anr. – Anrainer · Anrechnung · Anrecht · Anruf · Anrufer
ANRT – Association Nationale de la Recherche Technique *(Frankreich)*
ANS – American Nuclear Society · Atemnot-Syndrom
Ans. – Ansage; Ansager[in] · Ansammlung · Ansehen · Ansicht · Ansiedelung
ANSA – Agenzia Nazionale Stampa Associata *(italienische Nachrichtenagentur)*
ansch. – anschaffen · anschuldigen
Ansch. – Anschaffung · Anschuldigung
Ansch.-K. – Anschaffungskosten
Ansch.-Kr. – Anschaffungskredit
anschl. – anschließen; anschließend
Anschl. – Anschlag; Anschläge · Anschluss
Anschr. – Anschreiben · Anschrift[en]
ANSI – American National Standardization Institute
ansp. – anspielen · anspornen
Ansp. – Anspiel · Anspielung[en] · Ansporn
anspr. – ansprechen · ansprechend · anspringen
Anspr. – Ansprache · Anspruch; Ansprüche
anst. – anstatt · anstechen · anstecken; ansteckend · anstellen · ansteuern · anstoßen
Anst. – Anstalt[en] · Anstand · Anstellung · Anstich · Anstoß
Anst.-Bed. – Anstellungsbedingungen
Anst.-Gr. – Anstellungsgrundsatz; Anstellungsgrundsätze
Anst.-L., Anst.-Ltr. – Anstaltsleiter
AnstO, Anst.-Ord. – Anstaltsordnung
Anst.-Schr. – Anstellungsschreiben
Anst.-Vertr. – Anstellungsvertrag
ANT – Ausschuss Normungstechnik *(im DNA)*
ant. – anteilig · antik · antiquarisch
Ant. – Anteil[e] · Antenne · Antiphon · Antiqua · Antiquar[iat]; Antiquitäten
ANTA – American National Theatre and Academy
AntBewR – Richtlinien zur Bewertung nicht notierter Aktien und Anteile an Kapitalgesellschaften
Anth., Anthol. – Anthologie
anthr., anthrop., anthropol. – anthropologisch
Anthr., Anthrop., Anthropol. – Anthropologe; Anthropologie
antiq. – antiquarisch
Antiq. – Antiquar[iat]; Antiquitäten
Antiq.-Hdl. – Antiquitätenhandel; Antiquitätenhändler
Antiq.-Kat. – Antiquariatskatalog
antis. – antisemitisch · antiseptisch
Ant.-P., AntP – Anteilprovision
antr. – antreffen · antreiben · antreten
Antr. – Antrag; Anträge · Antrieb · Antritt
AnTV – Tarifvertrag für die Angestellten der Deutschen Bahn
Antw. – Antwort[en]
Antw.-K. – Antwortkarte
Antw.-Pk. – Antwortpostkarte
Antw.-Schr. – Antwortschreiben
ANU – Australian National University
ANUGA – Allgemeine Nahrungs- und Genussmittelausstellung
AnV – Angestellten[renten]versicherung · Arbeitnehmerverband · Arbeitnehmervertreter; Arbeitnehmervertretung
an. v. – anderweitig verge-

ben · anderweitig vorgesehen
an. verg. – anderweitig vergeben
AnVersPfl., AnVPfl. – Angestelltenversicherungspflicht
AnVG – Angestelltenversicherungsgesetz
AnVM – Angestelltenversicherungsmarke
AnVNG – Angestelltenversicherungs-Neuregelungsgesetz
an. vorg. – anderweitig vorgesehen
ANVV – Algemeene Nederlandse Vereenigung voor Vreemdelingenverkeer
anw. – anwesend
Anw. – Anwalt; Anwaltschaft · Anwärter; Anwartschaft · Anweisung · Anwendung · Anwesen · Anwesenheit · Anwohner
AnwBVW – Anweisung für das betriebliche Vorschlagwesen
AnwDA – Anwärterdienstalter
AnwDZ – Anwärterdienstzeit
Anw.-K., AnwK – Anwaltskammer · Anwaltskosten
Anw.-L. – Anwesenheitsliste
ANWR – Arctic National Wildlife Refuge
Anw.-Techn. – Anwendungstechnik[er]
Anz. – Anzahl · Anzahlung · Anzeige[n] · Anzeiger · Anzug; Anzüge
Anz.-Abt., Anz.-Abtlg. – Anzeigenabteilung
Anz.-Betr. – Anzahlungsbetrag
Anz.-Ltr. – Anzeigenleiter
anzpfl. – anzeigepflichtig
Anz.-Pfl. – Anzahlungspflicht · Anzeigepflicht
Anz.-Schl. – Anzeigenschluss
Anz.-Vertr. – Anzeigenvertreter; Anzeigenvertretung
ANZUS-Pakt – Australia-New Zealand-United States-Pakt
AO – Abgabenordnung · Advokatenordnung *(Österreich)* · Analog-Output · Anordnung · Apothekenordnung · Approbationsordnung · Arbeitsordnung · Arbeitsorganisation · Aufenthaltsort · Ausfuhrordnung · Auslandsorganisation
AÖ – Altötting *(Kfz)*
a/o – account of (vgl. a. o.)
ao., a. o. – außerordentlich
a. o. – ab ovo (*lat.:* »vom Ei [an]«, *von Anfang an*) · account of (*engl.:* »Rechnung von/über«; *Wirtschaft*)
a. O. – alte[r] Ordnung
AOA – Allgemeiner Organisationsausschuss · American Overseas Airlines
AÖA – Abteilung für Öffentlichkeitsarbeit
AOÄG – Gesetz zur Änderung der Reichsabgabenordnung und anderer Gesetze
AOAnwG – Gesetz über die Anwendung der Reichsabgabenordnung und anderer Abgabengesetze
AOAT – Alter Orient und Altes Testament
AOC – Accent Office Center
a. o. c. – anno orbis conditi (*lat.:* »im Jahre nach der Erschaffung der Welt«)
A. O. C. – Appellation d'Origine Contrôlée
AOCJ – Airport Operators Council International
AOD – advanced optical disc
AO/DI – always on/dynamic ISDN
AÖFS – Arbeitsgemeinschaft Öffentlicher Fotosammlungen
ao. Ges., aoG – außerordentlicher Gesandter
aoGubM – außerordentlicher Gesandter und bevollmächtigter Minister
ao. GV, aoGV – außerordentliche Generalversammlung
ao. H., aoH – außerordentlicher Haushalt
ao. HV, aoHV – außerordentliche Hauptversammlung
AOI – Amtsoberinspektor · Arabische Organisation für Industrialisierung · Association Ornithologique Internationale *(Frankreich)*
AOK – Allgemeine Ortskrankenkasse · Armeeoberkommando
AOL – America Online
aoM, ao. Mitgl. – außerordentliches Mitglied/außerordentliche Mitglieder
ao. MV, aoMV – außerordentliche Mitgliederversammlung
AOP – Aktienoptionsprogramm · Appellation d'Origine Protégée
AOPol. – Ausbildungsordnung der Polizei
ao. Prof., a. o. Prof. – außerordentlicher Professor
AOPU – Asian-Oceanic Postal Union
AöR – Anstalt des öffentlichen Rechts · Archiv des öffentlichen Rechts
AOR – Album-oriented Rock *(Musik)*
Aor. – Aorist *(Sprachw.)*
AOSIS – Alliance of Small Island States *(Verband der kleineren Inselstaaten im pazifischen und karibischen Raum)*
AÖV – Arbeitsgemeinschaft Österreichischer Verkehrsflughäfen
AOVKG – Gesetz über die Kosten der Zwangsvollstreckung nach der Reichsabgabenordnung
AOZ – ambulantes Operationszentrum *(Med.)*
AÖZ – Anodenöffnungszuckung *(Med.)*
AP – Abschlussprovision · access point · airplane *(engl.)* · airport *(engl.)* · Aktienpotenzial · alkalische Phosphatase *(Med.)* · american patent · Amsterdamer

Pegel · Amtsperiode · Anfangspunkt · Anhaltspunkt · Anilinpunkt · Anlegepunkt · Apolda/Weimarer-Land *(Kfz)* · Arbeitspaket · Arbeitsplan[ung] · Arbeitsproduktivität · Arbeitsprogramm · Associated Press · Aufnahmepunkt · Aussichtspunkt

A & P – The Great Atlantic and Pacific Tea Company · Attraktiv & Preiswert

ap. – apostolisch

Ap. – Apostel · Apotheke[r]

a.-p. – anterior-posterior (*lat.:* »von vorn nach hinten«; *Med.*)

a. p. – ad publicandum (*lat.:* »zum Veröffentlichen«) · anni praesentis (*lat.:* »des gegenwärtigen Jahres«); anni praeteriti (*lat.:* »des vergangenen Jahres«) · ante partum (*lat.:* »vor der Geburt«)

a. P. – als Prüfer · auf Probe

APA – adaptive packet assembly · American Psychological Association · Arzneimittel-Prüfungsanstalt *(Schweiz)* · Asien-Pazifik-Ausschuss der deutschen Wirtschaft · Austria Presse-Agentur

APAG – Association Européenne des Producteurs d'Acides Gras *(Verband der Fettsäure-Hersteller)*

Apart. – Apartment

ApAssG – Apothekerassistentengesetz

ApBetrO – Apothekenbetriebsordnung

APC – Argo-Plasma-Coagulation *(Med.)* · asynchronous procedure call · automatic performance control

a. p. C., a. p. Chr. – anno post Christum (*lat.:* »im Jahre nach Christus«)

a. p. C. n., a. p. Chr. n. – anno post Christum natum (*lat.:* »im Jahre nach Christi Geburt«)

APCIMS – Association of Private Client Investment Managers and Stockbrokers *(GB)*

APC-Viren – adenoidal-pharyngeal-conjunctival-Viren *(Med.)*

APE – Assemblée Parlementaire Européenne

Apec – Asia-Pacific Economic Cooperation

APED – Arbeitsgemeinschaft privater Entwicklungsdienste

APEO – Alkylphenolethoxylat[e]

apers. – altpersisch

Apers. – Altpersische

APEX – Advance-Purchase-Excursion-Tarif

APF – Aktuell Presse-Fernsehen · Archiv für das Post- und Fernmeldewesen

ApG – Apothekengesetz

APG – Arbeitsgemeinschaft Pharmazeutischer Großhandelsverbände · Ausfuhr-Pauschal-Gewährleistungen

Apg. – Apostelgeschichte

APHV – Allgemeiner Postwertzeichen-Händlerverband

API – air pollution index · Air Position Indicator · Allgemeinmediziner, Praktiker, Internisten *(Ärzte der Primärversogung)* · American Petroleum Institute · Application Programming Interface *(EDV)* · Association Phonétique Internationale

Apk – Apokalypse

APK – Arbeiterpensionskasse

APL – A Programming Language

apl. – außerplanmäßig

Apl. – Absatzplan[ung] · Arbeitsplan[ung] · Ausbildungsplan · Ausbildungsplatz; Ausbildungsplätze

APlFG – Ausbildungsplatzförderungsgesetz

apl. Prof. – außerplanmäßiger Professor; außerplanmäßige Professur

ApM – Anschläge pro Minute

APM – advanced power management · Antipersonenminen · Aktionskreis Deutsche Wirtschaft gegen Produkt- und Markenpiraterie

APN – Aktie-Plus-Neuemission · Außenpolitischer Nachrichtendienst *(DDR)*

APO – allgemeine Prüfungsordnung · Army Post Office · Asian Productivity Organization · Ausbildungs- und Prüfungsordnung

APO, Apo – Außerparlamentarische Opposition

ApoG – Apothekengesetz

ApoGÄG – Gesetz zur Änderung des Apothekengesetzes

apok. – apokalyptisch

Apok. – Apokalypse; Apokalyptik; Apokalyptiker · Apokope *(Sprachw.)*

apokr. – apokryph

Apokr. – Apokryphen

ApothBetrO – Apothekenbetriebsordnung

ApothStoppG – Gesetz über die vorläufige Regelung der Errichtung neuer Apotheken

ApoZuV – Verordnung über Zuständigkeiten nach dem Gesetz über das Apothekenwesen

APP – Amyloid-Precursor-Protein

app. – appassionato (*ital.:* »leidenschaftlich«; *Musik*)

App. – Apparat · Apparatur · Apparatschik · Appartement · Appell · Appellativ[um] *(Sprachw.)* · Appendix · Apposition

appass. – appassionato (*ital.:* »leidenschaftlich«; *Musik*)

APPC – Advanced Program to Program Communication

App.-Ger. – Appellationsgericht

APPI – Association internationale d'études pour la promotion et la protection des investissements privés en territoires étrangers
Appl. – Applaus · Applikation · Applikant
AppOÄ – Approbationsordnung für Ärzte
Appos. – Apposition *(Sprachw.)*
appr. – appretieren; appretiert · approbieren; approbiert · approximate *(engl.)*; approximately *(engl.)* · approximativ *(Math.)*
Appr. – Appretur · Approbation · Approximation *(Math.)*
ApprO – Approbationsordnung
approb. – approbieren; approbiert
Approb. – Approbation
Ap. Prot. – Apostolischer Protonotar
approx. – approximate *(engl.)* · approximately *(engl.)* · approximativ *(Math.)*
Approx. – Approximation *(Math.)*
APR – Arbeitsplatzrechner
apr. – apriorisch · apropos
Apr. – April
a pr. – a principio (*lat.:* »von Anfang an«) · a priori (*lat.:* »vom Früheren her«; *von vornherein*)
a. pr. – anni praesentis (*lat.:* »des gegenwärtigen Jahres«); anni praeteriti (*lat.:* »des vergangenen Jahres«)
APRA – Alianza Popular Revolucionaria Americana *(politische Bewegung in Lateinamerika)*
a. p. R. c. – anno post Romam conditam (*lat.:* »im Jahre nach der Gründung Roms«)
Aps – Apus *(Sternbild)*
APS – Absatzplanungssystem · Academy of Political Science *(USA)* · Advanced Photo System · Akustisches Parksystem · Algérie-Presse-Service · allgemeines Präferenzsystem *(EU; Zoll)* · American Philosophical Society · American Physical Society · American Physiological Society · American Polar Society · Arbeitsgemeinschaft politischer Studentenverbände · automatic program search
APSS – Academy of Political and Social Science
APT – automatic picture transmission *(automatische Bildübertragung)*
a. pto. – anno passato (*lat.:* »im vergangenen Jahr«)
APTU – African Postal and Telecommunications Union
APU – Altpreußische Union *(ev. Kirche)* · Arab Postal Union *(arabischer Postverein)*
APV – Arbeitsgemeinschaft der papier- und pappeverarbeitenden Industrie · Arbeitsgemeinschaft für pharmazeutische Verfahrenstechnik · Ausländerpolizeiverordnung
APVO – Ausbildungs- und Prüfungsverordnung
APVO-SB/PTA – Ausbildungs- und Prüfungsordnung für die Berufsfach- und Fachschulen für sozialpflegerische Berufe und für die Berufsfachschule Pharmazeutisch-technischer Assistent
APW – Aktionsgemeinschaft pro traditionelle Fleisch- und Wurstspezialitäten
APX – Archäologischer Park Xanten
AQ – Anomalquotient *(Med.)*
aq. – aqua (*lat.:* »Wasser«)
Aq. – Aquarell · Aquarium
äq. – äquatorial · äquivalent
Äq. – Äquator · Äquivalent; Äquivalenz
aq. dest. – aqua destillata (*lat.:* »destilliertes Wasser«)
AQJ – Arbeit und Qualifizierung für nicht ausbildungsgeeignete Jugendliche
Aql – Aquila (*lat.:* »Adler«; *Sternbild*)
ÄQL – Verein Ärztliches Qualitätslabor
Aqll. – Aquarell
Aqr. – Aquarius (*lat.:* »Wassermann«; *Sternbild*)
AQUA – angewandte Qualitätsanalyse
äquiv. – äquivalent
Äquiv. – Äquivalent; Äquivalenz
Ar – Argon *(Element)* · Aryl *(Chemie)*
AR – Admiralitätsrat · Aerolíneas Argentinas · Ahnenreihe · Aktienrecht · Amateurrat · Amtsrat · Amtsrichter · Analogrechner · Arbeitsrecht · Archivrat · Armenien *(Kfz)* · Appenzell Außerrhoden *(Schweiz; Kfz)* · Arkansas *(Staat der USA)* · Artillerieregiment · ascensio recta *(Rektaszension; Astron.)* · Aufsichtsrat · Ausfallrisiko/Ausfallrisiken · Ausgleichsrechnung · Außenhandelsrecht · automatische Regelung · autonome Republik
ar. – altrussisch · arabisch · aromatisch
Ar. – Altrussische · Araber; Arabien; Arabische · Aroma
a/r, A/R, a. r. – all risks (*engl.:* »alle Risiken«; *Vw.*)
a. r. – anno regni (*lat.:* »im Jahre der Herrschaft, Regierung«)
a. R. – alte[r] Regel · alte Regelung · altes Recht · am Rande · am Rhein · auf Rechnung; auf Reise[n] · außer Reichweite
A. R. – Academiae Rector *(lat.)*
A & R – Artist und Repertoire(-Manager)
ARA – Abwasserreinigungsanlage

a. r. a. – auf richterliche Anordnung/Anweisung
arab. – arabisch
Arab. – Araber; Arabien; Arabische
ARAG – Allgemeine Rechtsschutz Versicherungs-Aktiengesellschaft
ARA-Häfen – Amsterdam, Rotterdam, Antwerpen
aram. – aramäisch
ARAMCO – Arabian-American Oil Company
ARB – Air Research Bureau *(zentrale Forschungsstelle für den innereuropäischen Luftverkehr in Brüssel)* · Akademischer Ruder-Bund · allgemeine Bedingungen für bahnamtliche Rollfuhrunternehmer · allgemeine Bedingungen für die Rechtsschutzversicherung
Arb. – Arbeit; Arbeiter[in]
ArbA – Arbeitsamt · Arbeitsanweisung
Arb.-B. – Arbeitsbeginn · Arbeitsbuch
ArbBeschFG – Arbeitsrechtliches Beschäftigungsförderungsgesetz
Arb.-Bl. – Arbeitsblatt; Arbeitsblätter
ARBD – Allgemeiner Radiobund Deutschlands
ArbEG – Gesetz über Arbeitnehmererfindungen
Arb.-Eins., ArbEins. – Arbeitseinsatz
Arbf. – Arbeitsfeld · Arbeitsförderung · Arbeitsführer · Arbeitsführung
ArbFördG – Arbeitsförderungsgesetz
ArbG – Arbeitsgericht · Arbeitsgesetz
ArbG, Arbg. – Arbeitgeber
Arb.-Geb. – Arbeitsgebiet
Arb.-Gem. – Arbeitsgemeinschaft
ArbGEntsch. – Arbeitsgerichtsentscheidung
ArbGG – Arbeitsgerichtsgesetz
ArbGR – Arbeitsgerichtsrat
Arb.-Gr. – Arbeitsgröße · Arbeitsgruppe
ARBIT, Arbit – Arbeitsgemeinschaft der Bitumen-Industrie
Arb.-Kr. – Arbeitskreis
ArbKrankhG – Gesetz zur Verbesserung der wirtschaftlichen Sicherung der Arbeiter im Krankheitsfall
Arbl.-Fürs., ArblFürs. – Arbeitslosenfürsorge
ArblU, Arbl.-Unt. – Arbeitslosenunterstützung
Arbl.-Vers., ArblVers. – Arbeitslosenversicherung
ArbM, Arb.-Min. – Arbeitsminister[ium]
ArbN, Arbn. – Arbeitnehmer
Arb.-Nachw. – Arbeitsnachweis
ArbnErfG – Gesetz über Arbeitnehmererfindungen
ArbnKG – Gesetz über die Arbeitnehmerkammern
ArbNV – Arbeitnehmervertreter; Arbeitnehmervertretung
Arbo – Arbeitsgemeinschaft Bootsbrief *(von DBSV und BWVS)*
ARBÖ – Auto-, Motor- und Radfahrerbund Österreichs
ArbO, Arb. Ord. – Arbeitsordnung
Arb.-Org. – Arbeitsorganisation
Arb.-Pl. – Arbeitsplan; Arbeitspläne; Arbeitsplanung · Arbeitsplatz; Arbeitsplätze
ArbplSchG – Arbeitsplatzschutzgesetz
ArbR – Arbeitsrecht
Arb.-Richtl. – Arbeitsrichtlinie[n]
ArbSchG – Arbeitsschutzgesetz
ArbSchKostVO – Arbeitsschutz-Kostenverordnung
Arb.-St. – Arbeitsstoff[e] · Arbeitsstudie[n] · Arbeitsstunde[n]
ArbStättV – Arbeitsstättenverordnung
ArbStoffG – Gesetz über gesundheitsschädliche oder feuergefährliche Arbeitsstoffe
ArbStoffV, ArbStV – Arbeitsstoffverordnung
Arb.-Tg., Arbtg. – Arbeitstag[e] · Arbeitstagung
ArbUSt – Arbeitsuntersuchungsstelle
Arb.-Verm., ArbVerm. – Arbeitsvermittlung
ArbVermG – Gesetz über Arbeitsvermittlung, Berufsberatung und Lehrstellenvermittlung
ArbZ – Arbeitszeit
ArbZO – Arbeitszeitordnung
ArbZRG- – Arbeitszeitrechtsgesetz
ArbZVO – Arbeitszeitverordnung
arc – arcus (*lat.:* »Bogen«; *Math.*)
ARC – Aids-Related Complex · American Red Cross · Archiv *(EDV)*
A. R. C. – Automobile Racing Club *(GB)*
ARCD – Auto- und Reiseclub Deutschland
arch. – archaisch · archäologisch · archetypisch · architektonisch · archivalisch · archivieren; archiviert
Arch. – Archäologe; Archäologie · Archetyp · Archipel · Architekt · Architektur · Archiv · Archivar
Arch.-Ass., ArchAss. – Archivassessor
Arch.-Dir., ArchDir. – Archivdirektor
ArchG – Architektengesetz
Arch.-R., ArchR – Archivrat
Archvl. – Archivalien
ARCI – Associazione Ricreativa Culturale Italiana
Arcnet – Attached Resource Computer Network
ARCS – Astra Return Channel System · Austrian

Research Centers *(Österreich)*
ARD – Armenischer Dram *(Währung)* · American Research and Development Corporation · Arbeitsgemeinschaft der öffentlich-rechtlichen Rundfunkanstalten der Bundesrepublik Deutschland
ARDS – acute respiratory distress syndrome *(Med.)*
A-Rdschr. – Ausfuhrrundschreiben
ARE – Arbeitsgemeinschaft der regionalen Elektrizitätsversorgungsunternehmen
AREA – American Railway Engineering Association
ARFF – Allrichtungsfunkfeuer
ARG – Agrarreformgesetz · Altrentnergesetz
arg. – argentinisch
Arg. – Argentinien; Argentinier · Argentum · Argonauten · Argument[e]
Arge – Arbeitsgemeinschaft
argent. – argentinisch
arg$ – argentinischer Peso *(Währung)*
a. Rh. – am Rhein
ARI – Autofahrer-Rundfunkinformationssystem
Aria – Aeroflot Russian International Airlines *(Russland)*
arith. – arithmetisch
Arith. – Arithmetik
Ariz. – Arizona *(Staat der USA)*
ARJES – Association des Redacteurs de Journaux d'Entreprise de Suisse
ARK – Arbeitsrechtliche Kommission *(der Kirchen)*
Ark. – Arkansas *(Staat der USA)*
ARKB – Arbeiter-Rad- und Kraftfahrerbund
ARLL – Amt für Regionalentwicklung, Landschaftspflege und Landwirtschaft
ARM – Alliance Réformée Mondiale
arm. – armenisch · armiert
Arm. – Armatur[en] · Armee · Armenien; Armenier; Armenische · Armierung
ArmAnwG – Armenanwaltsgebührengesetz
ArmG – Armengesetz
arom. – aromatisch; aromatisieren; aromatisiert
arp., arpegg. – arpeggio, arpeggiando (*ital.:* »als gebrochenen Akkord spielen«; *Musik*)
Arp., Arpegg. – Arpeggio
ARPA, Arpa – Arbeitsgemeinschaft für Parodontoseforschung
ARPANet – Advanced Research Projects Agency Network (*engl.*: »Netzwerk der Agentur für fortgeschrittene Forschungsprojekte«)
ARQ – Aldosteron-Renin-Quotient *(Med.)* · automatic repeat of request
arr. – arrangieren; arrangiert · arriviert
Arr. – Arrangement · Arrangeur · Arrest · Arrestant · Arretierung · Arrondissement
arret. – arretieren; arretiert
Arret. – Arretierung
ArrG – Arrondierungsgesetz
ArRt – Arbeiterrente
ARS – American Radium Society · American Rocket Society · Arbeitsausschuss Regel- und Sicherheitseinrichtungen für Gas und Ölfeuerungen *(im DNA)* · Arbeitsrechtssammlung
Ars. – Arsenal
ART – AASHO-Road-Test *(USA)* · Abstandsregeltempomat · Arbeitsplatzkonzentrationsrichtwerte
art. – artifiziell · artikuliert · artistisch
Art. – Arterie[n] · Artikel · Artillerie · Artikulation · Artist[en]
Art.-Abt. – Artillerieabteilung
Art.-Einh. – Artillerieeinheit
Art.-Nr. – Artikelnummer[n]
Art.-Off. – Artillerieoffizier
Art.-Rgt. – Artillerieregiment
ARTS – Armed Forces Radio and Television Service
aruss. – altrussisch
Aruss. – Altrussische
ArV – Arbeiterrentenversicherung
ARV – Auslandsreiseversicherung
ArVM – Arbeiterrentenversicherungsmarke
ArVNG – Arbeiterrentenversicherungs-Neuregelungsgesetz
aRw – aktueller Rentenwert
ARW – Arbeitsgemeinschaft der Rhein-Wasserwerke · Arbeitsgemeinschaft Rundfunkwerbung · Arbeitsplatzrichtwerte
ARZ – Autoreisezug
ArznG – Arzneimittelgesetz
ärztl. – ärztlich
As – Altostratus *(Meteor.)* · Amperesekunde · Arsen *(Element)*
AS – Abrechnungsscheck *(Post)* · Academy of Sciences *(engl.)* · Académie des Sciences *(franz.)* · account sales (*engl.:* »Verkaufsrechnung«) · advanced server · Aksjeselskap *(norw.)*/Aktieselskab (*dän.:* »Aktiengesellschaft«) · Aktensammlung · Aktivschicht *(Chemie)* · Altersvorsorge-Sondervermögen · Amberg-Sulzbach *(Kfz)* · Aminosäure · Amtliche Sammlung · Anrufsucher · Arbeitsschutz · Arteriosklerose · Aufbauschule · Außenspiegel · Australian Standard *(engl.)* · Autoschutz
as. – altsächsisch · aseptisch *(Med.)* · asiatisch · asymmetrisch
a. S. – an der Saale *(seltener*

für a. d. S.) · am Samstag/an Samstagen · auf Seite · auf Sicht · aus Sicherheit
ASA – Advertising Standards Authority *(GB)* · Agrarsozialer Arbeitskreis · American Society of Agronomy · American Standards Association · American Statistical Association *(USA)* · Antriebsschlupf-Anlage *(Kfz)* · Arbeitskreis Sanitär-Ausstattungen · Arbeitsschutzartikel · Arbeitsschutzausschuss · Automobil-Service-Ausrüstung[en]
asächs. – altsächsisch
Asächs. – Altsächsische
ASA-Leder – Arbeitsschutzartikel-Leder
ASAO – Arbeitsschutzanordnung[en]
asap – as soon as possible (*engl.:* »so bald wie möglich«)
ASAP – any service – any port
ASAS – American Society of Agricultural Sciences · Association of South-East Asian States
ASAT – Arbeitsgemeinschaft Satellitenträger
asb – Apostilb *(Messeinheit)*
ASB – Angestelltenverein des Schweizer Buchhandels · Arbeiter-Samariter-Bund · Arbeitsgemeinschaft für [wirtschaftliche Betriebsführung und] soziale Betriebsgestaltung · Arbeitsschutzbestimmungen · Auftragssammelbereich · Aussetzschaltbetrieb · Autoschienenbahn
Asb. – Asbest · Ausbilder; Ausbildung
ASBH – Arbeitskreis der Studenten an Berufspädagogischen Hochschulen
ASBw – Amt für Sicherheit der Bundeswehr
ASC – African Safari Club · Allgemeiner Schnauferl-Club · Allgemeiner Sportclub · American Society of Cinematographers · Anti-Schlupf-Control · application service computing *(EDV)* · Automatic Sensitivity Control
ASCII – American Standard Code for Information Interchange *(EDV)*
ASchO – allgemeine Schulordnung
Aschr. – Anschrift *(selten)*
A.-Schr., ASchr. – Amtsschreiber[in]
ASD – Antischlupfdifferenzial · automatisches Sperrdifferenzial
ASE – Arbeitsgemeinschaft Solarenergie · Association Suisse des Electriciens
ASEA – African Stock Exchange Association
ASEAN – Association of South-East Asian Nations
Asec – Amperesekunde
ASEE – American Society for Engineering Education · Association of Supervising Electrical Engineers *(GB)*
Asef – Asia-Europe-Foundation
A.-Sekr., ASekr. – Amtssekretär[in]
ASELT – Association Européenne pour l'Echange de la Littérature Technique dans le Domaine de la Sidérurgie
ASEM, A. S. E. M. – Association Suisse pour l'Essai des Matériaux *(Schweizer Vereinigung für Materialprüfung)*
aserb. – altserbisch · aserbaidschanisch
ASESA – Armed Services Electro Standards Agency
ASEW – Arbeitsgemeinschaft kommunaler Versorgungsunternehmen zur Förderung rationeller, sparsamer und umweltschonender Energieverwendung und rationeller Wasserverwendung
.asf – advanced streaming format *(Dateierweiterung)*
AsF – Arbeitsgemeinschaft sozialdemokratischer Frauen
ASF – Aktion Sühnezeichen/ Friedensdienste e. V. · allgemeine Sicherheitsvorschriften für Fabriken und gewerbliche Anlagen
ASG – Abonnenten-Service-Gesellschaft · Aeronautical Standards Group *(USA; Normungsgruppe für die Luftfahrt)* · Agrarsoziale Gesellschaft · Anlegerschutzgemeinschaft · Arbeitsgemeinschaft der Sozialdemokraten im Gesundheitswesen · Arbeitsgemeinschaft Sozialpädagogik und Gesellschaftsbildung · automatisiertes Schaltgetriebe *(Kfz)*
ASH – Abstützsystem Holz *(THW)* · Arbeitsgemeinschaft sportwissenschaftlicher Hochschuleinrichtungen
ASI – Airspeed Indicator · Arbeitsgemeinschaft Sozialwissenschaftlicher Institute
ASIC – application-specific integrated circuit · Association Suisse des Ingénieurs-Conseils
ASICA – Association Internationale pour la Calcul Analogique
ASiG – Arbeitssicherheitsgesetz
ASII – Akkreditierungsagentur für Studiengänge der Ingenieurwissenschaften und der Informatik
ASIL – American Society of International Law
ASiMPV – Verordnung über die Zuständigkeiten auf dem Gebiet des Arbeitsschutzes, der Sicherheitstechnik, des Chemikalien- und Medizinprodukterechts
ASIS – Ausbildungs-Stellen-Informations-Service *(der Bundesanstalt für Arbeit)*
AsiV – Verordnung über Zuständigkeiten auf dem Ge-

biet des Arbeitsschutzes und der Sicherheitstechnik
ASJ – Arbeitsgemeinschaft Sozialdemokratischer Juristen
Ask – Anschlusskabel
ASK – Agrarsonderkredit *(Österreich)* · Allgemeiner Sportklub · Arbeitsgruppe für Sozial- und Konsumforschung · Arbeitsschutzkommission · Armeesportklub · Athletiksportklub · Auswahl- und Sachkatalog
Aski – Arbeitsgemeinschaft der schweizerischen Kunststoffindustrie
AsKI – Arbeitskreis selbständiger Kulturinstitute
ASKI –Ausländersonderkonto für Inlandszahlungen
ASKÖ – Arbeiterbund für Sport und Körperkultur in Österreich
ASL – american sign language *(Zeichensprache)* · Anschlussleitung · Arbeitsgemeinschaft sächsischer Lehrerverbände · Aschersleben/Staßfurt *(Kfz)* · Atomsicherheitslinie
asl., aslaw. – altslawisch
ASM – Aktionsgemeinschaft Soziale Marktwirtschaft · American Society for Metals
ASMD – American Society of Metal Definitions
ASME – American Society of Mechanical Engineers
A. S. M. P. – Académie des Sciences Morales et Politiques *(Frankreich)*
ASMS – Advanced Surface Missile System *(USA)* · Active Sample and Measure System *(Tiefseeforschung)*
ASO – Alterssicherungsordnung · Arbeitsschutzobmann · Arbeitsschutzordnung
ASOG – Allgemeines Gesetz zum Schutz der Öffentlichen Sicherheit und Ordnung
ASp – Arbeitsgemeinschaft Spedition und Lagerei · Arbeitsspeicher *(EDV)*
ASp, Asp. – Außenspiegel
ASP – application service provider/providing · Arbeitsgemeinschaft für Sportpsychologie · Association of Shareware Professionals
Asp. – Aspekt[e] · Aspirant[en] · Aspirata *(Sprachw.)* · Aspiration
ASp. – Altsparer
ASPAC – Asian Pacific Council
ASpB – Arbeitsgemeinschaft der Spezialbibliotheken
ASpE – Altsparerentschädigung
A. S. P. E. E. – Association Suisse des Professionels de l'Epuration des Eaux
ASpG – Altsparergesetz
ASpG-DV – Durchführungsverordnung zum Altsparergesetz
asph. – asphaltieren; asphaltiert
Asph. – Asphalt
ASPI – advanced SCSI programming interface
ASPQ – Association Suisse pour la Promotion de la Qualité
ASQ – Arbeitsgemeinschaft für statistische Qualitätskontrolle
ASQC – American Society for Quality Control
ASR – Achillessehnenreflex *(Med.)* · Airport Surveillance Radar · Amplitudensignalregelung · Antriebsschlupfregelung *(Kfz)* · Antistreptolysinreaktion *(Med.)* · Arbeitskreis freier Sanitär-Röhrenhändler · Arbeitskreis Selbstständiger Reisebüros · Arbeitsstättenrichtlinien
ASRE – American Society of Refrigerating Engineers
ASRG – Agrarsozialreformgesetz
ASS – Acetylsalicylsäure · Acta Sanctae Sedis (»Akten des Heiligen Stuhls«; *amtliches Publikationsorgan des Vatikans bis 1909; Vorgänger der AAS*) · Altenburg-Stralsunder Spielkartenfabrik *(hist.)* · Arbeitsgemeinschaft der Schulbuchsortimenter · Arbeitsgemeinschaft Sozialdemokratischer Senioren · Arbeitskreis Soziale Sicherheit · Atomabsorptionsspektrometer
ass. – assai (*ital.:* »sehr, genug, recht«; *Musik*) · assistieren; assistiert · assoziieren; assoziiert · assyrisch
Ass. – Assekuranz · Asservat · Assessor[in] · Assimilation · Assistent[in] · Assoziation; Assoziierte[r]; Assoziierung · Assyrer; Assyrien
AssAnw, Ass.-Anw. – Assessorenanwärter · Assistentenanwärter
Ass.-Arzt – Assistenzarzt
Ass.-Ausb. – Assessorenausbildung
AssDA – Assessorendienstalter
ASSILEC – Association de l'Industrie Laitière de la Communauté Economique Européenne
Assist. – Assistent[in]; Assistenz
AssistO, AssO – Assistentenordnung
Assist.-St. – Assistentenstelle[n]
ASSPA – Association Suisse pour l'Automatique
Ass.-Pol. – Assekuranzpolice
Ass.-Pr., AssPr. – Assessorenprüfung
ASSR – Autonome Sozialistische Sowjetrepublik
Ass.-St. – Assistentenstelle[n]
ASSUC – Association des Organisations Professionelles du Commerce des Sucres pour les Pays de la Communauté Economique Européenne

assyr. – assyriologisch; assyrisch
Assyr. – Assyrer; Assyrien; Assyriologe; Assyriologie
Ast – Antragsteller *(Vw.)* · Außenstelle *(Bahn)*
AST – Anrufsammeltaxi · Antistreptolysin-Test · Atlantic Standard Time
ast. – astigmatisch
Ast. – Astigmatismus
ASt., ASt – Abwehrstelle · alterungsbeständiger Stahl · Amtsstelle · Anmeldestelle · Annahmestelle · Antragsteller; Antragstellung · Assistentenstelle · Ausgabestelle · Ausgleichsteuer · Außenstelle · Auswertungsstelle
a. St. – alter Stil; alten Stils · am Stück · auf Stapel
AStA – Allgemeiner Studentenausschuss; *(heute meist:)* Allgemeiner Studierendenausschuss
AStB – allgemeine Bedingungen für die Sturmschadenversicherung
AStG – Außensteuergesetz
asth. – asthenisch
Asth. – Asthenie; Astheniker
ästh. – ästhetisch; ästhetisieren; ästhetizistisch
Ästh. – Ästhetik; Ästhetiker; Ästhetizismus
ASTM – American Society for Testing Materials · American Society of Tropical Medicine
AStO – Ausgleichsteuerordnung
astr. – astrologisch · astronautisch · astronomisch
Astr. – Astrologe; Astrologie · Astronaut; Astronautik · Astronom[ie]
astrol. – astrologisch
Astrol. – Astrologe; Astrologie
astron. – astronomisch
Astron. – Astronom; Astronomie
AStV – Ausschuss der Ständigen Vertreter *(bei der EU)*
AStV, AStVO – Abgaben- und Stützungsverordnung
ASU – Arabic Socialist Union · Arbeitsgemeinschaft selbstständiger Unternehmer · Auswertungsstelle für Skiunfälle *(München)*
ASUE – Arbeitsgemeinschaft für sparsamen und umweltfreundlichen Energieverbrauch
AsV – Arbeitsgemeinschaft selbstständiger Vermessungsingenieure
ASV – Adalbert-Stifter-Verein · Akademischer Sportverband/Sportverein · Allgemeiner Schriftstellerverein · Allgemeiner Schwimmverein · Allgemeiner Sportverein · Angelsportverein · Arbeiterschwimmverein · Arbeiterselbstverwaltung · Arbeitersportverein · Armeesportverein[igung] · Athletiksportverband · Athletiksportverein · Atlas der Schweizerischen Volkskunde · Auslandsfleischbeschaustellen-Verordnung
ASVG – Allgemeines Sozialversicherungsgesetz *(Österreich)*
ASVÖ – Allgemeiner Sportverband Österreichs
ASVP – Arbeitsgemeinschaft zum Schutz der Vervielfältigungsrechte bei Privataufnahme auf Bild- und Tonträger
ASW – Arbeitsgemeinschaft für Sicherheit in der Wirtschaft
ASW-Flugzeug – antisubmarine warfare *(Flugzeug zur Bekämpfung von U-Booten)*
ASX – Australian Stock Exchange
AsylbLG – Asylbewerberleistungsgesetz
AsylVO – Asylverordnung
asym. – asymmetrisch
asyn., asynchr. – asynchron[isch]
asynd. – asyndetisch *(Sprachw.)*
ASZ – Anodenschließungszuckungen *(Med.)* · Aue-Schwarzenberg *(Kfz)*
Asz. – Aszendent; Aszendenz
ASZustVO – Zuständigkeitsverordnung zur Übertragung von Ermächtigungen auf dem Gebiet des Arbeitsschutzes
at – [technische] Atmosphäre
aT – auf Tausend · außer Tarif/außertariflich
At – Astat[in] *(Element)*
AT – Achtertelegrafie · advanced technology · allgemeiner Teil · Ankertau · Anwendungstechnik · Antithrombin *(Med.)* · Arbeitstag[e] · Arbeitstechnik · Auslandstarif · Ausnahmetarif · Aussichtsturm · Austausch · autogenes Training
At. – Atelier · Atom
a t. – a tempo (*ital.:* »im Tempo [des Anfangs]«; *Musik*)
A. T. – Altes Testament · Arzneitaxe
A. T., a. t. – air temperature · air transport
ata – absolute Atmosphäre *(veraltet)*
ata, ATA – actual time of arrival (*engl.:* »tatsächliche Zeit der Ankunft«)
ATA – advanced technology attachment · Air Transport Association · Alpentransitabgabe *(Schweiz)* · American Transit Association · American Translators Association · American Transport Association · Anwendungstechnische Abteilung · Atlantic Treaty Association
ATAF – Allied Tactical Air Force *(NATO)*
AT-Ang.; aT-Ang. – außertarifliche[r] Angestellte[r]

AtAnlV – Atomanlagenverordnung
ATAPI – advanced technology attachment packet interface
ATB – Akademischer Turn[er]bund · allgemeine Tarifbestimmungen · amtliches Telefonbuch · Arbeiter-Touring-Bund *(Schweiz)*
ATC – Acute Toxic Class *(Methode zum Prüfen der akuten Giftigkeit von Stoffen)* · Air Traffic Control · Air Training Command · Automatic Train Control
ATCC – Air Traffic Control Center
ATCO – Air Traffic Coordinating Office *(USA)*
AtDeckV – Verordnung über die Deckungsvorsorge nach dem Atomgesetz
a tem. – a tempo (*ital.:* »im Tempo [des Anfangs]«; *Musik*)
ATEN – Association Technique pour la Production et l'Utilisation de l'Energie Nucléaire *(Frankreich)*
AtG – Atomgesetz
ATG – Anti-Thymozytenglobulin *(Med.)* · Austauschgetriebe · automatisches Testgerät
ATGA – Akademie für technische Gebäudeausrüstung
At.-Gew. – Atomgewicht
ATH – August-Thyssen-Hütte *(hist.)*
äth. – ätherisch; ätherisieren · äthiopisch
Äth. – Äther · Äthiopien; Äthiopier · Äthyl
athl. – athletisch
Athl. – Athlet[en]
ATI – Aluminiumtitanat
ATIC – Association Technique de l'Importation Charbonnière *(Frankreich)*
ATIS – Anerkannte Tourist-Informationsstelle[n]
atl. – atlantisch
Atl. – Atlant[en] · Atlantik · Atlas
ATLAS – Atmospheric Laboratory for Applications and Science *(amerik.-europ. Programm für Atmosphärenforschung)*
atm – physikalische Atmosphäre
ATM – Archiv für Technisches Messen · asynchronous transfer mode/Asynchroner Transfermodus *(EDV)* · Austauschmotor
atm. – atmosphärisch
Atm. – Atmosphäre · Atmung
AT-Motor – Austauschmotor
ATO – allgemeine Tarifordnung · Allgemeine Treuhandorganisation · Autotransportordnung
ATP – Adenosintriphosphat · application transaction program · Association of Tennis Professionals
ATPL – airline transport pilot license
ATR – Anti-Transmitting Receiving *(Sender-Sperrelektronenröhre in der Radartechnik)* · Arbeitsausschuss Transportrationalisierung
Atrac – adaptive transform acoustic coding *(Komprimierungsverfahren für Audiodaten)*
ATRS – American Tanker Rate Scheme
ATS – Agence Télégraphique Suisse/Agenzia Telegrafica Svizzera *(Schweizer Depeschen-Agentur)* · air traffic service · American Thoracic Society · Applications Technology Satellite · Army Transport Service · automatic tuning system · automatisches Tradingsystem
ATSV – Allgemeiner Turn- und Sportverband · Allgemeiner Turn- und Sportverein
Att – Austauschteil
AT&T – American Telephone and Telegraph Company
Att. – Attaché · Attentat; Attentäter · Attest · Attika · Attitude
Attac – Association pour une Taxation des Transactions financières pour l'Aide aux Citoyens *(Vereinigung für eine Besteuerung von Finanztransaktionen zum Wohle der BürgerInnen)*
ATTAS – Advanced Technologies Testing Aircraft System *(Forschungsflugzeug)*
attr. – attraktiv · attributiv
Attr. – Attraktion · Attrappe · Attribut
Atts – Austauschteilsatz
ATTS – automatic tape tuning system
atü – Atmosphärenüberdruck
ATUC – African Trade Union Confederation
ATV – Abwassertechnische Vereinigung · Akademischer Turnverein · allgemeine deutsche Binnen-Transportversicherungsbedingungen · allgemeine Tarifierungsvorschriften; allgemeine Tarifvorschriften · allgemeiner Turnverein · allgemeine Technische Vertragsbedingungen für Bauleistungen · allgemeine Technische Vorschriften · all terrain vehicle · Arbeiterturnverein · Automobil-Treuhandverband
AtVO – Atomverordnung
ATX – Austrian Trade Index
ATYPI – Association Typographique Internationale
ATZ – Altersteilzeit(arbeit)
AtzG, ATZG – Altersteilzeitgesetz
Au – aurum (*lat.:* »Gold«, *Element*)
AU – Abgasuntersuchung · address unit · Afrikanische Union · Arbeitsunfähigkeit · Audio
AÜ – Arbeitnehmerüberlassung · Aufgabenübertra-

gung · Aufgabenüberwachung · Auslandsüberweisung
au, au. – arbeitsunfähig
a. u. – ab usu (*lat.:* »wie üblich«) · ad usum (*lat.:* »zum Gebrauch«) · anno urbis (*lat.:* »im Jahr der Stadt [Rom]«)
AUA – American Urological Association · Austrian Airlines
AuÄ – Arbeitsgemeinschaft unabhängiger Ärzte
a. u. a. – auch unter ander[e]n
AUB – Allgemeine Unfallversicherungsbedingungen · Arbeitsgemeinschaft Umweltverträgliches Bauprodukt · Arbeitsgemeinschaft Unabhängiger Betriebsangehöriger
A-UB – Ausfuhr-Unbedenklichkeitsbescheinigung
aubo – außenbord[s]
Aubo-Motor – Außenbordmotor
AUBV – allgemeine Unfallversicherungsbedingungen
a. u. c. – ab urbe condita (*lat.:* »seit Gründung der Stadt [Rom]«); anno urbis conditae (*lat.:* »im Jahre der Gründung der Stadt [Rom]«)
AUD – Aktionsgemeinschaft Unabhängiger Deutscher
Aud. – Audienz · Auditorium
Audimax – Auditorium maximum *(größter Hörsaal)*
Audiogr. – Audiogramm
audiom. – audiometrisch
Audiom. – Audiometer; Audiometrie
a. u. d. T. – auch unter dem Titel *(Buchw.)*
AuF – Ausbildungsumlagefonds
Auf. – Aufenthalt
Aufb. – Aufbau; Aufbauten
Aufb., Aufbew. – Aufbewahrung
AufbewBest. – Aufbewahrungsbestimmungen
AufbG – Aufbaugesetz
Auff. – Auffassung · Auffindung · Aufforderung · Aufführung · Auffüllung
Aufg. – Aufgabe · Aufgang · Aufgebot · Aufgeld
aufgef. – aufgefordert · aufgeführt
aufh. – aufheben · aufhellen · aufhören
Aufh. – Aufhebung · Aufhellung
AufhA – Anordnung zur Aufhebung
AufhB, AufhBest. – Bestimmung[en] zur Aufhebung
AufhBek. – Bekanntmachung zur Aufhebung
AufhG – Gesetz zur Aufhebung [des Besatzungsrechts]
AufhV – Verordnung zur Aufhebung
AufhVorschr., AufhVschr. – Vorschrift[en] zur Aufhebung
Aufk. – Aufkauf; Aufkäufer
Aufkl. – Aufklärer · Aufklarung · Aufklärung
AufklG – Aufklärungsgeschwader
Aufl. – Auflage[n] · Auflösung · Auflockerung
AuflA – Auflösungsamt für Familiengüter
AuflVO – Auflassungsverordnung
Aufn. – Aufnahme
Aufn.-Antr. – Aufnahmeantrag/-anträge
Aufn.-Bed. – Aufnahmebedingung[en]
Aufn.-Best. – Aufnahmebestimmung[en]
Aufn.-Nr. – Aufnahmenummer
aufr. – aufrecht · aufreißen · aufrichtig
Aufr. – Aufrichtigkeit · Aufriss · Aufruhr
Aufs. – Aufsatz; Aufsätze · Aufseher · Aufsicht
Aufsb., Aufs.-B., Aufs.-Beam. – Aufsichtsbeamter
Aufs.-B., Aufs.-Beh. – Aufsichtsbehörde
Aufsch. – Aufschub · Aufschüttung
Aufschl. – Aufschlag; Aufschläge · Aufschluss
Aufschr. – Aufschrift[en]
Aufs.-Pers. – Aufsichtsperson; Aufsichtspersonal
Aufs.-Pfl. – Aufsichtspflicht
Aufs.-R., AufsR – Aufsichtsrat
AufsStDV – Verordnung zur Durchführung des Steuerabzugs von Aufsichtsratsvergütungen
Aufst. – Aufstand · Aufstellung · Aufstufung
Auft., Auftlg. – Aufteilung
Auftr. – Auftrag; Aufträge · Auftritt[e]
Auftr.-Best. – Auftragsbestätigung
Auftr.-Nr. – Auftragsnummer
Auftr.-Verg. – Auftragsvergabe · Auftragsvergütung
aufw. – aufwarten · aufwärts · aufweisen · aufwenden · aufwerten
Aufw. – Aufwand · Aufwartung · Aufwendung[en] · Aufwertung
Aufw.-Entsch. – Aufwandsentschädigung
AufwFällG – Aufwertungsfälligkeitsgesetz
AufwG – Aufwertungsgesetz
AufwVO – [Steuer]aufwertungsverordnung
Aufz. – Aufzeichnung[en] · Aufzug; Aufzüge
Aufz.-Bed. – Aufzugsbedienung
Aufz.-Nr. – Aufzugsnummer
AufzV – Aufzugsverordnung
Aug. – August · Augustiner
AÜG – Arbeitnehmerüberlassungsgesetz
AUGE – Arbeitsgruppe Umwelt, Gesellschaft, Energie
Aug.-Er. – Augustiner-Eremit
AÜGSGG – Aufgabenübertra-

gungsgesetz zum Sozialgerichtsgesetz *(Bayern)*
AUI – attachment unit interface · audio user interface
AUMA – Ausstellungs- und Messeausschuss der deutschen Wirtschaft
AUP – Arbeitsgemeinschaft für Umweltpharmazie
AuPO – Ausbildungs- und Prüfungsordnung
AUQUA – Australian Universities Quality Agency
AUR – Aurich *(Kfz)*
AUS – Australien *(Kfz)*
a. u. s. – actum ut supra (*lat.*: »geschehen/verhandelt wie oben [angegeben]«)
Ausb. – Ausbau · Ausbesserung · Ausbietung · Ausbilder; Ausbildung
ausbez. – ausbezahlen; ausbezahlt
AusbG – Gesetz über den Ausbau der Rentenversicherung
Ausbild. – Ausbilder; Ausbildung
Ausbild.-Beih. – Ausbildungsbeihilfe
AusbildO – Ausbildungsordnung
AusbildV – Verordnung über die Ausbildung von Kraftfahrzeugführern
Ausf. – Ausfahrt · Ausfall · Ausfällung · Ausfertigung · Ausführung · Ausfuhr
AusfA, Ausf.-Anord. – Ausführungsanordnung[en]
Ausf.-Anw., AusfAnw. – Ausführungsanweisung[en]
Ausf.-Beh. – Ausführungsbehörde
AusfBek., Ausf.-Bek. – Bekanntmachung[en] zur Ausführung
Ausf.-Best., AusfBest. – Ausführungsbestimmung[en]
Ausf.-Bürg. – Ausfallbürgschaft · Ausfuhrbürgschaft
Ausf.-Erkl. – Ausfallerklärung · Ausfuhrerklärung
Ausf.-Erl., AusfErl. – Ausführungserlass
Ausf.-Fin. – Ausfuhrfinanzierung
Ausf.-Ford. – Ausfallforderung
Ausf.-Förd., AusfFörd. – Ausfuhrförderung
AusfFördG – Ausfuhrförderungsgesetz
AusfG, Ausf.-Ges. – Ausfuhrgesetz · Ausführungsgesetz
Ausf.-Gar. – Ausfuhrgarantie
Ausf.-Geb. – Ausfallgebühr · Ausfertigungsgebühr
Ausf.-Gen. – Ausfuhrgenehmigung
Ausf.-H. – Ausfuhrhandel
Ausf.-Kontr. – Ausfertigungskontrolle · Ausfuhrkontrolle
Ausf.-Nr. – Ausfertigungsnummer · Ausfuhrnummer · Ausführungsnummer
Ausf.-Pr. – Ausfertigungspreis · Ausfuhrprämie
Ausf.-Send. – Ausfuhrsendung[en]
Ausf.-Überw. – Ausfuhrüberwachung · Ausführungsüberwachung
AusfV, Ausf.-Verord. – Ausführungsverordnung
Ausf.-Verb. – Ausfuhrverbot
Ausf.-Verf. – Ausfuhrverfahren
Ausf.-Vers. – Ausfallversicherung
Ausf.-Vertr. – Ausfuhrvertrag; Ausfuhrverträge
Ausf.-Vol. – Ausfuhrvolumen
Ausf.-Vorschr., Ausf.-Vschr. – Ausführungsvorschrift[en]
ausg. – ausgesetzt *(Börse)*
Ausg. – Ausgabe · Ausgang
Ausg.-Dat. – Ausgabedatum · Ausgangsdatum
ausgeg. – ausgegeben
ausgegl. – ausgeglichen
ausgeh. – ausgehändigt
ausgel. – ausgelagert · ausgelegt · ausgeliefert
ausgen. – ausgenommen · ausgenützt/ausgenutzt
ausges. – ausgesetzt *(Börse)*
ausgesch. – ausgeschieden
ausgeschl. – ausgeschlossen
ausgest. – ausgestattet · ausgestellt · ausgestopft · ausgestorben · ausgestoßen
Ausgest. – Ausgestaltung
ausgew. – ausgewählt · ausgewiesen · ausgewogen · ausgewuchtet
ausgez. – ausgezahlt · ausgezählt · ausgezeichnet
Ausgl. – Ausgleich
AusglA – Ausgleichsamt
AusglSt., Ausgl.-St. – Ausgleichsteuer
AusglStO – Ausgleichsteuerordnung
AusgN – Ausgabennachweis
Ausg.-Nr. – Ausgabenummer · Ausgangsnummer
Ausg.-P. – Ausgangspunkt
Ausg.-Pos. – Ausgangsposition
Ausg.-St. – Ausgabestelle · Ausgangsstation · Ausgangsstempel
Aush. – Aushändigung · Aushang · Aushilfe
Aush.-Ang[est]. – Aushilfsangestellte[r]
Aush.-Pers. – Aushilfspersonal, -personen
Ausk. – Auskommen · Auskunft; Auskünfte
ausk.-ber. – auskunftsberechtigt
Ausk.-Ber. – Auskunftsberechtigung
AuskDetV – Verordnung über die Buchführungs- und Auskunftspflicht von Auskunfteien und Detektiven
auskpfl., ausk.-pfl. – auskunftspflichtig
Ausk.-Pfl. – Auskunftspflicht
Ausk.-St. – Auskunftstelle
ausl. – auslagern · ausländisch · auslautend *(Sprachw.)* · auslegen · ausliefern · ausliegen · auslosen · auslösen

Ausl. – Ausladung · Auslage[n] · Auslagerung · Ausland; Ausländer · Auslaut *(Sprachw.)* · Ausleihe · Auslieferung · Auslosung
AuslagVO – Auslagenerstattungsverordnung
Ausl.-Antr. – Auslieferungsantrag
Ausl.-Auf. – Auslandsaufenthalt
AuslD – Auslandsdienst
Ausl.-Ers. – Auslagenersatz
AuslfG – Auslieferungsgesetz
AuslG – Ausländergesetz · Auslieferungsgesetz
AuslInvestmG – Gesetz über den Vertrieb ausländischer Investmentanteile
AuslPAnw – Auslandspostanweisung *(Post)*
AuslPkt – Auslandspaket *(Post)*
AuslPVO – Ausländerpolizeiverordnung
AuslR – Ausländerrecht
AuslRVO – Verordnung über die Zahlung von Renten in das Ausland
AuslSdg – Auslandssendung *(Post)*
Ausl.-Term. – Auslieferungstermin
Ausl.-Vertr. – Auslandsvertretung[en] · Auslieferungsvertrag
AuslVSt – Auslandsvermittlungsstelle *(Post)*
AuslWBG, AuslWährBG – Gesetz zur Bereinigung von deutschen Schuldverschreibungen, die auf ausländische Währung lauten
Ausn. – Ausnahme · Ausnützung, Ausnutzung
Ausn.-Gen. – Ausnahmegenehmigung
Ausn.-Ger. – Ausnahmegericht
Ausn.-T., Ausn.-Tar. – Ausnahmetarif
Ausn.-Zust. – Ausnahmezustand
ausr. – ausreichend · ausrichten · ausrüsten
Ausr. – Ausreise · Ausrichter · Ausrichtung · Ausrüstung
Ausr.-A. – Ausreiseantrag
Aussch. – Ausschuss; Ausschüsse
ausschl. – ausschließend; ausschließlich
Ausschl. – Ausschlag · Ausschließung · Ausschluss
Außenst. – Außenstände · Außenstelle
außerger. – außergerichtlich
Ausspr. – Aussprache · Ausspruch
Ausst. – Ausstand · Ausstände · Ausstattung · Ausstellung[en] · Aussteuer
Ausstatt., Ausstattg. – Ausstattung
AusstV – Aussteuerversicherung *(Vw.)*
AußWerbG – Gesetz über verunstaltende Außenwerbung
Aust. – Austausch
austr. – australisch
Austr. – Austria · Australien; Australier
austral. – australisch
Austral. – Australien; Australier
AusV – Ausstellungsversicherung *(Vw.)*
Ausv., Ausverk. – Ausverkauf
ausw. – auswählen · auswandern · auswärtig · auswärts · auswechseln · ausweiten · auswerten
Ausw. – Auswahl · Auswanderer; Auswanderung · Auswechslung · Ausweis · Ausweisung · Ausweitung · Auswertung
Ausw.-Beh., AuswBeh. – Auswanderungsbehörde
AuswG – Auswanderungsgesetz
Ausw.-Koll. – Auswahlkollektion
Ausw.-Sp. – Auswahlspiel[er]
Ausz. – Auszahlung · Auszählung · Auszeichnung · Auszug; Auszüge
AuszL – Auszahlungsliste
Ausz.-Sch. – Auszahlungsschein
Ausz.-T. – Auszahlungstermin · Auszeichnungstext · Auszugstermin
aut. – autark · autogen · automatisch · automatisiert · autonom · autorisiert · autoritär · autoritativ
Aut. – Autarkie · Autograph · Automat · Automatik · Automation · Automobil · Autonomie · Autor[en] · Autorität
AutG – Gesetz über den Verkauf von Waren aus Automaten
auth. – authentisch
autogr. – autographiert; autographisch
Autogr. – Autogramm · Autograph; Autographie
Autom. – Automatik · Automation; Automatisation; Automatisierung
AutomatG – Gesetz über den Verkauf von Waren aus Automaten
auton. – autonom
Auton. – Autonomie
autor. – autorisieren; autorisiert
AutV – Automatenversicherung *(Vw.)*
AUV – allgemeine Unfallversicherung · Auslandsumzugskostenverordnung
a.u.v. – ausgefertigt, unterschrieben, verkündet/vorgetragen
A. u. V. – Annahme und Versand
AUVB – allgemeine Versicherungsbedingungen für die Unfallversicherung
aux., AUX – auxiliary
A/UX – Apple Unix

AUZ – Arbeitsunfähigkeits-Zusatzversicherung *(Vw.)*
a. u. Z. – auf unbestimmte Zeit
AV – Abfallverwertung · Abschlussvermittler · alle Fahrt voraus *(Schifffahrt)* · allgemeiner Vertrag · allgemeine Verfügung · allgemeine Verwaltungsvorschrift · allgemeine Vorschrift · Alpenverein · Altersversicherung · Altersversorgung · Altersvorsorge · Amtsvormund; Amtsvormundschaft · Amtsvorstand; Amtsvorsteher · Angestelltenversicherung · Anlagevermögen · Anrechnungsverfahren · Antivirus · Anwendungsverfahren · Arbeiterverein · Arbeitgeberverband · Arbeitslosenversicherung · Arbeitsvermittlung · Arbeitsvertrag · Arbeitsvorbereitung · Arbeitsvorlage · Architektenverein · Atemvolumen *(Med.)* · Athletikverein · Audiovision · audiovisuell · Aufzugsverordnung · Ausbildungsverordnung[en] · Ausbildungsvorschrift[en] · Ausführungsverordnung[en] · Ausführungsvorschrift[en] · Ausfuhrvergütung · Außenhandelsverband · Außenversicherung *(Vw.)*
av, av. – arbeitsverwendungsfähig
Av. – Average *(Havarie)*
a v. – a vista *(ital.:* »bei Sicht«, *bei Vorlage zahlbar; Bank · vom Blatt Musik)*
a. v. – ad valorem (*lat.:* »dem Wert nach«)
a. V. – anerkannter Verein
A. V. – ad vivum (*lat.:* »nach dem Leben [geschaffen]«)
AVA – Aerodynamische Versuchsanstalt · Allgemeine Handelsgesellschaft der Verbraucher AG · Automobil- und Warenkredit-Verkehrsanstalt *(Österreich)*
AVAD – Auskunftsstelle über den Versicherungsaußendienst
AVAP – Arbeitgeberverband Ambulanter Pflegedienste
AVAVG – Gesetz über die Arbeitsvermittlung und Arbeitslosenversicherung
AVB – allgemeine Bedingungen für die Versorgung mit elektrischer Arbeit aus dem Niederspannungsnetz des Elektrizitätsversorgungsunternehmens · allgemeine Verfrachtungsbedingungen · allgemeine Versicherungsbedingungen · allgemeine Vertragsbestimmungen · Angestellten-Vereinigung des Rheinisch-Westfälischen Buchhandels · Apothekerversorgung Berlin
AVBÄO – Verordnung zur Ausführung der Bundesärzteordnung *(Bayern)*
AV BLG – Verordnung zur Ausführung des Bundesleistungsgesetzes
AV-Block – atrioventrikulärer Block *(Med.)*
AVBM – Arbeitgeberverband der Berliner Metallindustrie
Avbr – automatische Vakuumbremse
AVBSchG – Ausführungsverordnung zum Berufsschulgesetz *(Bayern)*
AVBSG – Verordnung zur Ausführung des Bundesseuchengesetzes *(Bayern)*
AVBTÄO – Verordnung zur Ausführung der Bundestierärzteordnung *(Bayern)*
AVBTL – allgemeine Versicherungsbedingungen für Tierlebensversicherung
AVC – Automatic Volume Control *(Lautstärkeregelung)*
AVCO – Arbeitgeberverband Chemie und verwandte Industrien Ost
AvD – Arzt vom Dienst · Automobilclub von Deutschland
AVD – Arbeitsrechtliche Vereinigung Deutschlands
avdp. – Avoirdupois *(engl.-amerik. Maßsystem)*
Ave – Alta Velocidad Española *(Hochgeschwindigkeitszug Madrid–Sevilla)*
AVE – allgemeine Verbindlichkeitserklärung · Arbeitgebervereinigung energiewirtschaftlicher Unternehmen · Außenhandelsvereinigung des Deutschen Einzelhandels
Ave. – Avenue *(engl./franz.)*
AVER – Abkommen über die Verkehrsteilung zwischen der Eisenbahn und der Rheinschifffahrt · Art der Verletzung *(Berufsgenossenschaft)*
AVers. – Altersversicherung · Altersversorgung · Angestelltenversicherung · Arbeitslosenversicherung
avest. – avestisch
AVfg. – allgemeine Verfügung
AVG – Abfertigungsvorschriften für den internationalen Eisenbahngüterverkehr · Allgemeines Verwaltungsverfahrensgesetz · Angestelltenversicherungsgesetz
AVGrdstVG – Verordnung zur Ausführung des Grundstücksverkehrsgesetzes
AVH – Arbeitsrechtliche Vereinigung Hamburg
AVI – Arbeitsgemeinschaft der eisen- und metallverarbeitenden Industrie · audio video interleave
AvJ – Arbeitsgemeinschaft von Jugendbuchverlegern
AVK – allgemeine Verwaltungskosten · Arbeitsgemeinschaft verstärkte Kunststoffe · arterielle Verschlusskrankheit[en] *(Med.)*
AVKrpflG – Verordnung zur

Ausführung des Krankenpflegegesetzes *(Bayern)*
AVL – Amt für Verteidigungslasten · Armeeverpflegungslagen
AVLStVG – Verordnung zur Ausführung des Landesstraf- und Verordnungsgesetzes
AVM – audiovisuelle Medien
AVMA – American Veterinary Medical Association *(USA)*
AVMAG – Verordnung zur Ausführung des Bundesgesetzes über die Ausübung des Berufs der medizinisch-technischen Assistentin
AVMKG – Verordnung zur Ausführung des Bundesgesetzes über die Ausübung der Berufe des Masseurs und medizinischen Bademeisters und der Krankengymnasten
AVMZ – Audio-Visuelles Medizinzentrum
AVN – Angehörige[r] der Vereinten Nationen
AVNOJ – Antifašisticko vijce narodnog oslobodjenja Jugoslavije *(Antifaschistischer Volksbefreiungsrat Jugoslawiens, gegr. am 26./27. 11. 1942)*
AVNot. – Allgemeine Verfügung betreffend Angelegenheiten der Notare
AVO – Allgemeine Vollzugsordnung · Anerkennungsverordnung *(bei Saatgut)* · Ausführungsverordnung
ÄVO – Änderungsverordnung
AV-ÖGDG – Ausführungsverordnung zum Gesetz über den öffentlichen Gesundheitsdienst
AVON – Amtliches Verzeichnis der Ortsnetzkennzahlen *(Post)*
AVorm. – Amtsvormund
AVOSGG – Verordnung zur Ausführung des Sozialgerichtsgesetzes
AVP – Arbeitsgemeinschaft Verlagspressesprecher · Armeeversorgungspunkt · Arzneiverordnung in der Praxis
AVPBefG – Verordnung zur Ausführung des Personenbeförderungsgesetzes
AVR – Allgemeine Versicherungsbedingungen für Rindviehversicherung · Atomversuchsreaktor · Arbeitsgemeinschaft Versuchsreaktor · Arbeitgeberverband der Deutschen Volksbanken und Raiffeisenbanken · Arzneiverordnungsreport · automatische Verstärkungsregelung
AVRS – allgemeiner Vertrags-Rechtsschutz
AVS – Advanced Vertical and Short Take-off and Landing Weapon System · Akademie für öffentliche Verwaltung des Freistaates Sachsen · automatisches Vorwählsystem *(Kfz)* · average speed
AVst – Amtsvorstand *(Bahn)*
AVU – Aktiengesellschaft für Versorgungsunternehmen
avu, avu. – arbeitsverwendungsunfähig
AVUB – allgemeine Volks-Unfallversicherungsbedingungen
Avus – Automobil-Verkehrs- und Übungsstraße *(Berlin)*
AVUS – Gesellschaft für Arbeits-, Verkehrs- und Umweltsicherheit
AVV – Adressbuchverlegerverband · Allgemeiner Verband der Versicherungsangestellten · allgemeine Verwaltungsvorschrift[en] · Arbeitsgemeinschaft der Vereinigungen öffentlicher Verkehrsbetriebe
AVVFStr. – Allgemeine Verwaltungsvorschrift für die Auftragsverwaltung der Bundesfernstraßen
AVwGebO – Allgemeine Verwaltungsgebührenordnung
AVWL – Apothekerverband Westfalen-Lippe
AVZ – Arbeits- und Verfügungszentrum · Aufbau- und Verfügungszentrum
Aw – Ausbesserungswerk *(Bahn)*
AW – Addierwerk *(EDV)* · Ahrweiler *(Kfz)* · Anschaffungswert · Anwartschaft · Anwartschaftsversicherung *(Vw.)* · Arbeitswelt · Atemwiderstand *(Med.)* · Aufwertung · Ausbesserungswerk · Ausbildungswesen · ausgewählte Werke · Außenwirtschaft · Automobilwirtschaft
aw. – awestisch
Aw. – Anwartschaft · Anwendung · Anwesende; Anwesenheit · Aufwertung · Ausweis · Ausweisung · Auswertung
a. W. – ab Werk · auf Wartegeld · auf Widerruf · auf Wunsch
ä. W. – äußere Weite
AWA – Aktueller Wirtschaftsdienst für Apotheker · Allensbacher Werbeträger-Analyse · Anstalt zur Wahrung der Aufführungsrechte [auf dem Gebiet der Musik] · Arbeitsgemeinschaft Wasser · Ausführungsanweisung zur Außenwirtschaftsverordnung
AWACS – Airborne Warning and Control System · Asynchronous Transfer Mode Wireless Access Communication System *(EU-Projekt)*
AWB – Airway Bill *(engl.: »Luftfrachtbrief«)* · allgemeine Wettkampfbestimmungen · Allgemeine Bedingungen für Versicherungen gegen Leitungswasserschäden · Atomwirkungsberater *(Mil.)*
AWbG – Arbeitnehmer-Weiterbildungsgesetz
AWBR – Arbeitsgemeinschaft

Wasserwerke Bodensee-Rhein
AWD – Allgemeiner Wirtschaftsdienst
AWE – Arbeitsgruppe Werbung Elektroindustrie
AWF – African Wildlife Foundation · Allweather Fighter/Allwetterjagdflugzeug · Ausschuss für wirtschaftliche Fertigung
AWFZ – Ausschuss für Währungs-, Finanz- und Zahlungsbilanzstatistiken
AwG – Aufwertungsgesetz
AWG – Abfallwirtschaftsgesellschaft · Abfallwirtschaftsgesetz *(Österreich)* · Allgemeine Wählergemeinschaft · Arabische Wirtschaftsgemeinschaft · Außenwirtschaftsgesetz
AWI – Alfred-Wegener-Institut für Polar- und Meeresforschung *(Potsdam)*
AWK – Abwasserkanal · Aho, Weinberer, Kernighan *(Namen der Entwickler einer Programmiersprache)* · Ausschuss für Wärme- und Kraftwirtschaft
AWL – absence/absent with/without leave (*engl.:* »Abwesenheit/abwesend mit/ohne Erlaubnis«; *Mil.*) · Arbeitsgemeinschaft Wissenschaftliche Literatur · Ausschuss Wälzlager *(DIN)*
AWM – Aktionsgemeinschaft Wirtschaftlicher Mittelstand · Arbeitsgemeinschaft Werbeagenturen und Marketingberatung · Arbeitskreis Werbung und Messewesen
AWMF – Arbeitsgemeinschaft der Wissenschaftlich-Medizinischen Fachgesellschaften
AWO – Arbeiterwohlfahrt
AWOL – absence/absent without official leave (*engl.:* »Abwesenheit/abwesend ohne amtliche Erlaubnis«)
Aw.-Pfl. – Anwesenheitspflicht
AWR – Arbeitsgemeinschaft der Deutschen Werkredakteure · Association for the Study of the World Refugee Problems · Außenwirtschaftsrecht
AWS – Air Warning Service · Air Weather Service · Alfred-Wegener-Stiftung zur Förderung der Geowissenschaften · American Welding Society · Arbeitsgemeinschaft Wissenschaftlicher Sortimentsbuchhandlungen
AWT – Anwendungstechnik · Arbeitsgemeinschaft für Wirkstoffe in der Tierernährung
AWV – Arbeitsgemeinschaft für wirtschaftliche Verwaltung · Ausschuss für wirtschaftliche Verwaltung in Wirtschaft und öffentlicher Hand · Arbeitsgemeinschaft wissenschaftlicher Verlage · Außenwirtschaftsverordnung
AW-Weisung – Weisung über Aufbaudarlehen für den Wohnungsbau
AWWR – Arbeitsgemeinschaft der Wasserwerke an der Ruhr
AWWV – Arbeitsgemeinschaft der Wasserwirtschaftsverbände
AWZ – Abfallwirtschaftszentrum
AZ – Abendzeitung · Aktenzeichen · Aktionszentrum · Alkalitätszahl · Allgemeine Zeitung · Allgemeinzustand · Alzey-Worms *(Kfz)* · Amerikanische Zone · Arbeitszeit · Arbeitsausschuss Zeichnungen *(im DNA)* · Arizona *(Staat der USA)* · Asbestzement · Aserbaidschan *(Kfz)* · Aufschlagzünder *(Mil.)* · Ausfallzeit · Azimut *(Astron.; Geom.)*
Az. – Aktenzeichen · Amtszeichen · Auszahlung
a. Z. – als Zugabe · auf Zeit
AZE – Anhalt-Zerbst *(Kfz)*
AZG – Allgemeines Zuständigkeitsgesetz · Amtszuchtgesetz *(ev. Kirche)* · Anteilzollgesetz
AZH – Allgemeines Zoll- und Handelsabkommen · Arbeitsgemeinschaft Zubehör, Heiz-, Koch- und Wärmegeräte
AZK – Arbeitszeitkonto
AZO – Allgemeine Zollordnung · Arbeitszeitordnung
ÄZQ – Ärztliches Zentrum für Qualität in der Medizin *(Köln)*
AZR – Aktenzeichen Recht · Aschheim-Zondek-Schwangerschaftsreaktion · Ausländerzentralregister
AZRG – Ausländerzentralregistergesetz
AZU – Afrikanische Zahlungsunion
Azubi – Auszubildende[r]
Azubis – Auszubildende
AZV – Abwasserzweckverband · Arbeitsgemeinschaft deutscher Zupfmusikerverbände · Autofahrer-Zentralverband
AZV, AZVO – Arbeitszeitverordnung

B*b*

b – bar *(Meteor.)* · Barn *(Einheit des Wirkungsquerschnitts)* · Bes *(Masseneinheit Kilogramm in Italien)* · bezahlt *(auf Kurszetteln)* · bit
B – Baht *(Währung in Thailand)* · Bauer *(Schach)* · Bayern · Beitrag *(Vw.)* · Bel · Belgien *(Kfz)* · Berlin *(Kfz)* · Berlin, Senat und Abgeordnetenhaus *(Kfz)* · Beton · Bor *(Element)* · Bord · Brief

(Börse) · Bund · Bundesstraße · Burgenland *(Österreich; Kfz)* · Byte *(EDV)*
b. – badisch *(selten)* · bay[e]risch *(selten)* · bei; beim · bis
B. – Bachelor *(engl.)* · Bad · Baden · Bahn · Band · Bank · Barometer[stand] · Baron[esse] · Basis · Bass · Bazillus · Beamter · Beitrag · Bibel · Bogen · Bronchus *(Med.)* · Buch · Büro · Bund · Burg
B/. – Balboa *(Währung in Panama)*
Ba – Barium *(Element)*
BA – Bach-Archiv · Bamberg *(Kfz)* · Bank Austria · Bankenabkommen · Bankaktie · Bauabteilung · Bauabschnitt · Bauamt · Bauamtmann · Bauausschuss · Beamtenanwärter · Beitragsart · Bergakademie · Bergamt · Berichtigungsaktie[n] · Berufsakademie[n] · Berufsausbildung · Beschaffungsabteilung · Beschaffungsamt · Beschaffungsanweisung · Beschwerdeabteilung · Besuchsauftrag · Betreibungsamt · Betriebsabteilung · Betriebsamt · Betriebsangehörige[r] · Betriebsanleitung · Betriebsanweisung · Betriebsausgabe · Betriebsausschuss · Bezirksamt · Bezirksausschuss · Bodenanteil · Bremsassistent *(Kfz)* · British Airways · Buchungsautomat · Bundesagentur für Arbeit · Bundesamt · Bundesanstalt · Bundesanstalt für Arbeit *(bis 2003, Nürnberg)* · Bundesanwalt[schaft] · Bundesanzeiger · Bundesarbeitsgemeinschaft · Bundesausführungsbehörde · Bundesausschuss · Butylalkohol
Ba. – Baden · Batterie
B. A. – Baccalaureus Artium; Bachelor of Arts · British Academy · British America · Bundesverband Deutscher Autoren
BAA – Bauaufsichtsamt · Bundesaufsichtsamt [für das Versicherungs- und Bausparwesen] · Bundesausgleichsamt
B. A. A. – British Archaeological Association · British Astronomical Association
BAA-ASpG-DV – Rechtsverordnung des Präsidenten des Bundesausgleichsamtes zur Durchführung des Altsparergesetzes
BAAB – British Amateur Athletic Board
BAA-Feststellungs-DV – Rechtsverordnungen des Präsidenten des Bundesausgleichsamts zur Durchführung des Feststellungsgesetzes
BAA-LeistungsDV-LA – Rechtsverordnungen des Präsidenten des Bundesausgleichsamtes zur Durchführung des Lastenausgleichsgesetzes
BAArbVerm. – Bundesanstalt für Arbeitsvermittlung und Arbeitslosenversicherung
BAAS – British Association for the Advancement of Science
BAAss. – Bauamtsassessor
BAB – Bankaufsichtsbehörde · Betriebsabrechnungsbogen · Bezirksaufsichtsbeamter · Bundesausbildungsbeihilfe · Bundesautobahn[en]
bab. – babylonisch
BABl. – Bundesarbeitsblatt · Bundesausschreibungsblatt
BABS – Beam/Blind Approach Beacon System
BABV – Bayerischer Amateur-Boxerverband
BABw – Bauaufsicht der Bundeswehr
BAC – British Association of Chemists · Bureau des Affaires Communes *(UIC)*
Bacc. – Baccalaureus
Bach. – Bachelor
BäckArbZG – Gesetz über die Arbeitszeit in Bäckereien und Konditoreien
BAD – Baden-Baden *(Kfz)* · Banque Africaine du Développement · berufsgenossenschaftlicher arbeitsmedizinischer Dienst · Bezirksaufsichtsdienst
Bad. – Baden[er]
BadGO – Badische Gemeindeordnung
BADir. – Bauamtsdirektor
BADV – Verordnung über Bodenabfertigungsdienste auf Flughäfen
B. A. d. W., BAdW – Bayerische Akademie der Wissenschaften
B. A. E. A. – British Atomic Energy Authority
BAERE – British Atomic Energy Research Establishment
baf – Bund altkatholischer Frauen in Deutschland
BAF – Bayerische Akademie für Fernsehen · Beratender Ausschuss für Forschungspolitik · Berliner Arbeitskreis Film
BAFA – Bundesausfuhramt *(Bundesamt für Wirtschaft und Ausfuhrkontrolle)*
BAfAA, BAfAVAV – Bundesanstalt für Arbeitsvermittlung und Arbeitslosenversicherung
BAfAM – Bundesanstalt für Arbeitsmedizin
BAfEuV – Österreichisches Bundesamt für Eich- und Vermessungswesen
BAFF – Bundesanstalt für Fleischforschung · Bundesausbildungsförderungsfonds · Bündnis aktiver Fußballfans
BAfH – Bundesamt für das Heimatwesen

BAFI – Bundesamt für die Anerkennung ausländischer Flüchtlinge
BAFin, Bafin – Bundesanstalt für Finanzdienstleistungsaufsicht
BAföG – Bundesausbildungsförderungsgesetz
BAföGÄndG – Gesetz zur Änderung des Bundesausbildungsförderungsgesetzes
BAFT – Beratender Ausschuss für Forschung und Technologie
BAFTA – British Academy for Film and Television Arts
BAG – Bezirksarbeitsgemeinschaft · Bundesarbeitsgemeinschaft der Mittel- und Großbetriebe des Einzelhandels · Buchhändlerabrechnungsgesellschaft · Bundesamt für Gesundheitswesen *(Schweiz)* · Bundesamt für Güterverkehr · Bundesarbeitsgemeinschaft · Bundesarbeitsgericht · Gesetz über die Errichtung eines Bundesaufsichtsamtes für das Versicherungs- und Bausparwesen
BÄG – Bayerisches Ärztegesetz
BAGE – Entscheidungen des Bundesarbeitsgerichts
BAGFW – Bundesarbeitsgemeinschaft der Freien Wohlfahrtspflege
BAGG – Bundesarbeitsgerichtsgesetz
BAGH – Bundesarbeitsgemeinschaft Hilfe für Behinderte
Bagiv – Bundesarbeitsgemeinschaft der Immigrantenverbände
BAGL – Bundesarbeitsgemeinschaft Gartenkultur und Landschaftspflege
BAGSM – Bundesarbeitsgemeinschaft katholischer Einrichtungen für sinnesbehinderte Menschen
BAGSO – Bundesarbeitsgemeinschaft der Seniorenorganisation
BAGUV – Bundesarbeitsgemeinschaft der Unfallversicherungsträger der öffentlichen Hand
BAH – Bundesamt für Heimatwesen · Bundesfachverband der Arzneimittelhersteller
Bahnw. – Bahnwärter · Bahnwesen
BAI – Bundesverband der Agraringenieure · Bundesverband Alternative Investments · Bundesverband der Architekten und Ingenieure
BAInsp. – Bauamtsinspektor
Baj. – Bajadere · Bajazzo · Bajonett · Bajuware
BAK – Bauartklasse · Bayerische Akademie [der Wissenschaften] · Blutalkoholkonzentration; Blutalkoholkontrolle · Bundesapothekerkammer · Bundesarbeitskammer *(Österreich)* · Bundesarchitektenkammer · Bundesassistentenkonferenz · Bundesaufsichtsamt für das Kreditwesen
BAK, BAk – Bundesakademie
BÄK – Bundesärztekammer
BAKA – Bundesarbeitskreis Altbauerneuerung
Bakk. – Bakkalaureat; Bakkalaureus
BAköV – Bundesakademie für öffentliche Verwaltung
BAKred – Bundesaufsichtsamt für das Kreditwesen
bakt. – bakteriell; bakteriologisch
Bakt. – Bakterie[n]; Bakteriologe; Bakteriologie
BAkWVT – Bundesakademie für Wehrverwaltung und Wehrtechnik
BAL – bronchoalveoläre Lavage *(Med.)* · Bundesausschuss Leistungssport
Bal. – Balkon · Balustrade
B. a. L. – Beamter auf Lebenszeit
Bald. – Baldachin
ball. – ballistisch
Ball. – Ballade · Ballast · Ballett; Balletteuse · Ballismus *(Med.)* · Ballistik · Ballon
BALM – Bundesanstalt für landwirtschaftliche Marktordnung
balt. – baltisch
Balt. – Baltikum
BAM – Baikal-Amur-Magistrale · Bayerisches Ministerium für Arbeit und soziale Fürsorge · Bundesanstalt für Materialforschung und -prüfung · Bundesarbeitsminister[ium] · Bundeskonferenz des akademischen Mittelbaus
BAMBI – Ballistic Anti Missile Boost Intercept
BAMF – Bundesamt für Migration und Flüchtlinge *(Nürnberg)*
BamS – Bild am Sonntag
BAN – Bundeseinheitliche Artikelnummerierung · Business Angel Networks
BAND – Bundesvereinigung der Arbeitsgemeinschaften Notärzte Deutschlands
band. – bandagieren; bandagiert · banderolieren
Band. – Bandage · Banderole
B.-Ang., B.-Angest. – Bankangestellte[r] · Bundesangestellte[r]
bank. – bankrott
Bank. – Bankett · Bankrott
BankB, BankBev. – Bankbevollmächtigte[r]
BankG – Gesetz über die Neuordnung des öffentlichen Bank- und Sparkassenwesens
BankR – Bankrat · Bankrecht
B.-Anst. – Bundesanstalt
BAnw. – Bundesanwalt
BAnz., Banz. – Bundesanzeiger
BAO – Berliner Absatzorganisation

BÄO – Bundesärzteordnung
BAOInsp. – Bauamtsoberinspektor
Baon – Bataillon *(Österreich)*
B.A.O.R., BAOR – British Army of the Rhine
BAOSekr. – Bauamtsobersekretär
BAP – Bildschirmarbeitsplatz /-plätze
BAPco – Business Applications Performance Corporation
BAPM – benefit asset pricing model
BApO – Bundesapothekerordnung
BAPT – Bundesamt für Post und Telekommunikation
bapt. – baptistisch
Bapt. – Baptist[en] · Baptisterium
BAQ – Bundesanstalt für Qualitätsforschung
bar – Barrel
BAR – Barnim *(Kfz)* · Bundesarbeitsgemeinschaft Rehabilitation
Bar. – Baracke · Barett · Bariton · Barock · Barometer[stand] · Baron[esse]
BARA – biologische Abwasserreinigungsanlage
barb. – barbarisch
Barb. – Barbados · Barbar · Barbestand · Barbiturat; Barbitursäure
Barbest. – Barbestand
BArbG – Bundesarbeitsgericht
BArbGG – Bundesarbeitsgerichtsgesetz
BArBl. – Bundesarbeitsblatt
BARC – British Automobile Racing Club
BArch. – Bundesarchiv
Barig, BARIG – Board of Airlines Representatives in Germany
Bark. – Barkarole · Barkasse · Barkette
Barmh. – Barmherzigkeit
BARoV – Bundesamt zur Klärung offener Vermögensfragen
Barpr. – Barpreis
BArtSchV – Bundesartenschutzverordnung
Barv., Barverk. – Barverkauf
Barz., Barzahl. – Barzahlung
BAS – Berufsaufbauschule · Bundesarbeitsgemeinschaft für Soldatenbetreuung
Bas. – Basalt · Basar · Basel · Basis
Basa, BASA – Bahnselbstanschlussanlage *(Bahn)*
baschk., baschkir. – baschkirisch
BASF – Badische Anilin- und Sodafabriken
BASI – Bundesarbeitsgemeinschaft für Arbeitssicherheit
BASIC, Basic – Beginner's All-Purpose Symbolic Instruction Code
BasicA – Beginner's All-Purpose Symbolic Instruction Code Advanced
BASIS – Bausteine für Archivsystematiken und Informationssysteme
bask. – baskisch
BAss. – Bauassessor
BAssess. – Bauassessor
BAS[-Signal] – Bild-Austast-Synchron-Signal
BAssist. – Bauassistent
BASt – Bundesanstalt für Straßenwesen
Bast. – Bastard
BASt. – Bezirksabrechnungsstelle · Bundesausgleichsstelle · Bundesabrechnungsstelle
BAT – biologischer Arbeitsstoff-Toleranzwert · British-American Tobacco [Company] · Bundesangestelltentarif · Bureau de l'Assistance Technique
Bat. – Bataillon · Batterie
Batt. – Batterie; Batterien
BAU – Bundesanstalt für Arbeitsschutz und Unfallforschung
BAuA – Bundesanstalt für Arbeitsschutz und Arbeitsmedizin
BauAss., BauAssess. – Bauassessor
Bauaufs. – Bauaufsicht
Bauaufs.-Beh. – Bauaufsichtsbehörde
BauaufsG – Bauaufsichtsgesetz
Bauausf. – Bauausführender; Bauausführung
Baubeschr. – Baubeschränkung · Baubeschreibung
BaubeschrV – Verordnung über Baubeschränkungen zur Sicherheit der Gewinnung von Bodenschätzen
Baudir., BauDir. – Baudirektor
BauDVO – Baudurchführungsverordnung
bauf. – baufällig
Bauf. – Bauführer; Bauführung
Baufinzg., Baufzg. – Baufinanzierung
BauG – Baugesetz
BauGB – Baugesetzbuch
Baugel. – Baugelände
Baugen. – Baugenehmigung · Baugenossenschaft
Bauges. – Baugesellschaft · Baugesetz
Baugest. – Baugestaltung
BauGO – Baugebührenordnung
Bauing. – Bauingenieur
Bauj. – Baujahr
Bauk. – Baukasten · Baukosten · Baukunst
Baul. – Bauland · Bauleiter; Bauleitung
BauLBG, BaulBG, BaulBeschG – Baulandbeschaffungsgesetz
BaulG – Baulandgesetz · Baulenkungsgesetz
Bault. – Bauleiter
Baultg. – Bauleitung
BAUM, B.A.U.M. – Bundesdeutscher Arbeitskreis für umweltbewusstes Management

BAUMA, Bauma – Baumaschinenausstellung
BauNVO – Baunutzungsverordnung
BauO – Bauordnung
Baupfl. – Baupflege · Baupflicht
Baupl. – Bauplan; Baupläne · Bauplatz; Bauplätze
baupol. – baupolizeilich
Baupol. – Baupolizei
BaupolVO – Verordnung über die baupolizeiliche Behandlung von öffentlichen Bauten
Baupr. – Baupreis[e] · Bauprüfung
BauPrüfV, BauPrüfVO – Bautechnische Prüfungsverordnung
BauR – Baurat · Baurecht
BauregVO, BauReglVO – Verordnung über die Regelung der Bebauung
BauStatG – Gesetz über die Durchführung von Statistiken der Bautätigkeit
bautechn. – bautechnisch
Bautechn. – Bautechnik[er]
Bautr. – Bauträger · Bautreuhänder[schaft]
BauUG – Gesetz über die Unterkunft bei Bauten
Bauverw. – Bauverwaltung
BauVorlV, BauVorlVO – Bauvorlagenverordnung
Bauw. – Bauweise · Bauwesen
bAV, BAV – betriebliche Altersversorgung
BAV – Bayerischer Apothekerverband · Besoldungsangleichungsverordnung · Bezirksabfallverband *(Österreich)* · Bundesamt für Verkehr *(Schweiz)* · Bundesaufsichtsamt für das Versicherungs- und Bausparwesen · Bundesverband der Autovermieter Deutschland
Bav. – Bavaria
B. A. V. – Bayerischer Apotheker-Verein
BAVAV, BAvAv. – Bundesanstalt für Arbeitsvermittlung und Arbeitslosenversicherung
BAVC – Bundesarbeitgeberverband Chemie
BAW – Bayerische Akademie für Werbung und Marketing · biologisch abbaubare Werkstoffe · Bundesamt für Wirtschaft · Bundesanstalt für Wasserbau
b. a. w. – bis auf weiteres
b. a. W. – bis auf Widerruf
B. a. W. – Beamter auf Widerruf
BAWe – Bundesaufsichtsamt für den Wertpapierhandel
Ba.-Wü. – Baden-Württemberg
bay. – bay[e]risch
Bay. – Bayern
BayAbfAlG – Bayerisches Abfallwirtschafts- und Altlastengesetz
BayBauO – Bayerische Bauordnung
BayBesG – Bayerisches Besoldungsgesetz
BayBFG – Bayerisches Begabtenförderungsgesetz
BayBG – Bayerisches Beamtengesetz
BayBlindG – Bayerisches Blindengeldgesetz
BayBO – Bayerische Bauordnung
BayEBG – Bayerisches Eisenbahn- und Bergbahngesetz
BayEUG – Bayerisches Gesetz über das Erziehungs- und Unterrichtswesen
BayFwG – Bayerisches Feuerwehrgesetz
BayGnO – Bayerische Gnadenordnung
BayJG – Bayerisches Jagdgesetz
BayKJHG – Bayerisches Kinder- und Jugendhilfegesetz
BayMG – Bayerisches Mediengesetz
BayNatSchG – Bayerisches Naturschutzgesetz
BayNV – Bayerische Nebentätigkeitsverordnung
BayObLG – Bayerisches Oberstes Landesgericht
BayPrG – Bayerisches Pressegesetz
BayPVG – Bayerisches Personalvertretungsgesetz
BayRiG – Bayerisches Richtergesetz
BayRKG – Bayerisches Reisekostengesetz
BayRS – Bayerische Rechtssache
BaySammlG – Bayerisches Sammlungsgesetz
BaySchFG – Bayerisches Schulfinanzierungsgesetz
BayStAnz. – Bayerischer Staatsanzeiger
BayStMLF – Bayerisches Staatsministerium für Landwirtschaft und Forsten
BayStrWG – Bayerisches Straßen- und Wegegesetz
BayTGV – Bayerische Trennungsgeldverordnung
BayUAV – Bayerische Umzugsauslagenverordnung
BayUKG – Bayerisches Umzugskostengesetz
BayVerf. – Verfassung des Freistaates Bayern
BayVGH – Bayerischer Verwaltungsgerichtshof
BayWG – Bayerisches Wassergesetz
BAZ – Bauaufsichtliche Zulassungen · Beitragsangleichungszuschlag *(Vw.)* · Berufsgenossenschaftliches Arbeitsmedizinisches Zentrum · Bundesamt für den Zivildienst · Bundesanstalt für Züchtungsforschung
Baz. – Bazar · Bazillen; Bazillus
B. a. Z. – Beamter auf Zeit
BAZG – Gesetz über die Arbeitszeit in Bäckereien und Konditoreien
BAZL – Bundesamt für Zivilluftfahrt *(Schweiz)*

bB – bezahlt und Brief *(Börse)*
BB – Bankbevollmächtigte[r] · Beamtenbund · Belebungsbecken *(Technik)* · Bereitschaftsbetrieb · Berufsberater; Berufsberatung · Besoldungsbestimmung[en] · Besoldungsblatt · Besondere Bedingungen *(Vw.)* · Bestellbuch · Betriebsberater · Betriebsbuchhaltung · Block-Basis-Schaltung · Böblingen *(Kfz)* · Börsenbericht · Brandenburg · Buchungsbescheinigung · Bundesbruder *(Verbindungsw.)* · Bundesratsbestimmung[en] · Bürgerbegehren
BB, Bb. – Backbord
Bb. – Baubeschreibung · Bildband · Buchbinder[ei] · Bundesbeamter
BBA – Bachelor of Business Administration · Biologische Bundesanstalt für Land- und Forstwirtschaft · Bundesverband Baustoff-Aufbereiter
BbAB – Bund behinderter Autobesitzer
BBÄG – Gesetz zur Änderung beamtenrechtlicher und besoldungsrechtlicher Vorschriften
BBankG – Bundesbankgesetz
BBauBl. – Bundesbaublatt
BBauG – Bundesbaugesetz
BBAW – Berlin-Brandenburgische Akademie der Wissenschaften
BBB – Badische Beamtenbank · Bayerischer Beamtenbund · Bremer Baumwollbörse · Bund der Beamten der Bundeswehr · Bundesstelle für Besatzungsbedarf · Bundesstelle für Büroorganisation und Bürotechnik
BBBl. – Bundesbaublatt
BBBV – Bildungsstätte des Bayerischen Bauernverbandes
BBC – British Broadcasting Corporation
BBD – Bundesbaudirektion
Bbd. – Backbord · Bauernbund · Bildband
BBE – Betriebswirtschaftliche Beratungsstelle[n] für den Einzelhandel
BBed. – Bahnbediensteter · Bundesbediensteter
B.-Bed. – Bürobedarf
BBeir. – Beamtenbeirat
BBesÄndG – Gesetz zur Änderung des Bundesbesoldungsgesetzes
BBesG – Beamtenbesoldungsgesetz · Bundesbesoldungsgesetz
BBesO – Bundesbesoldungsordnung
B.-Bev., BBev. – Bahnbevollmächtigter · Bundesbevollmächtigter
BBF – Becken-Bein-Fuß-Gipsverband *(Med.)* · Bundesinstitut für Berufsbildungsforschung
Bbf. – Betriebsbahnhof · Busbahnhof
BBG – Bayerisches Beamtengesetz · Beamtenbesoldungsgesetz · Beitragsbemessungsgrenze · Bergbau-Berufsgenossenschaft · Bernburg *(Kfz)* · Berufsbildungsgesetz · Binnenschifffahrtsberufsgenossenschaft · Bundesbaugesetz · Bundesbeamtengesetz · Bundesbesoldungsgesetz · Gesetz zur Wiederherstellung des Berufsbeamtentums *(1933)*
BBi – Berlin-Brandenburgisches Institut für Deutsch-Französische Zusammenarbeit in Europa *(Genshagen)* · Bundes-Blindenerziehungsinstitut *(Österreich)*
BBI – Bundesverband Bekleidungsindustrie
BBiG – Berufsbildungsgesetz
BBIV – Bayerischer Bauindustrieverband
BBk – Bundesbank
BBK – Beauftragter des Bundeskanzlers · Berliner Berufsverband Bildender Künstlerinnen und Künstler
B. B. K., BBK – Berufsverband Bildender Künstler
bbl – be back later *(Chat)*
BBL – Basketball-Bundesliga · Brandenburg, Landesregierung und Landtag *(Kfz)*
Bbl. – Beiblatt · Besoldungsblatt · Bundesblatt *(Schweiz)*
BBM – Beförderungsbedingungen des deutschen Möbeltransports
BBN – Baubedarfsnachweis[ung]
BBO – Bundesbesoldungsordnung · Gesamtverband Büromaschinen, Büromöbel und Organisationsmittel
BBodSchV – Bundes-Bodenschutz- und Altlastenverordnung
BBP – Bauch-Beine-Po *(Gymnastik)*
BBQ – Barbecue
BBR – backbone ring · Bundesamt für Bauwesen und Raumordnung
bB rep – bezahlter Brief repartiert *(Börse)*
Bbrt – Betriebsbruttotonne
BBS – Band-Betriebssystem *(EDV)* · Beauftragter für die biologische Sicherheit · bulletin board system · Bundesverband Behälterschutz
BBSB – Bayerischer Blinden- und Sehbehindertenbund
BbS-VO – Verordnung über berufsbildende Schulen
BbT – Bundesverband der beamteten Tierärzte
BBT – Bundesamt für Berufsbildung und Technologie *(Schweiz)*
BbtA, B. b. t. A. – Bund baugewerblich tätiger Architekten
BBU – Bundesverband Bürgerinitiativen Umweltschutz
BBV – Bayerischer Bauernverband · Besondere Bedingungen des Bundesministers

für Verteidigung für die Lieferung bestimmter Versorgungsgüter · Bonner Bürgerverein
BBW – Berufsbildungswerk · Betriebliches Bildungswesen · Bundesausschuss Betriebswirtschaft · Bundesverband Bürowirtschaft
BBZ – Berliner Buchhandelszentrum
BC – Badmintonclub · Bahncard · Ballclub · Ballspielclub · Basketballclub · Biberach *(Kfz)* · Billardclub · Binärcode *(EDV)* · Bootsclub · Bordcomputer · Bowling-Club · Boxclub · Bürocomputer
b. c., B. c. – basso/Basso continuo *(ital.; Generalbass; Musik)*
B. C. – before Christ *(engl.:* »vor Christus«)
BCC – blind carbon copy · Bureau Central de Compensation *(Verrechnungsbüro des Internationalen Eisenbahnverbandes)*
BCD – binary coded decimals *(engl.: Binär-Dezimal-Code)*
BCE – An Banc Ceannais Eorpach; Banca Centrale Europea; Banco Central Europeo; Banco Central Europeu; Banque Centrale Européenne
BCG – Bacillus Calmette-Guérin *(Med.)* · Bund Christlicher Gewerkschaften
Bch. – Buch
B. Ch., B. Chir. – Baccalaureus Chirurgiae *(lat.; heute noch GB; vgl. B. S.)*
Bchst. – Buchstabe[n]
BCIE – Banco Centroamericano de Integración Económica
B. C. L. – Baccalaureus Canonici Legis *(lat.);* Bachelor of Canon Law *(engl.)* · Baccalaureus Civilis Legis *(lat.);* Bachelor of Civil Law *(engl.)*
BCM – body cell mass *(Med.; Körperzellmasse)*
BCPL – Basic Combined Programming Language; Basic Cambridge Programming Language *(Vorgänger der Programmiersprache C)*
BCS – Bachelor of Computer Science in Banking and Finance
BCSD – Bundesvereinigung City- und Stadtmarketing Deutschland
BCS-Theorie – Bardeen-, Cooper-, Schrieffer-Theorie *(Technik)*
Bd – Baud
BD – Bahndirektion · Bahrain-Dinar *(Währung)* · Bangladesch *(Kfz)* · Baudirektion; Baudirektor · Bezirksdirektion; Bezirksdirektor · Blockdiagramm *(EDV)* · Blutdruck *(Med.)* · Bonner Durchmusterung *(Astron.)* · Bundesrat *(Kfz)* · Bundesregierung *(Kfz)* · Bundestag *(Kfz)* · Bürodirektor
Bd. – Baden · Band · Bande · Blechdose · Bund · Bündel
b. d. – bei dem; bei den; bei der · bis dahin · bis dato
BDA – Berufsverband Deutscher Anästhesisten · Besoldungsdienstalter · Bund Deutscher Allgemeinärzte · Bund Deutscher Architekten · Bundesdenkmalamt · Bundesvereinigung der Deutschen Arbeitgeberverbände
BDÄ – Bundesvereinigung Deutscher Ärzteverbände
BDAE – Bund der Auslandserwerbstätigen
BDAF – Bund Deutscher Amateurfilmer
BDAT – Bund Deutscher Amateurtheater
BdB – Bund deutscher Baumschulen · Bundesverband der Betonindustrie · Bundesverband der Betriebskrankenkassen
BdB, BDB – Bund Deutscher Berufsboxer · Bundesverband deutscher Banken
BDB – Buchgemeinde des Deutschen Buchhandels · Bund Deutscher Baumeister, Architekten und Ingenieure · Bund Deutscher Blasmusikverbände · Bund Deutscher Buchkünstler · Bundesverband Deutscher Bestatter
BDBI – Bund Deutscher Buchbinder-Innungen
BDBK – Bund Deutscher Berufskraftfahrer
BDBV – Bund Deutscher Betriebssportverbände · Bundesvereinigung Deutscher Blas- und Volksmusikverbände
BDC – Berlin Document Center · Berufsverband der Deutschen Chirurgen · Bureau International de Documentation des Chemins de fer *(Internationales Büro des Eisenbahnverbandes)*
Bdch., Bdchn. – Bändchen *(kleines Buch)* · Bündchen
BdD – Bund der Deutschen
BDD – body dismorphic disorder *(Med.)* · Bund Deutscher Detektive
BDDP – Berufsverband Deutscher Diplom-Pädagogen und Diplom-Pädagoginnen
BDDV – Bund Deutscher Dolmetscherverbände
BDE – Betriebsdatenerfassung · Bund Deutscher Eisenhändler · Bundesverband der Deutschen Entsorgungswirtschaft · Bundesverband Deutscher Einkaufsdienstleister · Bundesverband Deutscher Eisenbahnen
Bde. – Bände *(Plural zu Band [Buch])* · Binde
BDEF – Bundesverband/Bundesverbandstag Deutscher Eisenbahnfreunde
BDEx – Bundesverband des Deutschen Exporthandels
BdF – Bund deutscher Farbberater · Bund deutscher Faustkämpfer · Bund deutscher Föderalisten

BDF – Bund Deutscher Feuerwerker · Bund Deutscher Forstleute · Bundesverband des Deutschen Güterfernverkehrs · Bundesverband Deutscher Fertigbau
B. d. F., BDF – Banque de France
BDFA – Bund Deutscher Film-Amateure · Bundesverband der Finanz- und Anlageberater
BDFL – Bund Deutscher Fußballlehrer
Bdfl., Bd.-Fl. – Bildfläche
BDG – Bund der Diplomgärtner · Bund Deutscher Gewichtheber · Bund Deutscher Grafik-Designer
Bdg. – Bindegewebe · Bindung
BDGA – Bund Deutscher Garten- und Landschaftsarchitekten
BdG, BdGes. – Bundesgesetz
BdH – Bund der Heimkehrer
BDH – Bund Deutscher Hebammen · Bund Deutscher Heimatvertriebener · Bund Deutscher Hirngeschädigter · Bund Deutscher Holzwirte · Bundesdisziplinarhof · Bundesverband der Deutschen Heizungsindustrie · Bundesvereinigung Deutscher Handelsverbände
BDHE – Entscheidungen des Bundesdisziplinarhofes
BdI – Bundesverband der Innungskrankenkassen
BDI – Berufsverband Deutscher Internisten · Bund Deutscher Ingenieure · Bundesverband der Deutschen Industrie
BDIA – Bund Deutscher Innenarchitekten
BDiA, BDiAnw. – Bundesdisziplinaranwalt
BDIC – Bund Deutscher Ingenieur-Corporationen
BDIH – Bundesverband deutscher Industrie- und Handelsunternehmen für Arzneimittel, Reformwaren und Körperpflegemittel
BDir. – Baudirektion; Baudirektor · Bezirksdirektion; Bezirksdirektor · Bürodirektor
BDiszA – Bundesdisziplinaranwalt
BDiszH – Bundesdisziplinarhof
BDIU – Bundesverband Deutscher Inkasso-Unternehmen
BDJ – Bund Deutscher Jugend · Bund Deutscher Jugendvereine
BdK – Bund der Kinderreichen · Bund der Kriegsgegner · Bund deutscher Konsumgenossenschaften · Bundesverband des Kurierwesens
BDK – Bezirksdelegiertenkonferenz · Brüsseler Dezimalklassifikation · Bund Deutscher Karneval · Bund Deutscher Kunsterzieher · Bundesdisziplinarkammer · Bundesverband Deutscher Kosmetikerinnen · Bundesverband Deutscher Kunstverleger · Bundesverband Deutscher Kunstversteigerer
BdK, BDK – Bund Deutscher Kriminalbeamter
BDKA – Bundesverband des Deutschen Kunst- und Antiquitätenhandels
BdkF – Bund der kinderreichen Familien
BDKJ – Bund der Deutschen Katholischen Jugend
BdL – Bank deutscher Länder *(heute: Deutsche Bundesbank)* · Bund der Landwirte · Bundesverband der Lohnsteuerhilfevereine · Büro der Leitung *(DDR)*
BDL – Bundesverband Deutscher Leasing-Unternehmen · Bundesverband Deutscher Lederhändler
Bdl. – Bündel
BDLA – Bund Deutscher Landschaftsarchitekten
BDLI – Bundesverband der Deutschen Luft- und Raumfahrtindustrie
BDM – Biodiversitäts-Monitoring · Bund Deutscher Mädel *(NS)* · Bund Deutscher Mopedfahrer
BDN – Bundesverband des Deutschen Güternahverkehrs
Bdn. – Bänden *(zu: der Band)* · Bündnis
BdO – Bundesverband der Ortskrankenkassen
BDO – Beamtendienstordnung · Besondere Dienstordnung · Bund Deutscher Orgelbaumeister · Bundesdisziplinarordnung · Bundesverband Deutscher Omnibusunternehmer
BdP, BDP – Berufsverband Deutscher Psychologinnen und Psychologen
BDP – Bund Deutscher Pfadfinder[innen] · Bund Deutscher Polizeibeamten · Bundesverband Deutscher Pflanzenzüchter · Bundesverband des Deutschen Personenverkehrsgewerbes
BDPh, B. D. Ph. – Bund Deutscher Philatelisten
BDR – Bauchdeckenreflex[e] · Bund Deutscher Radfahrer · Bundesverband der Deutschen Rückenschulen
Bdr. – Buchdruck; Buchdrucker[ei]
B.-Dr., BDr. – Bundesdruckerei
Bd.-R., Bd.-Rat – Bundesrat
BdRB – Bundesverband der Reiseandenken-Branche
Bd.-Reg. – Bundesregierung
BDRG – Bund Deutscher Rassegeflügelzüchter
BDS – Barbados *(Kfz)* · Beamten-Selbsthilfewerk · Berufsverband Deutscher Standesbeamten · Bund Demo-

kratischer Studenten · Bund der Selbstständigen · Bund der Sparer · Bund Deutscher Schauwerbegestalter · Bund Deutscher Segler · Bund Deutscher Sekretärinnen · Bundesverband der Deutschen Schrottwirtschaft · Bundesverband der Deutschen Stahl-Recycling-Wirtschaft · Bundesverband der Deutschen Standesbeamten · Bundesverband des Deutschen Stahlhandels
bds. – beiderseits
BD$ – Bermuda-Dollar *(Währung)*
BDSD – Bund Deutscher Schaufensterdekorateure
BDS/DGV – Bundesverband der Selbständigen/Deutscher Gewerbeverband
BDSE – Bundesverband des Deutschen Schuheinzelhandels
BDSF – Bundesverband Deutscher Sachverständiger und Fachgutachter
BDSG – Bund Deutscher Sachverständiger und Gutachter · Bundesdatenschutzgesetz
BDS$ – Barbados-Dollar *(Währung)*
BdSt – Bund deutscher Studenten
BDSt – Bund Deutscher Steuerbeamten · Bund Deutscher Steuerberater
BdSt. – Bund der Steuerzahler
BDStGG – Gesetz über die Errichtung von Bundesdienststrafgerichten
BDStO – Beamtendienststrafordnung *(Preußen)*
BDSU – Bundesverband Deutscher Studentischer Unternehmensberatungen
BDSV – Bund Demokratischer Studentenvereinigungen · Bundesvereinigung Deutscher Stahlrecycling- und Entsorgungsunternehmen
BdT – Bundesverband deutscher Tabakpflanzer
BDT – Bundesverband des Deutschen Taxigewerbes
bdt. – bedeutend
BDTA – Bundesverband Deutscher Tabakwarengroßhändler und Automatenaufsteller
bdtd. – bedeutend
Bdtg. – Bedeutung
BDU – Bundesverband Deutscher Unternehmensberater · Bundesverband Deutscher Urologen
BDÜ – Bundesverband der Dolmetscher und Übersetzer
BdV – Bund der Versicherten · Bund der Vertriebenen
BDV – Betriebsdatenverarbeitung · Bund der Diplomingenieure für Vermessungswesen · Bund Deutscher Verkehrsverbände
BDV, BDVB – Bundesverband Deutscher Volks- und Betriebswirte
BDVI – Bund der öffentlich bestellten Vermessungsingenieure
BDVM – Bundersverband Deutscher Versicherungsmakler
BDVR – Bund Deutscher Verwaltungsrichter
BDVT – Bund Deutscher Verkaufsförderer und Trainer
BDW – Bund Deutscher Wanderer · Bund Deutscher Werbeberater und Werbeleiter · Bundesverband deutscher Wasserkraftwerke
Bdw. – Bindewort · Bundeswehr
BDWS – Bundesverband Deutscher Wach- und Sicherheitsunternehmen
BDWV – Bundesfachvereinigung deutscher Werbemittelverteiler
BdZ – Bundesverband der Zigarrenindustrie
BDZ – Bulgarski Darzavni Zeleznici *(bulgarische Staatsbahnen)* · Bund Deutscher Zollbeamten · Bund Deutscher Zupfmusiker · Bundesverband der Deutschen Zahnärzte · Bund Deutscher Zimmermeister
BDZV – Bundesverband Deutscher Zeitungsverleger
Be – Beryllium *(Element)*
BE – Bauelement · Bazillenemulsion *(Med.)* · Beckenendlage *(Med.)* · Berichterstatter; Berichterstattung · Berlin · Bern *(Kfz)* · Betriebseinheit · Betriebseinnahme · Betriebsende · Betriebsergebnis · Bewertungseinheit · biologische Einheit · British English · Broteinheit *(Med.)* · Bürgerentscheid
B/E, b.e., b/e – bill of exchange (*engl.:* »Wechsel«)
B.E. – Bachelor of Engineering *(GB)* · Bank of/von England · British Empire · British English
BEA – British Electricity Authority · British Engineers Association · Bundeserziehungsanstalt *(Österreich)*
Bea. – Beamter; Beamtin
Beamt. – Beamter; Beamtin[nen]
BeamtG – Beamtengesetz
BeamtNebTätVO – Verordnung über die Nebentätigkeit der Beamten
bearb. – bearbeitet
Bearb. – Bearbeiter; Bearbeitung
BECIB – Belgium Convention and Incentive Bureau
bed. – bedeckt · bedeutend · bedeutet · bedienen; bedient · bedürfen · bedürftig
Bed. – Bedarf · Bedeutung · Bedienung · Bedingung[en] · Bedürfnis
BEDO – burst extended data output
BEE – Bundesverband Erneuerbare Energie
BEEV – Bundesverband Elek-

tronik- und Elektroschrottverwertung
BEF – Bundesanstalt für Ernährung und Forstwirtschaft
bef. – befähigt · befangen · befohlen · befolgen; befolgt · befördert · befugt · befunden · befürchten; befürchtet
Bef. – Befähigung · Befangenheit · Befehl; Befehlshaber · Befeuerung · Befinden · Beförderung · Beförderungsbuch *(Bahn)* · Befürchtung · Befugnis · Befund
BEFA – Beratungsstelle für Autogentechnik
Bef.-Bed. – Beförderungsbedingungen
Bef.-Beschr. – Beförderungsbeschränkung[en]
Bef.-Fr. – Beförderungsfrist
BefG – Beförderungsgesetz
BEFG – Bund Evangelisch-Freikirchlicher Gemeinden
Befh. – Befehlshaber
Bef.-Nachw. – Befähigungsnachweis
Bef.-Pfl. – Beförderungspflicht
Bef.-Pl. – Beförderungsplan; Beförderungspläne
befr. – befragen; befragt · befreien; befreit · befremdet · befreundet · befriedigend · befriedigt · befristet
Befr. – Befragung · Befreiung · Befremden · Befriedigung · Befristung
Befr.-Erg. – Befragungsergebnis
BFS – Bürgerverein zur Förderung des Schienenverkehrs
Bef.-Sp. – Beförderungssperre
Befst – Befehlsstelle *(Bahn)*
Bef.-St., BefSt. – Beförderungssteuer
BefStDV – Beförderungssteuer-Durchführungsverordnung
BefStG – Beförderungssteuergesetz
Bef.-Vertr. – Beförderungsvertrag/-verträge
Bef.-Vorschr. – Beförderungsvorschrift[en]
Bef.-Weg – Beförderungsweg
Bef.-Zeugn., Bef.-Zgn. – Befähigungszeugnis
BefZReg – Befehlszählregister *(EDV)*
BEG – Bodeneffektgerät *(Luftkissenfahrzeug)* · Bundesentschädigungsgesetz · Bundesergänzungsgesetz zur Entschädigung für Opfer der nationalsozialistischen Verfolgung · Deutsche Bucheinkaufsgemeinschaft
Beg. – Begegnung · Begehren · Beginn
begl. – beglaubigt · begleichen · begleitet · beglichen
Begl. – Beglaubigung · Begleichung · Begleiter; Begleitung
Begl.-Sch. – Begleitschein
Begl.-Schr. – Beglaubigungsschreiben · Begleitschreiben
Begl.-Urk. – Beglaubigungsurkunde
begr. – begraben · begradigen; begradigt · begreifen · begrenzen; begrenzt · begriffen · begrifflich · begründen; begründet · begrünen; begrünt · begrüßen
Begr. – Begräbnis · Begradigung · Begrenzung · Begriff · Begründer; Begründung · Begrünung · Begrüßung
BEG-SchlussG – Zweites Gesetz zur Änderung des Bundesentschädigungsgesetzes
beh. – behandeln; behandelt · behaupten · beheimatet · behelfsmäßig · beherbergen; beherbergt · behilflich · behördlich
Beh. – Behälter · Behandlung · Behelf · Beherbergung · Behörde
BEHALA, Behala – Berliner Hafen- und Lagerhaus-Betriebe
Beh.-St. – Beherbergungssteuer
BEI – Banque Europeénne d'Investissement
BeIA – Be internet access
Beibl. – Beiblatt; Beiblätter
beif. – beifolgend · beifügen
Beig. – Beigabe[n] · Beigeordnete[r]
beig., beigeh. – beigeheftet
Beigel. – Beigeladene[r]
beih. – beiheften
Beih. – Beiheft[e] · Beihilfe
BeihGr. – Beihilfengrundsätze
BeihVO – Verordnung über die Gewährung von Beihilfen in Krankheits-, Geburts- und Todesfällen
beil. – beiläufig · beiliegend
Beil. – Beilage[n] · Beileid
Bein. – Beiname[n]
Beir. – Beirat; Beiräte
Beis. – Beisammensein · Beisatz · Beisitzer
beisp. – beispielhaft; beispielsweise
Beisp. – Beispiel[e]
beisph. – beispielhaft
beispw. – beispielsweise
Beist. – Beistellung *(Bahn)*
Beitr. – Beitrag; Beiträge · Beitritt
Beitr.-Bem.-Gr. – Beitragsbemessungsgrenze; Beitragsbemessungsgrundlage
Beitr.-Erh. – Beitragserhöhung
Beitr.-Erkl. – Beitrittserklärung
BeitrO – Beitragsordnung · Beitreibungsordnung
Beitr.-Verh. – Beitrittsverhandlung[en]
BEJ – Bund Europäischer Jugend
BEJE – Bureau Européen de la Jeunesse et de l'Enfance *(europäische Institution für die Jugend und das Kind)*
BEJÖ – Bund Europäischer Jugend Österreichs
BEK – Barmer Ersatzkasse · Bayerische Kommission für die internationale Erdmes-

sung · Bund Europäischer Karnevalsvereinigungen
bek. – bekannt · bekennen · bekommen · beköstigen
Bek. – Bekämpfung · Bekannte[r] · Bekanntmachung · Bekenntnis · Beköstigung
BekG – Bekanntmachungsgesetz
Bekl. – Beklagte[r] · Bekleidung
Beko – Betriebskostenrechnung
BeKrV – Verordnungen über Ausdehnung der Unfallversicherung auf Berufskrankheiten
BekV – Bekanntmachungsverordnung
BeKV – Berufskrankheiten-Verordnung
BEL – Bund Evangelischer Lehrer
bel. – beladen · belasten; belastet · belegen; belegt · belehren; belehrt · beleidigen; beleidigt · beleuchten; beleuchtet · belichten; belichtet · beliebt · belobigen · belohnen; belohnt
Bel. – Belag; Beläge · Belagerung · Belastung[en] · Beleg[e] · Belegschaft · Belegung · Belehrung · Beleidigung[en] · Beleuchtung · Belichtung · Belieben · Belobigung · Belohnung · Belustigung[en]
Bel.-Ang. – Belegschaftsangehörige[r]
Beleg.-Akt. – Belegschaftsaktie[n]
BelegschAktG – Belegschaftsaktiengesetz
belg. – belgisch
Belg. – Belgien; Belgier
Bel.-Gew. – Belastungsgewicht
Bel.-M. – Belichtungsmesser
Bel.-Mitgl. – Belegschaftsmitglied[er]
Bel.-Nr. – Belegnummer
Bel.-Pr. – Belastungsprobe
Bel.-St. – Belastungsstärke · Beleuchtungsstärke · Belichtungsstärke
Bel.-Zeit – Belastungszeit · Belegungszeit · Belichtungszeit
BEM – Bundesernährungsministerium
bem. – bemerken; bemerkt · bemühen; bemüht
Bem. – Bemerkung[en] · Bemessung · Bemühung[en]
Bema – Bewertungsmaßstab
Bem.-Gr. – Bemessensgrenze; Bemessungsgrenze
Bem.-Grundl. – Bemessensgrundlage; Bemessungsgrundlage
Bem.-Richtl. – Bemessungsrichtlinien
ben. – benachbart · benachrichtigen; benachrichtigt · benachteiligen; benachteiligt · benoten; benotet · benötigen; benötigt · benutzen/benützen; benutzt/benützt
Ben. – Benachrichtigung · Benachteiligung · Benefiziat; Benefizium · Benotung · Benutzung/Benützung
BENELUX, Benelux – [Union zwischen] Belgique, Nederlands, Luxembourg
B. Eng. – Bachelor of Engineering *(GB)*
beob. – beobachten; beobachtet
Beob. – Beobachter; Beobachtung[en]
Beob.-Posten – Beobachterposten; Beobachtungsposten
Bepo – Bereitschaftspolizei/-polizist
BER – Bundeselternrat · Bundesverband ehrenamtlicher Richterinnen und Richter
ber. – beraten · berechnen; berechnet · berechtigt · bereinigen; bereinigt · bereisen · bereits · berichtigen; berichtigt · berufen · beruhigen
Ber. – Berater; Beratung · Berechnung · Berechtigung · Bereich[e] · Bereinigung · Bereitschaft · Bericht[e] · Berichtigung · Beruf · Berufung · Beruhigung
berat. – beraten; beratend
Berat. – Beratung
berat. Ing. – beratender Ingenieur
Ber.-Ber., Ber.-Berat. – Berufsberatung
BerBeschrG – Gesetz über die Beschränkung der Berufung in verwaltungsgerichtlichen Verfahren
Ber.-D., Ber.-Dienst – Beratungsdienst · Bereitschaftsdienst
BerechVO – Berechnungsverordnung
Ber.-Fr. – Berufungsfrist
BerG – Bereinigungsgesetz
BERG – Bereichsergebnisrechnung
BergAPO – Ausbildungs- und Prüfungsverordnung für den Staatsdienst im Bergfach
Bergass. – Bergassessor
Bergb. – Bergbahn · Bergbau
Bergdir. – Bergdirektor
BergG – Berggesetz
BErgG – Bundesergänzungsgesetz zur Entschädigung für Opfer der nationalsozialistischen Verfolgung
Ber.-Gen. – Berufsgenossenschaft
Ber.-Ger. – Berufungsgericht
Berging. – Bergingenieur
bergm. – bergmännisch
Bergm. – Bergmann/-männer
BergPDV – Verordnung zur Durchführung des Gesetzes über Bergmannsprämien
BergPG – Gesetz über Bergmannsprämien
BergR – Bergrat
Ber.-Gr. – Berechnungsgröße · Berufsgruppe
Ber.-Grdl., Ber.-Grundl. – Berechnungsgrundlage
Bergw. – Bergwerk

ber. Ing. – beratender Ingenieur
berl. – berlin[er]isch
Berl. – Berlinale; Berlin[er]
BernÜ – Berner Übereinkunft zum Schutze von Werken der Literatur und Kunst *(1886)*
ber. Pol. – berittene Polizei
BerSchG – Berufsschulgesetz
Ber.-St. – Beraterstab · Beraterstatus · Beratungsstelle
Berufsber. – Berufsberatung
Berufsgen. – Berufsgenossenschaft
BErzGG – Bundeserziehungsgeldgesetz
Bes – binae partes assis *(lat.: zwei Drittel der römischen Einheit as; vgl. b)*
bes. – beseitigen; beseitigt · besetzen; besetzt · besichtigen; besichtigt · besitzen · besondere, besonderer, besonderes; besonders · besonnen · besorgen; besorgt · besuchen; besucht
Bes. – Besatz · Besatzung · Beseitigung · Besetzung · Besichtigung[en] · Besitz; Besitzer[in] · Besoldung
BesAbgeltG – Gesetz über die Abgeltung von Besatzungsschäden
BesAG – Besoldungsanpassungsgesetz
BesÄG – Gesetz zur Änderung und Ergänzung des Besoldungsrechts
BesAnglG – Gesetz zur Angleichung der Dienst- und Versorgungsbezüge der Beamten *(Schleswig-Holstein)*
BesAnglVO – Verordnung zur Angleichung der Dienst- und Versorgungsbezüge der Beamten *(Schleswig-Holstein)*
BesatzSchG – Gesetz über die Abgeltung von Besatzungsschäden
besch. – beschädigen; beschädigt · beschäftigen; beschäftigt · bescheiden · bescheinigen; bescheinigt · beschichten; beschichtet · beschieden · beschuldigen; beschuldigt · beschönigen; beschönigt
Besch. – Beschädigung · Beschaffung · Beschäftigte[r] · Beschäftigung · Bescheid · Bescheinigung · Beschichtung · Beschuldigte[r] · Beschuss
BeschA – Beschaffungsamt des Bundesministeriums des Innern
BeschFG – Beschäftigungsförderungsgesetz
beschl. – beschlagnahmen; beschlagnahmt · beschließen · beschleunigen; beschleunigt · beschlossen
Beschl. – Beschlag · Beschlagnahme; Beschlagnahmung · Beschleunigung · Beschluss; Beschlüsse
beschl.-f. – beschlussfähig
Besch.-Nachw. – Beschaffungsnachweis · Beschäftigungsnachweis
beschr. – beschrankt · beschränken; beschränkt · beschreiben; beschrieben · beschriften; beschriftet
Beschr. – Beschränkung[en] · Beschreibung · Beschriftung
Besch.-St., BeschSt. – Beschaffungsstelle
Besch.-Verg. – Beschäftigungsvergütung
Beschw. – Beschwerde
Beschw.-F. – Beschwerdeführer
BesDO – Besondere Dienstordnung
BesG – Besoldungsgesetz
Bes.-Gr., BesGr. – Besoldungsgruppe
BesK – Besoldungskasse
BesKL – Leiter der Besoldungskasse
BesNG – Besoldungsneuregelungsgesetz
BesO – Besoldungsordnung
besp. – bespannen; bespannt · bespielen; bespielbar
bespr. – besprechen; besprochen · besprühen
Bespr. – Besprechung[en]
besRN – besondere[r] Rechnungsnachweis[ung]
Bes.-St. – Besatzungsstatut · Besitzsteuer
BESSY – Berliner Elektronen-Speicherring für Synchrotronstrahlung
best. – bestätigen; bestätigt · bestehen · bestellen; bestellt · bestens · bestimmen · bestimmt · bestohlen
Best. – Bestallung · Bestand/Bestände · Bestandteil[e] · Bestätigung · Bestehen · Bestellung[en] · Bestimmung[en]
Bes.-T. – Besoldungstarif
BestA – Bestimmungsamt
Best.-A., Best.-Aufn. – Bestandsaufnahme
Best.-H. – Bestimmungshafen
Best.-Nr. – Bestellnummer
BestO – Bestallungsordnung
Best.-Ort – Bestimmungsort
BestPUK – Bestimmungen über die Aufbringung und Verwendung der Mittel der Postunterstützungskasse
bestr. – bestrafen; bestraft · bestreiten; bestritten
Bestr. – Bestrafung
Best.-Sch., Best.-Schein – Bestellschein
BestVbüAbf – Bestimmungsverordnung besonders überwachungsbedürftiger Abfälle
BestVüAbfV – Bestimmungsverordnung überwachungsbedürftiger Abfälle zur Verwertung
Best.-W., Best.-Wort – Bestimmungswort *(Sprachw.)*
BesVNG – Gesetz zur Vereinheitlichung und Neuregelung des Besoldungsrechts in Bund und Ländern
Bes.-W. – Besitzerwechsel; Besitzwechsel

BET – Berufseignungstest
Bet. – Beteiligung[en]
Bet.-Quote – Beteiligungsquote
betr. – betragen · betreffend; betreffs · betreiben · betreten · betreuen · betrieben · betrifft · betroffen · betrogen · betrügen · betrügerisch · betrunken
Betr. – Betrag; Beträge · Betragen · Betreff · Betreuung · Betrieb · Betrug; Betrüger
Betra – Betriebs- und Bauanweisung *(Bahn)*
BetrAV – betriebliche Altersversorgung
BetrAVG – Gesetz über betriebliche Altersversorgung
Betr.-Ber. – Betriebsberater; Betriebsberatung · Betriebsberechtigung
Betr.-F. – Betriebsführer; Betriebsführung
Betr.-Kap. – Betriebskapital
BetrKK – Betriebskrankenkasse[n] *(selten für BKK)*
BetrO, Betr.-Ord. – Beitragsordnung · Betriebsordnung
Betr.-Pr. – Betriebsprüfer; Betriebsprüfung
BetrR, Betr.-R. – Betriebsrat; Betriebsräte
BetrRG – Betriebsrätegesetz
Betr.-St. – Betreuungsstation; Betreuungsstätte; Betreuungsstelle · Betriebsstätte · Betriebsstatut · Betriebsstoff
Betr.-T., Betr.-Techn. – Betriebstechniker
betr.-techn. – betriebstechnisch
BetrV – Betriebsverfassung
Betr.-Ver. – Betriebsvereinbarung[en]
Betr.-Verb. – Betriebsverband · Betriebsverbindung · Betriebsverbund
BetrVerf. – Betriebsverfassung
BetrVerfG, BetrVG – Betriebsverfassungsgesetz
Betr.-Vers. – Betriebsversammlung[en] · Betriebsversicherung
Betr.-Wirt., Betr.-Wirtsch. – Betriebswirtschaft[ler]
Betr.-Wiss. – Betriebswissenschaft[ler]
BET-Theorie – Brunauer-Emmett-Teller-Theorie
bettl. – bettlägerig
BETV – Bundesentgelttarifvertrag
Bet.-Verh. – Beteiligungsverhältnis
BEUC – Bureau Européen des Unions des Consommateurs *(europäisches Büro der Verbraucherverbände)*
Beurk. – Beurkundung
BeurkG – Beurkundungsgesetz
beurl. – beurlaubt
Beurl. – Beurlaubung
BeV – billion electron volts *(engl.; Gigaelektronenvolt)*
BEV – Bayerischer Eisenbahnersportverband · Bayerischer Eissportverband · Bayerischer Elternverband · Beratungsgruppe für internationale Entwicklung im Vermessungswesen · Bergbau-Elektrizitäts-Verbundgemeinschaft · Berliner Eislaufverein · betrieblicher Eigenverbrauch · Bundeseisenbahnvermögen
bev. – bevölkert · bevollmächtigt · bevor · bevormunden
Bev. – Bevölkerung · Bevollmächtigte[r] · Bevormundung
BEvakG, BEvG – Bundesevakuiertengesetz
BeVO – Berechnungsverordnung
bevollm. – bevollmächtigt
Bevollm. – Bevollmächtigte[r]
bevrecht. – bevorrechtigt
bew. – bewachen; bewacht · bewachsen · bewaffnen; bewaffnet · bewähren; bewährt · bewaldet · bewässern; bewässert · bewegen; beweglich · bewegt · beweisen · bewerben · bewerten; bewertet · bewiesen · bewilligt · bewohnt · bewölkt
Bew. – Bewachung · Bewaffnung · Bewährung · Bewaldung · Bewandnis · Bewässerung · Bewegung · Beweis[e] · Bewerber; Bewerbung · Bewertung · Bewilligung · Bewohner · Bewölkung · Bewunderung
Bew.-Anl. – Bewässerungsanlage
Bew.-Aussch. – Bewertungsausschuss · Bewilligungsausschuss
Bew.-Fr. – Bewährungsfrist
BewG – Bewertungsgesetz
BewH, Bew.-H. – Bewährungshelfer · Bewährungshilfe
BewHelferG, BewHG – Gesetz über die Bewährungshelfer
Bew.-Hi., BewHi – Bewährungshilfe
Bewi – Betriebswirtschaft
BewNotG – Bewirtschaftungsnotgesetz
Bew.-Richtl. – Bewertungsrichtlinien
bez. – bezahlen; bezahlt · bezeichnen · bezeichnend · bezeichnet · beziehen · beziffern; beziffert · bezogen · bezüglich
Bez. – Bezahlung · Bezeichnung · Bezichtigung · Bezieher · Beziehung · Bezirk · Bezug; Bezüge
Beza – Bezügeanzeige
BezA, Bez.-Amt – Bezirksamt
BezA, Bez.-Ausg. – Bezirksausgabe
BezABl. – Bezirksamtsblatt
BezÄVO – Verordnung über die Bezirksämter
bezb. – beziehbar
bezB, bez. B. – bezahlt und Brief *(Börse)*

Bez.-Baum., Bez.-Bm. – Bezirksbaumeister
Bez.-Bgm. – Bezirksbürgermeister
BezFürsVerb. – Bezirksfürsorgeverband
Bez.-Gesch.-St. – Bezirksgeschäftsstelle
bezgl. – bezüglich
Bez.-Gr. – Bezahlungsgruppe · Bezirksgruppe · Bezugsgröße
Bez.-Hptst., Bez.-Hauptst. – Bezirkshauptstadt
Bez.-Khs. – Bezirkskrankenhaus
BezKK – Bezirkskrankenkasse
Bez.-Kom[m]. – Bezirkskommissar[iat]
BezO – Bezirksordnung
Bez.-R. – Bezirksrichter · Bezugsrecht
Bez.-Reg. – Bezirksregierung
Bez.-St. – Bezirksstadt · Bezirksstelle · Bezugsstelle
BezStadtR – Bezirksstadtrat
BezVerw., Bez.-Verw. – Bezirksverwaltung
BezVerwG, BezVerwGer., BezVG – Bezirksverwaltungsgericht
BezVerwG, BezVerwGes., BezVG – Bezirksverwaltungsgesetz
bezw. – beziehungsweise · bezwecken; bezweckt · bezweifeln; bezweifelt · bezwingen; bezwungen
BezWahlG – Bezirkswahlgesetz
BF – Bachfest · Bandfilter · Basisfrequenz · beat frequency · Beitragsfaktor · Berufsfeuerwehr · berufstätige Frau(en) · Betriebsfläche · Betriebsführer; Betriebsführung · Bezirksführer · Blumenfunk *(Post)* · Brevet français (»französisches Patent«) · Buchführung · Bundesführer · Burgfest · Burkina Faso *(Kfz)*
Bf. – Bahnhof · Beförderung · Beifahrer[in] · Beruf · Beschwerdeführer · Bischof · Brief
b.f. – bona fide (*lat.:* »in gutem Glauben«; *auf Treu und Glauben*)
B.F. – Banque de France
BfA – Bundesanstalt für Arbeit · Bundesversicherungsanstalt für Angestellte
BFA – Bundesforschungsanstalt · Bundesfußballausschuss
bfai, BfAI – Bundesstelle für Außenhandelsinformation
BfArb. – Bundesanstalt für Arbeitsvermittlung und Arbeitslosenversicherung
BfArM – Bundesinstitut für Arzneimittel und Medizinprodukte
BFAV – Bundesforschungsanstalt für Viruskrankheiten der Tiere
BfB – Bundesanstalt für Bodenforschung *(heute: BGR)* · Bundesmonopolverwaltung für Branntwein · Bundesverband der freien Berufe
BFB – Bachfestbuch *(Musik)* · Branchenfernsprechbuch · Bundesverband der Freien Berufe · Bund Freier Bürger
BfBd – Briefbund *(Post)*
BFBS – British Forces Broadcasting Services
BfBtl – Briefbeutel *(Post)*
BFC – Bureau International du Film pour les Chemins de fer
B.F.C.E. – Banque Française du Commerce Extérieur
BfD – Bundesbeauftragte[r] für den Datenschutz
BFD – Bayerischer Flugdienst · Bezirksfinanzdirektion *(Bayern)*
BFDBw – Beförderungsdienst der Bundeswehr
BFDGO – Geschäftsordnung für die Bundesfinanzdirektion
BFDV – Verordnung zur Durchführung des Beweissicherungs- und Feststellungsgesetzes
BfF – Bundesamt für Finanzen
BFF – Bundesfachgruppe der Film- und Fernsehschaffenden
BffL – Bund für freie Lebensgestaltung
BfG – Bank für Gemeinwirtschaft · Bundesanstalt für Gewässerkunde
BFG – Berliner Flughafengesellschaft · Berlinförderungsgesetz · Beweissicherungsgesetz · Beweissicherungs- und Feststellungsgesetz · Bildungsfreistellungsgesetz
Bfg. – Befähigung · Beifügung · Berufung
Bfg.-Ger. – Berufungsgericht
bfgn. – beifügen
BFH – Bundesfinanzhof
Bfh. – Befehlshaber
BFHG – Gesetz über den Bundesfinanzhof
BfI – Bundesverband der freien Kfz-Importeure
BFI – Berufsförderungsinstitut
BFI, B.F.I. – British Film Institute
BFIO – Büro für Führungskräfte zu Internationalen Organisationen
BFJD – Bundesverband Freier Juristen Deutschlands
BFK – bohrfaserverstärkte Kunststoffe
BfL – Bank für Landwirtschaft
bfl. – bischöflich
BfLR – Bundesforschungsanstalt für Landeskunde und Raumordnung
BFM – Bachelor of Finance and Management · Biofeuchtmasse · Bundesfinanzminister[ium]
BFMBl. – Ministerialblatt des Bundesministers der Finanzen
BfN – Bezirksdirektion für Forsten und Naturschutz

(*Hessen*) · Bundesamt für Naturschutz
BFN – British Forces Network
bfn, b. f. n. – brutto für netto
Bfo – Bahnhofsfahrordnung
BfO – Bundesselbsthilfeverband für Osteoporose
BFO – Beat Frequency Oscillator
BFpl – Buchfahrplan (*Bahn*)
bfr – beitragsfrei (*Vw.*)
BfR – Bundesinstitut für Risikobewertung
BfS – Bundesamt für Strahlenschutz
BFS – Bayerisches Fernsehen · Berufsfachschule · Bundesanstalt für Flugsicherung · Bundesfernstraße[n] · Bundesverband der Filialbetriebe und Selbstbedienungswarenhäuser
BFSI – Bundesverband freiberuflicher Sicherheitsingenieure
BFS/NÄH-VO – Verordnung für Berufsfachschulen im Bereich nichtärztlicher Heilberufe
BFSO – Schulordnung Berufsfachschulen
Bfst. – Befehlsstelle
BFStr. – Bundesfernstraße[n]
BFStrG – Bundesfernstraßengesetz
BFSV – Beratungs- und Forschungsstelle für seemäßige Verpackung
BFT – Bundesverband Freier Tankstellen
BFU – Bundesstelle für Flugunfalluntersuchung
bfu – Beratungsstelle für Unfallverhütung (*Schweiz*)
BfV – Bundesamt für Verfassungsschutz
BFV – Badischer/Bayerischer Fußballverband · Bayerischer Forstverband · Befehle für die Führung der Versorgungstruppen (*Mil.*) · Bezirksfürsorgeverband · Bundesfinanzverwaltung
BfVS – Bund für Vogelschutz
BfVst – Bahnhofsvorsteher
BfW – Bundesstelle für den Warenverkehr
BFW – Berufsfortbildungswerk · Bundesverband Freier Immobilien- und Wohnungsunternehmen · Büro Führungskräfte der Wirtschaft
Bfw-Bau – Berufsförderungswerk des Deutschen Baugewerbes
BFZ – Berufsfortbildungszentrum
BfZU – Brief mit Zustellungsurkunde (*Post*)
bG – bezahlt und Geld (*Börse*)
Bg – Buchungsstelle für Fernmeldegebühren (*Post*)
BG – Bandgerät · Beamtengesetz · Bekanntmachungsgesetz · Beratungsgesellschaft · Berufliches Gymnasium · Berufsgenossenschaft · Berufungsgericht · Besoldungsgesetz · Betriebsgruppe · Bezirksgericht (*Österreich*) · Bezirksgruppe · Börsengesetz · Brigadegeneral (*Bw.*) · Buchgemeinde · Buchgemeinschaft · Bulgarien (*Kfz*) · Bundesgebiet · Bundesgericht (*Schweiz*) · Bundesgesetz · Bundesgrenzschutz (*Kfz*) · Bundesgymnasium (*Österreich*)
Bg. – Bedienungsgerät · Begegnung · Beginn · Beitrag · Berg · Beugung · Biegung · Bindegewebe · Bogen · Burg · Bürger
BGA – ball grid array · Bundesgartenausstellung · Bundesgesundheitsamt · Bundesverband des deutschen Groß- und Außenhandels
BGAG – Beteiligungsgesellschaft der Gewerkschaften AG · Gesetz über die Errichtung eines Bundesgesundheitsamtes
BGA-NachfKostV – Bundesgesundheitsamt-Nachfolgeeinrichtungen-Kostenverordnung
Bg.-Arb. – Bergarbeiter
Bg.-Ass., Bg.-Assess. – Bergassessor[en]
BGB – Bauern-, Gewerbe- und Bürgerpartei (*hist.; Schweiz*) · Bürgerliches Gesetzbuch
Bgb. – Bergbau
BGBJ – Berufsgrundbildungsjahr
BGBK – Bundesvereinigung der Gewerkschaftsverbände Bildender Künstler
BGBl. – Bundesgesetzblatt
BGE – Berufsgenossenschaft für den Einzelhandel · Bundesgerichtsentscheidungen (*Schweiz*) · Bergedorf-Geesthachter Eisenbahn
Bge. – Berge
B.-Gesch.-St., BGSt. – Bundesgeschäftsstelle
BGF – Bundesgeschäftsführer · Bruttogeschossfläche
BGFA – Berufsgenossenschaftliches Forschungsinstitut für Arbeitsmedizin
BGFZ – beschränkt gültiges Funksprechzeugnis
BGG – Betriebsgewerkschaftsgruppe (*DDR*)
BGH – Bundesgerichtshof
Bg.-Hauptm., Bg.-Hptm. – Berghauptmann
BGH-GeschO – Geschäftsordnung des Bundesgerichtshofes
BGHSt. – Entscheidungen des Bundesgerichtshofs in Strafsachen
BGHZ – Entscheidungen des Bundesgerichtshofs in Zivilsachen
BGJ – Berufsgrundbildungsjahr · Berufsgrundschuljahr
BGK – Beitragsgleitklausel (*Vw.*)
BGL – Berchtesgadener Land (*Kfz*) · Bundesverband Garten-, Landschafts- und

Sportplatzbau · Bundesverband Güterkraftverkehr, Logistik und Entsorgung
bgl. – beglaubigen; beglaubigt · begleichen · begleiten; begleitend; begleitet · beglichen · bürgerlich
Bgl. – Beglaubigung · Begleitung
Bgld. – Bargeld · Burgenland
BGleiG – Bundesgleichstellungsgesetz
BGM – Berufsgruppe Musik *(in der IG Medien)*
Bgm., Bgmstr. – Bergmeister · Bürgermeister
BGMG – Berufsgenossenschaftliches Messsystem Gefahrstoffe
BGN – Berufsgenossenschaft Nahrungsmittel und Gaststätten
BGO – Berufsgerichtsordnung · Bundesgebührenordnung
BGOArch. – Berufsgerichtsordnung für Architekten
BGOH – Bundesgebührenordnung für Heilpraktiker
BgR – Bergrat
BGR – Bischöflich Geistlicher Rat · Bundesanstalt für Geowissenschaften und Rohstoffe
bgr. – begradigen; begradigt · begründen; begründet
Bgr. – Begräbnis · Begradigung · Begrenzung · Begründer · Begründung · Bürger
BGr. – Beihilfengrundsätze
B.-Gr., BGr – Baugruppe · Besoldungsgruppe · Betriebsgruppe · Bezirksgruppe
BGrenzSch, BGS – Bundesgrenzschutz
BGrenzSchG vgl. BGSG
bG rep – bezahlt Geld repartiert *(Börse)*
BGrG vgl. BGSG
Bgrz. – Begrenzung
bgrzt. – begrenzt
BGS – Beitrags- und Gebührensatzung · Betriebsgründungsservice *(Wien)* · Bundesgrenzschutz
BGSG – Gesetz über den Bundesgrenzschutz und die Einrichtung von Bundesgrenzschutzbehörden
BGSH – Bayerischer Gebirgsschweißhund
BGS-LV – Verordnung über die Laufbahnen der Polizeivollzugsbeamten im Bundesgrenzschutz und im Bundesministerium des Innern
BGSPersVG – Gesetz über Personalvertretungen im Bundesgrenzschutz
BGS-WAS – Beitrags- und Gebührensatzung zur Wasserabgabesatzung
BGT – Berufsgruppe Theater *(in der IG Medien)*
BGV – Bayerischer Golfverband · Berufsgenossenschaftliche Vorschriften · Bundesverband für Gesundheitsinformation und Verbraucherschutz · Bundesvereinigung der Deutschen Grafischen Verbände
BGVV – Bundesinstitut für gesundheitlichen Verbraucherschutz und Veterinärmedizin
BGW – Berufsgenossenschaft für Gesundheitsdienst und Wohlfahrtspflege · Bundesverband der deutschen Gas- und Wasserwirtschaft
Bgw. – Bergwerk
Bgw.-Dir. – Bergwerksdirektor
BGZ – Berufsgenossenschaftliche Zentrale für Sicherheit und Gesundheit
Bh – Bohrium *(Element)*
BH – Bauhöhe · Beihilfe · Beitragshöhe · Behelfsheim · Berghauptmann · Bezirkshauptmann[schaft] *(Österreich)* · Bundesheer *(Kfz; Österreich)* · Büstenhalter
B/H – bill of health *(engl.:* »Gesundheitspass«)
Bh. – Bahnhof · Bauherr · Beiheft · Bewährungshelfer · Buchhandel; Buchhändler
Bhdl. – Buchhandel; Buchhändler
Bhdlg. – Buchhandlung
BHE – Bund der Heimatvertriebenen und Entrechteten
Bhf. – Bahnhof · Beihilfe
BhfBf – Bahnhofsbrief
BhfZtg – Bahnhofszeitung
BhG – Gesetz über die Bewährungshelfer
BHG – Bäuerliche Handelsgenossenschaft · Bayerischer Hotel- und Gaststättenverband · Berliner Handelsgesellschaft · Berlinhilfegesetz
BHGr. – Beihilfengrundsätze
BHI – Bank für Handel und Industrie · biosynthetisches Humaninsulin · Bureau Hydrographique International
BHK – Bundeshauptkasse
BHKH – Bundesverband des Holz und Kunststoff verarbeitenden Handwerks
BHKS – Bundesindustrieverband Heizungs-, Klima-, Sanitärtechnik
BHKW – Blockheizkraftwerk[e]
bhm. – behelfsmäßig
Bhm., Bhm – Bahnhofsmission
BHN, Bhn – Brinell hardness number *(engl.:* »Brinellhärtezahl«)
BHO – Bundeshaushaltsordnung
BHP – Berufsverband der Heilpädagogen
b. h. p. – brake horse-power *(engl.: Bremsleistung in PS)*
BHR – Bauchhautreflex *(Med.)*
BHS – Bayerischer Heimatschutz
BHT – Bayerischer Handwerkstag · branch history table
BHU – Bundesverband für Heimat und Umwelt
bhut., bhutan. – bhutanisch

BhV – Beihilfevorschriften
BHV – Bayerischer Handballverband · Betriebshaftpflichtversicherung · Briefmarkenhändlerverband
BhVO – Verordnung über die Gewährung von Beihilfen in Krankheits-, Geburts- und Todesfällen
BHW – Beamtenheimstättenwerk
BHZP – Bundeshybridzuchtprogramm
Bi – Bismutum *(Wismut; Element)*
BI – Bauinspektor · Betriebsingenieur · Bezirksinspektor · Bibliographisches Institut · Bielefeld *(Kfz)* · Bundesinstitut · Bürgerinitiative · business intelligence
Bi. – Bischof; Bistum
BIA – Berufsgenossenschaftliches Institut für Arbeitssicherheit · Bezirksinspektor-Anwärter
BIAC – Business and Industry Advisory Commission *(OECD)*
BIAM – Bundesinstitut für Arzneimittel und Medizinprodukte
BIAS – Bremer Institut für angewandte Strahlentechnik
BIB – Bekleidungsindustrie-Berufsgenossenschaft · Berliner Industriebank · Berliner Institut für Betriebsführung · Berufsverband Information Bibliothek · Bundesinstitut für Bevölkerungsforschung
Bib. – Bibel
BIBAG – Bauindustrie Beteiligungs AG *(Österreich)*
BIBB – Bundesinstitut für Berufsbildung *(Berlin)*
BIBF – Bundesinstitut für Bauforschung *(Hannover)*
BIBG – Binnenschifffahrts-Berufsgenossenschaft
bibl. – bibliographieren; bibliographiert; bibliographisch · bibliothekarisch · biblisch
Bibl. – Bibliographie · Bibliothek; Bibliothekar[in]
Bibl.-Amtm. – Bibliotheksamtmann
Bibl.-Ass., Bibl.-Assess. – Bibliotheksassessor
Bibl.-Dir. – Bibliotheksdirektor
BibII, Bibl.-Insp. – Bibliotheksinspektor
BiblOAmtm., Bibl.-Ob.-Amtm., Bibl.-Oberamtm. – Bibliotheksoberamtmann
Bibl.-Oberinsp., Bibl.-Ob.-Insp., BiblOI – Bibliotheksoberinspektor
BiblR, Bibl.-R., Bibl.-Rat – Bibliotheksrat
BIC – bank identity/identifier code · Bureau International de la Chaussure et du Cuir *(Internationales Büro der Schuh- und Lederwirtschaft)* · Bureau International des Containers · Bureau International du Cinéma · Business Innovation Center
BICB – Bund der Ingenieure in Anwendungs- und Verfahrenstechnik der chemischen Industrie – Coloristenbund
BICE – Bureau International Catholique de l'Enfance
BICI – Bureau International du Commerce et de l'Industrie
BID – Banco Interamericano de Desarollo *(span.)*, Banque Interamericaine de Développement *(franz.)*
b. i. d. – bis in die (*lat.*: »zweimal am Tage«)
BIDA – Bureau International des Droits d'Auteurs
BIDAC – Biddings and Acceptances Committee *(Ausschuss für die Regelung von Angebot und Nachfrage in der ECE)*
BIDC – Bureau International de Documentation des Chemins de fer
BIE – Bundesverband Industrieller Einkauf · Bureau International d'Education · Bureau International d'Electrothermie
BIE, B. I. E. – Bureau International des Expositions
B. I. E. F. – Büro für Industrielle Entwicklung in Frankreich
BIEK – Bundesverband Internationaler Express- und Kurierdienstleister
BIEM – Bureau International de l'Edition Mécanique
BierAO – Bierausfuhrordnung
BierSt. – Biersteuer
BierStDB – Durchführungsbestimmungen zum Biersteuergesetz
BierStG – Biersteuergesetz
BIET – Bureau International de l'Enseignement Technique
BiF – Biegeform *(Technik)*
BIF – Berliner Institut für Weiterbildung von Führungskräften der Wirtschaft
bifa – Bundesinstitut für Arbeitsschutz
Bifab – Bibliographisches Institut & F. A. Brockhaus AG
BIFOS – Börsen-Informations- und Ordersystem
BIG – Berliner Innovations- und Gründerzentrum · Bund der Ingenieure des Gartenbaus · Bürgernahe Interessengemeinschaft
BIGA – Bundesamt für Industrie, Gewerbe und Arbeit *(Schweiz)*
BIGFON – breitbandiges integriertes Glasfaser-Fernmeldeortsnetz
BIH – Bosna i Hercegovina *(Kfz)* · Bureau International de l'Heure
BIICC – Bureau International d'Information des Chambres de Commerce
BIJ – Bibliothèque Internationale de Jeunesse

BIJC – Bureau International de la Jeunesse Catholique
BIK – Betriebswirtschaftliches Institut der Deutschen Kreditgenossenschaften
Bike – Biotechnologie Informationsknoten Europa *(der GBF)*
BIL – Bundesverband der Ingenieure für Landbau
bil. – bilateral
Bil. – Bilanz
BILD – Bureau International de Liaison et de Documentation
bild. – bildend
Bild. – Bildung
bildl. – bildlich
Bild.-Progr. – Bildungsprogramm
Bild.-Ref. – Bildungsreform
BildscharbV – Verordnung über Bildschirmarbeitsplätze
Bill. – Billard · Billett · Billigkeit · Billigung · Billion[en]
BillRichtl., Bill.-Richtl. – Billigkeitsrichtlinien
BilReG – Bilanzrechtsreformgesetz
Bil.-W., Bil.-Wert – Bilanzwert
BIMCO – Baltic and International Maritime Conference
BImSchG – Bundesimmissionsschutzgesetz
BImSchV – Bundes-Immissionsschutz-Verordnung
BIN – Belgisch Instituut voor Normalisatie
BINA – Bureau International de Normalisation de l'Automobile
BIND – Berkeley Internet Name Domain
Bing – Betriebsingenieur
binnendt. – binnendeutsch
BinnSchG – Binnenschifffahrtsgesetz
BinnSchPolVO – Binnenschifffahrtspolizeiverordnung
BinnSchSO, BinnSchStrO – Binnenschifffahrtsstraßenordnung
BinnSchVerfG – Gesetz über das gerichtliche Verfahren in Binnenschifffahrtssachen
B.-Insp., BInsp. – Bauinspektor
Bio. – Billion[en]
biogr. – biografisch
Biogr. – Biograf; Biografie[n]
biol. – biologisch
Biol. – Biologe; Biologie; Biologin
BIOMASS – Biological investigations of marine Antarctic systems and stocks *(internationales Programm 1980–1986)*
bion – believe it or not *(Chat)*
Bionik – Biologie + Technik
BIOS – basic input output-system *(engl.:* »grundlegendes Eingabe-/Ausgabesystem«)
BIOst – Bundesinstitut für ostwissenschaftliche und internationale Studien
BiP – Betriebswirtschaft im Praxisverbund
BIP – Bruttoinlandsprodukt
BIPM – Bureau International des Poids et Mesures
B. I. P. O., BIPO – British Institute of Public Opinion
BIPS – Bremer Institut für Präventionsforschung und Sozialmedizin
BIR – Birkenfeld *(Kfz)* · British Institute of Radiology
BIRC – Bureau International des Relations Commerciales
BIRD – Banque Internationale pour la Reconstruction et le Développement
BiRiLiG – Bilanzrichtlinien-Gesetz
birm. – birmanisch
BIRPI – Bureaux Internationaux Réunis pour la Protection de la Propriété Intellectuelle
BIS – Bank for International Settlements (= *BIZ*) · berufsintegrierende Studiengänge/berufsintegrierendes Studium · Büroinformationssystem[e]
Bisch. – Bischof; Bischöfe
bisch., bischöfl. – bischöflich
Bisch.-S. – Bischofssitz
Bisch.-St. – Bischofsstadt
B-ISDN – Breitband-ISDN
BISFA – *(früher:)* Bureau International pour la Standardisation des Fibres Artificielles, *(heute:)* Bureau International pour la Standardisation de la Rayonne et des Fibres Synthétiques
bisl. – bislang
BISp – Bundesinstitut für Sportwissenschaften
BISS – Berliner Institut für sozialwissenschaftliche Studien
BiST – Biegestanze *(Technik)*
Bist. – Bistum; Bistümer
BiSt. – Biersteuer
BiStG – Biersteuergesetz
bisw. – bisweilen
bit – binary digit *(engl.; Binärziffer)*
BIT – Berufsinteressentest *(Psych.)* · Bitburg-Prüm *(Kfz)* · Bureau International du Travail *(Internationales Arbeitsamt)*
Bit. – Bitumen
BItBIt – Bitblocktransfer
BiTEG – Bildschirmtexterprobungsgesetz
BITKOM, Bitkom – Bundesverband Informationswirtschaft, Telekommunikation und neue Medien
BITnet – Because It's Time Network
BiTS – Business and Information Technology School *(Iserlohn)*
Bitsy – Bildtextsystem
BIU – Bureau International des Universités
BiUrlG – Bildungsurlaubsgesetz
BIV – Bundesinnungsverband
BIVA – Bundesinteressenver-

tretung der Altenheimbewohner
BIW – Bund der Ingenieure des Weinbaues
BIX – Bibliotheksindex *(Bibl.)*
BIZ – Bank für internationalen Zahlungsausgleich · Berufsinformationszentrum/-zentren
BJ – Bachjahrbuch *(Musik)*
Bj., BJ – Baujahr
Bj. – Betriebsjahr
BJA – Bezirksjugendausschuss · Bundesjugendausschuss
BJagdG, BJG – Bundesjagdgesetz
BJC – bubble jet color *(engl; Tintenstrahlfarbdrucker)*
BJD – Bund Junger Deutscher
BJG – Bayerisches Jagdgesetz · Bund Junger Genossenschafter
BJM – Bundesjustizminister[ium]
BJO – Bundesjugendorchester
BJPl. – Bundesjugendplan
BJR – Bayerischer Jugendring · Bundesjugendring
BJRK – Bayerisches Jugendrotkreuz
BJS – Bureau de la Jeunesse et des Sports *(Frankreich)*
BJSchG – Bundesjugendschutzgesetz
BJSD – Bundesverband Jüdischer Studenten in Deutschland
BJU – Bundesverband Junger Unternehmer
BJV – Bayerischer Jagdschutz- und Jägerverband · Bayerischer Journalisten-Verband · Bundesjägerverband
Bk – Berkelium *(Element)* · Blockstelle *(Bahn)*
BK – Ballklub · Bankkonto · Basiskomponente · Baukombinat *(DDR)* · Baukommission · Baukosten · Begleitkarte[n] · Berufskrankheit · Betriebskosten · Bettkarte · Bezirkskommission *(DDR)* · Bibelkreis · Billardklub · Bobklub · Bootsklub · Boxklub · Bundeskanzler[amt]
Bk. – Bank · Baukunst
BKA – Bereichsknotenamt *(Post)* · Besatzungskostenamt · Biografisches Künstleralbum · Bodenkreditanstalt · Bundeskanzleramt · Bundeskartellamt · Bundeskriminalamt
BKAG – Gesetz über die Errichtung eines Bundeskriminalpolizeiamtes
BKartA – Bundeskartellamt
B.-Kaufm. – Bankkaufmann
BKB – Benzinkostenbeteiligung · Braunkohlenbergwerk
Bk.-Bed. – Bankbedingungen
BKBl. – Bundeskriminalblatt
BKD – Bund der Kinderreichen Deutschlands · Bund der Kriegsblinden Deutschlands
BKDA – Bund der katholischen deutschen Akademikerinnen
BKE – Bundeskonferenz für Erziehungsberatung · Brechkrafteinheit
BKG – Ballistokardiographie *(Med.)* · Bankenfachverband Konsumenten- und gewerbliche Spezialkredite · Bayerische Krankenhausgesellschaft · Buchhändlerische Kredit-Garantiegemeinschaft · Bundesamt für Kartographie und Geodäsie
Bkg. – Bekämpfung · Bekanntgabe · Bekundung
Bk.-Ges. – Bankgesellschaft
Bk.-Gesch. – Bankgeschäft
BKGG – Bundeskindergeldgesetz
Bk.-Guth. – Bankguthaben
BKH – Berufsverband katholischer Hausgehilfinnen in Deutschland · Bezirkskrankenhaus
BkHG – Bankhaftungsgesetz
BKJ – Bund der Kaufmannsjugend · Bund der Kommunisten Jugoslawiens
BKK – Betriebskrankenkasse
Bk.-K., Bk.-Kto. – Bankkonto
Bk.-Kr. – Bankkredit
Bkl. – Beklagte[r] · Bekleidung
BKleingG – Bundes-Kleingarten-Gesetz
BKM – Beauftragte[r] der Bundesregierung für Kultur und Medien
Bkm. – Bekanntmachung
BKMF – Bundesverband Kleinwüchsige Menschen und ihre Familien
BkmG – Bekanntmachungsgesetz
BKN – Betriebskostennachweis
BKS – Blutkörperchensenkungsreaktion *(Med.)*
BKSchG – Bundeskündigungsschutzgesetz
Bkt. – Bakterie[n]
Bktr – Betriebskontrolleur
BKU – Betriebskostenumlage · Bund Katholischer Unternehmer
BKV – Back- und Konditoreiwarenverordnung *(Nordrhein-Westfalen)* · Beteiligungs- und Kunststoffverwertungsgesellschaft · Betriebskollektivvertrag/-verträge · Bund der Kriegsdienstverweigerer
BKVO – Verordnung[en] über Ausdehnung der Unfallversicherung auf Berufskrankheiten
Bkw – Bahnkraftwerk · Beobachtungskraftwagen
BkW – Blindkilowatt
BKZ – Bearbeitungskennzeichen · Betriebsarten-Kennziffer
BKZ, Bkz. – Baukostenzuschuss
Bkz. – Bankziehung[en]
bl – Barrel
BL – Balingen/Zollernalbkreis *(Kfz)* · Basel-Land *(Kfz)* · Bereichsleiter; Be-

reichsleitung · Betriebsleiter; Betriebsleitung · Betriebsstofflager · Bezirksleiter; Bezirksleitung · Büroleiter; Büroleitung · Bundesliga · Bußgeldliste
B/L – bill of lading (*engl.:* »[See]frachtbrief«)
bl. – blank · blanko · blau · blind · blond · blutig
Bl. – Blase · Bläser · Blatt; Blätter · Blazer · Blech · Blei · Blick · Blinde[r] · Blinker · Block · Blockade · Blume[n] · Blüte[n] · Bluse · Blut
B. L. – Baccalaureus Legum (*lat.*); Bachelor of Law (*engl.*) · benevole lector (*lat.:* »geneigter Leser«)
BLAK – Bayerische Landesapothekerkammer
BLÄK – Bayerische Landesärztekammer
BLaufbVO – Bundeslaufbahnverordnung
BLB – Bayerische Landesbank · Bauleitungsbuch
BLBG – Baulandbeschaffungsgesetz
BLD – Bayerischer Landtagsdienst
Bld. – Bildung
Bl.-D., Bld. – Blechdose[n]
Bldg. – Beiladung · Beladung · Beleidigung · Bildung
BLE – Bundesanstalt für Landwirtschaft und Ernährung · Bundesverband des Deutschen Lederwareneinzelhandels
BleIZIG – Gesetz betreffend den Verkehr mit blei- und zinkhaltigen Gegenständen
BLER – block-error-rate
BLEU – Blind Landing Experimental Unit
BLfD – Bayerisches Landesamt für Denkmalpflege
BLG – Baulandgesetz · Bremer Lagerhaus-Gesellschaft · Brennelement-Lager-Gesellschaft · Bundesleistungsgesetz
blg. – bahnlagernd · beiliegend
BLGA – Bayerische Landesgewerbeanstalt
Bl.-Gr. – Blattgröße · Blutgruppe
Bl.-H., Bl.-Hd. – Blindenhund
BLHV – Badischer Landwirtschaftlicher Hauptverband
Blickp. – Blickpunkt
Blickw. – Blickwinkel
BLIDS – Blitzinformationsdienst (*Karlsruhe*)
B. Lit., B. Litt. – Baccalaureus Lit[t]erarum (*lat.*); Bachelor of Letters/Literature (*engl.*)
BliWaG, BliwaG – Blindenwarenvertriebsgesetz
BLJA – Bayerischer Landesjugendausschuss
BLJO – Bayerisches Landesjugendorchester
blk – bulk (*engl.:* »unverpackt«)
BLK – Bayerische Landesbodenkreditanstalt · Bezirkslehrerkonferenz (*Österreich*) · Bund-Länder-Kommission für Bildungsplanung und Forschungsförderung · Burgenlandkreis (*Kfz*)
Blk. – Balkan · Balken · Balkon · Blinkfeuer · Blutkörperchen
BLKA – Bayerisches Landeskriminalamt
Bl.-Kr. – Blankokredit
BLL – Bund für Lebensmittelrecht und Lebensmittelkunde
Bll. – Ballen · Blätter
BLLV – Bayerischer Lehrer und Lehrerinnenverband
BLM – Bayerische Landeszentrale für neue Medien
Bln. – Berlin
Bl.-Nr. – Blattnummer
BLR – best lending rate (*bei Hypotheken*) · Bundesverband der Luftfahrtzubehör- und Raketenindustrie
BLS – Bern-Lötschberg-Simplon · Bundesverband Leitung organisierter Schreib- und Sekretariatsdienste
B. L. S. – benevolenti lectori salutem (*lat.:* »dem geneigten Leser einen Gruß«)
Bl.-Schr. – Blockschrift
BLSG – Bayerisches Landessozialgericht
Bl.-St., Blst. – Blockstation; Blockstelle
BLSV – Bayerischer Landessportverband
BLTK – Bayerische Landestierärztekammer
BLV – Bayerische Lagerversorgung · Bayerischer Luftsportverband · Berliner Leichtathletik-Verband · Bundeslaufbahnverordnung
Bl.-V., Bl.-Vollm. – Blankovollmacht
BLVA – Bayerische Landesversicherungsanstalt · Bayerisches Landesvermessungsamt
Blvd. – Boulevard
Bl.-Verschl. – Bleiverschluss
Bl.-Vollm. – Blankovollmacht
BLVW – Bayerisches Landesamt für Vermögensverwaltung und Wiedergutmachung
BLW – Bayerisches Landesamt für Wiedergutmachung · Bundesamt für Landwirtschaft (*Schweiz*)
BLZ – Bankleitzahl · Beschaffungsleitzahl (*Bahn*)
Blz. – Blattzahl · Blitzfeuer
Bm – Bahnmeister[ei] (*Bahn*)
BM – Bekanntmachung · Belichtungsmesser · Bergheim/Erftkreis (*Kfz*) · Beschaffungsmarkt · Beschreibungsmuster · betriebliche Mitteilung[en] · Bewertungsmaßstab · Bezirksmeister[schaft] · Biological Monitoring · Bordmechaniker · British Museum · Bundesminister[ium] · Bürgermeister · Bytemaschine
Bm. – Baumeister · Baumuster · Bürgermeister

b. m. – beatae memoriae (*lat.:* »glücklichen Angedenkens«) · bene merenti (*lat.:* »wohlverdient«) · bene misceatur (*lat.:* »gut mischen«; *Pharm.*) · bene mente (*lat.:* »in guter Meinung, Absicht«) · brevi manu (*lat.:* »kurzerhand«)
B. m. – Board measurement *(engl.; Ladungsmaß für gesägtes Bauholz)*
B. M. – Baccalaureus Medicinae *(lat.);* Bachelor of Medicine *(engl.)* · Beata Maria · beatae memoriae (*lat.:* »glücklichen Angedenkens«) · British Manufactured *(engl.)*
BMA – Beschaffungsmarktanalyse
BMÄ – Bundesmanteltarifvertrag-Ärzte
BMAS – Bundesminister[ium] für Arbeit und Sozialordnung *(hist.)*
BMBau – Bundesminister[ium] für Raumordnung, Bauwesen und Städtebau *(hist.)*
BMBF – Bundesminister[ium] für Bildung und Forschung
BMBR – Bundesminister[ium] für Angelegenheiten des Bundesrates und der Länder *(hist.)*
BMC – bone mineral content *(Med.)*
BMD – ballistic missile defense *(USA)* · Bund der Mitteldeutschen
BMDO – Ballistic Missile Defense Organisation
BMD[-System] – Ballistic Missile Defense[-System]
BME – Bundesverband Materialwirtschaft, Einkauf und Logistik
BMEWS – Ballistic Missile Early Warning System
BMF – Beschaffungsmarktforschung · Bundesminister[ium] der Finanzen · Bundesverband Montagebau und Fertighäuser
BMFSFJ – Bundesminister(ium) für Familie, Senioren, Frauen und Jugend
BMfU – Bundesministerium für Unterricht *(Österreich)*
BMG – Bemessungsgrundlage · Betäubungsmittelgesetz · Beteiligungs Management Gesellschaft · Bertelsmann Music Group · Bordmaschinengewehr *(Bw.)* · Bundesmietengesetz
BMGGO – Gemeinsame Geschäftsordnung der Bundesministerien
BMGK – Bundesministerium für Gesundheit und Konsumentenschutz *(Österreich)*
BMGS – Bundesminister[ium] für Gesundheit und soziale Sicherung
BMI – Body-Mass-Index · Broadcast Music Incorporated · Bundesminister[ium] des Innern
BMietG – Bundesmietengesetz
BMinG – Bundesministergesetz
BMJ – Bundesminister[ium] der Justiz
BMK – Bordmaschinenkanone *(Bw.)*
Bmktr – Betriebsmaschinenkontrolleur *(Bahn)*
BML – Bundesminister[ium] für Ernährung, Landwirtschaft und Forsten *(hist.)*
BMM – British Military Mission
BMN, BmN – Bundesmarine-Norm
.bmp, BMP – Bitmap *(Dateierweiterung)*
BMP – bone morphogenetic protein(s) · Bundesminister[ium] für das Post- und Fernmeldewesen *(hist.)*
BMPT – Bundesminister[ium] für Post und Telekommunikation *(hist.)*
BMR – basic metabolism rate *(engl.; Grundumsatz; Med.)* · Bayerischer Musikrat
BMS – biomechanische Stimulation · Bureau Militaire de Standardisation *(NATO)*
B.-Ms. – Bühnenmanuskript
B. M. S. E. – Baltic Mercantile and Shipping Exchange *(in London)*
BMSR-Technik – Betriebsmess-, Steuerungs- und Regelungstechnik
Bmstr. – Baumeister · Baumuster · Bürgermeister
BMT – Basic Motion-Time-Study *(Arbeitszeitberechnung)* · Bundesmanteltarif · Bundesverband Medizintechnik · Bund gegen Missbrauch der Tiere
BMT-G – Bundesmanteltarif für Arbeiter gemeindlicher Verwaltungen und Betriebe
BMTV – Bundesmontagetarifvertrag
BMU – Bundesminister[ium] für Umwelt, Naturschutz und Reaktorsicherheit
BMV – Blasmusikverband · Bundesmarktverband · Bundesminister[ium] für Verkehr *(hist.)*
B. M. V. – Beatae Mariae Virginis (*lat.:* »der seligen Jungfrau Maria«)
BMVBW – Bundesminister[ium] für Verkehr, Bau- und Wohnungswesen
BMVEL – Bundesminister[ium] für Verbraucherschutz, Ernährung und Landwirtschaft
BMVg – Bundesminister[ium] der Verteidigung
BMVR – Bundesminister[ium] für die Angelegenheiten des Bundesverteidigungsrates *(hist.)*
BMVt. – Bundesminister[ium] für Vertriebene, Flüchtlinge und Kriegsgeschädigte *(hist.)*
BMW – Bayerische Motoren-Werke

BMWA – Bundesminister[ium] für Wirtschaft und Arbeit · Bundesverband für Meditation in Wirtschaft und Arbeitswelt
BMX – bicycle-motocross
BMZ – Baumassenzahl · Brandmeldezentrale · Bundesminister[ium] für wirtschaftliche Zusammenarbeit
BN – Baumuster-Nummer · Betriebsnorm[en] · Bonn *(Kfz)* · Bund Naturschutz
Bn. – Beiname · Berlin
B. N. – Bureau de Normalisation
BNA – Baunotabgabe
BNA, B. N. A. – Baseler Nomina anatomica
B. N. A., BNA – Bureau des Normes de l'Automobile
B. N. B., BNB – Banque Nationale de Belgique · British National Bibliography
BNCF – Bureau de Normalisation des Chemins de fer
BND – Bundesnachrichtendienst
BndE – Bandeisen
BNE – Bruttonationaleinkommen
BNebTVO – Bundesnebentätigkeitsverordnung
BNF – Bibliothèque Nationale de France
BNG – Beamtenrechtsneuregelungsgesetz · Bewirtschaftungsnotgesetz
BNI – Bernhard-Nocht-Institut für Tropenmedizin *(Hamburg)*
BNK – Bundesverband Niedergelassener Kardiologen
BNL – Brookhaven National Laboratory
BNM – Bayerisches Nationalmuseum
BN-Metall – Bahnmetall
BNN – Badische Neueste Nachrichten *(Karlsruhe)*
BNotO – Bundesnotarordnung
B. N. P. – Banque Nationale de Paris
B.-Nr. – Baumuster-Nummer · Buchnummer · Buchungsnummer
BNS-Krämpfe – Blitz-Nick-Salaam-Krämpfe *(Med.)*
BNV – Bundesnebentätigkeitsverordnung
BNVO – Baunutzungsverordnung
bo – brutto
BO – Bankordnung · Bauordnung · Beitragsordnung · Benutzungsordnung · Berufsoffizier · Berufsordnung · Beschäftigungsordnung · Besoldungsordnung · Betriebsordnung · Betriebsorganisation · Bochum *(Kfz)* · Börsenordnung · Brennereiordnung · Eisenbahn-Bau- und Betriebsordnung
BÖ – Bördekreis *(Kfz)*
b. o. – bis oben; bis oberhalb
B & O – Bang & Olufsen
BOA – Bau- und Betriebsordnung für Anschlussbahnen
Bob – Beethoven Orchester Bonn
BöB – Bundesverband der öffentlichen Binnenhäfen
Bobl – Bundesobligation
BObSeeA – Bundesoberseeamt
BoC – Bank of China
BoD – Book on Demand
BodEG – Gesetz über Bodennutzungs- und Ernteerhebung
Bod.-Ref. – Bodenreform
BodRefG – Bodenreformgesetz
BodRefVerfG – Gesetz über das gerichtliche Verfahren in Bodenreformsachen
BodSchätzG – Bodenschätzungsgesetz
BoE – Bank of England *(GB)*
BOF – begin of file
böh. – böhmisch
BOHG – Bundesoberhandelsgericht
BOI – Bauoberinspektor
BoJ, BOJ – Bank of Japan
BÖKF – Bundesverband Österreichischer Kur- und Fremdenverkehrsdirektoren
BOKraft. – Verordnung über den Betrieb von Kraftfahrunternehmen im Personenverkehr
BOL – Bayerisches Oberstes Landesgericht · Bolivien *(Kfz)*
bol. – bolivianisch; bolivisch
Bol. – Bolívar; Bolivianer; Boliviano; Bolivien; Bolivier
boliv. – bolivianisch · bolivisch
BÖLW – Bund Ökologische Lebensmittelwirtschaft
BOOP – bronchiolitis obliterans organizing pneumonia *(Med.)*
BOOT – build-own-operate-transfer *(Vertragsform)*
BOP – Bedarfs- und Optimierungsplan(ung) · beginning of partition · Blow-out-Preventer *(auf Bohrinseln)*
BOP, Bop – Bauch – Oberschenkel – Po *(Fitnessstudio)*
BÖP – Berufsverband österreichischer Psychologinnen
BOR – Borken *(Kfz)*
Bor. – Borussia
BORA – Berufsordnung für Rechtsanwälte
Borg – Borgis *(Schriftgrad)*
BoRG – Bodenreformgesetz
BörsG – Börsengesetz
BörsO – Börsenordnung
BoS – Bohrschablone
BOS – Berufsoberschule · Bundesoberseeamt *(Hamburg)* · Eisenbahn-Bau- und Betriebsordnung für Schmalspurbahnen
BOSekr. – Bauobersekretär
BOStrab. – Verordnung über den Bau und Betrieb der Straßenbahnen
BOT – beginning of tape · Broadcast Online Television · Build-Operate-Transfer *(Vertragsform)* · Bottrop *(Kfz)*
bot. – botanisch
Bot. – Botanik; Botaniker

Botel – Bootshotel
Botsch. – Botschaft; Botschafter
Botsch.-Geb. – Botschaftsgebäude
Botsch.-Gespr. – Botschaftergespräch[e]
BotschR – Botschaftsrat
BoVP – Bodenständiger Versorgungspunkt *(Mil.)*
BöW – Bundesverband ökologischer Weinbau
bP – bezahlt Papier *(Börse)*
Bp – Bahnpolizei *(Bahn)* · Bahnpost *(Post)* · Bedienungspult *(EDV)*
BP – Bahnpolizei · Bahnpost · Bandpass[filter] · Baupolizei · Bayernpartei · Benzin und Petroleum AG · Bergpolizei · Bibliotheksprogramm · Brauchbarkeitsprüfung · British Petroleum Company · Buchprüfer; Buchprüfung · Bundespatent · Bundespräsident
BP, Bp. – Betriebsprüfer; Betriebsprüfung · Buchprüfer
b/p, B/P – bill[s] payable *(engl.:* »zu zahlende Rechnung[en]«)
B. P. – Baccalaureus Pharmaciae *(lat.);* Bachelor of Pharmacy *(engl.)* · boîte postale *(franz.:* »Postfach«) · British Patent
BPA – Bahnpostamt · Berufsverband privater Alten- und Pflegeheime und sozialer Dienste · Bundespersonalausschuss · Bundespersonalausweis · Bundespresseamt
BPÄ – Bahnpostämter · Berufsverband der praktischen Ärzte und Ärzte für Allgemeinmedizin
BPAG – Bundespersonalausweisgesetz
BPatG – Bundespatentgericht
BPatGer. – Bundespatentgericht
BPatGerE – Entscheidungen des Bundespatentgerichtes
BpB – Bundeszentrale für politische Bildung
BPB – Berliner Pressebüro · BIOS Parameterblock
BpDSt – Bahnpostdienststelle
BPersA – Bundespersonalausschuss · Bundespersonalausweis
BPersAVO – Verordnung über den Bundespersonalausschuss
BPersG – Bundespersonalgesetz
BPersVG – Bundespersonalvertretungsgesetz
BPfA – Berliner Pfandbriefamt
BPflV – Bundespflegesatzverordnung
BPG – Bundespersonalgesetz
BPH – benigne Prostatahyperplasie *(Med.)*
B. Ph., B. Phil. – Baccalaureus Philosophiae *(lat.);* Bachelor of Philosophy *(engl.)*
bpi – bits per inch
BPI – Bundesverband der Pharmazeutischen Industrie
BPICA – Bureau Permanent International des Constructeurs d'Automobiles
BPjS – Bundesprüfstelle für jugendgefährdende Schriften
BPK – Bilanzpressekonferenz · Bildarchiv Preußischer Kulturbesitz · Bundespsychotherapeutenkammer
BPKK – Bezirksparteikontrollkommission *(DDR)*
Bpl. – Bauplatz/-plätze
BPLV – Badisch-Pfälzischer Luftfahrtverein
bpm – beats per minute *(in der Techno-Disco)*
BpM – Buchstaben pro Minute
BPM, BPMin. – Bundespostminister[ium] *(hist.)*
BpO, BPO – Betriebsprüfungsordnung
BPO – Betriebsparteienorganisation *(DDR)* · business process outsourcing · Ordnung der Ersten Prüfung für das Lehramt an Berufsschulen und Berufsaufbauschulen
B. P. O., BPO – British Post Office
BpObl – Bahnpost-Oberbetriebsleitung *(Post)*
BPol., B.-Pol. – Baupolizei · Bergpolizei
BPolBG, BPolG – Bundespolizeibeamtengesetz
BPolVO – Baupolizeiverordnung · Bergpolizeiverordnung
BPO(St) – Betriebsprüfungsordnung (Steuer)
Bpp, BPP – bits per pixel
BPr. – Bundespräsident
BPr., B.-Pr. – Betriebsprüfer; Betriebsprüfung
BPrA – Bundespräsidialamt
BPrSt. – Bundesprüfstelle
BPRT – Bundesverband Privater Rundfunk und Telekommunikation *(heute VPRT)*
bps, Bps – bits per second
BPS – Bundesprüfstelle für jugendgefährdende Schriften · Bundesverband Prostatakrebs-Selbsthilfe
BPT – Bundesanstalt für Post- und Telekommunikation · Bundesverband praktischer Tierärzte
BPU – branch prediction unit
bpv, BPV – Bayerischer Philologenverband
BPV – Bergpolizeiverordnung · Bundesverband Personalvermittlung
BpW – Bahnpolizeiwache
BPW – Business and Professional Women
BPz – Bergungspanzer *(Bw.)*
Bq – Becquerel
B. Q. – bene quiescat *(lat.:* »er/sie möge wohl ruhen«)
BQG – Beschäftigungs- und Qualifikationsgesellschaft
BQS – Bundesgeschäftsstelle Qualitätssicherung *(Med.)*

br – bereinigt
Br – Birr *(Währung in Äthiopien)* · Brom *(Element)*
BR – Baurat · Baurecht · Baureihe · Bayerischer Rundfunk · Beitragsrechnung *(Vw.)* · Bergrat · Bergrevier · Berliner Rundfunk · Berufsregister *(Schweiz)* · Betriebsrat · Betriebsrechner *(EDV)* · Bezugsrecht · Bibliotheksrat · Brasilien *(Kfz)* · Breitreifen · British Railways · Bundesrat · Bundesrepublik · Bundesrichter · Mitglied des Bundesrates *(Österreich)*
bR, b. R. – bitte Rücksprache
br. – braun · breit · bremsen · britisch · bronzen · broschiert · brutto
Br. – Branche · Brand · Branntwein · Braten · Bratsche · Brauch · Brauerei · Braut; Bräutigam · Breite · Bremse · Brenner · Brennstoff · Brett · Brief · Brigade · Broschüre · Brokat · Bronze · Brot · Bruch · Bruder · Brücke · Brunnen · Brust · Brut · Brüter
BRA – Beamtenrechtsausschuss · Biologische Reichsanstalt für Land- und Forstwirtschaft · Brake/Wesermarsch, Unterweser *(Kfz)* · Bundesverband für die Rehabilitation der Aphasiker
BrABl. – Amtsblatt der Militärregierung, Britisches Kontrollgebiet
BRÄG – Beamtenrechtsänderungsgesetz
BRAGO, BRAGebO – Bundesgebührenordnung für Rechtsanwälte
BRAK – Bundesrechtsanwaltskammer
BRÄndG – Beamtenrechtsänderungsgesetz
Brandm., Brandmstr. – Brandmeister
BrandR – Brandrat
Brandsch. – Brandschaden; Brandschäden · Brandschutz
BrandschG – Brandschutzgesetz
Brandvers. – Brandversicherung
Branntw. – Branntwein
BranntwMonG – Gesetz über das Branntweinmonopol
Branntw.-St. – Branntweinsteuer
BranntwVwO – Branntweinverwertungsordnung
BRAO – Bundesrechtsanwaltsordnung
bras. – brasilianisch
Bras. – Brasilianer; Brasilien
BRat – Bundesrat
Brat. – Braten · Bratsche
Brauing. – Brauingenieur
Braum., Braumstr. – Braumeister
Braur. – Braurecht
Br.-Aussch. – Brauereiausschank
Braust. – Brausteuer
BRB – Brandenburg *(Kfz)* · Bundesratsbeschluss
BrBerG, BremBerG – Bremisches Rechtsbereinigungsgesetz
BR-Beschl. – Bundesratsbeschluss/-beschlüsse
BR-Best. – Bundesratsbestimmung[en]
B. R. C. S., BRCS – British Red Cross Society
BRD – Bergrettungsdienst; Bergungs- und Rettungsdienst · Bundesrepublik Deutschland
Br. Dir. – Branddirektion; Branddirektor · Brauereidirektor
BR-Drs., BRDrucks. – Drucksachen des Deutschen Bundesrates
Brd.-Sch. – Brandschaden · Brandschäden · Brandschutz
Brd.-Vers. – Brandversicherung
BRE – Beitragsrückerstattung
BREG vgl. BrREG
B.-Reg., BReg. – Bundesregierung
BremAGFGG – Bremisches Ausführungsgesetz zum Gesetz über die Angelegenheiten der freiwilligen Gerichtsbarkeit
BremBVO – Bremische Beihilfeverordnung
BremGebG – Bremisches Gebührengesetz
BremJAO – Bremische Justizausbildungsordnung
BremNOV – Bremische Nachbarortsverordnung
BremRKG – Bremisches Reisekostengesetz
BremTGV – Bremische Trennungsgeldverordnung
BremThVO – Bremische Tuberkulosehilfeverordnung
BremUKG – Bremisches Umzugskostengesetz
Brennst. – Brennstoff[e]
Brennst.-Verbr. – Brennstoffverbrauch
Brennst.-Vers. – Brennstoffversorgung
Brennst.-Vorr. – Brennstoffvorrat/-vorräte
Bret. – Bretagne; Bretone[n]
Brev. – Breviarium · Brevier
BRG – Beitragsrückgewähr · Betriebsrategesetz · Bodenreformgesetz · [Britisch] Guyana · Bundesrealgymnasium *(Österreich)*
Br.-G., Br.-Gew. – Bruttogewicht
BRGeschO – Geschäftsordnung des Bundesrates
BRH – Bund der Ruhestandsbeamten, Rentner und Hinterbliebenen · Bundesrechnungshof
BRHG – Gesetz über die Errichtung und Aufgaben des Bundesrechnungshofes
BRI – Banque des Règlements Internationaux *(Bank für Internationalen Zahlungsausgleich)*

Briefm. – Briefmarke[n] · Briefmuster
Brieft. – Brieftaube
Briefw. – Briefwaage · Briefwahl; Briefwähler · Briefwechsel
Brig. – Brigade; Brigadier
Brig.-Gen., BrigGen – Brigadegeneral
brill. – brillant; brillieren
Brill. – Brillant[en] · Brillanz
brit. – britisch
Brit. – Britannien
BRJ – Bundesrepublik Jugoslawien (Serbien, Montenegro, Kosovo)
BRK – Bayerisches Rotes Kreuz
Brk. – Braunkohle
Brk.-Bergb. – Braunkohlenbergbau
Brk.-Bergw. – Braunkohlenbergwerk
BRKG – Bundesreisekostengesetz
BRL – Beitragsrichtlinien *(Vw.)* · Beschaffungsrichtlinie[n]
brl. – bäuerlich · bräunlich
brlv, BRLV – Bayerischer Realschullehrerverband
BrLV – Bremische Laufbahnverordnung
Brm – Brückenmeisterei
BRM – Bettungsreinigungsmaschine[n]
Brm. – Barometer · Bermuda[s] · Briefmarke[n]
Br.-M., Br.-Mstr. – Brandmeister · Braumeister
br. m. – brevi manu (*lat.:* »kurzerhand«)
BrMilReg. – Britische Militärregierung
BrMilRegG – Gesetz der Britischen Militärregierung
BrMilRegVO – Verordnung der Britischen Militärregierung
BrMonG – Branntweinmonopolgesetz
BrMRG – Gesetz der Britischen Militärregierung
BrMRVO – Verordnung der Britischen Militärregierung
BRN – Bahrain *(Kfz)*
brn. – braun
BROP – Bundesraumordnungsprogramm
brosch. – broschiert
Brosch. – Broschur · Broschüre
BrR, Br.-R. – Brandrat
BrREG, BREG – Gesetz der Britischen Militärregierung über die Rückerstattung feststellbarer Vermögensgegenstände an Opfer der nationalsozialistischen Unterdrückungsmaßnahmen
Br.-Reg.-T. – Bruttoregistertonne
BRRG – Beamtenrechtsrahmengesetz
BRS – Baurichtlinien Schiffbau
BR$ – Brunei-Dollar *(Währung)*
Br.-Sch. – Brandschaden; Brandschäden · Brandschutz
BrSchG – Brandschutzgesetz
brschw., brschwg. – braunschweigisch
BRSG – Gesetz über die Sammlung des Bundesrechts
Br.-St. – Brandstation · Brausteuer
BrStV – Branntweinsteuerverordnung
BRT – Belgische Radio en Televisie · Bioresonanz-Therapie *(Med.)* · Bruttoregistertonnage/-tonne
brt. – breit · brutto
Brt., Br.-T. – Brieftaube[n]
Brtkm – Bruttotonnenkilometer
BRTV – Bundesrahmentarifvertrag
BrtwMonG – Branntweinmonopolgesetz
Brtw.-St. – Branntweinsteuer
BRU – Brunei *(Kfz)*
Brüa, Br. ü. a. – Breite über alles
brün. – brünett
BRüG – Bundesrückerstattungsgesetz
BRV – Befehle für die Regelung der Versorgung *(Mil.)* · Berufsrennfahrervereinigung · Betriebsratsvorsitzender · Bundesratsverordnung · Bundesreferendarverband · Bundesverband Reifenhandel und Vulkaniseur-Handwerk · Bundesverband Reproduktionsmedizinischer Zentren
Br.-Vers. – Brandversicherung
BRVO – Bundesratsverordnung[en]
BrVP – Brigadeversorgungspunkt *(Mil.)*
BRVS – Bahnrollfuhrversicherungsschein
Br.-W., Br.-Wechs. – Briefwechsel
BrWG – Britisches Wassergesetz
BRZ – Bayerische Raiffeisen-Zentralbank · Beitragsrichtzahl *(Vw.)* · Bereichsrechenzentrum *(im EWS)* · Bruttoraumzahl *(Schiffbau)*
br. Z., BrZ – Britische Besatzungszone
Bs – Bolívar *(Währung in Venezuela)* · Boliviano *(Währung in Bolivien)*
BS – Bahama Islands *(Kfz)* · Bandscheibe[n] *(Med.)* · Bandsperre · Basel-Stadt *(Kfz)* · Basiliani Melkitae Sanctissimi Salvatoris *(kath. Orden)* · Begleitschiff · Bergschule · Berufsschule · Berufssoldat · Besatzungsstatut · Betriebsschutz · Betriebsstoffsatz · Betriebssystem *(EDV)* · Blutsenkung · Braunschweig *(Kfz)* · Brennschluss · Buchungsstation; Buchungsstelle
BS, B. S. – British Standard
B$ – Bahama-Dollar *(Währung)*
Bs. – Beisitzer · Besitz[er] · Bistum

b. s., B/S – bill of sale *(engl.: »Urkunde, Vertrag über Verkauf«)*
b. S. – beide Seiten · beliebige Sicht *(Bankw.)*
B. S. – Bachelor of Surgery *(engl.: Bakkalaureus der Chirurgie; GB)* · *(seltener auch für:)* Baccalaureus Scientiae *(lat.)*, Bachelor of Science *(engl.)*; vgl. B. Sc.
BSA – biologischer Säureabbau · Bundessortenamt · Bund Schweizer Architekten · Bund Sozialistischer Akademiker, Intellektueller und Künstler *(Österreich)* · Business Software Alliance
BSAG – Gesetz über die Abgeltung von Besatzungsschäden
BSAO – Brandschutzanordnung
BSB – Badischer Sängerbund · Bayerischer Sängerbund · Bayerische Staatsbibliothek · Besprechungsbericht · biochemischer Sauerstoffbedarf · Bundesschleppbetrieb
BSBD – Bund der Strafvollzugsbediensteten Deutschlands
BSC – balanced scorecard · Ballspielclub · Banking Supervision Committee · Boxsportclub · British Steel Corporation
B. Sc. – Baccalaureus Scientiae *(lat.)*; Bachelor of Science *(engl.)*
BSCH – Banco Santander Central Hispano
B.-Sch., BSch. – Binnenschifffahrt
BSchG – Berufsschulgesetz · Beschäftigungsschutzgesetz · Binnenschifffahrtsgesetz
BSchPatentVO – Verordnung über Befähigungszeugnisse in der Binnenschifffahrt
BSchR – Binnenschifffahrtsrecht
bschr. – beschrankt · beschränken; beschränkt · beschreiben; beschrieben · beschriften; beschriftet
Bschr. – Beschränkung · Beschreibung · Beschriftung
BSchSO – Binnenschifffahrtsstraßen-Ordnung
BSchUO – Binnenschiffs-Untersuchungsordnung
BSchVG – Gesetz über den gewerblichen Binnenschiffsverkehr
BSchwBG – Bundesschwerbeschädigtengesetz
BSD – Blutspendedienst · Bundessortendurchschnittspreis *(Bahn)* · Bundesverband Sicherungstechnik Deutschland
bsd., bsds. – besonders
BSD Unix – Berkeley System Distribution Unix
BSE – Bovine Spongiform Enzephalopathy *(Rinderwahnsinn)* · Bundesverband Solarenergie · Industriegewerkschaft Bau, Steine, Erden
BSeuchG – Bundesseuchengesetz
BSG – Ballsportgemeinschaft · Betriebssportgemeinschaft · Blutkörperchensenkungsgeschwindigkeit *(Med.)* · Bundesseuchengesetz · Bundessozialgericht
Bsg. – Beseitigung · Besetzung *(Musik)*
BSGE – Entscheidungen des Bundessozialgerichts
BSGJ – Bund der Schweizerischen Genossenschaftsjugend
BSH – Bosch-Siemens-Hausgeräte · Bundesamt für Seeschifffahrt und Hydrographie
BSHG – Bundessozialhilfegesetz
BSI – British Standards Institution · Bundesamt für Sicherheit in der Informationstechnik · Bundesverband der deutschen Spirituosenindustrie und -Importeure
BSJ – Berufsvorbereitendes Soziales Jahr
BSK – Bausparkasse[n] · Börsensachverständigenkommission · Bundesverband Selbsthilfe Körperbehinderter
BSL – Berufsschullehrer · Bundesverband Spedition und Lagerei
BSM – Bundesarbeitsgemeinschaft Sozialmarketing · Bundesverband deutscher Schausteller und Marktkaufleute
BSN – Befehlshaber der Seestreitkräfte Nordsee *(Bw.)*
BSO – Befehlshaber der Seestreitkräfte Ostsee *(Bw.)* · Bezirksschiedsrichterobmann · Verband Büro-, Sitz- und Objektmöbel
BSozG – Bundessozialgericht
BSP – Bruttosozialprodukt · Bund Schweizerischer Pfadfinderinnen
Bsp. – Bausparen · Beispiel[e]
bsph. – beispielhaft
BSpK – Bausparkasse[n]
Bspr. – Besprechung · Besprühung
bspw. – beispielsweise
BSR – Basic Service Rate *(engl.; Tarifsystem im Containerschiffsverkehr)* · Berliner Stadtreinigung · Binnenschiffsregister · Bizepssehnenreflex · Blutkörperchensenkungsreaktion · Bund Schweizerischer Reklameberater
BSS – Baumschutzsatzung
BSSB – Bayerischer Sportschützenbund
Bssg. – Besserung
BSSW – Bundesverband Schwimmbad-, Sauna- und Wassertechnik
BST – Brandsicherheitstechnik · British Summer Time *(engl.; Britische Sommerzeit)*

BSt. – Besatzungsstatut · Beschaffungsstelle · Bundesstelle
B.-St. – Bezirksstelle
Bst., B.-St. – Bahnstation · Baustelle
b. St. – beim Stab *(Mil.)* · berufliche Stellung
BStAnz. – Bayerischer Staatsanzeiger
BStBK – Bundessteuerberaterkammer
BStBl. – Bundessteuerblatt
B-Stelle – Beobachtungsstelle *(Mil.)*
BStG – Beförderungssteuergesetz · Besitzsteuergesetz · Bürgersteuergesetz *(1934)*
Bstg. – Bahnsteig · Bestallung · Besteigung · Bestellung · Bestimmung
BStGB – Bundesstrafgesetzbuch
Bstgn. – Bestellungen · Bestimmungen
BStK – Bayerische Staatskanzlei
Bstlg. – Bestallung · Bestellung
BStM – Bayerisches Staatsministerium
BStMdF – Bayerisches Staatsministerium der Finanzen
BStMdI – Bayerisches Staatsministerium des Innern
BStMdJ – Bayerisches Staatsministerium der Justiz
BStMfAusF – Bayerisches Staatsministerium für Arbeit und soziale Fürsorge
BStMfELuF – Bayerisches Staatsministerium für Ernährung, Landwirtschaft und Forsten
BStMfUuK – Bayerisches Staatsministerium für Unterricht und Kultus
BStMfWuV – Bayerisches Staatsministerium für Wirtschaft und Verkehr
BStmGEV – Bayerisches Staatsministerium für Gesundheit, Ernährung und Verbraucherschutz
BStR – Bezirksstadtrat
BStrVermG – Gesetz über die vermögensrechtlichen Verhältnisse der Bundesautostraßen und sonstigen Bundesstraßen des Fernverkehrs
BStU – Bundesbeauftragte[r] für die Unterlagen des Staatssicherheitsdienstes der ehemaligen DDR
BSV – Bank für Sparanlagen und Vermögensbildung · Bayerischer Schulbuchverlag · Bayerischer Ski-Verband · Bundesschuldenverwaltung · Bundesschülervertretung
BSVI – Bundesvereinigung der Straßenbau- und Verkehrsingenieure
BSW – Bundesinstitut für Sportwissenschaft
bt – binary digit *(engl.; binäre Ziffer)*
BT – Basaltemperatur *(Med.)* · Bathylthermometer · Bauteil · Bayreuth *(Kfz)* · Bazillus Thuringiensis *(Bodenbakterium)* · Beschäftigungstherapie · Betriebstechnik[er] · Bezirkstag · Bildtelegrafie · Bildträger · Brennstofftechnik · British Telecom · Bundestag
Bt, Bt. – Baronet *(engl.)*
bt. – bunt
Bt. – Bart · Bataillon · Beutel · Bistum · Boot
b. t., B. T. – berth terms *(engl.; Bedingungen des Hafens für die Be- und Entladung eines Schiffes)*
BTA – Betriebstechnische Abteilung · biologisch-technische[r] Assistent[in] · British Tourist Authority *(GB)*
B.-Tag – Bundestag
BTÄO – Bundestierärzteordnung
BtB, B2B – Business to Business
BTB – Berliner Turner-Bund · Branchentelefonbuch · branch target buffer · Bund der technischen Beamten *(im DBB)*
BtC, B2C – Business to Consumer
BTD – Building Technology Division of National Bureau of Standards *(USA)*
BTD, BT-Drs., BTDrucks. – Drucksache[n] des Deutschen Bundestages
BTDA – Bundesverband Deutscher Tabakwaren-Großhändler und Automatenaufsteller
BTE – Betriebswirt Textil *(der LDT)* · Bundesverband des Deutschen Textileinzelhandels · Bund Technischer Experten
btechn. – bautechnisch
B.-Techn. – Bautechnik[er]
BTF – Bitterfeld *(Kfz)*
BTG – Bundesverband des deutschen Tankstellen- und Garagengewerbes
BTGE – Bundesverband des Türkischen Groß- und Einzelhandels
BTGeschO – Geschäftsordnung des Deutschen Bundestages
BTH – Bibliothek der Technischen Hochschule [Hannover]
B. Th. – Baccalaureus Theologiae *(lat.);* Bachelor of Theology *(engl.)*
BTK – Bundestierärztekammer
Btl. – Bataillon · Beutel
BTM – Biotrockenmasse · Büro- und Tagungs-Center Magdeburg
Btm., BtM, BTM – Betäubungsmittel
BtMAHV – Betäubungsmittel-Außenhandelsverordnung
BtMÄndV – Betäubungsmittelrechts-Änderungsverordnung
BtMBinHV – Betäubungsmit-

tel-Binnenhandelsverordnung
BtmG – Betäubungsmittelgesetz
BtMVV – Betäubungsmittel-Verschreibungsverordnung
BTO – Bachmann-Turner-Overdrive · Business Technology Office
bto. – brutto
BTR – Beratungsdienst Transportrationalisierung
Btr. – Betragen · Beitrag; Beiträge · Betrag; Beträge · Betreff · Betreuer; Betreuung · Betrieb
B.-Tr., BTr. – Bautrupp[s]
b. tr. – bene tritum (*lat.:* »gut gerieben«; *Pharm.*)
Btr.-Aufs. – Betriebsaufseher · Betriebsaufsicht
Btr.-Dir. – Betriebsdirektor
Btrg. – Betragen · Betreuung
Btr.-Ing. – Betriebsingenieur
Btr.-Insp. – Betriebsinspektion; Betriebsinspektor
Btr.-L., Btr.-Ltg. – Betriebsleitung
Btr.-L., Btr.-Ltr. – Betriebsleiter
Btr.-Mstr. – Betriebsmeister
Btr.-Ob.-Aufs., BtrOAufs. – Betriebsoberaufseher
BtrR – Betriebsrat
BTS – Brevet de Technicien Supérieur Compatibilité-Gestion
Btsm – Bootsmann (*Bw.*)
btto. – brutto
Bttr. – Batterie (*Mil.*)
BTTV – Bayerischer Tischtennis-Verband
BTU – Beteiligungskapital für junge Technologieunternehmen · Brandenburgische Technische Universität (*Cottbus*) · British Thermal Unit
BTV – Bayerischer Tennisverband · Bayerischer Turnverband · Betreuungsverein · Business-Television
BTVG – Bundesverband der Tierversuchsgegner
BTW – belasting over de toegevoegde waarde (»Umsatzsteuer«; *Belgien und Niederlande*) · Bundestagswahl[en] · Bundesverband der Deutschen Tourismuswirtschaft
BTWE – Bundesverband des Tabakwaren-Einzelhandels
btx, BTX – Bildschirmtext
BTZ – Berufsbildungs- und Technologiezentrum
BU – Bandumsetzer; Bandumsetzung · Berufsunfähigkeit · Berufungsurteil · Betriebsunfall/-unfälle · Betriebsunterbrechung (*Vw.*) · Bildungsurlaub · Bildunterschrift · Breitenunterschied · Bruttoumsatz · Business Unit
BÜ – Bahnübergang; Bahnübergänge
bu. – bushel[s] (*engl.-amerik. Maß*)
bu., Bu. – bureau (*franz.; engl.*)
Bu. – Buch[ung] · Bund
Bü. – Bücher · Büro · Büste
b. u. – bis unten · bis unter
Bua – Bahnunterhaltungsarbeiter (*Bahn*)
BUA – Bakteriologische Untersuchungsanstalt · Beratergremium für umweltrelevante Altstoffe (*in der GDCh*)
Büa, B. ü. a. – Breite über alles
BuB – Buch- und Betriebsprüfung
BUB – Betriebsunterbrechungsversicherungsbedingungen
BuBE – Bundesverband des Beleuchtungs- und Elektro-Einzelhandels
BuBK – Bundesverband Bildender Künstler
Büch. – Bücherei[en]
Buchdr. – Buchdruck[er]; Buchdruckerei
Buchf. – Buchfink · Buchführer; Buchführung
Buchh. – Buchhalter; Buchhalterei; Buchhaltung · Buchhandel; Buchhändler; Buchhandlung
Buchhdl. – Buchhandel; Buchhändler
Buchhdlg. – Buchhandlung
Buchhdlgn. – Buchhandlungen
BuchO – Buchungsordnung
buchst. – buchstabieren; buchstabiert; buchstäblich
Buchst. – Buchstabe[n] · Buchstelle · Buchstütze
Bü.-Dir. – Bürodirektor
B. u. E. – Berichtigungen und Ergänzungen
BuFi – Bundesvereinigung des Deutschen Films
BUGA – Bundesgartenschau
Bugo – Bundesgebührenordnung für Ärzte
Bugo-Z – Bundesgebührenordnung für Zahnärzte
BuH – Bosnien und Herzegowina
BUH – Bundesverband unabhängiger Handwerkerinnen und Handwerker
BUI – bus interface unit
BUIT – Bureau de l'Union Internationale des Télécommunications
BUKG – Bundesumzugskostengesetz
BUKH – Berufsgenossenschaftliches Unfallkrankenhaus Hamburg
Buko, BUKO – Bundeskongress [der entwicklungspolitischen Gruppen]
Bü.-L., Bü.-Ltg. – Büroleitung
Bü.-L., Bü.-Ltr. – Büroleiter
bulg. – bulgarisch
Bulg. – Bulgare[n]; Bulgarien; Bulgarische
Bull. – Bulletin
BuMA – Buchungsmaschine
BüMa – Büromaschine
BUMA – Het Bureau voor Muziek-Auteursrecht (*niederl.*)
BUmsiedlG – Bundesumsiedlungsgesetz
Buna – Butadien + Natrium

Bund – Bundeswehr
BUND – Bund für Umwelt und Naturschutz Deutschland
Bundesländer – *siehe Übersicht*
Bundesministerien – *siehe Übersicht*
Bundeswehr-Dienstgrade – *siehe Übersicht*
Bung. – Bungalow
BÜP – Bahnübergangsposten
bur., Bur. – bureau
b. u. R. – bitte um Rücksprache
bürg. – bürgerlich
Bürg. – Bürger[schaft] · Bürgschaft
Bürgm., Bürgmstr. – Bürgermeister
bürg. R. – bürgerlichen Rechts/bürgerliches Recht
Bürgsch. – Bürgschaft
BuRi. – Bundesrichter
BUrlG – Bundesurlaubsgesetz
BÜS – Büsingen *(Kfz)*
bus., bush. – bushel[s]
BUStV, BUStVO – Börsenumsatzsteuerverordnung
b. u. v. – beschlossen und verkündet
BUV – Berufsunfallversicherung
Buvo – Betriebsunfallvorschrift
BUWAL – Bundesamt für Umwelt, Wald und Landschaft *(Schweiz)*

Bundesministerien

AA – Auswärtiges Amt
BMBF – Bundesminister[ium] für Bildung und Forschung
BMF – Bundesminister[ium] der Finanzen
BMFSFJ – Bundesminister[ium] für Familie, Senioren, Frauen und Jugend
BMGS – Bundesminister[ium] für Gesundheit und soziale Sicherung
BMI – Bundesminister[ium] des Innern
BMJ – Bundesminister[ium] der Justiz
BMU – Bundesminister[ium] für Umwelt, Naturschutz und Reaktorsicherheit
BMVBW – Bundesminister[ium] für Verkehr, Bau- und Wohnungswesen
BMVEL – Bundesminister[ium] für Verbraucherschutz, Ernährung und Landwirtschaft
BMVg – Bundesminister[ium] der Verteidigung
BMWA – Bundesminister[ium] für Wirtschaft und Arbeit
BMZ – Bundesminister[ium] für wirtschaftliche Zusammenarbeit

BuxW – Buxtehude-Werke(verzeichnis)
Buz – Buchungszettel *(Post)*
BUZ – Berufsunfähigkeits-Zusatzversicherung
BV – Bahnverbindung · Bandverstärker · Bauverbot · Bauvorschrift[en] · Bayern-Versicherung · Bedienungsvorschrift[en] · Befähigungsvorschrift · Beschäftigungsvergütung · Besoldungsvorschrift[en] · Betriebsvereinbarung[en] · Betriebsvermögen · Bezirksverband/-verbände · Bezirksverein[igung] · Bezirksverwaltung · Bezirksvorstand · Bildverstärker · Blutvolumen *(Med.)* · Börsenverein [des Deutschen Buchhandels] · Branchenverzeichnis · Bundesverband · Bundesverfassung [der Schweiz] · Bundesvermögen · Bundesverwaltung · Bundesvorstand · Bürovorsteher[in]
b. v., B. V. – bene/Bene vale! (*lat.*: »Lebe wohl!«)
BVA – Bahnversicherungsanstalt · Berufsverband der Augenärzte Deutschlands · Bundesverband Altöl · Bundesverband der Angestellten in Apotheken · Bundesvermessungsamt *(Österreich)* · Bundesvermögensamt · Bundesversicherungsamt · Bundesverwaltungsamt
BVAG – Bundesversicherungsamtsgesetz
BVB – Ballsportverein Borussia · Besondere Vertrags-/Versicherungsbedingungen · Bühnenvolksbund · Bundesverband Beleuchtung und Bühne · Bundesverband

Deutsche Bundesländer (offizielle 2-Buchstaben-Kürzel)

BB – Brandenburg
BE – Berlin
BW – Baden-Württemberg
BY – Bayern
HB – Bremen
HE – Hessen
HH – Hamburg
MV – Mecklenburg-Vorpommern
NI – Niedersachsen
NW – Nordrhein-Westfalen
RP – Rheinland-Pfalz
SH – Schleswig-Holstein
SL – Saarland
SN – Sachsen
ST – Sachsen-Anhalt
TH – Thüringen

der Büromaschinen-Importeure · Bundesverband Boden · Bundesverband der vereidigten Buchprüfer · Bundesverband Vertriebsunternehmen Büro-, Informations- und Kommunikationstechnik

BVBK – Bundesverband Brandschutz und Katastrophenschutz

BVBl. – Bundesversorgungsblatt [im Bundesarbeitsblatt]

BVCA – British Venture Capital Association *(GB)*

BVCD – Bundesverband der Campingwirtschaft Deutschland

BvD – Bund vertriebener Deutscher

BVD – Bankvorausdarlehen · bovine virus diarrhoea · Bundesverband Deutschland *(des Europaverbandes der Selbständigen)* · Bundesverband Druck

BVDA – Bundesverband Deutscher Anzeigenblätter · Bundesverband Deutscher Apotheker

BVDF – Bundesverband der Deutschen Fleischwarenindustrie

BVDG – Bundesverband Deutscher Galerien · Bundesverband Deutscher Gewichtheber

BVDL – Bundesverband Deutscher Leibeserzieher

bvdm, BVDM – Bundesverband Druck und Medien *(Wiesbaden)*

BVDM – Bundesverband des Deutschen Möbel-, Küchen- und Einrichtungsfachhandels

BvDP, BVDP – Bundesverband Deutscher Postdienstleister

BVDS – Buchhändlerverband der deutschsprachigen Schweiz *(Schweiz)*

BVDVA – Bundesverband Deutscher Versandapotheke-rInnen

BVE – Bruttovolkseinkommen · Bundesvereinigung der Deutschen Ernährungsindustrie

BVerfG – Bundesverfassungsgericht

BVerfGE – Entscheidungen des Bundesverfassungsgerichts

BVerfGG – Gesetz über das Bundesverfassungsgericht

BVers. – Bundesversammlung

BVersBl. – Bundesversorgungsblatt

BVersG – Bundesversorgungsgesetz

BVerwG – Bundesverwaltungsgericht

BVerwGE – Entscheidungen des Bundesverwaltungsgerichts

BVerwGG – Gesetz über das Bundesverwaltungsgericht

BVF – Bauvorschrift für Flugzeuge · Bundesverband deutscher Fruchthandelsunternehmen

bvfa, BVFA – Bundesverband Feuerlöschgeräte und -anlagen

BVFG – Bundesvertriebenen- und Flüchtlingsgesetz

BVfK – Bundesverband freier Kraftfahrzeughändler

BVFS – Bundesverband Freier Sachverständiger

BVG – Betriebsverfassungsgesetz · Betriebsvertretergesetz · Bundesverfassungsgericht · Bundesverfassungsgesetz · Bundesversorgungsgesetz · Bundesvertriebenengesetz · Bundesverwaltungsgericht

BVGD – Bundesverband der Gästeführer in Deutschland

Bvh. – Bauvorhaben

BVH – Bundesverband des Versandhandels

BVHK – Bundesverband Herzkranke Kinder

BVI – Bundesverband Deutscher Investmentgesellschaften · Bundesverband Investment und Asset Management · Bundesversuchsinstitut *(Österreich)*

Bundeswehr-Dienstgrade

BG – Brigadegeneral
Fhj, FJ – Fahnenjunker
Fhr, FR – Fähnrich
Fw, F – Feldwebel
G – General
Gefr, G – Gefreiter
GL – Generalleutnant
GM – Generalmajor
HptFw, HF – Hauptfeldwebel
HptGefr, HG – Hauptgefreiter
Hptm, H – Hauptmann
KaLeu, KL – Kapitänleutnant
Lt, L – Leutnant
LtzS – Leutnant zur See
Maj, M – Major
O – Oberst
OFhnr, OFR – Oberfähnrich
OFw, OF – Oberfeldwebel
OGefr, OG – Obergefreiter
Olt, OL – Oberleutnant
OStFw – Oberstabsfeldwebel
OstGefr – Oberstabsgefreiter
OTL – Oberstleutnant
StFw, SF – Stabsfeldwebel
StGefr, SG – Stabsgefreiter
StHptm, SH – Stabshauptmann
StUffz, SU – Stabsunteroffizier
Uffz, U – Unteroffizier

BVIT – Bundesverband Informationstechnologien
BVJ – Berufsvorbereitungsjahr
BVK – Beamtenversicherungskasse *(Schweiz)* · Bayerische Versicherungskammer · Bundesverband Deutscher Kameraleute · Bundesverband Deutscher Kapitalbeteiligungsgesellschaften · Bundesverband Deutscher Versicherungskaufleute · Bundesverband Kraftwerknebenprodukte
BVKJ – Berufsverband der Kinder- und Jugendärzte
Bvl – Bahnbusverkehrsleitung
BVL – Bolsa de Valores de Lisboa *(Börse in Lissabon)* · Bundesamt für Verbraucherschutz und Lebensmittelsicherheit · Bundesverband des Deutschen Lebensmitteleinzelhandels · Bundesvereinigung Logistik
BVM – Berufsverband der Musiktherapeutinnen und -therapeuten in Deutschland · Berufsverband Deutscher Markt- und Sozialforscher · Bundesverband der Mopedfahrer · Bundesverband Metall
B. V. M. – Beata Maria Virgo (*lat.:* »Gebenedeite Jungfrau Maria«)
BVMB – Bundesvereinigung Mittelständischer Bauunternehmen
BVMed – Bundesverband Medizintechnologie
BVMI – Bundesverband Medizinischer Informatiker *(Heidelberg)*
BVMW – Bundesverband mittelständische Wirtschaft
BVN – Bund der Verfolgten des Naziregimes
BVO – Beihilfenverordnung · Belade- und Verpackungsordnung · Berechnungsverordnung · Berufsverband der Ärzte der Orthopädie · Bibliotheksverordnung
BVorbVO – Verordnung über die Vorbildung und die Laufbahnen der deutschen Beamten
B.-Vorst., BVorst. – Bundesvorstand · Bürovorstand; Bürovorsteher
BVP – Bataillonsversorgungspunkt *(Mil.)* · Bayerische Volkspartei · Bundesverband Papierrohstoffe
BVPA – Bundesverband der Pressebild-Agenturen und Bildarchive
BVPI – Bundesvereinigung der Prüfingenieure für Bautechnik
BVPÖ – Berufsverband der Pharmareferenten Österreichs
BVQ – Betriebsstoffverbrauchsquote
BVR – Bundesverband der Deutschen Volksbanken und Raiffeisenbanken · Bundesverfassungsrichter · Bundesverteidigungsrat · Bund für vereinfachte Rechtschreibung *(Schweiz)*
bvr. – bevorrechtigt
bvs – Bibliotheksverband Südtirol
BvS, BVS – Bundesanstalt für vereinigungsbedingte Sonderaufgaben
BVS – Bauvorschriften für Segelflugzeuge · Bergbau-Versuchsstrecke · Bergmannsversorgungsverein · Bundesverband öffentlich bestellter und vereidigter sowie qualifizierter Sachverständiger · Bundesverband für Selbstschutz
bvse, BVSE – Bundesverband Sekundärrohstoffe und Entsorgung
BVSI – Bundesverband Sargindustrie
BVSK – Bundesverband der freiberuflichen und unabhängigen Sachverständigen für das Kraftfahrzeugwesen
BVst – Bürovorstand *(Bahn)*
BVSt. – Bundesvermögensstelle
BVSW – Bayerischer Verband für Sicherheit in der Wirtschaft
BVT – Ärztlicher Bundestarif für das Versorgungswesen · Bundesverband staatlich geprüfter Techniker · Bundesverband Technik des Einzelhandels · Bundesverband Tierschutz
bvt., Bvt. – brevet (*franz., engl.:* »Urkunde, Diplom«)
BVTA – Bundesarbeitsgemeinschaft der Vereinigungen der Teer- und Asphaltmakadam herstellenden Firmen
BVV – Bayerischer Volkshochschulenverband · Behandlungsverfahren-Verordnung · Betäubungsmittel-Verschreibungsordnung · Bezirksverordneten-Versammlung *(Berlin)* · Bundesverband Video
BVVG – Bodenverwertungs- und -verwaltungs-Gesellschaft *(der Treuhand)*
BVW – Betriebliches Vorschlagswesen · Bezirksverwaltung *(Vw.)* · Bundesverband der Wirtschaftsberater · Bundesverkehrswacht
BVwGG – Gesetz über das Bundesverwaltungsgericht
BVWP – Bundesverkehrswegeplan(ung)
BVWS – Bundesverband Wassersportwirtschaft
BVZV – Bundesverband der Verbraucherzentralen und Verbraucherverbände
Bw – Bahnbetriebswerk *(Bahn)* · Bundeswehr
bw – besonders wertvoll *(Prädikat der FBW)*
BW – Baden-Württemberg · bakteriologische (»biologische«) und Toxin-Waffen ·

Baumwolle · Beleihungswert · Bergwacht · Betriebswirt · Brustwand *(Med.)* · Brustwirbel *(Med.)* · Bundes-Wasser- und Schifffahrtsverwaltung *(Kfz)*
Bw. – Bauwagen · Bauwesen · Baumwolle · Beiwagen · Beiwort · Beleihungswert · Bewertung · Bindewort · Bundeswehr
b. w. – bitte wenden
b/w – backed with *(engl.; Kennzeichnung der B-Seite von Singles)*
BwA – Bundeswehramt
BWA – Baptist World Alliance · Betriebswirtschaftsakademie · Betriebswirtschaftliche Abteilung · Betriebswirtschaftlicher Ausschuss · Brustwandableitung *(Med.)* · Bund der Ingenieure für Wasserwirtschaft, Abfallwirtschaft und Kulturbau · Bundesamt für Wirtschaft und Arbeit · Bundes-Wertpapieraufsicht *(Österreich)*
BWaffG – Bundeswaffengesetz
BWahlG – Bundeswahlgesetz
BWahlO – Bundeswahlordnung
BWaStG, BWassStrG – Gesetz über die vermögensrechtlichen Verhältnisse der Bundeswasserstraßen
BWB – Bundesamt für Wehrtechnik und Beschaffung
BWD – Bonner Wirtschaftsdienst
BwDA – Bundeswehrdisziplinaranwalt
BWE – Besondere Witterungserscheinungen *(Mil.)* · Bundesverband Windenergie
bwf. – bewaffnet
BwFachS – Bundeswehrfachschule
BWG – Bankwesengesetz *(Österreich)* · Berliner Wassergesetz · Bürgerliche Wählergemeinschaft · Bundesverband der Werbemittel-Berater und Großhändler · Bundeswahlgesetz
Bwg. – Bewegung
BWGBl. – Gesetzblatt für Baden-Württemberg
bwgl. – beweglich
BWGöD – Gesetz zur Regelung der Wiedergutmachung nationalsozialistischen Unrechts für Angehörige des öffentlichen Dienstes
BWGV – Baden-Württembergischer Golfverband
BWH – Börsen- und Wirtschafts-Handbuch
BWI – Bundeswaldinventur
BWK – Berufswettkampf · Brustwirbelkörper *(Med.)* · Bund der Ingenieure für Wasserwirtschaft, Abfallwirtschaft und Kulturbau · Bundeswehrkrankenhaus
BWKG – Bundesgesetz zur Wiedergutmachung nationalsozialistischen Unrechts in der Kriegsopferversorgung
BWKGAusl. – Bundesgesetz zur Wiedergutmachung nationalsozialistischen Unrechts in der Kriegsopferversorgung für Berechtigte im Ausland
BWL – Baden-Württemberg, Landesregierung und Landtag *(Kfz)* · Betriebswirtschaftslehre
BwLaz – Bundeswehrlazarett
BWLV – Baden-Württembergischer Luftsportverband
BWM – Bayerisches Wirtschaftsministerium · Bundeswirtschaftsminister[ium]
BWMB – British Wool Marketing Board
BWO – Bundeswahlordnung
BWpV – Bundeswertpapierverwaltung
BWR – Boiling Water Reactor *(Siedewasserreaktor)* · Bundeswirtschaftsrat
BWS – Bodenwaschanlagensedimente · Brustwirbelsäule *(Med.)*
Bwsg. – Bewässerung
BWSI – Bundesvereinigung Wein- und Spirituosenimport
BwSW – Bundeswehrsozialwerk
BWÜ – Übereinkommen über das Verbot biologischer Waffen *(vom 10.04.1972)*
BWV – Bachwerkeverzeichnis *(Musik)* · Bundesbeauftragter für Wirtschaftlichkeit in der Verwaltung · Bundesverband Werkverkehr · Bundeswehrverwaltung · Bundeswertpapierverwaltung
BWVA – Bundeswehrverwaltungsamt
BWVO – Binnenwasserstraßen-Verkehrsordnung
BwVS – Bundeswehrverwaltungsschule
BWVS – Bundeswirtschaftsvereinigung Sportschifffahrt
Bww – Bahnbetriebswagenwerk
BWWV – Bayerischer Wasserwirtschaftsverband
BWZ – Betriebswirtschaftszentrum *(Österreich)*
bx – box *(engl.)*
bxs – boxes *(engl.)*
BY – Bayern · Belarus *(Weißrussland; Kfz)*
By. – Bayern
BYL – Bayern, Landesregierung und Landtag *(Kfz)*
BYR – Belarus-Rubel *(Währung in Weißrussland)*
byz. – byzantinisch
Byz. – Byzanz; Byzantiner; Byzantinismus
bz – bezahlt *(Börse)*
BZ – Badezimmer · Bautzen *(Kfz)* · Bauzuschuss · Beitragszahler; Beitragszahlung · Belastungsziffer · Belize *(Kfz)* · Berliner Zeitung · Berufszuschlag *(Vw.)* · Besetztzeichen · Besondere Zusatzbestimmungen · Betriebszentrale · Bildungszentrum · Blutzucker *(Med.)* · Bodenzahl · Brennstoffzelle · Briefzentrum *(Post)* · Briti-

sche Zone · Buchzentrum · Bundeszentrale

bz. – bezahlt · bezeichnet · bezogen

Bz. – Bestellzettel · Bezahlung · Bezeichnung · Beziehung · Bezirk · Bezug · Bücherzettel

BzA – Bezirksamt · Bezirksausschuss

BZA – Berliner Zentralausschuss für soziale Aufgaben · Biologische Zentralanstalt · Bundesverband Zeitarbeit

BzAA, BzArbA – Bezirksarbeitsamt

BZÄK – Bundeszahnärztekammer

bz B – bezahlt Brief *(Börse)*

BZB – Berliner Zentralbank · Berufsunfall-Zusatzversicherungsbedingungen · Bundesamt für Zivilen Bevölkerungsschutz

bzb. – beziehbar

B. z. B. – Bord zu Bord

BzBD – Bezirksberatungsdienst

BzBl – Bezirksblatt *(Post)*

BZBl. – Bundeszollblatt

Bz.-Bm., BzBm. – Bezirksbürgermeister

bzf. – beziffert

bz G – bezahlt Geld *(Börse)*

BZG – Bundeszentralgenossenschaft Straßenverkehr

BZgA – Bundeszentrale für gesundheitliche Aufklärung

bzgl. – bezüglich

BzGSt – Bezirksgeschäftsstelle

BZKom. – Bezirkszollkommissariat

Bzl. – Benzol

Bzn. – Benzin

BZP – Bundes-Zentralverband Personenverkehr-Taxi und Mietwagen

BzPersR – Bezirkspersonalrat

b. z. R. – bitte zur Rücksprache

BZS – Bundesamt für Zivilschutz

Bz$ – Belize-Dollar *(Währung)*

Bz.-Sekr., BzSekr. – Bezirkssekretär

Bz.-St. – Bezirksstelle · Bezugsstelle

BzStR – Bezirksstadtrat; Bezirksstadträtin

BZT – Bundesamt für Zulassungen in der Telekommunikation

BZT, Bz.-Tag – Bezirkstag

bztl. – beziehentlich

BzÜwaSt – Bezirksüberwachungsstelle *(Post)*

BzV, Bz.-Ver. – Bezirksverordnete[r]

Bz.-Vers. – Bezirksversammlung

Bz.-Verw., Bz.-Vw. – Bezirksverwaltung

bzw. – beziehungsweise

B. z. W., B. z. Wv. – Beamter zur Wiederverwendung

C*c*

c – cycle *(engl.)* · Karat · neues Curie · Zenti...

C – Carboneum *(Kohlenstoff; Element)* · Celsius · Centavos; Centésimo; Centimes · Cents · Centum *(römische Zahl 100)* · Chemnitz *(Kfz)* · Code · Coulomb · Coupé · altes Curie · Kuba *(Kfz)*

c, c. – Cent · Centavo · Centesimo · Centime · Centimo

c. – capitulum (*lat.:* »Kapitel«) · caput (*lat.:* »Kopf«) · causa (*lat.:* »Fall«) · circa *(seltener für: ca.)* · cito (*lat.:* »eilig«) · cum (*lat.:* »mit«)

°C – Grad Celsius

C. – Cajus *(lat. Name)*

Ca – Calcium *(Element)* · Carcinoma *(Med.)* · Cauchy-Zahl

CA – Celluloseacetat · certification authority · cost Average *(bei Fonds)* · Kalifornien *(Staat der USA)*

ca. – circa (*lat.:* »ungefähr«) · contra (*lat.:* »gegen«)

Ca. – Carcinoma *(Med.)*

C/A, c/a – capital account (*engl.:* »Kapitalauszug«) · credit account (*engl.:* »Kreditkonto«) · current account (*engl.:* »laufendes Konto«)

C & A – Clemens und August Brenninkmeyer *(Gründer der Textilwarenhauskette)*

c. a. – coll' arco (*ital.:* »mit dem Bogen [zu spielen]«; *Musik*)

C. A. – Collegium Academicum · Confessio Augustana *(Augsburger Bekenntnis)*

CAA – Central African Airways [Corporation] · Civil Aeronautics Administration *(USA)* · Civil Aviation Authority *(GB)* · Council of African Affairs

CAAC – Civil Aviation Administration of China

CAAD – computer-aided/assisted architectural design

.cab – cabinet *(Erweiterung für komprimierte Datei)*

CAB – Celluloseacetobutyrat · Civil Aeronautics Board *(USA)* · Commonwealth Agricultural Bureau

cab. – cabinet *(engl.)*

Cabr., Cabrio – Cabriolet

CAD – computer-aided/assisted design *(engl.; computerunterstütztes Konstruieren)* · computer-aided diagnosis *(Med.)*

cad. – cadenza (*ital.:* »Kadenz«; *Musik*)

c. a. d. – cash against documents (*engl.:* »Kasse gegen Dokumente«)

CADAM – computer-aided/assisted design and manufacturing *(engl.; computerunterstütztes Konstruieren und Fertigen)*

CAE – Canadian Army Europe · computer-aided/assisted education · computer-aided/assisted engineering *(engl.; computerunterstütztes Konstruieren)*
CAESAR – Center of Advanced European Studies and Research *(Forschungsinstitut in Bonn)*
caf – cost, assurance, freight *(engl.)* oder: coût, assurance, fret *(franz.: Kosten, Versicherung, Fracht [im Preis inbegriffen])*
c.a.f., c. & f. – cost and freight *(engl.; Kosten und Fracht [bis zum Bestimmungshafen])*
CAFEA – Commission for Asian and Far Eastern Affairs
c. aff. – con affetto (*ital.:* »mit Leidenschaft«; *Musik*)
CAFM – computer aided/assisted facility management
CAFTA – Central American Free Trade Association
CAH – Christliche Arbeiter-Hilfe *(der KAB)* · chronisch-aggressive Hepatitis *(Med.)*
CAI – computer-aided/assisted indexing · computer-aided/assisted industry · computer-aided/assisted inking *(engl.; computerunterstütztes Einfärben)* · computer-aided/assisted instruction · Conférence Aéronautique Internationale
CAJ – Christliche Arbeiterjugend
CAJF – Christliche Arbeiterjugend, Frauenjugend
cal – [Gramm]kalorie
CAL – China Airlines · computer-aided/assisted learning
cal. – calando (*ital.:* »abnehmend«; *Musik*) · calendar *(engl.)* · caliber *(engl.)* oder: calibre *(franz.)*
Calif. – California *(Staat der USA)*
CALL – computer-aided language learning *(engl.; computerunterstütztes Sprachenlernen)*
Calv. – Calvinist; Calvinismus
CAM – computer-aided/assisted manufacturing *(engl.; computerunterstütztes Fertigen)*
CAMAC – computer-aided/assisted measurement and control
CAMD – computer-aided/assisted molecular design *(engl.; computerunterstützte Strukturoptimierung)*
CAME – Chlorameisensäuremethylester
cAMP – cyclisches Adenosin-3,5-monophosphat
Can. – Canada; Canadian[s] · Canon
CanA, CanAug – Canonici Augustinianus *(kath. Orden)*
cand. – candidatus *(lat.)*
cand. agr. usw. vgl. Dr. agr. usw.
cand. rev. min. – candidatus reverendi ministerii *(lat.; Kandidat des Predigtamtes)*
CanR, CanReg – Canonici Regulares *(kath. Orden)*
can$ – kanadischer Dollar
cant. – cantabile (*ital.:* »sanglich«; *Musik*)
Cant. – Cantor (*lat.:* »Sänger«)
CAO – computer-aided/assisted office
CAP – Chloramphenicol · computer-aided/assisted planning *(engl.; computerunterstützte Arbeitsplanung)* · computer-aided/assisted printing *(engl.; computerunterstütztes Drucken)* · computer-aided/assisted publishing
cap. – capitulum (*lat.:* »Kapitel«) · caput (*lat.:* »Kopf«)
CAPC – Civil Aviation Planning Committee *(NATO)*
CAPE – computer-aided/assisted process engineering *(engl.; computerunterstützte Verfahrenstechnik)*
CAPI – common application programming interface
capp. – cappella *(lat.; Kapelle; Orchester)*
caps. – capsula (*lat.:* »Kapsel«; *Pharm.*)
Capt. – Captain *(engl.)*
capt. ben. – captatio benevolentiae (*lat.:* »Verpflichtung, Gewinnung durch eine Wohltat«)
CAQ – Chirurgische Arbeitsgemeinschaft für Qualitätssicherung · computer-aided/assisted quality assurance/control *(engl.; computerunterstützte Qualitätssicherung)*
CAR – Center of Automotive Research *(FH Gelsenkirchen)* · Civil Air Regulations · computer-assisted retrieval system *(engl.; Mikrofilmtechnik)* · Controlled Automobile Reporting *(in Bremen)*
Car. – Caritas · Carolus (*lat.:* »Karl«)
carc. – carcinoma *(lat.)*
CARE, Care – Cooperative for American Remittances to Europe/Everywhere
CARL – Colorado Alliance of Research Laboratories
CAS – California Academy of Sciences · Chicago Academy of Sciences · column adress strobe *(EDV)* · computer-aided/assisted sales
C. A. S. – Club Alpin Suisse
CASE – computer-aided/assisted software/system engineering *(engl.; computerunterstützte Programmierungstechnik)*
CASH – Clerici Apostolici Sancti Hieronymi *(kath. Orden)*
CASP – computer-aided/assisted synthesis planning

(engl.; computerunterstützte Syntheseplanung)
Castor, CASTOR – cask for storage and transport of radioactive material *(engl.: Behälter zur Aufbewahrung und zum Transport radioaktiven Materials)*
CASW – computer assisted social work
CAT – city air terminal · clear air turbulence *(engl.: Luftwirbel bei klarer Luft)*
Catch, CATCH – computer-aided tracking and characterization of homicides
cath., Cath. – cathedral *(engl.)* · cathode *(engl.)* · catholic *(engl.)*
CATIA – computer-graphics aided three dimensional interactive application system *(engl.; EDV)*
CATV – Cable TV · Community Antenna TV
CAV – constant angular velocity
CAVE – cave automatic virtual environment
CaZ – Cetanzahl
Cb – Columbium *(Element)*
CB – Citizen-Band *(Amateurfunkgerät)* · Cottbus *(Kfz)*
Cb. – Cembalist; Cembalo
C/B – cashbook (*engl.:* »Kassenbuch«)
c. b., c. B. – col basso (*ital.:* »mit dem Bass«; *Musik*)
c. b., C. B. – Casus Belli (*lat.:* »Kriegsfall«)
CBC – Canadian Broadcasting Corporation · curve brake control *(Kurvenbremskontrolle)*
cbcm – Kubikzentimeter
c. b. d. – cash before delivery (*engl.:* »zahlbar vor Lieferung«)
cbdm – Kubikdezimeter
C. B. E., CBE – Commander of the Order of the British Empire
CBHV – Christlicher Bau- und Holzarbeiter-Verband
CBI – Confederation of British Industry
CBJO – Coordinating Board of Jewish Organizations
cbkm – Kubikkilometer
cbm – Kubikmeter
CBM – Christoffel-Blindenmission
CBMC – Communauté de Travail des Brasseurs du Marché Commun
cbmm – Kubikmillimeter
CBO – collateralised bond obligation(s) · Congressional Budget Office *(USA)*
CBOE – Chicago Board Options Exchange
CBoT, CBOT – Chicago Board of Trade *(Börse in Chicago)*
CBR – Commodity Research Bureau-Index *(Rohstoffbörse)* · constant bit rate
CBS – Columbia Broadcasting System *(USA)*
.cbt – computer-based training *(Dateierweiterung)*
CBT – Chicage Board of Trade *(s. CBoT)* · computer based training *(engl.; computerunterstützter Unterricht)*
cc, CC – carbon copy *(engl.; Durchschlag, Kopie)*
CC, cc – Code civil
CC – Callcenter · Chargiertenconvent · classification code · Coburger Convent · communication center · Corps[burschen]-Convent · Corps consulaire *(Kfz)*
c. c., C. C. – cave canem (*lat.:* »Hüte dich vor dem Hund«)
C & C – cash and carry *(engl.)*
CcB – Cash cum Bonus
CCB – China Construction Bank · Croatian Convention Bureau *(kroatisches Veranstaltungsbüro)*
CCC – Chaos Computer Club *(Hamburg)* · Comprehensive Cancer Center *(USA)* · Constitutio Criminalis Carolina *(Gerichtsordnung Kaiser Karls V. von 1532)* · Customs Cooperation Council *(europäischer Zollrat)*
CCD – charge coupled device · Conseil de Coopération Douanière *(europäischer Zollrat)*
CCE – Conseil Central de l'Economie *(Belgien)* · Conseil des Communes d'Europe *(Rat der Gemeinden Europas)*
CCEE – Concilium Conferentiarum Episcoporum Europae *(Rat der katholischen Bischofskonferenzen Europas)*
CCEP – Commission Consultative des Etudes Postales *(Beratungsausschuss für Poststudien im Weltpostverein)*
CCF – Congregatio Charitatis Fratrum *(kath. Orden)*
CCFL – cold cathode fluorescent light
CCG – Centrale für Coorganisation
.cch – corel chart *(Dateierweiterung)*
CCH – Congress-Centrum Hamburg
CCI – Chambre de Commerce Internationale *(Internationale Handelskammer)* · Comité Consultatif International
CCIA – Commission of the Churches on International Affairs
CCIC – Comité Consultatif International du Coton
CCIP – Chambre de Compensation Internationale des Produits *(Internationale Warenausgleichskammer)*
CCIR – Comité Consultatif International des Radiocommunications
CCITT – Comité Consultatif International Télégraphique et Téléphonique
CCJO – Consultative Council of Jewish Organizations
CCL – common command language · Congress Center Leipzig · connection control

language · Container Control and Logistics *(in Bremen)* · current credit line
ccm – Kubikzentimeter
CCM – Certified Credit Manager
CCP – Certificate in Computer Programming · compliance checking program · console command processor
CCR – Commission Centrale pour la Navigation du Rhin *(Zentrale Rheinschifffahrtskommission)* · Commission on Civil Rights
CCRRMM – Clerici Regulares Minores *(kath. Orden)*
CCS – common command set · corporate culture system
CCT – Craniale Computertomographie *(Med.)*
ccTLD – country-code Top-Level-Domain
CCTV – closed circuit television
CCVD – Christlicher Chemiearbeiter-Verband Deutschlands
cd – Candela *(Einheit der Lichtstärke)*
Cd – Cadmium *(Element)*
CD – Certificate of Deposit *(Bankw.)* · Compact Disc · Conference on Disarmament *(Ständige Abrüstungskonferenz der UN in Genf)* · Cordoba-Durchmusterung *(Astron.)* · Corporate Design · Corps diplomatique *(Kfz)* · Kongo *(Demokratische Republik; Kfz)*
CD, C. D. – Civil Defence
Cd. – Command (*engl.:* »militärischer Bezirk«)
c. d. – colla destra (*ital.:* »mit der rechten Hand«; *Musik*) · cum dividendo (*lat.:* »mit Dividende[n]«)
CDA – Christlich-Demokratische Arbeitnehmerschaft · Civil Defense Administration *(USA)* · Comité de Défense Atlantique *(Frankreich)* · Convent Deutscher Akademikerverbände · Convent Deutscher Altherrenverbände
CDAX – Composite Dax *(vgl. Dax)*
CDB – Carribean Development Bank
CDC – Carl-Duisberg-Centrum/Centren · Center for Disease Control and Prevention *(Atlanta, USA)*
CDCI – Comité de Direction commun pour la coordination de l'information *(Gemeinsames Direktionskomitee für Information der Eisenbahnen)*
CD-DA – compact disc digital audio
CDDB – compact disc database
CDDS – Comité pour le développement du sport *(franz., Lenkungsausschuss des Europarats zur Förderung des Sports)*
CDE – common desktop environment
CD-E – compact disc erasable
CD-EB – compact disc electronic book
CDF – Carl-Duisberg-Förderkreis · channel definition format
CDfG – Christlicher Dienst für das Gastgewerbe
CDFS – CD-ROM file system
cd. ft. – cord foot, cord feet
CDG – Carl-Duisberg-Gesellschaft · congenital disorder of glycosylation *(Med.)*
CD+G – compact disc plus graphics
CDH – Centralvereinigung Deutscher Wirtschaftsverbände für Handelsvermittlung und Vertrieb
CDI – Commission du Droit International · compact disc interactive
CDIO – Concours de Dressage International Officiel
c. div. – cum dividendo (*lat.:* »mit Dividende[n]«)
CDK – Convent Deutscher Korporationsverbände
CdL – Club der Luftfahrt
cdm – Kubikdezimeter
CDMA – code division multiple access
CD-MRW – compact disc Mount Rainier rewritable
CDN – Kanada *(Kfz)*
CDO – collateralised debt obligation(s)
CDP – Christlich-Demokratischer Pressedienst · Cytidindiphosphat
.cdr – CorelDraw *(Dateierweiterung)*
Cdr. – Commander *(engl.)*
CD-R – compact disc recordable
CDRAM – cached dynamic random access memory
CD-Rom – Compact Disc Read only memory *(engl.)*
CD-RW – compact disc rewritable
CdS – Chef der Staatskanzlei
CDS – Credit default Swap(s)
CDT – carbohydrat deficient transferrin
CDTV – Commodore dynamic total vision
CDU – Christlich-Demokratische Union [Deutschlands] · Classification Décimale Universelle
CDV – Compact-Disc-Video
c. d. v. – carte de visite (*franz.:* »Visitenkarte«)
CD-WORM – compact disc write once read many
.cdx – compound index *(Dateierweiterung)*
CdZ – Chef der Zivilverwaltung
Ce – Cerium *(Element)*
CE – Celle *(Kfz)* · Collip-Einheit · concurrent engineering · Conformité Européenne *(europäische Normung)* · Conseil de l'Europe *(franz.)*; Council of Europe (*engl.:* »Europarat«) · Con-

seil Exécutif (*franz.:* »Vollzugsrat«)
CEA – carcino-embryonales Antigen *(Med.)* · Comité Européen des Assurances · Commissariat à l'Energie Atomique *(Frankreich)* · Commission Economique pour l'Afrique *(UNO)* · Commission de l'Energie Atomique · Confédération Européenne de l'Agriculture · Council of Economic Advisers *(Beratergremium des US-Präsidenten)*
CEAA – Congress/Council of European-American Associations
CEAC – Conférence Européenne de l'Aviation Civile · Committee on European Airspace Coordination
CEAEO – Commission Economique pour l'Asie et l'Extrême Orient *(UNO)*
CEAL – Commission Economique pour l'Amérique Latin *(UNO)*
CEAO – Communauté économique de l'Afrique de l'Ouest *(westafrikanische Wirtschaftsgemeinschaft)*
CEB – Comité Européen du Béton · Confédération Européenne de Billard
CeBIT – *(früher:)* Centrum für Büro- und Informationstechnik, *(heute:)* Welt-Centrum für Büro-, Informations- und Kommunikationstechnik *(Messe in Hannover)*
CEBR – Committee of European Banking Regulators
CEC – Centre Européen de la Culture · Conseil Européen des Communes
CECA – Communauté Européenne du Charbon et de l'Acier *(europäische Gemeinschaft für Kohle und Stahl)*
CECAL – Comité Européen pour la Coopération avec l'Amerique Latin
CECIOS – Comité Européen du Conseil International pour l'Organisation Scientifique
CECOMA – Confédération Européenne des Commerces de Mobilier, Machines de Bureau et Accessoires
CED – Christlicher Entwicklungsdienst · Committee for Economic Development
CEDEAO – Communauté Economique des Etats de l'Afrique de l'Ouest *(westafrikanische Wirtschaftsgemeinschaft)*
Cedefop, CEDEFOP – Centre Européen de la Formation professionelle *(EU; Zentrum für die Berufsbildung)* · European Centre for the Development of Vocational Training
CEDH – Convention Européenne des Droits de l'Homme
CEDI – Centre Européen de Documentation et d'Information
ČEDOK, Čedok – Československá Dopravní Kancélař
CEE – Central Eastern Europe · Commission Economique pour l'Europe · Commission Internationale de Réglementation en vue de l'Approbation de l'Equipement Electrique/International Commission on Rules for the Approval of Electrical Equipment · Communauté Economique Européenne
C. E. E. A. – Communauté Européenne de l'Energie Atomique
CEEC – Committee for European Economic Cooperation
CEEP – Centre Européen d'Etudes de Phosphat
CEF – Common European Framework of Reference for Language Learning and Teaching
CEFIC – Conseil Européen des Fédérations de l'Industrie Chimique
CEFS – Comité Européen des Fabricants de Sucre
Cefta, CEFTA – Central European Free Trade Area *(zentraleuropäische Freihandelszone mit Polen, Tschechien, Slowakei, Ungarn, Slowenien)*
CEGROB – Communauté Européenne des Associations du Commerce de Gros de Bière des Pays Membres de la CEE
CEH – Conférence Européenne des Horaires des Trains du Voyageurs *(Europäische Reisezugfahrplankonferenz)*
CEI – Centre d'Etudes Industrielles *(Genf)* · Commission Electrotechnique Internationale
CEIB – Confédération Européenne des Industries du Bois
Ceibs – China Europa International Businers School
CEIF – Council of European Industrial Federations
CEIFAL – Comité européen d'information pour les façades légères
Cel. – Celsius
Cels. – Celsius
CEM – Conférence Européenne des Marchandises *(Europäische Güterzug-Fahrplankonferenz)* · Council of European Municipalities *(Rat der europäischen Gemeinden)*
CEMA – Centrale Marketinggesellschaft der deutschen Agrarwirtschaft · Comité Européen des Groupements des Constructeurs de Machines Agricoles
Cemb. – Cembalist[in]; Cembalo
CEMS – Community of European Management Schools
CEMT – Conférence Euro-

péenne des Ministres de Transport
CEN – Centre d'Etude de l'Energie Nucléaire *(Atomforschungszentrum)* · Comité Européen de Normalisation
CENELEC – Comité Européen de Normalisation Electrotechniques
CENL – Conference of European National Librarians
cent. – central *(engl.)* · century *(engl.)*
Cent. – Center
CENTAG – Central Army Group Central Europe *(NATO)*
CENTO – Central Treaty Organization
CENTR – Council of European National Top Level Domain Registries
CEO – Chief Executive Officer *(im Vorstand)*
CEOP – Communauté Européenne des Organisations de Publicitaires *(europäische Gemeinschaft der Werbeorganisationen)*
CEP – Comité der Europäischen Privaten Krankenversicherung
CEPAC – Confédération Européenne de l'Industrie des Pâtes, Papiers et Cartons
CEPAL – Comisión Económica pan America Latina *(UNO)*
CEPES – Comité Européen pour le Progrès Economique et Social
CEPI – Confédération of European Paper Industries
CEPR – Centre for Economic Policy Research
CEPS – common electronic purse specifications
CEPT – Conférence Européenne des Administrations des Postes et des Télécommunications
CER – Conférence Européenne de Radiodiffusion
CERD – Comité Européen de la Recherche et du Développement · Commission Européenne Recherche et Développement *(EWG)*
CEREM – Centre d'Etudes et de Recherches en Métallurgie *(Frankreich)*
CERN – Centre Européen de Recherches Nucléaires · Conseil Européen pour la Recherche Nucléaire
CEROS – Centre Européen d'Observation par Sondages *(Europäisches Zentrum für Meinungsforschung)*
CERP – Centre Européen des Relations Publiques
CERS – Centre Européen de Recherches Spatiales
cert., Cert. – certificate *(engl.)*
CERT – Computer Emergency Response Team *(USA)*
CES – Comité Electrotechnique Suisse · Conseil Economique et Social *(UNO)*
CESP – Conseil Européen des Syndicats de Police
CESR – Center for Economic and Social Rights · Committee of European Securities Regulators
CET – Central European Time *(engl.:* »mitteleuropäische Zeit«) · Centre Européen de Traduction *(Europäisches Übersetzungszentrum)* · Commission Européenne du Tourisme
Cetex – Ceramic Tile Experiment *(Hitzeschutzkachel bei der Raumfahrt)*
CETI – communication with extraterrestrial intelligence
cet. par. – ceteris paribus (*lat.:* »unter [sonst] gleichen Umständen«)
CETS – Conférence Européenne des Télécommunications par Satellites
CEU – Centre Européen Universitaire
ceyl. – ceylonesisch
Ceyl. – Ceylon[ese]
cf, c.f., c.&f. – cost and freight (*engl.:* »Kost und Fracht«)
Cf – Californium *(Element)*
CF – compact flash
cf. – collectio formarum *(lat.: Rassenkreis; Biol.)* · confer (*engl.:* »vergleiche«); conferatur (*lat.:* »[man] vergleiche«)
c.f., C.f. – Cantus firmus *(Musik)*
c.f., C/F – carried/Carried forward (*engl.:* »Übertrag«)
CFA – chartered financial analyst · cryptogenic fibrosing Alveolitis *(Med.)*
CFA-Franc – Communauté Financière Africaine *(Währung)*
CFC – Cargo Future Communications · kohlenstofffaserverstärkter Kohlenstoff
CFCE – Conseil des Fédérations Commerciales d'Europe
C.F.D.T., CFDT – Confédération Française Democratique des Travailleurs
CFE – Conventional Forces in Europe
C.F.F., CFF – Chemins de Fer Fédéraux Suisses
CFIE – Conseil des Fédérations Industrielles d'Europe
CFK – Carbonfaser-Kompound; carbonfaserverstärkte[r]/kohlenstofffaserverstärkte[r] Kunststoff[e] · Christliche Friedenskonferenz
.cfl – CorelFlow *(Dateierweiterung)*
CFL – Chemins de Fer Luxembourgeois
CFM – Certified Facility Manager
CFO – Chief Financial Officer
Cfos – capi fossil *(EDV)*
CFP – Certified Financial Planner · Colonies Françaises du Pacifique *(hist.)*
CFR – Căile Ferate Romîne *(Rumänische Eisenbahn)* ·

contact flight rule *(engl.; Sichtflugregeln)*
cfr. – confer (*engl.:* »vergleiche«); conferatur (*lat.:* »[man] vergleiche«)
CFROI – Cash-flow Return on Investment
CFS – Center for Financial Studies *(Frankfurt)* · chronic fatigue syndrom *(Med.; chronisches Ermüdungssyndrom)*
CFTC – Commodity Futures Trading Commission *(USA; Börsenaufsicht)* · Confédération Française du Travail Chrétien *(Gewerkschaft)*
CFV – call for votes
cg – Zentigramm
c. g. – center/centre of gravity (*engl.:* »Schwerpunkt«); centrum gravitatis (*lat.:* »Schwerpunkt«)
C. G. – center of gravity (*engl.:* »Schwerpunkt«) · Coast Guard (*engl.:* »Küstenwache«) · Commanding General *(engl.)* · Commissary-General *(engl.)* · Consul-General *(engl.)*
CGA – color graphics adapter · color graphics array · column grid array
CGB – Christlicher Gewerkschaftsbund Deutschlands
CGBCE – Christliche Gewerkschaft Bergbau Chemie Energie
CGC – Confédération Générale des Cadres *(Gewerkschaft der leitenden Angestellten)*
CGD – Gesamtverband der Christlichen Gewerkschaften Deutschlands
CGDE – Christliche Gewerkschaft Deutscher Eisenbahner
CGI – common gateway interface · Coopération Géophysique Internationale
CGIAR – Consultative Group on International Agricultural Research
CGIL – Confederazione Generale Italiana del Lavoro *(Allgemeiner italienischer Gewerkschaftsbund)*
.cgm – computer graphics metafile *(Dateierweiterung)*
Cgm – Codex germanicus monacensis *(deutsche Handschrift der Bayerischen Staatsbibliothek München)*
CGM – Christliche Gewerkschaft Metall
cGMP – cyclic(al) Guanosin-Monophosphat *(Med.)*
CGP – Christliche Gewerkschaft des Post- und Fernmeldepersonals
c. g. s. – cum grano salis (*lat.:* »mit einem Körnchen Salz«; *mit Einschränkung*)
CGS-System – Zentimeter-Gramm-Sekunden-System
C. G. T., CGT – Confederación General del Trabajo *(span.)*/ Confédération Générale du Travail *(franz.; Allgemeiner Gewerkschaftsbund)*
CH – Concours hippique *(Reitsport)* · Confoederatio Helvetica *(Schweiz; Kfz)*
Ch. – Champion · Chaplain *(engl.)* · Charge · Chassis · Chauffeur · Chaussee · Chef · Chemie · Chiffre · China · Choral · Chirurg; Chirurgie · Chor; Chorist
C. H. – clearing house (*engl.:* »Abrechnungsstelle [einer Bank]«) · custom house (*engl.:* »Zollamt«)
ChA – Chefarzt
CHA – Cham *(Kfz)*
chald. – chaldäisch
cham. – chamois
Cham. – Chamäleon
Champ. – Champagner · Champignon · Champion; Championat
chang. – changieren[d]
char. – charakterisieren; charakterisiert; charakteristisch
Char. – Charakter · Charge · Chargierter · Charité
ChBK – Chef des Bundeskanzleramtes
ChBPr., CHBPrA – Chef des Bundespräsidialamtes
Ch.-Dir. – Chefdirigent · Chordirektor · Chordirigent
ChdOP – Chef der Ordnungspolizei
Ch. d. St., ChdSt – Chef des Stabes
CHE – Centrum für Hochschulentwicklung
Chefdir. – Chefdirigent
Chefing. – Chefingenieur
Chefkorr. – Chefkorrektor · Chefkorrespondent
Chefp., Chefpil. – Chefpilot
Chefpl. – Chefplaner
Chefred. – Chefredakteur; Chefredaktion
Chefsekr. – Chefsekretärin
chem. – chemisch
Chem. – Chemie; Chemiker
chem. Fa. – chemische Fabrik
ChemG – Chemikaliengesetz
chem. ger. – chemisch gereinigt
Chemische Elemente – *siehe Übersicht*
Chemo – Chemotherapie
Chemot. – Chemotechnik[er]
Chemoth. – Chemotherapeut[in]; Chemotherapie
ChemR – Chemierat
chem. Rein. – chemische Reinigung
ChemRZustVO – Chemikalienrecht-Zuständigkeitsverordnung
ChemStrOWiV – Chemikalien-Straf- und -Ordnungswidrigkeiten-Verordnung
ChemverbotsV – Chemikalien-Verbotsverordnung
ChemZustVO – Chemikalien-Zuständigkeitsverordnung
CHI – Concours Hippique International *(franz.)*
chiff., chiffr. – chiffrieren; chiffriert
chil. – chilenisch

Chemische Elemente

Ac – Actinium
Ag – Argentum *(Silber)*
Al – Aluminium
Am – Americium
Ar – Argon
As – Arsen
At – Astat
Au – Aurum *(Gold)*
B – Bor
Ba – Barium
Be – Beryllium
Bh – Bohrium
Bi – Bismutum
Bk – Berkelium
Br – Brom
C – Carboneum *(Kohlenstoff)*
Ca – Calcium
Cd – Cadmium
Ce – Cerium
Cf – Californium
Cl – Chlor
Cm – Curium
Co – Cobalt
Cr – Chrom
Cs – Cäsium
Cu – Cuprum *(Kupfer)*
Db – Dubnium
Ds – Darmstadtium
Dy – Dysprosium
Er – Erbium
Es – Einsteinium
Eu – Europium
F – Fluor
Fe – Ferrum *(Eisen)*
Fm – Fermium
Fr – Francium
Ga – Gallium
Gd – Gadolinium
Ge – Germanium
H – Hydrogenium *(Wasserstoff)*
He – Helium
Hf – Hafnium
Hg – Hydrargyrum *(Quecksilber)*
Ho – Holmium
Hs – Hassium
I – Iod
In – Indium
Ir – Iridium
K – Kalium
Kr – Krypton
La – Lanthan
Li – Lithium
Lr – Lawrencium
Lu – Lutetium
Md – Mendelevium
Mg – Magnesium
Mn – Mangan
Mo – Molybdän
Mt – Meitnerium
N – Nitrogenium *(Stickstoff)*
Na – Natrium
Nb – Niob
Nd – Neodym
Ne – Neon
Ni – Nickel
No – Nobelium
Np – Neptunium
O – Oxygenium *(Sauerstoff)*
Os – Osmium
P – Phosphor
Pa – Protactinium
Pb –Plumbum *(Blei)*
Pd – Palladium
Pm – Promethium
Po – Polonium
Pr – Praseodym
Pt – Platin
Pu – Plutonium
Ra – Radium
Rb – Rubidium
Re – Rhenium
Rf – Rutherfordium
Rh – Rhodium
Rn – Radon
Ru – Ruthenium
S – Sulfur *(Schwefel)*
Sb – Stibium *(Antimon)*
Sc – Scandium
Se – Selen
Sg – Seaborgium
Si – Silicium
Sm – Samarium
Sn – Stannum *(Zinn)*
Sr – Strontium
Ta – Tantal
Tb – Terbium
Tc – Technetium
Te – Tellur
Th – Thorium
Ti – Titan
Tl – Thallium
Tm – Thulium
U – Uran
Uu – Ununbium
Uuu – Unununium
V – Vanadium
W – Wolfram
Xe – Xenon
Y – Yttrium
Yb – Ytterbium
Zn – Zink
Zr – Zirconium

chil$ – chilenischer Peso *(Währung)*
chin. – chinesisch
Chin. – Chinese; Chinesische · Chinin
Ch.-Ing. – Chefingenieur
CHIO – Concours Hippique International Officiel
chir. – chirurgisch
Chir. – Chirurg; Chirurgie
Ch.-Korr. – Chefkorrektor
Ch. M. – Chirurgiae Magister (*lat.:* »Magister der Chirurgie«)
CHN – Concours Hippique National
chol. – cholerisch
Chol. – Cholera · Choleriker · Cholesterin
Chol.-Sp. – Cholesterinspiegel
Chor. – Choral; Choräle; Chorist
Ch.-P., Ch.-Pil. – Chefpilot
Ch.-Pl. – Chefplaner
chq., Chq. – cheque *(engl., franz.)*
chr. – christlich · chromatisch · chronisch · chronologisch

Chr. – Christ; Christentum; Christus · Chrom · Chromatik · Chronik; Chronist; Chronologie · Chronometer
Ch.-Red. – Chefredakteur; Chefredaktion
Christ. – Christentum
christl. – christlich
chrom. – chromatisch; chromatisieren; chromatisiert
chron. – chronisch · chronologisch
Chron. – Chronik; Chronist; Chronologie
chronogr. – chronographisch
Chronogr. – Chronogramm; Chronograph; Chronographie
CHS – Cylinder, Head, Sector *(EDV)*
Ch.-Sekr. – Chefsekretärin
ChTA – chemisch-technische Assistentin
cHTML – compact HTML
CHU, C. H. U. – centigrade heat unit *(engl.; Wärmeeinheit, bezogen auf Celsius)*
churw. – churwelsch
CHV – Christophorus-Hospizverein
Ch. v. D. – Chef vom Dienst
ch. wd. – charges forward *(engl.; Kosten- und Gebührennachnahme)*
Ci – Curie *(Einheit)* · Zirrus
CI – Caritas Internationalis · codierte Information[en] *(Archiv)* · Corporate Identity · Côte d'Ivoire *(Elfenbeinküste; Kfz)*
C/I – certificate of insurance (*engl.:* »Versicherungspolice«)
c. i. – cum infamia (*lat.:* »mit Schande«)
c. i., c. & i. – cost and insurance (*engl.:* »Kosten und Versicherung [im Preis eingeschlossen]«)
c.i.a. – cash in advance *(Zahlung im Voraus)*
CIA – Central Intelligence Agency *(USA)* · Certified International Auditor · Comité International d'Auschwitz · Confédération Internationale des Accordéonistes · Confédération Internationale de l'Agriculture · Conseil International d'Alimentation · Conseil International des Archives
CIAA – Confédération des industries agro-alimentaires *(EU-Dachverband der Nahrungsmittel- und Getränkeindustrie)* · Confédération Internationale des Associations d'Artistes
CIAM – computer aided integrated automatical manufacturing *(engl.; computerunterstütztes Fertigungssystem)* · Congrès International d'Architecture Moderne
CIB – Conseil International du Bâtiment pour la Recherche, l'Etude et la Documentation
Ciba – Gesellschaft für chemische Industrie, Basel
CIBEDO – Christlich-Islamische Begegnung – Dokumentationsleitstelle
CIBP – Confédération Internationale des Banques Populaires *(Internationale Vereinigung der Volksbanken)*
CIC – Chemical Institute of Canada · Confédération Internationale des Cadres *(Internationaler Verband leitender Angestellter)* · Confédération Internationale de la Coiffure · Conseil International de la Chasse · Conseil International des Compositeurs · Counter Intelligence Corps · customized integrated circuit
Cic. – Cicero *(Schriftgrad)*
C. I. C., CIC – Centre International du Calcul *(Internationales Rechenzentrum)* · Codex Iuris Canonici *(Gesetzbuch der katholischen Kirche seit 1918);* Corpus Iuris Canonici *(Sammlung des katholischen Kirchenrechts bis 1918)*
C.I.C. – Commission Internationale de Contrôle
CICA – Confédération Internationale du Crédit Agricole *(Schweiz)*
CICB – Conférence Internationale Permanente des Centres du Bâtiment
CICE – Centre d'Information des Chemins de Fer Européens
CICF – Confédération Internationale des Cadres Fonctionnaires *(Internationale Beamtenvereinigung)*
CICG – Centre International du Commerce de Gros *(Internationale Zentrale des Großhandels)*
CICI – Commission Internationale de Coopération Intellectuelle
CICJ – Comité International pour la Coopération des Journalistes
CICR – Comité International de la Croix-Rouge *(Internationales Komitee vom Roten Kreuz)*
CICT – Conseil International du Cinéma et de la Télévision
CID – Centre d'Information et de Documentation *(EWG)* · Centre for Industrial Development *(EG-Lomé-Abkommen)* · computer integrated manufacturing *(engl.; computerunterstütztes Herstellen)*
CID, C. I. D. – Conférence Internationale Douanière
C. I. D. – Criminal Investigation Department *(britische Kriminalpolizei)*
CIDA – Centre International de Développement de l'Aluminium · Comité Intergouvernemental du Droit d'Auteur
CIDADEC – Confédération Internationale des Associati-

ons d'Experts et de Conseils *(Internationale Vereinigung der Sachverständigen- und Beraterverbände)*
CIDALC – Comité International du Cinéma d'Enseignement et de la Culture
CIDESCO – Comité International d'Aesthétique et de Cosmétologie
CIE – Centre International de l'Enfance *(Internationales Kinderhilfswerk)* · Comité International des Echanges · Commission Internationale de l'Eclairage · computer integrated engineering · Confédération Internationale des Etudiants · Congrès International des Editeurs
Cie. – Compagnie *(franz.)*
CIEC – Commission Internationale de l'Etat Civil *(Internationale Kommission für Zivilstandswesen)* · Conseil International des Employeurs du Commerce *(Internationaler Arbeitgeberrat des Handels)*
C. I. E. C. – Confédération Internationale des Etudiants Catholiques
CIEE – Council of International Education Exchange
CIEM – Conseil International pour l'Exploration de la Mer
CIEO – Catholic International Education Office
CIETT – Confédération Internationale des Entreprises du Travail Temporaire
CIF – common intermediate format · Conseil International des Femmes *(Internationaler Frauenrat)*
cif, c. i. f. – cost, insurance, freight *(engl.:* »Kosten, Versicherung, Fracht [im Preis eingeschlossen]«)
cif & c, c. i. f. c. – cost, insurance, freight and commission *(engl.:* »Kosten, Versicherung, Fracht und Provision [im Preis eingeschlossen]«)
cifci, c. i. f. c. i., c. i. f. c. & i. – cost, insurance, freight, commission and interest *(engl.:* »Kosten, Versicherung, Fracht, Provision und Bankzinsen [im Preis eingeschlossen]«)
cif & e, c. i. f. & e. – cost, insurance, freight and exchange *(engl.:* »Kosten, Versicherung, Fracht und Wechseldiskontkosten [im Preis eingeschlossen]«)
cif & i, c. i. f. & i. – cost, insurance, freight and interest *(engl.:* »Kosten, Versicherung, Fracht und Bankzinsen [im Preis eingeschlossen]«)
CIFE – Conseil International du Film d'Enseignement · Council of Industrial Federation of Europe *(vgl. CEIF)*
C. I. F. E. – Centre International de Formation Européenne
CIFJ – Centre International du Film pour la Jeunesse
cifw, c. i. f. w. – cost, insurance, freight, war *(engl.:* »Kosten, Versicherung, Fracht, Kriegsrisiko [im Preis eingeschlossen]«)
CIG – Corpus Inscriptionum Graecarum
CIG, C. I. G. – Comité International de Géophysique
CIGEPS – Comité intergouvernemental d' éducation physique et du sport *(franz; zwischenstaatlicher Ausschuss für Körpererziehung und Sport der UNESCO)*
CIGRE – Conférence Internationale des Grands Réseaux Electriques
CIHA – Congrès International d'Histoire de l'Art · Comité International de l'Histoire de l'Art
CII – Chaîne d'Information Internationale *(franz.; internationaler Nachrichtensender)*
C. I. I. – Compagnie Internationale d'Information
CIIA – Certified International Investment Analyst · Commission Internationale des Industries Agricoles
CIJ – Commission Internationale des Juristes · Cour Internationale de Justice
CIL – Corpus Inscriptionum Latinarum
CILB – Commission Internationale de Lutte Biologique contre les Ennemis des Cultures
CILS – Certificazione di Italiano come Lingua Straniera
CIM – Centrum für internationale Migration und Entwicklung · CompuServe Information Manager · computer integrated manufacturing [system[s]] · Congrès International des Fabrications Mécaniques · Conseil International de la Musique · Consejo Internacional de Mujeres *(Internationaler Frauenrat)* · Convention Internationale concernant le Transport des Marchandises par Chemin de fer
CIME – Comité Intergouvernemental pour les Migrations Européennes *(Zwischenstaatliche Auswanderungsbehörde)*
CIMP – Conférence Internationale des Matières Premières · Conseil International de la Musique Populaire
CIN – Chambre Internationale de Navire *(Internationale Seefahrtskammer)* · Commission Internationale de Numismatique
CINA – Commission/Convention Internationale de la Navigation Aérienne
CINC – Commander in Chief
CINCAFMED – Commander in Chief Allied Forces Mediterranean *(NATO)*

CINCAIRCENT – Commander in Chief Allied Airforces Central Europe *(NATO)*
CINCENT – Commander in Chief Allied Forces Central Europe *(NATO)*
CINCEUR – Commander in Chief Europe *(NATO)*
CINCNORTH – Commander in Chief Allied Forces Northern Europe *(NATO)*
CINCSOUTH – Commander in Chief Allied Forces Southern Europe *(NATO)*
CINCUS – Commander in Chief United States Armed Forces
CINOA – Confédération Internationale des Négociants en Oeuvres d'Art *(Internationale Vereinigung der Kunsthändler)*
CIO – Chief Information Officer · Chief Investment Officer · Comité International Olympique
CIOIC – Commission Intérimaire de l'Organisation Internationale de Commerce
CIOS – Comité International de l'Organisation Scientifique
CIOSTA – Commission Internationale pour l'Organisation Scientifique du Travail en Agriculture
CIP – cataloguing in publication *(engl.; Neuerscheinungs-Sofortdienst)* · Centro International de la Papa *(internationales Kartoffelforschungsinstitut)* · computer integrated purchasing *(engl.)*
CIPC – Comité International Permanent de la Conserve · Commission Internationale de Police Criminelle
CIPCE – Centre d'Information et de Publicité des Chemins de Fer Européens
CIPL – Comité International Permanent de Linguistes
CIPM – Comité International des Poids et Mesures
CIPQ – Conférence Internationale Permanente de la Qualité
CIPR – Commission Internationale pour la Protection contre les Radiations
CIPRA – Commission Internationale pour la Protection des Alpes
CIPS – Confédération Internationale de la Pêche Sportive
CIR – Comité International de la Radioélectricité
CIRC – Computer Integrated Road Construction *(engl.)* · Cross Interleaved Reed Solomon Code
circ. – circular
CIRFS – Comité International de la Rayonne et des Fibres
CIRM – Comité International Radio-Maritime
CIRO – Certified Investor Relations Officer
CIRP – Collège International pour Recherche Scientifique des Techniques de Production Mécanique
CIS – Contact Image Sensor · Cuprum-Indium-Selen *(Legierung)*
Ci$ – Cookinseln-Dollar *(Währung)*
CI$ – Cayman-Islands-Dollar *(Währung)*
CISAC – Confédération Internationale des Sociétés d'Auteurs et Compositeurs
CISC – Complex Instruction Set Computer · Confédération Internationale des Syndicats Chrétiens
CISG – United Nations Convention on Contracts for the International Sale of Goods
CISL – Confédération Internationale des Syndicats Libres · Confederazione Italiana Sindacati Lavoratori *(italienischer Gewerkschaftsbund)*
CISM – Conseil International du Sport Militaire
CISO – Comité International des Sciences Onomastiques
CIT – Centre International du Tabac · Comité International des Transports par Chemin de fer · Compagnia Italiana del Turismo · computer integrated telephony · Conseil International des Tanneurs *(Internationaler Gerbereiverband)*
C.I.T., CIT – Convention Internationale des Télécommunications
CITES – Convention on International Trade in Endangered Species of Wild Fauna and Flora *(Washingtoner Artenschutzabkommen)*
CIUS – Conseil International des Unions Scientifiques
CIV – Commission Internationale du Verre *(Internationale Glaskommission)* · Convention Internationale concernant le Transport des Voyageurs et des Bagages par Chemins de fer
CIVC – Comité interprofessionel du vin de Champagne *(Frankreich)*
CIVD – Caravaning Industrie-Verband Deutschland
CIWL – Compagnie Internationale des Wagons Lits
CIWLT – Compagnie Internationale des Wagons Lits et du Tourisme
C.J.C., CJC – Corpus Juris Canonici; Codex Juris Canonici *(vgl. C.I.C.)*
CJD – Christliches Jugenddorfwerk Deutschlands · Creutzfeldt-Jakob-Disease *(engl.)*
CJK – Creutzfeldt-Jakob-Krankheit
CJTF – Combined Joint Task Forces *(NATO-Konzept)*
ckm – Kubikkilometer
CKP – Christlich-konservative Volkspartei *(Schweiz)*

CKW – chlorierte Kohlenwasserstoffe, Chlorkohlenwasserstoff[e]
cl – Zentiliter
Cl – Chlor *(Element)* · Clausius *(Maßeinheit der Entropie)*
CL – Sri Lanka *(Kfz; früher Ceylon)* · Champions League *(Sport)*
cl. – class *(engl.)*; classical *(engl.)*; classification *(engl., franz.)*; classique *(franz.)*
Cl. – Club
c. l. – citato loco (*lat.*: »am angegebenen Ort«) · col legno (*ital.*: »mit dem Holz des Bogens [zu spielen]«; *Musik*) · cum laude (*lat.*: »mit Lob«)
CLC – Commercial Letter of Credit
C. L. D. – Canonici Legis Doctor *(lat.)* · Civilis Legis Doctor *(lat.)*
CLE – clear lens exchange *(Med.)*
CLI – command line interface
CLIP – calling line identification presentation
CLIR – calling line identification restriction
CLITRAVI – Centre de Liaison des Industries Transformatrices de Viandes de la CEE *(Verbindungszentrale der EG-Fleischverwertungsbetriebe)*
CLL – chronisch-lymphatische Leukämie *(Med.)*
CLM – communications line multiplexing
CLN – credit linked note(s)
CLO – collateralised loan obligation(s)
CLP – Citylight-Poster · Cloppenburg *(Kfz)*
CLS – clear screen · continuous linked settlement
CLT – Compagnie Luxembourgeoise de Télédiffusion
CLUA – Chemische Landesuntersuchungsanstalt *(Baden-Württemberg)*
CLUT – color look-up table
CLZ – Computerlernzentrum
cm – Zentimeter
cm² – Quadratzentimeter
cm³ – Kubikzentimeter
Cm – Curium *(Element)*
c. m. – causa mortis *(lat.)* · con moto (*ital.*: »mit Bewegung«; *Musik*) · cras mane (*lat.*: »morgen früh [einzunehmen]«; *Pharm.*)
CM – Category Management *(Kundendienst)* · Command Module · Cultural Management
C. M. – Chirurgiae Magister (*lat.*: »Magister der Chirurgie«) · Corresponding Member *(engl.)*
CMa – Canis Major *(Astron.)*
CMA – Centrale Marketinggesellschaft der deutschen Agrarwirtschaft · Chemical Manufacturers Association *(USA)* · Christliche Medien-Akademie *(Wetzlar)*
C+M+B – Caspar, Melchior, Balthasar *(die Heiligen Drei Könige); (ursprünglich:)* Christus mansionem benedicat (*lat.*: »Christus möge dieses Haus segnen«)
CMBS – commercial mortgage backed securities
CMDC – Content Management and Distribution Center
CME – Chicago Mercantile Exchange · Conférence Mondiale d'Energie
CMF – Conseil du marché financier *(Frankreich; Rat zur Überwachung der Finanzmärkte)*
CMGI – College Marketing Group Information
CMi – Canis Minor *(Astron.)*
CMI – Comité Maritime International · Commission mixte internationale pour les expériences relatives à la protection des lignes de télécommunication et des canalisations souterraines · computer-managed instructions
CML – chronisch myeloische Leukämie *(Med.)* · current mode logic *(Elektrotechnik)*
cmm – Kubikmillimeter
CMM – color management module
CMOPE – Confédération Mondiale des Organisations de la Profession Enseignante
CMOS – complementory metal oxide semiconductor
CMP – chemisch-mechanische Poliermittel · Conseil Mondial de la Paix
CMR – colossal magnetoresistive · Contrat de Transport International de Marchandises par Route
CMS – center of mass system · code morphing software · color management system · content management system · conversational monitor system
cm/s – Zentimeter pro Sekunde
c. m. s. – cras mane sumendus (*lat.*: »morgen früh einzunehmen«; *Pharm.*)
CMV – Christlicher Metallarbeiterverband · Computer-Missbrauch-Versicherung *(Vw.)* · Cytomegalie-Virus *(Med.)*
CMYK – cyan-magenta-yellow-key *(Vierfarbdruck)*
c. n. – cras nocte (*lat.*: »morgen Nacht [einzunehmen]«)
CNA – Certified Novell Administration
CNC – Centre National de la Cinematographie *(Frankreich)* · computerized numerical control *(engl.)*
CND – Christlicher Nachrichtendienst
CNG-Ton – Calling-Ton
CNI – Coalition for Networked Information *(USA)*
CNL – CityNightLine
CNMV – Comisión Nacional

de Mercado de Valores *(Spanien; Kapitalmarktaufsichtsbehörde)*
CNN – Cable News Network
CNR – Canadian National Railways · communication network riser
CNRS – Centre National de la Recherche Scientifique *(Frankreich)*
CNS, C. N. S. – central nervous system *(engl.:* »Zentralnervensystem«)
Cnt. – Centesimi
Cntr. – Container
Co – Cobalt *(Element)*
CO – Coburg *(Kfz)* · Colorado *(Staat der USA)* · Kolumbien *(Kfz)*
Co. – Compagnie *(franz.)*
c/o – care of *(engl.; bei, per Adresse)*
C. O. – Commanding Officer *(engl.)* · Congregatio Oratorii *(kath. Orden der Oratorianer)*
COA – Certificate of Authenticity
COAE – Center for Organic Agriculture in Egypt
COAST – cache on a stick
COB – Commission des Opérations de Bourse *(Frankreich; bisherige Börsenaufsicht)*
COBOL – Common Business Oriented Language
Cobra – Copenhagen, Brüssel, Amsterdam *(1948 gegr. Gruppe von Malern)*
COC – Cochem-Zell *(Kfz)*
COCCEE – Comité des Organisations Commerciales des Pays de la CEE
COCOM – Coordinating Committee for East-West Trade Policy
CoD – Cordoba-Durchmusterung *(Astron.)*
cod. – codieren; codiert
Cod. – Codex · Codierung
c. o. d., cod – cash/collect on delivery (*engl.:* »zahlbar bei Lieferung«; *Nachnahme*)
C. O. D. – Central Ordnance Depot · Concise Oxford Dictionary
CODEC – Codierer/Decodierer *(Telefon)* · Compressor/ Decompressor *(Multimedia)*
Cod. Jur. Can. – Codex Juris Canonici *(vgl. C. I. C., CIC)*
Cod. Ms. – Codex manuscriptus *(lat.; [alte] Handschrift)*
COE – Chamber Orchestra of Europe · Coesfeld *(Kfz)* · Conseil Oecuménique des Églises *(Weltkirchenrat)*
COI – Commission Océanographique Internationale
COIRT – Central Office for International Railway Transport
COLIME – Comité de Liaison des Industries Métalliques Européennes
col. – colonial *(engl.)* · colony *(engl.)* · color *(engl.);* colorieren; coloriert; coloured *(engl.)* · column *(engl.)*
Col. – Colonel *(engl.)* · Colophonium · Colorierung · Columbia *(USA)*
col., coll. – colleague *(engl.)* · collected *(engl.);* collection *(engl.);* collective *(engl.);* collector *(engl.)* · college *(engl.)*
coll. – colleague *(engl.)* · collective *(engl.)*
coll., Coll. – College *(engl.)*
Coll. – Collage · Collegium
collab. – collaborateur *(franz.);* collaboration *(engl., franz.);* collaborator *(engl.)*
Colleg. – Collegium
Coll. mus. – Collegium musicum
colloq. – colloquial *(engl.);* colloquialism *(engl.)*
Colo. – Colorado *(Staat der USA)*
.com – command file *(Dateierweiterung)*
COM – communication port · component object model · computer output microfilm
com., Com. – commander *(engl.)* · commerce *(engl., franz.)* · commentary *(engl.)* · commissary *(engl.)* · commission *(engl., franz.)* · commissioner *(engl.)* · comité *(franz.);* committee *(engl.)* · communication *(engl., franz.)* · community *(engl.)* · comunauté *(franz.)*
Com. – Commodore
COMAF – Comité des Constructeurs de Matériel Frigorifique de la CEE
COMAIRCENT – Commander Allied Air Forces Central Europe *(NATO)*
COMAL – common algorithmic language *(EDV)*
Comdex – computer dealers exposition
COMECON, Comecon – Council for Mutual Economic Aid/Assistance *(engl.),* Conseil d'Assistance Mutuelle Economique *(franz.; Rat für gegenseitige Wirtschaftshilfe der Ostblockstaaten)*
COMEX – Commodity Exchange Inc.
COMISCO – Committee of the International Socialist Conferences *(engl.),* Comité International Socialiste Consultatif
Comitex – Comité de Coordination des Industries Textiles de la CEE
COMLANDCENT – Commander Allied Land Forces Central Europe *(NATO)*
comm., Comm. – commander *(engl.)* · commentary *(engl.)* · commerce *(engl., franz.)* · commissary *(engl.);* commission *(engl., franz.);* commissioner · committee *(engl.)* · communication *(engl.)* · community *(engl.)*
Comm. – Commodore
COMNAVCENT – Commander Allied Naval Forces Central Europe *(NATO)*
Comp. – Compagnie *(franz.);* Company *(engl.)* · Composer · Compound · Computer

Compaq – Compatibility and Quality *(Computerunternehmen)*
compr. – compressus (*lat.:* »[zusammen]gepresst«; *Pharm.*)
COMSAT – Communication Satellite Corporation *(USA, 1962 gegr.)*
CON – Comité Olympique Nationale · Console
conc. – concentrate *(engl.)*; concentrated *(engl.)*; concentration *(engl.)* · concerning (*engl.:* »betreffend«) · concisus (*lat.:* »geschnitten«; *Pharm.*)
Conc. – Concerto · Concordia
Conc. gr. – Concerto grosso; Concerti grossi *(Musik)*
cond. – conditio (*lat.:* »Bedingung«); condition *(engl., franz.)*
conf. – conferatur (*lat.:* »man vergleiche«) · conference *(engl.)*; conférence *(franz.)*
Conf. – Confessio (*lat.:* »Bekenntnis«) · Confoederatio
Confr. – Confrater (*lat.:* »Mitbruder«); Confratres *(Plural zu »Confrater«)*
Conn. – Conneticut *(Staat der USA)*
Cons. ab. – Consilium Abeundi *(lat.; Androhung des Ausschlusses aus der höheren Schule)*
con sord. – con sordino (*ital.:* »mit Dämpfer«; *Musik*)
Cont. – Container · Continuo *(Musik)*
conti – continental
Cont.-Schiff – Containerschiff
Cont.-Term. – Containerterminal
Conv. – Convention · Conversion · Converter
COO – Chief Operating Officer
coop. – cooperation *(engl.)*; coopération *(franz.)*; coopératif *(franz.)*; cooperative *(engl.)*
CoP – Community of Practice
cop. – copyrighted *(engl.)*
Cop. – Copyright *(engl.)*
COPA – Comité des Organisations Professionelles Agricoles de la CEE
COPAC – Community Patent Court
COPD – chronic(ally) obstructive pulmonary disease *(Med.; chronisch verengende Atemwegserkrankung)*
COPPA – Children's Online Privacy Protection Act
coq. – coquatur (*lat.:* »man koche«; *Pharm.*)
cor. – corrected *(engl.)*; correction *(engl.)* · correspondence *(engl.)*; correspondent *(engl.)*; corresponding *(engl.)*
CORBA – Common Object Request Broker Architecture
CORE – Council of Registrars
Corp. – Corporal *(engl.)* · Corporation · Corpus (*lat.:* »Körper«)
Corp. Chr. – Corpus Christi
corp. del. – Corpus Delicti (*lat.:* »Beweisstück«)
Corp. jur. – Corpus Juris (*lat.:* »Gesetzbuch«)
Corp. Jur. Can. – Corpus Juris Canonici *(vgl. C. I. C., CIC)*
corr. – corrected *(engl.)* · corresponding *(engl.)*
corr., Corr. – correction *(engl.)* · correspondence *(engl.)*; correspondent *(engl.)* · Corrigenda (*lat.:* »Verbesserungen«)
corr. corr. impr. – correctis corrigendis imprimatur (*lat.:* »nach Erledigung der Korrekturen druckfertig«)
cos – Kosinus *(Math.)*
c.o.s. – cash on shipment *(Zahlung bei Verschiffung)*
cosec – Kosekans *(Math.)*
COST – European Cooperation of Scientific and Technical Research
CoSy – Conferencing System
cot, cotg – Kotangens *(Math.)*
coth – Cotangens hyperbolicus *(Math.)*
Coul. – Couleur
Coup. – Coupage · Coupon
cour. – couragiert
Cour. – Courage
Court. – Courtage
Cous. – Cousin; Cousine
Cout. – Couture; Couturier
COW – character oriented windows
cp, CP – counterpoise (*engl.:* »Gegengewicht«)
cP – chronische Polyarthritis *(Med.)* · kontinentale Polarluft
Cp – Cassiopeium *(veraltete Bezeichnung für: Lutetium)*
CP – Canadian Press · Celluloseproprionat · Christliche Pfadfinderschaft · commercial paper
CP, C. P. – Calorific Power (*engl.:* »Heizwert«) · carriage paid (*engl.:* »Fracht bezahlt; franko«)
c. p. – caixa posta (*port.:* »Postschließfach«) · carte postale (*franz., ital.:* »Postkarte«) · colla parte (*ital.:* »mit der Hauptstimme«; *Musik*)
c. p., C. P. – carriage paid (*engl.:* »Fracht bezahlt«) · chemically pure (*engl.:* »chemisch rein«)
CPA – Certified Public Accountant · Christliche Presse-Akademie
CPAP – continous positive airway pressure *(Med.)*
CPB – Central Planning Bureau
CPC – collaborative product commerce · compound parabolic concentrator *(Spezialspiegel)* · color personal computer
CPD – Collections Premiere Düsseldorf *(Modemesse)*
CPE – central processing ele-

ment · chloriertes Polyethylen
CPEB – cytoplasmic Polyadenylation Element Binding Protein
CPH – chronisch-persistierende Hepatitis *(Med.)*
cpi – characters per inch
CPI – Corruption Perceptions Index
C.P.I.V. – Comité Permanent des Industries du Verre · Comité Permanent International du Vinaigre
CPJ – Committee to Protect Journalists
CPK – Creatinphosphokinase *(Med.)*
cpl – characters per line
CPLD – complex programmable logic device
cpm – counts per minute (*engl.:* »Zählungen pro Minute«)
CPM – Certified Purchasing Manager · Critical Path Method *(Netzplantechnik)*
CP/M – Control Program Microcomputers
CPME – Conseil Parlementaire du Mouvement Européen
CPMP – Committee for Proprietary Medicinal Products
CPO – Civilprozessordnung *(vgl. ZPO)*
.cpp – C Plus Plus *(Dateierweiterung)*
CPPV – continous positive pressure ventilation *(Med.)*
CPR – Canadian Pacific Railway
cps – characters per second · counts per second (*engl.:* »Zählungen pro Sekunde«) · cycles per second (*engl.:* »Schwingungen pro Sekunde«)
CPT – carriage paid to (*engl.:* »frachtfrei«)
cpt. – comptant (*franz.:* »bar«)
Cpt. – Captain *(engl.)*
CPU – central processing unit · Congrès Postal Universel · Convention Postale Universelle
CPUID – central processing unit identification
CPVA – Chemisch-Physikalische Versuchsanstalt
CQD – *(altes Seenotfunkzeichen, gedeutet als:)* come quick, danger (*engl.:* »kommt schnell, Gefahr«)
Cr – Chrom *(Element)*
CR – Cassettenrecorder · Ceylon-Rupie · Corpus Reformatorum *(Sammlung der Schriften der Reformatoren außer Luther)* · Costa Rica *(Kfz)* · Riel *(Währung in Kambodscha)*
cr. – courant *(franz.)* · crescendo (*ital.:* »im Ton anschwellend«; *Musik*) · crimen (*lat.:* »Verbrechen«) · currentis (*lat.:* »laufenden« [z.B. Monats])
C.R. – Carolus Rex (*lat.:* »König Karl«) · Civis Romanus (*lat.:* »Römischer Bürger«)
CrA – Corona Australis
CRA – Clinical Research Associate
CrB – Corona Borealis *(Astron.)*
CRC – cyclical redundace check
CREM – Corporate Real Estate Management
CREN – Corporation for Research and Educational Networking
cresc. – crescendo *(ital.:* »im Ton anschwellend«; *Musik)*
CRH – Corticotropin-Releasing-Hormon *(Med.)*
Crhuks, CRHUKS – Calciumregulierende Hormone und Knochenstoffwechsel *(Med.)*
CRI – Coupon Réponse International *(internationaler Antwortschein)* · Croce Rossa Italiana *(Italienisches Rotes Kreuz)* · Croix Rouge Internationale *(Internationales Rotes Kreuz)*
CRIF – Conseil Représentatif des Institutions juives de France *(Repräsentationsrat der jüdischen Institutionen in Frankreich)*
c.r.m. – candidatus reverendi ministerii *(lat.; Kandidat des Predigeramtes)*
CRM – Centrum für Reisemedizin *(Düsseldorf)* · Customer Relation(ship) Management
CrNiSt – Chrom-Nickel-Stahl
CRO – Chief Risk Officer
CRP – C-reaktives Protein *(Med.)*
CRS – Computerreservierungssystem
crt. – courant *(franz.)*
CRT – cathode ray tube *(Physik)* · Claims Resolution Tribunal *(Internationales Schiedsgericht in Zürich)*
Cruz. – Cruzeiro
Cs – Cäsium *(Element)* · Zirrostratus *(Meteor.)*
C$ – Córdoba *(Währung in Nicaragua)*
c.s. – colla sinistra (*ital.:* »mit der linken Hand«; *Musik*) · con sordino (*ital.:* »mit Dämpfer«; *Musik*) · cum sigillo (*lat.:* »mit Siegel«)
CSA – Canadian Standards Association · Christlich-Soziale Arbeitnehmerschaft
ČSA – Československé Aerolinie
CSAJ – Cartel Suisse des Associations de Jeunesse
CSB – chemischer Sauerstoffbedarf
CSC – Customer Service Center
CSCW – computer-supported cooperative work
CSD – Christopher Street Day
CSE-Hemmer – Cholesterol-Synthese-Enzym-Hemmer
CSF – coloniestimulierende Faktoren *(Med.)*
CSI – Comité Sportif International · Commission Spor-

tive Internationale · Computer Security Institute
CSIRO – Commonwealth Scientific and Industrial Research Organisation *(Australien)*
CSIT – Comité Sportif International du Travail
CSLIP – compressed serial line protocol
CSMA/CD – Carrier Sense Multiple Access with Collision Detection
CSMI – Computer Systems Management Institute
C. S. N. – Comité Supérieur de Normalisation *(französischer Normenausschuss)*
CSNET – Computer Science Network
CSO – Computing Services Office
CSP – chip scale packaging · compact strip production *(Stahlblechherstellung)*
c. s. q. n. – conditio sine qua non (*lat.:* »Bedingung, ohne die etwas nicht geschehen kann«)
CSR – corporate social responsibility
CSRAM – clock synchronous RAM
CSS – cascading style sheets (*engl.:* »überlappende Formatvorlagen«) · content scrambling system
CSSR – Congregatio Sanctissimi Redemptoris *(kath. Orden der Redemptoristen)*
CST – Central Standard Time
CSTA – computer-supported telecommunications applications
CSTN – color super twisted nematic
CSU – Christlich-Soziale Union *(Bayern)*
.csv – comma-separated values *(Dateierweiterung)*
CSW – Christlicher Studenten-Weltbund
cT – kontinentale Tropikluft
Ct – Centurium *(veraltete Bezeichnung für: Fermium)*
CT – Cable-Transfer *(Bankw.)* · Central Time · Clock Time · Computertomogramm; Computertomograph[ie] · Connecticut *(Staat der USA)* · Containerterminal · continuous tone · cordless telephone
ct. – Cent; Centime; Centimes · courant *(franz.)*
Ct. – Cent[s]
c. t. – cum tempore *(lat.; mit akademischem Viertel)*
C. T. – conference terms (*engl.:* »Konferenzbedingungen«)
C. T., CT – Commission Technique *(franz.)*
CTA – chemisch-technische[r] Assistent[in] · commodity trading advisor · communiquer toutes les adresses (*franz.:* »alle Adressen mitteilen«; *Vermerk auf Telegrammen*)
c. t. a. – cum testamento annexo (*lat.:* »mit beigefügtem Testament«)
CTB – Chemisch-Technische Beratungsstelle · Combined Travel Board *(Alliierte Reisebehörde)*
CTBLV – Christlicher Textil-, Bekleidungs- und Lederarbeiter-Verband
CTBT – Comprehensive Nuclear Test-Ban Treaty *(Teststoppvertrag)*
CTC – Carbon Tetrachloride *(Tetrachlorkohlenstoff)* · Central Train Control *(engl.)*
CTCP – client to client protocol
CTFE – Chlortrifluorethylen
ctg – Kotangens *(Math.)*
CTG – Cardiotokogramm; Cardiotokographie
CTI – Chemisch-Technisches Institut · computer telephone integration
CTIA – Cellular Telecommunications Industry Association *(USA)*
CTK – Ceská tisková kancelár *(Presseagentur)*
CTO – Chief Technology Officer
CTR – Chemisch-Technische Reichsanstalt · Computer Tabulating Recording *(ehem. Name von IBM)* · Controlled Thermonuclear Reaction
Ctr. – Centner *(veraltet)*
CTS – clear to send · Container-Transportsystem
cts, cts. – Cents; Centavos; Centésimos; Centimes; Céntimos
CTU – centigrade thermal unit *(engl.)* · Container-Umschlagplatz
ctvs – Centavos
cu – see you
Cu – Cuprum *(Kupfer; Element)*
CU – control unit · Curaçao *(Kfz)*
CUA – Chemisches Untersuchungsamt · common user access (*engl.:* »einheitlicher Benutzerzugang«)
CUG – closed user group
CUI – character user interface
CUNA – Commissione Unificazione Normalizzazione Autoveicoli *(italienische Vereinheitlichungskommission für das Kraftfahrzeugwesen)*
cur. – curavit (*lat.:* »hat es besorgt«)
cur., curr. – current *(engl.)* · currentis (*lat.:* »laufenden« [z. B. Monats])
curr. v. – curriculum vitae (*lat.:* »Lebenslauf«)
CUSIP – common universal security identification product
CUU – computerunterstützter Unterricht
CUX – Cuxhaven *(Kfz)*
CV, cv – Cheval-vapeur (*franz.:* »Pferdestärke«)
CV – Cartellverband der ka-

tholischen deutschen Studentenverbindungen
cv. – convertible (*engl.:* »konvertierbar«) · Cultivar (*Botanik*)
c. v. – colla voce (*ital.:* »mit der [Haupt]stimme«; *Musik*) · curriculum vitae (*lat.:* »Lebenslauf«)
CVA – cash value added
CVBS – Composite Video Burst Sync
CvD – Chef vom Dienst
CVD[-Verfahren] – chemical vapor deposition
CVFR – controlled visual flight rules
CVJF – Christlicher Verein Junger Frauen
CVJM – Christlicher Verein Junger Männer/Menschen
CVJT – Schweizerischer Nationalverband Christlicher Vereine Junger Töchter und Frauen
CVMA – Corpus Vitrearum Medii Aevi (*internationale Organisation, die alle mittelalterlichen Glasmalereien nach wissenschaftlichen Maßstäben dokumentiert*)
CVP – Christlich-demokratische Volkspartei (*Schweiz*)
CVT – continuously variable transmission (*Getriebe*)
CW – Calw (*Kfz*) · Chemische Waffen · Codewort (*EDV*) · covered warrant · Cusanuswerk
CWD – chronic wasting disease (*Tierkrankheit*) · collision damage waiver
CWL – chemisch-wissenschaftliches Labor[atorium]
c. w. o. – cash with order (*engl.:* »zahlbar bei Auftragserteilung«)
cwt., cwt – centweight (*hundredweight; engl. Maß*)
CWÜ – Chemiewaffen-Übereinkommen
CY – Zypern (*Kfz*)
CYBORG – cybernetic organism
CZ – Cetanzahl · Tschechische Republik (*Kfz*)

D*d*

d – Darcy (*Einheit*) · degré (*franz.*) · degree (*engl.*) · deleatur (*lat.:* »es soll getilgt werden«; *Korrekturzeichen*) · Denar, Denarius (*eine Münze*) · Deuteron · dextrogyr · Dezi... · dies (*lat.:* »Tag«; *Astron.*) · [totales] Differenzial
d – Durchmesser
D – Dalasi (*Währung in Gambia*) · Dame (*Schach*) · Dampfer; Dampfschiff · Daten (*EDV*) · Debet · Debye (*Einheit*) · Decimus (*lat.*) · Decretum (*lat.*) · Decuria (*lat.*) · Deka · Deus (*lat.*) · Deuterium · Deutsch · Deutschland (*Kfz*) · Deutsch-Verzeichnis (*Musik*) · Devotus (*lat.*) · Dezimalpotenz · Dichte · Dictator (*lat.*) · Diesel[motor] · Digesta (*lat.*) · Dimension · Dinar (*Iran*) · Diode · Dioptrie · Divus (*lat.*) · Dominante (*Musik*) · Dominanz (*Genetik*) · Dominus (*lat.*) · Dong (*Währung in Vietnam*) · Dose · Durchgangszug · Düsseldorf (*Kfz*) · römisches Zahlzeichen für 500
d. – dank · das · dem · den · der · des · deutsch · dicht · dick · die · doppelt · dünn · durch
D. – Datei · Datum · Dauer · Deutsch-Verzeichnis (*Musik*) · Dichte · Dicke · Diskant · Diskont · Doktor der [protestantischen] Theologie · Dominus (*lat.*) · Don (*in Italien Titel, in Spanien Anrede*) · Doppel · Durchgang · Durchlauf · Durchmesser
da – Außendurchmesser · Deka... · Deziar
DA – Algerischer Dinar (*Währung*) · Darmstadt (*Kfz*) · Dauerauftrag · Daueranstellung · Deutsche Akademie · Deutsches Archiv · Dienstanweisung · Dienstaufsicht · Dienstausweis · Dienstauszeichnung · Disziplinaranwalt · Durchführungsanordnung
d. a. – dicti anni (*lat.:* »besagten Jahres«)
d. A. – der Autor · durch Anruf
d. Ä. – der Ältere
D. A. – Divus Augustus (*lat.*)
D.A., D/A – documents against acceptance (*Dokumente gegen Akzeptierung einer Tratte*)
DAA – Deutsche Angestellten-Akademie · Deutscher Aufzugsausschuss
DAAB, daab – Deutscher Allergie- und Asthmabund
DAAD – Deutscher Akademischer Austauschdienst
DaB, D. a. B. – Dienst an Bord
DAB – Deutsche Anlage-Bank AG · Deutscher Athletenbund · Deutsches Arzneibuch · Digital Audio Broadcasting · Dortmunder Actienbrauerei · Durchlaufbetrieb mit Aussetzbelastung
dab. – dabei
DABA – Deutsche Außenhandelsbank AG
DABB – Deutscher Amateur-Billardbund
DABEI – Deutsche Arbeitsgemeinschaft Bildung, Erfindung und Innovation
DAbF – Deutscher Ausschuss für brennbare Flüssigkeiten
DABK – Deutsche Arzneibuchkommission
DABV – Deutscher Amateur-Boxverband
DAC – Damen-Automobil-Club · Deutsch-Ausländischer Club · Deutscher Arz-

neimittel-Codex · Development Assistance Committee *(OECD)*
DACA – Deutsche Arbeitsgemeinschaft Christlicher Aufbaulager
DACH – Deutsche Akkreditierungsstelle Chemie
Dachg. – Dachgeschoss
Dachg., Dachges. – Dachgesellschaft
Dachorg. – Dachorganisation
Dachverb. – Dachverband
DACT – data compressing technology
DAD – diffuse alveolar disease *(Med.; diffuser alveolärer Schaden)*
dad. – dadurch
D. A. D. – documents against discretion of collecting bank (*engl.*: »Dokumentendisposition steht der Inkassobank zu«) · documents against disposition *(Dokumente gegen Verfügung über Ladung)*
dad. gek. – dadurch gekennzeichnet
DAdK – Deutsche Akademie der Künste *(Berlin)*
DADV – Verordnung zur Durchführung der Dividendenabgabeverordnung *(1941)*
dad. verurs. – dadurch verursacht
DAdW – Deutsche Akademie der Wissenschaften
DAE – Dienstaufwandsentschädigung · digital audio extraction
DAeC – Deutscher Aeroclub
Daemon – disk and execution monitor
DaF, DAF – Deutsch als Fremdsprache
DAF – Deutsche Arbeitsfront *(NS)*
daf. – dafür
DAFB – Deutsch-Amerikanischer Fußballbund
DAfStB, DAf. StandB – Dienstanweisung für die Standesbeamten und ihre Aufsichtsbehörden
dag – Dekagramm
DAG – Deutsch-Arabische Gesellschaft · Deutsche Adipositas-Gesellschaft · Deutsche Afrika-Gesellschaft · Deutsche Angestellten-Gewerkschaft *(hist., heute: ver.di)* · Deutsche Automobilgesellschaft · Deutsches Auslieferungsgesetz · Development Assistance Group · Donauschwäbische Arbeitsgemeinschaft *(Österreich)*
dag. – dagegen
dag., dagest. – dagestanisch
DÄGfA – Deutsche Ärztegesellschaft für Akupunktur
DAGK – Deutsche Arbeitsgemeinschaft Kybernetik
Dagla – Deutsches Ausgleichsamt
DAGM – Deutsche Arbeitsgemeinschaft für Mustererkennung
DAGNÄ – Deutsche Arbeitsgemeinschaft niedergelassener Ärzte der Versorgung HIV-Infizierter
DAGO – Deutsche Arbeitsgemeinschaft Osteoporose
DAGS – Deutsche Akademie für Gesundheit und Schlaf
DAGSHG – Deutsche Arbeitsgemeinschaft Selbsthilfegruppen
DAGV – Deutsche Arbeitsgemeinschaft Vakuum · Deutscher Automaten-Großhandelsverband
DAH – Dachau *(Kfz)* · Deutsche Aids-Hilfe
dah. – daheim · daher · dahinter
DAHV – Deutscher Automobilhändlerverband
DAHW – Deutsches Aussätzigen-Hilfswerk (*jetzt*: Deutsche Lepra- und Tuberkulosehilfe)
DAI – Verband Deutscher Architekten- und Ingenieurvereine · Deutsches Aktieninstitut · Deutsches Archäologisches Institut · Deutsches Auslandsinstitut
DAJC – Deutsch-Amerikanischer Jugendclub
DAJEB – Deutsche Arbeitsgemeinschaft für Jugendeheberatung
DAK – Deutsche Akademie der Künste *(Berlin)* · Deutsche Angestellten-Krankenkasse · Deutsche Atom-Kommission · Deutsches Afrikakorps *(NS)*
Dak. – Dakota
dal – Dekaliter
DAL – data access language · Deutsche Akademie der Landwirtschaften · Deutsche Akademie der Luftfahrtforschung · Deutscher Arbeitsring für Lärmbekämpfung
dalm – Dekalumen
dalm. – dalmatinisch
Dalm. – Dalmatien; Dalmatiner
dam – Dekameter
DAM – Deutsches Apothekermuseum · Deutsches Architekturmuseum · direct access mode
dam. – damalig; damals
D.-Am. – Deutsch-Amerikaner
DAMI – Deutsche Anti-Mobbing-Initiative
DAMNU – Deutscher Ausschuss für den mathematischen und naturwissenschaftlichen Unterricht
DAMP – Deutscher Ausschuss für Materialprüfwesen
DampfkV – Dampfkesselverordnung
DAN – Lüchow-Dannenberg *(Kfz)*
dan. – danach
dän. – dänisch
Dän. – Däne; Dänemark; Dänin; Dänische
dank. – dankend

Dankb. – Dankbarkeit · Dankbekundung
dankwtw. – dankenswerterweise
D.-Anw., DAnw. – Dienstanweisung · Durchführungsanweisung
DAnw-ArbG – Dienstanweisung für die Geschäftsstellen der Gerichte für Arbeitsursachen *(Bayern)*
DAO – data access objects · Deutsche Außenorganisation · disc-at-once · Durchführungsanordnung
DAP – Deutsche Arbeiterpartei · Deutsches Ausschließungspatent · Diallylphthalatharz
DAPI – Deutsches Arzneiprüfungsinstitut
DAPR – Deutsche Akademie für Public Relations
DAR – Deutscher Akkreditierungsrat · Deutscher Autorenrat
Dara, DARA – Deutsche Agentur für Raumfahrtangelegenheiten · Deutsche Arbeitsgemeinschaft für Rechenanlagen
DArbGG – Deutsches Arbeitsgerichtsgesetz
DARC – Deutscher Amateur-Radio-Club
dargel. – dargelegt
dargest. – dargestellt
darl. – darlegen
Darl. – Darlegung[en] · Darlehen
DARS – Digital Audio Radio System
Darst. – Darsteller · Darstellung[en]
DArV – Deutscher Archäologen-Verband
DAS – Datenaustauschsystem · Deutsche Auslegeschrift *(Pat.)* · Deutscher Allgemeiner Sängerbund · Deutscher Arbeitersängerbund · Deutscher Arbeiterschachbund · Deutscher Automobilschutz · Direkt-Abfrage-Sprache *(EDV)*
das. – daselbst
DASA – Deutsche Aerospace AG · Deutsche Arbeitsschutzausstellung
DASD – Deutscher Amateur-Sende- und Empfangsdienst · direct access storage device
DASG – Deutsch-Amerikanische Studiengesellschaft
DASIT – Datenschutz in Telediensten
dass. – dasselbe
.dat – Daten *(Dateierweiterung)*
DAT – Deutsch-Atlantische Telegraphengesellschaft · Deutsche Arznei-Taxe · Deutsche Automobil-Treuhand GmbH · Deutscher Apotheker-Tag · Differenzialagglutinationstest *(Med.)* · Digital Audio Tape · direkter Antiglobulintest *(Med.)*
dat. – datieren; datiert · datum (*lat.:* »gegeben, geschrieben«; *in Urkunden*)
Dat. – Datei · Daten · Dativ · Datum
DATAG, Datag – Deutsche Allgemeine Treuhand Aktiengesellschaft
DATEV – Datenverarbeitung
Datex – Data Exchange
Datex-J – data exchange jedermann *(Telekom)*
Datex-L – data exchange line switched *(Telekom)*
Datex-M – data exchange multimedia/multimegabits *(Telekom)*
Datex-P – data exchange packet switched *(Telekom)*
Datex-S – data exchange Satellite switched *(Telekom)*
DAtF – Deutsches Atomforum
DAtK – Deutsche Atomkommission
DATSCH, Datsch – Deutscher Ausschuss für technisches Schulwesen
DatV – Datenträgerversicherung
DATV – Deutscher Amateur-Tanzsportverband
Dat.-Verarb. – Datenverarbeitung
DAu – Dauerauftrag
DAU – Daun *(Kfz)* · Deutsche Akkreditierungs- und Zulassungsgesellschaft für Umweltgutachter · Digital-Analog-Umsetzer/Umwandler *(EDV)* · Diskussionsgruppe Analytik im Umweltschutz *(in der GDCh)* · dümmster anzunehmender User
D.-Aufs. – Dienstaufseher; Dienstaufsicht
D.-Aufs.-Beh. – Dienstaufsichtsbehörde
D.-Auftr. – Dauerauftrag · Dienstauftrag
D.-Ausw. – Dienstausweis
DAV – Deutsche Aktuarvereinigung · Deutsche Außenhandels- und Verkehrs-Akademie *(Bremen)* · Deutscher Adressbuch-Verlag · Deutscher Alpenverein · Deutscher Anwaltverein · Deutscher Apotheker-Verband · Deutscher Arbeitnehmerverband · Deutscher Arbeitskreis Vakuum · Deutscher Archäologen-Verband · Deutscher Artistenverband · Deutscher Astrologenverband · Deutscher Automatenverband · Deutscher Autorenverband · digital audio video · distributing, authoring and versioning · Dividendenabgabeverordnung
dav. – davon · davor
DAVIS – Data-teleprocessing oriented planning and videomonitoring of industrial project shipments by sea; datenverarbeitungsorientierte Abwicklung von Industriegeschäften im Seetransport
DAVO – Deutsche Arbeitsgemeinschaft Vorderer Orient ·

Dienstaufsichtsverordnung *(Hessen)*
DAVVL – Deutscher Ausschuss zur Verhütung von Vogelschlägen im Luftverkehr
DAW – Deutsche Akademie der Wissenschaften *(Berlin)* · Deutscher Arbeitskreis Wasser · Digital-analog-Wandler
DAX, Dax – Deutscher Aktienindex
DaZ, DAZ – Deutsch als Zweitsprache
DAZ – Deutscher Arbeitskreis für Zahnheilkunde · Dienstalterszulage
dazw. – dazwischen
dB – Dezibel *(nach dem Erfinder des Telefons Graham Bell)*
Db – Dobra *(Währung in São Tomé und Príncipe)* · Dubnium *(Element)*
DB – DataBase · Datenbank · Datenbestand · Datenbus · Dauerbelastung · Dauerbetrieb · Denitrifikationsbecken *(Technik)* · Deutsche Bahn · Deutsche Bank · Deutsche Bibliothek · Deutsche Bücherei · Deutsche Bundesbank · Dienstbeschädigung · Diphtheriebazillus · Direktionsbereich/-bezirk · Doppelspielband · Drehstrombrückenschaltung · Dresdner Bank · Durchführungsbekanntmachung · Durchführungsbestimmung[en] · Durchlassbereich
d. B. – dieses Bandes · dieses Buches · durch Boten
D. B., DB – Deutsche Burschenschaft
DBA – Deutsche Berufsausbilder-Akademie · Doppelbesteuerungsabkommen
DBAG – Deutsche Bahn AG
dBase – Database
DBB – Deutsche Bauernbank · Deutsche Bundesbank · Deutscher Basketball-Bund · Deutscher Beamtenbund · Deutscher Billard-Bund · Deutscher Brauerbund
DBBJ – Deutsche Beamtenbund-Jugend
DBD – Demokratische Bauernpartei Deutschlands *(DDR)*
Dbd. – Doppelband
DBDN – Datenbankdienste Niedersachsen
DBE – Deutsche Gesellschaft zum Bau und Betrieb von Endlagern für Abfallstoffe
DBeklV – Dienstbekleidungsvorschrift
D.-Beschw. – Dienstbeschwerde
DBest. – Durchführungsbestimmung[en]
DBF – Database Format · Deutsches Möbel-Forum · Devisenbetriebsfonds
DBG – Deutsche Baugemeinschaft · Deutsche Bodenkundliche Gesellschaft · Deutsche Botanische Gesellschaft · Deutsche Buchgemeinschaft · Deutsches Beamtengesetz
DBGM – Deutsches Bundes-Gebrauchsmuster
DBI – Deutsches Bibliotheks-Institut
DBIV – Deutscher Braunkohlen-Industrieverein
DBJR – Deutscher Bundesjugendring
DBK – Deutsche Beamten-Krankenversicherung · Deutsche Bischofskonferenz
DBKV – Deutscher Bodybuilding- und Kraftsport-Verband
Dbl. – Deckblatt/-blätter · Dienstblatt/-blätter · Doppelblatt
d. Bl. – dieses Blattes
DBMS – Database Management System
DBO – Deutsche Bauordnung
DBP – Database Publishing · Deutsche Bundespost *(hist.)* · Deutsches Bundespatent
DBPa, DBP ang. – Deutsches Bundespatent angemeldet
DBR – Deutscher Bildungsrat · Bad Doberan *(Kfz)*
DBRV – Deutscher Berufsradrennfahrer-Verband
DBS – Deutsche Bausparkasse · Deutscher Behinderten-Sportverband · Deutscher Berufsfahrerschutz · Development Bank of Singapore
DBSH – Deutscher Berufsverband für Sozialarbeit, Sozialpädagogik und Heilpädagogik
DBST – Deutsch-Belgischer Straßen-Gütertarif
DBSV – Deutscher Bob- und Schlittensportverband · Deutscher Boot- und Schiffbauverband
DBT – Deutscher Bundestag · Dibutyltin *(Zinn)* · Dokumentationsstelle für Bautechnik
DBTrE – Durchführungsbestimmung für die Gewährung von Trennungsentschädigung
DBTW – Deutscher Bundesverband für Teilzeitwohnrechte
DBU – Deutsche Barkeeper-Union · Deutsche Bundesstiftung Umwelt
DBV – Deutsche Beamtenversicherung · Deutscher Bäderverband · Deutscher Badminton-Verband · Deutscher Bankbeamtenverein · Deutscher Bauernverband · Deutscher Betonverein · Deutscher Bibliotheksverband · Deutscher Bobverband · Deutscher Boxsport-Verband · Deutscher Buchdruckerverein · Deutscher Büchereiverband · Deutscher Bühnenverein · Deutscher Büro- und Behördenangestelltenverband · Deutscher Bundeswehrverband · Deutscher Bund für Vogel-

schutz · digitale Bildverarbeitung
DBVW – Deutscher Bund der verbandlichen Wasserwirtschaft
DBW – Deutscher Beamten-Wirtschaftsring
DBwV – Deutscher Bundeswehrverband
DBWV – Deutscher Bergsteiger- und Wanderverband
DBZ – Deutsche Bauernzeitung · Deutsches Bauzentrum
DC – Delegiertenconvent *(Verbindungsw.)* · Democrazia Cristiana *(italienische Partei)* · Design Center · Douglas Convair *(Flugzeugbau)* · Dünnschicht-Chromatographie
DC, D. C. – District of Columbia *(USA)*
d. c. – da capo (*ital.:* »vom Kopf an [wiederholen]«; *Musik*)
d. c., D. C. – direct current (*engl.:* »Gleichstrom«)
d. c./a. c., D. C./A. C. – direct current/alternating current (*engl.:* »Gleichstrom/Wechselstrom«; *Allstrom*)
DCC – Deutscher Camping-Club · digital compact cassette
DCCV – Deutsche Morbus Crohn/Colitis-Ulcerosa-Vereinigung
DCE – data communication equipment · distributed computing environment
DCEI – Deka Converging Europe Indicator
DCF – discounted-cash-flow
d. c. f. – detur cum formula (*lat.:* »man gebe nach Rezept«; *Pharm.*)
DCG – Deutsche Chemische Gesellschaft
dch. – durch
DchfVO – Durchführungsverordnung
DChIV – Deutscher Chemieingenieur-Verband
Dchs. – Durchsicht
DCHV – Deutscher Caravaning-Handelsverband
DCI – Defense Capabilities Initiative *(NATO)* · display control interface
D. C. L. – Doctor of Canon Law *(engl.)* · Doctor of Civil Law *(engl.)*
DCLZ – data compression nach Lempel und Ziv
dcm – Dezimeter
DCM – demand chain management
DCMA – Dry Color Manufactures Association *(USA)*
DCOM – distributed component object model
DCPD – Dicyclopentadien
DCS – desktop color separation · digital cellular system · digital communication system · diolen composite system
DCSV – Deutsche Christliche Studentenvereinigung
DCT – discrete cosinus transformation
Dct. – Decoctum (*lat.:* »Abkochung«; *Med.*)
DCTL – direct coupled transistor logic
DCTP – digital transmission content protection
DCV – Deutscher Caritasverband · Deutscher Curling-Verband
DD – Dampfdichte · Department of Defense *(USA; Verteidigungsministerium)* · Deutsch Drahthaar · Differenzialdiagnose/-diagnostik *(Med.)* · Doppeldecker · doppelt dick/doppelte Dicke · double density · Dresden *(Kfz)*
Dd. – Dividend · Doktorand; Doctorandus
d. d. – de dato (*lat.:* »vom Tag des Datums an«) · dono dedit (*lat.:* »hat es geschenkt«)
d. D. – der Direktor; die Direktion
D. D. – Doctor Divinitatis *(lat.);* Doctor of Divinity *(engl.; Doktor der [evangelischen] Theologie)*
DDA – Deutscher Dampfkesselausschuss · Diätendienstalter · dynamic data transfer
D-Day – day-day *(v. a. 6.6.1944)*
DDB – Deutscher Diabetiker-Bund · Deutscher Dolmetscherbund
DDC – direct digital control · display data channel
DDD – Deutscher Depeschen-Dienst · Dichlordiphenyldichlorethan · digitale Aufnahme, digitale Bearbeitung, digitale Wiedergabe
D. D. D. – dat, dicat, dedicat (*lat.:* »gibt, weiht, widmet«); dat, donat, dedicat (*lat.:* »gibt, verspricht, widmet«)
DDE – dynamic data exchange
DDevErkl. – Dauerdevisenerklärung
DDG – Daten- und Dienstegesellschaft · Deutsche Datel-Gesellschaft für Datenfernverarbeitung · Deutsche Dendrologische Gesellschaft · Deutsche Diabetes-Gesellschaft
DDGI – Deutscher Dachverband für Geoinformation
DDH – Dachverband Deutscher Hausverwalter
DDI – Deutsches Derivate Institut
d. d. i. d. – de die in diem (*lat.:* »vom einen zum anderen Tag, täglich«; *Pharm.*)
DDIV – Dachverband Deutscher Immobilienverwalter
DDL – Deutsche Dermatologische Lasergesellschaft
DDN – Defense Data Network · Digital Data Network
DDNP – Diazodinitrophenol
DDNS – dynamic domain name service
DDO – Deutsche Diskjockey-

Organisation · Dienst- und Disziplinarordnung
d. d. o. – dispatch discharging only *(engl.; Eilgeld nur für gesparte Löschzeit)*
ddp – Deutscher Depeschen-Dienst
DDP – Deutsche Demokratische Partei *(hist.)*
D. d. Pst. – Datum des Poststempels
DDR – Deutsche Demokratische Republik *(hist.)* · double data rate
DDr. – Doktor + Doktor *(doppelter Doktortitel; DDR)*
DDS – digital-data-store (*engl.*: »[Normen für die] digitale Datenspeicherung«)
DDSG – Donau-Dampfschifffahrtsgesellschaft
DDT – Dichlordiphenyltrichloräthan · Doppeldrehtransformator
ddt. – dedit (*lat.*: »hat gegeben, bezahlt«)
DDU – Deutsche Demokratische Union · Deutsche Diabetes-Union
DDV – Deutscher Didacta-Verband · Deutscher Direktmarketing-Verband · Deutscher Drogistenverband · Dienstdauervorschriften *(Bahn)* · direkte Datenverarbeitung
De – Demodulator · Detektor · Durchgangseilgüterzug
DE – Datenerfassung · Delaware *(Staat der USA)* · Deckungserweiterung *(Vw.)* · Dessau *(Kfz)* · Deutscher Erfinderring · Dielektrizitätskonstante · Diensteinkommen · dieselelektrisch · Drahterkennbarkeit
d. E. – durch Eilboten
DEA – Deutsche Ensemble-Akademie · Deutsche Erdöl AG · Deutsche Erstaufführung · Drug Enforcement Agency *(US-Drogenfahndungsbehörde)*
DEAB – Dachverband entwicklungspolitischer Aktionsgruppen Baden-Württemberg
DeAN – Deutsch-Australisches Netzwerk
DEB – Deutscher Eishockey-Bund
deb. – debenture (*engl.*: »Schuldschein, Schuldverschreibung«)
Deb. – Debatte · Debitor[en] · Debut
Debeca – Deutsche Beamten-Krankenversicherung
DEBEG – Deutsche Betriebsgesellschaft für drahtlose Telegrafie
Debit.-Nr. – Debitorennummer
DEBRIV – Deutscher Braunkohlen-Industrie-Verein
DEC – Deutsche Eisenbahn-Consulting GmbH · Digital Equipment Corporation
dec. – decoctum (*lat.*: »abgekocht«; *Pharm.*) · decrescendo (*ital.*: »abnehmend«; *Musik*)
DECHEMA; Dechema – Deutsche Gesellschaft für chemisches Apparatewesen
DE-CIX – Deutscher Commercial Internet Exchange
decoct. – decoctum (*lat.*; »abgekocht«; *Pharm.*)
decr. – decretum (*lat.*: »Erlass«)
decr., decresc. – decrescendo (*ital.*: »abnehmend«; *Musik*)
DECT – digital enhanced/European cordless telephony/telecommunication
DED – Deutscher Entwicklungsdienst
DEE – Datenendeinrichtung
DEF – Deutsche Eishockey-Föderation · Deutscher Evangelischer Frauenbund
def. – defekt · defensiv · definieren; definiert · definitiv · defizitär · deformiert
Def. – Defekt · Defensive · Definition · Defizit · Defilee · Deformation
DEFA – Deutsche Film-Aktiengesellschaft *(DDR)*
Defö – Deutsches Einzelhandelsinstitut für Öffentlichkeitsarbeit
DEG – Deggendorf *(Kfz)* · Deutsche Eisenbahner-Gewerkschaft · Deutsche Eisenbahn[er]gesellschaft · Deutsche Energie-Gesellschaft · Deutsche Investitions- und Entwicklungsgesellschaft
deg. – degeneriert
Deg. – Degeneration; Degenerierung
DEGAB – Deutsche Gesellschaft für Anlageberatung
DEGAM – Deutsche Gesellschaft für Allgemeinmedizin
DEGEBO, Degebo – Deutsche Gesellschaft für Bodenmechanik
DEGEF – Deutsche Gesellschaft für Fondsverwaltung
DEGESA – Deutsche Gesellschaft für Siedlung im Ausland
DEGESCH – Deutsche Gesellschaft für Schädlingsbekämpfung *(hist.)*
DEGETO – Deutsche Gesellschaft für Ton und Bild
degr. – degressiv
DEGT – Deutscher Eisenbahn-Gütertarif
Degussa – Deutsche Gold- und Silberscheideanstalt
DEHOGA, Dehoga – Deutscher Hotel- und Gaststättenverband
DEHP – Diethylhexylphthalat
DEHV – Deutscher Eishockeyverband
DEI – Deutsches Entomologisches Institut
DEinhMV – Deutscher Einheitsmietvertrag
DEK – Deutsche Echtheitskommission [für Farbechtheit] · Deutsche Einheits-

kurzschrift · Dortmund-Ems-Kanal
dek. – dekadent · dekolletiert · dekorieren; dekoriert
Dek. – Dekade · Dekadenz · Dekalog · Dekameter · Dekameron · Dekan; Dekanat · Dekolleté · Dekor; Dekorateur; Dekoration; Dekort; Dekorum
dekl. – deklamieren; deklamiert · deklarieren; deklariert · deklinabel; deklinieren; dekliniert *(Sprachw.)*
Dekl. – Deklamation · Deklaration · Deklination
Deko – Dekoration
Dekor. – Dekorateur; Dekoration[en]
Dekr. – Dekrement; Dekret; Dekretale
DEKRA – Deutscher Kraftfahrzeug-Überwachungsverein
DEKT – Deutscher Evangelischer Kirchentag
DEL – Delmenhorst *(Kfz)* · Deutsche Eishockey-Liga
del. – delegieren; delegiert · deleatur (*lat.:* »soll getilgt werden«) · delete · delikat · delineavit (*lat.:* »hat es gezeichnet«)
Del. – Delaware *(Staat der USA)* · Delegation; Delegierte[r] · Delikt; Delinquent
deleg. – delegieren, delegiert
Deleg. – Delegation[en]; Delegierte[r]
DELFI – Datenbank für Europäische Leistungs- und Förder-Informationen *(Niedersachsen)*
delin. – delineavit (*lat.:* »hat es gezeichnet«)
Delinq. – Delinquent
DELKOS – dezentrale Leistungs- und Kostenrechnung *(Post)*
DEM – Deutsche Mark *(hist.)*
dem. – dementieren; dementiert · demissioniert · demokratisch · demonstrativ; demonstrieren · demontieren; demontiert
Dem. – Demarche · Demarkation · Dementi · Demission · Demokrat; Demokratie · Demonstrant[en]; Demonstration · Demontage
DEMAG – Deutsche Maschinenbau AG
Dem.-L. – Demarkationslinie
demn. – demnach · demnächst
Demo – Demonstration
DEMT – Deutscher Eisenbahn-Militärtarif
DEMUV – Deutscher Musikerverband
DEMV – Deutscher Einheitsmietvertrag
demz., demzuf. – demzufolge
den – Denier *(Einheit)*
Den – Denar *(Währung in Mazedonien)*
Dena – Deutsche Energie-Agentur
D. Eng. – Doctor of Engineering *(GB)*
DENIC – Deutsches Network Information Center
Denkm. – Denkmal; Denkmäler
DenkmG – Denkmalschutzgesetz
Denkschr. – Denkschrift
Dep. – Departement *(franz.)*; Department *(engl.)* · Dependance *(franz.)* · Depesche · Deplacement *(franz.)* · Deponens *(Sprachw.)* · Deportation · Depositär · Deposition · Depositorium · Depositen · Depot · Deputat · Deputation; Deputierte[r]
DEPATIS – Deutsches Patentinformationssystem
Dep.-B., Dep.-Bank – Depositenbank
Depfa, DePfa – Deutsche Pfandbriefanstalt
DePfa-Bank – Deutsche Pfandbrief- und Hypothekenbank
DepG, DepotG – Depotgesetz
Dep.-K., Depka, Dep.-Kasse – Depositenkasse
Dep.-L. – Depotleiter/-leitung · Deputierten-Liste
Depos. – Depositär · Deposition · Depositorium · Depositum
depr. – deprimiert
Depr. – Depression[en] · Deprivation
DEPT – Deutscher Eisenbahn-Personen-, Gepäck- und Expressguttarif
Dept. – Departement *(franz.)* · Department *(engl.)*
Deput. – Deputat; Deputation; Deputierte[r]
Dep.-Verw. – Depotverwalter; Depotverwaltung
DER – Deutsche Eisenbahn-Reklame · Deutsches Reisebüro
Der. – Derivat; Derivation
DERA – Darmstädter elektronische Rechenanlage
dergl. – dergleiche[n]
derj. – derjenige
derm. – dermaßen · dermatologisch
Derm. – Dermatologe; Dermatologie; Dermatom
Derma – Dermatologie
ders. – derselbe
DES – data encryption standard *(Datenverschlüsselung)* · Datenerfassungsstelle · delivered ex ship · Dieselelektroschiff
des. – designatus (*lat.:* »vorgesehen, im Voraus bestimmt«)
DESG – Deutsche Eisschnelllauf-Gemeinschaft
desgl. – desgleichen
desinf. – desinfizieren; desinfiziert
Desinf. – Desinfektion
desint. – desinteressiert
Desint. – Desinteresse
deskr. – deskriptiv
Deskr. – Deskription
desp. – despotisch
Desp. – Despot[ie]; Despotismus

dess. – desselben
Dess. – Dessert · Dessin · Dessous
dest. – destillieren; destilliert
Dest. – Destillat; Destillateur; Destillation · Destinatar, Destinatär · Destination
Destatis – Deutsches Statistik-Informationssystem
DESV – Deutsche Eisschützen-Vereinigung
DESY – Deutsches Elektronen-Synchrotron
desz. – deszendent; deszendieren; deszendierend
Desz. – Deszendent; Deszendenz
det. – detaillieren; detailliert · determinieren; determiniert; deterministisch · detonieren; detoniert
Det. – Detail · Detektiv · Detektor · Detergenzien · Determinante · Determination; Determinativ *(Sprachw.)* · Determinismus *(Phil.)* · Detonation
DetAbV – Verordnung über die Abbaubarkeit von Detergenzien in Wasch- und Reinigungsmitteln
DeTeMedien – Deutsche Telekom Medien
DetG – Gesetz über Detergenzien in Wasch- und Reinigungsmitteln
DETO – Dyes Environmental and Toxicology Organization *(USA)*
DETT – Deutscher Eisenbahn-Tiertarif
DEU – Deutsche Eislaufunion · Deutsche Europa-Union
DEUBAU – Deutsche Bauausstellung
DEULA – Deutsche Lehranstalt für Agrartechnik
Deut. – Deuteron · Deuteronomium *(Bibel)*
DEÜV – Datenerfassungs- und -übermittlungsverordnung
DEUVET – Bundesverband Deutscher Motorveteranen-Clubs
DEV – Deutsche Eisschützen-Vereinigung · Deutscher Eisenwarenhändler-Verband · Deutscher Eissportverband · Deutscher Exportverband · Deutscher Erfinderverband
Dev. – Deviation · Devestition[en] · Devestitur · Devise; Devisen · Devotionalien
DEVA, Deva – Deutsche Verlagsanstalt
Dev.-Ausgl. – Devisenausgleich
Dev.-Ausgl.-Abk. – Devisenausgleichsabkommen
Dev.-Bew. – Devisenbewirtschaftung
DEVFP – Deutscher Verband Financial Planners
DevG, Dev.-Ges. – Devisengesetz
Dev.-H. – Devisenhandel
DEVK – Deutsche Eisenbahn-Versicherungskasse
Dev.-K. – Devisenkontrolle
DevKErkl. – Devisenkontrollerklärung
DEVO – Datenerfassungsverordnung
Dev.-O., Dev.-Ord. – Devisenordnung
DEVV – Deutscher Eisenbahnverkehrsverband
Dev.-Zwangsw., Dev.-Zw.-Wirtsch. – Devisenzwangswirtschaft
DEW – Deutsche Edelstahlwerke · Distant Early Warring System · Dortmunder Energie- und Wasserversorgung
Dewi – Deutsches Windenergie-Institut
DEZ – Deutsches Email-Zentrum
dez. – dezent · dezentralisieren; dezentralisiert · dezidieren; dezidiert · dezimal · dezimieren; dezimiert · dezisiv
Dez. – Dezember · Dezennium · Dezentralisation; Dezentralisierung · Dezernat; Dezernent · Dezimale · Dezime · Dezimeter
df – dead freight *(Fautfracht für nicht genutzten Laderaum)* · dialogfähig *(EDV)*
Df – Defizienz · Drahtfunk
DF – Datenfeld · Deutsche Freischar *(gegr. 1927)* · Deutscher Frauenrat · Deutsches Fernsehen · Differenzfrequenz · digitales Fernsehen · Durchgangsfernamt
Df. – Dorf · Durchfahrt · Durchführung
d. f. – de facto
DFA – Deutsche Fernsehnachrichtenagentur · Interessengemeinschaft Deutsche Fachmessen und Ausstellungsstädte
DFAV – Deutscher Fitness- und Aerobic-Verband
dfb – Demokratischer Frauenbund *(Rechtsnachfolger des DFD)*
DFB – Deutscher Fechter-Bund · Deutscher Fußballbund · Devisenfreibetrag
Df.-Best., DfBest. – Durchführungsbestimmung[en]
DFD – Demokratischer Frauenbund *(DDR; hist.)* · Deutsches Fernerkundungsdatenzentrum
DFeB – Deutscher Fechter-Bund
DFF – Drehfunkfeuer
DFFB – Deutsche Film- und Fernsehakademie Berlin
DFG – Deutsche Feriengemeinschaft · Deutsche Forschungsgemeinschaft · Deutsche Freiwillige Gerichtsbarkeit *(1936–1944)* · Deutsche Friedensgesellschaft · Deutsch-Französische Gesellschaft
DFG-VK – Deutsche Friedensgesellschaft-Vereinigte Kriegsdienstgegner/-innen
dfg. – dienstfähig
DFH – Deutsche Forschungsanstalt Hubschrauber und

Vertikalflugtechnik · Deutsch-Französische Hochschule
DFHF – Deutscher Fachhochschulführer
DFHK – Deutsch-Französisches Hochschulkolleg
DFI – Deutsch-Französisches Institut
DFJW – Deutsch-Französisches Jugendwerk
DFK – Deutscher Verband für Freikörperkultur · Deutsches Forum für Kriminalprävention · Digitale Flurkarte
DFKG – Deutsche Fernkabel-Gesellschaft
DFKI – Deutsches Forschungszentrum für künstliche Intelligenz
DFL – Dampffischlogger · Deutsche Forschungsanstalt für Luftfahrt · Deutsche Fußball-Liga
DFN – Deutsches Forschungsnetz
DFP – Deutsche Frauenpartei · digital flat panel · Diisopropylfluorphosphat
DFR – Deutsche Finanzrechtsprechung · Deutscher Forschungsrat
DFS – Deutsche Flugsicherung · Deutsche Forschungsanstalt für Segelflug · Deutsche Funkschule · Deutscher Fachverband Solarenergie · distributed file system
DFSp – Dünnschicht-Filmspeicher *(EDV)*
DFST – Deutsch-Französischer Straßen-Gütertarif
DFSV – Deutscher Freiballonsport-Verband
DFTV – Deutsche Filmtonmeister-Vereinigung · Deutscher Funktechnischer Verband
DFU – Deutsche Friedensunion
DFÜ – Datenfernübertragung
DFV – Datenfernverarbeitung · Deutscher Familienverband · Deutscher Fernschulverband · Deutscher Fernsehverband · Deutscher Feuerwehrverband · Deutscher Fischereiverband · Deutscher Forstverein · Deutscher Fototechniker-Verband · Deutscher Franchise-Verband · Deutscher Fremdenverkehrsverband · Deutscher Funktechnischer Verband
dfv, DFV – Deutscher Fleischerverband
DfV, DfVO – Durchführungsverordnung
DFVLR – Deutsche Forschungs- und Versuchsanstalt für Luft- und Raumfahrt
DFW – Deutsches Frauenwerk
DFWR – Deutscher Forstwirtschaftsrat
dg – Dezigramm
Dg – Dekagramm *(heute: dag)* · Durchgangsgüterzug
DG – Dachgeschoss · Dampfschifffahrtsgesellschaft · Danziger Gulden · Deutsche Gemeinschaft · Deutsche Gesellschaft · Deutsche Gildenschaft · Diplomgärtner · Durchführungsgesetz
Dg. – Dichtung · Düngung · Durchgang · Durchschlag
d. G. – der Gastgeber · des Generalstabes · des Gesetzes · durch Gelegenheit · durch Gesetz · durch Güte
D. G. – Dei gratia (*lat.:* »von Gottes Gnaden«)
DGA – Deutsche Gesellschaft für Andrologie · Deutsche Gesellschaft für Angiologie/Gefäßmedizin · Deutscher Druckgasausschuss
DGAC – Direction Générale de l'Aviation Civile *(Frankreich)*
DGAI – Deutsche Gesellschaft für Allergologie und klinische Immunologie
DGAK – Deutsche Gesellschaft für Afrikakunde
DGAM – Deutsche Gesellschaft für Arbeitsmedizin
DgaO – Deutsche Gesellschaft für angewandte Optik
DGAP – Deutsche Gesellschaft für Ad-hoc-Publizität · Deutsche Gesellschaft für Auswärtige Politik
DGÄPC – Deutsche Gesellschaft für Ästhetisch-Plastische Chirurgie
DGAUM – Deutsche Gesellschaft für Arbeitsmedizin und Umweltmedizin
DGAVL – Deutsche Gesellschaft für Allgemeine und Vergleichende Literaturwissenschaft
DGAW – Deutsche Gesellschaft für Abfallwirtschaft
DGB – Deutsche Gesellschaft für Betriebswirtschaft · Deutscher Gewerkschaftsbund · Deutscher Gymnastikbund
DGBW – Deutsche Gesellschaft für Bewässerungswirtschaft
DGCH – Deutsche Gesellschaft für Chirurgie
DGD – Deutsche Gesellschaft für Dokumentation
DGE – Deutsche Gesellschaft für Erbrechtskunde · Deutsche Gesellschaft für Ernährung
DGE-BV – Deutsche Gesellschaft für Endoskopie und bildgebende Verfahren
DGEG – Deutsche Gesellschaft für Eisenbahngeschichte · Deutsche Gesellschaft für Erd- und Grundbau
DGemO – Deutsche Gemeindeordnung
DGES – Deutsche Gesellschaft für Elektrische Straßenfahrzeuge
DGF – Deutsche Gesellschaft für Fettwissenschaft · Deutsche Gesellschaft für Finanz-

planung · Deutsche Gesellschaft für Flugwissenschaften · Deutsche Gesellschaft für Freizeit · Dingolfing-Landau *(Kfz)*
DGfB – Deutsche Gesellschaft für Betriebswirtschaft
DGfE – Deutsche Gesellschaft für Erziehungswissenschaften
DGfEE – Deutsche Gesellschaft für Europäische Erziehung
DGfest – Deutsche Gesellschaft zur Förderung und Entwicklung des Seminar- und Tagungswesens
DGFF – Deutsche Gesellschaft zur Bekämpfung von Fettstoffwechselstörungen und ihren Folgeerkrankungen
DGfH – Deutsche Gesellschaft für Holzforschung · Deutsche Gesellschaft für Hopfenforschung
DGFI – Deutsche Gesellschaft Freier Ingenieure · Deutsches Geodätisches Forschungsinstitut
DGfK – Deutsche Gesellschaft für Kartographie
DGFK – Deutsche Gesellschaft für Friedens- und Konfliktforschung
DGFKO – Deutsche Gesellschaft für Kieferorthopädie
DGfM – Deutsche Gesellschaft für Mauerwerksbau · Deutsche Gesellschaft für Metallkunde · Deutsche Gesellschaft für Mykologie
DGFP – Deutsche Gesellschaft für Personalführung
DGfPh – Deutsche Gesellschaft für Photographie
DGfPs – Deutsche Gesellschaft für Psychologie
DGfS – Deutsche Gesellschaft für Sexualwissenschaft · Deutsche Gesellschaft für Sprachwissenschaft
DGG – Deutsche Gartenbau-Gesellschaft · Deutsche Gefangenen-Gewerkschaft · Deutsche Geologische Gesellschaft · Deutsche Geophysikalische Gesellschaft · Deutsche Gesellschaft für Geschlechtserziehung *(Bonn)* · Deutsche Glastechnische Gesellschaft · Deutsche Grammophon-Gesellschaft · Deutsche Gruppenpsychotherapeutische Gesellschaft
DGGG – Deutsche Gesellschaft für Gynäkologie und Geburtshilfe
DGGL – Deutsche Gesellschaft für Gartenkunst und Landschaftspflege
DGGP – Deutsche Gesellschaft für Geschichte der Pharmazie
DGGPP – Deutsche Gesellschaft für Gerontopsychiatrie und -psychotherapie
DGGT – Deutsche Gesellschaft für Gastransport
DGH – Deutsche Gesellschaft für Humanökologie · Deutscher Großhändlerverband für Heizungs-, Lüftungs- und Klimabedarf
DGHM – Deutsche Gesellschaft für Hygiene und Mikrobiologie
DGHO – Deutsche Gesellschaft für Hämatologie und Onkologie
DGHS – Deutsche Gesellschaft für Humanes Sterben
DGI – Deutsche Gesellschaft für Implantologie · Deutsche Grundbesitz-Investmentgesellschaft · Deutsche Gesellschaft für Informationswissenschaft und Informationspraxis
DGIA – Deutsche Geisteswissenschaftliche Institute im Ausland
DGIM – Deutsche Gesellschaft für Innere Medizin
DGIP – Deutsche Gesellschaft für Individualpsychologie
DGK – Deutsche Generalkarte · Deutsche Genossenschaftskasse · Deutsche Geodätische Kommission · Deutsche Gesellschaft für Kardiologie · Deutsche Gesellschaft für Kybernetik · Deutsche Gesellschaft zur Förderung des Kultur- und Dokumentarfilms · Deutsche Grundkarte
DGK, dgk – Deutsches Grünes Kreuz
DGKF – Deutsche Gesellschaft für Kommunikationsforschung
DGKG – Deutsches Gerichtskostengesetz
DGKL – Deutsche Vereinte Gesellschaft für Klinische Chemie und Laboratoriumsmedizin
dgl. – dergleichen; desgleichen
DGLR – Deutsche Gesellschaft für Luft- und Raumfahrt
DGLRM – Deutsche Gesellschaft für Luft- und Raumfahrtmedizin
DGM – Deutsche Gesellschaft für Metallkunde · Deutsche Gesellschaft für Muskelkranke · Deutsche Gesellschaft für Mittelstandsberatung · Deutsche Gesellschaft für Mühlenkunde und Mühlenerhaltung · Deutsches Gebrauchsmuster · Deutsches Gesundheitsmuseum
DGMD – Deutsche Gesellschaft für Musik und Dichtung
DGMK – Deutsche Gesellschaft für Mineralölwissenschaft und Kohlechemie
DGMR – Deutsche Gesellschaft für Medizinrecht
DGMT – Deutsche Gesellschaft für Musiktherapie

DGN – Deutsche Gesellschaft für Nuklearmedizin
DGNLPt – Deutsche Gesellschaft für Neurolinguistische Psychotherapie
DGO – Deutsche Gemeindeordnung · Deutsche Gesellschaft für Optometrie · Deutsche Gesellschaft für Osteologie
DGOC – Deutsche Gesellschaft für orthopädische Chirurgie
DGON – Deutsche Gesellschaft für Ortung und Navigation
DGOR – Deutsche Gesellschaft für Operations Research
DGP – Deutsche Gesellschaft für Personalwesen · Deutsche Gesellschaft für Pneumologie
DGPF – Deutsche Gesellschaft für Photogrammetrie und Fernerkundung
DGPh – Deutsche Gesellschaft für Photographie
DGPPN – Deutsche Gesellschaft für Psychiatrie, Psychotherapie und Nervenheilkunde
DGPR – Deutsche Gesellschaft für Prävention und Rehabilitation von Herz- und Kreislauferkrankungen
DGPs – Deutsche Gesellschaft für Psychologie
DGPS – Differenzielles Globales Positionssystem
DGPT – Deutsche Gesellschaft für Experimentelle und Klinische Pharmakologie und Toxikologie · Deutsche Gesellschaft für Pharmakologie und Toxikologie · Deutsche Gesellschaft für Post- und Telekommunikationsgeschichte · Deutsche Gesellschaft für Psychoanalyse, Psychotherapie, Psychosomatik und Tiefenpsychologie
DGQ – Deutsche Gesellschaft für Qualität[sforschung]
d. Gr. – der Große; die Große · der Größe · der Gruppe
DGRR – Deutsche Gesellschaft für Raketentechnik und Raumfahrt
DGRV – Deutscher Genossenschafts- und Raiffeisenverband
DGS – Deutsche Gesellschaft für Soziologie · Deutsche Gesellschaft für Stereoskopie · Deutsche Gesellschaft für Sonnenenergie · Deutsche Gesellschaft für Suchtmedizin · Deutsche Gesellschaft Suizidprävention
DGSFS – Deutsche Gesellschaft zum Studium der Fertilität und Sterilität
DGSM – Deutsche Gesellschaft für Schlafforschung und Schlafmedizin
DGSP – Deutsche Gesellschaft für soziale Psychiatrie
DGSS – Deutsche Gesellschaft zum Studium des Schmerzes
DGStB – Deutsches Gebrauchshund-Stammbuch
DGT – Deutscher Gemeindetag · Deutscher Geodätentag · Deutsches Großteleskop
dgt. – digital
Dgt. – Dirigent
DGTA – Deutsche Gesellschaft für Technische Analyse
DGU – Deutsche Gesellschaft für Unfallchirurgie · Deutsche Gesellschaft für Unternehmensforschung · Deutsche Gesellschaft für Urologie
DGUF – Deutsche Gesellschaft für Ur- und Frühgeschichte
DGV – Deutsche Gesellschaft für Vakuumtechnik · Deutsche Graphologische Vereinigung · Deutscher Gastwirteverband · Deutscher Generalagenturen-Verband · Deutscher Genossenschaftsverband · Deutscher Gewerbeverband · Deutscher Gießereiverband · Deutscher Golf-Verband
DGVM – Deutsche Gesellschaft für Versicherungsmathematik
DGVN – Deutsche Gesellschaft für die Vereinten Nationen
DGVP – Deutsche Gesellschaft für Versicherte und Patienten · Deutsche Gesellschaft für Volksheilkunde, Patientenschutz und biologische Medizin
DGVS – Deutsche Gesellschaft für Verdauungs- und Stoffwechselkrankheiten
DGW – Deutsche Gesellschaft für Windenergie
DGWK – Deutsche Gesellschaft für Warenkennzeichnung
DGZ – deutsche gesetzliche Zeit · Deutsche Sparkassen- und Girozentrale
DGZfP – Deutsche Gesellschaft für Zerstörungsfreie Prüfung
DGzRS – Deutsche Gesellschaft zur Rettung Schiffbrüchiger
dH – deutscher Härtegrad
DH – Diepholz *(Kfz)* · Dirham *(Währung in Marokko)* · Doppelhaus · Doppelheft · Durchfahrtshöhe
Dh. – Dirahm *(Währung in den Vereinigten Arabischen Emiraten)*
d. h. – das heißt
d. H. – der Herausgeber · des/dieses Hauses
DHA – Deutsche Haut- und Allergiehilfe · Deutsche Heimwerker-Akademie · Dihydroxyaceton · Docosahexaenacid/-säure
DHB – Deutscher Handballbund · Deutscher Hausfrau-

enbund · Deutscher Hockey-Bund
DHCP – dynamic host configuration protocol
DHEA – Dehydroepiandrosteron
DHF – Deutscher Hochschulführer
DHFI, dhfi – Deutsches High-Fidelity-Institut
DHfL – Deutsche Hochschule für Leibesübungen
DHfM – Deutsche Hochschule für Musik
DHfP – Deutsche Hochschule für Politik
dhg – Deutsche Hausfrauengewerkschaft
DHG – Deutsche Hämophilie-Gesellschaft · Deutsche Handelsgesellschaft · Deutsche Hilfsgemeinschaft
DHH – Doppelhaushälfte
DHHU – Dortmund-Hörder Hütten-Union *(hist.)*
DHHV – Deutscher Handharmonika-Verband
DHI – Deutsches Handwerksinstitut · Deutsches Historisches Institut · Deutsches Hydrographisches Institut
DHK – Deutsche Hilfe für Kinder von Arbeitslosen
DHKT – Deutscher Handwerkskammertag
DHL – Dalsey, Hillblom, Lynn *(Gründer des Paket- und Expressdienstes)*
DHM – Deutsche Handwerksmesse · Deutsche Hochschulmeisterschaft · Deutsches Historisches Museum · Deutsches Hygiene-Museum
DHP – Deutsche Herz-Kreislauf-Präventionsstudie
DHS – Deutsche Hauptstelle für Suchtfragen · Deutsche Herzstiftung · Deutsche Hospiz-Stiftung
DHT – Dihydrotestosteron
DHTML – dynamic HTML
DHU – Deutsche Homöopathie-Union
d. h. u. a. – das heißt unter anderem
DHV – Deutscher Handels- und Industrie-Angestelltenverband · Deutscher Hängegleiterverband · Deutscher Heilbäderverband · Deutscher Hochschulverband · Deutscher Hockey-Verband · Deutscher Holzarbeiterverband
DHVSt – Doppelhauptvermittlungsstelle *(Post)*
DHWR – Deutscher Holzwirtschaftsrat
DHZ – Deutsches Herzzentrum
DHZB – Deutsches Herzzentrum Berlin
Di – Diphtherie
DI – Diplomingenieur · Direktinkasso · Direktinvestition[en] · Dolmetscherinstitut
di. – dienstags · dienstlich
Di. – Dienst · Dienstag · Dirigent
d. i. – das ist
Dia – Diapositiv
DIA – Deutsche Immobilien-Akademie · Deutsches Institut für Altersvorsorge · document interchange architecture
DIA, dia. – diastolisch *(Med.)*
diab. – diabetisch · diabolisch
Diab. – Diabetes; Diabetiker
DIAG – Deutsche Industrie-Anlagen-Gesellschaft · Deutsch-Ibero-Amerikanische Gesellschaft
diag. – diagonal
Diag. – Diagonal; Diagonale
Diag., Diagn. – Diagnose; Diagnostik; Diagnostiker
Diagr. – Diagramm
Diak. – Diakon; Diakonat; Diakonisse
diakr. – diakritisch
dial. – dialektisch
Dial. – Dialekt · Dialektik[er] · Dialog[e]
diam. – diametral; diametrisch
Diam. – Diamant[en] · Diameter
Diamat, DIAMAT – Dialektischer Materialismus
DiätV – Diätverodnung
DiB – Deutsche Industrievereinigung Biotechnologie · Diphtheriebazillus
DIB – Deutsche Investitionsbank · Deutscher Imkerbund · Deutscher Ingenieurbund · Deutsches Institut für Betriebswirtschaft
DIBMOF – diensteintegrierender Bahn-Mobilfunk
DIBT – Deutsches Institut für Bautechnik
did – deutsch in deutschland *(Sprachschule)*
DID – Deutsche Immobilien-Datenbank
did. – didaktisch
Did. – Didaktik; Didaktiker
.die – device independent bitmap *(Dateierweiterung)*
DIE – Deutsches Institut für Entwicklungspolitik · Deutsches Institut für Erwachsenenbildung
diej. – diejenige[n]
Dienstanw. – Dienstanweisung[en]
Dienst.-Aufs.-Beh. – Dienstaufsichtsbehörde
Dienstber. – Dienstberechtigter; Dienstberechtigung · Dienstbereitschaft · Dienstbericht
dienstl. – dienstlich
DienstO – Dienstordnung
dienstpfl. – dienstpflichtig
Dienstpfl. – Dienstpflicht; Dienstpflichtiger
Dienststd. – Dienststunde[n]
DIEP – Deutsches Institut für Entwicklungspolitik
dies. – dieselbe[n]
diesbez. – diesbezüglich
diesj. – diesjährig
diess. – diesseitig; diesseits
DIET, D.I.E.T. – Deutsches Institut für Ernährungsmedizin und Diätetik
DIF – Deutsches Institut für

Filmkunde · Deutsches Institut für Förderung des industriellen Führungsnachwuchses · Deutsches Institut für Fremdenverkehr
DIFAD – Deutsches Institut für angewandte Datenverarbeitung
DIFF – Deutsches Institut für Fernstudien
diff. – different · differenzial · differenziell · differenzieren; differenziert · diffizil · diffus
Diff. – Differenzial · Differenz · Differenzierung
diffam. – diffamieren; diffamiert
Diffam. – Diffamie[rung]
Diff.-Diag., Diff.-Diagn. – Differenzialdiagnose
Diff.-Gesch. – Differenzgeschäft
Diff.-Getr. – Differenzialgetriebe
Diff.-Gl. – Differenzialgleichung
Diff.-Quot. – Differenzialquotient
Diff.-Rechnung – Differenzialrechnung
Diff.-Sp. – Differenzialsperre
DIFU, Difu – Deutsches Institut für Urbanistik
DIfW – Deutsches Institut für Wirtschaftsforschung
DIFW – Deutscher Industrieverband Fitness und Wellness
dig. – digital
Digicam – Digitalcamera
DIHK – Deutsche Industrie- und Handelskammer
DIHKJ – Deutsche Industrie- und Handelskammer in Japan
DIHT – Deutscher Industrie- und Handelskammertag
DIHZ – Deutsches Industrie- und Handelszentrum
DIJV – Deutsch-Italienische Juristenvereinigung
DIK – Deutsches Institut für Kautschuktechnologie
DIL – Deutsches Institut für Luftverkehrsstatistik · dual inline
dil. – dilatabel · dilatorisch
Dil. – Dilation · Dilemma
DIM – Deutsche Industriemesse
dim. – dimensional · dimidium (*lat.:* »zur Hälfte«) · diminuendo *(ital.:* »abnehmend [in der Tonstärke]«; *Musik)* · diminutiv · dimorph
Dim. – Dimension · Diminution · Diminutiv[um]
DIMDI – Deutsches Institut für medizinische Dokumentation und Information
DIME – direct memory execute
dimin. – diminuendo *(vgl. dim.)*
DIMITAG, Dimitag – Dienst mittlerer Tageszeitungen
DIMM – dual inline memory modules
Din – Dinar
DIN – Deutsche Industrienorm[en]; Deutsches Institut für Normung; *(scherzh.:)* Das ist Norm
DINI – Deutsche Initiative für Netzwerk-Information
Dino – Dinosaurier
DINP – Diisononylphthalat
d. in p. ae. – divide in partes aequales (*lat.:* »verteile zu gleichen Teilen«; *Pharm.*)
DINTA, Dinta – Deutsches Institut für Technische Arbeitsschulung
Dion – Direktion *(Österreich)* · Division *(Österreich)*
dip – Deutsches Institut für angewandte Pflegeforschung
DIP – De-inked Pulp *(Papierstoff aus Altpapier)* · desquamative interstitial pneumonia *(Med.)* · Dual Inline Package
dip. – dipartimento *(ital.)*
Dipas – Dialog-Informations- und Personalabrechnungs-System *(EDV)*
DIPF – Deutsches Institut für Internationale Pädagogische Forschung
dipl. – diplomatisch · diplomiert
Dipl. – Diplom[and] · Diplomat[ie]; Diplomatik
Diplomgrade – *siehe Übersicht*
Dipl.-Prüf. – Diplomprüfung
DIPR – Deutsches Institut für Public Relations
DIR, D.I.R. – Dokumentations- und Informationszentrum für Rassismusforschung
Dir. – Direktion · Direktive · Direktor/-at; Direktorin; Direktorium · Direktrice · Dirigent
Dir.-App. – Direktapparat
Dir.-Ass., Dir.-Assist. – Direktionsassistent[in]
Dir.-Best. – Direktbestellung[en]
DirBR – Direktor beim Deutschen Bundesrat
DirBT – Direktor beim Deutschen Bundestag
DirBWB – Direktor beim Bundesamt für Wehrtechnik und Beschaffung
Direx – Direktor
Dir.-Gespr. – Direktgespräch[e]
DIRK – Deutscher Investor Relations-Kreis
Dir.-Nr. – Direktnummer
Dir.-Sdg. – Direktsendung
Dir.-Sekr. – Direktionssekretariat; Direktionssekretär[in]
Dir.-Send. – Direktsendung
Dir.-Übertr. – Direktübertragung
Dir.-Verb. – Direktverbindung
Dir.-Verbr. – Direktverbrauch · Direktverbrennung
DIS – Deutsches Institut für Schiedsgerichtsbarkeit
Disc. – Discount[er]

Diplomgrade

Dipl.-Agr.-Biol. – Diplomagrarbiologe/-in
Dipl.-Agr.-Ing. – Diplomagraringenieur[in]
Dipl.-Agr.-Ökol. – Diplomagrarökologe/-in
Dipl.-Arb., Dipl.-Arbeit – Diplomarbeit
Dipl.-Arch[it]. – Diplomarchitekt[in]
Dipl.-Astr[on]. – Diplomastronom[in]
Dipl.-Berging. – Diplombergingenieur[in]
Dipl.-Betriebsw., Dipl.-Betrw., Dipl.-Betr.-Wirt, Dipl.-Btrw., Dipl.-Bw. – Diplombetriebswirt[schaftler][in]
Dipl.-Bibl. – Diplombibliothekar[in]
Dipl.-Biochem. – Diplombiochemiker/-in
Dipl.-Biol. – Diplombiologe/-in
Dipl.-Biomath. – Diplombiomathematiker[in]
Dipl.-Biophys. – Diplombiophysiker[in]
Dipl.-Biotechol. – Diplombiotechnologe/-in
Dipl.-Brauing., Dipl.-Br.-Ing. – Diplombrauingenieur[in]
Dipl.-Braumstr., Dipl.-Br.-Mstr. – Diplombraumeister[in]
Dipl.-Buchhandelsw. – Diplombuchhandelswirt[in]
Dipl.-Chem. – Diplomchemiker[in]
Dipl.-Chem.-Ing. – Diplomchemieingenieur[in]
Dipl.-Comp.-Math. – Diplomcomputermathematiker[in]
Dipl.-Des. – Diplomdesigner[in]
Dipl.-Dok. – Diplomdokumentar[in]
Dipl.-Dolm. – Diplomdolmetscher[in]
Dipl.-Dramat. – Diplomdramaturg[in]
Dipl.-Ergoth. – Diplomergotherapeut[in]
Dipl.-Fachübers. – Diplomfachübersetzer[in]
Dipl.-Forsting. – Diplomforstingenieur[in] *(Schweiz)*
Dipl.-Forstw. – Diplomforstwirt[in]
Dipl.-Gärtn. – Diplomgärtner[in]
Dipl.-Geogr. – Diplomgeograph[in]
Dipl.-Geol. – Diplomgeologe/-in
Dipl.-Geoök., -Geoökol. – Diplomgeoökologe/-in
Dipl.-Geoph[ys]. – Diplomgeophysiker[in]
Dipl.-Geow. – Diplomgeowissenschaftler[in]
Dipl.-Gwl. – Diplomgewerbelehrer[in]
Dipl.-Heilpäd. – Diplomheilpädagoge/-in
Dipl.-Hdl. – Diplomhandelslehrer[in]
Dipl.-Hist. – Diplomhistoriker[in]
Dipl.-Holzw. – Diplomholzwirt[in]
Dipl.-Hyd., Dipl.-Hydrol. – Diplomhydrologe/-in
Dipl.-Inf., Dipl.-Inform. – Diplominformatiker[in]
Dipl.-Inform. Med. – Diplommedizininformatiker[in]
Dipl.-Ing. – Diplomingenieur[in]
Dipl.-Ing. agr. – Diplomagraringenieur[in]
Dipl.-Journ. – Diplomjournalist[in]
Dipl.-Kaufm., Dipl.-Kfm. – Diplomkaufmann
Dipl.-Kffr., Dipl.-Kfr. – Diplomkauffrau
Dipl.-Kml. – Diplomkosmetologielehrer[in]
Dipl.-Komm.-Designer – Diplomkommunikationsdesigner[in]
Dipl.-Komm.-Psych. – Diplomkommunikationspsychologe/-in
Dipl.-Komm.-Wirt[in] – Diplomkommunikationswirt[in]
Dipl.-Krist. – Diplomkristallograph[in]
Dipl.-Kulturpäd. – Diplomkulturpädagoge/-in
Dipl.-Kulturw. – Diplomkulturwirt[in]
Dipl.-Lab.-Chem. – Diplomlaborchemiker[in]
Dipl.-Landsch.-Ökol. – Diplomlandschaftsökologe/-in
Dipl.-Landw., Dipl.-Ldw. – Diplomlandwirt[in]
Dipl.-Lebensm.-Chem. – Diplomlebensmittelchemiker[in]
Dipl.-Log. – Diplomlogopäde/-in
Dipl.-Logist. – Diplomlogistiker[in]
Dipl.-Math. – Diplommathematiker[in]
Dipl.-Medieninf. – Diplommedieninformatiker[in]
Dipl.-Medienw., Dipl.-Medienwiss. – Diplommedienwissenschaftler[in]
Dipl.-Med.-Päd. – Diplommedizinpädagoge/-in
Dipl.-Met. – Diplommeteorologe/-in
Dipl.-Min. – Diplommineraloge/-in
Dipl.-Mus. – Diplommusiker[in]

Diplomgrade (Fortsetzung)

Dipl.-Mus.ther., Dipl.-Musiktherap. – Diplommusiktherapeut[in]
Dipl. oec. – diplomatus oeconomiae *(Diplomökonom[in])*
Dipl.-Ök., Dipl.-Ökon. – Diplomökonom[in]
Dipl.-oec.troph, Dipl.-Oecotroph. – Diplomökotrophologe/-in *(Ernährungswissenschaftler[in])*
Dipl.-Opt. – Diplomoptiker[in]
Dipl.-Ozeanogr. – Diplomozeanograph[in]
Dipl.-Päd. – Diplompädagoge/-in
Dipl. paed. – diplomatus paedagogiae *(Diplompädagoge/-in)*
Dipl.-Pfl. – Diplompflegelehrer[in]
Dipl.-Pfl.-Manag. – Diplompflegemanager[in]
Dipl.-Pfl.-Päd. – Diplompflegepädagoge/-in
Dipl.-Pflegew., Dipl.-Pflegewiss. – Diplompflegewissenschaftler[in]
Dipl.-Pharm. – Diplompharmazeut[in]
Dipl. phil. – diplomatus philosophiae *(Diplomphilosoph[in])*
Dipl.-Phil. – Diplomphilosoph[in]
Dipl.-Phys. – Diplomphysiker[in]
Dipl.-Pol. – Diplompolitologe
Dipl.-Psych. – Diplompsychologe/-in
Dipl.-Red. – Diplomredakteur[in]
Dipl.-Rel.-Päd., Dipl.-Religionspäd. – Diplomreligionspädagoge/-in
Dipl. rer. oec. – diplomatus rerum oeconomicarum *(Diplomwirtschaftswissenschaftler[in])*
Dipl. rer. pol. – diplomatus rerum politicarum *(Diplomvolkswirtschaftler[in])*
Dipl. rer. soc. – diplomatus rerum socialium *(Diplomsozialwissenschaftler[in])*
Dipl.-Rest. – Diplomrestaurator[in]
Dipl.-Soz. – Diplomsoziologe/-in
Dipl.-Soz.-Arb. – Diplomsozialarbeiter[in]
Dipl.-Sozial. – Diplomsozialwirtschaftler[in]
Dipl.-Soz.-Päd. – Diplomsozialpädagoge/-in
Dipl.-Soz.-Wirt[in], Dipl.-Sozw. – Diplomsozialwirt[in]
Dipl.-Soz.-Wiss. – Diplomsozialwissenschaftler[in]
Dipl.-SpOec. – Diplomsportökonom[in]
Dipl.-Sportwiss. – Diplomsportwissenschaftler[in]
Dipl.-Sprachwiss. – Diplomsprachwissenschaftler[in]
Dipl.-Sprechwiss. – Diplomsprechwissenschaftler[in]
Dipl.-Stat. – Diplomstatistiker[in]
Dipl.-Systemwiss. – Diplomsystemwissenschaftler[in]
Dipl.-Tech.-Math. – Diplomtechnomathematiker[in]
Dipl.-Theatr. – Diplomtheaterwissenschaftler[in]
Dipl.-Theol. – Diplomtheologe/-in
Dipl.-Übers. – Diplomübersetzer[in]
Dipl.-Umweltwiss. – Diplomumweltwissenschaftler[in]
Dipl.-Verm.-Ing. – Diplomvermessungsingenieur[in]
Dipl.-Verw.-Wirt[in], Dipl.-Verww., Dipl.-Vwwt. – Diplomverwaltungswirt[in]
Dipl.-Verw.-Wiss. – Diplomverwaltungswissenschaftler[in]
Dipl.-Volksw., Dipl.-Vw., Dipl.-Vwt. – Diplomvolkswirt[schaftler][in]
Dipl.-Weinb. – Diplomweinbauer[in]
Dipl.-Wirtsch. – Diplomwirtschaftler[in]
Dipl.-Wirtsch.-Biol. – Diplomwirtschaftsbiologe/-in
Dipl.-WI, Dipl.-Wirt(sch).-Inf(orm). – Diplomwirtschaftsinformatiker[in]
Dipl.-Wirt(sch).-Ing. – Diplomwirtschaftsingenieur[in]
Dipl.-Wirt(sch).-Jur. – Diplomwirtschaftsjurist[in]
Dipl.-Wirt(sch).-Math. – Diplomwirtschaftsmathematiker[in]

Discos – digital subcarrier on satellite
DiSEqC – digital satellite equipment control
dish. – disharmonisch
Dish. – Disharmonie
disj. – disjunktiv *(Sprachw.)*
disk. – diskutabel · diskutieren; diskutiert
Disk. – Diskant · Diskont; Diskonto · Diskothek · Diskus · Diskussion
Disko – Diskothek
diskr. – diskret · diskriminieren[d]; diskriminiert
Diskr. – Diskretion · Diskriminierung
DISMA – Deutsches Institut

für statistische Markt- und Meinungsforschung
disp. – dispensieren; dispensiert · dispergieren[d]; dispers · disponibel · disponieren · disponiert · dispositiv
Disp. – Dispatcher · Dispens · Dispergens; Dispersion · Disponent · Disposition · Disput · Disputation
Dispo-Kredit – Dispositionskredit
DISS – Duisburger Institut für Sprach- und Sozialforschung
diss. – dissoziativ; dissoziieren; dissoziiert
Diss. – Dissertation · Dissident · Dissimilation · Dissimulation · Dissolution · Dissonanz · Dissoziation
DIST – Deutsch-Italienischer Straßen-Gütertarif · digital image scaling technology
dist. – distanzieren; distanziert · distinguiert
Dist. – Distanz · Distichon · Distorsion
distr. – distributiv *(Sprachw.)*
Distr. – Distraktion · Distribuent; Distribution · Distrikt
disz. – disziplinär; disziplinarisch; diszipliniert
Disz. – Disziplin
DiszG – Disziplinargesetz
DiszH – Disziplinarhof
Disz.-Str., DiszStr. – Disziplinarstrafe
Disz.-Verf., DiszVerf. – Disziplinarverfahren
DIT – Deutscher Investment-Trust
div. – divergent; divergieren[d] · divers · divide (*lat.:* »teile«)
Div. – Divergenz · Diverses · Diversifikation · Divertimento *(Musik)* · Dividende[n] · Division · Divisor
D.I.V. – Deutscher Inline-Skate Verband
DIVI – Deutsche Interdisziplinäre Vereinigung für Intensiv- und Notfallmedizin
Div.-Komm. – Divisionskommandeur
DIVO – *(früher:)* Deutsches Institut für Volksumfragen; *(heute:)* Institut für Wirtschaftsforschung, Sozialforschung und angewandte Mathematik
DIVS – Deutsche Interdisziplinäre Vereinigung für Schmerztherapie
Div.-Verf. – Divisionsverfahren
DiVX – digital video express
DIW – Deutsches Institut für Wirtschaftsforschung
DIWIV – Deutsches Institut für wirtschaftliches Arbeiten in der öffentlichen Verwaltung
DIWT – Deutsches Institut für Wirtschaftswissenschaften und Tourismus *(Berlin)*
DIX – Deutscher Immobilien-Index
DIZ – Daten- und Informationszentrum · Deutsche Industriefilm-Zentrale · Deutsches Institut für Zeitgeschichte
DJ – Deutsche Jägerschaft · Deutsche Jugend · Deutsche Jugendbücherei · Diskjockey
d. j. – de jure (*lat.:* »von Rechts wegen«)
d. J. – der Jüngere; die Jüngere · des Jahres/dieses Jahres · dieses Jahrgangs
DJB – Deutscher Judobund · Deutscher Junghandwerkerbund
djb, DJB – Deutscher Juristinnenbund
DJC – Deutscher Judoclub
DJD – Deutsche Jungdemokraten
DJE Stoxx 50 – Dow Jones Euro Stoxx 50
DJF – Deutsche Jugendfeuerwehr
DJFR – Deutscher Jugendfahrtenring
DJH – Deutsche Jugendherberge; Deutscher Jugendherbergsverband · Deutsche Jugendhilfe
DJI – Deutsches Jugendinstitut · Dow-Jones-Index
d. j. J. – des jetzigen Jahres
DJK – Deutsche Jugendkraft
DJMM – Deutsche Jugendmannschaftsmeisterschaft[en]
DJN – Deutscher Jugendbund für Naturbeobachtung
DJO – Deutsche Jugend des Ostens
DJRK – Deutsches Jugendrotkreuz
DJS – Deutsche Journalistenschule *(München)*
DJSI – Dow Jones Sustainability Index
DJT – Deutscher Jagdterrier · Deutscher Juristentag
DJU – Deutsche Journalisten-Union
DJV – Demokratischer Jugendverband · Deutscher Jagdschutz-Verband · Deutscher Journalisten-Verband
DJW – Deutsches Jugendschriftenwerk · Deutsch-Japanischer Wirtschaftskreis
dk – Deka...
DK – Damenkomitee · Dampfkraft · Dänemark *(Kfz)* · Datenkontrolle · Deckungskapital · Delegiertenkommission · Delegiertenkonferenz · Deutsches Komitee · Deutsches Konsulat · Deutsch Kurzhaar · Dezimalklassifikation · Dielektrizitätskonstante · Dieselkraftstoff · Diplomkaufmann · Domkapitel; Domkapitular · Doppelkupplung · Drehkondensator
DKA – Deutscher Kriegsopferausschuss · Deutsches Kreditabkommen
D.-Kap. – Domkapitel; Domkapitular
DKB – Deutscher Kanarienzüchterbund · Deutscher Karate-Bund · Deutscher Keglerbund · Deutscher

Künstlerbund · Dinkelsbühl *(Kfz)* · Durchlaufbetrieb mit Kurzzeitbelastung *(Technik)*
DKBD – Demokratischer Kulturbund Deutschlands
DKBL – Deutsche Kohlenbergbauleitung
DKBW – Deutsches Katholisches Blindenwerk
DKD – Deutsche Klinik für Diagnostik *(Wiesbaden)* · Deutscher Kalibrierdienst
DKE – Deutsche Kommission Elektrotechnik Elektronik Informationstechnik im DIN und VDE · Devisenkontrollerklärung
Dkfm. – Diplomkaufmann
DKfO – Deutsche Kommission für Ozeanographie
DKfW – Deutsche Kommission für Weltraumforschung
DKFZ – Deutsches Krebsforschungszentrum *(Heidelberg)*
dkg – Dekagramm
DKG – Deutsche Kakteen-Gesellschaft · Deutsch-Kanadische Gesellschaft · Deutsche Kautschuk-Gesellschaft · Deutsche Keramische Gesellschaft · Deutsche Kinotechnische Gesellschaft · Deutsche Krankenhausgesellschaft · Deutsche Krebsgesellschaft
DKH – Deutsche Krebshilfe
DKI – Deutsche Kommission für Ingenieurausbildung · Deutsches Krankenhausinstitut · Deutsches Krawatten-Institut · Deutsches Kunststoff-Institut · Deutsches Kupferinstitut
DK-IEC – Deutsches Komitee der International Electrotechnical Commission
DKIN – Deutsches Komitee für Instandhaltung
DKJS – Deutsche Kinder- und Jugendstiftung
DKK – Deutsche Kreditkarte
DKKV – Deutscher Kunstkraftsport-Verband
dkl – Dekaliter
dkl. – dunkel
d. Kl. – der/die Kleine · der/diese Klasse
dkl.-bl. – dunkelblau
DKlV – Dienstkleidungsvorschrift
dkm – Dekameter
DKM – Drehkolbenmotor
Dkm. – Denkmal; Denkmäler · Diplomkaufmann
DKMS – Deutsche Knochenmarkspenderdatei
DKP – Deutsche Kommunistische Partei
dkr – dänische Krone *(Währung)*
DKR – Deutsche Gesellschaft für Kunststoff-Recycling · Deutscher Kulturrat *(Bonn/Berlin)* · Deutsches Komitee für Reprographie
DKS – Deutsche Kraftwagen-Spedition
DKSB – Deutscher Kinderschutzbund
DKU – Deutsche Kraftfahrerunion
DKV – Deutsche Krankenversicherungs-Aktiengesellschaft · Deutscher Kälte- und Klimatechnischer Verein · Deutscher Kanuverband · Deutscher Karate-Verband · Deutscher Kassenverein · Deutscher Keglerverband · Deutscher Kraftfahrerverband · Deutscher Kraftverkehr · Deutscher Künstlerverband · Deutscher Kunststudentenverband
DKVG – Deutsche Kernreaktor-Versicherungsgemeinschaft
DKVO – Dampfkesselverordnung
DKVSt – Doppelknotenvermittlungsstelle *(Post)*
DKW – Dampfkraftwagen · Dampfkraftwerk
DKWG – Deutsche Kriegerwohlfahrtgemeinschaft
dkwtw. – dankenswerterweise
dl – Deziliter
DL – Dampfleitung · Dampflogger · Demarkationslinie · Deutscher Lehrerverband · Deutsch Langhaar · Dienstleistung · Diplomlandwirt · Döbeln *(Kfz)* · dosis letalis (*lat.:* »tödlich wirkende Menge«; *Med.*) · Drehleiter
Dl. – Druckluft
D. L. – Doctor Legum *(lat.);* Doctor of Law *(engl.)*
D. L., DL – Deutsche Landsmannschaft
DLA – Deutsche Logistik-Akademie · Deutscher Luftfahrzeugausschuss · Deutsches Literaturarchiv *(Marbach)* · Dienstleistungsabgabe
D-Lampe – Doppelwendellampe
DLB – Deutscher Luftfahrt-Beratungsdienst · Dienstleistungsbetrieb
DLBv – Deutscher Logistischer Bevollmächtigter *(Bw.)*
DLC – dual listed company
DLF – Deutschlandfunk
DLFH – Deutsche Leukämie-Forschungshilfe
DLfM – Deutsche Liga für Menschenrechte
DLG – Deutsche Landwirtschaftsgesellschaft · Deutsche Lichtbildgesellschaft · Dillingen a. d. Donau *(Kfz)*
DLH – Deutsche Leukämie- und Lymphom-Hilfe · Deutsche Lufthansa · Deutscher Lehrerverband Hessen
DL-IGJ – Deutscher Landesausschuss für das Internationale Geophysikalische Jahr
D-Linie – Demarkationslinie · [gelbe] Doppellinie [des Natriumspektrums]
D. Lit[t]. – Doctor Lit[t]erarum *(lat.);* Doctor of Literature *(engl.)*
DLJ – Deutsche Leichtathletikjugend
d. l. J. – des laufenden Jahres
DLL – dynamic link library

DLM – Direktorenkonferenz der Landesmedienanstalten
d.l.M. – des laufenden Monats
d.l.o. – dispatch loading only (*engl.:* »Eilgeld nur bei schnellerem Beladen«)
DLR – Deutsche Luftreederei · Deutscher Landwirtschaftsrat · Deutsches Zentrum für Luft- und Raumfahrt · DeutschlandRadio Berlin
D.L.R. – Donath-Landsteiner-Reaktion *(Med.)*
DLRB – DeutschlandRadio Berlin
DLRG – Deutsche Lebens-Rettungs-Gesellschaft
DLS – Deutsche Luftfahrt-Sammlung · digitale Leerlaufstabilisierung *(Kfz)*
DLSV – Deutscher Luftsportverband
DLT – Deutscher Landkreistag · Deutsches Lufttaxi · digital linear tape
DLTB – Deutscher Lawn-Tennis Bund
DLTG – Deutsche Lichttechnische Gesellschaft
dlv – Deutscher Ladenbau-Verband
DLV – Deutscher Landfrauenverband · Deutscher Leichtathletik-Verband · Deutscher Leihverkehr *(Bibl.)* · Deutscher Luftfahrt-Verband · Deutscher Luftpostverband · Deutscher Luftschutz-Verband · Deutscher Luftsport-Verband
d.l.W. – der laufenden Woche
DLZ – Dienstleistungszentrum
dm – Dezimeter
dm² – Quadratdezimeter
dm³ – Kubikdezimeter
DM – Dampfmühle · Demmin *(Kfz)* · Deutsche Mark *(hist.)* · Deutsche Meisterschaft[en] · Deutsches Modell · Deutsches Museum · Dienstmarke · Dieselmotor
Dm. – Denkmal; Denkmäler · Domäne · Durchmesser
d.m. – destra mano (*ital.:* »mit der rechten Hand«; *Musik*)
d.M. – der Marine · deutsche Meile · des/dieses Monats
D.M. – Doctor of Medicine
DMA – direct marketing association · direct memory access
D-Mark – Deutsche Mark *(hist.)*
DMB – Deutscher Museumsbund · Deutscher Mieterbund
DMBv – Deutscher Militärischer Bevollmächtigter *(Bw.)*
DMD – digital media designer · Duchenne Muskeldystrophie
DME – distance measuring equipment
DME-Verfahren – Distance-Measuring-Equipment-Verfahren
DMF – Dimethylformamid
DMG – Deutsche Maschinentechnische Gesellschaft · Deutsche Meteorologische Gesellschaft · Deutsche Morgenländische Gesellschaft · Deutsche Musikgesellschaft · Deutscher Militärgeographischer Dienst
DMI – Deutscher Medizinischer Informationsdienst · Deutsches Mode-Institut
DMietR – Deutsches Mietrecht
DMJ – Deutsches Meteorologisches Jahrbuch
DMK – Deutsche Meereskarte · Deutscher Motorboot-Klub
DMKG – Deutsche Migräne- und Kopfschmerzgesellschaft
DMM – Deutsche Mannschaftsmeisterschaft[en]
DMMK – Deutscher Multimedia-Kongress
DMMP – Dimethyl-Methylphosphat
dmmv, DMMV – Deutscher Multimedia-Verband
DMP – Disease-Management-Programm *(Med.)*
DMPS – Dimercaptopropansulfonsäure
DMR – Deutscher Musikrat · Deutsches Mietrecht
Dmr. – Durchmesser
DMS – Dehnungsmessstreifen · Deutsche Mannschaftsmeisterschaft im Schwimmen · Dokumentenmanagementsystem
DMSB – Deutscher Motorsportbund
DMSG – Deutsche Multiple Sklerose-Gesellschaft
DMSO – Dimethylsulfoxid
DMT – Deutsche Montan-Technologie *(Essen)* · Dimensional Motion Times *(Arbeitszeitberechnung)* · Dimethylterephthalat
DMTF – Distributed Management Task Force
d.Mts. – des/dieses Monats
DMU – Deutsche Musikunion
DMÜB – Deutsche-Mark-Überleitungsbilanz
DMV – Deutsche Industriemeister-Vereinigung · Deutsche Mathematiker-Vereinigung · Deutscher Marmorverband · Deutscher Metallarbeiter-Verband · Deutscher Möbel-Verbund · Deutscher Modelleisenbahn-Verband · Deutscher Motorsport-Verband · Deutscher Mundharmonika-Verband · Deutscher Musikverleger-Verband
DMWV – Deutscher Musikalienwirtschaftsverband
DMYV – Deutscher Motoryachtverband
DMZ – demilitarisierte Zone

DN – Denitrifikation *(Technik)* · Düren *(Kfz)*
D.-N. – Doppelnummer
D/N – debit note *(Lastschrift)*
DNA – Desoxyribonucleic acid *(engl., s. DNS)* · Deutscher Normenausschuss *(DIN)*
DNAE – Datennetzanschlusseinrichtung
DNasen – Dornasen; Desoxyribonucleasen
DNB – Deutsche Notenbank *(DDR)* · Dinitrobenzol
DNC – Direct Numerial Control
DNEbM – Deutsches Netzwerk Evidenzbasierte Medizin
DNG – Deutsche Narkolepsie-Gesellschaft
DNK – Deutsches Nationales Komitee des Weltenergierates · Deutsches Nationales Komitee für Denkmalschutz
DNKV – Deutsch-Niederländischer Kulturverein
DNL – dynamic noise limiter
DNotV – Deutscher Notarverein
DNR – Deutscher Naturschutzring · dynamic noise reduction
DNS – Desoxyribonukleinsäure *(s. DNA)* · domain name server/service/system
DNST – Deutsch-Niederländischer Straßen-Gütertarif
DNT – Deutsches Nationaltheater *(Weimar)* · Dinitrotoluol
DNVP – Deutschnationale Volkspartei *(hist.)*
DNW – Deutsch-Niederländischer Windkanal
DO – Deutscher Orden · Dienstordnung · Dienststrafordnung · Dieselöl · Disziplinarordnung · Dortmund *(Kfz)*
do. – detto, ditto *(Österreich)*, dito (*ital., franz.:* »dasselbe, ebenso«) · donnerstags
Do. – Donnerstag · Doppel
D/O, d/o, DO – delivery order (*engl.:* »Ab-, Auslieferungsauftrag; Ab-, Auslieferungsschein«)
d. O. – der/die/das Obengenannte; der/die/das Obige
D&O – Directors and Officers Liability Insurance *(Versicherung)*
DOA – Dienstordnung für Angestellte
DOAG – Deutsch-Ostasiatische Gesellschaft
DOAI – Deutsches Ostasien-Institut
Do.-Airb. – Doppelairbag
D. Ö. A. V., D. Oe. A. V. – Deutsch-Österreichischer Alpenverein
DOB – Damenoberbekleidung[sindustrie] · Deutscher Offiziersbund
Do.-Bd. – Doppelband
DOBIS – Dortmunder Bibliotheks-System
DOC – Designer-Outlet-Center
DOC, D. O. C. – Denominazione di Origine Controllata *(ital.)*
DOCG, D. O. C. G. – Denominazione di Origine Controllata e Garantita *(ital.)*
DOCSIS – data over cable service interface specifications
DoD – Department of Defense *(US-Verteidigungsministerium)*
DOD – Deutsches Ozeanographisches Datenzentrum
d. ö. D. – des öffentlichen Dienstes
DOG – Deutsche Olympische Gesellschaft · Deutsche Ophthalmologische Gesellschaft · Deutsche Orient-Gesellschaft · Deutsche Ornithologen-Gesellschaft · Dienstordnungsgesetz
DOG, DOGer. – Deutsches Obergericht für das Vereinigte Wirtschaftsgebiet
Do.-Gge. – Doppelgarage
DOH – Hospitalwerk des Deutschen Ordens
Do.-H. – Doppelhaus; Doppelhäuser · Doppelheft
DOI – Deutsches Olympisches Institut
DOK – Datenverarbeitung, Organisation und Kommunikation · Deutsches Olympiadekomitee [für Reiterei]
dok. – dokumentieren; dokumentiert
Dok. – Dokument[ation]
DOKR – Deutsches Olympiadekomitee für Reiterei
Dokt. – Doktorand[in] · Doktor[in] · Doktrin
doktr. – doktrinär
Dolm. – Dolmetscher[in]
DOM – 2,5-Dimethoxy-4-Methylamphetamin *(Rauschgift, vgl. STP)* · document object model · Dominikanische Republik *(Kfz)*
dom. – dominikanisch · dominieren
Dom. – Domäne · Dominante · Dominion · Dominus (*lat.:* »Herr«) · Domizil
D. O. M. – Deo optimo maximo (*lat.:* »dem besten und höchsten Gott«)
Dom.-A. – Domänenamt
DOMAIN – Distributed Operating Multi Access Interactive Network
DOMEA – Dokumentenmanagement und elektronische Archivierung
dominik., dominikan. – dominikanisch
dom$ – dominikanischer Peso *(Währung)*
Dom.-Verw. – Domänenverwalter; Domänenverwaltung
DON – Donau-Ries *(Kfz)*
donnerst. – donnerstags
DO Not. – Dienstordnung für Notare
Dopa, DOPA – Dihydroxyphenylalanin
dopol – doppelseitig poliert
dopp. – doppelt

DoppBestAbk. – Doppelbesteuerungsabkommen
Doppelz. – Doppelzentner · Doppelzimmer
D. o. R. – Durchmesser ohne Rinde
d. ö. R. – des öffentlichen Rechts
DORIS – Doppelspeicherringsystem
Dornasen – Desoxyribonucleasen
dorth. – dorther; dorthin
DoS – denial of service *(Attacke auf Computersysteme)*
DOS – disk operating system
DÖS – Deutsch-Österreichischer Seehafentarif
dos. – dosieren; dosiert
Dos. – Dosierung; Dosis
Do.-Schw. – Doppelscheinwerfer
Dos. let. – dosis letalis (*lat.:* »tödlich wirkende Menge«; *Med.*)
.dot – document template *(Dateierweiterung)*
DoT – Doppelgelenktriebwagen
DOT – Department of Transport *(USA; Verkehrsministerium; Gütesiegel auf Reifen)* · Deutscher Orientalistentag · Deutschlands Organisierte Tätowierer
DOV – Deutsche Orchestervereinigung
DOZ – Deutsches Olympiazentrum · Deutsches Ozeanographisches Zentrum
Doz. – Dozent; Dozentur
Do.-Z., Do.-Zi. – Doppelzimmer
Do.-Ztr. – Doppelzentner
Dp – Dienstposten *(Bahn; Post)*
DP – data processing · Democratic Party *(engl.)* · Demokratische Partei · desktop-purchasing · Deutsche Partei · Deutsche Post · Deutsches Patent · Dienstpass · Dienst[leistungs]programm · Durchschnittspolimerisationsgrad
DP, D. P. – Displaced Person[s] (*engl.:* »Verschleppte[r]«)
D/P, d/p – documents against payment (*engl.:* »Dokumente gegen Zahlung«)
Dp. – Doppel
D. P. – directione propria (*lat.:* »mit genauer Angabe«; *Pharm.*) · displaced persons (*engl.:* »heimatlose Ausländer«)
dpa – Deutsche Presse-Agentur
DPA – Deutscher Personalausweis · Deutsches Patentamt
DPAM – demand priority access method
DPA-VO – Verordnung über das Deutsche Patentamt
DPB – Deutscher Pfadfinderbund · Deutscher Psoriasis-Bund
Dp.-Bd. – Doppelband
DpBew – Dienstpostenbewertung *(Post)*
DPC – Defense Planning Committee *(NATO)*
DPCM – differential pulse code modulation
DPD – Deutscher Paketdienst · Deutscher Pressedienst *(hist.)*
DPF – Dieselpartikelfilter
Dpf. – Dampf · Dampfer; Dampfschiff
Dpf.-Lok – Dampflok[omotive]
Dpfm., Dpf.-Masch. – Dampfmaschine
Dpf.-T., Dpf.-Turb. – Dampfturbine
DPG – Deutsche Physikalische Gesellschaft · Deutsche Psychoanalytische Gesellschaft · Deutsche Postgewerkschaft *(hist., heute ver.di)* · Deutsches Patentgericht
DPH – Diphenylhydantoin
Dp.-H. – Doppelheft
D. Ph., D. Phil. – Doctor Philosophiae *(lat.)*, Doctor of Philosophy *(engl.)*
DPhG – Deutsche Pharmazeutische Gesellschaft
DPhV – Deutscher Philologen-Verband
dpi – dots per inch
DPKO – Department for Peace Keeping Operations *(der UNO)*
DPL – digital powerline
DPMA – Deutsches Patent- und Markenamt
DPMI – DOS protected mode interface
DPMS – display power management signalling
DPN – Diphosphopyridinnukleotid
DPO – data phase optimization
DPolG – Deutsche Polizeigewerkschaft
dpp. – doppelt
Dpp. – Doppel
DPR – Deutscher Pflegerat
DPRG – Deutsche Public-Relations-Gesellschaft
DPS – desktop-purchasing-system · Deutscher Patienten-Schutzbund · document processing system *(EDV)*
DPSG – Deutsche Pfadfinderschaft Sankt Georg
DPSK – differential phase shift keying
DPT – Deutscher Eisenbahn-Personen-, Gepäck- und Expressguttarif
dpt, Dptr. – Dioptrie[n]
Dpt. – Departement *(franz.)*; Department *(engl.)*
DPV – Deutsche Parkinson-Vereinigung · Deutsche Pelztierzüchter-Vereinigung · Deutsche Psychoanalytische Vereinigung · Deutscher Pfadfinder-Verband · Deutscher Pflegeverband · Deutscher Pomologen-Verein · Deutscher Portier-Verband · Deutscher Postverband · digital photo viewer

Doktorgrade

Dr. agr. – Doctor agronomiae *(Doktor der Landwirtschaft)*
Dr. cult. – Doctor culturae *(Doktor der Kulturwissenschaften)*
Dr. des. – Doctor designatus *(Promovierte/r ohne offizielle Urkunde)*
Dr. disc. pol. – Doctor disciplinarum politicarum *(Doktor der Sozialwissenschaften)*
Dr. Dr. – Doktor Doktor *(zweifacher Doktorgrad)*
Dr. E. h., Dr.eh., Dr.e.h. – Doktor Ehren halber/ehrenhalber *(= Dr. h. c.)*
Dr. forest., Dr. rer. forest. – Doctor scientiae rerum forestalium *(Doktor der Forstwissenschaften)*
Dr. habil. – Doctor habilitatus *(habilitierter Doktor)*
Dr. h. c. – Doctor honoris causa *(Ehrendoktor)*
Dr. h. c. mult. – Doctor honoris causa multiplex *(mehrfacher Ehrendoktor)*
Dr.-Ing. – Doktoringenieur; Doktor der Ingenieurwissenschaften
Dr. j. u., Dr. jur. utr. – Doctor juris utriusque *(Doktor beider Rechte [des weltlichen und kanonischen Rechts])*
Dr. jur. – Doctor juris *(Doktor der Rechtswissenschaft)*
Dr. jur.can. – Doctor juris canonici *(Doktor der kanonischen Rechtswissenschaften)*
Dr. jur. et rer. pol. – Doctor juris et rerum politicarum *(Doktor der Rechts- und Staatswissenschaften)*
Dr. jur. utr. vgl. Dr. j. u.
Dr. med. – Doctor medicinae *(Doktor der Medizin)*
Dr. med. dent – Doctor medicinae dentariae *(Doktor der Zahnheilkunde)*
Dr. med. univ. – Doctor medicinae universae *(Österreich; Doktor der gesamten Medizin)*
Dr. med. vet. – Doctor medicinae veterinariae *(Doktor der Tierheilkunde)*
Dr. mult. – Doctor multiplex (*lat.:* »vielfacher Doktor«; *Person mit mehreren Doktortiteln*)
Dr. nat. techn. – Doctor naturalium technicarum *(Österreich; Doktor der Bodenkultur)*
Dr. oec. – Doctor oeconomiae *(Doktor der Wirtschaftswissenschaft)*
Dr. oec. publ. – Doctor oeconomiae publicae *(Doktor der Staatswissenschaft)*
Dr. oec. troph. – Doctor oecotrophologiae *(Doktor der Ernährungswissenschaften)*
Dr. paed. – Doctor paedagogiae *(Doktor der Pädagogik)*
Dr. pharm. – Doctor pharmaciae *(Doktor der Pharmazie)*
Dr. phil. – Doctor philosophiae *(Doktor der Philosophie)*
Dr. phil. nat. – Doctor philosophiae naturalis *(Doktor der Naturwissenschaft)*
Dr. rer. agr. – Doctor rerum agrarium *(Doktor der Landwirtschaft und Bodenkultur)*
Dr. rer. biol.hum. – Doctor rerum biologiae humanae *(Doktor der Humanbiologie)*
Dr. rer. biol.vet. – Doctor rerum biologiae veterinariae *(Doktor der Veterinärbiologie)*
Dr. rer. cam[er]. – Doctor rerum cameralium *(Schweiz; Doktor der Staatswirtschaftskunde)*
Dr. rer. comm. – Doctor rerum commercialium *(Doktor der Handelswissenschaften)*
Dr. rer. cult. – Doctor rerum culturarum *(Doktor der Kulturwissenschaften)*
Dr. rer. hort. – Doctor rerum hortensium *(Doktor der Gartenbaukunde)*
Dr. rer. medic. – Doctor rerum medicarum (*lat.:* »um der medizinischen Sache halber«)
Dr. rer. merc. – Doctor rerum mercantilium *(Doktor der Handelswissenschaften)*
Dr. rer. mont. – Doctor rerum montanarum *(Doktor der Bergbauwissenschaften)*
Dr. rer. nat. – Doctor rerum naturalium *(Doktor der Naturwissenschaften)*
Dr. rer. oec. – Doctor rerum oeconomicarum *(Doktor der Verwaltungswissenschaften)*
Dr. rer. physiol. – Doctor rerum physiologiae *(Doktor der Humanbiologie)*
Dr. rer. pol. – Doctor rerum politicarum *(Doktor der Staatswissenschaften)*
Dr. rer. publ. – Doctor rerum publicarum *(Doktor der Verwaltungswissenschaften)*
Dr. rer. sec. – Doctor rerum securitatem *(Doktor der Sicherheitswissenschaften)*
Dr. rer. silv. – Doctor rerum silvestrium *(Doktor der Forstwissenschaften)*

Doktorgrade (Fortsetzung)

Dr. rer. soc. – Doctor rerum sociologiae *(Doktor der Sozialwissenschaften)*
Dr. rer. soc. oec. – Doctor rerum socialium oeconomicarumque *(Österreich; Doktor der Sozial- und Wirtschaftswissenschaften)*
Dr. rer. techn. – Doctor rerum technicarum *(Doktor der technischen Wissenschaften)*
Dr. sc./scient. – Doctor scientiae *(Doktor der Wissenschaft)*
Dr. sc./scient. agr. – Doctor scientiarum agrarium *(Doktor der Agrarwissenschaften)*
Dr. sc./scient. hum. – Doctor scientiarum humanarum *(Doktor der Humanwissenschaften)*
Dr. sc./scient. math. – Doctor scientiarum mathematicarum *(Doktor der mathematischen Wissenschaften)*
Dr. sc./scient. nat. – Doctor scientiarum naturalium/scientiae naturalis *(Doktor der Naturwissenschaft[en])*
Dr. sc./scient. oec. – Doctor scientiarum oeconomicarum *(Doktor der Wirtschaftswissenschaften)*
Dr. sc./scient. paed. – Doctor scientiarum paedagogiae *(Doktor der Erziehungswissenschaft[en])*
Dr. sc./scient. pol. – Doctor scientiarum politicarum politicae *(Doktor der politischen Wissenschaft[en]/Staatswissenschaft[en])*
Dr. sc./scient. rer. omn. – Doctor scientiarum rerum omnium *(Doktor des Studium generale)*
Dr. sc./scient. techn. – Doctor scientiarum technicarum *(Doktor der technischen Wissenschaften)*
Dr. techn. – Doctor [rerum] technicarum *(Österreich)*
Dr. theol. – Doctor theologiae *(Doktor der Theologie)*

DPWV – Deutscher Paritätischer Wohlfahrtsverband
DPZ – Deutsches Primatenzentrum
Dp.-Z., Dp.-Zi. – Doppelzimmer
Dp.-Ztr. – Doppelzentner
DQCG – Deutsche Quality-Circle-Gesellschaft
DQDB – distributed queue dual bus
DR – Dachreling · Dauerrente · Demokratische Republik · Deutsche Reichsbahn *(DDR)* · Deutsches Recht · Deutsches Reich · Dienstregister · Dienstreglement *(Schweiz)* · Digitalrechner · digital research · Dunkelreaktion
dr. – dringend; dringlich · drücken[d]
Dr. – doctor *(lat.)* · Doktor · Draht · Drama · Dringlichkeit · Drossel *(Technik)* · Druck; Drucke · Drücke · Druck[er]; Druckerei · Drucksache · Drüse
Doktorgrade – *siehe Übersicht*
d. R. – der Reserve *(Militär)* · des Ruhestandes *(Österreich)* · die Redaktion
DRA – Deutscher Reichsausschuss für Leibesübungen *(hist.)* · Deutsches Rundfunkarchiv
DRAC – Deutscher Radio-Amateur-Club
DRAM – dynamic random access memory
DRAnz. – Deutscher Reichsanzeiger *(hist.)*
DRB – Deutsche Reichsbahn *(hist.)* · Deutscher Richterbund · Deutscher Ringerbund · Deutscher Rollsportbund
DRBG – Deutsche Reichsbahngesellschaft *(hist.)*
DRBV – Deutscher Reisebüroverband
DRC – dynamic ride control *(Kfz)*
Drchf. – Durchfahrt · Durchführung
Drchfl. – Durchfluss
Drchg. – Durchgang
Drcks. – Drucksache[n]
Dream – downstream regulatory element antagonistic modulator *(Med.)*
DREB – Deutscher Rat der Europäischen Bewegung
d. Red. – die Redaktion
d. Ref. – der Referent
Drehko – Drehkondensator
Dres. – Doctores *(mehrere Personen mit Doktortitel)*
d. Res. – der Reserve
d. Rez. – der Rezensent; die Rezensentin
DRF – Deutsche Rettungsflugwacht · Dosisreduktionsfaktor[en] *(Med.)*
DRF, D. R. F. – Deutsche Rezeptformeln
DRFV – Deutscher Reiter- und Fahrer-Verband
DRG – Deutsche Raketen-Gesellschaft · Deutsche Rheologische Gesellschaft · Deutsche Röntgen-Gesellschaft · Deutsches Reichsgebrauchs-

muster · Deutsches Reichsgesetz · diagnosis related group(s) *(Med.)* · Gesetz zur Regelung von Dienstverhältnissen *(Saarland)*
drgl. – dergleichen
DRGM – Deutsches Reichsgebrauchsmuster
Drgt. – Dirigent
DRiG – Deutsches Richtergesetz
DRK – Deutsches Rotes Kreuz
DRL – Deutscher Rat für Landespflege
DRM – digital radio mondiale · digital rights management
DRMS – digital rights management system
Dr.-Nr. – Drucknummer
Drog. – Drogerie; Drogist[in]
DroO – Droschkenordnung
DRP – Deutsche Rechtspartei *(hist.)* · Deutsche Reichspartei *(hist.)* · Deutsche Reichspost *(hist.)* · Deutsches Reichspatentamt
Drp. – Druckpunkt
DRPa. – Deutsches Reichspatent angemeldet
DRpfl. – Deutsche Rechtspflege
Dr.-Pfl. – Druckpflicht
DRPR – Deutscher Rat für Public Relations
Dr.-Recht – Druckrecht
DrS – Druckstreifen *(EDV)*
DRs – depository receipts
DRS – Deutscher Reisepreis-Sicherungsverein · Deutscher Rollstuhl-Sportverband
Drs. – doctorandus *(Person, die eine Doktorarbeit schreibt)* · Drucksache[n]
DRSB – Deutscher Republikanischer Studentenbund
DRSC – Deutsches Rechnungslegungs Standards Committee
DrSL – Druckstreifenleser
Dr.-Sp. – Druckspiegel
DRspr. – Deutsche Rechtsprechung
DRT – Doppelstrom-Ruhestrom-Telegrafie
DRTM – Deutsche Gesellschaft für Reise- und Touristikmedizin *(München)*
D. R. U. – Deutsche Reiseleiter-Union
DruckbehV – Druckbehälterverordnung
Drucksp. – Druckspiegel
DRUPA – [Internationale Messe] Druck und Papier
DRV – Demokratische Republik Vietnam · Deutsche Rheologen-Vereinigung · Deutscher Raiffeisen-Verband · Deutscher Reisebüro- und Reiseveranstalter-Verband · Deutscher Reklame-Verband · Deutscher Restauratoren-Verband · Deutscher Rockmusikerverband · Deutscher Rollsport-Verband · Deutscher Ruderverband · Deutscher Rugby-Verband
Dr.-Verf. – Druckverfahren
Dr.-Verm. – Druckvermerk
Dr.-Vorschr. – Druckvorschrift[en]
DRWB, DRWörtB – Deutsches Rechtswörterbuch
DRZ – Deutsches Rechenzentrum
Ds – Darmstadtium *(Element)* · Drucksache *(Post)*
DS – Dampfschifffahrt · Datensatz · Daten[sicht]station · Datenstelle · Deckungssumme · Dienstsache · Dienstsiegel · Doppelsternschaltung · double sided · Drehstrom
DS, D. S. – Deutsche Sängerschaft
d. s. – dal segno (*ital.:* »vom Zeichen an [wiederholen]«; *Musik*) · da, signa (*lat.:* »gib und bezeichne«; *Pharm.*) oder: detur, signetur (*lat.:* »soll gegeben und bezeichnet werden«; *Pharm.*) · das sind
d. s., d/s – days after sight (*engl.:* »Tag nach Sicht«; *Bankw.*)
D. S. – Deutsche Seewarte · Deutsche Sektion · Deutsches Sportabzeichen · Doctor of Science *(engl.; Doktor der Naturwissenschaften)*
DSA – Deutscher Sprachatlas · Deutsche Schutzvereinigung Auslandsimmobilien · Deutsches Spracharchiv · digitale Subtraktionsangiographie *(Med.)* · Distributed Systems Architecture *(Kommunikationstechnologie)*
DSÄB – Deutscher Sportärzte-Bund
DSB – Danske Statsbaner *(Dänische Staatsbahnen)* · Datenschutzbeauftragter · Deutscher Dolmetscher- und Sprachlehrerbund · Deutscher Sängerbund · Deutscher Sauna-Bund · Deutscher Schachbund · Deutscher Schützen-Bund · Deutscher Siedlerbund · Deutscher Soldatenbund · Deutscher Sportbund · Durchlaufschaltbetrieb
DSC – Deutscher Schwimmclub · Deutscher Sportclub · Dynamic Stability Control
D. Sc. – Doctor scientiae *(lat.)* · Doctor of Science *(engl.; Doktor der Naturwissenschaften)*
DSch – Dauerscheck *(Post)*
d. Sch. – der Schriftleiter; die Schriftleitung
DSD – Deutsche Stiftung Denkmalschutz · Direct Stream[ing] Digital · Duales System Deutschland
DSE – Deutsche Stiftung für internationale Entwicklung
DseGeb – Drucksache zu ermäßigter Gebühr *(Post)*
DSF – Deutsches Seminar für Fremdenverkehr · Deutsches Sportfernsehen · Gesellschaft für deutsch-sowjetische Freundschaft *(DDR)*

DSG – Deutsche Schlafwagen- und Speisewagen-Gesellschaft · Deutsche Schwesterngemeinschaft · Direktschaltgetriebe
desgl. – desgleichen
DSGV – Deutscher Sparkassen- und Giroverband
DSH – Aktion Das Sichere Haus · Deutsche Schmerzhilfe · Deutsche Sporthilfe · Deutsche Sporthochschule · Deutsche Studiengesellschaft Hubschrauber
DSHS – Deutsche Sporthochschule
DSI – Dealer Satisfaction Index · Deutsches Schuhinstitut
DSJ – Deutsche Sportjugend
ds. J. – des/dieses Jahr[es]
DSJS – Deutsche Sportjournalisten-Schule
ds. Js. – des/dieses Jahres
DSK – Demokratischer Studentenkreis · Deutscher Sportfahrerkreis · Deutsche Sportkonferenz · Deutsche Steinkohle AG · Doppelskelett-Katalysator
DsKA – Drucksachenknotenamt *(Post)*
DSKV – Deutsche Studenten-Krankenversorgung
DSL – Deutsche Senioren-Liga · Deutsche Siedlungs- und Landesrentenbank · digital subscriber line
DSLB – Deutsche Siedlungs- und Landesrentenbank
DSLV – Deutscher Sportlehrerverband
DSM – Dampfsägemühle · Deutsche Sammlung von Mikroorganismen und Zellkulturen · Deutsche Schiffsmaklerei · Deutsches Schifffahrtsmuseum *(Bremerhaven)* · Deutsches Sport-Marketing · Deutsche Städte Medien GmbH · Diagnostic and Statistical Manual of Mental Disorders *(Med.)* · Duale Systeme Mittelstand
ds. M., ds. Mts. – des/dieses Monats
DSMZ – Deutsche Sammlung von Mikroorganismen und Zellkulturen
DSO – Deutsche Stiftung Organtransplantation · Deutsches Symphonie-Orchester *(Berlin)* · Division Spezielle Operationen *(Bw.)*
DSOM – distributed system object model
DSozV, DSozVers. – Deutsche Sozialversicherung
DSp – Datenspeicher *(EDV)*
DSP – digital signal processor · Dynamisches Schaltprogramm für Automatikgetriebe
DSpÄB – Deutscher Sportärztebund
dspr. – deutschsprachig
DSR – data set ready · Deutsche Städtereklame · Deutscher Standardisierungsrat · Deutscher Studienring · Digitales Satellitenradio · Dispositionssteuerrechner
DSRV – Datenstelle der deutschen gesetzlichen Rentenversicherung · Deutscher Squash-Racket-Verband
DSS – Dampfschiffstation · digital signature standard
DSSSL – document style syntax and specification language
DsSSt – Drucksachensammelstelle *(Post)*
DSSV – Deutscher Sportstudio-Verband · Deutschschweizerischer Sprachverein *(Schweiz)*
DSt – Dampfschiffstation · Deutsch Stichelhaar
DST – Datenstation *(EDV)* · Deutscher Sachverständigentag · Deutscher Städtetag
Dst. – Dienst
D.-St., Dst. – Dienststelle
Dst.-A. – Dienstalter
Dst.-Aufs. – Dienstaufseher; Dienstaufsicht
DStB – Deutscher Städtebund · Deutscher Stenografenbund
Dst.-Bez. – Dienstbezeichnung · Dienstbezirk · Dienstbezüge
DStBl. – Deutsches Steuerblatt
DStG – Deutsche Statistische Gesellschaft
DSTG – Deutsche Steuergewerkschaft
DStGB – Deutscher Städte- und Gemeindebund
Dst.-Gr. – Dienstgrad
DStH – Dienststrafhof
DStK – Dienststrafkammer
dstl. – dienstlich
DSTN – double super twisted nematic
DStO – Dienststrafordnung
Dst.-Pr., Dst.-Prüf. – Dienstprüfung
DStR – Deutsches Steuerrecht · Deutsches Strafrecht
DStrV – Dienststrafverfahren
DStSp – Dünnschichtstäbchenspeicher *(EDV)*
Dst.-St. – Dienststelle[n] · Dienststunde[n]
DStT – Deutscher Städtetag
DStV – Deutscher Steuerberaterverband · Dienststrafverfahren
DSTV – Deutscher Stahlbau-Verband
Dst.-Zt. – Dienstzeit[en]
DSU – Deutsche Soziale Union *(hist.)* · Deutsche Studentenunion
DSV – Datenschutzverordnung *(Deutsche Telekom)* · Deutscher Schäferhund-Verband · Deutscher Schrottrecycling-Entsorgungsverband · Deutscher Schützenverband · Deutscher Schwimmverband · Deutscher Seglerverband · Deutscher Skiverband · Deutscher Sportverein · Deutscher Sprachverein · Dünnschichtverdampfer *(Technik)*

DsVSt – Drucksachenverteilstelle *(Post)*
DSW – Deutsche Schutzvereinigung für Wertpapierbesitz · Deutsche Stiftung Weltbevölkerung · Deutsches Siedlungswerk · Deutsches Sozialwerk · Deutsche Stiftung Weltbevölkerung · Deutsches Studentenwerk · Durchschnittswert(e)
DSZ – deutsche Sommerzeit
dt – Dezitonne
Dt – Deuteronomium · Durchgangstriebwagen
DT – Dachterrasse · Datenträger *(EDV)* · Deutsche Turnerschaft · Deutsches Theater *(Berlin)* · Doppeltriebwagen · Duden-Taschenbuch
dt. – dedit (*lat.:* »hat bezahlt«) · deutsch · dito (*ital., franz.:* »dasselbe, ebenso«)
D. T., DT – Delirium tremens *(Med.)*
DtA – Deutsche Ausgleichsbank
DTA – Datenträgeraustausch · Deutsche Trainer-Akademie · Deutscher Turnerausschuss · Differenzialthermoanalyse
DTAG – Deutsche Telekom AG
DtAuslG – Deutsches Auslieferungsgesetz
DTB – Deutscher Tennisbund · Deutscher Turnerbund · Deutsche Terminbörse
DTC – Deutscher Tourenwagen-Challange · Deutscher Touring Automobil Club · Direct to Consumer *(Werbekampagne direkt an Konsumenten)*
DTD – document type definition
d. t. d. – dentur tales doses (*lat.:* »man soll so viele Mengen nehmen«; *Pharm.*)
DTDS – Düsseldorfer Test für Dynamisches Sehen
DTE – data terminal equipment
DTF – Deutsch-türkischer Freundschaftsverein
DTG – Deutsche Transplantations-Gesellschaft · Deutsche Tropenmedizinische Gesellschaft/Deutsche Gesellschaft für Tropenmedizin und internationale Gesundheit
D. Th. – Doctor of Theology
D. theol. – Doctor theologiae *(Doktor der evangelischen Theologie)*
DTHG – Deutsche Theatertechnische Gesellschaft
DTHP – Direct to Health Professional *(Werbekampagne direkt an Arzt und Apotheker)*
DTHW – Deutsches Tierhilfswerk
DTI – Deutsches Tiefkühl-Institut
DTJ – Deutsche Turnerjugend
DTK – Deutsches Talsperrenkomitee
DTKV – Deutscher Tonkünstlerverband
DTL – Deutsche Tinnitus-Liga · Dioden-Transistor-Logik *(EDV)*
Dtl., Dtld. – Deutschland
DTM – Deutsche Texte des Mittelalters · Deutsche Tourenwagen-Meisterschaft · Deutschland Tourismus Marketing
DTMF – dual tone multiple frequency
DTÖ – Denkmäler der Tonkunst in Österreich
dto. – detto, ditto *(Österreich)*, dito (*ital., franz.:* »dasselbe, ebenso«)
DTP – Desktop-Publishing · Direct to Physician *(Werbekampagne direkt an Arzt)*
DTR – data terminal ready
DTS – Digital Theater/Tone System
DTSB – Deutscher Turn- und Sportbund *(DDR)*
DTschB – Deutscher Tierschutzbund
dt. Spr. – deutsche Sprache · deutscher Sprecher
DTTB – Deutscher Tischtennisbund
DTTG – Deutsche Ton- und Tonmineralgruppe
DTU – Deutsche Triathlon-Union
dtv, DTV – Deutscher Taschenbuchverlag
DTV – Deutscher Tankstellenverband · Deutscher Tanzsportverband · Deutscher Techniker-Verband · Deutscher Tierschutzverein · Deutscher Tourismusverband · Deutscher Transportversichererverband · Deutscher Triathlon-Verband · Deutsche Treuhandverwaltung
dt. Vertr. – deutscher Vertreter; deutsche Vertretung
DtVerwBl. – Deutsches Verwaltungsblatt
DTVM – Deutsche Turnvereinsmeisterschaft[en]
Dtz., Dtzd. – Dutzend
DU – depleted Uranium *(abgereichertes Uran)* · Deutsche Union · Dienstunfähigkeit · Dienstuntauglichkeit · Dramatiker-Union · Duisburg *(Kfz)*
DÜ – Datenübertragung · Dienstübertragung *(Post)*
du. – dienstunfähig · dienstuntauglich
d. u. – dauernd untauglich · dauernd unterwegs
d. U. – der Unterzeichner; der Unterzeichnete
dub. – dubios
DÜberw – Dauerüberweisung *(Post)*
Dubl. – Dublette[n]
DUD – Deutschland-Union-Dienst
D. u. D. – Dienstsiegel und Dienststempel

DÜE – Datenübertragungseinrichtung *(EDV)*
DUF – Deutsche Union der Filmschaffenden
DUH – Deutsche Umwelthilfe
DUK – Deutsche UNESCO-Kommission
Duko – Durchführungskondensator
Dulag – Durchgangslager *(Mil.)*
DUnfHeilV – Verordnung über das Heilverfahren bei Dienstunfällen von Beamten *(Bayern)*
DUnfKrV – Verordnung über die Bestimmung von Krankheiten für die beamtenrechtliche Unfallfürsorge *(Bayern)*
DUnfV – Verordnung über das Verfahren in Dienstunfallsachen *(Bayern)*
DüngemG – Düngemittelgesetz
DuÖAV – Deutscher und Österreichischer Alpenverein
Dupl. – Duplikat
Durchf. – Durchfahrt · Durchführung
Durchf.-Best., DurchfBest. – Durchführungsbestimmung[en]
Durchf. Verord., DurchfVO – Durchführungsverordnung[en]
durchl. – durchlässig
Durchl. – Durchlass · Durchlaucht
Durchm. – Durchmesser
Durchschl. – Durchschlag; Durchschläge
Durchschn. – Durchschnitt
Durchst. – Durchstich
durchw. – durchwählen
Durchw. – Durchwahl
Durchw.-Nr. – Durchwahlnummer
DÜV – Dampfkessel-Überwachungsverein *(hist., Vorläufer des TÜV)*
DUV, DuVerf. – Dienstuntauglichkeitsverfahren
DÜVO – Verordnung über die Übermittlung und Sicherung von Daten
DÜW – Bad Dürkheim/Weinstraße *(Kfz)*
DUZ – Dienstuntauglichkeitszeugnis
DV – Datenverarbeitung · Dauervertreter; Dauervertretung · Deutsches Verkehrsforum · Dienstvertrag · Dienstvorschrift · digital video · Diplomatischer Vertreter · Doppelversicherung *(Vw.)* · Druckverfahren · Druckvermerk · Druckvorschrift · Durchführungsverordnung · Durchführungsvorschrift · Durchgangsvermittlung
d. V. – der Verfasser; die Verfasserin · der Vertreter; die Vertretung; die Vertreterin · durch Vertrag
DVA – Datenverarbeitungsanlage · Deutscher Verdingungsausschuss für Bauleistungen · Deutscher Vergabe- und Vertragsausschuss für Bauleistungen · Deutsche Verkehrsausstellung · Deutsche Verlagsanstalt · Deutsche Versicherungs-Akademie
DVAuslG – Verordnung zur Durchführung des Ausländergesetzes
DVAZG – Durchführungsverordnung zum Anteilzollgesetz
DVB – Deutsche Volksgesundheitsbewegung · Digital Video Broadcasting
DV-BEG – Verordnung zur Durchführung des Bundesentschädigungsgesetzes
DV-BEG, DV-BErgG – Verordnung zur Durchführung des Bundesergänzungsgesetzes zur Entschädigung für Opfer der nationalsozialistischen Verfolgung
DVBl. – Deutsches Verwaltungsblatt
DVB-T – digital video broadcasting – terrestrial
DVCK – Deutsche Vereinigung für eine Christliche Kultur
DVC Pro – digital video cassette professional
DVCS – Deutscher Verband Chartered Surveyors
DVCT – Deutscher Verband für Coaching und Training
DVCV – Deutsche Vereinigung für Chemie und Verfahrenstechnik
DVD – Deutsche Vereinigung für Datenschutz · Deutscher Veranstaltungsdienst · digital versatile disc · digitale Video-Disc
DVdI – Deutsche Verwaltung des Innern *(DDR)*
DVDIS – Datenerfassung, Verarbeitung, Dokumentation und Informationsverbund in den sozialärztlichen Diensten
DVD-R – digital versatile disc recordable
DVD-RW – digital versatile disc rewritable
d. Verf. – der Verfasser; die Verfasserin
d. Vertr. – der Vertreter; die Vertreterin; die Vertretung · durch Vertrag
DVerwBl. – Deutsches Verwaltungsblatt
DVEV – Deutsche Vereinigung für Erbrecht und Vermögensnachfolge
DVF – Deutscher Verband für Fotografie
d. Vf. – der Verfasser; die Verfasserin
DVFA – Deutsche Vereinigung für Finanzanalyse und Anlageberatung · Deutsche Vereinigung für Finanzanalyse und Asset Management
DVFB – Deutscher Vieh- und Fleischhandelsbund
DVFG – Deutscher Verband Flüssiggas

DVfg. – Verfügung zur Durchführung
DVfMF – Deutscher Verband für Modernen Fünfkampf
DVFP – Deutscher Verband Finanzial Planners
dvg, DVG – Datenverarbeitungsgesellschaft
DVG – Deutscher Verband der Gebrauchshundesportvereine · Deutscher Verein für Gesundheitspflege · Deutsche Verbundgesellschaft · Deutsche Volkswirtschaftliche Gesellschaft
DVGrdstVG – Verordnung zur Durchführung des Grundstückverkehrsgesetzes *(Bayern)*
DVGS – Deutscher Verband für Gesundheitssport und Sporttherapie
DVGW – Deutsche Vereinigung des Gas- und Wasserfachs
DVI – device independent · digital video interactive · digital visual interface
d.v.J. – des vorigen Jahres
DVJArbSchG – Verordnungen zur Durchführung des Jugendarbeitsschutzgesetzes
DVJJ – Deutsche Vereinigung für Jugendgerichte und Jugendgerichtshilfen
DVKB – Deutsche Verkehrs-Kreditbank
DVL – Deutscher Verband für Landschaftspflege · Deutsche Versuchsanstalt für Luft- und Raumfahrt
DVLStHV – Verordnung zur Durchführung der Vorschriften über die Lohnsteuerhilfevereine
DVM – Deutscher Verband für Materialforschung und -prüfung
DVMD – Deutscher Verband Medizinischer Dokumentare
DVMeldeG – Verordnung zur Durchführung des Meldegesetzes
DVMF – Deutscher Verband für modernen Fünfkampf
DVNLP – Deutscher Verband für Neurolinguistisches Programmieren
DVO – Dachverband Osteologie · Dampfkesselverordnung · Dienst- und Vollzugsordnung · Düngeverordnung · Durchführungsverordnung
DVOH – Deutscher Verband für Oberflächenveredelung und Härtung
DVollzO – Dienst- und Vollzugsordnung
DVO-(N)BildUG – Durchführungsverordnung zum Niedersächsischen Bildungsurlaubsgesetz
DVorschr. – Dienstvorschrift[en] · Durchführungsvorschrift[en]
DVp – Dauervertreterposten
DVP – Demokratische Volkspartei *(hist.)* · Deutsche Volkspartei *(hist.)* · Divisionsversorgungspunkt
DVPassG – Verordnung zur Durchführung des Gesetzes über das Passwesen
DVPT – Deutscher Verband für Post- und Telekommunikation
DVPW – Deutsche Vereinigung für Politische Wissenschaft
DVR – Demokratische Volksrepublik · Deutscher Verkehrssicherheitsrat · Deutscher Video-Ring
DVS – Datenverarbeitungssystem · Deutscher Verband für Schweißtechnik · Deutscher Verbraucherschutz-Verband · Deutscher Versehrtensportverband · Deutscher Versicherungs-Schutzverband · Deutsche Verkaufsleiter-Schule · Deutsche Verkehrsfliegerschule
DVSI – Deutscher Verband der Spielwaren-Industrie · Deutscher Verein selbstständiger Ingenieure
DVst – Dienststellenvorsteher
Dvst. – Dienstvorstand; Dienstvorsteher
DVStBerG – Verordnung zur Durchführung des Steuerberatungsgesetzes
DVT – deep vein thrombosis · Deutscher Verband Technisch-Wissenschaftlicher Vereine
DVU – Deutsche Volksunion
DVÜ – Deutscher Verband unabhängiger Überwachungsgesellschaften für Umweltschutz
DVV – Deutsche Vereinigung zur Bekämpfung der Viruskrankheiten · Deutscher Volkshochschul-Verband · Deutscher Volkssportverband *(Wandern)* · Deutscher Volleyball-Verband
DVVO – Deckungsvorsorgeverordnung
DVW – Deutscher Verein für Vermessungswesen · Deutsche Verkehrswacht
DVWG – Deutsche Verkehrswissenschaftliche Gesellschaft
DVWK – Deutscher Verband für Wasserwirtschaft und Kulturbau
DVWSR – Deutscher Verband für Wohnungswesen, Städtebau und Raumplanung
DVWW – Deutscher Verband für Wasserwirtschaft
dw – deadweight *(Gesamtzuladungsgewicht; Schifffahrt)*
DW – Dauerwelle[n] · Dauerwohnung; Dauerwohnort · Deutscher Wachtel · Deutsche Welle · Deutsche Welthungerhilfe · Diakonisches Werk · Dienstwohnung · Dippoldiswalde/Weißeritzkreis *(Kfz)* · Dokumentation Wasser
Dw. – Direktwahl · Durchwahl

D/W – dock warrent *(Ladeplatz-Berechtigung)*
d. W. – der Wissenschaft[en] · diese[r] Woche
DWA – Deutscher Werbeausschuss · Deutscher Wortatlas
DWB – Deutsches Wörterbuch
DWD – Deutscher Wetterdienst · Deutscher Wirtschaftschaftsdienst
DWDM – dense wavelength division multiplexing
DWE – Dämmerungs-Wohnungseinbrüche *(Polizei)*
.dwg – drawing *(Dateierweiterung)*
DWG – Deutsche Weltwirtschaftliche Gesellschaft
Dwg. – Dienstwagen
DWHN – Diakonisches Werk in Hessen und Nassau
DWI – Deutsches Weininstitut *(Mainz)* · Deutsches Wollforschungsinstitut
DWJ – Deutsche Wanderjugend
DWK – Deutsche Gesellschaft für Wiederaufarbeitung von Kernbrennstoffen · Deutsche Weltkarte
Dw.-Nr. – Durchwahlnummer
DWO – Deutsche Wettkampfordnung
DWo., DWohn. – Dauerwohnung · Dienstwohnung
DWoV, DWohnV – Dienstwohnungsvorschrift
DWP – Deutscher Wagenbeistellungsplan *(Bahn)* · Deutsches Wirtschaftspatent
DWR – Dauerwohnrecht · Druckwasserreaktor
DWS – Deutsche Gesellschaft für Wertpapiersparen
DWSV – Deutscher Wasserski-Verband
dwt, DWT – deadweight tonnage/tons *(engl.)*
DWV – Deutscher Wäschereiverband · Deutscher Wassersportverband · Deutscher Wasserstoff-Verband · Deutscher Weinbauverband · Deutscher Wellenreit-Verband · Deutscher Werkmeister-Verband · Deutscher Wirtschaftsverband · Deutscher Wissenschafter-Verband · Dienstwohnungsvorschrift[en]
DWZ – Deutsche Wertpapierdaten-Zentrale
DX – double word external
DXF – drawing exchange format *(engl.:* »Austauschformat für Zeichnungen«)
DxJ – Datex-J *(früherer Name von T-Online)*
Dy – Dysprosium *(Element)*
dyn. – dynamisch · dynastisch
Dyn. – Dynamik · Dynamit · Dynamo · Dynastie
Dynamo – Dynamomaschine
DynAPS – dynamisches Autopilotsystem
Dywidag – Dyckerhoff & Widmann AG
DZ – Algerien *(Kfz)* · Datenzentrale · Dauerauftrag-Zahlungsanweisung *(Post)* · Deckungszusage *(Vw.)* · Delitzsch (Kfz) · Depressionszustand *(Med.)* · Digitalzeichen; Digitalzeichner; Digitalzeichnung · Doppelzimmer · Doppelzünder
dz, Dz. – Doppelzentner
dz. – derzeit[ig]
Dz. – Dozent[in]
DZA – Deutsches Zentrum für Altersfragen
DZB – Deutsche Zentralstelle für Baurecht und Bautechnik · Diagnostisches Zentrum Berlin
Dzd. – Dutzend
DZE – Dienstzeitende
DZF – Deutsche Zentrale für Fremdenverkehr
DZFA – Deutsches Zentrum für Alternsforschung *(Heidelberg)*
DZG – Deutsche Zoologische Gesellschaft
DZI – Deutsches Zentralinstitut für soziale Fragen *(Berlin)* · Deutsches Zigarren-Institut
DZM – Drehzahlmesser
DZMB – Deutsches Zentrum für Marine Biodiversitätsforschung
DZT – Deutsche Zentrale für Tourismus
dzt. – derzeit[ig]
Dzt. – Dienstzeit · Dozent[in]; Dozentur
dztg. – derzeitig
D-Zug – Durchgangszug
DZV – Deutscher Zeitnehmer-Verband
DZVHÄ – Deutscher Zentralverein Homöopathischer Ärzte
DZW – Deutsche Dokumentationszentrale Wasser
D.-Zw., Dzw. – Dienstzweig
DZZ – Dienstzeitzulage

Ee

e, *e* – Elementarladung · transzendentale Zahl 2,71828... *(Math.)*
E – East · Edison *(Technik)* · Eilzug · Einfahrt · Einfuhr · Eingabe *(EDV)* · Eingang · Einheit[smaß] · Einkauf · Einphasenstrom · Einsatzwagen · Einschreiben *(Post)* · Einzel · Elektrizität; Elektrizitäts... · Elektro... · Elektrostahl · Emission · Emmetropie *(Med.)* · Empfang · Ende · Entscheidung *(eines Gerichts)* · Entwurf · Eötvös *(Einheit)* · Erg · Erstarrungspunkt · España *(Spanien; Kfz)* · Essen *(Kfz)* · Europa *(Kfz)* · Europastraße · Exponent
E, *E* – Elastizitätsmodul · elektrische Feldstärke · Eliminierungsreaktion · Empfindlichkeit · Energie · Li-

langeni (*Plural:* Emalangeni; *Währung in Swasiland*)
°E – Englergrad
e− – Elektron
e+ – Positron
e. – ehrenamtlich · eine; einem; einen; einer; eines · eingeschrieben · eingetragen
E. – Ebene · Eigentum; Eigentümer · Einsender; Einsendung · Einwohner · Ende · Englisch · Ersatz
EA – Eilauftrag · Einfuhrausschuss · Einigungsamt · Eintrittsalter · Einzahlungsauftrag · Eisenach *(Kfz)* · Enteroanastomose *(Med.)* · Entwicklungsalter · Ernährungsamt · Erstaufführung · Erstausgabe · Europa-Archiv · Export-Akademie Baden-Württemberg · Exportauftrag; Exportaufträge · Exportausschuss
ea. – ehrenamtlich
e. a. – eiusdem anni (*lat.:* »desselben Jahres«)
E. A – Épreuves d'Artiste *(franz.; Künstlerdrucke)*
E. A., EA – Einstweilige Anordnung · Evangelische Akademie
E/A – Ein-/Ausgabe
EAA – East African Airways · European Aluminium Association · European Athletic Association · exogen allergische Alveolitis *(Med.)*
EAAA – European Association of Advertising Agencies
EAAC – East African Airways Corporation *(Kenia)*
EAAM – ergänzter angeborener Auslösemechanismus
EAAP – European Association for Animal Production
EAB – Ergänzende Ausführungsbestimmungen · Europäische Ausfuhrbank · Evangelische Arbeiterbewegung
EABA – European Amateur Boxing Association
EAC – European Advisory Commission
EADB – East African Development Bank
EADS – European Aeronautic Defence and Space Company
EAEG – East-Asian Economic Group · Europäische Atomenergie-Gesellschaft
EAEP – European Association for the Earthquakeprophecy *(Europäische Gesellschaft für Erdbebenvorhersage)*
EAES – European Atomic Energy Society
EAF – Europäische Akademie für Frauen in Politik und Wirtschaft
EAFE – Europäischer Ausschuss für Forschung und Entwicklung
EAFP – Europäische Akademie für Finanzplanung
EAG, Eag – Elektroatriogramm *(Med.)*
EAG – Einfuhr- und Ausfuhrhandelsgesellschaft · Europäische Aktionsgemeinschaft · Europäische Atomgemeinschaft
EAGL – Europäischer Ausrichtungs- und Garantiefonds für die Landwirtschaft
E. A. I. B. – European Association of International Booksellers *(jetzt: S. T. B.)*
EAK – Eingabe-Ausgabe-Kanal *(EDV)* · Erfahrungsaustauschkreis außerbetrieblicher Messstellen *(beim AGS)* · Evangelische Arbeitsgemeinschaft zur Betreuung der Kriegsdienstverweigerer und Ersatzdienstleistenden · Evangelischer Arbeitskreis · Kenia *(Kfz)*
EAL – European Organization for Accreditation of Laboratories
EALG – Entschädigungs- und Ausgleichsleistungsgesetz
EAM – Einseitenband-Amplitudenmodulation · erworbener Auslösemechanismus
E.A.M. – Ethnikon Apeleftherotikon Metopon *(griech. Wiederstandsorganisation, gegr. 1941)*
EAMA – European Automobiles Manufacturers Association
EAMC – Economic and Monetary Affairs Committee
EAMS – Euro-Arab Management School
EAN – erhöhtes Anforderungsniveau *(Schule)* · Europäische Artikelnummer[ierung] · European Article Number · Evangelische Arbeitnehmerschaft
EANA – European Alliance of News Agencies
EANDC – European American Nuclear Dates Committee
EANPC – European Association of National Productivity Centers
EAO – Eingabe-Ausgabe-Operation *(EDV)*
e. a. o. e. – errors and omissions excepted (*engl.:* »Irrtümer und Auslassungen vorbehalten«)
EAP – Ecole des Affaires de Paris *(Berlin)* · Employee Assistance Program
EAPC – Euro-Atlantic Partnership Council
E.A.P.C.T. – European Association of Poison Control Center and Toxicologists
EAPPI – European Association of the Plasma Products Industry
EAPR – Euro-Atlantischer Partnerschaftsrat
EaR – Entartungsreaktion *(Med.)*
EAR – external access register
EARB – European Airlines Research Bureau
EARN – European Academic Research Network
EAROM – electrically alterable read only memory

EAS – Eingabe-Ausgabe-System *(EDV)* · elektronische Artikelsicherung · European Atomic Society *(vgl. EAES)* · Evangelische Arbeitsgemeinschaft für Soldatenbetreuung
EASA – European Aviation Safety Agency · The European Advertising Standards Alliance
EASD – European Association for the Study of Diabetes
EASDAQ – European Association of Securities Dealers Automated Quotation *(Börse; heute: NASDAQ)*
eAsp – elektrischer Außenspiegel
EAST – Eingabe-Ausgabe-Steuerung *(EDV)*
EAT – Tansania *(Kfz)*
EATA – European Association for Transaction Analysis
EATO – Europäische Arbeitsgemeinschaft der Theaterbesucherorganisationen
EATS – European Air Transport Service
EAU – Einankerumformer *(Technik)* · Uganda *(Kfz)*
EAUE – European Academy of the Urban Environment
EAuftr – Einziehungsauftrag
EAV – Einheitsarchitektenvertrag · Erste Allgemeine Versicherung *(Österreich)* · Erste Allgemeine Verunsicherung *(Musikgruppe)*
EAW – Eingabe-Ausgabe-Werk *(EDV)* · Eisenbahnausbesserungswerk
EAX – environmental audio extension
EAZ – Endgeräte-Auswahlziffer
EB – Eigenbericht; Eigenberichterstatter · Eigentumsbildung · Einfuhrbewilligung · Einheitsbedingung · Einheitsbohrung *(Technik)* · Einheitsbus · electronic banking · elektronische Berichterstattung · Entwicklungsbank · Eröffnungsbilanz · Erstbezug · Erziehungsberatung · Europäische Bewegung
eb. – eben · ebenfalls · ebenso · erwerbsbeschränkt
Eb. – Ebene · Ehrenbürger · Eigenbau · Einbau · Eisenbahn · Erzbischof; Erzbistum
e. b. – etwas bezahlt *(Börse)*
E. B., EB – Encyclopaedia Britannica
eba – Europäische Betriebswirtschafts-Akademie
EBA – Eisenbahn-Bundesamt · elektrolytische Beschichtungsanlage
EB-APVO-SB/PTA – Ergänzende Bestimmungen zur Ausbildungs- und Prüfungsordnung für Berufsfach- und Fachschulen für sozialpflegerische Berufe und für die Berufsfachschule Pharmazeutisch-technischer Assistent
EBAS – elektronische Brems-Abfrage und -Steuerung
EBB – European Biodiesel Board
e. b. b., ebb – extra best best *(engl.:* »allerbeste Qualität«)
EB-BbS-VO – Ergänzende Bestimmungen zur Verordnung über berufsbildende Schulen
EBBO – Eisenbahn-Bau- und Betriebsordnung
EBC – European Billiards Confederation · European Brewery Convention
EBCDIC – extended binary coded decimal interchange code
ebd. – ebenda; ebendort
EBD – emergency boot disc
EBDD – Europäische Beobachtungsgesellschaft für Drogen und Drogensucht
EBE – Ebersberg *(Kfz)*
EBefVO – Eisenbahn-Befähigungsverordnung
EBek. – Bekanntmachung über die Einführung
ebenf. – ebenfalls
EBf – Einschreibbrief *(Post)* · Endbahnhof
ebf. – ebenfalls
Ebf. – Erzbischof
EBF – European Banking Federation
EBFG – Europäischer Bund Freier Gewerkschaften
EBG – Eigenbetriebsgesetz · Erschließungsbeitragsgesetz
EBH – Eisenbahn-Beamten-Hilfsgemeinschaft
EBI – Europäisches Bioinformatik-Institut
E.B.I.F., EBIF – European Banking and Insurance Fair
Ebit – Exabit *(selten verwendete Einheit der Informationsmenge)*
EBIT – earnings before interests and taxes
EBITDA – earnings before interests, taxes, depreciations and amortisations
EBK – Eidgenössische Bankenkommission · Einbauküche · Eisenbindungskapazität *(Med.)*
EBL – Erprobungsstelle der Bundeswehr für Luftfahrtgerät
EbM, EBM – evidence based medicine/evidenzbasierte Medizin
EBM – einheitlicher Bewertungsmaßstab · Europa-Bergmeister[schaft] · Wirtschaftsverband Eisen, Blech und Metall verarbeitende Industrie
EBO – Einheitsbauordnung · Eisenbahn-Bau- und Betriebsordnung
EBOE – Elmshorn-Barmstedt-Oldesloer Eisenbahn
EbÖGdVO – Landesverordnung über Ehrenbeamte des öffentlichen Gesundheitsdienstes
E-Book – Electronic Book
EBPP, eBPP – electronic bill presentment und payment
EBR – Elternbeirat · Euro-

päische[r] Betriebsrat/-räte; Euro-Betriebsrat/-räte
e. Br. – eigenhändiger Brief · eingeschriebener Brief
EBRD – European Bank for Reconstruction and Development
EBRG – Gesetz über die Europäischen Betriebsräte
e. Br. m. U. – eigenhändiger Brief mit Unterschrift
EBR-RL – EU-Richtlinie zu den Europäischen Betriebsräten
ebs, EBS – European Business School
EBS – Elektronische Börse Schweiz · Erschließungsbeitragssatzung
Ebst. – Erzbistum
EB-St., EB-Stelle – Erziehungsberatungsstelle
EBT – earnings before taxes · Electron Beam Tomography *(Elektronenstrahl-Tomographie)*
Ebt. – Erzbistum
EBTF – European Banking and Technology Fair
EBU – Europäische Badminton-Union · Europäische Boxunion · European Broadcasting Union
EBV – elektronische Bildverarbeitung · elektronische Bremskraftverteilung *(Kfz)* · Erdöl-Bevorratungsverband · Ergänzungen des Bundesministers für Verteidigung zur Verdingungsordnung für Leistungen · Europäische Bankenvereinigung
EBV, EBVO – Eigenbetriebsverordnung
EBW – Erwachsenenbildungswerk · Europa-Bildungswerk
EBWE – Europäische Bank für Wiederaufbau und Entwicklung
EBYC – European Bureau for Youth and Childhood
EByte – exabyte
EBZ – Europäisches Beratungszentrum der Deutschen Wirtschaft
ec – Eurocheque
EC – Ecuador *(Kfz)* · Eisenbahnclub · Eishockeyclub · Eislaufclub · Entsorgungscenter · EuroCity *(Bahn)* · Europacup · European Community *(Europäische Gemeinschaft)*
ec. – ecuadorianisch
Ec. – Ecuador; Ecuadorianer
E.c. – English conditions *(Versicherungen)*
e. c. – ex commissione (*lat.:* »nach Auftrag«) · ex concluso (*lat.:* »nach Beschluss«) · exempli causa (*lat.:* »beispielsweise«)
ECA – Economic Commission for Africa · Economic Cooperation Administration *(Durchführungsamt für den Marshallplan)* · European Confederation of Agriculture · European Council of Artists
ECAC – European Civil Aviation Conference
ECAFE – Economic Commission for Asia and the Far East *(UNO)*
E-Cash – Electronic Cash
ECB – Den Europaeiske Centralbank · European Central Bank · Europese Centrale Bank · Europeiska Centralbanken
ECC – Error Correction Code · European Cultural Centre · European Communication Council *(Zusammenschluss von Forschern)*
ECCA – European Cable Communications Association
ECCC – European Communications Coordinating Committee *(NATO)*
Eccl. – Ecclesia *(lat.)*
ECCO – European Community Chamber Orchestra
ECDL – european computer driving licence
ECE – Economic Commission for Europe *(UNO)*
ECEA – Export-Consortium Europäischer Ausrüster von Industrieanlagen
ECF – elemental chlorine free *(chlorfrei gebleichtes Papier)* · European Caravan Federation
ECG – European Constitutional Group
ECH – Epichlorhydrin
ECHA – European Council for High Ability *(europäischer Rat für Hochbegabung)*
ECHO – European Concert Halls Organization
ECHO-Viren – Enteric-cytopathogenic-human-orphan-Viren
ECITO – European Central Inland Transport Organization
ECJ – European Court of Justice
ECK – elektrochemisches Kombinat
ECL – emitter coupled logic
ECLA – Economic Commission for Latin America *(UNO)* · European College of Liberal Arts
ECM – elektrochemische Metallbearbeitung · error correction mode
ECM[-Flugzeug] – electronic counter measurement
ECMA – European Computer Manufacturer's Association
ECME – Economic Commission for the Middle East *(UNO)*
ECMT – European Conference of Ministers of Transport
ECMWF – European Center for medium-term Weatherforecast
ECN – Electronic Communication Network
ECNR – European Council for Nuclear Research *(vgl. CERN)*
ECO – Economic Coopera-

tion Organization · Electronic Commerce Forum · European Coal Organization
E-Commerce – Electronic Commerce
econ., Econ. – economical, economics, economy *(engl.)*
ECOSOC – Economic and Social Council *(UNO)*
ECOWAS – Economic Community of West African States
ECP – enhanced capability port
ECPA – European Crop Protection Association
ECPAT – End Child Prostitution, Child Pornography and Trafficking of Children for Sexual Purposes
ECPS – European Credit Point System
ECR – Efficient Consumer Response *(optimierte Lagerlogistik)* · electronic combat reconnaissance
ECRN – European Chemical Regional Network
ECS – European Committee for Coordination of Standards · European Communications Satellite
EC$ – Ostkaribischer Dollar *(Währung)*
ECSA – European Communications Security Agency
ECSC – European Coal and Steel Community
ECSO – European Conference of Symphony Orchestras
ECSR – European Consortium of Sociological Research
ECT – Europe Container Terminus *(Niederlande)*
ECTF – Enterprise Computer Telephony
ECTS – European Credit Transfer System *(EU)*
ECU – European Clearing Union · European Currency Unit *(EG-Währungseinheit)*
ecuad., ecuador. – ecuadorianisch
Ecuad., Ecuador. – Ecuadorianer
ECVM – European Council of Vinyl Manufacturers
ECYO – European Community Youth Orchestra
ED – Effektivdosis *(Med.)* · Einbruchdiebstahl · Eindicker *(Technik)* · Einfalldosis *(Med.)* · Einschaltdauer · Einzeldosis *(Pharm.)* · Eisenbahndirektion · Erding *(Kfz)* · erektile Dysfunktion *(Med.)* · Erkennungsdienst · Erythemdosis *(Med.)* · Europäisches Datum/European Date · exposure draft · extra-high density
ed. – edited (*engl.:* »herausgeben«); ediddit (*lat.:* »hat herausgegeben«); ediert; edition *(engl.)*; editor *(engl.)*
Ed. – Edikt · Edition
e. D. – exklusive Dividende
EDA – electronic design automation
EDB – Einheitsdurchschreibebuchhaltung
EDC – Electronic Diesel Control · Ethylendichlorid · European Defense Community
EDCO – Editing Committee *(Redaktionskomitee für ISO-Empfehlungen)*
edd. – ediderunt (*lat.:* »haben herausgegeben«)
EDE – Entsorgergemeinschaft der deutschen Entsorgungswirtschaft
E.D.E. – Einkaufsbüro deutscher Eisenhändler *(Wuppertal)*
Edeka – Einkaufsgenossenschaft[en] deutscher Kolonialwaren- und Lebensmitteleinzelhändler
EdelMetG – Gesetz über den Verkehr mit Edelmetallen, Edelsteinen und Perlen
EdF – Electricité de France
EDF – European Defense Force
EDFS – Erstes Deutsches Fernsehen *(ARD)*
EDGE – enhanced data for GSM evolution
EDI – Eidgenössisches Departement des Innern · Electronic Data Interchange *(Logistik)* · Europäisches Dokumentarfilm-Institut
EDID – extended display identification
EDIFACT – Electronic Data Interchange for Administration, Commerce and Transport
EDIP – European Defence Improvement Program *(NATO)*
EDK – Erziehungsdirektorenkonferenz *(Schweiz)*
EDL – Ersatzdienstleistende[r] · Exportförderungsverband der Deutschen Lokomotivindustrie
edlin – edit lines
EDM – elektronischer Distanzmesser · engineering data management
EDMA – European Diagnostics Manufacturers Association
ed. mai./maj. – editio maior/major (*lat.:* »Großformat«)
ed. min. – editio minor (*lat.:* »Kleinformat«)
EDO – exhanced data output
EdP, E. d. P. – Eau de Parfum
EDPM – Electronic Data Processing Machine[s]
EDR – Einkaufsring Deutscher Rundfunkhändler · elektronische Diesel Regelung
EDRAM – exhanced dynamic random access memory
EDS – Eisenbahndienstsache · elektronisches Datenvermittlungssystem; elektronisches Datenwählsystem · elektronische Differenzialsperre
EDSS1 – European Digital Subscriber System No. 1

EdT, E. d. T. – Eau de Toilette
EDTA – European Dialysis and Transplant Association
EDU – Energiedienstleistungsunternehmen · Energiedirektumwandlung · Europäische Demokratische Union
edul – entgegen dem Uhrzeigerlauf
Eduscho – Eduard Schopf
EDV – elektronische Datenverarbeitung
EDVA – elektronische Datenverarbeitungsanlage
EDZ – Europäisches Dokumentationszentrum *(Universität Mannheim)*
EE – Einfuhrerklärung · Einkaufsermächtigung · Elbe-Elster *(Kfz)* · Endeinrichtung · Energieeinheit · Entropieeinheit
E. E. – Euer Ehren; Euer Ehrwürden
EEA – Einheitliche Europäische Akte · European Economic Area · European Energy Association
EEC – European Economic Community
EECW – effective engagement in a changing world *(Charta der amerikanisch-russischen Partnerschaft)*
EED – European Enterprise Development · Evangelischer Entwicklungsdienst
EEF – Europäischer Entwicklungsfonds · Evangelischer Entwicklungsdienst
EEG, Eeg – Elektroenzephalogramm; Elektroenzephalographie *(Med.)*
EEG – Energie-Einspeise-Gesetz · Erneuerbare-Energien-Gesetz · Gesetz über die Erhöhung der Einkommensgrenzen in der Sozialversicherung und der Arbeitslosenversicherung
EEMS – enhanced expanded memory specification
EEP – Europäisches Erhaltungszuchtprogramm
EEPO – European Electricity Prices Observatory
EEPROM – electrically erasable and programmable read only memory
EES – Energieerhaltungssatz *(Physik)* · Eucom Exchange System
EEV – Einzugsermächtigungsverfahren · enhanced environmentally friendly vehicle
E. Ew. – Euer Ehrwürden
EEX – European Energy Exchange *(Leipzig)*
EF – Endfernamt · Erfurt *(Kfz)* · Erziehungsfürsorge
EF, E.-F. – Eisenbahnfähre · Erwerbsfähigkeit
ef. – erwerbsfähig
Ef. – Erbfolge
EFA – EFTA-Finland-Association · elektronische Fahrplanauskunft *(Bahn)* · Europäische Film-Akademie · European Federation of Fine Art Auctioneers
EFATCA – European Federation of Air Traffic Controllers' Associations
EFB – Europäische Föderalistische Bewegung · Europäische Föderation Biotechnologie
EfbV – Entsorgungsfachbetriebe-Verordnung
EFC – European Federation of Corrosion · European Forestry Commission
EFCT – European Federation of Conference Towns
EFD – Evangelische Frauenarbeit in Deutschland
EFF – Electronic Frontier Foundation · European Franchise Federation · European Furniture Federation
eff. – effektiv; efficiency *(engl.)*; efficient *(engl.)*
Eff. – Effekt · Effekten · Effektivität · Effizienz
EFFAS – European Federation of Financial Analysts Societies
EFFE – European Federation of Flight Engineers
EFFO – European Foundation for Osteoporosis
EFFS – European Federation of Funeral Services *(Europäischer Verband der Bestattungsunternehmen)* · European Flood Forecasting System *(EU)*
EFG – Entgeltfortzahlungsgesetz · Entscheidungen der Finanzgerichte · Ersatzschulfinanzgesetz · European Fashion Group
EFGP – Europäische Föderation Grüner Parteien
EFH – Einfamilienhaus · elektrische Fensterheber · Evangelische Fachhochschule
EFHiD – Evangelische Frauenhilfe in Deutschland
EFIFF – Europäisches Fortbildungsinstitut für Film und Fernsehen
EFK – Europäische Reisezugfahrplan-Konferenz
EFL – European Football League
EFM – eight to fourteen modulation · Einzelkanalfrequenzmodulation · European Federalist Movement
EFMC – Verband European Female Management Consultants
EFMD – European Foundation for Management Development
EFP – Erste Frauenpartei · Europäische Föderalistische Partei
EFPIA – European Federation of Pharmaceutical Industries' Associations
EFPW – European Federation for the Protection of Waters
EFQM – European Foundation for Quality Management
EFR – enhanced fullrate

EFRAG – European Financial Reporting Advisory Group
EFRE – Europäischer Fonds für regionale Entwicklung
EFS – Electronic Film System *(für digitale Fotos)* · encrypting file system
Efsa, EFSA – European Food Safety Authority *(Europäische Lebensmittelbehörde)*
EFSP, E. F. S. P. – European Federation of Sales Promotion *(vgl. BDVT)*
EFT – euro file transfer
EFTA – European Free Trade Association
EFU – Europäische Frauenunion
EFWZ – Europäischer Fonds für währungspolitische Zusammenarbeit
EfzG, EFZG – Entgeltfortzahlungsgesetz
EG – Einfuhrgenehmigung · Einführungsgesetz · Einheitengesetz · Einsparungsgesetz · Eislaufgemeinschaft · Entschädigungsgesetz · Erdgeschoss · Ergänzungsgesetz · Ethylenglykol · Europäische Gemeinschaft[en]
eG, e. G. – eingetragene Genossenschaft; eingetragene Gesellschaft
e. g. – eiusdem generi (*lat.:* »derselben Art, Gattung«) · exempli gratia (*lat.:* »beispielsweise«) · ex genere (*lat.:* »aus dem Geschlecht«)
Ega – Eilgutabfertigung
EGA – enhanced graphics adapter
EGAktG – Einführungsgesetz zum Aktiengesetz
EGB – Europäischer Gewerkschaftsbund
Egb. – Eigenbau
Egbd. – Eigenbedarf · Ergänzungsband
Egbde. – Ergänzungsbände
Egbdf. – Eigenbedarf
Egbf – Eilgüterbahnhof
EGBGB – Einführungsgesetz zum Bürgerlichen Gesetzbuch
EGD – Eingliederungsdarlehen
EGFR – Epidermal Growth Factor Receptor *(Med.)*
EGG – Eingliederungsgesetz · Elektrogastrogramm *(Med.)* · Elektro- und Gasgeräte-Versicherung · Existenzgrundlagengesetz
EGGVG – Gesetz zur Änderung des Einführungsgesetzes zum Gerichtsverfassungsgesetz
EGH – Ehrengerichtshof; Entscheidungen des Ehrengerichtshofes
EGHGB – Einführungsgesetz zum Handelsgesetzbuch
EGI – Europäisches Gewerkschaftsinstitut
EgK – Eilgutkasse *(Bahn)*
EGK – Europäische Güterzug-Fahrplankonferenz
EGKL – Europäisches Gewerkschaftskomitee der Lehrer
EGKOÄndG – Einführungsgesetz zum Gesetz betreffend Änderungen der Konkursordnung
EGKS – Europäische Gemeinschaft für Kohle und Stahl
EGMA – European Guitar and Mandolin Association
EGmbH, eGmbH – Eingetragene/eingetragene Genossenschaft mit beschränkter Haftpflicht
EGMR – Europäischer Gerichtshof für Menschenrechte
EGmuH, eGmuH – Eingetragene/eingetragene Genossenschaft mit unbeschränkter Haftpflicht
EGmuN, eGmuN – Eingetragene/eingetragene Genossenschaft mit unbeschränkter Nachschusspflicht
EGN – Einzelgebührennachweis
eGO – eGovernment-Kongressmesse
EGO – Ehrengerichtsordnung · Eichgebührenordnung · Ersatzkassen-Gebührenordnung
EGOWiG – Einführungsgesetz zum Gesetz über Ordnungswidrigkeiten
EGR – emission gas recirculation
EGr. – Einsatzgruppe · Erstattungsgrundsätze
EGRW – Entsorgungsgemeinschaft Regionaler Wirtschaftsverkehr
EGS – Europäische Geophysikalische Gesellschaft
eGSD – elektrisches Glasschiebedach
EGT – Einheitsgebührentarif · Ergebnis der gewöhnlichen Geschäftstätigkeit
EGTA – European Group for Television Advertising
EGV – elektronischer Geschäftsverkehr · Europäischer Golf-Verband · Vertrag zur Gründung der Europäischen Union
EGW – Einwohnergleichwert
EGWStG – Einführungsgesetz zum Wehrstrafgesetz
EGZ – Europäische Gesellschaft für Zusammenarbeit
EGZPO – Einführungsgesetz zur Zivilprozessordnung
EGZustVO – Zuständigkeitsverordnung nach dem Einheitengesetz
EH – Eigenheim · Eigenhilfe · Einzelhaft · Einzelhandel · Einzelhaus · Einzelheizung · Erholungsheim · Erwerbslosenhilfe · Europa-Haus
eh. – ehelich · ehemalig · ehemals · ehern · ehrenhalber · eigenhändig
e. h. – ehrenhalber · eigenhändig *(Österreich)*
E. h. – Ehren halber
E. H. – erste Hilfe

EHandSchG – Einzelhandelsschutzgesetz
EHB – Einschienenhängebahn · elektrohydraulische Bremse *(Kfz)* · Europäisches Hopfenbaubüro
EHC – Eishockeyclub · European Hotel Corporation
ehd. – ehedem
EheAnerkG – Gesetz über die Anerkennung freier Ehen rassisch und politisch Verfolgter
EHEC – enterohämorrhagische Escherichia coli *(Med.)*
ehed. – ehedem
EheG – Ehegesetz
ehel. – ehelich · ehelos
Ehel. – Ehelosigkeit
ehem. – ehemalig; ehemals
EhemissbrG – Gesetz gegen Missbräuche bei der Eheschließung und der Annahme an Kindes statt
EHF – Europäische Handball-Föderation · extremly high frequency *(engl.: Millimeterwellen)*
Ehf. – Entwicklungshelfer
EhfG – Entwicklungshelfergesetz
EHFG – European Health Forum Gastein
EHG – Einzelhandelsgesetz · Erbhofgericht
EHI – Eurohandelsinstitut · Europäisches Hochschulinstitut
EHKV – elektronischer Heizkostenverteiler
EHL – European Hockey League
Ehm., EHM – Einheitsmiete
EHMietv. – Einheitsmietvertrag
EHPM – European Federation of Health Product Manufacturer's Associations
EhrG – Ehrengericht
ehrl. – ehrlich
ehrw. – ehrwürdige[r]
Ehrw. – Ehrwürden
EHS – elektronisches Handelssystem
EHT – extra high tension *(engl.:* »Höchstspannung«)
EHV – Eigenheimversicherung *(Vw.)* · Einzelhandelsverband · Einzelhandelsvertretung
EHW – Eisenhüttenwerk · Eisen- und Hüttenwerke · Erziehungswissenschaftliche Hochschule
Eh.-Z. – Ehrenzeichen
Ehz., Ehzg. – Erzherzog
Ehzgn., Ehzgin. – Erzherzogin
Ehzgt., Ehzgtm. – Erzherzogtum
EI – Eichstätt *(Kfz)* · emotionale Intelligenz
E.I. – Englisches Institut Heidelberg
EIA – Electronics Industries Alliance · Energy Information Administration *(USA)* · Enzym-Immunassay · European Information Association
EIAS – European Institute for Asian Studies
EIB – Europäische Investitionsbank, European Investment Bank *(engl.)* · Export-Import-Bank
EIBTM – European Incentive & Business Travel & Meetings Exhibition
EIC – Eichsfeld *(Kfz)* · Euro-Info-Centre(s)
EICC – Euro-Info-Correspondance-Centre(s)
EichG – Eichgesetz
EichGebO – Eichgebührenordnung
Eichm., Eichmstr. – Eichmeister
EichO – Eichordnung
EichZustVO – Eichzuständigkeitsverordnung
EID – Energie-Informationsdienst
EIDE – enhanced integrated device electronics *(engl.:* »erweiterte integrierte Geräteelektronik«)
eidg., eidgen. – eidgenössisch
Eidg., Eidgen. – Eidgenossen[schaft]
EIF – Europäischer Investitionsfonds
Eif. – Eifel · Eifer
eig. – eigen · eigentlich
Eig.-Bed. – Eigenbedarf
Eig.-Ber. – Eigenbericht
EigBetrVO, EigbVO, EigVO – Eigenbetriebsverordnung
eigenh. – eigenhändig
Eigenkap. – Eigenkapital
eigent. – eigentümlich
Eigent. – Eigentum; Eigentümer
eigentl. – eigentlich
Eigent.-Whg. – Eigentumswohnung
Eigenw. – Eigenwert
EigG – Eigenbetriebsgesetz
eigh. – eigenhändig
Eig.-Kap. – Eigenkapital
Eign. – Eignung
Eign.-Prüf. – Eignungsprüfung[en]
Eign.-T. – Eignungstest[s]
EignÜbgG – Eignungsübungsgesetz
Eigt. – Eigentum; Eigentümer
eigtl. – eigentlich
Eigt.-Vorb. – Eigentumsvorbehalt
Eigt.-Whg. – Eigentumswohnung
Eigt.-Whgn. – Eigentumswohnungen
Eig.-W. – Eigenschaftswort
EigZulG – Eigenheimzulagengesetz
Eilb. – Eilboten
Eilg. – Eilgut
Eilzust. – Eilzusteller; Eilzustellung
EIM – Eisenbahn Immobilien Management Gesellschaft
EIMS – eudora internet mail server
einb. – einbauen · einbilden · einbinden · einbürgern · einbüßen
Einb. – Einband · Einbau ·

Einberufung · Einbeziehung · Einbildung · Einbindung · Einbuchtung · Einbürgerung · Einbuße
Einbauschr. – Einbauschrank; Einbauschränke
Einb.-Bef. – Einberufungsbefehl
Einbd. – Einband
einbez. – einbezahlen; einbezahlt · einbeziehen; einbezogen
Einb.-Kü. – Einbauküche
Einbr. – Einbrecher; Einbruch; Einbrüche
Einb.-Schr. – Einbauschrank; Einbauschränke
Einb.-Term. – Einberufungstermin
Einb.-Zi. – Einbettzimmer
eind. – eindeutig
eindr. – eindringen · eindringlich · eindrücklich · eindrucksvoll
Eindr. – Eindruck; Eindrücke
eindrgl. – eindringlich
einf. – einfach · einfahren · einfallen · einfassen · einfügen · einführen
Einf. – Einfachheit · Einfahrt · Einfall · Einfassung · Einfügung · Einfühlung · Einfuhr · Einführung
Einf.-Bschr. – Einfuhrbeschränkung
Einf.-Erl. – Einfuhrerlass · Einfuhrerlaubnis · Einfuhrerleichterung
Einfg. – einfügen
EinfG, Einf.-Ges. – Einfuhrgesetz · Einführungsgesetz
Einf.-Gen. – Einfahrgenehmigung · Einfuhrgenehmigung
Einf.-Gl. – Einfachglas · Einfahrgleis
EinfGRealStG – Einführungsgesetz zu den Realsteuergesetzen
Einf.-Hs. – Einfamilienhaus
Einf.-Kont. – Einfuhrkontingent[e]
Einfl. – Einfluss; Einflüsse
Einf.-Sch. – Einfuhrschein
Einf.-Verb. – Einfuhrverbilligung · Einfuhrverbot
Einf.-Verg. – Einfuhrvergünstigung[en]
Einf.-Verm. – Einfühlungsvermögen
Einf.-Wi. – Einfallswinkel
Einf.-Z. – Einfahrzeit · Einfuhrzoll; Einfuhrzölle
Einf.-Zt. – Einfahrzeit
eing. – eingeben · eingehen
Eing. – Eingang; Eingänge · Eingabe
Eing.-Dat. – Eingangsdatum
eingeb. – eingebunden
einged. – eingedeckt · eingedickt · eingedeutscht
eingedr. – eingedruckt · eingedrückt · eingedrungen
eingeg. – eingegangen · eingegeben
eingef. – eingefahren · eingefallen · eingefasst · eingeführt
eingegl. – eingegliedert
eingegr. – eingegraben · eingegriffen
eingel. – eingeladen · eingelassen · eingelegt · eingeleitet · eingeliefert · eingelöst
eingem. – eingemeinden; eingemeindet
Eingem. – Eingemeindung
einger. – eingerichtet · eingerissen · eingerückt
eingesch. – eingeschickt · eingeschoben
eingeschl. – eingeschlagen · eingeschliffen · eingeschlossen
eingetr. – eingetragen · eingetreten
eingez. – eingezahlt · eingezeichnet · eingezogen
Eing.-Fr. – Eingabefrist
eingl. – eingleisig · eingliedern
Eingl. – Eingliederung
EinglG, Eingl.-Ges. – Eingliederungsgesetz
Eingl.-Verf. – Eingliederungsverfahren
Eing.-Nr. – Eingangsnummer
eingr. – eingraben · eingreifen · eingrenzen · eingruppieren; eingruppiert
Eingr. – Eingrenzung · Eingriff · Eingruppierung
EingrVO – Eingruppierungsverordnung
Eing.-St. – Eingangsstempel
einh. – einheimisch · einheitlich · einhellig · einhundert
Einh. – Einheit[en] · Einheitlichkeit · Einheimische[r] · Einhelligkeit
Einh.-Bew., EinhBew. – Einheitsbewertung
EinhG – Gesetz über Einheiten im Messwesen
EinhV – Ausführungsverordnung zum Gesetz über Einheiten im Messwesen
EinhW – Einheitswert
Eink. – Einkauf · Einkehr · Einkommen · Einkünfte
Eink.-Gr. – Einkaufsgröße · Einkaufsgruppe · Einkommensgrenze · Einkommensgröße
Eink.-Pr. – Einkaufspreis
Eink.-St. – Einkommensteuer
EinkStG – Einkommensteuergesetz *(seltener für: EStG)*
einkstpfl. – einkommensteuerpflichtig
einl. – einladen · einlagern · einlassen · einlegen · einleiten · einleitend · einleuchtend · einliefern · einlösen
Einl. – Einladung · Einlage[n] · Einlagerung · Einlass · Einlauf · Einleitung · Einlieferung · Einlieger · Einlösung
Einl.-Sch. – Einlieferungsschein · Einlöseschein
Einl.-St. – Einlassstelle · Einlieferungsstelle
Einl.-Whg. – Einliegerwohnung
Einn. – Einnahme[n]
Einn.-Übersch. – Einnahmeüberschuss
Einr. – Einreicher · Einrei-

her · Einreihung · Einrichter; Einrichtung
eins. – einsam · einseitig · einsenden · einsetzen · einsichtig · einsitzig
Eins. – Einsamkeit · Einsatz · Einsegnung · Einseitigkeit · Einsendung · Einsetzung · Einsiedler · Einsicht · Einsitzer
einschl. – einschlägig · einschlafen · einschlagen · einschleichen · einschleusen · einschließen · einschließend · einschließlich
Einschl. – Einschlag; Einschläge · Einschleusung · Einschließung · Einschluss
einschr. – einschränken · einschreiben · einschreiten
Einschr. – Einschränkung · Einschreiben · Einschreibung
Einschr.-Br. – Einschreibebrief
Einschr.-Sdg., Einschr.-Send. – Einschreibesendung
einsp. – einspaltig · einspännig · einspurig
Einspr. – Einspritzer; Einspritzung · Einspruch
Einspr.-Fr. – Einspruchsfrist
einst. – einstampfen · einstellen · einstimmig · einstöckig · einstoßen · einstufig
Einst. – Einstimmigkeit · Einstellung · Einstufung · Einsturz
einstm. – einstmalig; einstmals
einstr. – einstrahlig · einstreuen
Einst.-Term. – Einstellungstermin
Einst.-Vorschr. – Einstellungsvorschrift
eint. – eintauchen · eintausend · einteilen · einteilig · eintönig
Eint. – Einteilung · Eintönigkeit · Eintopf
eintr. – einträchtig · eintragen · eintreffen · eintreten · eintrüben
Eintr. – Eintracht · Eintrag[ung] · Eintritt · Eintrübung
Eintr.-Term. – Eintrittstermin
Einv. – Einverleibung · Einvernahme · Einvernehmen · Einverständnis
Einv.-Erkl. – Einverständniserklärung
einverl. – einverleiben; einverleibt
Einvern. – Einvernahme · Einvernehmen
einverst. – einverstanden
Einverst. – Einverständnis
einw. – einwandern · einwandfrei · einwechseln · einweihen · einwenden · einwilligen · einwirken
Einw. – Einwand; Einwände · Einwanderer; Einwanderung · Einweg · Einweihung · Einwendung[en] · Einwilligung · Einwirkung · Einwohner
Einw.-Beh. – Einwanderungsbehörde
einwdfr. – einwandfrei
Einw.-Erl. – Einwanderungserlaubnis
Einw.-Gen. – Einwanderungsgenehmigung
EinwMA – Einwohnermeldeamt
Einw.-T., Einw.-Ter. – Einweihungstermin
Einw.-Z., Einw.-Zahl – Einwohnerzahl
einz. – einzahlen · einzäunen · einzeln · einziehen
Einz. – Einzahl · Einzahlung · Einzäunung · Einzel · Einziehung · Einzug
Einzelh. – Einzelhaft · Einzelhandel · Einzelheft · Einzelheit[en] · Einzelhilfe
Einzellg. – Einzellagerung
Einzelpr. – Einzelpreis
Einzelz. – Einzelzimmer
EinzHG – Einzelhandelsgesetz
Einzlg. – Einzahlung
Einz.-Pr. – Einzelpreis
Einz.-Pr., Einz.-Prüf. – Einzelprüfung[en]
Einz.-Sch. – Einzahlungsschein
Einz.-Unt., Einz.-Unters. – Einzeluntersuchung
Einz.-Z., Einz.-Zi. – Einzelzimmer
EIO – enhanced input output architecture
EIPA – European Institute for Public Administration
EIPAL – European Institute for Public Affairs and Lobbying
EIRMA – European Industrial Research Management Association
EIRO – European Industrial Relations Observatory
EIS – Einkaufsinformationssystem
EISA – enhanced/extended industry standard architecture
Eis.-Bet. – Eisenbeton
Eisenb. – Eisenbahn[er]
EisenbahnG – Eisenbahngesetz
Eisenbr. – Eisenbrücke
eisenh. – eisenhaltig · eisenhart
Eisentr. – Eisenträger
Eish. – Eisheiligen · Eishockey
EISS – Europäisches Institut für Systemsicherheit
EITC – earned income tax credit *(USA)*
EITO – European Information Technology Observatory
EIU – economist intelligence unit
EJ – Erscheinungsjahr
EJA – Europäische Journalismus-Akademie *(Krems)*
EJF – Europäische Journalistenföderation
EJU – Europäische Judo-Union
EK – Eigenkapital · Einheitskurzschrift · Einkauf · Ein-

zelkämpfer · Einsatzkräfte · Eisernes Kreuz *(Orden)* · Eishockeyklub · Eislaufklub · Elektrokarre[n] · Entlassungskandidat · Ersatzkasse · Exekutivkomitee
ek. – ekuadorianisch
e. K. – eingetragene/-r Kauffrau/-mann
Ek. – Einkommen · Ekuador; Ekuadorianer
EKA – Europäische Kunstakademie · Expositionsäquivalente für krebserzeugende Arbeitsstoffe · Evangelisches Kirchenamt für die Bundeswehr
EKC – European King's Club
EKD – Eisen-Kohlenstoff-Diagramm · Evangelische Kirche in Deutschland
EKF – Eigenkapitalfinanzierung
EKG – Evangelisches Kirchengesangbuch
EKG, Ekg – Elektrokardiogramm *(Med.)*
EKH – Eigenkapitalhilfe[programm] · Evangelische Krankenhaus-Hilfe
EKHN – Evangelische Kirche von Hessen und Nassau
EKK – Europäischer Kulturkanal *(Arte)*
EKKI – Exekutivkomitee der Kommunistischen Internationale *(DDR)*
EKMB – Europäische Konferenz für Molekularbiologie
EKO – Eisenhüttenkombinat Ost
EKP – Euroopan Keskuspankki *(finn.; Europäische Zentralbank)*
ekr – estnische Krone *(Währung)*
EKrG – Eisenbahnkreuzungsgesetz
EKrV – Eisenbahnkreuzungsverordnung
EKS – elektronisches Kupplungssystem
EKT – Elektrokrampftherapie *(Med.)* · Europaiki Kentriki Trapeza *(griech.; Europäische Zentralbank)*
EKu – elektrische Kupplung
EKU – Europäische Karate-Union · Evangelische Kirche der Union
Ekuad., Ekuador. – Ekuadorianer
EKV – Einheitskurzschriftverein
EKW – Eisenbahnkesselwagen
EKZ – Einkaufszentrum
EKZW – Europäisches Komitee für die Zusammenarbeit der Werkzeugmaschinen-Industrie
EL – Einkaufsleiter; Einkaufsleitung · Elektrolumineszenz · Emsland *(Kfz)* · Entwicklungsland; Entwicklungsländer
El, El. – Esslöffel
el. – elastisch · elegant · elektrisch · elektronisch · elitär
El. – Elastizität · Eleganz · Elektrik · Elektrizität · Elektro · Elektron · Elektronik · Element · Elend · Elevator · Elite
ela – elektroakustisch
Ela – Elektroakustik
ELAG – Elektroakustikanlage
ELAM – Endothel-Leukozyten-Adhäsionsmolekül
ELAN – educational language
E.L.A.S. – Ethnikos Laikos Apeleftherotikos Stratos *(Streitkräfte der E.A.M., griech. Widerstandsorganisation, gegr. 1941: »Nationale Volksbefreiungsarmee«)*
el. Asp. – elektronisch verstellbare[r] Außenspiegel
ELAV – Eidgenössischer Leichtathletik-Verband
ELB – elektronisch geregelte Bremse
ELDO – European [Space Vehicle] Launcher Development Organization
ELDR – Europäische Liberale, Demokraten und Reformer
E-Learning – Electronic Learning
ELEC – European League for Economic Cooperation
elektr. – elektrifizieren; elektrifiziert · elektrisch · elektronisch
Elektr. – Elektriker · Elektrizität · Elektron[en] · Elektronik[er]
Elektr.-Mikr. – Elektronenmikroskop
elektromagn. – elektromagnetisch
elektromech. – elektromechanisch
elektromot. – elektromotorisch
Elektrotechn. – Elektrotechnik[er]
Elev. – Elevator
ELF – Erblastentilgungsfonds
ELFAA – European Low Fares Airline Association
el. FH – elektrische Fensterheber
ELG – Elektrizitätslieferungsgesellschaft
ElHz – elektrische Heizung
El.-Ind. – Elektroindustrie
El.-Inst. – Elektroinstallateur; Elektroinstallation[en]
ELISA – enzyme-linked immunosorbent assay
ELITE – European Laboratory for Intelligent Techniques Engineering
ELK – Evangelisch-Lutherische Kirche
Elka – Elektrokarren
Elko – Elektrolytkondensator
ELKRAS – Evangelisch-Lutherische Kirche in Russland und anderen Staaten
ell. – elliptisch
Ell. – Ellipse
ELLK – Evangelisch-Lutherische Landeskirche
Ellok – elektrische Lokomotive
Elm – Elektrometall
ELM – electronic listening music
elmag. – elektromagnetisch

Elmi, El.-Mikr. – Elektronenmikroskop
Elmo – Elektromotor
El.-Mod. – Elastizitätsmodul · Elektrizitätsmodul
E-Lok – elektrische Lokomotive
ELR – Entwicklungsring für Luft- und Raumfahrt
els. – elsässisch
Els. – Elsass; Elsässer
ELSA – excimerlaser subepitheliale ablation *(Med.)*
Els.-Lothr. – Elsass-Lothringen
ELSTER, Elster – elektronische Steuererklärung
ELSY – Einsatzleitsystem
Elt – Elektrizität
ELT – European Letter Telegram
Elta – elektrotechnische Abteilung
ELTC – European Ladies Team Cup
El.-Techn. – Elektrotechnik[er]
Eltwerk, Elt-Werk – Elektrizitätswerk
ELV – elektronisches Lastschriftverfahren
El.-Vers. – Elektrizitätsversorger; Elektrizitätsversorgung
ELW – Einliegerwohnung · Elektrizitätswerk
El.-W., El.-Wirtsch. – Elektrizitätswirtschaft
Elyt – Elektrolytkondensator
EM, Em – Entfernungsmesser/-messung
EM – effektive Mikroorganismen · Ehrenmitglied[schaft]; Einseitenbandmodulation · Einzelmaß · Elektromagnet · Elektromagnetik · Elektromotor · Elektronenmikroskop · Emmendingen *(Kfz)* · Ensemble Modern · Erfassungsmethode · Erwerbsminderung · Europameister/-schaft[en] · European Movement
em. – elektromagnetisch · emailliert · emanzipiert · emeritiert; emeritus (*lat.:* »in den Ruhestand versetzt«) · eminent · emittiert
Em. – Email; Emaille · Emanation · Emanzipation · Eminenz · Emissär · Emission · Emulsion
e. m. – eiusdem mensis (*lat.:* »desselben Monats«)
EMA – Einbruchmeldeanlage · Einwohnermeldeamt · Entmagnetisierungsanlage · Europäische Musiktheater-Akademie · European Monetary Agreement
Emacs – editor macro system
E-Mail – electronic mail
E-Market – electronic market
EMAS – Environmental Management Auditing System *(EU-Öko-Audit)*
EMAU – Ernst-Moritz-Arndt-Universität Greifswald
EMB – elektromechanische Bremse · Europäischer Metallgewerkschaftsbund ·
Emb. – Emballage · Embargo · Embolie
EMBA – Executive Master of Business Administration
EMBL – Europäisches Molekularbiologisches Laboratorium/European Molecular Biological Laboratory *(Heidelberg)*
EMCC – European Municipal Credit Community
EMD – Edelmetall-Motor-Drehwähler · Eidgenössisches Militärdepartement · Einzelmaximaldosis *(Med.)* · Emden *(Kfz)*
emE, EME, E. M. E. – elektromagnetische Einheit[en]
EMEA – Europe/Middleeast/Asia · European Medicines Evaluation Agency *(europäische Zulassungsbehörde für Arzneimittel)*
emer. – emeritiert; emeritus (*lat.:* »in den Ruhestand versetzt«)
E-Messer – Entfernungsmesser
emf, EMF – electromotive force *(engl.)*
EMF – European Management Forum · European Monetary Fund · European Motel Federation
EMFA – European Mortgage Finance Agency
EMG – Elektromyogramm; Elektromyographie *(Med.)* · Entmagnetisierungsgruppe
Emgld. – Ehrenmitglied
Emgldsch. – Ehrenmitgliedschaft
EMI – Einkaufsmanager-Index · Electrical and Musical Industries · Ernst-Mach-Institut *(Fraunhofer-Institut für Kurzzeitdynamik)* · Europäisches Mode-Institut · European Monetary Institute
EMIT – enzyme multiplied immunotechnique *(Med.)*
E-Mittel – Estermittel *(Chemie)*
EMK – Edelmetall-Motor-Koordinatenwähler · elektromotorische Kraft
EML – European Media Laboratory *(Heidelberg)*
EMLE – European Master in Law and Economics
EMM – expanded memory manager
EMMF – European Multimedia Federation
EMNID – Erforschung der öffentlichen Meinung, Marktforschung, Nachrichten, Informationen, Dienstleistung
E-Modul – Elastizitätsmodul · Elektrizitätsmodul
EMP – electromagnetic pulse · Evangelischer Mädchenpfadfinderbund · excessive multi posting *(Spam-Mail)*
Emp. – Empire *(engl., franz.)*
EMPA, Empa – Eidgenössische Materialprüfungs- und Forschungsanstalt
Empf. – Empfang · Empfän-

ger · Empfehlung · Empfinden; Empfindung
Empf.-Besch. – Empfangsbescheinigung
Empf.-Best. – Empfangsbestätigung
empf. Pr. – empfohlener Preis
empf. Rpr. – empfohlener Richtpreis
Empf.-Sch. – Empfangsschein
Empf.-Schr. – Empfehlungsschreiben
EMR – Erwerbsminderungsrente
EMRK – Europäische Menschenrechtskonvention
EMS – Bad Ems/Rhein-Lahn-Kreis *(Kfz)* · elektrische Muskelstimulation *(Med.)* · electronic mail service · elektromagnetisches Schweben *(Technik)* · enhanced messaging service · Europäische Makroseismische Skala · expanded memory specification/system
EMSA – European Maritime Safety Agency
EMSM – Executive Master of Science in Management
EMSU – Europäische Mittelstands-Union
EMT – Elektromesstechnik · European Mean Time *(engl.:* »mitteleuropäische Zeit«)
EMTEC – European Marine Trade Exhibition and Congress
EMTN – European medium term note *(Börse)*
EMU – European Monetary Union
emu, EMU, E. M. U. – electromagnetic unit *(engl.)* · electromotive unit *(engl.)*
E-Musik – ernste Musik
EMUV – elektromagnetische Umweltverträglichkeit
EMV – Einheitsmietvertrag · elektromagnetische Verträglichkeit
EMVG – Gesetz über die elektromagnetische Verträglichkeit von Geräten
EMW – elektromechanisches Werk
EMWV – Europäische Mittelstands- und Wirtschaftsvereinigung
EN – Ennepe-Ruhr-Kreis *(Kfz)* · europäische Norm
En. – Eigenname · Energie
ENA – Ecole Nationale d'Administration *(Frankreich)* · Ecole Nationale d'Agriculture *(Frankreich)* · European Neuroscience Association
ENAC – Ente Nationale per l'Aviazione Civile *(Italien)*
EnBW – Energie Baden-Württemberg
endg. – endgültig
Endst. – Endstation · Endstelle · Endstufe
ENEA – European Nuclear Energy Agency
EnEG – Energieeinsparungsgesetz
energ. – energetisch · energisch
EnergG – Energiewirtschaftsgesetz
EnergNotG, ENG – Energienotgesetz
ENET – European Network Ecological Tourism
EnEV – Energieeinsparverordnung
ENG – Elektronenneurographie *(Med.)* · electronic news gathering *(Fernsehtechnik)* · Elektronystagmographie *(Med.)*
eng. – engagieren; engagiert
Eng. – Engagement · Engineer[ing]
engl. – englisch
Engl. – England; Engländer; Englisch
ENI – Ente Nazionale Idrocarburi *(staatlicher italienischer Energiekonzern)*
ENIAC – Electronic Numerical Integrator and Computer
ENISA – Europäische Agentur für Netz- und Informationssicherheit
ENIT – Ente Nazionale Italiano Turismo *(staatliches italienisches Fremdenverkehrsbüro)*
EnNG vgl. EnergNotG
ENO – English National Opera
ENPA – European Newspaper Publisher's Association
E-Nr. – Eingangsnummer · Einzelnummer · Erkennungsnummer
ENRC – European Nuclear Research Centre
ent. – entomologisch
Ent. – Entomologe; Entomologie
entb. – entbehren · entbehrlich · entbieten · entbinden; entbunden
Entb.-St. – Entbindungsstation
entd. – entdecken; entdeckt
Entd. – Entdecker; Entdeckung
enteig., enteign. – enteignen; enteignet
Enteig., Enteign. – Enteignung[en]
EnteigG – Enteignungsgesetz
Enteign.-Verf. – Enteignungsverfahren
entf. – entfallen · entfällt · entfalten · entfernen · entfernt · entfesselt · entführen · entführt
Entf., Entfg. – Entfaltung · Entfernung · Entführung
entg. – entgangen · entgegen · entgegnen · entgehen · entgelten · entgiften; entgiftet
entgges. – entgegengesetzt
entgl. – entgleisen; entgleist · entgleiten; entglitten
enth. – enthalten · enthaltend · enthaltsam · entheben; enthoben
Enth. – Enthaltsamkeit · Enthaltung · Enthebung
entl. – entladen · entlang · entlassen · entlasten; entlas-

tet · entlaufen · entlehnen; entlehnt · entlocken; entlockt
Entl. – Entladung · Entlassung · Entlastung · Entledigung · Entlehnung
entn. – entnehmen; entnommen
Entn. – Entnahme
ents. – entsetzt · entseuchen; entseucht · entsichern; entsichert · entsorgen; entsorgt
Ents. – Entsendung · Entseuchung · Entsicherung · Entsorgung
entsch. – entschädigen; entschädigt · entscheiden · entscheidend · entschieden · entschulden; entschuldet · entschuldigen; entschuldigt
Entsch. – Entschädigung · Entscheidung · Entschuldigung · Entschuldung
Entsch.-Abk. – Entschuldungsabkommen
EntschAbwG – Gesetz zur Abwicklung der landwirtschaftlichen Entschuldung
EntschAbwVO – Verordnung zur Abwicklung der landwirtschaftlichen Schuldenregelung
EntschG – Entschädigungsgesetz
entschl. – entschließen; entschlossen · entschlüsseln; entschlüsselt
Entschl. – Entschließung; Entschlossenheit · Entschluss · Entschlüsselung
entspr. – entsprechen[d]; entspricht · entsprungen
Entspr. – Entsprechung
EntsRL – Entsendungsrichtlinien
entst. – entstanden; entstehen · entstellt · entstören; entstört
Entst. – Entstehung · Entstellung · Entstörung
EnttrümmG – Enttrümmerungsgesetz
entw. – entwässern · entwaffnen · entweder · entweichen · entweihen · entwenden · entwerfen · entwerten · entwichen · entwickeln; entwickelt · entwirren · entwöhnen · entworfen · entwurzelt
Entw. – Entwaffnung · Entwässerung · Entwendung · Entwerter · Entwicklung · Entwöhnung · Entwurf; Entwürfe · Entwurzelung
Entw.-Ges. – Entwicklungsgesellschaft
Entw.-H. – Entwicklungshelfer; Entwicklungshilfe
Entw.-Kan. – Entwässerungskanal; Entwässerungskanäle
Entw.-Kur – Entwöhnungskur
Entw.-Pl. – Entwässerungsplan · Entwicklungsplan; Entwicklungspläne
Entw.-Progr. – Entwässerungsprogramm · Entwicklungsprogramm
entz. – entziehen · entziffern · entzogen · entzünden
Entz. – Entziehung · Entzifferung · Entzug · Entzündung
ENVISAT – environmental satellite *(der ESA)*
EnVKV – Energieverbrauchskennzeichnungsverordnung
EnVU – Energieversorgungsunternehmen
EnWG, EnWiG – Energiewirtschaftsgesetz
enz., enzykl. – enzyklopädisch
Enz. – Enzyklika · Enzyklopädie · Enzym[e]
Enzykl. – Enzyklika · Enzyklopädie
EO – Ehrenordnung · Eichordnung · Einkaufsorganisation · elektrischer Omnibus · Elektronikoffizier *(Bw.)* · Essigsäureordnung · Ethylenoxid
eo. – extraordinaire *(franz.)*
e. o. – ex officio (*lat.:* »von Amts wegen«)
EOBD – Electronic on Board Diagnostic *(elektronische Abgasdiagnose)*
e. o. d. – every other days (*engl.:* »jeden zweiten Tag«)
EOE – European Options Exchange
e. o. e. vgl. e. a. o. e.
EOEPR – European Organization for Experimental Photogrammetric Research
EOF – end of file
EOG – Elektrookulographie
EOK – Evangelischer Oberkirchenrat
E. O. K. A. – Ethnike Organosis Kypriakon Agoniston *(griech.-zypriot. Untergrundorganisation)*
e. o. m., E. O. M. – end of month (*engl.:* »am Monatsende«) · every other month (*engl.:* »jeden zweiten Monat«)
EON – Enhanced Other Networks *(Verkehrsfunk)*
EONIA – Euro Overnight Index Average *(der EZB)*
EONR – European Organization for Nuclear Research
e. o. o. e. – errors or omissions excepted (*engl.:* »Irrtümer oder Auslassungen vorbehalten«)
EOP – end of partition · Erzeuger-Originalpreis
EOQC – European Organization for Quality Control
E-Ort – Erscheinungsort
EORTC – European Organization for Research on Treatment of Cancer
EOS – Erweiterte Oberschule *(DDR)* · Erweiterte Oberstufe
EOVG – Entscheidungen des Oberverwaltungsgerichts
e. o. W. – erstes offenes Wasser
EP – Ehrenpreis · Einheitspreis · Eintrittspupille · Ejaculatio praecox · Electronic Partner · elektronische Publikation; elektronisches Publizieren · Endpunkt · enter-

prise portal · Erstarrungspunkt · Erweichungspunkt · Epoxidharz[e] · Europäisches Parlament · Europalette · Europa-Partei · European Parliament · evozierte Potenziale *(Med.)* · extended player *(Schallplattenformat; hist.)*
ep. – epileptisch · episch · episkopal · epochal
Ep. – Epik[er] · Epilepsie; Epileptiker · Epilog · Episode · Epistel · Epoche · Epos
EPA – Einmannpackung *(Bw.)* · elektronische Platzbuchungsanlage *(Bahn)* · Environmental Protection Agency *(USA)* · Europäische Presseagentur · Europäisches Patentamt · European Productivity Agency
EPB – elektrische Parkbremse · Elektrotechnische Prüfstelle Berlin *(im VDE)*
EPC – European Political Community
epd – Evangelischer Pressedienst
EPEG – European Photographic Exchange Group
EPER – European Pollutant Emission Register
EPF – Ecole Polytechnique Fédérale *(Eidgenössische Technische Hochschule)* · Erstes Privates Fernsehen · European Packaging Federation · Exophthalmus Producing Factor *(Med.)*
EPG – Eisenbahnpostgesetz · electronic program guide *(beim digitalen Fernsehen)* · Europäische Politische Gemeinschaft · Europäische Privatgesellschaft · European Press Group
EPI – Evangelischer Presse- und Informationsdienst · Expanded Program on Immunization *(WHO)*
EPIC – explicit parallel instruction computing
epid. – epidemisch
Epid. – Epidemie[n] · Epidermis · Epidiaskop
Epig. – Epigone[n]
epigr. – epigrammatisch · epigraphisch
Epigr. – Epigramm · Epigrammatik; Epigrammatiker · Epigraph; Epigraphik; Epigraphiker
epil. – epileptisch; epileptoid
Epil. – Epilepsie; Epileptiker · Epilog
Epis. – Episode
epis., episk. – episkopal · episkopisch
Episk. – Episkop · Episkopat
EPl. – Einzelplan
EPLD – Erasable Programmable Logic Device
EPMF – European Powder Metallurgy Federation
EPn – Einschreibepäckchen
EPN – Einzelpostennachweis
EPO – Europäische Patentorganisation · Europäische Politische Organisation/European Political Organization · European Pet Organization · Erythropoietin
E-Post – elektronische Post
EPostG – Eisenbahnpostgesetz
EPP – enhanced parallel port
EPPO – European [and Mediterranean] Plant Protection Organization
EPPSA – European Power Plant Suppliers' Association
EPR – elektronenparamagnetische Resonanz
E.-Pr., EPr. – Einzelpreis · Erzeugerpreis
EPROM – erasable programmable read-only memory
ePS – effektive Pferdestärke
EPS – earning per share *(Gewinn je Aktie)* · electronic publishing system · elektrophoretisches Pulversprühen · elektro[nisch]pneumatische Schaltung · encapsulated PostScript · environmental protection services · Europäische Physikalische Gesellschaft · extrapyramidales System *(Med.)* · Exophthalmus produzierende Substanz *(Med.)*
EPSO – Europäische [und Mediterrane] Pflanzenschutzorganisation
EPT – endoskopische Papillotomie *(Med.)*
EPTA – Expanded Program of Technical Assistance
EPU – Europäische Parlamentarische Union/European Parliamentary Union · European Payments Union
EPÜ – Europäisches Patentübereinkommen
EPZ – Eisenportlandzement · Europäische Politische Zusammenarbeit · Europäische Produktivitätszentrale *(vgl. EPA; vgl. AEP)*
EQ – Einstell[ungs]quote · Eiweißquotient *(Med.)* · Emotionale Intelligenz · Energiequotient · Entwicklungsquotient
Eq. – Equipe
EQV – equivalence
Er – Elektronenröhre · Erbium *(Element)*
ER – Einfuhrerklärung · Einzelrahmen · Eiweißreaktion · Elektronenrechner · Empfangsrelais · endoplasmatisches Retikulum *(Med.)* · endoskopische Resektion *(Med.)* · Entity-Relationship · Entschädigungsrente · Ergänzungsrichtlinie[n] · Eritrea *(Kfz)* · Erlangen *(Kfz)* · Estrogen Receptor *(Med.)* · Europäischer Rat *(EU)* · Europarat · Europarekord
Er. – Erachten[s] · Erinnerung
E. R. – eiserne Ration · engine-room *(engl.: »Maschinenraum«)*
ERA – Electric Response Audiometry *(Med.)* · Elektronische Rechenanlagen · Empfehlungen für Radarverkehrs-

anlagen · Entgeltrahmenabkommen · Europäische Rechtsakademie · European Regions Airlines · European Research Workers' Association
ERB – Erbach/Odenwaldkreis *(Kfz)*
erb. – erbauen; erbaut · erbeten · erbeuten; erbeutet · erbitten · erbost
Erb. – Erbauer; Erbauung
ErbbauR, ErbbR – Erbbaurecht
ErbbauRVO, ErbBRV – Verordnung über das Erbbaurecht
Erbf. – Erbfolge
Erbf.-Kr. – Erbfolgekrieg
Erbf.-Str. – Erbfolgestreit
ErbhG – Erbhofgericht
erbl. – erblassen · erblinden; erblindet
Erbl. – Erblasser · Erblindung
ErbR – Erbrecht
Erbsch. – Erbschaft; Erbschein
Erbschl. – Erbschleicher[ei]
Erbsch.-St., ErbschSt. – Erbschaftsteuer
ErbschStG, ErbStG – Erbschaftsteuergesetz
ErbSchStVA, ErbStVA – Verwaltungsanordnung für die Erbschaftsteuer
ErbStDV[O] – Erbschaftsteuer-Durchführungsverordnung
ErbStG – Erbschaftsteuergesetz
ErbStR – Erbschaftsteuer-Richtlinien
ErbStV – Allgemeine Verwaltungsvorschrift für die Erbschaftsteuer
Erbt. – Erbteil
ERC – Eislauf- und Rollschuhclub · European Radio Committee
ERCG – European Rail Catering Group
erd. – erdacht; erdenken; erdenklich · erdichten; erdichtet · erdulden
erde – eigenständige Regional- und Dorfentwicklung
Erdg. – Erdgeschichte · Erdgeschoss · Erdung
E-Rdschr. – Einfuhrrundschreiben
ERE – Europäische Rechnungseinheit
erf. – erfahren · erfassen; erfasst · erfinden · erfolgen; erfolgt · erforderlich · erforschen; erforscht · erfüllen; erfüllt · erfunden
Erf. – Erfahrung · Erfassung · Erfinder; Erfindung · Erfolg · Erfordernis · Erforschung · Erfüllung
ERFA – European Radio Frequency Agency *(NATO)*
Erf.-A., Erf.-Auss. – Erfolgsaussicht[en]
Erf.-A., Erf.-Aust. – Erfahrungsaustausch
ERFA-/Erfa-Gruppe – Erfahrungsaustauschgruppe
erfdl. – erfindlich · erforderlich
erfdlf., erfdlfs. – erforderlichenfalls
Erf.-O. – Erfüllungsort
Erfolg – Ermittlungssystem für optimal lukrative Geldanlagen
erford. – erfordern; erforderlich
erforderlf., erforderlfs. – erforderlichenfalls
Erfr. – Erfrierung[en] · Erfrischung[en]
ErfV – Erfassungsvorschrift[en]
ErfVO – Erfinderverordnung
Erg, erg – Einheit der Energie/Arbeit
ERG – Europäische Regulierer-Gruppe/European Regulators Group
ERG, Erg – Elektroretinogramm *(Med.)*
erg. – ergänze!; ergänzen; ergänzt · ergeben[st] · ergiebig
Erg. – Ergänzung · Ergebenheit · Ergebnis · Ergebung · Ergiebigkeit · Erguss
ErgA – Ergänzungsanordnung; Ergänzungsanweisung
ErgB, ErgBest. – Ergänzungsbestimmung[en]
Erg.-B., Erg.-Bd. – Ergänzungsband
Erg.-Bde. – Ergänzungsbände
ErgBek. – Bekanntmachung zur Ergänzung
Ergeb. – Ergebnis[se] · Ergebung
ErgG – Ergänzungsgesetz
Erg.-H. – Ergänzungsheft[e]
ErgKdo – Ergänzungskommando *(Österreich)*
Erg.-Lfg. – Ergänzungslieferung[en]
Ergo – Ergotherapie
Erg.-Richtl. – Ergänzungsrichtlinie[n]
ErgV – Verordnung zur Ergänzung
Erg.-Vorschr., ErgVschr. – Ergänzungsvorschrift[en]
ERH – Erlangen-Höchstadt *(Kfz)* · Europäischer Rechnungshof
erh. – erhaben · erhalten; erhältlich · erheben · erhitzen; erhitzt · erhoben · erhöhen; erhöht · erholen; erholt
Erh. – Erhalt[ung] · Erhebung · Erhöhung · Erholung
Erh.-Url. – Erholungsurlaub
ERJuKoG – elektronische Register- und Justizkosten für Telekommunikation
ERK – Europäische Rektorenkonferenz · Evangelisch-Reformierte Kirche
erk. – erkalten · erkältet · erkannt · erkennen · erkenntlich · erkoren · erkunden · erkundigen
Erk. – Erkaltung · Erkältung · Erkenntnis[se] · Erkennung · Erker · Erkundigung · Erkundung
Erk.-D. – Erkennungsdienst

erk.-dtl. – erkennungsdienstlich
erkl. – erkläglich · erklären · erklärlich · erklettern · erklingen
Erkl. – Erklärung[en]
Erk.-M. – Erkennungsmarke
erkr. – erkrankt
Erkr. – Erkrankung
Erk.-S., Erk.-Sign. – Erkennungssignal
Erk.-Z. – Erkennungszeichen
ERL – Erste Raucher-Lobby
erl. – erlangen · erlassen · erlauben; erlaubt · erläutern; erläutert · erleben; erlebt · erledigen; erledigt · erlegen · erleichtern; erleichtert · erleiden · erlernen; erlernt · erlesen · erlogen · erloschen · erlöschen
Erl. – Erlass[e] · Erlaubnis · Erläuterung[en] · Erlebnis · Erledigung · Erleichterung[en]
Erl.-Ber. – Erlebnisbericht
Erl.-Sch. – Erlaubnisschein
erm. – ermächtigen; ermächtigt · ermangeln · ermäßigen; ermäßigt · ermessen · ermitteln · ermöglichen · ermutigen
Erm. – Ermächtigung · Ermangelung · Ermäßigung[en] · Ermessen · Ermittlung[en] · Ermutigung
erm. Eintr. – ermäßigter Eintritt
Ermes – European radio message system
erm. Pr. – ermäßigter Preis
ErmV – Ermittlungsvorschriften
Erm-Verf. – Ermittlungsverfahren
ern. – ernannt · ernennen · erneuern; erneuert
Ern. – Ernennung[en] · Erneuerung
ERNA – elektronisch rechengesteuerte Nachrichtenvermittlungsanlage
ERO – European Radio Communications Office · European Regional Organization
ERP – enterprise resource planning · European Recovery Program *(Marshallplan)*
ERP-SV – ERP-Sondervermögen
err. – erraten · erregen; erregt · erreichen; erreicht · erringen · erröten · errungen
Err. – Errata (*lat.:* »Irrtümer, [Druck]fehler«) · Erreger · Erregung · Erreichung · Errettung · Errichtung · Erringung · Errungenschaft[en]
ers. – ersetzbar · ersetzen; ersetzt · ersichtlich · ersuchen
Ers. – Ersatz · Ersuchen
ERS – European Respiratory Society
ERSC – Eislauf- und Rollschuhclub
ersch. – erschaffen · erscheinen; erschienen · erschießen · erschöpft · erschossen · erschüttern; erschüttert
Ersch. – Erschaffung · Erscheinen · Erscheinung · Erschießung · Erschöpfung · Erschütterung[en]
erschl. – erschlagen · erschleichen, erschlichen · erschließbar · erschließen; erschlossen
Erschl. – Erschleichung · Erschließung
Erschl.-Geb. – Erschließungsgebiet
Erschl.-K. – Erschließungskosten
erschw. – erschweren; erschwert · erschwingen · erschwinglich
Erschw. – Erschwernis[se] · Erschwerung
erschwgl. – erschwinglich
Erschw.-Z., Erschw.-Zul. – Erschwerniszulage[n]
Ers.-D. – Ersatzdienst
ErsDiG – Gesetz über den zivilen Ersatzdienst
Ers.-L., Ers.-Lfg. – Ersatzlieferung
erst. – erstatten; erstattet · ersteigen; erstiegen · ersteigern; ersteigert
Erst. – Erstattung · Ersteigung · Ersteigerung · Erstellung
Erstauff. – Erstaufführung
Erstausg. – Erstausgabe
Erstaust. – Erstausstattung
ErstG – Erstattungsgesetz
erstg., erstgen. – erstgenannt
erstkl. – erstklassig
Erstkl. – Erstklässler
erstm. – erstmalig; erstmals
Erstp. – Erstarrungspunkt
Erstr. – Erstreckung
ErstrG – Gesetz zur Erstreckung
ErstrV – Verordnung zur Erstreckung
ERT – European Round Table of Industrialists
ert. – erteilen; erteilt · ertönen; ertönt
Ert. – Erteilung · Ertönung
ERTMS – European Rail Traffic Management System
ertr. – ertragbar; ertragen; erträglich · ertrinken; ertrunken
Ertr. – Ertrag; Erträge
ERTS – Earth Resources Technology Satellite
ERV – Evangelischer Regionalverband
erw. – erwachsen · erwägen · erwähnen; erwähnt · erwärmen; erwärmt · erwarten; erwartet · erwerben · erweitern; erweitert · erwidern; erwidert · erwiesen · erwirken; erwirkt · erwogen · erworben · erwünscht
Erw. – Erwachsene[r] · Erwägung[en] · Erwähnung · Erwärmung · Erwartung[en] · Erweiterung[en] · Erwerb · Erwiderung
erwähnw. – erwähnenswert
Erw.-Bldg. – Erwachsenenbildung

Erw.-Geb. – Erweiterungsgebäude
Erw.-Gr. – Erwärmungsgrad
Erw.-Pl. – Erweiterungsplan/-pläne
erz. – erzählen · erzeugen; erzeugt · erziehen; erzogen
Erz. – Erzähler; Erzählung · Erzeuger · Erzeugnis[se] · Erzeugung · Erzieher; Erziehung
Erzb. – Erzbischof; Erzbistum
erzb., erzbisch. – erzbischöflich
Erz.-Ber. – Erziehungsberater[in]; Erziehungsberatung · Erziehungsberechtigte[r]
Erzh., Erzhzg. – Erzherzog
Erz.-Pr. – Erzeugerpreis[e]
erzw. – erzwingen; erzwungen
Erz.-W. – Erzeugerware · Erziehungswesen
Es – Einsteinium *(Element)* · Esche
ES – Eilschrift · Einheitssystem[atik] · elektrischer Steuerwagen · El Salvador *(Kfz)* · embryonale Stammzellen · Entscheidungssammlung · Erkennungssignal · Esslingen a. N. *(Kfz)* · Expertensystem[e]
ESA – Elektrostimulationsanalgesie *(Med.)* · European Space Agency
ESAEG – Einlagensicherungs- und Anlegerentschädigungsgesetz
ESB – Einseitenband · Europäische Sponsoring-Börse · Europäische Stiftung für Berufsbildung
ESBG – Eishockey-Spiel-Betriebs-Gesellschaft
Esc – escape · Escudo
ESC – Economic and Social Council *(vgl. ECOSOC)* · European Society for Cardiology
ESCA – electron spectroscopy for chemical analysis
ESchG – Embryonenschutzgesetz
E-Schw. – Elektroschweißen; Elektroschweißer
ESCP – Epson Standard Code for Printers
ESCWA – Economic and Social Commission for Western Asia
ESD – Einschaltdatum · Einschaltdauer · Electronic Software Distribution · elektrisches Schiebedach
ESdg – Einschreibsendung
ESDI – enhanced small device interface *(engl.:* »erweiterte Schnittstelle für kleine Geräte«)
esE – elektrostatische Einheit[en]
ESEM – Elasto-Statik-Elementmethode *(Technik)*
ESF – Europäischer Sozialfonds · European Securities Forum · European Science Foundation
ESFRC – European Shadow Financial Regulators Committee
ESG – Einscheiben-Sicherheitsglas · Ernährungssicherstellungsgesetz · Europäische Strahlenschutzgesellschaft
ESG, ESGiD – Evangelische Studentengemeinschaft in Deutschland
ESHG – Gesetz über die Haftpflicht der Eisenbahnen und Straßenbahnen für Sachschaden
ESi – Einzelsicherung
ESK – Europäische Schützenkonföderation · Europäische Sportkonferenz · Fraunhofer-Institut für Systeme der Kommunikationstechnik *(eig. Fraunhofer-Einrichtung für Systeme der Kommunikationstechnik)*
esk. – eskortieren; eskortiert
Esk. – Eskimo[s] · Eskorte
ESLAB – European Space Laboratory
ESLO – European Satellite Launching Organization
ESMT – European School of Management and Technology
ESNA – European Society of Nuclear Methods in Agriculture
ESO – Eisenbahn-Signalordnung · European Southern Observatory · Euro-Schulen-Organisation
ESOC – European Space Operations Centre
ESOMAR – European Society for Opinion Surveys and Market Research
ESONE, Esone – European Standard of Nuclear Electronics
esot. – esoterisch
Esot. – Esoterik; Esoteriker
ESP – elektronisches Stabilitätsprogramm *(Kfz)* · emotional selling proposition · encapsulating security payload · extrasensory perception *(engl.:* »außersinnliche Wahrnehmung«)
Esp. – España · Esperanto
espr., espress. – espressivo *(ital.:* »ausdrucksvoll«; *Musik)*
Espr. – Espresso
Esq. – Esquire
ESR – Elektronenspinresonanz
ESRA – European Society for Regulatory Affairs *(EU)*
ESRC – European Science Research Councils *(der ESF)*
ESRF – European Synchrotron Radiation Facility *(Grenoble, Frankreich)*
ESRIN – European Space Research Institute
ESRO – European Space Research Organization
ESS – Europäische Sicherheitsstrategie *(EU)*
eSSD – elektrisches Stahlschiebedach
ESSEC – Ecole Supérieure des Sciences Economiques et

Commerciales *(Partnerin der Universität Mannheim)*
Essl. – Esslöffel
Esso – Standard Oil *(aus den Anfangsbuchstaben)*
E.-St., ESt. – Einkommensteuer
E.-St. – Eisenbahnstation · Endstation
EST – Estland *(Kfz)*
est., estab. – established (*engl.:* »gegründet«)
ESTA – Europäische Staatsbürger-Akademie
ESTC – Europäische Supertourenwagen-Challenge
EStDV – Einkommensteuer-Durchführungsverordnung
ESTEC – European Space Technology Center
E-Stelle – Einigungsstelle · Entschärfungsstelle · Erprobungsstelle
Ester – Essigäther
EStER – Einkommensteuer-Ergänzungsrichtlinien
EStG – Einkommensteuergesetz
Estl. – Estland; Estländer; Estländische
estn. – estnisch
EStR – Einkommensteuer-Richtlinien
E-Str., E-Straße – Europastraße
Esttg. – Erstattung
ESTU – Europäische Studententheaterunion
esu, ESU – electrostatic unit
ESU-Verfahren – Elektroschlackeumschmelzverfahren
ESV – Eisenbahner-Sportverein · Elektronikschrottverordnung
ESVG – Europäisches System volkswirtschaftlicher Gesamtrechnungen
ESVGH – Entscheidungssammlung des Verwaltungsgerichtshofes
ESVP – Europäische Sicherheits- und Verteidigungspolitik *(EU)*
ESVU – Europäische Sicherheits- und Verteidigungsunion
ESW – Energiesparwerk · Eschwege/Werra-Meißner-Kreis *(Kfz)* · Evangelisches Siedlungswerk in Deutschland
ESWE – Stadtwerke Wiesbaden
ESWL – extrakorporale Stoßwellenlithotripsie *(Med.)*
ESZB – Europäisches System der Zentralbanken
Et, ET – Eiltriebwagen
ET – Effektivtemperatur · Egypt *(Ägypten; Kfz)* · Eigentor · Eintontelegrafie · elektrischer Triebwagen *(Bahn)* · Elektrophorese-Tauchverfahren · Elektrotechnik · Embryotransfer · Epikutantest *(Med.)*
Et. – Etage · Etappe · Etat · Etüde · Etymologie
ETA – Elektrischer Triebwagen mit Akkumulatorenbatterie · elektrotechnische Assistentin · estimated time of arrival (*engl.:* »voraussichtliche Ankunftszeit«) · European Taxpayers Association · Euzkadi Ta Azkatasuna (*baskisch:* »das Baskenland und seine Freiheit«)
ETAD – Ecological and Toxicological Association of the Dyestuffs Manufacturing Industry
et al. – et alia (*lat.:* »und auf andere Weise«) · et alia/et aliud (*lat.:* »und anderes«) · et alias (*lat.:* »und ein andermal«) · et alibi (*lat.:* »und anderswo«) · et alii (*lat.:* »und andere«)
ETB – Einheitliche Technische Baubestimmungen · elektronisches Telefonbuch · Ersttagsblätter *(Postwertzeichen)* · European Transaction Bank
ETC – Eissport- und Tennis-Club · estimated time of completion (*engl.:* »voraussichtlicher Fertigstellungstermin«) · European Translation Centre · European Travel Commission
etc. – et cetera (*lat.:* »und so weiter«)
ETCS – European Train Control System
ETD – estimated time of departure (*engl.:* »voraussichtliche Abfahrts-, Startzeit«)
ETEC – Essener Technologie- und Entwicklungs-Centrum · European Fashion and Textile Export Council
E-Techn. – Elektrotechnik[er]
ETF – einheitliche Trägerfrequenz · estimated time of flight (*engl.:* »voraussichtliche Flugzeit«) · European Training Foundation *(EU; Stiftung für Berufsbildung)* · Exchange Traded Fund(s)
ETG – Einzel-Transithandelsgenehmigung · Elektrotechnische Gesellschaft · Energietechnische Gesellschaft *(im VDE)* · Europäische Technologie-Gemeinschaft
Etg. – Etage[n]
Etg.-Hzg. – Etagenheizung
ETH – Äthiopien *(Kfz)* · Eidgenössische Technische Hochschule *(Zürich)*
ETHEL – European Health Telematics Association
ethn. – ethnologisch
Ethn. – Ethnologe; Ethnologie
ETHW – Europäisches Tierhilfswerk
ETHZ – Eidgenössische Technische Hochschule Zürich
ETI – Europäisches Tourismus-Institut
eTIN – electronic Taxpayer Identification Number
ETL – eigenes Tanklager · Einzelteillochstreifen · Elektrotauchlackierung
ETM – Einheitstrimmmoment · Extrakttrockenmasse

ETMA – European Television Magazines Association
ETO – European Transport Organization
ETP – Executive Training Programme *(EU)*
ETR – estimated time of return (*engl.:* »voraussichtliche Rückkehr«)
etr. – etruskisch
Etr. – Etrusker; Etruskische
ETS – Eidgenössische Turn- und Sportschule · Electronic Toll Station *(elektronische Zahlstelle)* · elektronisches Traktionssystem · European Telecommunication Standard · European Telephone System
ETSC – European Transport Safety Council · European Travel Security Council
ETSI – European Telecommunication Standardization Institute
ETSO – Association of European Transmission System Operators
ETT – einheitlicher Transittarif · Eintontelegrafie
ETTI – Europäische Technologietransferinitiative
ETTN – Europäisches Netz für Technologietransfer
ETTU – Europäische Tischtennis-Union; European Table Tennis Union
ETUC – European Trade Union Company
ETV – Eidgenössischer Turnverein · Elektrotechnischer Verein · Entgelttarifvertrag
ETVA – Elektrotechnische Versuchsanstalt Arsenal *(Wien)*
ETW – Eigentumswohnung[en]
etw. – etwaig; etwas
etw bB, etw. bez. B. – etwas bezahlt, Brief *(Börse)*
etw bG, etw. bez. G. – etwas bezahlt, Geld *(Börse)*
etym. – etymologisch
Etym. – Etymologie
Eu – Europium *(Element)*
EU – Einankerumformer · elektronische Unterschrift · Empfängerumformer · Energieumsatz *(Med.)* · Entfernungsunterschied · Erholungsurlaub · Erwerbsunfähigkeit · Europa · Europa-Union · Europäische Union · Euskirchen *(Kfz)*
e. U., E. U. – eigenhändige Unterschrift
E. U. – Evangelische Union
EUB – Europäisches Umweltbüro
E-UB – Einfuhr-Unbedenklichkeitsbescheinigung
EUCD – Europäische Union Christlicher Demokraten
EUCEPA – European Comittee for Cellulose and Paper *(engl.)*; Comité Européen de Liasion pour la Cellulose et le Papier *(franz.)*
EUCOM – European Command *(Oberkommando der US-Streitkräfte)*
EUF – European Union of Federalists
EUFH – Europäische Fachhochschule
EuG – Europäisches Gericht erster Instanz
EUG – Gesetz über das Erziehungs- und Unterrichtswesen *(Bayern)*
EuGH – Europäischer Gerichtshof
EuGVÜ – Europäisches Gerichtsstands- und Vollstreckungsübereinkommen
EUI – European University Institute
EuInsVO – Europäische Insolvenzverordnung
EÜK – Europäisches Übersetzer-Kollegium Nordrhein-Westfalen
EULAR – European League against Rheumatism
EU.L.E. – Europäisches Institut für Lebensmittel- und Ernährungswissenschaften
EULISP – European Legal Informatics Study Program
EUMC – European Monitoring Centre on Racism and Xenophobia
EUMETSAT – Europäische Organisation für die Nutzung von meteorologischen Satelliten
EUnet – European Unix Network
EU-OSHA – Europäische Union – Occupational Safety and Health Agency
EuPC – European Plastics Converter Association
euph. – euphemistisch · euphorisch
Euph. – Euphemismus · Euphorie
EuPC – European Plastics Recyclers Association
EUR – Euro *(Währung)*
EuR – Europarecht
eur. – europäisch
Eur. – Europa; Europäer
EurArch. – Europa-Archiv
Eurasien – Europa + Asien
EuRat – Europarat
EURATOM, Euratom – Europäische Atomgemeinschaft; European Atomic Energy Community
Eureca – European retrievable carrier *(der ESA)*
Euregio – Europäische Region *(grenzüberschreitende Zusammenarbeit kommunaler Körperschaften)*
Eurex – European Exchange
EURIBOR – Euro Interbank Offered Rate
EuRoB – Europäische Route der Backsteingotik *(Ostseeraum)*
EUROC – Europäische Roadster-Challenge · European Rescue Operation Center *(Europäische Luftrettungseinsatzzentrale)*
EURODIS – European Organization for Rare Disorders *(europäische Organisation für*

Arzneimittel gegen seltene Krankheiten)
EURODOC – Europäische Dokumentations-Gesellschaft
EUROFIMA, Eurofima – Europäische Gesellschaft für die Finanzierung von Eisenbahnmaterial; Société Européenne pour le Financement de Matérial Ferroviaire
EUROPEN – European Organisation for Packaging and the Environment
EUROPOL – Europäisches Polizeiamt
EUROSPACE – Europäische Industrie-Studiengruppe für Weltraumfragen
Eurostat – Europäisches Statistikamt
Eurovision – Europa + Television
EUSC – European Union Satellite Centre · European Usability Support Centres
EUSJA – European Science-Journalists Association
EUSt – Einfuhrumsatzsteuer
EUStBefrO – Einfuhrumsatzsteuer-Befreiungsordnung
EUTELSAT – European Telecommunications Satellite Organization
EUTO – European Union of Tourist Officers
EUV – Eigenunfallversicherung · Einzelunfallversicherung · Vertrag über die Europäische Union
EÜV – Ergebnisübernahmevertrag
EUVA – Europäische Verkehrsakademie
EUW – European Union of Women
EUWAX – european warrant exchange
EUWID, Euwid – Europäischer Wirtschaftsdienst
EU-Widerstand – Eisen-Urdox-Widerstand
EUYO – European Union Youth Orchestra
EUZ – Europäisches Universitäts-Zentrum *(Paris)*
ev – Evolventenfunktion
eV – eingetragener Verein · Elektron[en]volt
EV – Ehevertrag · Eigentumsvorbehalt · Eigenversorgung · Einführungsverordnung · Einheitsversicherung · Einstellvorschrift · einstweilige Verfügung · Einziehungsverordnung · Eislaufverein · Eissportverband · Eissportverein[igung] · Elektrotechnischer Verein · Emaniervermögen · Empfangsverstärker · Endvermittlung · Endverschluss · Endverstärker · Endverzweiger; Endverzweigung · Erbvertrag · Error Voltage *(engl.:* »Fehlerspannung«) · Erythrozytenvolumen *(Med.)*
ev. – evakuieren; evakuiert · evangelisch · eventualiter; eventuell · evident
Ev. – Evakuierung; Evakuierte[r] · Evangelist[en]; Evangelium · Eventualität
e. V., E. V. – eingetragener Verein
E. v. – Eingang vorbehalten
EVA – economic value added · Eigenverantwortliches Arbeiten *(Schulprojekt nach Klippert)* · Eingabe, Verarbeitung, Ausgabe · Einheitsvertrag für Architekten · Eisenbahnverkehrsamt · Ethylenvinylacetat · extra vehicular activity *(engl.; Tätigkeit außerhalb eines Weltraumfahrzeuges)*
Eva, EVA – energetische Verwertungsanlage · Einzelspaltrohr-Versuchs-Anlage · Eisenbahn-Verkehrsmittel AG · Echtzeitsystem für Vertriebsdisposition mit Auskunftsdienst
Evang. – Evangelist[en]; Evangelium
EVB – Allgemeine Einheitsversicherungs-Bedingungen
EVCA – European Private Equity and Venture Capital Association
EVD – Eidgenössisches Volkswirtschaftsdepartement *(Schweiz)*
EVG, Evg – Elektroventrikulogramm *(Med.)*
EVG – Europäische Verteidigungsgemeinschaft *(hist.)*
evgl. – evangelisch
EvH – Hilfswerk der Evangelischen Kirche in Deutschland
EVI – Erfassung und Verrechnung von Ingenieurleistungen · Europäische Verteidigungsinitiative
EVK – Eidgenössische Versicherungskasse *(Schweiz)*
ev.-luth. – evangelisch-lutherisch
EVM – Einheitliches Verdingungsmuster
EVO – Eisenbahnverkehrsordnung · Europäische Verteidigungsorganisation
EVÖ – Elektrotechnischer Verein Österreichs
EVP – Einzel[handels]verkaufspreis · Endverbraucherpreis · Endverkaufspreis · Europäische Volkspartei
EVR – Electronic Video Recording
ev.-ref. – evangelisch-reformiert
EVS – Einkommens- und Verbraucherstichprobe · Energieversorgung Schwaben · European Valuation Standards · extra vehicular suit *(engl.; Weltraumanzug)*
EVSt – Einfuhr- und Vorratsstelle für Schlachtvieh, Fleisch und Fleischerzeugnisse · Endvermittlungsstelle
EVT – Eignungs- und Verwendungstest · Europäische Vereinigung für Tierzucht

evt., evtl. – eventuell
EVU – Elektrizitätsversorgungsunternehmen · Europäische Vereinigung für Unfallforschung und Unfallanalyse
EVVC – Europäischer Verband der Veranstaltungs-Centren
EVZ – Entwicklungs- und Vorbereitungszentrum · Europäisches Verbraucherzentrum
EW – Eigentumswohnung[en] · Einheitswelle · Einheitswert · Eiweiß *(Med.)* · Elektrizitätswerk
ew. – ehrwürdig · einstweilig · ewig
Ew., EW – Einwohner
Ew. – Eigenschaftswort · Entweichung · Euer, Eu[e]re *(veraltet bei Titeln)*
e. W., E. W. – eingetragenes Warenzeichen
EWA – Europäisches Währungsabkommen · Europäische Werkzeugmaschinen-Ausstellung
E-Wagen – Einsatzwagen
ewdfr. – einwandfrei
EWE – Europäische Währungseinheit
E-Weise – Erscheinungsweise
E-Werk – Elektrizitätswerk
EWF – Europäischer Währungsfonds · European Weightlifting Federation
EWG – Einwohnergleichwert · Eisenbahnwohnungsgesellschaft · Europäische Wirtschaftsgemeinschaft
EWGV – Vertrag zur Gründung der Europäischen Wirtschaftsgemeinschaft
EWH – Erziehungswissenschaftliche Hochschule
EWI – Elektrowärme-Institut *(Essen)* · Europäisches Währungsinstitut
E-Wirtschaft – Elektrizitätswirtschaft
EWIV, Ewiv – Europäische Wirtschaftliche Interessenvereinigung
EWK – Europäische Wagenbeistellungskonferenz *(Bahn)*
EWL – Entwurfwasserlinie
Ew. M. – Eure Majestät
EWMD – European Women's Management Development Network
EWP – Europäischer Wagenbeistellungsplan *(Bahn)*
EWPCA – European Water Pollution Control Association
EWR – Europäischer Wirtschaftsraum
Ewr. – Euer, Eu[e]re *(österreichisch für: Ew.)*
EWRC – European Weed Research Council
EWRE – Europäische Währungs-Rechnungseinheit
EWS – elektronisches Wählsystem · Entwässerungssatzung · Europäisches Währungssystem
EWSF – elektronisch gesteuertes Wählsystem für die Fernwahl · European Work Study Federation
EWSO – elektronisch gesteuertes Wählsystem für die Ortsvermittlung
EWT – Elektrizitätswerktelefonie
EWU – Europäische Währungsunion
EWWU – Europäische Wirtschafts- und Währungsunion
e. Wz., E. Wz. – eingetragenes Warenzeichen
Ew.-Z., EwZ – Einwohnerzahl
ex. – exakt · exemplarisch · exerzieren; exerziert
Ex. – Exaktheit · Examen · Exekutive · Exempel · Exemplar · Exil · Exkursion
exBA – ausschließlich Berichtigungsaktie *(Börse)*
exB, exBR – ausschließlich Bezugsrecht *(Börse)*
exc., excud. – excudit (*lat.:* »hat es gebildet, verlegt oder gedruckt«; *Vermerk auf Kupferstichen*)
exD, exDiv. – ausschließlich Dividende *(Börse)*
.exe, exe – executable
exempl. – exemplarisch · exemplifizieren; exemplifiziert
exerz. – exerzieren; exerziert
Exerz. – Exerzitien
ExgK – Expressgutkasse
ex. g., ex. gr. – exempli gratia (*lat.:* »beispielsweise«)
ex.-gesch. – explosionsgeschützt
Exgut – Expressgut
exh. – exhibitionistisch
Exh. – Exhibition; Exhibitionismus; Exhibitionist
exk. – exkommunizieren; exkommuniziert · exkulpieren; exkulpiert
Exk. – Exkommunikation · Exkulpation · Exkurs[ion]
exkl. – exklusiv; exklusive
Exkl. – Exklamation · Exklave · Exklusion · Exklusivität
Ex.-Kom. – Exekutivkomitee
ex off. – ex officio (*lat.:* »von Amts wegen«)
EXOR, Exor – *(statt Xor selten für:)* exclusive or *(Logik, »ausschließendes Oder«)*
exot. – exoterisch · exotisch
exp. – expandieren; expansiv · expedieren · experimental; experimentell; experimentieren · exponieren; exponiert
Exp. – Expander · Expansion · Expedient; Expedition · Experiment[e] · Experte[n] · Exponat[e] · Exponent · Export · Exposé · Exposition · Expositur; Expositus
ExpA – Exportausschuss
Exped. – Expedient · Expedition
Exper. – Experiment[e]
expl. – explizieren · explizit; explizite · explodieren; explosiv
Expl. – Explanation · Explantation · Exemplar[e] ·

Explikation · Exploration · Explosion
Ex.-Pl. – Exerzierplatz
expl.-gesch. – explosionsgeschützt
Expo – Exposition
expon. – exponiert
expr. – expressionistisch · expressiv
Expr. – Express · Expressionismus; Expressionist[en] · Expressivität
EX-RL – Richtlinien für die Vermeidung der Gefahren durch explosible Atmosphäre
ext. – extensiv · extern · exterritorial
Ext. – Extemporale; Extempore · Extension · Extensität · Extensivität · Exterieur · Externa · Externat · Externe · Externist · Externum · Exterritorialität
exterr. – exterritorial
extr. – extrahieren; extrahiert · extrem · extremistisch
Extr. – Extrakt · Extrem · Extremismus; Extremist[en] · Extremität[en] · Extruder · Extrusion
exz. – exzellent · exzentrisch · exzeptionell · exzerpieren; exzerpiert · exzidieren · exzitabel · exzitativ
Exz. – Exzellenz · Exzenter · Exzentrik[er] · Exzerpt · Exzess · Exzitabilität
exzept. – exzeptionell
EZ – Ehrenzeichen · eineiige Zwillinge *(Med.)* · Einheitszeit · einmalige Zuwendungen · Einwohnerzahl · Einzelzimmer · Endothelzelle[n] *(Med.)* · Endziffer · Entstehungszeit · Erholungszentrum · Ernährungszustand *(Med.)* · Erstzulassung · Esterzahl · Europa-Zentrum
Ez. – Eilzug · Einzahl · Einzahlung · Entzerrer · Erziehung
EZA – Eisenbahnzentralamt · Evangelisches Zentralarchiv
EZB – Einfuhr- und Zahlungsbewilligung · Einheitliche Zusatzbestimmungen · Europäische Zentralbank
EZFB – Europäisches Zentrum für die Förderung der Berufsausbildung
EZG – Einheitliche Zusatzbestimmungen für den Güterverkehr
Ezg. – Einzahlung
E-Zine – electronic magazine
EZM – Einsatzzeitmesser · Europäisches Zentrum für Minderheitenfragen · extrazelluläre Matrix *(Med.)*
EZMW – Europäisches Zentrum für mittelfristige Wettervorhersage
EZO – Eisenbahn-Zollordnung
EZP – Einheitliche Zusatzbestimmungen für den Personenverkehr
EZR – Extrazellulärraum *(Med.)*
EZU – Europäische Zahlungsunion · Evangelische Zentralstelle für Weltanschauungsfragen
EZV – elektronischer Zahlungsverkehr
EZW – Einzimmerwohnung
EZZ – Einzelzimmerzuschlag
E-Zug – Eilzug

F *f*

f – feiertagsfrei *(Kategorie der FBW)* · Femto... · forte · Frequenz
F – Fahrenheit · Farad · Feldwebel · Fernaufklärer · Ferngespräch · Fernhörer · Fernschnellzug · Fernsprecher · Festfeuer · Festigkeit · Filialgeneration *(Biol.)* · Fläche · Fließpunkt · Flugzeug · Fluor *(Element)* · Franc · Frankfurt am Main *(Kfz)* · Frankreich *(Kfz)* · Frequenz · Fusionspunkt
f. – fachlich · fast · fein · feminin · fest · folgend[e] · fort · für
F. – Fach · Fahndung · Fähre · Fahrer · Fährte · Fallschirm · Fass · Februar · Femininum · Ferne · Festung · Folge · Folio · Form · Forst · Förster · Freitag · Frühstück · Fund
FA – Fachabteilung · Facharzt · Fachausschuss · Fachnormenausschuss *(DIN)* · Fahrabteilung · Fernantrieb · Fernmeldeamt · Filmabteilung · Finanzamt · Finanzarchiv · Finanzausschuss · Firmenanschrift · Flugabwehr · Football Association · Forschungsabteilung · Forschungsamt · Forschungsanstalt · Forstamt · Fußballabteilung/-ausschuss
FÄ – Fachärztin · Fernmeldeämter · Finanzämter
Fa. – Fach · Familie · Firma
Fä. – Fächer
F&A – Fusionen und Akquisitionen
FAA – Federal Aviation Administration *(USA; Bundesluftfahrtbehörde)* · Fragebogen zur Arbeitsanalyse
f. a. a., faa – free of all average *(engl.:* »frei von aller Havarie«)
FAB – Fachausstellung für Anstaltsbedarf
f. a. B. – frei an Bord
FABERG, Faberg – [Fach-]Normenausschuss Bergbau
Fabr. – Fabrik; Fabrikant; Fabrikat; Fabrikation
Fabr.-Bes. – Fabrikbesitz[er]
Fabr.-Pr. – Fabrikpreis
F.-Abt. – Finanzabteilung · Forschungsabteilung · Fußballabteilung
FAC – file access code

Fachb. – Fachberater; Fachberatung · Fachbereich · Fachbibliothek · Fachbuch; Fachbücher
Fachber. – Fachberater; Fachberatung · Fachbereich · Fachbericht
Fachbibl. – Fachbibliothek
Fachl. – Fachlehrer · Fachleute
Fachl., Fachlit. – Fachliteratur
Fachsch. – Fachschaft · Fachschule; Fachschüler
FACT – Flanagan Aptitude Classification Tests
FAD – Fernsprechauftragsdienst · Feuerabwehrdienst · Flavin-Adenin-Nucleotid · Freiwilliger Arbeitsdienst
f. a. F. – frei ab Fabrik
FAG – Feldarbeitsgerät *(Bw.)* · Finanzausgleichsgesetz · Flughafen Frankfurt/Main AG · Flugtechnische Arbeitsgemeinschaft · Forstabgabegesetz · Frauenarbeitsgemeinschaft · Gesetz über Fernmeldeanlagen
Fag. – Fagott[er]
FAGAWA – Vereinigung der Fabrikanten im Gas- und Wasserfach
FAGDV – Verordnung zur Durchführung des Gesetzes über den Finanzausgleich zwischen Staat, Gemeinden und Gemeindeverbänden
FAGO – Finanzämtergeschäftsordnung
f. a. h. – frei ab hier
f. a. H. – frei ab Haus
fahrb. – fahrbar · fahrbereit
Fahrber. – Fahrberechtigung · Fahrbericht
Fahrerl. – Fahrerlaubnis
Fahrg., Fahrgest. – Fahrgestell
Fahrgest.-Nr., Fahrg.-Nr. – Fahrgestellnummer
FahrlVO – Fahrlehrerverordnung
Fahrw. – Fahrwasser · Fahrweg · Fahrweise · Fahrwerk
Fahrz. – Fahrzeug[e]
Fahrz.-Nr. – Fahrzeugnummer
FahrzTVO – Fahrzeugteileverordnung
Fahrz.-Zul. – Fahrzeugzulassung
FAI – Fédération Aéronautique Internationale
FAK – Familienarbeitskraft · Familienausgleichskasse · Fischartenkataster · Frontlenkerallradkipper
fak. – fakultativ
Fak. – Fakultas · Fakultät
Fa.-Kat. – Firmenkatalog
FAKAU – [Fach-]Normenausschuss Kautschuktechnik *(DIN)*
FAKRA – [Fach-]Normenausschuss Kraftfahrzeuge *(DIN)*
Faks. – Faksimile
Faks.-Ausg. – Faksimileausgabe
Faks.-St. – Faksimilestempel
fakt. – faktisch · faktitiv · fakturieren; fakturiert
Fakt. – Fakten · Faktor[en] · Faktum · Faktur; Faktura; Fakturist
FAL – Fachabteilungsleiter · [Bundes-]Forschungsanstalt für Landwirtschaft
Fallsch. – Fallschirm
fallw. – fallweise
FAM – Fertigarzneimittel · Fortbildungsakademie Medien · Frequenz- und Amplitudenmodulation
fam. – familiär · famos
Fam. – Familie[n] · Famulus
FAMA – Fachverband Messen und Ausstellungen
FAMAB – Fachverband Messe- und Ausstellungsbau
FAME – Fatacidmethylester *(Fettsäuremethylester)*
FamNamÄndG – Gesetz über die Änderung von Familiennamen und Vornamen
FamRÄG, FamRÄndG – Familienrechtsänderungsgesetz
FamRAnpassG – Familienrechtsanpassungsgesetz
FamRZ – Zeitschrift für das gesamte Familienrecht
fan. – fanatisch
Fan. – Fanal · Fanatiker · Fanatismus
Fanf. – Fanfare[n]
Fanf.-Bl. – Fanfarenbläser
Fanf.-Z. – Fanfarenzug
FANG – Fremdrenten- und Auslandsrenten-Neuregelungsgesetz
FAO – Food and Agriculture Organization *(UNO)*
FaP – Fahrerlaubnis auf Probe
FAP – Federal Arts Project *(USA)* · Filtre á Particules (*frz.:* »Rußpartikelfilter«; *Kfz*) · Freiheitliche deutsche Arbeiterpartei
FÄPI – Fachgesellschaft der Ärzte in der pharmazeutischen Industrie
faq, f. a. q. – fair average quality (*engl.:* »gute Durchschnittsqualität«)
FAQ – frequently asked questions *(EDV)*
f. a. q. – free alongside quay (*engl.:* »frei längsseits Kai«)
FAR – false acceptance rate · Federal Aviation Requirements *(USA; Prüfvorschriften für Flugzeuge)* · Feldartillerieregiment
FaRÄndG – Familienrechtsänderungsgesetz
farb. – farbig
farbl. – farblich · farblos
FarbV – Farbstoffverordnung
Farc, FARC – Fuerzas Armadas Revolucionarias de Colombia *(Kolumbien)*
FArtBtl – Feldartilleriebataillon
FAS – Faxabrufsystem(e) · Fédération des Architectes Suisses · Fettalkoholsulfat[e] · Flakartillerieschule
Fas. – Fasan; Fasanerie
F. A. S. – Frankfurter Allgemeine Sonntagszeitung

f. a. s., FAS – free alongside ship (*engl.:* »frei längsseits Schiff«)
FASB – Financial Accounting Standards Board
fasch. – faschistisch
Fasch. – Fasching · Faschismus; Faschist[en]
FAsp – Fernmeldeaspirant
Fass. – Fassade · Fassette · Fassung[en]
FAss. – Fernmeldeassistent
Fass.-Gest. – Fassadengestalter; Fassadengestaltung
Fass.-Verm. – Fassungsvermögen
FAST – Forschungsgemeinschaft für Außenwirtschaft, Struktur- und Technologiepolitik
FASt – Fernsprechanmeldestelle *(Post)*
fasz. – faszinieren; faszinierend; fasziniert
Fasz. – Faszikel · Faszination
FAT – file allocation table (*engl.:* »Dateizuordnungstabelle«)
FATF – Financial Action Task Force on Money Laundering
FAUN – Fahrzeugfabriken Augsburg und Nürnberg *(hist.)*
fav. – favorisiert
Fav. – Favorit[in]
FAVorst. – Vorsteher des Finanzamtes
FAW – Fachverband Außenwerbung · Forschungsstelle Automobilwirtschaft · Fortbildungsakademie der Wirtschaft
f. a. W. – frei ab Werk
FAX, Fax – Faksimile[gerät]
FAZ – Flugbegleiter[innen] auf Zeit
F. A. Z., FAZ – Frankfurter Allgemeine Zeitung
Fb – Fahrtbericht *(Bahn)*
FB – Fachbereich · Feinbrot · Fernbedienung · Fernmeldebau · Festbetrag · Firmenberater · Finanzbuchhaltung · Förderungsbereich · Forschungsbereich · Forschungsbericht · Frachtbrief · Fragebogen · Friedberg/Wetteraukreis *(Kfz)*
fb. – fahrbar · fahrbereit
Fb. – Fabrik · Fahrbahn · Feldbahn · Flugbetrieb · Flugbetriebsstoff · Formenbau · Fortbildung · Freibord · Fußball
FBA – Fahrbetriebsabkommen *(Bahn)* · Fernmeldebauamt · Fetalblutanalyse *(Med.)* · Funkbetriebsamt
FBÄ – Fernmeldebauämter
FBAbt – Fernmeldebauabteilung *(Post)*
FBAG – Festbetrags-Anpassungsgesetz
FBAS-Signal – Farbbildaustastsynchron-Signal
FBau – Fernmeldebau *(Post)*
FBBz – Fernmeldebaubezirk
FBD – Fachschule für Betriebswirtschaft und Datenverarbeitung · Fernmeldebaudienst *(Post)* · Finanzbezirksdirektion
Fbd. – Farbband · Freibord
Fbd., Fbdg. – Fortbildung
FBE – Fédération Bancaire de l'Union Européenne
Fbf. – Farbfilm · Fernbahnhof
FBG – Fachverband Bürobedarf für Großverbraucher · Fernmeldebaugerät · Feuerbestattungsgesetz · Fleischbeschaugesetz · Flurbereinigungsgesetz · Forstbetriebsgemeinschaft · Führungs- und Beteiligungsgeschäft
fbg. – farbig
FBH, Fbhz., Fbhzg. – Fußbodenheizung
f. b. h. – free on board at harbor (*engl.:* »frei an Bord im Hafen«)
FBI – Federal Bureau of Investigation *(USA; Bundesfahndungsamt)* · Federation of British Industries
FBK – Fachbereichskonferenz · Friedrich-Bödecker-Kreis[e]
Fbl. – Faltblatt · Formblatt
FBM – Fachvereinigung der Bunt- und Metallpapierfabriken · Frankfurter Buchmesse
FBO – Fernmeldebauordnung *(Post)* · Fernmeldebetriebsordnung · Flugbetriebsordnung · Funkbetriebsordnung
FBR – Fachbereichsrat
Fbr. – Fabrik; Fabrikant; Fabrikat[ion]
Fb.-Sch., Fb.-Schule – Fortbildungsschule
FBSt – Familienbetreuungsstelle
FBT – Flugbetriebsterminal
FBTr – Fernmeldebautrupp
FBU – Feuer-Betriebsunterbrechungsversicherung
F. Bu. – Burundi-Franc *(Währung)*
FBV – Finanzbauverwaltung · Freizeitbowler-Vereinigung · Funkbetriebsvorschrift
FBW – Filmbewertungsstelle Wiesbaden · Forschungsgemeinschaft Bauen und Wohnen
FBZ – Familienbetreuungszentrale
FBz – Fernmeldebezirk
F.-Bz., Fbz. – Forstbezirk
FBzL – Fernmeldebezirksleiter *(Post)*
FC – Fanfarencorps · Fechtclub · Fußballclub · Komoren-Franc *(Währung)* · Kongo-Franc *(Währung)*
FC-AL – fibre channel arbitrated loop
FCB – file control block
FCC – Federal Communications Commission *(USA)*
FCD – floating car data
FCEDA – Fairfax County Economic Development Authority *(USA)*
FCGU – fernseh- und compu-

terunterstützter Gruppenunterricht
FCI – Fonds der Chemischen Industrie · full common intermediate format
FCK – Fußballclub Kaiserslautern
FCKW – Fluorchlorkohlenwasserstoff[e]
FCOJ – frozen concentrated orange juice
FC-PGA – flip-chip pin grid array
f. c. s. – free of capture and seizure (*engl.:* »frei von Kapern oder gewaltsamer Wegnahme und Beschlagnahmung«)
f. c. s. a. d. – free of capture, seizure, arrest and detainment (*engl.:* »frei von Kapern oder gewaltsamer Wegnahme, Beschlagnahmung, Sperre und Zurückbehaltung«)
FCSGS – Fédération Catholique Suisse de Gymnastique et de Sport
f. c. s. r. & c. c., f. c. s. r. c. c. – free of capture, seizure, riots [and] civil commotions (*engl.:* »frei von Kapern oder gewaltsamer Wegnahme, Beschlagnahmung, Aufruhr oder Aufständen und Bürgerkriegen«)
FCT – Forschungsstelle für chemische Toxikologie
FCTC – Fairfax County Technology Center
FD – Ferndurchgangszug · Fernmeldedienst · Fernsprechdienst · Filialdirektion; Filialdirektor · Filmdienst · Fischdampfer · Flachdisplay · floppy disk · Flussdiagramm *(EDV)* · Flying Dutchman · Forstdirektion · Franc Djibouti *(Währung)* · Froschdosis *(Med.)* · Fulda *(Kfz)*
Fd. – Fahndung · Feind · Feld · Foundation · Fund
f. d. – free delivery (*engl.:* »freie Lieferung«) · free discharge (*engl.:* »freies Löschen«) · free dock (*engl.:* »frei Dock, Kai«) · für das; für den; für die
f. D. – für Damen · frei Dock
FDA – Fachverband Deutscher Allgemeinärzte · Food and Drug Administration *(USA; Nahrungs- und Arzneimittelzulassungsbehörde)* · Freier Deutscher Autorenverband
Fdast – Fahndungsaußenstelle *(Bahn)*
FDC – floppy disk controller
FDD – floppy disk drive
f. d. D. – für die Dame[n] · für den Dienst[gebrauch]
FDDI – Fiber Distributed Data Interface *(Hochgeschwindigkeits-Glasfasernetzwerk)*
FDE – Fachverband Deutscher Eisenwaren- und Hausrathändler · Fördergesellschaft Eiskunstlauf in Deutschland
f. d. e. B. – für den eigenen Bedarf
f. d. e. G. – für den eigenen Gebrauch
FDG – Förderverein Deutscher Golfsport
Fdg. – Fahndung · Federung · Findung · Forderung · Förderung
f. D. G. – für [den] Dienstgebrauch
FDGB – Freier Deutscher Gewerkschaftsbund *(DDR)*
FdGO – Freiheitlich-demokratische Grundordnung
FDH – Fachverband Deutscher Hörgeräte-Akustiker · Freies Deutsches Hochstift
FDH, FdH – Friss die Hälfte *(Gesundheitsplan)*
FDHD – floppy drive with high density
FDI – Fédération Dentaire Internationale
FDIC – Federal Deposit Insurance Corporation *(USA; Bundesdepositenversicherungsgesellschaft)*
FDIF – Fédération Démocratique Internationale des Femmes
FDJ – Freie Deutsche Jugend *(DDR)*
f. d. J. – für das/dieses Jahr
FDK – Fachverband der Krankenpflege · Fachverband Deutsche Klavierindustrie · Familienbund der Deutschen Katholiken · Förderverein deutscher Kinderfilm · Freie Demokratische Korrespondenz
Fdl – Fahrdienstleiter *(Bahn)*
fdl. – feindlich
f. d. L. – für den Linksunterzeichneten/Linksunterzeichner
FdM – Fachverband der Medienberater
FDM – Fachverband des Deutschen Maschinen- und Werkzeuggroßhandels · Fehlerdämpfungsmesser · Frequency Division Multiplex · Frequenzdemodulation
FDO – Felddienstordnung · Dienstordnung für Finanzämter
FDP – Freie Demokratische Partei *(bis 2001 F. D. P.)* · Freisinnig-demokratische Partei *(Schweiz)*
FDR – Fachschaft Deutscher Rutengänger · Fahrdynamik-Regelung *(Kfz)* · Förderungsgesellschaft der Reformwarenwirtschaft · Fortschrittlicher Druckwasserreaktor
f. d. R., F. d. R. – für den Rechtsunterzeichneten/Rechtsunterzeichner · für die Richtigkeit
f. d. R. d. A., F. d. R. d. A. – für die Richtigkeit der Abschrift
f. d. R. d. a. A., F. d. R. d. a. A. – für die Richtigkeit der auszugsweisen Abschrift
f. d. R. d. U., F. d. R. d. U. – für

die Richtigkeit der Unterschrift
FDS – Fachverband der deutschen Schulmöbelindustrie · Freier Demokratischer Studentenbund · Freudenstadt *(Kfz)*
FDSH – Fördergesellschaft Deutsche Sporthilfe
FDSV – Fachverband Deutscher Sprachreise-Veranstalter
FDt – Fernschnelltriebwagen
FDT – Fachverband des Deutschen Tapetenhandels
FDV – Fachbeirat für Datenverarbeitung
FDW – Forschungsring des Deutschen Weinbaus
Fdw. – Feldwebel
FD-Zug – Ferndurchgangszug
Fe – Fernsprechdienst · ferrum (*lat.:* »Eisen«; *Element*)
FE – Fachverband der Elektroindustrie *(Österreich)* · Fetteinheit · Flächeneinheit · Forderungseinzug *(Vw.)* · Forschung und Entwicklung · Freiwillige Erziehungshilfe *(vgl. FEH)* · Fürsorgeeinrichtung · Fürsorgeerziehung
fe. – fecit (*lat.:* »hat es gemacht«)
Fe. – Fehler · Feld · Ferne · Fernsprecher · Feuer
FEA – Föderation Europäischer Aerosol-Verbände
FeAD – Fernsprechauftragsdienst
FEAD – Fédération Européenne de l'Administration des Déchets
FEAICS – Fédération Européenne des Associations d'Ingénieurs de Sécurité et de Chefs de Sécurité
FEANI – Fédération Européenne des Associations Nationales d'Ingénieurs
FeAs – Fernsprechanschluss
FEAS – Federation of Euro-Asian Stock Exchanges
FEB – Fachgemeinschaft der Einrichter von Bildungsstätten · Fürsorgeerziehungsbehörde
f. e. B. – für eigenen Bedarf
Feba – Feldbahn
Febr. – Februar
FEC – Fondation Européenne de la Culture
fec. – fecit (*lat.:* »hat es gemacht«)
FECG – Föderation Europäischer Chemischer Gesellschaften
FECS – Fédération Européenne des Fabricants de Céramiques Sanitaires
Fed – Federal Reserve Bank of New York *(USA)* · Federal Reserve System
FED – Feldemissions-Display · Flugzeugerkennungsdienst *(Mil.)* · Fonds Européen de Développement
Fed-Cup – Federation-Cup
FEDAS – Fédération Européenne des Associations de Détaillants en Articles de Sport *(Europäische Vereinigung der Sporthändlerverbände)*
FEDV – Verband der Freien Energiedienstleister
FEE – Fondation Européenne pour l'Economie
FEFSI – Fédération Européenne des Fonds et Sociétés d'Investissement
FEG – Föderation Europäischer Gästeführerverbände · Föderation Europäischer Gewässerschutz
f. e. G. – für eigenen Gebrauch
FeGeb – Fernsprechgebühren *(Post)*
FeGV – Fernsprechgebührenvorschrift *(Post)*
FeH – Fernsprechhäuschen
FEH – Fédération Européenne de Hockey · Forschungs- und Entwicklungsgesellschaft Hessen · Freiwillige Erziehungshilfe
FeHs. – Ferienhaus
FEI – Fédération Equestre Internationale
FEIEA – Federation of European Industrial Editors Associations
Feing. – Feingold
Feingeh. – Feingehalt
Feinmech. – Feinmechanik[er]
Feka – Feldkampfartillerie
FeldForstdG – Feld- und Forstdiebstahlsgesetz
FeldForstOrdngG – Feld- und Forstordnungsgesetz
FeldForstStG – Feld- und Forstrafgesetz
Feldm. – Feldmarschall · Feldmaß[e] · Feldmesser; Feldmessung
Feldp. – Feldpost
Feldp.-Br. – Feldpostbrief
Feldp.-Nr. – Feldpostnummer
Feldw. – Feldwebel
FEM – Fédération Européenne de la Manutention · Fédération Européenne des Motels
fem. – feminin
Fem. – Femininum *(Sprachw.)* · Feministin[nen]
FEMC – Fédération Européenne des Médecins de Collectivités
Femip – Fazilität Europa-Mittelmeer für Investition und Partnerschaft
FEN – Föderation Europäischer Narren
FENa – fraktionelle Exkretion von Natrium
FeO – Fernsprechordnung
FEP – Fluorethylenpropylen · Forschungs-, Erfindungs- und Patentwesen · Fraunhofer-Institut für Elektronenstrahl- und Plasmatechnik
FEPE – Fédération Européenne de la Publicité Extérieure · Fédération Européenne pour la Protection des Eaux
FERA – Fédération Euro-

péenne des Realisateurs de l'Audiovisuel
ferm. – fermentieren; fermentiert
Ferm. – Fermentation; Ferment[e]
Fernl., Fernltg. – Fernleitung
FernmAnlG – Gesetz über Fernmeldeanlagen
FernmG – Fernmeldegesetz
FernPnA – Fernpäckchenamt *(Post)*
Fernr. – Fernruf
Fernschr. – Fernschreiben; Fernschreiber[in]
fernschr., fernschrftl. – fernschriftlich
FernVSt – Fern[sprech]vermittlungsstelle *(Post)*
FernVStHand – Fernsprechvermittlungsstelle mit Handbedienung *(Post)*
FernVStW – Fernsprechvermittlungsstelle mit Wählbetrieb *(Post)*
FerS – Feriensenat
FES – [Fach-]Normenausschuss Eisen und Stahl *(DIN)* · Fachverband der Elektrizitätsversorgung des Saarlandes · Fett-Embolie-Syndrom · Forschungs- und Entwicklungsstelle für Sportgeräte *(Berlin)* · Frankfurter Entsorgungs- und Servicegesellschaft · Friedrich-Ebert-Stiftung
FESE – Federation of European Stock Exchanges
FESFP – Fédération Européenne des Syndicats de Fabricants de Parquets
FestG – Feststellungsgesetz
Festg. – Festgabe
FestKG, FestktoG – Festkontogesetz
Festpr. – Festpreis[e] · Festprogramm
Festst. – Feststellung[en] · Feststoff[e]
FestStDV, FeststellungsDV – Verordnungen zur Durchführung des Feststellungsgesetzes
FeststKl. – Feststellungsklage
FESYP – Fédération Européenne des Syndicats de Fabricants de Panneaux de Particules
FET – Far East Time *(engl.:* »fernöstliche Zeit«) · field effect transistor / Feldeffekttransistor
FETAP – Fédération Européenne des Transports Aériens Privés *(Vereinigung der privaten Fluggesellschaften)*
FeU – Fernuniversität
Feuerbest. – Feuerbestattung[en]
feuerg., feuergef. – feuergefährlich
FeuerschG – Feuerschutzgesetz
FeuerschSt. – Feuerschutzsteuer
FeuerschStG – Feuerschutzsteuergesetz
Feuervers. – Feuerversicherung
Feuerw. – Feuerwache · Feuerwaffen · Feuerwehr
FeuerwG – Feuerwehrgesetz
FeuV – Feuerungsanlagenverordnung *(Bayern)*
FeV – Fahrererlaubnisverordnung
FeVD – Fernsprechvermittlungsdienst *(Post)*
FeVSt – Fernsprechvermittlungsstelle *(Post)*
FeWo[.] – Ferienwohnung[en]
FeZ – Fernsprechzelle *(Post)*
FEZ – Fédération Européenne de Zootechnique · Freizeit- und Erholungszentrum
ff – fortissimo (*ital.:* »sehr laut, äußerst kräftig«; *Musik*) · sehr fein
FF – form feed *(EDV; Druckerbefehl)* · Frankfurt/Oder *(Kfz)* · Freiwillige Feuerwehr · Fremdenführer · Fremdfertigung · Funkfeuer
ff. – folgende [Seiten, Paragraphen o. Ä.] · folia *(Plural zu: folio)*
F. f. – Fortsetzung folgt
FfA – Fachausschuss für Anstrichtechnik *(im VDI)*
FFA – Filmförderungsanstalt · Forces Françaises en Allemagne *(französische Streitkräfte in Deutschland)*
f. f. a., F.F.A., ffa – free from alongside (*engl.:* »frei von längsseits [Schiff]«)
FFB – Fürstenfeldbruck *(Kfz)*
ffd. – federführend
FFDG – Feld- und Forstdiebstahlgesetz
fff – fortississimo *(ital.:* »ganz besonders laut, kräftig«; *Musik)* · von höchster Feinheit
FFF – FilmFernsehFonds Bayern · Film, Funk, Fernsehen · Forschungsförderungsfonds
FFFF – frisch, fromm, fröhlich, frei *(Turnerwahlspruch nach F. Jahn)*
FFG – Filmförderungsgesetz
ffh – Funk & Fernsehen Hessen GmbH
FfH – Forschungsstelle für den Handel
FFH – Feldflughafen · Flora-Fauna-Habitat
FFH-RL – Fauna-Flora-Habitat-Richtlinie der Europäischen Union
FFI – Fachverband Faltschachtel-Industrie
FFIF – Finnish Forest Industries Federation
FFII – Förderverein für eine Freie Informationelle Infrastruktur
FfIT – Föderation für Integrierten Tourismus
FFK – Feldfernkabel
Ffl. – Fahnenflucht; Fahnenflüchtiger
Ffm – Frankfurt am Main
FFM – Flugwissenschaftliche Forschungsanstalt München
FF m. r. S. – Funkfeuer mit rotierendem Strahl

ffn – Funk & Fernsehen Nordwestdeutschland
FFOG – Feld- und Forstordnungsgesetz
FFP – Feldflugplatz · fresh frozen plasma *(Med.)*
Ffr. – Freifrau
FFS – Ferrovie Federali Svizzere *(ital. für: Schweizerische Bundesbahnen)* · Fischereiforschungsschiff · flexibles Fertigungssystem · Flugzeugführerschule · freie Fettsäure[n] *(Med.)*
FFsp – Feldfernsprecher *(Bw.)*
FFStG – Feld- und Forststrafgesetz
FFT – Fast Fourier-Transformation · Führungs-Funktions-Test
FFVFF – Fonds für versuchstierfreie Forschung
FFW – Fachverband Freier Werbetexter · Freiwillige Feuerwehr
FG – Fachausschuss Getriebetechnik *(im VDI)* · Fachgruppe · Fahrgeschwindigkeit · Feingewinde · Feststellungsgesetz · Finanzgericht · Finanzierungsgesetz · Fleischbeschaugesetz · Fördergemeinschaft · Förderungsgesetz · Forschungsgesellschaft · Forstgesetz · Fraunhofer-Gesellschaft · Freiberg *(Kfz)* · Freiwillige Gerichtsbarkeit · Friedensgericht
Fg. – Fagott · Fahrgestell · Fang · Feingold · Ferngespräch · Fliehgewicht · Forschung · Forstgut · Fuge · Fügung
F. G. – Guinea-Franc *(Währung in Guinea)*
FGAN – Forschungsgesellschaft für angewandte Naturwissenschaften
FGB – Familiengesetzbuch *(DDR)*
Fgbz. – Forstgutbezirk
Fgd. – Feldgendarmerie
FGD, FGDir. – Finanzgerichtsdirektor
FGeb – Fernmeldegebühr[en] *(Post)*
F.-Geb. – Fanggebiet · Fehlgeburt
FGF – fibroblast growth factor[s] *(Med.)*
FGG – Gesetz über die Angelegenheiten der freiwilligen Gerichtsbarkeit
FGH – Fördergemeinschaft Gutes Hören
FGK – Fertigungsgemeinschaftskosten · Forschungsgesellschaft Kunststoffe
FGL – Fördergemeinschaft Gutes Licht
Fgn. – Forschungen
FGO – Fernsprechgebührenordnung · Finanzgerichtsordnung · Fleischbeschaugebührenordnung
FGR – Fachgemeinschaft Gusseiserne Rohre · Fachverband Glasrecycling
Fgr. – Fachgruppe · Fangrecht · Figur[en]
Fgst. – Fahrgast · Fahrgestell · Fangstation
Fgst.-Nr. – Fahrgestellnummer
FGSV – Forschungsgesellschaft für Straßen- und Verkehrswesen
Fgt. – freight *(Fracht)*
FGTB – Fédération Générale du Travail Belgique
Fgut – Frachtgut *(Bahn)*
FGW – Forschungsgruppe Wahlen *(Mannheim)*
FgWgl – Frachtgutwagenladung *(Bahn)*
FgZ – Fußgängerzone
FH – Fachhochschule · familiäre Hypercholesterinämie *(Med.)* · Familienherberge *(Schweiz)* · Fensterheber · Ferienhaus · Flugzeughandbuch
Fh. – Fachhandel; Fachhändler · Fähre · Forsthaus
FHA – Fokus-Hand-Abstand *(Med.)*
FHandw – Fernmeldehandwerker *(Post)*
FHArb – Fernmeldehilfsarbeiter *(Post)*
FHB – Fachhochschule des Bundes für öffentliche Verwaltung
FHD – Farben-Helligkeits-Diagramm · Frauenhilfsdienst *(Schweiz)*
FHDW – Fachhochschule der Wirtschaft
FHF – familial hibernian fever *(Med.)* · fetale Herzschlagfrequenz *(Med.)*
FhG – Fraunhofer-Gesellschaft zur Förderung der angewandten Forschung
FHH – Freie und Hansestadt Hamburg *(Bahn)*
Fhj – Fahnenjunker *(Bw.)*
FHM – Fachhochschule des Mittelstandes
FHO – Fachhandelsorganisation *(DDR)*
Fhr – Fähnrich *(Bw.)*
FHR – Fachvereinigung Hartpapierwaren und Rundgefäße
Fhr. – Fähnrich · Fahrer · Freiherr · Führer
Fhrw. – Fahrwasser · Fahrwerk · Fuhrwerk
Fhrz. – Fahrzeug
Fhrzge. – Fahrzeuge
FHS – Fachhochschule · Fernmeldehauptsekretär
FHSR – Fachhochschulreife
FHSS – frequency hopping spread spectrum
FHT – Fachhochschule für Technik · Foto-Hand-Test
FHTW – Fachhochschule für Technik und Wirtschaft *(Berlin)*
FHV – Freidemokratischer Hochschulverband
FHW – Fachhochschule Wiesbaden
FHZ – Freihandelszone
FI – Fachausschuss Ingenieurausbildung *(im VDI)* · Färbeindex *(Med.)* · Fernmeldeinspektor *(Post)* · Fer-

tigungsingenieur · Flugingenieur · Flugtechnisches Institut · Forschungsinstitut
Fi. – Fichte · Film[e] · Filter · Finale; Finalist · Finanzamt; Finanzen · Finne · Finnische · Fisch[e]; Fischer[ei]
f. i. – for instance (*engl.:* »zum Beispiel«) · free in (*engl.:* »frei eingeladen«)
FIA – Fédération Internationale de l'Artisanat · Fédération Internationale de l'Automobile · Fédération Internationale des Acteurs *(Internationale Vereinigung der Bühnenkünstler)*
FIA, f. i. a. – full interest admitted (*engl.:* »volles Interesse, volle Beteiligung eingeräumt«)
FIAA – Fédération Internationale Athlétique Amateur
FIAB – Fédération Internationale des Associations de Bibliothécaires
FIABV – Federacion Iboamericana de Bolsas de Valores
FIAF – Fédération Internationale des Archives du Film · Finanzinstrument für die Ausrichtung der Fischerei *(EU)*
FIAI – Fédération Internationale des Associations d'Instituteurs *(Internationale Vereinigung der Lehrerverbände)*
FIAJ – Fédération Internationale des Auberges de la Jeunesse
FIALS – Fédération Internationale des Arts, des Lettres et des Sciences
FIAN – Food-First Informations- und Aktionsnetzwerk
FIANI – Fédération Internationale d'Associations Nationales d'Ingénieurs
FIANN – Fédération Internationale des Associations Nationales de Normalisation
FIAP – Fédération Internationale de l'Art Photographique · Fédération Internationale des Associations Pédagogiques
FIAPF – Fédération Internationale des Associations de Producteurs de Films
FIAPL – Fédération Internationale des Associations de Pilotes de Ligne *(vgl. IFALPA)*
FIAPP – Fédération Internationale des Anciens Prisonniers Politiques *(Internationaler Verband ehemaliger politischer Gefangenen)*
FIAT – Fabbrica Italiana Automobili Torino
FIATA – Fédération Internationale des Associations des Transitaires et Assimilés *(Internationaler Verband der Spediteurorganisationen)*
FIAV – Fédération Internationale des Agences de Voyages
FIAw – Fernmeldeinspektoranwärter *(Post)*
FIB – Fachgemeinschaft Industrielle Buchbinderei
FIB, F. I. B. – Fédération des Industries Belges
f. i. b. – free into barge (*engl.:* »frei Barke, Lastboot«) · free into bunker[s] (*engl.:* »frei Bunker«)
FIBA – Fédération Internationale de Basketball Amateur
FIBAA – Foundation for International Business Administration Accreditation
FIBEP – Fédération Internationale des Bureaux d'Extraits de Presse *(Internationaler Verband der Presseausschnittbüros)*
FIBOR – Frankfurt Interbank Offered Rate
FIBS – Forschungsinstitut für Bildungs- und Sozialökonomie
FIBT – Fédération Internationale de Bobsleigh et Tobogganing
FIBTP – Fédération Internationale du Bâtiment et des Travaux Publics
FiBu, Fibu – Finanzbuchhaltung
FIC – Fédération Internationale de Canoe · Flight Information Centre
f. i. c. – freight, insurance, carriage (*engl.:* »Fracht, Versicherung, Transport«)
FICC – Fédération Internationale de Camping et de Caravanning · Fédération Internationale des Ciné-Clubs · fixed income, currency and commodities
FICCIA – Fédération internationale des cadres de la chimie et des industries annexes *(Internationale Vereinigung der Führungskräfte in der Chemie und verwandten Industrien)*
FICEP – Fédération Internationale Catholique d'Education Physique
FICIC – Fédération Internationale du Commerce et des Industries du Camping
FICM – Fédération Internationale des Clubs Motocyclistes
FICS – Fédération Internationale des Chasseurs de Son
Fid – Fluginformationsdienst
FID – Fédération Internationale de Documentation · Flammenionisationsdetektor[en]
FIDE – Fédération de l'Industrie Dentaire en Europe · Fédération Internationale des Echecs *(Internationaler Schachverband)*
FIDEM – Fédération Internationale des Editeurs de Médailles
FIDH – Fédération Internationale des Droits de l'Homme *(Internationale Vereinigung für Menschenrechte)*
FIDI – Fédération Internatio-

nale des Déménageurs Internationaux *(Internationaler Verband internationaler Möbelspediteure)*
FIDIC – Fédération Internationale des Ingénieurs-Conseils
FIE – Fédération Internationale d'Escrime *(Internationaler Fechterverband)*
FIEC – Fédération Internationale des Associations d'Etudes Classiques
FIEJ – Fédération Internationale des Editeurs de Journaux et de Publications
FIEP – Fédération Internationale d'Education Physique
FIESP – Fédération Internationale des Etudiants en Sciences Politiques
FIET – Fédération Internationale des Employés et des Techniciens
.fif, FIF – fractal image format *(Dateierweiterung)*
FIFA, Fifa – Fédération Internationale du Film sur l'Art · Fédération Internationale des Football Associations
FIFDU – Fédération Internationale des Femmes Diplomées des Universités
FIFE – Fédération Internationale Féline *(Internationaler Edelkatzenzüchter-Verband)*
f. i. f. o., fifo, FIFO – first in, first out *(engl.)*
FIFPro – Fédération Internationale de Footballeurs Professionels
FiG – Fischereigesetz
FIG – Fédération Internationale de Géomètres · Fédération Internationale de Gymnastique · Finanz-Industriellen-Gruppen
fig. – figural; figurativ; figürlich
Fig. – Figur[en]
FIGAWA – Technische Vereinigung der Firmen im Gas- und Wasserfach
FIGE – Forschungsinstitut Geräusche und Erschütterungen *(Aachen)*
FIGED – Fédération Internationale des Grandes Entreprises de Distribution *(Internationaler Verband der großen Einzelhandelsunternehmen)*
FIGO – Fédération Internationale de Gynécologie et d'Obstétrique
FIH – Fédération Internationale Haltérophile *(Internationaler Gewichtheberverband)* · Fédération Internationale de Hockey [sur Gazon] · Fédération Internationale des Hopitaux
FIHB – Fédération Internationale de Handball
FIHC – Fédération Internationale Haltérophile et Culturiste *(Internationaler Gewichtheber- und Körperkulturverband)* · Fédération Internationale des Hommes Catholiques
FIHT – Fédération Internationale des Hockey sur Terre
FIHUAT – Fédération Internationale pour l'Habitation, l'Urbanisme et l'Aménagement des Territoires
FIJ – Fédération Internationale des Journalistes · Fédération Internationale de Judo
FIJC – Fédération Internationale de la Jeunesse Catholique
FIJET – Fédération Internationale des Journalistes et Ecrivains du Tourisme
FIJL – Fédération Internationale des Journalistes Libres
FIJM – Fédération Internationale des Jeunesses Musicales
FIL – Fédération Internationale de Laiterie *(Internationaler Milchwirtschaftsverband)* · Fédération Internationale de Luge de Course *(Internationaler Rennrodelverband)*
Fil. – Filament[e] · Filiale · Filiation · Filter
FILA – Fédération Internationale de Lutte Amateur *(Internationaler Amateurringerverband)*
FILO – first in, last out
FILT – Fédération Internationale de Lawn-Tennis
filt. – filtern; filtrieren
Filtr. – Filtration; Filtrieren
FiM, FIM – Fernstudium im Medienverbund
FIM – Fédération Internationale des Mineurs · Fédération Internationale des Musiciens · Fédération Internationale Motocycliste
FIMA – Fischwirtschaftliches Marketinginstitut
FIMOC – Fédération Internationale des Mouvements Ouvriers Chrétiens
FIMS – Fédération Internationale de Médicine Sportive
FIN – Finnland *(Kfz)*
fin. – final *(Sprachw.)* · finaliter (*lat.:* »schließlich«) · finanziell · finish *(engl.)*; finished *(engl.)*
Fin. – Finale; Finalist · Finanz[en] · Finanzierung
FinA – Finanzamt
FINA – Fédération Internationale de Natation Amateur
FinAss. – Finanzassessor
FinAusglG – Finanzausgleichgesetz
FinFöG – Finanzmarktförderungsgesetz
FinG – Finanzgericht
FinGerO – Finanzgerichtsordnung
FinGG – Finanzgerichtsgesetz
FinGPräs. – Finanzgerichtspräsident
FinGR, FinGRat – Finanzgerichtsrat
FinJ – Finanzjahr
FinK – Finanzkasse
FinMin. – Finanzminister[ium]
finn. – finnisch

finnl. – finnländisch
Fin.-Pr. – Finanzprüfer; Finanzprüfung
FinR – Finanzrat · Finanzrecht
FInsp. – Forstinspektor
Fin.-Verf. – Finanzverfassung
FinV, FinVertr. – Finanzvertrag
FinVerfG, FinVfG – Finanzverfassungsgesetz
Fin.-Verw. – Finanzverwaltung
FinVerwG – Finanzverwaltungsgesetz
Fin.-Wirtsch. – Finanzwirtschaft
Fin.-Wiss. – Finanzwissenschaft
f. i. o., fio – free in and out (*engl.:* »freies Ein- und Ausladen«)
FIOCES – Fédération Internationale des Organisations de Correspondances et d'Echanges Scolaires
FIOM – Fédération Internationale des Ouvriers sur Métaux
FIOT – Fédération Internationale des Ouvriers du Transport
FIP – Fédération Internationale de Philatélie · Fédération Internationale Pharmaceutique · Fördergemeinschaft Integrierter Pflanzenbau
FIPA – Fédération Internationale des Producteurs Agricoles
FIPESO – Fédération Internationale des Professeurs de l'Enseignement Secondaire Officiel
FIPLV – Fédération Internationale des Professeurs de Langues Vivantes
FIPM – Fédération Internationale de Psychothérapie Médicale
FIPP – Fédération Internationale de la Presse Periodique
FIPR – Fédération Internationale de Patinage à Roulettes
FIPRESCI – Fédération Internationale de la Presse Cinématographique
FIPS – Fédération Internationale de la Presse Sportive
FIPTP – Fédération Internationale de la Presse Technique et Périodique
FIQ – Fédération Internationale des Quilleurs *(Internationaler Keglerverband)*
FIR – Fédération Internationale des Resistants [des Victimes et des Prisonniers du Fascisme]
FIRA – Fédération Internationale de Rugby Amateur
FIRC, FIREC – Fédération Internationale des Rédacteurs en Chef
firm. – firmieren
Firm. – Firmierung · Firmung
Firm.-St. – Firmenstempel
FIR-Port – fast infrared port
FIRS – Fédération Internationale de Roller-Skating
FIRST – Forum of Incident Response and Security Teams · Fraunhofer-Institut für Rechnerarchitektur und Softwaretechnik
FIRT – Fédération Internationale pour la Recherche Théâtrale
FIS – Fahrerinformationssystem · Fédération Internationale de Sauvetage *(Internationaler Lebensrettungsverband)* · Fédération Internationale de Ski · Front Islamique du Salut *(Islamische Heilsfront, Algerien)*
FISA – Fédération Internationale des Sociétés d'Aviron *(Internationaler Ruderverband)*
FISAC – Fédération Internationale des Sociétés d'Auteurs et des Compositeurs
FISAIC – Fédération Internationale des Sociétés Artistiques et Intellectuelles des Cheminots
FischereiG, FischG – Fischereigesetz
FischG – Fischgesetz
FischO – Fischordnung
FischPrüfO – Fischerprüfungsordnung
FischScheinG – Gesetz über den Fischereischein
FISE – Fédération Internationale Syndicale de l'Enseignement · Fonds International pour le Secours à l'Enfance *(UNO)*
FISITA – Fédération Internationale des Sociétés d'Ingénieurs des Techniques de l'Automobile
fisk. – fiskalisch
FISM – Fédération Internationale des Sociétés Magiciens
FISU – Fédération Internationale du Sport Universitaire
FIT – Fédération Internationale des Traducteurs · Fraunhofer-Institut für Angewandte Informationstechnik
FITA – Fédération Internationale de Tir à l'Arc
FITAP – Fédération Internationale des Transports Aériens Privés
FITBB – Fédération Internationale des Travailleurs du Bâtiment et du Bois
FITCE – Fédération des Ingénieurs des Télécommunications de la Communauté Européenne
FITEC – Fédération Internationale du Thermalisme et du Climatisme
FITIM – Federación Internacional de Trabajadores de las Industrias Metalurgicas
FITT – Fédération Internationale des Travailleurs des Tabacs · Fédération Internationale des Travailleurs de la

Terre · Fédération Internationale de Tennis de Table
FIVB – Fédération Internationale de Volleyball
FiW – Forschungsinstitut für Wasser- und Abfallwirtschaft
FIW – Forschungsinstitut für Wirtschaftsverfassung und Wettbewerb
f. i. w., fiw – free in wagon *(engl.);* frei in Waggon
FIYTO – Federation of International Youth Travel Organisation
FIZ – Fachinformationszentrum [Energie, Physik und Mathematik] · Fisch-Informationszentrum · Forschungsinformationszentrum · Forschungsinstitut für Internationale Technische Zusammenarbeit · Forschungs- und Ingenieurzentrum
FJ – Fahnenjunker *(Bw.)*
Fj. – Finanzjahr · Fjord[e]
FJB – Freireligiöser Jugendbund
FJF – Fachausschuss für Jugendfragen
FJg – Feldjäger *(Bw.)*
Fjg. – Fallschirmjäger
Fjg.-Reg. – Fallschirmjägerregiment
FJI – Fidschi *(Kfz)*
FJP – Fünfjahresplan
FJU – Freiwilliges Jahr im Unternehmen
FK – Fachausschuss Kunststoffe *(im VDI)* · Fachkommission · Fahrkarte[n] · Feldkommandantur · Feldküche · Fernkampf · Fernkabel · Fernlenkkörper · Fernsehkamera · Festkomma *(EDV)* · Finanzkasse · Finanz[ierungs]konzept · Fischkutter · Fliegerklub · Flugkörper · Flusskasko *(Vw.)* · Förderkreis · Forschungskollegium · Fregattenkapitän *(Bw.)* · Freikorps · Frontlenker-Kipper · Führerkompass · Führungskraft; Führungskräfte · Fußballklub
fk. – fachkundig
Fk. – Fahrkarte · Fälligkeit · Funk[er]
Fka – Fahrkartenausgabe *(Bahn)*
FKb – Feldkabel *(Bw.)*
FKD – Freiwilliger Kameradschaftsdienst *(ADAC)*
FKE – Frankfurt-Königsteiner Eisenbahn · Forschungsinstitut für Kinderernährung *(Dortmund)*
FKFS – Forschungsinstitut für Kraftfahrzeuge und Fahrzeugmotoren der Universität Stuttgart
FKG – Festkontogesetz
FKH – [Schweizerische] Forschungskommission für Hochspannungsfragen
FKI – Fachvereinigung der deutschen Kartonagenindustrie
FkK – Fahrkartenkasse
FKK – Finanzkontrollkommission *(DDR)* · Flugklarkontrolle · Freikörperkultur
Fkm – Fernkabelmessstelle *(Post)*
FKM – Fälligkeitsmonat *(Vw.)* · Gesellschaft zur freiwilligen Kontrolle von Messe- und Ausstellungszahlen
FKN – Fachverband Kartonverpackungen für flüssige Nahrungsmittel
FKpt – Fregattenkapitän *(Bw.)*
FKS – Fernmeldekleinsteckverbindung · Forschungsinstitut für Körperkultur und Sport *(Leipzig)* · Frachtenprüfstelle für Kraftwagenspediteure
FKT – Fachausschuss Kraftfahrzeug-Technik · Fördergemeinschaft »Körperverträgliche Textilien«
Fkta. – Faktura
Fktr – Frachtenkontrolleur *(Bahn)*
FKü – Feldküche *(Bw.)*
FKV – Verordnung über den Ersatz von Fürsorgekosten
FkVerw – Fahrkartenverwaltung *(Bahn)*
FkVL – Fernkabel-Verlängerungsleitung
FKVS – Fahrer- und Konstrukteurverband Solarmobil
FKW – Fluorkohlenwasserstoff[e]
FKZ – Hamburger Fremdenverkehrs- und Kongresszentrale
FL – Fachausschuss Lebensmitteltechnik *(im VDI)* · Feldlazarett · Feuerlöscher · Fischlogger · Flensburg *(Kfz)* · flight level *(engl.:* »Flugfläche«) · Florida *(Staat der USA)* · Freie Liste; Freiliste · Fürstentum Liechtenstein *(Kfz)*
fl. – flach · flämisch · flektieren; flektiert *(Sprachw.)* · fliegen[d] · fließen[d] · flüchtig · flüssig
Fl. – Fernlenkung · Fläche · Flachs · Flak · Flanke · Flansch · Flasche · Fleisch · Flexion *(Sprachw.)* · Flieger · Florin · Florist[in] · Floß; Flößer; Flößerei · Flöte; Flötist · Flotte; Flottille · Flucht · Flüchtling[e] · Flug · Flur · Fluss · Flüssigkeit
Fla – Fliegerabwehr; Flugabwehr; Flugzeugabwehr
FLA – Fachlehranstalt
Fla. – Florida *(Staat der USA)*
f. l. a. – fiat lege artis *(lat.:* »soll fachgerecht geschehen«; *Pharm.*)
Flab – Fliegerabwehr, Flugabwehr, Flugzeugabwehr
Flachdr. – Flachdruck
FLAD – fluoreszensaktiviertes Display
Fl.-Adm. – Flottenadmiral; Flottillenadmiral
FLAF – Familienlastenausgleichsfonds

FlaggRG – Flaggenrechtsgesetz
Flak – Fliegerabwehrkanone; Flugabwehrkanone; Flugzeugabwehrkanone
FlaMG, Fla-MG – Fliegerabwehrmaschinengewehr; Flugabwehrmaschinengewehr; Flugzeugabwehrmaschinengewehr
Fla-R, Flarak – Fliegerabwehrrakete, Flugabwehrrakete, Flugzeugabwehrrakete
FlaRakPz – Flugabwehrraketenpanzer
FlaS – Flugabwehrschule *(Bw.)*
FLaz – Feldlazarett *(Bw.)*
Flb – Flottenbasis *(Bw.)*
FlB – Flüchtlingsberater; Flüchtlingsberatung
Flb. – Flottenbasis · Flugbahn · Flugbericht · Flügelbau
Fl.-Ber. – Flugbericht · Flurbereinigung
FlBeschG, FlBG – Fleischbeschaugesetz
Fl.-Bl., Flbl. – Flugblatt; Flugblätter
FLC – ferroelectric liquid crystal
Fl.-Dr. – Flachdruck
Fldw. – Feldwebel
FLehrl – Fernmeldelehrling
Fleigverkehr – Flug[zeug]-Eisenbahn-Güterverkehr *(Bahn)*
Fleiper – Flug[zeug]-Eisenbahn-Personenverkehr *(Bahn)*
FleischB – Fleischbeschau
FleischBG – Fleischbeschaugesetz
FleischVO – Fleischverordnung
Fleiverkehr – Flug[zeug]-Eisenbahn-Güterverkehr *(Bahn)*
flekt. – flektieren; flektiert *(Sprachw.)*
Fleurop – Flores Europae
flex. – flexibel
Flex. – Flexibilität · Flexion *(Sprachw.)*
Fl. F. – fliegende Fähre
FlG – Flößereigesetz
FLG – Fluchtliniengesetz · Funkleitstrahlgerät
flg. – fliegend; fliegerisch · flüchtig · flügelig · folgend[e]
Flg. – Flieger · Folge · Folgerung
Flgz. – Flugzeug
Fl.-H. – Fliegerhorst · Flottenhafen · Flughalle
Fl.-Hf. – Flughafen; Flughäfen
FLI – Fédération Lainière Internationale
Fl.-Ing. – Flotteningenieur; Flottilleningenieur · Flugzeugingenieur
FlK – Fernleitungskabel · Flugkarte
FLK – Feuerlöschkosten
Flk. – Flachkörper · Flugkörper · Flüssigkeit[en]
Fl.-K. – Flakkompanie · Fliegerkorps · Flugkörper · Flusskarte
fl. k. u. w. W. – fließend kaltes und warmes Wasser
Fl£ – Falkland-Pfund *(Währung)*
Fl.-L., FlL – Fluchtlinie
FlLG – Fluchtliniengesetz
Fllg. – Füllung
.flm – film *(Dateierweiterung)*
Flm – Fahrleitungsmeisterei *(Bahn)*
FLM – Fédération Luthérienne Mondiale
FLN – Front de Libération Nationale
FlNLG – Flüchtlingsnotleistungsgesetz
Flopo – Flugoperationsoffizier
FLOPS – floating point operations per second
Fl.-Ort. – Flugzeugortung
FlößG – Flößereigesetz
Flp. – Flammpunkt
fl. picc. – flauto piccolo *(ital.:* »kleine Flöte«; *Pikkoloflöte)*
fl. pl. – flore pleno *(lat.:* »in voller Blüte«)
FLS – Feuerleitsystem
Fl.-Sch. – Fliegerschule · Flugschein · Flussschifffahrt
Fl.-Sich. – Flugsicherung
FLSt. – Finanzleitstelle
FLT – Freileitungstelegrafie
Fl.-Tr. – Fliegertruppe · Flugzeugträger · Flug[zeug]transport · Flusstransport
Fluat – Fluorsilikat
Fluba – Flugbetriebsstoff-Ausgabestelle
FluchtlG – Fluchtliniengesetz
FlüchtlG – Flüchtlingsgesetz
FlüchtlHG – Flüchtlingshilfegesetz
FlüchtlSiedlG – Flüchtlingssiedlungsgesetz
FlüG – Flüchtlingsgesetz
Flugb. – Flugbericht · Flugboot
Flugb., Flugbegl. – Flugbegleiter
Flugb., Flugbew. – Flugbewegung[en]
Flugh. – Flughafen; Flughäfen; *siehe auch Übersicht IATA-Codes*
Flugsich. – Flugsicherung
FlugÜZ – Flugüberwachungszone
Flugz. – Flugzeug[e]
FlüHG – Flüchtlingshilfegesetz
Fluko – Flugwachkommando
Fluma – Flugmeldeabteilung
Flumast – Flugmeldeauswertungsstelle
Fluna – Flugnachrichtenabteilung
Flunast – Flugnachrichtenstelle
FlüNoG, FlüNotLG – Flüchtlingsnotleistungsgesetz
fluor. – fluoreszierend
FlurbA – Flurbereinigungsamt
FlurbD – Flurbereinigungsdirektion

FlurBerG, FlurbG – Flurbereinigungsgesetz
FlüSG – Flüchtlingssiedlungsgesetz
Flusi – Flugsicherheit *(Bw.)*
Fluwa – Flugwache
Fluz – Flugsicherungszentrale
FlV – Flurbereinigungsverband
FLV – fondsgebundene Lebensversicherungen
FLW – Fern[verkehrs]leitungswähler
Flw. – Flammenwerfer · Fliegerwerkstoff
fl. W. – fließendes Wasser
Flzg. – Flugzeug
Flzge. – Flugzeuge
Flzg.-Ort. – Flugzeugortung
Flzg.-Tr. – Flugzeugträger
fm, FM – Festmeter
Fm – Fermium *(Element)* · Fernmeldemeisterei *(Bahn)*
FM – facility management · Fälligkeitsmonat · Feinheitsmodul · Feldmarschall · Fertigungsmittel · Festmiete · Feuermelder · Finanzminister[ium] · Flächenmaß · Flussmine · Fördermaschine · Forstmeister · Frequenzmodulation · Fuchsmajor *(Verbindungsw.)* · Funkmeister · Fußballmannschaft · Fußballmeister[schaft]
Fm. – Fachmann · Flächenminimum · Forstmeister · Freimaurer · Funkmeister
f. m. – fiat mixtura (*lat.:* »man soll eine Mischung herstellen«; *Pharm.*) · fair merchandise (*engl.:* »gute Durchschnittsware«)
F. M. – Fratres Minores (*lat.:* »Mindere Brüder«)
Fma – Fernmeldearbeiter
FMA – Finanzmarktaufsicht *(Österreich)*
FMANU – Fédération Mondiale des Associations pour les Nations Unies
FMB – Bekanntmachung des Bayerischen Staatsministeriums der Finanzen · Federal Maritime Board *(USA)*
F. M. B. – Formulae Magistrales Berolinenses *(Berliner Sammlung von Arzneivorschriften)*
FMBl. – Finanzministerialblatt
FMC – Federal Maritime Commission *(USA)*
fmdl. – fernmündlich
FME – Entschließung des Bayerischen Staatsministeriums der Finanzen · Finanzministerialerlass · Forum Marketing-Eventagenturen
FMEA – Fehlermöglichkeits- und Einflussanalyse
FMF – Fachverband Moderne Fremdsprachen
FMFG – Finanzmarktförderungsgesetz
FMG – Fernmeldegesetz · Flakmessgerät · Franc Malgache *(Währung auf Madagaskar)* · Funkmessgerät · Futtermittelgesetz
FMH – Fernmeldehundertschaft
FMH, F. M. H. – Foederatio Medicorum Helveticorum *(Schweizerische Ärztevereinigung)*
FMI – Fonds Monétaire International
FMin. – Finanzminister[ium]
FMJD – Fédération Mondiale de la Jeunesse Démocratique
FMJFC – Fédération Mondiale des Jeunesses Féminines Catholiques
FMJLR – Fédération Mondiale des Jeunesses Libérales et Radicales
FMN – Flavinmononucleotid
FMO – Fernmeldemessordnung *(Post)*
fm o. R. – Festmeter ohne Rinde
FMP – Flugmeldeposten · Flugzeugmessprogramm
FMPA – Fédération Mondiale

IATA-Codes deutscher Flughäfen

AGB – Augsburg
AOC – Altenburg
BBH – Barth
BFE – Bielefeld
BRE – Bremen
BRV – Bremerhaven
BWE – Braunschweig
BYU – Bayreuth
CGN – Cologne (Köln)/Bonn
DRS – Dresden
DTM – Dortmund
DUS – Düsseldorf
ERF – Erfurt
ESS – Essen
FDH – Friedrichshafen
FMO – Flughafen Münster/Osnabrück
FNB – Flughafen Neubrandenburg-Trollenhagen
FRA – Frankfurt am Main
GWT – Westerland
HAJ – Hannover
HAM – Hamburg
HHN – Frankfurt/Hahn
HOQ – Hof
KEL – Kiel
LBC – Lübeck
LEJ – Leipzig
LHA – Lahr (Schwarzwald)
MGL – Mönchengladbach
MSR – Münster (Greven)
MUC – München
NUE – Nürnberg
PAD – Paderborn/Lippstadt
RLG – Rostock-Laage
SCN – Saarbrücken
SGE – Siegerland
STR – Stuttgart
SXF – Berlin, Schönefeld
THF – Berlin, Tempelhof
TXL – Berlin, Tegel

pour la Protection des Animaux *(Welttierschutzverband)*
FMR – Forschungs- und Messreaktor
fMRT – funktionelle Magnetresonanztomographie *(Med.)*
FMS – Farbmanagementsystem · Fernmeldesystem · flexible manufacturing systems · Flight-Management-System · Flugmeldestelle · Fuhrpark-Management-System[e]
FMSEO – Fachverband der Maschinen-, Stahl- und Eisenbauindustrie Österreichs
Fmt – Format[bezeichnung]
FMTS – Fédération Mondiale des Travailleurs Scientifiques
FMV – Freier Militärischer Vorunterricht · Futtermittelverordnung · Normenausschuss Mechanische Verbindungselemente *(DIN)*
FMW – Fernmeldewerk · Fernmeldewesen · Fernmischwähler
FN – Fachnormenausschuss *(selten für: FNA)* · Fernnetz · Forderungsnachweis · Franchise-Nehmer · Friedrichshafen/Bodenseekreis *(Kfz)*
Fn. – Fahrtnummer · Familienname · Fußnote
FNA – Fachnormenausschuss *(DIN)*
FNAL – Fermi National Accelerator Laboratory
FNCA – [Fach-]Normenausschuss Chemischer Apparatebau *(DIN)*
FNErg – Normenausschuss Ergonomie *(DIN)*
FNF – [Fach-]Normenausschuss Farbe *(DIN)*
FNFW – [Fach-]Normenausschuss Feuerwehrwesen *(DIN)*
FNH – [Fach-]Normenausschuss Heiz-, Koch- und Wärmgerät *(DIN)*
FNI – Fédération Naturiste Internationale
FNK – [Fach-]Normenausschuss Kunststoffe *(DIN)*
FNKä – [Fach-]Normenausschuss Kältetechnik *(DIN)*
FNL – [Fach-]Normenausschuss Lichttechnik *(DIN)* · Fördergemeinschaft Nachhaltige Landwirtschaft · Front National de Libération
FNLa – [Fach-]Normenausschuss Laborgeräte und Laboreinrichtungen *(DIN)*
FNNE – [Fach-]Normenausschuss Nichteisenmetalle *(DIN)*
FNP – Flächennutzungsplan · Frankfurter Neue Presse
FNR – Fachagentur nachwachsende Rohstoffe
FNr. – Fahrtnummer
FNS – Funktionelle Neurostimulation
FNSt – Friedrich-Naumann-Stiftung
FNV – Finger-Nase-Versuch *(Med.)* · Fremdrenten-NachversicherungsVerordnung
FO – Fahrschulordnung · Felddienstordnung · Fernsprechordnung · Fischereiordnung · Forchheim *(Kfz)* · Formula One · Forstordnung · Funkortung
F.O. – Force Ouvrière *(französischer Gewerkschaftsverband)* · Foreign Office *(engl.; Außenministerium)*
FoA – Forstamt
FOA – Fokus-Objekt-Abstand *(Med.)*
FoA, FoArch. – Forstarchiv · Fotoarchiv
f.o.a. – free on aircraft *(engl.:* »frei an Bord des Flugzeuges«)
FoAss. – Forstassessor
fob, f.o.b., FOB – free on board *(engl.:* »frei an Bord«)
fob/fob, f.o.b./f.o.b. – free on board/free off board *(engl.:* »frei an und von Bord«)
FOC – Factory-Outlet-Center *(Fabrikverkaufszentrum)* · Ferrari Owners Club Deutschland · fiber optics communication · flight operation center
f.o.c., FOC – free of claims *(engl.:* »frei von Ersatzansprüchen«)
f.o.c. – free of charge *(engl.:* »frei von Kosten«) · free on car *(engl.:* »frei Wagen«)
f.o.d. – free of damage *(engl.:* »frei von Beschädigung«)
föd. – föderal; föderalistisch; föderativ
Föd. – Föderalismus; Föderalist; Föderation
FoEI – Friends of the Earth International
Fofi – Foto- und Filmstelle
FoG – Forstgesetz
FoGDV – Verordnung zur Durchführung des Forstgesetzes
FOGRA – Deutsche Gesellschaft für Forschungen im grafischen Gewerbe
FOI – Fernmeldeoberinspektor
FÖJ – Freie Österreichische Jugend · freiwilliges ökologisches Jahr
FOKUS – Fraunhofer-Institut für Offene Kommunikationssysteme
FOL – Fachschuloberlehrer
fol., Fol. – Folio; Folia
Fol. – Folge[n]
folg. – folgend[e]
FOM – Fachhochschule für Ökonomie und Management
FoMstr. – Forstmeister
FONDAK – Fonds für Deutsche Aktien
FONDRA – Fonds für Deutsche Renten und Aktien
f.o.q. – free on quay *(engl.:* »frei an den Kai«)
FoR – Forstrat
f.o.r., FOR – free on rail *(engl.:* »frei Bahnhof/Waggon«) · free on road *(engl.:* »frei Straße«)

FORATOM, Foratom – Forum Atomique Européen
Ford. – Forderung[en]
Förd. – Förderer; Förderung
FördG – Fördergebietsgesetz
FORFA, Forfa – Forschungsinstitut für Arbeitspsychologie und Personalwesen
form. – formal[iter] · formalistisch · formieren · formulieren; formuliert
Form. – Formalität[en] · Formation · Formular[e]
Formal. – Formalität[en]
Forsch. – Forschung[en]
Forsch.-Gem. – Forschungsgemeinschaft
Forsch.-Sat. – Forschungssatellit[en]
Forsol – Forschungsverbund Solarenergie
ForstdG, ForstdiebstG – Forstdiebstahlgesetz
Forstw. – Forstwesen; Forstwirtschaft; Forstwissenschaft
Forstwiss. – Forstwissenschaft[ler]
Fortf. – Fortfall · Fortführung
fortgef. – fortgeführt
fortges. – fortgesetzt
fortis. – fortissimo (*ital.:* »sehr stark«; *Musik*)
fortl. – fortlaufend
FORTRAN – Formula Translator *(EDV)*
Forts. – Fortsetzung[en]
fortschr. – fortschrittlich
Fortschr. – Fortschritt[e]
Forts. f. – Fortsetzung folgt
forz. – forzando, forzato (*ital.:* »verstärkt«; *Musik*)
FOS – Fachoberschule · Fernmeldeobersekretär
FÖS – Förderverein Ökologische Steuerreform
f. o. s. – free on ship (*engl.:* »frei Schiff«) · free on station (*engl.:* »frei Station«) · free on steamer (*engl.:* »frei Dampfer«)
Fossil – fido opus seadog standard interface layer
FoStG – Forststrafgesetz
FoStGDV – Verordnung zur Durchführung des Forststrafgesetzes *(Bayern)*
Fot. – Fotograf[ie]
f. o. t. – free on truck (*engl.:* »frei Lkw«)
Foto – Fotografie
fotogr. – fotografieren; fotografiert; fotografisch
Fotogr. – Fotograf[ie]
FÖV – Forschungsinstitut für Öffentliche Verwaltung
FOW – Fernmeldeoberwart
f. o. w. – free on wagon (*engl.:* »frei Waggon«)
FOZ – Front-Oktanzahl
fp – fortepiano (*ital.:* »laut und sogleich leise«; *Musik*)
Fp – Fließpunkt
FP – Festpreis · Festpunkt · Finanz[ierungs]programm · Fixpunkt · Folgeprovision · Folgeprüfung
FP, Fp. – Flammpunkt · Fusionspunkt
Fp. – Feldpost · Füllpulver · Fuhrpark
f. p. – fiat potio (*lat.:* »man bereite einen Trank«; *Pharm.*) · fiat pulvis (*lat.:* »man bereite als Pulver«; *Pharm.*) · fireproof (*engl.:* »feuerfest«) · fixed price[s] (*engl.:* »Festpreis[e]«) · fully paid (*engl.:* »voll bezahlt«)
F. P. – Französisches Patent · freezing point (*engl.:* »Gefrierpunkt«)
FPA – foros prosthithemenis axias (»Umsatzsteuer«; *Griechenland*)
f. p. a., F. P. A. – free of particular average (*engl.:* »frei von besonderer Havarie; nicht gegen besondere Havarie versichert«)
f. p. a. a. c., F. P. A. A. C. – free of particular average, american conditions (*engl.:* »frei von besonderer Havarie, amerikanische Bedingungen«)
f. p. a. e. c., F. P. A. E. C. – free of particular average, english conditions (*engl.:* »frei von besonderer Havarie, englische Bedingungen«)
FPGA – free programmable gate array[s]
Fpl. – Fahrplan · Festplatz · Flugplan
FplO – Fahrplanordnung
FPM – Fachverband Pulvermetallurgie · fast page mode · Fuhrparkmanagement
fpm, f. p. m. – feet per minute (*engl.:* »Fuß pro Minute«)
Fp.-Nr. – Feldpostnummer
FPO – for position only
FPÖ – Freiheitliche Partei Österreichs
FPP – full page pagination
FPR – freiwillige Polizeireserve
FPrakt – Fernmeldepraktikant *(Post)*
FPräs. – Finanzpräsident
FPräsSt. – Finanzpräsident der Abteilung Steuer
FPräsZ – Finanzpräsident der Abteilung Zoll
FPRG – Gesetz über die freiwillige Polizeireserve *(Berlin)*
fps., f. p. s. – feet per second (*engl.:* »Fuß pro Sekunde«) · frames per second (*engl.:* »Einzelbilder pro Sekunde«)
F.-P.-S.-System – Foot-Pound-Second-System
FPU – floating point unit
fr – Franc · französisch-reformiert
Fr – Francium *(Element)* · Franklin
FR – Fähnrich · Familienrecht · Färöer *(Kfz)* · Fernmelderechnung *(Post)* · Finanzrat · Flussräumboot · Forschungsreaktor · Forstrat · France · Frankfurter Rundschau · Frankreich *(NATO)* · Freiburg *(Schweiz; Kfz)* · Freiburg i. Br., Breisgau-Hochschwarzwald *(Kfz)* · Funkraum
fr. – franko · französisch ·

frei · freitags · frisch · früh · früher
Fr. – Fracht · Frage · Franken · Frater · Frau · Freiheit · Freitag · Friede · Frist · Frucht · Frühstück
FRA – forward rate agreement[s]
frag. – fragil
fragl. – fraglich
fragm. – fragmentarisch
Fragm. – Fragment[e]
fragw. – fragwürdig
Frakt. – Fraktion · Fraktur
Frakt.-Sitzg. – Fraktionssitzung
Frakt.-Spr. – Fraktionssprecher
Frakt.-Vors. – Fraktionsvorsitzender
Frakt.-Zw. – Fraktionszwang
FRAM – ferroelectric/ferromagnetic random access memory
frank. – frankieren · frankophil · frankophon
franz. – französisch
Franz. – Franzose[n]; Französin; Französische
Fraport – Frankfurt Airport
frb. – fahrbar · fahrbereit
Fr.-Br., Frbr. – Frachtbrief
FRD – Frachtraschdienst
Frdh. – Friedhof
FRDIP – Freies Russisch-Deutsches Institut für Publizistik *(Rostow am Don)*
frdl. – freundlich · friedlich · friedliebend
Frdlkt. – Freundlichkeit
frdsch., frdschtl. – freundschaftlich
frdspr. – fremdsprachig
frdsprl. – fremdsprachlich
Frdw. – Fremdwirtschaft · Fremdwort; Fremdwörter
Frdz., Frdzi. – Fremdenzimmer
Fred – frame editor
FRef. – Forstreferendar
Freg. – Fregatte
Freg.-Kap., Freg.-Kpt. – Fregattenkapitän
freig. – freigebig; freigiebig
Freigr. – Freigrenze
freih. – freihändig · freiheitlich
Freih. – Freiheit · Freiherr
FreihEntzG – Freiheitsentzuggesetz *(Hessen)*
Freim. – Freimachung · Freimarke · Freimaurer[tum]
Freist. – Freistaat
freiw. – frei werdend · freiwillig
Freiw. – Freiwillige[r]
Freiw. Feuerw. – Freiwillige Feuerwehr[en]
Freiw. Pol. – Freiwillige Polizei; Freiwilliger Polizeidienst
FreiwPolG – Gesetz über den Freiwilligen Polizeidienst
freiz., freizg. – freizügig
Freiz., Freizt. – Freizeit
FreizügG – Gesetz über die Freizügigkeit
FRELIMO – Frente de Libertação de Moçambique
fremdl. – fremdländisch
FremdRG – Fremdrentengesetz
fremdspr. – fremdsprachig
fremdsprl. – fremdsprachlich
Fremdst. – Fremdstämmige[r]; Fremdstämmigkeit · Fremdstoff[e]
FremdstVO – [Allgemeine] Fremstoffverordnung
Fremdw. – Fremdwort; Fremdwörter
Freq. – Frequenz[en]
Freq.-Mess. – Frequenzmessung[en]
Freq.-Z. – Frequenzzahl
FrFl. – Frischfleisch
FrFlG – Frischfleischgesetz
frfr. – frachtfrei
Frfr. – Freifrau
FRG – Fremdrentengesetz · Gesetz über die Forstrechte *(Bayern)* · Freyung-Grafenau *(Kfz)* · Fritz Reuter Gesellschaft
Fr.-G. – Frachtgut
FRGDV – Verordnung zur Durchführung des Gesetzes über die Forstrechte *(Bayern)*
Fr.-Gel. – Freigelände
frger. – fristgerecht
Frgt. – Frachtgut · Fragment
frgm. – fragmentarisch · freigemacht
frh. – freihändig
Frh. – Freiheit · Freiherr
Fr.-H. – Ferienhaus/-häuser · Frauenhaus · Freihafen · Freihandel · Fremdenheim
fr. H. – frei Haus
Fr.-Hd., Fr.-Hdl. – Freihandel
Frhf. – Freihafen · Friedhof
Frhr. – Freiherr
frhtl. – freiheitlich
FRI – Friesland *(Kfz)*
fries. – friesisch
friesl. – friesländisch
frig. – frigide
fris. – frisieren; frisiert
Fris. – Friseur; Friseuse; Frisur[en]
Frisco – San Francisco
fristger. – fristgerecht
FRITS – Free Reservation, Information and Travel Service *(Lufthansa)*
FRK – Ständige Konferenz der Rektoren und Präsidenten der Staatlichen Fachhochschulen der Länder
Frk. – Frankreich
Fr.-K. – Frachtkosten
Frl. – Fräulein
Fr.-Leg. – Fremdenlegion[är]
.frm – Formular *(Dateierweiterung)*
FrM – Freimarke *(Post)*
FRM – Forschungsreaktor München
Frm. – Freimarke · Freimaurer[tum]
FrMilReg. – Französische Militärregierung
FrMRG – Gesetz der Französischen Militärregierung
FrMRVO – Verordnung der Französischen Militärregierung
frnhd. – frühneuhochdeutsch
fro. – franko
f. r. o. f. – fire risk on freight

(*engl.:* »Fracht mit Feuerrisiko«)

Fr. P. – Französisches Patent

Frq. – Frequenz[en]

FRR – false rejection rate

Fr.-R. – Frachtrate[n]

frs – Francs

FRS – financial reporting standard[s]

Fr.-Sch. – Frachtschein · Frachtschiff

Frspr. – Freisprechung · Freispruch

FRSt – Fernmelderechnungsstelle *(Post)*

Frst. – Freistaat · Fürstentum

frstl. – fürstlich

Frt – Frachttonne

FRT – Figure Reasoning Test *(EDV)*

frt. – freight (*engl.:* »Fracht«)

frt. fwd. – freight forward (*engl.:* »Fracht nachzunehmen«)

Frto – Frachttonne

frt. pp[d]. – freight prepaid (*engl.:* »Fracht vorausbezahlt«)

frtr. – freitragend

FruchtbV – Fruchtbehandlungsverordnung

Frust – Frustration

FrV – Fräsvorrichtung

FRV – fondsgebundene Rentenversicherungen · Fürsorgerechtsvereinbarung

fr. v. – frei von

Fr.-Verk. – Freiverkauf · Fremdenverkehr

fr. Verk. – freier Verkauf

Fr. Vorl. – Fristverlängerung

Fr.-Vertr. – Friedensvertrag

frw. – freiwillig

Frw. – Freiwillige[r] · Feuerwehr

Fr.-W., FrW – Frischwasser

F. Rw. – Ruanda-Franc *(Währung)*

Frwk. – Feuerwerk[er]

frz. – französisch

Frz. – Franzose[n]; Französin; Französische · Freizeit

Frzb., Frzbd. – Franzband

frzg. – freizügig

Frzt. – Freizeit

Frzt.-Gest. – Freizeitgestaltung

Frzt.-Kldg. – Freizeitkleidung

frz. Z., FrZ – Französische Zone

fs, FS – faire suivre (*franz.:* »nachsenden«; *Post*) · farblos

Fs, FS – Feinsilber · Fernschreib...; Fernschreiben; Fernschreiber · Fernsehen

FS – Fachausschuss Staubtechnik *(im VDI)* · Fachschule · Fahrschule · Fallschirm · Fernmeldesekretär *(Post)* · Ferrovie dello Stato *(italienische Staatsbahnen)* · file system · Flugsicherung · Flugsimulator · Flussschnellboot · Formstoff · Forschungsschiff · Frauenschule · Freising *(Kfz)* · Fremdsprache · Funkstation; Funkstelle

Fs. – Faser · Festschrift · Fortsetzung · Fürsorge[r]

FSA – Fernmeldeschulamt *(Post)* · Financial Services Authority *(GB)* · freiwillige[s] Selbstbeschränkungsabkommen

FSÄ – Fernmeldeschulämter *(Post)*

FSaatgG – Gesetz über forstliches Saat- und Pflanzgut

FSACE – Fédération Suisse des Associations Chrétiens d'Etudiants

FSB – Fischereischutzboot · Frontside-Bus *(EDV)*

FSC – Fallschirmsportspringerclub · Foreign Sales Corporations *(WTO/EU)* · Forest Stewardship Council

FSch – Fernmeldeschule *(Post)* · Feuerschiff

Fsch. – Fachschaft · Feldschaden

F.-Sch. – Fachschule · Forstschule · Führerschein

FSchG – Feldschadengesetz

FschJg – Fallschirmjäger *(Bw.)*

FschJgBrig – Fallschirmjägerbrigade *(Bw.)*

Fsch.-Nr. – Fachschaftsnummer

Fschr. – Fernschreiben; Fernschreiber

fschrl. – fernschriftlich · fortschrittlich

Fsch.-Spr. – Fallschirmspringer

FSchVO – Feiertagsschutz-Verordnung *(Berlin)*

FSD – Frankfurter Societäts-Druckerei

FSE – Feline spongiforme Enzephalitis *(Med.)*

FSEC – Fédération Suisse des Etudiantes Catholiques

FSF – [Fach-]Normenausschuss Schienenfahrzeuge *(DIN)* · Free Software Foundation · Freiwillige Selbstkontrolle Fernsehen

FSFI – Fédération Sportive Féminine Internationale

FSG – Fachschulsportgemeinschaft · Feuerschützengesellschaft

FSH – follikelstimulierendes Hormon *(Med.)*

FSHG – Gesetz über den Feuerschutz und die Hilfeleistung bei Unglücksfällen und öffentlichen Notständen *(Nordrhein-Westfalen)*

FSI – Fachverband Schneidwarenindustrie · Fédération Syndicale Internationale · fuel stratified injection *(Kfz)*

FSJ – freiwilliges soziales Jahr

FSK – Fachschaftenkonferenz · Freiwillige Selbstkontrolle der Filmwirtschaft · frequency shift keying · (OSZE-)Forum für Sicherheitskooperation

FSM – Fédération Syndicale Mondiale · Freiwillige Selbstkontrolle Multimedia-Diensteanbieter

FSME – Frühsommer-Meningoenzephalitis *(Med.)*
Fs.-Nr. – Fernschreibnummer
FSO – Fachschulordnung · Free-Space Optics *(Freiraumübertragung)*
Fspr. – Fernsprecher · Fernspruch
Fspr.-B., Fspr.-Buch – Fernsprechbuch
Fspr.-Kb. – Fernsprechkabel
FSR – Fachschaftsrat · Fachstudienrichtung
Fss. – Fassungen · Fortsetzungen
Fst – Fernsprechstelle
FST – Freiwillige Selbstkontrolle der Telefonmehrwertdienste
Fst. – Fernsteuerung · Feststoff[e] · Festung · Feuerstelle · Fürst; Fürstentum
FSt. – Feuerstellung · Funkstation; Funkstelle · Fürsorgestelle
Fstg. – Fernsteuerung · Festung
fstl. – fürstlich
FST-LCD – film super twisted nematic liquid cristal display
Fstm. – Festmeter · Festmiete · Forstmeister · Fürstentum
Fst.-Mstr. – Forstmeister
FStrAbG – Gesetz über den Ausbau der Bundesfernstraßen
FStrÄndG – Gesetz zur Änderung des Bundesfernstraßengesetzes
FStrG – Bundesfernstraßengesetz *(vgl. BFStrG)*
FSV – freiwillige Selbstverpflichtung · Fußballsportverein
FSVA – Fernschreibspeichervermittlungsanlage
Ft – Fernschnelltriebwagen[zug] *(Bahn)* · Forint *(Währung in Ungarn)*
FT – Fachgemeinschaft Tastaturen · Fahrzeugteil[e] · Fernmeldetechnik · Financial Times · Forschung und Technik · Fourier-Transformation · France Télécom · Frankenthal *(Kfz)* · Funktelegrafie · Funkturm · Funk- und Telegrafenstation
ft., ft – feet, foot *(engl.)*
Ft. – Fett · Fort · Fürstentum · Furt
FTA – Finanztechnische Anweisung der Militärregierung
FTAA – Free Trade Area of the Americas
FTAM – file transfer access and management
FTB – Frachten- und Tarifanzeiger der Binnenschifffahrt
FTC – Federal Trade Commission *(USA; Bundeskartellamt)*
FTD – Financial Times Deutschland
FTE – Forschung und technologische Entwicklung
FTF – fahrerlose[s] Transportfahrzeug[e]
FTG – Fernsehtechnische Gesellschaft
Ftg. – Fertigung
ftgn. – fertigen
FTI – Frosch Touristik Institut
FTO – Funktechnischer Offizier
FTÖ – Fachverband der Textilindustrie Österreichs
FTP – file transfer protocol (*engl.*: »Dateiübertragungsprotokoll«)
FTR – full text retrieval
FTS – fahrerlose[s] Transportsystem[e] · fault tolerant system[s] (*engl.*; »fehlertolerante[s] System[e]«; *EDV*) · France Tourisme Service
FTSE, FT-SE – Financial Times Stock Exchange
FtSt. – Funktelegrafenstation
FTV – Fahrzeugteileverordnung
FTZ – Fernmeldetechnisches Zentralamt *(Post)* · Forschungs- und Technologiezentrum
Fu – Funk; Funkwesen
FU – Frauenunion · Freie Universität *(Berlin)* · Frequenzumformer · Frequenzumsetzer
FÜ – Fernübertragung *(EDV)* · Fernübertragungssystem *(EDV, selten für: FÜS)* · Funküberwachung; Funküberwachungsstelle · Fürth/Bayern *(Kfz)*
Fü. – Fühler · Führer; Führung
Fua – Fernmeldeunterhaltungsarbeiter *(Bahn)*
FuA – Funkamt *(Post)*
FUA – Fachunterausschuss
FuÄ – Funkämter *(Post)*
FUACE – Fédération Universelle des Associations Chrétiennes d'Etudiants
FüAkBw – Führungsakademie der Bundeswehr *(Bw.)*
Fu.-Anl., FuAnl. – Funkanlage
FuAsp – Funkaspirant *(Post)*
FuBK – Funkbetriebskommission
FuD – Funkdienst *(Post)*
fud. – fudit (*lat.*: »hat es gegossen«)
FuE – Forschung und Entwicklung
FUES – Feuerungs-Überwachungssystem
FUEV – Föderalistische Union europäischer Volksgruppen
FÜF – Fahrt-Übernachtung-Frühstück
FuG, FuGer. – Funkgerät
Fugr. – Fachuntergruppe
FuKMD – Funkkontrollmessdienst *(Post)*
FuKMSt – Funkkontrollmessstelle *(Post)*
Fül – Führungsstab der Luftwaffe
FuLS – Funkleitstelle
FuM – Funkmesstechnik
FuMA – Funkmessabteilung
FuMB – Funkmessbordgerät

FuME – Funkmesserkennungsgerät
FuMG – Funkmessgerät
FuMO – Funkmessortungsgerät
FuMS – Funkmessstörsender
FuMSt – Funkmessstation
FuMstr – Funkmeister *(Bw.)*
FuMZ – Funkmesszusatzgerät
FUN – Förderverein innovatives Unternehmertum Nordbayern · Free Universal Network
Fundi – Fundamentalist
FundSAnw. – Fundsachenanweisung *(Rheinland-Pfalz)*
Funkm. – Funkmeister
funkt. – funktional; funktionell · funktionieren
Funkt. – Funktion[en] · Funktionär[e] · Funkturm
FuO – Feinmechanik und Optik
FuP – Funkprüfgerätezusatz
FuPA – Funkpeilanlage
FuPB – Funkprüfbatteriesatz
FuPNG – Funkprüfnetzgerätesatz
FuPrakt – Funkpraktikant *(Post)*
FuPSt – Funkpeilstelle
Fur. – Furunkel
F. U. R. – Forschungsgemeinschaft Urlaub und Reisen
furn. – furnieren; furniert
Furn. – Furnier[e]
Fürs. – Fürsorge; Fürsorger; Fürsorgerin
Fürs.-Erz. – Fürsorgeerziehung
FürsG – Fürsorgegesetz
FürsKostErsVO – Verordnung über den Ersatz von Fürsorgekosten
Fürs.-Pfl. – Fürsorgepflicht
FürsPflVO – Fürsorgepflichtverordnung
Fürs.-St. – Fürsorgestelle
Fürs.-Unterst. – Fürsorgeunterstützung
FuS – Funksignal[e]
FUS – Flugunfalluntersuchungsstelle
FÜS – Fernübertragungssystem *(EDV)*
fus. – fusionieren; fusioniert
Fus. – Fusion
FuSD – Funksignaldienst
FuSE – Funksenderempfänger
F. u. S. f. – Fortsetzung und Schluss folgen
Fu.-Spr., FuSpr. – Funkspruch
Fußn. – Fußnote[n]
FuSt. – Funkstation; Funkstelle · Funkstörung
FuStö – Funkstörung *(Post)*
FuStöMD – Funkstörungs- und Messdienst *(Post)*
FuStöMSt – Funkstörungs-Messstelle *(Post)*
FuT – Forschung und Technologie
fut. – futurisch · futuristisch
Fut. – Futura *(Schrifttyp)* · Futur[um] *(Sprachw.)* · Futurismus; Futurist · Futurologie
FuttMG – Futtermittelgesetz
FuU – Fortbildung und Umschulung
FUU – Förderkreis Umweltschutz in Unterfranken
FUV – Familien- und Verkehrsrechtsschutzversicherung *(Vw.)*
FuV, FuVerb. – Funkverbindung
FuZ – Funkzentrale
FÜZ – fachübergreifende Zusammenarbeit
Fuzo – Fußgängerzone
FV – Fachausschuss Verfahrenstechnik *(im VDI)* · Fachverband · Fachvereinigung · Fachvermittlung · Fahrdienstvorschriften *(Bahn)* · Fahrzeug-Vollversicherung *(Vw.)* · Fernverkehr · Finanzvertrag · Finanzverwaltung · Freie Vereinigung · Friedensvertrag · Fürsorgeverband · Fußballverband · Fußballverein
f. v. – folio verso *(lat.:* »auf der Rückseite [des Blattes]«)
FVB – Forschungs- und Versuchs-Center für das betriebliche Bildungswesen *(Bahn)*
FVD – Fachvermittlungsdienst[e] · Fernsprechvermittlungsdienst
FVDH – Freier Verband Deutscher Heilpraktiker
FVDZ – Freier Verband Deutscher Zahnärzte
FVE – Fernverkehrseinheit
F.-Verb. – Fachverband · Fernverbindung
FVF – Flimmerverschmelzungsfrequenz
FVG – Finanzverwaltungsgesetz
FVGB – Familien-Vormundschaftsgesetzbuch
FVI+K – Fachverband Information und Kommunikationstechnik
FVK – Faserverbundkunststoff
FVL – Fachhochschul-Fernstudienverbund der Länder
FVMS – Forstwirtschaftliche Vereinigung Mittlerer Schwarzwald
FVN – Frauenärztliche Vereinigung Nordhessen
FVP – Freie Volkspartei *(hist.)*
FVS – Fachverband Sucht
FVV – Forschungsvereinigung Verbrennungskraftmaschinen · Fremdenverkehrsverband · Fremdenverkehrsverein
FvW – Feldwebel vom Wochendienst *(Bw.)*
FVW – Faserverbundwerkstoff[e]
FVZL – Freier Verband Zahntechnischer Laboratorien
Fw – Feldwebel *(Bw.)* · Fernmeldewerkstätte
FW – Fachausschuss Wärmeforschung *(im VDI)* · Ferienwohnung · Fernmeldewart · Fernwärme · Feuerwehr · Forstwirtschaft
fw. – fortwährend · freiwillig
Fw. – Fachwert · Fachwort;

Fachwörter · Fahrwerk · Feinwäsche · Feldwache · Feldwebel · Feuerwerk · Feuerwerker · Flammenwerfer · Forstwart · Fremdwort · Fürwort
FWB – Frankfurter Wertpapier-Börse
Fwb. – Fachwörterbuch · Fremdwörterbuch
FwBesV – Feuerwehrbesoldungsverordnung *(Bayern)*
FWDL – freiwillig länger dienende Wehrdienstleistende *(Bw.)*
FWE – Futterwerteinheit
FWG – Freie Wählergemeinschaft
FWI – Führungsakademie der Wohnungs- und Immobilienwirtschaft
Fwk. – Fachwerk · Feuerwerk[er]; Feuerwerkskörper
FWS – Normenausschuss Werkzeuge und Spannzeuge *(DIN)*
FWSA – First-World-Skaterball-Association
FWT – Feinwerktechnik
FWU – Institut für Film und Bild in Wissenschaft und Unterricht
FwZ – Fachwertziffer
FYI – for your information
fz – forzando, forzato (*ital.:* »verstärkt, plötzlich betont«; *Musik*)
FZ – Fachzeitschrift · Fernmeldezug · Firmenzeitschrift · Forschungszentrum · Frequenzzeiger · Funkzentrale · Funksprechzeugnis
Fz. – Fahrzeug · Fernziel · Fernzug · Finanz[en] · Formelzeichen · Fragezeichen · Freizeichen
FZA – Fernmeldetechnisches Zentralamt; Fernmeldezentralamt · Fernmeldezeugamt · Funktechnisches Zentralamt
FZÄ – Fernmeldezeugämter
Fzb., Fzbd. – Finanzbedarf · Franzband
FZG – Fürsorgezuständigkeitsgesetz
Fzgn. – Führungszeugnis
FZH – Freizeitheim
FZK – Forschungszentrum Karlsruhe
FZM – Feldzeugmeister · Fischzuchtmeister
FZO – Fleischbeschau-Zollordnung
FZR – freiwillige Zusatzrentenversicherung
FZusG – Gesetz über forstwirtschaftliche Zusammenschlüsse
Fzw. – Finanzwesen
FZZA – Fernmeldezentralzeugamt *(Post)*
FZZÄ – Fernmeldezentralzeugämter *(Post)*

G*g*

g – Gitarre *(Musik)* · Gramm · grob *(Qualitätsstufe)* · Grundlinie
g – Zeichen für Erd-, Fallbeschleunigung
G – Gas · Gauß *(Physik)* · Gefreiter · gegossen *(Technik)* · geheim; Geheimsache · Geld *(Börse)* · Gemeinde · General · Gera *(Kfz)* · Gerät · Gericht · Germany *(engl.)* · Gesandter; Gesandtschaft · Geschwindigkeit · Gesetz · Gewehr · Gewicht; Gewichtsschwerpunkt · Gewinn · Giga · Gitter *(Technik)* · Gleichstrom · Golf · Graz *(Kfz)* · Grenzschutz · Größe *(Math.)* · Grundfläche *(Geom.)* · Grundgehalt · Grundlinie · Gruppe · Guarani *(Währung in Paraguay)* · Gulden · Gummi · Guss
G – Gewichtskraft · Schubmodul · Wirkleitwert
g. – abgehend *(Fernspr.)* · gauge *(engl.)* · gelb · geschlossen · golden · gotisch · grain *(engl. Gewichtseinheit)* · gut
G. – Ganze · Geld · Gong · Gully · Gut; Güter
G2-Verfahren – Generation-2-Verfahren
Ga – Gallium *(Element)* · Güterabfertigung *(Bahn)*
GA – Gebetsapostolat · Geldanlage · Gemeindeausschuss · Gemeinschaftsanlage · Gemeinschaftsanschluss · Gemeinschaftsaufgabe[n] · Generalagent[ur] · General Assembly *(UNO)* · general availability · Genossenschaftsanteil[e] · Georgia *(Staat der USA)* · Gerichtsassessor · Gesamtausgabe · Gesamtausschuss · Geschäftsanteil · Geschäftsanweisung · Geschäftsaufsicht · geschäftsführender Ausschuss · Gesellschaft für Arzneimittelforschung · Gesetzesartikel · Gesundheitsamt · Gewerbeaufsicht · große Anfrage · Großauftrag · Gutachterausschuss
Ga. – Garage · Garten · Georgia *(Staat der USA)*
g.a., G. A. – general agent (*engl.:* »Generalvertreter«) · general average (*engl.:* »große Havarie«)
GAA – Gewerbeaufsichtsamt
GAÄ – Gewerbeaufsichtsämter
GAAP – Generally Accepted Accounting Principles *(USA; Bilanzierungsrichtlinien)*
GAB – Gesellschaft für Altlastenbeseitigung · Gesellschaft für Ausbildungsforschung und Berufsentwicklung · Gewerbeaufsichtsbeamter
gab. – gabunisch
GABA – Gamma-Aminobuteracid

GAbgG – Gemeindeabgabengesetz
G.A.C.C. – Gesamt-Altherrenverband des Coburger Convents *(Verbindungsw.)*
GAD, Gad – Gewerbeaußendienst
GAD – Gastronomische Akademie Deutschlands · Grenzaufsichtsdienst
GaDE – Güterabfertigungen mit Datenerfassung *(Bahn)*
GAEB – Gemeinsamer Ausschuss Elektronik im Bauwesen
GAFA – Gartenfachmesse
Gag – Ganzzug *(Bahn)*
GaG – Gaststättengesetz
GAG – Gemeindeabgabengesetz · Georg-Agricola-Gesellschaft zur Förderung der Geschichte der Naturwissenschaften und der Technik
Gagfah – Gemeinnützige Aktiengesellschaft für Angestellten-Heimstätten
GAIN – German Advanced Integrated Network
GAIP – German Association of Investment Professionals
GAISF – General Association of International Sports Federations
GAJB – Grün-Alternatives Jugendbündnis
GAK – Gehaltsausgleichskasse
Gal – Galilei
GAl – Gussaluminium
GAL – generic array logic · Gesellschaft für Absatzförderung der deutschen Landwirtschaft · Gesellschaft für Angewandte Linguistik · Gesetz über eine Altershilfe für Landwirte · Grüne Alternative Liste *(Hamburg)*
gal. – galvanisiert *(selten)*
Gal. – Galaterbrief · Galerie · Galizien · Galopp · Galoschen
gäl. – gälisch
gal., gall. – gallon[s] *(engl.:* »Gallone«)
gall. – gallisch
Gall. – Gallert; Gallerte · Gallien · Gallikanismus · Gallizismus · Gallone
GALLEX – Gallium-Experiment
G.A.L.T. – Gesamtverband Alter Landsmannschaften und Turnerschaften
galv. – galvanisch; galvanisieren; galvanisiert
Galv. – Galvanisation · Galvanisierung · Galvano
GaM – Gebühren für die amtliche Materialprüfung
GAM – goal automated manufacturing *(engl.; zielautomatisierte Fertigung)*
Gam. – Gamaschen
Gama – General Aviation Manufacturers Association
GAMM – Gesellschaft für Angewandte Mathematik und Mechanik
GAN – Generalauftragnehmer · Global Area Network
GANT – gastrointestinaler autonomer Nerventumor *(Med.)*
GAP – Garmisch-Partenkirchen *(Kfz)* · gemeinsame Agrarpolitik *(EU)* · generic access profile *(Telekommunikation)* · Gesellschaft für Analytische Philosophie · Großhandelsabgabepreis · Güneydogu Anadolu Projesi *(türk.; Südostanatolienprojekt)*
GAPI – Gesamtausschuss Produktinformation
GAR – Gebirgsartillerieregiment
gar. – garantieren; garantiert
Gar. – Garage[n] · Garant; Garantie
Gär. – Gärung
Gard. – Garderobe; Garderobiere · Gardinen
Garm. – Garmond *(Schriftgrad)*
garn. – garnieren; garniert
Garn. – Garnele[n] · Garnierung · Garnison · Garnitur
GarVO – Garagenverordnung
Gar.-W. – Garagenwagen
Gas. – Gasometer
Gasm. – Gasmaske[n] · Gasmesser · Gasmotor
GASP – Gemeinsame Außen- und Sicherheitspolitik *(EU)*
GAss. – Gerichtsassessor
GASt – Grenzaufsichtsstelle
GastG – Gaststättengesetz
gastr. – gastronomisch
Gastr. – Gastronom[ie]
Gasw. – Gaswerk[e]
GATEX – Gemeinschaftsausbildungsstätte der südbadischen Textilindustrie
GATS – General Agreement on Trade in Services *(WTO)* · Global Automotive Telematics Standard
GATT – General Agreement on Tariffs and Trade *(Allgemeines Zoll- und Handelsabkommen)*
Gatt. – Gattung[en]
gau – Getrennt-Arbeit-Umschaltekontakt
GAU – größter anzunehmender Unfall
G.-Aufl. – Gesamtauflage
GAV – Gesamtarbeitsvertrag *(Schweiz)* · Güterabfertigungsvorschriften *(Bahn)*
Gav. – Gavotte
GAVI – Global Alliance for Vaccines and Immunization
GAVO – Gewinnabführungsverordnung
GaWa – Garagenwagen
GAZ – Gesamtverzeichnis ausländischer Zeitschriften
Gaz. – Gazelle · Gazette
GAZS – Gesamtverzeichnis ausländischer Zeitschriften und Serien
GB – Gameboy · Geld und Brief *(Börse)* · Genehmigungsbescheid · Generalbeauftragte[r] · Generalbevollmächtigte[r] · Genossenschaftsbank · Gesamtbetriebsrat · Geschäftsbedingungen · Geschäftsbereich · Geschäftsbericht · Gesetz-

buch · Gesundheitsbuch · Gewerbebank · Gigabyte · Great Britain *(Großbritannien; Kfz)* · Grundbuch
Gb – Gbit; Gigabit · Gilbert
gb. – gebeizt · geboren · gebunden · genehmigungsberechtigt
Gb. – Geber · Gebet · Gebirge · Gebot · Gebühr · Geburt · Gefahrgutbeauftragte[r] · Gegenbesuch · Generalbass · Gesangbuch
Gba – Güterbodenarbeiter
GBA – Generalbevollmächtigter für den Arbeitseinsatz *(NS)* · Generalbundesanwalt · Geologische Bundesanstalt *(Österreich)* · German Boxing Association · [Great Britain] Alderney *(Kfz)* · Grundbuchamt
GBB – Gesellschaft für Bildung und Beruf
GBBau – Generalbevollmächtigter für die Regelung der Bauwirtschaft
GBBerG – Gesetz über die Bereinigung der Grundbücher
GB/BHE – Gesamtdeutscher Block/Bund der Heimatvertriebenen und Entrechteten
gbd. – gebildet · gebunden
Gbd. – Gebäude · Großband
GBDe – Global Business Dialog on Electronic Commerce
GBeh. – Gehbehinderte[r] · Gerichtsbehörde
G.-Bes. – Gutsbesitzer
Gbf – Güterbahnhof *(Bahn)*
GBF – Gesellschaft für Biotechnologische Forschung *(Braunschweig)*
GBG – Gemeinnützige Baugesellschaft · Gemeinsame Beratungsgruppe *(KSE-Vertragsgremium)* · Gesetz zur Bekämpfung der Geschlechtskrankheiten · Gewerbe- und Handelslehrer-Besoldungsgesetz · [Great Britain] Guernsey *(Kfz)*
Gbg. – Gebirge
GBI – Gesellschaft für Betriebswirtschaftliche Information
GBIP – general purpose interface bus
Gbit – Gigabit
GBJ – [Great Britain] Jersey *(Kfz)*
gbk – Gütegemeinschaft Buskomfort
GBL – Generalbetriebsleitung
Gbl., Gb.-L. – Geburtsland
GBl. – Gesetzblatt
GBM – [Great Britain] Isle of Man *(Kfz)*
Gbm. – Gebrauchsmuster
GBMaßnG – Gesetz über Maßnahmen auf dem Gebiet des Grundbuchwesens
GBmG – Gebrauchsmustergesetz
GBN – Global Benchmarking Network
GBO – Grundbuchordnung
Gbo., Gb.-O. – Geburtsort
g. b. o. – goods in bad order *(engl.:* »Waren in schlechtem Zustand«)
Gbps, GBPS – gigabits per second
GbR – Gesellschaft bürgerlichen Rechts
GBR – Gesamtbetriebsrat
gbr. – gebrannt · gebräuchlich · gebraucht · gebrochen
Gbrm. – Gebrauchsmuster
G. B. S. – George Bernard Shaw
Gbst., Gb.-St. – Geburtsstadt
Gbt. – Gebet · Gebiet · Gebot · Geburt
GbV – Gefahrgutbeauftragten-Verordnung
GBV – Gartenbauverein · Generalbevollmächtigter für die Reichsverwaltung *(NS)* · Güterbeförderungsvorschriften *(Bahn)*
GBVereinfVO – Verordnung zur Vereinfachung des Grundbuchverfahrens
GBVfg. – Grundbuchverfügung
GBVO – Verordnung über Goldbilanzen
GBVV vgl. GBVereinfVO
GByte – Gigabyte
Gbz – Gerichtsbezirk · Gleisbauzug *(Bahn)* · Gutsbezirk
GbZ – Gebührenzettel
GBZ – Gibraltar *(Kfz)*
GC – Gartencenter · Gaschromatographie · Glauchau/Chemnitzer Land *(Kfz)* · Golfclub
G. C., GC – Geneva Convention *(Genfer Konvention)*
GCA – ground controlled approach *(engl.:* »vom Boden gesteuerter Anflug«) · Guatemala *(Kfz)*
Gcal – Gigakalorie
GCB – German Convention Bureau
GCBE – Gewerkschaft Christlicher Berg- und Energiearbeiter
GCC – Golf Cooperation Council *(Kooperationsrat der Golfstaaten)*
g. Ch. – gemischter Chor
GCL – ground controlled landing *(engl.:* »vom Boden gesteuerte Landung«)
GCÖD – Gesamtverband der Christlichen Gewerkschaften Öffentlicher Dienst, Bahn und Post
GCPF – Global Crop Protection Federation *(internationaler Pflanzenschutzverband)*
GCR – gray component replacement · ground controlled radar *(engl.:* »vom Boden gesteuertes Radar«) · group code recording
GCS – gate controlled switch *(Thyristor)*
GCSC – German Council of Shopping Centers
G-CSF – Granulozyten-Colonie-stimulierender Faktor
GCT – Greenwich Central/Civil Time
GCW – Gesellschaft der Chirurgen in Wien

Gd – Gadolinium *(Element)*
GD – Generaldirektion; Generaldirektor · Gesamtdosis *(Med.)* · Gesellschaft für Dermopharmazie · Gesundheitsdienst · Glasdach · Gottesdienst · graphic display
Gd. – Gardist · Gold · Grund
GDA – Gesamtverband der Aluminiumindustrie · Global Data Area
GdA, GDA – Gewerkschaftsbund der Angestellten (1919–1935)
GdB – Gesellschaft des Bauwesens · Grad der Behinderung *(Med.)*
GDB – Genossenschaft Deutscher Brunnen · Genossenschaft Deutscher Bühnenangehöriger
GDBA – Genossenschaft Deutscher Bühnenangehöriger · Gewerkschaft Deutscher Bundesbahnbeamten und Anwärter *(hist.; heute: Verkehrsgewerkschaft)*
Gdbgr. – Grundbegriff
Gdbgre. – Grundbegriffe
G. d. b. R. – Gesellschaft des bürgerlichen Rechts
GDCF – Gesellschaft für Deutsch-Chinesische Freundschaft
GDCh – Gesellschaft Deutscher Chemiker
GDCH – Gesellschaft Deutscher CB-Funk-Hersteller
GDD – Gesellschaft für Datenschutz und Datensicherung
GDE – Gesamtverband des Einzelhandels · Gesamtverband Deutscher Eheanbahnungen und Partnervermittlungen · Gesellschaft für dezentralisierte Energiewirtschaft
Gde. – Garde · Gedenken · Gemeinde · Gourde *(Währung auf Haiti)* · Gründe
GdED – Gewerkschaft der Eisenbahner Deutschlands
GdG – Gesamtverband der Gebrauchtwagenhändler Deutschlands · Gewerkschaft der Gemeindebediensteten *(Österreich)*
GDG – Gemeinschaft Deutscher Großmessen
GDH – Gemeinschaft Deutscher Hochschulverbindungen · Gemeinschaft Deutscher Hutfachgeschäfte
GdHK – Gesellschaft der Huf- und Klauenpflege
GDI – Gender-related Development Index · Gesamtverband Dämmstoffindustrie · Gottlieb-Dudweiler-Institut · graphical device interface
GDL – Gemeinschaft Deutscher Lehrerverbände · Gesellschaft Deutscher Lichtbildner · Gewerkschaft Deutscher Lokomotivführer und Anwärter
GDLC – generic datalink control
gdm – geodynamisches Meter
GDM – Gemeinschaft Deutscher Musikverbände · Gesamtverband Deutscher Metallgießereien · Gesamtverband deutscher Musikfachgeschäfte
Gdm. – Gendarmerie · Grundmuster
GDMB – Gesellschaft Deutscher Metallhütten- und Bergleute
GDMK – Gewerkschaft Deutscher Musikerzieher und konzertierender Künstler *(in der IG Medien)*
GDN – Gesellschaft Deutscher Neurologen
GDNÄ – Gesellschaft Deutscher Naturforscher und Ärzte
GDO – Gemeinsame Dienstordnung · Gemeinschaft Deutscher Olympiateilnehmer · Gesellschaft für Datenverarbeitung und Organisation
GdP – Gewerkschaft der Polizei
GDP – Gesamtdeutsche Partei · Gewerkschaft Druck und Papier *(Schweiz)*
G. d. P. – Gegenstand des Patents
GDPdU – Grundsätze zum Datenzugriff und zur Prüfbarkeit digitaler Unterlagen
GD-ROM – Gigabyte-CD-ROM
GdS – Gewerkschaft der Sozialversicherung
GDS – gebührenpflichtige Dienstsache · Gemeinschaft Deutsche Stromerzeugungsaggregate · Gesamtverband Deutscher Spielwarenexporteure · global distribution system · Große Deutsche Schuhmusterschau
gds. – goods (*engl.:* »Waren«)
GdT – Gemeinschaftsausschuss der Technik
GDT – Genossenschaft Deutscher Tonsetzer · Gesellschaft Deutscher Tierfotografen
GDU – Gleichstrom-Drehstrom-Umformer
GDV – Gasdynamische Versuchsanstalt · Gesamtverband der Deutschen Versicherungswirtschaft · grafische Datenverarbeitung
Gdw – Gradierwerk
GdW – Gesamtverband der Wohnungswirtschaft
GDZS – Gesamtverzeichnis deutscher Zeitschriften und Serien
Ge – Generator *(Technik)* · Germanium *(Element)* · Gusseisen
GE – Gastroenterostomie *(Med.)* · Gelsenkirchen *(Kfz)* · General Electric [Company] *(USA)* · Genf *(Schweiz; Kfz)* · Georgien *(Kfz)* · Geräuschempfänger ·

Gerichtsentscheid[ung] · Gesamteinkünfte · Geschäftsergebnis · Gesundheitserziehung · Getreideeinheit · Gewerbeeinheit · Gewichtseinheit · Großeinheit
g. e. – gut erhalten
GEA – Group for Efficient Appliances *(Holland, Dänemark, Schweden, Finnland, Schweiz für gemeinsames Energielabel)*
GEB – Gemeinschaft der europäischen Bahnen · Gesamtelternbeirat
geb. – gebaut · gebildet · gebogen · geboren; geborene · geboten · gebunden · gebürtig
Geb. – Gebäude · Gebet · Gebiet · Gebinde · Gebirge · Gebiss · Gebot · Gebühr[en] · Geburt
ge. B. – geographische[r] Breite
GEBB – Gesellschaft für Entwicklung, Beschaffenheit und Betrieb
Geb.-Befr. – Gebührenbefreiung
GebBefrG – Gesetz über Gebührenbefreiungen beim Wohnungsbau
Geb. bez. – Gebühr bezahlt
GebBTel – Gebührenbuch für Telegramme *(Post)*
gebd. – gebunden
Geb.-Entsch. – Gebäudeentschädigung · Gebäudeentschuldung · Gebietsentscheidung
GebEntschStVO – Verordnung über die Aufhebung der Gebäudeentschuldungsteuer
gebh. – geburtshilflich
Geb.-H., Gebh. – Geburtshilfe
Geb.-J. – Geburtsjahr
Geb.-Jg. – Gebirgsjäger · Geburtsjahrgang
Geb.-Kontr. – Gebietskontrolle · Geburtenkontrolle
gebl. – geblasen · gebleicht · geblendet
Gebl. – Gebläse · Geblüt
Geb.-L. – Geburtsland
GebO. – Gebührenordnung
Geb.-O. – Geburtsort
GebOfGV – Gebührenordnung für Gerichtsvollzieher
GebORA – Gebührenordnung für Rechtsanwälte
Geb.-Ort – Geburtsort
GebOStrVerk. – Gebührenordnung für Maßnahmen im Straßenverkehr
GeboteVO – Geboteverordnung
GebOZeug., GebOZuS – Gebührenordnung für Zeugen und Sachverständige
gebr. – gebrannt · gebräuchlich · gebraucht · gebräunt · gebrochen
Gebr. – Gebrauch · Gebräuche · Gebrüder
ge. Br. – geographische[r] Breite
Gebr.-A., Gebr.-Anl. – Gebrauchsanleitung
Gebr.-A., Gebr.-Anw. – Gebrauchsanweisung
Geb.-Reg. – Gebührenregelung · Geburtenregelung
Gebrm. – Gebrauchsmuster
GebrMG – Gebrauchsmustergesetz
Geb.-St. – Gebäudesteuer · Geburtsstadt · Geburtsstätte · Geburtsstunde
Geb.-T., Geb.-Tag – Geburtstag
Geb.-Tar. – Gebührentarif
GebüH – Gebührenverzeichnis für Heilpraktiker
GebV – Gebietsverordnung · Gebührenverordnung
GebVAuslG – Gebührenverordnung zum Ausländergesetz
Geb.-Verz. – Gebührenverzeichnis · Geburtenverzeichnis
GebVO – Geboteverordnung · Gebührenverordnung
Gebz – Gebührenzettel *(Post)*
GEC – German Exposition Corporation International
GED – Gemeinschaft Energielabel Deutschland
ged. – gedämpft · gedeckt · gedient · gedopt · gedünstet
Ged. – Gedanke[n] · Gedeck · Gedenken · Gedicht[e]
GEDAG – Gesamtverband Deutscher Angestelltengewerkschaften
GEDELFI, Gedelfi – Großeinkauf Deutscher Lebensmittelfilialbetriebe
GEDOK, Gedok – Gemeinschaft Deutscher und Österreichischer Künstlerinnenvereine aller Kunstgattungen
GEDOS – Gesellschaft der Energiewirtschaft für Daten und Organisationsservice
gedr. – gedrängt · gedrechselt · gedreht · gedrillt · gedroschen · gedruckt · gedrückt
GEE – Gemeinschaft evangelischer Erzieher
GEF – Global Environmental Facilities *(weltweite Umwelteinrichtungen; von Weltbank und UNO begründete Organisation)*
gef. – gefahren · gefährden; gefährdet · gefallen · gefällig · gefälligst · gefärbt · gefälscht · gefaltet · gefalzt · gefasst · gefertigt · gefestigt · gefolgt · gefordert · geführt · gefüllt · gefunden
Gef. – Gefahr[en] · Gefährdung · Gefährte; Gefährtin · Gefälle · Gefallene[n] · Gefangene[r] · Gefängnis · Gefecht · Gefreiter
GEFA – Gesellschaft für Absatzfinanzierung · Gesellschaft für Arbeitspädagogik
Gef.-Arzt – Gefängnisarzt
Gef.-Aufs. – Gefangenenaufseher; Gefangenenaufsicht; Gefängnisaufseher; Gefängnisaufsicht
Gef.-Betr. – Gefangenenbe-

treuer · Gefangenenbetreuung
GEFDEV – Gesellschaft für dezentrale Energieversorgung
Gefdg. – Gefährdung
Gef.-Dir. – Gefängnisdirektor
Geffa – Gesellschaft für forstliche Arbeitswissenschaft
Gefg. – Gefangene[r]; Gefangenschaft · Gefängnis · Gefolge
Gef.-Gr. – Gefahrengruppe
Gefgsch. – Gefangenschaft · Gefolgschaft
GEFIU – Gesellschaft für Finanzwirtschaft in der Unternehmensführung
Gef.-Kl. – Gefahrenklasse
gefl. – gefällig · gefälligst · geflohen · geflüchtet
Gefl. – Geflecht · Geflügel
Gef.-L., Gef.-Lag. – Gefangenenlager
GEFO – Gesellschaft für Osthandel
Gef.-Pf. – Gefängnispfarrer
gefr. – gefroren · gefrostet
Gefr. – Gefreiter
Gefr.-Fl. – Gefrierfleisch
Gefr.-P. – Gefrierpunkt
Gef.-St. – Gefahrenstelle
GefStoffV – Gefahrstoffverordnung
GefStoffZustVO – Gefahrstoff-Zuständigkeitsverordnung
GEFU – Gesellschaft zur Förderung gewerblicher Unternehmungen
GefVerkPolVO – Polizeiverordnungen über den Verkehr mit Gefangenen
Gef.-Verw. – Gefängnisverwalter; Gefängnisverwaltung
Gef.-Zul. – Gefahrenzulage
GEG – Gesetz über die Enteignung aus Gründen des Gemeinwohls *(1933; Bayern)* · Grundbetragserhöhungsgesetz
geg. – gegeben · gegen
Geg. – Gegner · Gegensatz
gegr. – gegründet
geh. – gehackt · gehalten · geheftet · geheim · gehoben · gehören[d] · gehörig · gehorsam · gehortet
Geh. – Gehalt; Gehälter · Gehäuse · Geheimnis · Geheimsache · Gehilfe · Gehirn · Gehorsam
Geha – Georg Hübner *(nach den ausgesprochenen Anfangsbuchstaben des Firmengründers)*
Geh.-A. – Geheimakten · Geheimarchiv
GEHAG – Gemeinnützige Heimstätten-Aktiengesellschaft
geh. D. – gehobener Dienst
Geh.-Erh. – Gehaltserhöhung[en]
Geh.-Ersch. – Gehirnerschütterung
Geh.-Inf. – Geheiminformation[en]
geh. Kdos. – geheime Kommandosache *(Mil.)*
Geh.-R., Geh.-Rat – Geheimrat
Geh. R., Geh. Rat – Geheimer Rat
Geh.-Sekr. – Geheimsekretär
Geh.-Unt. – Geheimunternehmen
GEIE – Groupement Européen d'Intérêt Économique *(Europäische Wirtschaftliche Interessenvereinigung)*
GEinhMeßw – Gesetz über Einheiten im Messwesen
GEIS – general electric information system
geistl. – geistlich
GEK – Gemünder Ersatzkasse · Gendarmerie-Einsatzkommando *(Österreich)*
gek. – gekachelt · gekennzeichnet · gekocht · gekoppelt · gekonnt · gekörnt · gekühlt · gekündigt · gekürzt
GEL – georgischer Lari *(Währung)*
gel. – geladen · gelagert · gelähmt · gelandet · geländet · gelappt · gelassen · gelaunt · gelegen · gelehrt · geleiten; geleitet · gelesen · geliebt · geliefert · gelingen · geloben; gelobt · gelöscht · gelöst · gelungen
Gel. – Gelage · Gelände · Gelatine · Gelassenheit · Gelegenheit · Gelehrte[r] · Geleit · Gelenk[e] · Geliebte[r] · Gelingen · Gelöbnis · Gelübde · Gelüst[e]
ge. L. – geographische[r] Länge
Gel.-Arb. – Gelegenheitsarbeit[er]
Gelbf. – Gelbfieber · Gelbfilter
gelbl. – gelblich
geleg. – gelegentlich
gelgg. – geländegängig
Gel.-K., Gel.-Kauf – Gelegenheitskauf
gelt. – geltend
GELU – Gesellschaft zur Verwertung literarischer Urheberrechte
GEM – Gemünden/Main *(Kfz)* · gender empowerment measure · Gesellschaft zur Erforschung des Markenwesens · graphics environment manager
gem. – gemacht · gemahlen · gemalt · gemäß · gemäßigt · gemein · gemeinnützig · gemeinsam · gemeinschaftlich · gemeldet · gemessen · gemischt · gemustert · gemütlich
Gem. – Gemälde · Gemarkung · Gemeinde · Gemeinheit · Gemeinnützigkeit · Gemeinsamkeit · Gemeinschaft · Gemisch · Gemüse
GEMA – Gesellschaft für musikalische Aufführungs- und mechanische Vervielfältigungsrechte
GemAgrG – Gesetz über die Gemeinschaftsaufgabe »Verbesserung der Agrarstruktur und des Küstenschutzes«

gem. Ch. – gemischter Chor
GemDO – Gemeinsame Dienstordnung
Gem.-Eig., Gem.-Eigtm. – Gemeinschaftseigentum
GEMES – Gesellschaft für Messegestaltung und Organisation
GemGerG – Gesetz über die Gemeindegerichtsbarkeit
GemHPlVO, GemHV, GemHVO – Gemeindehaushalts[plan]verordnung
GemKVO – Gemeindekassenverordnung
GemNützVO – Gemeinnützigkeitsverordnung
GemO – Gemeindeordnung · Gemeinschaftsordnung
GemPrüfO – Gemeindeprüfungsordnung
GemR – Gemeines Recht
GemR, Gem.-Rat – Gemeinderat
GEMS – Global Environmental Monitoring Systems
GemSchGH – Gemischter Schiedsgerichtshof
Gem.-Schr. – Gemeindeschreiber
Gem.-St., GemSt. – Gemeindesteuer
Gem.-Str. – Gemeindestraße
Gem.-Tag – Gemeindetag
GemUmschG – Gemeindeumschuldungsgesetz
GemV – Gemeinnützigkeitsverordnung
Gem.-Verb., GemVerb. – Gemeindeverband
Gem.-Vertr. – Gemeindevertreter; Gemeindevertretung
Gem.-Verw. – Gemeindeverwaltung
GemWahlG – Gemeindewahlgesetz
GemWaisR – Gemeindewaisenrat
GEN – gemeinsamer ethischer Nenner
gen. – genannt · genau · genealogisch · genehm · genehmigen; genehmigt; geneigt · generaliter; generell · genetisch · genial · genietet · genormt · genossenschaftlich · genuesisch · genügend · genutet
Gen. – Genealoge; Genealogie · Genehmigung · General · Generation · Generator · Genetik · Genitalien · Genitiv · Genosse; Genossenschaft; Genossenschaftler · Genugtuung · Genuss
ge. N. – geographischer Nord
GenAktVfg. – Generalaktenverfügung
Gen.-Amn. – Generalamnestie
Gen.-Ant. – Genossenschaftsanteil[e]
GenBeschlG – Gesetz zur Beschleunigung von Genehmigungsverfahren
Gen.-Bev., Gen.-Bevollm. – Generalbevollmächtigter
Gend. – Gendarm[erie]
Gen.-Dir. – Generaldirektor
Gen.-Fm. – Generalfeldmarschall
GenG – Genossenschaftsgesetz
Gen.-Gouv. – Generalgouvernement; Generalgouverneur
GENIE – General Electric Network For Information Exchange
Gen.-Insp. – Generalinspekteur · Generalinspektion
Gen.-Int. – Generalintendant
Gen.-Kdo. – Generalkommando
Gen.-Kons. – Generalkonsul[at]
Genlock – Generator Lock
GenLt, GenLtn – Generalleutnant *(Bw.)*
GenMaj – Generalmajor
Gen.-Pr. – Generalprobe
Gen.-Ref. – Generalreferent
Gen.-Reg. – Generalregister · Genossenschaftsregister
GenRegVO – Verordnung über das Genossenschaftsregister
Gen.-Sekr. – Generalsekretär; Generalsekretariat
Gen.-St. – Genehmigungsstelle · Generalstab
Gen.-Sup.-Int., GenSupInt. – Generalsuperintendent
GenTG – Gentechnikgesetz
Gen.-Vers. – Generalversammlung · Generalversicherung
Gen.-Vertr. – Generalvertrag · Generalvertreter; Generalvertretung
Gen.-Vik. – Generalvikar
Gen.-Vollm. – Generalvollmacht
GEO – Geosynchronous Earth Orbit
geod. – geodätisch
Geod. – Geodäsie; Geodät
geogr. – geographisch
Geogr. – Geograph[ie]
geol. – geologisch
Geol. – Geolog[ie]
geom. – geometrisch
Geom. – Geomantie · Geometer; Geometrie
geophys. – geophysikalisch
geopol. – geopolitisch
GEOREF – geographisches Referenzsystem
georg. – georgisch
geoz. – geozentrisch · geozyklisch
GEP – Gebietsentwicklungsplan · Gemeinschaftswerk der Evangelischen Publizistik
gep. – gepaart · gepanzert
Gep. – Gepäck · Gepard
Gepa – Gepäckabfertigung · Gepäckarbeiter *(Bahn)*
gepfl. – gepflanzt · gepflegt · gepflückt
gepl. – geplant · geplättet
gepr. – gepresst · geprüft
gepr. u. gen. – geprüft und genehmigt
Gep.-Sch. – Gepäckschalter · Gepäckschein
Gep.-Tr. – Gepäckträger
GER – Gemeinsame Ermittlungsgruppe Rauschgift *(Bayern)* · Germersheim *(Kfz)*
ger. – gerade · gerecht · gerettet · gerichtet · gericht-

lich · gerieben · geronnen · gerundet · gerüstet
Ger. – Gerade · Gerät[e] · Geräusch · Gericht · Geruch · Gerücht · Gerundium *(Sprachw.)* · Gerüst
Ger.-Arzt – Gerichtsarzt
Ger.-Ass., GerAss. – Gerichtsassessor
Ger.-Beschr. – Gerätebeschreibung
Ger.-K. – Gerichtskosten
germ. – germanisch; germanistisch
Germ. – Germane[n]; Germanist[in]; Germanistik
Ger.-Med. – Gerichtsmedizin[er]
ger. Med. – gerichtliche Medizin
Ger.-Ref., GerRef. – Gerichtsreferendar[in]
Ger.-Schr., GerSchr. – Gerichtsschreiber
Ger.-Verf. – Gerichtsverfahren · Gerichtsverfassung
Ger.-Vollz. – Gerichtsvollzieher
GerVollzGebO – Gebührenordnung für Gerichtsvollzieher
GerVollzKostG – Gesetz über Kosten der Gerichtsvollzieher
GES – Gesellschaft für elektrischen Straßenverkehr
ges. – gesammelt · gesamt · gesandt · gesehen · gesetzt · gesetzlich · gesichert · gesittet · gesucht · gesund · gesungen
Ges. – Gesamtheit · Gesandter; Gesandtschaft · Gesang · Geselle · Gesellschaft · Gesellschafter · Gesetz · Gesetzgebung · Gesicht · Gesinnung · Gesuch · Gesundheit
GesA – Gesellschaftsarzt *(Vw.)* · Gesundheitsamt
GESA – Gesellschaft Schweizer Akademiker
ges. Abh. – gesammelte Abhandlungen
Ges.-Abz. – Gesamtabzüge
Gesamtmetall – Gesamtverband der metallverarbeitenden Arbeitgeberverbände
Ges.-Anz. – Gesellschaftsanzug
ges. Aufs. – gesammelte Aufsätze
Ges.-Ausg. – Gesamtausgabe[n]
Ges.-Beitr. – Gesamtbeitrag; Gesamtbeiträge
GesBerVO – Gesundheitsberufe-Verordnung
Ges.-Betr. – Gesamtbetrag · Gesamtbetrieb
Ges.-Bl. – Gesetzblatt
GesBR – Gesamtbetriebsrat
gesch. – geschädigt · geschäftlich · geschätzt · geschichtlich · geschickt · geschieden · geschützt
Gesch. – Geschädigte[r] · Geschäft · Geschenk · Geschichte · Geschick · Geschoss · Geschütz
Gesch.-Abschl. – Geschäftsabschluss
Gesch.-Ant. – Geschäftsanteil[e]
Gesch.-Anw. – Geschäftsanweisung
GeschAnwGV – Geschäftsanweisung für Gerichtsvollzieher
Gesch.-Aufg. – Geschäftsaufgabe
Gesch.-Aufs. – Geschäftsaufsicht
Gesch.-Ber. – Geschäftsbereich · Geschäftsbericht
Gesch.-Br. – Geschäftsbrief
Gesch.-F. – Geschäftsführer; Geschäftsführung
geschfd. – geschäftsführend
geschfd. Dir. – geschäftsführender Direktor
Gesch.-H. – Geschäftshaus; Geschäftshäuser
Gesch.-Inh. – Geschäftsinhaber
Gesch.-Int. – Geschäftsinteresse
geschl. – geschlechtlich · geschliffen · geschlossen
Geschl. – Geschlecht[er]
Gesch.-L. – Geschäftslage
Geschl.-Best. – Geschlechtsbestimmung
Geschl.-Kr., Geschl.-Krht. – Geschlechtskrankheit[en]
GeschlKrG – Gesetz zur Bekämpfung der Geschlechtskrankheiten
Geschl.-Verk. – Geschlechtsverkehr
geschm. – geschmacklich · geschmeidig · geschmiedet · geschmolzen · geschmückt
GeschmMG – Geschmacksmustergesetz *(1876)*
geschn. – geschnetzelt · geschnitten · geschnitzt
Gesch.-Nr. – Geschäftsnummer
GeschO, Gesch.-Ord. – Geschäftsordnung
GeschOBR – Geschäftsordnung des Bundesrates
GeschOBReg. – Geschäftsordnung der Bundesregierung
geschr. – geschraubt · geschrieben
Gesch.-Schl. – Geschäftsschluss
Gesch.-St. – Geschäftsstelle
Gesch.-St.-Ltr. – Geschäftsstellenleiter
Gesch.-Tr. – Geschäftsträger
Gesch.-Überg. – Geschäftsübergabe
Gesch.-Übern. – Geschäftsübernahme
Gesch.-Verb. – Geschäftsverbindung[en]
GeschVPl. – Geschäftsverteilungsplan
Geschw. – Geschwader · Geschwindigkeit · Geschwister · Geschworene[r] · Geschwulst · Geschwür
Geschw.-Begr. – Geschwindigkeitsbegrenzung
Geschw.-Beschr. – Geschwindigkeitsbeschränkung

Geschw.-Ger. – Geschworenengericht
Gesch.-Wiss. – Geschichtswissenschaft
Geschw.-Kontr. – Geschwindigkeitskontrolle[n]
Geschw.-Reg. – Geschwindigkeitsregelung
GeschZ, Gesch.-Z. – Geschäftszahlen · Geschäftszeichen
Gesch.-Zi. – Geschäftszimmer
Gesch.-Zw. – Geschäftszweig
GesEinhG – Gesetz zur Wiederherstellung der Gesetzeseinheit auf dem Gebiet des bürgerlichen Rechts
Ges.-Einn. – Gesamteinnahme[n]
GesGebO – Gebührenordnung der Gesundheitsverwaltung
ges. ger. – gesetzlich geregelt
ges. gesch. – gesetzlich geschützt
Ges.-Gew. – Gesamtgewicht
GESIS – Gesellschaft Sozialwissenschaftlicher Infrastruktureinrichtungen
Ges.-Kap. – Gesellschaftskapital
GESOREI, Gesorei – Gemeinschaft für Sozialtouristik und Reisesparen
gesp. – gespart · gesperrt · gesponsert
gespr. – gesprochen · gesprüht · gesprungen
Ges.-Pr., Ges.-Prod. – Gesamtproduktion
Ges.-Pr., Ges.-Progr. – Gesamtprogramm
Ges.-Pr., Ges.-Prok. – Gesamtprokura
GesR – Gesandtschaftsrat · Gesellschaftsrat
ges. Reg. – gesetzliche Regelung
ges. Schr. – gesammelte Schriften
Ges.-Slg. – Gesetzessammlung
Ges.-St. – Gesamtstärke · Gesellschaftssteuer
gest. – gestaffelt · gestaltet · geständig · gestartet · gestatten; gestattet · gestehen · gestempelt · gestern · gestickt · gestiegen · gestiftet · gestochen · gestorben · gestoßen · gestundet
Gest. – Gestade · Gestalt · Gestaltung · Geständnis · Gestänge · Gestank · Gestein · Gestell · Gestik · Gestikulation · Gestüt
GESt. – Grunderwerbsteuer
Ges.-T., Ges.-Text – Gesamttext · Gesetzestext
Gestapo – Geheime Staatspolizei *(NS)*
GESTIS – Gefahrstoffinformationssystem *(der Berufsgenossenschaften)*
gestr. – gestrafft · gestreift · gestrichen · gestrig
Ges.-Unt. – Gesamtunternehmen · Gesangsunterricht
Ges.-V., Ges.-Vertr. – Gesellschaftsvertrag
Ges.-Verb. – Gesamtverband
ges. Vertr. – gesetzlicher Vertreter
Ges.-Verz. – Gesamtverzeichnis
ges. W. – gesammelte Werke
Ges.-Z. – Gesamtzahl · Gesellschaftszimmer
get. – getauft · geteilt · getestet · getilgt · getötet
getr. – getraut · getrennt · getreulich · getrieben · getrimmt · getrocknet · getroffen
Getr. – Getränk[e] · Getreide · Getriebe
GetrG – Getreidegesetz
Getr.-Pr. – Getreidepreis[e]
GetrPrG – Getreidepreisgesetz
Getr.-St. – Getränkesteuer
get. Rückb. – geteilte Rückbank
GeV – Gigaelektronenvolt
Geva – Gesellschaft für Verhaltensanalyse und Evaluation
GEW – Gewerkschaft Erziehung und Wissenschaft
gew. – gewachsen · gewachst · gewagt · gewählt · gewähren; gewährt · gewandt · gewaschen · gewässert · gewerblich · gewichtet · gewirkt · gewogen · gewöhnlich · gewölbt · gewollt · gewonnen · gewunden · gewünscht · gewürzt
Gew. – Gewächs · Gewähr · Gewährleistung · Gewahrsam · Gewalt · Gewann · Gewässer · Gewebe · Gewehr · Geweih · Gewerbe · Gewerkschaft[en] · Gewicht · Gewinde · Gewinn · Gewinnung · Gewissen · Gewohnheit · Gewölbe · Gewürz
Gewa – Gemeinschaftswarenhaus
GewA – Gewinnanteil · Gewerbearchiv
GewAA, GewAufsA – Gewerbeaufsichtsamt
GewAÄ, GewAufsÄ – Gewerbeaufsichtsämter
Gew.-Ant. – Gewinnanteil
GewBinnSchVerkG – Gesetz über den gewerblichen Binnenschiffsverkehr
GewG, GewGer. – Gewerbegericht
GewGG – Gewerbegerichtsgesetz
Gew.-Kl. – Gewichtsklasse · Gewinnklasse
Gew.-L. – Gewerbelehre; Gewerbelehrer
Gew.-Mitgl. – Gewerkschaftsmitglied[er]
GewO – Gewerbeordnung
Gewog – Gemeinnützige Wohnstättengesellschaft
GewOI – Gewerbeoberinspektor
GewOSekr. – Gewerbeobersekretär
Gew.-Sch. – Gewerbeschein · Gewerbeschule

Gew.-Sch.-R., GewSchR – Gewerbeschulrat
Gew.-Sekr. – Gewerbesekretär · Gewerkschaftssekretär
Gew.-St., GewSt. – Gewerbesteuer
GewStÄndG – Gewerbesteueränderungsgesetz
GewStAusglGes. – Gesetz über den Gewerbesteuerausgleich zwischen Betriebsgemeinden und Wohngemeinden
GewStDV – Gewerbesteuer-Durchführungsverordnung
GewStER – Gewerbesteuer-Ergänzungsrichtlinien
GewStG – Gewerbesteuergesetz
GewStR – Gewerbesteuerrichtlinien
Gew.-T. – Gewichtsteil[e]
Gew.-T., Gew.-Tag – Gewerkschaftstag
Gew.-Tr. – Gewerbetreibende[r]
GewUG – Gesetz über den Währungsumtausch für Einkommen aus Gewerbebetrieb oder selbstständiger Arbeit
Gew.-Verl. – Gewichtsverlagerung · Gewichtsverlust · Gewinnverlust
Gew.-Vert. – Gewichtsverteilung · Gewinnverteilung
GewZG – Gewerbezulassungsgesetz *(Berlin)*
GEX – German Energy Exchange
GEZ – Gebühreneinzugszentrale der öffentlich-rechtlichen Rundfunkanstalten
gez. – gezahlt · gezählt · gezahnt; gezähnt · gezeichnet · gezielt · geziert · gezogen · gezüchtet
Gez. – Gezeiten
gez. Bl. – gezählte Blätter
GeZi – Geschäftszimmer *(Bundeswehr)*
Gez.-Krw. – Gezeitenkraftwerk
GEZS – Gesetz über die Entschädigung von Zeugen und Sachverständigen
gezw. – gezwirnt · gezwungen · gezwungenermaßen
Gez.-W. – Gezeitenwechsel
GF – Geschenkfunk · Gifhorn *(Kfz)* · große Fahrt *(Schifffahrt)*
gf. – gasförmig
GF, Gf. – Geschäftsführer[in]; Geschäftsführung
Gf. – Gefahr · Gefallen · Gefälligkeit · Grundfarbe · Grundform
g. F. – gegebenen Falles
GfA – Gesellschaft für Abfallwirtschaft · Gesellschaft für Arbeitstechnik · Gesellschaft für Arbeitswissenschaft · Gesellschaft für Außenhandelsinformation
GFA – Gemeinschaft forschender Arzneimittelhersteller · Gepäckförderanlage[n] · Gesellschaft für Fondsanalyse · Gesellschaft zur Förderung der Abwassertechnik · Gewerbeförderungsamt *(Österreich)* · Großfeuerungsanlage · Großförderanlage
g. f. a. – good fair average *(engl.:* »Ware von guter Durchschnittsqualität«)
GFÄG – Güterfernverkehrsänderungsgesetz
GFAV[O] – Großfeuerungsanlagen-Verordnung
GFB – Gesetz über die Fortgeltung baurechtlicher Vorschriften
GfbV – Gesellschaft für bedrohte Völker
GFBWG – Gesetz über die Weiterbildung in den Gesundheitsfachberufen
GFCM – Gesellschaft der Freunde christlicher Mystik
GfD – Gesellschaft für Datenverarbeitung
GfdS – Gesellschaft für deutsche Sprache *(Wiesbaden)*
GFE – Gesellschaft zur Förderung konkreter Entwicklungsprojekte *(Hagen)* · Großforschungseinrichtung[en]
GFernVerkG – Güterfernverkehrsgesetz
GFF – Gesellschaft zur Förderung der Forschung an der ETH
GFFB – Gemeinnützige Frankfurter Frauenbeschäftigungsgesellschaft
GfG – Gesellschaft für Grundlagenforschung · Gesellschaft für Gehirntraining
GFG – Gemeindefinanzierungsgesetz · Graduiertenförderungsgesetz · Güterfernverkehrsgesetz
gfg. – gasförmig · geringfügig
Gfge. – Gefolge
GfK – Gesellschaft für Kernforschung · Gesellschaft für Konsum-, Markt- und Absatzforschung · growth from knowledge
GFK – gemeinschaftliches Förderkonzept · Gesellschaft zur Förderung der inneren Kolonisation · glasfaserverstärkter Kunststoff; glasfaserverstärkte Kunststoffe
GFKF – Gesellschaft zur Förderung der kernphysikalischen Forschung
GFL – German Football League · Gesellschaft für Luftverkehrsforschung
gfl. – gefällig · geflochten
Gfl. – Geflecht
GFLOPS – Gigaflops *(vgl. FLOPS)*
GfM – Gesellschaft für Marktforschung · Gesellschaft für Menschenrechte
GFM – Generalfeldmarschall
GFMK – Konferenz der Gleichstellungs- und Frauenministerinnen, -minister, -senatorinnen und -senatoren der Länder
GFMS – Gold Fields Mineral Services
GfN – Gesellschaft für Ne-

benbetriebe auf den Bundesautobahnen
GfP – Gesellschaft für Personalentwicklung *(Österreich)*
GFP – glasfaserverstärktes Polyesterharz · global function panel
GFPE – Gesellschaft für praktische Energiekunde
GFpl – Güterzugfahrplan
Gfr – Goldfranken
GFR – German Federal Republic (*engl.:* »Deutsche Bundesrepublik«)
GFS – Gemeinsame Forschungsstelle *(EURATOM)* · Gesellschaft zur Förderung der Segelflugforschung
Gfsch. – Gefangenschaft · Gefolgschaft · Grafschaft
Gft. – Grafschaft
GFTN – Gesellschaft zur Förderung des technischen Nachwuchses
gfu – Gesellschaft für Unterhaltungs- und Kommunikationselektronik
GfU – Gemeinschaft freier Unternehmensberater
GfU, Gfu – Gesellschaft für Unterhaltungs- und Kommunikationselektronik
GfürO – Gesellschaft für Organisation
GfV – geschäftsführender Vorstand · Gesellschaft für Vertriebsforschung
GFV – Gelbfieber-Virus *(Med.)* · Güterfernverkehr · Verordnung zur Durchführung der Graduiertenförderung
GFVG – Güterfernverkehrsgesetz
gfw, GfW – Gesellschaft für Weltraumforschung *(im DFVLR)*
GfW – Gesellschaft für Wehrkunde · Gesellschaft für Weltraumforschung
GFW – Gesellschaft für Führungspraxis in der Wirtschaft
GFZ – Geschossflächenzahl · Großforschungszentrum
GG – Gauß-Gesellschaft · Generalgouvernement; Generalgouverneur · Genesungsgeld · Gesamtgewicht · Geschäftsgang · Geschworenengericht *(Österreich)* · Gesundheitstechnische Gesellschaft · Getreidegesetz · Gleichstromgenerator · Goethe-Gesellschaft · Grauguss · Groß-Gerau *(Kfz)* · Grundgesetz · Gütegemeinschaft · Gütergemeinschaft
gg. – Gauge · gegen · geländegängig
Gg. – Gang; Gänge · Ganglion · Gegner
GG. – Gesetze
g. g. – ganz geheim
ggA – geschützte geographische Angabe
GGA – Genossenschaftlicher Großeinkaufsausschuss
G. G. A. – Geschützte Geographische Angabe *(Italien)*
GGAV – Gefahrgutausnahmeverordnung
GGB – Gebündelte Geschäfts- und Betriebsversicherung *(Vw.)*
ggb. – gegeben · gegebenenfalls · gegenüber
ggbfs. – gegebenenfalls
Gge. – Garage
GGebO – Gebührenordnung der Gesundheitsverwaltung
g. gef. R. – gegen gefällige Rückgabe
ggez. – gegengezeichnet
GGF – Gesellschafter-Geschäftsführer
ggf., ggfs. – gegebenenfalls
GGG – Gemeinnützige Gesellschaft Gesamtschule *(Hessen)* · Gesetz über die Gemeindegerichtsbarkeit · Gewerbegerichtsgesetz · Grauguss mit Kugelgrafit
Gg.-Gew. – Gegengewicht
GGH – Gesellschaft für ganzheitliche Heilweisen
GGK – Gauß-Krüger-Koordinaten · Gehaltsgruppenkatalog · Gesellschaft für Gedächtnis- und Kreativitätsförderung
Ggl. – Ganglion *(Med.)*
ggl., gglb. – gottgläubig
GGLF – Gewerkschaft Gartenbau, Land- und Forstwirtschaft
gGmbH – gemeinnützige Gesellschaft mit beschränkter Haftung
GGO – Gemeinsame Geschäftsordnung der Bundesministerien/Reichsministerien
GGP – gateway to gateway protocol · Gesellschaft für Gesundheit und Prävention
GGPÖ – Gesellschaft für die Geschichte des Protestantismus in Österreich
ggr. – gegrillt · gegründet
g. g. R. – gegen gefällige Rückgabe
GGS – Gütegemeinschaft Software
ggs. – gegensätzlich · gegenseitig
Ggs. – Gegensatz
GgSch – Gegenschein *(Post)*
GGT – Gesellschaft für Gerontotechnik
g. g. T., ggT – größter gemeinsamer Teiler *(Math.)*
g. g. u. – gesehen, genehmigt, unterschrieben
GGV – Gebündelte Gebäudeversicherung *(Vw.)* · Vermiculargrauguss
GGVöD – Gemeinschaft von Gewerkschaften und Verbänden des öffentlichen Dienstes
GGVS – Gefahrgutverordnung Straße
Ggw. – Gegenwart · Gegenwert · Gutgewicht
ggz. – gegenzeichnen; gegengezeichnet
Ggzg. – Gegenzeichnung · Gegenzug
GH – Gas[etagen]heizung · Gerichtshof · Ghana *(Kfz)* ·

Großhandel · growth hormone *(Med.)*
GH, Gh. – Gesamthochschule
Gh. – Gasthaus · Gasthof · Gehalt · Gehöft · Gehör · Gesamthöhe
ghan. – ghanaisch
GHB – Gammahydroxybuttersäure
GHBG – Gesamthafenbetriebsgesellschaft
GHD – Glashubdach
GHG – Gemeinwirtschaftliche Hochseefischerei-Gesellschaft · Gesamtverband des deutschen Handwerks, Handels und Gewerbes · Großhandelsgesellschaft
Ghg. – Gehörgang · Großherzog
Ghgin – Großherzogin
Ghgt. – Großherzogtum
GHH – Gutehoffnungshütte
GhK – Gesamthochschule Kassel
GHK – Gewerkschaft Holz und Kunststoff · Großhandelskontor
Ghl. – Gehilfe
GHM – Gesellschaft für Handwerks-Ausstellungen und -Messen
GHQ – General Headquarters
GHR – galvanische Hautreaktion
Ghrz. – Großherzog[in]
Ghrzgt. – Großherzogtum
GHS – Gesamthochschule
GHS, GHSp. – Großhandelsspanne
GHV – geschäftsführender Hauptvorstand
GHWT – Gewebe-Halbwerttiefe *(Med.)*
GHz – Gigahertz
Ghz., Ghzg. – Großherzog[in]
Ghzgin – Großherzogin
Ghzgt. – Großherzogtum
Gi – Giro *(Post)* · Gitter
GI – Geheimer Informator · Generalimport[eur] · Generalinspekteur · Generalinspektor; Generalinspektion · Gesellschaft für Informatik · Gießen *(Kfz)* · Goethe-Institut
G.I., GI – Government Issue *(USA)*
GIA – Groupes islamiques armées
GIAP – Groupe International d'Architecture Prospective
GIBiP – Green Industry Biotechnology Platform
Gib£ – Gibraltar-Pfund *(Währung)*
Gibr. – Gibraltar
GIBUCI – Gesellschaft zur Information von Betriebsräten über Umweltschutz in der Chemischen Industrie
GID – Gesellschaft für Information und Dokumentation
Gif – Gesellschaft für Immobilienwirtschaftliche Forschung · Gütegemeinschaft Instandhaltung Feuerlöschgeräte
GiF – Gesellschaft für immobilienwirtschaftliche Forschung
GIF – graphics interchange format
GIFA – Internationale Gießerei-Fachausstellung
GiftG – Giftgesetz
GiftV, GiftVO – Giftverordnung
GIG – Gebäudeinstandsetzungsgesetz
GIGO – garbage in, garbage out
GIH – Gesellschaft für Inkontinenzhilfe
GIIP – Groupement International de l'Industrie Pharmaceutique des Pays de la CEE
GIJK – Gesellschaft für Internationale Jugendkontakte
GiKo – Girokonto
GIM – Gesellschaft für Innere Medizin · Gesellschaft für innovative Marktforschung · Gruppe Internationale Marxisten · Gruppe internationaler Möbelspediteure
Gimp – GNU image manipulation program
GIMPS – Great Internet Mersenne Prime Search
GINA – Normenausschuss Gießereiwesen *(DIN)*
GInsp. – Generalinspektion; Generalinspekteur; Generalinspektor
gip – Gesellschaft für innerbetriebliche Publizistik
GiP – Gewerbe im Park
GIP – Global Internet Project
Gipfel – Gipfelkonferenz
GIRP – Groupement International de la Répartition Pharmaceutique des Pays de la CEE
GIS – generalized information system · geographisches Informationssystem; Geoinformationssystem · Gesellschaft für industrielle Schweißtechnik · Grundstücksinformationssystem
GIST – gastrointestinaler Stromatumor *(Med.)*
Git. – Gitarre; Gitarrist
GIV – Gesellschaft für Ingenieurvermessung
GIZ – Gesellschaft für innerbetriebliche Zusammenarbeit · Gründer- und Innovationszentrum
GJ – Geburtsjahr[gang] · Geographisches Jahrbuch · Geschäftsjahr
GjS, GjSchr. – Gesetz über die Verbreitung jugendgefährdender Schriften
gk – griechisch-katholisch
GK – Gebietskörperschaft · Gegenstandskatalog *(Med.)* · Glukokinase *(Med.)* · Genauigkeitsklasse · Generalkonsul[at] · Geodätisches Kolloquium · Gerichtskosten · Gesamtkatalog · Gesamtkosten · Gesprächskreis · Gewerbekammer · Gewichtsschwerpunkt über Oberkante Kiel · Girokonto · Golfklub · Grundkurs ·

Gummikabel · Güteklasse · Güterklasse *(Bahn)*
gk. – gekürzt
Gk. – Gelenk · Girokonto
G. K. – Genfer Konvention · Gregorianischer Kalender
GKA – Gemeinkostenanalyse
GKAR – Gesetz über Kassenarztrecht
G-Kat – geregelter Katalysator
GKBF – Gemeinschaft katholischer berufstätiger Frauen
GKC – Gesellschaft Deutscher Kosmetik-Chemiker
GKCD – Gokart-Club Deutschland
GKD – Geld- und Kapitalmarktdisposition · Gemeinsame Kommunale Datenzentrale · Gemeinsame Körperschaftsdatei
Gkde. – Gemeinschaftskunde · Geschichtskunde
g. Kdos. – geheime Kommandosache *(Mil.)*
GkG – Gesetz über kommunale Gemeinschaftsarbeit *(NRW)*
GKG – Gerichtskostengesetz
GKH – Gelbkörperhormon
GKinD – Gesellschaft der Kinderkrankenhäuser und Kinderabteilungen in Deutschland *(Siegen)*
GKK – Gebietskrankenkasse
GKKT – Ganzkörper-Kältetherapie
GKl. – Güteklasse
GKO – Geschäftskostenordnung
G.-Kons. – Generalkonsul[at]
g. Kos. – geheime Kommandosache *(Mil.)*
GKR – Gütegemeinschaft Kunststoffrohre
GKrG – Gesetz zur Bekämpfung der Geschlechtskrankheiten
GKSS – Gesellschaft für Kernenergieverwertung in Schiffbau und Schifffahrt
GKT – Ganzkörper-Kaltwind-Therapie · Gesellschaft für Kernverfahrenstechnik
GKV – Gemeinkostenvorschrift · Gesamtverband Kunststoffverarbeitende Industrie · Gesetzliche Krankenversicherung
GKVWG – Gesetz zur Weiterentwicklung der Strukturreform in der gesetzlichen Krankenversicherung
GKW – Gesellschaft für Kultur- und Wissenschaftsförderung Baden-Württemberg
GKWG – Gemeinde- und Kreiswahlgesetz
GKWO – Gemeinde- und Kreiswahlordnung
GKWW – Gesprächskreis Wissenschaft und Wirtschaft *(Essen)*
GKZ – Gemeinkostenzuschlag
Gl – Gleis; Gleislager *(Bahn)*
GL – Bergisch-Gladbach/ Rheinisch-Bergischer Kreis *(Kfz)* · Generalleutnant · Geschäftsleiter; Geschäftsleitung · Glarus *(Schweiz; Kfz)* · graphics library · Gruppenleiter; Gruppenleitung
gl. – geländegängig · glänzend · glasieren; glasiert · glatt · gläubig · gleich · gleitend · glücklich · glühend
Gl. – Gelenklager · Glandula *(Med.)* · Glanz · Glas · Glasur · Glaube · Gläubiger · Gleichung · Gleis · Gletscher · Glied · Gliederung · Glocke · Gloria · Glosse · Glück · Glut
G. L., GL – Germanischer Lloyd
gl. A. – gleiche Anschrift · gleicher Ansicht
gl. A., gl. Adr. – gleiche Adresse
Glare – glass fibre reinforced aluminium *(Kunststoff)*
glas. – glasieren; glasiert
GlAz – gleitende Arbeitszeit
GLB – Gesamtverband der Lehrerinnen und Lehrer an beruflichen Schulen in Hessen
Gl.-Ber. – Gleichberechtigung
glbld. – gleich bleibend
GLCM – ground-launched cruise missile
Gld. – Ganzleder
Gld., Glde. – Gelände
gldg. – geländegängig
Gldr. – Ganzleder
Gled. – Ganzleder
GleichberG, GleiBG – Gleichberechtigungsgesetz
gleichl., gleichld., gleichlfd. – gleich laufend
gleichn. – gleichnamig
gleichz. – gleichzeitig
GLF – Gewerkschaft Landwirtschaft und Forsten
Glfl. – Gleitflug
Gl.-Gew., Glgew. – Gleichgewicht
GLKrWG – Gemeinde- und Landkreiswahlgesetz
gl. M. – gleicher Meinung · gleiches Muster
Gln. – Ganzleinen
gl. N. – gleichen Namens
gl. Nr. – gleiche[r] Nummer
GLP – good labor practice/ Gute Laborpraxis
gls. – glaubenslos
Glstr., Gl.-Str. – Gleichstrom
glt. – gültig
gl. T. – [zu] gleiche[n] Teile[n]
gltd. – geltend · gleitend
gltg. – gültig
GLV – Graphische Lehr- und Versuchsanstalt *(Österreich)* · Großlebensversicherung
Gl.-Vers. – Glasversicherung · Gläubigerversammlung
GLVO – Verordnung über die Verzollung von Geschenksendungen und Liebesgabensendungen aus dem Ausland
Glyx – glykämischer Index
GLZ – Gleitzeit · Großraumlastzug
glz. – gleichzeitig

glzd. – glänzend
GM – Gebrauchsmuster · Geldmarkt · Gemeinsamer Markt · Generalmajor · Generalmanager · General Motors *(USA)* · Geschäftsmodus · Geschwindigkeitsmesser · Gleichstrommotor · Goldmark · Greenwich Meridian · Großmeister · Gummersbach/Oberbergischer Kreis *(Kfz)*
gm. – gemäß
GMA – Gesellschaft Medienagenturen · Gesellschaft für Markt- und Absatzforschung *(Köln)*
GMAC – The Graduate Management Admission Council
GMAT – Graduate Management Admission Test *(internationale Zulassungsprüfung für MBA-Programme)* · Greenwich mean astronomical time *(engl.)*
GMBF – Geldmarkt-Buchforderungen
GmbH – Gesellschaft mit beschränkter Haftung
GmbH & Co. KG – Gesellschaft mit beschränkter Haftung und Compagnie Kommanditgesellschaft
GmbHG – Gesetz betreffend die Gesellschaften mit beschränkter Haftung
GMBl. – Gemeinsames Ministerialblatt
GMC – General Medical Council *(GB)* · General Motors Corporation *(USA)*
GMCH – graphics and memory controller hub
GMD – Gedankenmusterdetektor · Generalmusikdirektor · Gesellschaft für Mathematik und Datenverarbeitung
Gmde. – Gemeinde
GMDS – Deutsche Gesellschaft für Medizinische Dokumentation, Informatik und Statistik
GMDSS – Global Maritime Distress and Safety System
GMF – German Marshall Fund of the United States · Gesellschaft für musikwissenschaftliche Forschung · Vereinigung Getreide-, Markt- und Ernährungsforschung
GMG – Gebrauchsmustergesetz · Gesundheitssystemmodernisierungsgesetz
GMK – geomorphologische Karte · Gesellschaft für Medienpädagogik und Kommunikationskultur · Gesundheitsministerkonferenz der Länder
Gmk. – Gemarkung
GmkU – Gesetz zur Förderung mittlerer und kleiner Unternehmen
GML – General Markup Language
GMLZ – Gemeinsames Melde- und Lagezentrum *(von Bund und Ländern)*
GMO – genmodifizierte Organismen
GMP – Garantierter Maximalpreis-Vertrag · Good Manufacturing Practices *(verbindliche Produktionsmethoden)*
GMR – Gesellschaft Mess- und Regelungstechnik *(des VDI/VDE)* · giant magnetoresistance
GMS – Gender Mainstreaming · Gesellschaftlicher Mitarbeiter für Sicherheit *(DDR)*
gms. – gemeinsam
GMSC – Gateway Mobile Switching Center
GMT – Greenwich mean time
GMV – Großer Münsterländer Vorstehhund
GMX – global message exchange
Gn. – Gnade · Gnom
GnadO – Gnadenordnung
Gn.-B. – Gnadenbild
G. n. b. R. – Gesellschaft nach bürgerlichem Recht
GNF – Global Nature Fund *(Radolfzell)*
GNG – Gleitende Neuwert-Gebäudeversicherung *(Vw.)*
Gn.-J. – Gnadenjahr
GNL – Gesamtverband Niedersächsischer Lehrer
GNM – Germanisches Nationalmuseum *(Nürnberg)* · Gesellschaft für Neue Musik
GNN – global network navigator
GnO – Gnadenordnung
GNO – Gallium Neutrino Observatory
GNOFÄ – Grundsätze zur Neuordnung der Finanzämter
Gnome – GNU network object model environment
GNSS – Global Navigation Satellite System
GNU – GNU's not Unix
GNT – Güternahverkehrstarif
GNX – Global Net Exchange
GO – Gebührenordnung · Gemeindeordnung · Geschäftsordnung · Gewerbeordnung · Grundbuchordnung · Grundordnung · Grundorganisation · Gründungsordnung
GÖ – gemeindliche öffentliche Sprechstelle *(Post)* · Göttingen *(Kfz)*
Go, Go. – Gonorrhoe
GoA – Geschäftsführung ohne Auftrag · Grundsätze ordnungsgemäßer Abschlussprüfung
GOA – Gebührenordnung für Architekten
GOÄ – Gebührenordnung für Ärzte
GoB, GOB – Grundsätze ordnungsgemäßer Buchführung
g. o. b., gob – good ordinary brand (*engl.:* »gute, übliche Sorte«)
GOC – German Open Championship *(Tanzturnier)*

GÖCh – Gesellschaft Österreichischer Chemiker
GOD – Glukoseoxydase
GÖD – Gewerkschaft öffentlicher Dienst *(Österreich)*
GOE – Gesellschaft für Organisationsentwicklung
GOG – Gemeinschaft Ostdeutscher Grundeigentümer · Gerichtsorganisationsgesetz
GOGA – Gebührenordnung für Garten- und Landschaftsarchitekten
GOH – Gemeinsame Geschäftsordnung für die höheren Reichsbehörden
GOI – Gebührenordnung für Ingenieure
GoldBilVO – Verordnung über Goldbilanzen *(1923)*
GOLEM – großspeicherorientierte, listenorganisierte Erfassungsmethode
GOPA – Gesellschaft für Organisation, Planung und Ausbildung
GOR – German Society for Online Research
GOrgG – Gerichtsorganisationsgesetz
GoS – Grundsätze ordnungsgemäßer Speicherbuchführung
GOS – gymnasiale Oberstufe
got. – gotisch
GOTS – Gesellschaft für Orthopädisch-Traumatologische Sportmedizin
Gouv. – Gouvernement; Gouverneur
GOV – Grundordnungsversammlung
GÖV – Gas-Öl-Verhältnis · Gesellschaft Österreichischer Volkswirte
GOW – Gesetz über Ordnungswidrigkeiten
GOZ – Gebührenordnung für Zahnärzte
Gp – Güteprüfung *(Post)*
GP – Gebrauchsprüfung · Gefrierpunkt · Gegenprobe · Generalpause · Generalpolice *(Vw.)* · Gesamtpreis · Glykoprotein · Göppingen *(Kfz)* · Grand Prix/Großer Preis · Grenzpolizei · große Pause · Grundprovision · Gymnasialprofessor
gp. – gepaart · gepanzert
GPC – General Purpose Computer
GpD – Güteprüfdienst *(Post)*
GPDA – Grand Prix Drivers' Association
GpF – Güteprüfung im Fernmeldewesen *(Post)*
GPHF – German Pharma Health Fund
GPK – Generalpostkasse · Glas-Porzellan-Keramik
GpL – Leiter der Güteprüfung
GPL – general public license · graphics programming language
gpl. – geplant
gpm – geopotenzielles Meter
GPM – Generalpostmeister
GPOH – Gesellschaft für Pädiatrische Onkologie und Hämatologie
GPP – GNU Plus Plus
GPR – general purpose register
gpr. – gepresst · geprüft
GPRA – Gesellschaft Public-Relations-Agenturen
GPrG – Getreidepreisgesetz
GPRS – general packet radio service
gpr. u. gen. – geprüft und genehmigt
GPS – general problem solver · global positioning system *(satellitengestütztes Navigationssystem)* · Grenzpolizeistation · Güteprüfstelle
GPSG – Geräte- und Produktsicherheitsgesetz
GPSM – Gesellschaft gegen psychosozialen Stress und Mobbing
GPSS – General Purpose Simulation System
GPU – Gossudarstwennoje Polititscheskoje Uprawlenije · Graphical Processing Unit
GpV – Gemeinschaft privater Versicherungsunternehmer
GQW – Gesellschaft für Qualitätswissenschaft
gr, gr. – Grain *(Maß in GB und USA)*
Gr – Grain-force · Grashof-Zahl · Griffon
GR – Gemeinderat · Gepäckraum · Gesamtregelung · Gesamtregister · Gesellschaftsrecht · Geschäftsrichtlinien · Görlitz *(Kfz)* · Graubünden *(Kfz; Schweiz)* · Griechenland *(Kfz)* · Großraum · Großrechner · Grundrecht · Güterrechtsregister
gr. – gram · grafisch · grässlich · gratis · gratulieren · grau · grausam · gravieren; graviert · grell · griechisch · grob · groß · grün · gründlich
Gr. – Grab · Graben · Gracht · Grad · Graf; Gräfin · Grammatik · Granat · Granate · Grand · Granulom *(Med.)* · Grafik · Graphit · Gras · Gratulant; Gratulation · Gravur · Greenwich · Gremium · Grenadier · Grenze · Grieche; Griechenland · Grieß · Griff · Griffel · Grill · Grippe · Größe · Gros · Groschen · Grossist · Grotte · Grube · Gruft · Grün · Grund; Gründe · Gründung · Gruppe[n] · Gruß; Grüße
Gr.-2° – Großfolio
Gr.-4° – Großquart
Gr.-8° – Großoktav
g. R., G. R. – gegen Rückgabe · geltendes/gültiges Recht
G. R., GR – Geheimer Rat/Geheimrat · Geistlicher Rat
GRA – Großrechenanlage
grad. – gradieren · gradual · graduell · graduieren; graduiert
Grad. – Gradation · Gra-

dient · Graduale · Graduation; Graduierung
Grad.-W. – Gradierwerk
gram., gramm. – grammatikalisch; grammatisch
Gram., Gramm. – Grammatik[er]
gran. – granieren · granulieren · granuliert · granulös
Gran. – Granat · Granate · Granit · Granulat · Granulator · Granulit · Granulom *(Med.)*
Gr.-Ant. – Großantiquariat
graph. – graphisch · graphologisch
Graph. – Graphik; Graphiker · Graphologe; Graphologie
GRat – Geheimrat
grat. – gratis · gratulieren
Grat. – Gratifikation · Gratulant[en]; Gratulation
grav. – gravieren · gravierend · graviert · gravimetrisch · gravitätisch · gravitieren
Grav. – Graveur · Gravida *(Med.)*; Gravidität *(Med.)* · Gravimeter; Gravimetrie · Gravisphäre · Gravitation · Gravur; Gravüre
GravP – Gravimeterpunkt
graz. – grazil · graziös · grazioso (*ital.:* »anmutig«; *Musik*)
Gr.-Bes. – Grundbesitz[er]
Gr.-Betr. – Großbetrieb[e]
GrBilR – Grundsteuerbilligkeitsrichtlinien
Gr.-Br., Gr.-Brit. – Großbritannien
grch. – griechisch
Grchl. – Griechenland
GRD – Gesellschaft zur Rettung der Delphine
Grd. – Grund
Grdb. – Grundbesitz[er]
Grdb., GrdB – Grundbuch
GrdBBerG – Gesetz über die Bereinigung der Grundbücher *(1930)*
GrdErwSt., GrdESt. – Grunderwerbsteuer
Grdf. – Grundfach · Grundfassung · Grundform
Grdfl. – Grundfläche
Grdfr. – Grundfrage[n] · Grundfreiheiten
Grdg. – Gründung
Grdg.-Mitgl. – Gründungsmitglied[er]
Grdl. – Grundlage[n] · Grundlast[en] · Grundlinie
Grdlstg. – Grundleistung
Grdr. – Gründer · Grundrecht · Grundrente · Grundriss
grds. – grundsätzlich
Grds. – Grundsatz; Grundsätze
Grdsch. – Grundschule
Grdst. – Grundstock · Grundstoff[e] · Grundstück[e] · Grundstufe
Grd.-St., GrdSt. – Grundsteuer
GrdstPrVO – Verordnung über die Preisüberwachung und die Rechtsfolgen von Preisverstößen im Grundstücksverkehr
GrdstVerkBek. – Grundstücksverkehrsbekanntmachung
GrdstVG – Grundstücksverkehrsgesetz
Grdw. – Grundwasser · Grundwert · Grundwort
Grdw.-Sp., Grdwsp. – Grundwasserspiegel
Grdz. – Grundzahl[en]
Grdz., Grdzg. – Grundzug
Grdzge – Grundzüge
GRE – Gesellschaft für Rationelle Energieverwendung
Greg. Ch. – gregorianischer Choral
Greg. K., Greg. Kal. – gregorianischer Kalender
grep – global regular expression parser (*engl.:* »allgemeiner regulärer Ausdruck«)
GrESt., GrErwSt. – Grunderwerbsteuer
GrEStDV – Durchführungsverordnung zum Grunderwerbsteuergesetz
GrEStG, GrErwStG – Grunderwerbsteuergesetz
grfl. – gräflich · großflächig
Gr.-Fl. – Grünfläche[n]
Grfsch. – Grafschaft
GRG – Gesundheitsreformgesetz
Grgr.-Bes. – Großgrundbesitz[er]
Gr.-Ha. – Großhafen · Großhandel
Grhdl. – Großhandel; Großhändler
Grhdler – Großhändler
Grhdlg. – Großhandlung
Grhdl.-Ges. – Großhandelsgesellschaft
Gr. Hptq. – Großes Hauptquartier
Grhzg. – Großherzog
Grhzgin – Großherzogin
grhzgl. – großherzoglich
Grhzgt. – Großherzogtum
GRIC – global reach internet connection
griech. – griechisch
Griech. – Grieche[n]; Griechin; Griechenland
griech.-kath. – griechisch-katholisch
griech.-orth. – griechisch-orthodox
Grim. – Grimasse[n]
GRIN – Gradientenindex *(bei Linsen)*
Gr.-Ind. – Großindustrie; Großindustrieller
gr.-kath. – griechisch-katholisch
Gr.-Kfm., Grkfm. – Großkaufmann
GrL – Gruppenleiter; Gruppenleitung
gr.-l., gr.-lat. – griechisch-lateinisch
Grld. – Grönland; Grönländer[in]
gr. m. – grosso modo (*lat.:* »in grober Form«; *Pharm.*)
GRMG – Geschäftsraummietengesetz
gr. m. p. – grosso modo pulverisatum/pulveris (*lat.:* »in grober Pulverform«; *Pharm.*)

Gr.-Mstr. – Großmeister
GRO – Gamma Ray Observatory *(NASA)* · Gesellschaft Rheinischer Ornithologen
GROFOR – Verband des Deutschen Großhandels mit Ölen, Fetten und Ölrohstoffen
gr.-orth. – griechisch-orthodox
GROWIAN – Großwindanlage
GRP – gross rating point
Grp. – Gruppe
gr. p. – grosso pulverisatus (*lat.:* »grob gepulvert«; *Pharm.*)
gr.-röm. – griechisch-römisch
GRS – Geheime Reichssache · Gesellschaft für Anlagen- und Reaktorsicherheit
Gr. S., GrS – Großer Senat
GrSSt. – Großer Senat in Strafsachen
Grst. – Grundstock · Grundstück[e]
Gr.-St., GrSt. – Grundsteuer
Gr.-St. – Grenzstadt · Grenzstation · Großstadt · Großstation · Grundstein
GrStDV – Grundsteuer-Durchführungsverordnung
GrStErlVO – Grundsteuererlassverordnung
GrStG – Grundsteuergesetz
GrStR – Grundsteuerrichtlinien
Gr.-Str. – Grenzstraße · Grenzstreifen · Grünstreifen
GrStS – Großer Senat in Strafsachen
GrStZ – Großer Senat in Zivilsachen
GRT – gross register[ed] ton[nage] (*engl.:* »Bruttoregistertonne«)
GRU – Glawnoje raswedywatelnoje uprawlenije *(russ.; Hauptverwaltung für Aufklärung im Volkskommissariat für Verteidigung, militärischer Geheimdienst, DDR)*
Gruga – Große Ruhrländische Gartenbauausstellung
GrundG – Grundgesetz
GrundSchG – Grundschulgesetz
Grundst. – Grundsteuer · Grundstoff · Grundstück[e] · Grundstufe
GrundStG – Grundsteuergesetz
Grundst.-Gr. – Grundstücksgröße
Grundw. – Grundwasser · Grundwert · Grundwort
Grundw.-Sp. – Grundwasserspiegel
GRUR – Gewerblicher Rechtsschutz und Urheberrecht
grus., grusin. – grusinisch
GruV – Gruppenversicherung *(Vw.)*
GrUV – Gruppenunfallversicherung *(Vw.)*
GRV – gesetzliche Rentenversicherung
Grv. – Gravüre
Gr.-Verd. – Großverdiener · Grundverdienst
Gr.-Verk. – Großverkauf
GrVG – Gesetz über die verbilligte Veräußerung, Vermietung und Verpachtung von bundeseigenen Grundstücken
Gr.-W. – Granatwerfer · Grundwasser
Gr. Wb., GrWB – Grimms Wörterbuch
gr. wt. – gross weight (*engl.:* »Bruttogewicht«)
GRZ – Gemeinschaftsrechenzentrum · Greiz (*Kfz*) · Großrechenzentrum · Grundflächenzahl
Grz. – Grenze
Grz.-St. – Grenzstadt · Grenzstation · Grenzstein
Grz.-Str. – Grenzstreifen
Gs – Gauß
Gs, GS – Gleichstrom
GS – Gasschicht · Gasschutz · Gefahrenabwehr und Sicherheit *(Polizei NRW)* · geprüfte Sicherheit · gesammelte Schriften · Gesamtschule · Geschäftsstelle · Gesetz[es]sammlung · Goslar *(Kfz)* · Grand Sport · Grenzschutz · Großer Senat · Grundschule · Grundstudium
G$ – Guyana-Dollar *(Währung)*
Gs. – Gesandtschaft · Geselle · Gesellschaft · Gesetz · Gesicht · Gesuch
GSA – General Services Administration *(USA)* · Generalstabsarzt · Genetics Society of America *(USA)* · Geological Society of America *(USA)* · Grenzschutzabkommen · Grenzschutzabteilung
GSAAM – German Society of Anti-Aging Medicine
GSB – Bauforderungssicherungsgesetz · Gesellschaft zur Beseitigung von Sondermüll in Bayern
GSBEG vgl. BodRefEntschG
gsch. – geschieden
Gsch. – Geschäft
Gschf. – Geschäftsführer
gschftl. – geschäftlich
gschn. – geschnitten
gschr. – geschrieben
gschtl. – geschichtlich
GSchV – Gesamtschulverband
GSD – Glasschiebedach · Grundstücksdatenbank
Gsdtr. – Gesandter
Gsdtsch. – Gesandtschaft
GSE – Government Sponsored Enterprises *(USA)*
G.-Sekr., GSekr. – Generalsekretär; Generalsekretariat
GSF – Gesellschaft für Strahlen- und Umweltforschung
GSG – Gemeinnützige Siedlungsgesellschaft des Hilfswerks der Evangelischen Kirchen Deutschlands · Gerätesicherheitsgesetz · Gesundheitsstrukturgesetz · Grenzschutzgruppe
Gsg. – Gesang
GSI – general server inter-

face · Gesellschaft für Schwerionenforschung · Gustav-Stresemann-Institut *(Bonn)*
GsiG – Grundsicherungsgesetz
g. sit. – gut situiert
GSJP – Gemeinsame Stelle Jugendschutz und Programm *(Landesmedienanstalten)*
GSK – Grenzschutzkommando
GSM – Gesellschaft zum Schutz der Meeressäugetiere · Global System for Mobile Communication · Großschadenmeldung · Groupe Spécial Mobile *(Unterausschuss der CEPT)*
GSMBA – Gesellschaft Schweizer Maler, Bildhauer und Architekten
GSMBK – Gesellschaft Schweizerischer Malerinnen, Bildhauerinnen und Kunstgewerblerinnen
GSO, G. S. O. – General Staff Officer *(engl.)* · Schulordnung für Gymnasien in Bayern
GSP – Generalized System of Preferences *(EU)*
gspr. – gesprenkelt · gespritzt · gesprochen · gesprungen
GSPV – Gewerblich-Selbstständigen-Pensionsversicherung *(Österreich)*
GSPVG – Gewerblich-Selbstständigen-Pensionsversicherungsgesetz
GSSD – Gruppe der sowjetischen Soldaten in Deutschland *(DDR)*
GST – Gesellschaft für Sport und Technik *(DDR)* · Greenwich Sidereal Time
Gst., GSt. – Geschäftsstelle
GSt., Gst. – Generalstab
GStA – Generalstaatsanwalt · Generalstabsarzt
GStA PK – Geheimes Staatsarchiv Preußischer Kulturbesitz
Gstb. – Gästebuch · Generalstab
GStG – Gaststättengesetz · Gemeindesteuergesetz · Gewerbesteuergesetz
G.-St.-L., GstL, GStL – Geschäftsstellenleiter
GSTN – Global Switched Telephone Network
gstr. – gastronomisch
Gstr. – Gastritis · Gastronom; Gastronomie · Gleichstrom
Gstw. – Gastwirt[schaft]
GSv. – Gesetz über die Selbstverwaltung auf dem Gebiet der Sozialversicherung
GSVG – Gewerbliches Sozialversicherungsgesetz
GSW – Gemeinnützige Siedlungs- und Wohnungsbaugesellschaft *(Berlin)* · Gesellschaft zum Schutz der deutschen Wirtschaft · Gesetz über die Grundsteuerfreiheit und Gebührenfreiheit für den sozialen Wohnungsbau *(Bayern)*
GSZ – Großer Senat in Zivilsachen
GT – Gasturbine · Gebührentarif · Gehaltstarif · Gelenktriebwagen · Gemeindetag · gereinigtes Tuberkulin *(Med.)* · Geschäftsträger · Gewerkschaftstag · Gewichtsteil · Gleichstromtelegrafie · Grand Tourisme; Gran Turismo · Greenwich Time *(engl.)* · gross tonnage *(engl.:* »Bruttotonne«) · Gütersloh *(Kfz)* · Temperguss
gt. – ganztägig; ganztags · getan · gut
Gt. – Garten · Gerät · Gerätetafel · Gut
GtA – Gesetz über technische Arbeitsmittel
GTar – Gütertarif *(Bahn)*
GTB – Gewerkschaft Textil und Bekleidung
Gtb. – Gartenbau
Gt. Br., Gt. Brit. – Great Britain
GTCP – Gewerkschaft Textil, Chemie, Papier (Schweiz)
GTDS – Gießener Tumordokumentationssystem
GTF – Gesellschaft für Technologiefolgenforschung
GtG – Gemeinheitsteilungsgesetz *(Nordrhein-Westfalen)*
GTG – Gentechnikgesetz *(Österreich)*
GTH – Gotha *(Kfz)*
GTK – gepanzertes Transportkraftfahrzeug *(Bw.)* · Große Tarifkommission
GTL+ – gunning transceiver logic plus
gTLD – Generic Top-Level-Domain *(Internet)*
gTLD-MoU – Generic Top-Level-Domain Memorandum of Understanding
GTP – Guanosintriphosphat
Gtr.-Bhf. – Güterbahnhof
Gtr.-Verk. – Güterverkehr
gts – garantiert traditionelle Spezialität
GTS – Temperguss Schwarz · global transmission service
Gttg. – Gattung
GTÜ – Gesellschaft für Technische Überwachung
GtV – Gemeinschaft tariffähiger Verbände
GTV – Gebirgstrachtenverein · Gefangenentransportvorschrift · Gehaltstarifvertrag
GTW – Gesellschaft der Tierärzte in Wien · Gesellschaft für Technik und Wirtschaft · Temperguss Weiß
GTZ – Deutsche Gesellschaft für Technische Zusammenarbeit
gU – geschützte Ursprungsbezeichnung
GU – Gemeinschaftsunternehmen · Generalunternehmen, -unternehmer, -unternehmung · Grundumsatz *(Med.)* · Guam *(Kfz)*

GÜ – Grenzübergang · Güstrow *(Kfz)*
Gu. – Gummi
guat., guatemalt. – guatemaltekisch
Guat. – Guatemala; Guatemalteke
GUBK – Gesellschaft für unterhaltende Bühnenkunst
GUC – German University Cairo
GuD – Gas- und Dampfturbinenwerk
Guer. – Guerilla[s]
Güfa – Gesellschaft zur Übernahme und Wahrnehmung von Filmaufführungsrechten
GüFernVkÄG – Güterfernverkehrsänderungsgesetz
GüFernVkG – Güterfernverkehrsgesetz
GUG – Gemeindeumschuldungsgesetz · Gesellschaft für Unternehmensgeschichte · Grundpfandrechtumstellungsgesetz
GÜG – Geschwindigkeitsüberwachungsgerät · Grundstoffüberwachungsgesetz
GUI – graphical user interface
GUID – global unique identifier
guin. – guineisch
GÜK – geologische Übersichtskarte
GüKG – Güterkraftverkehrsgesetz
GULAG – Glawnoje Uprawlenije Lagerei *(russ.; hist.)*
Gült. – Gültigkeit
Gült.-D. – Gültigkeitsdauer
GUM – Gesellschaft Umwelt-Management · Gossudarstwenny Uniwersalny Magasin *(Warenhaus in Moskau)*
gumm. – gummieren; gummiert
GUS – Gemeinschaft Unabhängiger Staaten *(der ehemaligen Sowjetunion)* · Gesellschaft für Umweltsimulation
GUT – Gemeinwirtschaftliches Unternehmen für Touristik · Grand Unified Theory
Güt.-Bhf. – Güterbahnhof
GüteZVO – Gütezeichenverordnung
Güt.-Gem. – Gütergemeinschaft
Guth. – Guthaben
gütl. – gütlich
Güt.-Tr. – Gütertransport · Gütertrennung
Güt.-Verk. – Güterverkehr
GuV – Gewinn[-] und Verlust[rechnung]
GUV – Gemeindeunfallversicherung · Gesetzliche Unfallversicherung · Gewerkschaftliche Unterstützungseinrichtung für Verkehrsberufe
g. u. v. – gerecht und vollkommen
GüVerkStatG – Gesetz über die Statistik der Kosten und Leistungen im Güterverkehr mit Kraftfahrzeugen, mit Binnenschiffen und mit Eisenbahnen
GUVU – Gesellschaft für Ursachenforschung bei Verkehrsunfällen
GUVV – Gemeinde-Unfallversicherungsverband
GUW – Gesellschaft für Universitäts- und Wissenschaftsgeschichte
GUY – Guyana *(Kfz)*
G. Ü. Z. – Gesellschaft für übernationale Zusammenarbeit
GV – Deutscher Genossenschaftsverband · Gebirgsverein · Gemeindeverband · Gemeinsame Verfügung · Gemeinschaftsverpflegung · Generalversammlung · Generalvertrag · Generalvertreter; Generalvertretung · Generalvikar · Gerichtsvollzieher · Gesamtverband · Gesamtverzeichnis · Gesangverein · geschäftsführender Vorstand · Geschlechterverhältnis · Geschlechtsverkehr · Geselligkeitsverein · gesetzlicher Vertreter · Gigavolt · große Fahrt voraus *(Schifffahrt)* · Großvieheinheit · Güterverkehr
g. v., gv – garnisonverwendungsfähig · grande vitesse (*franz.:* »Eilgut«; *Bahn*)
GVA – Gesamtverband Autoteile-Handel *(künftig für IGWV und VKG)*
GVB – Generalversammlungsbeschluss · Genossenschaftsverband Bayern · Gesellschaft für Verkehrsbetriebswirtschaft und Logistik · Grundstücksverkehrsbekanntmachung
Gvb. – Gasverbund · Gesamtverband
GVBl. – Gesetz- und Verordnungsblatt
GVC – Gesellschaft für Verfahrenstechnik und Chemieingenieurwesen *(im VDI)*
GvD – Gefreiter vom Dienst *(Bundeswehr)*
GVD – Generalverkehrsdirektion
GVE – Großvieheinheit
GVerfRA – Rechtsanordnung über Gerichtsverfassung und Verfahren
G.-Verg., GVerg. – Grundvergütung
GVEVO – Verordnung über die Entschädigung der Gerichtsvollzieher
GVFG – Gemeindeverkehrsfinanzierungsgesetz
GVG – Gerichtsverfassungsgesetz
GVGA – Geschäftsanweisung für Gerichtsvollzieher
GVGebO – Gebührenordnung für Gerichtsvollzieher
GVH – Großraumverkehr Hannover
GvHD – Graft-versus-Host-Disease *(Med.)*
GVK – Gesellschaft für Vergleichende Kunstforschung *(Österreich)*

GVKostG – Gesetz über Kosten der Gerichtsvollzieher
GVL – Gesellschaft zur Verwertung von Leistungsschutzrechten
GVM – Gesamtvertrauensmann · Gesellschaft für Verpackungsmarktforschung
GVO – gentechnisch veränderter Organismus; gentechnisch veränderte Organismen · Gerichtsvollzieherverordnung · Gruppenfreistellungsverordnung für Vertriebs- und Kundendienstvereinbarungen über Kraftfahrzeuge
GVOBl. – Gesetz- und Verordnungsblatt
GVollzGebO – Gebührenordnung für Gerichtsvollzieher
GVP – Generalverkehrsplan · gentechnisch veränderte Pflanzen · Gesamtdeutsche Volkspartei *(hist.)* · Großhandelsverkaufspreis
GVPA – Gesamt-Vertrauenspersonen-Ausschuss
GVR – Genossenschaftsverband Rheinland
GVS – Gasversorgung Süddeutschland
GVS-Backup – Großvater-Vater-Sohn-Backup *(EDV)*
GVST – Gesamtverband des Deutschen Steinkohlebergbaus
GVT – Gesamtverband des Deutschen Textilgroßhandels · Global Virtual Time · Forschungsgesellschaft Verfahrenstechnik
GVU – Gasversorgungsunternehmen · Gesellschaft zur Verfolgung von Urheberrechtsverletzungen
GVV – Gemeindeverbände
GVZ – Güterverkehrszentrum/zentren
Gvz. – Gerichtsvollzieher
GW – Gas und Wasser · Gaswerk · Gebietswinzergenossenschaft · Geländewagen · Gerätewagen · Gesamtkatalog der Wiegendrucke · Gesamtwerk · Gesamtwert · Gesellschaft für Wärmewirtschaft *(Österreich)* · Gigawatt · Gleichstrom/Wechselstrom · Gruppenwahl · Gruppenwähler *(Fernmeldetechnik)*
Gw. – Geldwert · Geschlechtswort · Gewerbe · Gewicht · Gewinn · Goldwert
G.W. – Gesammelte Werke · Gewöhnlicher Wasserstand
GWA – Gemeinkostenwertanalyse · Gesamtverband der Werbeagenturen
GWAB – Gesellschaft für Wirtschaftsförderung, Ausbildungs- und Beschäftigungsinitiativen
Gw.-Aufs. – Gewerbeaufsicht
Gw.-Aufs.-A., GwAufsA – Gewerbeaufsichtsamt
GWB – Gesetz gegen Wettbewerbsbeschränkungen
Gwb. – Gewebe · Gewerbe · Gewölbe · Großwörterbuch
GWC – Gebrauchtwagen-Center
G-WC, Gä.-WC – Gäste-WC
GWDL – Grundwehrdienstleistender
GWF – Gebietswinzergenossenschaft Franken · Gesellschaft für Wirtschaftsfernsehen
GwG – Geldwäschegesetz · Gesellschaft für wissenschaftliche Gesprächspsychotherapie *(Köln)*
GWG – Gebietswinzergenossenschaft · Geldwäschegesetz · Gemeindewahlgesetz · Gemeinnützige Wohn[ungs]baugesellschaft · geringwertiges Wirtschaftsgut · Grenzwertgeber
GWGE – Gesetz zur Wiederherstellung der Gesetzeseinheit auf dem Gebiet des bürgerlichen Rechts
GWh – Gigawattstunde
GWH – Gemeinnützige Wohnungsgesellschaft Hessen
GWI – Gesellschaft für Wirtschaftsinformation
GWK – Gesellschaft zur Förderung der Westfälischen Kulturarbeit · Gesellschaft zur Wiederaufarbeitung von Kernbrennstoffen
GwO – Gewerbeordnung
GWO – Gemeindewahlordnung
g.w.o. – geschehen wie oben
GwOI – Gewerbeoberinspektor
GwOSekr. – Gewerbeobersekretär
GwR – Gewerberat
GWS – Güterwagenstromermittlung *(Bahn)*
GW Saar – Gesellschaft für Wirtschaftsförderung Saar
Gw.-Sch. – Gewerbeschule; Gewerbeschüler
GwSchR – Gewerbeschulrat
Gw.-St., GwSt. – Gewerbesteuer
GwStG – Gewerbesteuergesetz
GWU – Geschichte in Wissenschaft und Unterricht
GWUP – Gesellschaft zur wissenschaftlichen Untersuchung von Parawissenschaften *(Heidelberg)*
GWV – Güterwagenvorschriften
Gw. v. H. – Gewichtsteile vom Hundert
GWW – Gesamtverband der Werbeartikel-Wirtschaft
GWZ – Gebäude- und Wohnungszählung
GYA – German Youth Activities
Gym – Gymnastik
gymn. – gymnastisch
Gymn. – Gymnasiast[en]; Gymnasium · Gymnastik; Gymnastin
Gyn – Gynäkologie
gyn., gynäk. – gynäkologisch
Gyn., Gynäk. – Gynäkologe; Gynäkologie
Gz – Güterzug *(Bahn)*

GZ – Gaszähler · Gesamtzahl · Geschäftszulassung · Gesprächszähler · Grundzahl · Günzburg *(Kfz)* · Gütezeichen
gz. – ganz · gezählt · gezähmt · gezahnt · gezeichnet · gezogen
GZB – Gehaltszahlungsbestimmungen
gzj. – ganzjährig
Gzl. – Ganzleinen[einband]
Gzld. – Ganzleder[einband]
Gzln. – Ganzleinen[einband]
Gzn. – Gezeiten
Gzpgt. – Ganzpergament
GZS – Gesamtverzeichnis der Zeitschriften und Serien · Gesellschaft für Zahlungssysteme
GZSZ – Gute Zeiten – Schlechte Zeiten *(Fernsehserie seit 1992)*
GZT – Gebrauchszolltarif · Gemeinsamer Zolltarif
GZV – Geflügelzuchtverein · Gesundheitszeugnisverordnung
GZVO – Gütezeichenverordnung

H*h*

h – Hekto… · Höhe *(Math.)* · hora (*lat.:* »Stunde«)
h – plancksches Wirkungsquantum
H – Haben · Hafen · Halt; Haltestelle · Handel · Hannover *(Kfz)* · Härte · Haupt… · Hauptblatt · Hauptmann *(Bw.)* · Hauptstimme *(Musik)* · Henry *(Einheit)* · Hersteller · Hessen · Hinfahrt · Hoch; Hochdruck *(Meteor.)* · Hochschule · Höhe · Hungaria *(Ungarn; Kfz)* · Hydrant · Hydrogenium *(Wasserstoff; Element)*
h. – hart · heiß · hell · hinten · hoch · horizontal · hour (*engl.:* »Stunde«)
H. – Haft · Haftung · Halt · Handel · Handschrift · Haus · Heck · Heft · Heim · Heimat · Heizung · Helligkeit · Hengst · Hitze · Höhe · Hoheit · Horn · Hornist · Holz · Hort · Hotel · Hub · Hund · Hundert
ha – Hektar
Ha – Hahnium *(Element)*
HA – Haftanstalt · Hagen *(Kfz)* · Handausgabe · Handelsabkommen · Hauptabschnitt · Hauptabteilung · Hauptamt · Hauptausschuss [des Parlamentarischen Rates] · Hausanschluss · Hausarzt · Haushaltabteilung · Heeresamt der Bundeswehr · Heimarbeit[er] · Hochamt *(kath. Kirche)* · Hydroxylamin
ha. – hauptamtlich
Ha. – Hafen · Hafer · Haken · Handel · Harfe
h. a. – hoc anno (*lat.:* »in diesem Jahr«) · huius anni (*lat.:* »dieses Jahres«)
h. A. – herrschende Ansicht
HAA – Hauptarbeitsausschuss
HaagEhescheidAbk. – Haager Abkommen zur Regelung des Geltungsbereichs der Gesetze und der Gerichtsbarkeit auf dem Gebiet der Ehescheidung und der Trennung von Tisch und Bett *(1902)*
HaagEheschlAbk. – Haager Abkommen zur Regelung des Geltungsbereichs der Gesetze auf dem Gebiet der Eheschließung *(1902)*
HaagIPRAbk. – Gesetz über den Beitritt von Staaten zu dem Haager Abkommen über internationales Privatrecht *(1924)*
HaagLKO – Haager Abkommen, betreffend die Gesetze und Gebräuche des Landkriegs *(1907)*
HaagNeutrAbk. – Haager Abkommen, betreffend die Rechte und Pflichten der neutralen Mächte und Personen im Falle eines Landkrieges *(1907)*
HaagZPAbk. – Haager Abkommen über den Zivilprozess *(1905)*
Ha.-Art. – Handelsartikel · Hauptartikel
HAB – Herzog-August-Bibliothek *(Wolfenbüttel)* · Hessische Akademie für Bürowirtschaft
hab. – habilitieren; habilitiert
Hab. – Habilitand; Habilitation
H. A. B., HAB – homöopathisches Arzneibuch
habil. – habilitatus *(lat.)*
Habil. – Habilitand; Habilitation
Ha.-Bil. – Handelsbilanz
Habil.-Schr. – Habilitationsschrift
HABM – Harmonisierungsamt für den Binnenmarkt *(EU)*
habsb. – habsburgisch
Habsb. – Habsburg[er]
Hab.-Schr. – Habilitationsschrift
HABV – Hessischer Amateur-Box-Verband
HAD – Hauptabteilungsdirektor
HADAG – Hafen-Dampfschifffahrtsgesellschaft *(Hamburg)*
HAdW – Heidelberger Akademie der Wissenschaften
Haf. – Hafen · Hafer
HAFA – *(früher:)* Hauswirtschaftliche Fachausstellung, *(heute:)* Hessens aktuelle Familienausstellung
Haf.-Dir. – Hafendirektion; Hafendirektor
Haft., Haftg. – Haftung
haftb. – haftbar
Haftentsch. – Haftentschädigung

HaftEntschäG – Haftentschädigungsgesetz
HäftlHilfeG – Häftlingshilfegesetz *(vgl. HHG)*
haftpfl. – haftpflichtig
Haftpfl. – Haftpflicht
HaftpflG – Haftpflichtgesetz
Haftpfl.-Vers. – Haftpflichtversicherung
Haf.-Verw. – Hafenverwalter; Hafenverwaltung
HAG – Gesetz über die Rechtsstellung heimatloser Ausländer im Bundesgebiet · Hauptarbeitsgemeinschaft · Haushaltsrechtsanpassungsgesetz · Heimarbeitsgesetz · Hessisches Ausführungsgesetz · Hochschularbeitsgemeinschaft
H.-Ag. – Handelsagent
HAGD – Hauptvereinigung des ambulanten Gewerbes und der Schausteller in Deutschland
HAGE – Hessische Arbeitsgemeinschaft für Gesundheitserziehung
Hageda – Handelsgesellschaft Deutscher Apotheker
HagelVG – Hagelversicherungsgesetz
HAGH – Höhlenkundliche Arbeitsgruppe Hessen
hagiogr. – hagiographisch
Hagiogr. – Hagiograph[ie]
HaH – Handelshochschule
HAI – Health Action International
HAIT – Hannah-Arendt-Institut für Totalitarismusforschung
hait. – haitianisch; haitisch
HAIZY – Hamburger Isochron-Zyklotron
HAK – Hohe Alliierte Kommission *(vgl. AHK)*
HAKA – Hessisches Ausführungsgesetz zum Kreislaufwirtschafts- und Abfallgesetz
HAL – Halle *(Kfz)* · Hamburg-Amerika-Linie · hardware abstraction layer · Hauptabteilungsleiter ·
Hauptanschlussleitung · Hauptanschlusslinie
halb. – halbieren; halbiert
Halbf. – Halbfabrikat · Halbfertigung · Halbfertigware
Halbj. – Halbjahr
halbj., halbjhg. – halbjährig
halbj., halbjhl. – halbjährlich
Halbs. – Halbsatz · Halbseite
Halt. – Halter · Halterung · Haltung
haltb. – haltbar
HAM – Hamburgische Anstalt für neue Medien · Hamm *(Kfz)*
ham. – hamitisch
Ham. – Hamiten; Hamitische
Hamas – Harakat al-muqawama al-islamiya (*arab.:* »Eifer«)
hamb. – hamburgisch
Handb. – Handbibliothek · Handbuch; Handbücher
Handb., Handbed. – Handbedienung
handgeschl. – handgeschliffen
handgeschr. – handgeschrieben
handgest. – handgesteuert
handgew. – handgewebt
handl. – handlich
Handl. – Handlanger · Handling · Handlung
Handl.-Geh. – Handlungsgehilfe
handschr. – handschriftlich
Handschr. – Handschreiben · Handschrift[en]
handschrftl. – handschriftlich
Handw. – Handwagen · Handwerk[er]
Handwb. – Handwörterbuch
Handw.-Betr. – Handwerksbetrieb
Handw.-K., HandwK – Handwerkskammer
HandwKWahlO – Wahlordnung für die Wahlen der Mitglieder der Handwerkskammern
HandwO – Handwerksordnung
hans. – hanseatisch
H.-Anst., HAnst. – Haftanstalt · Heilanstalt
Hanuta – Haselnusstafel
HAP – Handelsabgabepreis
HAPAG, Hapag – Hamburg-Amerikanische Packetfahrt-Actien-Gesellschaft
HAPDAR – Hard Point Demonstration Array Radar
H.-Arb., HArb. – Heimarbeit[er] · Hilfsarbeit[er]
HArbG – Heimarbeitsgesetz
Haribo – Hans Riegel, Bonn
harm. – harmonisch
Harm. – Harmonie · Harmonium
harml. – harmlos
Harm.-L. – Harmonielehre
Harp. – Harpune; Harpunier[er]
H.-Art. – Handelsartikel · Hauptartikel
H.-Arzt – Hausarzt · Hilfsarzt
HAS – Hassfurt/Hassberge *(Kfz)*
HAsp – Hochbauaspirant
HAST – Hyper Amorphous Silicon TFT
HASt. – Hauptabrechnungsstelle · Hauptannahmestelle
HASYLAB – Hamburger Synchrotronstrahlungslabor
Haub. – Haubitze
haupts. – hauptsächlich
Hausbes. – Hausbesetzer · Hausbesitz[er] · Hausbesorger *(Österreich)* · Hausbesuch
H.-Ausg., HAusg. – Handausgabe · Hauptausgabe · Haushaltausgabe
Hausgeh. – Hausgehilfe; Hausgehilfin
Haush. – Haushalt[ung] · Hausherr
Haush.-Abt. – Haushaltabteilung
Haush.-Ausg. – Haushaltausgaben
Haush.-Pl. – Haushaltplan
Haush.-Vorst. – Haushaltvorstand/-vorsteher

Haush.-W. – Haushaltswaren
Haush.-W[a].-Abtlg. – Haushaltswarenabteilung
HAuslG – Gesetz über die Rechtsstellung heimatloser Ausländer im Bundesgebiet
Hausm. – Hausmacht · Hausmädchen · Hausmarke · Hausmeister
Hausr. – Hausrat · Hausrecht
HausratsVO – Hausratsverordnung
Hausr.-Vers. – Hausratversicherung
HaustürWG – Gesetz über den Widerruf von Haustürgeschäften und ähnlichen Geschäften
Hausverw. – Hausverwalter; Hausverwaltung
hausw. – hauswirtschaftlich
Hausw. – Hauswirtschaft
Hausw.-L. – Hauswirtschaftslehre; Hauswirtschaftslehrer[in] · Hauswirtschaftsleiter[in]
Hausw.-Sch. – Hauswirtschaftsschule
Hausz. – Hauszins
HauszSt. – Hauszinssteuer
HAV – Hepatitis-A-Virus *(Med.)* · Hessischer Apothekerverband
Hav. – Havanna · Havarie; Havarist · Havel
Ha.-Vertr. – Handelsvertrag · Handelsvertreter; Handelsvertretung
HAVI – home audio video interoperability
HaVO – Hauerarbeiten-Verordnung
HAVO – Handelsabgabenverordnung
HAW – Heidelberger Akademie der Wissenschaften
HAWC – High Active Waste Concentrate *(hochradioaktiver Flüssigabfall)*
HAWIE – Hamburg-Wechsler-Intelligenztest für Erwachsene
HAWIK – Hamburg-Wechsler-Intelligenztest für Kinder
HAZ – Hannoversche Allgemeine Zeitung · heiße Abfall-Zellenanlage *(bei Kernreaktoren)*
Hb – Hämoglobin *(Med.)* · Hausbriefkasten *(Post)*
HB – Brinellhärte · Freie Hansestadt Bremen, Senat und Bürgerschaft *(Kfz)* · Handbibliothek · Handbücherei · Handelsbetrieb · Handelsbilanz · Handlungsbevollmächtigte[r] · Hansestadt Bremen *(Kfz)* · Hartmannbund · Hauptbuch · Hauptbüro · Hausbau · Haus Bergmann *(Zigarettenfabrik)* · Herdbuch · Hexachlorbutadien · Hochbahn · Hochbau · Hofbibliothek
hb. – halb · haltbar · heilbar · hilfsbedürftig
Hb. – Haltbarkeit · Haltebucht · Handball · Handbedienung · Handbetrieb · Handbuch · Herba *(lat.)* · Herberge
H. B. – Helvetisches Bekenntnis
HBA – Hinterachsbremsassistent *(Kfz)* · Hochbauamt
HBAbt. – Hochbauabteilung
HBBl. – Haushalts- und Besoldungsblatt
HBC – Hudson's Bay Company
HBCI – homebanking computer interface
Hbd. – Halbband · Heuboden · Hochbedarf
Hb.-D., Hb.-Dat. – Haltbarkeitsdatum
H.-Ber. – Handelsbericht · Hauptbericht
H.-Bez. – Handelsbezeichnung · Handelsbeziehung · Handelsbezirk
Hbf. – Hauptbahnhof · Heimatbahnhof
HBFG – Hochschulbauförderungsgesetz
hbfl. – hauptberuflich
HBFS – Höhere Berufsfachschule
HBG – Holz-Berufsgenossenschaft
hbg. – habsburgisch · hamburgisch
Hbg. – Habsburg · Hamburg
HBH – Hauptbuchhalter
Hbhf. – Hauptbahnhof
H.-Bil. – Handelsbilanz
Hbj. – Halbjahr
HBK – Hochschule für Bildende Künste
Hbl. – Halbblut · Halbleinen[einband] · Hinterbliebene[r]
HBl. – Handelsblatt · Hauptblatt · Hebelblock
H.-Bl. – Harnblase
Hbm – Hochbaubahnmeisterei
HBN – Hildburghausen *(Kfz)*
HBO – Hessische Bauordnung
H-Bombe – Hydrogenium-Bombe *(Wasserstoffbombe)*
HBR – Heizölbehälter-Richtlinien
H.-Br. – Handelsbrauch · Handelsbrief
hbs – Heinrich-Böll-Stiftung
HBS – Halberstadt *(Kfz)* · Hans-Böckler-Stiftung · Hochschulberatungsservice · hue, brightness, saturation *(Farbmodell; Physik)*
Hbschr. – Hubschrauber
hbst. – halbstarr · halbsteif
hbstg. – halbstündig
hbstl. – halbstündlich
HBUG – Hessisches Bildungsurlaubgesetz
HBV – [Gewerkschaft] Handel, Banken und Versicherungen *(hist., heute ver.di)* · Hepatitis-B-Virus *(Med.)* · Hessischer Badminton-Verband · Hessischer Bauernverband
HBVF – Handball-Bundesliga-Vereinigung Frauen
HC – Hockeyclub

h.c. – honoris causa (*lat.:* »ehrenhalber«)
H.C. – Helvetia Confessio · High Church *(GB)* · House of Commons *(GB)*
HCA – high contrast addressing
HCB – Hexachlorbenzen · Hungarian Convention Bureau
HCC – Hexachlorcyclohexan
HCD – head coupled display
H.C.E., HCE – hic conditus est (*lat.:* »hier liegt begraben«)
HCG – Human Chorionic Gonadotropin/humanes Choriongonadotropin *(Med.)*
HCH – Hexachlorcyclohexan
HCMOS – high speed complementary metal oxide semiconductor
HCP – high capacity profile
h.c.t. – hora cum tempore *(lat.; Stunde mit akademischem Viertel)*
HCV – Hepatitis-C-Virus *(Med.)*
HD – Hafendienst · Hafendirektion; Hafendirektor · hard disk · Hauptdeck · heavy duty (*engl.:* »von höchster Wirkleistung«) · Herddosis *(Med.)* · Heidelberg/Rhein-Neckar-Kreis *(Kfz)* · Heißdampf · high density · Hochdecker · Hochdruck · Höchstdosis
hd. – hand... · hochdeutsch · hundert
Hd. – Hand · Handel · Hemd · Hochdeutsche · Hund · Hundert
HdA – Humanisierung der Arbeit; Humanisierung des Arbeitslebens
Hd.-Ausg. – Handausgabe
HDax – Dax 100 *(hundert Werte, vgl. Dax)*
HDB – Hauptverband der Deutschen Bauindustrie
Hdb. – Handbuch; Handbücher · Herdbuch
Hd.-Bibl. – Handbibliothek
hdbr. – handbreit
Hdbr. – Handbremse
HDCD – high definition compatible digital · high density compact disk
HDD – hard disk drive
HDE – Hauptverband des Deutschen Einzelhandels · Head-Drop-Einheit *(Med.)*
HDF – Hauptverband Deutscher Filmtheater
...hdg. – ...händig
hd.-geschl., hdgeschl. – handgeschliffen
hd.-geschr. – handgeschrieben
hd.-gest., hdgest. – handgesteuert
hd.-gew., hdgew. – handgewebt
hdgm. – handgemacht
hdgr. – handgroß
Hdgr. – Handgriff[e]
hdgrfl. – handgreiflich
HdH – Haus des Handwerks
HDH – Hauptverband der deutschen Holz und Kunststoffe verarbeitenden Industrie · Hauptverband Deutscher Hypothekenbanken · Heidenheim (Brenz) *(Kfz)*
Hdhbg. – Handhabung
HDI – Haftpflichtverband der Deutschen Industrie · Human Development Index
HdJ – Haus der Jugend
HdK – Handkasse *(Post)* · Hochschule der Künste
HDK – hochdisperse Kieselsäure
HdKF – Handkassenführer
HDL – hardware description language · High-Density-Lipoprotein[e]
hdl. – handlich
Hdl. – Handel · Handelslehrer · Händler · Handlung
Hdl.-Abk., HdlAbk. – Handelsabkommen
Hdl.-Arch. – Handelsarchiv
Hdl.-Bev. – Handlungsbevollmächtigter
Hdl.-Bez. – Handelsbezeichnung[en] · Handelsbeziehung[en]
Hdlbg. – Heidelberg
HDLC – high level datalink control
Hdlg. – Handlung
Hdlg.-Geh. – Handlungsgehilfe
Hdlg.-Vollm. – Handlungsvollmacht
Hdl.-Kl. – Handelsklasse[n]
Hdl.-Reg. – Handelsregister
Hdl.-Vertr. – Handelsvertrag · Handelsvertreter; Handelsvertretung
HdM – Hochschule der Medien *(Stuttgart)*
HdO – hinter dem Ohr *(Hörgerät)*
HDO – Hessische Disziplinarordnung
hdP – hexagonal dichteste Kugelpackung
HDP – Hauptverband für Zucht und Prüfung deutscher Pferde
HDR – Heißdampfreaktor
HDS – Haftpflichtdeckungssumme[n] *(Vw.)* · Hauptverband der deutschen Schuhindustrie
Hdsch., Hdschft. – Hundertschaft
hdschr. – handschriftlich
Hdschr. – Handschreiben · Handschrift
HDSL – high data rate DSL
Hd.-St. – Hundesteuer
HDSU – Heidelberger Demokratische Studentenunion
HdT – Haus der Technik
HDT – Hochdruckturbine
hdt. – hundert
Hdt. – Hundert
Hdtsch., Hdtschft. – Hundertschaft
HDTV – High Definition Television
HDU – Head-Drop-Unit *(Med.)*
HDÜ – Hochspannungsdrehstromübertragung
HDv – Heeresdienstvorschrift

HDV – Hepatitis-Delta-Virus *(Med.)* · Hoteldirektorenvereinigung
HDV, HDv. – Heeresdruckvorschrift[en]
HDW – Howaldtswerke Deutsche Werft
Hdw. – Handwagen · Handwäsche · Handwerk[er]
Hdwb. – Handwörterbuch
Hdw.-Betr. – Handwerksbetrieb[e]
Hdwk-WO – Wahlordnung für die Wahlen der Mitglieder der Handwerkskammern
HdwO – Handwerksordnung
HDX – Halbduplex
HDZ – Hochdruckzylinder · Hochschuldidaktikzentrum
Hdz. – Handzeichen
He – Helium *(Element)*
HE – Haftentschädigung · Hauptentschädigung · Hefeextrakt · Hektolitereinnahme · Helmstedt *(Kfz)* · Hessen · Höheneinheit
h. e. – hic est (*lat.:* »hier ist«) · hoc est (*lat.:* »das ist«)
h. e., HE – high explosive
HEA – Hauptberatungsstelle für Elektrizitätsanwendung
Heb. – Hebamme[n]
HebammG – Hebammengesetz
HebAPO – Ausbildungs- und Prüfungsordnung für Hebammen
HebDO – Dienstordnung für Hebammen
HebG – Hebammengesetz
HEBIS-KAT – Hessisches Bibliotheksinformationssystem – Katalogisierung und Auskunft
hebr. – hebräisch
HED – Hauteinheitsdosis; Hauterythemdosis *(Med.)*
HEED – High Efficiency Electron-Emission Device
HEF – Bad Hersfeld-Rotenburg *(Kfz)* · Hochschulkonferenz für Erziehungswissenschaft und Fachdidaktik
HEG – Haftentschädigungsgesetz
HEGIS – Hannover-EG-Informationsstelle
HEI – Heide *(Kfz)*
HeilBerG – Heilberufegesetz
HeilBZustV – Verordnung über die zuständigen Behörden zum Vollzug des Rechts der Heilberufe
HeilbZustVO – Zuständigkeitsverordnung nichtärztlicher Heilberufe
Heilpr. – Heilpraktiker[in]
HeilprG – Heilpraktikergesetz
Heilst. – Heilstätte
Heilw. – Heilwesen
HeilwWG – Gesetz über die Werbung auf dem Gebiet des Heilwesens
heim. – heimisch
Heim. – Heimat
heimatl. – heimatlich · heimatlos
Heimatl. – Heimatlose[r]
HeimatlAuslG, HeimatlG – Gesetz über die Rechtsstellung heimatloser Ausländer im Bundesgebiet
Heimk. – Heimkehrer
HeimkG – Heimkehrergesetz
heiml. – heimlich
Heiml. – Heimleiter[in]; Heimleitung · Heimlichkeit
HeimSt. – Heimstätte[n]
HeimStG – Heimstättengesetz
Heimw. – Heimweg · Heimwerker
HEinn. – Haushalteinnahme
heir. – heiraten
Heir.-Anz. – Heiratsanzeige
Heir.-Reg. – Heiratsregister
Heir.-Verm. – Heiratsvermittlung
Heiz.-Ing. – Heizungsingenieur
HEK – Hanseatische Ersatzkasse
HEKiD – Hilfswerk der Evangelischen Kirche in Deutschland
HEKS – Hilfswerk der Evangelischen Kirche in der Schweiz
HEL – hardware emulation layer · Hessen, Landesregierung und Landtag *(Kfz)*
HeLaBa, Helaba – Hessische Landesbank
helg. – helgoländisch
Helg. – Helgoland; Helgoländer
Heliogr. – Heliograph[ie] · Heliogravüre
hell. – hellenisch
Hell., Hellen. – Hellenismus
HeLP – Hessisches Landesinstitut für Pädagogik
H. E. L. P. – Hilfe bei Erektiler Leistungsschwäche und Potenzproblemen
helv. – helvetisch
Helv. – Helvetia · Helvetica *(Schrifttyp)* · Helvetien; Helvetier
HEMT – high electron mobility transistor
HEP – Hochschulerneuerungsprogramm
HEPA-Filter – High Efficiency Particulate Air-Filter
HER – Herne *(Kfz)*
her. – heraldisch
Her. – Heraldik[er] · Herold
HERA – Hadron-Elektron-Ringanlage
Herg. – Hergabe · Hergang
herg., hergest. – hergestellt
Herk. – Herkommen; Herkunft
Herk.-Ang. – Herkunftsangabe
Herk.-L. – Herkunftsland
herm. – hermeneutisch · hermetisch
Herm. – Hermelin · Hermeneutik
Herst. – Hersteller; Herstellung
Herst.-D. – Herstell[ungs]datum
Herst.-K. – Herstell[ungs]kosten
Herst.-R., Herst.-Recht – Herstellungsrecht

Herst.-Verf. – Herstell[ungs]verfahren
herz., herzgl. – herzoglich
HES – Hydroxyethylstärke
HESS – High Energy Stereoscopic System *(auch nach dem Entdecker V. F. Hess)*
hess. – hessisch
HET – Hormonersatztherapie *(Med.)* · Hühner-Embryonen-Test
heth. – hethitisch
hett. – hettitisch
HEU – high enriched Uran
heur. – heuristisch
Heur. – Heuristik
HEV – Halbeinkünfteverfahren · Hessischer Elternverein
HEW – Hamburgische Electricitäts-Werke
HE-Weisung – Weisung über die Erfüllung des Anspruchs auf Hauptentschädigung
HeWi – Heck[scheiben]wischer
hex. – hexagonal
Hex., Hexam. – Hexameter
HEZ – Haupteinflugzeichen · Höchstrichterliche Entscheidungen in Zivilsachen
HEZG – Hinterbliebenenrenten- und Erziehungszeitengesetz
Hf – Hafnium *(Element)*
HF – Halbe Fahrt *(Schifffahrt)* · Hauptfeldwebel *(Bw.)* · Hauptfunktion · Herford *(Kfz)* · Hilfsfunktion · Hochfrequenz
Hf. – Hafen · Halbfranz[einband] · Handelsform · Harfe · Hauptform · Heeresfahrzeug · Hilfsförster
HFA – Haushalts- und Finanzausschuss *(Landtag NRW)*
HfB – Hochschule für Bankwirtschaft
HFB – Heizflächenbelastung
Hfbf – Hafenbahnhof
HfBK – Hochschule für Bildende Künste
HFC – hybrid fiber coaxial cable
HFD – Hessische Fachgesellschaft für Diabetes
HfD, HFD – Hauptanschluss für Direktruf
HFEG – Hessisches Freiheitsentziehungsgesetz
HFF – Hannoversches Forschungsinstitut für Fertigungsfragen · Hessische Filmförderung · Hochschule für Fernsehen und Film
HfG – Hochschule für Gestaltung
HFG – Haushaltsfeststellungsgesetz · Hessisches Fürsorgegesetz · Hinterbliebenenfürsorgegesetz · Hochfrequenzgesetz
HfM – Handelsvereinigung für Marktwirtschaft
HFM – Hohlkörper-Folien-Mischkunststoffe *(Recycling)*
Hfn. – Hafen · Hafner
HfÖ – Hochschule für Ökonomie *(DDR)*
HfP – Hochschule für Politik
HFP – Hexafluorpropylen
HFR – Hochflussreaktor · Höchstrichterliche Finanzrechtsprechung
Hfr., Hfrz. – Halbfranz[einband] · Hochfrequenz
Hfrzbd. – Halbfranz[ein]band
HFS – Hamburger Fremdsprachenschule · hierarchical file system
HFSS – Hochschule für Sozialpädagogik und Sozialökonomie
HFSt. – Hauptfürsorgestelle
Hft., Hftg. – Haftung
HFüroSt. – Hauptfürsorgestelle
HFV – Hessischer Fechter-Verband · Hessischer Fremdenverkehrsverband · Hessischer Fußballverband
HF-Verschw. – Hochfrequenzverschweißung
HFVStatG – Gesetz über die Durchführung laufender Statistiken im Handel sowie über die Statistik des Fremdenverkehrs in Beherbergungsstätten
HfW – Hauptstelle für Wärmewirtschaft
HFw, Hfw. – Hauptfeldwebel
Hfz. – Halbfranz[einband]
hg – Hektogramm
Hg – Hydrargyrum *(Quecksilber; Element)*
HG – Bad Homburg vor der Höhe/Hochtaunus-Kreis *(Kfz)* · Handelsgenossenschaft · Handelsgericht · Handelsgesellschaft · Handelsgüte · Hauptgefreiter *(Bw.)* · Hausgemeinschaft · Haushaltsgesetz · Hockeygesellschaft · Horchgerät
hg. – hängend · herausgegeben · hügelig
Hg. – Hang · Heeresgerät · Herausgeber · Hergang · Hofgebäude · Hügel
HGA – Hercules Graphics Adapter · Hypothekengewinnabgabe
HGB – Handelsgesetzblatt · Handelsgesetzbuch
hgb. – herausgegeben
Hgb. – Herausgeber
Hgbf. – Hauptgüterbahnhof
HGBl. – Handelsgesetzblatt
HGC – Hercules Graphics Card
H.-Geh. – Handlungsgehilfe
H.-Ger., Hger. – Hauptgericht
H.-Ges. – Handelsgesellschaft
HGF – Hauptgeschäftsführer[in] · Hermann von Helmholtz-Gemeinschaft Deutscher Forschungszentren
HGFD – Hermann-Gmeiner-Fonds Deutschland
hgg. – herausgegeben
HGH – human growth hormone *(engl.:* »Wachstumshormon«)
HGIN – hochgradige intraepitheliale Neoplasie *(Med.)*
.hgl – Hewlett-Packard Gra-

phics Language *(Dateierweiterung)*
Hgl. – Hagel · Hanglage · Hügel
HGlG – Hessisches Gleichberechtigungsgesetz
hgm. – hausgemacht
HGNM – Hannoversche Gesellschaft für Neue Musik
HGO – Geschäftsordnung für die Hauptzollämter und ihre Dienststellen · Hauptgeschäftsordnung · Hessische Gemeindeordnung
HGON – Hessische Gesellschaft für Ornithologie und Naturschutz
HGrG – Haushaltsgrundsätzegesetz
H.-Gr., HGr., Hgr. – Handgranate · Häusergruppe · Heeresgruppe
HGS, HGSt. – Hauptgeschäftsstelle
HGSt. – Hauptgeschäftsstelle
HGÜ – Hochspannungs-Gleichstromübertragung
HGV – Heimat- und Geschichtsverein
Hgw – Hartgewebe
HGW – Hansestadt Greifswald *(Kfz)* · höchster Grundwasserstand
HGZ – Handels- und Gaststättenzählung
HH – Freie und Hansestadt Hamburg, Senat und Bürgerschaft *(Kfz)* · Handelshochschule · Hansestadt Hamburg *(Kfz)* · Hochhaus · Hochschulen
H. H. – Hochwürdig[st]er Herr *(Anrede)*
HHA – Hamburger Hochbahn Aktiengesellschaft
HHF – Höchstfrequenz
HHG – Häftlingshilfegesetz · Handel, Handwerk und Gewerbe
HHI – Heinrich-Hertz-Institut *(Fraunhofer-Institut für Nachrichtentechnik)*
HHL – Handelshochschule Leipzig · Hinterhauptlage *(Med.)* · Hypophysenhinterlappen *(Med.)*
HHLA – Hamburger Hafen- und Lagerhaus-Aktiengesellschaft
HHQ – höchste Quantität *(höchste Hochwassermenge)*
HHS – Handelshochschule
HHT – Handarbeit-Hauswirtschaft-Turnen · hereditäre hämorrhagische Teleangiektasie *(Med.)* · Hessischer Handwerkstag
HHTHW – höchster Tidenhochwasserstand
HHTNW – höchster Tidenniedrigwasserstand
HHV – Hessischer Handballverband · Hopfenherkunftsverordnung *(Bayern)*
HHW – höchstes Hochwasser
Hhz – Hochdruckdampfheizung
HI – Halbinsel · Handelsinstitut · Hawaii *(Staat der USA)* · Hildesheim *(Kfz)* · Hydrographisches Institut
Hi. – Hilfs... · Hindernis
Hi.-Ass. – Hilfsassistent[in]
Hib – Haemophilus influenzae Typ b
HiBa – Hindernisbahn
HIBEX – High Acceleration Booster Experiment *(Mil.)*
HIBS – Hessisches Institut für Bildungsplanung und Schulentwicklung
HICOG – High Commissioner for Germany
HICOM – High Commission for Germany
HID – Human Development Index *(UNO)*
HIFAM – high-fidelity amplitude modulation *(Breitband-Amplitudenmodulation)*
HiFD – high capacity floppy disk
Hi-Fi, HiFi, Hifi – high fidelity *(engl.:* »höchste Ton-, Klangtreue«)
Hifo-Methode – highest in, first out
High-Com – High-Fidelity-Compander *(Rauschunterdrückungssystem)*
Hi.-L. – Hilfslehrer · Hilfsleitung · Hilfslieferung[en] · Hindernislauf
HIM – Hauptamtlicher Inoffizieller Mitarbeiter *(DDR)* · Hessische Industriemüll GmbH
himem.sys – high memory system
hind. – hinderlich · hindern · hinduistisch · hindustanisch
Hind. – Hindernis[se] · Hinduismus · Hindustan
hingew. – hingewiesen
hinr. – hinreichend
hins. – hinsichtlich
Hins. – Hinsicht
hint. – hinten · hinter
Hinterg. – Hintergaumen · Hintergebäude · Hintergedanke · Hintergehung
Hintergr. – Hintergrund; Hintergründe
Hinterh. – Hinterhalt; Hinterhältigkeit · Hinterhand · Hinterhaupt · Hinterhaus · Hinterhof
Hinterl. – Hinterlage · Hinterland · Hinterlassene[n]; Hinterlassenschaft; Hinterlassung · Hinterleger; Hinterlegung · Hinterlist[igkeit]
hinth. – hinterher
HintO – Hinterlegungsordnung
hinw. – hinweisen[d]
Hinw. – Hinweg · Hinweis[e] · Hinwendung
HIP – Hilpoltstein *(Kfz)*
HIPC – Heavily Indebted Poor Countries *(hochverschuldete Entwicklungsländer)*
HiperLAN – High-Performance European Radio LAN
Hipo – Hilfspolizei; Hilfspolizist[in]
Hird – Hurd of Interfaces Representing Depths
HIS – Hochschul-Informations-System

Hi.-Sch. – Hilfsschule; Hilfsschüler
hisp. – hispanisch
hist. – histologisch · historisch
Hist. – Histologe; Histologie · Historie; Historiker
Hist. Jb. – Historisches Jahrbuch
Hist. Vjschr. – Historische Vierteljahresschrift
HIT – heparininduzierte Thrombozytopenie *(Med.)*
HIV – Human Immundeficiency Virus *(Aidserreger)*
HIVP – Harmonisierter Index der Verbraucherpreise
Hiwi – Hilfswilliger · Hilfswissenschaft[ler/-in]
HJ – Hitlerjugend *(NS)*
hj. – halbjährig; halbjährlich
Hj. – Halbjahr · Hilfsjahr
H. J. – hic iacet (*lat.:* »hier liegt«; *vgl. H. J. S.*)
HJB – Halbjahresbeitrag
Hj.-B., Hj.-Ber. – Halbjahresbericht[e]
HjD – Halbjahresdurchschnitt
HJR – Hessischer Jugendring
H. J. S. – hic iacet sepultus (*lat.:* »hier liegt begraben«)
Hjschr. – Halbjahresschrift
hjv – Hessischer Journalisten-Verband
HK – Handelskammer · Handwerkskammer · Harzclub · Hauptkasse · Hauptkommission · Hefnerkerze *(Einheit)* · Heilkosten · Heizkosten · Hinterkante · Hochspannungskabel · Hockeyklub · Hohe Kommission; Hoher Kommissar · Hongkong *(Kfz)*
HKA – Historisch-kritische Ausgabe
HKAG – Hessisches Kommunalabgabengesetz
HKaG, HKG – Heilberufekammergesetz
HKF – Hauptkassenführer
HKFRD – Hoher Kommissar der Französischen Republik in Deutschland
HkG, HKG – Heimkehrergesetz
HKG – Hessische Krankenhausgesellschaft · Historisch-kritische Gesamtausgabe · Kammergesetz für die Heilberufe
HKH – Bundesverband des Holz- und Kunststoff verarbeitenden Handwerks
HKI – Fachverband Heiz- und Kochgeräteindustrie
HKL – Hauptkampflinie
H.-Kl., HKl. – Handelsklasse[n]
HKlG – Handelsklassengesetz
HKMA – Hong Kong Monetary Authority
HKNM – Hoher Kommissar für nationale Minderheiten *(bei der OSZE)*
HKO – Hessische Landkreisordnung
HKP – Herkunftsprüfung
HKS – Hilfskriegsschiff · Hyperkinetisches Syndrom *(Med.)*
HK$ – Hongkong-Dollar *(Währung)*
H. K. S. C. V. – Hoher Kösener Senioren-Conventsverband
HKTA – Hongkong Tourist Association
HKTDC – Hongkong Trade Development Council
HKW – Halogen-Kohlenwasserstoffe · Heizkraftwerk
HKZ – Herz-Kreislauf-Zentrum · Heizkostenzuschuss
hl – Hektoliter
HL – Halbleiter · Handelslehrer · Hansestadt Lübeck *(Kfz)* · Hauptleitung · Heeresleitung · hinteres Lot · Hochleistung · Hochleitung
hl. – heilig · hell · hohl
Hl. – Halbleder[einband] · Hauptlager · Heilige[r]
h. l. – hoc loco (*lat.:* »an diesem Ort«)
h. L. – herrschende Lehre
H. L. – House of Lords *(GB)*
HLA – humane Leukozyten-Antigene
hlb – Hochschullehrerbund
HLB – Hamburgische Landesbank · Hessische Landesbahn
Hld., Hldr. – Halbleder[einband]
Hldbd. – Halbleder[ein]band
HLfU – Hessische Landesanstalt für Umwelt
hlg. – heilig
Hlg. – Halogen · Heilige[r]
HLI – Highly Leveraged Institution[s]
Hlk. – Heilkosten · Heilkunde
HLKA – Hessisches Landeskulturamt
HLKO – Haager Abkommen, betreffend die Gesetze und Gebräuche des Landkriegs *(1907)*
HLL – high level language
Hll. – Heilige
Hlm – Hefner-Lumen *(Einheit)*
HLM – Herz-Lungen-Maschine
Hln. – Halbleinen[einband]
Hlnbd. – Halbleinen[ein]band
HLR – home location register *(Mobilfunk)*
hl r. A. – Hektoliter reiner Alkohol
HLRN – Hochleistungsrechner Nord
HLS – Hessische Landesstelle gegen die Suchtgefahren · hue, lightness, saturation *(Farbmodell; Physik)*
Hl. S., Hl. Schr. – Heilige Schrift
HLT – Hessische Landesentwicklungs- und Treuhandgesellschaft
HLU – Hessische Landesanstalt für Umwelt
HLuHB – Hessische Landes- und Hochschulbibliothek
HLV – Hauptschullehrerver-

band · Hessischer Leichtathletik-Verband
HLVA – Hessisches Landesvermessungsamt
HLVO – Hessische Laufbahnverordnung
HLW – Herz-Lungen-Wiederbelebung
Hlwd. – Halbleinwand
Hlwdbd. – Halbleinwand[ein]band
Hlx – Hefner-Lux *(Einheit)*
hm – Hektometer
HM – Hameln-Pyrmont *(Kfz)* · Handelsmarine · Handelsministerium *(Österreich)* · Hochleistungsmotor · Höhenmarke · Höhenmessgerät
Hm. – Halbmesser · Hausmarke · Hausmeister · Heim · Heimat · Humus
h. m. – hoc mense (*lat.:* »in diesem Monat«) · huius mensis (*lat.:* »dieses Monats«)
h. M. – harmonisches Mittel · herrschende Meinung
H. M. – Her/His Majesty
HMA – Haar-Mineralstoff-Analyse · high memory area
Hmb – Hamburg *(Bahn, Post)*
HmbGDG – Hamburgisches Gesundheitsdienstgesetz
HMC – Hamburger Messe- und Congress GmbH
HMD – Handbuch der maschinellen Datenverarbeitung · head-monted device
HMdF – Hessisches Ministerium der Finanzen
HMI – Hahn-Meitner-Institut für Kernforschung
H-Milch – haltbare Milch
hMPV – humanes Metapneumovirus *(Med.)*
HMS – Hilfsminensuchboot
H. M. S. – Her/His Majesty's Ship
HMV – Herzminutenvolumen *(Med.)*
HN – Handelsniederlassung · Heilbronn *(Kfz)* · Honduras *(Kfz)*
HNA – Hessische/Niedersächsische Allgemeine
HNO-Arzt – Hals-Nasen-Ohren-Arzt
HNOV – Hessische Verordnung über Nachbarorte
HNS – host nation support
HNW – höheres Niedrigwasser
HNWI – High Net Worth Individual[s]
Ho – Holmium *(Element)*
HO – Handelsorganisation *(DDR)* · Handwerksordnung · Haushaltsordnung · Hausordnung · Hinterlegungsordnung · Hochofen · Hof *(Kfz)* · Höfeordnung · Honorarordnung
Ho., HO – Hotel
H. O. – Home Office *(GB)*
HOAI – Honorarordnung für Architekten und Ingenieure
HOB – Herrenoberbekleidung
Hob. – Hoboken[-Verzeichnis] *(Musik)*
Hoch – Hochdruckgebiet
hochd. – hochdeutsch
Hochf. – Hochform · Hochformat
Hochsch. – Hochschule; Hochschüler
Hochsch.-W., Hochschulw. – Hochschulwesen
höchst. – höchstens
Höchstbel. – Höchstbelastung
Höchstgeschw. – Höchstgeschwindigkeit
Höchstgew. – Höchstgewicht
Höchstpr. – Höchstpreis[e]
HöchstRR – Höchstrichterliche Rechtsprechung
Höchstst. – Höchststand · Höchststufe
hochw. – hochwertig · hochwürdig[st]
Hochw. – Hochwasser · Hochwürden
Hochw.-St. – Hochwasserstand
HÖD – Handbuch des öffentlichen Dienstes
HOE – holografisches Element
HöfeO – Höfeordnung
höfl. – höflich[st]
Höfl. – Höflichkeit
HOG – Hermann-Oberth-Gesellschaft · Handelsorganisation-Gaststätte *(DDR)*
HOGA – Hotel- und Gaststättenverband
Hoh. – Hoheit
hohtl. – hoheitlich
HOL – Holzminden *(Kfz)*
holl., holländ. – holländisch
Holl. – Holland; Holländer; Holländische
holst. – holsteinisch
HOM – Homburg/Saar, Saarpfalz-Kreis *(Kfz)*
hom. – homogen · homolog · homöopathisch · homophil
Hom. – Homogenität · Homöopath[ie]
HOMER – Hochfeld-Magneterprobungsanlage
Homo – Homosexuelle[r]
hon. – honorieren; honoriert
Hon. – Honorar
Hon., Honor., Honorat. – Honoratioren
Hond. – Honduraner; Honduras
hond., hondur. – honduranisch
Hon.-Prof. – Honorarprofessor
HOP – homecast open protocol
Hor. – Horizont · Horizontale
hor., horiz. – horizontal
Hosp. – Hospital · Hospitant · Hospiz
HOT – Home Order Television
Hot. – Hotel[ier]
Hott. – Hottentotte[n]
HöVG – Gesetz über die Höherversicherung in den Rentenversicherungen der Arbeiter und Angestellten
HOZ – Hochofenzement

Hp, HP – Hartpapier
HP – Halbpension · haute pression (*franz.:* »Hochdruck«) · Hauptpreis · Heppenheim/Bergstraße *(Kfz)* · Herbstprüfung · Hewlett-Packard · high pressure (*engl.:* »Hochdruck«) · Hochpass · Höhenfestpunkt · Homepage · Horsepower (*engl.:* »Pferdestärke«)
HP, Hp. – Heilpraktiker[in]
Hp. – Hilfspunkt · Höhepunkt
Hp., HP – Haltepunkt
h. p., HP – Horsepower (*engl.:* »Pferdestärke«)
hPa – Hektopascal *(Einheit)*
Hpa – Hauptprüfungsamt
HPA – Handelspolitische Abteilung · Handelspolitischer Ausschuss · Hauptprüfungsamt · Hauptprüfungsausschuss · high performance addressing · Hochschulpolitisches Amt
Hpbf – Hauptpersonenbahnhof
HPC – high performance computing
H/PC – handheld PC
HPCA – High Performance Computing Act (*engl.:* »Gesetz zur Hochgeschwindigkeitsdatenverarbeitung«)
HPCN – high performance parallel computing and networking
HPE – Händlerpreisempfehlung
Hperg. – Halbpergament[einband]
Hpergbd. – Halbpergament[ein]band
HPersR – Hauptpersonalrat
Hpfl. – Haftpflicht
HpflG – Haftpflichtgesetz
HpflV, HPflVers. – Haftpflichtversicherung
HPFS – high performance file system
HPG – Handwerkliche Produktionsgenossenschaft/Handwerkerproduktionsgenossenschaft · Heilpraktikergesetz
HPGL – Hewlett-Packard Graphics Language
Hpgt. – Halbpergament[einband]
HPhV – Hessischer Philologenverband
H.-Pl., HPl. – Haushaltsplan
HPLC – High Performance/Pressure Liquid Chromatography *(Hochleistungsflüssigkeitschromatographie)*
HPPA – Hauptpunzierungs- und Probieramt *(Österreich)*
HPR – Hauptpersonalrat
HPRG – Hessisches Privatrundfunkgesetz
Hpt. – Haltepunkt · Haupt...
HptA – Hauptamt · Hauptausschuss
Hpt.-Abt.-Dir. – Hauptabteilungsdirektor
Hptb. – Hauptband · Hauptberuf · Hauptbuch
Hptbd. – Hauptband
Hpt.-Ber. – Hauptbericht · Hauptberuf
HPTC – high performance technical computing
HptFw – Hauptfeldwebel *(Bw.)*
HptGefr – Hauptgefreiter *(Bw.)*
Hpt.-Gl. – Hauptgläubiger
Hptl. – Hauptlehrer
Hptm – Hauptmann *(Bw.)*
hpts. – hauptsächlich
Hpts. – Hauptsache
Hptsch. – Hauptschuld · Hauptschuldner · Hauptschule; Hauptschüler
Hptst. – Hauptstadt; Hauptstädte · Hauptstation
Hpt.-Vertr. – Hauptvertrag · Hauptvertreter · Hauptvertretung
Hpt.-Verw., Hptverw. – Hauptverwaltung
hptw. – hauptwörtlich
Hptw. – Hauptwache · Hauptwerk · Hauptwort; Hauptwörter
Hptwm. – Hauptwachtmeister
HP-UX – Hewlett-Packard Unix
HPV – Hauptpersonalvertretung · Hauptverband der Papier, Pappe und Kunststoffe verarbeitenden Industrie · humanes Papilloma-Virus
HPVG – Hessisches Personalvertretungsgesetz
HQ – Hauptquartier; Headquarters *(engl.)*
H.-Qu. – Hauptquartier
hr – Hessischer Rundfunk
HR – Handelsrat · Handelsrechnung · Handelsrecht · Handelsregister · Handregelung · Hauptredaktion · Hauptreferat; Hauptreferent · Hausrat · Hofrat *(Österreich)* · Homberg/Efze, Schwalm-Eder-Kreis *(Kfz)* · human resource · Kroatien *(Kfz)*
hr. – hour (*engl.:* »Stunde«)
Hr. – Herr · Horn
h. R. – herrschende Rechtsprechung
H. R. – House of Representatives *(USA)*
HRA – Handelsregister Abteilung A (Einzelkaufleute) · Himalayan Rescue Association · Hochschulrahmenabkommen
HRB – Handelsregister Abteilung B (Gesellschaften) · Handelsregisterblatt · Hessischer Richterbund
HRBG – Handelsrechtliches Bereinigungsgesetz
HRCT – high resolving computer tomography *(Med.)*
HRD – Hertzsprung-Russell-Diagramm *(Astron.)*
HRD, HRDG – Hessisches Rettungsdienstgesetz
HRE – Hausratsentschädigung
HREF – hypertext reference
HReg. – Handelsregister
HRegVfg. – Handelsregisterverfügung

HRG – Handwörterbuch der Rechtsgeschichte · Hochschulrahmengesetz
hrg. – herausgegeben
Hrg. – Herausgeber
H. R. H., HRH – His Royal Highness *(GB)*
HRiG – Hessisches Richtergesetz
H. R. I. P. – hic requiescit in pace (*lat.:* »hier ruht in Frieden«)
HRK – Hochschulrektorenkonferenz
HRKG – Hessisches Reisekostengesetz
HRM – human resources management
Hrn. – Herrn
HRO – Hansestadt Rostock *(Kfz)*
HRR – Höchstrichterliche Rechtsprechung
HRS – hitzeresistente Sporen[bildner] · Hotel Reservation Service
hrsg. – herausgegeben
Hrsg. – Herausgeber
h. Rspr. – herrschende Rechtsprechung
Hrst. – Hersteller; Herstellung
HRT – hormone replacement therapy *(Hormonersatztherapie)*
HRV – Herzratenvariabilität *(Med.)* · Hessischer Radfahrer-Verband · Hessischer Rollsport-Verband
HRW – Human Rights Watch
HRZ – Haushaltsrechtliche Bestimmungen für die Justizverwaltung
Hrzg. – Herzog[in]
Hrzgt. – Herzogtum
hs – Hektoster
Hs – Hassium *(Element)*
HS – Haftpflicht-Schaden *(Vw.)* · Haltestelle · Hauptsachbearbeiter · Hauptsache · Hauptsaison · Hauptsatz · Hauptschalter · Hauptspeicher *(EDV)* · Hauptstudium · Heinsberg *(Kfz)* · Hilfsschule · Hochsaison · Hochschule
hs. – handschriftlich
Hs. – Handschrift · Haus
h. s. – hoc sensu (*lat.:* »in diesem Sinne«)
HSA – Hören, Sprechen, Aufnehmen *(im Sprachlabor)* · Hornhautscheitelabstand
HSAV – Hessischer Sportakrobatik-Verband
Hsb – Hefner-Stilb *(Einheit)*
HSB – Hochleistungsschnellbahn · hue, saturation, brightness (*Physik; engl.:* »Farbton, Sättigung, Helligkeit«)
HSBC – Hongkong-Shanghai Banking Corporation
Hs.-Bew. – Hausbewohner
HSC – Amateur-Radio-Telegrafie High Speed Club · high speed circuit *(EDV)*
H.-Sch. – Handelsschiff[fahrt] · Handelsschule · Hauptschule · Hilfsschule · Hochschule
HSchG – Hilfsschulgesetz · Hochschulgesetz
HSchL – Hilfsschullehrer · Hochschullehrer
HSchLG – Hochschullehrergesetz
hschr. – handschriftlich
Hschr. – Handschreiben · Handschrift
HSchulG – Hilfsschulgesetz *(hist.; heute: Sonderschulgesetz)* · Hochschulgesetz
HSCSD – high speed circuit switched data *(EDV)*
HSDG – Hamburg-Südamerikanische Dampfschifffahrts-Gesellschaft
HSE – Herpes-simplex-Enzephalitis *(Med.)*
H. S. E. – hic sepultus/situs est (*lat.:* »hier ist begraben/ruht«)
HSFl – Hafenschutzflottille
HSFK – Hessische Stiftung Friedens- und Konfliktforschung
HSG – Handballsportgemeinschaft · Hochschulgemeinschaft
HSGB – Hessischer Städte- und Gemeindebund
HSGr – Hafenschutzgruppe
HSH – Hannoverscher Schweißhund
Hsh. – Haushalt[ung]
Hsh.-Vorst. – Haushaltvorstand
HSi – Hauptsicherung
HSI – high scale integration (*engl.:* »Integration in hohem Maßstab«, *vgl. LSI*)
HSJ – Hessische Sportjugend
HSJV – Hessischer Schüler- und Jugendzeitungsverein
HSK – Haushaltssicherungskonzept · Hochsauerlandkreis *(Kfz)*
hsl. – häuslich
HSMA – Hotel Sales and Marketing Association
HSMD – high speed mobile data *(EDV)*
HSN – Hersteller-Schlüsselnummer
Hs.-Nr. – Hausnummer
HSOG – Hessisches Gesetz über die öffentliche Sicherheit und Ordnung
Hsp. – Hörspiel · Hospital · Hospitant · Hospiz
HSR – Hochschulring
Hss. – Handschriften · Hessen
H.S.S. – hic sepulti/siti sunt (*lat.:* »hier sind begraben/ruhen«)
HSST – Heidelberger sprachfreier Schulreifetest
HST – Hansestadt Stralsund *(Kfz)* · high speed technology
Hst. – Haltestelle · Handsteuerung · Hauptstadt · Hauptstelle · Heilstätte *(Österreich)* · Hilfsstelle
HSt. – Haushaltsstelle · Hundesteuer
h. s. t. – hora sine tempore *(lat.; Stunde ohne akademisches Viertel)*

HStA – Hauptstaatsarchiv · Heimstättenamt
HStatG – Hochschulstatistikgesetz
HStG – Heimstättengesetz · Hundesteuergesetz
HSTR – high speed token ring
HStT – Hessischer Städtetag
HSU – Humanistische Studentenunion
HSV – Hamburger Sportverein · Herpes-simplex-Virus *(Med.)* · Hessischer Schwimm-Verband · Hessischer Ski-Verband · Hundesportverein
HSVA – Hamburgische Schiffbau-Versuchsanstalt
HSVO – Hafensicherheitsverordnung
H-Sync – horizontale Synchronisation
HSZ – Hochsicherheitszone
HT – Hardtop *(Kfz)* · Haustarif[e] · Herdtiefe *(Radiologie)* · Herztöne *(Med.)* · Hochtarif *(bei Strom)* · Hochtemperatur · Hydrotherapie *(Med.)*
HT, h.t. – high temperature *(engl.)* · high tension *(engl.:* »Hochspannung«)
ht. – heat *(engl.:* »Hitze, Wärme«) · height *(engl.:* »Höhe«)
h.t. – hoc tempore *(lat.:* »in dieser Zeit«) · hoc titulo *(lat.:* »unter/mit diesem Titel«)
HTA – Haupttelegrafenamt · health technology assessment[s]
HTB – Haupttagebuch
HTE – Highspeed Train Europe
HTGR – High Temperature Gas-cooled Reactor
HTGV – Hessische Trennungsgeldverordnung
HTI – Handwerkstechnisches Institut *(Österreich)*
HTKS – Haustürkontrollsystem
HTL – Höhere Technische Lehranstalt
Htl. – Hotel[ier]
HTML – Hypertext Markup Language *(Internet)*
HTP – Hochtemperaturpyrolyse
Htp. – Haltepunkt
HTR – Hochtemperaturreaktor
htr. – halbtrocken
HTS – Hannover Tourismus Service · Hessen Touristik Service
HTSL – Hochtemperatursupraleiter
HTSLw – Höhere Technische Schule der Luftwaffe
HTSt – Haupttelegraphenstelle
HTT – Hängetuch-Teiche · Hochtemperaturtechnik
http, HTTP – hypertext transfer protocol *(engl.:* »Übertragungsprotokoll für Hypertext«)
HTTP-NG – hypertext transfer protocol next generation
HTTPS – HTTP secure
HTTV – Hessischer Tischtennis-Verband
HTV – Hessischer Tanzsport-Verband · Hessischer Tennisverband
HTWK – Hochschule für Technik, Wirtschaft und Kultur *(Leipzig)*
Htwl. – Hohentwiel
HU – Hanau *(Kfz)* · Hauptuntersuchung · Humanistische Union · Humboldt-Universität zu Berlin
Hüa – Höhe über alles
HUB – Humboldt-Universität Berlin
Hubbr. – Hubbrücke
Hubr. – Hubraum
Hubschr. – Hubschrauber
HUE – Hauptunterstützungsempfänger
HuG – Haut- und Geschlechtskrankheiten
HUG – Hessisches Universitätsgesetz
HUI – Hamburger Umwelt-Institut
HuK – Ökumenische Arbeitsgruppe Homosexuelle und Kirche
HUK – Haftpflicht-, Unfall- und Kraftverkehrsversicherung · Haftpflicht-Unterstützungskasse kraftfahrender Beamter Deutschlands
HUKG – Hessisches Umzugskostengesetz
HÜL – Haushaltsüberwachungsliste
hum. – human[istisch] · humoristisch
Hum. – Humanist; Humanismus; Humanität · Humoreske · Humorist
HundAbgG – Hundeabgabengesetz *(Bayern)*
HundStG – Hundesteuergesetz *(Baden-Württemberg)*
Hurd – Hird of Unix replacing Daemons
HUS – Heeresunteroffizierschule *(Bw.)*
HÜSt – Handelsüberwachungsstelle
HV – Handelsverbindung · Handelsverkehr · Handelsvertrag · Handelsvertreter · Handelsvertretung · Handlungsvollmacht · Handverkauf · Handvermittlung · Handwerkerversorgung · Hauptverband · Hauptvermittlung · Hauptversammlung · Hauptvertrag · Hauptvertreter; Hauptvertretung · Hauptverwaltung · Hauptvorstand · Haushaltvorstand · Haushaltsvorschriften · Hausverwalter; Hausverwaltung · Heeresverwaltung · Heimatverband · Heimatverein · Heimatvertriebene[r] · Hepatitis-Virus/Viren · High Voltage · Historische Vierteljahresschrift · Höherversicherung · Hyperventilation *(Phonetik)* · Verfassung des Landes Hessen

H. V., HV – Historischer Verein
HVA – Hauptvermessungsabteilung · Hauptversicherungsart · Hauptversorgungsamt · Hauptverwaltung Aufklärung *(DDR)* · Homovanillin-Acid
HVB – Hamburger Verwaltungs- und Betreuungs-AG · Hauptverwaltung der Binnenschifffahrt *(nach 1945)* · Hauptverwaltung der Deutschen Bahn · Hypovereinsbank
hvb. – höhenverstellbar
HVBG – Hauptverband der gewerblichen Berufsgenossenschaften
HVBl. – Heeresverordnungsblatt
HVD – high voltage differential
HVE – Hauptverwaltung der Eisenbahnen *(nach 1945)*
H.-Vers., HVers. – Hauptversammlung · Haus[rat]versicherung · Höherversicherung
HVertr – Hauptvertrag *(Weltpostvertrag)*
H.-Vertr., HVertr. – Handelsvertrag · Handelsvertreter; Handelsvertretung · Hauptvertreter; Hauptvertretung
H.-Verw., HVerw. – Hauptverwaltung · Hausverwalter; Hausverwaltung
HVG – Handelsvertretergesetz · Handwerkerversorgungsgesetz · Hopfenverwertungsgesellschaft
HVIÖ – Hauptverwaltung der Industrie Österreichs
HVK – Hauptverteidigungskräfte *(Bw.)*
HVL – Havelland *(Kfz)* · Hypophysenvorderlappen *(Med.)*
HVM – Honorarverteilungsmaßstab
HVMF – Hessischer Verband für modernen Fünfkampf
HVMSchw – Hauptvertrauensmann der Schwerbehinderten
HVOBl – Heeresverordnungsblatt
HVPF – Hauptverwaltung für das Post- und Fernmeldewesen
HVPI – Harmonisierter Verbraucherpreisindex
HVRS – Handelsvertreter-Rechtsschutz
HVSt – Hauptverkehrsstunde *(Bahn)* · Hauptvermittlungsstelle · Hauptverteilungsstelle · Hauptverwaltung der Straßen *(nach 1945)*
hvst. – höhenverstellbar
HVStd. – Hauptverkehrsstunde
HVStW – Hauptvermittlungsstelle mit Wählbetrieb
HVT – Hauptverband für Traber-Zucht und -Rennen
HVV – Hamburger Verkehrsverbund · Heimat- und Verschönerungsverein · Hessischer Volkshochschul-Verband · Hinterachsvollverzögerung *(Kfz)*
HVW – Hochschule für Verwaltungswissenschaften
HVZ – Hochwasser-Vorhersage-Zentrale
hW – Hektowatt
Hw – Hammerwerk · Hauptwagen · Heizwerk · Heizwert · Hüttenwerk
HW – Halswirbel · Handelsware · Handelswert · Handelswissenschaft · Handwerk[er] · Handwörterbuch · Hauptwagenamt *(Bahn)* · Hauptwerkstatt · Heckwischer · Hilfswissenschaft[en] · Hochwasser
Hw. – Handwagen · Hauptwerk · Hauptwort · Hauswart · Heizwerk · Heizwert
h. W. – höchster Wasserstand · höchster Wert
Hwb. – Handwörterbuch
HWBG – Hessisches Weiterbildungsgesetz
HWC – heavy weight coated *(Papierqualität)*
HWD – Halbwertdicke · Halbwertdosis
HWF – Höhere Wirtschaftsfachschule
HWG – Hessisches Wassergesetz · Gesetz über die Werbung auf dem Gebiet des Heilwesens; Heilmittelwerbegesetz · Huren wehren sich gemeinsam
h. w. G., hwG – häufig wechselnde Geschlechtspartner
Hwg. – Handwagen · Hochwohlgeboren
HWH – Hochwasserhöhe
HWI – Hansestadt Wismar *(Kfz)* · Harnwegeinfekt(e) *(Med.)* · Hochwasserintervall
HWiG – Haustürwiderrufsgesetz
HwK, HWK – Handwerkskammer
HWL – Höhere Wirtschaftliche Lehranstalt
HWM, Hwm. – Handwerksmeister · Hauptwachtmeister · Hauptwerkmeister
HwO – Handwerksordnung
HWP – Hochschule für Wirtschaft und Politik
HWS – Halbwertschicht · Halswirbelsäule *(Med.)*
HWV – Händel-Werke-Verzeichnis *(Georg Friedrich Händel)*
HwVG – Handwerkerversicherungsgesetz
HWWA – Hamburgisches Weltwirtschaftsarchiv
HWZ – Halbwertzeit · Heereswetterzentrale · Hochwasserzeit · Hochwasserzone
HX – Höxter *(Kfz)*
HY – Hoyerswerda *(Kfz)*
hy. – hydraulisch
Hy. – Hydraulik · Hydrazin
Hyaz. – Hyazinthe
hybr. – hybrid[isch]
hydr. – hydraulisch · hydrieren · hydrologisch
Hydr. – Hydrant · Hydrat ·

Hydrazin · Hydraulik · Hydrierung · Hydrologe; Hydrologie · Hydrolyse
Hydrogr. – Hydrograph[ie]
hydrol. – hydrologisch
Hydrol. – Hydrologe; Hydrologie · Hydrolyse
hydrom. – hydrometrisch
hydromech. – hydromechanisch
Hydr.-Verf. – Hydrierverfahren
hyg. – hygienisch
Hyg. – Hygiene
Hygr., Hygrom. – Hygrometer; Hygrometrie
Hyg.-Unt. – Hygiene-Unterricht
hyp. – hypothetisch
Hyp. – Hyperbel · Hypertonie · Hypophyse · Hypothek · Hypothese
Hyp.-B., Hyp.-Bk. – Hypothekenbank
HypBG – Hypothekenbankgesetz
Hyp.-Br. – Hypothekenbrief
Hyp.-Darl., HypD. – Hypothekendarlehen
hyperb. – hyperbolisch
hypfr., hypfrei – hypothekenfrei
hypn. – hypnotisieren; hypnotisiert; hypnotisch
Hypn. – Hypnose; Hypnotiseur
Hypo – Hypothek[en]
Hypot. – Hypotenuse
hypoth. – hypothetisch
Hypoth. – Hypothese
HypSG, HypSichG – Hypothekensicherungsgesetz
hypt. – hypertonisch *(Med.)*
HyTime – hypermedia time
Hz – Hertz *(Einheit)*
Hz, HZ – Hochzucht
HZ – Haftungszeit *(Vw.)* · Handelszentrale · Hinweiszeichen · Historische Zeitschrift
Hz. – Handzeichen · Handzettel · Hauptzähler · Hochzeit
Hz., HZ – Heizung
HZA – Habenzinsabkommen · Handels- und Zahlungsabkommen · Hauptzollamt
HZB – Hinzurechnungsbetrag
hzb. – heizbar
Hzbl. – Holzbläser *(Musik)*
HZD – Hessische Zentrale für Datenverarbeitung
Hzg. – Heizung · Herzog
Hzgin – Herzogin
hzgl. – herzoglich
Hzgt., Hzgtm. – Herzogtum
Hzk., Hz.-K. – Heiz[ungs]kosten
Hzl – Heizleitung *(Technik)*
HZP – Herbstzuchtprüfung
Hzt., Hztm. – Herzogtum
HZV – Haftpflicht-Zusatzversicherung · Herzzeitvolumen *(Med.)*
HZvG – Hüttenknappschaftliches Zusatzversicherungsgesetz
H.-Zw., Hzw. – Handelszweig · Hauptzweig

I*i*

I – Italien *(Kfz)* · eins *(römisches Zahlzeichen)* · Jod *(Element)*
I, J – Isospinquantenzahl · Lichtstärke · Stromstärke
I. – Imperator; Imperium · Industrie · Insel · Inspektion · Institut
i – Information
i. – im · in · innen · innerhalb · innerlich
I2C – inter integrated circuit
i3Di – internet 3D interactive
IA – Intelligenzalter · International Auctioneers · Iowa *(Staat der USA)*
Ia. – Iowa *(Staat der USA)*
i. a. – inter/intra-arteriell *(Med.)*
i. A. – im Allgäu · im Allgemeinen · im Aufbau · in Abwesenheit · in Ausbildung
i. A., I. A. – im Auftrag
I. A. – Internationales Angström / Internationale Angströmeinheit
IAA – International Advertising Association *(Schweiz)* · Internationale Arbeiterassoziation *(1864)* · Internationale Automobilausstellung *(Frankfurt am Main)* · Internationales Arbeitsamt
IAAB – Interamerican Association of Broadcasters
IAAC – International Agricultural Aviation Centre
IAAEG – Institut für Arbeitsrecht und Arbeitsbeziehungen in der Europäischen Gemeinschaft
IAAF – International Amateur Athletic Federation
IAAM – International Association of Assembly Managers
IAAP – International Association of Applied Psychology
IAARC – International Administrative Aeronautical Radio Conference *(Internationale Flugfunkverwaltungskonferenz)*
IAAS – Institut für Angewandte Analysis und Stochastik *(Berlin)*
IAB – Institut für Arbeitsmarkt- und Berufsforschung *(der Bundesanstalt für Arbeit, Nürnberg)* · Internet Advertising Bureau *(Hamburg)* · Internet Architecture Board
IABA – International Aircraft Broker's Association · International Amateur Boxing Association
IABG – Industrieanlagen-Betriebsgesellschaft
IABSE – International Association for Bridge and Structural Engineering
IABV – integriertes automatisches Besteuerungsverfahren

IAC – Import Advisory Committee *(Einfuhrausschuss der Westmächte nach 1945)* · Indian Airlines Corporation · inter-application communication · International Advisory Committee on Research in the Natural Sciences Program of UNESCO · International Air Convention · Inter-American Conference
IACCP – Inter-American Council of Commerce and Production
IACME – International Association of Crafts and Small and Medium sized Enterprises
IACP – International Association of Chiefs of Police
IACS – International Association of Classification Societies
IACSS – Inter-American Conference of Social Security
IAD – integrated access device *(integrierter Zugangskonzentrator)* · International Astrophysical Decade · Internationaler Austauschdienst
IADA – Internationale Arbeitsgemeinschaft der Archiv-, Bibliotheks- und Grafikrestauratoren
IADB – Inter-American Defense Board · Inter-American Development Bank
i. A. d. C. – im Auftrag[e] des Convents *(Verbindungsw.)*
IADL – International Association of Democratic Lawyers
IADR – International Association for Dental Research
IADS – International Association of Department Stores
IAE – ISDN-Anschluss-Einheit
IAEA – International Atomic Energy Agency
IAEE – International Association of Energy Economists
IAEO – Internationale Atomenergieorganisation *(Wien)*
IAES – International Association of Exchange Students
IAESTE – International Association for the Exchange of Students for Technical Experience
IAF – [Fraunhofer-]Institut für Angewandte Festkörperphysik · Interessengemeinschaft der mit Ausländern verheirateten deutschen Frauen · International Aeronautical Federation · International Astronautical Federation · International Automobile Federation
IAFH – Institut für Aeromechanik und Flugtechnik der Technischen Hochschule Hannover
IAFUM – Internationaler Arbeitskreis Frau und Musik
IAG – International Association of Geodesy
IAGC – instantaneous automatic gain control
IAH – International Association of Hydrology · internationale Arbeitshilfe
IAHC – Internet International Ad Hoc Committee
IAHR – International Association for History of Religion · International Association for Hydraulic Research
IAI – Institut für angewandte Innovationsforschung · International African Institute · International Anthropological Institute · International Association for Identification · International Automotive Institute
IAK – Internationale Arbeitskonferenz · Internationales Auschwitz-Komitee
IAKS – Internationaler Arbeitskreis Sport- und Freizeiteinrichtungen
I. A. K. V. – Interessengemeinschaft österreichischer Autoren, Komponisten und Musikverleger
IAL – Internationale Artistenloge
IALA – international application launch accelerator · International Auxiliary Language Association
i. Allg. – im Allgemeinen
IALS – International Association of Legal Science
IAM – Impuls-Amplitudenmodulation · International Assistance Mission · Internationale Anlegermesse · Internationale Arbeitsgemeinschaft für Müllforschung
IAMCR – International Association for Mass Communication Research
IAMO – Institut für Agrarentwicklung in Mittel- und Osteuropa *(Halle)*
IAN – Internationale des Amis de la Nature
I. A. N. – Internationale anatomische Nomenklatur
IANA – Internet Assigned Numbers Authority *(engl.:* »Behörde für die Zuweisung von Internetadressen«)
IANC – International Airline Navigators Council · International Anatomical Nomenclature Committee
IANEC – Inter-American Nuclear Energy Commission
IAO – [Fraunhofer-]Institut für Arbeitswirtschaft und Organisation · Internationale Arbeitsorganisation
i. ao. D. – im außerordentlichen Dienst
IAP – [Fraunhofer-]Institut für Angewandte Polymerforschung · International Academy of Pathology · International Association of Psychotechnics · Industrieabgabepreis · Internet Access Provider
IAPA – Inter-American Press Association · International Airline Passengers' Association

IAPC – International Auditing Practices Committee
IAPCO – International Association of Professional Congress Organizers
IAPH – International Association of Ports and Harbours
IAPIP – International Association for the Protection of Industrial Property
IAPO – International Association of Physical Oceanography
IAPS – International Academy of Political Science
IAPTC – International Association for Peace-Keeping Training Centers
IAR – International Authority for the Ruhr *(nach 1945)*
IARA – Inter-Allied Reparations Agency
IArbA – Internationales Arbeitsamt
IARC – International Agency for Research on Cancer
IARU – International Amateur Radio Union
IAS – Indicated Airspeed · Institut für Arbeits- und Sozialhygiene *(Karlsruhe)* · International Accounting Standards *(internationale Bilanzierungsrichtlinien)* · International Aircraft Standards · International Association of Seismology · Internationale Arbeitsgemeinschaft [Sicherheit beim] Ski[lauf] · Internationaler Antwortschein
IASA – International Air Safety Association
IASB – International Aircraft Standard Bureau · International Accounting Standards Board
IASC – International Accounting Standards Committee
IASI – Inter-American Statistical Institute
IASP – International Association for Social Progress
IASV – Internationale Arbeitsgemeinschaft von Sortimentsbuchhändler-Vereinigungen
IAT – Institut für Angewandte Trainingswissenschaft *(Leipzig)* · internationale Arbeitsteilung
IATA – International Air Transport Association; *siehe auch Übersicht – S. 163* · International Amateur Theatre Association
IATM – International Association for Testing Materials
IATME – International Association of Terrestrial Magnetism and Electricity
IATO – Internationale Arbeitsgemeinschaft der Theaterbesucherorganisationen
IATU – Inter-American Telecommunications Union
IATUL – International Association of Technical University Libraries
IAU – International Academic Union · International Association of Universities · International Astronomical Union/Internationale Astronomische Union
i. A. u. f. R. – im Auftrag und für Rechnung
i. Auftr. – im Auftrag
i. A. u. i. V. – im Auftrag und in Vertretung
IAUPL – International Association of University Professors and Lectures
i. Ausb. – im/in Ausbau · in Ausbildung
I-Ausweis – Identitätsausweis *(Österreich)*
IAV – Ingenieurgesellschaft für Aggregattechnik und Verkehrsfahrzeuge · International Association of Vulcanology · Internationales Archiv für Verkehrswesen · Internationales Ausschreibungsverfahren
IAVC – instantaneous automatic volume control
IAVG – International Association for Vocational Guidance
IAVP – Industrieabgabe-Verrechnungspreis
IAW – Institut für Arbeitswissenschaft *(TH Darmstadt)* · International Alliance of Women
i. a. w. – in accordance with (*engl.:* »in Übereinstimmung mit; gemäß«)
i. a. W. – in anderen Worten
IAWA – International Association of Wood Anatomists
IAWR – Internationale Arbeitsgemeinschaft der Wasserwerke im Rheineinzugsgebiet
IB – Iberia *(spanische Luftverkehrsgesellschaft)* · Industriebank · Industriebau[ten] · Informationsbank *(EDV)* · Informationsblatt · Informationsbüro · Ingenieurbau · Ingenieurbüro · International Baccalaureate · International Business *(Studienfach)* · Internationaler Bund · Internationales Bakkalaureat · Internationales Büro
ib. – ibidem (*lat.:* »ebenda, ebendort«)
i. B. – im/in Bau · in Bayern · im Besonderen · im/in Betrieb · in Buchstaben
I. B. – in bond *(unverzollte Ware unter Zollverschluss)*
IBA – International Bar Association *(Internationale Richtervereinigung)* · International Bowling-Association · International Biographical Archive/Internationales Biographisches Archiv · International Brands Alliance · International Business Administration · Internationale Baufachausstellung · Internationale Buchkunst-Ausstellung

i. b. A. – im besonderen Auftrag
IBAN – International Bank Account Number
IBAW – Interessengemeinschaft Biologisch Abbaubarer Werkstoffe
IBB – International Broadcasting Bureau
IBBH – Internationaler Bund der Bau- und Holzarbeiter
IBBY – International Board on Books for Young People
IBCAG – Internationaler Bund Christlicher Angestelltengewerkschaften
IBCC – International Building Classification Committee · International Bureau of Chambers of Commerce
IBCG – Internationaler Bund Christlicher Gewerkschaften
IBCGTB – Internationaler Bund Christlicher Gewerkschaften im Textil- und Bekleidungsgewerbe
IBCHBV – Internationaler Bund Christlicher Holz- und Bauarbeiterverbände
IBD – International Bureau for Declarations of Death (1952–1973)
ibd. – ibidem (*lat.:* »ebenda, ebendort«)
IBE – Industrievereinigung Badeinrichtung · International Bureau of Education/Internationales Büro für Erziehung · Internationale Benzoat-Einheit
IBEG – Internationaler Bund der Erziehungsgemeinschaften
i. Bes. – im Besonderen
i. bes. A. – im besonderen Auftrag
IBF – Institut für Bildsame Formgebung *(Aachen)* · International Badminton Federation · International Bankers Forum · International Bear Foundation · International Bookseller-Federation · Internationaler Bodensee-Fischereiverband · International Boxing Federation · Internationales Brucknerfest *(Linz)*
IBFA – International Best-Factory-Award
IBFG – Internationaler Bund Freier Gewerkschaften
IBFN – integriertes Breitbandfernmeldenetz
IBGM – Internationales Büro für Gewichte und Maße
ibh – Industrieverband Bauchemie und Holzschutzmittel
IBI – Internationales Burgenforschungsinstitut
IBIS, Ibis – Integriertes Börsen-Informationssystem
IBK – Institut Bauen mit Kunststoffen *(Darmstadt)* · Interessengemeinschaft Berliner Kunsthändler · Internationale Beleuchtungskommission
IBM – International Business Machines [Corporation]
IBMG – Internationales Büro für Maße und Gewichte
IBMR – International Bureau for Mechanical Reproduction
IBMT – [Fraunhofer-]Institut für Biomedizinische Technik
IBMV – Internationaler Bodensee-Motorboot-Verband
IBN – Institut Belge de Normalisation · Integrated Business Network
IBO – International Broadcasting Organization · Internationaler Bauorden
IBP – [Fraunhofer-]Institut für Bauphysik · Internationaler Bund der Privatangestellten · Internationales Biologisches Programm
IBPGR – International Board for plant genetic Resources
IBR – image-based rendering
i. Br. – im Breisgau
IBRD – International Bank for Reconstruction and Development
IBS – Innovationsberatungsstelle[n] · intelligenter Batteriesensor · Inter-African Bureau of Soils *(Interafrikanisches Büro für Bodenkunde)*
IBSA – International Best-Service-Award
IBSK – Internationale Bodensee-Schifffahrtskommission
IBSL – Internationaler Bund der Schuh- und Lederarbeiter · Internationales Berufssekretariat für Lehrer
IBTE – International Bureau for Technical Education
IBTT – International Bureau for Technical Training
IBU – Informationsverbund Buchhandel · International Boxing Union · International Broadcasting Union · Internationale Biathlon-Union · Internationale Binnenschifffahrtsunion
IBV – Internationaler Bergarbeiterverband
ibw – Institut für Bildungsforschung der Wirtschaft *(Österreich)*
IBW – Interessengemeinschaft Behindertenvertreter deutscher Wirtschaftsunternehmen
IBWM – International Bureau of Weights and Measures *(Internationales Büro für Maße und Gewichte)*
IBZ – Internationales Begegnungszentrum
IC – Identification Card · Information Center · integrated circuit (*engl.:* »integrierter Schaltkreis«; *vgl. IS*) · InterCity *(Bahn)* · International Conference · Internationaler Club
i/c – in charge of (*engl.:* »unter der Leistung von«)
I. C. – Immun Coeli · Innerer Convent *(Verbindungsw.)*
ICA – Independent Communication Architecture · International Cartographic Association · International

Coffee Agreement · International Commission for Acoustics · International Cooperation Administration *(USA)* · International Confederation of Agriculture · International Cooperative Alliance *(GB)* · International Council of Archives · Internationale Congress Akademie *(Karlsruhe)*

ICAA – International Civil Airports Association · International Confederation of Artists' Associations

ICAC – International Cotton Advisory Committee

ICAE – International Commission of Agricultural Engineering · International Conference of Agricultural Economists · International Council for Adult Education

I.C.A.F.A. – International Contemporary Art Fairs Association *(Vereinigung der führenden europäischen und amerikanischen Messen für zeitgenössische Kunst)*

ICAI – International Commission for Agricultural Industries · International Committee for Aid to Intellectuals

ICAN – International Commission for Air Navigation

ICANN – Internet Corporation for Assigned Names and Numbers (*engl.:* »Organisation für die Zuweisung von Namen und Nummern im Internet«)

ICAO – International Civil Aviation Organization *(UNO)*

ICAP – International Committee of Artists for Peace · internet content adaption protocol

ICAS – International Council of Aerospace Sciences *(GB)*

ICATU – International Confederation of Arab Trade Unions

ICB – International Container-Bureau

ICBC – Industrial and Commercial Bank of China

ICBL – International Campaign for the Ban of Landmines

ICBM – Intercontinental Ballistic Missile (*engl.:* »Interkontinentalrakete«)

ICBP – International Committee for Bird Preservation *(Internationales Komitee für Vogelschutz)*

ICC – International Chamber of Commerce *(Internationale Handelskammer)* · International Children's Centre · International Climatological Commission · International Color Consortium · International Communications Conference · International Computation Centre · Internationa Congregational Council · International Criminal Court *(Den Haag)* · Internationales Congress Centrum Berlin · Interstade Commerce Commission *(USA)*

ICCA – International Congress and Convention Association · International Council of Chemical Associations

ICCC – International Conference of Catholic Charities

ICCE – International Council of Commerce Employers *(Internationaler Arbeitgeberrat)*

ICCEE – International Classification Commission for Electrical Engineering

ICCF – International Committee on Canned Foods · International Correspondence Chess Federation *(Internationaler Fernschachbund)*

ICCICA – Interim Coordinating Committee for International Commodity Arrangements *(Interims-Koordinierungsausschuss für internationale Rohstoffabkommen)*

ICCMO – International College of Cranio-Mandibular Orthopedics *(interdisziplinäre Zusammenarbeit von Ärzten)*

ICCTA – installable client driver · International Consultative Council of Travel Agents

ICD – International Classification of Diseases *(Internationale Klassifikation der Krankheiten, Verletzungen und Todesursachen)*

ICDO – International Civil Defense Organization

ICDP – International Confederation for Disarmament and Peace *(Internationale Vereinigung für Abrüstung und Frieden)*

ICE – In-Circuit-Emulator[en] *(Elektronik)* · Informations-Centrale Eiskrem · intelligent concept extraction · InterCityExpress *(Bahn)* · International Chemical Environment *(eine Art europaweite TUIS)* · International Cultural Exchange · internet chat exchange · Istituto Nazionale per il Commercio Estero *(italienische Außenhandelsbehörde)*

ICEB – Internationaler Congress Elektrischer Bahnen

ICEF – International Children's Emergency Fund *(UNO-Kinderhilfswerk)* · International Council for Educational Film · Internationale Föderation von Chemie-, Energie- und Fabrikarbeiterverbänden

ICEM – Intergovernmental Committee for European Migration *(zwischenstaatliche europäische Auswanderungsbehörde)*

ICER – incremental cost effectiveness ratio · Information Centre of the European Railways

ICES – International Council for the Exploration of the Sea
ICET – International Council on Education for Teaching
ICF – International Canoe Federation · International Classification of Functioning, Disability and Health *(WHO; Internationale Klassifikation der Funktionsfähigkeit, Behinderung und Gesundheit)* · Internationale Chemie- und Fabrikarbeitergewerkschaften
I. C. F. – Institut Cinématographique de France
ICFB – International Catholic Film Bureau
ICFC – International Centre of Films for Children
ICFPW – International Confederation of Former Prisoners of War *(Internationaler Bund ehemaliger Kriegsgefangener)*
ICFTU – International Confederation of Free Trade Unions *(Internationaler Bund Freier Gewerkschaften)*
ICFW – Internationaler Club Frankfurter Wirtschaftsjournalisten
ICG – interaktive Computergrafik · InterCargo-Zug *(Bahn)* · International Commission on Glass · International Congress of Genetics
ICH – input/output controller hub · International Conference on Harmonisation *(EU)*
ICHCA – International Cargo Handling Coordination Association
ICHEIC – The International Commission on Holocaust Era Insurance Claims
ICHS – International Committee of Historical Sciences
ICHTHYS – Iesous, Christus, Theou, (H)Yios, Soter *(griech.:* »Jesus Christus, Gottes Sohn, Heiland«)
ICI – Imperial Chemical Industries · International Castle Research Institute *(Internationales Burgenforschungsinstitut)* · International Commission on Illumination · Investment Company Institute *(USA)* · Investor Confidence Index
ICIA – International Credit Insurance Association
ICICI – Industrial Credit and Investment Corporation of India
ICID – International Commission on Irrigation and Drainage
ICIPE – International Centre of Insect Physiology and Ecology
ICITA – International Chain of Industrial and Technical Advertising Agencies *(Werbeagenturen mit speziell technischer Ausrichtung)*
ICITO – Interim Commission of the International Trade Organization
ICIW – International Confederation of Professional and Intellectual Workers
ICJ – International Commission of Jurists · International Court of Justice
ICL – intraokulare Contactlinse
ICLEI – International Council for Local Environmental Initiatives *(Internationaler Rat Kommunaler Umweltinitiativen)*
ICM – image color matching · International Committee for Migration · Internationales Congress Center München
ICMA – International Congress for Modern Architecture
ICMC – International Catholic Migration Commission
ICMICA – International Catholic Movement for Intellectual and Cultural Affairs
ICMP – internet control message protocol
ICN – Intercity Neigezug · International Council of Nurses
ICO – International Coffee Organization · International Commission on Oceanography · International Commission for Optics
ICOGRADA – International Council of Graphic Design Associations
ICOM – International Council of Museums
ICOMOS – International Council on Monuments and Sites *(Internationaler Rat für Denkmalschutz der UNESCO)*
iCOMP – Intel Comparative Microprocessor Performance Index
ICP – International Committee of Public Relations Consultancies Associations · internet content provider
ICPC – International Criminal Police Commission
ICPO – International Criminal Police Organization
ICPU – International Catholic Press Union
ICR – intelligent character recognition · Intercostalraum *(Med.)* · International Council of Reprography
ICRC – International Committee of the Red Cross
ICRP – International Commission on Radiological Protection
ICRU – International Commission on Radiological Units and Measurements
ICS – International Chamber of Shipping · internet connection sharing *(engl.:* »Internetverbindungsfreigabe«)
ICSA – International Customer Service Association
ICSC – International Council of Shopping Centers
ICSH – interstitial cell stimulating hormone

ICSI – intracytoplasmatische Spermieninjektion
ICSID – International Centre for Settlement of Investment Disputes · International Council of Societies of Industrial Design
ICSM – International Committee of Scientific Management
ICSU – International Christian Social Union · International Council of Scientific Unions
ICSV – Internationale Christlich-Soziale Vereinigung
ICSW – International Conference of Social Work · International Council on Social Welfare
ICT – [Fraunhofer-]Institut für chemische Technologie · intensivierte conventionelle Insulintherapie *(Med.)* · Intercity NeiTech *(Bahn)* · International Commercial Terms · International Council of Tanners *(Internationaler Gerberrat)* · International Critical Tables
ICTM – International Council of Traditional Music
ICTR-UN – International Crime Tribunal for Ruanda *(United Nations)*
ICTY-UN – International Crime Tribunal for Former Yugoslavia *(United Nations)*
ICU – International Conservation Union
ICUE – International Committee on University Emergency
ICV – International Commission of Viticulture *(Internationale Weinbaukommission)*
ICVM – interaktives Customer Value Management
ICW – International Council of Women
ICZN – International Commission for Zoological Nomenclature
ID – Idaho *(Staat der USA)* · Identification [Card] · Infanteriedivision · Informationsdienst · Innendienst · Irak-Dinar *(Währung)*
I.D. – Ihre Durchlaucht
id. – ideal · ideell · idem (*lat.:* »derselbe; dasselbe«) · identisch
Id. – Idaho · Identifikation; Identifizierung; Identität
i.d. – in das; in dem; in den; in der; in die
i.D. – im Dienst · im Durchmesser · innerer Durchmesser · im Durchschnitt · inklusive Dividende
IDA – International Depositary Authorities · International Development Association
IDAD – Interessengemeinschaft der angesiedelten Deutschen
IDB – Industrial Development Board · Interamerican Development Bank · Irish Development Board
IDC – Innovations- und Design-Centrum *(Pforzheim)* · Internationale Dokumentationsgesellschaft für Chemie
IDDM – insulin-dependent diabetes mellitus *(Med.)*
IDE – injection directe electronique · integrated development environment (*engl.:* »Integrierte Entwicklungsumgebung«) · integrated device equipment/electronics (*engl.:* »integrierte Geräteausstattung/-elektronik«) · integrated driver electronics · interactive design and engineering · interface design enhancement
IDEA – international data encryption algorithm · International Institute for Democracy and Electoral Assistance
ident. – identifizieren; identifiziert; identisch
Ident. – Identifikation; Identifizierung; Identität
IDF – International Dairy Federation · International Dental Federation · International Diabetes Federation
i.d.F. – in der/dieser Fassung · in der/dieser Form
i.d.Fa. – in der Fassung · in der/dieser Firma
IDFF – Internationale Demokratische Frauenföderation
i.d.F.v. – in der Fassung vom/von
idg. – indogermanisch
i.d.G. – in der/dieser Gegend · in dem Gesetz
i.d.g.F. – in der geltenden Fassung
IDH – Innerdeutscher Handel
IDI – Institut du Droit International
IDIS – Institut für Dokumentation und Information über Sozialmedizin und öffentliches Gesundheitswesen *(Bielefeld)* · intelligent driver information system *(Kfz)*
IDJE – Internationaler Diakonischer Jugendeinsatz
IdK – Internationale der Kriegsdienstgegner
IDK – Interessenverband Deutscher Komponisten
IdL – Interessengemeinschaft der Lohnsteuerzahler
i.d.M., i.d.Min. – in der Minute
IDMT – [Fraunhofer-]Institut für Digitale Medientechnologie
IDN – integrated data network · internationalized domain name *(Internet)*
I.D.N. – in dei nomine (*lat.:* »im Namen des Herrn«)
i.d.R. – in der Regel · in der Reserve
IDRS – International Double Reed Society *(Internationale Vereinigung von Doppelrohrbläsern)*
IDS – Initiativausschuss Deutscher Studentenschaften · Institut für Deutsche Sprache *(Mannheim)* · inte-

grierte Datenspeicherung *(EDV)* · intrusion detection system
i. d. S. – in dem/diesem Sinne · in der Sache
i. d. S., i. d. Sek. – in der Sekunde
IDSL – internet digital subscriber line
i. d. St., i. d. Std. – in der Stunde
IDT – Institut für Datenverarbeitung in der Technik *(beim Kernforschungszentrum Karlsruhe)* · Integrated Device Technologies
IDTV – interaktive digitale Television
IdU – Institut der Umweltgutachter und -berater
IDU – Interessengemeinschaft der Urheber
i. Durchm. – im Durchmesser
i. Durchschn. – im Durchschnitt
IDV – individuelle Datenverarbeitung · integrierte Datenverarbeitung · Internationaler Deutschlehrerverband
IdW – Institut der Wirtschaftsprüfer
IDW – Institut der Wirtschaftsprüfer in Deutschland · Institut für Dokumentationswesen
.idx – index *(Dateierweiterung)*
IDZ – Internationales Design-Zentrum
i. d. Z. – in diesem Zeitraum · in diesem Zusammenhang
ie, ie., i.-e. – indoeuropäisch
IE – Informationseinheit · Internet Explorer
IE, I. E. – Immunisierungs-/Immunitätseinheit *(Med.)* · Insulineinheit *(Med.)* · Internationale Einheit *(Med.)*
I. E. – Ihre Erlaucht
i. e. – id est (*lat.:* »das ist; das heißt«)
i. E. – im Einzelnen · im Elfmeterschießen · im Entstehen · im Entwurf · in Entwicklung
IEA – International Economic Association · International Electrical Association · Internationale Energie-Agentur/International Energy Agency · International Ergonomics Association
IEC – International Electrotechnical Commission
IEEE – Institut of Electrical and Electronics Engineers
i. e. F. – in erleichterter Form · in erweiterter Fassung/Form
IEGMP – Independent Expert Group on Mobile Phones
IEI – International Esperanto Institute
IEK – Internationales Exekutivkomitee
IEKV – Internationale Eisenbahnkongressvereinigung
IEMA – Internationale Ensemble Modern Akademie *(Frankfurt am Main)*
IENA – Internationale Erfinder- und Neuheiten-Ausstellung *(Nürnberg)*
i. Entw. – im Entwurf · in Entwicklung
IEP – Institut d'Etudes Politiques *(Paris)* · Internationales Energieprogramm · isoelektrischer Punkt *(Med.)*
i. e. R. – im einstweiligen Ruhestand
i. Erm. – im Ermessen · in Ermangelung
IERS – International Earth Rotation Service
IES – Impulserhaltungssatz *(Physik)* · Institute for Environment and Sustainability *(EU)*
i. e. S. – im eigentlichen Sinn · im engeren Sinn
IESE – [Fraunhofer-]Institut für Experimentelles Software Engineering · Instituto de Estudios Superiores de la Empresa
IETF – Internet Engineering Task Force
IETK – Internationales Eisenbahntransportkomitee
IEV – Internationaler Eisenbahnverband · Internationaler Eisschießverband
IF – Internationales Forum
i. f. – ipse fecit (*lat.:* »hat es selbst gemacht«)
i. F. – im Feld *(Mil.)* · im Folgenden · in [der] Fassung · in Form
i. F., i. Fa. – in Firma
ifa – Institut für Auslandsbeziehungen *(Stuttgart)*
IFA – Informations- und Forschungsgemeinschaft für Automatenverpflegung und Catering · Institut für Automobilwirtschaft · Institut für Finanz- und Aktuarwissenschaften · Institut für Führungs- und Arbeitsmethodik · Institutt for Atomenergi *(Norwegen)* · Internationale Flugambulanz · Internationale Funkausstellung *(Berlin)* · Internationales Forum ausländischer Arbeitnehmervereinigungen · International Federation of Actors · International Fiscal Association
IfaA – Institut für angewandte Arbeitswissenschaft *(Köln)*
IFAC – International Federation of Accountants · International Federation of Automatic Control *(Österreich)*
IFAD – International Fonds for Agricultural Development
IFAFP – International Federation of Associations of Film Producers
IFAK – Institut für angewandte Kulturforschung *(Göttingen)*
IfaK – Institut für angewandte Kindermedienforschung *(Hochschule der Medien, Stuttgart)*

IFALPA – International Federation of Air Line Pilots' Associations
IFALS – International Federation of Arts, Letters and Sciences
IFAM – [Fraunhofer-]Institut für Fertigungstechnik und Angewandte Materialforschung
IFAN – Internationale Föderation der Ausschüsse Normenpraxis
IFAP – International Federation of Agricultural Producers
IFAT – Internationale Fachmesse für Abwassertechnik
IFATCA – International Federation of Air Traffic Controllers' Associations
IFAV – Institut für angewandte Verbraucherforschung *(Köln)*
IFAW – International Fund for Animal Welfare
IfB – Institut für Bauforschung
IFB – Institut für Berufsbildung der Versicherungswirtschaft · Internationale Filmfestspiele Berlin · International Film Bureau
IFBM – Internationale Frankfurter Buchmesse
IFBPW – International Federation of Business and Professional Women
IFBWW – International Federation of Building and Woodworkers
IFC – International Fashion Council · International Finance Corporation *(Weltbank)* · International Fisheries Commission
IFCA – International Catering Association
IFCATI – International Federation of Cotton and Allied Textile Industries
IFCC – International Federation of Camping and Caravanning
IFCJ – International Federation of Catholic Journalists
IFCS – Intergovernmental Forum on Chemical Safety
IFCTU – International Federation of Christian Trade Unions
IfD – Institut für Demoskopie · Institut für Dokumentation
IFD – Initiative Finanzstandort Deutschland · International Federation for Documentation · Internationale Föderation des Dachdeckerhandwerks
IFDR – integraler Fahrdynamikregler
IfE – Institut für Erdöl- und Erdgasforschung
IFE – Institut für Technische Forschung und Entwicklung *(Österreich)* · Internationale Föderation für Eisstockschießen
IFEM – Institut für Empirische Medienforschung
IFES – International Federation of Exhibition and Event Services
IFEU – Institut für Energie- und Umweltforschung
IFF – [Fraunhofer-]Institut für Fabrikbetrieb und -automatisierung · Impulsfolgefrequenz · Interchange File Format · International Fencing Federation · International Film Foundation
IFF[-Gerät] – identification friend or foe
IFFA – Institut für forstliche Arbeitswissenschaft · Internationale Fleischerei-Fachausstellung · International Federation of Film Archives
IFFF – Internationale Frauenliga für Frieden und Freiheit
IFFHS – Internationale Föderation für Fußball-Historie und -Statistik
IFFJ – International Federation of Free Journalists
IFFS – International Federation of Film Societies
IFFTU – International Federation of Free Teachers' Unions
IfG – Institut für Gewerbeforschung *(Österreich)* · Institut für Gewerbezentren
IFGH – Institut für Gewerbe- und Handelsforschung *(Wien)*
IfH – Institut für Handelsforschung
IFH – Internationale Föderation des Handwerks
IFHP – International Federation for Housing and Planning *(Internationaler Verband für Wohnungsbau, Städtebau und Raumordnung)*
IFI – Internationale Föderation der Innenarchitekten
IFIEC – International Federation of Industrial Energy Consumers
IFIF – Internationale Föderation von Industriegewerkschaften und Fabrikarbeiterverbänden
IFIG – Internationales Forschungs- und Informationszentrum für Gemeinwirtschaft *(Schweiz)*
IFIP – International Federation for Information Processing
IfJ – Institut für Jugendforschung *(München)*
IFJ – International Federation of Journalists
IFKM – Internationale Föderation für Kurzschrift und Maschinenschreiben
IfL – Institut für Landeskunde · Institut für Leibesübungen
IFL – International Friendship League/Internationale Freundschaftsliga
IFLA – Internationale Föderation der Landschaftsarchitekten · International Fede-

ration of Library Associations
i. flag., i. flagr. – in flagranti (*lat.:* »auf frischer Tat«)
IFLFF – Internationale Frauenliga für Frieden und Freiheit
IfM – Institut für Mittelstandsforschung
IFM – Impulsfrequenzmodulation · Initiative »Frieden und Menschenrechte« · Institut für Medienanalysen · Institut für qualitative Markt- und Wirkungsanalyse *(Köln)* · International Falcon Movement
IFMA – International Facility Management Association · Internationale Fahrrad- und Motorradausstellung
IFMSA – International Federation of Medical Students Associations
IFN – [Leibniz-]Institut für Neurobiologie *(Magdeburg)* · Interferon[e]
IFO – Institut für Wirtschaftsforschung · Internationale Filmorganisation · Internationale Flüchtlingsorganisation
IFOAM – International Federation of Organic Agriculture Movements
i. fol. – in foliis (*lat.:* »in Blättern«)
i. F. – im Folgenden
I. F. O. P., IFOP – Institut Français de l'Opinion Publique *(Frankreich)*
IFOR, Ifor – Implementation Forces *(internationale Friedenstruppe; NATO)*
IFPI – International Federation of the Phonographic Industry
IFPLVB – Internationale Föderation der Plantagen- und Landarbeiter und Verwandter Berufsgruppen
IFPM – International Federation of Physical Medicine
IFPMA – International Federation of Pharmaceutical Manufacturers' Associations
IFPRI – International Food Policy Research Institute
IFR – Instrument Flight Rules *(Regeln für den Instrumentenflug)* · International Federation of Robotics · Internationaler Frauenrat
IFRB – International Frequency Registration Board
IFRIC – International Financial Reporting Interpretations Committee
IFRM – International Federation for the Rights of Man *(Internationale Vereinigung für Menschenrechte)*
IFRS – International Financial Reporting Standards
ifs – Internationale Filmschule *(Köln)*
Ifs – Institut für Städtebau, Wohnungswirtschaft und Bausparwesen *(Bonn)*
IfS – Institut für Segelflugforschung · Institut für Sozialforschung · Institut für Sportstätten
IFS – installable file system · Institut für Schulentwicklungsforschung *(Dortmund)* · Internationale Frachtstation *(Post)* · International Federation of Ski · International Federation of Surveyors · internet file system
IFSA – Internationale Föderation der Sportakrobaten
IFSB – Internationaler Fernschachbund
IFSCC – International Federation of the Societies of Cosmetic Chemists
IFSDA – International Federation of Stamp Dealers' Associations *(Internationaler Verband der Briefmarkenhändlervereinigungen)*
IfSG – Infektionsschutzgesetz
IFT – Immunfluoreszenztest *(Med.)* · Institut für Festkörpertechnologie *(München)*
IFTA – Internationale Fachmesse für Film, Tele- und Audiovision · International Federation of Teachers' Associations · International Fine Technics Association
IFTC – International Film and Television Council
IFTG – Immobilien- und Finanzierungs-Treuhändergesetz
IFTU – International Federation of Trade Unions *(Internationaler Gewerkschaftsbund)*
IFTUS – Institut für Terrorismusforschung und Sicherheitspolitik
IFTWA – International Federation of Textile Workers' Associations
IFU – Internationale Fruchtsaftunion
IfUB – Institut für Umweltbildung im Beruf *(Berlin)*
IFUW – International Federation of University Women
i. F. v. – in Form von
IFV – Internationaler Faustballverband · Internationaler Fernmeldevertrag
ifw – Institut für Warenprüfung
IfW – [Rheinisch-Westfälisches] Institut für Wirtschaftsforschung *(Essen)*
IFW – Institut für Weltwirtschaft
IFWHA – International Federation of Women's Hockey Associations
IFWL – International Federation of Women Lawyers
IFX – Interactive Financial Exchange
IFYC – International Federation of Young Cooperators
IFYHA – International Federation of Youth Hostels Associations
IfZ – Institut für Zeitgeschichte · Institut für Zweiradsicherheit *(Essen)*

IfZF – Institut für Zeitforschung
Ig – Immunglobulin[e]
IG – Industriegewerkschaft · Interessengemeinschaft · Internationale Gemeinschaft
i. G. – im Gange · im Ganzen · im Generalstab[sdienst] *(Bw.)* · in Gold · in Gründung
IGA – Industriegemeinschaft Aerosole · Interessengemeinschaft der Deutschen Autoverwerter · Internationale Gartenbauausstellung · Internationales Getreideabkommen
IGAFA – Internationale Gastronomie- und Fremdenverkehrsausstellung
IGB – [Fraunhofer-]Institut für Grenzflächen- und Bioverfahrenstechnik · Interessengemeinschaft Bauernhaus · Internationaler Genossenschaftsbund · Internationaler Gewerkschaftsbund · Internationales Gewerkschaftsbüro · Internationales Güterkursbuch · St. Ingberg *(Kfz)*
IGBCE – Industriegewerkschaft Bergbau, Chemie, Energie
IGBI – Interessenverband graduierter Bundeswehr-Ingenieure
IGBK – Interessengemeinschaft Berliner Galerien · Internationale Gesellschaft der Bildenden Künste
IGBT – Insulated Gate Bipolar Transistor
IGC – International Geological Congress · International Geophysical Committee · International Glass Commission
IGCC – Intergovernmental Copyright Committee
IGCR – Intergovernmental Committee on Refugees
IGD – [Fraunhofer-]Institut für Graphische Datenverarbeitung
IGdA – Interessengemeinschaft deutschsprachiger Autoren
IgE – Immunoglobin E
Igedo – Interessengemeinschaft Damenoberbekleidung
IGEF – Internationale Gesellschaft für Elektrosmog-Forschung
IGeL, IGEL – Individuelle Gesundheitsleistungen
IGES – initial graphics exchange specification · Institut für Gesundheit und Sozialforschung
IGF – Insulin-like Growth Factor *(Med.)* · Internationale Grafische Föderation · International Graphical Federation · International Gymnastic Federation
i. Gfgs. – im Gefängnis
i. Gfgsch. – in Gefangenschaft · in Gefolgschaft
IGFM – Internationale Gesellschaft für Menschenrechte
IGG – Interessengemeinschaft Generika
i. ggs. Einv. – in gegenseitigem Einvernehmen
IGH – Interessengemeinschaft für Handweberei · Internationaler Gerichtshof
IGJ, I.G.J. – Internationales Geophysikalisches Jahr
IGK – Internationaler Genetikkongress · Internationales Güterkursbuch
IGL – Industriegewerkschaftsleitung *(DDR)*
IGLU – Internationale Grundschul-Leseuntersuchung
IGM – Industriegewerkschaft Metall · Institut für Geschichte der Medizin *(Österreich)* · Internationale Gesellschaft für Moorforschung
IGMP – internet group membership protocol
IGMW – Internationale Gesellschaft für Musikwissenschaft
IGNM – Internationale Gesellschaft für Neue Musik
IGO – Intergovernmental Organization
IGP – integrated graphics processor · Internationale Gesellschaft für Photogrammetrie
IGP, I. G. P. – Indicazione Geografica Protetta *(Italien)*
IGPT – Internationale Gesellschaft für Psychotherapie und Tiefenpsychologie
IGR – Interessengemeinschaft für Rundfunkschutzrechte
i. Gr. – in Gründung
IGS – Integrierte Gesamtschule · International Geotextile Society
IGSP – Internationale Gesellschaft für Schriftpsychologie
IGT – Internationaler Eisenbahngütertarif
IGT, I. G. T. – Indicazione Geografica Tipica *(Italien)*
IGU – International Gas Union · International Geographical Union/Internationale Geographische Union · Internationale Gewerbeunion
IGV – Internationale Germanisten-Vereinigung · Internationaler Gemeindeverband · Internationaler Genfer Verband
IGWV – Interessengemeinschaft der Werksvertretungen für Kraftfahrzeug-Teile *(künftig GVA)*
IGY – International Geophysical Year
IGZ – Innovations- und Gründerzentrum · Interessengemeinschaft Deutscher Zeitarbeitsunternehmen
IH – Investitionshilfe
i. H. – im Hauptamt · im Hause[e] · im Hochschuldienst
I. H. – Ihre[r] Hochwohlgeboren · Ihre[r] Hoheit

IHA – International Horse Association · International Hotel Association
IHB – Internationale Holzbörse · Internationaler Handballbund · International Hockey Board · International Hydrographic Bureau/ Internationales Hydrographisches Büro · Investitions- und Handelsbank
IHC – Intercontinental Hotels Corporation · International Help for Children · International Hunting Council
IHD – International Hydrological Decade/Internationales Hydrologisches Dezennium
IHDV – Verordnung zur Durchführung des Gesetzes über die Investitionshilfe der gewerblichen Wirtschaft
IHF – Internationale Handballföderation · International Hospital Federation · International Lawn Hockey Federation
IHG – Interessengemeinschaft der Holzschutzmittelgeschädigten · Investitionshilfegesetz
IHI – Internationales Hilfskomitee für Intellektuelle
IHK – Industrie- und Handelskammer · Internationale Handelskammer
IHKG – Gesetz über die Industrie- und Handelskammern
IHL – International Hockey League
IHM – Internationale Handwerksmesse
IHO – Internationale Hydrographische Organisation · International Health Organization
IHP, i. h. p. – indicated horsepower (*engl.:* »indizierte Pferdestärke«)
IHS – Institut für Höhere Studien *(Österreich)* · International Headache Society *(Internationale Kopfschmerz-Gesellschaft)*
i. Hs. – im Haus[e]
I. H. S., IHS – in hoc salus (*lat.:* »hierin liegt das Heil«); in hoc signo (*lat.:* »in diesem Zeichen«); Jesus, Heiland, Seligmacher; Jesus, Hominum Salvator (*lat.:* »Jesus, Erlöser der Menschen«) *[Deutungen der ersten drei Buchstaben des griechisch geschriebenen Namens Jesus]*
IHSchlussG – Investitionshilfe-Schlussgesetz
i. Hse. – im Hause
IHT – Institut für Härtereitechnik
IHV – Internationaler Handballverband · Internationaler Hotelverband
i. H. v. – in Höhe von
IHZ – Internationales Handelszentrum
IIA –Institute of Internal Auditors *(USA)* · International Information Administration *(USA)* · International Institute of Agriculture/Institut International d'Agriculture
IIAS – International Institute of Administrative Sciences
IIASA – Internationales Institut für Angewandte Systemanalyse
IIB – Institut International de Bibliographie · Institut International des Brevets
IIC – Institut International du Commerce
IID – Institut International de Documentation/International Institute of Documentation/Internationales Institut für Dokumentation
i. i. D. – im inneren Dienst
I. I. D. D. – Ihre Durchlauchten
IIDP – Institut International du Droit Publique *(Internationales Institut für öffentliches Recht)*
IIE – Institut International de l'Épargne *(Internationales Sparkasseninstitut)* · Institute for International Economics · Institution Internationale d'Espéranto
I. I. E. E. – Ihre Erlauchten
IIF – Institut International du Froid *(Internationales Kälteinstitut)* · Institute of International Finance
IIFA – Institut International du Film d'Art/International Institute of Films on Art
IIFP – Institut International des Finances Publiques
IIHF – International Ice Hockey Federation
I. I. K. K. – Ihre Kaiserliche und Königliche Hoheiten
IIL – Institute of International Law
IIMV – Internationales Institut für Management und Verwaltung des Wissenschaftszentrums Berlin
IIP – Institut für berufsfördernde Individual-Psychologie · Institut für Industrielle Pharmazie · Institut International de la Presse · Internationales Institut für Politische Philosophie
IIPA – International Intellectual Property Alliance *(internationale Copyright-Behörde)*
IIR – Deutsches Institut für Interne Revision · International Institute of Refrigeration
IIRI – International Industrial Relations Institute
IIRS – Institute for Industrial Research and Standards *(Irland)*
IIS – [Fraunhofer-]Institut für Integrierte Schaltungen · Institut International de Sociologie · Institut International de Statistique/Internationales Institut für Statistik · Internationales Institut für Schweißtechnik/Institut International de la Soudure ·

interactive instructional system
IISA – Institut International des Sciences Administratives
IISB – [Fraunhofer-]Institut für Integrierte Systeme und Bauelementetechnologie
IISBP – International Institute of Strategic Business Professionals
IISG – Internationales Institut für Sozialgeschichte *(Amsterdam)*
IISI – International Iron and Steel Institute
IISL – International Institute of Space Law
IISPS – International Institute of Social and Political Sciences
IISRP – International Institute of Synthetic Rubber Producer
IISS – Internationales Institut für strategische Studien
IISSP – Institut International des Sciences Sociales et Politiques
IIT – Institut Interafricain du Travail · Institut International du Théâtre
IITB – [Fraunhofer-]Institut für Informations- und Datenverarbeitung *(früher: Institut für Informationsverarbeitung in Technik und Biologie)*
IIVw – Internationales Institut für Verwaltungswissenschaften
IIW – International Institute of Welding *(Internationales Institut für Schweißtechnik)*
i. J. – im Jahr[e]
IJB – Internationale Jugendbibliothek
i. J. d. W. – im Jahr[e] der Welt
IJF – Internationale Journalistenföderation · Internationale Judoföderation/International Judo Federation
ijgd – Internationaler Jugendgemeinschaftsdienst
IJI – Institut Juridique International
IJK – Internationale Juristenkommission
IJO – Internationale Journalistenorganisation
IJP –Internationale Journalistische Programme
IK – Ilm-Kreis *(Kfz)* · Innungskasse · Internationale Kerze *(Einheit)*
IK, I. K. – Immunkörper *(Med.)* · Infektionskrankheit[en] *(Med.)*
i. K. – im Kirchendienst · im Kundenauftrag · im/in Konkurs · in Kommission · in Kürze
IKA – Internationale Kammermusikakademie *(Kronberg)* · Internationale Koch-Ausstellung
IKAB – Internationale Katholische Arbeiterbewegung
IKAR – Internationale Kommission für Alpines Rettungswesen
IKB – Industrieverband Kunststoff-Boden- und -Wandbeläge
IKBK – Internationales Katholisches Büro für das Kind
IKEA – Ingvar Kamprad aus Elmtaryd bei Agunnaryd · »Ich kriege einen Anfall« *(ugs.)* · »Idioten kaufen einfach alles« *(ugs.)*
IKG – Internationale Kommission für Glas
I. Kgl. H., I. K. H. – Ihre Königliche Hoheit
IKJ – Internationales Kuratorium für das Jugendbuch
IKK – Innungskrankenkasse
IKMB – Internationale Katholische Mittelstandsbewegung
IKN – Internationale Kommission für Numismatik
i. Komm. – in Kommission
IKPK – Internationale Kriminalpolizeikommission
IKPO – Internationale Kriminalpolizeiliche Organisation
ikr – isländische Krone *(Währung)*
IKR – Industriekontenrahmen · Internationales Katholisches Rundfunkbüro
IKRK – Internationales Komitee vom Roten Kreuz
IKrK, IKrk. – Innungskrankenkasse
IKS – Informations- und Kommunikationssystem · Interkantonale Kontrollstelle für Arzneimittel *(Schweiz)* · internes Kontrollsystem
IKSE – Internationale Kommission zum Schutz der Elbe
IKSR – Internationale Kommission zum Schutz des Rheins
IKT – Informations- und Kommunikationstechnologie · Institut für Kunststoff-Technologie [der Universität Stuttgart] · Internationale Kunstausstellungsleiter-Tagung
IKTS – [Fraunhofer-]Institut für Keramische Technologie und Sinterwerkstoffe
IKU – Institut für Kreislaufwirtschaft und Umwelttechnik
IKV – Institut für Kunststoffverarbeitung in Industrie und Handwerk · Internationale Kartographische Vereinigung · Internationale kriminalistische Vereinigung · Internationaler Konditormeister-Verband · Internationaler Krankenhausverband · Investitionsgüter-Kreditversicherung
IKVSA – Internationale Katholische Vereinigung für Soziale Arbeit
IKW – Industrieverband Körperpflege und Waschmittel
IKZ – Impulskennzeichen · Informations- und Kommunikationszentrale/-zentrum · Institut für Kristallzüchtung
Il – Illinium *(Element)*

IL – Illinois *(Staat der USA)* · Interleukin[e] *(Med.)* · intermittierendes Luftstrahltriebwerk · Invaliditätsleistung *(Vw.)* · Israel *(Kfz)*
i. L. – im Lager/in Lagerung · im Lichten *(beim Messen)* · in Liquidation
ILA – Internationale Luft- und Raumfahrtausstellung *(Berlin)* · International Language for Aviation · International Laundry Association *(Internationaler Wäschereiverband)* · International Law Association *(Vereinigung für internationales Recht)*
ILAA – International Legal Aid Association *(Internationaler Rechtshilfeverband)* · International Literary and Artistic Association
ILAB – International League of Antiquarian Booksellers
ILB – International Labour Board
ILC – International Law Commission
ILCO – Deutsche Ileostomie-, Colostomie-, Urostomie-Vereinigung
ILCOP – International Liaison Committee of Organizations for Peace
ILF – Institute for Law and Finance · Internationale Landarbeiterföderation
ILIS – integriertes Leitungs-Informationssystem *(EDV)*
ILK – Internatsleiterkonferenz Bischöflicher Konvikte
ILL – Institut Laue-Langevin
ill. – illuminieren; illuminiert · illustrieren; illustriert
Ill. – Illinois *(Staat der USA)* · Illumination · Illusion · Illustrierte[n]
illum. – illuminieren; illuminiert
Illum. – Illumination
illus. – illusorisch
illustr. – illustrieren; illustriert
Illustr. – Illustration · Illustrierte[n]
ILM – Impulslängenmodulation · Internationale Liga für Menschenrechte
ILMAC – Internationale Fachmesse und Fachtagung für Laboratoriumstechnik, Messtechnik und Automatik in der Chemie
ILN – internationale Lokationsnummer
ILO – International Labour Office *(Internationales Arbeitsamt)* · International Labour Organization
ILP, I. L. P. – Index Librorum Prohibitorum *(päpstliches Verzeichnis der verbotenen Bücher)*
ILR – Interlokales Recht
ILRM – International League for the Rights of Man *(Internationale Liga für Menschenrechte)*
ILS – Institut für Landes- und Stadtentwicklungsforschung *(Dortmund)* · Instrument Landing System/Instrumentenlandesystem
ILT – [Fraunhofer-]Institut für Lasertechnik
ILTF – International Lawn Tennis Federation
IL-Triebwerk – intermittierendes Luftstrahltriebwerk
Ilx – Internationales Lux *(Einheit)*
IM – Impulsmodulation · Industriemeister · Innenminister[ium] · inner marker *(Einflugzeichen)* · Informeller/Inoffizieller Mitarbeiter *(beim MfS; DDR)* · Innungsmeister · instant messaging · Internationaler Meister · Issue Management
im. – imittiert
Im. – Imitation; Imitator · Immission · Isoliermittel
i. m. – intramuskulär *(Med.)*
i. M. – im Mittel · im Monat · in Mappe
I. M. – Ihre Majestät · in memoriam *(lat.: »zum Gedenken«)* · Innere Mission
IMA – Informationsgemeinschaft für Meinungspflege und Aufklärung · Institute for Mergers and Acquisitions *(Universität Witten/Herdecke)* · Interministerieller Ausschuss · Internationale Multimedia-Akademie *(Karlsruhe)* · International Management Association · International Mineralogical Association
IMACE – Association des Industries Margarinières des Pays de la CEE
im Allg. – im Allgemeinen
IMAP – internet mail access protocol
IMARO – Interministerieller Ausschuss für Raumordnung
IMAS – Internationale Musikakademie für Solisten *(Wolfenbüttel)*
IMAX – image maximum
IMB – Internationale Messe für Bekleidungsmaschinen · International Maritime Board *(Internationales Seefahrtsamt)* · Internationaler Metallarbeiterbund
IMBA – Internationales Musikerbriefarchiv · International Master of Business Administration
im Bes. – im Besonderen
IMC – Instrument Meteorological Conditions *(Wetterlagen, bei denen nach IFR geflogen wird)* · International Maritime Committee · International Materials Conference · International Meteorological Committee · International Missionary Council · International Monetary Conference · International Music Council
IMCO – Intergovernmental Maritime Consultative Organization

IMCS – International Movement of Catholic Students *(Pax Romana)*
IMD – Internationales Musikinstitut Darmstadt · International Institute for Management Development *(Lausanne)*
IME – [Fraunhofer-]Institut für Molekularbiologie und Angewandte Oekologie · Informationskreis Mundhygiene und Ernährungsverhalten
IMEKO – Internationale Messtechnische Konferenz/Konföderation
IMES – Internationale Marx-Engels-Stiftung
IMF – Institut für Meeresforschung *(Bremerhaven)* · Internationale Musikfestspiele/-wochen · International Marketing Federation · International Metalworkers' Federation · International Monetary Fund *(Internationaler Währungsfonds)* · International Motocycle Federation
IMG – Internationale Moselgesellschaft · Internationale Musikgesellschaft · Internationaler Militärgerichtshof
IMH – Internationale Medienhilfe
i. Mi. – im Mittel
IMIT – Institut für Mikro- und Informationstechnik
imit. – imitieren; imitiert
Imit. – Imitation; Imitator
IMK – [Fraunhofer-]Institut für Medienkommunikation · Innenministerkonferenz · Institut für Medienentwicklung und Kommunikation · Internationale Militärkorrespondenz
IMKA – Interministerieller Koordinierungsausschuss für die Informationstechnik in der Bundesverwaltung
IML – [Fraunhofer-]Institut für Materialfluss und Logistik · Institut für Marxismus-Leninismus *(DDR)*
imm. – immanent · immatrikulieren; immatrikuliert
Imm. – Immatrikulation · Immission · Immobilien
immatr. – immatrikulieren; immatrikuliert
Imm.-B. – Immobilienbüro
immens. – immensurabel
Imm.-Ges. – Immissionsgesetz · Immobiliengesellschaft
Imm.-Hdl. – Immobilienhandel; Immobilienhändler
Immob. – Immobilien
ImmschG – Immissionsschutzgesetz
IMNOS – *(früher:)* Interministerieller Ausschuss für Notstandsgebietsfragen/für Notstands- und Sanierungsfragen; *(heute:)* Interministerieller Ausschuss für regionale Wirtschaftsplanung
IMO – Institut für Mikrostrukturtechnologie und Optoelektronik · International Maritime Organization *(UNO)* · International Meteorological Organization
i. Mo. – im Moment · im Monat
IMP – Implikation
imp. – imperativisch *(Sprachw.)* · imperialistisch · imponieren; imponierend · importieren; importiert · impotent · imprimatur (*lat.:* »es werde gedruckt«) · impulsiv
Imp. – Imperativ *(Sprachw.)* · Imperator; Imperatrix · Imperfekt *(Sprachw.)* · Imperialismus · Imperium · Import · Impotenz · Imprimatur · Impuls
IMPA, Impa – International Master Printers Association *(Internationaler Verband der Unternehmerverbände der grafischen Industrie)*
IMPA – International Movement for Peace Action
IMPATT-Diode – impact ionisation by avalanche and transit-time *(Lawinenlaufzeitdiode)*
Imper. – Imperativ *(Sprachw.)* · Imperator
Imper., Imperf. – Imperfekt *(Sprachw.)*
Impf. – Impfung[en]
ImpfG – Impfgesetz
ImpfV – Verordnung zur Ausführung des Impfgesetzes
Imp.-Kont. – Importkontingent[e]
impr. – imprägnieren; imprägniert · impressionistisch · imprimatur (*lat.:* »es werde gedruckt«) · improvisieren; improvisiert
Impr. – Imprägnation; Imprägnierung · Impression; Impressionismus; Impressionist[en] · Impressum · Imprimatur · Impromptu · Improvisation; Improvisator
Imp.-St. – Importsteuer
IMR – Internationaler Musikrat
ims, IMS – Institut für Medizinische Statistik
IMS – [Fraunhofer-]Institut für Mikroelektronische Schaltungen und Systeme · Information Management System · integriertes Managementsystem · intelligentes Montagesystem · Instructional Management System *(Int. Vereinigung von Bildungseinrichtungen)* · International Magicians' Society *(Internationale Gesellschaft der Magier)*
IMSA – International Motor Sports Association *(USA)*
ImschG – Immissionsschutzgesetz
IMSP – internet message support protocol
imst. – imstande
IMT – Institut für Management Training · Internationales Militärtribunal

IMU – Inertial Measurement Unit *(Maßeinheit im Inertialsystem)* · Institut für Informationsmanagement und Unternehmensführung · Institut für Management und Umwelt · Institut für marktorientierte Unternehmensführung · Institut für Medienforschung und Urbanistik · International Mathematical Union
IMUK – Internationale Mathematische Unterrichtskommission
IMV – Industriemeistervereinigung · Internationaler Milchwirtschaftsverband · Internationaler Motorradfahrerverband
IMW – International Map of the World *(Internationale Weltkarte)*
IMZ – Internationales Musikzentrum
In – Indium *(Element)*
IN – Indiana *(Staat der USA)* · Indonesien *(Kfz)* · Ingolstadt *(Kfz)*
in. – inch[es] *(engl.)*
i. n. – in natura *(lat.)* · in nomine *(lat.:* »im Namen«) · in nuce *(lat.:* »im Kern; in gedrängter Form«)
i. N. – im Namen · im Nebenamt · im Normalzustand · internationale Norm
INA – Indian National Airways · Informationssystem für den niedergelassenen Arzt · Institut National Agronomique *(Frankreich)* · Intensivierte Nachsorge *(Med.)* · Internationale Naturschutzakademie · International Newsreel Association · Israeli News Agency
INA, Ina – International Normal Atmosphere/Internationale Normalatmosphäre
I. N. A., INA – Jenaer Nomina Anatomica
I. N. B., INB – Institut National du Bois *(Frankreich)*
inbegr. – inbegriffen
INC – Indian National Congress · International Numismatic Commission
inc. – incidit *(lat.:* »hat es geschnitten«) · incipiens *(lat.:* »beginnend«) · incipit *(lat.:* »es beginnt«) · inclosure[s] *(engl.:* »Anlage[n]«) · included, including, inclusive *(engl.:* »eingeschlossen, inbegriffen«) · incognito *(lat.:* »unerkannt, heimlich«)
Inc. – incorporated *(engl.:* »eingetragene Gesellschaft«)
I. N. C. – in nomine Christi *(lat.:* »im Namen Christi«)
INCB – International Narcotics Control Board *(Internationaler Drogenkontrollrat)*
incl. – inclosure[s] *(engl.:* »Anlage[n]«) · included, including, inclusive *(engl.:* »eingeschlossen, inbegriffen«)
incog. – incognito *(lat.:* »unerkannt, heimlich«)
Incorp. – incorporated *(engl.:* »eingetragene Gesellschaft«)
Incoterms – International Commercial Terms
IND – Indien *(Kfz)*
ind. – indianisch · indifferent · indikativisch *(Sprachw.)* · indirekt · indisch · indiskret · individuell · indizieren; indiziert · induktiv · industrialisieren; industrialisiert · industriell · induzieren; induziert
Ind. – Indemnität · Inder · Index · Indiana *(Staat der USA)* · Indianer · Indien · Indifferenz · Indigo · Indikation · Indikativ *(Sprachw.)* · Indikator · Indiskretion · Indiz[ien] · Indossament · Industrie; Industrielle[r]
i. N. d. – im Namen des/der
I. N. D. – in nomine Dei *(lat.:* »im Namen Gottes«) · in nomine Domini *(lat.:* »im Namen des Herrn«)
INDAS – integriertes Navigations- und Datenerfassungssystem
Ind.-B. – Industriebahn · Industriebedarf · Industriebetrieb[e]
ind. Bel. – indirekte Beleuchtung · individuelle Belastung
Ind.-Betr. – Industriebetrieb[e]
indekl. – indeklinabel
Indep. – Independenz
indet. – indeterminabel
Indet. – Indetermination; Indeterminismus
INDETA – Interessengemeinschaft Deutscher Tanzmusikverbraucher
indiff. – indifferent
Indiff. – Indifferentismus; Indifferenz
Indik. – Indikation · Indikativ *(Sprachw.)* · Indikator
indisk. – indiskutabel
indiskr. – indiskret
Indiskr., Indiskret. – Indiskretion[en]
indisp. – indisponibel · indisponiert
INDITECNOR – Instituto Nacional de Investigaciones Tecnologicas y Normalización *(Chile)*
indiv. – individualistisch; individuell
Indiv. – Individualismus; Individuen; Individuum
indog., indogerm. – indogermanisch
Indon. – Indonesien; Indonesier
INDROFA – Internationale Drogisten-Fachausstellung
Indusi – induktive [Zug]sicherung *(Bahn)*
INEA – International Electronics Association/Internationaler Elektronik-Arbeitskreis
INES, Ines – international nuclear event scale
Inet – Internet
INF – Intermediate-Range Nuclear Forces · Internationale Naturisten-Föderation · International Nature

Friends · International Naturists Federation
inf. – infam · infektiös · infizieren; infiziert · infolge · informativ · informatorisch · informieren; informiert
Inf. – Infamie · Infant · Infanterie · Infektion · Infinitiv *(Sprachw.)* · Infizierung · Information · Infusion
Inf.-Abt., Inf.-Abtlg. – Informationsabteilung
INFAS – Institut für angewandte Sozialwissenschaft
Inf.-Bl. – Informationsblatt/-blätter
INFCIRC – Information Circular *(Bezeichnung für IAEO-Dokumente)*
Inf.-Kr. – Infektionskrankheit[en] · Informationskreis
infl. – inflationär; inflationistisch
Infl. – Inflation · Influenz
Info – Information
inform. – informativ; informatorisch; informieren; informiert
Inform. – Information[en]
INFOTERM – Internationales Informationszentrum für Terminologie *(Österreich)*
Ing. – Ingenieur[in]
IngG – Ingenieurgesetz
Ing. (grad.) – graduierte[r] Ingenieur[in]
ingl. – ingleichen
Ingr. – Ingrediens · Ingredienz[en]
INGRES – Interactive Graphics and Retrieval System
Ing.-Sch. – Ingenieurschule; Ingenieurschüler
INH – Isonicotinsäurehydrazid
inh. – inhalieren · inhaltlich · inhuman
Inh. – Inhaber[in] · Inhalation · Inhalt
inhaft. – inhaftieren; inhaftiert
Inh.-Ang. – Inhaltsangabe
Inh.-Verz. – Inhaltsverzeichnis
INI – Instituto Nacional de Industria *(Spanien)*
INIA – Instituto Nacional de Investigaciones Agronómicas *(Spanien)*
INICHAR – Institut National de l'Industrie Charbonnière *(Belgien)*
INIFES – Internationales Institut für Empirische Sozialökonomie
INIS – International Nuclear Information System
init. – initiativ; initiatorisch
Init. – Initiale[n] · Initiative
inj. – injizieren · injiziert
Inj. – Injektion · Injurie[n]
I. N. J. – in nomine Jesu (*lat.:* »im Namen Jesu«)
ink. – inkompetent · inkorrekt · inkurabel
Ink. – Inkasso · Inkunabel
inkl. – inklusive
inkom – Bundesvereinigung für innerbetriebliche Kommunikation
inkomm. – inkommensurabel · inkommodieren; inkommodiert
inkomp. – inkomparabel · inkompatibel · inkompetent
inkons. – inkonsequent
Inkons. – Inkonsequenz
inkonv. – inkonvertibel
inkorp. – inkorporal *(Med.)* · inkorporieren; inkorporiert
Inkorp. – Inkorporation
Inkrafttr. – Inkrafttreten
inl. – inländisch · inlautend
Inl. – Inland; Inländer · Inlaut *(Sprachw.)*
INM – [Leibniz-]Institut für neue Materialien *(Saarbrücken)*
Inmarsat – International Maritime Satellite
inn. – innen · innerlich
innerl. – innerlich
inoff. – inoffiziell
INPOL – Polizeiliches Informations- und Auskunftssystem
in pr. – in principio (*lat.:* »von Anfang [an]«)
inq. – inquisitorisch
Inq. – Inquisition; Inquisitor
INQF – Internationale Vereinigung für Quartärforschung
inquis. – inquisitorisch
INR – Institut für Neutronenphysik und Reaktortechnik *(Karlsruhe)* · Institut National Belge de Radiodiffusion · International Normalized Ratio *(Med.)*
INRA – Institut National de la Recherche Agronomique *(Frankreich)* · Instituto Nacional de Reforma Agraria *(Kuba)*
I. N. R. I. – Jesus Nazarenus Rex Judaeorum (*lat.:* »Jesus von Nazareth, König der Juden«)
INRS – Institut National de Recherche et de Sécurité
INS – Inertial Navigation System *(Trägheits-Navigationssystem)* · Institut für niederdeutsche Sprache *(Bremen)* · International Network Services
ins. – inches *(engl.)* · inseitig · insidit (*lat.:* »hat es gefunden/entdeckt«) · insurance (*engl.:* »Versicherung«)
Ins. – Insekt[en] · Insel[n] · Insemination · Inserat[e] · Insulaner · Insult
in s. – in situ (*lat.:* »in der [richtigen] Lage«)
insb., insbes. – insbesondere
Inschr. – Inschrift[en]
INSEA – International Society for Education through Art
INSEAD – Institut Européen d'Administration des Affaires *(Europäisches Institut für Unternehmensführung)*
INSEE – Institut National de la Statistique et des Etudes Economiques *(Frankreich)*
insg. – insgesamt
insgeh. – insgeheim
insges. – insgesamt
INSM – Initiative Neue Soziale Marktwirtschaft
InsO – Insolvenzordnung

insp. – inspirieren; inspiriert · inspizieren; inspiziert
Insp. – Inspekteur · Inspektion · Inspektor · Inspiration; Inspirierung · Inspizient · Inspizierung
Insp.-Pr. – Inspektorprüfung
Inst. – Installateur; Installation[en]; Installierung · Instandsetzung · Instanz · Instinkt · Institut · Institution[en]
I. N. S. T. – in nomine sanctae trinitatis (*lat.:* »im Namen der heiligen Dreifaltigkeit«)
instr. – instruieren; instruiert · instruktiv · instrumental · instrumentieren; instrumentiert
Instr. – Instrukteur · Instruktion[en] · Instrument[e] · Instrumentarium · Instrumentierung
insz. – inszenieren; inszeniert
Insz. – Inszenator; Inszenierung
.int – international
int. – integer · integrieren; integriert · intensiv · intensivieren · interessant · interests *(Bankzinsen)* · intern · international
Int. – Intarsia; Intarsiator · Integration; Integrierung · Intelligenz · Intendant; Intendanz · Intension · Intensität · Intention · Interesse; Interessent[en] · Interim · Internist
INT – [Fraunhofer-]Institut für Naturwissenschaftlich-Technische Trendanalysen
INTAKO – Internationaler Tanzlehrerkongress
int. al. – inter alia (*lat.:* »unter anderem, unter anderen«)
IntArbA – Internationales Arbeitsamt
integr. – integrieren; integriert
Integr. – Integration; Integrierung · Integrität
INTEGRAL – International Gamma-Ray Astrophysics Laboratory
Intel – Integrated Electronics Corp.
intell. – intellektuell · intelligent
Intell. – Intellektuelle[r] · Intelligenz
Intell.-Quot. – Intelligenzquotient
Intelsat – International Telecommunications Satellite Consortium
inter. – interessant; interessieren; interessiert
Inter. – Interesse[n]; Interessent[en]
INTERGU – Internationale Gesellschaft für Urheberrecht
Interj. – Interjektion *(Sprachw.)*
interk. – interkommunal · interkontinental
interl. – interlinear
Interl.-Vers. – Interlinearversion
interm. – interministeriell · intermittieren[d]
Interm. – Intermedium · Intermezzo · Intermission
intern. – international · internieren; interniert
Internetabkürzungen – *siehe Übersichten S. 221 ff.*
INTERKAMA – Internationaler Kongress mit Ausstellung für Messtechnik und Automatik
InterNIC – Internet Network Information Center
INTERNORGA – Internationale Fachausstellung für die nordische Gastronomie
interp. – interpellieren · interpolieren; interpoliert · interponieren
Interpol – Internationale Kriminalpolizeiliche Organisation
interpr. – interpretieren; interpretiert
Interpr. – Interpret[ation]
interr., interrog. – interrogativ *(Sprachw.)*
interv. – intervenieren; interveniert
Interv. – Intervall[e] · Intervention
Int.-Gem. – Interessengemeinschaft
INTHEGA – Interessengemeinschaft der Städte mit Theatergastspielen
Inton. – Intonation
Int.-Quot. – Intelligenzquotient
intr. – intransigent · intransitiv *(Sprachw.)* · intrigieren · introvertiert
Intr. – Intrigant; Intrige · Introduktion · Introitus
intrm. – intramuskulär
Introd. – Introduktion
introsp. – introspektiv
Introsp. – Introspektion
introv. – introvertiert
intrv. – intravenös *(Med.)*
Int.-Vers. – Interlinearversion
Int.-Vertr. – Interessenvertreter; Interessenvertretung · Interimsvertrag
IntZHandVO – Interzonenhandelsverordnung
inv. – invalide · invariabel · invariant · invenit (*lat.:* »hat erfunden«) · inventarisieren · invers · investieren
Inv. – Invalide[n]; Invalidität · Invasion · Inventar · Inventur · Inversion · Inverter · Investition[en] · Investitur · Investment
invent. – inventarisieren
Invent. – Inventar; Inventarisation · Invention · Inventur
i. Verb. m. – in Verbindung mit
invest. – investieren; investiert; investiv
Invest. – Investition[en] · Investitur · Investment
Invest.-Ges., Inv.-Ges. – Investmentgesellschaft
Invest.-Pr., Inv.-Pr. – Investitionsprogramm[e]

Internetabkürzungen – Geläufigste Kürzel der elektronischen Kommunikation

2 – too *(zu)*
2L8 – too late *(zu spät)*
4 –for *(für)*
aaa – again and again *(immer wieder)*
ack – acknowledgement *(Zustimmung)*
afaics – as far as I can see *(soweit ich sehen kann)*
afaik – as far as I know *(soweit ich weiß)*
afair – as far as I remember *(soweit ich mich erinnere)*
afk – away from keyboard *(bin weg von der Tastatur)*
ak – alles klar
aka – also known as *(auch bekannt als)*
asap – as soon as possible *(sobald wie möglich)*
atm – at the moment *(im Moment)*
ayor – at your own risk *(auf eigene Verantwortung)*
b4 – before *(bevor)*
b4n – bye for now *(erst mal tschüs)*
bak – back at keyboard *(wieder an der Tastatur)*
bb – be back *(bin zurück)*
bbl – be back later *(komme später wieder)*
bfn – bye for now *(erst mal tschüs)*
bg – big grin *(großes Grinsen)*
bion – believe it or not *(glaube es oder nicht)*
bnfscd – but now for something completely different ... *(aber nun zu etwas ganz anderem ...)*
bot – back on topic *(zurück zum Thema)*
brb – be right back *(bin gleich wieder da)*
bs – bis später
btw – by the way *(so nebenbei)*
cg – congratulations *(Gratulation)*
cmiiw – correct me, if I'm wrong *(korrigiert mich, wenn ich falsch liege)*
cs – cybersex *(virtueller Sex)*
cu – see you *(man sieht sich)*
cul, cul8r – see you later *(bis später)*
cut – see you tomorrow *(bis morgen)*
cya – see you again *(man sieht sich)*
FAQ – frequently asked questions *(häufig gestellte Fragen)*
ffs – for fuck's sake! *(verflucht noch mal!)*
fyi, FYI – for your information *(zu deiner Information)*
f2f – face to face *(von Angesicht zu Angesicht)*
g – grin *(grinsen)*
g2cU – glad to see you *(erfreut, dich zu sehen)*
ga – go ahead *(mach weiter/fang an)*
gfc – going for coffee *(sich einen Kaffee holen gehen)*
gl – good luck *(viel Glück)*
gn8 – good night *(gute Nacht)*
gratz – congratulations *(Gratulation)*
gw – Glückwunsch
hak – hugs and kisses *(Umarmung und Küsse)*
hf – have fun *(viel Spaß)*
ic, IC – I see *(ich verstehe)*
ily – I love you *(ich liebe dich)*
imho – in my humble opinion *(meiner bescheidenen Meinung nach)*
imo – in my opinion *(meiner Meinung nach)*
irl – in real life *(im richtigen Leben)*
j4i – just for information *(nur zur Information)*
jk – just kidding *(nur Spaß)*
k – ok
ka – keine Ahnung
kiss – keep it simple and stupid *(erklär es idiotensicher)*
kp – kein Problem
lmao – laughing my ass off *(sich den Hintern ablachen)*
lol – laughing out loud *(laut lachen)*
mom – moment *(Moment)*
msg – message *(Mitteilung, Nachricht)*
n8 – night *(Nacht)*
nm – no matter *(macht nichts)*
omg – oh my God *(oh, mein Gott)*
ot – off topic *(vom Thema weg)*
np – no problem *(kein Problem)*
pls, plz – please *(bitte)*
rgds – regards *(Grüße)*
rofl, rotfl – rolling on the floor laughing *(lachend auf dem Boden liegen)*
rtfm – read the fucking manual *(lies die verdammte Anleitung)*
scnr – sorry, could not resist *(Entschuldigung, konnte nicht widerstehen)*
thx, tnx – thanks *(danke)*
tia – thanks in advance *(danke im Voraus)*
ty – thank you *(danke)*
u – you *(du)*
w8 – wait *(warte)*
wb – welcome back *(willkommen zurück)*
we – weekend *(Wochenende)*
wtf – what the fuck *(was zur Hölle/zum Teufel)*
X – Kuss
y? – why? *(wieso?)*

Internetabkürzungen – Domainendungen allgemein (gTLD)

.aero – aeronautics *(Luftfahrt)*
.com – commercial *(kommerzielle Angebote)*
.coop – cooperations *(Genossenschaften)*
.net – internet *(Netzbetreiber und Provider)*
.org – organization*([gemeinnützige] Organisationen)*
.edu – education *(Bildungseinrichtungen)*
.gov – government *(Regierungseinrichtungen)*
.mil – military *(militärische Einrichtungen)*
.info – information *(Informationsangebote)*
.biz – business *(Geschäfte, Handel)*
.name – name *(Privatpersonen)*
.museum – museum *(Museen)*
.pro – professionals *(z. B. Rechtsanwälte, Steuerberater u. Ä.)*
.coop – cooperations *(z. B.: Gewerkschaften)*

Invest.-Sp., Inv.-Sp. – Investmentsparen; Investmentsparer
InvHG – Investitionshilfegesetz
Inv.-R., InvR – Invalidenrente
InvStG – Investmentsteuergesetz
InvV, Inv.-Vers. – Invalidenversicherung
InvVG – Invalidenversicherungsgesetz
InvZulG – Investitionszulagengesetz
inw. – inwendig · inwiefern
InWEnt – Gesellschaft Internationale Weiterbildung und Entwicklung
inwf. – inwiefern
inww. – inwieweit
INXS – Internet Exchange Service
Inz. – Inzahlungnahme
inzw. – inzwischen
Io – Ionium
I/O – Input/Output
Io. – Iowa
i. o. – in order (*engl.:* »in Ordnung«)
i. O. – in Oldenburg · in Ordnung
IOA – Internationale Olympische Akademie
IOB – Informations- und Organisationsbüro · Institut of Brewing *(Britisches Brauerei-Institut)* · Interessengemeinschaft der in der Ostzone enteigneten Betriebe · Internationales Organisationsbüro
i. O. b. – in Ordnung befunden
IOC – Intergovernmental Oceanographic Commission · International Olympic Committee
IOCD – International Organization for Chemical Sciences in Development
IOCU – International Office of Consumers' Union
IÖD – Internationale der Öffentlichen Dienste
IODP – Integrated Ocean Drilling Program *(integriertes Tiefseebohrprogramm)*
IOE – International Office of Epizootics *(Internationale Viehseuchen-Forschungsstelle)* · International Organization of Employers *(Internationaler Arbeitgeberverband)*
IOF – [Fraunhofer-]Institut für Angewandte Optik und Feinmechanik
IÖGF – Institut für österreichische Geschichtsforschung
IOGT – Independent/International Order of Good Templars *(Internationaler Guttemplerorden)*
IOJ – International Organization of Journalists
IOK – Internationales Olympisches Komitee
IOM – Internationale Organisation/International Organization for Migration
IOMP – International Organization for Medical-Physics
IOMTR – International Office/Organization for Motor, Trades and Repairs *(Kfz-Weltverband)*
IÖR – Institut für ökologische Raumentwicklung *(Dresden)*
IORT – Intraoperative Radiotherapie *(Med.)*
IOS – International Organization for Standardization
IOSCO – International Organization of Securities and Exchange Commissions *(Internationale Vereinigung der Börsenaufsichtsbehörden)*
IÖW – Institut für ökologische Wirtschaftsforschung
IOZV – Internationale Organisation für Zivilverteidigung
IP – Industrieproduktion · Inhaberpapier · Inkassoprovision · integrierter Pflanzenbau · Internet-Protokoll · Interpolationsrechner *(EDV)*
i. p. – in perpetuum (*lat.:* »für immer«) · in puncto (*lat.:* »in dieser Angelegenheit«) · ipse paratus (*lat.:* »selbst zubereitet«)
i. P. – in Papier · in Pension
IPA – [Fraunhofer-]Institut für Produktionstechnik und Automatisierung · Internationale Pelzfachausstellung · Internationale Polizeiausstellung · Internationale Psychoanalytische Vereinigung · Internationaler Programm-

Internetabkürzungen – Domainendungen für Länder (ccTLD)

.ac – Ascension
.ad – Andorra
.ae – Vereinigte Arabische Emirate
.af – Afghanistan
.ag – Antigua und Barbuda
.ai – Anguilla
.al – Albanien
.am – Armenien
.an – Niederländische Antillen
.ao – Angola
.aq – Antarktis
.ar – Argentinien
.as – Amerikanisch-Samoa
.at – Österreich
.au – Australien
.aw – Aruba
.az – Aserbaidschan
.ba – Bosnien-Herzegowina
.bb – Barbados
.bd – Bangladesch
.be – Belgien
.bf – Burkina Faso
.bg – Bulgarien
.bh – Bahrain
.bi – Burundi
.bj – Benin
.bm – Bermuda
.bn – Brunei Darussalam
.bo – Bolivien
.br – Brasilien
.bs – Bahamas
.bt – Bhutan
.bv – Bouvetinsel
.bw – Botsuana
.by – Belarus *(Weißrussland)*
.bz – Belize
.ca – Kanada
.cc – Kokos-(Keeling-)Inseln
.cd – Demokratische Republik Kongo *(ehemals Zaire)*
.cf – Zentralafrika
.cg – Republik Kongo
.ch – Schweiz
.ci – Côte d'Ivoire *(Elfenbeinküste)*
.ck – Cookinseln
.cl – Chile
.cm – Kamerun
.cn – China
.co – Kolumbien
.cr – Costa Rica
.cu – Kuba
.cv – Kap Verde
.cx – Christmas Island *(Weihnachtsinsel)*
.cy – Zypern
.cz – Tschechische Republik
.de – Deutschland
.dj – Dschibuti
.dk – Dänemark
.dm – Dominica
.do – Dominikanische Republik
.dz – Algerien
.ec – Ecuador
.ee – Estland
.eg – Ägypten
.eh – West-Sahara
.er – Eritrea
.es – Spanien
.et – Äthiopien
.fi – Finnland
.fj – Fidschi
.fk – Falklandinseln
.fm – Föderierte Staaten von Mikronesien
.fo – Färöer
.fr – Frankreich
.ga – Gabun
.gd – Grenada
.ge – Georgien
.gf – Französisch-Guayana
.gg – Guernsey
.gh – Ghana
.gi – Gibraltar
.gl – Grönland
.gm – Gambia
.gn – Guinea
.gp – Guadeloupe
.gq – Äquatorialguinea
.gr – Griechenland
.gs – Südgeorgien und Südliche Sandwichinseln
.gt – Guatemala
.gu – Guam
.gw – Guinea-Bissau
.gy – Guyana
.hk – Hongkong
.hm – Heard- und McDonaldinseln
.hn – Honduras
.hr – Kroatien
.ht – Haiti
.hu – Ungarn
.id – Indonesien
.ie – Irland
.il – Israel
.im – Isle of Man
.in – Indien
.io – Britisches Territorium im Indischen Ozean
.iq – Irak
.ir – Iran
.is – Island
.it – Italien
.je – Jersey
.jm – Jamaika
.jo – Jordanien
.jp – Japan
.ke – Kenia
.kg – Kirgisistan
.kh – Kambodscha
.ki – Kiribati
.km – Komoren
.kn – St. Kitts und Nevis
.kp – Demokratische Volksrepublik Korea *(Nordkorea)*
.kr – Republik Korea *(Südkorea)*
.kw – Kuwait
.ky – Kaimaninseln
.kz – Kasachstan
.la – Laos
.lb – Libanon
.lc – St. Lucia
.li – Liechtenstein
.lk – Sri Lanka
.lr – Liberia
.ls – Lesotho
.lt – Litauen
.lu – Luxemburg
.lv – Lettland

Internetabkürzungen – Domainendungen für Länder (ccTLD; Fortsetzung)

.ly – Libyen
.ma – Marokko
.mc – Monaco
.md – Republik Moldau *(Moldawien)*
.mg – Madagaskar
.mh – Marshallinseln
.mk – Mazedonien
.ml – Mali
.mm – Myanmar
.mn – Mongolei
.mo – Macau
.mp – Nördliche Marianeninseln
.mq – Martinique
.mr – Mauretanien
.ms – Montserrat
.mt – Malta
.mu – Mauritius
.mv – Malediven
.mw – Malawi
.mx – Mexiko
.my – Malaysia
.mz – Mosambik
.na – Namibia
.nc – Neukaledonien
.ne – Niger
.nf – Norfolkinseln
.ng – Nigeria
.ni – Nicaragua
.nl – Niederlande
.no – Norwegen
.np – Nepal
.nr – Nauru
.nu – Niue
.nz – Neuseeland
.om – Oman
.pa – Panama
.pe – Peru
.pf – Französisch-Polynesien
.pg – Papua-Neuguinea
.ph – Philippinen
.pk – Pakistan
.pl – Polen
.pm – St. Pierre und Miquelon
.pn – Pitcairn
.pr – Puerto Rico
.ps – Palästinensische Gebiete
.pt – Portugal
.pw – Palau
.py – Paraguay
.qa – Katar
.re – Reunion
.ro – Rumänien
.ru – Russische Föderation
.rw – Ruanda
.sa – Saudi-Arabien
.sb – Salomonen
.sc – Seychellen
.sd – Sudan
.se – Schweden
.sg – Singapur
.sh – St. Helena
.si – Slowenien
.sj – Svalbard und Jan-Mayen-Inseln *(Spitzbergen)*
.sk – Slowakische Republik
.sl – Sierra Leone
.sm – San Marino
.sn – Senegal
.so – Somalia
.sr – Suriname
.st – São Tomé und Príncipe
.sv – El Salvador
.sy – Syrien
.sz – Swasiland
.tc – Turks- und Caicosinseln
.td – Tschad
.tf – Französische Südterritorien
.tg – Togo
.th – Thailand
.tj – Tadschikistan
.tk – Tokelau
.tm – Turkmenistan
.tn – Tunesien
.to – Tonga
.tp – Timor-Leste
.tr – Türkei
.tt – Trinidad und Tobago
.tv – Tuvalu
.tw – Taiwan
.tz – Tansania
.ua – Ukraine
.ug – Uganda
.uk – Großbritannien
.um – Minor Outlying Islands *(US-Außengebiete)*
.us – Vereinigte Staaten von Amerika
.uy – Uruguay
.uz – Usbekistan
.va – Vatikanstadt
.vc – St. Vincent und die Grenadinen
.ve – Venezuela
.vg – Britische Jungferninseln *(British Virgin Islands)*
.vi – Amerikanische Jungferninseln *(Virgin Islands of the United States)*
.vn – Vietnam
.vu – Vanuatu
.wf – Wallis und Futuna Inseln
.ws – Samoa *(früher Westsamoa)*
.ye – Jemen
.yt – Mayotte
.yu – Jugoslawien *(Serbien und Montenegro)*
.za – Südafrika
.zm – Sambia
.zw – Simbabwe

austausch · Internationales Phonetisches Alphabet · International Phonetic Association · International Police Association · International Press Association · International Publisher's Association · Interparlamentarische Arbeitsgemeinschaft · Isopropylalkohol

i. p. a. – including particular average *(Beschädigung von Waren eingeschlossen)*

IPAA – International Prisoners' Aid Association

IPARA – International Publisher's Advertising Represen-

tatives Association *(Internationaler Verband der Anzeigenvertreter von Zeitschriften)*
IPAV – Internationales Pressearchiv für Verkehrswesen
IPB – Institut für Personaltraining und Beratung
IPBAM – International Permanent Bureau of Automobile Manufactures
IPC – International Paralympic Committee · International Pepper Community · International Publishing Corporation · Interprocess Communication · Iraq Petroleum Company
IPCC – Intergovernmental Panel on Climate Change *(internationales Beratergremium der Klimaforscher)*
IPDT – Integrationsprogramm für Daten und Text
IPE – integrierte Produktentwicklung · International Petroleum Exchange
IPF – idiopathic pulmonary fibrosis/idiopathische pulmonale Fibrose *(Med.)*
IPH – Internationale Arbeitsgemeinschaft der Papierhistoriker
IPI – International Press Institute/Internationales Presseinstitut
i. p. i. – in partibus infidelium (*lat.:* »in den Gebieten der Ungläubigen«)
IPIECA – International Petroleum Industry Environmental Conservation Association *(Internationale Umweltschutzorganisation der Erdölindustrie)*
IPK – [Fraunhofer-]Institut für Produktionsanlagen und Konstruktionstechnik · Institut für Pflanzengenetik und Kulturpflanzenforschung · Institut für politische Planung und Kybernetik
I. P. K. – Schweizerische Interessengemeinschaft für pharmazeutische und kosmetische Produkte

Internetabkürzungen Usenet-/Newsgroups-Kategorien

comp – computer *(alles, was in irgendeiner Form mit Computern zu tun hat, also Hardware, Software, Programmierung ...)*
news – *(»Neues«, was mit Benutzung und Weiterentwicklung des Usenets zu tun hat)*
rec – recreation *(»Erholung, Freizeit«: alles, was man in der Freizeit unternimmt, also Hobbys, Sport, Kunst ...)*
sci – science *(»Wissenschaft«: wissenschaftliche und technische Themen; das Usenet ist an einer Universität entstanden)*
soc – social *(»gesellschaftlich«: Zwischenmenschliches, »High Society«, Gesellschaftspolitik, Sozialwissenschaften)*
talk – *(»reden«: Diskussionen zu mehr oder weniger aktuellen Themen wie Politik, Religion u. Ä.)*
misc – miscellaneous *(»Vermischtes«: alles, was in den übrigen sechs Kategorien nicht untergebracht werden kann oder aber in mehrere von ihnen eingeordnet werden müsste)*
alt – alternativ *(hier kann jeder ungefragt und unzensiert eine eigene Gruppe eröffnen)*

IPM – [Fraunhofer-]Institut für Physikalische Messtechnik · Impulsmodulation · Institut für Praktische Mathematik *(Karlsruhe)* · Internationale Pflanzenmesse
IPMS – [Fraunhofer-]Institut für Photonische Mikrosysteme
IPN – Institut für Prävention und Nachsorge
IPng – Internet Protocol next generation
IPO – initial public offering
ipos – Institut für praxisorientierte Sozialforschung
IPP – Industrieverband Putz- und Pflegemittel · Institut für Plasmaphysik · integrierte Produktpolitik *(EU)* · internet presence provider
IPPF – International Planned Parenthood Federation *(Internationaler Geburtenregelungsverband)*
IPPNW – International physicians for the prevention of nuclear war *(Internationale Ärzte für die Verhütung des Atomkrieges)*
IPQ – Institut für Produktivität und Qualität
IPPT – Internationale des Personals der Post-, Telegrafen- und Telefonbetriebe
IPR – Internationales Plutoniumregime · Internationales Privatrecht
i. Pr. – im Privatschuldienst
IPRA – International Public Relations Association
i. pr. NA – in praktischer Neuausgabe
ips – inches per second
iPS – induzierte Pferdestärke
IPS – Industrieverband Pflanzenschutz- und Schädlingsbekämpfungsmittel · In Plane Switching · Intensivpflegestation · intelligent protection system
IPSA – International Political Science Association

IPSI – [Fraunhofer-]Institut für Integrierte Publikations- und Informationssysteme · International Political Science Institute
IPT – [Fraunhofer-]Institut für Produktionstechnologie
IPTF – International Police Task Force
IPTO – International Pet Trade Organization
IPTT – Internationale du Personnel des Postes, Télégraphes et Téléphones
IPU – International Paleontological Union · International Peasant Union *(Internationale Bauernunion)* · Inter-Parliamentary Union/Interparlamentarische Union
IPV – Industrieverband Papier- und Folienverpackung
Ipv4, Ipv6 – internet protocol version 4, version 6
IP VPN – Internet Protocol Virtual Private Network
IPX – internet packet exchange
IPZ – Informations- und Pressezentrum · Internationales Postzentrum
IQ, I. Q. – intelligence quotient/Intelligenzquotient
i. q. – idem quod (*lat.:* »so viel wie«)
i. q. e. d. – id quod erat demonstrandum (*lat.:* »das, was zu beweisen war«)
IQSY – International Quiet Sun Year
Ir – Iridium *(Element)*
iR – indische Rupie *(Währung)*
IR – Indian Railways · Infanterieregiment · Infrarot · Internationaler Rat · interne Revision · Interregio *(Bahn)* · Investor Relations · Iran *(Kfz)*
ir. – irisch · iranisch · ironisch
i. R. – im Recht · im Rückfall · im Rückstand · im Ruhestand · in Reserve · in Ruhe
I. R. – Imperator Rex · Imperatrix Regina
IRA – Irish Republican Army
IRAC – Interdepartment Radio Advisory Committee
irak. – irakisch
IRAM – Institut für Radioastronomie im Millimeterwellenbereich · Instituto Argentino de Racionalización de Materiales *(Argentinisches Normeninstitut)*
iran. – iranisch
IRAS – Infrared Astronomical Satellite
IRB – [Fraunhofer-]Institut für Informationszentrum RAUM und BAU
IRBM – Intermediate Range Ballistic Missile
IRC – Innovation Relay Centres *(EU)* · International Rainwear Council · International Red Cross · International Rescue Committee · International Research Council · International Response Coupon · International Rice Commission · Internet Relay Chat
IRCA – International Railway Congress Association
IRCAM – Institut de Recherche et de Coordination Acoustique/Musique *(Paris)*
ird. – irdisch
IrDA – Infrared Data Association
IRDC – International Rubber Development Committee
I-Regler – Integralregler
IRENA – Intensivierte Rehabilitationsnachsorge *(Med.)*
i. Res. – in Reserve
IRF – International Road Federation · International Rowing Federation
IRFV – Internationaler Regenmantelfabrikantenverband
IRG – Independent Regulators Group · Internationale des Résistants à la Guerre *(Internationale der Kriegsdienstgegner)*
irg. – irgend
IRH – Islamische Religionsgemeinschaft Hessen
IRI – Istituto per la Ricostruzione Industriale *(italienische Staatsholdinggesellschaft)*
IRIS – industrial relation information system
IRK – Internationales Rotes Kreuz
IRKK – Internationales Rotes-Kreuz-Komitee
IRL – Internationaler Ring für Landarbeit · Irland *(Kfz)*
Irl. – Irland
IRLA – International Religions Liberty Association
IRMA – Immissionsratenmessanlage
i. r. n. – in rerum natura (*lat.:* »in der Natur der Dinge«)
IRO – International Refugee Organization
IRP – internationale Referenzpräparation *(Med.)*
IRPA – International Radiation Protection Association
IRQ – interrupt request · Irak *(Kfz)*
irr., irrat. – irrational
irreg. – irregulär
irrev. – irreversibel
IRRI – International Rice Research Institute
Irrl. – Irrläufer
IRS – Institut für Reaktorsicherheit der Technischen Überwachungsvereine · Institut für Regionalentwicklung und Strukturplanung
IRSC – International Radium Standard Commission
IRSO – Jewish Restitution Successor Organization *(Jüdische Rückerstattungs-Nachfolgeorganisation)*
IRT – Institut für Rundfunktechnik
IRTC – International Railway Transport Committee

IRTF – Internet Research Task Force
IRTU, IRU – International Road Transport Union
IRU – Internationale Raiffeisen-Union · International Railway Union · International Relief Union *(Welthilfsverband)*
IRV – Internationale Rundfunkvereinigung · Internationaler Reptilleder-Verband · Internationale Vereinigung des Rheinschiffsregisters
IRW – Institut für Revisionswesen *(Universität Münster)*
iS – integrierte Schaltung
IS – identische Stückzahl *(bei Fonds)* · Informationssystem · Ingenieurschule · integrierter Schalterkreis · Island *(Kfz)*
IS, I. S. – Intelligence Service (*engl.:* »Geheimdienst«)
is. – isoliert
Is. – Isolation; Isolator[en]; Isolierung
i. S. – im Sinne · im Sommer · in Sachen · in Sachsen · in Sonderstellung · in summa
I. S. – Internationales Signalbuch
ISA – Industry Standard Architecture · International Federation of the National Standardizing Associations · International Schools Association · International Settlement Authority · International Silk Association · International Sociological Association · International Standard Atmosphere · International Standards on Auditing
i. Sa. – in Sachen · in Sachsen · in summa
ISAF – International Sailing Federation · International Security Assistance Force
ISAM – index sequential access method
ISAPI – internet server application programming interface
ISAPS – International Society of Aesthetic Plastic Surgery
ISAS – Institut für Spektrochemie und angewandte Spektroskopie
ISB – individuelle Schwerstbehinderten-Betreuung · Institut für Schulpädagogik und Bildungsforschung *(Bayern)* · Institut für Selbstbedienung
ISBKK – Informationssystem der Betriebskrankenkassen
ISBN – Internationale Standardbuchnummer
ISC – [Fraunhofer-]Institut für Silicatforschung · Internationaler Studentenclub · International Sericultural Commission · International Standards Conference · International Students Council · International Sugar Council
i. Schw. – im Schwarzwald
ISD – Internationaler Suchdienst · Investment Services Directive *(Wertpapierdienstleistungsrichtlinie)*
i. S. d. – im Sinne der/des
ISDA – International Swaps and Derivates Association
ISDN – Integrated Services Digital Network *(weltweit standardisiertes Universalnetz in der Nachrichtentechnik)* · Internationale Standarddatennummer
ISDS – Internationaler Schutzverband deutschsprachiger Schriftsteller · International Serials Data Systems
ISE – [Fraunhofer-]Institut für Solare Energiesysteme · intensive sozialpädagogische Einzelbetreuung
ISEG – Institut für Sozialmedizin, Epidemiologie und Gesundheitsforschung
ISES – International Solar Energy Society
ISET – Institut für Solare Energieversorgungstechnik
ISF – Institut für Sicherheitsforschung · Institut für sozialwissenschaftliche Forschung · Internationaler Studentenbund für Föderation · International Shipping Federation · International Snowboard Federation
ISFA – International Scientific Film Association
ISFED – International Society for Fair Elections and Democracy *(USA)*
ISG – Informationszentrum für Sexualität und Gesundheit · Internationale Schlafwagen-Gesellschaft
ISGH – Internationaler Seegerichtshof · Internationaler Strafgerichtshof *(Den Haag, s. auch IStGH)*
ISGM – International School of General Management
ISH – Internationale Fachmesse Sanitär-Heizung-Klima · International Seamen and Harbour Workers
ISI – [Fraunhofer-]Institut für Systemtechnik und Innovationsforschung · International Sensitivity Index *(Med.)* · International Statistical Institute/Internationales Statistisches Institut
ISIC – International Standard Industrial Classification of all Economic Activities
ISIN – international securities identification number
ISIR – International Society for Interferon-Research
Isis – Integriertes System zur Bedarfsdeckung der Infrastruktur · Intelligent Satellite Data Information System
Isis, IS-IS – Intermediate System-to-Intermediate System
ISIS – Institut für sozialwissenschaftliche Informatio-

nen und Studien *(Magdeburg)* · Intelligentes Sicherheits- und Informationssystem *(Kfz)* · Interaktives System zur Identifizierung von Straftätern · International Scientific Information Service
ISIT – [Fraunhofer-]Institut für Siliziumtechnologie
ISK – Industrieverband Schaumkunststoffe · Internationale Sportkorrespondenz
Isl. – Islam · Island; Isländer
isl., islam. – islamisch
isl., isländ. – isländisch
ISM – Industrial Scientific Medical Band · Institute of Supply Management
ISMA – International Securities Market Association · International Superphosphate Manufacturers' Association
ISMUN – International Students' Movement for the United Nations
ISN – Information Systems Network · initial sequence number
ISO – Infrared Space Observatory *(ESA)* · *(früher:)* International Standard Organization; *(heute:)* International Organization for Standardization · International Sugar Organization
ISOC – internet society
ISOE – Institut für sozialökologische Entwicklung
isol. – isolieren; isoliert
Isol. – Isolation; Isolator[en]; Isolierung
Iso-Matte – Isoliermatte
ISP – Institut für angewandte Systemforschung und Prognose · integraler Strukturplan · International Society for Photogrammetry · internet service provider · Investitionssonderprogramm
ISPA – International Skat Players Association · International Sporting Press Association
ISP/C – Internet Service Provider Consortium
ISPO – Internationale Sportartikelmesse München
ISPR – Internationale Sportrechteverwertungsgesellschaft *(München)*
ISR – Internationales Seeschifffahrtsregister · International Society of Radiology
isr. – israelisch; israelitisch
Isr. – Israel[i]; Israeliten
ISS – Institut für Sozialarbeit und Sozialpädagogik · International Social Service · International Space Station · internet security system
ISSA – International Social Security Association
ISSC – International Social Science Council
ISSN – International Standard Serial Number
ISSP – International Social Survey Programme
ISSS – International Society of Soil Science *(Internationale Gesellschaft für Bodenkunde)*
ISST – [Fraunhofer-]Institut für Software- und Systemtechnik
IST – [Fraunhofer-]Institut für Schicht- und Oberflächentechnik · Indian Standard Time · Intelligenzstrukturtest
i. St. – im Stab *(Mil.)* · in Stellung · in Stufe
ISTAF – Internationales Stadionfest
i. St. d. – im Stil der/des
ISTG – Internationale Schlafwagen- und Touristik-Gesellschaft
IStGH – Internationaler Strafgerichtshof
ISTM – International Society for Testing Materials
IStR – Internationales Steuerrecht
ISU – International Shooting Union · International Skating Union
ISUV – Interessen- und Schutzgemeinschaft unterhaltspflichtiger Väter und Mütter
IsV – Isotopieverschiebung
ISV – Innerschweizer Schriftstellerverein
i. S. v. – im Sinne von
ISVSK – Internationaler Ständiger Verband für Schifffahrtskongresse
ISW – Institut für Sportkultur und Weiterbildung *(Universität Münster)* · Interessengemeinschaft für den Schweizerischen Weinimport
ISWA – International Solid Waste Association *(Internationaler Verband für Feststoffabfälle)*
ISZ – Internationales Seezentrum *(Hamburg)*
IT – Impulstelegrafie · Informationstechnik · Informationstechnologie/information technology · Informationsträger *(EDV)*
it. – italienisch · italisch · item (*lat.:* »ebenso, ferner«) · iterativ *(Sprachw.)*
It. – Italien; Italiener
i. t. – immediate transport *(sofortiger Transport)*
i. T. – im Tal · im Taunus · im Text · im Trockenzustand · in Tausend · in Tirol
ITA – Independent Television Authority *(GB; Fernsehaufsichtsbehörde)* · ingenieurtechnische Abteilung · Institut de Transport Aérien *(Frankreich)* · International Touring Alliance · International Trade Administration
ital. – italienisch · italisch
ITAR[-TASS] – Informations-Telegrafenagentur Russlands
ITB – Internationaler Turnerbund · Internationale Tourismus-Börse · International Time Bureau

ITC – Inland Transport Committee *(in der ECE)* · IntelliCAD Technology Consortium · International Tea Committee · International Trade Commission *(USA)* · International Training Centre for Aerial Survey
I. T. C., ITC – International Telecommunication Convention
ITE – Industrieinstitut zur Erforschung technologischer Entwicklungslinien
ITEM – [Fraunhofer-]Institut für Toxikologie und Experimentelle Medizin
ITER – Internationaler Thermonuklearer Experimentalreaktor
iter. – iterativ *(Sprachw.)*
ITexM – Institut für Textil-Marktforschung
ITF – integraler Taktfahrplan · International Tennis Federation · International Transport Workers' Federation *(vgl. ITWF)*
ITG – informationstechnische Grundbildung · intelligente technische Gesamtlösung · Internationale Tabakwissenschaftliche Gesellschaft
ITGS – intelligent traffic guidance system
ITGWF – International Textile and Garment Workers' Federation
i. Th. – in Thüringen
ITI – Internationales Theaterinstitut/International Theatre Institute · International Thrift Institute *(Internationales Sparkassen-Institut)*
ITIL – Information Technology Infrastructure Library
ITK – Informationstechnologie und Telekommunikation · Internationales Eisenbahntransportkomitee
ITMA – Internationale Textilmaschinen-Ausstellung
ITMF – International Textile Manufacturers Federation
ITMM – Gesellschaft für Internationales Textil- und Modemarketing
ITO – International Trade Organization
ITP – Inosintriphosphat · Institut für Technische Physik · Institut für Technologie der Polymere · International Television Program
ITR – Incore-Thermionik-Reaktor · Internationale Tourenwagen-Rennen
itr. – intransitiv *(Sprachw.)*
i. tr. – in triplo (*lat.:* »dreifach«)
i. Tr. – in der Trockenmasse
ITS – Integriertes Transportsteuerungs-System *(Bahn)* · intelligente[s] Transportsystem[e] · International Tracing Service *(Internationaler Suchdienst)* · International Technogeographical Society · International Trade Secretariat
ITSEC – Information Technology Security Evaluation Criteria *(europäisches Normensystem)*
ITSG – International Tin Study Group
ITT, ITTC – International Telephone and Telegraph Corporation *(USA)*
ITTF – International Table Tennis Federation/Internationale Tischtennis-Föderation
ITTV – Internationaler Tischtennisverband
ITU – International Telecommunication Union · International Temperance Union · International Touristic Union · International Typographical Union
ITUT – Internationales Transferzentrum für Umwelttechnik *(Leipzig)*
ITV – Internationaler Tennisverband · Internationaler Transport-Versicherungsverband
ITVA – Ingenieurtechnischer Verband Altlasten · Internationaler Verband der Video-Anwender
ITVV – Internationaler Transportversicherungsverband
ITW – Institut für Technologie und Wissenschaftstransfer *(München)*
ITWF – International Transport Workers' Federation
ITWM – [Fraunhofer-]Institut für Techno- und Wirtschaftsmathematik
IU – Insassenunfall[versicherung] *(Vw.)* · Internationale Union/International Union · Interparlamentarische Union
i. U. – im/in Umbau · im/in Umbruch · in Umwandlung · in Umwälzung
I. U., IU – immunizing unit *(engl.; Med.)* · international unit *(engl.)*
i. Ü. – im Übrigen
IUA – International Union of Advertising · International Union of Architects · International Union of Arts
IUAA – International Union of Advertisers Association · International Union of Alpine Associations
IUAI – International Union of Aviation Insurers
IUAO – International Union for Applied Ornithology/Internationale Union für Angewandte Ornithologie
IUAPPA – International Union of Air Pollution Prevention Associations *(Internationale Vereinigung der Verbände für Reinhaltung der Luft)*
IUAS – International Union of Agricultural Sciences
I. u. A. v. – Irrtum und Auslassungen vorbehalten
IUB – International Union of Biochemistry · Internationa-

les Universitätsbüro/International Universities' Bureau · International University Bremen
IUBS – International Union of Biological Sciences
IUC – International Union of Cartography · International Union of Chemistry
IUCN – International Union for Conservation of Nature and Natural Resources
IUCr – International Union of Crystallography
IUCW – International Union for Child Welfare
IUCWL – International Union of Catholic Women's Leagues
IUD – intrauterine device *(engl.; Intrauterinpessar/Spirale)*
IUDSE – Internationale Union Demokratisch-Sozialistischer Erzieher
IUE – International Ultraviolet Explorer
i. u. F. – im umgekehrten Fall[e] · in umgekehrter Folge
IUFO – International Union of Family Organizations
IUFTAV – Internationale Union für Forschung, Technik und Anwendung des Vakuums
IÜG – Internationales Übereinkommen über den Eisenbahngüterverkehr
IUGG – International Union of Geodesy and Geophysics
IUGS – International Union of Geological Sciences
IUHS – International Union of History of Sciences
IUI – International Union of Interpreters *(Internationaler Dolmetscherverband)*
IuK – Informations- und Kommunikationstechnik[en]/technologie[n]
IuKDG – Informations- und Kommunikationsdienstegesetz
IULA – International Union of Local Authorities *(Internationaler Gemeindeverband)*
IUNS – International Union of Nutritional Sciences *(Internationale Union für Ernährungswissenschaften)*
IUOTO – International Union of Official Travel Organizations
IUP – Intra-Uterin-Pessar *(Spirale)*
IÜP – Internationales Übereinkommen über den Eisenbahn-Personen- und Gepäckverkehr
IUPA – International Union of Practitioners in Advertising *(Internationaler Verband der Werbefachleute)*
IUPAC – International Union of Pure and Applied Chemistry
IUPAP – International Union of Pure and Applied Physics
IUPN – International Union for the Protection of Nature
IUR – International Union of Railways
IURIS – juristisches Informationssystem
IUS – International Union of Students · Intra-Uterin-System *(Med.)*
IUSDE – Internationale Union Sozialdemokratischer Erzieher
IUSP – International Union of Scientific Psychology
IUSY – International Union of Socialist Youth
IUT – International Union of Telecommunications
IUTAM – International Union of Theoretical and Applied Mechanics
IUVSTA – International Union for Vacuum Science, Technique and Applications
IUYCD – International Union of Young Christian Democrats
IV – Industriellenvereinigung *(Österreich)* · Industrieverband · Industrievereinigung · Informationsverarbeitung · Ingenieurverband · Ingenieurvereinigung · Institut für Verkehrssicherheit [der TU Berlin] · Interessenvertreter; Interessenvertretung · internationaler Verband · internationale Vereinigung · Invalidenversicherung
iV – integrierte Versorgung
i. v. – intravenös *(Med.)*
i. V. – im Vakuum · im Verhältnis · im Vertrag · im Vogtland · im Voraus · im Vorbereitungsdienst · im Vorjahr · in Veränderung · in Verbindung · in Vertretung · in Verwahrung · in Verwaltung · in Vollmacht · in Vorbereitung
I. v. – Irrtum vorbehalten
IVA – imposta sul valore aggiunto *(ital.)*; imposto sobre o valor acrescentado *(port.)*; impuesto sobre el valor añadido (*span.*; »Umsatzsteuer«) · Industrieverband Agrar · Internationale Vereinigung der Anschlussgleisbenutzer · Internationale Verkehrsausstellung
IVAD – Industrieverband Anorganische Dämmstoffe
i. V. b. – in Veränderung begriffen
IVBA – International Volleyball Association
IVBB – Informationsverbund Berlin-Bonn · Informationsverein Besser Bauen
i. Vbdg. m. – in Verbindung mit
IVBH – Internationale Vereinigung für Brückenbau und Hochbau
IVBV – Informationsverbund der Bundesverwaltung · Internationaler Verband der Bergführerverbände
IVC – Industrievereinigung Chemiefaser
IVCG – Internationale Verei-

nigung Christlicher Geschäftsleute
IVCLG – Internationaler Verband Christlicher Landarbeitergewerkschaften
IVD – Immobilienverband Deutschland · Interessengemeinschaft der Videothekare Deutschlands · In-vitro-Diagnostika
IVD-AMG-V – In-vitro-Diagnostika-Verordnung nach dem Arzneimittelgesetz
IV-DENIC – Interessenverbund Deutsches Network Information Center
IVDJ – Internationale Vereinigung Demokratischer Juristen
IVE – Internationale Vereinigung der Eisenwaren- und Hausrathändlerverbände · Internationale Vereinigung von Einkaufs- und Marketingverbänden
IVECO – Industrial Vehicles Corporation *(Lkw-Bau)*
i. Verb. m. – in Verbindung mit
IVF – In-vitro-Fertilisation
I. V. f. g. R., IVfgR – Internationale Vereinigung für gewerblichen Rechtsschutz
IVG – Industrieverband/ Industrievereinigung Gartenbau · Industrieverwaltungsgesellschaft · Internationale Vereinigung für germanische Sprach- und Literaturwissenschaft · Internationale Vereinigung Gartenbedarf · Internationale Vereinigung der Gewerkschaften · Invalidenversicherungsgesetz
IVH – Industrieverband Heimtierbedarf
IVHF – Internationaler Verband für hydraulische Forschungen
IVI – [Fraunhofer-]Institut für Verkehrs- und Infrastruktursysteme
IVIA – International Videotex Industry Association
IVIG – intravenöse Immunglobuline *(Med.)*
IVIP – integriertes Verarbeitungs- und Informationssystem für Personaldaten
IVJH – Internationale Vereinigung für Jugendhilfe
IVK – Industrieverband Klebstoffe · Industrieverband Kunststoffbahnen · Internationale Versicherungskarte *(Vw.)*
IVKS – integriertes Verwaltungs- und Kontrollsystem *(EU)*
IVL – Internationale Vereinigung der Lehrerverbände · Internationale Vereinigung für Theoretische und Angewandte Limnologie
IVM – Industrieverband Motorrad Deutschland · Internationale Verkaufs- und Modewoche
i. Vm. – im Vormonat · in Vollmacht
i. V. m. – in Verbindung mit
IVMB – Internationale Vereinigung der Musik-Bibliotheken, -Archive und Dokumentationszentren
IVN – Internationaler Verband der Naturtextilwirtschaft
i. v. O. – in verschiedenen Orten
i. Vollm. – in Vollmacht
i. Vorb., i. Vorber. – in Vorbereitung
IVPI – Internationale Vereinigung der Phonographischen Industrie
IVR – Interactive Voice Response · Internationale Vereinigung des Rheinschifffahrtsregisters
IVS – Informationsverarbeitendes System · Institut der versicherungsmathematischen Sachverständigen für Altersversorgung · Internationale Vereinigung für Schalentragwerke · International Valuation Standards
IVSF – Internationale Vereinigung für Sozialen Fortschritt
IVSC – International Valuation Standards Committee
IVSP – International Voluntary Service for Peace
IVSS – Internationale Vereinigung für Soziale Sicherheit
IVSt – Industrieversuchsstelle
IVU – Internationale Vegetarierunion/International Vegetarian Union · Internationale Verleger-Union · Richtlinie der Bundesregierung über die integrierte Vermeidung und Verminderung von Umweltverschmutzung
IVV – [Fraunhofer-]Institut für Verfahrenstechnik und Verpackung
IVVdN – Interessenverband ehemaliger Teilnehmer am antifaschistischen Widerstand, Verfolgter des Naziregimes und Hinterbliebener
IVW – Informationsgemeinschaft zur Feststellung der Verbreitung von Werbeträgern · Internationale Vereinigung der Widerstandskämpfer und Opfer des Faschismus
i. v. W. – im vollen/in vollem Wortlaut
IVWSR – Internationaler Verband für Wohnungswesen, Städtebau und Raumordnung
IVWW – Internationale Vereinigung Weltwirtschaft und Weltpolitik *(Berlin)*
IW – Immissionswert · Institut der Deutschen Wirtschaft
i. W. – im Wesentlichen · im Wald · im Wartestand · im Winter · innere Weite · in Wasser · in Westfalen · in Worten
i. W., IW – isotopic weight *(engl.:* »Isotopengewicht«)

IWA – Internationales Weizenabkommen / International Wheat Agreement · Internationale Werkzeugmaschinenausstellung
IWAK – Institut für Wirtschaft, Arbeit und Kultur *(Universität Frankfurt am Main)*
IWBS – Importwarenbegleitschein
IWC – International Whaling Commission · International Wheat Council
IWF – Institut für Werkzeugmaschinen und Fertigungstechnik *(TU Braunschweig)* · Institut für wirtschaftliche/wirtschaftswissenschaftliche Forschungen · Institut für den wissenschaftlichen Film · Internationaler Währungsfonds
IWG – Institut für Wirtschaft und Gesellschaft *(Bonn)*
IWH – Institut für Wirtschaftsforschung Halle
IWI – Industriewissenschaftliches Institut *(Österreich)*
IWK – Internationale Weltkarte
IWKA – Industrie-Werke Karlsruhe Augsburg AG
IWL – Institut für gewerbliche Wasserwirtschaft und Luftreinhaltung · Institut für wissenschaftliche Lehrmethoden
IWM – [Fraunhofer-]Institut für Werkstoffmechanik
IWO – Institut für wirtschaftliche Ölheizung[en] · International Wine Office
IWP – Institut für Wirtschaftsprüfung
IWR – Interdisziplinäres Zentrum für Wissenschaftliches Rechnen der Universität Heidelberg · Internationaler Weizenrat · Internationales Wirtschaftsforum Regenerative Energien
IWS – [Fraunhofer-]Institut für Werkstoff- und Strahltechnik · Internationales Wollsekretariat/International Wool Secretariat
i. w. S. – im weiteren Sinne
IWSA – International Water-Supply Association · International Workers' Sport Association
IWSG – Internationale Wollstudiengruppe/International Wool Study Group
IWSV – Ingenieurverband der Wasser- und Schifffahrtsverwaltungen
IWTO – International Wool Textile Organization
IWTZ – Internationales Wissenschafts- und Technologiezentrum *(Moskau)*
IWU – [Fraunhofer-]Institut für Werkzeugmaschinen und Umformtechnik · Institut Wohnen und Umwelt
IWV – Impulswahlverfahren · Internationale Warenhausvereinigung
i. W. v. – im Wert von
IWW – Industrial Workers of the World · Institut für Wirtschaftspublizistik in Würzburg
IWWK – Institut für Weltwirtschaft an der Universität Kiel
IWZ – Institut für wirtschaftspraktische Zweckforschung
iX – International Exchange *(Börse)*
IYC – International Youth Congress
IYF – International Youth Foundation
IYHF – International Youth Hostels Federation
IYL – International Youth Library
IYRU – International Yacht Racing Union
IZ – Industriezentrum · Informationszentrale; Informationszentrum · Informationszentrum Sozialwissenschaften *(Bonn)* · internationale Zusammenarbeit · internationaler Zusammenschluss/internationale Zusammenschlüsse · Itzehoe/Kreis Steinburg *(Kfz)*
i. Z. – im Ziel · im/in Zusammenhang · in Zusammenarbeit
IZA – Institut zur Zukunft der Arbeit · Informationszentrale für steuerliche Auslandsbeziehungen · Internationales Zuckerabkommen
IZB – Informationszentrum Benchmarking · Innovations- und Gründerzentrum Biotechnologie *(München)* · Innovationszentrum für Bibliotheken
IZD – Internationaler Zivildienst
IZE – Informationszentrale der Elektrizitätswirtschaft · Internationale Zeitschrift für Erziehungswissenschaft
IZEE – Informationszentrale der europäischen Eisenbahnen
IZFP – [Fraunhofer-]Institut für Zerstörungsfreie Prüfverfahren
IZG – Impulszusatzgerät
IZH – Interzonenhandel
IZHVO – Interzonenhandelsverordnung *(hist.)*
IZM – [Fraunhofer-]Institut für Zuverlässigkeit und Mikrointegration
i. Z. m. – im/in Zusammenhang mit · in Zusammenarbeit mit
IZMF – Informationszentrum Mobilfunk
IZT – Institut für Zukunftsstudien und Technologiebewertung
IZÜVO – Interzonenüberwachungsverordnung *(hist.)*
IZV – Invaliditätszusatzversicherung *(Vw.)*
IZW – Informationszentrum Weißblech

Jj

J – Japan *(Kfz)* · Java *(EDV)* · Jena *(Kfz)* · Jet · Jod · Joule *(Einheit)*
j. – jährlich · jemand · jetzt · jour (*franz.:* »Tag«) · jüdisch · jung · juristisch
J. – Jahr[e] · Journal[ist] · Jugend; Jugendliche[r] · Junge · Justiz · Justiziar
JA – Jahresabschluss · Jahresausgleich · Jamaika *(Kfz)* · Jugendamt · Jugendarbeit · Jugendarrest
JÄ – Jugendämter
JAA – Joint Aviation Authorities *(europäische und amerikanische Flugverkehrsbehörden)*
JAB – Jahresabschlussbericht
Jabo – Jagdbomber
JaboG – Jagdbombergeschwader
JAD – Joint Application Design/Development
JAG – Jahresarbeitsverdienstgrenze · Jugendamtsgesetz · Jugendarbeitsgemeinschaft · Jungingenieur-Arbeitsgemeinschaft · Juristenbildungsgesetz
JagdG – Jagdgesetz
Jagdh. – Jagdhaus
Jagdw. – Jagdwesen
JAGO – Jugendarrestgeschäftsordnung
Jahrb. – Jahrbuch; Jahrbücher
Jahresber. – Jahresbericht[e]
Jahresz. – Jahreszahl[en] · Jahreszeit[en]
Jahrg. – Jahrgang; Jahrgänge
Jahrh. – Jahrhundert
Jahrt. – Jahrtausend
JAK – Jugendarbeitskreis
jak., jakut. – jakutisch
JAL – Japan Air Lines
Jam. – Jamaika[ner]
JAmtG – Jugendamtsgesetz
JAmtm. – Justizamtmann
Jan. – Januar
JANET – Joint Academic Network
JAO – Juristenausbildungsordnung; Juristische Ausbildungsordnung; Justizausbildungsordnung
JAP – Jahresarbeitsprogramm
jap. – japanisch
Jap. – Japan[er]; Japanische
JAPO – Ausbildungs- und Prüfungsordnung für Juristen
JAR – Java Archive · Joint Aviation Requirements *(Bauvorschriften und Prüfverfahren für Flugzeuge)*
JArbSchG, JASchG – Jugendarbeitsschutzgesetz
JAT – Jugoslovenski Aerotransport
Jato – Jahrestonne[n]
JATO – Jet Assisted Take Off *(Flugzeug-Starthilfsraketen)*
JAU – Journalisten-Aktionsgemeinschaft Umwelt
JAV – Jahresarbeitsverdienst[grenze] · Jugend- und Auszubildendenvertretung · Verordnung über den Lohnsteuer-Jahresausgleich
JAVollzO – Jugendarrestvollzugsordnung
JAZ – Jahresarbeitszeit
JB – Jahresbeitrag *(Vw.)* · Judikatenbuch [des Obersten Gerichtshofes] *(Österreich)* · Jugendbewegung · Jugendbund · Juristenball
Jb. – Jahrbuch · Jahresbericht[e]
Jbb. – Jahrbücher
Jbd., J.-Bd. – Jahresband
Jbde., J.-Bde. – Jahresbände
JBeitrO – Justizbeitreibungsordnung *(1937)*
J.-Beitr. – Jahresbeitrag; Jahresbeiträge
Jber., JBer., J.-Ber. – Jahresbericht[e]
Jberr. – Jahresberichte
JBE-Virus – Japanese-B-Encephalitis-Virus *(Med.)*
JBIG – Joint Bi-Level Image Experts Group
J.-Bil. – Jahresbilanz
JBl. – Justizblatt
JBN – Jugendorganisation Bund Naturschutz Bayern
JBW – Jugendbildungswerk
JC – Judoclub
J. C. – Jesus Christus · Julius Caesar
JCA – juvenile chronische Arthritis *(Med.)*
J. C. B. – Juris Canonici Baccalaureus · Juris Civilis Baccalaureus
JCC – Jewish Claims' Conference
J. C. D. – Juris Canonici Doctor · Juris Civilis Doctor
J. Chr. – Jesus Christus
JD – Jahresdurchschnitt · Jordan-Dinar *(Währung in Jordanien)* · Justizdepartement *(Schweiz)* · Justizdienst
JD. – Jordan-Dinar *(Währung)*
JDAV – Jugend des Deutschen Alpenvereins
JDBC – Java Database Connectivity
JDF – job definition format
JDK – Java Development Kit
JEF – Jeunesse Européennes Fédéralistes
JEIA – Joint Export-Import Agency *(in der Bizone; hist.)*
JEIDA – Japan Electronic Industry Development Association
jem. – jemals · jemand
jem., jemen. – jemenitisch
jens. – jenseitig; jenseits
JESA – Japanese Engineering Standards Association
JESSI – Joint European Submicron Silicon Initiative
JET – Joint European Torus *(Kernfusionsprojekt in Culham)*
JEV – Joint European Venture *(EU)*
jew. – jeweilig; jeweils
JexeOS – Java executable Operating System

JEZ – Jugenderholungszentrum
JF – Jugendforum · Jugendfürsorge
JFIF – JPEG File Interchange Format
JFK – John Fitzgerald Kennedy *(ehem. US-Präsident)*
JFPO – Jäger- und Falknerprüfungsordnung
jfr. – jugendfrei
JFS – journaling file system
JG – Jagdgeschwader *(Mil.)* · Jagdgesetz · Jugendgericht
jg. – jung
Jg. – Jäger · Jahrgang
Jgd. – Jugend
JgdA – Jugendamt
jgdfd. – jugendfördernd
jgdfr. – jugendfrei
Jgd.-H. – Jugendheim
Jgd.-Hb., Jgd.-Herb. – Jugendherberge
Jgdl. – Jugendliche[r]
Jgd.-L. – Jugendleiter[in]
Jgd.-M., Jgd.-Mannsch. – Jugendmannschaft[en]
Jgd.-Pfl. – Jugendpflege; Jugendpfleger[in]
Jgd.-Schr. – Jugendschriften
Jgd.-Turn. – Jugendturnier
JGG – Jugendgerichtsgesetz
Jgg. – Jahrgänge
JGH – Jugendgerichtshilfe · Jugendgerichtshof *(Österreich)*
JGHV – Jagdgebrauchshundverband
JH – Jagdhaftpflicht[versicherung] *(Vw.)* · Jugendherberge
Jh. – Jahresheft · Jahrhundert
Jhb. – Jahrbuch; Jahrbücher
Jhdt. – Jahrhundert
Jhg. – Jahrgang
Jhgg. – Jahrgänge
JHH – Jahrhunderthalle Hoechst
Jhh. – Jahresheft[e]
JHK – Jahrbuch für Historische Kommunismusforschung *(DDR)*
Jhrb. – Jahrbuch; Jahrbücher
Jhrg. – Jahrgang
JHS – Juristische Hochschule des MfS *(DDR)*
J. H. S. – Jesus Hominum Salvator (*lat.:* »Jesus, Erlöser der Menschen«) *oder:* Jesus, Heiland, Seligmacher
Jhtsd. – Jahrtausend
Jhtsde. – Jahrtausende
JHV – Jahreshauptversammlung
JHW – Jugendhilfswerk
jidd. – jiddisch
Jini – Java Intelligent Network Infrastructure
JInsp. – Justizinspektor
JIS – Japanese Industrial Standard
JISC – Japanese Industrial Standard Committee
Jit – just-in-time *(engl.; zur gleichen Zeit [hergestellt])*
jiz, JIZ – Jugendinformationszentrum
j. J. – jedes Jahr; jedes/jeden Jahres
J./J. – Januar/Juli *(Fälligkeitstermine der Zinsen)*
JJC – Jiu-Jitsu-Club
JJJV – Judo-Jiu-Jitsu-Vereinigung
JJK – Jiu-Jitsu-Klub
JK – Jugendkreis · Juniorenkreis · Juristen-Kommission
J. K. – julianischer Kalender
JKMO – Justiz-Kostenmarkenordnung
JKostG – Justizkostengesetz
JKostMarkO – Justiz-Kostenmarkenordnung
JL – Jerichower Land *(Kfz)*
j. L. – jüngere Linie
JM – Jahresmiete · Justizminister[ium]
j. M. – jeder Monat; jedes/jeden Monats
JMBl. – Justizministerialblatt
jmd. – jemand
jmdm. – jemandem
jmdn. – jemanden
JME – Justizministerialerlass
JMS – Jugendmusikschule
j. Mts. – jedes/jeden Monats
JMV – Jahresmitgliederversammlung · Justizministerialverfügung
JN – Jahresnachweis
J. N. A., JNA – Jenaer Nomina Anatomica
JNC – Java Native Compiler
JNR – Japan National Railways
jnr. – junior
J.-Nr. – Jahresnummer · Journalnummer
JO – Jagdordnung
JOE – Java-oriented Editing
JOI, JOInsp. – Justizoberinspektor
JOR – Jordanien *(Kfz)*
JOSekr. – Justizobersekretär
jord., jordan. – jordanisch
Journ. – Journal[ismus]; Journalist[ik]
JOVIAL – Jules' own Version of the International Algebraic Language
JP – Jahresprämie · Jetpilot · Junge Pioniere *(DDR)*
j. P. – juristische Person
JPB – Jahresprüfungsbericht
JPEG – Joint Photographic Experts Group
JPfl. – Jugendpflege
JPP – Juristischer Presse-Dienst
j. pr. n. – jus primae noctis (*lat.:* »das Recht der ersten Nacht«)
JR – Jahresrechnung · Justizrat
jr. – junior
Jr. – Jahr · Januar · Junior
JRC – Joint Research Centre *(EU; gemeinsame Forschungsstelle)*
JRK – Jugendrotkreuz
JRT – Jugoslovenska Radio-Televizija
JS – Java Script
J$ – Jamaika-Dollar *(Währung)*
JSchG – Jugendschutzgesetz
JSchÖG – Gesetz zum Schutz der Jugend in der Öffentlichkeit
J.-Sch. – Jagdschein
J.-Schr. – Jahresschrift[en]

JSchVO – Jugendschutzverordnung
JSG – Jugend/Junioren-Sportgemeinschaft
JSO – Jugendsinfonieorchester
JSP – Java Server Pages · Job Service Provider
JST – Japanese Standard Time
JStG – Jahressteuergesetz
Jt. – Jahrestonne[n] · Jahrtausend
Jtg. – Jahrestag[ung]
JTS – Jugi Tandon Storage
Jtsd. – Jahrtausend
JU – Jagdunfall[versicherung] *(Vw.)* · Junge Union · Junge Unternehmer
JUB – Jungunternehmerberatung *(Wien)*
Jub. – Jubilar[e]; Jubiläum
J. U. D. – Juris Utriusque Doctor (*lat.:* »Doktor beider Rechte«)
jüd. – jüdisch
Judo[s] – Jungdemokrat[en]
JuFo – Jugend forscht
jug. – jugoslawisch
Jug. – Jugoslawe[n]; Jugoslawien
JugA – Jugendamt
JugGerG – Jugendgerichtsgesetz
JugK – Jugendkammer
Jugo – Jugoslawe[n]
Jugosl. – Jugoslawe[n]; Jugoslawien
Jug.-Pfl. – Jugendpflege[r]
JugR – Jugendrecht
JUH – Johanniter-Unfallhilfe
Juli[s] – Jungliberale[r]
Jul. K. – julianischer Kalender
jun. – junior
Jun. – Junior[en]
jur. – juridisch; juristisch
Jur. – Jurisprudenz; Jurist[en]
JurA – Juristische Analysen
Jur.-Kongr. – Juristenkongress
jur. P. – juristische Person
Juso[s] – Jungsozialist[en]
Just. – Justiziar; Justiz
JustM – Justizminister[ium]
Juw. – Juwelen; Juwelier
Juze – Jugendzentrum
JV – Jahresversammlung · Jugendverband · Jugendvertreter; Jugendvertretung
JVA – Jahresverbrauchsabrechnung · Justizvollzugsanstalt
JVB – Journalisten-Verband Berlin
JVDO – Dienstordnung für die Vollziehungsbeamten der Justiz
JVEG – Justizvergütungs- und Entschädigungsgesetz
JVerw., JVw. – Justizverwaltung
J.-Verz. – Jahresverzeichnis
JVKostG – Justizverwaltungskostengesetz
JVL – Jugendvertrauensleute
JVM – Java Virtual Machine
JVO – Jugendverbandsorchester
JVV – Jugendvertreterversammlung
JVwKostO – Justizverwaltungskostenordnung
JW – Jahreswagen
JWA – Jugendwohlfahrtsausschuss
jwd – janz weit draußen
JWG – Jugendwohlfahrtsgesetz
JWH – Jugendwohnheim
JWM – Jugend-/Junioren-Weltmeisterschaft[en]
JWV – Jugendwohlfahrtsverband
JZ – Jahreszahl[en] · Jodzahl · Jugendzentrum · Juristenzeitung

K*k*

k – kilo...
k, K – Karat
K – Kajak · Kali · Kaliber · Kalium *(Element)* · Kalorie[n] · Kambodscha *(Kfz)* · Kammer *(Rechtsw.)* · Kanal · Kärnten *(Kfz)* · Kathode · Käufer *(Rechtsspr.)* · Kelvin · Kina *(Währung in Papua-Neuguinea)* · Kip *(Währung in Laos)* · Köln *(Kfz)* · König *(Schach)* · Konzentration *(Chemie)* · Kote *(Höhenlinie auf Karten)* · Krone *(Währung)* · Kuna *(Währung in Kroatien)* · Kwacha *(Währung in Sambia)* · Kyat *(Währung in Myanmar)*
k. – kaiserlich · kalt · katholisch · kommissarisch · körnig · körperlich · künftig · künstlich
K. – Kabel · Kaiser · Kälte · Kap · Kapitel · Karabiner · Karton · Kasse · Kirche · Kiste · Kommandant[ur] · Kommissar[iat] · König · Konsonant · Konsul[at] · Konto · Konzentration · Koordinaten · Kopf · Körper · Korps
kA – Kiloampere
KA – Karlsruhe *(Kfz)* · Kartenart *(EDV)* · Kassenanwalt · Kassenarzt · Katholische Aktion · Kleine Anfrage · Klimaanlage · Knotenamt · Kontoauszug · Kontrollamt · Konzessionsabgabe · Kostenanschlag · Kreditabkommen · Kulturabkommen · Kulturamt · Kulturausschuss · Kunstakademie · Kurzarbeit
Kä. – Kärnten
KAAD – Klinische Arbeitsgemeinschaft Aids Deutschland
KAB – Kassenaufsichtsbeamter · Katholische Arbeitnehmerbewegung
Kab. – Kabel · Kabine · Kabinett
Kab.-Entsch. – Kabinettsentscheidung
KAbgG – Kommunalabgabengesetz
KABl. – Kirchliches Amtsblatt

Kab.-Mitgl. – Kabinettsmitglied[er]
Kab.-Ord. – Kabinettsorder
Kab.-Schr. – Kabinettsschreiben
Kab.-Sitz. – Kabinettsitzung
Kad. – Kadenz · Kader · Kadett
Kad.-Anst. – Kadettenanstalt
KaDeWe – Kaufhaus des Westens *(Berlin)*
KAEF – Katholischer Arbeitskreis Entwicklung und Frieden
K. A. F., KAF – Kost, Assekuranz, Fracht
KaffeeStG – Kaffeesteuergesetz
KAG – Kapitalanlagegesellschaft[en] · Kommunalabgabengesetz · Kommunale Arbeitsgemeinschaft · Kreisarbeitsgemeinschaft · Künstlerische Arbeitsgruppe
KAGG – Gesetz über Kapitalanlagegesellschaften
KAH – Kommunikations-Akademie Hamburg
kais. – kaiserlich
KAJ – Katholische Arbeiterjugend
KAJAB – Katholische Jungarbeiterinnenbewegung
KAJÖ – Katholische Arbeiterjugend Österreichs
KAK – Katholische Arbeitsgemeinschaft für Kriegsdienstverweigerung und Zivildienst
kal – Grammkalorie *(heute: cal)*
Kal – Kilo[gramm]kalorie *(heute: Kcal)*
KAL – Korean Airlines
Kal. – Kalander · Kalender · Kaliber
kal., kalend. – kalendarisch
KaLeu – Kapitänleutnant *(Bw.)*
Kalf. – Kalfaktor
kalm., kalmück. – kalmückisch
KAM – Key-Account-Manager
kam. – kameralistisch · kamerunisch
Kam. – Kamerad[schaft] · Kameralistik · Kamerun[er]
Käm. – Kämmerei; Kämmerer
Kama – Korea Automobile Manufacturers Association
kamb. – kambodschanisch
Kamb. – Kambodscha[ner]
kamer. – kameralistisch · kamerunisch
KammerG – Kammergesetz
KAN – Kommission Arbeitsschutz und Normen · Kriminalaktennachweis
kan. – kanadisch · kanonisch
Kan. – Kanada; Kanadier · Kanal · Kanister · Kanon · Kanone · Kanoniker; Kanonikus; Kanonisation · Kansas *(Staat der USA)* · Kanüle
kand. – kandidieren
Kand. – Kandare · Kandidat[in]; Kandidatur
kan$ – kanadischer Dollar *(Währung)*
kant. – kantonal
Kant. – Kantabile *(Musik)* · Kantate · Kantianer · Kantine · Kanton[e]
KANU – Kenya African National Union
K.-Anw., KAnw. – Kassenanweisung
KAÖ – Katholische Aktion Österreich
kap. – kapitalistisch · kapitulieren; kapituliert
Kap. – Kapazität · Kapelle · Kapillare · Kapital[ismus]; Kapitalist · Kapitän · Kapitel · Kapitell · Kapitol · Kapitular · Kapitulation · Kapuze · Kapuziner
KapAbfG – Kapitalabfindungsgesetz
KapAEG – Kapitalaufnahmeerleichterungsgesetz
Kap.-Anl. – Kapitalanlage[n]
KapAnlG – Kapitalanlagegesetz
KapAnlGG – Gesetz über Kapitalanlagegesellschaften
KapCoRiLiG – Kapitalgesellschaften und Co.-Richtlinie-Gesetz
Kap.-Erh. – Kapitalerhöhung
Kap.-Erw. – Kapazitätserweiterung
Kap.-Ges. – Kapitalgesellschaft[en]
Kapl. – Kaplan
Kapovaz – kapazitätsorientierte variable Arbeitszeit
KapSt. – Kapitalertragsteuer
KapStDV – Kapitalertragsteuer-Durchführungsverordnung
KapStG – Kapitalertragsteuergesetz
Kapt. – Kapitän
Kapt. z. S. – Kapitän zur See
Kap.-Urk. – Kapitulationsurkunde
Kap.-V., Kap.-Verk. – Kapitalverkehr
KapVerkStG, KapVStG – Kapitalverkehrsteuergesetz
KapVG, KapVerkG – Gesetz über den Kapitalverkehr
Kar. – Karabiner · Karaffe · Karat · Karate · Karawane · Karenz · Karosse · Karotte[n] · Karussell
Kard. – Kardinal · Kardiogramm
karib. – karibisch
karol. – karolingisch
kart. – kartographisch · kartoniert
Kart. – Kartätsche · Kartause; Kartäuser · Kartei · Kartell · Kartoffel[n] · Kartograph[ie] · Karton[age] · Kartothek
KartG – Kartellgericht · Kartellgesetz
KAS – Katholische Arbeitsgemeinschaft für Soldatenbetreuung *(Bw.)* · Konrad-Adenauer-Stiftung
Kas. – Kasachstan · Kasack
Kass. – Kassation · Kasserolle · Kassette · Kassiber · Kassier[er]

kast. – kastilisch
Kast. – Kastagnette[n] · Kastanie[n] · Kastell · Kastilien
KAT – Kirchlicher Angestelltentarif
kat. – katalanisch · katastrophal · katechetisch · kategorisch
Kat, Kat. – Katalysator
Kat. – Katalog[e] · Katalonien · Katamaran · Katapult · Katarakt · Katarrh · Kataster · Katastrophe · Katechese; Katechet; Katechismus; Katechumene · Kategorie
KatA – Katasteramt
KatG – Katastergesetz
kath. – katholisch
Kath. – Kathedrale · Katholik[en]; Katholizismus
Kat.-Nr. – Katalognummer
Kaufh. – Kaufhalle · Kaufhaus; Kaufhäuser
kaufm. – kaufmännisch
Kaufm. – Kaufmann[schaft]
kaufm. Ang./Angest. – kaufmännische[r] Angestellte[r]
KAUG, Kaug – Konkursausgleichsgeld
kaus. – kausal · kausativ
Kaus. – Kausalität · Kausativ
Kaut. – Kauterisation · Kauterium · Kaution
KAV – Katholischer Akademikerverband · Kaufanwartschaftsvertrag · Kommunale arbeitsrechtliche Vereinigungen · Kommunale Ausländervertretung · Konzessionsabgabenverordnung · kurze Anhängerverbindung[en]
KÄV – Kassenärztliche Vereinigung
Kav. – Kavalier · Kavalkade · Kavallerie · Kavallerist · Kavatine *(Musik)* · Kaverne · Kaviar
KAW – Katholisches Altenwerk
KAZ – Kreisausbildungszentrum · Kühlanlagenzertifikat
KB – Kachelbad · Kartenbeilage · Kassenbeleg · Kassenbericht · Kassenbestand · Kassenbuch · Kilobyte[s] · Kinderbeihilfe · Kombinationsbetrieb · Kommissionsberatung · Kommissionsbericht · Kommunaler Arbeitgeber-Verband · Königliche Bibliothek · Konnossementsbedingungen · Kontaktbereich · Konzessionsbetrieb · Korbach/Waldeck-Frankenberg *(Kfz)* · Kostenbereich · Kraftstoffbehälter · Kriegsbeschädigte[r] · Kulturbund · künstliche Besamung · Kurbestimmungen · Kursbuch · Kurzbericht · Kurzzeitbetrieb · Kyffhäuserbund
Kb. – Karabiner · Kontrabass · Kursbuch
K. B. – Königlich-Bay[e]risch
KBA – Kampfmittelbeseitigungsanlage · Katholisches Kirchenbuchamt · Kraftfahrt-Bundesamt
KBB – Kreisberatungsbeamter
kbcm – Kubikzentimeter
.kbd – keyboard mapping *(Dateierweiterung)*
kbdm – Kubikdezimeter
KBE – Katholische Bundesarbeitsgemeinschaft für Erwachsenenbildung · Köln-Bonner Eisenbahnen · Kolonien bildende Einheit(en)
KBG – Kapitalbeteiligungsgesellschaft[en] · Kinderbeihilfegesetz · Kommunalbeamtengesetz · Körperbehindertengesetz
K.-Bel. – Kassenbeleg[e]
K.-Ber. – Kassenbericht · Kurzbericht
KBI – Kreisbrandinspektor
KBL – Korea Basketball League
kbm – Kubikmeter
KBM, Kbrm. – Kreisbrandmeister
KBO – Kampfbeobachter
KBR – Komplementbindungsreaktion *(Med.)* · Konzernbetriebsrat · Kreisbrandrat
KBRt – Kriegsbeschädigtenrente
KBS – Kathodenbasisschaltung · Kaufmännische Berufsschule
KBSt – Koordinierungs- und Beratungsstelle *(der Bundesregierung für Informationstechnik in der Bundesverwaltung)*
KBT – konzentrative Bewegungstherapie
KBV – Kassenärztliche Bundesvereinigung · Kirchenbauverein · Kurs-Buchwert-Verhältnis
k. b. V. – keine besonderen Vorkommnisse
Kbw – Katholisches Bildungswerk · Kraftwagenbetriebswerk
KBw – Kommission Bildungswesen *(DIN)*
KBW – Kreisbildungswerk · Kommunistischer Bund Westdeutschland
Kč – Koruna česká *(Tschechische Krone, Währung)*
KC – Kronach *(Kfz)*
kcal – Kilo[gramm]kalorie
KCK – Karneval-Club Kastel
kc/s, kcps – kilocycle per second *(engl.:* »Kilohertz«)
KCV – Kurs-Cash-Flow-Verhältnis
KD – Kontrolldienst · Kreisdienststelle *(DDR)* · Kreisdirektor · Kundendienst
KD. – Kuwait-Dinar *(Währung)*
k. d., K. D. – knocked down *(engl.:* »zerlegt, aufgeteilt«)
k. D., K. D. – kulturgeschichtliches Denkmal
KDA – Katholische Deutsche Akademikerschaft · Kaufmännische Dienstabteilung/Direktionsabteilung · Kirchlicher Dienst in der Arbeitswelt · Kuratorium Deutsche Altershilfe

KDB – Kommunaler Dienstleistungsbetrieb · Kriegsdienstbeschädigte[r]; Kriegsdienstbeschädigung · Küche, Dusche, Bad
kdb. – kriegsdienstbeschädigt · kündbar
k.d.c.l., KDCL – knocked down in carloads (*engl.:* »aufgeteilt in Wagenladungen/Waggonladungen«)
KDD – Kriminaldauerdienst
KDE – K(ool) Desktop Environment
Kde. – Kunde
KdF – Kraft durch Freude *(NS)*
KDFB – Katholischer Deutscher Frauenbund
KDG – Kabel Deutschland GmbH
Kdg., Kdgg. – Kündigung
KDLM – Konferenz der Direktoren der Landesmedienanstalten
KDO – Kommunale Datenverarbeitung Oldenburg
Kdo. – Kommando
K.d.ö.R., KdöR – Körperschaft des öffentlichen Rechts
Kdos. – Kommandosache
Kdr. – Kalender · Kinder · Kommandeur
Kdre. – Kommandeure · Kommodore
KdRL – Kommission Reinhaltung der Luft *(im VDI und DIN)*
Kds. – Kommandosache
KDSE – Katholische Deutsche Studenteneinigung
K.D.St.V., KDStV – Katholische Deutsche Studentenverbindung
K.D.S.V., KDSV – Katholische Deutsche Schwesternvereinigung
kdt. – kommandiert
Kdt. – Kommandant
Kdtr. – Kommandantur
kdt.z. – kommandiert zum/zur
KDV – Kriegsdienstverweigerer; Kriegsdienstverweigerung
KDVD – Kassendentistische Vereinigung Deutschlands
KE – Karteneinheit *(EDV)* · Kempten *(Kfz)* · Kommissionsentwurf · Konkurseröffnung
Ke. – Kessel · Kette
K.E. – kinetische Energie
KEB – Katholische Erwachsenenbildung
KED – Katholische Elternschaft Deutschlands · Kirchlicher Entwicklungsdienst
Kef, KEF – Kommission zur Ermittlung des Finanzbedarfs der Rundfunkanstalten
KEG – Katholische Erziehergemeinschaft · Kommanditerwerbsgesellschaft *(Österreich)*
KEH – Kelheim *(Kfz)*
KEK – Kommission zur Ermittlung der Konzentration im Medienbereich · Konferenz der Europäischen Kirchen · Konzerneinkaufskonferenz
kelt. – keltisch
ken. – kenianisch
Ken. – Kentucky *(Staat der USA)*
kennz. – kennzeichnen[d]
Kennz. – Kennzahl · Kennzeichen · Kennziffer
Ke.-Nr. – Kennnummer
KEP – Konferenz Evangelikar-Publizisten · Kraftwageneinheitspolice
KEP-Dienst[e] – Kurier-, Express-, Paketdienst[e]
KER – kurzfristige Erfolgsrechnung
ker. – keramisch
Ker. – Keramik · Keratitis *(Med.)* · Keratom *(Med.)*
KEsc – Kap-Verde-Escudo *(Währung)*
KESt – Kapitalertragsteuer
keV – Kiloelektronenvolt
KEV – kommunale Energieversorgung
KEWA – Kernbrennstoff-Wiederaufarbeitungsgesellschaft
Ke.-Zif. – Kennziffer
KF – Kaltfront · Kassenführer · Kaufbeuren *(Kfz)* · kleine Fahrt *(Schifffahrt)* · Kompanieführer · Konsulatsfaktura · Korrosionsfestigkeit · Kostenfestsetzung · Kulturfläche · Kurzfassung
kf. – keimfrei · kreisfrei
Kf. – Kauf · Kompanieführer · Kraftfahrer · Kurzfassung · Kurzform
KFA – Kernforschungsanlage · Kosten, Fracht, Assekuranz · Kreisfachausschuss/-schüsse · Kreisfußballausschuss · Kurzfragebogen für Alkoholgefährdete
KFAZ – Komitee für Frieden, Abrüstung und Zusammenarbeit
KfB – Kraftfahrbetrieb
KFB – Katholische Frauenbewegung *(Österreich)* · Kinderfreibetrag
kfd, KFD – Katholische Frauengemeinschaft Deutschlands
Kffr. – Kauffrau
KFG – Gesetz über den Verkehr mit Kraftfahrzeugen *(1909)* · Katholische Frauenjugend-Gemeinschaft
KfH – Kammer für Handelssachen · Kraftfahrzeug-Haftpflicht
Kfh. – Kaufhaus
KfK – Kernforschungszentrum Karlsruhe · Kommission für den Ausbau des technischen Kommunikationssystems · Kuratorium für Kulturbauwesen
KFK – kohlefaserverstärkte Kunststoffe
KFL – Kinderferienlager
kfm. – kaufmännisch
Kfm. – Kaufmann
KfmG – Kaufmannsgericht
KfmGG – Kaufmannsgerichtsgesetz
KFN – Kriminologisches For-

schungsinstitut Niedersachsen
KFOR – Kosovo Force *(NATO)*
KFP – Kataster-Festpunkt · Konferenz der Fachbereiche Physik
Kf.-Pr. – Kaufpreis
KfR – Kommission für Raumfahrttechnik
KFR – Kommentierte Finanzrechtsprechung
kfr. – keimfrei
KFS – Kreisfilmstelle · Kugelfunkenstrecke · Küstenfunkstelle
KFSG – Kriegsfolgenschlussgesetz
KfSt. – kreisfreie Stadt
KFStG – Kraftfahrzeugsteuergesetz
KFT – Kraftfahrzeugtechnik · Kraftfahrzeugteil[versicherung]
KfürsV – Verordnung zur Kriegsopferfürsorge
KFuSt – Küstenfunkstelle
KFV – Kraftfahrzeugvollversicherung *(Vw.)*
KfW – Kreditanstalt für Wiederaufbau
Kfz, KFZ – Kraftfahrzeug
Kfz-Kennzeichen – *siehe Übersichten ab S. 240; Sonderkennzeichen siehe Übersicht S. 349*
KFZ – Krebsforschungszentrum [Heidelberg]
Kfz.-Anh. – Kraftfahrzeuganhänger
Kfz-Br. – Kraftfahrzeugbrief
KfzG – Gesetz über den Verkehr mit Kraftfahrzeugen
Kfz-Gew. – Kraftfahrzeuggewerbe · Kraftfahrzeuggewicht
KfzH – Kraftfahrzeug-Haftpflicht
Kfz-Hdl. – Kraftfahrzeughandel; Kraftfahrzeughändler
Kfz-Mech. – Kraftfahrzeugmechaniker
KfzMissbrG – Kraftfahrzeugmissbrauch-Gesetz
KfzPflVersG – Gesetz über die Einführung der Pflichtversicherung für Kraftfahrzeughalter *(1939)*
KfzStG – Kraftfahrzeugsteuergesetz
Kfz-Vers. – Kraftfahrzeugversicherer; Kraftfahrzeugversicherung
Kfz-Zul. – Kraftfahrzeugzulassung
Kfz-Zul.-St. – Kraftfahrzeugzulassungsstelle
kg – Kilogramm
kG – Kilogauß
KG – Bad Kissingen *(Kfz)* · Kammergericht · Kampfgeschwader · Kampfgruppe · Kantonsgericht *(Schweiz)* · Karnevalsgesellschaft · Kartellgesetz · Kassationsgericht *(Schweiz)* · Kaufmannsgericht · Kindergeld · Kirchengeschichte · Kirchengesetz · Kommanditgesellschaft · Konsumgenossenschaft *(DDR)* · Kontaktgruppen-Staaten *(Deutschland, Frankreich, Großbritannien, Italien, Russland, USA; Dayton-Friedensprozess für das ehem. Jugoslawien)* · Körpergewicht · Kostengesetz · Krankengymnastik · Kreisgericht *(Österreich)* · Kreisgeschäftsstelle
Kg. – Kegeln · König
K. g. – Kenntnis genommen
K. G. – Kommandierender General
KGA – Kreditgewinnabgabe
KGaA – Kommanditgesellschaft auf Aktien
KGÄA – Kindergeldänderungsauftrag
KGAG – Kindergeldanpassungsgesetz
KGB – Komitet gossudarstwennoi besopasnosti *(hist.; sowjetischer Geheimdienst)*
KGD – Konzert- und Gastspieldirektion
KGEG – Kindergeldergänzungsgesetz
KGer. – Kammergericht
K.-Gew. – Kunstgewerbe
Kgf. – Kriegsgefangene[r] · Kriegsgefangenschaft
KgfEG – Kriegsgefangenenentschädigungsgesetz
KGG – Kaufmannsgerichtsgesetz · Kindergeldgesetz · Kreditgarantiegemeinschaft[en]/-gesellschaften
KGHB – Gesetz über die Kammern der Heilberufe
kgl. – königlich
KGl. – Konkursgläubiger
kgm – Kilogrammmeter
KGM – Kunstgewerbemuseum
Kgn. – Königin
KGO – Kirchengemeindeordnung
KgoVfG – Gesetz über das Verwaltungsverfahren der Kriegsopferversorgung
KGPräs. – Kammergerichtspräsident
kg/PSh – Kilogramm pro Pferdestärke-Stunde
KGR – Kammergerichtsrat
Kgr. – Kampfgruppe · Kiesgrube · Kongress · Königreich
KGRZ – Kommunales Gebietsrechenzentrum
KGS – Kölner Gesellschaft für Sozialforschung · Kuratorium Gutes Sehen
KGSt – Kommunale Gemeinschaftsstelle für Verwaltungsvereinfachung
KgU – Kampfgruppe gegen Unmenschlichkeit
KGV – Katholischer Gesellenverein · Kleingartenverein, Kleingärtnerverein · Konsumgenossenschaftsverband *(DDR)* · Kurs-Gewinn-Verhältnis
k. g. V., kgV – kleinstes gemeinsames Vielfaches *(Math.)*
kgw, k.g.w. – kann gestrichen werden
KGw – Kommission Gesundheitswesen *(DIN)*

Kfz-Kennzeichen (national)

A – Augsburg
AA – Aalen/Ostalbkreis
AB – Aschaffenburg
ABG – Altenburger Land
AC – Aachen
AIC – Aichach/Friedberg
AK – Altenkirchen
AM – Amberg
AN – Ansbach
ANA – Annaberg
AÖ – Altötting
AP – Apolda/Weimarer Land
AS – Amberg-Sulzbach
ASL – Aschersleben/Staßfurt
ASZ – Aue-Schwarzenberg
AUR – Aurich
AW – Ahrweiler
AZ – Alzey-Worms
AZE – Anhalt-Zerbst
B – Berlin
BA – Bamberg
BAD – Baden-Baden
BAR – Barnim
BB – Böblingen
BBG – Bernburg
BC – Biberach
BGL – Berchtesgadener Land
BI – Bielefeld
BIR – Birkenfeld
BIT – Bitburg-Prüm
BL – Balingen/Zollernalbkreis
BLK – Burgenlandkreis
BM – Bergheim/Erftkreis
BN – Bonn
BO – Bochum
BÖ – Bördekreis
BOR – Borken
BOT – Bottrop
BRA – Brake/Wesermarsch, Unterweser
BRB – Brandenburg
BS – Braunschweig
BT – Bayreuth
BTF – Bitterfeld
BÜS – Büsingen (LK Konstanz)
BZ – Bautzen
C – Chemnitz
CB – Cottbus
CE – Celle
CHA – Cham
CLP – Cloppenburg
CO – Coburg
COC – Cochem-Zell
COE – Coesfeld
CUX – Cuxhaven
CW – Calw
D – Düsseldorf
DA – Darmstadt(-Dieburg)
DAH – Dachau
DAN – Lüchow-Dannenberg
DAU – Daun
DBR – Bad Doberan
DD – Dresden
DE – Dessau
DEG – Deggendorf
DEL – Delmenhorst
DGF – Dingolfing-Landau
DH – Diepholz
DL – Döbeln
DLG – Dillingen a. d. Donau
DM – Demmin
DN – Düren
DO – Dortmund
DON – Donau-Ries
DU – Duisburg
DÜW – Bad Dürkheim/Weinstraße
DW – Dippoldiswalde/Weißeritzkreis
DZ – Delitzsch
E – Essen
EA – Eisenach
EBE – Ebersberg
ED – Erding
EE – Elbe-Elster
EF – Erfurt
EI – Eichstätt
EIC – Eichsfeld
EL – Emsland
EM – Emmendingen
EMD – Emden
EMS – Bad Ems/Rhein-Lahn-Kreis
EN – Ennepe-Ruhr-Kreis
ER – Erlangen
ERB – Erbach/Odenwaldkreis
ERH – Erlangen-Höchstadt
ES – Esslingen a. N.
ESW – Eschwege/Werra-Meißner-Kreis
EU – Euskirchen
F – Frankfurt am Main
FB – Friedberg/Wetteraukreis
FD – Fulda
FDS – Freudenstadt
FF – Frankfurt/Oder
FFB – Fürstenfeldbruck
FG – Freiberg
FL – Flensburg
FN – Friedrichshafen/Bodenseekreis
FO – Forchheim
FR – Freiburg i. Br., Breisgau-Hochschwarzwald
FRG – Freyung-Grafenau
FRI – Friesland
FS – Freising
FT – Frankenthal
FÜ – Fürth
G – Gera
GAP – Garmisch-Partenkirchen
GC – Glauchau/Chemnitzer Land
GE – Gelsenkirchen
GER – Germersheim
GF – Gifhorn
GG – Groß-Gerau
GI – Gießen
GL – Bergisch-Gladbach/Rheinisch-Bergischer Kreis
GM – Gummersbach/Oberbergischer Kreis
GÖ – Göttingen
GP – Göppingen
GR – Görlitz
GRZ – Greiz
GS – Goslar
GT – Gütersloh
GTH – Gotha
GÜ – Güstrow

Kfz-Kennzeichen (national; Fortsetzung)

GZ – Günzburg
H – Hannover
HA – Hagen
HAL – Halle
HAM – Hamm
HAS – Haßfurt/Hassberge
HB – Hansestadt Bremen
HBN – Hildburghausen
HBS – Halberstadt
HD – Heidelberg/Rhein-Neckar-Kreis
HDH – Heidenheim (Brenz)
HE – Helmstedt
HEF – Hersfeld-Rotenburg
HEI – Dithmarschen/Heide
HER – Herne
HF – Herford
HG – Bad Homburg vor der Höhe/Hochtaunuskreis
HGW – Hansestadt Greifswald
HH – Hansestadt Hamburg
HI – Hildesheim
HL – Hansestadt Lübeck
HM – Hameln-Pyrmont
HN – Heilbronn
HO – Hof
HOL – Holzminden
HOM – Homburg/Saar, Saarpfalz-Kreis
HP – Heppenheim/Bergstraße
HR – Homberg/Efze, Schwalm-Eder-Kreis
HRO – Hansestadt Rostock
HS – Heinsberg
HSK – Hochsauerlandkreis
HST – Hansestadt Stralsund
HU – Main-Kinzig-Kreis in Hanau
HVL – Havelland
HWI – Hansestadt Wismar
HX – Höxter
HY – Hoyerswerda
IGB – St. Ingbert
IK – Ilm-Kreis
IN – Ingolstadt
IZ – Itzehoe/Kreis Steinburg
J – Jena
JL – Jerichower Land
K – Köln
KA – Karlsruhe
KB – Korbach/Waldeck-Frankenberg
KC – Kronach
KE – Kempten
KEH – Kelheim
KF – Kaufbeuren
KG – Bad Kissingen
KH – Bad Kreuznach
KI – Kiel
KIB – Kirchheimbolanden/Donnersbergkreis
KL – Kaiserslautern
KLE – Kleve
KM – Kamenz
KN – Konstanz
KO – Koblenz
KÖT – Köthen/Anhalt
KR – Krefeld
KS – Kassel
KT – Kitzingen
KU – Kulmbach
KÜN – Künzelsau/Hohenlohekreis
KUS – Kusel
KYF – Kyffhäuserkreis
L – Leipzig
LA – Landshut
LAU – Lauf an der Pegnitz/Nürnberger Land
LB – Ludwigsburg
LD – Landau i. d. Pfalz
LDK – Lahn-Dill-Kreis
LDS – Landkreis Dahme-Spreewald
LER – Leer
LEV – Leverkusen
LG – Lüneburg
LI – Lindau
LIF – Lichtenfels
LIP – Lippe
LL – Landsberg a. Lech
LM – Limburg-Weilburg
LÖ – Lörrach
LOS – Landkreis Oder-Spree
LU – Ludwigshafen
LWL – Ludwigslust
M – München
MA – Mannheim
MB – Miesbach
MD – Magdeburg
ME – Mettmann
MEI – Meißen
MEK – Mittlerer Erzgebirgskreis
MG – Mönchengladbach
MH – Mülheim a. d. Ruhr
MI – Minden-Lübbecke
MIL – Miltenberg
MK – Märkischer Kreis
ML – Mansfelder Land
MM – Memmingen
MN – Mindelheim/Unterallgäu
MOL – Märkisch-Oderland
MOS – Mosbach/Neckar-Odenwald-Kreis
MQ – Merseburg-Querfurt
MR – Marburg-Biedenkopf
MS – Münster
MSP – Main-Spessart
MST – Mecklenburg-Strelitz
MTK – Main-Taunus-Kreis
MTL – Muldentalkreis
MÜ – Mühldorf a. Inn
MÜR – Müritz
MW – Mittweida
MYK – Mayen-Koblenz
MZ – Mainz(-Bingen)
MZG – Merzig-Wadern
N – Nürnberg
NB – Neubrandenburg
ND – Neuburg-Schrobenhausen/Donau
NDH – Nordhausen
NE – Neuss
NEA – Neustadt a. d. Aisch
NES – Bad Neustadt an der Saale/Rhön-Grabfeld

Kfz-Kennzeichen (national; Fortsetzung)

NEW – Neustadt a. d. Waldnaab
NF – Nordfriesland
NI – Nienburg
NK – Neunkirchen
NM – Neumarkt
NMS – Neumünster
NOH – Nordhorn/Bentheim
NOL – Niederschlesische Oberlausitz
NOM – Northeim
NR – Neuwied/Rhein
NU – Neu-Ulm
NVP – Nordvorpommern
NW – Neustadt a. d. Weinstraße
NWM – Nordwestmecklenburg
OA – Oberallgäu
OAL – Ostallgäu
OB – Oberhausen
OD – Bad Oldesloe/Stormarn
OE – Olpe
OF – Offenbach
OG – Offenburg/Ortenaukreis
OH – Ostholstein
OHA – Osterode am Harz
OHV – Oberhavel
OHZ – Osterholz-Scharmbeck
OK – Ohrekreis
OL – Oldenburg
OPR – Ostprignitz-Ruppin
OS – Osnabrück
OSL – Oberspreewald-Lausitz
OVP – Ostvorpommern
P – Potsdam
PA – Passau
PAF – Pfaffenhofen
PAN – Pfarrkirchen/Rottal-Inn
PB – Paderborn
PCH – Parchim
PE – Peine
PF – Pforzheim/Enzkreis
PI – Pinneberg
PIR – Pirna/Sächsische Schweiz
PL – Plauen
PLÖ – Plön
PM – Potsdam-Mittelmark
PR – Prignitz
PS – Pirmasens, Südwestpfalz
QLB – Quedlinburg
R – Regensburg
RA – Rastatt
RD – Rendsburg-Eckernförde
RE – Recklinghausen
REG – Regen
RG – Riesa-Großenhain
RH – Roth bei Nürnberg
RO – Rosenheim
ROW – Rotenburg/Wümme
RS – Remscheid
RT – Reutlingen
RÜD – Rüdesheim/Rheingau-Taunus-Kreis
RÜG – Rügen
RV – Ravensburg
RW – Rottweil
RZ – Ratzeburg/Herzogtum Lauenburg
S – Stuttgart
SAD – Schwandorf i. Bayern
SAW – Altmarkkreis Salzwedel
SB – Saarbrücken
SBK – Schönebeck
SC – Schwabach
SDL – Stendal
SE – Bad Segeberg
SFA – Soltau-Fallingbostel
SG – Solingen
SGH – Sangerhausen
SHA – Schwäbisch Hall
SHG – Schaumburg
SHK – Saale-Holzland-Kreis
SHL – Suhl
SI – Siegen
SIG – Sigmaringen
SIM – Simmern/Rhein-Hunsrück-Kreis
SK – Saalkreis
SL – Schleswig-Flensburg
SLF – Saalfeld-Rudolstadt
SLS – Saarlouis
SM – Schmalkalden-Meiningen
SN – Schwerin
SO – Soest
SÖM – Sömmerda
SOK – Saale-Orla-Kreis
SON – Sonneberg
SP – Speyer
SPN – Spree-Neiße
SR – Straubing(-Bogen)
ST – Steinfurt
STA – Starnberg
STD – Stade
STL – Stollberg
SU – Siegburg/Rhein-Sieg-Kreis
SÜW – Südliche Weinstraße
SW – Schweinfurt
SZ – Salzgitter
TBB – Tauberbischofsheim/Main-Tauber-Kreis
TF – Teltow-Fläming
TIR – Tirschenreuth
TO – Torgau-Oschatz
TÖL – Bad Tölz-Wolfratshausen
TR – Trier
TS – Traunstein
TÜ – Tübingen
TUT – Tuttlingen
UE – Uelzen
UER – Uecker-Randow
UH – Unstrut-Hainich-Kreis
UL – Ulm/Alb-Donau-Kreis
UM – Uckermark
UN – Unna
V – Vogtlandkreis
VB – Vogelsbergkreis
VEC – Vechta
VER – Verden
VIE – Viersen
VK – Völklingen
VS – Villingen-Schwenningen/Schwarzwald-Baar-Kreis
W – Wuppertal

Kfz-Kennzeichen (national; Fortsetzung)

WAF – Warendorf
WAK – Wartburgkreis
WB – Wittenberg
WE – Weimar
WEN – Weiden
WES – Wesel
WF – Wolfenbüttel
WHV – Wilhelmshaven
WI – Wiesbaden
WIL – Bernkastel-Wittlich
WL – Winsen/Luhe, Landkreis Harburg
WM – Weilheim-Schongau
WN – Waiblingen/Rems-Murr-Kreis
WND – St. Wendel
WO – Worms
WOB – Wolfsburg
WR – Wernigerode
WSF – Weißenfels
WST – Westerstede/Ammerland
WT – Waldshut
WTM – Wittmund
WÜ – Würzburg
WUG – Weißenburg-Gunzenhausen
WUN – Wunsiedel
WW – Westerwaldkreis
Z – Zwickau(-Land)
ZI – Löbau-Zittau
ZW – Zweibrücken

KGW – Körpergewicht
KGWA – Kindergeldwegfallauftrag
KGZA – Kindergeldzahlungsauftrag
KH – Bad Kreuznach *(Kfz)* · Karbonathärte · Kinderheim · Kinderhort · kirchliche Hochschule · Kohle[n]hydrat[e] · Kraftfahrzeughaftpflicht *(Vw.)* · Kreishandwerkerschaft · Kriegshinterbliebene · Kulturhaus · Kunsthochschule
Kh. – Krankenhaus
kh., k. H. – kurzerhand
KHD – Katastrophenhilfsdienst
Khdw. – Kunsthandwerk
KHE – koronare Herzerkrankung[en]
Khf. – Kirchhof
KHG – Katholische Hochschulgemeinde · Krankenhausfinanzierungsgesetz
KHJÖ – Katholische Hochschuljugend Österreichs
KHK – koronare Herzkrankheit · Krankenhauskosten *(Vw.)*
KHl. – Kunsthalbleinen[einband]
KHld., KHldr. – Kunsthalbleder[einband]
KHÖ – Katholische Hochschuljugend Österreichs
KHS – Kraftfahrthaftpflicht-Schaden *(Vw.)*
KHT – kindliche Herztöne · Krankenhaustagegeld
KHU – Konferenz der Hessischen Universitäten
kHz – Kilohertz
Ki – Kiefer · Kimme
KI – Kiel *(Kfz)* · Kommunistische Internationale · Krebsindex · Kreisinspektor · Kriminalinspektor · künstliche Intelligenz[forschung]
Ki. – Kilo[gramm] · Kind; Kinder · Kirche
Ki.-Ält. – Kirchenälteste[r]
KIB – Arbeitskreis der beim Gesamtverband Kunststoffverarbeitende Industrie registrierten selbständigen Kunststoff-Ingenieure und -Berater · Kirchheimbolanden/Donnersbergkreis *(Kfz)* · Kohlenindustriebeirat · Konstruktions- und Ingenieurbüro
KID – Krebsinformationsdienst Heidelberg
KIES – Kaufmann/-frau im Eisenbahnverkehr
Kiesb. – Kiesbeton
KIF – knowledge interchange format
KiG – Kirchengeschichte · Kirchengesetz
Ki.-G., KiG – Kindergeld · Kirchgeld
Ki.-G. – Kirchengemeinde
Kiga – Kindergarten
Ki.-Gem. – Kirchengemeinde
Ki.-Gesch. – Kirchengeschichte
KiKa – Kinderkanal
Ki.-Krh., Ki.-Krhs. – Kinderkrankenhaus
Kil. – Kilometer
Kilo – Kilogramm
KIM – Katholisches Institut für Medieninformation
KIMS – Kassel International Management School
KIN – Kundenbetreuer im Nahverkehr *(Bahn)*
kin. – kinetisch
kind. – kindisch
KindArbSchV – Kinderarbeitsschutzverordnung
Kinderg. – Kindergarten · Kindergärtnerin · Kindergeld
kinderl. – kinderleicht · kinderlos
KindG – Kindergeld
KindGG – Kindergeldgesetz
kindl. – kindlich
KIPA – Katholische Internationale Presseagentur
Ki.-Pfl. – Kinderpflege
KiR – Kirchenrat · Kirchenrecht
Kirch.-Ält., Kirchenält. – Kirchenälteste[r]
KirchG – Kirchengesetz

KirchG, KirchGem. – Kirchengemeinde
KirchGO – Kirchengemeindeordnung
Kirch.-St., KirchSt. – Kirchensteuer
KirchStG – Kirchensteuergesetz
kirg. – kirgisisch
KIS – Kommission für islamisches Schlachten · Krankenhaus-Informationssystem · Kundeninformationssystem
Kis. – Kisuaheli
KISS – keyed indexed sequential search · Kursinformations-Service-System *(an der Frankfurter Börse)*
Ki.-St., KiSt. – Kirchensteuer
KiStG – Kirchensteuergesetz
KIT – Kernel for Intelligent Communication Terminals · Kriseninterventionsteam
Kita – Kindertagesstätte
KIV – Karten-Industrie-Verlags-Verbände · Kommunale Informationsverarbeitung
kJ – Kilojoule
Kj. – Kalenderjahr · Konjunktion *(Sprachw.)* · Konjunktiv *(Sprachw.)*
k. J. – kommenden/künftigen Jahres
KJA – Kreisjugendamt · Kreisjugendausschuss
KJF – Katholische Jugendfürsorge · Kinder- und Jugendfilmzentrum
KJG – Katholische Junge Gemeinde · Katholische Jungmännergemeinschaft
KJH – Kinder- und Jugendhaus
KJHG – Kinder- und Jugendhilfegesetz
KJI – Kommunistische Jugendinternationale
KJL – Kreisjugendleiter
KjM – Kreis junger Missionare
KJM – Kommission für Jugendmedienschutz der Landesmedienanstalten
KJM, Kjm., Kjmstr. – Kreisjägermeister
KJÖ – Katholische Jugend Österreichs
KJR – Kreisjugendring
KJRS – Kinder- und Jugendring Sachsen
KJS – Kinder- und Jugendsportschule *(DDR)*
KJSÖ – Katholische Jungschar Österreichs
KJV – Kommunistischer Jugendverband · Kreisjagdverband
KJVD – Kommunistischer Jugendverband Deutschlands *(DDR)*
KK – Katholische Korrespondenz *(in der KNA)* · Kernkraft · Kirchenkantate · Kirchenkanzlei · Kleinkaliber · Kompasskurs · Kontaktkreis · Korvettenkapitän *(Bw.)* · Krankenkasse · Krankheitskosten · Kreiskarte · Kreiskasse · Kreiskrankenhaus · Kulturkammer
k. k., K. K. – kaiserlich-königlich, Kaiserlich-Königlich *(hist.)*
KK-Antrag – Konnektivitäts-Koordinations-Antrag
KKB – Kundenkreditbank · Kunststoff-Kraftstoffbehälter
KKF – Verband katholischer kaufmännischer Frauenjugend
KKG – Kernkraftwerk Grafenrheinfeld · Kundenkreditgemeinschaft
KKH – Kaufmännische Krankenkasse · Kreiskrankenhaus
K. K. H. H. – Kaiserliche und Königliche Hoheiten
KKhs. – Kreiskrankenhaus
KKIA – Kommission der Kirchen für internationale Angelegenheiten
KKK – Kontokorrentkonto · Kryo-Kanal Köln *(bei der DFVLR)* · Ku-Klux-Klan *(USA)*
KKM – Kreiskolbenmotor
KKN – Kernkraftwerk Niederaichbach
KKP – Kommunikations-Knotenpunkte *(Technik)*
KKR – Kreiskatholikenrat
KKS – kathodischer Korrosionsschutz · Kernkraft Stade · Kleinkaliberschießen; Kleinkaliberschütze · Kraftfahrtkasko-Schaden *(Vw.)*
KKT – Kraftfahrer-Kenntnis- und Haltungstest
KKV – Katholischer Kaufmännischer Verein · Verband Katholischer Kaufmännischer Vereine Deutschlands
KKW – Kernkraftwerk
kl – Kiloliter
Kl – Kartenlocher *(EDV)* · Kleinwagen *(Bahn)*
KL – Kabellänge · Kaiserslautern *(Kfz)* · Kapitänleutnant *(Bw.)* · Kartenleser *(EDV)* · Kassenleiter · Kirchenleitung · Kondensatorleitung · Kontrolllampe · Konzentrationslager *(NS)* · Künstliches Leben *(neuer Begriff von Biologen, Mathematikern und Informatikern)* · Kurzschlussläufer
kl. – klagen · klar · klären · klassisch · kleben · kleiden · klein · klingen · klingeln · klug
Kl. – Kladde · Klafter · Klage; Kläger · Klammer · Klang · Klappe *(österreichisch für: Nebenapparat)* · Klarheit · Klasse · Klassifikation · Klassifizierung · Klassik · Klaue[n] · Klausel · Klavier · Klee · Kleid; Kleider; Kleidung · Klemme · Klient[in] · Klinge · Klingel · Klinik[er] · Klinke · Klinker · Klippe · Klöppel · Kloß; Klöße · Kloster · Klotz; Klötze · Klub · Kluft · Klumpen · Klüngel
Klar. – Klarinette; Klarinettist[in]

Auslaufende Kfz-Kennzeichen (aktuelle in Klammern)

AE – Auerbach (Vogtland) (V)
AH – Ahaus (BOR)
AIB – Bad Aibling (RO)
AL – Altena (MK)
ALF – Alfeld (Leine) (HI)
ALS – Alsfeld (VB)
ALZ – Alzenau (Unterfranken) (AB)
ANG – Angermünde (UM)
ANK – Anklam (OVP)
APD – Apolda (AP)
AR – Arnsberg (HSK)
ARN – Arnstadt (IK)
ART – Artern (KYF)
ASD – Aschendorf-Hümmling (EL)
AT – Altentreptow (DM)
AU – Aue (Vogtland) (V)
BCH – Buchen (Odenwald) (MOS)
BE – Beckum (WAF)
BED – Brand-Erbisdorf (FG)
BEI – Beilngriess (EI)
BEL – Belzig (PM)
BER – Bernau (BAR)
BF – Steinfurt (ST)
BGD – Berchtesgaden (BGL)
BH – Bühl/Baden (RA)
BID – Biedenkopf (MR)
BIN – Bingen/Rhein (MZ)
BIW – Bischofswerda (BZ)
BK – Backnang (WN)
BKS – Bernkastel (WIL)
BLB – Bad Berleburg (SI)
BNA – Borna (L)
BOG – Bogen (SR)
BOH – Bocholt (BOR)
BP – Deutsche Bundespost
BR – Bruchsal (KA)
BRG – Burg bei Magdeburg (JL)
BRI – (HSK)
BRK – Bad Brückenau (KG)
BRL – Braunlage/Harz (GS)
BRV – Bremervörde (ROW)
BSB – Bersenbrück (OS)
BSK – Beeskow (LOS)
BU – Burgdorf (H)
BÜD – Büdingen (FB)
BÜR – Büren (PB)
BÜZ – Bützow (GÜ)
BUL – Burglengenfeld (SAD)
BZA – Bad Bergzabern (SÜW)
CA – Calau (OSL)
CAS – Castrop-Rauxel (RE)
CLZ – Clausthal-Zellerfeld (GS)
CR – Crailsheim (SHA)
DI – Dieburg (DA)
DIL – (Dillkreis) (LDK)
DIN – Dinslaken (WES)
DIZ – (Unterlahnkreis) (EMS)
DKB – Dinkelsbühl (AN)
DS – Donaueschingen (VS)
DT – Detmold (LIP)
DUD – Duderstadt (GÖ)
EB – Eilenburg (DZ)
EBN – Ebern (HAS)
EBS – Ebermannstadt (FO)
ECK – Eckernförde (RD)
EG – Eggenfelden (PAN)
EH – Eisenhüttenstadt (LOS)
EHI – Ehingen (Donau) (UL)
EIH – Eichstätt (EI)
EIL – Eisleben (ML)
EIN – Einbeck (NOM)
EIS – Eisenberg (SHK)
ERK – Erkelenz (HS)
ESA – Eisenach (WAK)
ESB – Eschenbach/Oberpfalz (NEW)
EUT – (OH)
EW – Eberswalde (BAR)
FAL – Fallingbostel (SFA)
FDB – Friedberg (AIC)
FEU – Feuchtwangen (AN)
FH – Main-Taunus-Kreis (MTK)
FI – Finsterwalde (EE)
FKB – Frankenberg/Eder (KB)
FLÖ – (FG)
FOR – (SPN)
FRW – Bad Freienwalde (MOL)
FTL – Freital (DW)
FÜS – Füssen (OAL)
FW – Fürstenwalde (LOS)
FZ – (Fritzlar-Homberg) (HR)
GA – Gardelegen (SAW)
GAN – Bad Gandersheim (NOM)
GD – Schwäbisch Gmünd (AA)
GDB – Gadebusch (NWM)
GEL – Geldern (KLE)
GEO – Gerolzhofen (SW)
GHA – Geithain (L)
GHC – Gräfenhainichen (WB)
GK – Geilenkirchen (HS)
GLA – Gladbeck (RE)
GMN – Grimmen (NVP)
GN – Gelnhausen (HU)
GNT – Genthin (JL)
GOA – Sankt Goar (SIM)
GOH – Sankt Goarshausen (Loreleykreis) (EMS)
GRA – Grafenau (FRG)
GRH – Großenhain (RG)
GRI – Griesbach (PA)
GRM – Grimma (MTL)
GRS – Gransee (OHV)
GUB – Guben (SPN)
GUN – Gunzenhausen (WUG)
GV – Grevenbroich (NE)
GVM – Grevesmühlen (NWM)
GW – Greifswald (OVP)
HAB – Hammelburg (KG)
HC – Hainichen (MW)
HCH – Hechingen (BL)
HDL – Haldensleben (OK)
HEB – Hersbruck (LAU)
HET – Hettstett (ML)
HGN – (LWL)
HHM – Hohenmölsen (WSF)
HIG – Heiligenstadt (EIC)

Auslaufende Kfz-Kennzeichen (aktuelle in Klammern; Fortsetzung)

HMÜ – Hannoversch Münden (GÖ)
HÖS – Höchstadt/Aisch (ERH)
HOG – Hofgeismar (KS)
HOH – Hofheim (HAS)
HOR – Horb (FDS)
HOT – Hohenstein-Ernstthal (GC)
HÜN – Hünfeld (FD)
HUS – Husum (NF)
HV – Havelberg (SDL)
HW – Halle (Westfalen) (GT)
HZ – Herzberg (EE)
IL – Landkreis Ilmenau (IK)
ILL – Illertissen (NU)
IS – Stadt Iserlohn und Kreis Iserlohn (MK)
JB – Jüterbog (TF)
JE – Jessen (WB)
JEV – Jever (Friesland) (FRI)
JÜL – Jülich (DN)
KAR – Karlstadt (MSP)
KEL – Kehl (OG)
KEM – Kemnath (TIR)
KK – Kempen-Krefeld (VIE)
KLZ – Klötze (SAW)
KÖN – Königshofen im Grabfeld (NES)
KÖZ – Kötzting (CHA)
KRU – Krumbach (GZ)
KW – Königs Wusterhausen (LDS)
KY – Kyritz (OPR)
L – Lahn-Dill-Kreis (LDK bzw. GI)
LAN – Landau an der Isar (DGF)
LAT – Landkreis Bad Lauterbach (VB)
LBS – Lobenstein (SOK)
LBZ – Lübz (PCH)
LC – Luckau (LDS)
LE – (LIP)
LEO – Leonberg (Württemberg) (BB)
LF – Laufen (BGL)
LH – Lüdingshausen (COE)
LIB – Bad Liebenwerda (EE)
LIN – Lingen/Ems (EL)
LK – Lübbecke (MI)
LN – Lübben (LDS)
LÖB – Löbau (ZI)
LOH – Lohr am Main (MSP)
LP – Lippstadt (SO)
LR – Lahr/Schwarzwald (OG)
LS – Märkischer Kreis / Lüdenscheid (MK)
LSZ – Bad Langensalza (UH)
LÜD – Stadt Lüdenscheid und (MK)
LÜN – Stadt Lünen (UN)
LUK – Luckenwalde (TF)
MAB – Marienberg (MEK)
MAI – Mainburg (KEH)
MAK – Marktredwitz (WUN)
MAL – Mallersdorf (SR)
MAR – Marktheidenfeld (MSP)
MC – Malchin (DM)
MED – Meldorf/Holstein (HEI)
MEG – Melsungen (HR)
MEL – Melle (OS)
MEP – Meppen (EL)
MER – Merseburg (MQ)
MES – Kreis Meschede (HSK)
MET – Mellrichstadt (NES)
MGH – Bad Mergentheim (TBB)
MGN – Meiningen (SM)
MHL – Mühlhausen (Thüringen) (UH)
MO – Moers (WES)
MOD – Marktoberdorf (OAL)
MON – Monschau (AC)
MT – Montabaur (WW)
MÜB – Münchberg (HO)
MÜL – Müllheim (Baden) (FR)
MÜN – Münsingen (RT)
MY – Mayen (MYK)
NAB – Nabburg (SAD)
NAI – Naila (HO)
NAU – Nauen (HVL)
NEB – Nebra (BLK)
NEC – Neustadt bei Coburg (CO)
NEN – Neunburg vorm Wald (SAD)
NEU – Hochschwarzwald (Neustadt im Schwarzwald) (FR)
NH – Neuhaus (SON)
NIB – Niebüll (Südtondern) (NF)
NMB – Naumburg (BLK)
NÖ – Nördlingen (DON)
NOR – Norden (AUR)
NP – Neuruppin (OPR)
NRÜ – Neustadt am Rübenberge (H)
NT – Nürtingen (ES)
NY – Niesky (NOL)
NZ – Neustrelitz (MST)
OBB – Obernburg/Main (MIL)
OBG – Osterburg (SDL)
OC – Landkreis Oschersleben (BÖ)
OCH – Ochsenfurt (WÜ)
ÖHR – Öhringen (KÜN)
OLD – Oldenburg (Holstein) (OH)
OP – Opladen (Rhein-Wupper-Kreis) (GL)
OR – Oranienburg (OHV)
OTT – Otterndorf (Kreis Land Hadeln) (CUX)
OTW – Ottweiler (NK)
OVI – Oberviechtach (SAD)
OVL – Obervogtland (V)
OZ – Oschatz (TO)
PAR – Parsberg (NM)
PEG – Pegnitz (BT)
PER – Perleberg (PR)
PK – Pritzwalk (PR)
PN – Pößneck (SOK)
PRÜ – Prüm (BIT)
PW – Pasewalk (UER)
PZ – Prenzlau (UM)
QFT – Landkreis Querfurt (MQ)
RC – Reichenbach (Vogtland) (V)

Auslaufende Kfz-Kennzeichen (aktuelle in Klammern; Fortsetzung)

RDG – Ribnitz-Damgarten (NVP)
REH – Rehau (HO)
REI – Bad Reichenhall (BGL)
RI – Rinteln (SHG)
RID – Riedenburg (KEH)
RIE – Riesa (RG)
RL – Rochlitz (MW)
RM – Röbel/Müritz (MÜR)
RN – Rathenow (HVL)
ROD – Roding (CHA)
ROF – Rotenburg an der Fulda (HEF)
ROH – Landkreis Rotenburg in Hannover (ROW)
ROK – Rockenhausen (KIB)
ROL – Rottenburg an der Laaber (LA)
ROS – Rostock (HRO bzw. DBR)
ROT – Rothenburg ob der Tauber (AN)
RSL – Roßlau (AZE)
RU – Rudolstadt (SLF)
RY – Rheydt (MG)
SAB – Saarburg (TR)
SÄK – Bad Säckingen (WT)
SAN – Stadtsteinach (KU)
SBG – Strasburg (UER)
SCZ – Schleiz (SOK)
SDH – Sondershausen (KYF)
SDT – Schwedt/Oder (UM)
SEB – Sebnitz (PIR)
SEE – Seelow (MOL)
SEL – Selb (WUN)
SF – Sonthofen (OA)
SFB – Senftenberg (OSL)
SFT – Staßfurt (ASL)
SLE – Schleiden (EU)
SLN – Schmölln (ABG)
SLÜ – Schlüchtern (HU)
SLZ – Bad Salzungen (WAK)
SMÜ – Schwabmünchen (A)
SNH – Sinsheim/Elsenz (HD)
SOB – Schrobenhausen (ND)
SOG – Schongau (WM)
SOL – Soltau (SFA)
SPB – Spremberg (SPN)
SPR – Springe (H)
SRB – Strausberg (MOL)
SRO – Stadtroda (SHK)
STB – Sternberg (PCH)
STE – Staffelstein (LIF)
STH – Stadthagen (SHG)
STO – Stockach (Baden) (KN)
SUL – Sulzbach-Rosenberg (AS)
SWA – Bad Schwalbach (RÜD)
SY – Syke (Grafschaft Hoya) (DH)
SZB – Schwarzenberg (SZ)
TE – Tecklenburg (ST)
TET – Teterow (GÜ)
TG – Torgau (TO)
TÖN – Tönning (Eiderstedt) (NF)
TP – Templin (UM)
TT – Tettnang (FN)
ÜB – Überlingen (FN)
UEM – Ueckermünde (UER)
UFF – Uffenheim (NEA)
USI – Usingen (HG)
VAI – Vaihingen an der Enz (LB)
VIB – Vilsbiburg (LA)
VIT – Viechtach (REG)
VL – Villingen (VS)
VOF – Vilshofen (PA)
VOH – Vohenstrauß (NEW)
WA – Waldeck (KB)
WAN – Wanne-Eickel (HER)
WAR – Warburg (HX)
WAT – Wattenscheid (BO)
WBS – Worbis (EIC)
WD – Wiedenbrück (GT)
WDA – Werdau (Z)
WEB – Westerburg/Westerwald (WW)
WEG – Wegscheid (PA)
WEL – Weilburg (Oberlahnkreis) (LM)
WEM – Wesermünde (CUX)
WER – Wertingen (DLG)
WG – Wangen im Allgäu (RV)
WIS – Wismar (HWI und NWM)
WIT – Witten (EN)
WIZ – Witzenhausen (ESW)
WK – Wittstock (OPR)
WLG – Wolgast (OVP)
WMW – Wolmirstedt (OK)
WOH – Wolfhagen (KS)
WOL – Wolfach (OG)
WOR – Wolfratshausen (TÖL)
WOS – Wolfstein (FRG)
WRN – Waren (MÜR)
WS – Wasserburg am Inn (RO)
WSW – Weißwasser (NOL)
WTL – Wittlage (OS)
WÜM – Waldmünchen (CHA)
WUR – Wurzen (MTL)
WZ – Wetzlar (LDK)
WZL – Wanzleben (BÖ)
ZE – Zerbst (AZE)
ZEL – Zell (Mosel) (COC)
ZIG – Ziegenhain (HR)
ZP – Zschopau (MEK)
ZR – Zeulenroda (GRZ)
ZS – Zossen (TF)
ZZ – Zeitz (BLK)

Klär. – Klärung
Klarh. – Klarheit
klass. – klassisch
Klass. – Klassifikation; Klassifizierung · Klassiker
Klassif. – Klassifikation; Klassifizierung
Klav. – Klaviatur · Klavier
KLB – Katholische Landvolkbewegung
Kl.-B., Klb – Kleinbahn

Kfz-Kennzeichen (international)

A – Österreich
AFG – Afghanistan
AG – Antigua und Barbuda
AL – Albanien
AND – Andorra
ANG – Angola
AR – Armenien
AUS – Australien/Australischer Bund
AZ – Aserbaidschan
B – Belgien
BD – Bangladesch
BDS – Barbados
BF – Burkina Faso *(früher HV für Haute Volta)*
BG – Bulgarien
BHT – Bhutan
BIH – Bosnien und Herzegowina
BOL – Bolivien
BR – Brasilien
BRN – Bahrain
BRU – Brunei Darussalam
BS –Bahamas
BU – Burundi *(auch RU)*
BY – Belarus *(Weißrussland)*
BZ – Belize *(früher BH für British Honduras)*
C – Kuba
CAM – Kamerun *(auch TC)*
CC – Corps Consulaire *(Konsularisches Korps)*
CD – Demokratische Republik Kongo *(früher ZRE für Zaire)*
CDN – Kanada
CH – Schweiz
CI – Elfenbeinküste *(Côte d'Ivoire)*
CL – Sri Lanka *(früher Ceylon)*
CO – Kolumbien
COM – Komoren
CR – Costa Rica
CV – Kap Verde
CY – Zypern
CZ – Tschechische Republik
D – Deutschland
DJI – Dschibuti
DK – Dänemark
DOM – Dominikanische Republik
DZ – Algerien *(»Al Djazaïr«)*
E – Spanien
EAK – Kenia *(East Africa Kenia)*
EAT – Tansania *(East Africa Tanzania)*
EAU – Uganda *(East Africa Uganda)*
EC – Ecuador
ER – Eritrea
ES – El Salvador
EST – Estland
ET – Ägypten
ETH – Äthiopien
F – Frankreich
FIN – Finnland *(früher SF)*
FJI – Fidschi
FL – Liechtenstein
FO – Färöer *(früher FR)*
FSM – Mikronesien *(Federated States of Micronesia)*
G – Gabun
GB – Großbritannien
GBA – Alderney *(Großbritannien)*
GBG – Guernsey *(Großbritannien)*
GBJ – Jersey *(Großbritannien)*
GBM – Insel Man *(Großbritannien)*
GBZ – Gibraltar *(Großbritannien)*
GCA – Guatemala
GE – Georgien
GH – Ghana
GNB – Guinea-Bissau
GQ – Äquatorialguinea
GR – Griechenland
GUF – Französisch-Guyana
GUY – Guyana *(früher BRG für British Guayana)*
H – Ungarn
HK – Hongkong
HN – Honduras
HR – Kroatien
I – Italien
IL – Israel
IND – Indien
IR – Iran
IRL – Republik Irland
IRQ – Irak
IS – Island
J – Japan
JA – Jamaika
JOR – Jordanien
K – Kambodscha
KAN – St. Kitts und Nevis
KIR – Kiribati
KS – Kirgisistan
KSA – Königreich Saudi-Arabien
KWT – Kuwait
KZ – Kasachstan
L – Luxemburg
LAO – Laos
LAR – Libyen *(Libysch-Arabische Dschamahirija)*
LB – Liberia
LS – Lesotho
LT – Litauen
LV – Lettland
M – Malta *(früher GBY)*
MA – Marokko
MAL – Malaysia *(auch PTM)*
MC – Monaco
MD – Republik Moldau
MEX – Mexiko
MGL – Mongolei *(auch MNG, MNL)*
MH – Marshall-Inseln
MK – Mazedonien
MOC – Mosambik
MS – Mauritius
MW – Malawi
MYA – Myanmar *(früher BUR für Burma)*
MV – Malediven
N – Norwegen
NA – Niederländische Antillen
NAM – Namibia
NAU – Nauru
NCL – Neukaledonien

Kfz-Kennzeichen (international; Fortsetzung)

NEP – Nepal
NIC – Nicaragua
NL – Niederlande
NZ – Neuseeland
OM – Oman
P – Portugal
PA – Panama
PAL – Palau
PE – Peru
PK – Pakistan
PL – Polen
PNG – Papua-Neuguinea
PY – Paraguay
Q – Katar
RA – Argentinien
RB – Botsuana
RC – China/Taiwan
RCA – Zentralafrikanische Republik
RCB – Republik Kongo
RCH – Chile
RG – Republik Guinea
RH – Haiti
RI – Indonesien
RIM – Mauretanien
RL – Libanon
RM – Madagaskar
RMM – Mali
RN – Niger
RO – Rumänien
ROK – Republik Korea *(Südkorea)*
ROU – Uruguay *(auch U)*
RP – Philippinen
RPB – Benin *(früher DY für Dahomey)*
RSM – San Marino
RT – Togo *(auch TG)*
RUS – Russische Föderation *(auch SU)*
RWA – Ruanda
S – Schweden
SCG – Serbien, Montenegro *(früher YU)*
SD – Swasiland
SGP – Singapur
SK – Slowakische Republik
SLO – Slowenien
SME – Suriname
SMOM – Souvereign Military Order of Malta *(Malteserorden, Rom)*
SN – Senegal
SOL – Salomonen
SP – Somalia
STP – São Tomé und Príncipe
SUD – Sudan
SY – Seychellen
SYR – Syrien
TCD – Tschad
THA – Thailand
TJ – Tadschikistan *(auch TAD)*
TL – Timor Leste
TM – Turkmenistan *(auch TK)*
TN – Tunesien
TON – Tonga
TR – Türkei
TT – Trinidad und Tobago
TUV – Tuvalu
UA – Ukraine
UAE – Vereinigte Arabische Emirate
USA – Vereinigte Staaten
UZ – Usbekistan
V – Vatikanstadt
VN – Vietnam
VU – Vanuatu
WAG – Gambia
WAL – Sierra Leone
WAN – Nigeria
WD – Dominica
WG – Grenada
WL – Santa Lucia
WS – Samoa *(früher Westsamoa)*
WV – St. Vincent und die Grenadinen
YE – Republik Jemen *(früher ADN für Aden)*
YV – Venezuela
Z – Sambia
ZA – Südafrika
ZW – Simbabwe

Kl.-Bhf., Klbhf – Kleinbahnhof
Kl bz – Kleinigkeiten bezahlt *(Börse)*
KlC – Kleincomputer
Kld. – Kunstleder[einband]
KLE – Katholische Landesarbeitsgemeinschaft für Erwachsenenbildung · Kleve *(Kfz)*
klf. – klassifiziert
KLFB – Katholische Landfrauenbewegung
KLG – Kindererziehungsleistungsgesetz
Kl.-G. – Kleingarten; Kleingärtner · Klostergut
Kl.-Gart. – Kleingarten · Klostergarten
Kl.-Gart.-Anl. – Kleingartenanlage
Kl.-Gärtn. – Kleingärtner
KlGPachtO – Kleingarten- und Kleinpachtlandordnung
Kl.-Ha. – Kleinhafen · Kleinhandel
Kl.-Hdl. – Kleinhandel; Kleinhändler
KliFo – klinische Forschung
KLIGS – kleine integrierte Gesamtschule
klin. – klinisch
Klin. – Klinik[er]
KLJ – Katholische Landjugend
KLJB – Katholische Landjugendbewegung
Kl.-Kw., Klkw. – Kleinkraftwagen
Kl.-Ldw. – Kleinlandwirt[schaft]
KLM – Klub langer Menschen · Koninklijke Luchtvaart Maatschappij
kl. M. – kleine Menge
KlMV – Kleiner Münsterländer Vorstehhund
Kl.-P., Kl.-Pack. – Kleinpackung · Klinikpackung
Kl.-Pfl. – Kleiderpflege

Kl.-Siedl. – Kleinsiedler; Kleinsiedlung
KLV – Kapital bildende Lebensversicherung · kombinierter Lade-/Ladungsverkehr · Kreditlebensversicherung
Kl.-Verk. – Kleinverkauf; Kleinverkäufer
KLVG – Gesetz zur Verbesserung von Leistungen in der gesetzlichen Krankenversicherung
KLVHS – Katholische Landvolkshochschule
Kl.-W., Klw. – Kleinwagen
Kl.-Whg., Kl.-Wohn. – Kleinwohnung[en]
km – Kilometer
km² – Quadratkilometer
km³ – Kubikkilometer
KM – Kaltmiete · Kamenz *(Kfz)* · Kindesmutter *(Rechtsw.)* · Kirchenmusik · Knochenmark *(Med.)* · Knowledge Management · Kolbenmotor · Kontrastmittel *(Med.)* · Kontrollmarke · Konvertible Mark *(Währung in Bosnien und Herzegowina)* · Kraftmagnet · Kreismeisterschaft[en] · Kriegsmarine · Kultusminister[ium] · Küstenmine
k. M. – kommenden Monats
k. M., kM – keine Meldung
KMB – Katholische Männerbewegung · Klein- und Mittelbetriebe · Kostenmarkenbuch
KMBA – Katholisches Militärbischofsamt *(Bw.)*
KMBoot – Küstenminensuchboot *(Bw.)*
KMD – Kirchenmusikdirektor
kmd. – kommandieren[d]
Kmdo. – Kommando
Kmdr. – Kommandeur
kmdt. – kommandiert
Kmdt. – Kommandant
Kmdtr. – Kommandantur
KME – Entschließung des Kultusministeriums
kmfr. – keimfrei
KMG – Gesetz über Maßnahmen auf dem Gebiet des Kostenrechts
km/h – kilometer per hour *(engl.:* »Kilometer pro Stunde«)
KMJÖ – Katholische Mittelschuljugend Österreichs
KMK – Kultusministerkonferenz
KML – Kurz-, Mittel- und Langwellen[bereich]
KMO – Karl-Marx-Orden *(DDR)* · Kostenmarkenordnung
KMS – Kreismusikschule[n] · Küstenmotorsegler
km / st – Kilometer pro Stunde
kmt – Kilometertonne
KMT – Knochenmarktransplantation · Krebs-Mehrschnitt-Therapie *(Med.)* · Kuomintang *(chin.:* »Nationale Volkspartei«)
KMU – Karl-Marx-Universität Leipzig · klein- und mittelständische Unternehmen
KMW – Klosterneuburger Mostwaage
kn – Knoten *(Schifffahrt)*
kN – Kilonewton
KN – Kartennull · Konstanz *(Kfz)* · künstliches neuronales Netz
Kn. – Knie · Knoten
KNA – Katholische Nachrichtenagentur · Kenya News Agency · Kosten-Nutzen-Analyse
KNB – Kreisnaturschutzbeauftragter
KND – Kirchlicher Nachrichtendienst
KNI-Technologie – Katmai-New-Instruction-Technologie
KNK – Kompakte natriumgekühlte Kernreaktoranlage
KNL – Kombiniertes Navigations- und Landesystem
KNN – künstliches neuronales Netz
Knobi – Knoblauch
Knowbot – knowledge roboter
KNP – Katholiek Nederlands Persbureau
Kn.-P., KnP – Knotenpunkt
KNR – Kosten-Nutzen-Rechnung
K.-Nr. – Katalognummer · Kennnummer
KnRt – Knappschaftsrente
knRV – knappschaftliche Rentenversicherung
KnRV – Knappschaftsrentenversicherung
KnV – Knappschaftsversicherung
KNVB – Koninklijke Nederlandse Voetbalbond
KnVersAnpG – Knappschaftsversicherungs-Anpassungsgesetz
KnVNG – Knappschaftsrentenversicherungs-Neuregelungsgesetz
Ko – Koks · Kokosfaser · Kondensator
KO – Kassenordnung · Kathodenstrahl-Oszillograph · Kirchenordnung · Koblenz *(Kfz)* · Konkursordnung · Kostenordnung · Kreisordnung
Ko. – Koffer · Kohle[n] · Kommission · Komödie · Kompass · Konossement · Kontrolle; Kontrolleur · Kosten
k. o.; K. o. – knock-out; Knock-out
kΩ – Kiloohm
Kob – Konstruktionsbericht
KOB – Kontaktbereichsbeamter *(bei der Polizei in Berlin)*
KÖB – Kraftwagenbetrieb der Österreichischen Bundesbahnen
Kobü – Konstruktionsbüro
KODA – Kommission zur Ordnung des diözesanen Arbeitsvertragsrechtes *(kath. Kirche)*
Koeff. – Koeffizient
KOFVO – Verordnung zur Kriegsopferfürsorge

koh. – kohärent
Koh. – Kohäsion · Kohorte
KOI – Kreisoberinspektor · Kriminaloberinspektor · Kundenorientierungsindex
Kok. – Kokain · Kokarde · Koketterie
KoKo – Kommerzielle Koordination *(DDR)*
kol. – kolonial · koloriert · kolossal · kolumbianisch/kolumbisch
Kol. – Kolonade · Kolonel *(Schriftgrad)* · Kolonie · Kolonne · Koloratur · Koloss · Kolosser · Kolumbien; Kolumbier · Kolumne
Kol.-Br. – Kolosserbrief
koll. – kollabieren; kollabiert · kollationieren · kollegial · kollektiv · kollidieren; kollidiert · kolloid[al]
Koll. – Kollaboration; Kollaborateur[e] · Kollage[n] · Kollaps · Kolleg · Kollege[n]; Kollegin · Kollegium · Kollektion · Kollektiv; Kollektivismus · Kollision · Kollodium · Kolloid · Kolloquium
Kolln. – Kollegin; Kollegen
Koll.-Vertr. – Kollektivvertrag
kolp. – kolportieren; kolportiert
Kolp. – Kolportage
Kolp.-Fam. – Kolpingfamilie
Kolp.-W., Kolp.-Werk – Kolpingwerk
kol$ – kolumbianischer Peso *(Währung)*
kom. – komisch · komödiantisch · kommunal · kommunistisch
Kom. – Komiker · Komitat · Komitee · Kommune[n] · Komödie
KomAbgG – Kommunalabgabengesetz
Kom.-Anl. – Kommunalanleihe[n]
komb. – kombinieren; kombiniert
Komb. – Kombinat[e] · Kombination
Komba – Bund Deutscher Kommunalbeamten und -angestellten
KomBesG – Kommunalbesoldungsgesetz
KomBesVO – Kommunalbesoldungsverordnung
KomBG – Kommunalbeamtengesetz
Kombi – Kombination[s...]
komf. – komfortabel
Komf. – Komfort
Kominform – Kommunistisches Informationsbüro
Komintern – Kommunistische Internationale
KomLaufbVO – Laufbahnverordnung für Kommunalbeamte
komm. – kommandieren[d]; kommandiert · kommentieren[d]; kommentiert · kommissarisch · kommunal · kommunikativ · kommunizieren
Komm. – Kommandant[ur] · Kommanditist · Kommando · Kommentar; Kommentator · Kommissar · Kommission · Kommissionär · Kommodore · Kommunarde; Kommune · Kommunikant · Kommunikation · Kommunion · Kommunismus; Kommunist[en]
Komm.-Ber. – Kommissionsbericht
KommG – Kommanditgesellschaft
KommGaA – Kommanditgesellschaft auf Aktien
Komm.-Ges. – Kommanditgesellschaft
Komm.-Obl. – Kommunalobligation[en]
Komm.-Verw. – Kommunalverwaltung
KommZG – Gesetz über die kommunale Zusammenarbeit
komp. – kompakt · kompatibel · kompensieren; kompensiert · kompetent · kompilieren; kompiliert · komponieren; komponiert
Komp. – Kompanie · Komparation · Komparativ *(Sprachw.)* · Komparse · Kompass · Kompensation · Kompetenz · Kompilation · Komponente[n] · Komponist; Komposition · Kompositum *(Sprachw.)* · Kompost; Kompostierung
KompKonflGH – Kompetenzkonfliktsgerichtshof
kompl. – komplementär · komplett · komplex · komplizieren; kompliziert
Kompl. – Komplement · Komplementär · Komplet · Komplex · Komplexion · Komplize · Komplikation[en] · Kompliment[e] · Komplott
kompr. – kompress · kompressibel · komprimieren; komprimiert · kompromittieren; kompromittiert
Kompr. – Kompresse · Kompression · Kompressor · Kompromiss
Komsomol – Kommunistitscheski Sojus Molodjoshi *(Kommunistischer Jugendverband in der UdSSR)*
KomWG – Kommunalwahlgesetz
kond. – kondensieren; kondensiert · konditional *(Sprachw.)* · konditionieren; konditioniert · kondolieren
Kond. – Kondensat[ion] · Kondensator · Kondition · Konditional *(Sprachw.)* · Kondolenz · Kondom · Kondominium · Konduktor
Kond.-Br. – Kondolenzbrief
Kond.-P., Kond.-Pkt. – Kondensationspunkt
Kond.-Tr. – Konditionstrainer; Konditionstraining
konf. – konferieren · konfessionell · konfirmieren; konfirmiert · konfiszieren; konfisziert · konföderiert · konfokal *(Physik)* · konform ·

konformieren · konformistisch · konfus
Konf. – Konfekt · Konfektion; Konfektionär · Konferenz[en] · Konfession · Konfessionalismus · Konfetti · Konfirmand; Konfirmation · Konfiskation · Konfiszierung · Konfitüre · Konföderation · Konformismus; Konformist; Konformität · Konfusion
konfl. – konfessionslos
Konfl. – Konflikt · Konfluenz
Konf.-Prot. – Konferenzprotokoll
konfr. – konfrontieren; konfrontiert
Konfr. – Konfrater · Konfrontation
Konf.-Sch. – Konfessionsschule[n]
Konf.-Sch.; **Konf.-Schltg.** – Konferenzschaltung[en]
Konf.-Term. – Konferenztermin
kong. – kongenial · kongenital *(Med.)* · kongolesisch
Kongl. – Konglomerat · Konglutination *(Med.)*
kongol. – kongolesisch
kongr. – kongruent
Kongr. – Kongregation · Kongress · Kongruenz
Koni. – Kochnische
konj. – konjugieren; konjugiert *(Sprachw.)* · konjunktional *(Sprachw.)* · konjunktivisch *(Sprachw.)* · konjunkturell
Konj. – Konjektur · Konjugation *(Sprachw.)* · Konjunktion[en] *(Sprachw.)* · Konjunktiv *(Sprachw.)* · Konjunktur
Konj.-Bel. – Konjunkturbelebung
Konj.-Ber. – Konjunkturbericht[e]
Konj.-Progr. – Konjunkturprogramm[e]
konjug. – konjugieren; konjugiert *(Sprachw.)*
Konjug. – Konjugation *(Sprachw.)*
konjunkt. – konjunktional *(Sprachw.)* · konjunktivisch *(Sprachw.)* · konjunkturell
Konjunkt. – Konjunktion[en] *(Sprachw.)* · Konjunktiv *(Sprachw.)* · Konjunktur
konk. – konkav · konkurrieren[d]
Konk. – Konkordanz · Konkordat · Konkubinat · Konkurrent; Konkurrenz · Konkurs
Konkl. – Konklave · Konklusion
konkr. – konkret; konkretisieren; konkretisiert
Konkr. – Konkrement *(Med.)* · Konkretion · Konkretum *(Sprachw.)*
Ko.-Nr. – Kontonummer
kons. – konsekrieren; konsekriert · konsekutiv *(Sprachw.)* · konsequent · konservativ · konservieren; konserviert · konsistent · konsolidieren; konsolidiert · konsonantisch · konsularisch · konsultativ · konsultieren · konsumieren · konsumtiv
Kons. – Konsekration · Konsequenz[en] · Konservation · Konservatismus · Konservative[n] · Konservativismus · Konservator · Konservatorium · Konserve[n] · Konsilium · Konsistenz · Konsistorium · Konsole · Konsolidation; Konsolidierung · Konsonant · Konsonantismus · Konsonanz · Konsorten · Konsortium · Konsul[at] · Konsultation · Konsum; Konsument · Konsumtion
Kons.-Ang., **Kons.-Angest.** – Konsulatsangestellte[r]
konsek. – konsekutiv
konsekr. – konsekrieren; konsekriert
Konsekr. – Konsekration
konseq. – konsequent
Konseq. – Konsequenz[en]
konserv. – konservativ · konservieren; konserviert
Konserv. – Konservation · Konservatismus · Konservative[n] · Konservativismus · Konservator · Konservatorium
KonsG – Konsulargesetz
KonsGG – Gesetz über die Konsulargerichtsbarkeit
Konsist. – Konsistenz · Konsistorium
KonsistR – Konsistorialrat
konsp. – konspirativ; konspirieren
Konsp. – Konspiration
konst. – konstant · konstatieren · konsterniert · konstituieren; konstituierend; konstituiert · konstitutionell · konstitutiv
Konst. – Konstante · Konstanz · Konstellation · Konstitution
konstr. – konstringieren · konstruieren; konstruiert · konstruktiv
Konstr. – Konstriktion · Konstrukteur · Konstruktion · Konstruktivismus
Konstr.-Büro – Konstruktionsbüro
Konstr.-Geh. – Konstruktionsgeheimnis
Konstr.-Pl. – Konstruktionsplan; Konstruktionspläne
Kons.-Vertr. – Konsularvertrag · Konsularvertretung
kont. – kontakten · kontaminieren; kontaminiert · kontant · kontemplativ · kontern · kontieren · kontinental · kontingentieren; kontingentiert · kontinuierlich
Kont. – Kontakt · Kontakter · Kontamination · Kontemplation · Konterfei · Kontext · Kontinent · Kontinenz · Kontingent · Kontinuität · Kontor · Kontorist[in] · Kontorsion · Kontur · Kontusion
kontr. – kontraktlich · kon-

trapunktisch · konträr · kontrastieren[d] · kontrollieren · kontrovers
Kontr. – Kontrahent · Kontrakt · Kontraktion · Kontraktur *(Med.)* · Kontrapunkt · Kontrast · Kontribution · Kontrolle; Kontrolleur · Kontroverse
KonTraG – Gesetz zur Kontrolle und Transparenz im Unternehmensbereich
kontrap. – kontrapunktisch
Kontrap. – Kontrapost · Kontrapunkt; Kontrapunktik[er]
konv. – konvektiv · konventionell · konvergent · konvergieren · konvertibel; konvertierbar · konvex · konvulsiv[isch]
Konv. – Konvaleszenz · Konvektion · Konveniat · Konvenienz · Konvent · Konventikel · Konvention · Konventuale · Konvergenz · Konversation · Konversion · Konverter · Konvertibilität · Konvertierbarkeit · Konvertit · Konvikt; Konviktuale · Konvoi · Konvolut · Konvulsion
konvert. – konvertibel; konvertierbar
Konv.-Str. – Konventionalstrafe
konz. – konzedieren; konzediert · konzentrieren; konzentriert · konzentrisch · konzeptionell · konzertant · konzertieren · konzessiv *(Sprachw.)* · konziliant · konzipieren
Konz. – Konzentrat[ion] · Konzept[ion] · Konzern · Konzert · Konzession[är] · Konzil · Konzilianz
Konz.-Ag. – Konzertagentur
Konz.-M., Konz.-Mstr. – Konzertmeister
koop. – kooperativ; kooperieren · kooptieren
Koop. – Kooperation; Kooperator · Kooptation
koord. – koordinieren; koordiniert
Koord. – Koordinaten · Koordination · Koordinator · Koordinierung
kop. – kopieren; kopiert · kopulativ
Kop. – Kopeke · Kopie · Kopula · Kopulation
KOPAG – Kooperationsprogramm Arbeit und Gesundheit
Kopfst. – Kopfstütze[n]
Kop.-Komp. – Kopulativkompositum *(Sprachw.)*
Kopr., Koprod. – Koproduktion
kopt. – koptisch
KOR – Komitet Obrony Robotników (*poln.:* »Komitee zur Verteidigung der Arbeiter«)
Kor. – Koralle · Koreaner · Korona
kor., korean. – koreanisch
korp. – korporiert
Korp. – Korporal · Korporation · Korpulenz · Korpus
Körp. – Körperschaft
körp., körperl. – körperlich
Körp. d. ö. R. – Körperschaft des öffentlichen Rechts
Körp.-St., KörpSt. – Körperschaftsteuer
KörpStDV – Körperschaftsteuer-Durchführungsverordnung
KörpStG – Körperschaftsteuergesetz
KörpStR – Körperschaftsteuer-Richtlinien
korr. – korrekt · korrelativ · korrepetieren · korrespektiv · korrespondieren[d] · korrigieren; korrigiert · korrodieren; korrodiert · korrumpieren; korrumpiert · korrupt
Korr. – Korrektheit · Korrektor · Korrektur · Korrelat · Korrelation · Korrepetition; Korrepetitor · Korrespondent · Korrespondenz · Korridor · Korrigenda · Korrosion · Korruption
korref. – korreferieren
Korref. – Korreferat; Korreferent
korrep. – korrepetieren
Korrep. – Korrepetition; Korrepetitor
korresp. – korrespektiv · korrespondieren[d]
Korresp. – Korrespondent[en] · Korrespondenz
korr. Mgl./Mtgl. – korrespondierendes Mitglied
Korv.-K., Korv.-Kap., Korv.-Kpt. – Korvettenkapitän
Kos. – Kosake[n] · Kosinus
KOSMA – Kölner Observatorium für Submillimeter-Astronomie
Kost. – Kosten · Kostüm[e]
KostA – Kostenanschlag
KostÄndG – Gesetz zur Änderung und Ergänzung kostenrechtlicher Vorschriften
Kost.-Aufst. – Kostenaufstellung
Kost.-Ber. – Kostenberechnung
KostMaßnG – Gesetz über Maßnahmen auf dem Gebiet des Kostenrechts
KostO – Kostenordnung
Kost.-R., Kost.-Rechn. – Kostenrechnung
KoStrukStatG – Gesetz über die Kostenstrukturstatistik
KostVA – Kostenvoranschlag
KostVGes – Allgemeine Kostenverordnung für Amtshandlungen von Gesundheitseinrichtungen des Bundes
kot. – kotieren; kotiert
Kot. – Kotangens *(Math.)* · Kotelett · Kotierung · Kotillon
KÖT – Köthen/Anhalt *(Kfz)*
Kotfl. – Kotflügel
KOV – Kooperationsverband
kp – Kilopond
Kp – Kontrapunkt *(Musik)* · Kraftpost *(Post)*
KP – Kassenpackung · Kauf-

preis · Kleinpackung · Klinikpackung · Kommunistische Partei · Kompasspeilung *(Schifffahrt)* · Kontrollposten · Kontrollpunkt · Kreatinphosphat · Kreditprüfung · Kurpackung
Kp. – Kapital · Kapitel · Kochpunkt · Kohäsionspunkt · Kolbenpumpe · Kompanie · Kondensationspunkt · Kontrapunkt · Korpus
kPa – Kilopascal
KPA – Kreisprüfungsausschuss · Kriminalpolizeiamt
KPB – Kassenprüfungsbericht · Kommunistische Partei Belgiens/Brasiliens/Boliviens/Bulgariens
kpc – Kiloparsec
KPCh – Kommunistische Partei Chinas
KPD – Kommunistische Partei Dänemarks/Deutschlands · Kreispostdirektion *(Schweiz)* · Kunden-Produkt-Datei
KPD/ML – Kommunistische Partei Deutschlands/Marxisten-Leninisten
KPdSU – Kommunistische Partei der Sowjetunion
KPE – Katholische Pfadfinderschaft Europas
KPF – Kommunistische Partei Finnlands/Frankreichs
Kpf. – Kampf · Kupfer
K.-Pfl. – Kulturpflanze[n]
K.-Pfl.-H., KPflH – Kreispflegeheim
Kpf.-St. – Kampfstärke · Kupferstich
KPH – Konferenz der Pädagogischen Hochschulen
KPI – Kommunistische Partei Indiens/Indonesiens/Italiens
Kpie. – Kompanie
KPJ – Kommunistische Partei Japans/Jugoslawiens
KPKK – Kreisparteikontrollkommission *(DDR)*
kpl. – komplett
Kpl. – Kapellmeister · Kaplan · Kupplung
Kplm. – Kapellmeister
kpm – Kilopondmeter
KPM – Königliche Porzellan-Manufaktur *(Berlin)*
Kpm. – Kapellmeister
KPMS – kriminalpolizeiliches Meldesystem
Kpmstr. – Kapellmeister
Kpn. – Kompanien
KPÖ – Kommunistische Partei Österreichs
K-Pr., KPr. – Kassenprüfer; Kassenprüfung
KPS – Kommunistische Partei Schwedens
Kpsch. – Körperschaft
KPSp – Kommunistische Partei Spaniens
Kpt. – Kapitän · Kapital · Kapitel · Kochpunkt
Kpt.-Lt. – Kapitänleutnant
Kpt. z. S. – Kapitän zur See
KPU – Kenya People's Union
KPV – Kommunalpolitische Vereinigung
KPVP – kriminalpolizeiliches Vorbeugungsprogramm
KPz – Kampfpanzer · Küstenpanzerschiff
kr, Kr – Krone *(Währung)*
Kr – Krypton *(Element)*
KR – Kirchenrat · Kirchenrecht · Konsistorialrat · Kontrollrat · Krefeld *(Kfz)* · Kreisrat · Kreuzer-Rennwert *(Segeln)*
kr. – kraft · kräftig · krank · krass · kraulen · kraus · kreieren; kreiert · kriechen · kristallen; kristallin; kristallinisch · kritisch · kross · krumm
Kr. – Kraft · Kragen · Krampf · Kran · Kranke[r] · Krankheit · Kranz · Krater · Kraul · Kraut · Krawatte · Kreation · Kreatur · Krebs · Kredit[e] · Kreide · Kreis · Kreisel · Krematorium · Kreole · Krepp · Kresse · Kreuz · Krieg · Kringel · Krise · Kristall · Kriterium · Kritik · Kroate[n]; Kroatische · Krokette[n] · Krona *(Schweden)* · Krone · Kropf · Kröte · Krug · Krypta
KRA – Kleinrechenanlage
Kr.-A. – Kreisamt · Kreisarzt · Kreisausschuss
kr. A. – kraft Amtes · kraft Auftrages
KRABl. – Amtsblatt des Kontrollrates
Krabus – Kraftomnibus
Krad – Kraftrad
Kradf. – Kraftradfahrer
Krad m. B. – Kraftrad mit Beiwagen
Krad o. B. – Kraftrad ohne Beiwagen
Kraftf. – Kraftfahrer
KraftStDV – Kraftfahrzeugsteuer-Durchführungsverordnung
KraftStG – Kraftfahrzeugsteuergesetz
KRBef. – Kontrollratsbefehl
Kr.-Bl. – Kreisblatt · Kriegsblinde[r]
KRC – Kommission refraktive Chirurgie *(Augen-OP)*
K&R-C – Kernighan & Ritchie-C *(Programmiersprache)*
K&R-Sprachumfang – Kernighan & Ritchie-Sprachumfang
KRD – Katholische Rundfunkarbeit in Deutschland
Kr.-D. – Kriegsdienst
KRDir. – Kontrollratsdirektive
Kr.-Dir. – Kreisdirektion; Kreisdirektor
KRdL – Kommission Reinhaltung der Luft *(Normenausschuss im VDI und DIN)*
Kred – Kredit[e]
KredWesG – Gesetz über das Kreditwesen
Kreish. – Kreishauptmann[schaft]
Krem. – Krematorium
KreuzG – Kreuzungsgesetz *(Gesetz über Kreuzungen von Eisenbahnen und Straßen)*
Krf. – Kraft[wagen]fahrer;

Kraftwagenführer · Kranführer
krfg. – kreisförmig · kreuzförmig
krfr. – kreisfrei
Kr.-Frw. – Kriegsfreiwillige[r]
Krfw. – Kraftwagen
Krfwf. – Kraftwagenfahrer; Kraftwagenführer
KrG – Kreisgericht · Kreuzungsgesetz *(Gesetz über Kreuzungen von Eisenbahnen und Straßen)* · Kriegsgericht
KRG – Krebsregistergesetz · Kontrollratsgesetz
Kr.-Gef. – Kriegsgefangene[r]
KrGG – Kreisgewerbegericht
Kr.-Gr. – Kriegsgräber
Kr.-Gr.-Fürs. – Kriegsgräberfürsorge
Krh. – Krankenhaus
Kr.-H. – Kriegshafen
Kr.-H., Kr.-Hauptm. – Kreishauptmann[schaft]
Kr.-Hint. – Kriegshinterbliebene
Kr.-Hptm. – Kreishauptmann
Kr.-Hptmsch. – Kreishauptmannschaft
Krhs. – Krankenhaus
Krht. – Krankheit
KrI – Kreditinstitut · Kreisinspektor
KriGrG – Kriegsgräbergesetz
krim. – kriminalistisch; kriminell; kriminologisch
Krim. – Kriminalistik; Kriminalist[in] · Kriminologie
Krim.-Ass., Krim.-Assist. – Kriminalassistent
Krim.-Ass., Krim.-Assess. – Kriminalassessor
Krimi – Kriminalfilm; Kriminalroman
Krim.-Insp. – Kriminalinspektor[in]
Krim.-Komm. – Kriminalkommissar[in]
KrimLV – Verordnung über die Laufbahnen des kriminalpolizeilichen Vollzugsdienstes des Bundes
Krim.-Ob.-Insp., KrimOI – Kriminaloberinspektor[in]
Kripo – Kriminalpolizei
krist. – kristallen; kristallin; kristallinisch · kristallisieren
Krist. – Kristall · Kristallisation · Kristallisierung
Krist.-P. – Kristallisationspunkt
KrisU – Krisenunterstützung
krit. – kritisch
KrJA – Kreisjugendamt · Kreisjugendausschuss
KrK – Krankenkasse · Kreiskasse
KRK – Kinderrechtskonvention der Vereinten Nationen · Krisenreaktionskräfte *(Bw.)*
krk. – krank
Krk.-Gym. – Krankengymnastik; Krankengymnast[in]
Krkhs. – Krankenhaus
Kr.-Krh., Kr.-Krhs. – Kreiskrankenhaus
Krk.-Nachw., Krk.-Nw. – Krankennachweis; Krankheitsnachweis
Kr.-Komp. – Kreiselkompass
Krk.-Pfl. – Krankenpflege; Krankenpfleger[in]
Krk.-Sch. – Krankenschein
Krkschw., Krk.-Schw. – Krankenschwester
Krk.-Tr., Krk.-Transp. – Krankentransport
Krk.-Vers. – Krankenversicherung
Krkw. – Krankenwagen
KrKwKp – Krankenkraftwagenkompanie *(Bw.)*
Kr.-Nachw., Kr.-Nw. – Krankennachweis; Krankheitsnachweis
KrO – Kreisordnung
Kr.-Pfl. – Krankenpflege; Krankenpfleger[in]
KrPflD – Krankenpflegedienst
KrPflG – Krankenpflegegesetz
KrPflH – Kreispflegeheim
KrPflSt. – Krankenpflegestation
KRProkl. – Proklamation des Kontrollrats
KrR – Kreisrat · Kriegsrecht
Krs. – Kreis
KrSchR – Kreisschulrat
Kr.-Schw. – Krankenschwester[n]
Kr.-Spark. – Kreissparkasse
KrSSt. – Kreissammelstelle
Krst., Kr.-St. – Kreisstadt
krt. – kartoniert
kr. T., kr. Temp. – kritische Temperatur
Kr.-Teiln. – Kriegsteilnahme/-nehmer
Kr.-Tg., Krtg. – Krankentag
Kr.-Tgb. – Kriegstagebuch
KrV – Krankenversicherung · Kreditversicherung
KRV – Krieger- und Reservistenverein · Kunststoffrohrverband
KrV, Kr.-Verb. – Kreisverband
Kr.-Vers. – Krankenversicherung · Kreditversicherung
Kr.-Verw., Kr.-Vw. – Kreisverwaltung
Krw. – Kraftwagen · Kranwagen
KrW-/AbfG – Kreislaufwirtschafts- und Abfallgesetz
Kr.-Wg. – Krankenwagen
Krz – Krankenhauskostenzuschuss *(Vw.)*
Krz. – Kranz · Kreuz · Kreuzung · Kürzung
krzf., krzfg. – kreuzförmig · kurzfristig
krzfr. – kreuzungsfrei · kurzfristig
Krzg. – Kürzung
Ks – slowakische Krone
KS – Kansas *(Staat der USA)* · Kantonsschule *(Schweiz)* · Kassel *(Kfz)* · Kassenscheck · Kirgisistan *(Kfz)* · Kommission Sicherheitstechnik *(DIN)* · Körperschulung · kosmische Strahlung · Kraftfahrerschutz · Kühlstärke · Küstenschnellboot · Küstenschutz · Kunststoff
Ks. – Kaiser · Kaserne ·

Kippschalter · Kleinspannung · Konsul · Kunstseide
k. S. – [auf] kurze Sicht
K. S. – Kirgisistan-Som *(Währung)*
KSA – Katholische Sozialethische Arbeitsstelle · Katholische Studentenaktion · kommunaler Schadenausgleich *(Vw.)* · Königreich Saudi-Arabien *(Kfz)* · Kraftfahrzeugsachverständigenausschuss · Kreisschiedsrichterausschuss · Kreissportausschuss
KSB – Kinderschutzbund
KS-Bahn – Kleinprofil-Schnellbahn
KSC – Karlsruher Sportclub · Kraftsportclub · Kunden-Service-Center
KSchG – Kinderschutzgesetz · Kündigungsschutzgesetz
Kschr. – Kabinettschreiben · Kurzschrift
K.-Schr. – Kündigungsschreiben
KSchulR – Kreisschulrat
KSchw – Kampfschwimmer
KSCV – Kösener Senioren-Convent-Verband
KSD – Kammerseptumdefekt *(Med.)* · Katholischer Siedlungsdienst · Kundenstammdatei
KSE – Konferenz über Sicherheit in Europa · Vertrag über Konventionelle Streitkräfte in Europa *(vom 19. 11. 1990)*
K-Seide – Kunstseide
KSF – Kegelsportfreund[e]
KSG – Kanusportgemeinschaft · Katholische Studentengemeinde · Kreissportgericht · Kündigungsschutzgesetz · Kurbelwellen-Startgenerator
Ksgr. – Kiesgrube
KSH – Kernkraftwerk Schleswig-Holstein
K. Sh. – Kenia-Schilling *(Währung)*
KSJ – Katholische Studierende Jugend
KSK – Kommando Spezialkräfte *(Bw.)* · Künstlersozialkasse
KSL – Kanuslalom · Kulturstiftung der Länder
ksl. – kaiserlich
ksl., kslaw. – kirchenslawisch
Ksp – Kraftsonderpost
KSp – Kernspeicher *(EDV)*
KSP – Kegelschmelzpunkt · Körperschwerpunkt
k. Sp. – keine Spur[en]
KSpSte – Kernspeicherstelle *(EDV)*
KSR – keyboard send/receive · Kriegsschadenrente
KSS – Kühlschmierstoff[e] · Küstenschutzschiff
KSSF – Karl-Schmitz-Scholl-Fonds *(für mehr Kontrolle der Gewässer- und Meeresverschmutzung)*
KSSG – Kinderschwimmsportgemeinschaft
KSt – Kartenstanzer *(EDV)* · Kostenstelle
KST – Kernspintomograph[ie]
KSt. – Körperschaftsteuer
KStDV – Körperschaftsteuer-Durchführungsverordnung
KStG – Körperschaftsteuergesetz
kstl. – köstlich · künstlerisch · künstlich
KStr – Kraftverkehr-Strafrechtsschutz *(Vw.)*
KStR – Körperschaftsteuer-Richtlinien
KSV – Kartenschutzverband · Kegelsportverein · Kraftsportverband · Kraftsportverein[igung] · Kreditschutzverband *(Österreich)* · Künstlersozialversicherung
KSVG – Gesetz über die Sozialversicherung der selbstständigen Künstler und Publizisten · Kommunalselbstverwaltungsgesetz
KSW – Künstlerhilfe-Sozialwerk
KSZ, K. S. Z. – Kathoden-Schließungszuckung
KSZE – Konferenz über Sicherheit und Zusammenarbeit in Europa
kt – Kilotonne · knot *(engl.)*
Kt – Karat
KT – Kabeltechnik · Kabeltelegramm · Kältetechnik · Kerntechnik · Kindertagesstätte · Kitzingen *(Kfz)* · Kompasstochter · Krankentagegeld *(Vw.)* · Kreistag · Kriegsteilnehmer · Kunstturnen
kt. – kantonal · kartoniert · kraftfahrtechnisch
Kt. – Kaisertum · Kanton · Karte; Kartei · Karton · Kaution
KTA – Kerntechnischer Ausschuss · Kraftfahrzeugtechnische Anstalt · Kraftfahrzeugtechnisches Amt · Kriegstechnische Abteilung [des Eidgenössischen Militärdepartements]
KTB – kontinentales Tiefbohrprogramm; kontinentale Tiefbohrung
KTBL – Kuratorium für Technik und Bauwesen in der Landwirtschaft
Kt.-Bl. – Karteiblatt/-blätter
KTG – Kerntechnische Gesellschaft
Ktg. – Kontingent
KtgWV – Verordnung über die zollfreie Einfuhr von Kontingentwaren aus Frankreich in das Saarland
KThFT – Katholisch-Theologischer Fakultätentag
KTI – Kriminaltechnisches Institut
KtK – Kommission für den Ausbau des technischen Kommunikationssystems
KTK – Bundesverband Katholischer Tageseinrichtungen für Kinder · Kommission

Transportkette *(DIN)* · Körperkoordinationstest
KtL – Karteiliste *(Post)*
KTL – kathodische [Elektro]tauchlackierung · Kuratorium für Technik in der Landwirtschaft
Ktn. – Kanton · Kärnten · Karton · Konten
Kt.-Nr. – Karteinummer
Kto. – Konto
Kto.-Ausz. – Kontoauszug; Kontoauszüge
Kto.-Nr. – Kontonummer
Kto.-St. – Kontostand
KTP – Kraftfahrtechnische Prüfstelle *(Bw.)*
KTQ – Kooperation für Transparenz und Qualität im Krankenhaus
KTR – Kindertumorregister
Ktr. – Kontrakt · Kontrast · Kontrolle; Kontrolleur · Kontroverse · Kontur[en]
Ktr.-Ger. – Kontrollgerät
KT-Risiko – Konvertierungs- und Transferrisiko
Ktr.-Nr. – Kontrollnummer
kts – knots *(engl.:* »Knoten«)
KTU – Kriminaltechnische Untersuchungsstelle
KTV – Kommando der Territorialen Verteidigung
KTW – Kolbentriebwerk · Krankentransportwagen
Ku – Kurtschatovium *(Element)*
KU – Kanalumsetzer · Konzessionsunternehmen/-nehmer; Konzessionsunternehmung · Koordinierungsstelle Umweltschutz *(DIN)* · Kraftfahrtunfall[versicherung] *(Vw.)* · Kulmbach *(Kfz)* · Kurzarbeiterunterstützung · Kurzunterbrechung
Kü. – Küche · Küste
k. u. – königlich ungarisch · künftig umzuwandeln
KUA – Kartenunterart
kub. – kubisch · kubistisch
Kub. – Kubaner · Kubist; Kubismus
Kü.-Ben. – Küchenbenutzung
kub$ – kubanischer Peso *(Währung)*
KUE – Katholische Universität Eichstätt
K. u. F. – Kosten und Fracht
KuG – Kurzarbeitsgeld · Kurzarbeitergeld
KUG – Kunsturhebergesetz
k. u. k. – kaiserlich und königlich
KUKON – Kundenkontokorrent
kul. – kulinarisch
kult. – kultisch · kultiviert · kulturell
Kult. – Kultur[en] · Kultus
KultA – Kulturamt · Kulturausschuss
Kumi – Kultusminister[in], Kultusministerium
Kümo – Küstenmotorschiff
KÜN – Künzelsau/Hohenlohekreis *(Kfz)*
Künd. – Kündigung[en]
Künd.-Gr. – Kündigungsgrund
Künd.-Sch. – Kündigungsschutz
KündSchG – Kündigungsschutzgesetz
Künd.-Schr. – Kündigungsschreiben
Kunstgesch. – Kunstgeschichte
Kunstgew. – Kunstgewerbe
kunsthist. – kunsthistorisch
Kunsthist. – Kunsthistoriker[in]
künstl. – künstlerisch · künstlich
Kunstm. – Kunstmaler
Kunstst. – Kunststoff[e]
KunstUrhG – Kunsturhebergesetz *(vgl. KUG)*
Kunstw. – Kunstwerk[e] · Kunstwert · Kunstwort
Kur. – Kurat[ie] · Kurator[ium]
Kür. – Kürassier
Kurf. – Kurfürst
kurfl. – kurfürstlich
Kurft. – Kurfürstentum
Kurh. – Kurhessen
kurhess. – kurhessisch
Kürl. – Kürlauf[en]
Kurp. – Kurpackung
kurpf. – kurpfälzisch
Kurpf. – Kurpfalz
kurs. – kursieren[d] · kursiv · kursorisch
Kursw. – Kurswert
Kursz. – Kurszettel
Kurt. – Kurtaxe · Kurtisane
KuRVO – Kassen- und Rechnungsverordnung/Rechtsverordnung
Kürz. – Kürzung[en]
Kurzarb. – Kurzarbeit[er]
Kurzber. – Kurzbericht[e]
kurzfr. – kurzfristig
Kurzgesch. – Kurzgeschichte
Kurzschl. – Kurzschluss; Kurzschlüsse
Kurzschr. – Kurzschrift
Kurzw. – Kurzwort
KUS – Kraftfahrtunfall-Schaden *(Vw.)* · Kusel *(Kfz)*
KuSch – Kader und Schulung *(DDR)*
KüSch – Kündigungsschein *(Post)*
ku-Stelle – künftig umzuwandelnde Stelle
KuT – Konkurs- und Treuhandwesen
KUT – Koordinierungsstelle Umwelttechnik *(im VDI)*
KUV – Kohlenumwandlungsverfahren · Kurs-Umsatz-Verhältnis
KÜV – Kraftschaden-Überwachungsverein
KuVV, KuVVerw. – Kataster- und Vermessungsverwaltung
KUW – kontrolliert umweltschonender Weinbau
kuw. – kuwaitisch
kV – Kilovolt
KV – Kabelverzweiger · Kanalverstärker · Kanuverband · Kanuverein · Kartellverband [katholischer deutscher Studentenvereine] · Kassenärztliche Vereinigung · Kassenvorschriften *(Bahn)* · kaufmännische

Verwaltung · Kaufvertrag · Kirchenverfassung · Kirchenvorstand · kleine Fahrt voraus *(Schifffahrt)* · Knappschaftsversicherung · Köchelverzeichnis · Kollektivvertrag · Konkursverfahren · Konkursverwalter; Konkursverwaltung · Konsularvertrag · Kraftverkehr · Krankenversicherung · Kreisverband · Kreisvorstand · Künstlerverband · Künstlerverein[igung] · Kunstverein · Kursvorschrift[en] · Kurverwaltung · Kurzverfahren
kv. – kriegsverwendungsfähig
kVA – Kilovoltampere
KVA – Klärschlammverbrennungsanlage
KVAB – Krankenversicherungsanstalt Berlin
KVAE – Konferenz über vertrauensbildende Maßnahmen und Abrüstung in Europa
KVAG – Knappschaftsversicherungs-Anpassungsgesetz
KVÄG – Krankenversicherungs-Änderungsgesetz
KVB – Kassenärztliche Vereinigung Bayern · Kirchenvolksbegehren · Kölner Verkehrs-Betriebe · Krankenversorgung der [Bundes]bahnbeamten
KvD – Kommissar vom Dienst
KVD – Kassenärztliche Vereinigung Deutschlands
KVDÄ – Kraftfahrverband Deutscher Ärzte
KVDB – Kraftfahrer-Vereinigung Deutscher Beamter
KVdL – [Gesetz über die] Krankenversicherung der Landwirte
KVdR – [Gesetz über die] Krankenversicherung der Rentner
KVG – Kapitalverkehrsteuergesetz · Kraftverkehrsgesellschaft · Krankenversicherungsgesetz · Kreisverkehrsgesellschaft
KVH – Kassenärztliche Vereinigung Hessen
KVHS – Kreisvolkshochschule
KVI – Kernverschiebungsindex *(Med.)* · Kunststoff verarbeitende Industrie
KVKG – Krankenversicherung-Kostendämpfungsgesetz
KVM – Kosovo-Verifikations-Mission *(der OSZE)*
KVO – Kaiserliche Verordnung · Kraftverkehrsordnung
KVP – kasernierte Volkspolizei *(DDR)* · kontinuierlicher Verbesserungsprozess · Korpsversorgungspunkt *(Bw.)* · Kreditvermittlungsprovision *(Vw.)*
KVR – Kollisionsverhütungsregeln *(auf See)* · Kommunalverband Ruhrgebiet · Kreisverwaltungsreferat
KVS – Kunststoffverband der Schweiz
KVSt – Kapitalverkehrsteuer
KVStG – Kapitalverkehrsteuergesetz
KVStHand – Knotenvermittlungsstelle mit Handbedienung
KVStW – Knotenvermittlungsstelle mit Wählbetrieb
KVV – Kölner Versicherungswissenschaftliche Vereinigung · Kommentiertes Vorlesungsverzeichnis
KVwO – Kostenverwaltungsordnung *(Bayern)*
KVZ – Kostenverzeichnis
kW – Kilowatt
KW – konspirative Wohnung · Kranwagen · Kraftwerk · Kurzwelle[n]
kw, k.w. – künftig wegfallend
KW, Kw. – Kalenderwoche
kw. – kurzweilig
Kw. – Kassenwart · Kennwort · Kraftwagen · Krankenwagen · Kranwagen · Kurswagen
k.W. – kaltes Wasser · kommende[r] Woche
KWA – Kuratorium Wohnen im Alter
KWahlG – Kommunalwahlgesetz
KWahlO – Kommunalwahlordnung
Kw.-Anh. – Kraftwagenanhänger
KWB – Kuratorium der deutschen Wirtschaft für Berufsbildung
KWBG – Gesetz über kommunale Wahlbeamte
KWD – Küstenwarndienst · Kraftwagendienst
KwE, KWE – Kurzwellenempfänger
KWEA – Kreiswehrersatzamt
k-Wert – Wärmedurchgangskoeffizient *(Bauwesen)*
Kwf., Kwf – Kraftwagenfahrer/Kraftwagenführer
KWFZ – Kernwaffenfreie Zone
KWG – Kolping Wandernde Gesellen · Kreditwesengesetz · Kommunalwahlgesetz
kWh – Kilowattstunde
KWI – Kaiser-Wilhelm-Institut *(hist.)* · Kulturwissenschaftliches Institut *(Essen)*
KWJ – Kilowattjahr
KWK – Kälte-Wärme-Klima · Kraft-Wärme-Kopplung · Kuratorium für Wasser- und Kulturwesen
KWKG – Kraft-Wärme-Kopplung-Gesetz · Kriegswaffenkontrollgesetz
KwK, Kw.-Kol. – Kraftwagenkolonne
KWL – Kernkraftwerk Lingen · Kohlenwasserstoff-Lösemittel · Konstruktionswasserlinie
KWO – Kernkraftwerk Obrigheim · Kommunalwahlordnung
K.w.o. – Kopf wie oben
kWp – Kilowatt peak

KWS – Kurzwellensender
KWS, KW-Stoffe – Kohlenwasserstoffe
KWT – Kuwait *(Kfz)*
KWU – Kraftwerk-Union
KWW – Kernkraftwerk Würgassen
KY, Ky. – Kentucky *(Staat der USA)*
KYF – Kyffhäuserkreis *(Kfz)*
Kyffh. – Kyffhäuser
kymr. – kymrisch
Kz – Kwawza *(Währung in Angola)*
KZ – Kapitalzufluss · Kasachstan *(Kfz)* · Kennzahl · Kennzeichen · Kennziffer · Kernzahl · Kernzone · Kinderzulage · Kinderzuschlag · Kompasszahl · Konjunkturzuschlag · Konzentrationslager *(NS)* · Koordinationszahl · Kostenzettel · Kostenzuschuss · Kräftezustand *(Med.)*
KZ, K.Z. – Kurszettel
kz. – kurz
Kz. – Kennzahl · Kennzeichen · Kennziffer · Kerze · Kraftzug · Kranz · Kreuz · Kürzung
k.z. – kommandiert zum/zur
KZBV – Kassenzahnärztliche Bundesvereinigung
Kze. – Kürze
Kzf. – Kurzfassung · Kurzform
kzfg. – kreuzförmig
kzfg., kzfr., kzfrg. – kurzfristig
KZG – Kurzzeitgedächtnis
Kzg. – Kürzung
Kzgn – Kürzungen
KzH – krank zu Hause *(Bw.)*
kzh. – kurzerhand
Kzl. – Kanzel · Kanzler · Kanzlei
KzlO – Kanzleiordnung
Kzl.-Sekr. – Kanzleisekretär[in]
Kzl.-Vst. – Kanzleivorsteher
KZS – Kurzzeitspeicher
KZV – Kaninchenzuchtverein · Kassenzahnärztliche Vereinigung
KZVB – Kassenzahnärztliche Vereinigung Bayern
KZVD – Kassenzahnärztliche Vereinigung Deutschland
KZVH – Kassenzahnärztliche Vereinigung Hessen
KZVN – Kassenzahnärztliche Vereinigung Niedersachsen
KZVO – Kakaozoll-Vergütungsordnung
KZW – Kurzwelle

L*l*

l – lävogyr *(linksdrehend; Chemie)* · Leu *(Währung in Rumänien)* · Liter
L – Lambert *(Einheit)* · large *(Kleidungsgröße)* · Läufer *(Schach)* · Läuten *(Bahn)* · Lautsprecher · Leipzig *(Kfz)* · Lempira *(Währung in Honduras)* · Lendenwirbel *(Med.)* · Leutnant *(Bw.)* · Linz *(Kfz)* · Lorokonto · Loschmidtsche Zahl · Luxemburg *(Kfz)* · Luxus[ausführung] · Luxuszug *(Bahn)* · römisches Zahlzeichen für 50
£ – Pfund *(Währung)*
l. – lang · lateinisch · laut · legal · leicht · lies! · links · löslich
L. – Ladung · Lady · Lage · Land · Länge · Last · Latein · Leistung · Lex · Licht · Lied; Lieder · Lieferant; Lieferung · Liga · Linné *(Bot.)* · Liquor *(Med.)* · Lira; Lire · Liste · Loch; Löcher · Lord · Lösung · Lucius/Luzius · Lues *(Med.)* · Lukas
L1-Cache – Level-1-Cache
La – Lanthan *(Element)*
LA – Arbeitsgemeinschaft Leseranalyse · Landesamt · Länderausschuss · Landesarchiv · Landratsamt · Landshut *(Kfz)* · Lastenaufzug · Lastenausgleich · Lebensalter · Lehramt · Lehrauftrag · Lehrautomat · Lehrerausbildung · Leichtathletik · Leistungsalter · Leistungsausschluss *(Vw.)* · Leistungsausschuss · Leitabschnitt · leitende[r] Angestellte[r] · Leseranalyse · Linksaußen · Londoner Schuldenabkommen · Louisiana *(Staat der USA)*
La. – Louisiana *(Staat der USA)*
l.a. – lege artis (*lat.:* »nach der Regel der Kunst; vorschriftsmäßig«; *Med.*)
l.A. – laut Akte[n] · laut Angabe[n] · laut Angebot · laut Auftrag · laut Auskunft
L.A. – Los Angeles
LAA – Länderausschuss für Atomkernenergie · Landesarbeitsamt · Landesausgleichsamt · Lehramtsanwärter · Leichtathletikabteilung
LAB – Lastenausgleichsbank · Lebensabendbewegung
lab. – labial · labil
Lab. – Labial[laut] · Labilität · Labor; Laborant[in], Laboratorium
LAbfG – Landesabfallgesetz
LABG – Lehrerausbildungsgesetz
L.-Abg., LAbg. – Landtagsabgeordnete[r]
Lab.-Med. – Laboratoriumsmedizin
Labor – Laboratorium
LAD – Landesamt für Denkmalpflege · Leckabwehrdienst
lad. – laden · ladinisch
Lad. – Laden · Ladiner · Ladung
LADAR – Laser Detection and Ranging *(Ortung mit Laserstrahlen)*
Ladest. – Ladestelle

LadSchlG – Ladenschlussgesetz
LADV – Durchführungsverordnung zum Lastenausgleichsgesetz
LAE – vergleichende Leseranalyse ausgewählter Titel bei Entscheidungsträgern in Wirtschaft und Verwaltung
LAF – Leseranalyse für Führungskräfte
Laf. – Lafette
LAFG – Landesamt für Familiengüter
LAFTA – Latin-American Free Trade Association
LAG – Landesarbeitsgemeinschaft · Landesarbeitsgericht · Lastenausgleichsgesetz · Leckanzeigegerät · Literaturarbeitsgemeinschaft[en]
Lag. – Lager[ist]; Lagerung
LAGA – Länderarbeitsgemeinschaft Abfall
Lag.-Best. – Lagerbestand; Lagerbestände
LAGFW – Landesarbeitsgemeinschaft der Freien Wohlfahrtspflege
Lag.-Geb. – Lager[ungs]gebühr
Lag.-H. – Lagerhalle; Lagerhaus
Lag.-L. – Lagerleiter
LAGW – Luftschutzarbeitsgemeinschaft der gewerblichen Wirtschaft
LAI – Länderausschuss für Immissionsschutz · local area identity
LAK – Landesapothekerkammer · Landes-Asten-Konferenz · landwirtschaftliche Alterskasse · Lohnausgleichskasse · Londoner Schuldenabkommen
LÄK – Landesärztekammer
lak. – lakonisch
Lakra – Landeskreditanstalt
lam. – lamentieren · laminieren; laminiert
L. A. M. – Liberalium artium magister (*lat.:* »Magister der freien Künste«)
lan – Langley *(Einheit)*
LAN – Local Area Network
LANA – Länderarbeitsgemeinschaft für Naturschutz, Landschaftspflege und Erholung
LandBG – Landbeschaffungsgesetz
LANDCENT – Allied Land Forces Central Europe
Landk. – Landkarte[n]
Landkr. – Landkreis
Landr. – Landrat/-räte · Landrecht
landsch. – landschaftlich
Landsch. – Landschaft[en] · Landschutz
Landsch.-Sch. – Landschaftsschutz
Landstr. – Landstraße · Landstreicher
landw. – landwirtschaftlich
Landw. – Landwehr · Landwirt[schaft]
LandwA – Landwirtschaftsamt
Landw.-Abt. – Landwirtschaftsabteilung
Landw.-Betr. – Landwirtschaftsbetrieb
LandwG – Landwirtschaftsgesetz
Landw.-K., Landw.-Kam. – Landwirtschaftskammer
Landw.-L. – Landwirtschaftslehrer[in]
Landw.-R. – Landwirtschaftsrat/-rätin
l. Ang. – laut Angebot
langfr. – langfristig
langj. – langjährig
langob. – langobardisch
Langob. – Langobarden
LANU – Landesamt für Natur und Umwelt
LAO – Demokratische Volksrepublik Laos *(Kfz)*
laot. – laotisch
LAP – Lebensabschnittspartner · Lehramtsprüfung · Lineas Aereas Paraguayas
LAPB – link access procedure balanced
LaplaG – Landesplanungsgesetz
LAPM – link access procedure for modems
LAR – leichter Artillerie-Raketenwerfer *(Bw.)* · Libyen *(Kfz)*
LArbA – Landesarbeitsamt
LArbG – Landesarbeitsgericht
larg. – larghetto (*ital.:* »etwas gedehnt, langsam«; *Musik*)
Larov – Landesamt zur Regelung offener Vermögensfragen *(Berlin)*
Laser – light amplification by stimulated emission of radiation *(engl.; Lichtverstärkung durch angeregte Aussendung von Strahlen)*
LASG – Gesetz zur Sicherung von Forderungen für den Lastenausgleich *(Hypothekensicherungsgesetz)*
Lash – lighter aboard ship *(Frachtkahn im Schiff)*
LASI – Länderausschuss für Arbeitsschutz und Sicherheitstechnik
Lasik – Laser in situ Keratomileusis *(Med.)*
LastAbschn – Lastschriftabschnitt *(Post)*
Lastz – Lastschriftzettel *(Post)*
Lastz. – Lastzug; Lastzüge
lat. – lateinisch · latent · lateral
Lat. – Latein · Lateran · Laterne
Latr. – Latrine
LAU – Lauf an der Pegnitz/Nürnberger Land *(Kfz)*
Laufb. – Laufbahn · Laufbursche
LaufbVO – Laufbahnverordnung
Laut. – Lautenist
LAV – Landesapothekerverband · Landesarbeitgeberverband · Landesstelle für Arbeitsvermittlung · Land-

maschinen- und Ackerschleppervereinigung *(im VDMA)*
lav. – lavieren
Lav. – Lavendel
LAVES – Landesamt für Verbraucherschutz- und Lebensmittelsicherheit *(Niedersachsen)*
LAV-NRW – Landesarzneimittelverordnung Nordrhein-Westfalen
LaVO – Landesverordnung
LAW – Lehrlingsausbildungswerkstatt
Law. – Lawine
LAWA – Länderarbeitsgemeinschaft Wasser
LAZ – Lebensarbeitszeit
Laz. – Lazarett
LB – Landbund · Landesbank · Landesbezirk · Landesbibliothek · Landesbildstelle · Landesbund · Landwirtschaftsbank · Leihbibliothek · Leitbereich · Leitungsband *(Technik)* · Lesebuch · Lieferbarkeitsbescheinigung · Lochband · Ludwigsburg *(Kfz)*
lb. – liebe[r]
Lb. – Laufbahn · Leben · Lehrberuf · Lehrbuch · Leib · Leihbibliothek · Leihbücherei · Leinenband · Libelle · Lichtbild · Luftbild
l. B. – laut Bericht
L. B. – Lectori benevolo (*lat.:* »dem geneigten Leser«)
LBA – Lehrerbildungsanstalt · logical block addressing · Luftfahrtbundesamt
LBÄG – Landesbeamtenrechtsänderungsgesetz
LBauO – Landesbauordnung
LBBW – Landesbank Baden-Württemberg
LBD – Leiter der Bezirksdirektion
lbd. – lebend
lbdg. – lebendig
Lbd.-Gew. – Lebendgewicht
LBE – Landesverband des Bayerischen Einzelhandels
LBesÄG – Landesbesoldungsänderungsgesetz
LBeschG – Landbeschaffungsgesetz
LBesG – Landesbesoldungsgesetz
LBewO – Landbewirtschaftungsordnung
LBez. – Landesbezirk
LBF – Fraunhofer-Institut für Betriebsfestigkeit *(früher: Laboratorium für Betriebsfestigkeit)* · Landesverband Bayerischer Fuhrunternehmer · Lichtbogenfestigkeit
LBG – Landbeschaffungsgesetz · Landesbeamtengesetz · Landwirtschaftliche Berufsgenossenschaft · Lehrerbildungsgesetz
LBI – Landesverband der Bayerischen Industrie · Lehrerbildungsinstitut
.lbl – label *(Dateierweiterung)*
LBl. – Literaturblatt
LBO – Landbewirtschaftungsordnung · Landesbauordnung · leveraged buyout(s)
LBP – Landesanstalt für Bodenkultur und Pflanzenbau *(Bayern)*
LBS – Landesbausparkasse · London Business School
L. B. S. – Lectori benevolo salutem! (*lat.:* »dem geneigten Leser ein Gruß«)
LBT – Landesamt für Besoldung und Versorgung *(NRW)* · Landesverband Bayerischer Transportunternehmen
LBV – Landesbund für Vogelschutz · Laufbahnverordnung · Lehrerbesoldungsverordnung
LBW – Ladebordwand · Landesbank Baden-Württemberg · Landesbauernverband
LC – Leichtathletik-Club *(Cottbus)*
l. c. – loco citato (*lat.:* »am angeführten Ort«)
L. C., L/C – letter of credit (*engl.:* »Kreditbrief«)
LCD – liquid crystal display
LCH – London Clearing House
LCOS – liquid crystal on silicon
LCP – link control protocol · liquid crystal polymer
LCR – least cost routing
LCS – light composite system · liquid crystal shutter
LCWIO – Liaison Committee of Womens' International Organization
LD – Landau/Pfalz *(Kfz)* · Landesdienst · Landesdirektion · Laserdiode · Letaldosis/letale Dosis *(Med.)* · Linz-Donawitz *(Stahlerzeugungsverfahren)* · Literaturdenkmal · Lotsendampfer · Lotsendienst
ld. – ledig · leitend · leuchtend · luftdicht
Ld. – Ladung *(selten)* · Land · Landung · Leder[einband] · limited *(selten für Ltd.)*
LD. – Libyscher Dinar *(Währung)*
l. D. – lichter Durchmesser
L. & D. – loss and damage *(Verlust und Schaden)*
LDA – Landesdenkmalamt
Ldbd. – Leder[ein]band
Ld.-Bez. – Land[es]bezirk
LDC – Less Developed Countries (*engl.:* »weniger fortgeschrittene Länder«; *Entwicklungsländer*)
LDE – low dynamic ESP *(Kfz)*
Ldg. – Ladung · Landung
Ld.-Gef. – Landesgefängnis
Ld.-Gem. – Landgemeinde
Ld.-Ger. – Landgericht
Ld.-Ger.-Dir., LdGerDir. – Landgerichtsdirektor
Ld.-Ger.-Präs., LdGerPräs. – Landgerichtspräsident
Ld.-Ger.-R., LdGerR – Landgerichtsrat
Ld.-Gr. – Landesgrenze · Landesgruppe
LDK – Lahn-Dill-Kreis *(Kfz)*

Ldk. – Landkarte[n]
Ldkp – Landkraftpost
Ld.-Kr., Ldkr. – Landkreis
Ldkw – Landkraftwagen
LDL – Low-Density-Lipoprotein[e] *(Med.)*
LDO – Dienstordnung für Lehrer · Landesdienststrafordnung · Landesdisziplinarordnung
LdO – Landsmannschaft der Oberschlesier
LDPD – Liberal-Demokratische Partei Deutschlands
LDPE – low density polyethylene
Ld.-Pr., Ldpr. – Ladenpreis
LdPSt – Landpoststelle
LDr – Listendrucker *(EDV)*
LdR, LdRat – Landrat
Ldr. – Länder · Leder · Linksdrall *(Technik)*
L. d. R. – Leutnant der Reserve
Ldrb. – Leder[ein]band
Ldrr. – Lederrücken
LDRS – listed diversified return securities
LDS – Landkreis Dahme-Spreewald *(Kfz)* · Landesamt/Landesverband für Datenverarbeitung und Statistik · Liberaler Deutscher Studentenbund
Ldsch. – Landschaft
ldschl. – landschaftlich
LdschVerbO – Landschaftsverbandsordnung
Ld.-Str., Ldstr. – Landstraße · Landstreicher
LDT – Lehranstalt des Deutschen Textileinzelhandels
Ldtg. – Landtag
Ldtg.-Präs. – Landtagspräsident
LDv – Luftwaffendienstvorschrift *(Bw.)*
LDV – linguistische Datenverarbeitung
LDV, LDv. – Luftwaffen-Druckvorschrift *(Bw.)*
LDW – liquid propan gas
ldw. – landwirtschaftlich
Ldw. – Landwehr · Landwirt[schaft]
Ldw.-R., Ldw.-Rat – Landwirtschaftsrat
Le – Leone *(Währung in Sierra Leone)*
LE – Leibeserziehung · Leistungsempfänger · Lerneinheit[en] · Lichtbogen-Elektrostrahl · Lupus erythematodes *(Med.)*
l. E. – letzten Endes
LEA – Landesentschädigungsamt · Landesernährungsamt · Landwirtschaftliche Entwicklungsabteilung
LEAP – lightweight exo-atmospheric projectile *(US-Raketenabwehrsystem)*
LEB – Landeselternbeirat
Leb. – Lebensmittel
Leb.-Gesch. – Lebensmittelgeschäft[e]
Leb.-Gew. – Lebendgewicht
LebMG – Lebensmittelgesetz
Leb.-Vers. – Lebensversicherung
LECE – Ligue Européenne de Coopération Economique
LED – light emitting diodes/Licht emittierende Dioden *(Elektronik)*
led. – ledig · lediglich
Led. – Leder
LEED[-Verfahren] – low energy electron diffraction
LEF – Lebenserfahrung-Ethik-Religionslehre *(Unterrichtsfach)* · lewy front iskusstwa (*russ.:* »linke Front der Kunst«)
Lefa – Lederfaserwerkstoff
LEFA, Lefa – Lebensmittelfachausstellung
LEG – Landeseisenbahngesetz · Landesentwicklungsgesellschaft
leg. – legal; legalisieren · legato (*ital.:* »gebunden«; *Musik*) · legendär · legieren; legiert · legitim; legitimieren; legitimiert
Leg. – Legalität · Legat[ion] · Legende · Legierung · Legion · Legislative · Legitimation
legg. – leggiero (*ital.:* »leicht, spielerisch«; *Musik*)
Legg. – Legierungen
Leg.-Per. – Legislaturperiode
Leg.-R., LegR – Legationsrat
LEH – Lebensmitteleinzelhandel · Vereinigung Deutscher Landeserziehungsheime
LEHG – Landeserbhofgericht
LehramtG – Lehramtsgesetz
LehrerbG – Lehrerbildungsgesetz *(Berlin)*
Lehrg. – Lehrgang; Lehrgänge
Lehrg.-T., Lehrg.-Teiln. – Lehrgangsteilnehmer
Lehrj. – Lehrjahr
Lehrl. – Lehrling[e]
leibh. – leibhaftig
leibl. – leiblich
Leibr. – Leibrente
Leica – Leitz-Camera
leichtl. – leichtlöslich
leichts. – leichtsinnig
leipz. – leipzigerisch
Leist. – Leistung[en]
Leist.-Pr. – Leistungsprämie · Leistungsprinzip
Leist.-Zul. – Leistungszulage
leit. – leiten[d]
Leit. – Leiter; Leitung
leit. Ang. – leitende[r] Angestellte[r]
leitd. – leitend
Leitd. – Leitende[r]
Leitf. – Leitfaden
Leitl. – Leitlinie
leit. Pos. – leitende Position
Leits. – Leitsatz; Leitsätze
Lekt. – Lektion · Lektor[at] · Lektüre
LektO – Lektorenordnung
LEN – Ligue Européenne de Natation
LEnteigG – Landesenteignungsgesetz
LEO – low earth orbit
Lep – large electron positron collider
LEP – Landesentwicklungsplan · Landesentwicklungs-

programm · Large Electron-Positron Collider *(Elementarteilchen-Beschleuniger)* · light emitting polymer

LER – Leer *(Kfz)* · Lebensgestaltung – Ethik – Religionskunde *(Unterrichtsfach)*

LErbHG – Landeserbhofgericht

Les. – Lesotho · Lesung

Lesel. – Leseleuchte(n)

LESt – Ludwig-Erhard-Stiftung

lett. – lettisch

letztw. – letztwillig

LEU – low enriched Uran

LeuchtmStDA – Dienstanweisung zum Leuchtmittelsteuergesetz

LeuchtmStDB – Durchführungsbestimmung zum Leuchtmittelsteuergesetz

LeuchtmStG – Leuchtmittelsteuergesetz

LEV – Landeselternvereinigung · Leverkusen *(Kfz)* · low emission vehicle

lev. – levantinisch

Lev. – Levante; Levantiner · Leviticus *(AT)*

lex. – lexikalisch

Lex. – Lexikologie; Lexikon

Lex.-F. – Lexikonformat

lexikogr. – lexikographisch

Lexikogr. – Lexikograph[ie]

LF – Lafettenfahrzeug · landwirtschaftlich genutzte Fläche · Langfassung · langsame Fahrt *(Schifffahrt)* · Liberales Forum *(Österreich)* · Le Feed *(Drucker)* · Löschfahrzeug

LF, lf – low frequency *(engl.:* »Niederfrequenz«)

Lf. – Läufer · Leitfaden · Leuchtfeuer · Lieferant; Lieferer; Lieferung

LfA – Landesanstalt für Aufbaufinanzierung

LFA – Länderfinanzausgleich · Landesfinanzamt · Landesfürsorgeamt · Landwirtschaftliche Forschungsanstalt

LfAS – Landesamt für Arbeitsschutz

Lfb. – Laufbahn · Laufbursche

Lf.-Bed. – Liefer[ungs]bedingungen

LfbG – Laufbahngesetz

LfD – Landesamt für Denkmalpflege

LFD – Landesfilmdienst · Landesfinanzdirektion

lfd. – laufend

lfde. Nr. – laufende Nummer

lfd. J. – laufendes Jahr; laufenden Jahres

lfd. M. – laufenden Meters; laufendes Meter; laufenden Monats; laufender Monat

lfd. Nr. – laufende[r] Nummer

lfd. W. – laufende[r] Woche

LFE – low frequency effects

LFF – Landefunkfeuer · Luftfahrzeugführer *(Bw.)*

Lf.-Fr. – Lieferfrist[en]

LFG – Lernmittelfreiheitsgesetz · Lohnfortzahlungsgesetz · Luftfahrtgesetz

Lfg. – Lieferung

Lfgn. – Lieferungen

LFGO – Geschäftsordnung für die Landesfinanzämter

LFinA – Landesfinanzamt

LFK – Lenkflugkörper

LfK – Landesanstalt für Kommunikation Baden-Württemberg · Landesverband für ambulante Krankenpflege *(NRW)*

LFKO – Kanzleiordnung für die Landesfinanzämter

lfm – laufendes Meter; laufenden Meters

LfM – Landesmedienanstalt für Medien *(Nordrhein-Westfalen)*

LFM – Landesfinanzministerium · Leipziger Frühjahrsmesse · Luftfahrtforschungsanstalt München

Lfm. – Landesforstmeister

LFO – Landfahrerordnung

LFQ – Landesinstitut für Qualifizierung *(NRW)*

LfR – Landesanstalt für Rundfunk *(Nordrhein-Westfalen)*

LFR – Landesfrauenrat · lost frame received

Lfrg. – Lieferung

LFS – Landesamt für Flurbereinigung und Siedlung *(Baden-Württemberg)*

Lft. – Lieferant · Luftfahrt

LftF – Luftfahrtfeuer

LfU – Landesamt für Umweltschutz

LFürsVerb. – Landesfürsorgeverband

LfV – Landesamt für Verfassungsschutz

LFv – langsame Fahrt voraus

LFV – Landesfeuerwehrverband · Landesfischereiverband · Landesforstverwaltung · Landesfürsorgeverband

LfW – Liga für die Weltregierung

LFW – Luftfahrtforschungsanstalt Wien

Lfw. – Lieferwagen · Luftfahrtwesen

Lfz – Luftfahrzeug

Lfz. – Laufzeit · Lohnfortzahlung

LFZG – Lohnfortzahlungsgesetz

Lf.-Zt., Lfzt. – Laufzeit · Lieferzeit

lg – Logarithmus *(Math.)*

Lg – Leer[wagen]zug *(Bahn)* · Leitgebiet

LG – Landesgesetz · Landesgericht *(Österreich)* · Landgericht · Landesgirokasse · Lebendgewicht · Leichtathletikgemeinschaft · Leistungsgemeinschaft · Lieferungsgenehmigung · Literaturgeschichte · Luftgewehr · Lüneburg *(Kfz)*

lg. – lang · ledig

Lg. – Lage · Lager[ung] · Länge · Legierung · Legion · Lehrgang · Leitung · Lesung · Liegenschaft · Lösung

LgA – Liegenschaftsamt
LGA – land grid array · Landesgewerbeamt · Landesgewerbeanstalt
Lg.-B. – Logbuch
LGBez. – Landgerichtsbezirk
LGBl. – Landesgesetzblatt
lgd. – liegend
LGD, LGDir. – Landgerichtsdirektor
Lg.-Dir., LgDir. – Liegenschaftsdirektor
LGebO – Landesgebührenordnung
LGemO – Landgemeindeordnung
LGer. – Landgericht
LgFbl – Lagerformblatt *(Post)*
lgfr. – langfristig
Lgg. – Legierungen · Lehrgänge
LGIN – leichtgradige intraepitheliale Neoplasie *(Med.)*
LGK – Landesgirokasse · Lohn- und Gehaltsgruppenkatalog
LGL – Landesamt für Gesundheit und Lebensmittelsicherheit *(Bayern)* · Lilienthal-Gesellschaft für Luftfahrtforschung
LGM – Lufthansa Gebäudemanagement
Lgn. – Lesungen · Lösungen
LGO – Landesgebührenordnung · Landgemeindeordnung
Lg.-Pl. – Lageplan
LGPräs. – Landgerichtspräsident
LGR – Landgerichtsrat
L.-Gr., LGr. – Leistungsgröße · Leistungsgruppe · Lohngruppe
LGS – Landesgartenschau · Lineares Gleichungssystem · Lohn- und Gehaltssumme
Lg.-T., Lg.-Teiln. – Lehrgangsteilnehmer
LGV – Lehrergesangverein
LH – Landeshauptmann *(Österreich)* · Landwirtschaftliche Hochschule · Lesehalle · Lufthansa · Luftheizung · Luteinisierungshormon *(Med.)*
l. H. – linke Hand *(Musik)*
LHB – Lohnsteuerhilfe Bayern
LHC – Large Hadron Collider
LHD – left hand drive · Lehrer im Hochschuldienst
LHD[-Technik] – Load-haul-dump-Technik
L. H. D. – Literarum humaniorum doctor (*lat.:* »Doktor der Literaturwissenschaft«)
LHFürsSt. – Landeshauptfürsorgestelle für Kriegsbeschädigte und Kriegshinterbliebene
LHG – Landeshochschulgesetz
LHK – Landeshochschulkonferenz
LHM – Leipziger Herbstmesse
LHmV – Lösungsmittel-Höchstmengenverordnung
LHO – Landeshaushaltsordnung · Leistungs- und Honorarordnung [der Ingenieure]
Lhr. – Lehrer
LHS – Landeshauptstadt
Lhs. – Leihhaus · Liederhandschrift
LHSK – Landeshochschulstrukturkommission *(Berlin)*
LHV – Landeshundeverordnung *(z. B. NRW)* · Liberaler Hochschulverband
Lhwg. – Leihwagen
Lhz. – Luftheizung
Li – Lithium *(Element)*
LI – Liberale Internationale · Lindau *(Kfz)*
li. – licht · links
Li. – Licht[er] · Lieferung · Linie · Liste · Lithographie · Lizenz
L. I. – leitender Ingenieur
LIA – Lebanese International Airways · Ligue Internationale d'Arbitrage · Lumineszenzimmunoassay
LIB – Landesanstalt für Immissions- und Bodennutzungsschutz
lib. – liberal[istisch] · libysch
Lib. – Libanon · Liberia · Libelle · Liberale[r]; Liberalismus · Libyen; Libyer
lib., liban. – libanesisch
lib., liber. – liberal[istisch] · liberianisch
LIBA – London Investment Banking Association
Libor, LIBOR – London Interbank Offered Rate *(Zinsberechnung für Euro-Kredite)*
Libr. – Librettist; Libretto
Lib$ – Liberianischer Dollar *(Währung in Liberia)*
Lic. – licentiatus *(Lizentiat)*
LICRA – Ligue Internationale contre le Racisme et l'Antisémitisme
Lic. theol. – Licentiatus theologiae
Lidar – light detection and ranging
LIDH – Ligue Internationale des Droits de l'Homme
LIDIA – Liaison Internationale des Industries d'Alimentation
Lief. – Lieferant[en]; Lieferer; Lieferung
Lief.-Bed. – Liefer[ungs]bedingungen
Liefersch. – Lieferschein
LIF – Leukämie-Inhibitions-Faktor/Leukemia Inhibitory Factor *(Med.)* · Liberales Forum *(Österreich)* · Lichtenfels *(Kfz)*
LIFFE – London International Financial Futures and Options Exchange
Lifo, LIFO – last in first out
LIFPL – Ligue Internationale des Femmes pour la Paix et la Liberté
Lig. – Ligamentum *(Med.)* · Ligatur
LIGA – Lithographie, Galvanoformung und Abformung
Ligg. – Ligamenta *(Med.)*
LIHG – Ligue Internationale de Hockey sur Glace

Liko – Lieferungskontrolle
LILI – Zeitschrift für Literaturwissenschaft und Linguistik
LILO – Linux Loader
lim – Limes *(Math.)*
LIM – Landesinnungsmeister · linearer Induktionsmotor · Line Interface Modul · Livret-Indicateur International des Marchandises
lim. – limitieren; limitiert
lim., Lim. – limited *(engl.* »mit beschränkter Haftung«)
Lim. – Limerick[s] · Limonade · Limone · Limousine
LIMDOW – laser intensity modulation direct overwrite
Limo – Limonade
LIMS – Labor-Informations- und Management-System
lin. – linear
Lin. – Lineal · Linie[n] · Linoleum
ling. – linguistisch
Ling. – Linguist[ik]
LIP – Lippe/Detmold *(Kfz)* · lymphoide interstitielle Pneumonie *(Med.)*
LIPA – Liverpool Institute for Performing Arts *(Paul McCartney)*
liq. – liquide · liquidieren
Liq. – Liquidation
LIRC – Ligue Internationale de la Représentation Commerciale
LIS – Laborinformationssystem
LISA – Local Area Software Architecture
lit. – litauisch · literarisch · liturgisch
Lit. – Litanei · Litauen; Litauer · Litera *(Buchstaben in Satzungen)* · Literat; Literatur · Liturgie; Liturgik
liter. – literarisch
LiTG – Lichttechnische Gesellschaft
lit.-gesch., litgesch. – literaturgeschichtlich
Lit.-Gesch. – Literaturgeschichte
lith. – lithographieren; lithographisch
Lith. – Lithograph[ie]
Lit.-Hdb. – Literaturhandbuch
LITRA – Ligue Suisse pour l'Organisation Rationelle du Trafic *(Schweiz)*
LiTT – laserinduzierte interstitielle Thermotherapie *(Med.)*
Litt. D. – Doctor Lit[t]erarum *(lat.)*; Doctor of Letters/Literature *(engl.)*
LitUG, LitUrhG – Gesetz, betreffend das Urheberrecht an Werken der Literatur und der Tonkunst
Lit.-Verz. – Literaturverzeichnis
LIV – Landesinnungsverband
liz. – lizenzieren; lizenziert
Liz. – Lizenziat · Lizenz[en]
Liz.-Geb. – Lizenzgebühr[en]
Liz.-Sp. – Lizenzspieler
Liz.-Vtg., Liz.-Vtrg. – Lizenzvertrag; Lizenzverträge
LJ – Landjugend
Lj. – Lehrjahr · Lichtjahr
l. J. – laufenden Jahres; laufendes Jahr
LJA – Landesjugendamt · Landesjugendausschuss · Lohnsteuerjahresausgleich
LJagdG, LJG – Landesjagdgesetz
LJKG – Landesjustizkostengesetz
LJR – Landesjugendring
LJugA – Landesjugendamt · Landesjugendausschuss
LJV – Landesjagdverband
LJWG – Landesjugendwohlfahrtsgesetz
LK – Länderkammer · Landeskommission · Landeskonferenz · Landkreis · Landwirtschaftskammer · Leistungsklasse · Leistungskurs · Lektoratskooperation *(Bibl.)* · Lochkarte · Luftkühlung · Lymphknoten
LKA – Landeskirchenamt · Landeskriminalamt · Landeskulturamt · Lochkartenanlage *(EDV)*
LKE – Lewy-Körperchen-Erkrankung *(Med.)*
LKF – leichtes Kampfflugzeug
LKG – Leipziger Kommissions- und Großbuchhandel
LKH – Landeskrankenhaus · Landeskrankenhilfe
LKK – Land[es]krankenkasse
LKl – Lochkartenlocher
LKM – Lochkartenmaschine
LKO – Landkreisordnung
LKP – Landeskriminalpolizei
LKPA – Landeskriminalpolizeiamt
LKR – Landeskirchenrat
Lkr. – Landkreis
LKrK – Landkrankenkasse
LKrO – Landkreisordnung
LKrWG – Landkreiswahlgesetz
lks. – links
LKSt[.] – Lochkartenstanzer · Lochkartenstelle
LKStL – Leiter der Lochkartenstelle
Lkt. – Landkarte · Lektor; Lektorat · Lokaltermin
LKTW – Langstrecken-Krankentransportwagen
LKV – Lochkartenverfahren
LKW, Lkw – Lastkraftwagen
LKZ – Lebendkeimzahl
LKZSt. – Lochkartenzentralstelle
LL – Ladeliste · Landesliga · Landesliste · Landsberg/Lech *(Kfz)*
L£ – Libanesisches Pfund *(Währung im Libanon)*
l. l. – leicht löslich · loco laudato (*lat.:* »am genannten/angeführten Ort«)
LL. B. – Baccalaureus Legum *(lat.)*/Bachelor of Laws (*engl.:* »Bakkalaureus der Rechte«)
LLC – leadless chip carrier
LLD – Leitender Landwirtschaftsdirektor · Leiter der Landesdirektion

LLD, LLDiv – Luftlandedivision *(Bw.)*
LL. D. – Doctor Legum *(lat.)*/Doctor of Laws *(engl.:* »Doktor der Rechte«)
LLDC, LLDCs – Least Developed Countries *(engl.:* »am wenigsten fortgeschrittene Länder«; *Entwicklungsländer)*
Llkw – Leichtlastkraftwagen
LL. M. – Magister Legum *(lat.)*/Master of Laws *(engl.)*
LLW – low level white *(Beleuchtung)*
lm – Lumen *(Einheit)*
Lm – Maltesische Lira *(Währung)*
LM – Laboratoriumsmedizin · Landesmeister[schaft] · Landsmannschaft · Landwirtschaftsminister[ium] · Leichtmetall · Leichtmörtel · Leipziger Messe · leitender Maschinist *(Bw.)* · Limburg-Weilburg *(Kfz)* · Luftmine · Lunar Module
Lm. – Lehrmittel · Lernmittel
l. M. – laufenden Monats; laufender Monat · laut Muster
LMA – Leipziger Messeamt
LMB – Leichtmetallbauweise
LMBestrV – Lebensmittelbestrahlungsverordnung
LMBG – Lebensmittel- und Bedarfsgegenständegesetz
LMD – Licence-Master-Doctorat *(Frankreich)*
LMDS – local multipoint distributing system
LME – London Metal Exchange
LMF – Leichtmetallfelgen
LMFrG – Lernmittelfreiheitsgesetz
LMG, LmG – Lebensmittelgesetz
l. MG – leichtes Maschinengewehr
lmh – Lumenstunde *(Einheit)*
LMK – Lang-, Mittel-, Kurzwellen[bereich]
LMKU – Lang-, Mittel-, Kurz- und Ultrakurzwellen[bereich]
LMKV – Lebensmittelkennzeichnungsverordnung
LmKzV – Lebensmittel-Kennzeichnungsverordnung
LMP – Leichtmetallprodukt[e]
lms – Lumensekunde *(Einheit)*
LMS – Landesmedienanstalt Saarland
LMT – local mean time *(engl.:* »mittlere Ortszeit«)
LMU – Ludwig-Maximilians-Universität [München]
LMVT – Landesverordnung über den Verkehr mit Lebensmitteln tierischer Herkunft *(Bayern)*
ln – logarithmus naturalis *(Math.)*
LN – landwirtschaftliche Nutzfläche · Leistungsnachweis · Luftfahrtnormen
Ln. – Ländername · Leinen[einband]
LNA-Rohr – leichtes normales/leichtes Normalabflussrohr
Lnbd. – Leinen[ein]band
LNC – low noise converter
LNF – landwirtschaftliche Nutzfläche
LNG – liquefied/liquid natural gas
LNGT – Luftfracht-Nebengebührentarif
LNOV – Landesverordnung über die Nachbarorte *(Rheinland-Pfalz)*
L.-Nr., LNr. – Listennummer
LNTV – Landesnebentätigkeitsverordnung *(Baden-Württemberg)*
LNV – Landesnaturschutzverband
LO – Lagerordnung · Landesorganisation
LÖ – Lörrach *(Kfz)*
lo., Lo. – loco (*ital.:* »an seiner Stelle« *[zur Aufhebung eines Oktavzeichens]; Musik*)
Lo. – Lohn
l. o. – links oben
Loba – Landesoberbergamt
lobw. – lobenswert
LOC – localizer *(engl.:* »Ortungsgerät, Ansteuerungsfunkfeuer«)
log – Logarithmus *(Math.)*
LOG – Landesorganisationsgesetz
log. – logisch · logistisch
Log. – Logik[er] · Logistik
LOGIS – logistisches Informations- und Steuerungssystem
LohnSt. – Lohnsteuer
LohnStG – Lohnsteuergesetz
LohnstR – Lohnsteuerrichtlinien
LohnzG – Gesetz zur Regelung der Lohnzahlung an Feiertagen
Lok – Lokomotive
lok. – lokal; lokalisieren
Lok. – Lokal · Lokalisierung
Lokdl – Lokomotivdienstleiter *(Bahn)*
Lokfo – Lokomotivfahrordnung
lol, LOL – laughing out loud
LÖLF – Landesanstalt für Ökologie, Landschaftsentwicklung und Forstplanung *(Nordrhein-Westfalen)*
lomb. – lombardisch
LON – Lokomotiv-Normen
LondSchAbk. – Londoner Schuldenabkommen
long. – longitude (*engl./franz.:* »Länge«)
LOR – Lunar Orbital Rendezvous
LORAC – long range accuracy
LORAN – long range air navigation
LOS – Landkreis Oder-Spree *(Kfz)* · Lehrinstitut für Orthographie und Schreibtechnik *(Bergisch Gladbach)*
Los. – Losung
Lös. – Lösung
LöschG – Löschungsgesetz
Löschgeb. – Löschgebühren
Lösem. – Lösemittel

lösl. – löslich
lothr. – lothringisch
Lothr. – Lothringen; Lothringer
Lott. – Lotterie[n]
LottG – Gesetz über das Lotteriespiel
LottV, LottVO – Lotterieverordnung
LöV – Löschungsverordnung
LoZ – Lohnzahlung
LoZL – Lohnzahlungsliste
Lp – Lipoprotein · Luftpost *(Post)*
LP – Ladeprogramm *(EDV)* · Land[es]polizei · Langspielplatte · Läuten und Pfeifen *(Bahn)* · Leistungsprämien[n] · Leistungsprovision · Leistungsprüfung · Listenpreis · load point · Luftpost · Lumbalpunktion *(Med.)*
LPA – Landespersonalamt · Landespersonalausschuss · Leitpostamt · logarithmisch-periodische Antennen
LPÄ – Leitpostämter
LPachtG, LPaG – Landpachtgesetz
LPAZustVO – Landesprüfungsamt-Zuständigkeitsverordnung
LPB – Landespolizeibezirk
LpBf – Luftpostbrief *(Post)*
LpBtl – Luftpostbeutel *(Post)*
LPC – Luftfahrt-Presseclub
LPCM – linear pulse code modulation
LPD – Landespolizeidirektion · Landespostdirektion · low power device
LPersA – Landespersonalausschuss
LPersVG – Landespersonalvertretungsgesetz
LPG – Landesplanungsgesetz · Landespressegesetz · Landpachtgesetz · landwirtschaftliche Produktionsgenossenschaft *(DDR)* · liquid propan gas
LPGA – Ladies Professional Golfer's Association
LPH – Lichtpunkthöhe · lipotropes Hormon
lpi – lines per inch
LPI – Landespolizeiinspektion[en] · Leistungspulsindex
LPK – Landespressekonferenz
LPKK – Landes-Parteikontrollkommission *(DDR)*
LpKschl – Luftpostkartenschluss *(Post)*
LpL – Luftpostliste *(Post)*
LPlanG, LPlG – Landesplanungsgesetz
LPlG – Landesplanungsgesetz
LpLSt – Luftpostleitstelle
LPMUD – Lars Pensjö C Multi User Dungeon *(Online-Spiel)*
LPO – Lehramtsprüfungsordnung · Leistungsprüfungsordnung
LPol. – Land[es]polizei
LPolVO – Landespolizeiverordnung
LpPkt – Luftpostpaket *(Post)*
LPR – Landesanstalt für private[n] Rundfunk[veranstalter]
LPrG – Landespressegesetz
LpS – Leser pro Seite
LPS – Leistungsprüfstation · Liberale Partei der Schweiz · Lipopolysaccharid *(Med.)*
LpSdg – Luftpostsendung *(Post)*
LPSt – Landpoststelle
LPT – Landesparteitag · line printer
LPÜ – Luxemburger Patent-Übereinkommen
LPV – Landschaftspflegeverband
LPVG – Landespersonalvertretungsgesetz · Landwirtschaftliche Produktions- und Vertriebsgesellschaft
LPX – Leipziger Power Exchange *(Strombörse)* · low profile extender
LpZtg – Luftpostzeitung *(Post)*
LQ – letter quality
Lr – Lawrencium *(Element)*
LR – Landesregierung · Landrat · Landwirtschaftsrat · Legationsrat · Leibrente · Leuchtröhre · Linienrichter · Lokalredaktion; Lokalredakteur
l. R. – laufende Rechnung · laut Rechnung
L. R., LR – Lloyd's Register [of British and Foreign Shipping]
LRA – Laderaumabdeckung · Landratsamt
LRat – Landrat
LRB – Luftraumbeobachtung
LRC – longitudinal redundancy check *(engl.:* »Redundanzprüfung in Längsrichtung«)
LRD – Leitender Regierungsdirektor
LRE – Sammlung lebensmittelrechtlicher Entscheidungen
LReg. – Landesregierung
LRegG – Landesregionengesetz *(Rheinland-Pfalz)*
LRFS – Landesreit- und -fahrschule
LRGS – Sammlung der Länderratsgesetze
LRH – Landesrechnungshof
lrh. – linksrheinisch
LRiG – Landesrichtergesetz
LRK – Landesrektorenkonferenz
LRP – Landesbank Rheinland-Pfalz
LRS – Lese- und Rechtschreibschwäche
L. R. S.; LRS – Lloyd's Register of [British and Foreign] Shipping
LRVG – Landesgesetz über die Versorgung der Rechtsanwälte
Ls – Lats *(Währung in Lettland)*
LS – Ladenschluss · Land[es]schule · Landschaftsschutz · large scale · laser servo · Lastensegler · Lautsprecher · Leicht-

stahl[-Konstruktion] · Leitsatz; Leitsätze · Leitungsschaden · Leitungsschutzsicherung[en] · Leserservice · Lesesaal · Lesotho *(Kfz)* · Lieferschein · Livre syrienne *(Syrisches Pfund)* · Lochstreifen · Lüftungsschieber

l. s. – loco sigilli (*lat.:* »anstatt des Siegels«) · long sight (*engl.:* »auf lange Sicht«) · lump sum (*engl.:* »Pauschalbetrag«)

l. S. – [auf] lange Sicht · linke Seite

L. S. – lectori salutem (*lat.:* »dem Leser einen Gruß«) · legi scriptum (*lat.:* »ich habe [vorstehendes] Schreiben gelesen«)

LSA – Landessportausschuss · Linguistic Society of America · Sachsen-Anhalt, Landesregierung und Landtag *(Kfz)*

LSB – Landessportbund · least significant bit *(EDV)*

LSBH – Landessportbund Hessen

l. s. c. – loco supra citato (*lat.:* »am oben angeführten Ort«)

L.-Sch. – Land[es]schule · Lastschiff · Lieferschein

LSchA – Londoner Schuldenabkommen

LSchlG – Ladenschlussgesetz

LSchR – Landschulrat

LSD – Liberaler Studentenbund Deutschlands · Lysergsäurediäthylamid

LSE – Lexikon straßenverkehrsrechtlicher Entscheidungen · London School of Economics · London Stock Exchange

LSErslV – Verordnung über die Ersatzleistungen an die zum Luftschutzdienst herangezogenen Personen und über die Erstattung fortgewährter Leistungen

LSF – Lichtschutzfaktor · load sharing facility

LSG – Landessozialgericht · Landschaftsschutzgebiet · Lufthansa-Service-Gesellschaft · Luftschutzgesetz

Lsg. – Lesung · Losung · Lösung

Lsgg. – Lesungen · Lösungen

LSH – lymphozytenstimulierendes Hormon *(Med.)*

LSHD – Luftschutzhilfsdienst

LSI – large scale integration (*engl.:* »Integration in großem Maßstab«, *vgl. HSI*) · Liberal Students' International

LSK – Landessportkonferenz · Landessystemkonzept · Lochstreifenkarte · Luftstreitkräfte

LSl – Lochstreifenlocher

LSL – Lochstreifenleser

LSM – Lebensrettende Sofortmaßnahmen

LSN – Sachsen, Landesregierung und Landtag *(Kfz)*

LSO – Landessportorganisation · London Symphony Orchestra

LSÖ – Leitsätze für die Preisermittlung aufgrund der Selbstkosten bei Leistungen für öffentliche Auftraggeber

LSozG – Landessozialgericht

LSP – Leitsätze für die Preisermittlung aufgrund von Selbstkosten

Lsp. – Lautsprecher · Luftsport · Lustspiel

LSPH – Landesverband der Studierenden an den Pädagogischen Hochschulen

LSPN – Ligue Suisse pour la Protection de la Nature

Lspr. – Lautsprecher

Lsp.-Th. – Lichtspieltheater

LSR – Landesseniorenrat · Luftschutzraum

LSSt – Lochstreifenstanzer

LST – Low Supersonic Transport · Lymphozytentransformationstest *(Med.)*

LSt. – Ladestelle · Leitstelle · Lohnsteuer

LStDV – Lohnsteuer-Durchführungsverordnung

LStER – Lohnsteuer-Ergänzungsrichtlinien

LStG – Landessteuergesetz · Lohnsteuergesetz

Lstg. – Leistung · Linkssteuerung

LStJA – Lohnsteuerjahresausgleich

LStJAVO – Verordnung über den Lohnsteuerjahresausgleich

LSTO – leitender Schiffstechnischer Offizier *(Bw.)*

LStR – Lohnsteuerrichtlinien

L.-Str., Lstr. – Landstraße · Landstreicher · Lesestreifen · Lochstreifen

LStrG – Landesstraßengesetz

LSÜ – Lochschriftübersetzer

LStVG – Landesstraf- und Verordnungsgesetz *(Bayern)*

LSV – Landessportverband · Lärmschutzverordnung

LSVA – leistungsabhängige Schwerverkehrsabgabe *(Schweiz)*

LSVH – Landesseniorenvertretung Hessen

LSWarnV – Verordnung über den Anschluss von Behörden und Betrieben an den Luftschutzwarndienst

LSZ – Lese-Schreib-Zentrum

lt – lutherisch

Lt – Litas *(Währung in Litauen)*

LT – Landtag · Lasertechnik · letter telegram *(engl.)*/ lettre télégraphique *(franz.)* [*Brieftelegramm*] · Leuchtturm · Liefertermin · Litauen *(Kfz)* · local time (*engl.:* »Ortszeit«) · low tension (*engl.:* »Niederspannung«) · Lufttransport

L/T – letter of transmittal (*engl.:* »Begleitschein, -schreiben«)

lt. – laut · leitend

Lt. – Laut · Laute · Leiter · Leutnant · Licht · Liter · Literat[ur]

LTA – Landesmuseum für Technik und Arbeit *(Mannheim)* · landwirtschaftlich-technische[r] Assistent[in] · Lohntarifabkommen · Lohn- und Tarifpolitischer Ausschuss · Lufttüchtigkeitsanweisung
lt. Ang. – laut Angabe[n] · laut Angebot
LTC – longitudinal/linear time code
ltd. – lautend · leitend
ltd., Ltd. – limited (*engl.:* »mit beschränkter Haftung«)
Ltd. – Leitende[r]
ltd. Ang./Angest. – leitende[r] Angestellte[r]
LtdRBDir – Leitender Regierungsbaudirektor
LtdRDir – Leitender Regierungsdirektor
LTE – Lineas Transportadores Españolas *(Luftfahrtgesellschaft)*
LTF – Luftfahrt-Tauglichkeitsforderungen
LTG – Lager-Transithandelsgenehmigung · Lichttechnische Gesellschaft · Lufttransportgeschwader · Luftturbinengerät
Ltg. – Leitung
Ltgn. – Leitungen
LTGO, LTGeschO – Geschäftsordnung des Landtages
LTGV – Landestrennungsgeldverordnung
LTH – luteotropes Hormon *(Med.)*
LTK – Lexikon für Theologie und Kirche
LTL – Litas *(Währung in Litauen)*
LTM – Landesverband der Tonkünstler und Musiklehrer
Ltm. – Leitmotiv
Ltn. – Leutnant
LTO – linear tape open
LT-Präs. – Landtagspräsident
LTPS – low temperature poly-silicon
Ltr. – Leiter · Liter · Literatur
Ltr. o. G./Gl. – Liter ohne Glas
Ltspr. – Lautsprecher
Lt.-St., LtSt. – Lotteriesteuer
LTTE – Liberation Tigers of Tamil Eelam *(Guerillaorganisation in Sri Lanka)*
LTU – Lufttransport-Unternehmen Düsseldorf
LTV – Landestierschutzverband · Lohntarifvereinbarung · Lohntarifvertrag · Luftfahrt-Tauglichkeitsvorschrift
LTWahlG – Landtagswahlgesetz
LtzS, Lt. z. S. – Leutnant zur See *(Bw.)*
Lu – Lutetium *(Element)*
LU – Literaturunterricht · Ludwigshafen *(Kfz)* · Luxemburg *(NATO)* · Luzern *(Schweiz; Kfz)*
LÜ – Lademaßüberschreitung · Leibesübungen
Lu. – Ludwigshafen
l. u. – links unten
l. U. – laut Untersuchung
Lüa – Länge über alles
LUA – Landesuntersuchungsamt
LUFA – Landwirtschaftliche Untersuchungs- und Forschungsanstalt *(Speyer)*
luftd. – luftdicht
Luftfed. – Luftfederung
LuftfzRG – Gesetz über Rechte an Luftfahrzeugen
luftgef. – luftgefedert
luftgek. – luftgekühlt
LuftPersPO – Prüfungsordnung für Luftfahrtpersonal
LuftSchG – Luftschutzgesetz
LuftVG – Luftverkehrsgesetz
LuftVO – Luftverkehrsordnung
LuftVZO – Luftverkehrszulassungsordnung
LUG – Gesetz betreffend das Urheberrecht an Werken der Literatur und der Tonkunst
LUKG – Landesumzugskostengesetz
Lum. – Luminiszenz
LUN – logical unit number
lün. – lüneburgisch
LUP – Luftumschlagplatz
LüP – Länge über Puffer
LUPOSTA – Luftpostausstellung
LUT – lookup table
luth. – lutherisch
LÜV – Lebensmittel-Überwachungsverein
Luvo – Luftvorwärmer
lux. – luxemburgisch
Lux. – Luxemburg[er]
Luz. – Luzern
LV – Landesverband · Landesverein · Landesverfassung · Landesverfügung · Landesverordnung · Landschaftsverband · lange Fahrt voraus *(Schifffahrt)* · Lebensversicherung · Leihverkehrsordnung für die deutschen Bibliotheken · Leistungsverzeichnis · Lettland *(Kfz)* · low voltage (*engl.:* »Niederspannung«) · Luftfahrtvorschriften · Luftverkehr · Luftverteidigung
l. v. – leicht verwundet
LVA – Landesvermessungsamt · Landesversicherungsamt · Landesversicherungsanstalt · Landesversorgungsamt · Landesversuchsanstalt · Lehr- und Versuchsanstalt
LVAB – Landesversicherungsanstalt Berlin
LVAmt – Landesversicherungsamt
LVBG – Landesverband der gewerblichen Berufsgenossenschaften
LVBS – Landesverband der Verleger und Buchhändler Saar
L. v. D., LvD – Leiter vom Dienst
LVDS – low voltage difference signalling

LVersA – Landesversorgungsamt
LVerwG – Landesverwaltungsgericht
LVf., LVfg. – Landesverfassung · Landesverfügung
LVG – Landesverwaltungsgericht · Landesverwaltungsgesetz · Lehr- und Versuchsgut · Literarische Verwertungsgesellschaft *(Schriftstellervereinigung in Österreich)* · Lizenzverwertungsgesellschaft · Luftverkehrsgesellschaft · Luftverkehrsgesetz
LVI – Landesverband der Baden-Württembergischen Industrie
LVK – Lichtverteilungskurve · Luftverteidigungskommando
LVL – Schweizerischer Landesverband für Leibesübungen
LVO – Landesverordnung · Laufbahnverordnung · Leihverkehrsordnung · Luftverkehrsordnung
LVR – Landschaftsverband Rheinland · Leichtathletik-Verband Rheinhessen · longitudinal video recording
LVS – Lagerverwaltungssystem
LVV – Landesverkehrsverband · Luftverkehrsverordnung
LVwA – Landesverwaltungsamt
LVwG – Landesverwaltungsgesetz
LVZ – Leistungsverzeichnis
Lw – Lew *(Währung in Bulgarien)*
LW – Langwelle[n] · Leitungswähler · Leitungswiderstand · Lieferwagen · Liegewagen · Liegewiese · Luftwaffe · Luftwiderstand
Lw. – Landwehr · Landwirt; Landwirtschaft · Lebenswerk · Lehnwort · Leihwagen · Leinwand · Leistungswert · Leitungswasser · Lieferwagen · Luftwaffe
l. W. – laufende[r] Woche · letzte[r] Woche · lichte Weite
LwA – Luftwaffenamt der Bundeswehr
LwA, LWA – Landwirtschaftsamt
LWA – Landeswohlfahrtsamt · Landeswohlfahrtsausschuss
LWahlO – Landeswahlordnung
LWB – Lutherischer Weltbund
Lwbd. – Leinwand[ein]band
LWC – light weight coated
Lwd. – Leinwand · Luftwiderstand
LwEntschG – Gesetz zur Abwicklung der landwirtschaftlichen Entschuldung
LWF – Lutheran World Federation
LwG – Landwirtschaftsgericht · Landwirtschaftsgesetz
Lwg. – Lastwagen · Leihwagen · Liegewagen
LWG – Bayerische Landesanstalt für Wein- und Gartenbau
LWG, LWahlG – Landeswahlgesetz
LWG, LWassG – Landeswassergesetz
LWG, LWoG – Landeswohnungsgesetz
LwK – Landwirtschaftskammer
LWK – Lendenwirbelkörper
Lwk. – Leitwerk
LwKammerG – Landwirtschaftskammergesetz
LWL – Landschaftsverband Westfalen-Lippe · Lichtwellenleiter · Ludwigslust *(Kfz)*
LwM, LWM – Landwirtschaftsminister[ium]
LWO – Landeswahlordnung
LWO, LWoO – Landeswohnungsordnung
LWR – Landwirtschaftsrat · Leichtwasserreaktor · Leuchtweitenregelung
LWS – Landeswohnungsgesellschaft · Landwirtschaftsschule · Langwellensender · Lendenwirbelsäule *(Med.)*
LwSiedlG, LwSiedlFördG – Gesetz zur Förderung der landwirtschaftlichen Siedlung
LwUVG – Unfallversicherungsgesetz für Land- und Forstwirtschaft
LWV – Landeswohlfahrtsverband
Lw.-Vbd., Lw.-Verb. – Landwirtschaftsverband
LwVG, LwVfG – Gesetz über die gerichtlichen Verfahren in Landwirtschaftssachen
LWZ – Luftschutzwarnzentrale
lx – Lux *(Einheit)*
lxs – Luxsekunde *(Einheit)*
ly – Langley *(Einheit)* · lightyear
LYC – Lübecker Yacht-Club
lyr. – lyrisch
Lyz. – Lyzeum
Lz – Ladezettel *(Post)*
LZ – Ladezone · Länderzeichen · Landezone/landing zone *(engl.)* · Lazarettzug · Lebenszeit · Leerzeichen *(EDV)* · Leistungsziffer · Leistungszulage · Leitzahl · Leitzone *(Post)* · Lesezimmer · Lesezirkel · Lichtzeichenanlage *(Bahn)* · Luxuszug
LZ, Lz. – Leerzimmer
Lz. – Lazarett · Lehrzeit · Lizenz
LZA – Luftzerlegungsanlage
LZB – Landeszentralbank · Linienzugbeeinflussung
LZF – Liste zugelassener Firmenerzeugnisse
LZG – Landeszentrale für Gesundheit · Landeszustellungsgesetz · Langzeitgedächtnis

L.-Zi. – Leerzimmer · Lesezimmer
LZKH – Landeszahnärztekammer Hessen
LZ-Kodierung – Lempel-Ziv-Kodierung
LZL – Lohnzahlungsliste
LZM – Luftzeugmeister
Lz.-N. – Lizenznehmer
Lz.-Nr. – Lizenznummer
LZO – Luftverkehrszollordnung
LZS – Langzeitspeicher
L-Zug – Luxuszug
LZust – Landzusteller; Landzustellung *(Post)*
LZustBz – Landzustellbezirk

M*m*

m – magnetisch · männlich; masculinum · Mehrwert · meta... · Meter · Milli... · Minute · mittel...
m² – Quadratmeter
m³ – Kubikmeter
M – Loti *(Plural: Maloti; Währung in Lesotho)* · Mach[zahl] · Magnet · Major *(Bw.)* · Malta *(Kfz)* · Manius · Marcus · Maxwell *(Einheit)* · medium *(Kleidungsgröße)* · Mega... · Meile · Menge · Messierkatalog *(Astron.)* · Mille · Minensucher · Mired *(Einheit)* · Mitte · Mittel · Mittelsorte · Mobile ... · Modell *(bei Waffen)* · Modul · Modulator · Molekulargewicht · München *(Kfz)* · Myriade · römisches Zahlzeichen für 1 000
M' – Mac
m. – männlich · manuell · married *(engl.:* »verheiratet«) · maskulin · mehr · merke! · misce! *(lat.:* »mische!«); misceatur *(lat.:* »man mische!«) · mit · mittlere · mixtura *(lat.)* · monatlich · montags
M, M. – Magnitude
M. – Magister · Majestät · Majorität · Manual · Maria · Markt · Markus *(Evangelist)* · Maß · Masse · Maßstab · Mater · Meer · Meereshöhe · Meridian · Methode · Minister[ium] · Mitglied · Mitteilung · Modell · Monat · Monatsschrift · Monitor · Monsieur · Montag · Morbus *(Med.)* · Munition · Muschel · Musculus *(Med.)* · Muskel · Museum · Musik · Muster · Mutter
ma – Myria...
mA – Milliampere
mÅ – Milliångström
Ma – Mach[zahl] · Maschine · Masurium
MA – Mannheim *(Kfz)* · Markenartikel · Marokko *(Kfz)* · Maschinenamt · Massachusetts *(Staat der USA)* · mathematisch-technischer Assistent *(EDV)* · Media-Analyse · Medizinalassistent[in] · Medizinische Akademie · Meldeamt · memory access · Militärakademie · Militärattaché · Mindestauflage · Ministeramt · Ministerialabteilung · Mitarbeiter · Mittelalter · Mondaufgang · Münzinger-Archiv · Musikakademie; Musikalische Akademie
ma. – mittelalterlich · mundartlich
Ma. – Magnet · Mansarde · Mannschaft · Mantel · Maschine · Mathematik[er] · Mundart
MA. – Mittelalter
m. a. – mit anderem; mit anderen
m. A. – mangels Angabe[n] · mangels Annahme · mit Akten · mit Anlagen
m. Ä. – mit Änderungen
M. A. – Magister Artium; Master of Arts *(engl.)* · Miniaturausgabe · Mitglied der Akademie
M&A – Mergers and Acquisitions
MAA – Mathematical Association of America *(USA)* · Medieval Academy of America *(USA)*
MAAG – Military Assistance Advisory Group
MAB – Man and the Biosphere *(UNESCO)* · Maschinelles Austauschformat für Bibliotheken · Mitarbeiterbeurteilung
MABB – Medienanstalt Berlin-Brandenburg
m. Abb. – mit Abbildung[en]
MABEGE – Materialbeschaffungsgenossenschaft Deutscher Ärzte und Zahnärzte
MABl. – Ministerialamtsblatt
MAC – Macintosh · medium access control · message authentication code
MacCIM – Macintosh CompuServe Information Manager
MacOS – Macintosh Operating System
MAD – Militärischer Abschirmdienst
Mad. – Madagaskar; Madagasse · Madam *(engl.)* · Madeira
mad., madag. – madagassisch
Madr. – Madrigal[e]
MAE – Management-Akademie für Energiewirtschaft
Mafo – Marktforschung
MAG – Gesetz über die Ausübung des Berufs der medizinisch-technischen Assistentin · Metall-Aktivgas-Schweißen
mag. – Magnitudo
Mag. – Magazin; Magazineur · Magister · Magistrat
Mag. art. – Magister artium *(Österreich)*
magn. – magnetisch
Magn. – Magnat · Magnet · Magnetismus · Magnifizenz
Mag. pharm. – Magister pharmaciae *(Österreich)*

Mag. phil. – Magister philosophiae *(Österreich)*
Mag.-R., MagR – Magistratsrat
Mag. rer. nat. – Magister rerum naturalium *(Österreich)*
MAGS – Minister[ium] für Arbeit, Gesundheit und Soziales
Magy. – Magyaren; Magyarische
MAI – Commercial Member of Appraisal Institute · Mode-Aktien-Index · Multilaterales Abkommen über Investitionen/Multilateral Agreement for Investments *(OECD)*
Mais.-Whg[n]. – Maisonette-Wohnung[en]
Maj. – Majestät · Majonäse · Major · Majoran · Majorat · Majorität
MAJC – Microprozessor Architecture for Java Computing
MaK – Mindestanforderungen an das Kreditgeschäft
MAK – maximale Arbeitsplatzkonzentration · monoklonale Antikörper · Museum für Angewandte Kunst *(Köln)*
Mak. – Makedonien; Makedonier · Makulatur
mak., maked. – makedonisch
Makl. – Makler
Makl.-Geb. – Maklergebühr[en]
MaklVO – Maklerverordnung
makr. – makroskopisch
Makr. – Makrokosmos · Makroskop
MAL – Malaysia *(Kfz)* · Marineartillerieleichter · Mittelarmlehne
mal. – malaiisch · malerisch · malisch · mittelalterlich
Mal. – Malaie; Malaiische · Malaria · Maler; Malerei
Mall. – Mallorca
MAM – Management-Akademie München
MAMI – Mainzer Mikrotron
Man – Manual *(Handbuch)*
MAN – Metropolitan Area Network
MAN, *(früher:)* **M. A. N.** – Maschinenfabrik Augsburg-Nürnberg
man. – manufacture (*engl.:* »Fabrikat«); manufacturer (*engl.:* »Hersteller«) · manuell
Man. – Manöver · Manual
ma. N. – magnetisch Nord
m. A. n. – meiner Ansicht nach
Mand. – Mandat · Mandarine[n] · Mandoline · Mandschurei
mandsch. – mandschurisch
MANIAC – Mathematical Analyzer, Numerical Integrator and Computer
Mann. – Mannschaft[en]
Mann.-Aufst. – Mannschaftsaufstellung[en]
Mann.-F. – Mannschaftsführer; Mannschaftsführung
Mann.-Sp. – Mannschaftsspiel[e]
MannVersG – Mannschaftsversorgungsgesetz
ManU – Manchester United
MAO – Monoaminoxidase
MAP – Maghreb Arabe Presse *(Nachrichtenagentur in Marokko)* · Manufacturing Automation Protocol *(EDV)* · mean arterial pressure (*engl.:* »mittlerer arterieller Blutdruck«; *Med.*) · Membership Action Plan *(NATO)* · Military Assistance Program · Muskelaktionspotenzial
M. A. P. – medical aid post (*engl.:* »Sanitätsstelle«)
MAPI – messaging application programming interface (*engl.*: »Schnittstelle für die Programmierung von Nachrichten verarbeitenden Funktionen in Anwendungsprogrammen«)
mäq – Milliäquivalent *(Med.)*
mar. – marianisch · maritim · marokkanisch
Mar. – Marine · Marionette[n] · Marokkaner; Marokko · Marone[n]
MarA – Marineamt
MARC – Machine-Readable Cataloguing *(Bibl.)*
marc. – marcato (*ital.:* »betont«; *Musik*)
Marecs – Maritime European Communication Satellite *(ESA)*
Marg. – Margarine · Marginalie[n]
MargG – Margarinegesetz
Marisat – Maritime Communication Satellite
MARK – Machine for Automatical Results and Kinetics
mark. – markieren; markiert
Mark. – Marketing · Markierung[en]
Mark.-Abtlg. – Marketingabteilung
Mark.-L., Mark.-Ltr. – Marketingleiter
Mar. K., Mar. Kongr. – Marianische Kongregation
MarkSchO – Markscheiderordnung *(1923)*
Marktfl. – Marktflecken
marm. – marmoriert
Marm. – Marmelade · Marmor[ierung]
MarO, Maro – Marineordnung
MARS – Multimediales Auskunfts- und Recherchesystem für Umweltdaten
Mar.-Th., Mar.-Theat. – Marionettentheater
MARV – Maneuverable/Manoevrable Anti-Radar-Vehicle
mAs – Milliamperesekunde
MAS – Marineartillerieschule · Maschinenausleihstation *(DDR)* · Master of Advanced Studies *(Österreich)* · Military Agency for Standardization/Militärisches Amt für Standardisie-

rung · modulares Anwendungssystem
mas. – masochistisch
Mas. – Maserung · Masochist; Masochismus · Masuren
masc. – masculinum
MASCC – Multinational Association of Supportive Care in Cancer *(USA)*
masch. – maschinell
Masch. – Maschine; Maschinist
Masch.-Bau – Maschinenbau
Masch.-Kontr. – Maschinenkontrolle
Masch.-M., Masch.-Mstr. – Maschinenmeister
maschr. – maschinenschriftlich
Masch.-Schl. – Maschinenschlosser
Masch.-Schr. – Maschinenschreiben; Maschinenschreiber[in]; Maschinenschrift
maschtechn. – maschinentechnisch
Masch.-Techn. – Maschinentechnik[er]
Masch.-Überw. – Maschinenüberwachung
Maser – microwave amplification by stimulated emission of radiation *(engl.:* »Kurzwellenverstärkung durch angeregte Aussendung von Strahlen«)
MASFET – metal alumina silicon field effect transistor
mask. – maskieren; maskiert · maskulin
Mask. – Maskerade · Maskierung · Maskottchen · Maskulinum
MASM – Microsoft Makro-Assembler
MAsp – Maschinenaspirant
mass. – massieren; massiert
Mass. – Massachusetts *(Staat der USA)* · Massage; Masseur · Massierung
MassG – Gesetz über die Ausübung der Berufe des Masseurs und medizinischen Bademeisters und Krankengymnasten
maßg., maßgeb. – maßgebend
maßg., maßgebl. – maßgeblich
MaßGewG – Maß- und Gewichtsgesetz
Mass.-Inst. – Massageinstitut
Maßn. – Maßnahme[n]
MaßnG – Maßnahmegesetz
MaßO – Maß- und Gewichtsordnung
MAT – mentales Aktivierungstraining
mat. – materialistisch · materiell
Mat. – Material · Materialismus · Matur; Matura; Maturum · Matutin
MATA – mathematisch-technische[r] Assistent[in]
MatABw – Materialamt der Bundeswehr
Mat.-Ausg. – Materialausgabe · Materialausgang
Mat.-Besch. – Materialbeschaffung
Mat.-Eing. – Materialeingang
math. – mathematisch
Math. – Mathematik[er]
Math.-Aufg. – Mathematikaufgabe[n]
MathML – Mathematical Markup Language
Math.-Prof. – Mathematikprofessor
Math.-Unt. – Mathematikunterricht
Mat.-K. – Materialkosten
Mat.-Prüf. – Materialprüfung[en]
Mat.-Prüf.-A. – Materialprüfungsamt
Matr. – Matratze[n] · Matrikel · Matrize · Matrose
Matth. – Matthäus
Mat.-Verw. – Materialverwalter; Materialverwaltung · Materialverwertung
MAU – medium access unit · multistation access unit
MaÜ – Maschinenüberwachung *(Post)*
MaÜB – Maschinenüberwachungsbeamter *(Post)*
maur., mauret. – mauretanisch
MAUS – Minister[ium] für Arbeit, Umwelt und Soziales
MAV – Micro Air Vehicle[s] *(Aufklärungsfluggerät[e])* · Mitarbeitervertretung
MAVO – Mitarbeitervertretungsordnung
m. a. W. – mit anderen Worten
max. – maximal; maximieren
Max. – Maximum
max. wgt., max. wt. – maximum weight *(engl.)*
May. – Mayonnaise
MAYA – Most Advanced Yet Acceptable *(Marketingstrategie)*
MaZ – Missionar auf Zeit
MAZ – magnetische Aufzeichnung/Magnetbildaufzeichnung · Mitarbeiterzeitung/-zeitschrift
Maz. – Mazedonien; Mazedonier · Mazurka
maz., mazed. – mazedonisch
m. a. Z. – mit allem Zubehör
mb – Millibar
Mb – Megabar
MB – Magistratsbibliothek · Magnetband · Mahnbescheid · Marburger Bund *(Verband der Klinikärzte)* · maschinelles Berichtswesen · Maschinenbau · Megabyte[s] · Mercedes-Benz · Miesbach *(Kfz)* · Militärbezirk · Ministerialbeauftragte[r] · Ministerialbekanntmachung · Mischbecken *(Technik)* · Monatsbeitrag; Monatsbeiträge · Motorboot · Musikbücherei
Mb. – Meerbusen · Meeresboden · Meeresbucht
m. B. – mit Beiwagen · mit Beleg[en]
M. B. – Medicinae Baccalau-

reus *(lat.);* Bachelor of Medicine *(engl.)*
MBA – Master of Business Administration *(engl.)* · mechanisch-biologische Anlage
mbar – Millibar
MBar – Megabar
MBB – Messerschmidt-Bölkow-Blohm *(Flugzeugbauer)*
MBC – Master of Business Controlling
MBE – Master of Business and Engineering
M. B. E., MBE – Member of the Order of the British Empire
MBEG vgl. MitErgG
Mber., MBer., M.-Ber. – Marktbericht[e] · Monatsbericht[e]
MBErgG vgl. MitErgG
MBFR – Mutual Balanced Forces Reduction *(gegenseitiger ausgeglichener Truppenabbau)*
MBG vgl. MitG
m. b. H., mbH – mit beschränkter Haftpflicht/Haftung
MBI – Management/Mitarbeiter-Buy-in · (International) Master of Business Informatics · Max-Born-Institut *(Berlin)*
Mbit/s – Megabit pro Sekunde
MBK – Mädchenbibelkreis · Methylbutylketon · minimale bakterizide Konzentration *(Med.)*
MBKG vgl. MassG
MBL – Master of Business Law *(Österreich)* · Materialprüfstelle der Bundeswehr für Luftfahrtgerät
mbl. – möbliert
Mbl. – Merkblatt · Mitteilungsblatt · Monatsblatt
MBl. – Ministerialblatt
m.b.L. – mit bestandenem Lehrgang
Mbll. – Merkblätter · Mitteilungsblätter · Monatsblätter
MBM – Master of Business Marketing
MBO – Management/Mitarbeiter-Buy-out · Münchener Bauordnung · Musterbauordnung · Musterberufsordnung
M-Boot – Minenräumboot · Minensuchboot · Motorboot
Mbps – Megabit pro Sekunde
MBR – master boot record *(EDV)*
m. Br. – mit Brief · mit Brillanten · mittlere Breite
MBRV – Maneuverable/Maneuvering Ballistic Reentry Vehicle
MBS – mailbox system · mortgage backed securities
MBSE – Maßnahmen zur Berufsvorbereitung und sozialen Eingliederung junger Ausländer
MBSp – Magnetbandspeicher *(EDV)*
MBST – Magnetbandsteuerung *(EDV)*
MBT – main battle tank *(Bw.)*
MBUB – Allgemeine Maschinen-Betriebsunterbrechungs-Versicherungsbedingungen
M.-Bull., Mbull. – Monatsbulletin
m. B. u. R. – mit Bitte um Rücksprache
Mbyte, MByte – Megabyte
Mc – Mac
MC – Management-Committee · Marianische Congregation · Maschinencode · Mikrocomputer · Military Committee · Molotow-Cocktail · Monaco *(Kfz)* · Musikcassette
m. c. – mensis currentis (*lat.:* »[des] laufenden Monats«)
m. c., M. C. – metric carat
M. C. – Magister Chirurgiae *(lat.)* · Master of Ceremonies · Medium Coeli *(Astrol.; Himmelsmitte)* · Member of Congress *(USA)* · Member of Council
MCA – Micro Channel Architecture
MCC – Mainzer Carneval-Club · Micro-Compact-Car *(Daimler)*
MCD – minimal cerebral dysfunction *(Med.)*
MCE – Management Center Europe
MCF – meta content framework
MCFC – molten carbonate fuel cell
MCGA – multi-color graphics array
MCH – mean corpuscular haemoglobin *(Med.)*
M.-Ch., MCh. – Männerchor
M. Ch., M. Chir. – Magister Chirurgiae *(lat.)*
M. Ch. D. – Magister Chirurgiae Dentalis *(lat.)*
M. Ch. Orth. – Magister Chirurgiae Orthopaedicae *(lat.)*
M.-Chr., Mchron. – Monatschronik
MCI – media control interface
MCL – Medioclavikularlinie *(Med.)*
m. c. l. – magna cum laude (*lat.:* »mit Auszeichnung«)
MCM – Master of Information- and Communication-Management
MCPC – multiple channel per carrier
MCPS – Mechanical Copyright Protection Society
MCS – multiple chemical sensitivity
MCT – Microsoft Certified Trainer
mctr – Meterzentner
MCU – micro controller unit
MCV – Mainzer Carneval-Verein
Md – Mendelevium *(Element)*
MD – Magdeburg *(Kfz)* · Managing Director · Maryland *(Staat der USA)* · Maschinendrehgestell[e] *(Bahn)* · Maximaldosis · McDonnell

Douglas · Medizinischer Dokumentar · Militärdienst · Minidisc · Ministerialdirektor · Ministerialdirigent · mitteldick *(Technik)* · missile defense · Mitteldruck · Moldau *(Kfz)* · Monatsdurchschnitt · monochrome display · Musikdirektor
md. – mitteldeutsch
Md. – Maryland *(Staat der USA)* · Milliarde[n] · Mitteldeutsche[r]
m/d., m. d. – months after date/months' date *(engl.:* »Monate nach dem Ausstellungsdatum«)
m. d. – mano destra (*ital.:* »mit der rechten Hand«) · mit dem; mit der · more dicto (*lat.:* »in der angegebenen Weise«)
m. D. – meines Dafürhaltens · mit Durchschlag
M. D. – Medicinae Doctor *(lat.);* Doctor of Medicine *(engl.)*
MDA – medizinische[r] Dokumentationsassistent[in] · Missile Defence Agency · monochrome display adapter
MdA, M. d. A. – Mitarbeiter des Außendienstes · Mitglied der Akademie · Mitglied des Abgeordnetenhauses · Mitglied des Arbeitskreises · Mitglied des Aufsichtsrates
m. d. A. – mit dem Antrag · mit dem Auftrag · mit den Akten · mit der Aufgabe
mdal. – mundartlich
MDAP – Mutual Defense Assistance Program
m. d. Auss. a. – mit der Aussicht auf
MDax – Mid-Cap-Dax *(vgl. Dax)*
.mdb – MS-Access-Datenbank *(Dateierweiterung)*
MdB, M. d. B. – Mitglied der Bürgerschaft · Mitglied des Bundestages
m. d. B. – mit der Bitte
MdBB – Mitglied der Bremischen Bürgerschaft
m. d. B. u. Ktn. – mit der Bitte um Kenntnisnahme
m. d. B. u. Ü. – mit der Bitte um Übernahme
MDC – Max-Delbrück-Centrum für molekulare Medizin *(Berlin)*
MDCS – Multimedia Distribution and Cashing Services
MdE – Minderung der Erwerbsfähigkeit
MDE – [automatische] Maschinendatenerfassung · mobile Datenerfassung
m. d. E. – mit dem Ersuchen
MdEP – Mitglied des Europäischen Parlaments
MdF – Minister[ium] der Finanzen *(hist.)*
MDF – myocardial depressant factor *(Med.)*
m. d. F. b. – mit der Führung beauftragt
m. d. F. d. G. b. – mit der Führung des Geschäftes/der Geschäfte beauftragt
MdHB – Mitglied der Hamburger Bürgerschaft
MdI – Minister[ium] des Innern *(hist.)*
MDI – multiple document interface
MdJ – Minister[ium] der Justiz *(hist.)*
mdj. – minderjährig
MDK – Medizinischer Dienst der Krankenkassen
MdK, M. d. K. – Mitglied des Kreistages
M. d. kl. Qu. – Methode der kleinsten Quadrate
MDKV – Medizinischer Dienst der Krankenversicherungen
MDL – Max-Delbrück-Laboratorium *(Köln)* · Metro-Distributionslogistik · Moldau-Leu *(Währung in Moldawien)*
MdL, M. d. L. – Mitglied des Landtages
mdl. – mündlich
m. d. L. b. – mit der Leitung/Lieferung beauftragt
m. d. L. d. G. b. – mit der Leitung des Geschäftes/der Geschäfte beauftragt
mdls. – mündelsicher
M. d. M. – Mitte des Monats
MDN – Mark der Deutschen Notenbank *(DDR; bis 1967)*
MdN, M. d. N. – Mitglied der Nationalversammlung
MdNR – Mitglied des Nationalrates *(Österreich)*
MDR – Mitteldeutscher Rundfunk
MdR, M. d. R. – Mitglied des Reichstages *(hist.)*
m. d. R. – mit dem Rang[e] · mit dem Recht · mit der Richtlinie
M. d. R. – Major der Reserve
MDRAM – multibank dynamic random access memory
MDs – Massendrucksache
MDS – Medizinischer Dienst der Spitzenverbände der Krankenkassen
MdS, M. d. S. – Mitglied des Senats
M. D. S. – Master of Dental Surgery *(engl.; Doktor der Zahnchirurgie)*
mdse. – merchandise (*engl.:* »Ware«)
MdStR – Mitglied des Staatsrates *(DDR)*
MdStV – Medienstaatsvertrag
MDT – Mitteldruckturbine · Mittlere Datentechnik
Mdt. – Mandant · Mandat · Mundart
m. d. T., m. d. Tit. – mit dem Titel
M. D. u. H. – Meine Damen und Herren
MDv – Marinedienstvorschrift
MDV, MDv. – Marinedruckvorschrift
MdV, M. d. V. – Mitglied der Volkskammer *(DDR)*
m. d. V. b. – mit der Verwaltung beauftragt

m. d. W. – mit den Worten
m. d. W. b. – mit der Wahrnehmung beauftragt
m. d. W. d. G. b. – mit der Wahrnehmung der Geschäfte beauftragt
MDZ – Mechanisierter Durcharbeitungszug *(Bahn)* · Militärische Dokumentenzentrale *(Bw.)*
ME – Mache-Einheit · Maine *(Staat der USA)* · Main-Echo *(Aschaffenburg)* · Maßeinheit · Masse[n]einheit · Materialentnahme · Mäuseeinheit *(Biol.)* · Medieneinheit[en] · Mengeneinheit · Mettmann *(Kfz)* · Mieteinnahme[n] · Ministerialentschließung · Ministerialerlass · Mouvement Européen *(Europäische Bewegung)*
Me, Me. – Messing · Methyl
ME, M. E. – Montevideo-Einheit *(Med.)*
me. – mechanisch · mittelenglisch
Me. – Maine *(Staat der USA)* · Mechanik[er]; Mechanismus · Metall
m. E. – meines Erachtens · mit Einschränkung[en] · mit Erlaubnis
MEA – Mannheim Research Institute for the Economics of Aging · Middle East Airlines · Miteinigungsamt
MEADS – Medium Extended Air Defense System *(vereinbart am 28. 5. 1996)*
meas. – measure *(engl.)*
MEC – Modelleisenbahnclub
mech. – mechanisch; mechanisiert
Mech. – Mechanik[er]; Mechanismus
meckl. – mecklenburgisch
Meckl. – Mecklenburg; Mecklenburger[in]
MeckPom, MeckPomm – Mecklenburg-Vorpommern
MECU – Million ECU *(EU)*
MED – mittlere Einzeldosis *(Med.)*
med. – medicinae · medikamentös · medizinisch
Med. – Medaille · Medaillon · Mediävist[ik] · Medikament · Medium · Medizin[er]
MEDA – Messedienst für die Agrar- und Ernährungswirtschaft
MedAssG – Gesetz über die Ausübung des Berufs der medizinisch-technischen Assistentin
Med.-Dez. – Medizinaldezernent
Med.-Dir. – Medizinaldirektor
MEDEA – Microelectronics Development for European Applications
Med.-R., MedR – Medizinalrat
Med.-St. – Medizinstudent[in]; Medizinstudium
med.-techn. – medizinisch-technisch
MEEC – Middle East Economic Commission *(UNO)*
Meg – Megabyte
MEG – Magneto-Enzephalogramm/-graphie · Max-Eyth-Gesellschaft zur Förderung der Landtechnik · Milcherzeugergemeinschaft · Mittelbadische Eisenbahn-Gesellschaft
Meg. – Megalith · Megaphon
m. e. G. – mit eigenem Geschäftsbereich
M.E.G. – Milton-Erickson-Gesellschaft für Klinische Hypnose
MEGA – marktabhängiger Ertrag mit Garantie des Anlagebetrages · Marx-Engels-Gesamtausgabe *(DDR)* · Mobile Einsatztruppe gegen Gewalt und Ausländerfeindlichkeit
mehrj. – mehrjährig
Mehrf.-H. – Mehrfamilienhaus/-häuser
Mehrw. – Mehrwert
Mehrw.-St. – Mehrwertsteuer
Mehrz. – Mehrzahl
MEI – Meißen *(Kfz)*
m. Einschr. – mit Einschränkung[en]
meistb. – meistbietend
Meistbeg.-Kl. – Meistbegünstigungsklausel
MEK – Methylethylketon · mobile[s] Einsatzkommando[s] · Mittlerer Erzgebirgskreis *(Kfz)*
mel. – melancholisch · melanesisch · meliert · melismatisch · melodisch · melodramatisch
Mel. – Melancholie · Melanesien · Melange · Melanin · Melasse · Melinit · Melioration · Melismatik · Melisse · Melodie; Melodik
melan. – melanesisch
melanch. – melancholisch
Meld. – Melder; Meldung
MeldeG – Meldegesetz
MeldeO – Meldeordnung
meldepfl. – meldepflichtig
MELF – Minister[ium] für Ernährung, Landwirtschaft und Forsten
melodr. – melodramatisch
MELU – Minister[ium] für Ernährung, Landwirtschaft und Umwelt
MeM – Master of ethical Management
Mem. – Memento · Memoiren · Memorandum · Memorial
MEN – multiple endokrine Neoplasie *(Med.)*
Men. – Menage[rie] · Menarche · Menetekel · Meningitis · Meniskus · Menorrhagie · Menorrhö
m. En. – männlicher Eigenname
MENA – Middle East News Agency
M. Eng. – Master of Engineering *(GB)*
mengl. – mittelenglisch
Mens. – Mensur[en]

MenschRKonv. – Konvention zum Schutze der Menschenrechte und Grundfreiheiten
MEO – medium earth orbit
MEP – mean effective pressure (*engl.:* »mittlerer Arbeitsdruck«) · Member of the European Parliament
Mercosul – Mercado Sul *(portug.)*
Mercosur – Mercado Sur *(span.)*
Meris – medium resolution imaging spectrometer
MES – magnetischer Eigenschutz
MES, ME-Sch. – Materialeinsatzschlüssel · Materialentnahmeschein
MESFET – metal silicon field effect transistor
MessGebVO – Verordnung über die Messegebühren
Messrs. – Messieurs *(franz.)*
MESSZ – doppelte mitteleuropäische Sommerzeit
MESZ – mitteleuropäische Sommerzeit
Met – Metropolitan Opera *(New York)*
met. – metallisch · metaphorisch · metaphysisch · meteorologisch
met., Met. – metallic, Metallic *(bei Fahrzeuglacken)*
Met. – Metall · Meteor · Meteorit · Meteorologe; Meteorologie
metall. – metallen; metallisch · metallurgisch
Metall. – Metallurge; Metallurgie
Metallgew. – Metallgewerbe · Metallgewicht
Metallk. – Metallkunde
Metaph. – Metaphorik · Metaphysik
meteor. – meteorologisch
meth. – methodisch · methodistisch · methodologisch
Meth. – Methode[n]; Methodik; Methodiker · Methodist[en]
MEU – Marine Expeditionary Unit *(USA)* · Musiker- und Entertainerunion *(in der DAG)*
MEUS – Master of European Studies
mev, Mev – million electron volts *(engl.)*
MeV – Megaelektronenvolt
MEW – Marx-Engels-Werke
MEX – Mexiko *(Kfz)*
Mex. – Mexikaner; Mexiko
mex$ – mexikanischer Peso *(Währung)*
MEZ – Mindesteignungsziffer *(Bw.)* · mitteleuropäische Zeit
mf – mezzoforte *(ital.:* »halblaut, mittelstark«; *Musik)*
mF – Millifarad
MF – Marktforschung · Maschinenfabrik · medium frequency *(engl.)*/mittlere Frequenz/Mittelfrequenz · Meinungsforschung · Metafile · Mondfinsternis · Motivforschung · Multi-Funktion · Münzfernsprecher · Musikfest · Musikfestival
µF – Mikrofarad
Mf. – Mannschaftsführer · Motorfahrzeug · Musikfolge · Musikforschung
m. f. – misce fiat (*lat.:* »mische und stelle her«; *Pharm.*)
MFA – Medizinische Forschungsanstalt · Multifaserabkommen
MfAA – Ministerium für Auswärtige Angelegenheiten *(DDR)*
MFB – Mehrfunktionenbaustein
MFC – Master of Financial Consulting · Microsoft Foundation Classes
MFD – Microtips Fluorescent Display
MFE – Mouvement Fédéraliste Européen
MfELuF vgl. MELF
MFG – Marinefliegergeschwader · Messfrequenzgenerator · Milch- und Fettgesetz · Mitfahrgelegenheit
m. f. G., mfG, MfG – mit freundlichen Grüßen
MFH – Märkische Fachhochschule · Mehrfamilienhaus/-häuser
MFK – Modellfliegerklub · Motorfischkutter
MFKE – Mehrfunktionskarteneinheit *(EDV)*
MFL – Motorfischlogger
Mfl. – Marktflecken
m. fl. k. u. w. W. – mit fließend kaltem und warmem Wasser
MFM – Modifizierte Frequenzmodulation
MfNV – Ministerium für Nationale Verteidigung *(DDR)*
MFR – Militärischer Führungsrat
mfr. – manufacture (*engl.:* »Fabrikat«); manufacturer (*engl.:* »Hersteller«) · mittelfränkisch · mittelfranzösisch
mfränk., mfrk. – mittelfränkisch
mfranz. – mittelfranzösisch
mfrs. – manufactures (*engl.:* »Fabrikate«)
MFrSch – Motorfrachtschiff
mfrz. – mittelfranzösisch
MfS – Ministerium für Staatssicherheit *(DDR)* · Mitteilungen für Seefunkstellen · Mitteilungsblatt für die Sozialversicherung
MFS – Macintosh File System · Mädchenfortbildungsschule · Militärluftfahrzeugführerschein · Motorfährschiff
mfs. – manufacturers (*engl.:* »Hersteller«)
MFSp – Magnetfilmspeicher *(EDV)*
MFV – Mehrfrequenzwahlverfahren
m. Fw., mFw – mit Fahrwerk
m. f. W. – mit folgenden Worten
mg – Milligramm
mG – Milligauß

Mg – Magnesium *(Element)* · Myriagramm
MG – Mädchengymnasium · Maschinengewehr · Meldegesetz · Messgerät · Metallgesellschaft · Mietgesetz[e] · Milchgesetz · Militärgericht · Molekulargewicht · Mönchengladbach *(Kfz)* · Monopolgesetz · Morris Garages *(GB, Autos)* · Musikgeschichte
MG, M. G. – Military Government *(engl.:* »Militärregierung«)
Mg. – Magen · Magister · Meinung · Menge
m. G. – mit Gesang · mit Goldschnitt
M. G. – metazentrische Größe
µg – Mikrogramm
MGA – monochrome graphics adapter
mGal, mgal – Milligal
MGB – Müllgroßbehälter
MGC – Miss Germany Corporation
MGD – Magnetogasdynamik · Mannheimer Großdruckerei · Militärgeographische Dokumentation
mgeh – Milligrammelementstunde
Mgf. – Markgraf
MGFA – Militärgeschichtliches Forschungsamt *(Bw.)*
Mgfsch., Mgft. – Markgrafschaft
MGG – Maß- und Gewichtsgesetz · Musik in Geschichte und Gegenwart
MGH – Monumenta Germaniae Historica
M.-Gh. – Musikaliengroßhandel
MGK – Maschinengewehrkompanie
MGL – Mongolei *(Kfz)*
Mgl. – Mitglied
M.-Gladb. – Mönchengladbach
MGM – Metro-Goldwyn-Mayer *(Film-Verleih u. -Produktion; USA)*
Mg. ph. – Magister Pharmaciae *(Österreich)*
mgr. – mittelgriechisch · mittelgroß
Mgr. – Magister · Manager · Markgraf · Monseigneur · Monsignore
mgriech. – mittelgriechisch
MGs – Maschinengewehre
MGS – Militärgesetzsammlung
MGV – Männergesangverein · Milch-Garantiemengen-Verordnung
MGW – Müttergenesungswerk
MGZ – mittlere Greenwichzeit
mH – Millihenry
MH – Medizinische Hochschule · Mohs'sche Härte · Mülheim an der Ruhr *(Kfz)*
Mh. – Monatsheft[e] · Musikalienhandel
µH – Mikrohenry
MHD – Magnetohydrodynamik · Malteserhilfsdienst · Mindesthaltbarkeitsdatum · Mobiler Hilfsdienst
mhd. – mittelhochdeutsch
Mhe. – Monatshefte
MHG – Middle High German *(engl.:* »Mittelhochdeutsch«) · Miethöhegesetz
MHH – Medizinische Hochschule Hannover
m. HH.! – meine Herren!
MHK – minimale Hemmkonzentration *(Med.)*
MHKW – Müllheizkraftwerk
Mhm. – Mannheim
MHmV – Mykotoxin-Höchstmengenverordnung
MHN – Morbus haemolyticus neonatorum *(Med.)*
MHP – Multimedia-Home-Platform
m. Hr.! – mein Herr!
M. H. R. – Member of the House of Representatives
MHRG – Miethöheregelungsgesetz
MHS – malignes Hyperthermie-Syndrom · message handling system
MHV – Motorfahrzeug-Haftpflichtversicherung *(Schweiz)*
MHW – mittleres Hochwasser
MHWH – mittlere Hochwasserhöhe
MHWSt – mittlerer Hochwasserstand
MHz – Megahertz
mi – statute mile *(Längeneinheit in GB und USA)*
MI – Michigan *(Staat der USA)* · Minden-Lübbecke *(Kfz)* · Mitralinsuffizienz *(Med.)* · Myokardinfarkt *(Med.)*
mi. – mile; miles *(engl.)* · mittelindisch · mittwochs
Mi. – Mikrofon · Milch · Minarett · Mine · Mineraloge; Mineralogie · Mischfeuer · Mischung · Mitte · Mittel · Mittwoch
Mia. – Milliarde[n]
MIAME – Minimum Information about a Microarray Experiment *(Gentechnik)*
MIAP – Mouvement International d'Action pour la Paix
MIB – Management Information Base · Münchener Institut für Betriebsführung
Miba – Miniaturbahn
MIC – minimalinvasive Chirurgie *(Med.)*
MICE – Meetings, Incentives, Conventions und Events
Mich. – Michigan *(Staat der USA)*
MID – Mitteilungs- und Informationsdienst · Multi-Infarkt-Demenz *(Med.)*
MIDAC – Michigan Instruction Digital Automatic Computer
MIDAS – Missile Detection and Alarm System *(Mil.; USA)* · Modified Integration Digital Analo[gue] Simulation *(EDV)*

MIDI, Midi – Musical Instrument Digital Interface
MIEC – Mouvement International des Etudiants Catholiques »Pax Romana«
MietbeihRL – Miet- und Lastenbeihilferichtlinien
MietbeihV – Verordnung über die Gewährung von Miet- und Lastenbeihilfen
MietBhG, MietbeihG – Gesetz über die Gewährung von Miet- und Lastenbeihilfen
MietSchG – Mieterschutzgesetz
MietVO – Mietenverordnung
MIF – maker interchange format · Migrationsinhibitionsfaktor *(Med.)* · Militärische Infrastrukturförderung *(Bw.)* · Miners' International Federation · Mouvement International des Faucons *(Internationale Falkenbewegung)*
Mifa – Mitteldeutsche Fahrradwerke
MIGA – Multilateral Investment Guarantee Agency
MIG-Schweißen – Metall-Inertgas-Schweißen
MIH – Management Institut Hohenstein
Mij. – Maatschappij *(niederl.* »Gesellschaft«)
MIJARC – Mouvement International de la Jeunesse Agricole et Rurale Catholique
MIJC – Mouvement International des Intellectuels Catholiques »Pax Romana«
MIJOC – Mouvement International de la Jeunesse Ouvrière Chrétienne
MIK – maximale Immissionskonzentration
Mik. – Mikrofon
mikr. – mikroskopisch
Mikr. – Mikrometer · Mikrofon · Mikrokosmos · Mikroskop
Mikro – Mikrofon · Mikrowellengerät
Mikrof. – Mikrofauna · Mikrofilm · Mikrofon
Mikrok. – Mikrokosmos
Mikrom. – Mikrometer
Mikroorg. – Mikroorganismen; Mikroorganismus
MIL – Miltenberg *(Kfz)*
mil. – militant · militärisch · militaristisch
Mil. – Militär · Militarist · Militarismus · Miliz
Mil.-Bef. – Militärbefehl
Mil.-Bef., Mil.-Befh. – Militärbefehlshaber
Mil.-Bez. – Militärbezirk
MilchFettG – Milch- und Fettgesetz
MilchG – Milchgesetz
Mil.-Distr. – Militärdistrikt · Milizdistrikt
Milei – Milcheiweiß
Mil.-Gef. – Militärgefangene[r]; Militärgefängnis
Mil.-Geistl. – Militärgeistlicher
Mil.-Ges. – Militärgesetz
Mil.-Gouv. – Militärgouvernement; Militärgouverneur
milit. – militant · militärisch · militaristisch
Mill. – Millionär; Million[en]
Mil.-Pf. – Militärpfarrer
Mil.-Reg. – Militärregierung
Mil.-Seels. – Militärseelsorge[r]
MilStGB – Militärstrafgesetzbuch
MilStGO – Militärstrafgerichtsordnung
miltechn. – militärtechnisch
MIMD – multiple instructions, multiple data
MIME – multipurpose internet mail extensions
min – minim · Minute
min. – mineralisch; mineralogisch · minimal · minimieren · ministeriell · minor · minus
Min. – Minarett · Mineral; Mineraloge; Mineralogie · Miniatur[en] · Minima; Minimum · Minister · Ministerial... · Ministerium · Minuskel · Minute[n]
Min.-B., Min.-Beamter – Ministerialbeamter
Min.-Bek. – Ministerialbekanntmachung
MinBl. – Ministerialblatt
MinBlFin. – Ministerialblatt des Bundesministers der Finanzen
Min.-Bür., Min.-Bürokr. – Ministerialbürokratie
mind. – mindestens · mittelindisch
minderj., mindj. – minderjährig
minderw. – minderwertig
Min.-Dgt., MinDgt. – Ministerialdirigent
Min. d. I. – Minister[ium] des Innern
Min.-Dir., MinDir. – Ministerialdirektor
Min.-Dirig., MinDirig. – Ministerialdirigent
MinE – Ministerialentwurf
Min.-Entschl., MinEntschl. – Ministerialentschließung
Min.-Entw. – Ministerialentwurf
Miner. – Mineralien; Mineraloge; Mineralogie
Min.-Erl., MinErl. – Ministerialerlass
MinG – Ministergesetz
m. Inh. – mit Inhalt
Minn. – Minnesota *(Staat der USA)*
MinöStG – Mineralölsteuergesetz
MinR, Min.-Rat – Ministerialrat · Ministerrat
Min.-Reg., Min.-Rgstr. – Ministerialregistrator · Ministerialregistratur
MINT – Mathematik-Informatik-Naturwissenschaften-Technik
MINURSO – Misión de las Naciones Unidas para el Referendum en el Sáhara Occidental *(UN-Mission für das Referendum in West-Sahara; ab 1991)*

Min.-Verord., MinVerord. – Ministerialverordnung
MinWSp – Minimalwasserspiegel
Mio, Mio. – Million[en]
MIÖG – Mitteilungen des Instituts für Österreichische Geschichtsforschung
MIOL – multifokale Intraokularlinsen
MiP – Mindestprämie *(Vw.)*
MIP – multum in parvo (*lat.:* »viel im Kleinen«)
m. i. p., MIP – mean indicated pressure *(engl.:* »mittlerer indizierter Druck«)
M. I. P., MIP – marine insurance policy (*engl.:* »Seeversicherungspolice«)
MIPS – Materialintensität pro Serviceeinheit *(ökologisches Maß)* · millions of instructions per second
MiR – Mindestrate *(Vw.)*
mir. – mittelirisch
Mired – micro reciprocal degree *(Mikroreziprokgrad)*
MIRV – Multiple Independently Targetable Reentry Vehicles *(Mehrfachsprengköpfe)*
MIS – Management-Informationssystem · metal insulator semiconductor
misc. – miscellanea (*lat.:* »Miszellen«)
Mi.-Sch. – Mittelschule; Mittelschüler
MISD – multiple instructions, single data
MISFET – metal insulator silicon field effect transistor
Miss. – Mission; Missionar · Mississippi *(Staat der USA)*
Missb. – Missbildung · Missbilligung
missbr. – missbrauchen; missbraucht
Missbr. – Missbrauch
Missf. – Missfallen
Missh., Misshdlg. – Misshandlung[en]
Miss.-St. – Missionsstation[en]
Misstr. – Misstrauen
Misstr.-Antr. – Misstrauensantrag
Misstr.-V., Misstr.-Vot. – Misstrauensvotum
Misz. – Miszellaneen; Miszellen
MIT – Massachusetts Institute of Technology *(USA)* · medikamenteninduzierte Immunthrombozytopenie *(Med.)*
Mitben. – Mitbenutzung
Mitbest. – Mitbestimmung
MitbestG vgl. MitG
MitbestErgG vgl. MitErgG
Mitbew. – Mitbewerber · Mitbewohner
MitErgG – Gesetz zur Ergänzung des Gesetzes über die Mitbestimmung der Arbeitnehmer in den Aufsichtsräten und Vorständen der Unternehmen des Bergbaus und der Eisen und Stahl erzeugenden Industrie
MitG – Gesetz über die Mitbestimmung der Arbeitnehmer in den Aufsichtsräten und Vorständen der Unternehmen des Bergbaus und der Eisen und Stahl erzeugenden Industrie
mitget. – mitgeteilt
Mitgl. – Mitglied[er]
Mitgl.-A. – Mitgliederausschuss · Mitgliedsausweis
Mithg. – Mitherausgeber
Mitropa – Mitteleuropäische Schlafwagen- und Speisewagen-Aktiengesellschaft
MIT-Schweißen – Metall-Inert-Schweißen
mitt. – mittels
Mitt. – Mitteilung[en]
Mitt.-Bl., MittBl. – Mitteilungsblatt/-blätter
mitteld., mitteldt. – mitteldeutsch
mittelfr. – mittelfränkisch · mittelfristig
Mittelfr. – Mittelfranken
Mittelw. – Mittelwert · Mittelwort; Mittelwörter
mittw. – mittwochs
Mitw. – Mitwirkende[r]; Mitwirkung · Mitwisser
MIV – Milchindustrieverband · motorisierter Individualverkehr
MIX – Mittelstandsindex
Mixt. – Mixtur[a]
MIZ – Materialinformationszentrum · Musikinformationszentrum
mJ – Millijoule
MJ – Megajoule
MJ, Mj. – Missionsjahr
mj. – minderjährig
Mj. – Minderjährige[r]
m. J. – männliche Jugend · mittlerer Jahrgang
MJD – Musikalische Jugend Deutschlands
MJOe – Musikalische Jugend Österreichs
M-JPEG – Motion Joint Photographic Experts Group
Mjr. – Major
Mjrt. – Majorität
MK – Magnetkarte *(EDV)* · Malawi-Kwacha *(Währung)* · Marburger Konvent · Marinekabel · Marinekameradschaft · Märkischer Kreis *(Kfz)* · Marschkolonne · Marschkompass · Maschinenkanone · Maximalkonzentration · Mazedonien *(ehem. jugosl. Republik; Kfz)* · Metazenterhöhe über Oberkante Kiel · Messkammer · Ministerkonferenz · Missionskonferenz
mk. – mikroskopisch
Mk. – Makulatur · Mark · Marke · Markierung · Markus *(Evangelist)*
m. K. – metrisches Karat · mit Kabel · mit Kappe · mit Karte · mit Kern · mit Kerze · mit Kupon
MKB – Mitsubishi Kreditbank
MKC – Magnetkontencomputer
MKD – mobiler Krisendienst
MKF – Militärkraftfahrer

MKFL – Militärkraftfahrschulleiter
Mkfs. – Muskelfaser
mkg – Meterkilogramm
MKG – Magneto-Kardiogramm/-graphie *(Med.)* · Mobile Kontrollgruppe · Mund-Kiefer-Gesichtschirurgie *(Med.)*
Mkg. – Markierung
Mkgr. – Markgraf[schaft]
MKK – Magnetkontenkarte · Märkische Kulturkonferenz
MKK-System – Morgan-Keenan-Kellmann-System *(Astron.)*
MKL – Militärkraftfahrlehrer
M. Kl. W. – mittleres Kleinwasser
M.-Komm. – Militärkommandantur; Militärkommando · Mordkommissariat; Mordkommission
mkp – Meterkilopond
MKP – Marineküstenpolizei · Militärkraftfahrprüfer · Mittelstandskreditprogramm
MKR – magnetische Kernresonanz · Meinicke-Klärungsreaktion *(Med.)*
mkr. – mikroskopisch
MKRO – Ministerkonferenz für Raumordnung
MKS – Massekernspule · Maul- und Klauenseuche · Militärkraftfahrsachverständiger · Ministerialkanzleisekretär
MKSA-System – Meter-Kilogramm-Sekunde-Ampere-System
MKSp – Magnetkartenspeicher *(EDV)*
MKS-System – Meter-Kilogramm-Sekunde-System
Mkt. – Marketing · Markt
Mkt.-Abtlg. – Marketingabteilung
Mktfl. – Marktflecken
Mktg. – Marketing
Mktg.-Abtlg. – Marketingabteilung
Mkt.-Ger. – Marktgerechtigkeit
Mktg.-L., Mkt.-Ltr. – Marketingleiter
MKV – Mehrzweck-Kanalverstärker · Mittelschüler-Kartellverband *(Österreich)*
MKW – Main-Kraftwerke · Mannschaftskraftwagen
MKZ – Materialkontrollzentrum *(Bw.)* · maximal zulässige Konzentration
ml – Milliliter
mL – Millilambert
ML – Mansfelder Land *(Kfz)* · Markierungsleser *(EDV)* · Marxismus-Leninismus; Marxisten-Leninisten · mervärdeskatt (»Umsatzsteuer«; *Schweden*) · Metall-Lack · Minenleger · Mithörlautsprecher · Mittellatein · Mittelläufer · Motorleichter
Ml. – Meldeleitung · Meterlinse
m. L. – mittlere Länge
M. L. – Magister Legum *(lat.)*; Master of Laws *(engl.)*
µl – Mikroliter
MLA – Methodenlehre des Arbeitsstudiums · Modern Language Association
MLAN – Music Local Area Network
mlat. – mittellateinisch
MLB – Major League Baseball *(USA)*
MLBG – Gesetz über die Gewährung von Miet- und Lastenbeihilfen
MLBV – Verordnung über die Gewährung von Miet- und Lastenbeihilfen
Mld. – Melder; Meldung
Mldg. – Meldung
m. l. E. – mein letztes Ergebnis · mit letzten Ergänzungen
MLF – Multilateral Force *(NATO)*
MLK – minimale letale Konzentration *(Med.)* · Mittellandkanal
Mlle. – Mademoiselle
Mlles. – Mesdemoiselles
MLLV – Münchener Lehrer- und Lehrerinnen-Verein
MLM – Multi-Level-Marketing
MLO – Methodenlehre der Organisation *(REFA-Verband)*
MLP – Mastleistungsprüfung · meridian lossless packaging · Milchleistungsprüfung
MLPD – Marxistisch-Leninistische Partei Deutschlands
MLPS – Methodenlehre der Planung und Steuerung *(REFA-Verband)*
MLR – Miet- und Lastenbeihilferichtlinien · multichannel linear recording
MLR-Boot – Minenleg- und -räumboot
MLS – Major League Soccer *(USA)* · Mittellappensyndrom *(Med.)*
m. l. Schr. – mein letztes Schreiben · mit letztem Schreiben
Mlst. – Meilenstein
MLU – Martin-Luther-Universität Halle-Wittenberg · Minister[ium] für Landwirtschaft und Umwelt · modernes landwirtschaftliches Unternehmen
MLW – mean low water (*engl.:* »mittleres Niedrigwasser«)
MLWU – Minister[ium] für Landwirtschaft, Weinbau und Umweltschutz
mm – Millimeter
mm² – Quadratmillimeter
mm³ – Kubikmillimeter
mM – Millimol
Mm – Megameter · Myriameter
MM – malignes Melanom *(Med.)* · Mannheimer Morgen · Marketing-Management · Memmingen *(Kfz)* · Messmarke · Militärmission · Militärmusik · Monatsmiete[n] · Münchener Merkur · [Leipziger]

Mustermesse · Muttermund *(Med.)*
mμ – Millimikron
μm – Mikrometer
Mm. – Musculi *(Med.)*
MM. – Messieurs *(franz.)*
m. m. – mutatis mutandis (*lat.:* »mit den nötigen Änderungen«)
m. M. – mangels Masse · mangels Materials · meiner Meinung
M. M. – Mälzels Metronom; Metronom Mälzel
MMA – Madrider Abkommen über die internationale Registrierung von Fabrik- oder Handelsmarken
m. M. a. K. – mangels Masse abgelehnter Konkurs
MMAP – Multimedia Access Profile *(schnurloser ISDN-Datenfunk)*
MMC – Mitsubishi Motors Corporation · mobile module cartridge · multimedia card
MMCD – multimedia CD
Mme. – Madame *(franz.)*
Mmes. – Mesdames *(franz.)*
MMF – magnetomotive force · Mykophenolat Motefil *(Med.)*
MMG – Münchener Messe- und Ausstellungs-GmbH
mm Hg – Millimeter Hydrargyrum *(vgl. mm QS)*
MMI – multimedia interface
MMK – magnetomotorische Kraft · Monatsmiete[n] Kaution · Museum für Moderne Kunst *(Frankfurt)*
MMKS – Minimalmengen-Kühlschmierung
MMM – Messe der Meister von morgen *(DDR)* · Moderne Marktmethode · Mouvement Mondial des Mères *(Weltmütterbewegung)*
m. M. n. – meiner Meinung nach
MMO – mobile module operation
mmol – Millimol
MMP – multimedia protection protocol
MMPI – Minnesota Multiphasic Personality Inventory
mm QS – Millimeter Quecksilbersäule *(Einheit)*
MMR – Masern, Mumps, Röteln
MMS – Multimedia Messaging Service/Standard/System
MMU – memory management unit
MMVF – multimedia video file
mm WS – Millimeter Wassersäule *(Einheit)*
MMX – multimedia extension
Mn – Mangan *(Element)*
MN – Mindelheim/Unterallgäu *(Kfz)* · Minnesota *(Staat der USA)* · Mittelnachweis
m. n. – mutato nomine (*lat.:* »mit/nach Änderung des Namens«)
m. N. – mangels Nachfrage
M. N. – merchant navy (*engl.:* »Handelsmarine«)
MnBz – Manganbronze
MNC – Metallnormcentralen *(Schweden)*
MND – Multi National Division / Multinationale Division *(NATO)*
mnd., mndd. – mittelniederdeutsch
mndl. – mittelniederländisch
.mng – multiple image network graphics *(Dateierweiterung)*
Mngr. – Manager
Mngt. – Management
mnl. – mittelniederländisch
MNOSFET – metal nitride oxide semiconductor field effect transistor
MNP – Microcom Networking Protocol
MNR – Mouvement National Révolutionnaire *(franz.)*/ Movimiento Nacionalista Revolucionnario *(span.)*
MnSt – Manganstahl
.mnu – Menu *(Dateierweiterung)*
MNU – mathematisch-naturwissenschaftlicher Unterricht
MNV – Ministerium für Nationale Verteidigung *(DDR)*
MNW, M. N. W. – mittleres Niedrigwasser
MNWH, M. N. W. H. – mittlere Niedrigwasserhöhe
Mo – Molybdän *(Element)*
MO – magnetooptisch · Marktordnung · Meldeordnung · Messordnung · Militärorganisation · Missouri *(Staat der USA)*
mo. – month (*engl.:* »Monat«)
Mo. – Missouri *(Staat der USA)* · Monat · Montag · Morgen · Morphium · Motor
m. o., M. O. – money order (*engl.:* »Geld-, Zahlungsanweisung«)
mΩ – Milliohm
MΩ – Megaohm
μΩ – Mikroohm
mob. – mobil · mobilisieren; mobilisiert
Mob. – Mobiliar · Mobilien · Mobilisierung · Mobilität · Mobilmachung
Mob.-Bef. – Mobilmachungsbefehl
Mobilm. – Mobilmachung
möbl. – möblieren; möbliert
Mobm. – Mobilmachung
Möb.-Sped. – Möbelspediteur; Möbelspedition
MOC – Mosambik *(Kfz)*
mod – modulo *(Math.)*
MOD – magneto-optische Diskette · Mikrowellen-Oszillator-Diode · Minister/Ministry of Defence (*engl.:* »Verteidigungsminister[ium]«)
mod. – modellieren · moderato (*ital.:* »mäßig schnell«; *Musik*) · moderieren · modern · modisch · modulieren; moduliert

Mod. – Modalitäten · Modell[e] · Modelleur; Modellieren; Modellierer · Moderator · Modernismus · Modifikation · Modulation; Modulator · Modus
Mod.-Ausst. – Modellausstellung
Modem – Modulator-Demodulator *(EDV)*
MODFET – modulationsdotierter Feldeffekttransistor
Mod.-Kl. – Modellkleid
Mod.-Konstr. – Modellkonstruktion
Mod.-Nr. – Modellnummer
Mod.-Sch. – Modellschule
Mod.-Schr. – Modellschreiner
Mod.-Univ. – Modelluniversität
MOE – Mittel- und Osteuropa
MOEL – mittel- und osteuropäische Länder
Mofa – Motorfahrrad
mög., mögl. – möglich[st]
MOH – Marineoffizierhilfe
Moh. – Mohammedaner
moh., moham. – mohammedanisch
MOK – Marineoberkommando · maximale Organ-Konzentration · Modellkatalog *(Bw.)*
mol – Mol oder Gramm-Molekül
MOL – Manned Orbiting Laboratory · Märkisch-Oderland *(Kfz)*
mol. – molekular
Mol. – Molekel; Molekül[e] · Molukken
Mol.-Biol. – Molekularbiologe; Molekularbiologie
Mol.-Gew. – Molekulargewicht
mom. – momentan
Mom. – Moment
MoMA – Museum of Modern Art *(New York)*
Mom.-Aufn. – Momentaufnahme[n]
Mon – Monoceros *(Sternbild)*
MON – Musikbund von Ober- und Niederbayern
mon. – monarchi[sti]sch
Mon. – Monaco · Monade · Monarch[ie]; Monarchismus; Monarchist[en] · Monasterium · Monat[e] · Monegasse · Monismus · Monitor · Monitorium · Monitum · Monodie · Monographie · Monogramm · Monokel · Monolog · Monopol[ist] · Monument
Monatsh. – Monatsheft[e]
Mondem – Monocycletandem
Mon.-Eink. – Monatseinkommen
MonG – Monopolgesetz
mong. – mongolisch · mongolid · mongoloid
Mong. – Mongole[n]; Mongolei · Mongolisch
Mon.-Geh. – Monatsgehalt; Monatsgehälter
monog. – monogam[isch]
Monog. – Monogamie · Monogonie
monogr. – monographisch
Monogr. – Monogramm · Monographie
monok. – monokular
Monok. – Monokel · Monokultur
monol. – monolitisch
Monol. – Monolatrie · Monolith · Monolog
Monot. – Monotonie
Monstr. – Monstranz · Monstrosität; Monstrum
mont. – montags · montieren; montiert
Mont. – Montag · Montage; Monteur; Montierung · Montana *(Staat der USA)* · Montur
Mont.-Arb. – Montagearbeiten; Montagearbeiter
MONUC – Mission de l'Organisation des Nationes Unies en Republique Democratique du Congo *(UN-Mission in der Demokratischen Republik Kongo; ab 1999)*
MOP – Millionaire on Paper
MOPAS – modulares Programm für automatisiertes Setzen
Moped – Motorpedalfahrrad
MOPS – maschinenorientierte Programmiersprache · million operations per second
mor. – moralisch · moralisierend · morendo (*ital.:* »verhauchend«; *Musik*)
Mor. – Moral[ist]; Moralität · Moräne · Morast · Moratorium · Morgen
Morb. – Morbidität
morg. – morganatisch · morgen · morgens
morph. – morphologisch
Morph. – Morphinist; Morphium · Morphogenese · Morphologie
MOS – Metal Oxide Semiconductor *(Transistortyp)* · Metall mit einer Oxydzwischenschicht auf Silizium als Halbleiter · Mosbach/Neckar-Odenwald-Kreis *(Kfz)* · Multiground Operating System
mos. – mosaisch
Mos. – Mosaik
MoSET – merchant originated secure electronic transaction
MOSFET – metal oxide semiconductor field effect transistor
mosk. – moskauisch; moskowitisch
Mosk. – Moskau · Moskito · Moskowiter
mosl. – moslemisch
MOST – Management of Social Transformations
mot. – motivieren; motiviert · motorisch · motorisieren; motorisiert; motorlich
Mot. – Motette · Motilität · Motiv · Motivation · Motivierung · Motivik · Motor · Motorik · Motorrad
mot. Einh. – motorisierte Einheit[en]

Mot.-Ind. – Motorradindustrie
Moto – Monatstonne[n]
Motorw. – Motorwagen · Motorwesen
MoU – Memorandum of Understanding
MOV – Marine-Offizier-Vereinigung
m.o.w. – mehr oder weniger
M.o.W. – Muster ohne Wert
MOX – Mischoxid *(Uran-Plutonium)*
MOZ – mittlere Ortszeit · Motoroktanzahl
mp – mezzopiano *(ital.:* »halbleise«; *Musik)* · Millipond
mP – maritime Polarluft
Mp – Megapond
MP – Magnetplatte *(EDV)* · Marshallplan · Maschinenpistole · Medizinalpraktikant · Metallpapier · Militärpolizei · Ministerpräsident · Monatsprämie · Moving Picture Expert Group Audio Layer
µP – Mikroprozessor
Mp. – Mittelpunkt
M.P., MP – melting point (*engl.:* »Schmelzpunkt«) · Member of Parliament *(GB)* · Military Police
m.p. – manu propria (*lat.:* »eigenhändig«) · mensis praeteriti (*lat.:* »vergangenen Monats«)
m.p., m/p – months after payment (*engl.:* »Monate nach Zahlung«)
m.p., M/P – memorandum of partnership (*engl.:* »Gesellschaftervertrag«)
m.P. – mit Pension · mit Protest
MPA – Management-Potenzial-Analyse · Materialprüfungsamt · Materialprüfungsanstalt · Medroxy-Progesteron-Azetat *(Hormon)* · Meisterprüfungsausschuss · Miet- und Pachteinigungsamt
MPB – Musica Popular Brasileira *(port.)*
MPBetreibV – Medizinprodukte-Betreiberverordnung
Mpc – Megaparsec
MPC – maximum permissible concentration (*engl.:* »zulässige Höchstkonzentration«) · Monetary Policy Committee *(GB)* · Motor-Presse-Club · Multimedia Personal Computer
MPD – Magnetoplasmadynamik
MPE – maximum permissible exposure (*engl.:* »höchste zulässige Strahleneinwirkung«)
MPEG – Medienpark-Entwicklungsgesellschaft *(ZDF Mainz)* · Moving Pictures Expert Group
mpers. – mittelpersisch
MPG – Max-Planck-Gesellschaft · Medizinproduktgesetz
MPGGebLVO – Medizinprodukte-Gebührenlandesverordnung
MPGZ(ust)VO – Medizinprodukte-Zuständigkeitsverordnung
mph, m.p.h. – miles per hour (*engl.:* »Meilen pro Stunde«)
M.Ph. – Master of Philosophy *(engl.)*
MPhil – Magister Philosophiae
MPi – Maschinenpistole
MPI – Max-Planck-Institut · Medizinisch-Psychologisches Institut · Meetings Professionals International
MPK – Ministerpräsidentenkonferenz · Museum für Post und Kommunikation
m.Pl. – mit Plan; mit Plänen
MPLA – Movimente Popular de Libertação de Angola *(Befreiungsbewegung in Angola, gegr. 1956)*
MPM – Metra-Potenzial-Methode *(Netzplantechnik)*
m.pp. – manu propria (*lat.:* »eigenhändig«)
MPPE – Microsoft Point-to-Point Encryption
MPr., MPräs. – Ministerpräsident
m.pr. – manu propria (*lat.:* »eigenhändig«)
MPS – Medizinisch-Pharmazeutische Studiengesellschaft · Motorpferdestärke · Mukopolysaccharidose (*Med.*)
MPSh – Motorpferdestärkestunde
MPSp – Magnetplattenspeicher *(EDV)*
MPU – medizinisch-psychologische Untersuchung · micro processing unit
MPÜ – Münchener Patent-Übereinkommen
MPV – Medizinprodukte-Verordnung · Multi Purpose Vehicle
MPVerschrV – Verordnung über die Verschreibungspflicht von Medizinprodukten
MPW – Märkischer Presse- und Wirtschaftsclub Berlin
MPZ – Medienpädagogisches Zentrum · Zentralstelle für musikpädagogische Dokumentation
MQ – Merseburg-Querfurt *(Kfz)*
mr – Milliröntgen
MR – magneto-resistive · Marburg-Biedenkopf *(Kfz)* · Marktrisiko/-risiken · maschinelles Rechnen · Maschinenraum · Mauritius-Rupie *(Währung)* · Medizinalrat · Militärregierung · Ministerialrat · Mittelrechner *(EDV)* · Moderedakteur · Multiplikatorregister
Mr – Mister *(engl.)*
Mr. – Magister
m.R. – meine Rechnung · mit Recht · mit Rechnung · mit Rinde · mit Rückgabe

M.R., MR – Miltenberger Ring *(Verbindungsw.)*
MRA – Moral Rearmament *(engl.; moralische Aufrüstung)*
mrad – Millirad
MRAM – magnetic random access memory
M.R.A.S. – Member of the Royal Academy of Science *(GB)*
MRB – Motorrettungsboot
MRBef. – Militärregierungsbefehl
MRCA – Multi Role Combat Aircraft *(Mehrzweckkampfflugzeug)*
mrd – Millirutherford
Mrd. – Milliarde[n]
MRG – Militärregierungsgesetz
Mrg. – Morgen *(Maß)*
MRH – Melanozyten-stimulierendes Releasing-Hormon *(Med.)*
mrh. – mittelrheinisch
Mrh. – Mittelrhein
MRI – Magnetresonanz-Imaging-Verfahren
MRK – Menschenrechtskonvention
MRM – Magnetresonanz-Mammographie *(Med.)*
MRO – Maintenance-Repair-Operations *(Güterklassifizierung)*
MRP – Mouvement Républicain Populaire *(Partei in Frankreich)*
MRS – Minenräumschiff
Mrs – Mistress *(engl.)*
Mrs. – Messieurs *(franz.)* · Mörser
MRSA – multiresistenter Staphylokokkus Aureus *(Med.)*
MRT – Magnetresonanztomograph[ie] *(Med.)*
MRVerwAnw. – Militärregierungsverwaltungsanweisung
MRVO – Militärregierungsverordnung
MRW – Mindestrücknahmewert *(Vw.)*
Mrz. – März · Mehrzahl
ms – Millisekunde
m/s – Meter pro Sekunde
m/s, M/S – months after sight (*engl.:* »Monate nach Sicht«)
Ms – Messing · Ms *(schriftliche englische Anrede von Frauen nur in Verbindung mit dem Namen)*
MS – Magnetstreifen *(EDV)* · Mahnstopp · margin of safety (*engl.:* »Sicherheitskoeffizient«) · Massenspektrometer · Mauritius *(Kfz)* · Megasiemens · memory system · Microsoft · Mississippi · Mittelschule · Mischsäure · Mitte Schiff · Motorschiff · Münster/Westfalen *(Kfz)* · Munitionssatz *(Mil.)* · Museumsstück
Ms., MS – Manuskript
Ms. – Monatsschrift · Motorsegler · Muster
m.s. – mano sinistra (*ital.:* »mit der linken Hand«; *Musik*) · man sehe · memoriae sacrae (*lat.:* »heiligen Angedenkens«)
m.S., MS – multiple Sklerose *(Med.)*
M.S. – Master of Surgery (*engl.;* Magister der Chirurgie«)
M$ – malaysischer Dollar
µs – Mikrosekunde
µS – Mikrosiemens
MSA – Maleinsäureanhydrid
MSB – Marxistischer Studentenbund · Minensuchboot · most significant bit
MSC – Motorsportclub
MSc, M.Sc. – Master of Science
M.Sc. – Magister Scientiae *(lat.)*, Master of Sciences *(engl.)*
m.s.c. – mandatum sine clausula (*lat.:* »uneingeschränkte Vollmacht«)
Msch. – Mannschaft · Maschine; Maschinist · Mischung
MSch. – Mieterschutz · Mutterschutz
M.-Sch. – Marineschule · Materialschein · Mittelschiff · Mittelschule; Mittelschüler
Msch.-Aufst. – Mannschaftsaufstellung
MSchAusnVO – Verordnung über Ausnahmen vom Mieterschutz
MSchG – Maschinenschutzgesetz · Mieterschutzgesetz · Mutterschutzgesetz
Mschg. – Mischung
MSchl – Motorschlepper
MSchL – Mittelschullehrer
mschr. – maschinenschriftlich
Mschr. – Maschinenschreiben; Maschinenschreiber[in]; Maschinenschrift
MSchr., Mschr. – Monatsschrift
M.-Schr. – Mahnschreiben
MSD – Microsoft Diagnostics
MSDN – Microsoft Developer's Network
MS-DOS – Microsoft Disk Operating System
MSE – Meerschweincheneinheit
msec – Millisekunde
m/sec – Meter pro Sekunde
µsec – Mikrosekunde
M.-Seels. – Militärseelsorge[r]
MSeelsG – Militärseelsorgegesetz
MSF – Médecins sans Frontières (*frz.:* »Ärzte ohne Grenzen«) · Motorsportfreunde
MSG – Mieterschutzgesetz · Motorsportgemeinschaft · Mutterschutzgesetz
Ms. germ. – Manuscriptum germanicum
Msgr. – Monsignore
MSH – Melanozyten stimulierendes Hormon *(Med.)*
Mskr. – Manuskript · Maskerade
MSI – medium scale integra-

tion (*engl.*: »Integration in mittlerem Maßstab«)
m. sin. – mano sinistra (*ital.*: »mit der linken Hand«; *Musik*)
M. S. L., m. s. l. – mean sea level (*engl.*: »mittlere Seehöhe«)
MSMQ – Microsoft Message Que Server
MSN – Microsoft Network · Multiple Subscriber Number
.msp – Microsoft Paint (*Dateierweiterung*)
MSP – Main-Spessart-Kreis (*Kfz*) · Mouvement de la Société pour la Paix (*frz., Algerien*)
Msp. – Messerspitze
MSS – Mainzer Studienstufe · Multispektralscanner
Mss. – Manuskripte
MST – Mecklenburg-Strelitz (*Kfz*)
MST, M. S. T. – mean summer time (*engl.*: »mittlere Sommerzeit«) · Mountain Standard Time (*engl.; Gebirgsnormalzeit in Nordamerika*)
mst. – meist[ens]; meistenteils · meisterlich
Mst. – Männerstimme · Maßstab · Meister · Muster
m. St. – mit Stab · mit Stern · mit Steuermann
M.-St. – Messstab · Militärstation · Missionsstation
Mstb. – Maßstab · Musterband; Musterbuch
MStG – Militärstrafgesetz
Mstg. – Musterung
MStGB – Militärstrafgesetzbuch
MStGO – Militärstrafgerichtsordnung
MsTh – Mesothorium
msth. – meisterhaft · musterhaft
mstl. – meisterlich
m. Stm. – mit Steuermann
Mstr. – Meister · Muster
MSTS – Multi-Service-Transport-System
m. st. V., mstV – mit stillschweigender Verlängerung
MSV – Meidericher Sportverein (*Duisburg*) · Motorsportverband · Multiple-Sklerose-Vereinigung · Multi-Sport-Vehicle
MSVBVM50 – Microsoft Visual Basic Virtual Machine 5.0
MSX – Microsoft Extended Basic
MSZ – mittlere Sommerzeit
mt – maschinentechnisch · Metertonne
mT – maritime Tropikluft
Mt – Maschinentechnik · Megatonne · Meitnerium (*Element*)
MT – Maat (*Bw.*) · machine translation (*maschinelles Übersetzungssystem*) · Magnetton · Magnettrommel (*EDV*) · Manteltarif[vertrag] · mechanical translation (*engl.*) · mechanical transport (*engl.*) · Metical (*Währung in Mosambik*) · Mittelfrequenztelegrafie · Montana (*Staat der USA*) · Motortanker
Mt. – Maat · Matthäus (*Evangelist*) · Mitte · mont (*franz.*); mount (*engl.*); mountain (*engl.*) · Monat · Motor
m. t., M. T. – metric ton (*engl.*)/metrische Tonne
m. T. – mit Talon
MTA – mail transport agent · medizinisch-technische[r] Assistent[in] · Motion Time Analysis
MTA-G – Gesetz über technische Assistenten in der Medizin
MTArb – Manteltarifvertrag für Arbeiterinnen und Arbeiter (*des Bundes und der Länder*)
MTArb-O – Manteltarifvertrag für Arbeiterinnen und Arbeiter Ost (*des Bundes und der Länder*)
MTB – Manteltarifvertrag für Arbeiter des Bundes · Meinicke-Trübungsreaktion (*Med.*) · Messtischblatt · Methyl-tert.-butyläther · Militärisches Tagebuch (*Bw.*) · Mountainbike
MTBE – Methyltertiärbutylether
MTBF – mean time between failures (*Zeitwert in der Flugzeugelektronik*)
MtblBAA – Amtliches Mitteilungsblatt des Bundesausgleichsamtes
MtBt – Motorboot
MTC – MIDI-Timecode
MTCR – Missile Technology Control Regime
MTD – Maschinentriebdrehgestell[e] (*Bahn*)
Mte. – Miete · Monate
mtex – Millitex
MTF – modulare Transferfunktion
Mthm. – Mathematik
MTI – Magyar Távirati Iroda (*ungarische Nachrichtenagentur*) · moving targets indication (*engl.*: »Anzeige beweglicher Ziele«; *beim Radar*)
MTK – Main-Taunus-Kreis (*Kfz*)
MTL – Manteltarifvertrag für Arbeiter der Länder · medizinisch-technische[r] Laborant[in] · Muldentalkreis (*Kfz*)
mtl. – monatlich
Mtl. – Mantel · Mittel · Motel
MTLA – medizinisch-technische Laboratoriumsassistenz
MTM – methods [of] time measurement (*Zeitmessung für die Arbeitsplanung*)
MTOW – maximum take-off weight (*engl.; maximal zulässiges Startgewicht*)
Mtr. – Matrose · Meter · Mieter · Motor
MTRA – medizinisch-technische Radiologieassistenz

MTS – Microsoft Transaction Server · Motortankschiff
mts., Mts. – mountains
Mts.-Abo. – Monatsabonnement
Mts.-Beitr. – Monatsbeitrag; Monatsbeiträge
Mts.-Ber. – Monatsbericht[e]
Mts.-Geh. – Monatsgehalt
MTS-System – Meter-Tonne-Sekunde-System
Mts.-Ztschr. – Monatszeitschrift[en]
mttl. – mittlere
Mttl. – Mitteilung · Mittel
MTU – Motoren- und Turbinen-Union GmbH
MTV – Main-Taunus-Verkehrsgesellschaft · Männerturnverein · Manteltarifvertrag · Music Television *(vgl. TV)*
Mtv. – Mietvorauszahlung · Monatsversammlung
MTW – Mannschaftstransportwagen *(Mil.)*
MTZ – Main-Taunus-Zentrum · Mittelstandsunion · Motortechnische Zeitschrift
MU – Materialuntersuchung · Monduntergang · Montanunion
MÜ – maschinelle Übersetzung · Mühldorf a. Inn *(Kfz)*
Mu. – Muschel[n] · Muster · Musterung · Mutter
m. u. – mobile unit *(engl.:* »bewegliche Einheit«)
m. U. – mit Umsatzsteuer · mit Unterbrechung · mit Unterlage[n]
MUA – mail user agent
Mua. – Mundart
MUBA, Muba – Schweizer Mustermesse Basel
MuBO – Musterbauordnung
MUD – Multiuser Dungeon *(Klasse von Online-Spielen)*
m ü.d.M – *(selten:)* Meter über dem Meer
MUDOK – musikpädagogische Dokumentation in Karteiform
M. U. Dr. – medicinae universalis doctor (*lat.:* »Doktor der gesamten Medizin«; *Österreich*)
MuFG – Milch- und Fettgesetz
MüG – Mühlengesetz
MÜG – Mietrechtsüberleitungsgesetz
MuGa – Musikgarten
MuGAusfV – Ausführungsverordnung zum Maß- und Gewichtsgesetz
MuGG – Maß- und Gewichtsgesetz
m. u. H., muH – mit unbeschränkter Haftung/Haftpflicht
Mühew. – Mühewaltung
MuK – Mahn- und Kündigungsschreiben
mul – mit dem Uhrzeiger laufend
MuLG – Gesetz über die Gewährung von Miet- und Lastenbeihilfen
MuLR – Miet- und Lastenbeihilferichtlinien
mult. – multipel · multiplex · multiplizieren
Mult. – Multiplikand · Multiplikation · Multiplikator
multilat. – multilateral
MuLV – Verordnung über die Gewährung von Miet- und Lastenbeihilfen
m ü. M. – Meter über Meer
Mun. – Munition
m. u. N. – mit unbeschränkter Nachschusspflicht
MÜR – Müritz *(Kfz)*
MURL – Minister[ium] für Umwelt, Raumordnung und Landwirtschaft
M&S, M+S – Matsch und Schnee
mus. – museal · musikalisch; musisch
Mus. – Museen; Museum · Musik[er]
MuSa., Musa. – Mustersatzung
Mus.-Aufs. – Museumsaufseher/-aufsicht
MuSchG – Mutterschutzgesetz
MuSchRiV – Mutterschutz-Richtlinienverordnung
MuSchVB – Verordnung über den Mutterschutz für Beamtinnen
Mus.-Dir. – Museumsdirektor
Musikal. – Musikalien · Musikalität
musk. – muskulär; muskulös
Musk. – Muskat · Muskateller · Muskel[n] · Muskete · Muskulatur
Mus.-L. – Musiklehrer
Mus.-Sem. – Musikseminar
Must. – Muster · Musterung
MustG – Geschmacksmustergesetz · Musterungsgesetz
MustV – Musterungsverordnung
Mus.-Unt. – Musikunterricht
mut. – mutual; mutuell · mutieren · mutig
Mut. – Mutation · Mutualismus · Mutung
mutl. – mutlos
mut. mut. – mutatis mutandis (*lat.:* »mit den nötigen Änderungen«)
MuttSchG – Mutterschutzgesetz
mutw. – mutwillig
Mutw. – Mutwille; Mutwilligkeit
MuV – Montanunionvertrag
MUV – Mainschifffahrts-Unternehmerverband
M. u. V. – Mitteilungen und Verfügungen
MuVBl. – Mitteilungs- und Verordnungsblatt
MüZe – Mütterzentrum
mV – Millivolt
µV – Mikrovolt
MV – Mahnverfahren · Mayer-Vorfelder *(Gerhard, DFB-Präsident seit 2001)* · Mecklenburg-Vorpommern · Megavolt · Mietenverordnung · Mietvorauszahlung · Mitarbeiterverzeichnis · Mitglie-

derversammlung · Mitverfasser · Motorverband · Musikverein · Verordnung zum Vollzug des Milchgesetzes *(Bayern)*
MV, M. V. – Minutenvolumen · Misch[ungs]verhältnis
m. v. – market value *(engl.:* »Markt-, Kurswert«) · mezza voce *(ital.:* »mit halber Stimme«; *Musik)*
m. V. – mit Verpflegung · mit Verspätung · mit Vertrag · mit Vertretung · mit Verzögerung · mündliche Vereinbarung[en]
MVA – Mainzer Verlagsanstalt · Megavoltampere · Müllverbrennungsanlage · Multi Domain Vertical Alignment
mval – Milliäquivalent *(Med.)*
MVBl. – Marineverordnungsblatt
M. v. D. – Maat vom Dienst
MVertrV – Verordnung über Vertriebswege von Medizinprodukten
MVG – Mannschaftsversorgungsgesetz · Mengenverbrauchsgüter · Militärversorgungsgesetz · Militärversorgungsgericht
MVI – metallverarbeitende Industrie
MVIP – multi vendor integration protocol
MVK – Mitarbeitervorsorgekassen *(Österreich)*
MVL – Mecklenburg-Vorpommern, Landesregierung und Landtag *(Kfz)* · Museum für Völkerkunde zu Leipzig
MVN – Materialverbrauchsnorm[en]
m. Vn. – männlicher Vorname
MVNO – mobile virtual network operator
MVO – Marineverbindungsoffizier · Mietenverordnung · Musterungsverordnung
MVP – mitversicherte Person[en] *(Vw.)*
MVR – Materialverrechnungspreis · Mongolische Volksrepublik
mVs – Millivoltsekunde
MVS – multiple virtual storage
MVS/ESA – MVS/Enterprise Systems Architecture
MVS/XA – MVS/Extended Architecture
µVs – Mikrovoltsekunde
MVT – Museum für Verkehr und Technik *(Berlin)*
MVV – Mannheimer Versorgungs- und Verkehrsgesellschaft · Milchversorgungsverband · Münchener Verkehrs- und Tarifverbund
MVVO – Medienversuchsverordnung
MVZ – Mietvorauszahlung
m/w – männlich/weiblich
mW – Milliwatt
µW – Mikrowatt
MW – Malawi *(Kfz)* · Mappenwerk · Marktwirtschaft · Maschinenwort *(EDV)* · Materialwirtschaft · Megawatt · Mehrheitswahl · Mehrzweckwaffe · Mietwohnung · Mischwähler · Mittelwasser[stand] · Mittelwelle · Mittelwert · Mittweida *(Kfz)* · Motorenwerk[e]
MW, Mw. – Mehrwert · Messwarte · Musikwissenschaft
mw. – meinetwegen · missweisend · mittwochs · musikwissenschaftlich
Mw. – Mannschaftswagen · Massenware[n] · Messwagen · Messwesen · Missweisung · Mittelwort *(Sprachw.)* · Mittwoch · Motorwagen · Müllwagen
m. W. – markierter Weg · meines Wissens · meine Wenigkeit *(scherzhaft)* · mit Wasser · mit Winde · mit Worten
m. W. b. – mit Wahrnehmung beauftragt
MWC – middle weight coated *(Papierqualität)*
m. W. d. G. b. – mit Wahrnehmung der Geschäfte beauftragt
MWe – Megawatt elektrischer Leistung
MWG – Massenwirkungsgesetz
MWh – Megawattstunde
MWIA – Medical Women's International Association *(Weltärztinnenbund)*
MWM, MwM – Möbelwagenmeter
m Ws – Meter Wassersäule
MWS – Management- und Wirtschaftsseminar[e] · Messwertsender
MWS, Mw.-St., MwSt. – Mehrwertsteuer
MWT – Minister[ium] für Wirtschaft/Wissenschaft und Technik
MWU – Maccabi World Union *(Weltverband jüdischer Sportvereine; Ramat Gan/Israel)*
MWV – Mietwohnungsvorschriften · Milchwirtschaftsverband · Mineralölwirtschaftsverband
m. W. v. – mit Wirkung vom · mit Wissen von
Mx – Maxwell *(Einheit)*
MX – Missile Experimental
mx. – maximal
Mx. – Maximum
MXT – memory expansion technology
MYA – Myanmar *(Kfz)*
MYK – Mayen-Koblenz *(Kfz)*
myk. – mykologisch
Myk. – Mykologe; Mykologie
myst. – mysteriös; mystisch
Myst. – Mysterium; Mystifikation; Mystik[er]; Mystizismus
myth. – mythisch; mythologisch
Myth. – Mythologie · Mythos, Mythus

Mz, MZ– Mauerziegel
MZ– Mainz(-Bingen) *(Kfz)* · Markenzeichen · Maßzahl · Mehrzweck · Messzahl · Methodenzuschlag; Methodenzuschläge · Milchzentrale · Mineralölzoll · Mitteldeutsche Zeitung · Mittelmeerzone · Moskauer Zeit · Musikzeichen · Musikzug
Mz.– Mehrzahl · Münze
m. Z.– mangels Zahlung · mangels Zeit · mit Zubehör · mit Zusatz/Zusätzen
MZA– Meteorologische Zentralanstalt; Meteorologisches Zentralamt
MZD, m. z. D.– maximal zulässige Dosis
MZES– Mannheimer Zentrum für Europäische Sozialforschung
MZF– Mehrzweckfahrzeug · Mehrzweckformular
Mz.-Fernspr.– Münzfernsprecher
MZFR– Mehrzweckforschungsreaktor
MZG– Merzig-Wadern *(Kfz)*
Mzg.– Münzgeld/-gold
MZK– maximal zulässige Konzentration
mZL– magnetischer Zeichenleser *(EDV)*
MZM– maximal zulässige Menge
MZO– Mineralölzollordnung
Mz.-Pr.– Münzprägung
Mzs.– Monatszeitschrift
Mz.-Slg.– Münz[en]sammlung
Mzss.– Monatszeitschriften
Mzst.– Münzstelle
Mztschr.– Monatszeitschrift
MZV– Magnetzwischenverstärker · Mineralölzentralverband
MZvD– Magischer Zirkel von Deutschland
MZVergO– Mineralölzoll-Vergütungsordnung
Mzz.– Münzzeichen

N*n*

n– Nano... · Neutron
N– Nachnahme *(Post)* · Nah[schnell]verkehrszug *(Bahn)* · Naira *(Währung in Nigeria)* · Nationalstraße · Navigation · Neper · Neudruck · Newton · Niederösterreich *(Kfz)* · Niederschlag *(Meteor.)* · Nitrogenium *(Stickstoff; Element)* · Nord[en] · Norm · Normal[zustand] · Norwegen *(Kfz)* · Nostrokonto · Nukleon · Nürnberg *(Kfz)*
n.– nach · nachmittags · nächst · namens · nasal · nass · natus (*lat.:* »geboren«) · nein · netto · neu · neutral · nicht · nördlich · normal · nur
n., N.– nervus (*lat.:* »Nerv«) · Neutrum · nimm!
N.– Nachmittag · Nachschub · Name · Nebenstimme *(Musik)* · Neckar · Nominativ *(Sprachw.)* · Note · November
Na– Nadir *(Astron.)* · Natrium *(Element)*
NA– Nachabstimmung · Nachrichtenabteilung · Namenaktie · Nebelanlage · Nebenabdruck · Nebenanschluss · Nebenausgabe · Neuauflage · Neuausgabe · Neubauamt · Neues Archiv · Niederländische Antillen *(Kfz)* · Normenausschuss · Notausgabe · Notausgang
na.– natura · nebenamtlich
n/a, N/A– no account (*engl.:* »kein Konto, Guthaben«) · no advice (*engl.:* »kein Auftrag«)
n. a.– nach außen · nicht abnehmbar · nicht aktiv · nicht annehmbar
n. A.– nach Abzug · nach Angabe[n] · nach Antrag · nach Auftrag · neue[r] Art · neue Auflage
N. A.– North Africa · North America · North Australia · nummerische Apertur
NÄ– Namensänderung
NAA– Neutronenaktivierungsanalyse · Normenausschuss Armaturen *(DIN)* · Nürnberger Akademie für Absatzwirtschaft
n. a. a.– nicht anderweitig angegeben/aufgeführt
NAACP– National Association for the Advancement of Colored People *(USA)*
NAB– neue Ausbildungsbestimmungen · neue Ausführungsbestimmungen · Normenausschuss Beschichtungsstoffe und Beschichtungen *(DIN)*
NABau– Normenausschuss Bauwesen *(DIN)*
NABBA– National Amateur Bodybuilding Association
NABD– Normenausschuss Bibliotheks- und Dokumentationswesen *(DIN)*
n. Abg.– nach Abgabe · nach Abgang
Nabi– Nationalbibliographie
NAbk– Postnachnahmeabkommen
NABU– Naturschutzbund Deutschland (Naturschutz, Artenschutz, Biotopschutz, Umweltschutz)
n. abz.– nicht abzugsfähig
NAC– network adapter card · North Atlantic Council *(Nordatlantikrat)*
NACA– National Air Charter Association *(USA)*
Nachb.– Nachbar[schaft] · Nachbau · Nachbildung
Nachbeh., Nachbehdlg.– Nachbehandlung
NachbRG– Gesetz über das Nachbarrecht
nachd.– nachdem
nachdr.– nachdrucken · nachdrücken · nachdringlich · nachdrücklich

Nachdr. – Nachdruck
Nacherz. – Nacherzählung
Nachf. – Nachfahre[n] · Nachfolge; Nachfolger[in] · Nachforschung
Nachfr. – Nachfrage
Nachgeb. – Nachgebühr · Nachgeburt
Nachh. – Nachhilfe · Nachhut
Nachh.-Std. – Nachhilfestunde[n]
Nachk. – Nachkomme[n]; Nachkommenschaft
Nachl. – Nachlass · Nachläufer *(Technik)* · Nachlese
NachlG, Nachl.-Ger. – Nachlassgericht
Nachl.-Verw. – Nachlassverwalter; Nachlassverwaltung
nachm. – nachmittäglich · nachmittags
Nachm. – Nachmieter · Nachmittag
Nachn. – Nachnahme · Nachnominierung · Nachnummerierung
Nachr. – Nachricht[en]
Nachr.-Abtlg. – Nachrichtenabteilung
Nachr.-B. – Nachrichtenbüro
Nachr.-Red. – Nachrichtenredakteur[in]; Nachrichtenredaktion
Nachr.-Sp. – Nachrichtensperre
Nachr.-Spr. – Nachrichtensprecher
Nachs. – Nachsatz · Nachsendung · Nachsicht
nachst. – nachstehend
Nacht. – Nachteil[e]
nachtlg. – nachteilig
nachtr. – nachträglich
Nachtr. – Nachtrag; Nachträge · Nachtrupp
Nachtr.-H. – Nachtragshaushalt
Nachw. – Nachweis · Nachwort · Nachwuchs
nachwsl. – nachweislich
Nachz. – Nachzahlung · Nachzeit · Nachzins · Nachzoll · Nachzügler
NaCl – Natrium chloratum
NAD – Netzhautarteriendruck *(Med.)* · Nikotinamid-Adenindinukleotid · Normenausschuss Stahldraht und Stahldrahterzeugnisse *(DIN)*
Nada, NADA – Nationale Anti-Doping-Agentur
NADEFCOL – NATO Defense College
NADENT – Normenausschuss Dental *(DIN)*
NADGE – NATO Air Defense Ground Environment [System]
NADIS – nachrichtendienstliches Informationssystem
NADP – Nikotinadenindinukleotidphosphat
NAEBM – Normenausschuss Eisen-, Blech- und Metallwaren *(DIN)*
NAf – Niederländischer Antillen-Gulden *(Währung)*
NAFO – North-Atlantic Fishing Organization
NAFTA – North American Free Trade Agreement *(Freihandelszone)*
NAFuO – Normenausschuss Feinmechanik und Optik *(DIN)*
NAG – Nationale Arbeitnehmergemeinschaft *(Schweiz)* · Nationale Automobil-Gesellschaft · Niedersächsisches Aufbaugesetz · Notaufnahmegesetz
NÄG – Gesetz über die Änderung von Familiennamen und Vornamen
n. a. g. – nicht anderweitig genannt
NAGas – Normenausschuss Gastechnik *(DIN)*
NAGD – Normenausschuss Gebrauchstauglichkeit und Dienstleistungen *(DIN)*
NAGS – North American Geosynthetics Society
NAGUS – Normenausschuss Grundlagen des Umweltschutzes *(DIN)*
Näh. – Näheres
NAIAS – North American International Auto Show *(Detroit)*
NAICS – North American Industry Classification System
NAJU – Naturschutzjugend
NAK – Nationale Armutskonferenz · Negative Acknowledge
NAKOS – Nationale Kontakt- und Informationsstelle zur Anregung und Unterstützung von Selbsthilfegruppen *(Berlin)*
NAL – Normenausschuss Lebensmittel und landwirtschaftliche Produkte *(DIN)*
NALS – Normenausschuss Akustik, Lärmminderung und Schwingungstechnik *(DIN und VDI)*
NAM – Namibia *(Kfz)* · National Association of Manufacturers *(USA; Verband des verarbeitenden Gewerbes)* · Nederlandse Aardolie Maatschappij *(Niederländische Erdölgesellschaft)* · Normenausschuss Maschinenbau *(DIN)*
nam. – namentlich · namhaft
NamÄndG – Gesetz über die Änderung von Familiennamen und Vornamen
NAMed – Normenausschuss Medizin *(DIN)*
näml. – nämlich
Nam.-Reg. – Namenregister
NAMUR – Normenarbeitsgemeinschaft für Mess- und Regeltechnik in der chemischen Industrie
Nam.-Verz. – Namenverzeichnis
n. Ang. – nach Angabe[n] · nach Angebot
NAO – Nordatlantische Oszillation
NaP – Niveau am Pegel
NAP – Nationaler Allokationsplan · Nervenaustritts-

punkt[e] *(Med.)* · network access point
Napalm – Naphthensäure und Palmitinsäure
NAPT – Nasaler Applikator-Test *(Med.)*
NAR – Normenausschuss Radiologie *(DIN)*
NARAS – National Academy of Recording Arts & Sciences *(USA; »Grammy«-Verleihung)*
NARD – Normenausschuss Rohrleitungen und Dampfkesselanlagen *(DIN)*
NARK – Normenausschuss Rettungsdienst und Krankenhaus *(DIN)*
NA-Rohr – Normalabflussrohr
NARZ – Norddeutsches Apotheken-Rechenzentrum
NAS – Nationale Aids-Stiftung · network attached storage · Normenausschuss Schweißtechnik *(DIN)*
NASA – National Aeronautics and Space Administration *(USA)*
NASCAR – National Association for Stock Car Auto Racing
NASD – National Association of Securities Dealers *(USA)*
NASDAQ – National Association of Securities Dealers' Automated Quotation
NASG – Normenausschuss Sicherheitstechnische Grundsätze *(DIN)*
NASL – North America Soccer League *(USA; Fußball-Liga)*
Naspa – Nassauische Sparkasse
NASport – Normenausschuss Sport- und Freizeitgerät *(DIN)*
NaStraG – Gesetz zur Namensaktie und zur Erleichterung der Stimmrechtsausübung
NAT – network address translation · Normenausschuss Terminologie *(DIN)*
nat. – national[istisch] · naturalisieren; naturalisiert · naturalistisch · natürlich · natus (*lat.:* »geboren«)
Nat. – Nation; Nationalismus; Nationalist; Nationalität · Natur · Naturalien
NATA – naturwissenschaftlich-technische[r] Assistent[in]
NATank – Normenausschuss Tankanlagen *(DIN)*
Nat.-Bew. – Nationalbewusstsein
natdem. – nationaldemokratisch
natfarb. – naturfarben
Nat.-Forsch. – Naturforscher; Naturforschung
NATG – Normenausschuss Technische Grundlagen *(DIN)*
nat. Gr. – natürliche[r] Größe
NATIS – North Atlantic Treaty Information Service
NATO, Nato – North Atlantic Treaty Organization
Nat.-Ök. – Nationalökonom[ie]
Natr. – Natrium · Natron
NATS – National Air Traffic Services *(GB)*
Nat.-Sch. – Naturschutz
NatSchG – Naturschutzgesetz
natsoz. – nationalsozialistisch
Nat.-Soz. – Nationalsozialismus; Nationalsozialist[en]
natur. – naturalisieren · naturalisiert
naturw., naturwiss. – naturwissenschaftlich
Naturw., Naturwiss. – Naturwissenschaft[en]; Naturwissenschaftler[in]
Nat.-Vers. – Nationalversammlung
natw., natwiss. – naturwissenschaftlich
Nat.-Wiss. – Naturwissenschaft[en]; Naturwissenschaftler[in]
Nat.-Wirtsch. – Naturalwirtschaft
n. Aufl. – neue Auflage
n. Ausg. – neue Ausgabe
naut. – nautisch
NAV – Nordatlantische Versammlung · Normalarbeitsvertrag · Notaufnahmeverfahren · Verband der niedergelassenen Kassenärzte in Deutschland
Nav. – Navigation; Navigator
n. a. v. – nicht anderweitig vorgesehen
NAVC – Neuer Automobil- und Verkehrs-Club
NAVp – Normenausschuss Verpackungswesen *(DIN)*
NAW – Normenausschuss Wasserwesen *(DIN)* · Notarztwagen
nawi – nicht abwickelbar
NAX – Natur-Aktien-Index
Nazi – Nationalsozialist
Nb – Nimbus *(Meteor.)* · Niob[ium] *(Element)*
NB – Nachnahmebuch *(Post)* · Nachrichtenbataillon *(Mil.)* · Nationalbibliothek · Nebenberuf · Neubrandenburg *(Kfz)* · Nitrobenzol · Normalbedingungen · notabene! · Notenbeilage *(Musik)*
NB, Nb. – Neubau
nb. – neben · nichtbeamtet
Nb. – Nachbau · Nachbildung · Nebel · Nebenbahn · Nussbaum
n. b. – nicht bereit · notabene!
n. B. – nördliche[r] Breite
N. B. – National Bank *(engl.)* · notabene!
NbA – Neubauamt
NBA – National Basketball Association *(USA)*
NBAA – National Business Aviation Association *(USA)*
N.-Bay. – Niederbayern
NBC – National Broadcasting Company *(USA)*
NBER – National Bureau of Economic Research *(USA)*

NBetr – Nachnahmebetrag *(Post)*
NBf – Nachnahmebrief *(Post)*
NBF – Normenausschuss Bild und Film *(DIN)*
Nbf. – Nebenbahnhof · Nebenfach · Nebenform
nbfl. – nebenberuflich
Nbfl. – Nebenfluss
NBfSdg – Nachnahmebriefsendung *(Post)*
NBG – Niedersächsisches Beamtengesetz
NBH – Nachbarschaftshilfe
NBildUG – Niedersächsisches Bildungsurlaubsgesetz
Nbk. – Nebenkosten
NBL – National Beachsoccer League
NBl. – Nachrichtenblatt
NBM – Nicht-Buch-Material *(Bibl.)*
n. Br. – nördliche[r] Breite
NBS – National Bureau of Standards *(USA)* · Neubaustrecke[n] · New British Standards *(GB)*
NBT – Nederlands Bureau voor Toerisme
NBü – Normenausschuss Bürowesen *(DIN)*
Nb.-Whg. – Neubauwohnung
NBZ – Nachbarschaftszentrum
NC – network control *(engl.)* · Netzwerk-Computer · North Carolina *(Staat der USA)* · Norton Commander · numeric control *(engl.)* · Numerus clausus
N. C. – North Carolina *(Staat der USA)*
NCAP – New Car Assessment Program
NCB – Nordisk Copyright Bureau *(Verwertungsgesellschaft, Kopenhagen)*
Ncbm – Normalkubikmeter
Nchf. – Nachfahre · Nachfolge; Nachfolger[in]
Nchfr. – Nachfrage
n. Chr. – nach Christo/Christus
n. Chr. G. – nach Christi Geburt
NCI – National Cancer Institute *(Washington, USA)* · nicht codierte Information/noncoded information *(Archivwesen)*
n. c. i. – nominativus cum infinitivo *(lat.; Sprachw.)*
NCP – network connection point
NCR-Papier – No-Carbon-Required-Papier
NCSA – National Center for Supercomputing Applications
Nd – Neodym *(Element)*
ND – Nachdruck · Nachrichtendienst · Nebenkosten und Dienstleistungen · Nenndruck · Neuburg-Schrobenhausen/Donau *(Kfz)* · Neudeutschland · Neudruck · Niederdruck · North Dakota *(Staat der USA)* · Nutzungsdauer
nd. – niederdeutsch · norddeutsch
Nd. – Niederschlag · Niederung
N. D., N. Dak. – North Dakota *(Staat der USA)*
NDA – New Drug Application *(Pharma)*
n. d. A. – nach dem Abgang
NDAC – Nuclear Defense Affairs Committee *(NATO)*
NDB – Neue Deutsche Biografie · Neue Deutsche Burschenschaft
NDD – Niederdruckdampf
ndd. – niederdeutsch
NDE – near death experiences *(Med.; Nahtoderfahrungen)*
n. d. E. – nach dem Essen
NDF – Neue Deutsche Forschungen
NDG – Niedersächsisches Deichgesetz · Normenausschuss Druckgasanlagen *(DIN)*
NDH – Nordhausen *(Kfz)*
ND-HSR – Neudeutschland-Hochschulring
N. Din – Neuer Dinar *(Währung in Serbien)*
NDIS – network driver interface specification
NDL – Norddeutscher Lloyd
ndl. – niederländisch · nördlich
Ndl. – Niederlage · Niederlande; Niederländer · Niederlassung
Ndlg. – Niederlassung
Ndlgn, Ndlgn. – Niederlassungen
NDO – Niedersächsische Disziplinarordnung
NDPD – Nationaldemokratische Partei Deutschlands *(hist.)*
NDR – Norddeutscher Rundfunk · Normenausschuss Druck- und Reproduktionstechnik *(DIN)*
Ndr. – Nachdruck · Neudruck · Niederdruck
ndrd. – niederdeutsch
ndrh. – niederrheinisch
Ndrh. – Niederrhein
ndrl. – niederländisch
Ndr. verb. – Nachdruck verboten
NDS – netware/novell directory services
nds. – niedersächsisch
Nds. – Niedersachsen
Nds., Ndschr. – Niederschrift
NDT – Nederlands Dans Theater · Niederdruckturbine
ndt. – niederdeutsch · norddeutsch
NDW – Neue Deutsche Welle
NDWK – Normenausschuss Daten- und Warenverkehr in der Konsumgüterwirtschaft *(DIN)*
Nd-Wss – Niedrigwasser
.ndx – Index *(Dateierweiterung)*
n. d. Z. – nach der Zeitenwende · nach der Zeitrechnung

Ne – Naheilgüterzug *(Bahn)* · Neon *(Element)* · Nutzeffekt
NE – Nachentzerrung · Nachrichteneinheit · Nachtragserklärung · Nebeneintrag · Nebraska *(Staat der USA)* · Neuerscheinung · Nichtbundeseigene Eisenbahn[en] · Nichteinlösung · Nichteisen[metall] · Neuchâtel/Neuenburg *(Schweiz; Kfz)* · Neuss *(Kfz)* · Normenstelle Elektrotechnik *(DIN)*
ne. – neuenglisch
n. E. – nach Eingang · nach Elfmeterschießen · nach Erhalt
NEA – Netzersatzanlage · Neustadt/Aisch *(Kfz)*
neap. – neapolitanisch
NEAT – Neue Eisenbahn-Alpentransversale *(Schweiz)* · new enhanced advanced technology
neb. – neben · nebenan
Neb. – Nebel · Nebraska *(Staat der USA)*
Neb.-Ber. – Nebenberuf
nebens. – nebensächlich
Nebens. – Nebensache
Nebent. – Nebentitel · Nebenton; Nebentöne
Neb.-K. – Nebenkosten
nebl. – neblig
Neb. – Nebraska *(Staat der USA)*
NEC – Nippon Electronic Corporation
NEF – Notarzteinsatzfahrzeug
NEFF – Natioanaler Energieforschungsfonds *(Schweiz)*
NEFZ – Neuer Europäischer Fahrzyklus *(neues Maß für Kraftstoffverbrauch)*
neg. – negativ · negieren; negiert
Neg. – Negation · Negativ · Negierung
NEH – Niedrigenergiehaus/-häuser
NEhelG – Gesetz über die rechtliche Stellung der nicht ehelichen Kinder
NeiTech – Neigetechnik *(Bahn)*
NEK – Nordelbische Evangelische Lutherische Kirche
NEL – nicht eheliche Lebensgemeinschaft[en] · no effect level *(Med.)*
NEM – Nährmitteleinheit · Nahrungsergänzungsmittel · Normen europäischer Modellbahnen
NEMAX – Neuer-Markt-Aktienindex
nem. con. – nemine contradicente (*lat.:* »ohne Widerspruch, Gegenstimme«)
NE-Metalle – Nichteisenmetalle
NEMP – nuklearer elektromagnetischer Puls
nengl. – neuenglisch
neof., neofasch. – neofaschistisch
Neolith. – Neolithikum
NEP – Nowaja Ekonomitscheskaja Politika *(Neue Ökonomische Politik in der UdSSR 1921–1928)*
Nep. – Nepalese; Nepal[er]
nep., nepal. – nepalesisch; nepalisch
Nepad, NEPAD – New Partnership for African Development
NER – Nationaler Ethikrat
NES – Nachterkennungssignal *(Schifffahrt)* · Bad Neustadt an der Saale/Rhön-Grabfeld *(Kfz)*
NEST – nuclear emergency search team
Net – Internet · Network
NetBEUI – NetBIOS Extended User Interface
Neubes. – Neubesetzung · Neubesitz
Neudr. – Neudruck[e]
Neuersch. – Neuerscheinung[en]
Neuerw. – Neuerwerb[ung]
Neuf. – Neufassung
Neugl. – Neugliederung
NeuglG – Neugliederungsgesetz
neugr. – neugriechisch
Neugr. – Neugriechisch · Neugründung
neuhebr. – neuhebräisch
Neuinsz. – Neuinszenierung
neulat. – neulateinisch
neur., neurol. – neurologisch
Neur., Neurol. – Neurologe; Neurologie
neur., neurot. – neurotisch
Neureg. – Neuregelung
Neuro – Neurologie
neuseel. – neuseeländisch
neutest. – neutestamentlich
neutr. – neutral; neutralisieren; neutralisiert; neutralistisch
Neutr. – Neutrale[r] · Neutralismus · Neutrum
neuw. – neuwertig
Neuw. – Neuwahl[en] · Neuwert · Neuwort
neuz., neuztl. – neuzeitlich
Nev. – Nevada *(Staat der USA)*
NEW – Neustadt/Waldnaab *(Kfz)*
NEWEX – New Europe Exchange
NEZ – Nukleares Entsorgungszentrum
nf – nicht feiertagsfrei *(Kategorie der FSK)*
nF – Nanofarad
NF – Neues Forum · Niederfrequenz · Nordfriesland *(Kfz)* · Normalformat
NF, n. F. – neue Fassung · neue Folge · neue Form
nf. – nachfolgend · naturfarben · niederfrequent
Nf. – Nachfolge; Nachfolger[in] · Nachforschung[en] · Nebenform
n. f. – nicht fertig · nicht für · nur für
N. F., NF – Norme Française
Nfa – Nakfa *(Währung in Eritrea)*
NFA – Nachtfahrtanzeiger · National Futures Association *(USA)*
n. f. a., nfa – neu für alt
NFA-Schranken – nah-, fern-

und anrufbediente Schranken
NFC – National Football Conference *(USA)*
NFD – Nürnberger Flugdienst
n.f.D., NfD – nur für den Dienstgebrauch
NFF – natürlicher Feuchthaltefaktor
Nff. – Nachfolger *(Plural)*
NFG – Nationale Forschungs- und Gedenkstätten der klassischen deutschen Literatur in Weimar
Nfg. – Nachfolge · Nachforschung · Neufassung
Nfgr. – Nachfolger[in]
NFI – Naturfreunde-Internationale
NFL – National Football League *(USA)*
nfl. – nicht fliegend
Nfl. – Nebenfluss · Nutzfläche
NFl. – Nachtflug
NFLE – National Football League Europe
NFP – natürliche Familienplanung
nfr – nicht freigemacht
NFR – Niederfluxreaktor
nfrz. – neufranzösisch
NFS – network file system
NFV – Niedersächsischer Fußball-Verband · Norddeutscher Filmhersteller-Verband · Norddeutscher Fußballverband
ng – Nanogramm
Ng – Nahgüterzug *(Bahn)*
NG – Nationalgalerie · Nationalgarde · Neugirosammeldepot *(Börse)* · Neuregelungsgesetz · Nitroglyzerin
NGA – Nationale Gesellschaft zur Förderung der industriellen Atomtechnik *(Schweiz)*
NGC – New General Catalogue *(Astron.)*
N.-Geb. – Nachgebühr
n.Gew. – nach Gewicht
NGF – nerve growth factor
NGG – Gewerkschaft Nahrung-Genuss-Gaststätten
NGI – next generation internet
NGIO – next generation input/output
NGL – Neue Gesellschaft für Literatur *(Berlin)* · Normenausschuss Gleitlager *(DIN)*
Ngl. – Nitroglyzerin
NGO – non-governmental organisation *(vgl. NRO)*
ngr. – neugriechisch
n.Gr. – nach Größe · natürliche[r] Größe · nach Gründung
NGS – National Geographic Society · Neugirosammeldepot
NGT – Nebengebührentarif
NH – New Hampshire *(Staat der USA)*
NH, N.H. – Normalhöhenpunkt
N.H. – Neue Hefte · New Hampshire *(Staat der USA)*
NHB – Nationaldemokratischer Hochschulbund
nhbr. – neuhebräisch
nhd. – neuhochdeutsch
nhebr. – neuhebräisch
NHG – Naturhistorische Gesellschaft · Natur- und Heimatschutzgesetz *(Schweiz)* · Neue Helvetische Gesellschaft
NHL – National Hockey League *(USA)* · Non-Hodgkin-Lymphom (*Med.*)
NHM – Normenausschuss Holzwirtschaft und Möbel *(DIN)*
NHP – Normalhöhenpunkt
NHP, n.h.p. – nominal horse power *(engl.)*
NHRS – Normenausschuss Heiz- und Raumlufttechnik *(DIN)*
NHS – National Health Service *(GB)*
NHTSA – National Highway Traffic Safety Administration *(USA)*
NHV – Nachversicherungs-Härte-Verordnung · Naturheilverfahren
Nhz – Niederdruckdampfheizung
Ni – Nickel *(Element)*
NI – Niedersachsen · Nienburg *(Kfz)* · Normenausschuss Informationstechnik *(DIN)*
n.i. – nach innen
NIAG – NATO Industrial Advisory Group
NIATM – New International Association for Testing Materials
NIBH – National Institute of Bioscience and Human-Technologie *(Japan)*
NIC – Network Information Center · network interface card · newly industrialized countries (»Schwellenländer«) · Nicaragua *(Kfz)*
Nicar. – Nicaragua[ner]
NiCd-Akku – Nickel-Cadmium-Akkumulator
NICE – National Institute of Clinical Excellence *(GB)*
Nichterf. – Nichterfassung · Nichterfüllung
Nicht.-Erkl. – Nichtigkeitserklärung
NiCrSt – Nickelchromstahl
NIDS – NATO Integrated Data Service
niederl. – niederländisch
Niederl. – Niederlage · Niederlande; Niederländer · Niederlassung[en]
niem. – niemals · niemand
Nife – Nickel + Ferrum
NIG – Niger *(Kfz)*
Nig. – Nigeria[ner]
nig., niger. – nigerianisch
NIGA – neutroneninduzierte Gammaaktivität
NIGC – National Iranian Gas Company
nigr. – nigrisch *(zu Niger)*
NIH – National Institute of Health *(USA)*
n.i.H. – nicht im Handel · nicht im Hause
nihil. – nihilistisch

Nihil. – Nihilismus; Nihilist
Nikar. – Nikaragua[ner]
NIL – not in list
NIMA – National Imagery an Mapping Agency *(USA; amtliche Kartographie)*
NiMH-Akku – Nickel-Metall-Hybrid-Akkumulator
NIOC – National Iranian Oil Company
nirg. – nirgends
Nirosta – nicht rostender Stahl
NIS – Network Information Service · Neuer Schekel *(Währung in Israel)*
NiSt – Nickelstahl
NIT – Northern Institute of Technology *(Technische Universität Hamburg-Harburg)*
Niv. – Niveau · Nivellement; Nivellierung
Niv.-Instr. – Nivellierinstrument
NivP – Nivellementpunkt
Niv.-Reg. – Niveauregulierung
NIW – Niedersächsisches Institut für Wirtschaftsforschung
NJ – Neues Jahrbuch · New Jersey *(Staat der USA)*
n. J. – nächsten Jahres; nächstes Jahr
N. J. – New Jersey *(Staat der USA)*
NJAO – Niedersächsische Ausbildungsordnung für Juristen
NJB – Neue Jugendbewegung
NJW – Neue Juristische Wochenschrift
NK – Nationales Komitee; Nationalkomitee · Naturkautschuk · Neue Kerze *(Einheit)* · Neunkirchen/Saar *(Kfz)* · Niederspannungskabel · Nomenklaturkommission · Normenkontrolle
NK, Nk. – Nebenkosten
NKB – Nachklärbecken
NKF – neues Kampfflugzeug
NKGG – Nationales Komitee für Geodäsie und Geophysik
NKK – Normenkontrollklage
NKL – Norddeutsche Klassenlotterie
nkr – norwegische Krone *(Währung)*
NKT – Normenausschuss Kommunale Technik *(DIN)*
NKV – Nährwert-Kennzeichnungsverordnung · Verband der niedergelassenen Nichtkassenärzte Deutschlands
NKWD – Narodny Komissariat Wnutrennich Del *(Volkskommissariat des Inneren in der UdSSR, dem die Geheimpolizei unterstellt war)*
NKWG – Niedersächsisches Kommunalwahlgesetz
NKWO – Niedersächsische Kommunalwahlordnung
NK-Zellen – natürliche Killerzellen *(Med.)*
nl – Nanoliter
Nl – Normliter
NL – Nationalliga · Niederlande *(Kfz)* · Niederlassung · Niederlausitz · Niedersachsen, Landesregierung und Landtag *(Kfz)* · Normenausschuss Luft- und Raumfahrt *(DIN)*
nl. – neulateinisch · niederländisch
Nl. – Nahleitung · Nebenlager · Niederlage · Niederländische · Niederlassung
n. l. – nach links · nicht löslich · non licet (*lat.:* »es ist nicht erlaubt«) · non liquet (*lat.:* »es ist unklar«) · non longe (*lat.:* »nicht weit«)
NLA – National-Liberale Aktion
nlat. – neulateinisch
NLG – Nervenleitgeschwindigkeit *(Med.)*
NL-Lampe – Niederspannungsleuchtstoff-Lampe
NLM – netware loadable module · Niedersächsische Landesmedienanstalt für privaten Rundfunk
NLNG – Nigerian Liquid Natural Gas Limited (*Nigeria; weltweit modernste Erdgas-Verflüssigungsanlage*)
NLP – natural language programming · natural language processing · neurolinguistisches Programmieren/neurolinguistic programming
NLQ – near letter quality *(Druckqualität)*
NLV – Neuartige Lebensmittel- und Lebensmittelzutaten-Verordnung
nm – Nanometer
Nm – Newtonmeter *(Einheit)* · Nummer metrisch/metrische Nummer
Nm³ – Normalkubikmeter
NM – nautical mile *(engl.)*/nautische Meile · Nennmaß · Neumarkt *(Kfz)* · New Mexico *(Staat der USA)*
nm. – nachmittags · namentlich · nochmalig; nochmals
n. M. – nach Meinung · nach Muster · nächsten Monat[s]
N. M., N. Mex. – New Mexico *(Staat der USA)*
NMaßnG – Gesetz über Maßnahmen auf dem Gebiete des Notarrechts
NMD – National Missile Defense · Notmutterdienst
NME – Nettomieteinnahme[n]
NMI – Nürnberger Management-Institut
n. Mng. – nach Meinung
NML – Naxos Music Library
NMP – Normenausschuss Materialprüfung *(DIN)*
Nm/PS – mittlere Nennleistung in PS
NMR – nuclear magnetic resonance/nuklearmagnetische Resonanz *(Med.)*
NMS – Neumünster *(Kfz)*
nmtl. – namentlich
n. M. v. – nach Meinung von · nach Mitteilung vom/von
NMVO – Neubaumietenverordnung

n. m. W. – nach meinem Willen/Wunsch
Nn – Neutron
NN – Nachnahme · Netscape Navigator · Normalnull[punkt] · Nürnberger Nachrichten
NN, N. N. – nomen nescio (*lat.:* »ich weiß den Namen nicht«) · nomen nominandum (*lat.:* »der Name ist noch zu nennen«)
Nn. – Nervi *(Med.)*
N/N – no noting *(engl.)*/ nicht notieren
n. n., nn – netto netto
n. n. – nomen novum (*lat.:* »neuer Name«)
n. n. bez. – nicht näher bezeichnet
NNC – National Negro Congress
nnd. – neuniederdeutsch
NNH – Nasennebenhöhlen *(Med.)*
nnl. – neuniederländisch
NNM – Nebennierenmark *(Med.)*
NNO – Nordnordost[en]
nnö. – nordnordöstlich
nnord. – neunordisch
NNR – Nebennierenrinde
NNTP – network news transport protocol
NNW – Nordnordwest[en]
NNW, N. N. W. – niedrigstes Niederwasser
No – Nobelium *(Element)*
NO – Nordost[en] · Notar[iats]ordnung
NÖ – Niederösterreich
no. – netto · nordostwärts
No. – Numero
nö. – niederösterreichisch · nordöstlich
n. O. – neue[r] Ordnung
n. ö. – nicht öffentlich
NOAA – National Oceanic and Atmospheric Administration *(USA)*
NOAH – Notfall-Organisations-Arbeitshilfe
NOC – Network Operations Center
NOEL – no observed effect level *(Med.)*
NOFV – Nordostdeutscher Fußballverband
NOG – Neuordnungsgesetz · Notopfer-Berlin-Gesetz
NÖG – Normenausschuss Erdöl- und Erdgasgewinnung *(DIN)*
NOH – Nordhorn/Bentheim *(Kfz)*
NOK – Nationales Olympisches Komitee · Nord-Ostsee-Kanal
NOL – Niederschlesischer Oberlausitzkreis *(Kfz)*
NOM – Northeim *(Kfz)*
nom. – nomen (*lat.:* »Name«) · nominell · nominieren; nominiert
Nom. – Nomade[n] · Nominativ *(Sprachw.)* · Nominierung
Nomenkl. – Nomenklatur
Nonp. – Nonpareille *(Schriftgrad)*
NOP – no operation
NÖP – Neue Ökonomische Politik *(vgl. NEP)*
n. o. p. – not otherwise provided (*engl.:* »nicht anderweitig vorgesehen«)
NORAD – North American Air Defense *(US-Luftverteidigungskommando)*
nord. – nordisch
nordd. – norddeutsch
nördl. – nördlich
nördl. Br. – nördliche[r] Breite
norm. – normal · normalerweise · normalisieren · normannisch · normativ · normieren; normiert
Norm. – Normale *(Math.)* · Normalien · Normalisierung · Normandie · Normanne[n] · Normierung; Normung
NORTHAG – Northern Army Group *(NATO)*
norw., norweg. – norwegisch
Norw. – Norwegen; Norweger; Norwegische
Norw.-M. – Norwegermuster
NOS – network operating system
NÖS – Neues ökonomisches System *(DDR)*
NOSK – Nord-Ostsee-Kanal
NÖSPL – Neues ökonomisches System der Planung und Leitung der Volkswirtschaft *(DDR)*
NÖT – neue österreichische Tunnelbauweise
not. – notariell; notarisch · notieren; notiert · notorisch
nöt. – nötig · nötigen
Not. – Notabene · Notar[iat] · Notation · Notiz[en]
Nöt. – Nötigung
n. o. T. – nach oberem Totpunkt
Notaufn. – Notaufnahme
NotaufnG – Notaufnahmegesetz
Notaufn.-L[g]. – Notaufnahmelager
Notaufn.-Verf. – Notaufnahmeverfahren
Notausg. – Notausgabe · Notausgang; Notausgänge
Notbeh. – Notbehelf
Notbel. – Notbeleuchtung
Notbr. – Notbremse; Notbremsung
Notd. – Notdienst · Notdurft
notf. – notfalls
NotG – Notariatsgesetz
Notgeb. – Notgebiet[e]
Not.-Geb. – Notariatsgebühren
NotGebO – Notariatsgebührenordnung
notgedr. – notgedrungen
Notgem. – Notgemeinschaft
Noth. – Nothafen · Nothilfe
notl. – notlanden
Notl. – Notlage · Notlandung · Notleidende[r] · Notlüge
NotMaßnG – Gesetz über Maßnahmen auf dem Gebiet des Notarrechts
NotO – Notariatsordnung; Notarordnung

Notst. – Notstand
Notst.-Geb. – Notstandsgebiet[e]
NotV, NotVO – Notverordnung
Notverb. – Notverband · Notverbindung
notw. – notwendig
Notw. – Notwehr · Notwendigkeit
NOV – Nachbarortsverordnung
Nov. – Novation · Novelle · Novellierung · Novellist · November · Novene · Novität · Novize; Noviziat
NOVRAM – nonvolatile random access memory
NOzN – Nordost zu Nord
NOzO – Nordost zu Ost
Np – Neper *(physikalische Maßeinheit)* · Neptunium *(Element)* · Nonpareille *(Schriftgrad)*
NP – Namenpapier · Netzplan · Neupreis · Nordpol · Normalpaket · Normalprofil · Normenprüfstelle *(im DNA)* · Notenpunkte · Nullpunkt
NP, N. P. – Normalpackung
n. P. – nach Paragraph · nach Penalty · nach Protest · nach Punkten
NPa – Normenausschuss Papier und Pappe *(DIN)*
NPC – Net-PC
NPD – Nationaldemokratische Partei Deutschlands
NPE – Neopolyolester
NPF – Normenausschuss Pigmente und Füllstoffe *(DIN)*
NPG – Nukleare Planungsgruppe *(NATO)*
NPI – Norwegisches Polarinstitut
NPkt – Nachnahmepaket
NPL – Neoplasma *(Med.)*
npl., nplm. – nicht planmäßig
NPn – Nachnahmepäckchen
NPN – negativ-positiv-negativ *(bei Transistoren)*
NPO – Non-Profit-Organisation[en]
n. p. or d. – no place or date *(engl.:* »ohne Ort oder Datum«)
NPR – National Public Radio *(USA; Dachverband der nicht kommerziellen öffentlich-rechtlichen Rundfunksender)*
n. Pr. – nach Probe · nach Prüfung · neue Probe · neuer Preis
N.-Pr. – Nettopreis · Neuprägung · Neupreis
NPS – Normenausschuss Persönliche Schutzausrüstung *(DIN)*
NPT – Nationalpreisträger *(DDR)* · Netzplantechnik · Non Proliferation Treaty *(Atomwaffensperrvertrag)* · normal pressure and temperature *(engl.)*
NQSZ – Normenausschuss Qualitätsmanagement, Statistik und Zertifizierungsgrundlagen *(DIN)*
NR – Mitglied des Nationalrats *(Österreich)* · Nachbarrecht · Nationalrat · Nepalesische Rupie *(Währung)* · Nettoregister[tonne] · Neuwied/Rhein *(Kfz)* · Nichtraucher
Nr. – Nummer
n. r. – nach rechts · nicht richtig · non repetatur *(lat.:* »nicht zu wiederholen«) · no risk *(engl.:* »kein Risiko«)
n. R. – nach Rückgabe · nach Rückkehr · nach Rücksprache · neue Rechnung
n. R., N. R. – neue Reihe
NRA – National Rifle Association of America
NRC – National Research Council *(USA)*
NRDC – National Resources Defense Council *(USA)*
NRF – NATO Response Force · Neues Rezeptur-Formularium
NRG – Gesetz über das Nachbarrecht
Nrh. – Niederrhein
NrhW, NrhWf – Nordrhein-Westfalen
NRK – Normenausschuss Rundstahlketten *(DIN)* · Norsk Rikskringskasting *(norwegische Rundfunk- und Fernsehgesellschaft)*
n. R. m. – nach Rücksprache mit
Nrn. – Nummern
NRO – Nichtregierungsorganisation[en] *(vgl. NGO)*
NROG – Niedersächsisches Gesetz über Raumordnung und Landesplanung
NRP – Nationalreligiöse Partei *(Israel)*
NRS – noise-reduction-system
NRSG – Nichtraucherschutzgesetz
NRT – Nettoregistertonne[n]
n. r. v. – nicht rückzahlbar vor · nur rückzahlbar von
NRV – Norddeutscher Regatta-Verein
NRW – Nordrhein-Westfalen · Nordrhein-Westfalen, Landesregierung und Landtag *(Kfz)*
n. R. wegl. – nach Rückkehr weglegen
NRZ – Nettoraumzahl · Neue Ruhr-Zeitung/Neue Rhein-Zeitung
n. R. z. d. A. – nach Rückkehr zu den Akten
ns – Nanosekunde
Ns – Nimbostratus *(Meteor.)*
NS – Nachschrift · Nationalsozialismus · nationalsozialistisch... · Natronsalpeter · Nebelscheinwerfer · Nederlandse Spoorwegen *(niederländische Eisenbahngesellschaft)* · Nervensystem · Niederschrift · Normschliff · nuclear ship *(engl.:* »atomgetriebenes Schiff«) · Nukleinsäure · Nummernschalter
N$ – Namibia-Dollar *(Währung)*
Ns. – Nachschub · Nebensa-

che · Niedersachsen · Niederschrift
n.S., NS – nach Sicht · neue Serie
NSA – National Security Agency *(USA)*
NSAPI – Netscape Server Application Programming Interface
NSAR – Nichtsteroidales Antirheumatikum *(Med.)*
NSB – Norges Statsbaner *(Norwegische Eisenbahnen)*
NSBO – Nationalsozialistische Betriebsorganisation *(NS)*
NSC – National Security Council *(USA; Nationaler Sicherheitsrat)* · National Semiconductor Corp. *(USA)*
Nsch. – Nachschub
Nschr. – Nachschrift · Niederschrift *(selten für: Ndschr.)*
NSDAP –Nationalsozialistische Deutsche Arbeiterpartei *(NS)*
NSdg – Nachnahmesendung
NSF – National Science Foundation *(USA)* · Norges Standardiserings-Forbund *(Norwegischer Normenausschuss)*
NSG – Naturschutzgebiet · Nuclear Suppliers Group *(Gruppe der wichtigsten nuklearen Lieferländer)*
NSH – Nouvelle Société Helvétique *(vgl. NHG)*
NSI – Network Solutions Inc. *(USA)*
NSIP – nichtspezifische interstitielle Pneumonie/nonspecific interstitial pneumonia *(Med.)*
NSK – Nationale Sportkommission
NSKK – Nationalsozialistisches Kraftfahrerkorps *(NS)*
NSKOV – Nationalsozialistische Kriegsopferversorgung *(NS)*
NSL – Nebelschlussleuchte
NSM – Normenausschuss Sachmerkmale *(DIN)*
NSMT – Normenstelle Schiffs- und Meerestechnik *(DIN)*
NSP – network service provider
Nsp. – Nachspiel
NSpG – Niedersächsisches Sparkassengesetz
NSRB – Nationalsozialistischer Richterbund *(NS)*
NSt – Nebenstelle
NST – narzisstischer Sozialisationstyp *(Psychologie)*
n. St. – nach Steuer[n] · neuen Stils; neuer Stil
NStrG – Niedersächsisches Straßengesetz
NSU – Neckarsulm-Motorenwerke
NSV – Nationalsozialistische Volkswohlfahrt *(NS)*
NSW – Nebelscheinwerfer · nicht sozialistisches Wirtschaftsgebiet *(DDR)*
NSWL – Naxos Spoken Word Library
nt – Nit *(Einheit)*
Nt – Niton *(jetzt: Rn)*
NT – Nachrichtentechnik · Nahschnellverkehrstriebwagen *(Bahn)* · Nettotonne; Nettotonnage · neue Technologie/new technology · Nichttrinker · Niedertarif *(für Strom)* · Normaltarif · Normaltemperatur · Normteil
N/T – new terms *(neue Vertragsbedingungen)*
N.T. – Neues Testament
NTBA – Network-Termination-Basis-Anschluss
NTC – negative temperature coefficient *(Heißleiter)*
Ntf. – Naturforscher
Ntfg. – Naturforschung
NTFS – new technology file system
NTG – Nachrichtentechnische Gesellschaft *(im VDE)*
Ntkm – Nettotonnenkilometer
NTM – Neuer Transatlantischer Marktplatz *(EU)*
nto., nto – netto
NTP – network time protocol
NTP, ntp – normal temperature and pressure *(engl.)*
NTPP – Natriumtripolyphosphat
Ntr. – Nachtrag; Nachträge
NTS – NATO-Truppenstatut · neues Tarifsystem
NT$ – Neuer Taiwan-Dollar *(Währung)*
NTSB – National Transportation Safety Board *(USA; Transportsicherheitsbehörde)*
NTSC – National Television System Committee *(USA)*
NTT – new technology telescope · Nichtturniertänzer
ntv – Nachrichten-TV *(vgl. TV)*
Ntw. – Naturwissenschaft[ler]
nt. wt. – net weight *(engl.:* »Nettogewicht«)
NTWZ – Verzeichnis Neue Technisch-Wissenschaftlicher Zeitschriften
NTZ – Nachrichtentechnische Zeitschrift · Naturschutzzentrum
Ntzg. – Nutzung
Ntzl. – Nutzlast
Ntzlstg. – Nutzleistung
Nu – Nußeltzahl
NU – Nachuntersuchung · Nebenuhr · Nettoumsatz · Neu-Ulm *(Kfz)*
NU, Nu. – Ngultrum *(Währung in Bhutan)*
NÜ – Nachrichtenübertragung · Nachüberprüfung · Nachübertrager
n. u. – name unknown *(engl.:* »Name unbekannt«)
NUA – Natur- und Umweltschutz-Akademie *(NRW)* · network user address
NUI – network user identity
nukl. – nuklear
num. – nummerieren; nummeriert · numerisch · numidisch · numismatisch
Num. – Numerale · Nummerierung · Numerus · Numi-

der; Numidien; Numidier · Numismatik[er]
NUMOV – Nah- und Mittelost-Verein *(Hamburg)*
NURBS – Nonuniform Rational B-Splines
NuT – Natur und Technik *(Unterrichtsfach)*
n. u. T. – nach unterem Totpunkt
n. u. Z. – nach unserer Zeitrechnung
NV – Nachrichtenverarbeitung *(EDV)* · Nationalversammlung · Nevada *(Staat der USA)* · Nichtverbreitung · Niederfrequenzverstärker · Notverordnung
n. v. – nicht verwendungsfähig · nicht veröffentlicht · nicht vorhanden · no value (*engl.:* »ohne Wert«)
n. V. – nach Vereinbarung · nach Verlängerung · nach Verzicht · nach Vorschrift
N. V. – Naamlooze Vennootschap (*niederl.:* »Aktiengesellschaft«)
NVA – Nationale Volksarmee *(DDR)*
NVE – Nummer der Versandeinheit
n. Verl. – nach Verlängerung
Nvkn. – Nervenknoten
NVO – Nebentätigkeitsverordnung
NVP – Nahverkehrspreisordnung · Nordvorpommern *(Kfz)*
NVRAM – nonvolatile RAM
NVS – Nettoversicherungssumme *(Vw.)*
NVT – Normenausschuss Veranstaltungstechnik - Bühne, Beleuchtung und Ton *(DIN)*
n. v. u. n. v. – nicht verwandt und nicht verschwägert
NVV – Vertrag über die Nichtverbreitung von Kernwaffen *(vom 01. 07. 1968)* · Nordhessischer Verkehrsverbund
NV-Vertrag – Nichtverbreitungsvertrag
NW – Nebenwerkstätte · Nebenwirkung[en] *(Med.)* · Nennweite · net weight (*engl.:* »Nettogewicht«) · Netzwerk · Neustadt/Weinstraße *(Kfz)* · Neuwagen · Neuwert · Nidwalden *(Schweiz; Kfz)* · Niedrigwasser · Nordrhein-Westfalen *(offiziell, aber selten für NRW)* · Nordwest[en]
Nw., NW – Nachwahl[en] · Nachwort
nw. – nordwestlich
Nw. – Nachrichtenwesen · Nachwuchs · Neuwert · Neuwort
n. W. – nächste[r] Woche · nach Westen
nwd., nwdt. – nordwestdeutsch
NWE – Nährwerteinheit
NWF – Nordwestdeutsches Werbefernsehen
NWG – Niedersächsisches Wassergesetz
NWM – Nordwestmecklenburg *(Kfz)* · Normenausschuss Werkzeugmaschinen *(DIN)*
NWO – Nordwestölleitung
.nws – news *(Dateierweiterung)*
nwsl. – nachweislich
N. W. Sp. – Niedrigwasserspiegel
NWT – Normenausschuss Werkstofftechnologie *(DIN)*
n. wt. – net weight (*engl.:* »Nettogewicht«)
NWzN – Nordwest zu Nord
NWzW – Nordwest zu West
nx – Nox *(Einheit)*
NY, N. Y. – New York *(Staat der USA)*
NYB – New York Boot *(EDV; Boot-Virus)*
N. Y. C. – New York City
NYMEX – New York Mercantile Exchange
N. Y. S. – New York State
NYSE – New York Stock Exchange *(New Yorker Börse)*
Nz – Nachzug *(Bahn)* · Nitrozellulose
NZ, Nz – Neutralisationszahl
NZ – Nachrichtenzentrale · Nachzahlung · Neuzeit · Neuseeland *(Kfz)* · Neuzugang; Neuzugänge · Normzahl[en] · Normalzeit · Notzeit[en] · Notzeitung
n. Z. – nach der Zeitenwende · nach der Zeitrechnung · nach Zeichnung · nach Zusage
NZH – Naturschutz-Zentrum Hessen
Nzhlg. – Nachzahlung
NZL – Nebelzusatzleuchte
nzl. – neuzeitlich
NzO – Nord zu Ost
NZ$ – Neuseeland-Dollar *(Währung)*
n. zul. – nicht zulässig
NZV – Nachlass-Zuschlag-Verfahren *(Berufsgenossenschaften)*
NzW – Nord zu West
n. Zw. – nach der Zeitenwende · noch Zweifel
NZZ – Neue Zürcher Zeitung

O*o*

O – Ober... · Oberfläche · Oberösterreich *(Kfz)* · Omnibus · ...ordnung · Ort[s]... · Ost[en] · Oszillator · Oxygenium *(Sauerstoff; Element)* · Ozon
o. – oben · oberhalb · offen · ohne · oder · ordentlich
O. – Oase · Oberst · Offerte · Offizier · Ohio *(Staat der USA)* · Oktave · Oper · Order · Ordnung · Orgel · Orient · Ort · Ozean
ö. – öffentlich · örtlich · östlich
Ω – Ohm *(Einheit)*
O2C – open office connection

OA – Oberallgäu *(Kfz)* · Oberamt · Oberarzt/Oberärztin · Oberaufsicht · Oberausschuss · Offiziersanwärter *(Bw.)* · Originalausgabe · Ortsamt · Ortsausfahrt/-ausgang · Ortsausschuss
ÖA – Öffentlichkeitsarbeit
o. a. – oben angeführt · oben angegeben · oder andere[s]
o. ä., o. Ä. – oder ähnliche[s], oder Ähnliche[s]
o. A. – ohne Adresse · ohne Akten · ohne Angabe[n] · ohne Anhang · ohne Anlage[n] · ohne Anzeige[n] · ohne Auftrag
OAA – Oberamtsanwalt · Organisation des Nations Unies pour l'Alimentation et l'Agriculture *(UNO)*
ÖAAB – Österreichischer Arbeiter- und Angestelltenbund
o. Abb. – ohne Abbildung[en]
OACI – Organisation de l'Aviation Civile Internationale
O. A. D. G. – omnia ad Dei gloriam (*lat.:* »alles zur Ehre Gottes«)
OAE – Organisation für afrikanische Einheit
ÖAeC – Österreichischer Aero-Club
OAG – Oberamtsgehilfe *(Post)* · Oberstes [Landes]arbeitsgericht
OAI – Open Archives Initiative
ÖAI – Österreichisches Archäologisches Institut
ÖAK – Österreichische Apothekerkammer · Österreichischer Alpen-Klub
ÖÄK – Österreichische Ärztekammer · Österreichische Auflagenkontrolle
Oak – object application kernel
OAL – Ostallgäu *(Kfz)*
ÖAL – Österreichischer Arbeitsring für Lärmbekämpfung
OAMCE – Organisation Africaine et Malgache de Coopération Economique *(Afrikanisch-Madagassische Organisation für wirtschaftliche Zusammenarbeit)*
O. A. M. D. G. – omnia ad maiorem Dei gloriam (*lat.:* »alles zur größeren Ehre Gottes«)
ÖAMTC – Österreichischer Automobil-, Motorrad- und Touring-Club
o. Anh. – ohne Anhang
OAO – Orbiting Astronomical Observatory · over and out
OAPEC – Organization of Arab Petroleum Exporting Countries
OAR – Oberamtsrat · Oberamtsrichter
OAR, OArchR – Oberarchivrat
OAS – Oberster Afrikanischer Sportrat · Organisation de l'Armée Secrète *(ehemalige französische Geheimorganisation in Algerien)* · Organisation Amerikanischer Staaten; Organization of American States
ÖASC – Österreichischer Automobil-Sportclub
OASIS – Organization for the Advancement of Structured Information Standards
OAU – Organization of African Unity
O.-Ausg. – Originalausgabe
OAV – Ostasiatischer Verein
ÖAV – Österreichischer Alpenverein
OAW – Optical Assisted Winchester
ÖAW – Österreichische Akademie der Wissenschaften
OB – Oberbürgermeister[in] · Oberbundesanwalt · Oberhausen *(Kfz)* · Offizierbewerber *(Bw.)* · omzetbelasting (»Umsatzsteuer«; *Niederlande*) · Operationsbasis · Ortsbatterie *(Fernspr.)*
OB, Ob. – Oberbefehlshaber
ob. – oben · obere · oberhalb
Ob. – Ober · Oberin · Oberst · Oboe; Oboist
o. b. – oben beginnend
o. B. – ohne Beanstandung[en] · ohne Befund · ohne Bekenntnis · ohne Befehl · ohne Befugnis · ohne Beleg[e] · ohne Bericht · ohne Beruf · ohne Besonderheiten · ohne Billigung
ö. b. – öffentlich bestellt
OBA – Oberbauamtmann · Oberbergamt · Oberbundesanwalt · Ortsbildungsausschuss
ObArbG – Oberstes Arbeitsgericht
O. Bas. – Ordo Basilianus *(Orden der Basilianer)*
OBB – Oberste Baubehörde
ÖBB – Österreichische Bundesbahnen · Österreichischer Bauernbund
obb. – oberbay[e]risch
Obb. – Oberbayern
o. b. B. – ohne besonderen Befund
ObbFA – Oberbayrische Forschungsanstalt
Ob.-Bfh. – Oberbefehlshaber
öBB P – örtlicher Beratungsbeamter für den Postdienst
OBD – Oberbaudirektion; Oberbaudirektor
obd. – obduce (*lat.:* »ziehe über«; *Med.*) · oberdeutsch
Obd. – Obduktion · Oberdeutsche
Ob. d. H. – Oberbefehlshaber des Heeres
Ob. d. L. – Oberbefehlshaber der Luftwaffe
Ob. d. M. – Oberbefehlshaber der Marine
OBE – Out-of-Brain-Experiences *(Gehirnforschung)*
O. B. E., OBE – Officer/Order of the British Empire
Ober – Oberkellner[in]
oberd., oberdt. – oberdeutsch
Oberf. – Oberförster

oberfl. – oberflächlich
Oberfl. – Oberfläche
Oberfr. – Oberfranken
Oberg. – Obergeschoss
Obergefr. – Obergefreiter
oberh. – oberhalb
Oberh. – Oberhaupt
Oberk. – Oberkante · Oberkellner · Oberkommando
Oberpf. – Oberpfalz
Oberpr. – Oberprima[ner]
Oberpräs. – Oberpräsident
Oberschl. – Oberschlesien; Oberschlesier
Obersek. – Obersekunda[ner]
Oberst. – Oberstimme *(Musik)* · Oberstufe
Oberw. – Oberwerk *(Musik)*
OBF – Oberbrigadeführer
ÖBF – Österreichische Bauernforste
Obf. – Oberförster
O.-Bf., Obf. – Omnibusbahnhof · Ostbahnhof
obfr., obfrk. – oberfränkisch
Obfr., Obfrk. – Oberfranken
ObG – Oberstes Gericht
OBG – Oberstes Bundesgericht · Gesetz über Aufbau und Befugnisse der Ordnungsbehörden · Olympia-Baugesellschaft
Ob.-Ger., ObGer. – Obergericht
Obgfr. – Obergefreiter
ObGH – Oberster Gerichtshof
obgl. – obgleich
O.-Bgmstr. – Oberbürgermeister[in]
OBH – Oberbefehlshaber des Heeres
obh. – oberhalb
OBiblR – Oberbibliotheksrat
Ob.-Ing. – Oberingenieur
Ob.-Insp. – Oberinspektor
obj. – objektiv
Obj. – Objekt · Objektiv · Objektivität
ÖBJR – Österreichischer Bundesjugendring
ObK – Oberkommando
OBL – Oberbetriebsleitung *(Bahn)* · Oberste Bauleitung
obl. – obliegen[d] · obligat; obligatorisch
Obl. – Oblate[n] · Obligation[en] · Obligo
Ob.-L. – Oberlehrer
ObLArbG – Oberstes Landesarbeitsgericht
ObLehrG – Oberlehrergesetz
ObLG – [Bayerisches] Oberstes Landesgericht
ObLGR – Rat am Bayerischen Obersten Landesgericht
oblig. – obligatorisch
Obl. O. S. B. – Oblati Ordinis Sancti Benedicti *(Orden der Benediktineroblaten)*
Ob.-Lt., Oblt. – Oberleiter · Oberleutnant
Ob.-Ltg., Obltg. – Oberleitung
OBM – Oberbürgermeister[in] *(selten für: OB)* · oxygen bottom Maxhütte
Obm. – Obmann · Obermeister
Ob.-Med.-R. – Obermedizinalrat
Ob.-Mstr. – Obermeister[in]
O. B. M. V. – Ordo Beatae Mariae Virginis *(Orden der seligen Jungfrau Maria)*
Ob.-R., OBR – Oberrat
OBR – Oberbaurat · Oberbergrat · Oberbibliotheksrat
ÖBRD – Österreichischer Bergrettungsdienst
ObREG – Oberstes Rückerstattungsgericht
Ob.-Reg.-Med.-R. – Oberregierungsmedizinalrat
Ob.-Reg.-R., ObRegR – Oberregierungsrat
obs. – observieren; observiert · obskur · obsolet
Obs., Observ. – Observant · Observanz · Observation · Observator · Observatorium · Observierung
OBST – Osnabrücker Beiträge zur Sprachtheorie
Obst. – Oberst
Obstlt. – Oberstleutnant
Ob.-Trib., ObTrib. – Obertribunal
OBtsm – Oberbootsmann *(Bw.)*
öBtx – öffentlicher Bildschirmtext
OBU – on-board-unit *(Kfz; Abrechnungsgerät für Lkw-Maut)*
Obus – Oberleitungsomnibus
ÖBV – Österreichischer Bundesverlag
Ö. b. Verm.-Ing., ÖbVermIng., ÖbVI – öffentlich bestellter Vermessungsingenieur
obw. – obwalten[d] · obwohl
Obw. – Oberwerk *(Musik)*
Obz – Oberbauzug *(Bahn)*
OC – Operationscode *(EDV)*
OC, o. c. – open circuit *(engl.: »offener Stromkreis, Leerlauf«)*
o. c. – opere citato *(lat.: »im angegebenen Werk«)*
O.C. – Organisation Consul *(hist.)*
O. C., OC vgl. O. Carm.
OCAM – Organisation Commune Africaine et Malgache *(Afrikanisch-Madagassische Union)*
O. C. A. O., OCAO – Ordo Carmelitae Antiquae Observantiae *(Orden der Beschuhten Karmeliten/Karmelitinnen)*
O. Cap. vgl. O. F. M. Cap.
O. Carm. – Ordo Fratrum Beatae Mariae Virginis de Monte Carmelo *(Orden der Beschuhten Karmeliten/Karmelitinnen)*
O. Carm. Disc. vgl. O. C. D.
O. Cart., O. Carth. – Ordo Cart[h]usiensis *(Orden der Kartäuser)*
OCAS – Organization of Central American States
O. C. C., OCC – Ordo Carmelitae Calceati *(Orden der Beschuhten Karmeliten)*
O. C. D., OCD – Ordo Fratrum Carmelitarum Discalceatorum *(Orden der Unbeschuhten Karmeliten/Karmelitinnen)*

OCDE – Organisation de Coopération et de Développement Economiques
ÖCI – Österreichisches Credit-Institut
OCist – Ordo Cistersiensis
O. Cist. Ref. vgl. O. C. R.
O. Conv. vgl. O. F. M. Conv.
OCR – Optical Character Recognition *(Software zur Texterkennung)*
O. C. R., OCR – Ordo Cisterciensium Reformatorum sive Strictioris Observantiae *(Orden der Reformierten Zisterzienser; Trappisten)*
O. C. S. O., OCSO vgl. O. C. R.
OCT, OCTI, OCTIC – Office Central des Transports Internationaux par Chemins de fer
OCV – Osteochondral-Transplantation *(Med.)*
ÖCV – Österreichischer Cartellverband
OCVV – Office Communautaire des Variétés Végétales *(franz.; EU)* · Oficina Comunitaria de Variedades Vegetales *(span.; EU)*
.ocx – OLE control extension
OD – Oberflächendosis *(Med.)* · Bad Oldesloe/Stormarn *(Kfz)* · optical disc · Ordnungsdienst · Ortsdurchfahrt · Ostdeutschland · Osteochondrosis dissecans *(Med.)*
od. – oder
o. D. – ohne Datum · ohne Dividende[nschein]
ö. D. – öffentlicher Dienst
ODB – open data base
o. Db. – ohne Dividendenbogen
O. d. B. – Offizier des Beurlaubtenstandes
ODBC – open database connectivity
OD-E – Ortsdurchfahrt-Erschließungsbereich
ODECA – Organización de Estados Centroamericanos
o. desgl. – oder desgleichen
OdF – Opfer des Faschismus *(DDR)*
o. dgl. – oder dergleichen
ODIN – Organisationsdienst für nachgehende Untersuchungen *(Berufsgenossenschaften)*
ODIV – Ordensdirektoren-Vereinigung
ODP – Ocean Drilling Program *(internationales Tiefseebohrprogramm)*
ÖDR – Öffentliches Dienstrecht
o. Dr. – ohne Drucker
Odru – Oberdrucker *(Bahn)*
ODS – offene Datenschnittstelle · Open Data Services · Ostpolitischer Deutscher Studentenverband
o. d. T. – ob der Tauber
OD-V – Ortsdurchfahrt- Verknüpfungsbereich
Odw. – Odenwald
Oe – Öchsle *(Einheit)* · Ørsted *(Einheit)*
OE – Offenbarungseid · Old English · Olpe *(Kfz)* · Organisationsentwicklung · Ortseinfahrt/-eingang · Oszillator im Empfänger
OE, O. E. – Oxfordeinheit
ÖE – Öleinheit
o. e. – oben erwähnt
o. E. – ohne Erfolg · ohne Erinnerung · ohne Extras
OEA – Organisation Europäischer Aluminium-Schmelzhütten · Organización de los Estados Americanos · Original-Erstausgabe
OEB – open electronic book standard
OECD – Organization for Economic Cooperation and Development/Organisation Européenne de Coopération et de Développement
OECQ – Organisation Européenne pour la Contrôle de la Qualité
OED – Oxford English Dictionary
OEEPE – Organisation Européenne d'Etudes Photogrammétriques Expérimentales
OEG – Oberrheinische Eisenbahngesellschaft · Opfer-Entschädigungsgesetz
OeKB – Österreichische Kontrollbank
ÖEKV – Österreichischer Energiekonsumenten-Verband
OEM – Original Equipment Manufacturer
OeNB – Österreichische Nationalbank
OEPP – Organisation Européenne [et Méditerranéenne] pour la Protection des Plantes
O. Er. S. A. vgl. O. E. S. A.
O. E. S. A., O. Er. S. A. – Ordo [Fratrum] Eremitarum Sancti Augustini *(Orden der Augustiner-Eremiten)*
OEZ – osteuropäische Zeit
OF – Oberförster[ei] · Oberfeldwebel *(Bw.)* · Offenbach *(Kfz)* · Oszillatorfrequenz
o. F. – ohne Fäden · ohne Faktur · ohne Fassung · ohne Fehler · ohne Fortsetzung
ÖFB – Österreichischer Fußballbund
OFD – Oberfinanzdirektion
ÖFEB – Österreichische Gesellschaft für Forschung und Entwicklung im Bildungswesen
off. – offen · offenbar · offensichtlich · offensiv · offerieren; offeriert · offiziell · offizinal; offizinell · offizinös
Off. – Offenbarung · Offenheit · Offensive · Offert *(österreichisch);* Offerte · Offertorium · Office · Offizial · Offiziant · Offizier · Offizin · Offizium
öff. – öffentlich
Öff. – Öffentlichkeit
Offb. – Offenbarung · Offenburg
Offb.-E., Offb.-Eid – Offenbarungseid

Offenb. – Offenbach · Offenbarung · Offenburg
offiz. – offiziell · offiziös
Offlg. – Offenlage · Offenlegung
Offs. – Offset[druck]
öfftl. – öffentlich
öff. Verw. – öffentliche Verwaltung
offz. – offiziell · offiziös
Offz. – Offizier · Offizin · Offizium
ÖFG – Österreichische Friedensgesellschaft
OFH, OFGH – Oberster Finanz[gerichts]hof
OFHEO – Office of Federal Housing Enterprise Oversight *(USA)*
OFhnr – Oberfähnrich *(Bw.)*
ÖFI – Österreichisches Filminstitut
OFinK – Oberfinanzkasse
OFinR – Oberfinanzrat
OfJ – Oberschule für Jungen
OFK – Oberfinanzkasse
OFKO – Oberfinanzkassenordnung
OfM – Oberschule für Mädchen
O.F.M., OFM – Ordo Fratrum Minorum *(Orden der Franziskaner)*
O.F.M.C., OFMC vgl. O.F.M. Cap.; vgl. O.F.M. Conv.
O.F.M.Cap. – Ordo Fratrum Minorum Capucinorum *(Orden der Kapuziner)*
O.F.M.Conv. – Ordo Fratrum Minorum Conventualium *(Orden der Franziskanerminoriten; Konventualen)*
O.F.M.Obs. – Ordo Fratrum Minorum [Regularis] Observantiae *(Orden der Franziskanerobservanten)*
O.F.M.Rec. – Ordo Fratrum Minorum Recollectorum *(Orden der Franziskanerrekollekten)*
O.F.M.Ref. – Ordo Fratrum Minorum Reformatorum *(Orden der Franziskanerreformaten)*
OFN – Ortsfernsprechnetz
Ofö – Oberförsterei
OFoM – Oberforstmeister
OFoR – Oberforstrat
OFP, OFPräs. – Oberfinanzpräsident
OFR – Oberfähnrich *(Bw.)*
Ofr. – Oberfranken · Ostfriesland
ofrs. – ostfriesisch
OFT – Oberflächenfeldeffekttransistor · Office of Fair Trade *(GB; Wettbewerbsaufsicht)*
ÖFVW – Österreichische Fremdenverkehrswerbung
Ofw, Ofw. – Oberfeldwebel *(Bw.)*
OFW – Oberflächenwelle
OFW, o.f.W. – ohne festen Wohnsitz
OFX – Open Financial Exchange
OFZ – Osteoporose-Forschungszentrum *(Erlangen)*
OG – Obergefreiter · Obergericht · Obergeschoss · Obergrenze · Oberstes Gericht · Offenburg/Ortenaukreis *(Kfz)* · Opiumgesetz · Organigramm · Ortsgruppe
o.g. – oben genannt
o.G. – ohne Garantie · ohne Genehmigung · ohne Gepack[beförderung] · ohne Gewähr
ÖGB – Österreichischer Gewerkschaftsbund
Ogbf – Ortsgüterbahnhof
ÖGDB – Österreichische Gesellschaft für Dokumentation und Bibliografie
ÖGDG – Gesetz über den Öffentlichen Gesundheitsdienst
OGefr. – Obergefreiter *(Bw.)*
o.gen. – oben genannt
O.-Ger., OGer. – Ortsgericht[e]
OGerG – Ortsgerichtsgesetz
OGerGebO – Gebührenordnung für die Ortsgerichte
ÖGEW – Österreichische Gesellschaft für Erdölwissenschaften
ÖGG – Österreichische Geographische Gesellschaft
OGH – Oberster Gerichtshof
OGL – Open General Licence *(engl.; allgemeine Importwarengenehmigung)* · Ortsgewerkschaftsleitung *(DDR)*
o.Gl. – ohne Glas
ÖGMA – Österreichische Gesellschaft für Mess- und Automatisierungstechnik
ÖGMV – Österreichische Glücksspielmonopolverwaltung
OGO – Orbiting Geophysical Observatory
o.Gr. – ohne Grund; ohne Gründe
ÖGRR – Österreichische Gesellschaft für Raumforschung und Raumplanung
OGst. – Organisationsgeschäftsstelle
OGV – Obergerichtsvollzieher · Obst- und Gartenbauverein
ÖGV – Österreichischer Gebirgsverein
o.GV, oGV – ordentliche Generalversammlung
OGwR, OGwRat – Obergewerberat
OH – Ohio *(Staat der USA)* Ostholstein *(Kfz)*
ÖH – Österreichische Hochschülerschaft
o.H. – ohne Heizung · ordentlicher Haushalt
OHA – Osterode/Harz *(Kfz)*
O.H.B.M.S. – on His/Her Britannic Majesty's Service *(engl.:* »Im Dienst Seiner/Ihrer Britischen Majestät« [= amtlich])
OHG – Offene Handelsgesellschaft
OHL – Oberste Heeresleitung *(hist.)*
O.H.M.S. – On His/Her Majesty's Service *(engl.:* »Im Dienst Seiner/Ihrer Majestät« [= amtlich])

OHP – Overheadprojektor
oh. Ped. – ohne Pedal
OHR – Office of the High Representative *(UN, Sarajewo)*
ÖHS – Österreichische Hochschülerschaft
OHV – Oberhavel *(Kfz)*
o. HV, oHV – ordentliche Hauptversammlung
OHZ – Osterholz-Scharmbeck *(Kfz)*
Ohz., Ohzg. – Ofenheizung
OI – Oberingenieur · Oberinspektor · Offene Immobilienfonds
ÖIAV – Österreichischer Ingenieur- und Architektenverein
OibE – Offizier im besonderen Einsatz *(DDR)*
ÖIBF – Österreichisches Institut für Berufsbildungsforschung
OIC – Office Central des Transports Internationaux par Chemin de fer *(vgl. OCT)* · Organisation Internationale du Commerce · Organization of Islamic Conferences
OIE – Office International des Epizooties *(Weltorganisation für Tiergesundheit)* · Organisation Internationale des Employeurs *(Internationaler Arbeitgeberverband)*
OIEA – Organisation Internationale de l'Énérgie Atomique / Organismo Internacional de Energía Atómica
OIEC – Office International de l'Enseignement Catholique
ÖIG – Österreichische Industrieverwaltungsgesellschaft
OIJ – Organisation Internationale des Journalistes
OIML – Organisation Internationale de Métrologie Légale *(Internationale Organisation für gesetzliches Messwesen)*
O.-Ing. – Oberingenieur
o. Inh. – ohne Inhalt
OIPC – Organisation Internationale du Police Criminelle · Organisation Internationale de Protection Civile
OIR – Organisation Internationale pour les Réfugiés *(Internationale Flüchtlingsorganisation)*
OIRT – Organisation Internationale de Radiodiffusion et Télévision
OIT – Organisation Internationale du Travail *(vgl. IAO)*
OITAF – Organizzazione Internazionale dei Trasporti a Fune *(Internationale Seilbahnorganisation)*
OIV – Office International de la Vigne et du Vin *(Internationales Amt für Rebe und Wein)*
o. J. – ohne Jahr[esangabe]
ÖJB – Österreichische Jugendbewegung
ÖJC – Österreichischer Journalisten-Club
ÖJHV – Österreichischer Jugendherbergsverband
OJR – Oberjustizrat
ÖJRK – Österreichisches Jugendrotkreuz
o. J. u. O. – ohne Jahr und Ort
OJV – Offener Jugendverein
ÖJV – Ökologischer Jagdverband
OK – Oberkante · Oberkommando · Ohre-Kreis *(Kfz)* · Oklahoma *(Staat der USA)* · Organisationskomitee · organisierte Kriminalität · Ortskrankenkasse
ök. – ökologisch · ökonomisch
Ök. – Ökologe; Ökologie · Ökonom[ie]; Ökonomik
o. K. – ohne Kapital · ohne Kommentar · ohne Konkurrenz · ohne Korrektur · ohne Kosten
o. k., O. K. – okay; all correct *(engl.)*
ÖKart. – Kartensystem für bargeldloses Telefonieren an öffentlichen Fernsprechern
ÖKB – Österreichischer Komponistenbund
OKBR – Oberkulturbaurat
OKBDir. – Oberkulturbaudirektor
OKD – Oberkreisdirektor
Ö K. f. d. O. – Österreichische Kommission für die Orthographiereform
OKH – Oberkommando des Heeres *(hist.)*
OKiR – Oberkirchenrat
ÖKISTA – Österreichisches Komitee für internationalen Studienaustausch
OKK – Oberkante Kiel · Oberkriegskommissariat *(Schweiz)* · Ortskrankenkasse
okk. – okkultistisch · okkupieren; okkupiert
Okk. – Okkasion · Okkultismus; Okkultist · Okkupation
ÖKK – Österreichische Kartographische Kommission
Okkl. – Okklusion
OKL – Oberkommando der Luftwaffe *(hist.)*
O.-Kl., Okl. – Oberklasse · Ortsklasse
Okla. – Oklahoma *(Staat der USA)*
Okm – Ortskabel-Messstelle
OKM – Oberkommando der Kriegsmarine *(hist.)*
ökol. – ökologisch
Ökol. – Ökologe; Ökologie
ökon. – ökonomisch
ökonom. – ökonometrisch
Ökonom. – Ökonometrie
Ökopol – Institut für Ökologie und Politik
OKR – Oberkirchenrat · Oberkonsistorialrat
Ök.-R., Ök.-Rat – Ökonomierat
OKrDir. – Oberkreisdirektor
OKrG – Oberkriegsgericht
ÖKS – Arbeitsgemeinschaft Ölkatastrophenschutz
Okt. – Oktave · Oktogon · Oktober
ÖKTG – Österreichische Kerntechnische Gesellschaft

OKV – Operationskostenvergütung *(Vw.)* · Ortsklassenverzeichnis
ÖKV – Österreichischer Kongress-Verband
OKVSt – Ortsknotenvermittlungsstelle *(Post)*
OKW – Oberkommando der Wehrmacht *(hist.)*
ÖKW – Österreichisches Kuratorium für Wirtschaftlichkeit
OKZ – Oberflächenkeimzahl
ÖKZ – Österreichisches Konferenzzentrum
Ol – Oberbaustofflager *(Bahn)*
OL – Oberlehrer · Oberleutnant *(Bw.)* · Oldenburg *(Kfz)* · Organisationsleiter · Orientierungslauf
OL, O. L. – Oberlausitz
ol. – olivfarben
Ol. – Oleander · Oleum (*lat.:* »Öl«) · Olive[n]
ö. L. – östliche[r] Länge
Olaf – Office Européen de Lutte Anti-Fraude *(Amt für Betrugsbekämpfung; EU)*
OLAG – Oberlandesarbeitsgericht
OLAP – online Analytical Processing
old., oldenb. – oldenburgisch
OLE – object linking and embedding
OLED – organic light emitting diodes/display, organische Licht emittierende Dioden
OLG, OLGer. – Oberlandesgericht
OLGPr., OLGPräs. – Oberlandesgerichtspräsident
OLGR – Oberlandesgerichtsrat
OLGSt. – Entscheidungen der Oberlandesgerichte zum Straf- und Strafverfahrensrecht
OLGZ – Entscheidungen der Oberlandesgerichte in Zivilsachen
OLK – Oberste Luftsportkommission
OLKR – Oberlandeskirchenrat · Oberlandeskulturrat
OLR – offline-reader
OLSch – Orderlagerschein
OLSchV – Orderlagerscheinverordnung
ÖlSG – Ölschadengesetz
Olt, OLt. – Oberleutnant *(Bw.)*
OLtg. – Oberleitung
OLTP – Online Transaction Processing
OLwR – Oberlandwirtschaftsrat
OM – Obermeister · Objektmanager · old man *(engl.; Funkwort im Amateurfunkwesen)* · Oman *(Kfz)* · Open Message · Ortsmitte · Overturning Moment (*engl.:* »Umkehrpunkt«)
O. M., OM vgl. O. Min.
o. M. – ohne Meldung · ordentliches Mitglied
OMA – Open Mobile Alliance
OMagR – Obermagistratsrat
O. M. C., OMC vgl. O. F. M. Conv.
O. M. C., OMC, O. M. Cap. vgl. O. F. M. Cap.
O. M. Conv. vgl. O. F. M. Conv.
O. M. Conv. Ref. – Ordo Minorum Conventualium Reformatorum *(Orden der Reformierten Konventualen)*
OMD – online marketing düsseldorf *(Fachmesse)* · Orchestral Manoeuvres in the Dark *(britische Popgruppe)*
omd., omdt. – ostmitteldeutsch
O. Mech. – Ordo Mechitaristarum *(Orden der Mechitaristen)*
OMedR – Obermedizinalrat
OMEGA – Organisationssystem zur Ermittlung und Nutzung von Messdaten zur Exposition gegenüber Gefahrstoffen am Arbeitsplatz *(Berufsgenossenschaften)*
OMEP – Organisation Mondiale pour l'Education Préscolaire *(Weltorganisation für vorschulische Erziehung)*
OMG – Object Management Group · Office of Military Government
ÖMG – Österreichische Mathematische Gesellschaft · Österreichische Mineralogische Gesellschaft
OMGUS – Office of Military Government (for Germany) of the United States
OMI – Organisation Météorologique Internationale
O. Min. – Ordo Minorum *(Orden der Minderbrüder)*
O. Min. Cap. vgl. O. F. M. Cap.
O. Min. Conv. vgl. O. F. M. Conv.
OMK – Oberste Motorradsport-Kommission
OMM – Organisation Météorologique Mondiale
omn. – omnipotent
Omn. – Omnibus · Omnipotenz
OMO, O. M. O. – ordinary money order (*engl.:* »allgemeine Postanweisung«)
OMPI – Organisation Mondiale pour la Propriété Intellectuelle *(vgl. WIPO)*
OMR – Obermedizinalrat
O. M. Reg. Obs. vgl. O. F. M. Obs.
OMS – Organisation Mondiale de la Santé
O.-Mstr. – Obermeister
O.-Mt. – Obermaat
OMTA – Organisation Mondiale du Tourisme et de l'Automobile
ÖMV – Österreichische Mineralölverwaltung
o. MV, oMV – ordentliche Mitgliederversammlung
O. M. V., OMV – Oblati Beatae Mariae Virginis *(Orden der Oblaten der seligen Jungfrau Maria)*
OMW – Oberrheinische Mineralölwerke *(hist., Esso)*

ON – Ordnungsnummer · Ortsnetz
On., ON – Ortsname
o. n. – omni nocte (*lat.:* »jede Nacht«)
o. N. – ohne Namen · ohne Nennung · ohne Nummer
ÖN – Österreichisches Normungsinstitut
ÖNA – Österreichischer Normenausschuss
o. n. A. – ohne nähere Angabe[n]
ÖNB – Österreichische Nationalbibliothek *(neben OeNB)* · Österreichischer Naturschutzbund
ONE – open network environment
ONERA – Office Nationale d'Etudes et de Recherches Aéronautiques *(Frankreich)*
ONK – Ortsnamenkarte
ONKz – Ortsnetzkennzahl
ONO – Ostnordost[en]
onö. – ostnordöstlich
ÖNORM – Österreichische Norm
o. Nr. – ohne Nummer
ONS – Oberste Nationale Sportkommission für den Automobilsport in Deutschland · Overseas News Agency *(britische Nachrichtenagentur)*
ONU – Organisation des Nations Unies *(franz.; UNO)*
ONUDI – Organisation des Nations Unies pour le Développement Industriel des Pays (= *UNIDO*)
OO – objektorientiert
oö. – oberösterreichisch
OÖ. – Oberösterreich
o. O. – ohne Obligo · ohne Ort[sangabe] *(bei Büchern)*
OOB – out of band
ÖOC – Österreichisches Olympisches Comité
OODBMS – object-oriented database management system
OOO – out of order (*engl.:* »außer Betrieb«)
OOP – objektorientierte Programmierung
o. o. p. – out of print (*engl.:* »vergriffen«)
o. ö. Prof. – ordentlicher öffentlicher Professor
OOPS – object-oriented programming system
o. o. u. – out of use (*engl.:* »außer Gebrauch«)
o. O. u. J. – ohne Ort und Jahr *(bei Büchern)*
OP – Oberpräsident · Oberprüfungsamt · Objektprogramm · offene Posten · online publishing · Operationssaal · Orderpapier · Ordnungspolizei · Orientierungspunkt · Originalpackung · Osteopetrose *(Med.)*
op. – operativ · operieren; operiert
op., Op. – Opus *(Musik)*
Op. – Oper · Operand *(EDV)* · Operateur · Operation · Operator · Opium
o. p. – out of print (*engl.:* »vergriffen«)
o. P. – ohne Pedal · ohne Pension · ohne Portepee *(Bw.)* · ohne Protest · ordentlicher Professor
O. P., OP – Ordo [Fratrum] Praedicatorum *(Orden der Dominikaner)*
O. P. – open floating policy *(Vw.)* · Originalpackung · original premium (*engl.:* »Originalprämie«)
Opa, OPA – Oberprüfungsamt
OPAC – Online Public Access Catalogue *(Bibl.)*
o. Pag. – ohne Paginierung
OPAm – Oberpostamtmann
Op-Art – Optical Art
OPB – Offene-Posten-Buchhaltung
ÖPB – Österreichischer Pfadfinderbund
OPBI – Oberpostbauinspektor
OPBR – Oberpostbaurat
OPC – optimum picture control
op. cit. – opere citato (*lat.:* »im angegebenen Werk«)
Opcode – Operation Code
OPCW – Organization for the Prohibition of Chemical Weapons
OPD – Oberpostdirektion · Operativdienst
OPEC – Organization of Petroleum Exporting Countries
O. Poen. – Ordo Poenitentiae de Jesu Nazareno *(Orden der Nazarener)*
ÖPG – Gesetz über die Pfandbriefe und Schuldverschreibungen öffentlich rechtlicher Kreditinstitute · Österreichisches Pressegesetz
OPI – Oberpostinspektor · open press interface
OpiumG – Opiumgesetz
OPK – Oberpostkasse
OPKL – Leiter der Oberpostkasse
OPL – onboard phase locked loop · one person library *(Bibl.)* · open publication license · operative Planung
OPL-Chips – Operator-Type-L-Chips
OPM – Oberpostmeister
ÖPNV – öffentlicher Personennahverkehr
OPolR – Oberpolizeirat
op. posth. – opus posthumum (*lat.:* »nachgelassenes Werk«; *Musik*)
OPR – Oberpolizeirat · Oberpostrat · Ostprignitz-Ruppin *(Kfz)*
ÖPR – Örtlicher Personalrat
O. Pr. vgl. O.P.
O. Praem. – Ordo Praemonstratensis *(Orden der Prämonstratenser)*
o. Prof. – ordentlicher Professor
OPS – open profiling standard
Opsi – elektrooptische Sicherung von Haltesignalen

opt. – optimal · optimieren · optimistisch · optisch
Opt. – Optativ *(Sprachw.)* · Optik[er] · Optimismus; Optimist[en] · Optimum · Option
OPV – Ostschweizerischer Presse-Verband
ÖPWZ – Österreichisches Zentrum für Produktivität und Wirtschaftlichkeit
OPZ – Oberschule praktischen Zweiges
ÖPZ – Österreichisches Produktivitäts-Zentrum *(vgl. ÖPWZ)*
Op.-Z., Op.-Zl. – Opuszahl
OR – Oberrat · Oberreferent · Oberrevisor · Obligationenrecht *(Schweiz)* · olympischer Rekord · Operations Research *(Betriebswirtschaftslehre)* · Ordensritter · Oregon *(Staat der USA)* · Organisationsrichtlinien · Orientierungsrahmen · Originalradierung
ÖR – Ökonomierat
or. – orientalisch · orientieren; orientiert
Or. – Oratorium · Oregon *(Staat der USA)* · Orient[ale] · Orientierung
Or., Orat. – Institutio Oratorii Sancti Philippi Nerii *(Orden der Oratorianer)*
ö.-r. – öffentlich-rechtlich
o. R. – ohne Rabatt · ohne Rechnung · ohne Recht · ohne Religion · ohne Rinde
ORA – Oberrechnungsamt *(der EKD)*
Orat. – Oratorium
ORB – Object Request Broker
ÖRBB – Ökumenischer Rat Berlin-Brandenburg
ORC – Organic Rankine Cycle *(Kraftwerktechnik)*
orch. – orchestral
Orch. – Orchester · Orchidee[n]
Orch.-Bes. – Orchesterbesetzung
Orch.-K., Orch.-Kzt. – Orchesterkonzert
Orch.-Kzte. – Orchesterkonzerte
ord. – ordentlich · ordinär · ordinieren; ordiniert
Ord. – Orden · Order · Ordinariat · Ordinarius · Ordinate · Ordination · Ordnung · Ordonnanz
O. R. D. – owner's risk of damage *(Eigners Gefahr bei Schaden)*
OrdA – Ordnungsamt
Ordn. – Ordnung
Ord.-D. – Ordnungsdienst
Ord.-Nr. – Ordnungsnummer
OrdZG – Gesetz über die Zuständigkeit der Ordnungsbehörden
ORE – Office de Recherches et d'Essais
ORechK – Oberrechnungskammer
Oreg. – Oregon *(USA)*
ORegMedR, ORegMR – Oberregierungsmedizinalrat
ORegR – Oberregierungsrat
ORES – Oberster Rat der Europäischen Schulen
ORF – Österreichischer Rundfunk
ORG – Oberstes Rückerstattungsgericht
org. – organisatorisch · organisch · organisieren; organisiert
Org. – Organ · Organdy · Organik · Organisation; Organisator · Organismus · Organist[in] · Organza · Orgasmus · Orgel
Orga – Organisation
Org.-A., OrgA – Organisationsausschuss
Org.-Abt., Org.-Abtlg. – Organisationsabteilung
ORGALIME – Organisme de Liaison des Industries Métalliques Européennes *(Verbindungsstelle der europäischen Maschinenbau-, Metall verarbeitenden und Elektroindustrie)*
Org.-Gr. – Organisationsgrad
Org.-Kom. – Organisationskomitee
Org.-L., Org.-Lt. – Organisationsleiter
Org.-L., Org.-Ltg. – Organisationsleitung
Org.-Pl. – Organisationsplan; Organisationspläne
OrgRichtl – Organisationsrichtlinien
OrgStA, OrgSta. – Anordnung über Organisation und Dienstbetrieb der Staatsanwaltschaft
ORH – Oberster Rechnungshof
O.-Rh., ORh. – Oberrhein
Or.-H. – Orientierungshilfe
orient. – orientalisch; orientalistisch · orientieren; orientiert
Orient. – Orientale · Orientalist[ik] · Orientierung
orig. – original · originär · originell
Orig. – Original[e] · Originalität
Orig.-Abf. – Originalabfüllung
Orig.-Ausg. – Originalausgabe
Orig.-Bes., Org.-Bsg. – Originalbesetzung *(Musik)*
Orig.-Ex., Orig.-Exempl. – Originalexemplar
Orig.-Ms., Orig.-Mskr. – Originalmanuskript
Orig.-Pag. – Originalpaginierung
Orig.-Rechn. – Originalrechnung
ORK – Oberrechnungskammer
ÖRK – Ökumenischer Rat der Kirchen
ORM – Online-Reichweiten-Monitor
ORMedR, ORMR – Oberregierungsmedizinalrat
orn. – ornamental · ornithologisch
Orn. – Ornament[ik] · Or-

nat · Ornithologe; Ornithologie
Orpo – Ordnungspolizei
ORR – Oberrechnungsrat · Oberregierungsrat
ORS – Oral Rehydrations Solution *(Med.)*
O. R. S. A., ORSA – Ordo Recollectorum Sancti Augustini *(Orden der Augustinerrekollekten)*
ORT – Organization for Rehabilitation through Training
ORTF – Office de Radiodiffusion-Télévision Française
orth. – orthodox · orthographisch · orthopädisch
Orth. – Orthodoxe; Orthodoxie · Orthographie · Orthopäde; Orthopädie
örtl. – örtlich
Ortskl. – Ortsklasse
ORuVR – Oberregierungs- und Vermessungsrat
ORVDir. – Oberregierungsvermessungsdirektor
ORVetR – Oberregierungsveterinärrat
ORVmR, ORVR – Oberregierungsvermessungsrat
ORZ – Organisations- und Rechenzentrum
Os – Osmium *(Element)*
OS – Oberschule · Obersekretär · Offiziersschule · Olympiasieger · Olympische Spiele · Open Skies *(Vertrag über den Offenen Himmel vom 24. 3. 1992)* · operating system · Osnabrück *(Kfz)* · Oszillator im Sender
öS – örtlicher Sonderzuschlag
OS; o. S. – ohne Schaffner
o. S. – ohne Sack
ÖSAG – Österreichische Autobahnen- und Schnellstraßen AG
OSB – Obere Siedlungsbehörde · Oberstabsobmann *(Bw.)* · Oberste Sportbehörde · Olympiastützpunkt[e] · oriented strand board
O. S. B., OSB – Ordo Sancti Benedicti *(Orden der Benediktiner)*
O. S. B. M., OSBM – Ordo Sancti Basilii Magni *(Orden der Basilianer)*
OSC – Olympischer Sportclub
O. S. C., OSC vgl. O. S. Cr.
OSCE – Organisation for Safety and Cooperation in Europe
Osch. – Ortschaft
OSchG – Oberschiedsgericht
OSchR – Oberschulrat
O. S. Cl. – Ordo Sanctae Clarae *(Orden der Klarissen)*
O. S. Cr. – Ordo Sancti Crucis *(Orden der Kreuzherren)*
OSD – Oberstadtdirektor[in] · Oberstudiendirektor[in] · on screen display
O. S. D., OSD – Ordo Sancti Dominici *(Orden der Dominikanerinnen)*
OSF – Open Software Foundation
O. S. F., OSF – Ordo Sancti Francisci *(Orden der Franziskanerbrüder/Franziskanerinnen)*
O. S. F. S., OSFS – Institutio Oblatorum Sancti Francisci Salesii *(Orden der Oblaten des heiligen Franz von Sales)*
OSGV – Ostdeutscher Sparkassen- und Giroverband
OSHA – Occupational Safety and Health Agency/*(USA:)* Administration
OSI – Open Source Initiative · Open Systems Interconnection *(Norm der ISO für Kompatibilisierung von Computern)* · Otto-Suhr-Institut *(Berlin)*
O. S. J. [d.] D., OSJ[d]D – Ordo Hospitalarius Sancti Joannis de Deo *(Orden der Barmherzigen Brüder vom heiligen Johannes von Gott)*
OSK – Oberste Sportkommission
OSL – Oberspielleiter · Oberspreewald-Lausitz *(Kfz)* · Offiziersschule der Luftwaffe · Ortssendeleitung
O. S. M., OSM – Ordo Servorum/Servarum Mariae *(Orden der Serviten/Servitinnen)*
o. S. n. K. – oder Sorten nach Kurs
OSO – Ostsüdost[en]
osö. – ostsüdöstlich
OSP – Olympia-Stützpunkt
o. sp. – oder später
OSPF – open shortest path first
OSR – Obersanitätsrat · Oberstudienrat · OEM Service Release
Osram – Osmium + Wolfram
OSS – Office of Strategic Services *(USA)* · Open Sound System
O. S. Salv. – Ordo Sanctissimi Salvatoris *(Orden der Birgittinnen; Erlöserorden)*
OSShD, OSSD – Organisazija sotrudnitschestwa shelesnych dorog *(osteuropäischer Eisenbahnverband)*
O. S. Sp. – Ordo Hospitalarius Sancti Spiritus *(Orden vom Heiligen Geist)*
O. Ss. R. – Ordo [Monialium] Sanctissimi Redemptoris *(Orden der Redemptoristen)*
O. Ss. T. vgl. O. S. T.
OST – Operationssteuerung *(EDV)*
öst. – österlich · österreichisch
o. St. – ohne Steuermann
ö. St. – öffentliche Stellung
O. S. T., OST – Ordo Sanctissimae Trinitatis redemptionis captivorum *(Orden der Trinitarier)*
OStA – Oberstaatsanwalt · Oberstabsarzt
OSTA – Optical Storage Technology Association
ÖSTA – Österreichisches Sport- und Turnabzeichen
o. Stb. – ohne Stammbaum
Ostd. – Ostdeutsche[r]; Ostdeutschland

OStD, OStDir. – Oberstadtdirektor · Oberstudiendirektor[in]
ostd., ostdt. – ostdeutsch
österr. – österreichisch
ostfr. – ostfränkisch · ostfriesisch
Ostfr. – Ostfranken · Ostfrankreich · Ostfriesland
OStFw – Oberstabsfeldwebel *(Bw.)*
OstGefr – Oberstabsgefreiter *(Bw.)*
ostidg. – ostindogermanisch
OSTIV – Organisation Scientifique et Technique Internationale du Vol à Voile *(Internationale technisch-wissenschaftliche Organisation für Segelflug)*
östl. – östlich
o. Stm. – ohne Steuermann
ostmd., ostmdt. – ostmitteldeutsch
ostpr. – ostpreußisch
OStR – Obersteuerrat · Oberstudienrat/-rätin
OStS – Obersteuersekretär
OStudDir. – Oberstudiendirektor[in]
OStudR – Oberstudienrat/-rätin
o. st. V., ostV – ohne stillschweigende Verlängerung
ostw. – ostwärts
ÖSU – Österreichische Studentenunion
O. S. U., OSU – Ordo Sanctae Ursulae *(Orden der Ursulinen)*
ÖSV – Österreichischer Skiverband
OSZE – Organisation für Sicherheit und Zusammenarbeit in Europa
OT – Oberflächentechnik · Ortsteil
O/T – old terms *(alte Vertragsbedingungen)*
o. T. – ob der Tauber · oberer Totpunkt
O. T., OT – Ordo Teutonicus *(Deutscher Orden; Orden der Deutschherren)*
OTA – Office of Technology Assessment *(USA)* · Organisation Mondiale du Tourisme et de l'Automobile
O. T. A. N., OTAN – Organisation du Traité de l'Atlantique Nord *(NATO)*
ÖTB – örtliches Telefonbuch · Österreichischer Turnerbund
OTC – Organization for Trade Cooperation *(im GATT)* · over the counter *(engl.; Bezeichnung für rezeptfreie Arzneimittel)*
ÖTC – Österreichischer Touring-Club
ÖTE – Ökologischer Tourismus in Europa
O. Teut. vgl. O. T.
O. Theat. – Ordo Clericorum Regularium vulgo Theatinorum *(Orden der Theatiner)*
OTI – Obertelegrafeninspektor
ÖTK – Österreichischer Touristen-Klub
OTL – Oberstleutnant *(Bw.)*
O-Ton – Originalton
OTR – one touch recording
O. Trin., O. Trinit. vgl. O. S. T.
OTS – Obertelegrafensekretär *(Post)* · operativ-technischer Sektor *(DDR)* · Orbital Test Satellite · organische Trockensubstanz
Ott. – Ottawa
ÖTTV – Österreichischer Tischtennisverband
ÖTV – Gewerkschaft Öffentliche Dienste, Transport und Verkehr *(hist., heute ver.di)* · Österreichischer Tennisverband
OTZ – Oberschule technischen Zweiges
o. u. – out of use *(engl.:* »außer Gebrauch«)
o. U. – ohne Umsatz *(Börse);* ohne Umsatzsteuer · ohne Unterschied · ohne Untersuchung
o. u. O. – ohne unser Obligo
.out – output *(Dateierweiterung)*
Ouv. – Ouvertüre
OV – Oberveterinär · Ortsverband · Ortsverein/-vereinigung · Ortsverzeichnis · Ortsvorsteher
o. V. – ohne Verfasser · ohne Verlag · ohne Verpflegung · ohne Verzicht · ohne Verzögerung · ohne Verzug · ohne Vorgang
OVA – Oberversicherungsamt · Obstbauversuchsanstalt
ÖVA – örtlicher Vorbereitungsausschuss
OVAG – Oberbergische Verkehrsgesellschaft Aktiengesellschaft
ÖVB – Österreichisches Verkehrsbüro
O. v. B., OvB – Offizier vom Bereitschaftsdienst
OVCW – Organisation für das Verbot chemischer Waffen *(Den Haag)*
OVD – Oberverwaltungsdirektor · Obervermessungsdirektor[in] · optisch variables Grafiksystem
O. v. D., OvD – Offizier vom Dienst
ÖVE – Österreichischer Verband für Elektrotechnik
OVerk. – Ortsverkauf · Ortsverkehr
OVermDir. – Obervermessungsdirektor
OVerwDir. – Oberverwaltungsdirektor
OVerwG – Oberverwaltungsgericht
OVerwGR – Oberverwaltungsgerichtsrat
OVerwR – Oberverwaltungsrat
ÖVFG – Österreichischer Verband für Flüssiggas
OVG, OVGer. – Oberverwaltungsgericht
OVGR – Oberverwaltungsgerichtsrat
ÖVGW – Österreichische

Vereinigung für das Gas- und Wasserfach
OVI – optically variable ink *(Spezialfarbe)*
o. V. i. A. – oder Vertreter im Amt
.ovl – overlay *(Dateierweiterung)*
O. V. M., OVM – Ordo de Visitatione Beatae Mariae Virginis *(Orden der Salesianerinnen)*
OVN – Organisation der Vereinten Nationen
OVO – Organisationsverordnung
OVP – Originalverpackung · Ostvorpommern *(Kfz)*
ÖVP – Österreichische Volkspartei
OVR – Obervermessungsrat · Oberverwaltungsrat · Oberveterinärrat
OVS – Oberverwaltungssekretär
OVSt – Ortsvermittlungsstelle
OVST – Ortsvermittlungsstelle
ÖVSV – Österreichischer Versuchssenderverband
OVV – Ortsverschönerungsverein
ÖVW – Österreichischer Verein für Vermessungswesen und Photogrammetrie
OvWa, O. v. Wa. – Offizier vom Wachdienst
OW – Oberwasserstand · Obwalden *(Schweiz; Kfz)* · Ortswerkstatt
o. W. – oberes Werk *(Musik)* · oder Wert · ohne Wert · ohne Wirkung
ö. W. – österreichische Währung
ÖWB – Österreichisches Wörterbuch
OWG – Ordnungswidrigkeitengesetz
OWi – Ordnungswidrigkeit[en]
OWiG – Ordnungswidrigkeitengesetz
OWiZustV – Ordnungswidrigkeiten-Zuständigkeitsverordnung
OWM – Oberwerkmeister · Organisation Werbetreibende im Markenverband
ÖWSGV – Österreichischer Wander-, Sport- und Geselligkeitsverein
O. W. Sp. – Oberwasserspiegel
OWZ – Oberschule wissenschaftlichen Zweiges
OWZE – Organisation für wirtschaftliche Zusammenarbeit und Entwicklung
oxdd. – oxidierend
Oxf. – Oxford
Oxh. – Oxhoft *(Maß)*
oxid. – oxidieren; oxidiert; oxidisch
Oxid. – Oxidation; Oxidierung
OZ – Oktanzahl · Ordnungszahl · Organisationszentrale/-zentrum · Ortszahl · Ortszeit · Ortszuschlag
oz., oz – ounce (*engl.:* »Unze«)
o. Z., OZ – ohne Zeichnung · ohne Zensur
Oz. – Ozean
o. Z. – ohne Zahl[ung]
OZD – Oberzolldirektion; Oberzolldirektor
ÖZH – Ölzentralheizung
OZI – Oberzollinspektor
OzL – Oberzugleitung[en]
OZL – optischer Zeilenleser *(EDV)*
OzN – Ost zu Nord
OzS – Ost zu Süd
OZS – Oberzollsekretär
ozs., ozs – ounces *(Plural zu: oz., oz)*
ÖZSV – Österreichischer Zivilschutzverband
OZ-Teil – Ohne-Zeichnung-Teil *(Mil.)*
O zu N – Ost zu Nord
O zu S – Ost zu Süd
OZust – Ortszusteller; Ortszustellung *(Post)*
OZustBez – Ortszustellbezirk
o. Zw. – ohne Zweifel · ohne Zwischenfall/Zwischenfälle

P*p*

p – Para · pari *(auf Kurszetteln)* · Penny · piano *(ital.; Musik)* · Pico... · Poncelet · Pond · Proton · typographischer Punkt
P – Papier *(Börse)* · Pappband · Parkplatz · Patent · Pegel · Peil... · Pentium · Personenzug · Perzentile · Peso *(Währung)* · Peta... · Petit *(Schriftgrad)* · Pfeifen *(Bahn)* · Phosphor *(Element)* · Pistole *(Bundeswehr)* · Poise *(Einheit)* · Pol · Polarisation · Portugal *(Kfz)* · Post · Potsdam *(Kfz)* · Pula *(Währung in Botsuana)* · Puls *(Med.)*
p. – pagina (*lat.:* »Seite«) · per · pinxit (*lat.:* »hat [es] gemalt«) · pro · pulveratus (*lat.:* »in Pulverform«)
P. – Paar · Packung · Papa *(kirchlicher Titel)* · Partitur · Pastor · Pater · Pedal · Person; Personal · Piaster · Pistole · Port (*engl.:* »Hafen«) · Prämie · Puls · Punkt[e] · Pylon · Pyramide
P2P – peer-to-peer
P3 – PPP; Platform for Privacy Preferences
P3P – Platform-for-Privacy-Preferences–Project
Pa – Pascal *(Einheit)* · Protactinium *(Element)* · Prüfungsamt *(Bahn)*
PA – Panama *(Kfz)* · Parlamentarischer Ausschuss · Passau *(Kfz)* · Patentabteilung · Patentanmeldung · Patentanwalt · Pennsylvania *(Staat der USA)* · perniziöse Anämie *(Med.)* · Personalakten · Personalabteilung · Personalausschuss · Perso-

nenaufzug · Piper Archer *(Kleinflugzeug)* · Polyamid · Postamt · Postanschrift · Postanweisung · Primäraffekt *(Med.)* · Produktionsabgabe · Prüfungsausschuss · public address · public affairs · Pufferabstand · Pulmonalarterie *(Med.)*
PÄ – Postämter
pa. – prima
Pa. – Pennsylvania *(Staat der USA)*
p. a. – per annum (*lat.:* »das Jahr hindurch«) · pro anno (*lat.:* »pro Jahr; für das Jahr«) · pro analysi *(Chemie)*
p.-a. – posterior-anterior (*lat.:* »von hinten nach vorn«; *Med.*)
p. A. – per Adresse
PAA – Polyacrylamid
PAB – allgemeine Bedingungen für Privatgleisanschlüsse
pa-Behälter – Porteur-Aménagé-Behälter *(Rollwagenbehälter)*
PAbt – Postabteil
PAC – Pan-African Congress · Personal Advanced Computer · Polyacryl
PachtKrG, PachtKredG – Pachtkreditgesetz
PAD – packet assembler/disassembler · Pädagogischer Austauschdienst · Personalauskunftsdatei · persönliches Anschaffungsdarlehen
päd. – pädagogisch
Päd. – Pädagoge; Pädagogik; Pädagogium · Päderast; Päderastie
PADAM – partielles Androgen-Defizit des alternden Mannes *(Med.)*
p. Adr. – per Adresse
p. ae. – partes aequales (*lat.:* »zu gleichen Teilen«)
PAF – Pfaffenhofen *(Kfz)*
PAFC – Phosphoric Acid Fuel Cell
PAG – Patentanwaltsgesetz · Personalausweisgesetz · Polizeiaufgabengesetz *(Bayern)*
pag. – pagina (*lat.:* »Seite«) · paginieren; paginiert
Pag. – Pagina · Paginierung · Pagode
Pag.-Masch. – Paginiermaschine
PAH – Panzerabwehrhubschrauber
PAHO – Pan American Health Organisation
PAISY – Personalabrechnungs- und Informationssystem[e]
Pak – Panzerabwehrkanone
PAK – Politischer Arbeitskreis · polyzyklische aromatische Kohlenwasserstoffe
Pak. – Pakistan[er]
Pak.-Bef. – Paketbeförderung
Pakum – Paketumschlagstelle *(Post)*
.pal – Palette *(Dateierweiterung)*
PAL, Pal – Polyacryl
PAL – paradox application language · Phase Alternating/Alternation Line *(deutsches Farbfernsehsystem)* · Philippine Airlines · programmable array logic
pal. – paläographisch · paläolithisch · paläontologisch · paläozoisch · palästinensisch · palettieren; palettiert
Pal. – Paläograph[ie] · Paläolithikum · Paläontologe; Paläontologie · Paläozän; Paläozoikum · Palast · Palästina · Palästinenser · Palatal · Palaver · Paletot · Palette · Palimpsest · Palindrom · Palisade · Palisander
Pall. – Palliativ *(Med.)* · Pallium · Pallottiner
PAm – Postamtmann
PAM – Personal Application Manager · Pulsamplitudenmodulation
PAMELA – Pilotanlage Mol zur Erzeugung lagerfähiger Abfälle
PAN – Personal Area Network · Pestizid-Aktions-Netzwerk · Pfarrkirchen/Rottal-Inn *(Kfz)* · Polyacrylnitril · Postabrechnungsnummer
Pan. – Panama[er] · Paneel
pan. – panamaisch · panisch
panar. – panarabisch
PAng – Postangestellter
PAngV – Preisangabenverordnung
PAnst – Postanstalt
PAnw – Postanweisung
PAnwAbk – Postanweisungs- und Postreisescheckabkommen
PAnwRSt – Postanweisungsrechenstelle
PAO – Politischer Arbeitskreis Oberschulen
PAOK (Saloniki) – Podosferikos Atletikos Omilos Konstantinopolus *(griech.: Fußballverein aus Konstantinopel)*
PAP – point authorization protocol · Polska Agencja Prasowa *(polnische Nachrichtenagentur)* · Programmablaufplan
Pap. – Papagei · Papier · Papille
PaPkG – Preisangabe- und Preisklauselgesetz
PAP-NAK – point authorization protocol negative acknowledgement
Papr. – Paprika
PAR – precision approach radar · pseudoallergische Reaktion
par. – parabolisch · paradieren · paradox · paraguayisch · parallel · paraphieren; paraphiert · paritätisch
Par. – Parabel · Parade · Paradies · Paradigma · Paradoxon · Paraffin · Paragramm · Paragraph · Paraguay[er] · Parallaxe · Parallele · Parallelismus · Parallelität · Parallelo · Parallelogramm ·

Paralyse · Paraphrase · Parasit[en] · Parität · Parole[n]
par., parag. – paraguayisch
Paragr. – Paragraph[en]
PArb – Postarbeiter
Parl. – Parlament; Parlamentär; Parlamentarier; Parlamentarismus
parl., parlam., parlament. – parlamentarisch
ParlR – Parlamentarischer Rat
Parl StS – parlamentarischer Staatssekretär
Parsec, Parsek – Parallaxensekunde
part. – parteiisch; parteilich, parterre · partial · partiell · partikular/partikulär · partikularistisch
Part. – Partei · Parterre · Partie · Partikel · Partikularismus; Partikularist · Partimento · Partisan[en] · Partitur · Partizip *(Sprachw.)* · Partner[in]; Partnerschaft[en]
parteif. – parteifähig
Part[ei]Fgk. – Parteifähigkeit
PartG – Gesetz über die politischen Parteien
Partn. – Partnerschaft[en]
parz. – parzellieren; parzelliert
Parz. – Parzelle[n]
PAS – para-Aminosalicylsäure · Parential Alienation Syndrome *(Med.)* · Personalabrechnungssystem · power assisted system *(motorunterstütztes Steuerungssystem)*
PAss – Postassistent
pass. – passabel · passieren · passim · passionato (*ital.:* »mit Leidenschaft«; *Musik*) · passioniert · passivisch
Pass. – Passacaglia *(Musik)* · Passade · Passage · Passagier[e] · Passion · Passiv · Passiva
PAssAw – Postassistentenanwärter
PAssess – Postassessor
PAssn – Postassistentin
PassG – Passgesetz
Pass(Allg)Verw. – Allgemeine Verwaltungsvorschriften zur Ausführung des Gesetzes über das Passwesen
PassGebVO – Passgebührenverordnung
Pass.-Sch. – Passagierschiff · Passierschein[e]
PassVO – Passverordnung
past. – pasteurisieren; pasteurisiert · pastoral
Past. – Pasteurisation; Pasteurisierung · Pastille[n] · Pastor · Pastorale · Pastorin
.pat – pattern *(Dateierweiterung)*
pat. – patent · patentieren; patentiert · patinieren; patiniert
Pat. – Pataca *(Währung in Macao)* · Patent · Patience · Patient · Patina
PATA – Pacific Asia Travel Association
Pat.-Anw., PatAnw. – Patentanwalt
PatAnwG – Patentanwaltsgesetz
PatAnwO, PatAO – Patentanwaltsordnung
PATDA – Patentdatenbank beim Deutschen Patentamt
PatG – Patentgericht · Patentgesetz
PatGebG – Gesetz über die Gebühren des Patentamts und des Patentgerichts
PatGer. – Patentgericht
PATH – Patienteneigene Tumorbank der Hoffnung
path. – pathetisch · pathologisch
Path. – Pathetik · Pathologe; Pathologie
Patis – Patentinformationssystem
PATOS – Offenlegungsschriften des Deutschen Patentamtes
PatR – Patentrecht
patr. – patriarchalisch · patrimonial · patriotisch · patristisch · patrizisch · patrouillieren
Patr. – Patriarch[at] · Patrimonium · Patriot; Patriotismus · Patristik · Patrize · Patriziat; Patrizier · Patrologie · Patron · Patronage · Patronat · Patrone · Patronymikon · Patrouille · Patrozinium
PATT – physical air treatment technology
PatVerlG – Gesetz über die Verlängerung der Dauer bestimmter Patente
P.-Ausw. – Personalausweis
PAuswG – Personalausweisgesetz
PAV – Personenabfertigungsvorschriften *(Bahn)*
Pav. – Pavian · Pavillon
pAVK – periphere arterielle Verschlusskrankheit (*Med.*)
PAW – Privatausbesserungswerk für Bahnpostwagen
Pb – Petabit · Plumbum (*lat.:* »Blei«; *Element*) · Postbote · Proband
PB – Paderborn *(Kfz)* · Panzerbataillon · Petabyte · Politbüro · Postbetrieb · Postbuch · Pressebüro · Programmbibliothek *(EDV)* · Prüf[ungs]bericht
PBA – Politischer Beratender Ausschuss
PBAssess – Postbauassessor
PBB – Postbetriebsbeobachter
P. b. b. – Postgebühr bar bezahlt *(Österreich)*
PBC – Partei bibeltreuer Christen · Pool-Billard-Club
Pbd. – Pappband
PBeaKK – Postbeamtenkrankenkasse
PBefG – Personenbeförderungsgesetz
PBEH – Patientenberatung für Erkrankungen der Haut
PBetrAss – Postbetriebsassistent
PBetrW – Postbetriebswart
PBG – Personenbeförde-

rungsgesetz · Polizeibeamtengesetz · Preisbildungsgesetz
PBGen – Postbaugenossenschaft
PBI – Postbauinspektor
PBIAw – Postbauinspektoranwärter
PBit – Petabit
PBl – Postbauleitung
PBO – Personenbeförderungsordnung · Postbauordnung
PBp – Paketbahnpost
PBR – Postbaurat
PBS – Platte-Betriebssystem
PBSt – Postbezirksstelle
PBT/PBTP – Polybutylenterephthalat
PBV – Personenbeförderungsvorschriften *(Bahn)* · Preisbindungsvorschriften
PByte – Petabyte
PBZ – primär-biliäre Zirrhose *(Med.)*
pc – Parsec
PC – Personalcomputer · Political Correctness · Polycarbonate · Profitcenter · Pseudocode *(EDV)*
p. c. – per cassa (*ital.:* »bar«) · post cibum (*lat.:* »nach dem Essen«) · pro centum (*lat.:* »für das Hundert«) · pro copia (*lat.:* »für die Richtigkeit der Abschrift«)
p. C. – post Christum (*lat.:* »nach Christi«)
PCA – patient controlled analgesia *(patientengesteuerte Analgesie; Med.)*
PCB – polychlorierte Biphenyle
PCD – Photo-CD
PCEM – Paliamentary Council of the European Movement
PCG – private client group
PCH – Parchim *(Kfz)*
p. Chr. [nat.] – post Christum [natum] (*lat.:* »nach Christi Geburt«)
PCI – peripheral component interconnect
PCIJ – Permanent Court of International Justice
PCIX – peripheral component interconnect extended
PCL – printer communication language
PCM – phase changing material · pulse coded modulation
PCMCIA – Personal Computer Memory Card International Association
Pck., Pckg. – Packung
PCM – Pulscodemodulation
p. C. n. – post Christum natum (*lat.:* »nach Christi Geburt«)
PCNE – Pharmaceutical Care Network Europe
PCO – Professional Congress Organizer
P-Code – Pseudo-Code
PCP – Pentachlorphenol · pneumocystis carinii pneumonia (*Med.*) · primär chronische Polyarthritis *(Med.)*
PCR – polymerase chain reaction *(Polymerase-Kettenreaktion; Med.)*
PC-RW – phase change rewritable
PCS – personal communication services
.pct – picture *(Dateierweiterung)*
PCT – Patent Cooperation Treaty *(UNO)* · polychlorierte Terphenyle · private communications technology
.pcx – PC Paintbrush Extension *(Dateierweiterung)*
Pd – Palladium *(Element)*
PD – Patentdokumentation · phase change disk/device · phasewriter dual · Photodiode · Postdampfer · Postdirektion; Postdirektor · Potenzialdifferenz · Pressedienst · Privatdozent · Proportional-Differenzial-Regler · public domain
pd. – paid (*engl.:* »bezahlt«) · passed (*engl.:* »abgefertigt«)
Pd. – Pädagoge; Pädagogik · Pappdose · Pedal[e]
p. d. – per day (*engl.:* »pro Tag«) · per decretum (*lat.:* »durch Verfügung«) · per diem/pro die (*lat.:* »pro Tag«) · pro domo (*lat.:* »für sich selbst, in eigener Sache«) · pro dosi (*lat.:* »je Dose«)
P. d. – Preis des/der
PdA – Partei der Arbeit *(Schweiz)*
PDA – Peridualanästhesie · personal digital assistant/persönlicher digitaler Assistent · Pressedienst der Deutschen Arbeitgeberverbände
p. d. a. – pour dire adieu (*franz.:* »um sich zu verabschieden«; *auf Karten*)
PDB – Polizeigewerkschaft im Deutschen Beamtenbund
PDC – park distance control
PDEA – Prix Dramatique Européen Ascona
PDF – portable document format
PDG – Patentdokumentationsgruppe in der chemischen Industrie · Président-Directeur Général *(Frankreich)*
PDGF – platelet-derived growth factor *(Med.)*
PDI – personal digital ink · Pressedienst Demokratische Initiative
PDir. – Postdirektor
PDL – Pflegedienstleiter/in
PDM – Product and Document Management · Projekt- und Datenmanagement · Pulsdauermodulation
PDP – plasma display panel
P&D-Port – plug and display port
PD-Regler – Proportional-Differenzial-Regler
PDS – Partei des Demokratischen Sozialismus · Partito

Democratico della Sinistra *(Italien)* · Pharma-Dokumentations-System · portopflichtige Dienstsache · processor direct slot · program development system
PDSt – Postdienststelle
PDT – photodynamische Therapie *(Med.)*
PDV – phocine distemper virus *(Seehundstaupe)*
PDV, PDv. – Polizei-Dienstvorschrift · Polizei-Druckvorschrift
PE – Passeinheit · Peine *(Kfz)* · Penizillineinheit · Periphere Einheit · Personalentwicklung · Peru *(Kfz)* · Polyethylen · Probeexzision *(Med.)* · Produktionseinheit · Produktentwicklung · Programmeinheit[en]
p. e. – par excellence (*franz.:* »vorzugsweise, schlechthin«) · par exemple *(franz.)*, per exemplum (*lat.:* »zum Beispiel«)
PEA – Pachteinigungsamt · Phenylethylamin
PEARL – Process and Experiment Automation Real Time Language
PEC – Paneuropean Crossing
PEEC – Pacific Economic Cooperation Council
PEER – Partnership for Environmental Emergency Response
PEFC – Pan-European Forest Certification
PEG – Paul-Ehrlich-Gesellschaft · perkutane endoskopische Gastrostomie · Pneumoenzephalographie
PEG-Ratio – Price-Earnings-Growth-Ratio
PEI – Paul-Ehrlich-Institut
PEJ – Paneuropa-Jugend
PEK – Polyetherketon
PEKiP – Prager Eltern-Kind-Programm
PEM – Polymer-Elektrolyt-Membran *(Brennstoffzelle)*
PEN, P. E. N. – International Association of Poets, Playwrights, Editors, Essayists and Novelists · protection earth neutral *(Elektrotechnik)*
Pen. – Penizillin
Pens. – Pension; Pensionär[e]; Pensionärin[nen] · Pensionat · Pensionierung · Pensionist[en] *(Österreich)* · Pensum
Pent. – Pentagon · Pentagramm · Pentameter · Pentode
PEP – Personaleinsatzplanung · Personalentwicklungsprogramm
PER – Price-Earnings-Ratio *(Kurs-Gewinn-Verhältnis)*
Per. – Periode · Peripherie · Peruaner
per., peruan. – peruanisch
perf. – perfekt · perfektionieren; perfektioniert · perfektionistisch · perfektivisch · perforieren; perforiert
Perf. – Perfekt · Perfektion · Perfektionismus · Perforation · Perforator · Perforierung
Perg. – Pergament
Perkeo – Programm zur Erkennung relevanter kinderpornographischer eindeutiger Objekte
Perl – Practical Extraction and Report Language
perm. – permanent · permittieren; permittiert · permutabel
Perm. – Permanenz · Permission · Permutation
pers. – persisch · personaliter · persönlich
Pers. – Perser · Persianer · Persien · Persiflage · Person[en] · Personal · Personalien
PersAG, PersAuswG – Personalausweisgesetz
Pers.-Aussch. – Personalausschuss
Pers.-Bed. – Personalbedarf
PersBedBer. – Personalbedarfsberechnung
PersBedFest. – Personalbedarfsfeststellung
PersBefG – Personenbeförderungsgesetz
Persil – Perborat + Silicat
Pers.-K., PersK – Personalkarte · Personalkartei · Personalkosten
Perso – Personalausweis
PersönlkR – Persönlichkeitsrecht
Pers.-R., PersR – Personalrat
Pers.-St. – Personalstand · Personenstand
PersStG – Personenstandsgesetz
PersStReg. – Personenstandsregister
Pers.-Vertr. – Personalvertreter; Personalvertretung
PersVertrG, PersVG – Personalvertretungsgesetz
PersWiPl. – Personalwirtschaftsplan
PERT – Program Evaluation and Review Technique *(Netzplantechnik)*
PERV – porcines endogenes Retrovirus *(Med.)*
PES – Polyellipsoid-Scheinwerfer · Polyester
PET – personal electronic transaction · Polyethylenterephthalat · Positronen-Emissionstomograph[ie] *(Med.)*
Pet. – Petersilie · Petition
PET-Flasche[n] – Flasche[n] aus Polyethylenterephthalat
PETRA – Positron-Elektron-Tandem-Ringbeschleuniger-Anlage
PEU – Paneuropa-Union
PEV – Primärenergieverbrauch
PEX – Pfandbriefindex
p. ex. – par exemple *(franz.)*, per exemplum (*lat.:* »zum Beispiel«)
p. exc. – par excellence (*franz.:* »vorzugsweise, schlechthin«)
PEXP – Pfandbrief-Performance-Index

pF – Picofarad
PF – Personenfähre · Pforzheim/Enzkreis *(Kfz)* · Prämienfaktor · Programmfunktion
PF, Pf. – Postfach
Pf. – Perfekt · Pfand · Pfändung · Pfarrei; Pfarrer · Pferd · Pfund · Pianoforte
p.f. – più forte (*ital.:* »stärker«; *Musik*) · prima facie (*lat.:* »dem ersten Anschein nach«) · pro forma (*lat.:* »der Form wegen«)
P.F. – Personenfähre
.pfa – PostScript Font ASCII *(Dateierweiterung)*
PFA – Polizei-Führungsakademie · Postfuhramt
PFÄ – Postfuhrämter
Pfarb – Postfacharbeiter
.pfb – PostScript Font Binary *(Dateierweiterung)*
Pf.-Bef. – Pfändungsbefehl
Pf.-Br. – Pfandbrief[e]
PFC – Perfluorcarbon
Pfd. – Pfand · Pfund
Pfdg. – Pfändung
PfdR – Pfandrecht
Pfd.St. – Pfund Sterling
Pf.-H. – Pfandhaus · Pfarrhaus · Pfarrhelfer[in]
PFI – Private Finance Initiative
Pf.-Jgd. – Pfarrjugend
Pf.-K. – Pfarrkirche · Pfarrkurat
PfL – Prüfstelle für Luftfahrt[gerät]
Pfl. – Pflanze[n] · Pflanzung · Pflege; Pfleger[in] · Pflicht[en] · Pflug; Pflüge
PflegeVG – Pflegeversicherungsgesetz
PFLP – Popular/People's Front for the Liberation of Palestine
Pfl.-Pers. – Pflegepersonal
Pfl.-Sch. – Pflanzenschutz
PflSchG – Pflanzenschutzgesetz
Pfl.-Vers. – Pflichtversicherung
PflVersG, PflVG – Gesetz über die Einführung der Pflichtversicherung für Kraftfahrzeughalter
.pfm – PostScript Font Metric *(Dateierweiterung)*
PFM – Pulsfrequenzmodulation
PfP – Partnership for Peace *(NATO)*
pfr – prämienfrei *(Vw.)*
Pfr. – Perforation · Pfarrei; Pfarrer · Pfründe
P-Frames – Predicted Frames
Pfrin. – Pfarrerin
PFS – Peilfunkstelle
PFT – physical fitness test
PFuhrA – Postfuhramt
PFuhrÄ – Postfuhrämter
p.f.v. – pour faire visite (*franz.:* »um einen Besuch zu machen«; *auf Karten*)
Pf.-Verw. – Pfarrverweser
PFW – parteifreie[r] Wähler
PFZ – Post- und Fernmeldetechnisches Zentralamt
pg – Pikogramm
PG – Patentgesetz · Pensionsgesetz · Guinea-Peso · Polizeigesetz · Postgesetz · Produktionsgenossenschaft · Programmgenerator *(EDV)* · Progymnasium · Prostaglandin[e] · Provisionsgarantie *(Vw.)*
PG, Pg. – Parteigenosse[n] *(NS)*
pg. – pagina (*lat.:* »Seite«) · paginieren; paginiert
Pg. – Paginierung · Pergament[band]
PGA – Personalgutachterausschuss · pin grid array · Professional Golfer's Association · professional graphics adapter
PGC – professional graphics card
PGeb – Postgebühren
PGebVO – Postgebührenverordnung
PGH – Patentgerichtshof · Phosphorglycerinaldehyd · Produktionsgenossenschaft des Handwerks
PGiroA – Postgiroamt
PGK – Prämiengleitklausel
Pgl. – Pegel
PGML – Programmable Graphics Markup Language
Pgn. – Parteigenossin *(NS)*
PGO – Peinliche Gerichtsordnung *(Karls V. von 1538)*
PGP – pretty good privacy *(Daten-Verschlüsselungstechnologie)*
PGR – Pfarrgemeinderat · psychogalvanische Reaktion/psychogalvanischer Reflex *(Med.)*
PGS – Phosphorglycerinsäure
Pgt. – Pergament
ph – Phot *(Einheit)*
pH – Picohenry · pondus hydrogenii *(Maß für Wasserstoffionenkonzentration)*
Ph – Papphülse · Phon *(Einheit)*
PH – Pädagogische Hochschule · Privathaftpflicht[versicherung] *(Vw.)* · Programmhinweis
Ph. – Philosophie · Phon · Phosphor · Photo[zelle]
p.h. – persönlich haftend
p.h., p.hr. – par heure (*franz.*); per hour (*engl.:* »pro Stunde«)
PHAGRO – Bundesverband des Pharmazeutischen Großhandels
PHandw – Posthandwerker
pharm. – pharmakologisch · pharmazeutisch
Pharm. – Pharmakologe; Pharmakologie · Pharmaka; Pharmakon · Pharmazie; Pharmazeut
PharmBetrV – Betriebsverordnung für pharmazeutische Unternehmer
PHB – Posthaushaltsbestimmungen
PHB-Ester – p-Hydroxybenzoesäure-Ester
PhBz – Phosphorbronze

PHD – persönliches Hypothekendarlehen
Ph. D. – Philosophiae Doctor *(lat.)*
Ph. Eur. – Pharmakopoea Europaea *(Europäisches Arzneibuch)*
p. h. G. – persönlich haftender Gesellschafter
phil. – philatelistisch · philippinisch · philologisch · philosophisch
Phil. – Philatelie; Philatelist[en] · Philippinen · Philologe; Philologie · Philosoph; Philosophie
Philanthr. – Philanthropie; Philanthrop[in]ismus
philat. – philatelistisch
Phil.-Aust. – Philatelistenausstellung[en]
Phil. D. vgl. Ph. D.
philh., philharm. – philharmonisch
Philh., Philharm. – Philharmonie; Philharmoniker
philipp. – philippinisch
philol. – philologisch
Philol. – Philologe; Philologie
philos. – philosophieren; philosophisch
Philos. – Philosoph[en]; Philosophie
PHK – Polizeihauptkommissar
PHM – Patrol Hydrofoil Missile *(Tragflügel-Raketenschnellboot)* · Polizeihauptmeister
phon. – phonetisch
Phon. – Phonetik[er] · Phonologie
Phonogr. – Phonogramm
Phonol. – Phonologie
Phonom. – Phonometrie
Phonotyp. – Phonotypist[in]
phosph. – phosphoreszieren[d]
photogr. – photogrammmetrisch · photographieren; photographiert; photographisch
Photogr. – Photogramm[metrie] · Photograph; Photographie
Photom., Photomont. – Photomontage
PHP – personal homepage · professsional homepage
PHS – Parteihochschule *(DDR)* · Posthauptsekretär
PHSch – Posthauptschaffner
PhSEV – Photosekundäremissionsvervielfacher
PHSt – Posthilfsstelle[n]
PHV – private Haftpflichtversicherung
PHW – Polizeihauptwachtmeister
phys. – physikalisch · physisch · physiognomisch · physiologisch
Phys. – Physik[er]; Physikum · Physiognomie; Physiognomik · Physiologie
physiogn. – physiognomisch
physiol. – physiologisch
Physiol. – Physiologe; Physiologie
PI – Pädagogisches Institut · Patentingenieur · Pearl-Index *(Med.)* · Philippinen *(Kfz)* · Pinneberg *(Kfz)* · Polizeiinspektion · Polizeiinspektor · Polytechnisches Institut · Postinspektor · Produktinformation · Program Identification *(Verkehrsfunk)* · Proteaseinhibitor[en] *(Med.)*
Pi. – Piaster · Pionier · Pistole
p. i. – post infectionem (*lat.:* »nach einer Infektion«; *Med.*) · post injectionem (*lat.:* »nach einer Injektion«)
PIA – Pakistan International Airlines
PIAnw – Postinspektoranwärter
PIARC – Permanent International Association of Road Congresses *(vgl. AIPCR)*
PIC – Peace Implementation Council *(Umsetzung des Dayton-Abkommens im früheren Jugoslawien)* · Pharmazeutische Inspektions-Convention · programmable interrupt controller
PICC – proximity integrated circuit card
PIC-Konvention – Prior Informed Consent (»vorherige Zustimmung nach Inkenntnissetzung«; *Konvention über den Handel mit gefährlichen Pestiziden und Industriechemikalien*)
PICS – Platform for Internet Content Selection *(Internet-Bewertungssystem)*
PICT – picture
PID – Photo-Ionisationsdetektoren · Präimplantationsdiagnostik
PIF – program information file
PIK – Personenidentifizierungskartei · Potsdam-Institut für Klimafolgenforschung
Pil. – Pilula; Pilulae *(Med.)*
PILOT – Programmed Inquiry Learning or Teaching
PIM – Personal Information Manager · print image natching *(Digitalfotografie)*
PIN – persönliche Identifikationsnummer
PING – packet internet groper
pinx. – pinxit (*lat.:* »hat [es] gemalt«)
PIO – parallel input/output · programmed input/output
PIP – periodic informational posting · picture in picture
PIR – Pirna/Sächsische Schweiz *(Kfz)*
PISA, Pisa – Programme for International Students Assessment *(OECD)*
PIUS – produkt- und produktionsintegrierter Umweltschutz
Pixel – picture element
pizz. – pizzicato (*ital.:* »gezupft, angerissen«; *Musik)*
PJ – praktisches Jahr *(Med.)* · Produktionsjahr
Pjb – Postjungbote

pk – Peck *(Maß in GB und USA)*
PK – Paddelklub · Pakistan *(Kfz)* · Parteikontrollkommission *(DDR)* · Pastorale Konstitution · Pensionskasse · permanente Kommission · Personalkommission · Personenkennziffer *(Bw.)* · Personenkontrolle · Pferdekraft; Pferdekräfte · Portokasse · Postkonferenz · Postscheckkonto · Preiskontrolle · Pressekonferenz · Produktivkraft/-kräfte · Programmkarte · Projektkoordination/-koordinator · Prüfungskammer · Prüfungskommission · Psychokinese
Pk. – Paket · Park · Pauke · Postkarte
PKA – pharmazeutisch-kaufmännisch[e] Angestellte[r] · Planungs- und Koordinierungsausschuss
PKB – Planungs- und Konstruktionsbüro · Projektierungs- und Konstruktionsbüro · Postkursbuch
PKG – Parlamentarisches Kontrollgremium · Phonokardiogramm; Phonokardiographie *(Med.)*
pkg. – package[s] *(engl.:* »Paket[e]; Packstück[e]«)
Pkg. – Packung
PKI – public key infrastructure
PKK – Parteikontrollkommission *(DDR)* · Partia Karkaren Kurdistan *(Kurdische Arbeiterpartei)* · persönlicher Kleinkredit
PKLA – Produktionskontroll- und -lenkungsanlage *(EDV)*
PKIK – Postkleiderkasse
Pkm – Personenkilometer
PKM – Parlamentskreis Mittelstand · Projektierungs-, Konstruktions- und Montagebüro
PKN – Polski Komitet Normalizacyjny *(polnischer Normenausschuss)*
PKP – Polskie Koleje Panstwowe *(polnische Staatsbahnen)*
PKR – Plan[ungs]kostenrechnung · Prozesskostenrechnung
PKrG – Pachtkreditgesetz
PKS – polizeiliche Kriminalstatistik · Programmgesellschaft für Kabel- und Satellitenrundfunk
Pkt. – Paket · Punkt
Pkte. – Pakete · Punkte
PktPA – Paketpostamt
PktPÄ – Paketpostämter
PktPB – Paketpostbuch
Pkt.-Sdg. – Paketsendung
PktZB – Paketzonenbuch
PKU – Phenylketonurie *(Med.)*
PKV – private Krankenversicherung
Pkw, PKW – Personenkraftwagen
PKw – Postkraftwagen
PKZ – Personalkostenzuschuss · Personenkennziffer
PL – Personalleiter · Plauen *(Kfz)* · Polen *(Kfz)* · politischer Leiter · programmiertes Lernen · Projektleiter; Projektleitung
pl. – plangemäß · planmäßig · plastisch · pluralisch
Pl. – Plan; Planer; Planung · Plakat · Plastik · Plateau · Platin · Platte · Platz; Plätze · Plenum · Plural · Preisliste
P. L. – partial loss *(Teilschaden)*
plak. – plakativ
PlakV – Plakatierungsverordnung
PlanG – Planungsgesetz
planm. – planmäßig
Plant. – Plantage[n]
PLB – Personalleiterbesprechung
plc, PLC – public limited company
PLC – powerline communication
PLD – programmable logic device
Plen.-Sitz. – Plenarsitzung
PLG – Postleitgebiet · Prüfordnung für Luftfahrtgerät
PLIB – Pädagogisches Landesinstitut Brandenburg
PlK – Platzkarte
Pl.-Komm. – Planungskommission
PLL – phase locked loop
PLLC – Plastic Leadless Chip Carrier
PLM – Product Lifecycle Management · Pulslängenmodulation
PL/M – Programming Language for Microcomputers
plm. – planmäßig
Pln. – Planung
Pl.-Nr. – Plattennummer · Platznummer
PLO – Palestine Liberation Organization *(palästinensische Befreiungsbewegung)*
PLÖ – Plön *(Kfz)*
PLP – Prüfordnung für Luftfahrtpersonal
PLS – Prozessleitsystem[e]
Pl.-Sitz. – Plenarsitzung
PL/SQL – Procedural Language/Structured Query Language
Pl.-St. – Plakat[ierungs]steuer · Planstelle · Planungsstab
PLT – Prozessleittechnik
Plur. – Plural · Pluralismus
Plv. – Pulver
Pl.-Vers. – Plenarversammlung
Pl.-Wirtsch. – Planwirtschaft
PLZ – Postleitzahl
PLZV – Postleitzahlenverordnung
pm – Picometer · Pondmeter
Pm – Prämie *(Vw.)* · Promethium *(Element)*
PM – Papiermaß · Pegelmesser; Pegelmessung · Peilmelder · Phasenmodulation · physical modeling · physikalische Medizin · Polizeimel-

der · Postmeister · Potsdam-Mittelmark *(Kfz)* · Presentation Manager · Produktionsmittel · Projektmanagement · Promemoria · Pulsmodulation
p. m. – par minute *(franz.),* per minute (*engl.:* »pro Minute«) · per medio (*ital.:* »zur Monatsmitte«) · per, pro mille (*lat.:* »je, auf Tausend«) · per month (*engl.* »pro Monat«) · post menstruationem (*lat.:* »nach [Eintritt] der Menstruation«, *Med.*) · post meridiem (*lat.:* »nachmittags«) · post mortem (*lat.:* »nach dem Tod«) · pro memoria (*lat.:* zur Erinnerung«) · pro mense (*lat.:* »pro Monat«) · pro, per mille · propria manu (*lat.:* »mit eigener Hand«) · punctum maximum (*lat.:* »Stelle der größten auskultatorischen Lautstärke«; *Med.*)
P. M. – Pontifex Maximus *(Papsttitel)* · Prime Minister
PMA – Plakat-Media-Analyse
PMB – Postmietbehälter
PMBS – protected mode boot sector *(Computervirus)*
PME – Pflanzenöl-Methylester
PMI – post merger integration
PMIK – pharmako-mechanische Infektionskontrolle *(Med.)*
p. min. – par minute *(franz.),* per minute (*engl.:* »pro Minute«)
PMK – Päpstliches Missionswerk der Kinder
PML – progressive multifokale Leukenzephalopathie *(Med.)*
PMMA – Polymethylmetacrylat
PMMU – paged memory management unit
PMP – point to multipoint / Punkt zu Multipunkt
PMPO – pulse modulated power output
PMPP – pulse modulated peak power
PMR – Private Mobile Radio
PMS – Paul-Martini-Stiftung *(des VFA)* · prämenstruelles Syndrom *(Med.)*
PMT – photo multiplier tube
PMxAS – Primär-Multiplex-Anschluss
pn[-Übergang] – positiv-negativ
Pn – Päckchen *(Post)*
PN – polnische Notation · Pyelonephritis *(Med.)*
pn. – pneumatisch
Pn., PN – Personenname
P/N – promissory note *(Eigen-, Solawechsel)*
P. N. A., PNA – Pariser Nomina Anatomica
PnAnw – Anweisung für die Päckchenbearbeitung *(Post)*
PnASt – Päckchenauffangstelle *(Post)*
p. n. C., p. n. Chr. – post nativitatem Christi (*lat.:* »nach Christi Geburt«)
PND – Personennamendatei · Pränataldiagnostik *(Med.)*
PNEA – psychogene nichtepileptische Anfälle *(Med.)*
Pneu – Pneumatik · Pneumothorax *(Med.)*
PNF – Propriozeptive neromuskuläre Fazilitation *(Krankengymnastik)*
PNG – portable network graphic
PnP – plug and play
PNPV – positive negative pressure ventilation *(Wechseldruckbeatmung; Med.)*
P.-Nr., PNr. – Personalnummer
PNS – peripheres Nervensystem *(Med.)*
PnSST – Päckchensammelstelle *(Post)*
PnSt – Päckchenstelle *(Post)*
pnxt. – pinxit (*lat.:* »hat [es] gemalt«)
Po – Polonium *(Element)*
PO – Parteiorganisation · politische Organisation · Postordnung · Prisenordnung · Project Office · Promotionsordnung · Propylenoxyd · Prüfungsordnung
p. o. – per os (*lat.:* »durch den Mund«)
P. O. – Professor ordinarius
p. o., PO – par ordre (*franz.:* »auf Veranlassung«)
P. O., PO – Post Office (*engl.:* »Postamt«)
POAm – Postoberamtmann
POB – Public Oversight Board
P. O. B., POB – Post Office Box (*engl.:* »Postfach«)
POBI – Postoberbauinspektor
PoC – Push-to-Talk over Cellular
POCSAG – Post Office Code Standardization Advisory Group
POCT – point of care testing *(Med.)*
PoD – Print on Demand
p. o. d., P.O.D. – payable/ payment on delivery (*engl.:* »zahlbar/Zahlung bei Lieferung«)
POG – Polizeiorganisationsgesetz
POI – Postoberinspektor
Pöl – Pflanzenöl
pol. – polarisieren; polarisiert · polemisieren · polemisch · polieren; poliert · politisch · polizeilich · polnisch
Pol. – Polarisation; Polarisator; Polarisierung · Polarität · Polemik · Polen · Police · Politik[er] · Politologe; Politologie · Politur · Polizei; Polizist[en] · Polizze *(Österreich)*
Pol.-B. – Polizeibeamter
Pol.-B., Pol.-Beh. – Polizeibehörde
PolBekIVO – Polizeibekleidungsverordnung

Pol.-Ber. – Polizeibereitschaft · Polizeibericht
PolBG – Polizeibeamtengesetz
Pol.-Dir. – Polizeidirektion; Polizeidirektor
Pol.-F. – Polizeifunk
pol. Fzgn. – polizeiliches Führungszeugnis
PolG – Polizeigesetz
PolGebG – Polizeigebührengesetz
Pol.-Gef. – Polizeigefängnis
pol. Gef. – politischer Gefangener
Pol.-Hptwm., Pol.-Hwm. – Polizeihauptwachtmeister
PolI, Pol.-Insp. – Polizeiinspektor
Polio – Poliomyelitis
POLISARIO – Frente Popular para la Liberación de Saguia el Hamra y Río de Oro *(Befreiungsbewegung, Westsahara)*
Politbüro – Politisches Büro
poliz. – polizeilich
Pol.-Kom. – Polizeikommissar[iat]
Pol. Lt. – Politischer Leiter
Pol. Ltg. – Politische Leitung
PolLVO – Verordnung über die Laufbahn der Polizeivollzugsbeamten
Pol.-M., Pol.-Mstr. – Polizeimeister
poln. – polnisch
PolOI, Pol.-Ob.-Insp. – Polizeioberinspektor
Pol. Ök., Pol. Ökon. – Politische Ökonomie
Pol. Org. – Politische Organisation
PolOrgG – Polizeiorganisationsgesetz
Pol.-P., Pol.-Pkt. – Polarisationspunkt
Pol.-Präs. – Polizeipräsident; Polizeipräsidium
Pol.-Rev. – Polizeirevier
Pol.-St., Pol.-Std. – Polizeistunde
Pol.-Str. – Polarisationsstrom
Pol.-Verw. – Polizeiverwaltung
PolVerwG – Polizeiverwaltungsgesetz
PolVO – Polizeiverordnung
Pol.-Wm. – Polizeiwachtmeister
polyg. – polygam · polygen · polygonal
Polyg. – Polygamie; Polygamist · Polygon · Polygynie
polym. – polymer; polymerisieren · polymorph
Polym. – Polymer[e]; Polymerie; Polymerisat; Polymerisation; Polymerisierung · Polymeter; Polymetrie · Polymorphismus
polyn. – polynesisch
Polyn. – Polynesien; Polynesier
PolZG – Polizeizuständigkeitsgesetz
PolZustVO – Verordnung über die Zuständigkeit der Polizei
PolZwG – Gesetz über die Anwendung unmittelbaren Zwanges durch die Polizei
PolZwVO – Verordnung über die Anwendung unmittelbaren Zwanges durch die Polizei
POM – Polizeiobermeister · Polyoxymethylen
PoP, POP – Point of Presence · Point of Purchase
POP – Persistent Organic Pollutants *(langlebige Schadstoffe)* · point of purchase · Post Office Protocol
pop. – populär · populistisch
Pop. – Popeline · Popularität · Population
p. op. – post operationem (*lat.:* »nach der Operation«)
POPS – performance optimized page size
Port. – Portal[e] · Portativ · Portemonnaie · Portepee · Portier · Portiere · Portion · Portugal; Portugiese
Portr. – Portrait; Porträt; Porträtist
Porz. – Porzellan
PoS, POS – point of sale
POS – Polytechnische Oberschule · Postobersekretär
pos. – posieren · possierlich · positiv · positivistisch
Pos. – Posament · Posaune; Posaunist · Position · Positiv · Positivismus; Positivist · Positron · Positur
P. O. S., POS – point of sale
POSch – Postoberschaffner
POSIX – Portable Operating System Interface for Unix
Posma, POSMA – POS-Marketing Association
Pos.-Nr. – Positionsnummer
Poss. – Possession · Possessiv
Poss.-Pron. – Possessivpronomen *(Sprachw.)*
POST – Power on Self Test
post. – posterior · postum; postumum
Post. – Postumus
Postf. – Postfach
PostG – Postgesetz
PostGebO – Postgebührenordnung
PostGNov. – Postgesetznovelle
posth. – posthum; posthumum
Posth. – Posthumus
PostO – Postordnung
PostRGebO – Postreisegebührenordnung
PostRO – Postreiseordnung
PostSchG – Postscheckgesetz
PostSchGebO – Postscheckgebührenordnung
PostSchO – Postscheckordnung
PostVwG – Postverwaltungsgesetz
postw. – postwendend
Postwz. – Postwertzeichen
PostZollO – Postzollordnung
PostZtgGebO – Postzeitungsgebührenordnung
PostZtgO – Postzeitungsordnung

PostZustVO – Postzustellungsverordnung
Potp. – Potpourri
POV – Postoberverwalter
POW – Polizeioberwachtmeister · Postoberwart · prisoner of war (*engl.:* »Kriegsgefangener«)
pp – pianissimo *(ital.; Musik)* · postprandial (»nach der Mahlzeit«; *Med.*)
PP – pankreatisches Polypeptid · Partido Popular *(Spanien)* · Personalitätsprinzip · Pharmapolice · Polypropylen · programmierte Prüfung · Provisionspauschale *(Vw.)* · Pseudoprogramm *(EDV)* · Pudel-Pointer
Pp. – Pappe; Papp[ein]band · Papst · Postpaket
pp. – paginae (*lat.:* »Seiten«) · perge, perge (*lat.:* »fahre fort« *und so weiter*) · praeterpropter (*lat.:* »ungefähr«)
PP. – Patres *(Plural zu: Pater)*
pp., p. p. – per procura/per procurationem (*lat.:* »in Vollmacht«)
p. p. – post[age] paid (*engl.:* »Porto bezahlt; portofrei«) · post partum (*lat.:* »nach der Geburt«; *Med.*) · pour présenter (*franz.:* »zur Vorstellung, Einführung«; *auf Karten*)
p. P. – pro Person
P. P. – Pastor primarius *(Oberpfarrer)* · Pater Patriae (*lat.:* »Vater des Vaterlandes«) · Politische Polizei · praemissis praemittendis *(lat.; der gebührende Titel sei vorausgeschickt)* · Privatpackung
ppa., p. pa. – per procura/per procurationem *(vgl. pp., p. p.)*
ppb., p. p. b. – part[s] per billion *(Chemie)*
Ppb., Ppbd. – Papp[ein]band
PPBS – Programm-Planungs- und Budgetierungssystem
PPC – Power-PC
p. p. c. – pour prendre congé (*franz.:* »um Abschied zu nehmen«; *auf Karten*)
PPD – Paraphenylendiamin
ppd. – prepaid (*engl.:* »vorausbezahlt«)
PPE – Polyphenylether
PPGA – plastic pin grid array
ppi – pixel per inch · points per inch
PPI – plan position indication/indicator *(Panoramaanzeige[r])*
PPL – Plasma-Protein-Lösung · Privatpilotenlizenz
Ppl. – Pipeline
PPM – Pulsphasenmodulation
ppm, p. p. m. – pages per minute *(Drucker)* · part[s] per million *(Chemie)*
PPML – Personalized Print Markup Language
ppp – piano pianissimo *(ital.; Musik)* · propria pecunia posuit (*lat.:* »hat [es] mit eigenem Geld errichtet«)
ppp, PPP – Parlamentarisch-Politischer Pressedienst
PPP – Platform for Privacy Preferences · point-to-point protocol · public private partnership
p. p. p. – pour prendre part (*franz.:* »um teilzunehmen«)
P. prim. – Pastor primarius
PPro – Pentium Pro
p. pro., p. proc. – per procura/per procurationem (*lat.:* »in Vollmacht«)
PProt – Postprotest
PPS – performance presentation standards · [computerunterstützte] Produktionsplanung und -steuerung
ppsi – pound per square inch
PPT – Polyphenyl-Terephthalamid
ppt. – prompt · promtly *(sofort liefer- und zahlbar)*
PPTP – Point-to-Point Tunneling Protocol
PPU – picture processing unit
pR – pakistanische Rupie *(Währung)*
Pr – Prandtl-Zahl · Praseodym *(Element)*
PR – Parlamentarischer Rat · Partnerschaftsregister · Pegelregler · performance rating · Personalrat · Personalreferent · Photo Reconnaissance *(Mil.; Luftbildaufklärung)* · Postrat · Prämienrechnung *(Vw.)* · Preisrecht · Prignitz *(Kfz)* · Primary Radar/Primärradar · Prozessrechner · Prüf[ungs]richtlinien · Public Relations (*engl.:* »Öffentlichkeitsarbeit«) · Puerto Rico *(Kfz)*
pr. – prächtig; prachtvoll · prägen · pragmatisch · prägnant · praktisch · praktizieren · prall · prämi[i]eren; prämi[i]ert · präparieren; präpariert · präsent · präzise · pressen · preußisch · prima · primär · primitiv · prinzipiell · privat · privatisieren · profan · profund · prominent · proprio · protestantisch · provisorisch · prüde
Pr. – Präambel · Pracht · Prädikat · Praktik[en] · Praktikant · Praktikum · Prälat · Praline · Prämie · Prämisse · Prärie · Präsens *(Sprachw.)* · Präsent · Präses · Präside · Präsident[schaft] · Präsidium · Praxis · Präzision · Prediger · Preis · Prestige · Preuße[n] · Prima · Primaner[in] · Primarius · Primat · Primiz; Primiziant · Primus · Prinz · Prinzip · Prior[in] · Priorität · Prisma · Probe · Problem · Profess · Professional · Professor · Profi · Profil · Profit · Prognose · Programm[ierung] · Progress; Progres-

sion · Projekt · Projektion; Projektor · Prokura; Prokurist · Prolog · Prolongation · Promenade · Promille · Prominenz · Promoter · Pronomen *(Sprachw.)* · Prophet · Proportion · Proporz · Propst; Propstei · Prosa · Prospekt · Protektion · Protektorat · Protest · Protestant; Protestantismus · Prothese · Protokoll · Proton · Provenienz · Proviant · Provinz · Provision · Provisorium · Provokateur; Provokation · Prozent · Prozess · Prüderie · Prüfer; Prüfung · Prunk

p. r. – per rectum *(Med.; rektal)* · post radiationem (*lat.:* »nach einer Bestrahlung auftretend«; *Med.*) · pour remercier (*franz.:* »um zu danken«; *auf Karten*) · pro rata (*lat.:* »nach Verhältnis«)

P. R. – Pax Romana · Populus Romanus

PrA – Prüfungsamt · Prüfungsausschuss

Pr.-A. – Prachtausgabe · Preisabbau · Preisangabe · Prioritätsaktie · Protestakte · Prüfungsausschuss

Pr.-Abb. – Preisabbau

PrABergG – Preußen. Allgemeines Berggesetz *(1865)*

Präd. – Prädikat

präd., prädik. – prädikativ *(Sprachw.)*

p. r. aet. – pro rata aetatis (*lat.:* »entsprechend dem Alter«)

Präf. – Präfation · Präfekt; Präfektur · Präferenz · Präfiguration · Präfix *(Sprachw.)* · Präformation

prakt. – praktisch · praktizieren[d] · praktiziert

Prakt. – Praktikant · Praktiker · Praktikum

Prakt.-Vtg. – Praktikantenvertrag

Präl. – Prälat · Präludium

präm. – präm[i]ieren; prämi[i]ert

Präm. – Prämie · Präm[i]ierung · Prämisse · Prämonstratenser

Pr.-Ang. – Preisangabe[n] · Privatangestellte[r]

präp. – präparieren; präpariert · präpositional

Präp. – Präparat · Präparation · Präposition *(Sprachw.)* · Präpositus

Pr.-Arb. – Prüfungsarbeit[en]

präs. – präsent · präsentisch · präsidieren · präsumtiv

Präs. – Präsens *(Sprachw.)* · Präsent · Präsentant · Präsentation · Präsentierung · Präsenz · Präservativ · Präside · Präsident[schaft] · Präsidium · Präsumtion

Prät. – Prätendent · Prätention · Präteritum *(Sprachw.)*

Prät.-Präs. – Präteritopräsentia *(Sprachw.)*

Pr.-Aufg. – Prüfungsaufgabe[n]

Pr.-Aussch. – Prüfungsausschuss/-ausschüsse

Pr.-Ausz. – Preisauszeichnung

Pr.-Bind[g]. – Preisbindung

PRBO – Point Reyes Bird Observatory *(San Francisco)*

PrBRH – Präsident des Bundesrechnungshofes

prbw. – probeweise

Pr.-Doz. – Privatdozent

Pr.-DV – Privatdienstvertrag

PRE – prämienfreier Einschluss *(Vw.)* · Prämienrückerstattung *(Vw.)*

PRef – Postreferendar

PreisG – Preisgesetz

Pr.-Erh. – Preiserhöhung[en]

Pr.-Erl. – Präsidialerlass · Preiserlass · Prüfungserlass

Pr.-Erm. – Preisermäßigung

Preugo – Preußische Gebührenordnung für approbierte Ärzte und Zahnärzte *(1924)*

PRF – Plastics Recycling Foundation

Prf. – Prüfer

Prfg. – Prüfung

Prfgn – Prüfungen

Pr.-Fr. – Preisfrage · Prüfungsfrage

PrG – Pressegesetz

PrGS – Preußische Gesetzessammlung

prim. – primär · primarius *(lat.)* · primitiv

Prim. – Primaner[in] · Primarius · Primitivität; Primitivismus · Primiz · Primiziant

prinz. – prinzipiell

Prior. – Priorität[en]

priv. – privat; privatim · privatisieren; privatisiert · privatissime · privilegiert

Priv. – Privatisierung · Privatissimum · Privileg

Priv.-Doz. – Privatdozent

Priv.-Sch. – Privatschule[n]

PrivSchG, PrivSchulG – Privatschulgesetz

PRK – Photoreaktive Keratektomie (*Med.*)

Pr.-K. – Preiskartell · Preiskontrolle · Privatkasse · Privatkonto

Pr.-Kl. – Preisklasse · Privatklage; Privatkläger

PrKO – Preußische Kassenordnung

Pr.-Komm. – Prüfungskommission

Pr.-Korr. – Privatkorrespondenz

PrKV – Preisklauselverordnung

PRL – Prämienrichtlinien

Pr.-L. – Preisliste · Privatlehrer

PRML – Partial Response Maximum Likelihood

PRN – Printer

Pr.-Nachl. – Preisnachlass

Pr.-Not. – Preisnotierung

Pr.-Nr. – Privatnummer · Probenummer · Produkt[ions]nummer · Prüf[ungs]nummer

PrO – Prüfungsordnung

prob. – probabel · probat · probeweise · probieren

Prob. – Proband[en]; Probandin[nen]
probl. – problematisch
Probl. – Problem[e]; Problematik
probw. – probeweise
proc. – procedure[s] · proceeding[s] · processor
prod. – produktiv; produzieren[d]
Prod. – Produkt[e]; Produktion; Produktivität; Produzent
Prod.-Ausf. – Produktausfuhr · Produktionsausfall; Produktionsausfälle
ProdHaftG – Produkthaftungsgesetz
Prod.-Ing. – Produktionsingenieur
PRODIS – Projekt Dokumentations- und Informationssystem
Prod.-Kap. – Produktionskapazität[en]
Prod.-St. – Produktionsstätte[n] · Produktionssteigerung
Prof – Professor[in]
prof. – professionell · profilieren; profiliert · profitabel; profitieren
Prof. – Profanität · Profess · Profession · Professional; Professionalismus · Professor[in] · Profil; Profilierung · Profit
Progn. – Prognose[n]
progr. – programmatisch · programmieren; programmiert · progressiv
Progr. – Programm · Programmierer · Programmierung · Progress · Progression · Progressist
Proj. – Projekt; Projektierung · Projektil · Projektion · Projektor
Prok. – Prokura · Prokuration; Prokurator · Prokurist[en]
Prokl. – Proklamation; Proklamierung · Proklise, Proklisis *(Sprachw.)*
Prol. – Proletariat; Proletarier · Proliferation · Prolog · Prolongation
Prolog – Programmation en Logique
PROM – programmable read only memory *(EDV)* · Protokoll-Member *(VIP mit zusätzlichem Sicherheitscheck)*
prom. – promenieren · prominent · promovieren; promoviert
Prom. – Promenade · Promesse · Promille · Prominenz · Promiskuität · Promotion · Promotor · Promulgation
Promedos – programmierte Medikamenten-Dosierung
Promi – Prominente[r]
PromO, Prom.-Ord. – Promotionsordnung
pron. – pronominal *(Sprachw.)* · prononciert
Pron. – Pronomen *(Sprachw.)*
prop. – proportional; proportioniert
Prop. – Propädeutik · Propaganda; Propagandist · Propeller · Proportion[en] · Proporz · Proposition
proph. – prophetisch · prophezeien · prophylaktisch
pros. – prosaisch · prosodisch *(Sprachw.)*
Pros. – Proseminar · Prosodie
Prosp. – Prospekt[e] · Prosperität
Prost. – Prostata · Prostituierte; Prostitution
prot. – protegieren · protestantisch · protestieren · protokollarisch · protokollieren; protokolliert
Prot. – Protagonist · Protegé · Proteid; Protein · Protektion · Protektor · Protektorat · Protest · Protestant[in]; Protestantismus · Protokoll[e]; Protokollant · Protonotar
prov. – provinziell · provisorisch · provokatorisch · provozieren[d]
Prov. – Provenienz · Proviant · Provinz · Provinzial · Provision · Provisorium · Provokateur; Provokation
prov.-fr. – provisionsfrei
prox. – proximo [mense] (*lat.:* »im nächsten [Monat]«)
Proz. – Prozedur · Prozent[e] · Prozess · Prozession
Proz.-Bev. – Prozessbevollmächtigter
PRS – Performing Right Society · programmiertes Rückhaltesystem *(Autosicherheitsgurt; Technik)*
Pr.-Sch. – Privatschule
PrSchAnw. – Prämienschatzanweisung
Pr.-St. – Privatstation · Privatstudien · Prüfstelle · Prüfstempel
p. r. t., prt – pro rata temporis (*lat.:* »entsprechend dem Zeitablauf«; *Vw.*)
PrüflabV – Prüflaboratorienverordnung
PrüfO – Prüfungsordnung
Prüfz. – Prüfzeichen
PrüfzV, PrüfzVO – Prüfzeichenverordnung
PrV – Privatversicherer; Privatversicherung
p.r.v. – pour rendre visite (*franz.:* »um einen Besuch zu machen«; *auf Karten*)
Pr.-Vers. – Privatversicherer; Privatversicherung · Prozessversicherung
PrVO – Preisverordnung
PRVA – Public Relations Verband Austria *(Österreich)*
PRZ – Prämienrichtzahl
Prz. – Porzellan
ps – Picosekunde
PS – Patentschrift · Pegelsender · Penizillin-Sulfonamid-Kombination · personal system · Personenschaden · Pferdestärke · Piaster (Syrien) · Pirmasens, Süd-

westpfalz *(Kfz)* · Playstation · Polystyrol · Postsache · Postsekretär · Postskript[um] · Prämiensparen · Programmiersystem · Program Service (Verkehrsfunk) · Protonen-Synchrotron · Punktsieg[er]
Ps. – Psalm · Psalter · Pseudonym
p. s. – par seconde *(franz.)*, per second *(engl.:* »pro Sekunde«)
PSA – Personal-Service-Agentur · personal shopping assistant · Personal- und Sozialabteilung · Personal- und Sozialausschuss · persönliche Schutzausrüstung[en] · Phthalsäureanhydrid · polizeiliche Schutzausrüstung[en] · prostataspezifisches Antigen *(Med.)*
PSC – Pferdesportclub
PSch – Postschaffner · Postscheck
PSchFG – Privatschulfinanzierungsgesetz
PSchO – Pachtschutzordnung
PSchVO – Personenschädenverordnung
PSD – Parti Social-Democratique *(Algerien)* · Produktstammdatei
PSdg – Postsendung
PSE – Periodensystem der Elemente *(Chemie)*
Pseud. – Pseudonym
PSEV vgl. PhSEV
PSF – Postschließfach
PSG – Patientenselbsthilfegruppe[n] · Postservice-Gesellschaft · Paris Saint-Germain *(Fußballverein)*
PSh – Pferdestärkenstunde
psi – pound per square inch
PSI – Präsent-Service-Institut
PSK – phase shift keying · [Ständiges] politisches und sicherheitspolitisches Komitee *(EU)* · Postscheckkonto · Psychologische Kampfführung *(Mil.)*
PSL – Psychologische Lage
PSN – personal serial number
PSP – Preis-Schwerpunkt-Programm
PSpB – Postsparbuch
PSpDV – Postspar- und Darlehnsverein
PSR – Patellarsehnenreflex *(Med.)* · Psychologische Rüstung
PSSA – particularly sensitive sea area *(besonders empfindliches Meeresgebiet)*
PSt – Poststelle
PST – Patentstelle für die Deutsche Forschung *(Fraunhofer-Institut)* · Programmsteuerung
P.-St. – Personalstelle · Personenstand · Poststempel · Projektstufe
PStAusfV – Verordnung zur Ausführung des Personenstandsgesetzes
PStErgG – Gesetz zur Ergänzung des Personenstandsgesetzes
PStG – Personenstandsgesetz
PStGB – Polizeistrafgesetzbuch *(Bayern)*
PSTN – Public Switched Telephone Network
PStS – parlamentarischer Staatssekretär
PSV – Pensionssicherungsverein · Pferdesportverein · Polizei- und Schäferhundeverein · Polizeisportverein · Postsportverein
PSVaG – Pensionssicherungsverein auf Gegenseitigkeit
PSW – polare stratosphärische Wolken · Personal- und Sozialwesen · Programmstatuswort *(EDV)*
psych. – psychedelisch · psychiatrisch · psychisch · psychogen · psychologisch
Psych. – Psychiater; Psychiatrie · Psychologe; Psychologie · Psychose
psyched. – psychedelisch
psychiat., psychiatr. – psychiatrisch
psychol. – psychologisch
Psychol. – Psychologe; Psychologie; Psychologien
psychop. – psychopathisch
Psychop. – Psychopath[in]; Psychopathie; Psychopathologie
psychosom. – psychosomatisch
Psychosom. – Psychosomatik
Psychother. – Psychotherapeut[ik]; Psychotherapie
pt – Pint *(Maß in GB und USA)* · point[s] · posttechnisch
Pt – Platin *(Element)*
PT – Planungsteam · Posta, Telegrafia *(ital.)*; Posta, Telegrafia *(span.)*; Postes, Télégraphes *(franz.)* · Projektteam · Projektträger · Pulmonalton *(Med.)*
Pt. – Pilot · Point · Punkt
p. t. – pro tempore *(lat.:* »für jetzt, vorläufig«)
P. T., p. t. – pleno titulo *(lat.:* »mit vollem Titel«) · praemisso titulo *(lat.:* »mit vorausgeschicktem Titel«)
Pta – Peseta
PTA – pharmazeutisch-technische[r] Assistent[in] · perkutane transluminale Angioplastie *(Med.)* · Preferential Trade Area *(Afrika)*
PTA-APrV – Ausbildungs- und Prüfungsordnung für pharmazeutisch-technische Assistenten
PTA-G – Gesetz über den Beruf des pharmazeutisch-technischen Assistenten
Ptas – Pesetas
PTB – path to profitability · Physikalisch-Technische Bundesanstalt
PTB, PTBS – posttraumatische Belastungsstörung *(Med.)*

PTC – Phenylthiocarbamid · Product Technology Center
PTCA – perkutane transluminale coronare Angioplastie *(Med.)*
PTD – prozentuale Tiefendosis *(Med.)*
PTE – Professional Tennis Europe *(Verband)*
PTFE – Polytetrafluorethylen
PTL – Propeller-, Turbinen-, Luftstrahltriebwerk[e]
PTM – Malaysia *(Kfz)*
p. t. o., P. T. O. – please turn over (*engl.:* »bitte wenden!«)
PTP – point to point/Punkt zu Punkt · posttransfusionelle Purpura *(Med.)*
Ptr. – Parterre · Pater · Porträt
PTRegG – Gesetz über die Regulierung der Telekommunikation des Postwesens
PTS – pay to surf · proprietary trading system(s)
PTSD – posttraumatic stress disorder *(Med.)*
PTT – Post, Telefon, Telegraf; post, telegraph, telephone *(engl.)* · Postes, Télégraphes, Téléphones *(franz.)* · Push-to-Talk-Technik
PTV – programmierte Textverarbeitung
PTY – Program Type Identification *(Verkehrsfunk)*
PTZ – Physikalisch-Technisches Zentralinstitut · Plasmathrombinzeit *(Med.)* · Posttechnisches Zentralamt
Pu – Plutonium *(Element)*
pU – programmierte Unterweisung *(EDV)*
PU – Polyurethan · programmierter Unterricht; programmierte Unterweisung · Programmunterbrechung *(EDV)*
p. u. – per ultimo (*ital.:* »Zum Monatsletzten«)
PUA – parlamentarischer Untersuchungsausschuss · Planungs- und Umweltausschuss
PÜberw. – Postüberweisung
publ. – publizieren; publiziert; publizistisch
Publ. – Publikation[en] · Publikum · Publizist[in]; Publizistik
p. u. c. – post urbem conditam (*lat.:* »nach Gründung der Stadt [Rom]«)
PUDLV – Post-Universaldienstleistungsverordnung
PuK – Planungs- und Kontrollsystem
PUK – parlamentarische Untersuchungskommission · Patriotische Union Kurdistans · personal/PIN unblocking key · Postunterstützungskasse
pulv. – pulverisiert
PUR – Polyurethane · Programm-Umsetzer-Routine *(EDV)*
PURL – Persistant Uniform Resource Locator
PUT – politische Untergrundtätigkeit
PUV – Privatunfallversicherung
PUVA – Psoralene plus UV-A *(Photochemotherapie)*
PV – Parteivorsitzender; Parteivorstand · passive Lohnveredelung · Personalversammlung · Personalverwaltung · Personalvorschriften *(Bahn)* · Personenverkehr · Personenversicherer · Pfarrverband *(kath. Kirche)* · Pflegeversicherung · Photovoltaik · Plasmavolumen *(Med.)* · Polizeiverordnung · Polizeiverwaltung · Postverkehr · Postvermerk · Postvertrag · Postverwalter · Preisverordnung · Prüfvorschrift
pv. – pulverisiert
PVA – Patentverwertungsagentur · Polyvinylalkohol
PVAC – Polyvinylacetat
PVB – Polyvinylbutyral
PVC – Polyvinylchlorid
PVD – physical vapour deposition · primary volume descriptor
P.v.d.A. – Partij van de arbeid *(NL)*
PVG – Patentverwertungsgesellschaft · Personalvertretungsgesetz · Polizeiverwaltungsgesetz · Postverkehrsgesetz *(Schweiz)*
PVk – Personalverteilkarte
PVK – Personalverteilkartei
PVL – Preisvergleichsliste
PVO – Polizeiverordnung · Preisverordnung
PVP – Polyvinylpyrrolidon
PVPH – primär vaskuläre pulmonale Hypertonie *(Med.)*
PVS – Privatärztliche Verrechnungsstelle
PVSt – Postvertriebsstück
PVÜ – Pariser Verbandsübereinkunft zum Schutz des gewerblichen Eigentums
pVV – positive Vertragsverletzung
PVw – Postverwaltung
PVwG – Postverwaltungsgesetz
PW – Papierwaren · Papierwährung · Passwort · Postwart · Postwert · Prisoner of War (*engl.:* »Kriegsgefangener«) · Produktionsweise
Pw., PW – Personenwagen · Postwagen
pw. – paarweise
PWA – Planungswertausgleich · Projekt Wiederaufarbeitung und Abfallbehandlung
PWArb – Postwerkstättenarbeiter
PWB – Pauschalwertberichtigung *(Vw.)*
PWE – Prüfstellen für Wärme- und Energiewirtschaft *(Bahn)*
PWF – Produktion Winterbauförderung
PWG – Printer Working Group
PWM – pulse width modulation

PWR – Pressurized Water Reactor *(Druckwasserreaktor)*
PwSdg – Postwurfsendung
PWV – Pfälzer-Wald-Verein
PWz – Postwertzeichen
px – pixel
PX – Post Exchange
PXE – Pseudoanthoma elasticum *(Med.)*
pxmo, pxo – proximo [mense] (*lat.:* »im nächsten [Monat]«)
pxt. – pinxit (*lat.:* »hat [es] gemalt«)
PY – Paraguay *(Kfz)*
PZ – Pankreozymin *(Med.)* · Panzerzug · Pärchenzwillinge *(Med.)* · Personalkostenzuschuss · Personalzeitschrift *(Schweiz)* · Pionierzug · Postzeitungs... · Prämienzahlung · Prüfziffer
Pz. – Panzer · Parzelle · Personenzug · Platzziffer
PZA – Postzeitungsamt · Postzollamt
PZDevV – Devisenvorschriften für den Postzahlungsverkehr mit dem Ausland
PZE – Personalzeiterfassung
Pz.-Fz., Pz.-Fzg. – Panzerfahrzeug
PZg – Postzeitungsgut
PZL – Postzeitungsliste
PZN – Pharma-Zentralnummer
PZO – Postzollordnung
Pz.-Pl. – Panzerplatte
PZR – professionelle Zahnreinigung
Pz.-Reg. – Panzerregiment
pzt. – prozentig
PZU – Postzustellungsurkunde
P-Zug – Personenzug
PZV – Pensionszuschussversicherung · Postzeitungsvertrieb
PZVO – Postzeitungsvertriebsordnung
PZwG – Gesetz über die Anwendung unmittelbaren Zwanges durch die Polizei
P2P – public to private

Q*q*

q – Quadrat *(in Österreich für: Doppelzentner)* · Quintal
Q – Katar *(Kfz)* · Qualität *(Technik)* · Quetzal *(Währung in Guatemala)*
q. – quart · quasi · quer
Q. – Qualität · Quantität · Quart · Quartal · Quarantäne · Quartett · Quartier · Quarz · Quebec · Querkraft · Querschnitt · Quintus
QA – quality assurance
QAM – quadrature amplitude modulation
QAU – Quality Assurance Unit *(engl.; Qualitätssicherungseinheit)*
Q.b.A., QbA – Qualitätswein bestimmter Anbaugebiete
QBASIC – Quick BASIC
QBE – query by example
QC – quality circle[s] · quality control · quick change
QCD – Quantenchromodynamik
QCGD – Quality Circle Gesellschaft Deutschland
QCIF – quarter common intermediate format
qcm – Quadratzentimeter *(veraltet)*
QCP – quality check program
q.d. – quaque die (*lat.:* »jeden Tag«)
q.d.b.v., Q.D.B.V. – quod deus bene vertat (*lat.:* »was Gott zum Guten wenden möge«)
QDL – Quadri Data Layer
qdm – Quadratdezimeter *(veraltet)*
QDOS – Quick and Dirty Operating System
QDR – quad data rate
q.e. – quod est (*lat.:* »das ist«)
Q.E. – Quadranteinheit
q.e.d. – quod erat demonstrandum (*lat.:* »was zu beweisen war«)
q.e.f. – quod erat faciendum (*lat.:* »was zu tun war«)
q.e.i. – quod erat inveniendum (*lat.:* »was zu [er]finden/herauszufinden war«)
QEMM – Quarterdeck Expanded Memory Manager
QE2 – Queen Elizabeth 2 *(britisches Passagierschiff)*
QF – Qualitätsfaktor
QFA – quick file access
QG – Qualitätsgruppe · Quergebäude
QGP – Quark-Gluon-Plasma
q.h. – quaque hora (*lat.:* »jede Stunde«)
QIC – Quarter-Inch Cartridge
q.i.d. – quater in die (*lat.:* »viermal am Tage«)
QK – Qualitätskoeffizient · Qualitätskontrolle
qkm – Quadratkilometer *(veraltet)*
q.l. – quantum libet (*lat.:* »beliebig viel«)
QLB – Quedlinburg *(Kfz)*
QLI – query language interpreter
qm – Quadratmeter *(veraltet)*
QM – Qualitätsmanagement · Quantenmechanik · Quartiermeister
qmm – Quadratmillimeter *(veraltet)*
QMS – Qualitätsmanagementsystem[e]
Q.-Mstr., Qmstr. – Quartiermeister
QM2 – Queen Mary 2 *(britisches Passagierschiff)*
q.n. – quaque nocte (*lat.:* »jede Nacht«)
QoS – Quality of Service
q.p. – quantum placet (*lat.:* »beliebig viel«)
QPSK – Quadrature Phase Shift Keying
QR – Qatar Riyal *(Währung in Katar)*
qr. – quarter (*engl.:* »Viertel«)
QRR – Qualitätsring Radiologie
QS – Qualitätssicherung ·

Qualitätssiegel · Quecksilbersäule
q.s. – quantum satis/sufficit (*lat.:* »so viel wie nötig«)
QSE – Qualitätssicherungseinheit
QSS – Qualitätssicherungssystem
QSV – Qualitätssicherungsvereinbarung[en]
qt – Quart *(Maß in GB und USA)*
Qt. – Quart
QTI – quick-time image
QTL – Quantitative Trait Loci *(Gengruppen)*
QTR – quick time recording
qu. – quasi
Qu. – Quart · Quartal · Quartett · Quartier · Quarz · Quelle · Querschnitt
Quabi – qualifizierter beruflicher Bildungsabschluss
quadr. – quadratisch
Quadr. – Quadratur · Quadragesima · Quadriga · Quadrille · Quadrillion · Quadrinom *(Math.)* · Quadrivium · Quadrupel
qual. – qualifizieren · qualifiziert · qualitativ
Qual. – Qualifikation · Qualität
qualif. – qualifizieren; qualifiziert
QUALY – quality adjusted life year/qualitäts-adjustiertes Lebensjahr *(Med.)*
quant. – quantitativ
Quant. – Quantität; Quantum
Quar. – Quarantäne
Quart. – Quartal · Quartett · Quartier
Quart.-B., Quart.-Ber. – Quartalsbericht[e]
Quäst. – Quästor; Quästur
Quat. – Quatember
Quato – Quartaltonne
QudV – Qualität durch Verantwortung
quitt. – quittieren; quittiert
Quitt. – Quittung[en]
QuSt – Quellensteuer
q.v. – quantum vis (*lat.:* »so viel du willst«) · quod vide[as] (*lat.:* »sieh[e] dies«)
QV – Qualitätsverbesserung[en]
QVD – Qualitätsverband Dekontamination
QVT – Qualitätsverbesserungsteam
QW – QIC Wide
.qxd – Quark Express Document *(Dateierweiterung)*
.qxl – Quark Express Element Library *(Dateierweiterung)*
QZ – Qualitätszirkel
QZG – Qualitätszielgruppe[n]
QZSS – Quasi-Zenit-Satelliten-System

R*r*

r – Radius *(Math.)* · recto [folio] (*lat.:* »auf der Vorderseite [eines Blattes]«)
r, R – Radius[vektor]
R – Rabatt · Rand *(Währung in Südafrika)* · Rankine · Reaumur · rechter Winkel · recommandé *(franz.),* registered *(engl.; Einschreiben)* · Regelung *(EDV)* · Regensburg *(Kfz)* · Register; Registratur · Regulierungsposten · Relais · Repetition *(Fernsehen)* · Röntgen *(Einheit)* · Rücksprache
® – registered [trademark] (*engl.:* »eingetragenes Warenzeichen«)
r. – rechts · richtig · rot · rund · russisch
R. – Radio · Radius · Radix *(Math.)* · Ramus *(Med.)* · Rat · Raum; Räume · Recht[e] · recipe (*lat.:* »nimm«; *Pharm.)* · Referat · Referent · Regiment · Regina (*lat.:* »Königin«) · Regulierung · Reich · Religion · Rente · Reserve · Reverend *(engl.)* · Rex (*lat.:* »König«) · Richtung · Risiko · Rückseite · Ruine
Ra – Radium *(Element)*
RA – Argentinien *(Kfz)* · Rastatt *(Kfz)* · Rechenanlage · Rechnungsauszug · Rechtsabteilung · Rechtsamt · Rechtsanordnung · Rechtsanwalt · Rechtsausschuss · Rechtsaußen · Regierungsamtmann · rheumatische Arthritis *(Med.)* · Risikoabstand · Röntgenassistent[in] · Runderlass Außenwirtschaft · Rundfunkanstalt
RÄ – Rechtsanwälte
ra. – radioaktiv
RÄA – Rentenänderungsauftrag *(Post)*
RAÄV – Rentenanpassungssatz-Änderungsverordnung
Rab. – Rabatt[e] · Rabbinat; Rabbiner
RabG – Rabattgesetz
RAbgO – Reichsabgabenordnung
RABl. – Reichsarbeitsblatt
Rabt – Rangierabteilung *(Bahn)*
rad – radiation absorbed dosis · Radiant
RAD – rapid application development · recorded announcement device · Reichsarbeitsdienst *(NS)*
rad. – radial · radikal
Rad. – Radar · Radierung · Radikale[r]; Radikalisierung · Radikalismus; Radikalist · Radius · Radix *(Math.)*
Radar – radio detection and ranging (*engl.:* »Funkmessung und Funkortung«)
RADOS – rationalisiertes Dokumentationssystem
RAe – Rechtsanwälte
RAF – Rote-Armee-Fraktion *(Terrororganisation)*
R.A.F., RAF – Royal Air Force *(Britische Luftwaffe)*
raff. – raffinieren; raffiniert

Raff. – Raffinade · Raffination · Raffinerie · Raffinesse
RAG – Rechtsangleichungsgesetz · Reichsarbeitsgericht *(NS)* · Rentenanpassungsgesetz · Rentenaufbesserungsgesetz · Ruhrkohle Aktiengesellschaft
RAGebO, RAGO – Bundesgebührenordnung für Rechtsanwälte
RAI – Radiotelevisione Italiana
RAID – redundant array of inexpensive disk
RAK – Regeln zur alphabetischen Katalogisierung
Rak. – Rakete[n]
RAL – *früher:* Reichsausschuss für Lieferbedingungen und Gütesicherung, *heute:* Deutsches Institut für Gütesicherung und Kennzeichnung · Richtlinien für den Ausbau von Landstraßen
rall. – rallentando (*ital.:* »langsamer werdend«; *Musik*)
RALU – registers and arithmetic logic unit
RAM – Random Access Memory *(Arbeitsspeicher)*
RAMDAC – random access memory digital-analog-converter
RAMPS – Resource Allocation and Multiproject Scheduling
RAmtm. – Regierungsamtmann
RAN – regionaler Ansprechpartner Nahverkehr *(Bahn)*
Randb., Randbem. – Randbemerkung[en]
R.-Anw., RAnw. – Rechtsanwalt; Rechtsanwältin · Regieanweisung[en]
RAO – Rechtsanordnung · Rechtsanwaltsordnung · Reichsabgabenordnung
RÄO – Reichsärzteordnung
RAP – Reisedokument als Passersatz
RArbD – Reichsarbeitsdienst
RArbG – Reichsarbeitsgericht
RARE – Réseaux Associés pour la Recherche Européenne
RAROC – risk adjusted return on capital
RAS – remote access service · row address/access strobe
Raspo – Rasensport
RAST – Richtlinien für die Anlage von Stadtstraßen
rat. – ratifizieren; ratifiziert · rational · rationalisieren; rationalisiert · rationell · rationieren; rationiert
Rat. – Ratifikation; Ratifizierung · Ration · Rationalisierung · Rationierung
Rat.-Mn. – Rationalisierungsmaßnahme[n]
RATO – Rocket-Assisted-Take-Off
RATP – Régie Autonome des Transports Parisiens *(Pariser Verkehrsbetriebe)*
Rat.-Urk. – Ratifikationsurkunde[n]
RAV – Rentenanpassungsverordnung · Republikanischer Anwältinnen- und Anwälteverein
RAW – Rationalisierungsausschuss der deutschen Wirtschaft
Rb – Rubidium *(Element)*
RB – Botsuana *(Kfz)* · Radio Bremen · Rechenschaftsbericht · Rechtsberater; Rechtsberatung · Rechtsbeschwerde · Regierungsbaurat · Regierungsbezirk · Reichsbahn · Rentenbeihilfe
R&B – rhythm and blues
Rb. – Rabatt · Rechnungsbüro · Reihenbild
RBA – Regierungsbauamtmann
RBAC – role-based access control
RBauD, RBauDir. – Regierungsbaudirektor
RBauR – Regierungsbaurat
rbb, RBB – Rundfunk Berlin-Brandenburg
RBBau – Richtlinien für die Durchführung von Bauaufgaben des Bundes
RBC – Radio Block-Center
Rbd, RBD – Reichsbahndirektion
RBDir. – Regierungsbaudirektor
RBE – relative biological effectiveness (*engl.:* »relative biologische Wirksamkeit«)
R.-Bel. – Rechtsbelehrung
R.-Ber. – Rechtsberater; Rechtsberatung · Rechtsbereinigung
RBeratG – Rechtsberatungsgesetz
RBerAusfG – Verordnungen zur Ausführung des Gesetzes zur Verhütung von Missbräuchen auf dem Gebiete der Rechtsberatung
RBerG – Rechtsberatungsgesetz · Rechtsbereinigungsgesetz
R.-Beschw. – Rechtsbeschwerde
R.-Bez. – Regierungsbezirk
Rbf – Rangierbahnhof
RBG – Rote Betriebsgruppe
RBgR – Regierungsbergrat
RBI – Regierungsbauinspektor
RB-ILD – respiratory bronchiolitis-interstitial lung disease *(Med.)*
Rbl – Rubel *(Währung in Russland)*
RBL – rechnerunterstütztes Betriebsleitsystem
Rbl. – Regierungsblatt
RBm. – Regierender Bürgermeister · Regierungsbaumeister
RBR – Regierungsbaurat
RBRef. – Regierungsbaureferendar
Rbt. – Rabatt
RBÜ – Revidierte Berner Übereinkunft zum Schutze von Werken der Literatur und Kunst

RBV – Rheinischer Braunkohlenbrikett-Verkauf · Rohrleitungsbauverband
RBW – relative biologische Wirksamkeit *(Med.)*
RBZ – Rentenberechnungszentrale
rbz. – rückbezüglich
RBz. – Regierungsbezirk
RC – Republik China *(Taiwan; Kfz)* · Rad[fahrer]club · Radio mit Cassettenrecorder · Republikanischer Club · Rivest Cipher · Ron's Code · Ruderclub
RCA – Radio Corporation of America *(USA)* · Zentralafrikanische Republik *(Kfz)*
RCB – Republik Kongo/Brazzaville *(Kfz)*
RCD – residual current protective device *(Fehlerstromschutzschalter)*
RCDS – Ring Christlich-Demokratischer Studenten
RCH – Chile *(Kfz)*
RCL – Radiochemisches Laboratorium · Rhein-Container-Linie
RCMP – Royal Canadian Mounted Police *(königlich-kanadische berittene Polizei)*
rd – Rad (= *Zentijoule*) · Rod *(Längenmaß in GB und USA)* · Rutherford
RD – Regierungsdirektor · Rendsburg-Eckernförde *(Kfz)* · Reservedepot
rd. – rund
Rd. – Rand · Runde
RDA – Rangdienstalter · recommended daily allowances · Reisering Deutscher Autobusunternehmungen
R. d. A. – Rückseite der Akten
RDB – Reaktordruckbehälter · Ring Deutscher Bergingenieure
RDBMS – relationales Datenbank-Managementsystem
Rd.-Br., Rdbr. – Rundbrief
Rd.-Erl., RdErl. – Runderlass
RDF – radio direction finder (*engl.:* »Funkpeilgerät«) · resource description framework
Rdf. – Radfahrer · Rundfunk
Rd.-Fr., Rdfr. – Rundfrage
RDH – Redaktionsgemeinschaft deutscher Heimatzeitungen
R.-Dir., RDir. – Regierungsdirektor
RDK – Revisionsverband deutscher Konsumgenossenschaften
RDM – Ring Deutscher Makler
Rdn. – Randnotiz · Runden
Rdnr., Rd.-Nr. – Randnummer
RDO – Rhein-Donau-Ölleitung
RdP – Rat deutscher Planetarien · Ring deutscher Pfadfinderverbände
RDP – Ring Deutscher Pfadfinderinnenverbände
RDRAM – rambus dynamic random access memory *(EDV)*
RDS – Radio Data System *(Verkehrsfunk)* · respiratory distress syndrome *(Atemnotsyndrom; Med.)* · Ring Deutscher Siedler · Ring Deutscher Soldatenverbände
Rdsch. – Rundschau
Rd.-Schr., Rdschr. – Rundschreiben
RdV, Rd.-Verf., Rd.-Vfg. – Rundverfügung
Rd.-Z., Rd.-Ziff. – Randziffer
Re – Rechner · Regler · reply · Rhenium *(Element)*
Re, Re – Reynolds-Zahl
RE – Randeinheit · Recheneinheit[en] · Rechnungseinheit[en] · Rechtsentscheid[ung] · Recklinghausen *(Kfz)* · Referentenentwurf · Regierungsentschließung · Regierungsentwurf · Regionalexpress · Restexemplare · Roheisen · Rückerstattung · Rundeisen
Re. – Rimesse · Rupie
REA – Rauchgasentschwefelungsanlage · Richtempfangsantenne
Reach – register, evaluation and authorization of chemicals *(Entwurf der EU-Kommission für ein neues Chemikalienrecht)*
reakt. – reaktionär · reaktivieren; reaktiviert
real. – realisieren; realisiert · realistisch
REBerG – Rückerstattungsberufungsgericht
Rec. – recipe (*lat.:* »nimm«; *Pharm.*)
rech. – recherchieren; recherchiert
Rech. – Recherchen; Rechercheur
Rechn., Rechng. – Rechnung[en]
Rechtf. – Rechtfertigung
rechtl. – rechtlich · rechtlos
RechtsAnglG – Rechtsangleichungsgesetz
Rechtsbel. – Rechtsbelehrung
Rechtsber. – Rechtsberater; Rechtsberatung
Rechtsf. – Rechtsfindung
Rechtspfl. – Rechtspflege[r]
Rechtspr. – Rechtsprechung
Rechtsspr. – Rechtssprache
rechtsw. – rechtswidrig
red. – redaktionell · redigieren; redigiert · reduplizieren · reduzieren; reduziert
Red. – Redakteur[in]; Redaktion · Reduktion
Red., Redupl. – Reduplikation
REF – Konferenz der Rektoren und Präsidenten Evangelischer Fachhochschulen · renaler erythropoetischer Faktor *(Med.)*
Ref. – Referat[e] · Referendar[in] · Referendum · Referent[in] · Referenz · Reform · Reformation
REFA – Reichsausschuss für Arbeitszeitermittlung *(bis 1936);* Reichsausschuss für Arbeitsstudien *(bis 1945);*

heute: Verband für Arbeitsstudien
REFH – Reiheneinfamilienhaus/-häuser
refl. – reflektieren; reflektierend; reflektiert · reflektorisch · reflexiv *(Sprachw.)*
Refl. – Reflektant · Reflektor · Reflex · Reflexion · Reflexivum *(Sprachw.)*
refo – Bundesverband Deutscher Reformhäuser
reform. – reformatorisch · reformieren; reformiert
Refü – Rechnungsführer
REG – Radioenzephalogramm *(Med.)* · Regen *(Kfz)* · Rückerstattungsgesetz · regenerative Energie[n]
reg. – regenerieren; regeneriert · regieren · regional · registered · registrieren; registriert · regulär · regulieren; reguliert
Reg. – Regatta · Regeneration · Regenerator · Regens · Regent[schaft] · Regie · Regierung[en] · Regime · Regiment · Region · Regisseur · Register · Registratur · Registrierung · Regular · Regularien · Regulares · Regulator · Regulierte *(bei kath. Orden)* · Regulierung
Reg.-Amtm. – Regierungsamtmann
Reg.-Anz. – Regierungsanzeiger
Reg.-Bd. – Registerband
Reg.-Bez. – Regierungsbezirk
Reg.-Bl. – Regierungsblatt · Registerblatt
Reg.-Bm., Reg.-Bmstr. – Regierungsbaumeister
RegBR – Regierungsbaurat
Reg.-Dir. – Regierungsdirektor
RegE, Reg.-Entw. – Regierungsentwurf
regelm. – regelmäßig
Regl. – Reglement[ierung]
Reg.-Nr. – Registernummer · Registriernummer
Reg.-Pr., Reg.-Präs. – Regierungspräsident; Regierungspräsidium
RegR, Reg.-Rat – Regierungsrat
Regt. – Regiment
RegTP – Regulierungsbehörde für Telekommunikation und Post
RegUnterhVO – Regelunterhalt-Verordnung
RegVR – Regierungsvermessungsrat
reg. Wz. – registriertes Warenzeichen
REH – Reihenendhaus · Richtlinien zur Einrichtungshilfe
Reha – Rehabilitation
REI – Rat der Europäischen Industrieverbände
REIM – Real Estate Investment Management
Reimp. – Reimport
Reiseg. – Reisegeld
Reiseg., Reisegep. – Reisegepäck
Reisegep.-Vers. – Reisegepäckversicherung
Reiseges. – Reisegesellschaft[en]
Reisek. – Reisekosten
ReisekG – Reisekostengesetz
ReisekO – Reisekostenordnung
reit., reiter. – reiteretur (*lat.:* »soll wiederholt werden«; *Pharm.*)
Rek. – Rektor; Rektorat; Rektorin
Rekr. – Rekrut[en]; Rekrutierung
rel. – relativ · relativieren · relevant · religiös
Rel. – Relais · Relation · Relativität · Relegation · Relief · Religion · Relikt · Reling · Reliquie[n]
rel. F. – relative Feuchtigkeit
rem, Rem – roentgen equivalent man *(internationale biologische Dosiseinheit für ionisierende Strahlung)*
REM – rapid eye movements *(Med.)* · Rasterelektronenmikroskop · Remark · remote equipment module
Rem. – Remake · Remedium · Remedur · Remigrant[en] · Reminiszenz[en] · Remise
Ren. – Renaissance · Renommee · Renovation; Renovierung · Renumeration · Renuntiation, Renunziation
REN – rationelle[re] Energienutzung
RENAMO – Resistência Nacional Moçambicana
RENFE – Red Nacional de los Ferrocarriles Españoles *(Spanische Staatsbahnen)*
RENO – Deutsche Vereinigung der Rechtsanwalts- und Notariatsangestellten
RentAufbG – Rentenaufbesserungsgesetz
Reorg. – Reorganisation
rep – roentgen equivalent physical *(Einheit)*
rep. – reparieren; repariert · repartieren; repartiert *(Börse)* · repetatur (*lat.:* »soll wiederholt werden«; *Pharm.*) · repetieren; repetiert
Rep. – Reparation[en] · Reparatur · Repartition · Repertoire · Repertorium · Repetent · Repetition · Repetitor · Report; Reportage; Reporter · Republik; Republikaner · Repulsion *(Technik)* · Reputation
REPA – Recycling-Papiersack/-säcke
repbed. – reparaturbedürftig
RepG – Reparationsschädengesetz
repr. – repräsentativ; repräsentieren; repräsentiert · reproduzieren; reproduziert
Repr. – Repräsentant[in]; Repräsentation · Repressalien · Reprise · Reprivatisierung · Reproduktion · Reprographie
rer. – rerum

RES, R. E. S. – retikuloendotheliales System *(Med.)*
res. – reservieren; reserviert · residieren
Res. – Resektion *(Med.)* · Reservat · Reservation · Reserve · Reservist · Reservoir · Resident · Residenz · Resistenz · Resolution · Resonanz · Resorbens; Resorption · Ressentiment · Ressort · Ressource[n] · Resultat · Resümee
Res., Resign. – Resignation
Resoz. – Resozialisierung
resp. – respektabel · respektieren · respektive
Resp. – Respekt · Respiration *(Med.)* · Responsorium; Responsorien
Ress. – Ressentiment · Ressort · Ressource[n]
Rest. – Restant · Restaurant · Restaurateur · Restauration · Restaurator · Restaurierung · Restitution
RestBestV – Reststoff-Bestimmungsverordnung
restl. – restlich · restlos
Restr. – Restriktion
Ret – Resolution Enhancement Technology
RET – rational-emotive Therapie
Ret. – Retabel · Retardation · Retorte · Retusche
rev. – reversibel · revidieren; revidiert · revisionistisch · revoltieren · revolutionär
Rev. – Revanche · Reverend *(engl.)* · Revers · Revier · Revirement · Revision · Revisionismus; Revisionist · Revokation · Revolte · Revolution; Revolutionär · Revolver · Revue
Rewe – Rheinisch-Westfälische Einkaufgenossenschaft der Lebensmitteleinzelhändler
REX, Rex – Deutscher Rentenmarktindex
REXP – Rex-Performance-Index
REXX – Restructured Extended Executor
rez. – rezent · rezensieren; rezensiert · reziprok · rezessiv · rezitieren; rezitiert
Rez. – Rezensent · Rezension · Rezept · Rezeption · Rezeptur · Rezess · Rezession · Rezitation · Rezitativ · Rezitator
rf – evangelisch-reformiert
Rf – Rufiyaa *(Währung auf den Malediven)* · Rutherfordium *(Element)*
RF – radio frequency *(engl.)* · Rechnerfamilie *(EDV)* · Reedereigemeinschaft Forschungsschifffahrt · Reichsformel · Reiseführer · Reservefacilität · Rezeptformel[n] · rheumatisches Fieber · Rückfallfieber *(Med.)* · Russische Föderation
rf. – rechnungsführend · rinforzando (*ital.:* »deutlich stärker werdend«; *Musik*)
Rf. – Radfahrer · Rechnungsführer · Richtfunk · Riff · Rundfahrt · Rundfunk
r. f. – recto folio (*lat.:* »auf der Vorderseite eines Blattes«)
R. F., RF – République Française
rfA – rechnungsführendes Amt
RFA – République Fédérale d'Allemagne *(franz.; Bundesrepublik Deutschland)* · Röntgenfluoreszenzanalyse
RfB – Rückstellung[en] für Beitrags[rück]erstattung
RFB – Roter Frontkämpferbund *(DDR)*
RFC – Reit- und Fahrclub · request for comments
RFD – request for discussion
RFE – Radio Free Europe
RFF – Réseau Ferré de France *(Gesellschaft für Bahninfrastrukturen)* · Richtfunkfeuer · Richtlinie für Fernleitungen zum Befördern gefährdender Flüssigkeiten
RFFU – *früher:* Rundfunk-Fernseh-Film-Union, *heute:* IG Medien/Fachgruppe Rundfunk/Film/Audiovisuelle Medien
RFG – Rentenversicherungs-Finanzausgleichsgesetz
RFH – Reichsfinanzhof · Rheinische Fachhochschule
RFI – Radio France International
RFID – radio frequency identification *(Funkchip-Technik)*
Rfn. – Rufname
Rfn., Rfnr. – Rufnummer
RföAO – Revierförsterausbildungsordnung
RFT – Reit- und Fahrturnier
RFV – Reit- und Fahrverein · Restauratoren-Fachverband
RFZ – Regalförderzeug[e]
rfz. – rinforzando (*ital.:* »deutlich stärker werdend«; *Musik*)
Rfz. – Rufzeichen
Rg – Rotguss
RG – Rahmengesetz · Rasselgeräusch[e] *(Med.)* · Rationalisierungsgemeinschaft · Rauschgift · Reaktionsgeschwindigkeit · Realgymnasium · Rechtsgeschichte · Reichsgericht · Reichsgesetz · Religionsgemeinschaft · Religionsgeschichte · Renngemeinschaft · Riesa-Großenhain *(Kfz)* · Rudergemeinschaft · Rudergesellschaft
Rg. – Rang · Rechnung · Regierung · Regie · Register · Ring · Rückgang · Rundgang
RGaO, RGarO – Reichsgaragenordnung
RGB – Rot-Grün-Blau *(Fernsehtechnik)*
RGBA – Rot-Grün-Blau-Alpha
Rg.-Bez. – Regierungsbezirk
RGBl. – Reichsgesetzblatt
Rg.-Bl. – Regierungsblatt
RGE – Rat der Gemeinden Europas

RGebStV – Rundfunkgebührenstaatsvertrag
R.-Geh., RGeh. – Ruhegehalt
RGH – Rationalisierungsgemeinschaft des Handels *(im RKW)*
RGK – Reaktionsgeschwindigkeitskonstante
Rgl. – Rangliste · Regel · Reglement · Regler · Regulativ
rglm. – regelmäßig
RGO – Reichsgerichtsordnung · Reichsgewerbeordnung
Rg.-Pr., Rg.-Präs. – Regierungspräsident; Regierungspräsidium
RGRE – Rat der Gemeinden und Regionen Europas
Rgstr. – Register · Registratur · Ringstraße
Rgt. – Regent · Regiment
RGV – Rationalisierungsgemeinschaft Verpackung *(im RKW)* · Rau- und Saftfutter verzehrende Großvieheinheit
RGW – Rat für gegenseitige Wirtschaftshilfe (= *COMECON*)
RGwI – Regierungsgewerbeinspektor
RGwOSekr. – Regierungsgewerbeobersekretär
RGwR – Regierungsgewerberat
RGZM – Römisch-Germanisches Zentralmuseum *(Mainz)*
rh – Rhesusfaktor *(negativ)*
Rh – Rhesusfaktor *(positiv)* · Rhodium *(Element)*
RH – Haiti *(Kfz)* · Rechnungshof · Reihenhaus/-häuser · Rockwell hardness/Rockwellhärte · Roth bei Nürnberg *(Kfz)*
rh. – rheinisch · rhombisch
Rh. – Rhein · Rhombus
r. H. – rechte Hand
RHaftpflG – Reichshaftpflichtgesetz
RHD – right hand drive *(engl.:* »Rechtssteuerung«; *Kfz)*
RHEED[-Verfahren] – reflection high energy electron diffraction
RHeimstG – Reichsheimstättengesetz
RheinSchA – Revidierte Rheinschifffahrtsakte
RheinSchPolVO – Rheinschifffahrtpolizeiverordnung
rhet. – rhetorisch
rhfrk. – rheinfränkisch
RHG – Rechnungshofgesetz · Rechtshilfegesetz · Reichshaftpflichtgesetz · Reichsheimstättengesetz
RHilfeG – Gesetz über die innerdeutsche Rechts- und Amtshilfe in Strafsachen
Rhj. – Rechnungshalbjahr
Rhld. – Rheinland
RHmV – Rückstand-Höchstmengenverordnung
RHpflG – Reichshaftpflichtgesetz
RHS – retikulohistiozytäres System *(Med.)* · Rettungshundestaffel
RhSchOG – Rheinschifffahrtsobergericht
RhZ – Rhodanzahl
RI – Indonesien *(Kfz)* · Regierungsinspektor · Rehabilitation International · Rhode Island *(Staat der USA)* · Rotary International
Ri. – Richter · Ritter
R. I. – Rex Imperator; Romanus Imperator · Rhode Island *(Staat der USA)*
RIA – Radioimmunoassay[s] · Regierungsinspektoranwärter
RiaA – Richter am Amtsgericht
RIAA – Recording Industry Association of America
RIAD – Rationalisierungsinstitut des Verbandes der Ärzte Deutschlands
RIAS, Rias – Rundfunk im amerikanischen Sektor *(Berlin)*
RIB – Relevé d'identité bancaire
RIC – Regolamento Internationale Carozze *(Internationaler Personen- und Gepäckwagenverband)*
Richtl. – Richtlinie[n]
RichtlStB – Richtlinien für die Berufsausübung der Steuerberater und Steuerbevollmächtigten
RICS – Royal Institution of Chartered Surveyors *(GB)*
RID – Règlement international concernant le transport des marchandises dangereuses
Rifu – Richtfunk
RifuSt – Richtfunkstelle
RiG – Richtergesetz
RiJGG – Richtlinien der Landesjustizverwaltungen zum Jugendgerichtsgesetz
RIGK – Rückführung industrieller und gewerblicher Kunststoffverpackungen
RiliBÄK – Richtlinien der Bundesärztekammer
RIM – Mauretanien *(Kfz)* · reaction injection moulding *(bei der Kunststoffverarbeitung)*
Rim. – Rimesse
RIMM – rambus inline memory module
rinf., rinforz. – rinforzando *(ital.:* »deutlich stärker werdend«; *Musik)*
RIP – raster image processor · remote imaging protocol · routing information protocol
rip. – ripuarisch
R. I. P. – requiescat in pace *(lat.:* »er/sie möge in Frieden ruhen«)
RIPE – Réseaux IP Européens
RISC – Reduced Instruction Set Computer
RIST – Radio-Immuno-Sorbent-Test *(Med.)*
RiStV – Richtlinien für das Strafverfahren
RIT – Radioiodtest *(Med.)* · Rail-Inclusiv-Tour
rit., ritard. – ritardando

(*ital.:* »langsamer werdend«; *Musik*)
rit., riten. – ritenuto (*ital.:* »im Tempo zurückgehalten«; *Musik*)
RIV – Regolamento Internazionale Veicoli *(Internationaler Güterwagenverband)*
Riv. – Rivale; Rivalin; Rivalität · Riviera
RiVASt. – Richtlinien für den Verkehr mit dem Ausland in strafrechtlichen Angelegenheiten
RiWG, RiWahlG – Richterwahlgesetz
RJ – Registered Jack
Rj. – Rechnungsjahr
RJA – Reichsjustizamt
RK – Randlochkarte · Rationalisierungskomitee · Rationalisierungskuratorium · Regionenkonferenz · Reichskanzler · Reichskommissar · Rektorenkonferenz · Ressortkommission · Restitutionskammer · Ritterkreuz · Rotes Kreuz
rk, r.-k. – römisch-katholisch
Rk. – Rakete · Reisekosten · Rundkurs
RKA – Rossijskoje Kosmitscheskoje Agentstwo *(russ. Raumfahrtbehörde)*
RKAB – Reisekostenausführungsbestimmungen
RKB – Rad- und Kraftfahrerbund Solidarität
RKDB – Ring katholischer deutscher Burschenschaften
RKF – Bundeskonferenz der Rektoren und Präsidenten Kirchlicher Fachhochschulen
RKG – Reisekostengesetz · Risikokapitalgesellschaft
RKI – Robert-Koch-Institut
RKK – Richtlinien für die Kontrolle von Korrosionsschutzarbeiten an Stahlbauten
RKM – Rektorenkonferenz der Musikhochschulen · Röntgenkontrastmittel
Rkm – Reißkilometer *(Technik)*
RKO – Reisekostenordnung
RkR, RKR – Reisekostenrechnung
rkr. – rechtskräftig
RkReÜAÜG – Rinderkennzeichnungs- und Rindfleischetikettierungsüberwachungsaufgabenübertragungsgesetz *(Mecklenburg-Vorpommern)*
RKS – regionale Kabel-Servicegesellschaft[en]
RKT – Reichskraftwagentarif
Rkt. – Rakete · Rekrut
RKV – Rahmenkollektivvertrag · Reisekostenverordnung · Rheinischer Kunsthändler-Verband
RKW – Rationalisierungskuratorium der deutschen Wirtschaft · Reichsbahnkraftwerk
Rl – Rangierleiter *(Bahn)*
RL – Libanon *(Kfz)* · Reallexikon · Rechnungslegung · Reiseleiter[in] · Reiseleitung · Richtlinie[n]
Rl, Rl. – Rial *(Währung im Iran)*
.rle – runlength encoded *(Dateierweiterung)*
RLE – runlength encoding
RLG – Reichsleistungsgesetz
RLL – runlength limited
RLO – Rechnungslegungsordnung
RLP – radio-link-protokoll
RLS – Restless Legs Syndrome *(Med.)*
RLZ – Raster-Lichtzeichner
Rm – Raummeter
RM – Madagaskar *(Kfz)* · Malaysischer Ringgit *(Währung)* · Rechenmaschine · Rechnungsmonat · Rechtsmittel · Reichsmarine · Reichsmark · Reichsminister[ium] · Richtmaß · Rudermaschine
RM, Rm. – Rückenmark
Rm. – Raum · Remake · Reminiszenz[en]
R. m. – Rücksprache mit
RMBliV – Reichsministerialblatt der inneren Verwaltung
RMBS – Residential Mortgage Backed Securities
RMB. ¥ – Renminbi ¥uan
RMC – Rallye Monte Carlo
R. M. C. – Radio Monte-Carlo
RMD – Rhein-Main-Donau
RME – Rapsölmethylester
RMedR – Regierungsmedizinalrat
RMG – Rechtsmittelgesetz · Reichsmilitärgericht · Rentenmehrbetragsgesetz
RMH – Reihenmittelhaus
R-Mitgl. – Mitglied[er] im Ruhestand
RMK – Reihenmesskammer
RMM – Mali *(Kfz)* · removable media manager
RmoR – Raummeter ohne Rinde
RMR – Rhein-Main-Rohrleitung
RMS – root mean square
R. M. S. – Royal Mail Ship
RMSF – Rocky Mountain Spotted Fever *(Felsengebirgsfieber; Med.)*
RMSV – Rad- und Motorsportverein
rmTD – rechnerisch mittlere Tagesdosis
RMV – Rhein-Main-Verkehrsverbund
RMW – Referenzmethodenwert *(Med.)*
rmx – remix
Rn – Radon *(Element)*
RN – Niger *(Kfz)* · Rechnungsnachweisung · Rechtsnachfolge
Rn. – Randnummer
RNA – Regeln zur Erschließung von Nachlässen und Autographen · ribonucleic acid *(Ribonukleinsäure)*
RNatSchG – Reichsnaturschutzgesetz
RNE – Radio Nacional de España
RNF – Rhein-Neckar-Fernsehen

RNG – Reichsnaturschutzgesetz
R.-Nr., Rnr. – Rentennummer · Rufnummer
R.-Nr. – Rechnungsnummer · Registriernummer
RNS – Ribonukleinsäure[n]
RNZ – Rhein-Neckar-Zeitung
RO – Raumordnung · Rechenoperation *(EDV)* · Rechnungslegungsordnung · Rechtsordnung · Registerordnung · Rennordnung · Rosenheim *(Kfz)* · Rumänien *(Kfz)*
RÖ – Rapsöl
Ro. – Rohstoff
r. o. – rechts oben
R. O. – Rial Omani *(Währung)*
ROA – Reserveoffizieranwärter
ROBI – Regierungsoberbauinspektor
ROBR – Regierungsoberbaurat
ROCE – return on capital employed *(Zielrendite auf das eingesetzte Kapital)*
RoE – return on equity
RÖE – Rohöleinheit
RoG – Reporter ohne Grenzen
ROG – Raumordnungsgesetz
ROHG – Reichsoberhandelsgericht
R. O. H. G. J. – Ritterorden vom Heiligen Grab zu Jerusalem
ROI – Regierungsoberinspektor · return on investment
ROK – Südkorea *(Republik; Kfz)*
ROM – read only memory
rom. – romanisch · romantisch
röm. – römisch
röm.-kath. – römisch-katholisch
römR – römisches Recht
RONA – return on net assets
Röntg. – Röntgenologe; Röntgenologie
ROP – Raumordnungsplan
RORAC – return on risk adjusted capital
RoRo – Roll on Roll off *(Seef.)*
RöRUG, RöntgRUG – Gesetz über Röntgenreihenuntersuchungen
ROS – resident operating system
Rot. – Rotation
ROT13 – rotate 13
Rot.-Dr. – Rotationsdruck
rotw. – rotwelsch
ROU – Uruguay *(Kfz)*
ROV – Raumordnungsverband · Raumordnungsverfahren · Vereinigung der Reserveoffiziere
RöV – Röntgenverordnung
ROW – Rotenburg/Wümme *(Kfz)*
ROZ – Researchoktanzahl
Rp., Rp – Rupiah *(Währung in Indonesien)*
RP – Philippinen *(Kfz)* · Regierungspräsident; Regierungspräsidium · Reisepass · Réponse payée *(franz.:* »Antwort bezahlt«; *Post)* · Rheinische Post · Rheinland-Pfalz · Richtpunkt
Rp. – Rappen · recipe *(lat.:* »nimm«; *Pharm.)*
Rp. – rezeptpflichtig
R. P. – Reverendus Pater *(lat.:* »Hochwürdiger Vater«)
RPA – Rechnungsprüfungsausschuss
RPB – Benin *(Kfz)*
RPC – remote procedure call
R.-Pfl., RPfl. – Rechtspflege[r]
RPflAO – Ausbildungs- und Prüfungsordnung für den Rechtspfleger
RpflG – Rechtspflegergesetz
Rp.-Fz. – Raupenfahrzeug
RPG – Regionale Planungsgemeinschaft · Report Program Generator
RPGN – rasch progrediente Glomerulonephritis *(Med.)*
RPJ – Ring Politischer Jugend
RPK – Rechnungsprüfungskommission
RPL – Radiophotolumineszenz *(Med.)* · Rheinland-Pfalz, Landesregierung und Landtag *(Kfz)*
r. p. m., rpm – revolutions/rotations per minute *(engl.:* »Umdrehungen pro Minute«)
RPMBl. vgl. ABlRPM
RPN – Regionale Planungsgemeinschaft Nordhessen · Reverse Polish Notation
RPNV – regionaler Personennahverkehr
RPO – Rechnungsprüfungsordnung · Reifeprüfungsordnung
RPR – Radiusperiostreflex *(Med.)* · Rassemblement pour la République *(Neogaullisten, Frankreich)* · Rheinland-Pfälzische Rundfunk GmbH
rpr. – repräsentativ
Rpr. – Rechnungsprüfer; Rechnungsprüfung · Reproduktion · Richtpreis
RPROM – reprogrammable read only memory
RPS – Rights Protection System
r. p. s., rps – revolutions/rotations per second *(engl.:* »Umdrehungen pro Sekunde«)
.rpt – Report *(Dateierweiterung)*
RPV – regionaler Planungsverband *(Bayern)* · regionale Planungsversammlung *(Hessen)* · remotely piloted vehicle *(ferngesteuertes Fahr-/Flugzeug)*
RPW – Rheinland-Pfälzische Gesellschaft für Wirtschaftsförderung
RPZ – Religionspädagogisches Zentrum · Risikoprioritätszahl *(Logistik)*
RQ – respiratorischer Quotient *(Med.)*
RR – Radiorecorder · Rechnungsrat · Regierungsrat; Regierungsrätin · Reichsrat ·

Respirationsrate *(Med.)* · Ringrichter · Riva-Rocci[-Apparat] *(Med.)* · Rolls Royce · Rücksendungsrecht
Rr. – Rami (*Plural zu* »Ramus«; *Med.*) · Richter · Ritter
r. r. – reservatis reservandis (*lat.*: »mit dem nötigen Vorbehalt«)
RRG – Rentenreformgesetz
RRL – Rahmenrichtlinien
rRNS – ribosomale Ribonukleinsäure
RRP – Rotterdam-Rhein-Pipeline
RRSt – Rentenrechnungsstelle
RRStL – Leiter der Rentenrechnungsstelle
RRU – Röntgenreihenuntersuchung[en]
RRV – Rückwärtiger Rand des Verteidigungsraumes *(Mil.)*
RRZN – Regionales Rechenzentrum für Niedersachsen *(Uni Hannover)*
Rs – Reizstoff *(Chemie)* · Relais
RS – Rallye-Sport · Rationssatz · Reaktorsicherheit · Rechtsschutz · Regierungssekretär · Rekrutenschule *(Schweiz)* · Relaisstelle · Remscheid *(Kfz)* · Republic Srpska *(Teilstaat der bosnischen Serben in Bosnien und Herzegowina)*
R$ – Real *(Währung in Brasilien)*
RS, Rs. – Rundschreiben
rs. – rosa[farben]
Rs. – Reise · Reserve · Rückseite · Rücksicht
r. S. – rechte Seite
RSA – Risikostrukturausgleich · Rivest-Shamir-Adleman[-Verschlüsselung]
RSACI – Recreational Software Advisory Council on the Internet *(Initiative zur freiwilligen Selbstkontrolle im Internet)*
RSAV – Risikostrukturausgleichs(änderungs)verordnung
RSB – regionales Schnellbahnsystem · Rundfunk-Sinfonieorchester Berlin
Rsb. – Reisebüro
RS-Boot – Raketenschnellboot
RSC – Radsportclub · Royal Shakespeare Company
Rsch. – Rückschein
RSch. – Realschule
Rschr. – Reinschrift
RSCS – Remote Spooling Communcations Subsystem
RSD – Regierungsschuldirektor[in]
RSF – Rationssatz Futter · Reporters sans Frontières
RSFSR – Russische Sozialistische Föderative Sowjetrepublik *(hist.)*
RSG – Radsportgemeinschaft · Reichssiedlungsgesetz
RSGV – Rheinischer Sparkassen- und Giroverband
RSH – Radio Schleswig-Holstein
RSHA – Reichssicherheitshauptamt *(NS)*
RSI – relative-strength-index · repetitive strain injury
RSiedlG – Reichssiedlungsgesetz
RSK – Reaktor-Sicherheitskommission
Rsl. – Reiseleiter; Reiseleitung
RSM – Republik San Marino *(Kfz)* · Ruf- und Signalmaschine
RSO – Radio-Symphonie-Orchester *(Berlin)*
RSPC – Reed Solomon Product Code
RSPCA – Royal Society for the Prevention of Cruelty to Animals *(Tierschutzverein; GB)*
Rspr. – Rechtsprechung · Rechtssprache · Richterspruch · Rücksprache
RsprEinhG – Gesetz zur Wahrung der Einheitlichkeit der Rechtsprechung der obersten Gerichtshöfe des Bundes
RSQ – Reaktionssicherheitsquotient *(Psych.)*
RStGB – Reichsstrafgesetzbuch
RStk – Rentenstammkarte
RSV – Rasensportverein · respiratory syncytial virus *(Med.)* · Ruhrsiedlungsverband
RSVP – resource reservation protocol
R. S. V. P. – répondez, s'il vous plaît (*franz.*: »um Antwort wird gebeten«)
RSW – Raumordnung, Städtebau, Wohnungswesen · Regionalbusverkehr Saar-Westpfalz
RSWK – Regeln für den Schlagwortkatalog
Rsz. – Resonanz
RT – radiotelegraphy · radiotelephony · Raumtiefe · Regelungstechnik · Registertonne · Reichstag · Reutlingen *(Kfz)* · Rohteil · Togo *(Kfz)*
RT, Rt. – Raumteil[e]
RT, R. T. – Raumtemperatur
Rt. – Rate[n] · Rente
RTA – radiologisch-technische[r] Assistent[in] · Ressort-Tarifausschuss der Bundesministerien
RTB – Radiodiffusion-Télévision Belge
RTC – realtime clock
RTCP – realtime control protocol
RTE – realtime enterprise(s)
RTF – rich text format
rtfm – read the fucking manual
RTG – Radioisotope Thermoelectric Generator
RTI – Rundfunktechnisches Institut
RTL – register transfer level · Riesentorlauf

R. T. L., RTL – Radio-Télévision Luxembourg
RTM – Rastertunnelmikroskop
Rtm. – Rittmeister
Rtn. – Rentner
RTOS – realtime operating system
RTP – realtime transport protocol
Rtr. – Retraite · Retrakt; Retraktion · Retribution · Retrospektive · Rücktritt
rtr – Reuters *(Nachrichtenagentur)*
RTS – ready to send
Rtt. – Rabatt
RTV – Rahmentarifvertrag
RTW – Rettungstransportwagen
Ru – Ruthenium *(Element)*
RU – Burundi *(Kfz)* · Reihenuntersuchung · Religionsunterricht · Röntgenuntersuchung
r. u. – rechts unten
RUB – Ruhruniversität Bochum
RÜB – Regenüberlaufbecken
RubP – Ribulosebiphosphat
Rückf. – Rückfahrt · Rückfall · Rückforderung · Rückführung
Rückg. – Rückgabe · Rückgeld
rückl. – rückliegend · rücklings
Rückl. – Rücklage[n] · Rücklieferung
Rückl.-B. – Rücklagenbildung
RücklVO – Rücklagenverordnung
Rückp. – Rückporto
Rückpro – Rückprojektion
Rücks. – Rückseite · Rücksendung · Rücksicht
Rücksp. – Rückspiegel
Rückst. – Rückstand; Rückstände · Rückstellung · Rückstoß
Rückv., Rückvers. – Rückversicherung
rückw. – rückwärtig · rückwärts · rückwirkend
Rückz. – Rückzahlung · Rückzieher · Rückzug
Rückz.-Anw. – Rückzahlungsanweisung
Rückz.-Sch. – Rückzahlungsschein
RÜD – Rüdesheim/Rheingau-Taunus-Kreis *(Kfz)*
RuF – Reit- und Fahrverein
Ruf-Nr. – Rufnummer
RÜG – Rentenüberleitungsgesetz · Rügen *(Kfz)*
r. u. l. – rechts und links
rum., rumän. – rumänisch
Rum. – Rumäne[n]; Rumänien
Rundf. – Rundfunk
RundfG – Rundfunkgesetz
RUP – rational unified process
Ruputer – Running Computer
RUS – Russische Föderation *(Kfz)*
RuS-Gerät – Rettungs- und Sicherheitsgerät
RuVR – Regierungs- und Vermessungsrat
RV – Radfahrerverband · Radfahrverein · Rahmenvertrag · Ravensburg *(Kfz)* · Reaktionsvermögen · Redakteursversammlung; Redaktionsversammlung · Rechnungsvorschrift · Rechtsverordnung · Regattaverein · Reichsverfassung · Reichsversicherung · Reisevereinigung · Reiterverein · Rentenversicherung · Residualvolumen *(Med.)* · Rodelverein · Ruderverband · Ruderverein · Rückschlagventil · Rückversicherung *(Vw.)* · Ruhrverband
Rv. – Revision
R.v. – Rücksendung vorbehalten
RVA – Reichsversicherungsamt · Reststoffverwertungsanlage · Rückstandsverbrennungsanlage
RVÄndG – Rentenversicherungsänderungsgesetz
RVDL – Rheinischer Verein für Denkmalpflege und Landschaftsschutz
RVermR – Regierungsvermessungsrat
RVersG – Reichsversorgungsgesetz
RVersG, RVersGer. – Reichsversorgungsgericht
RVersO – Reichsversicherungsordnung
RVerwG – Reichsverwaltungsgericht
RVetR – Regierungsveterinärrat
RVG – Gesetz über die Verkündung von Rechtsverordnungen · Rechtsanwaltsvergütungsgesetz
Rvj. – Rechnungsvierteljahr
r. v. l. – rechts vor links
RVK – Reiseverkehrskaufmann/-kauffrau · Regensburger Verbundklassifikation
RVM – Röhrenvoltmeter
RVO – Rechtsverordnung · Reichsversicherungsordnung
RVR – Regierungsvermessungsrat · Regierungsveterinärrat · Regionalverband Ruhr
RVS – Rechnernetze und Verteilte Systeme · Rechnerverbundsystem · Rollfuhrversicherungsschein
RVStff – Rückwärtige Versorgungsstaffel *(Mil.)*
R. V. S. V. P. – répondez vite, s'il vous plaît (*franz.:* »um schnelle Antwort wird gebeten«)
RVÜG – Rentenversicherungsüberleitungsgesetz
RVZG – Rentenvorschusszahlungsgesetz
RW – read/write · Rechenwert · Rechnungswesen · Regelwiderstand · Religionswissenschaft · Restware · Restwert · rewritable · Richtungswähler · Richtungs-

wechsel · Richtwert · Rottweil *(Kfz)* · Rot-Weiß · Rückkaufwert
RWA – Rentenwegfallauftrag · Ruanda *(Kfz)*
RWB – Rechtswörterbuch · Rheinisch-Westfälische Börse · Richtlinien für Wirtschaftlichkeitsberechnungen
RWE – Rheinisch-Westfälische Elektrizitätswerke · Rot-Weiß Essen *(Fußball-Club)*
RWG – Richterwahlgesetz
RWI – Rheinisch-Westfälisches Institut für Wirtschaftsforschung
RWJV – Rheinisch-Westfälischer Journalisten-Verband
RWST – Rechenwerksteuerung
RWTH – Rheinisch-Westfälische Technische Hochschule [Aachen]
RW-Turbine – Rückwärtsturbine
RWTÜV – Rheinisch-Westfälischer Technischer Überwachungsverein
RWW – Rheinisch-Westfälische Wasserwerksgesellschaft
RWZ – Regionales Wissenschaftszentrum
Rx[-Präparate] – rezeptpflichtig *(von lat. recipe)*
RZ – Ratenzahlung · Ratzeburg/Herzogtum Lauenburg *(Kfz)* · Rechenzentrum · Rentenzahlung · Restzahl · Restzahlung · Restzucker · Risikozuschlag *(Vw.)* · Rückzahlung
RZA – Reichsbahnzentralamt · Rentenzahlungsauftrag
RZA, RZAnw. – Rückzahlungsanweisung
RZB – Rechenzentrum Buchhandel
RZG – Ratenzahlungsgesetz · Rentenzulagengesetz
rzp. – reziprok
Rzpt. – Rezept · Rezeptur
rzptpfl., rztpfl. – rezeptpflichtig
RZS – Rückzahlungsschein
Rzs. – Rezensent; Rezension · Rezession
Rzs.-Ex. – Rezensionsexemplar[e]
Rzt. – Rezensent · Rezept
RZVK – Rheinische Zusatzversorgungskasse

Ss

s – Sekunde · Shilling
S – Saldo · Salzburg *(Kfz)* · Schadenklasse *(Vw.)* · Schnellbahn · Schnellbus · Schnellstraße · Schweden *(Kfz)* · Sehleistung · Sehschärfe · Sen *(jap. Münze)* · Siemens *(Einheit)* · small *(Kleidungsgröße)* · Sonderklasse · Spezial[...] · Sport · Springer *(beim Schach)* · Städteschnellverkehrszug · Stuttgart *(Kfz)* · Süd[en] · Sulfur *(Schwefel; Element)* · Super
S/. – Neuer Sol *(Währung in Peru)*
s. – sachlich · sächlich · schwarz · schwer · sein · seit · sich · siehe · sine *(lat.:* »ohne«) · solo · südlich · symmetrisch
S. – Sache · Sachsen · San, Sankt, Sant', Santa, Santo, São · Säure · Seine ... *(bei Anreden)* · Seite · Senat · Sender · Serie · Silber · Sirup · Sohn · Soll · Solo · Sommer · Sopran · Sortiment · Summa/Summe · Symmetrie
S3 – sight sound speed
SA – Sammelanschluss · Sammelauftrag · Schlichtungsausschuss · Selbstanschluss · Sicherheitsabstand · Sonderabdruck · Sonderausgabe · Sonderausschuss · Sonnenaufgang · Sozialamt · Sturmabteilung *(NS)*
$A – australischer Dollar *(Währung)*
Sa. – Sachsen · Sammler; Sammlung · Samstag · Sanskrit · Sonnabend · Summa
s. a. – secundum artem *(lat.:* »nach den Regeln, dem Stand der Wissenschaft«) · siehe auch · sine anno *(lat.:* »ohne Jahresangabe«)
s. A. – seligen Andenkens *(veraltend)*
S. A. – Sanitätsabteilung *(Mil.)* · Società Anonima *(ital.)*, Sociedad Anónima *(span.)*, Société Anonyme *(franz.:* »Aktiengesellschaft«) · South Africa · South America · South Australia
SAA – Schweizerische Astronautische Arbeitsgemeinschaft · South African Airways · system application architecture
SAAB, Saab – Svenska Aeroplan Aktiebolag
Saarc, SAARC – South Asian Association for Regional Cooperation
SaatgG – Saatgutgesetz
Sab. – Sabotage; Saboteur
SABAM – Société d'auteurs Belge/Belgische Auteurs Maatschaappi *(belg. Verwertungsgesellschaft)*
s. Abb. – siehe Abbildung[en]
SABC – South African Broadcasting Corporation
SABENA, Sabena – Société Anonyme Belge d'Exploitation de la Navigation Aérienne
Sa.-Bl. – Sammelblatt
SAbschlG – Gesetz über den Abschluss der Sammlung des Bundesrechts
SAC – Schweizer Alpen-Club · Strategic Air Command *(USA)* · Societas Apostolatus Catholici *(Orden der*

Pallottiner) · Supreme Allied Commander *(NATO)*
SACD– super audio compact disk
SACEM– Syndicat des Auteurs, Compositeurs et Editeurs de Musique *(französische Verwertungsgesellschaft)*
SACEUR– Supreme Allied Commander Europe *(NATO)*
Sachb.– Sachbuch; Sachbücher
Sachb., Sachbearb.– Sachbearbeiter[in]
sachk.– sachkundig
sächs.– sächsisch
Sachv.– Sachverhalt
Sachv., Sachverst.– Sachverstand; Sachverständige[r]
Sachw.– Sachwalter · Sachwert · Sachwort
SACLANT– Supreme Allied Commander Atlantic *(NATO)*
SAD– saisonal abhängige Depression *(Med.)* · Schwandorf *(Kfz)* · Sonderabfalldeponie
SADC– Southern African Development Community
SAE– Sammlung arbeitsrechtlicher Entscheidungen · Society of Automotive Engineers *(USA; auch als PS-Maß)* · Sonderausfuhrerklärung
SAEG– Statistisches Amt der Europäischen Gemeinschaften
s. a. e. l.– sine anno et loco (*lat.:* »ohne Jahres- und Ortsangabe«)
S. & F. A.– shipping and forwarding agent *(Schiffsspediteur)*
SAFE– Sicherheitsanalyse für Ernstfälle
Saffa– Schweizer Ausstellung für Frauenarbeit
SAFS-BETA– School for Aerobic and Fitness Studies & Bodylife European Trainer Academy
SAG– Sozialistische Arbeitsgemeinschaft · Sowjetische Aktiengesellschaft *(DDR)*
SAGB– Senior Advisory Group on Biotechnology
SAI– Sozialistische Arbeiterinternationale
SAJ– Sozialistische Arbeiterjugend *(DDR)*
SAJV– Schweizerische Arbeitsgemeinschaft der Jugendverbände
SAK– Summen-Anpassungsklausel *(Vw.)*
SÄK– Ständige Ägyptologenkonferenz
$A/K– australischer Dollar/Kiribati *(Währung)*
Sakr.– Sakrament[e]
SAKS– Schweizerische Arbeitsgemeinschaft katholischer Studenten
SAL– Saarland, Landesregierung und Landtag *(Kfz)* · Surface Airlifted *(Post; kombinierter Land-/Luftweg)*
Sal.– Salesianer · Saline
Salp.– Salpeter
Salt, SALT– Strategic Arms Limitation Talks *(Gespräche über eine Begrenzung strategischer Waffen)*
SALT– Script Application Laguage for Telix · Southern African Large Telescope
Salzst.– Salzsteuer · Salzstock
SalzStDB– Durchführungsbestimmungen zum Salzsteuergesetz
SalzStG– Salzsteuergesetz
SAM– Sensorsystem für Automation und Messtechnik · Sonderabfallmanagement · Strategisches Aktienmanagement · Strukturanpassungsmaßnahme
Samml.– Sammlung[en]
SammlG– Sammlungsgesetz
SAN– satellite access network · standard address number · Storage/System Area Network · Styrol-Acrylnitril
san.– sanitär
San.– Sanierung · Sanitäter; Sanitätswesen
San., Sanat.– Sanatorium
SANE– scanner access now easy
Sanka– Sanitätskraftwagen
Sa.-Nr.– Sammelnummer
San.-R.– Sanitätsrat
sanskr.– sanskritisch
SANZ– Schweizerische Arzneimittel-Nebenwirkungs-Zentrale
SAP– service access point · service advertising protocol · Sozialamt der Deutschen Post · Systemanalyse und Programmentwicklung · Stabilisierungs- und Assoziierungsprozess *(der EU für den westlichen Balkan)* · Systems, Applications, and Products in Data Processing · Systeme, Anwendungen, Programme in der Datenverarbeitung
SAPI– speech application programming interface
SAPUZ– Schweizerischer Ausschuss für Prüfung und Zertifizierung
SAR– Schweizerischer Autorennsportclub · search and rescue *(Seenotrettung)* · spezielle Absorptionsrate *(elektron. Strahlung)* · spezifische Absorptionsrate *(Strahlenmessung)* · Stock Appreciation Right(s)
SARS, Sars– severe acute respiratory syndrome / schweres akutes respiratorisches Syndrom *(Med.)*
SAS– Scandinavian Airlines System · Société par actions simplifiée *(Vereinfachte Aktiengesellschaft)*
s. a. S.– siehe auch Seite
S. A. S.– Son Altesse Serenissime *(Adelsanrede bei ausländischen Höfen)*
SASI– Shugart Associates System Interface
saspo– [as] soon as possible

SASV – Schweizerischer Akademischer Sportverband
sat. – satiniert · saturiert
Sat. – Satellit[en]
SATA – serial advanced technology attachement
SATAN – Security Administrator Tool for Analyzing Networks
Sat.-Anl. – Satellitenanlage
SATUS – Schweizerischer Arbeiter-Turn- und Sportverein
S.-Auftr. – Sammelauftrag · Sonderauftrag
SAV – Schwäbischer Albverein · Schweizer Apothekerverband · Sonderabfallverbrennungsanlage · Sports Activity Vehicle *(Kfz)*
SAVE – schnelle ambulante vorklinische Erstversorgung
SAW – Sächsische Akademie der Wissenschaften · Salzwedel *(Kfz)* · surface acoustic wave *(Bauelement)*
SAX – Stuttgarter Aktienindex
Sax. – Saxophon; Saxophonist
SaZ – Soldat auf Zeit *(Bw.)*
SaZgm – Sattelzugmaschine
sb – Stilb *(Einheit)*
Sb – Stibium *(Antimon; Element)*
SB – Saarbrücken *(Kfz)* · Sammelband · Sammelbegriff · Sammelbezeichnung · Schachbund · Schadensbestimmung · Schülerbund · Schutzbereich · Schwarzburgbund *(Verbindungsw.)* · Selbstbedienung · Selbstbehalt · Selbstbeteiligung *(Vw.)* · Servicebüro · Signalbuch *(Bahn)* · Sonderbezeichnung · Sportbund · Staatsbibliothek · Stadtbibliothek
SB, Sb. – Sonderbericht
Sb. – Sachbearbeiter[in] · Schaubild · Sitzungsbericht[e] · Sonderband
s. b. – siehe bei
s. B. – südliche[r] Breite
SBA – Sekundär-Butyl-Alkohol · sideband address port · Straßenbauabteilung · Straßenbauamt · Straßenbeauftragte[r]
S-Bahn – Schnellbahn, Stadtbahn
SBAO – Schifffahrtsbesetzungs- und Ausbildungsordnung
s. b. Art. – siehe besonderen Artikel
SBauG – Schutzbaugesetz
SBB – Sächsischer Bergsteigerbund · Schweizerische Bundesbahnen
Sbb. – Sitzungsberichte
SBCI – Stuttgarter Blue Chip Indikation
Sbd. – Sammelband · Sonderband · Sonnabend
SBE – Sonderberichterstatter; Sonderberichterstattung
SBefrO – Salzsteuer-Befreiungsordnung
SBesG – Saarländisches Besoldungsgesetz
SBG – Saarländisches Beamtengesetz · Schweizerische Bankgesellschaft · Schwerbeschädigtengesetz · Seeberufsgenossenschaft
SBJ – Schweizerischer Bund für Jugendherbergen
SBK – Schlussbilanzkonto · Schönebeck *(Kfz)* · Schutzverband Bildender Künstler *(in der IG Medien)* · Schweizerische Beleuchtungskommission · Schweizerische Bischofskonferenz · Styrol-Butadien-Kautschuk
SBKV – Schweizerischer Buchbinder- und Kartonagen-Verband
SBL – Stadtbezirksleitung · Stellenbesetzungsliste
SBl. – Sammelblatt · Sonderblatt
SBM – Strategic Ballistic Missile
SBN – Schweizerischer Bund für Naturschutz · Standard-Buchnummer
SBO – Schifffahrtsbesetzungsordnung
SBPK – Staatsbibliothek Preußischer Kulturbesitz *(Berlin)*
SBR – Schaf-Blutkörperchenagglutinations-Reaktion *(Med.)* · Schweizerischer Bundesrat · Styrene-Butadiene Rubber *(Synthesekautschuk)*
s. Br. – südliche[r] Breite
SBS – Siemens Business Services
sbst. – selbstständig
Sbst. – Selbstständigkeit · Selbstbestimmung · Substantiv *(Sprachw.)* · Substanz
SBSV – Schweizerischer Bobsleigh- und Schlittensportverband
SBT – Schiffbautechnik
SBTM – Strongs Berufsinteressentest für Männer
SBV – Säurebindungsvermögen · Scheckbriefverfahren · Schweizerischer Bankenverein · Schweizerischer Baumeister-Verband
SBVg – Schweizerische Bankiervereinigung
SBVV – Schweizerischer Buchhändler- und Verleger-Verband
SBZ – Sowjetische Besatzungszone *(1945–1949)* · Sozialistische Bildungszentrale *(Österreich)* · Spiel- und Begegnungszentrum
Sc – Scandium *(Element)*
SC – Safety Car · Schlittschuhclub · Schwabach *(Kfz)* · Schwimmclub · Segelclub; Seglerclub · Skiclub · South Carolina *(Staat der USA)* · Sportclub · super calandered *(engl.;* super satiniert; *Papierqualität)* · Symbolcode *(EDV)*
SC, S. C. – Senioren-Convent
sc. – science *(engl., franz.);* scientia (*lat.:* »Wissenschaft«) · scilicet (*lat.:*

»nämlich«) · sculpsit (*lat.:* »hat es gestochen«)
sc., s. c. – subcutaneus/subkutan (*lat.:* »unter der/die Haut; *Med.*)
s. c. – sine confectione (*lat.:* »ohne Originalverpackung«)
S. C. – South Carolina *(Staat der USA)*
SCA – single connector attachment
SCAI – Scientific Computing and Algorithms Institute *(Fraunhofer-Institut für Algorithmen und Wissenschaftliches Rechnen)*
SCAM – SCSI Configured Automatically
SCART – Syndicat des Constructeurs d'Appareils Radio Récepteurs et Téléviseurs *(Anschluss audiovisueller Technik)*
SCC – Safety Concept Car · Senioren-Computer-Club · Sicherheit-Certifikat-Contraktoren · Standing Consultative Commission
Sc. D. – Scientiae Doctor *(lat.);* Doctor of Science *(engl.)*
SCENAA – Standing Committee of European National Audiovisual Archives
SCG – Serbien, Montenegro *(Kfz)*
sch. – scharf · schief · schön
Sch. – Schachtel · Schalter · Schaltung · Scheck · Schein · Scheiner-Grad · Schiene[n] · Schöffe · Schoner · Schonung · Schornstein · Schuh[e] · Schuldner · Schule · Schüler · Schutz · Schütze
SchA – Scheckamt · Schiedsamt · Schutzaufsicht
SchAG – Schulaufsichtsgesetz
SchaLL – Schutzgemeinschaft angestellter Lehrerinnen und Lehrer in NRW
Schallpl. – Schallplatte[n]
SchAO – Schiedsamtsordnung
Schatzm. – Schatzmeister
Sch.-Aufs. – Schulaufseher; Schulaufsicht · Schutzaufsicht
SchaumwStG – Schaumweinsteuergesetz
SchBauG, SchBG – Schutzbaugesetz
SchBerG – Gesetz über die Bereinigung alter Schulden
SchBG – Schutzbereichsgesetz
Schdsch. – Schuldschein
Schdsr. – Schiedsrichter
Schdsv., Schdsverf. – Schiedsverfahren
ScheckG – Scheckgesetz
schem. – schematisch
Schem. – Schematismus
SchenkSt. – Schenkungssteuer
scherz. – scherzando *(ital.;* »scherzend«; *Musik)*
scherzh. – scherzhaft
SchFG – Schulfinanzierungsgesetz
SchgFG, SchGFG – Gesetz über die Schulgeldfreiheit
SchG – Scheckgesetz · Schiedsmanngesetz
SchG, SchiedsG – Schiedsgericht
SchiedsmG – Schiedsmanngesetz
Schiedsr. – Schiedsrichter
Schiffb. – Schiffbarkeit · Schiffbau
SchiffsBG – Schiffsbankgesetz
SchiffsG – Schiffsgesetz
SchiffsRDVO – Verordnung zur Durchführung des Gesetzes über Rechte an eingetragenen Schiffen und Schiffsbauwerken
SchiffsReg. – Schiffsregister
SchiffsRegO – Schiffsregisterordnung
SchiffsRegVfg. – Schiffsregisterverfügung
SchiffsRG – Gesetz über Rechte an eingetragenen Schiffen und Schiffsbauwerken; Schiffsrechtegesetz
SchiRegVfg. – Schiffsregisterverfügung
Schiri – Schiedsrichter
SchK – Schaltkasten · Schiedskommission
SchKO – Schiedskommissionsordnung
schl. – schlank · schlecht · schleichen[d] · schließen · schließlich
Schl. – Schlacke · Schlager · Schlamm · Schlange · Schlauch · Schläuche · Schleife · Schlepper · Schleuse · Schlichtung · Schlick · Schliff · Schlitten · Schloss · Schlösser · Schlucht · Schluss
SchlA – Schlichtungsausschuss
Schl.-Betr. – Schlussbetrachtung · Schlussbetrag
Schl.-Bil. – Schlussbilanz
schl. erh. – schlecht erhalten
Schl.-Ndschr. – Schlussniederschrift
Schl.-Nr. – Schlüsselnummer
SchlTermG – Gesetz zur Änderung des Schlusstermins für den Abbau der Wohnungszwangswirtschaft und über weitere Maßnahmen auf dem Gebiet des Mietpreisrechts
Schl.-V. – Schleppverkehr · Schlussverkauf · Schlussverteilung
Schm. – Schiedsmann · Schmach · Schmähung[en] · Schmied; Schmiede · Schmierung · Schmuggel; Schmuggler
SchmG – Schiedsmanngesetz
SchmO – Schiedsmannordnung
Schmp. – Schmelzpunkt
Schn. – Schnecken · Schneider; Schneiderei · Schneise · Schnitt · Schnur
Schn.-P., Schnp. – Schnittpunkt
SchöffG – Schöffengericht

SchoG – Schulordnungsgesetz
SchOG – Schulorganisationsgesetz
Schoko – Schokolade
Sch.-Ord. – Schulordnung
SchornstFG – Schornsteinfegergesetz
schott. – schottisch
SchoV – Verordnung über das Schornsteinfegerwesen
SchP – Schutzpolizei
Schp. – Schwerpunkt
SchPfleG – Schulpflegegesetz
SchpflG, SchPfliG – Schulpflichtgesetz
Sch.-Pl. – Schallplatte[n] · Schießplatz · Schulplatz; Schulplätze
Sch.-Pol. – Schutzpolizei
SchQ – Schadenquote *(Vw.)*
SchR – Schulrat
schr. – schräg · schriftlich
Schr. – Schrank; Schränke · Schranke[n] · Schraube[n] · Schreiben; Schreiber; Schreibung · Schrift[en]
Sch.-Reg. – Schiffsregister · Schuldenregelung
SchRegG – Schuldenregelungsgesetz
SchRegO – Schiffsregisterordnung
SchRG vgl. SchiffsRG
Schriftf. – Schriftführer[in]; Schriftführung
schriftl. – schriftlich
Schriftl. – Schriftleiter; Schriftleitung
Schrifts. – Schriftsetzer
Schriftst. – Schriftsteller[in]; Schriftstellerei
Schrp – Schrankenposten *(Bahn)*
Schr.-R. – Schriftenreihe
Schr.-Verz. – Schriftenverzeichnis
SchSVO – Schiffssicherheitsverordnung
Schubf. – Schubfach/-fächer · Schubfestigkeit
SCHUFA, Schufa – Schutzgemeinschaft für allgemeine Kreditsicherung
Schuko – Schutzkontakt
SchulAB – Schulaufsichtsbehörde
Schuldverschr. – Schuldverschreibung
SchulG – Schulgesetz
SchulgeldFrG – Gesetz über die Schulgeldfreiheit
SchulOG – Schulorganisationsgesetz
SchulR – Schulrat
SchulVwG – Schulverwaltungsgesetz
Schupo – Schutzpolizei; Schutzpolizist
Schussw. – Schusswaffe[n] · Schussweite
SchutzbauG – Gesetz über bauliche Maßnahmen zum Schutz der Zivilbevölkerung
SchutzberG – Schutzbereichsgesetz
SchutzVO – Schutzverordnung
Schutzz. – Schutzzoll; Schutzzölle
SchVG – Schulverwaltungsgesetz
schw. – schwäbisch · schwach · schwanken[d] · schwarz · schweben[d] · schwedisch · schweißen · schweizerisch · schwenken · schwer · schwierig · schwingen[d] · schwül
Schw. – Schwabe; Schwaben; Schwäbin · Schwäche; Schwächung · Schwade · Schwaden · Schwager; Schwägerin · Schwank · Schwankung[en] · Schwanz · Schwarm; Schwärme · Schwarte · Schwarzwald · Schwede; Schweden; Schwedin · Schwefel · Schweißen; Schweißer · Schweiz; Schweizer[in] · Schwelle[n] · Schwellung · Schwenkung · Schwerbehinderte[r] · Schwert[er] · Schwester · Schwimmen; Schwimmer · Schwingung[en] · Schwund
Sch.-W. – Schätzwert · Schaumwein · Scheinwerfer · Schiffswerft · Schutzwall; Schutzwälle · Schutzwand; Schutzwände
schwb. – schwäbisch · schwer behindert
SchwbG, SchwBG – Schwerbehindertengesetz
SchwbWO – Wahlordnung zum Schwerbehindertengesetz
schwed. – schwedisch
schweiz. – schweizerisch
Schwerb., Schwerbeh. – Schwerbehinderte[r]
Schwerb.-Ges. – Schwerbehindertengesetz
schwerl. – schwerlich
SchwG – Schwurgericht
Schwg. – Schwingung
Schwldbd. – Schweinsleder[ein]band
Schwp. – Schwerpunkt
Schw.-V., Schw.-Vbd. – Schwimmverband
schwwgd. – schwerwiegend
SchwZGB – Schweizerisches Zivilgesetzbuch
Sch.-Z. – Schutzzoll/-zölle
SCI – scalable coherent interface
SCID – severe combined immunodeficiency *(Med.)*
SciFi, Sci-Fi – Science-Fiction
scil. – scilicet (*lat.:* »nämlich«)
s. c. l. – summa cum laude (*lat.:* »mit höchstem Lob / höchster Auszeichnung«)
SCM – supplier/supply chain management
sc. m. – sanctae memoriae (*lat.:* »heiligen/seligen Angedenkens«)
SCN – Switched Circuit Network
SCO – Santa Cruz Operation · Shanghai Cooperation Organization
s. conf. – sine confectione (*lat.:* »ohne Originalverpackung«)
SCOP – Skin Care in Organ Transplant Patients *(Netzverbund dermatologischer*

Transplantationsambulanzen)
s. cop. – sine copia (*lat.:* »ohne Kopie/Abschrift«)
SCPC – single channel per carrier
SCR – selective catalytic reduction
SCS – Scientific Control System
SCSA – signal computing system architecture
SCSI – small computer systems interface
SCSV – Schweizerische Christliche Studentenvereinigung
sculps. – sculpsit (*lat.:* »hat es gestochen«)
sD – sudanesicher Dinar *(Währung)*
SD – Schadendurchschnitt *(Vw.)* · Schiebedach · Schweizer Demokraten *(Partei)* · Secure Digital · Sicherheitsdienst *(NS)* · single density · Sonderdienst · Sonderdruck · Sonntagsdienst · South Dakota *(Staat der USA)* · Standarddeviation *(Med.)* · statistical duplexing · Subdirektion · Sustainable Development (*engl.:* »Nachhaltige Entwicklung«) · Swasiland *(Kfz)* · Systolendauer *(Med.)*
sd. – seitdem · siedend · süddeutsch
s. d. – siehe dies · siehe dort · sine dato (*lat.:* »ohne Datumsangabe«) · sine die (*lat.:* »ohne Tagesangabe«)
S. D. – Seine[r] Durchlaucht · South Dakota *(Staat der USA)*
SDA – Schweizerische Depeschenagentur
SDAJ – Sozialistische Deutsche Arbeiterjugend
Sd.-Ausf. – Sonderausführung
Sd.-Ausg. – Sonderausgabe
Sd.-Ausst. – Sonderausstattung
SDax – Small-Cap-Dax *(vgl. Dax)*
SdB – Sonderbericht; Sonderberichterstatter · Sonderbezeichnung
SDB – Salesianer Don Boscos · Sicherheitsdatenblatt
Sd.-Bd., Sdbd. – Sonderband
SdbR – Stiftung des bürgerlichen Rechts
SDC – secure digital cart
SDE – Sauerstoffdiffusionselektrode
SDevErkl. – Sammeldevisenerklärung
.sdf – standard data format *(Dateierweiterung)*
Sdg. – Sendung
SDH – synchronous digital hierarchy
SdI – Selbstkontrolle der Illustrierten
SDI – Stratified Diesel Injection *(Kfz; Saugdiesel-Direkteinspritzung)* · Strategic Defense Initiative *(USA)*
SdK – Schutzgemeinschaft der Kapitalanleger
SDK – Schweizerische Sanitätsdirektorenkonferenz · Software Developers/Development Kit
SDL – Stendal *(Kfz)*
sdl. – sonderlich · südländisch · südlich
SDLC – synchronous data link control
SDMI – Secure Digital Music Initiative
SDN – Schutzgemeinschaft Deutsche Nordseeküste
S. d. N., S. D. N. – Société des Nations (*franz.:* »Völkerbund«)
SDO – Sonderdienstordnung
SdöR – Stiftung des öffentlichen Rechts
SDP – Sozialdemokratische Partei in der DDR
Sdp. – Sendepause · Siedepunkt
SDR – Süddeutscher Rundfunk *(heute: SWR)*
Sdr. – Sammeldruck · Sonderdruck
SDRAM – synchronous dynamic random access memory
SDRM – Société pour l'Administration du Droit de Reproduction Méchanique des Auteurs, Compositeurs et Editeurs *(frz. Verwertungsgesellschaft)* · Sovereign Debt Restructuring Mechanism *(Insolvenzrecht für Staaten)*
SDS – Schutzverband Deutscher Schriftsteller · Schweizerischer Damen-Skiklub · Seedienstschlüssel · Sprachatlas der deutschen Schweiz · Societas Divini Salvatoris *(kath. Orden der Salvatorianer)* · Sozialistischer Deutscher Studentenbund
SDSL – symmetric digital subscriber line
SDS-PAGE – Sodiumdodecylsulfat-Polyacrylamidgel-Elektrophorese *(Med.)*
SDÜ – Schengener Durchführungsübereinkommen
S. Durchl. – Seine[r] Durchlaucht
SDV – Sicherheitstechnischer Dienst der Versorgungswirtschaft · Sonderdienstvertrag
SDW – Schutzgemeinschaft Deutscher Wald · Stifterverband für die Deutsche Wissenschaft
s. d. W. – siehe dieses Wort
SDX – storage data acceleration
Sdz – Sonderzug *(Bahn)*
Sdz. – Sonderzeichen
Sdz., Sdzt. – Sendezeit[en]
Se – Selen *(Element)* · Systemeinheit *(EDV)*
Se, Se. – Sender; Sendung
SE – Bad Segeberg *(Kfz)* · elektrische Schweißung · Schaltelement · Schutzeinheit · Schweißeisen · schwer entflammbar *(Chemie)* · second edition · Sekundärelektron[en] · Sekundär-

emission · Sende- und Empfangsgerät · Senderempfänger · simultaneous engineering · single-ended · Societas Europaea *(Europäische Aktiengesellschaft)* · Software Engineering · Sondereigentum · South-East *(engl.:* »Südosten«)
Se. – Seine *(bei Anreden)* · Summe
s. e. – salvo errore (*lat.:* »Irrtum vorbehalten«)
S. E. – Seine Eminenz · Seine Erlaucht · Seine Exzellenz
SEA – Aktionsausschuss Sichere Elektrizitätsanwendung · Spieleinnahmeabgabe *(Sport)* · Stromerzeugeraggregat
SEAP – Society of European Affairs Professionals
Seat, SEAT – Sociedad Española de Automóviles Turino
SEA-Test – Scharf-Erythrozyten-Agglutinations-Test
SEATO – South-East Asia Treaty Organization *(Südostasienpakt)*
sec – Sekans *(Math.)* · Sekunde
SEC – Securities and Exchange Commission *(USA; Börsenaufsicht)* · single edge contact/cartidge
sec. – secundum (*lat.:* »gemäß, nach«)
s. e. c. – salvo errore calculi (*lat.:* »einen Rechenfehler vorbehalten«)
SECAM, Secam – sequentielle à mémoire; système en couleur avec mémoire *(französisches Farbfernsehsystem)*
sec. art. – secundum artem (*lat.:* »nach den Regeln, dem Stand der Wissenschaft«)
SECC – single edge contact cartridge
sec. leg. – secundum legem (*lat.:* »entsprechend dem Gesetz«)
sec. nat. – secundum naturam (*lat.:* »entsprechend der Natur, naturgemäß«)
sec. reg. – secundum regulam (*lat.:* »entsprechend der Regel, Vorschrift«)
Sed – stream editor
SED – Sozialistische Einheitspartei Deutschlands *(DDR)*
SEE – Schnell-Einsatz-Einheit *(THW)*
Se. E. – Seine Eminenz · Seine Exzellenz
SeeA – Seeamt
seef. – seefertig · seefest
Seef. – Seefahrer; Seefahrt
SEG – Schnelleinsatzgruppe · Sondereinsatzgruppe
Seeh. – Seehafen · Seehandel · Seehund[e]
Seek. – Seekarte · Seekunde
seekr. – seekrank
SeelotG – Gesetz über das Seelotswesen
Seels. – Seelsorge[r]
seem. – seemännisch
Seem. – Seemann; Seemänner · Seemeile[n] · Seemine[n] · Seemole
SeemG – Seemannsgesetz
SeemO – Seemannsordnung
s. e. e. o., s. e. et o. – salvo errore et omissione (*lat.:* »Irrtum und Auslassung vorbehalten«)
SeeSchStrO – Seeschifffahrtsstraßen-Ordnung
SeeUG, SeeunfUG – Gesetz über die Untersuchung von Seeunfällen
Seevers. – Seeversicherung
Seew. – Seewarte · Seewasser · Seewesen
SEF – Scheinfeld *(Kfz)* · Sekundäremissionsfaktor
SEFI – Société Européenne pour la Formation des Ingénieurs
SEG – Stadtentwicklungsgesellschaft
seitw. – seitwärts
sek – Sekunde *(Einheit)*
SEK – Schweizerischer Evangelischer Kirchenbund · Sondereinsatzkommando
sek. – sekundär
Sek. – Sekante · Sekunda[ner] · Sekundant · Sekunde
Se. Kgl. H. – Seine Königliche Hoheit
Se. K. H. – Seine Kaiserliche Hoheit
Sekr. – Sekretär; Sekretariat; Sekretärin · Sekretion
Sekt. – Sektion · Sektor[en]
SEL – Stahl- und Eisenliste · Summeneinflusslinie
sel. – selig
SELA – Sistema Económico Latinoamericano *(lateinamerik. Wirtschaftssystem)*
sel. A. – seligen Angedenkens
Selas – Sortiments-, Erfolgs-, Limit-, Analyse-System *(EDV)*
selbst. – selbstständig
Selbstf. – Selbstfahrer
selbstv., selbstverst. – selbstverständlich
SELK – Selbstständige Evangelisch-Lutherische Kirche
SEM – slow eye movements *(Med.)*
sem. – semantisch; semasiologisch *(Sprachw.)* · semestral · semitisch · sempre (*ital.:* »immer«; *Musik*)
Sem. – Semantik; Semasiologie *(Sprachw.)* · Semester · Seminar; Seminarist[en] · Semiologie; Semiotik *(Med.)*
S. Em. – Seine Eminenz
Se. M. – Seine Majestät
Semi – Semiconductor Equipment and Materials Institute *(Branchenverband der Hersteller von Maschinen zur Chipproduktion)*
SEMPER – Secure Electronic Marketplace for Europe
sen. – senior
Sen. – Senat; Senator · Senior[en] · Sensor[en]
sen., seneg. – senegalisch; senegalesisch

SenBau – Senator für das Bauwesen *(Bremen)*
SenBauWoh – Senator für Bau- und Wohnungswesen *(Berlin)*
Sen.-Dir., SenDir. – Senatsdirektor
Sen.-Dirig., SenDirig. – Senatsdirigent
SenG – Senatsgesetz
Senkr.-St. – Senkrechtstarter
SenR – Senatsrat
sens. – sensationell · sensibel · sensualistisch
Sens. – Sensor[en]
s. e. o., s. e. ed o. – salvo errori ed omissioni (*ital.*: »Irrtümer und Auslassungen vorbehalten«)
s. e. o. o., s. e. ou o. – sauf erreurs ou omissions (*franz.*: »Irrtümer und Auslassungen vorbehalten«)
SEP – saure Erythrozytenphosphatase *(Med.)* · Schulentwicklungsplan · sematosensibel evozierte Potenziale *(Med.)*
sep. – separat
Sep. – Separation · Separatist[en] · Separatum
SEPAWA – Vereinigung der Seifen-, Parfüm- und Waschmittelfachleute
SEPL – Südeuropäische Pipeline
SEPP – single edge processor package
Sept. – September · Septuagesima · Septuaginta
seq. – sequens (*lat.*: »folgend«)
Seq. – Sequenz[en] · Sequester · Sequestration
seqq. – sequentes (*lat.*: »folgende [Seiten]«)
Ser. – Serie[n] · Serife[n] · Sermon
Serial-ATA – serial advanced technology attachments
Ser.-Nr. – Seriennummer
serv. – servieren; serviert
Serv. – Service · Serviette[n] · Servitut
Servol. – Servolenkung
SES – Senior-Experten-Service · Standardliste für Eisen und Stahl
SET – secure electronic transaction/transmission · Spezialeinsatztrupp[s] · Wirtschaftsverband Stahlbau und Energietechnik
SETI – search for extraterrestrial intelligence *(NASA)*
SEU – Sender-Empfänger-Umformer
SEV – Schweizerischer Eisenbahnerverband · Schweizerischer Elektrotechnischer Verein · Sekundärelektronenvervielfacher · Sendereingangsverstärker · Süddeutsche Eisenhandelsvereinigung
SEW – Sozialistische Einheitspartei West-Berlin
Sex, Sex. – Sexualität
sex. – sexuell
Sex.-Aufkl. – Sexualaufklärung
Sex.-Päd. – Sexualpädagogik
Sexpol – Sexualpolitik *(hist.; politisch-revolutionäre Bewegung der 1920er-Jahre)*
Sext. – Sextaner; Sextant
sez. – sezieren; seziert
Sez. – Sezession · Sezierung
sf – sforzando, sforzato (*ital.*: »verstärkt, hervorgehoben«; *Musik*)
Sf – Surinam-Gulden *(Währung)*
SF – Saugfähigkeit · Schadenfreiheit[sklasse] *(Vw.)* · Schließfach · Science-Fiction · Seefunk · Selbstfahrer · Selbstfinanzierung · Signalfrequenz · Sonnenfinsternis · Sportfischer · Stabsfeldwebel *(Bw.)* · Systemfamilie
$F – Fidschi-Dollar *(Währung)*
sf. – seefest
s. f. – sub finem (*lat.*: »zum Schluss«)
s. F. – siehe Folgende[s] · soziale Fürsorge
SFA – Soltau-Fallingbostel *(Kfz)*
SFAS – statement(s) of financial accounting standards
SfB – Schiedsstelle für Beeinflussungsfragen
SFB – Seefahrtbuch · Senderfernbesprechung · Sonderforschungsbereich · Sozialer Frauenbund
s. f. c. a. – sub finem coquendi adde (*lat.*: »am Ende des Kochens setze zu«)
SFE – Sydney Future Exchange
SFF – Strade Ferrate Federale
SFG – Segelflug-Funksprechgerät · Siedlungsförderungsgesetz · Studien- und Förderungsgesellschaft
SFJ – Sozial-, Familien- und Jugendrecht
SFK – selbst gesteuerte[r]/selbststeuernde[r] Flugkörper
Sfk. – Seefunk
SFL – Selbstfahrlafette
Sfl. – Segelflieger; Segelflug
SFO – Seefrachtordnung
SFOR – Stabilization Forces *(Bosnien)*
sfr, sFr. – Schweizer Franken *(Währung)*
SFR – Schadenfreiheitsrabatt *(Vw.)*
SFRJ – Sozialistische Föderative Republik Jugoslawien
sfs – Sozialforschungsstelle *(Dortmund)*
SfS – Staatssekretariat für Staatssicherheit *(DDR)*
SFT – Sabin-Feldman-Test *(Med.)* · system fault tolerance
SFTGFOP – Super Fine Tippy Golden Flowery Orange Pekoe *(Tee-Qualitätsgrad)*
SFV – Schweizerischer Fußballverband · Segelflugverein · Solarenergie-Förderverein *(Aachen)*
SFZ – Sozialwissenschaftli-

ches Forschungszentrum *(Nürnberg)*

sfz. – sforzando, sforzato (*ital.:* »verstärkt, hervorgehoben«; *Musik*)

Sg – Schnellgüterzug *(Bahn)* · Seaborgium *(Element)*

SG – Sankt Gallen *(Schweiz; Kfz)* · Schülergemeinschaft · Schwimmgemeinschaft · Senkungsgeschwindigkeit · Sicherungsgruppe *(beim Bundeskriminalamt)* · Soldatengesetz · Solingen *(Kfz)* · Sondergebühr · Sondergüte · sonstige Gebühr *(Post)* · Sozialgericht · Spielgemeinschaft · Sportgemeinschaft · Stabsgefreiter *(Bw.)* · Studiengesellschaft

Sg. – Sachgebiet · Sammlung · Schnellgut · Singular · Spannung

s. g. – so genannt · specific gravity *(spezifisches Gewicht)*

S. g. – Sehr geehrte[r] ...

S. G. – salutis gratia (*lat.:* »sicherheitshalber«) · Secrétaire Général *(franz.)* · specific gravity *(engl.)*

SGa – spezielle Grundausbildung *(Bundeswehr)*

SGA – Schweizerische Gesellschaft für Automatik

SGAE – Sociedad General de Autores de España *(span. Verwertungsgesellschaft)* · Studiengesellschaft für Atomenergie *(Österreich)*

SGB – Schweizerischer Gehörlosenbund · Schweizerischer Gewerkschaftsbund · Sozialgesetzbuch

SGCI – Schweizerische Gesellschaft für Chemische Industrie

S. G. D. G. – sans garantie du gouvernement *(franz.)*

s. g. e. – sehr gut erhalten

S.-Geb. – Seitengebäude

SGFF – Schweizerische Gesellschaft für Familienforschung

SGG – Schweizerische Genossenschaft für Gemüsebau · Schweizerische Geologische Gesellschaft · Sozialgerichtsgesetz

SGH – Sangerhausen *(Kfz)*

SGI – Silicon Graphics, Inc.

SGJ – Schweizerische Gewerkschaftsjugend

SGK – Sozialdemokratische Gemeinschaft für Kommunalpolitik

SGKV – Studiengesellschaft Kombinierter Verkehr

SGL – Schulgewerkschaftsleitung · Schweizerische Gesellschaft für Logistik

SGLN – Sonderbedingungen für die gleitende Neuwertversicherung von Gebäuden

SGML – Standard Generalized Markup Language

SGOT – Serum-Glutamat-Oxalacetat-Transaminase

SGP – Simmering-Graz-Pauker *(Bahn)* · Singapur *(Kfz)*

SGPT – Serum-Glutamat-Pyruvat-Transaminase

SGRAM – Synchronous Graphics Random Access Memory

SGS – Société Génerale de Securité *(schweizerische Zertifizierungsinstitution)*

Sgt. – Segment · Sergeant

SGU – Sicherheit, Gesundheit und Umweltschutz

SGV – Sauerländischer Gebirgsverein · Sparkassen- und Giroverband

SGZZ – St. Galler Zentrum für Zukunftsforschung

sh – Shilling

Sh – [Acker]schlepperstunde

SH – Schadenhäufigkeit *(Vw.)* · Schaffhausen *(Schweiz; Kfz)* · Schleswig-Holstein · Schleswig-Holstein, Landesregierung und Landtag *(Kfz)* · Soforthilfe · Sommerhalbjahr · Sonderheft · Stabshauptmann *(Bw.)* · Starthilfe · Sulfhydryl

Sh. – Schilling

s. h. – siehe hinten

S. H. – Seine Hoch[ehr]würden/Hochwohlgeboren/Hoheit

SHA – Schwäbisch Hall *(Kfz)* · Soforthilfeabgabe · Sonderhilfsausschuss

SHaftpflG – Gesetz über die Haftpflicht der Eisenbahnen und Straßenbahnen für Sachschaden

SHAnpG – Soforthilfeanpassungsgesetz

SHAPE – Supreme Headquarters Allied Powers Europe *(NATO)*

SHB – Sozialdemokratischer Hochschulbund

Shb. – Seehandbuch

SHBG – sex hormone binding globuline *(Med.)*

SHD – Schiebehubdach · Stahlhebedach

SHF – Sonderhilfefonds · super high frequency *(engl.)*

SHG – Selbsthilfegruppe[n] · Soforthilfegesetz · Schaumburg *(Stadthagen; Kfz)*

SHJV – Schleswig-Holsteinischer Journalisten-Verband

SHK – Saale-Holzlandkreis *(Kfz)* · Sanitär-Heizung-Klima

SHKG – Saarländisches Heilberufekammergesetz

SHL – Sparkassen-Hochschule Lichtenwalde · Suhl *(Kfz)*

SH£ – Sankt-Helena-Pfund *(Währung)*

SHMF – Schleswig-Holstein Musik-Festival

SHmV – Schadstoff-Höchstmengenverordnung

SHORAN – short-range navigation *(Funknavigation)*

s. h. p., shp – shaft horsepower *(engl.; Wellenpferdestärke)*

SHS – Schweizerischer Heimatschutz

SHS, SHSA – Soforthilfesonderabgabe

SHSI – super high scale integration
SHSN – Société Helvétique des Sciences Naturelles
SHT – Schädelhirntrauma
S-HTTP – secure hypertext transfer protocol
SHV – Schweizer Hotel-Verein · Selbsthilfe-Verband · Süddeutscher Handballverband
s. h. v. – sub hoc verbo (*lat.:* »unter diesem [Stich]wort«)
SHW – Seeverkehrs- und Hafenwirtschaft *(Studiengang)*
SHZ – Sulfathüttenzement
SHZO – Seehafenzollordnung
Si – Sicherung *(Technik)* · Silizium *(Element)*
SI – service indicator · Sicherheitsingenieur · Siegen *(Kfz)* · Sozialistische Internationale · Standard International, *(heute:)* Système International d'Unités · System-Info
SI-Einheiten – *siehe Übersicht*

SI-Einheiten

Basiseinheiten
A – Ampère
cd – Candela
K – Kelvin
kg – Kilogramm
m – Meter
mol – Mol
s – Sekunde

SI-Präfixe
a – atto *(10^{-18})*
c – centi *(10^{-2})*
d – deci *(10^{-1})*
da – deca *(10^{1})*
E – exa *(10^{18})*
f – femto *(10^{-15})*
G – giga *(10^{9})*
h – hecto *(10^{2})*
k – kilo *(10^{3})*
M – mega *(10^{6})*
m – milli *(10^{-3})*
µ – mikro *(10^{-6})*
n – nano *(10^{-9})*
P – peta *(10^{15})*
p – pico *(10^{-12})*
T – tera *(10^{12})*
Y – yotta *(10^{24})*
y – yocto *(10^{-24})*
Z – zetta *(10^{21})*
z – zepto *(10^{-21})*

Abgeleitete SI-Einheiten
Bq – Becquerel *(Radioaktivität)*
C – Coulomb *(elektrische Ladung)*
°C – Grad Celsius *(Temperatur)*
F – Farad *(Kapazität)*
Gy – Gray *(Absobierte [Strahlen-]Dosis)*
H – Henry *(Induktivität)*
Hz – Hertz *(Frequenz)*
J – Joule *(Energie, Arbeit, Wärmemenge)*
lm – Lumen *(Lichtstrom)*
lx – Lux *(Beleuchtungsstärke)*
N – Newton *(Kraft)*
Ω – Ohm *(elektrischer Widerstand)*
Pa – Pascal *(Druck, mechanische Spannung)*
rad – Radian *(ebener Winkel)*
S – Siemens *(elektrischer Leitwert)*
sr – Steradian *(Raumwinkel)*
Sv – Sievert *(Äquivalentdosis)*
T – Tesla *(magnetische Induktion)*
V – Volt *(elektrische Spannung)*
W – Watt *(Leistung)*
Wb – Weber *(magnetischer Fluss)*

SIA – Schweizerischer Ingenieur- und Architektenverein · Semiconductor Industry Association *(USA; Branchenverband der Chiphersteller)* · Securities Industry Association *(USA)*
SIAE – Società Italiana degli Autori ed Editori *(ital. Verwertungsgesellschaft)*
SiAl – Silizium + Aluminium
siam. – siamesisch
SIAT – Sozialistische Internationale Arbeitsteilung
Sib. – Sibirier; Sibirien
SiC – Siliciumcarbid · Special Interest Group
SIC – Standing Interpretations Committee
SICEC – Singapore International Convention & Exhibition Centre
sich. – sicherlich · sichern
Sich. – Sicherheit · Sicherung
Sich.-Abst. – Sicherheitsabstand
Sich.-Best. – Sicherheitsbestimmungen
SichFG – Sicherheitsfilmgesetz
SichG – Gesetz zur Sicherung von Forderungen für den Lastenausgleich
Sichtv. – Sichtvermerk
Sichtw. – Sichtwechsel · Sichtweite · Sichtwerbung
Sich.-Vorschr. – Sicherheitsvorschriften; Sicherungsvorschriften
SICT – Strategieausschuss für die Standardisierung in der Informations- und Kommunikationstechnik *(DIN)*
sid, SID – Sportinformationsdienst
SID – sound interface device
s. i. d. – semel in die (*lat.:* »einmal am Tag«; *Pharm.*)

SIDOK – Sicherheitstechnische Dokumentation
SIDS – sudden infant death syndrome *(plötzlicher Tod im Kindesalter; Med.)*
SIF – source input format
Sifa – Sicherheitsfahrschaltung *(Bahn)*
SIG – Sigmaringen *(Kfz)* · Special Interest Group
sig. – signatum *(lat.)* · signiert
Sig. – Signal[e] · Signatur
SiGe – Silizium-Germanium-Legierung
SiGeKo – Sicherheits- und Gesundheitsschutz-Koordinator *(Baustellenverordnung)*
SiGe-Plan – Sicherheits- und Gesundheitsschutz-Plan *(Baustellenverordnung)*
SigG – Signaturgesetz
Sigm – Signalmeisterei *(Bahn)*
sign. – signatum *(lat.)* · signiert
Sign. – Signal[e] · Signatur · Signum
Sign.-Anl. – Signalanlage[n]
Sign.-St. – Signatarstaat[en]
Sigw – Signalwerkstatt *(Bahn)*
SIHK – Südwestfälische Industrie- und Handelskammer *(Hagen)*
SIK – Selbstinduktionskoeffizient
SIM – Simmern/Rhein-Hunsrück-Kreis *(Kfz)* · subscriber identity module *(Handy)*
sim. – similaire *(franz.)*, similar *(engl.)*, simile (*ital.:* »ähnlich«)
Sim. – Simulation; Simulator
Sima – Silizium+Magnesium *(untere Schicht der Erdkruste)*
SIMD – single instruction, multiple data
SIMD-FP – single instruction, multiple data for floating point
SIMEX – Singapur Metal Exchange
SIMM – single inline memory module
s. impr. – sine impressore (*ital.:* »ohne Druckerangabe«)
SIMT – Stuttgart Institute of Management and Technology
Simula – simulation language
sin – Sinus *(Math.)*
sinf. – sinfonisch
Sinf. – Sinfonia; Sinfonie; Sinfoniker
Sinf.-Konz. – Sinfoniekonzert[e]
Sinf.-Orch. – Sinfonieorchester
sing. – singulär · singularisch
Sing. – Singapur · Singular
sinh – sinus hyperbolicus *(Math.)*
sinng., sinngem. – sinngemäß
SIPC – simply interactive personal computer
Sipo – Sicherheitspolizei
SIPP – single inline pin(ned) package
Sipri, SIPRI – Stockholm International Peace Research Institute
SIPS – Side Impact Protection System *(Kfz; Seitenaufprallschutz)*
SIR – serial infrared
Sir. – Sirach · Sirene · Sirup
SIS – Schengener Informationssystem · Staatliche Ingenieurschule · Stelleninformationsservice; Stellen-Informations-System *(der Bundesanstalt für Arbeit)* · Stiftung Sicherheit im Skisport
SI$ – Salomonen-Dollar *(Währung)*
SISD – single instruction, single data
SIT – [Fraunhofer-Institut für] Sichere Telekooperation · Spezifische Immuntherapie *(Med.)*
Sit. – Situation
SITC – Standard International Trade Classification *(UNO; Internationales Warenverzeichnis)*
SITE – Sculpture in the Environment *(Architekturgruppe)* · Society of Incentive & Travel Executives
sittl. – sittlich
Sittl. – Sittlichkeit
Sittl.-Verbr. – Sittlichkeitsverbrechen; Sittlichkeitsverbrecher
Sitz.-Ber. – Sitzungsbericht[e]
Sitz.-Pr. – Sitzungsprotokoll[e]
SIZ – Selbstkontrolle Illustrierter Zeitschriften
SJ – Sozialistische Jugend · Statens Järnvägar *(Schwedische Staatsbahnen)*
S. J., SJ – Societas Jesu *(Orden der Jesuiten)*
s. j. – salvo jure (*lat.:* »unbeschadet des Rechts«) · sub judice (*lat.:* »unter richterlicher Entscheidung«)
SJH – Schweizerische Jugendherberge; auch für: SBJ
SJR – Stadtjugendring
SJV – Saarländischer Journalisten-Verband
SJW – Soziales Jugendwerk
sk – Skot *(Maßeinheit)*
Sk – slowakischer Krone *(Währung)*
SK – Saalkreis *(Kfz)* · Sachkatalog · Sachkommission · Sachverständigenkreis · Sammelkontakt · Sanitätskolonne · Schaltkasten · Schaltkontakt · Scheibenkondensator · Schießklub · Schützenklub · Schwimmklub · Sechskant · Segelklub · Seglerklub · Segerkegel · Selbstkosten · Senatskommission · Sicherungskennzahl *(Tarifpolitik)* · Skiklub · Slowakische Re-

publik *(Kfz)* · Sonderkommission · Sonderkorrespondent · Sportklub · Sportkommission · Synthesekautschuk
sk. – sachkundig · subkutan *(Med.)*
Sk. – Skala · Skizze · Skonto
SKA – Schweizerische Kreditanstalt · Streitkräfteamt
skand. – skandierend · skandinavisch
Skand. – Skandinavien; Skandinavier
SKAT – Schwellkörper-Autoinjektions-Therapie *(Med.)*
SKB – Steinkohlebergwerk
SKBS – Schweizerische Kommission für biologische Sicherheit in Forschung und Technik
Skdt. – Sekundant
SKE – Steinkohleeinheit
SkF – Sozialdienst katholischer Frauen
SKfz – Sattelkraftfahrzeug
SKG – Schweizerische Kriminalistische Gesellschaft · Sport- und Kulturgemeinde/-gemeinschaft
S. Kgl. H. – Seine Königliche Hoheit
SKGV – Schweizerischer Katholischer Gesellenverein
SKH – Schweizerisches Katastrophenhilfekorps
S. K. H. – Seine Kaiserliche Hoheit
SkiL – Servicekaufmann/-frau im Luftverkehr
SKIV – Schweizerischer Kulturingenieurverein
SKJV – Schweizerischer Katholischer Jungmannschaftsverband
SKK – Sowjetische Kontrollkommission *(nach 1949)* · Sportkegelklub
SKKD – Sowjetische Kontrollkommission in Deutschland *(nach 1949)*
SKl – Schwerkleinwagen *(Bahn)*
SKL – Süddeutsche Klassenlotterie
SKM – Sozialdienst Katholischer Männer
SKN – Seekarten-Null
SKO – Stückkosten
skr – schwedische Krone *(Währung)*
skr. – sanskritisch · serbokroatisch
SKRS – Standard-Kleiderbügel-Rückfuhr-System
Skt – Skalenteil *(Technik)*
Skt. – Sankt · Sanktion[en] · Sekante · Sektion · Sektor
S. k. u. k. H. – Seine kaiserliche und königliche Hoheit
SKV – Schweizerischer Kaninchenzucht-Verband · Schweizerischer Kaufmännischer Verein · Schweizer Kegler-Vereinigung · Studentische Krankenversorgung
SKW – Spezialkraftwagen
SKZ – Süddeutsches Kunststoffzentrum
Sl – Schwellenlager *(Bahn)*
SL – Saarland · Schleswig-Flensburg *(Kfz)* · Schriftleiter; Schriftleitung · Seitenleitwerk · Stiftung Lesen · Sudetendeutsche Landsmannschaft
s. l. – seinem/seiner lieben · sensu lato (*lat.:* »im weiteren Sinne«) · sine loco (*lat.:* »ohne Ortsangabe«)
SLA – Sozialpolitischer Länderausschuss
SLAC – Stanford Linear Accelerator Center *(Physik)*
SLAK – Sächsische Landesapothekerkammer
s. l. a. n. – sine loco, anno vel nomine (*lat.:* »ohne Orts-, Jahres- und Namensangabe«)
SLAR – Side Looking Airborne Radar
slaw. – slawisch
SLB – sale and lease back · Schweizerische Landesbibliothek · Start- und Landebahn
SLBM – Submarine-Launched Ballistic Missile *(U-Boot-Rakete)*
SLC – Stanford Linear Collider *(Elementarteilchen-Beschleuniger)*
SLCM – sea-launched cruise missile
SLD – second level domain
SLDRAM – synchronous link dynamic random access memory
s. l. e. a. – sine loco et anno (*lat.:* »ohne Orts- und Jahresangabe«)
SLF – Saalfeld-Rudolstadt *(Kfz)*
SLG – Gesetz über das Seelotsenwesen · Saulgau *(Kfz)*
Slg. – Sammlung
Slgn. – Sammlungen
SLH – Sozialliberaler Hochschulverband
SLI – scan line interleave
SLIP – serial line internet protocol
SLL – Schweizerischer Landesverband für Leibesübungen
s. l. l. – sehr leicht löslich
SLM – Schweizerisches Landesmuseum
s. l. n. d. – sine loco nec data (*lat.:* »ohne Orts- und Zeitangabe«)
SLO – Slowenien *(Kfz)*
Slow. – Slowakei; Slowake[n] · Slowene[n]; Slowenien
s. l. p. – sine legitima prole (*lat.:* »ohne legitime Nachkommenschaft«)
SLR – scalable linear recording
s. l. r. – sub lege remissionis (*lat.:* »unter der Bedingung der Rückgabe«)
S. L. Re. – Sri-Lanka-Rupie *(Währung)*
SLRG – Schweizerische Lebensrettungsgesellschaft
SLS – Saarlouis *(Kfz)* · Schriftlesesystem

SIT – Tolar *(Währung in Slowenien)*
SLT – situatives Lehrtraining
SLUB – Sächsische Landesbibliothek – Staats- und Universitätsbibliothek
SLV – Schweißtechnische Lehr- und Versuchsanstalt · Schweizerischer Landwirtschaftlicher Verein · Soldatenlaufbahnverordnung · Sozialrechtlicher Landesverband der Industrie · Space-Launched Vehicle *(weltraumgestützter Flugkörper)*
sm – Seemeile · Sekundenmeter *(fälschlich für: m/s)*
Sm – Samarium *(Element)*
SM – Saarmesse · Sadomaso · Schmalkalden-Meiningen *(Kfz)* · Schreibmaschine · Siemens-Martin · Sortiermaschine · Synchronmotor
sm. – smorzando (*ital.:* »verlöschend«; *Musik*)
Sm. – Saum · Schmelzpunkt *(seltener für: Smp.)*
s. m. – sinistra mano (*ital.:* »mit der linken Hand«; *Musik*)
S. M. – Seine Majestät
SMA – supplementärisches motorisches Areal *(Med.)*
SMA, SMAD – Sowjetische Militäradministratur [in Deutschland] *(1945–1949)*
S. Magn. – Seine Magnifizenz
S. Maj. – Seine Majestät
SMART – Self-Monitoring Analysis and Reporting Technology *(EDV)*
SMAX – Small Cap Exchange
SMB – server message block · system management bus
SMCP – Standard Marine Communication Phrases *(UNO/IMO)*
SMD – Schiffsmeldedienst · Studentenmission in Deutschland · Surface Mounted Devices *(engl.; oberflächenmontierte Bauelemente)*
SMDS – switched multimegabit data service
SME – Suriname *(Kfz)*
sMG – schweres Maschinengewehr
SMG – Schülermitgestaltung
SMH – Schnelle Medizinische Hilfe *(DDR)*
SMI – Sistema Moda Italia *(Dachverband der italienischen Modeindustrie)* · Swiss Market Index
SMIL – synchronized multimedia integration language
S/MIME – secure multipurpose internet mail extensions
SMK – Schadenminderungskosten *(Vw.)* · Staatliches Maschinenkontor *(DDR)* · Staatliches Metallkontor *(DDR)* · Stereomesskammer
S. M. M. – Sancta Mater Maria
SMO – Siemens-Martin-Ofen
SMOM – Souvereign Military Order of Malta *(Malteserorden, Rom; Kfz)*
smorz. – smorzando (*ital.:* »verlöschend«; *Musik*)
SMP – symmetric multiprocessing
Smp. – Schmelzpunkt
s. m. p. – sine mascula prole (*lat.:* »ohne männliche Nachkommenschaft«)
SMPK – Staatliche Museen Preußischer Kulturbesitz
SMPTE – Society of Motion Picture and Television Engineers
SMR – Schweizerischer Motorrad-Rennsportklub
SMS – Short Message/Messaging Service
S. M. S. – Seiner Majestät Schiff
SM-Stahl – Siemens-Martin-Stahl
SMT – Sauerstoff-Mehrschritt-Therapie *(Med.)*
SMTP – simple mail transfer protocol
SMUV – Schweizerischer Metall- und Uhrenarbeiterverband
SMV – Schülermitverantwortung · Schülermitverwaltung · Sowjetische Militärverwaltung *(1945–1949)*
Sn – Stannum *(Zinn; Element)*
SN – Sachsen · Senegal *(Kfz)* · Schwerin *(Kfz)*
S/N – shipping note *(Schiffszettel)*
s. n. – sine nomine (*lat.:* »ohne Namensangabe«)
SNA – Systems Network Architecture *(EDV)*
SNADS – SNA Distributed Services
SNB – Schweizerische Nationalbank · Sowjetisches Nachrichtenbüro *(nach 1945)*
SnBz – Zinnbronze
s. n. c., SNC – service non compris (*franz.:* »Bedienung nicht eingeschlossen«)
SNCB – Société Nationale des Chemins de Fer Belges
SNCF – Société Nationale des Chemins de Fer Français
SNCFA – Société Nationale des Chemins de Fer Algériens
SNCL – Société Nationale des Chemins de Fer Luxembourgeois
SNECMA – Société Nationale d'Etude et de Construction de Moteurs d'Aviation
SNI – Siemens Nixdorf
SNIEC – Shanghai New International Expo Center
SNM – supplier/supply network management
SNMP – simple network management protocol (*engl.:* »einfaches Protokoll für die Netzwerkverwaltung«)
Snobol – string-oriented symbolic language
SNOP – Systematized Nomenclature of Pathology *(Med.)*

SNP – single nucleotide polymorphism(s) *(Med.)*
S. n. P. – Sieger nach Punkten
SNR – schneller natriumgekühlter Reaktor · Signal-to-Noise-Ratio
S.-Nr. – Sammelnummer · Seriennummer
SNV – Schweizerische Normenvereinigung
SNWG – Säuglingsnahrungswerbegesetz
SO – Schienenoberkante *(Bahn)* · Seemannsordnung · Seestraßenordnung · Signalordnung · Soest *(Kfz)* · Solothurn *(Schweiz; Kfz)* · Südost[en]
so. – sonntags
So. – Sonder... · Sonntag
sö. – südöstlich
s. o. – salvis omissis (*lat.:* »Auslassungen vorbehalten«) · siehe oben · sine obligo (*lat.:* »ohne Gewähr, Haftung«)
SOAP – simple object access protocol
SoBz – Sonderbronze
SOC – Southampton Oceanographic Centre
S. O. Cist., SOCist. – Sacer Ordo Cisterciensis *(kath. Orden der Zisterzienser)*
SOCKS – socket secure server
sod. – sodann
SO-DIMM – small outline dual inline memory module
SOE – Südosteuropa
SOEP – sozioökonomisches Panel
sof. – sofern · sofort; sofortig
Sofa, SOFA – Selbstständiger ohne fremde Arbeitskräfte
Sofa – Sozialversicherungsfachangestellter
SOFC – solid oxide fuel cell *(Brennstoffzelle)*
SOFI – Soziologisches Forschungsinstitut Göttingen
Sofi – Sonnenfinsternis
SOFRES, S.O.F.R.E.S. – Société française d'enquête par sondage *(Meinungsforschungsinstitut; Frankreich)*
SOG – Gesetz über die öffentliche Sicherheit und Ordnung
sog., sogen. – so genannt
sogl. – sogleich
SOHO – small office home office · solar and heliospheric observatory *(NASA und ESA)*
SOI – silicon on isolator
SOK – Saale-Orla-Kreis *(Kfz)*
Soko, SoKO, SOKO – Sonderkommission
sol. – solange · solidarisch · solide · solistisch
Sol. – Solidarität · Solidität · Solist[en] · Solitär · Solitude
sold. – soldatisch
SoldatenG – Gesetz über die Rechtsstellung der Soldaten
SoldVersG – Soldatenversorgungsgesetz
Soli – Solidaritätszuschlag
solid. – solidarisch
Sol.-Konz. – Solistenkonzert[e]
solv. – solvent
SolZ – Solidaritätszuschlag
SolZG – Solidaritätszuschlagsgesetz
SolZu – Solidaritätszuschlag
SOM – system object model
SÖM – Sömmerda *(Kfz)*
som., somal. – somalisch
SON – Sonneberg *(Kfz)*
Son. – Sonate[n] · Sonett[e] · Sonntag *(selten)*
S.O.N. – Snijders-Oomen-Nichtverbaltests *(sprachfreie Intelligenztests)*
SONAR, Sonar – sound navigation and ranging *(Ultraschallunterwasserortung)*
Sonderkennzeichen – *siehe Übersichten*
SONET – Synchronous Optical Network
Sono – Sonographie
sonst. – sonstige[s]
Sopo – Sonderposten
Sopr. – Sopran; Sopranistin
SoR – Sonderrabatt
Sort. – Sortiment[er]
SOS – save our ship (*engl.:* »Rettet unser Schiff«); save our souls (*engl.:* »Rettet unsere Seelen«) *(Deutungen des internationalen Seenotzeichens)*
s. o. s. – si opus sit (*lat.:* »wenn es erforderlich ist«)
So. Sh. – Somalia-Schilling *(Währung)*
sosp. – sospirando, sospirante (*ital.:* »seufzend«; *Musik*)
sost., sosten. – sostenuto (*ital.:* »gehalten, getragen«; *Musik*)
Soupr. – Souprette
Sout. – Soutache · Soutane · Souterrain

Sonderkennzeichen für Dienstfahrzeuge des Bundes

0-1 – Bundespräsident
0-2 – Bundeskanzler
0-3 – Bundesaußenminister
0-4 – Erster Staatssekretär im Auswärtigen Amt
1-1 – Präsident des Deutschen Bundestages
BD – Bundestag, Bundesrat, Bundespräsidialamt, Bundesregierung, Bundesverfassungsgericht
BG – Bundesgrenzschutz
BW – Bundes-Wasser- und Schifffahrtsverwaltung
THW – Bundesanstalt Technisches Hilfswerk
X – Bundeswehr (Fahrzeuge der NATO-Hauptquartiere)
Y – Bundeswehr

Sonderkennzeichen für Dienstfahrzeuge der Länder

B – Berlin, Senat und Abgeordnetenhaus
BBL – Brandenburg, Landesregierung und Landtag
BWL – Baden-Württemberg, Landesregierung und Landtag
BYL – Bayern, Landesregierung und Landtag
HB – Freie Hansestadt Bremen, Senat und Bürgerschaft
HEL – Hessen, Landesregierung und Landtag
HH – Freie und Hansestadt Hamburg, Senat und Bürgerschaft
LSA – Sachsen-Anhalt, Landesregierung und Landtag
LSN – Sachsen, Landesregierung und Landtag
MVL – Mecklenburg-Vorpommern, Landesregierung und Landtag
NL – Niedersachsen, Landesregierung und Landtag
NRW – Nordrhein-Westfalen, Landesregierung und Landtag (bis 1988: Kennzeichen »RWL«)
RPL – Rheinland-Pfalz, Landesregierung und Landtag
SAL – Saarland, Landesregierung und Landtag
SH – Schleswig-Holstein, Landesregierung und Landtag
THL – Thüringen, Landesregierung und Landtag

souv. – souverän
Souv. – Souverän[ität]
SOV – Schweizerischer Olympischer Verband
SoVD – Sozialverband Deutschland
sow. erl. – soweit erlaubt · soweit erledigt
SoWi – Sozial- und Wirtschaftswissenschaften
sowj., sowjet. – sowjetisch
SOZ – Straßenoktanzahl
soz. – sozial; sozialisieren; sozialisiert; sozialistisch; soziologisch
Soz. – Sozialisierung; Sozialismus; Sozialist[en] · Sozietät · Soziologe; Soziologie
SozA – Sozialamt
SozG – Sozialgericht
Soz.-Ges.-G., SozGesG – Sozialgesetzgebung
SozGG – Sozialgerichtsgesetz
Soz.-H. – Sozialhilfe
SozM – Sozialminister[ium]
SOzO, SO zu O – Südost zu Ost
SOzS, SO zu S – Südost zu Süd
Soz.-Vers. – Sozialversicherung
SozVersAnpG – Sozialversicherungsanpassungsgesetz
SozVersSVerwG – Gesetz über die Selbstverwaltung auf dem Gebiet der Sozialversicherung
SozVersWO – Wahlordnung für die Sozialversicherung
Soz.-Verw. – Sozialverwaltung
Sp, SP – Siedepunkt
SP – saure Phosphatase *(Med.)* · Schiffspeilung · Schützenpanzer · Schwerpunkt · Seitenpeilung · Sicherheitspolizei · Somalia *(Kfz)* · Sommerpreis[e] · Sonderpreis · Sozialdemokratische/Sozialistische Partei · Speyer *(Kfz)* · Südpol · Superprovision
sp. – spanisch · spät[er] · sperrig · speziell · spezifisch · spielend · spürbar
Sp. – Spalt[e] · Spanien; Spanier; Spanische · Spannung · Spediteur; Spedition · Speicher · Sperre; Sperrung · Spezial... · Spiel; Spieler · Sport; Sportler · Spule · Spur[en]
s. p. – sans prix (*franz:* »ohne Preis«) · senza pedale (*ital.:* »ohne Pedal«; *Musik*) · sine prole (*lat.:* »ohne Nachkommenschaft«)
Spa – sanus per aquam
SPA – Software Publishers Association · Sonderpostamt
Sp.-A. – Sportabzeichen; Sportanzug
S. p. A. – Società per Azioni (*ital.:* »Aktiengesellschaft«)
Sp.-Abz. – Sportabzeichen
Spam, SPAM – *(urspr.:)* spiced pork and ham; *(heute:)* send phenomenal amounts of mail *(Massen[werbe]sendungen an E-Mails)*
span. – spanisch
SPARC – scalable processor architecture
Spark. – Sparkasse[n] · Sparkonto
SparkG – Sparkassengesetz
SparkO – Sparkassenordnung
SparPDV – Verordnung zur Durchführung des Sparprämiengesetzes
SparPG – Sparprämiengesetz
SparPR – Richtlinien zum Sparprämiengesetz
SparVO – Sparverordnung
SPB – Schweizerischer Pfadfinderbund
Sp.-B., SpB – Spar[kassen]buch · Spielbank[en]
SpBG – Spielbankengesetz
SPC – specific product characteristics
SPD – Serial Presence Detect · Sozialdemokratische Partei Deutschlands

Spd. – Spritzdose
S/PDIF – Sony/Philips Digital Interface
SPDR – special depositary receipt(s)
SPE – Sozialdemokratische Partei Europas
SPEC – Standard Performance Evaluation Corporation
SPECT – Single-Photon-Emissionscomputertomographie *(Med.)*
Sped. – Spediteur; Spedition
s. p. d., S. p. d., S. P. D. – ship/steamer pays dues (*engl.*: »Schiff bezahlt alle Gebühren«)
SpEisVO, SpEVO – Speiseeisverordnung
spek. – spekulativ; spekulieren
Spek. – Spekulation[en]
spez. – speziell · spezifisch · spezifiziert
Spez. – Spezialist[en] · Spezialität[en]
Spez.-Ausf. – Spezialausführung
Spez.-Beh. – Spezialbehandlung
spez. Gew. – spezifisches Gewicht
spez. W. – spezifische Wärme
SPF – spezifisch-pathogenfrei · Superplastic Forming *(engl.)*
spf. – superfein
Sp.-Fl. – Spezialflasche · Spezialflugzeug · Sportflieger, Sportflugzeug
spfr. – sperrfrei
Spfr., Spfrde. – Sportfreunde
SpG – Spielbankengesetz
SpG, Sp.-G. – Spezialgebiet
sp. G./Gew. – spezifisches Gewicht
sp. gr. – specific gravity *(spezifisches Gewicht)*
Sp.-Gr. – Spezialgröße · Sportgruppe
sph. – sphärisch
SpHw – Springhochwasser
Spielb. – Spielbank[en]
SpielbG – Spielbankengesetz
SpielkStG – Spielkartensteuergesetz
SpielV – Verordnung über Spielgeräte und andere Spiele mit Gewinnmöglichkeit
Spielz. – Spielzeug · Spielzug; Spielzüge
SPIO, Spio – Spitzenorganisation der Deutschen Filmwirtschaft
spir. – spiralenförmig; spiralig · spiritistisch · spirituell · spirituoso (*ital.*: »geistvoll, feurig«; *Musik*)
Spir. – Spirale · Spiritismus; Spiritist[en] · Spirituosen · Spiritus
SPK – Sozialdemokratische Presse-Korrespondenz · Stiftung Preußischer Kulturbesitz
Spk., SpK – Sparkasse[n]
Sp.-K. – Sparkonto · Sperrkonto · Spezialkarte[n] · Spielkarte[n]
SpKG – Sparkassengesetz
SpKO – Sparkassenordnung
SPkt – Schnellpaket *(Post)*
Spl. – Splitt · Splitter · Supplement
SpM – Sperr- und Meldeeinrichtung *(Bahn)*
SPN – Spree-Neiße *(Kfz)*
SPNV – Schienenpersonennahverkehr
SpNw – Springniedrigwasser
SPÖ – Sozialdemokratische Partei Österreichs
SPOGA, Spoga – Internationale Fachmesse für Sportartikel, Campingbedarf und Gartenmöbel
Spool – simultanous peripheral operations online
Sportfr. – Sportfreunde
SportWG – Sportwettengesetz
Spowa – Sport- und Wanderbedarf
SPP – Schwerpunktprogramm
Sp.-Pl. – Spielplan; Spielpläne; Spielplanung · Spielplatz; Spielplätze · Sportplatz; Sportplätze
S. P. Q. R. – Senatus Populusque Romanus (*lat.*: »Senat und Volk von Rom«)
spr. – sprachlich · sprechen · spreizen · sprengen · sprich! · springen · spritzen · sprühen
Spr. – Sopran; Sopranistin · Sperr... · Sprache · Sprecher · Sprengel · Sprengung · Spruch; Sprüche
s. p. r. – sub petitione remissionis (*lat.*: »mit der Bitte um Rückgabe/Rücksendung«)
SprA – Sprecherausschuss
Spr.-Ausb. – Sprecherausbildung
Spr.-Progr. – Sprachenprogramm
sprachw., sprachwiss. – sprachwissenschaftlich
Sprachw., Sprachwiss. – Sprachwissenschaft[ler]
SprAusnVO, SprengstAusnV – Sprengstoffausnahmeverordnung
SprAW – Sprecherausschusswahl[en]
Spr.-Beil. – Spruchbeilage
Spr.-Bd. – Spruchband; Spruchbänder
Spr.-D. – Spritzdose; Sprühdose
Sprd., Sprdr. – Sperrdruck
SprengstG, SprG – Sprengstoffgesetz
SprengstLagV – Sprengstofflagerverordnung
SprengstVerkO – Sprengstoffverkehrsverordnung
SprengstVerwV – Sprengstoffverwendungsverordnung *(Bayern)*
SprengstVO – Sprengstoffverordnung
SprErlVO – Sprengstofferlaubnisscheinverordnung
Spr.-Erz. – Sprecherziehung
Spr.-Fl. – Spritzflasche · Sprühflasche · Sprungfläche

SprG – Sprengstoffgesetz
Spr.-Gr. – Sprachgrenze · Sprachgruppe
Sprk. – Sparkasse · Sprechkunde · Sprengkörper
SprLagVO – Sprengstofflagerverordnung
Spr.-Sch. – Sprungschanze
Spr.-St., Sprst. – Sprechstelle · Sprechstunde[n] · Spruchstelle
SPRV – Schweizerischer Personalzeitungs-Redaktorenverband
SprVerkVO – Sprengstoffverkehrsverordnung
Spr.-W. – Sprecherwahl
SPS – Schubpferdestärke · Sozialdemokratische Partei der Schweiz · speicherprogrammierbare Steuerung[en] · Super-Proton-Synchrotron · Symbol-Programm-System
Sps. – Sepsis
s. p. s. – sine prole superstite (*lat.:* »ohne lebende Nachkommenschaft«)
Sp.-Sch. – Sportschule
SPSE – Société du Pipeline Sud-Européen
SPSG – Stiftung Preußische Schlösser und Gärten Berlin-Brandenburg
SpST – Speichersteuerung
Sp.-St. – Sperrstunde · Sportstudent[in]; Sportstudium
SpSte – Speicherstelle
SpStV – Verordnung über die Sperrstunde *(Bayern)*
SPV – selektive proximale Vagotomie *(Med.)* · semipermanente Verbindung · special purpose vehicle
Sp.-V., Sp.-Verb. – Spitzenverband/-verbände · Sportverband/-verbände
sp. v., sp. vol. – specific volume/spezifisches Volumen
Spvg., Spvgg. – Spielvereinigung · Sportvereinigung
SpVO – Sparverordnung
SpW – Speicherwerk *(EDV)*
SPW – Schützenpanzerwagen
Spw. – Spannweite · Spurweite
sp. W. – spezifische Wärme
SpZ – Speicherzelle *(EDV)*
SPz – Schützenpanzer
SQ – Schadenquote *(Vw.)*
sq. – sequens (*lat.:* »folgend«) · square (*engl.:* »Quadrat«)
s. q. – status quo (*lat.:* »Zustand wie bisher«) · sufficiens quantitas (*lat.:* »ausreichende Menge«; *Pharm.*)
SQK – statistische Qualitätskontrolle
SQL – structured query language
sqq., sqs. – sequentes (*lat.:* »folgende [Seiten]«)
SQUID – superconducting quantum interference device *(Physik)*
SqURL – search and query uniform resource locator
sr – Steradiant *(Einheit)*
Sr – Strontium *(Element)*
SR – Saarländischer Rundfunk · Sanitätsrat · Satellitenrechner *(EDV)* · Schadensbemessungsrichtlinien · Schiedsrichter · Schulrat *(selten)* · Schweizerischer Rundspruchdienst · Seitenrampe · Sekundärradar · Senatsrat · Senkungsreaktion *(Med.)* · sensorisches Register · Seychellen-Rupie *(Währung)* · Sicherheitsrat · Sinusrhythmus *(Med.)* · Sonderrabatt · Sozialistische Republik · Straubing *(Kfz)* · Sudetendeutscher Rat · Summenrabatt
sr. – senior
Sr. – Seiner ... *(bei Titeln)* · Senior · Soror (*lat.:* »Schwester«)
s. R. – siehe Rückseite
SRAM – static random access memory
SRB – sale and rent back · Schweizerischer Radfahrer-Bund
S. R. E. – Sancta Romana Ecclesia (*lat.:* »Heilige Römische Kirche«)
SRF – Sonderreservefazilität · Spitzenrefinanzierungsfazilität
SRG – Schweizerische Radio- und Fernsehgesellschaft
SRI – socially responsible investment *(nachhaltiges Investieren)*
S. R. I. – Sacrum Romanum Imperium *(hist.)*
SRK – Seenotrettungskreuzer · Schutzrohrkontakt · Schweizerisches Rotes Kreuz
SRL – Vereinigung der Stadt-, Regional- und Landesplaner
S. Rl. – Saudi Riyal *(Währung in Saudi-Arabien)*
SRM – spezifiziertes Risiko-Material *(EU; Tierkörperbeseitigung)* · supplier relationship management / supply relations management
SRS – slow reacting substances · sound retrieval system
SRT – Schule für Rundfunktechnik
SRV – Schadenregulierungsvollmacht
SS – Sachschaden · Satellitensystem · Scharfschütze · Schnellstahl · Schulschiff · Schutzstaffel *(NS)* · Schweißstahl · single-sided · Sommersemester · Spezialschule · Sprengstoff · Störschutz · Strafrechtssache · synthetischer Schmierstoff
S$ – Singapur-Dollar *(Währung)*
SS. – Sanctae/Sancti (*lat.:* »die Heiligen«) · Sanctissimum (*lat.:* »das Allerheiligste«) · Sanctissimus (*lat.:* »der Heiligste«) · Sante *(ital. Plural zu Santa);* Santi *(ital. Plural zu Santo)* · Seiten
s. s. – sensu stricto (*lat.:* »im buchstäblichen Sinne«) ·

summa summarum (*lat.:* »alles in allem«) · supra scriptum (*lat.:* »oben angegeben«)
s. S. – senza sordino (*ital.:* »ohne Dämpfer«; *Musik*) · siehe Seite
S. S. – Sacra Scriptura (*lat.:* »Heilige Schrift«) · Schraubenschiff · Sua Sanctitas (*lat.:* »Seine Heiligkeit«) · Summa Summarum
SSA – schranken- und signalabhängige Alarmeinrichtungen · serial storage architecture
SSB – Stadtsportbund
SSB GP – Senioren-Schutz-Bund »Graue Panther«
SSC – Schulsportclub · Schwimmsportclub · Shared Service Center *(Auslagerung von Fachbereichen)* · Skisportclub · supraleitender Supercollider
SSch – Sammelscheck *(Post)*
SSchSO – Seeschifffahrtsstraßenordnung
S. Scr. – Sacra Scriptura (*lat.:* »Heilige Schrift«)
SSD – Schiffssicherungsdienst *(Mil.)* · Staatssicherheitsdienst *(DDR)* · Stahlschiebedach
SSE – Streaming SIMD Extensions
SSF – supersonic frequency
SSG – Sauerstoffschutzgerät · Schulsportgemeinschaft · Schwimmsportgemeinschaft
SSI – small scale integration (*engl.:* »Integration in geringem Maßstab«) · Statens Stralskydds Institut *(schwed. Strahlenschutzinstitut)*
SSID – service set identifier
SSK – Sicherheitssonderkommission · Spezialstudienkommission · Strahlenschutzkommission
Sskr. – Sanskrit · Subskription
SSL – Scheitel-Steiß-Länge *(Med.)* · secure socket layer *(für Geldtransfer im Internet)*
s. s. n. – signa/signetur suo nomine (*lat.:* »bezeichne [alle Mittel] mit Namen«; *Pharm.*)
SSO – Schiffsicherungsoffizier *(Mil.)* · Seestraßenordnung · Südsüdost[en]
ssö. – südsüdöstlich
ssp. – subspecies
SSpG – Saarländisches Sparkassengesetz
SSR – Seeschiffsregister · Sicherungssteuerrechner · Sozialistische Sowjetrepublik
SSRG – Schweizerische Studiengesellschaft für rationellen Güterumschlag
SSS – Segelschulschiff · sick-sinus-syndrom
SSSR – Sojus Sowjetskich Sozialistitscheskich Respublik *(Union der Sozialistischen Sowjetrepubliken; hist.)*
SST – Seehafenspeditionstarif · supersonic telegraphy · supersonic transport[er]
S.-St., SSt. – Sammelstelle
SSV – Sächsischer Schwimmverband · Schiffssicherheitsverordnung · Schweizerischer Schriftstellerverein · Schweizerischer Ski-Verband · Schweizerischer Städteverband · Sport- und Spielverein · Süddeutscher Schwimmverband
s. s. v. – sub signo veneni (*lat.:* »mit Giftzeichen«)
SSVO – Strahlenschutzverordnung
ssw. – südsüdwestlich
SSW – Schwangerschaftswoche · Südsüdwest[en] · Südschleswigscher Wählerverband
St – Saint *(franz.)* · Stokes *(Einheit)* · Stratus
ST – Sachsen-Anhalt · Schiffstechnik · Schnelltransporter · Sekundärtabelle · standard time *(engl.)* · Staatsschutz *(Abteilung beim Bundeskriminalamt)* · Steiermark *(Kfz)* · Steinfurt *(Kfz)*
st. – selbsttragend · staatlich · städtisch · stählern · ständig · stark · starr · stationär · statisch · statistisch · statt
St. – Saint *(engl.)* · Satang · Sankt · Staat · Stab · Stabilität · Stadt · Stadion · Stadium · Staffel · Stahl · Stamm · Stand · Standard · Standarte · Stände · Ständer · Stange · Stapel · Stärke · Start · Statik[er] · Station · Statistik[er] · Status · Statut · Stecker · Stein · Stelle · Stellung · Steuer[n] · Stift · Stil · Stimme · Stimmung · Stock[werk] · Stollen · Stopper · Stoß · Stöße · Stück[e] · Student[in] · Studie · Studio · Studium · Stufe[n] · Stunde · Stürmer · Sturz · Stute · Stütze
s. t. – sine tempore *(lat.; ohne akademisches Viertel)* · sine titulo (*lat.:* »ohne Titel[angabe]«)
s. T. – senza tempo (*ital.:* »ohne Tempoangabe«; *Musik*) · siehe Tarif
S. T. – salvo titulo (*lat.:* »mit Vorbehalt des richtigen Titels«)
StA – Staatsangehörigkeit · Staatsanleihe · Staatsanwalt[schaft] · Staatsarchiv · Stadtamtmann · Stammabteilung · Stammaktie[n] · Standesamt · Steuerabzug · Steueramt · Studienassessor · Studienaustausch
STA – Starnberg *(Kfz)*
Sta. – Santa *(span., portug.)*
St.-A., StA – Staatsamt · Stadtamtmann
Staatencodes – *siehe Übersicht S. 354 f.*
staatl. – staatlich
staatl. gen. – staatlich genehmigt

Staatencodes

AD, AND – Andorra
AE, ARE – Vereinigte Arabische Emirate
AF, AFG – Afghanistan
AG, ATG – Antigua und Barbuda
AI, AIA – Anguilla
AL, ALB – Albanien
AM, ARM – Armenien
AN, ANT – Niederländische Antillen
AO, AGO – Angola
AQ, ATA – Antarktis
AR, ARG – Argentinien
AS, ASM – Amerikanisch-Samoa
AT, AUT – Österreich
AU, AUS – Australien
AW, ABW – Aruba
AZ, AZE – Aserbaidschan
BA, BIH – Bosnien und Herzegowina
BB, BRB – Barbados
BD, BGD – Bangladesch
BE, BEL – Belgien
BF, BFA – Burkina Faso
BG, BGR – Bulgarien
BH, BHR – Bahrain
BI, BDI – Burundi
BJ, BEN – Benin
BM, BMU – Bermuda
BN, BRN – Brunei Darussalam
BO, BOL – Bolivien
BR, BRA – Brasilien
BS, BHS – Bahamas
BT, BTN – Bhutan
BV, BVT – Bouvetinsel
BW, BWA – Botsuana
BY, BLR – Belarus *(Weißrussland)*
BZ, BLZ – Belize
CA, CAN – Kanada
CC, CCK – Kokosinseln
CD, COD – Demokratische Republik Kongo *(ehemals Zaire)*
CF, CAF – Zentralafrikanische Republik
CG, COG – Republik Kongo
CH, CHE – Schweiz
CI, CIV – Côte d'Ivoire *(Elfenbeinküste)*
CK, COK – Cookinseln
CL, CHL – Chile
CM, CMR – Kamerun
CN, CHN – China
CO, COL – Kolumbien
CR, CRI – Costa Rica
CS, SCG – Serbien und Montenegro
CU, CUB – Kuba
CV, CPV – Kap Verde
CX, CXR – Weihnachtsinsel
CY, CYP – Zypern
CZ, CZE – Tschechische Republik
DE, DEU – Deutschland
DJ, DJI – Dschibuti
DK, DNK – Dänemark
DM, DMA – Dominica
DO, DOM – Dominikanische Republik
DZ, DZA – Algerien *(»Al Djazaïr«)*
EC, ECU – Ecuador
EE, EST – Estland
EG, EGY – Ägypten
EH, ESH – Westsahara
ER, ERI – Eritrea
ES, ESP – Spanien
ET, ETH – Äthiopien
FI, FIN – Finnland
FK, FLK – Falklandinseln
FJ, FJI – Fidschi
FM, FSM – Föderierte Staaten von Mikronesien
FO, FRO – Färöer
FR, FRA – Frankreich
GA, GAB – Gabun
GB, GBR – Vereinigtes Königreich Großbritannien und Nordirland
GD, GRD – Grenada
GE, GEO – Georgien
GF, GUF – Französisch-Guayana
GH, GHA – Ghana
GI, GIB – Gibraltar
GL, GRL – Grönland
GM, GMB – Gambia
GN, GIN – Guinea
GP, GLP – Guadeloupe
GQ, GNQ – Äquatorialguinea
GR, GRC – Griechenland
GS, SGS – Südgeorgien und die Südlichen Sandwichinseln
GT, GTM – Guatemala
GU, GUM – Guam
GW, GNB – Guinea-Bissau
GY, GUY – Guyana
HK, HKG – Hongkong
HM, HMD – Heard- und McDonaldinseln
HN, HND – Honduras
HR, HRV – Kroatien
HT, HTI – Haiti
HU, HUN – Ungarn
ID, IDN – Indonesien
IE, IRL – Irland
IL, ISR – Israel
IN, IND – Indien
IO, IOT – Britisches Territorium im Indischen Ozean
IQ, IRQ – Irak
IR, IRN – Iran
IS, ISL – Island
IT, ITA – Italien
JM, JAM – Jamaika
JO, JOR – Jordanien
JP, JPN – Japan
KE, KEN – Kenia
KG, KGZ – Kirgisistan
KH, KHM – Kambodscha
KI, KIR – Kiribati
KM, COM – Komoren
KN, KNA – St. Kitts und Nevis
KP, PRK – Demokratische Volksrepublik Korea *(Nordkorea)*
KR, KOR – Republik Korea *(Südkorea)*
KW, KWT – Kuwait
KY, CYM – Kaimaninseln
KZ, KAZ – Kasachstan
LA, LAO – Laos

Staatencodes (Fortsetzung)

LB, LBN – Libanon
LC, LCA – St. Lucia
LI, LIE – Liechtenstein
LK, LKA – Sri Lanka
LR, LBR – Liberia
LS, LSO – Lesotho
LT, LTU – Litauen
LU, LUX – Luxemburg
LV, LVA – Lettland
LY, LBY – Libyen
MA, MAR – Marokko
MC, MCO – Monaco
MD, MDA – Republik Moldau *(Moldawien)*
MG, MDG – Madagaskar
MH, MHL – Marshallinseln
MK, MKD – Mazedonien
ML, MLI – Mali
MM, MMR – Myanmar *(ehemals Burma)*
MN, MNG – Mongolei
MO, MAC – Macau
MP, MNP – Nördliche Marianen
MQ, MTQ – Martinique
MR, MRT – Mauretanien
MS, MSR – Montserrat
MT, MLT – Malta
MU, MUS – Mauritius
MV, MDV – Malediven
MW, MWI – Malawi
MX, MEX – Mexiko
MY, MYS – Malaysia
MZ, MOZ – Mosambik
NA, NAM – Namibia
NC, NCL – Neukaledonien
NE, NER – Niger
NF, NFK – Norfolkinsel
NG, NGA – Nigeria
NI, NIC – Nicaragua
NL, NLD – Niederlande
NO, NOR – Norwegen
NP, NPL – Nepal
NR, NRU – Nauru
NU, NIU – Niue
NZ, NZL – Neuseeland
OM, OMN – Oman
PA, PAN – Panama
PE, PER – Peru
PF, PYF – Französisch-Polynesien
PG, PNG – Papua-Neuguinea
PH, PHL – Philippinen
PK, PAK – Pakistan
PL, POL – Polen
PM, SPM – St. Pierre und Miquelon
PN, PCN – Pitcairninseln
PR, PRI – Puerto Rico
PT, PRT – Portugal
PW, PLW – Palau
PY, PRY – Paraguay
QA, QAT – Katar
RE, REU – Réunion
RO, ROU – Rumänien
RU, RUS – Russische Föderation
RW, RWA – Ruanda
SA, SAU – Saudi-Arabien
SB, SLB – Salomonen
SC, SYC – Seychellen
SD, SDN – Sudan
SE, SWE – Schweden
SG, SGP – Singapur
SH, SHN – St. Helena
SI, SVN – Slowenien
SJ, SJM – Svalbard und Jan Mayen
SK, SVK – Slowakische Republik
SL, SLE – Sierra Leone
SM, SMR – San Marino
SN, SEN – Senegal
SO, SOM – Somalia
SR, SUR – Suriname
ST, STP – São Tomé und Príncipe
SV, SLV – El Salvador
SY, SYR – Syrien
SZ, SWZ – Swasiland
TC, TCA – Turks- und Caicosinseln
TD, TCD – Tschad
TF, ATF – Französische Süd- und Antarktisgebiete
TG, TGO – Togo
TH, THA – Thailand
TJ, TJK – Tadschikistan
TK, TKL – Tokelau
TL, TLS – Timor-Leste
TM, TKM – Turkmenistan
TN, TUN – Tunesien
TO, TON – Tonga
TR, TUR – Türkei
TT, TTO – Trinidad und Tobago
TV, TUV – Tuvalu
TW, TWN – Taiwan
TZ, TZA – Tansania
UA, UKR – Ukraine
UG, UGA – Uganda
UM, UMI – Amerikanisch-Ozeanien *(United States Minor Outlying Islands)*
US, USA – Vereinigte Staaten von Amerika
UY, URY – Uruguay
UZ, UZB – Usbekistan
VA, VAT – Vatikanstadt *(Heiliger Stuhl, nicht staatlich)*
VC, VCT – St. Vincent und die Grenadinen
VE, VEN – Venezuela
VG, VGB – Britische Jungferninseln *(British Virgin Islands)*
VI, VIR – Amerikanische Jungferninseln *(Virgin Islands of the United States)*
VN, VNM – Vietnam
VU, VUT – Vanuatu
WF, WLF – Wallis und Futuna
WS, WSM – Samoa *(früher Westsamoa)*
YE, YEM – Jemen
YT, MYT – Mayotte
ZA, ZAF – Südafrika
ZM, ZMB – Sambia
ZW, ZWE – Simbabwe

staatl. gepr. – staatlich geprüft
StaatsGH – Staatsgerichtshof
Stab. – Stabilisator · Stabilität
Stabex – System zur Stabilisierung der Exporterlöse *(im Lomé-Abkommen zwischen EG und AKP-Staaten)*
StabG, Stab.-Ges. – Stabilitätsgesetz
Stabi – Staatsbibliothek · Stadtbibliothek
St.-Abt., St.-Abtlg. – Stammabteilung · Steuerabteilung
stacc. – staccato (*ital.:* »kurz abgehoben«; *Musik*)
Stad. – Stadion · Stadium
STADA – Standesgemeinschaft deutscher Apotheker
städt. – städtisch
StädteO – Städteordnung
Stadtv., Stadtver. – Stadtverordnete[r]
Stadtv., Stadtverw. – Stadtverwaltung
Staf. – Stafette
STAfA – Staatliches Amt für Arbeitsschutz *(Nordrhein-Westfalen)*
Staff. – Staffage · Staffel[n] · Staffelung
Staf.-L. – Stafettenlauf
STAGMA – Staatlich genehmigte Gesellschaft zur Verwertung musikalischer Urheberrechte/Aufführungsrechte
StAGN – Ständiger Ausschuss für geographische Namen
Stalu – Stahlaluminium
Stamokap – Staatsmonopolistischer Kapitalismus
St.-Amt – Staatsamt · Stadtamt · Steueramt
STAN – Stärke- und Ausrüstungsnachweisung *(Mil.)*
STANAG – Standardization Agreement *(NATO)*
ständ. – ständig · ständisch
Stand. – Standard[s] · Standarte · Standardisierung
StandA – Standesamt
StÄndG – Steueränderungsgesetz
StandO – Standesorganisation · Standort
St.-Anf. – Studienanfang; Studienanfänger
St.-Ang. – Staatsangehörige[r]; Staatsangehörigkeit · Staatsangestellte[r]
StAngRegG – Gesetz zur Regelung von Fragen der Staatsangehörigkeit
St.-Anl. – Staatsanleihe
StAnpG – Steueranpassungsgesetz
St.-Anw. – Staatsanwalt[schaft]
St.-Anz., StAnz – Staatsanzeiger · Stadtanzeiger
STAR – Satellites de Télécommunication, d'Application et de Recherche
St.-Arb. – Studienarbeit[en]
St.-Arch. – Staatsarchiv[ar] · Stadtarchiv[ar]
StARegG vgl. StAngRegG
START – Strategic Arms Reduction Talks *(engl.)*
STAS – short time advertising strength *(Werbung)*
Stasi – Staatssicherheitsdienst
St.-Ass. – Studienassessor[in]
stat. – stationär · stationieren; stationiert · statisch · statistisch · statuarisch · statutarisch
Stat. – Station · Statist[en] · Statistik[er] · Stativ · Statolith · Stator · Statoskop · Statue · Statur · Status · Statut[en]
StatBA – Statistisches Bundesamt
StatG, StatGes. – Gesetz über die Statistik für Bundeszwecke
StatLA – Statistisches Landesamt
StatSchädR – Stationierungsschädenrecht
StÄV – Steueränderungsverordnung
StB – Steuerbeamte[r] · Steuerberater · Steuerbescheid · Steuerbetrag · Steuerbilanz
STB – Schweizerischer Typographenbund · Set-Top-Box · Sternberg *(Kfz)*
Stb. – Stammbaum · Stammbuch · Steuerberater; Steuerberatung · Steuerbord · Stimmband
Stb., StB – Staatsbibliothek · Stadtbibliothek · Stadtbücherei
S. T. B. – European Group of International Scientific and Technical Booksellers
StBA – Statistisches Bundesamt
StBAG – Steuerbeamtenausbildungsgesetz
StBauFG – Städtebauförderungsgesetz
St.-Ber. – Steuerberater; Steuerberatung · Steuerberechnung
StBerG, StbG – Steuerberatungsgesetz
StBerGO – Gebührenordnung für Steuerberater und Steuerbevollmächtigte
St.-Besch. – Steuerbescheid[e]
St.-Bev. – Steuerbevollmächtigte[r]
St.-Bez. – Stadtbezirk[e] · Steuerbezirk[e] · Stimmbezirk[e]
StBG – Gesetz über die Bayerische Staatsbank · Stadtbezirksgericht *(Berlin)* · Steuerberatungsgesellschaft
St.-Bibl. – Staatsbibliothek · Stadtbibliothek
StBin – Steuerberaterin
StBK – Staatssekretär des Bundeskanzleramtes
StBR – Stadtbaurat
St.-Bv., StBv – Steuerbevollmächtigte[r]
STC – Stabilitäts- und Traktions-Controlling

Stckpr. – Stückpreis
Stckz. – Stückzahl
StD – Stadtdirektor
STD – Sexually Transmitted Disease[s] *(Med.)* · Stade *(Kfz)* · Standard *(Normung)*
std. – ständig · stehend · stündlich
Std. – Stand · Standard · Stunde[n]
St.-D., StD – Staatsdienst
stdg. – ständig
Stdg. – Stundung
St.-Dir. – Stadtdirektor
stdl. – stündlich
Stdn. – Stunden
Ste – Sainte *(franz.)*
StE – Stärkeeinheit
STE – Steuereinheit *(EDV)*
Steag – Steinkohle AG
StEG – Strafrechtsergänzungsgesetz
STEG, StEG – Staatliche Erfassungsgesellschaft für öffentliches Gut
Steig. – Steigerung[en] · Steigung
Stell. – Stellung[en]
stellv. – stellvertretend
Stellv. – Stellvertreter[in]; Stellvertretung
STEMRA – Stichting tot Exploritatie van mechanischen reproductie Rechten der Auteurs *(niederl. Verwertungsgesellschaft)*
sten. – stenografisch
Sten. – Stenograf[in]; Stenografie
Stenotyp. – Stenotypist[in]
StEP – Stadtteilentwicklungsplan
STEP – Short-term European Paper
STEP IN – Student Travel & Education Programmes International
St.-Erm. – Steuerermäßigung · Steuerermittlung
Steufa – Steuerfahndung
St.-Ex. – Staatsexamen
STF – Société de Tour de France · Sonder-Task-Force
stf. – steuerfrei · straffrei
StFB – staatlicher Forstwirtschaftsbetrieb
St.-Fdg. – Steuerfahndung
stfr. – steuerfrei · straffrei
StFreiG – Straffreiheitsgesetz
St.-Frh. – Steuerfreiheit · Straffreiheit
StFw – Stabsfeldwebel *(Bw.)*
Stg, StG – Stahlguss
StG – Staatsgesetz · Stempelgesetz · Stiftungsgesetz
STG – Schiffbautechnische Gesellschaft
stg. – steigend
...stg. – ...stimmig
Stg. – Satang · Sonntag · Steigerung · Steigung · Stellung · Steuerung
St. G. – Stille[r] Gesellschaft[er]
StGB – Strafgesetzbuch
StGefr. – Stabsgefreiter *(Bw.)*
St.-Gem., Stgm. – Stadtgemeinde
St.-Gesch. – Staatsgeschichte · Stadtgeschichte
StGH – Staatsgerichtshof
StGHG, StGG – Gesetz über den Staatsgerichtshof
stg. m – steigender Meter
STH – somatotropes Hormon *(Med.)*
sth. – stimmhaft *(Sprachw.)*
StHG – Steuerharmonisierungsgesetz
StHptm. – Stabshauptmann *(Bw.)*
StI – Stadtinspektor · Steuerinspektor
Stift. – Stifter[in]; Stiftung[en]
StiftG – Stiftungsgesetz
StIGH – Ständiger Internationaler Gerichtshof
STIKO – Ständige Impfkommission
stil. – stilisieren; stilisiert · stilistisch
Still. – Stillleben · Stilllegung
STIM – Svenska Tonsättaares Internationella Musikbyrå *(schwed. Verwertungsgesellschaft)*
St.-Insp. – Stadtinspektor · Steuerinspektor
Stip. – Stipendiat[en]; Stipendium
Stj. – Sterbejahr · Steuerjahr · Studienjahr
StJA – Stadtjugendamt
St. Jb. – Statistisches Jahrbuch
StK – Stadtkämmerer · Stammkapital · Stammkarte · Stammkartei · Sterbekasse · Steuerkarte · Strafkammer
Stk. – Steinkohle · Steuerkarte
St.-Kl., StKl. – Steuerklasse
St.-Kr., Stkr. – Stadtkreis[e]
St.-Kzl. – Staatskanzlei
STL – Stollberg *(Kfz)*
stl. – staatlich · steuerlich · stimmlos *(Sprachw.)*
StLB – Standardleistungsbuch
Stm – Starkstrommeisterei
StM – Staatsminister[ium] · Stellenmaschine *(EDV)*
STM – Scanning Tunneling Microscope *(Rastertunnelmikroskop)*
Stm. – Steiermark · Steuermann
Stmb. – Stammbaum · Stammbuch
StMBG – Steuermissbrauchsbekämpfungs- und Steuerbereinigungsgesetz
Stmk. – Steiermark
STN – The Scientific & Technical Information Network
STN-LCD – Super Twisted Nematic LCD
StNOG – Gesetz zur Neuordnung von Steuern
St.-Nr. – Steuernummer
StO – Stabsoffizier · Städteordnung · Standort · Steuerordnung
Sto. – Santo *(span.)*
StOA – Stadtoberamtmann
St.-Ob.-Insp., StOI – Stadtoberinspektor · Steueroberinspektor
StOK – Standortkommandant[ur]

STOL – Short Take-off and Landing *(Kurzstart- und -landeflugzeug)*
StOV – Standortverwaltung
StP – Standardprogramm
STP – serenity, tranquility and peace *(Rauschgift, vgl. DOM)* · Shielded Twisted Pair · standard temperature and pressure (*engl.:* »Normaltemperatur und Normaldruck«) · Steuerprogramm *(EDV)* · straight-through processing *(elektronische Finanztransaktion)*
Stp. – Steuerpult · Stützpunkt
StPÄG – Gesetz zur Änderung der Strafprozessordnung und des Gerichtsverfassungsgesetzes
STPD – standard temperature pressure, dry *(Med.)*
St.-Pers. – Stammpersonal
stpfl. – steuerpflichtig
Stpfl. – Steuerpflichtige[r]
St.-Pl., Stpl. – Stadtplan · Stehplatz; Stehplätze · Stellenplan · Stellplatz; Stellplätze
StPO – Strafprozessordnung
St.-Pr. – Staatspreis · Stückpreis
St.-Pr., StPr – Stammprioritätsaktie[n]
St.-Pr., St.-Präs. – Staatspräsident
St.-Pr., St.-Prof. – Studienprofessor
St.-Pr., St.-Prüf. – Staatsprüfung · Steuerprüfer; Steuerprüfung
StPS – Steuerpferdestärke
str – stringendo (*ital.:* »schneller werdend«; *Musik*)
StR – Staatsrat · Staatsrecht · Stadtrat · Steuerrat · Steuerrecht · Studienrat
str. – streitig; strittig · streng · stretto (*ital.:* »gedrängt«; *Musik*) · struktural; strukturell
Str. – Strafe · Strahl · Strahlung · Strand · Straße · Straßenbahn · Strauch · Strecke · Streicher *(Musik)* · Streife · Streifen · Streit · Strich · Strom · Strophe[n] · Struktur
Str.-A., StrA – Straßenamt
Str.-A., Str.-Anst. – Strafanstalt
Strab – Straßenbahn
Strabag – Straßen- und Tiefbau AG
StraBEG – Strafbefreiungserklärungsgesetz
Str.-Abn. – Stromabnahme; Stromabnehmer
Strafr. – Strafrecht; Strafrichter
Strafs. – Strafsache · Strafsenat
StRÄndG – Strafrechtsänderungsgesetz
StrandO – Strandungsordnung
Str.-Antr. – Strafantrag; Strafanträge
StraßbBauBetrO – Straßenbahn-Bau- und Betriebsordnung
strat. – strategisch
Strat. – Stratege; Strategie · Stratosphäre
Str.-B. – Straßenbahn · Straßenbau
St.-Ref. – Steuerreform · Studienreferendar
StrEG – Stromeinspeisungsgesetz
StRegBek., StrRegBek. – Bekanntmachung der Behörden und Stellen, denen Auskunft aus dem Strafregister zu erteilen ist
StRegG – Gesetz über beschränkte Auskunft aus dem Strafregister und die Tilgung von Strafvermerken
StRegV, StRegVO – Strafregisterverordnung
strf., strfr. – straffrei
StrFG – Straffreiheitsgesetz
Strg – Steuerung
str. geh. – streng geheim
StR i. K. – Studienrat/Studienrätin im Kirchendienst
string. – stringendo (*ital.:* »schneller werdend«; *Musik*)
StR i. Pr. – Studienrat/Studienrätin im Privatschuldienst
StrK – Strafkammer
StRK – Steuerrechtskommentar · Steuerrechtskommission
Str.-Kr. – Straßenkreuzung
StrlSchV – Strahlenschutzverordnung
Str.-Mstr. – Straßenmeister[ei] · Streckenmeister
StrO – Straßenordnung
StrPO – Strafprozessordnung
Str.-Reg. – Strafregister
Str.-Rein. – Straßenreinigung
StrRG – Gesetz zur Reform des Strafrechts
Str.-Sen., St.-Sen. – Strafsenat
StrUB – Besondere Bedingungen für die Strahlenunfallversicherung *(Vw.)*
Str.-V., Str.-Vollstr. – Strafvollstreckung
Str.-V., Str.-Vollz. – Strafvollzug
Str.-Verf. – Strafverfügung
Str.-Verk. – Straßenverkauf · Straßenverkäufer
StrVermG – Gesetz über die vermögensrechtlichen Verhältnisse der Bundesautobahnen und der sonstigen Bundesstraßen des Fernverkehrs
StrVG – Strahlenschutzvorsorgegesetz · Straßenverkehrsgesetz
Sts. – Staatssekretär
StSäumG – Steuersäumnisgesetz
St.-Sch. – Steuerschuld[ner]
St.-Sekr. – Staatssekretär
StSenkG – Steuersenkungsgesetz
StSi – Siliziumstahl
StT – Städtetag
STT – secure transaction technology
StTA – Stadttransportausschuss
St.-Tab. – Steuertabelle[n]

StTilgG – vgl. StRegG
StTK – Ständige Tarifkommission der Deutschen Eisenbahnverwaltungen
StUB – vgl. StrUB
StÜB – Steuerüberleitungsbilanz
stud. – studentisch; studieren; studiosus (*lat.*: »Studierender«)
Stud. – Student[in]; Studie[n]; Studierende[r]; Studium
Stud.-Ass. – Studienassessor[in]
Stud.-Dir. – Studiendirektor[in]
Studi – Studierende/r · Student[in]
Stud.-Ref. – Studienreferendar[in]
StUffz, StUffz. – Stabsunteroffizier (*Bw.*)
StUG – Stasi-Unterlagen-Gesetz
Stuka – Sturzkampfflugzeug
STÜLB – Standard-Überland-Linienbus
StundO – Stundungsordnung
StuPa, Stupa – Studentenparlament (*heute meist: Studierendenparlament*)
Stuto – Stundentonne[n]; Tonne[n] pro Stunde
STUVA – Studiengesellschaft für unterirdische Verkehrsanlagen
StV – Staatsvertrag · Stabsveterinär · Stadtverwaltung · Stellenvorsteher (*Post*)
STV – Schweizerischer Techniker-Verband · Schweizerischer Tonkünstlerverein
stv. – stellvertretend
Stv. – Stadtverordnete[r]
Stv., StV – Stadtverkehr · Stellvertreter[in]; Stellvertretung · Straßenverkehr
StVA – Straßenverkehrsamt · Strafvollzugsanstalt
StvBK – Stellvertreter des Bundeskanzlers
StVdAR – Stellvertretender Vorsitzer des Aufsichtsrates
St.-Veranl. – Steuerveranlagung
StVerkR – Straßenverkehrsrecht
StVerkSichG – Gesetz zur Sicherung des Straßenverkehrs
St.-Verw. – Staatsverwaltung · Stadtverwaltung · Steuerverwaltung
StVG – Stellenvermittlergesetz · Straßenverkehrsgesetz
StVG vgl. StVerkSichG
StVK – Steuer- und Versicherungskarte
StVO – Straßenverkehrsordnung
StVO, StVollstrO – Strafvollstreckungsordnung
St.-Vorausz. – Steuervorauszahlung[en]
StVR – Straßenverkehrsrecht
StVSichG vgl. StVerkSichG
StVUnfG – Gesetz zur Durchführung einer Straßenverkehrsunfallstatistik
StVW – Stiftung Volkswagenwerk
StVZO – Straßenverkehrs-Zulassungsordnung
Stw – Stellwerk (*Bahn*)
StW – Stammwürzegehalt · Stärkewert
STW – Steuerwerk (*EDV*) · Super-Tourenwagen[-Meisterschaft]
Stw. – Seitenwagen · Staatswissenschaft[en] · Stadtwagen · Stammwerk · Stammwort · Sternwarte · Stichwort; Stichwörter
St. W. – Statistisches Warenverzeichnis
StWG – Gesetz zur Förderung der Stabilität und des Wachstums der Wirtschaft
STZ – Sozialtherapeutisches Zentrum für Suchtkranke (*Hamburg*)
StZinsV – Steuerzinsverordnung
St.-Zul. – Stellenzulage
SU – Schüler Union Deutschlands · Selbstfahrerunion · Siegburg/Rhein-Sieg-Kreis (*Kfz*) · Sonnenuntergang · Sowjetunion (*ehemalige; Kfz*) · Stabsunteroffizier (*Bw.*)
s. u. – siehe unten · siehe unter
sub. – subaltern
Subd. – Subdiakon
subj. – subjektiv
Subj. – Subjekt
Subskr. – Subskribent; Subskription
Subskr.-Pr. – Subskriptionspreis
subst. – substanziell · substantivieren; substantiviert; substantivisch · substituieren; substituiert
Subst. – Substantiv[ierung] (*Sprachw.*) · Substanz · Substitut · Substitution
subtr. – subtrahieren; subtrahiert · subtropisch
Subtr. – Subtraktion · Subtropen
subv. – subventionieren; subventioniert · subversiv
Subv. – Subvention[en] · Subversion
sud., sudan. – sudanesisch, sudanisch
südd., süddt. – süddeutsch
südl. – südlich
südl. Br. – südliche[r] Breite
südl. L. – südliche[r] Länge
s. u. d. T. – siehe unter dem Titel
südw. – südwärts · südwestlich
SUG – Gesetz über die Untersuchung von Seeunfällen
sugg. – suggerieren; suggeriert; suggestibel; suggestiv
SUISA – Suisse pur les Droits des Auteurs d'Œuvres (*schweiz. Verwertungsgesellschaft*)
SuKPflVO – Säuglings- und Kinderpflegeverordnung
summ. – summarisch
Sun – Stanford University Network
Sun One – Sun Open Net Environment

Sup. – Superintendent · Superior · Superlativ · Supermarkt
Suppl. – Supplement
Suppl.-Bd. – Supplementband
SuSE – Software- und System-Entwicklung mbH
Susp. – Suspendierung; Suspension · Suspensorium
SüßstDB – Durchführungsbestimmungen zum Süßstoffgesetz
SüßstG – Süßstoffgesetz
SUSY – Suchsystem
S-UTP – screened unshielded twisted pair
SuUB – Staats- und Universitätsbibliothek
SUV – sport utility vehicle
SUVA – Schweizerische Unfallversicherungsanstalt
SÜW – Südliche Weinstraße *(Kfz)*
Sv – Sievert *(Einheit)*
SV – Sachverhalt · Sachverständiger · Schachverband · Schäferhundeverein · Schülervertretung · Schwimmverband · Schwimmverein · Seglerverein[igung] · Selbstverwaltung · Shareholder-Value · Sicherungsverwahrung · Sichtvermerk · Siedlungsverband · Simultanverarbeitung *(EDV)* · Skiverband · Sonderhäuser Verband Akademisch-Musikalischer Verbindungen · Sondervermögen · Sonderverzeichnis · Sozialversicherung · Spielvereinigung · Sportverband · Sportverein[igung] · Stammverlängerung · Stifterverband
s. v. – salva venia (*lat.:* »mit Erlaubnis«) · sans valeur (*franz.:* »ohne Wert«) · siehe vorn · sotto voce (*ital.:* »gedämpft«; *Musik*) · sub verbo (*lat.:* »unter dem [Stich]wort«)
SVA – Sachverständigenausschuss · Sammelgutverkehrsausschuss · Schiffbauversuchsanstalt · Schweizerische Vereinigung für Atomenergie · Sondermüllverbrennungsanlage[n] · Sondervorschriften für Auslandsumzüge der Beamten · Sozialversicherungsanordnung · Sozialversicherungsanstalt · Sozialversicherungsausweis · Strafvollzugsanstalt · Straßenverkehrsamt
sva. – so viel als
SVAnpG – Sozialversicherungsanpassungsgesetz
SVB – Schweizerische Volksbibliothek · Schweizer Verkehrsbüro · Sozialversicherung Bezirksverwaltung
SVD – Schiefer-Fachverband in Deutschland · Schweizerische Vereinigung für Dokumentation · Schwulenverband in Deutschland · Societas Verbi Divini *(kath. Orden der Steyler Missionare)* · Sozialversicherungsdirektive · Straßenbau- und Verkehrsdirektion · Straßenverkehrsdirektion · Straßenverkehrsdienststelle
SVDS – Schweizerischer Verein für die deutsche Sprache · Studentenverband Deutscher Seefahrtschulen
SVE – schulvorbereitende Einrichtung
S.-Verw. – Selbstverwaltung
SVFR – Schweizerische Vereinigung der Firmenreisedienste
SVG – scalable vector graphics · Selbstverwaltungsgesetz · Soldatenversorgungsgesetz · Staatliches Vertragsgericht · Straßenverkehrsgesetz *(Schweiz)*
SVGA – super video graphics array
S-VHS – Super Video Home System
SVI – slow virus infection *(Med.)* · Studentenverband Deutscher Ingenieurschulen
SVID – System V Interface Definition
SVK – Sozialversicherungskasse
SVkA – Straßenverkehrsamt
SVN – Sozialversicherungsnachweis
SVO – Schiffsversorgungsoffizier *(Bw.)* · Strahlenschutzverordnung
SVP – Saarländische Volkspartei · Schweizerische Volkspartei · Südtiroler Volkspartei
s. v. p. – s'il vous plaît (*franz.:* »bitte«)
SVR – Sachverständigenrat zur Begutachtung der gesamtwirtschaftlichen Entwicklung · Siedlungsverband Ruhrkohlenbezirk *(Essen)* · Sozialversicherungsrente · Supervideorekorder/-recording · System V Release
SvS – Sicherung von Staatsgeheimnissen *(DDR)*
SVS – Speditionsversicherungsschein · Sprachvermittlungssystem[e]
SVSC – Sudetendeutscher Verband Studentischer Corporationen
SVSS – Schweizerische Vereinigung für Straflosigkeit des Schwangerschaftsabbruchs
SVT – Sozialversicherungsträger
s. v. v. – sit venia verbo (*lat.:* »mit Verlaub zu sagen«)
SVW – Stifterverband für die Deutsche Wissenschaft
svw. – sinnverwandt · so viel wie
S.-Vw. – Selbstverwaltung
SVwG – Selbstverwaltungsgesetz
SVWO – Wahlordnung für die Sozialversicherungswahlen
SVZ – Schweizerische Verkehrszentrale · Sichtvermerkszwang · Sozialversicherung Zentralverwaltung
SW – Sakralwirbel *(Kreuz-*

bein; Med.) · Schlüsselweite · Schriftwechsel · Schwarz-Weiß · Schweinfurt *(Kfz)* · Südwest[en]
sw. – schwach · schwarzweiß · sowie · südwestlich
s. w. – siehe weiter
s. W. – seines Wissens · spezifische Wärme
SWABV – Südwestdeutscher Amateur-Boxverband
SWAPO – South West African People's Organization
SWB – Schweizerischer Werkbund
SW-CMM – Software-Capability Maturity Model
SWD – Schlagwortnormdatei
SWF – Südwestfunk *(heute: SWR)*
SWFD – Selbstwählferndienst
s. w. h. – siehe weiter hinten
S. W. I. F. T. – Society for Worldwide Interbank Financial Telecommunication
SWIS – Straßenwetter-Informationssystem
SWJV – Südwestdeutscher Journalistenverband
SWK – Stiftung Weimarer Klassik
S.-Wk., Swk. – Sammelwerk
s. w. l. – sehr wenig löslich
SWM – Stadtwerke München
SWO – Seewasserstraßenordnung
s. w. o. – siehe weiter oben
SWOT – strengths, weaknesses, opportunities, threats *(Analyse vor Markteinführung eines Produkts)*
SWP – Stiftung Wissenschaft und Politik
SWR – Schweizerischer Wissenschaftsrat · Siedewasserreaktor · Südwestrundfunk
s. w. u. – siehe weiter unten
SWV – Saarwald-Verein · Schütz-Werkeverzeichnis · Schwarzwaldverein · Schweizerischer Wasserwirtschaftsverband · Südwestverband
s. w. v. – siehe weiter vorn
SWX – Swiss Exchange *(Börse)*
SWZ – Sonderwirtschaftszone[n]
SWzS, SW zu S – Südwest zu Süd
SWzW, SW zu W – Südwest zu West
SX – Single Word External
SY – Seychellen *(Kfz)*
SYLK – symbolic link
.sym – Symbol *(Dateierweiterung)*
sym. – symmetrisch
symb. – symbolisch
symp. – sympathetisch · sympathisch
symph. – symphonisch
Symph. – Symphonie; Symphoniker
Symph.-Konz. – Symphoniekonzert[e]
Symph.-Orch. – Symphonieorchester
syn. – synonym[isch] · synoptisch
Syn. – Synagoge · Synodale[n]; Synode · Synonym[ie]; Synonymik · Synopse; Synoptik[er] · Synthese[n]
synchr. – synchron[isch] · synchronisieren; synchronisiert · synchronistisch
SyncML – Synchronous Markup Language
Sync-Signal – Synchronisierungssignal
Synd. – Syndikalismus; Syndikalist[en]; Syndikat · Syndikus
Syndet – synthetic detergents
synt. – syntaktisch *(Sprachw.)*
synth. – synthetisch
SYR – Syrien *(Kfz)*
syr£ – syrisches Pfund *(Währung)*
SYS, sys. – systolisch *(Med.)*
Sysop, SysOp – system operator
Sys Req Key, SysRq Key – system request key
syst. – systematisch; systematisieren; systematisiert · systolisch
Syst. – System[e] · Systole
SZ – Saarbrücker Zeitung · Salzgitter *(Kfz)* · Säumniszuschlag · Säurezahl · Schadenzahlung *(Vw.)* · Schwyz *(Schweiz; Kfz)* · Sommerzeit · Spielmannszug · Süddeutsche Zeitung
SZ, Sz. – Schlafzimmer
Sz. – Seitenzahl · Sitzzahl · Szene[rie]
s. Z. – seinerzeit
SZA – Sollzinsabkommen
SZD – Streuzusatzdosis *(Med.)*
SZF – Schweizerische Zentralstelle für Friedensarbeit
SZG – Sonderzulagengesetz
SZGD – Schulzahnärztlicher Gesundheitsdienst
Szgm. – Sattelzugmaschine
SZH – Schweizerische Zentrale für Handelsförderungen
SZM – skalierbares zentrales Messverfahren
SZO – Seefischereizollordnung
SzO, S zu O – Süd zu Ost
SZR – Sonderziehungsrecht[e]
szo. – sozusagen
s. Zt. – seinerzeit
SZV – Schweizerischer Zeitungsverleger-Verband · Schweizerische Zentrale für Verkehrsförderungen · Südwestdeutscher Zeitschriftenverleger-Verband
SzW, S zu W – Süd zu West

T*t*

t – Tonne · Triton · troy *(Einheit)*
t, T – tempo *(ital.; Musik)* · time *(engl.: »Zeit«)*
T – Tangentialkraft · Tank · Tanker · Tankschiff · Tank-

stelle · Tara · Tauchtiefe · Taxkurs *(Börse)* · Telefon · Telegraf; Telegrafie · Telekom · Temperatur · Tenge *(Währung in Kasachstan)* · Tera... *(Einheit)* · Tesla *(Einheit)* · Test · Thailand *(Kfz)* · Thomasstahl · Thymin · Tief · Tiefdruck[gebiet] · Tiefgang · Tirol *(Kfz)* · Tonband[gerät] · Tonika *(Musik)* · Tragfähigkeit · Transformator · Transistor · Transparenz... · Transport · Triebwagenzug *(Bahn)* · Tritium

t. – täglich · tariflich · technisch · tief · total · tutti (*ital.:* »alle«; *Musik*)

t., T. – Tomus *(Band, Abschnitt [bei Schriftwerken])*

T. – Tag · Tarif · Tasse · Tat · Tau · Taufe · Tausch · Technik · Teil · Teilung · Tempo · Tenor · Termin · Testament · Text · Textilien · Titel · Titus · Tochter · Tor · Torhüter · Tornister · Torpedo · Torwart · Tourist[en] · Tür · Turbine · Turnen · Turnus

T., T – Takt · Tausend · Taxe · Tonikum · Touren[zahl] · Touristenklasse · Turm · Typ; Type; Typus

Ta – Tanne · Tantal *(Element)* · Tara

TA – Tarifangestellte[r] · Technik-/Technologiefolgen-Abschätzung · technische Abteilung · technische Akademie · technische Anleitung/Anweisung · technischer Amtmann · technischer Angestellter · technische[r] Assistent[in] · technischer Ausschuss · Teilamt · Teilnehmerausweis · Teilungsabkommen · Telefon-Anrufbeantworter · Telegrammadresse · Telegrafenamt · Terminal-Adapter *(ISDN)* · Textausgabe · Tierarzt · Tonabnehmer · Traffic Announcement *(Verkehrsfunk)* · Transaktionsanalyse

TÄ – Telegrafenämter *(Post)*

TA, T. A. – Taschenausgabe; Taschenbuchausgabe

Ta. – Tank · Tanker · Tanz · Tarif · Tasche · Tasse · Taste; Tastatur

TAA – Technical Assistance Administration *(UNO)*

Tab – Tabulator

TAB – Technical Assistance Board *(UNO)* · Technische Anschlussbedingungen für Starkstromanlagen · Büro für Technikfolgen-Abschätzung *(beim Deutschen Bundestag)* · Technische Aufsichtsbehörde · Technischer Aufsichtsbeamter · technisches Außenbüro

tab. – tabellarisch · tabellarisieren

Tab. – Tabak · Tabelle · Tabellierer · Tabernakel · Tabulator

TABD – Transatlantic Business Dialogue/Transatlantischer Business Dialog

Tabl. – Tablett · Tablette[n]

Tab.-St. – Tabaksteuer

TabStG – Tabaksteuergesetz

Tabu – Taschenbuch

TabVO – Tabakzollvergütungsordnung

TAC – Tactical Air Command *(USA)* · Technical Assistance Committee *(UNO)* · terminal access controller · Thai Airways Company

TACAN – Tactical Air Navigation

Tacho – Tachometer

TACT – Transactional Analysis in Customer Treatment *(engl.; Gepflogenheiten im Geschäftsverkehr mit Kunden)*

TAD – technischer Aufsichtsdienst

TAE – Taxpayers Association of Europe *(Bund der Steuerzahler Europas)* · Technische Akademie Esslingen · Telekommunikationsanschlusseinheit/-element · thermische Abfallentsorgung

Taf. – Tafel

TAFTA – Transatlantic Free Trade Association

tägl. – täglich

Ta.-Gr. – Tarifgruppe

TÄH – Tierärztliche Hochschule *(Österreich)*

TÄHAV – Verordnung über tierärztliche Hausapotheken

TAI – temps atomique international *(Internationale Atomzeit)*

TÄK – Tierärztekammer

TAKE – Technischer Arbeitskreis Elektrolyse

takt. – taktieren · taktisch

taktl. – taktlos

taktv. – taktvoll

TAL – Technische Anleitung zur Reinhaltung der Luft · Teilnehmeranschlussleitung · Transalpine Leitung *(Erdölleitung Triest–Ingolstadt)*

Talm. – Talmud · Talmulde

TAM – Trainer-Akademie München

tam. – tamilisch, tamulisch

Tam. – Tamil; Tamile[n], Tamule[n]

Tamb. – Tambour · Tamburin

TAM-NOG – Tierarzneimittel-Neuordnungsgesetz

T. Amtm. – Technischer Amtmann

tan – Tangens *(Math.)*

TAN – Table Area Network · technisch begründete Arbeitsnorm[en] *(DDR)* · Transaktionsnummer

tang – Tangens *(Math.)*

tang. – tangential · tangieren; tangiert

Tang. – Tangente

T. Ang., TAng – Technischer Angestellter

TANJUG, Tanjug – Telegrafska Agencija Nova Jugoslavija

tans. – tansanisch
Tans. – Tansania; Tansanier
Tant. – Tantieme[n]
TAO – track at once
TAP – Technical Assistance Program *(UNO)* · Trans Arabian Pipeline · Transportes Aéreos Portuguéses
TAPC – Transatlantic Political Cooperation *(EU)*
TAPI – telephone/telephony application programming interface
TAPS – Trans Alaska Pipeline System
Tar – tape archive
tar. – tarifarisch; tarifisch; tariflich
Tar. – Tarif[e]
TARGET – Trans-European Automated Real-Time Gross-Settlement Express Transfer System
Tar.-Gr. – Tarifgruppe
Tar.-Nr. – Tarifnummer
TarO, Tar.-Ord. – Tarifordnung
Tar.-Reg., TarReg. – Tarifregister
Tar.-Vertr. – Tarifvertrag; Tarifverträge
TarVO – Verordnung über Tarifverträge
TAS – Teleprocessing-Auskunftssystem *(bei der BfA)*
TASH – Tourismus-Agentur Schleswig-Holstein
TASi – Technische Anleitung Siedlungsabfall
TASM – Turbo Assembler
TAss – Telegrafenassistent
TASS – Technische Arbeitsgemeinschaft für Schrift und Sprache *(Österreich)* · Telegrafnoje Agentstwo Sowjetskowo Sojusa
Tast. – Tastatur
TAT – Theater am Turm *(Frankfurt)* · thematischer Apperzeptionstest · Trans-Atlantic Telephone Cable · Turn-around-Time *(Zeitabstand für Überholungen)*
tat., tatar. – tatarisch
Tato – Tagestonne[n]
tats. – tatsächlich
Tats. – Tatsache[n]
TAUN – Technical Assistance of the United Nations
tax. – taxieren; taxiert
Tax. – Taxameter · Taxation; Taxierung · Taxator
TAW – Technische Akademie Wuppertal
taz – Tageszeitung *(Name einer Zeitung)*
TAZ – Tagesanzeiger · Tagesauszug
tb – trombone *(engl.; Posaune)*
Tb – Technisches Betriebsbüro *(Post)* · Terabit · Terbium *(Element)* · Tuberkulose
TB – Tagungsbüro · Tarifbestimmung[en] · Tätigkeitsbericht · Technical Bulletin · technische Bestimmungen · technischer Beamter · technischer Bericht · technisches Büro · Tennis Borussia · Tennisbund · Terabyte · Touringbund · Trennungsbeihilfe · Turnerbund
Tb. – Tabelle · Tabulator · Taschenbuch · Tatbestand · Taube · Tuba · Tube
TBA – Telegrafenbauamt Tierkörperbeseitigungsanstalt[en]
TbB – Tuberkelbakterium; Tuberkelbazillus
TBB – Tauberbischofsheim/Main-Tauber-Kreis *(Kfz)*
TBBx – transbronchiale Schleimhautbiopsie *(Med.)*
Tbc – Tuberkulose
TBC – timebase corrector
TbcV, TbcVO – Verordnung über Tuberkulosehilfe
TBG – Textil-Beratungs-Gruppe · Tiefbau-Berufsgenossenschaft
Tbit – Terabit
Tbl. – Tabelle · Tablette[n] · Tabulator · Titelblatt
TBM – Tunnelbohrmaschine[n] · Typenbegleitmannschaft
TBO – Telegrafenbauordnung
T-Boot – Torpedoboot
TBp – Transport-Bahnpost
TBR – Trockenblutreaktion *(Med.)*
TBS – talk between ships *(engl.:* »Funksprechverkehr zwischen Schiffen«)
TBT – Tributyltin *(Tributylzinn)*
TBV – Turn- und Ballsportverein
TByte – Terabyte
Tc – Technetium *(Element)*
TC – Tagungscenter · Technical Committee · Tennisclub · Touringclub; Touristenclub · Traktionscontrolling
TCA – Trans-Canada Airlines · Trichloranisol
TCDD – Tetrachlordibenzodioxin
TCF – totally chlorine free *(völlig chlorfrei gebleichter Zellstoff)*
T. C. F. – Touring-Club de France
T. C. I. – Touring-Club Italiano
TCM – traditionelle chinesische Medizin · Trellis-Coded Modulation
TCO – Tjänstemännens Centralorganisation *(schwed. Berufsgenossenschaft)* · total costs of ownership
TCP – tape-carrier-package
TCPA – Trusted Computing Platform Alliance
TCP/IP – transmission control protocol/internet protocol (*engl.*: »Protokoll für die Übertragungskontrolle/Internetprotokoll«)
T. C. S., TCS – Touring-Club de Suisse/Touring-Club der Schweiz
tct., Tct. – tinctura (*lat.:* »Tinktur«)

TCV – Technischer Cartellverband
tD – tunesischer Dinar *(Währung)*
TD – Tagesdosis · Tankdampfer · technischer Dienst · technischer Direktor · Testdaten · Tiefendosis · Transportdienst · Triebdrehgestell[e] *(Bahn)*
Td. – Tausend · Tedeum · Tender · Trend
t. d. – ter in die *(lat.:* »dreimal täglich«; *Pharm.)*
TDA – Technische Dienst-/Direktionsabteilung
TDDSG – Teledienstedatenschutzgesetz
TDG – Teledienstegesetz
tdh – Terres des Hommes
TDI – tolerable daily intake *(engl.:* »zu tolerierende tägliche Schadstoffaufnahme«) · Turbo-Diesel-Injection/Turbo-Direct-Injection *(Kfz; Einspritzung)*
TdL – Tarifgemeinschaft deutscher Länder
TDM – time division multiplexing
TDMA – Time Division Multiple Access *(digitales Funkverfahren)*
TDP – Thymidindiphosphat
TDR – tous droits réservés *(franz.:* »alle Rechte vorbehalten«)
Tdr. – Tender
TDRS – Tracking and Data Relay Satellite
TDS – Thomas-Dehler-Stiftung
T-DSL – Telekom DSL
TDSV – Telekommunikationsdienstunternehmen-Datenschutzverordnung
tdu. – tropendienstuntauglich · truppendienstuntauglich
TDv – Technische Dienstvorschrift *(Bw.)*
tdw, TDW – tons deadweight
TdW – Typologie der Wünsche *(Werbung)*
Te – Tellur *(Element)* · Tetanus · Tessin · Tratte
TE – Technische Einheit[en] · Teileinheit[en] · Teilentladung[en] · Abteilung Terrorismus *(beim Bundeskriminalamt)* · Trägerfrequenzerzeuger · Transfusionseinheit[en] *(Med.)* · Trennungsentschädigung
T€ – tausend Euro
TEA – Technologiezentrum Emissionsfreie Antriebe *(Berlin)* · Thrombendarteriektomie *(Med.)*
TEAM – The European-Atlantic Movement
T. E. A. M. – Top European Advertising Media
TEB – Tageslicht-Ergänzungsbeleuchtung
TEBK – totale Eisenbindungskapazität *(Med.)*
TEC – Technologie- und Entwicklungszentrum · Transports Européens Combinés
Tech., Techn. – Technik[er]; Technikum; Technologie[n]
techn. – technisch; technologisch
Technol. – Technologie[n]
TED – Teledialog
TEE – Trans-Europ[a]-Express
Teel. – Teelöffel
TEEM – Trans-Europ-Express-Marchandises *(Bahn; Expressgüterzüge)*
TeeSt. – Teesteuer
TeeStG – Teesteuergesetz
TEFAF – The European Fine Art Foundation
Teflon – Polytetrafluorethylen
TeG – Temperguss
TEG – Fraunhofer-Technologie-Entwicklungsgruppe · Teilerrichtungsgenehmigung · thermoelektrischer Generator · Thrombelastographie *(Med.)*
TEGEWA – Verband der Textilhilfsmittel-, Lederhilfsmittel-, Gerbstoff- und Waschrohstoff-Industrie
TEGoVA – The European Group of Valuers Associations
TEHG – Treibhausgas-Emissionshandelsgesetz
Teilfin. – Teilfinanzierung
Teilh. – Teilhaber[schaft]
Teiln. – Teilnahme; Teilnehmer
Teiln.-Aw. – Teilnehmerausweis
Teiln.-Geb. – Teilnahmegebühr[en]; Teilnehmergebühr[en]
Teiln.-Nr. – Teilnehmernummer
TeilVSt – Teilvermittlungsstelle *(Post)*
teilw. – teilweise
Teilz. – Teilzahlung
tekom – Gesellschaft für technische Kommunikation
Tel – Telescopium *(Sternbild)*
TEL – Technische Einsatzleitung
tel. – telefonieren; telefonisch · telegen · telegrafieren; telegrafisch
Tel. – Telefon · Telegraf; Telegrafie · Telegramm
TELAS – telephone application system
Telbr – Telegrammbrief
telef. – telefonieren; telefonisch
telegr. – telegrafisch
Telegr. – Telegrafie · Telegramm
TELERAN, Teleran – Television Radar Navigation *(Fernseh- und Radarnavigation)*
Teletex – teletext exchange
Telex – teleprinter/teletype exchange *(Fernschreibdienst)*
Tel.-Freispr. – Telefon-Freisprechanlage
TelG – Telegrafengesetz
TELI – Technisch-Literarische Gesellschaft
Tel.-Nr. – Telefonnummer
TelO – Telegrafenordnung

Tel.-Sa.-Nr. – Telefonsammelnummer
Tel.-Verb. – Telefonverbindung
Tel.-Verz. – Telefonverzeichnis
TelWG – Telegrafenwegegesetz
TEM – Transmissionselektronenmikroskop
Temp – temporary [file]
temp. – temperamentvoll · temperieren; temperiert · temporal · temporär
Temp. – Temperament · Temperatur · Tempomat
TEN – Transeuropean Network/Transeuropäische Infrastruktur-Netze *(EU)* · Trans Europ Nacht *(Bahn)*
ten. – tenuto (*ital.:* »ausgehalten, getragen«; *Musik*)
tend. – tendenziell; tendenziös; tendieren
Tend. – Tendenz · Tender
Tenn. – Tennessee *(Staat der USA)*
Tenp. – Trans Europa Naturgas Pipeline
TENS – transkutane elektrische Nervenstimulation *(Med.)*
TEP – Totalendoprothese *(Med.)* · Transatlantic Economy Partnership
TER – total expense ratio
TERCOM – terrain contour matching/terrain comparison *(Verfahren zur Führung von Cruise Missiles)*
term. – terminlich · terminieren; terminiert · terminologisch
Term. – Terminal · Terminierung · Terminologie · Terminus · Termite[n]
Termin. – Terminierung · Terminologie
term. techn. – terminus technicus (*lat.:* »Fachausdruck«)
terr. – territorial · terrorisieren
Terr. – Terrazzo · Terrasse · Territorium · Terrorist[en]
TerrKdo – Territorialkommando *(Bw.)*
TerrRes – Territorialreserve *(Bw.)*
tert. – tertiär
Tert. – Tertia · Tertial · Tertianer · Tertiär · Tertiarier
TES – toxisch-epidemisches Syndrom *(Med.)* · Turbinenelektroschiff
TESLA – TeV Energy Superconducting Linear Accelerator *(Teilchenbeschleuniger)*
test. – testamentarisch · testieren
Test. – Testament · Testator · Testierung · Testikel *(Med.)* · Testimonium
Test.-Eröffn. – Testamentseröffnung
TestG – Testamentsgesetz
Test.-Vollstr. – Testamentsvollstrecker/-vollstreckung
tetr. – tetragonal
TETRA – terrestrial trunked radio access · *(früher:)* trans European trunked radio access
TEU – twenty foot equivalent unit *(Containergrößeneinheit)*
TEUR – tausend Euro
TeV – Teraelektronenvolt
tex – Tex *(längebezogene Masse von textilen Fasern)*
tex. – texanisch
Tex. – Texaner; Texas *(Staat der USA)*
Texel – texture element
text. – textil · texturieren; texturiert
Text. – Texter · Textil[ien] · Textur
Textilnorm – Fachnormenausschuss Textil- und Textilmaschinen *(DIN)*
Tf – Transferrin *(Med.)*
TF – Teltow-Fläming *(Kfz)* · Trägerfrequenz · Tragfläche[n] · Truppenführung
Tf. – Telefon
TFA – Technik-/Technologiefolgenabschätzung
TFAss – Technischer Fernmeldeassistent *(Post)*
TF-Boot – Tragflächenboot
TFE – Tetrafluorethylen
TFG – Transfusionsgesetz
TFH – Technische Fachhochschule
TFI – Technischer Fernmeldeinspektor *(Post)*
Tfl. – Tafel · Teflon
Tfl., Tflg. – Täfelung
TFLOPS – Teraflops *(vgl. FLOPS)*
Tflw. – Tafelwasser
Tfm – tausend Festmeter
TFOI – Technischer Fernmeldeoberinspektor
TFS – Technischer Fernmeldesekretär · Tunnelfunksystem *(Bahn)*
TFT – Thin Film Transistor *(Display-Technik in Flachbildschirmen)* · Trägerfrequenztelefonie
Tfx – Telefax
tg – Tangens *(Math.)*
Tg – Telegraf[ie] · Tiefgang
TG – Arbeitsgemeinschaft Technikgeschichte *(im VDI)* · Tagegeld · Tarifgemeinschaft · Tarifgruppe · Tarifvertragsgesetz · Technische Grundsätze · Technisches Gymnasium · Teilgenehmigung · Temperaturgrenze · Tennisgemeinschaft · Thurgau *(Schweiz; Kfz)* · Tiergarage · Tierschutzgesetz · Tochtergesellschaft · Togo *(Kfz)* · Transportgemeinschaft · Trennungsgeld · Tumultschadengesetz · Turngau · Turngemeinschaft
Tg. – Tag[e] · Tagung · Tilgung
TGA – technisch gewerbliche[s] Ausbildung[szentrum] · Touristische Gemeinschaft der Alpenländer · Trägergemeinschaft für Akkreditierungen · Transposition der großen Arterien *(Med.)*
Tgb. – Tagebau · Tagebuch

Tgb.-Nr. – Tagebuchnummer
TGF – Transforming Growth Factor *(Med.)*
TGFOP – Tippy Golden Flowery Orange Pekoe *(Teequalitätsgrad)*
tgh – Hyperbeltangens *(Math.)*
TGL – Technische Geschäftsleitung · Technische Normen, Gütevorschriften und Lieferbedingungen *(DDR; Normzeichen)*
tgl. – täglich
Tgl. – Tageslicht
TGP – Truck Grand Prix
TG-Pl. – Tiefgaragenplatz/-plätze
T.-Gr. – Tarifgrenze · Tarifgruppe
Tgs. – Turngemeinschaft
Tgt. – Tangente · Tiergarten
TgV – Transportgenehmigungsverordnung
TGV – train à grande vitesse *(franz. Hochgeschwindigkeitszug)*
TGV, TGVO – Trennungsgeldverordnung
TGW – thermo ground wood *(Thermoholzschliff)*
Tgw. – Tagewerk[e]
TGZ – Technologie- und Gründerzentrum
th – Thermie
Th – Thorium *(Element)*
TH – Technische Hochschule · Thüringen
Th. – Teilhaber · Theater · Thema · Theologe; Theologie · Theorie · Therapeut[en]; Therapie · Thermometer · Thermostat · Thüringen
THA – Thailand *(Kfz)*
THC – Tetrahydrocannabinol
Th. D. – Theologiae Doctor (*lat.:* »Doktor der Theologie«)
theatr. – theatralisch
them. – thematisch
theor. – theoretisch
ther., therap. – therapeutisch
therm. – thermisch
Therm. – Thermograph · Thermometer · Thermostat
thermon. – thermonuklear
THG – Tetrahydrogestrinon · Gesetz über die Tuberkulosehilfe
THL – technische Hilfeleistung · Thüringen, Landesregierung und Landtag *(Kfz)*
THR – tolerable hazard rate
Thrfg. – Thronfolge[r]
THS – Treuhandstelle
Th.-St. – Thomasstahl
t. h. t., THT – très haute tension (*franz.:* »Höchstspannung«)
THTR – Thorium-Hochtemperatur-Reaktor
Thür. – Thüringen; Thüringer
Thw., THW – Tidehochwasser
THW – Technisches Hilfswerk
Ti – Titan *(Element)*
TI – Technische Inspektion · Technischer Inspektor · Technologisches Institut · Telegrafeninspektor *(Post)* · Tessin *(Schweiz; Kfz)* · Texas Instruments · Tourismus Information · transparency international
Ti. – Tirol[er] · Tisch · Titel · Titulierung
TIA – transistorische ischämische Attacken *(Med.)* · Travel Industry Association of America *(USA)* · turbidimetrischer Immunassay *(Med.)*
TIB – Technische Informationsbibliothek [Hannover]
tib., tibet. – tibetanisch; tibetisch
TIC – Token-Ring Interface Coupler · Trade Information Center *(USA)*
t. i. d. – ter in die (*lat.:* »dreimal täglich«; *Pharm.*)
TIE – Trading Information Exchange
TierkBesG – Tierkörperbeseitigungsgesetz
TierschG, TierSchG – Tierschutzgesetz
TierZG – Tierzuchtgesetz
TIF – tax increment financing
TIFF – tagged image file format
TIGA – Texas Instruments Graphics Architecture
TIGR – The Institute for Genomic Research *(USA)*
TIGZ – Technologie-, Innovations- und Gründerzentrum
TiH – Tierärztliche Hochschule
Tiho – Tierärztliche Hochschule Hannover
Tilg. – Tilgung
Tilg.-R. – Tilgungsrate
TIM – Traffic Information System
TIMSS – Third International Mathematics and Sciences Study
TIP – Touristik-Informations-Programm
TIPANET – Transferts Interbancaires de Paiements Automatise's
TIPHON – Telecommunications and Internet Protocol Harmonization Over Networks
TIPS – Tera Instructions per Second (*engl.:* »eine Billion Befehle pro Sekunde«)
TIR – Tirschenreuth *(Kfz)*
T. I. R., TIR – Transport International de Marchandises par la Route *(Internationaler Transport von unverzollten Waren ohne Zollkontrolle)*
Tirex – Telecoms International Rate Exchange
TIROS, Tiros – Television Infrared Radiation Observation Satellite
TIS – Technical Infrastructure and Support · Textilingenieurschule · Tourismus-Informationssystem
tit. – titulieren; tituliert

Tit. – Titan · Titel; Titulatur
Tit.-Bisch. – Titularbischof
Tit.-Bl. – Titelblatt
TITK – Thüringer Institut für Textil- und Kunststoff-Forschung
Tit.-Prof. – Titularprofessor
Tit.-Verz. – Titelverzeichnis
TIVA – totale intravenöse Anästhesie *(Med.)*
TIZ – Technologie- und Innovationszentrum/-zentrale
TJ – Tadschikistan *(Kfz)*
TJS – Tadschikistan-Somoni *(Währung)*
TK – Tarifkommission · Techniker Krankenkasse · Technische Konferenz · Technische Kommission · technische Konstruktion · technische Kurzbeschreibung[en] · Teilkasko · Telekommunikation · Temperaturkoeffizient · Temperaturkompensation · topographische Karte · Totalkapazität *(Med.)* · Tropfkörper *(Technik)*
Tk. – Taka *(Währung in Bangladesch)* · Takel[ung]; Takelage · Tank · Tonkunst
Tk., TK – Tragkraft
TKB – technische Kurzbeschreibung[en]
TKBG – Tierkörperbeseitigungsgesetz
TKD – technischer Kundendienst
TKF – taktisches Kampfflugzeug · Tarifkommission für den Güterfernverkehr
TKG – Telekommunikationsgesetz · Textilkennzeichnungsgesetz
TKK – Techniker Krankenkasse · Tiefkühlkost
tkm – Tonnenkilometer
Tkm, TKM – tausend Kilometer
t/km – Tonne[n] pro Kilometer
tKo, t.K.o. – technischer Knock-out
TKO – Technische Kontrollorganisation · Telekommunikationsordnung
TKP – Tausendkontaktpreis
TKPV – Technische Kommission Papier- und Verpackungsklebstoffe
Tkr. – Tragkraft
TKS – Telepost Kabel-Service-Gesellschaft · Thyssen-Krupp Stahl
TKSt – Teilkostenstelle *(Post)*
Tkst. – Tankstelle
TKÜV – Telekommunikations-Überwachungsverordnung
TKV – Telekommunikationsverordnung · Tierkörperverwertungsanstalt
TKW, Tkw – Tankkraftwagen
Tl – Thallium *(Element)*
TL – Tagesliste *(Post)* · Tanklager · Taschenlampe · Technische Leitung; Technischer Leiter · technische Lieferbedingungen · Traglast · tuberkuloide Lepra *(Med.)* · Turbinen-Luftstrahltriebwerk · Turbolader · Turbolokomotive · Türkische Lira *(Währung)*
TL, Tl. – Teelöffel
T&L – transformation and lightning
Tl. – Teil · Titel
t.l. – teilweise löslich
TLA – three letter acronym
TLD – Top-Level-Domain *(Internetadresse)*
Tle. – Teile
TLF – Tanklöschfahrzeug
TLG – Treuhand Liegenschaftsgesellschaft
...tlg. – ...teilig
TLI – Technisches Lehrinstitut
Tln. – Teilnahme; Teilnehmer
t.l.o., T.L.O. – total loss only *(engl.:* »Versicherung nur gegen Totalverlust«)
TLR – Thüringer Landesanstalt für privaten Rundfunk
TL-Triebwerk – Turboluftstrahltriebwerk
TLÜ – Tagesleistungsübersicht
TLÜ-Kabel – Tieftemperatur-Leistungs-Übertragungs-Kabel
TLV – Threshold Limit Values *(amerikanische MAK-Werte-Liste)*
tlw. – teilweise
tm – Tonnenmeter
Tm – Thulium *(Element)*
TM – Technische Mitteilungen · Technisches Museum · Tonmodulation · Trademark *(engl.:* »Warenzeichen«) · Translation Memory *(maschinelles Übersetzungssystem)* · transzendentale Meditation · Turbomotor · Turkmenistan *(Kfz)* · Turnmeisterschaft[en]
tm. – teilmotorisiert
Tmax – maximaler Tiefgang
TMC – Textil- und Mode-Center *(Zürich)* · Traffic Message Channel
TMD – Tagesmaximaldosis · Theatre Missile Defense
TME – Tausendstelmasseneinheit
T/min – Touren pro Minute
TMM – Turkmenistan-Manat *(Währung)*
TMP – Thymidinmonophosphat
TMR – tunnel magnetoresistive
TMS – Tankmotorschiff · Tonfrequenz-Multiplex-System · Transkranielle Magnetstimulation *(Med.)* · Turbinenmotorschiff
TMT – Technologie, Medien und Telekommunikation
TMÜ – Tier-Mensch-Übergangsfeld *(Anthrop.)*
TMZ – Technologie- und Medienzentrum
Tn – Thoron
TN – Tagesnorm · Telefonnummer · Telnet *(Telekommunikation)* · Tennessee *(Staat der USA)* · Tunesien *(Kfz)* · twisted nematic

TNF – Tumornekrosefaktor
TNGebV – Telekommunikations-Nummerngebührenverordnung
TNP – Théâtre National Populaire *(Paris)*
T.-Nr. – Tarifnummer · Teilenummer · Telefonnummer
TNT – Theater neuen Typs · Trinitrotoluol
TNV – thermische Nachverbrennung *(Technik)*
TO – Tagesordnung · Taraordnung · Tarifordnung · Technische Oberschule · Technischer Offizier · Telegrafenordnung · Territorialorganisation · Torgau-Oschatz *(Kfz)* · Transportoffizier · Turnierordnung
TO. A – Tarifordnung A für Angestellte im öffentlichen Dienst
TÖB – Träger öffentlicher Belange
TO. B – Tarifordnung B für Arbeiter im öffentlichen Dienst
Tobis – Tonbild Syndicat AG *(hist.)*
.toc – table of contents *(Dateierweiterung)*
TOC – total organic carbon
tödl. – tödlich
TOF – Tertius Ordo Franciscanus *([weltlicher] Dritter Orden der Franziskaner)*
tog. – togoisch; togolesisch
Tog. – Togoer; Togolese
TOHO – tiny office/home office
TOI – Technischer Oberinspektor
Toil. – Toilette[n]
TÖK – technisch-ökonomische Kennziffer[n]
TÖL – Bad Tölz-Wolfratshausen *(Kfz)*
TOM – technisch-organisatorische Maßnahmen
Tom. – Tomus *(Abschnitt [bei Schriftwerken])*
Tonn. – Tonnage
TOP – Tagesordnungspunkt[e]
top. – topographisch
Top. – Topograph[ie] · Topologie
TOPAS – Tankfahrzeug mit optimierten passiven und aktiven Sicherheitseinrichtungen
TOPIX – Tokyo Stock Price Index
TOPO – Trioctylphosphanoxid
topogr. – topographisch
TOR – Tertius Ordo Regularis Sancti Francisci *(Regulierter dritter Orden des hl. Franziskus)*
Torp. – Torpedo[s]
TOS – Technische Organisation von Sachverständigen · Tramiels Operating System
TOSD – Tertius Ordo Sancti Dominici *(Dritter Orden vom hl. Dominikus)*
tot. – total
Totp. – Totpunkt
tp – trumpet *(engl.; Trompete)*
TP – Tagungsprogramm · Teilprojekt[e] · Teleprinter *(Fernschreiber)* · Teleprocessing *(Datenfernübertragung)* · Testpilot · Testprogramm · Tiefpass · Traffic Program *(Verkehrsfunk)* · transaction processing · transpersonale Psychologie · transport protocol · Triangulationspunkt; trigonometrischer Punkt · turning point *(engl.:* »Wendepunkt«) · twisted pair
TP, Tp. – Tiefpunkt · Treffpunkt
Tp. – Temperatur · Tempo · Transport
T. p. – Titulo pleno (*lat.:* »mit vollem vorausgeschicktem Titel«)
TPAss – Technischer Postassistent *(Post)*
TPD – Technischer Pressedienst
TPDDI – twisted pair distributed data interface
TPE – thermoplastische Elastomere
TPEG – Transport Protocol Experts Group
TPG – Transplantationsgesetz
TPHS – Technischer Posthauptsekretär *(Post)*
tpi – tracks per inch
TPI – Technischer Postinspektor *(Post)*
TPK – Transparenzkommission *(beim Bundesgesundheitsamt)*
tpm – Transmutation[en] pro Minute
TPM – trusted platform module (*engl.:* »vertrauenswürdiges Computermodul«)
T. p. M., TpM – Touren pro Minute
TPOI – Technischer Postoberinspektor *(Post)*
TPOS – Technischer Postobersekretär *(Post)*
TPP – Thiaminpyrophosphat
TPR – Tarifverband Privater Rundfunk
tps – transactions per second · Transmutation[en] pro Sekunde · triangles per second
TPS – Technischer Postsekretär *(Post)*
TPU – thermoplastische Polyurethanelastomere
TPZ – Thromboplastinzeit *(Med.)*
TQ – Tageslichtquotient
TQM – Total Quality Management
Tr – Transformator
TR – technische Richtlinien · Titelrolle · Transfer-Rubel · Treuhandschaftsrat · Trier *(Kfz)* · Türkei *(Kfz)*
tr. – tragbar · tragisch · trainieren; trainiert · transitiv *(Sprachw.)* · transportieren · treffen · trennen · trivial · trocken · tropisch · trübe
Tr. – Tarif · Trab[er] ·

Tracht · Tradition · Träger · Tragödie · Trainer; Training · Trakt · Traktor · Tran · Trance · Träne[n] · Transit · Transistor · Transport · Trapez · Trasse · Tratte · Trauer · Trauung · Trawler · Treff[en] · Trend · Trennung · Tresse · Trick · Trieb · Triller · Trio · Tripper · Triumph · Trommel · Trompete · Trophäe · Tropfen · Trost · Tross · Truhe · Trupp · Truppe[n]
TrA – Truppenamt *(Bw.)*
TRAC – Technische Regeln und Richtlinien des BMA für Acetylenanlagen und Calciumcarbidlager
trad. – traditionell
Trad. – Tradition; Traditionalismus; Traditionalist[en] · Traduktion
Trafo – Transformator
trag. – tragisch
Trag. – Tragödie
tragb. – tragbar
Tragf. – Tragfähigkeit
Tragkr. – Tragkraft
trans. – transitiv *(Sprachw.)* · transistorisieren; transistorisiert · transitorisch
Trans. – Transaktion · Transept · Transistor · Transit[verkehr]
transf. – transferieren; transferiert · transformieren; transformiert
Transf. – Transfer; Transferierung · Transfiguration · Transformation; Transformierung · Transfusion
transkr. – transkribieren; transkribiert
Transkr. – Transkribierung; Transkription
Transl. – Translation · Transliteration; Transliterierung · Translokation
transp. – transparent · transpirieren · transponieren · transportabel; transportieren
Transp. – Transparent[e] · Transparenz · Transpiration · Transponierung · Transport[er]; Transporteur · Transposition
Transpl. – Transplantat; Transplantation · Transplantierung
TransPuG – Transparenz- und Publizitätsgesetz
Tr.-Arb. – Transportarbeiter
TRB – Technische Regeln für Druckbehälter
TRbF – Technische Regeln für brennbare Flüssigkeiten
Trbst. – Treibstoff
TRD – Technische Regeln für Dampfkessel
TrE – Trennungsentschädigung
trem. – tremolando *(ital.: »zitternd, bebend«; Musik)*
Trem. – Tremolo; Tremolos; Tremoli *(Musik)*
Trench – Trenchcoat
TrennEVO – Verordnung über die Gewährung von Trennungsentschädigung
TRF – Technische Richtlinien für Flüssiggasanlagen
Trfg. – Tarifierung · Tragfähigkeit
TrG – Trümmergesetz
TRG – Technische Regeln für Druckgase · Transportreformgesetz
Tr.-G. – Transitgut; Transitgüter
TRgA – Technische Regeln für gefährliche Arbeitsstoffe
Tr.-Geb. – Transitgebühr[en]
Trgf. – Tragfähigkeit
Trgkr. – Tragkraft
Trgl. – Traglast[en]
TRGS – Technische Regeln für Gefahrstoffe
Trgw. – Tragweite · Tragwerk
Tri – Triangulum *(Sternbild)* · Trichlorethylen · Trinatriumphosphat
Trib. – Tribunal · Tribüne · Tribut
trig. – trigonal · trigonometrisch
Trig. – Trigonometrie
Trik. – Trikot · Trikolore · Trikotage[n]
trikl. – triklin; triklinisch
TrinkwV – Trinkwasserverordnung
TRIPS – Trade-Related Aspects of Intellectual Property Rights *(WTO)*
TRK – technische Richtkonzentration[en]
trk. – türkisch
TRM – Tinnitus-Retraining-Methode *(Med.)*
tRNS – Transfer-Ribonucleinsäure
TROA – Technischer Regierungsoberamtmann
TROI – Technischer Regierungsoberinspektor
Tromp. – Trompete[r]
trop. – tropisch
Trp. – Trompete[r] · Tropfpunkt *(Technik)*
Tr.-P., Trp. – Treffpunkt
Trsf. – Transfer · Transformation
Trsp. – Transpiration · Transport[er]; Transporteur
Tr.-Sp., Trsp. – Trauerspiel
TRS-80 – Tandy Radio Shack mit Z80-Prozessor
TRT – Tinnitus-Retraining-Therapie *(Med.)*
TrümmBesG – Trümmerbeseitigungsgesetz
TrümmG – Trümmergesetz
TruppVtg. – Truppenvertrag
TruZG – Truppenzollgesetz
TruZO – Truppenzollordnung
TrV – Truppenvertrag · Truppenverwaltung *(Bw.)*
TrV, Tr.-V. – Tarifvertrag/-verträge
Tr.-V. – Transitverkehr · Transportverkehr
TrZG – Truppenzollgesetz
TS – Tagessatz · Talseite · Talsperre · Tankschiff · Tankstelle · Tarifsammlung · Taucherstation · Technische Schule[n] · Teleservice · Ternärsystem *(EDV)* · Timesharing · Touring-Sport · Tragkraft-

spritze · Transportschiff · Traunstein *(Kfz)* · Trennschalter · Trockensubstanz · true sale · Turbinenschiff
T$ – Pa'anga *(Währung in Tonga)*
t. s., TS – tasto solo (*ital.:* »die Taste [Bassstimme] allein«; *Musik*)
Ts. – Taunus
TSA – The Salvation Army *(Heilsarmee)* · Tiroler Sprachatlas
TSAPI – telephony services application programming interface
TSB – Technische Sicherheit im Bergbau · Telecommunication Standardization Bureau
TSC – Turn- und Sportclub
tsch. – tschadisch · tschechisch
Tschb. – Taschenbuch
Tschft. – Turnerschaft
TSD – Truppensonderdienst
Tsd. – Tausend
TSE – Türk Standardlari Enstitüsü *(Türkisches Normeninstitut)* · Tierseuchenentschädigung · Tokyo Stock Exchange *(Index)* · transmissible spongiforme Enzephalopathie(n) *(Med.)*
TSF – Tragkraftspritzenfahrzeug
T. S. F., TSF – télégraphie sans fil (*franz.:* »drahtlose Telegrafie«)
TSG – Transsexuellengesetz · Turn- und Sportgemeinde/-gemeinschaft
T. Sh. – Tansania-Schilling *(Währung)*
TSI – true sale initiative
TSL – transport security layer
TSN – Typschlüsselnummer *(Kfz-Brief)*
TSO – Technical Standard Order *(Mindestzulassungsvorschriften für Zusatzgeräte im Flugzeugbau)*
T.-Sp., Tsp. – Talsperre
TSR – Technische Sicherheitsregeln/-richtlinien · terminate and stay resident · Trizepssehnenreflex *(Med.)*
TSRAM – tunneling-based static random access memory
TSS – toxisches Schocksyndrom *(Med.)*
TSt – Telegrafenstelle *(Post)*
TSTN-LCD – Triple Super Twisted Nematic LCD
TSV – Technische Sicherheitsvorschriften · Tierschutzverein · Turn- und Sportverein[igung]
t. s. v. p. – tournez, s'il vous plaît (*franz.:* »bitte wenden«)
Tt – Tausend Tonnen *(als Maßeinheit)* · Tonträger
TT – technische Teile · Thermotechnik · Thrombotest *(Med.)* · Tischtennis · Tonträger · Tourist Trophy *(GB)* · Transistortechnik · Trenntaste · Trinidad und Tobago *(Kfz)* · truetype · Turbinentanker
T. T. – telegraphic transfer (*engl.:* »telegrafische Auszahlung«) · toto titulo (*lat.:* »mit ganzem Titel«)
TTA – Tischtennisabteilung
TTC – Tanzturnierclub · Tischtennisclub
.ttf – true type font *(Dateierweiterung)*
TTK – Tieftemperaturkonservierung
Ttkm – Tariftonnenkilometer
TTL – through the lens *(Fotografie)* · time to live · Transistor-Transistor-Logik
Ttl. – Titel · Titelei · Titulatur
TTML – Tagged Text Markup Language
TTP – Thymidintriphosphat
TTS – Teletypesetter · text to speech · Tracking- and Tracing-Server *(Bahn)*
TT$ – Trinidad-und Tobago-Dollar *(Währung)*
TTV – Tischtennisverband · Tischtennisverein · Transfusion Transmitted Virus *(Med.)*
TTY – Teletype *(Fernschreiber)*
TU – Technische Universität · technische Unterlagen · Trade Union (*engl.:* »Gewerkschaft«)
TÜ – technische Überwachung · telegrafische Überweisung *(Post)* · Tübingen *(Kfz)*
Tu. – Tube · Tulpe[n] · Tumor · Turbine
TÜA – Technisches Überwachungsamt
Tüb. – Tübingen
TUC – Technische Universität Chemnitz · Technische Universität Clausthal · Trade Union Council *(Gewerkschaftsrat)*
TUC, T.U.C. – Trade Unions Congress *(Gewerkschaftskongress)*
TUD – Technische Universität Dresden
TÜD – Technische Universität Darmstadt · Technischer Überwachungsdienst
Tug. – Tugrug *(Währung in der Mongolischen Volksrepublik)*
TÜH – Technische Überwachung Hessen
TUHH – Technische Universität Hamburg-Harburg
TUI – Touristik Union International
TUIS/TUIHS – Transport-Unfall-Informations- und Hilfeleistungssystem der chemischen Industrie
TUK – topographische Übersichtskarte
TUM – Technische Universität München
TumSchG – Tumultschadengesetz
tun., tunes. – tunesisch
Tun., Tunes. – Tunesien; Tunesier

tunl. – tunlichst
Tura – Turn- und Rasensportverein
Turb. – Turbine · Turbulenz[en]
turkm. – turkmenisch
Turn. – Turnen; Turner; Turnerin[nen] · Turnier[e] · Turnus
TuS – Turn- und Spielvereinigung · Turn- und Sportverein
TUT – Tuttlingen *(Kfz)*
TÜV – Technischer Überwachungsverein
TV – Tagesverbesserungen *(Mil.)* · Tarifvertrag · Taxi-Vereinigung · Technische Vereinigung · technische Verordnung · technische Versicherung · technische Verwaltung · technische Vorschrift[en] · Television · Tennisverband · Tennisverein · Teravolt · Terminverlegung · Territoriale Verteidigung · Testamentsvollstrecker; Testamentsvollstreckung · Textverarbeitung *(EDV)* · Titelverteidiger · Touristenverein · Truppenvertrag · Turnverein[igung]
TVA – Tarif- und Verkehrsanzeiger · taxe sur la valeur aj[o]ulée (»Umsatzsteuer«; *Belgien, Luxemburg*) · technische Versuchsanlage · Technische Versuchsanstalt · Telegrafen-Verteilamt · Tennessee Valley Authority
TVArb – Tarifvertrag für Arbeiter
TVAufz. – Technische Verordnung über Aufzugsanlagen
TVbF – Technische Verordnung über brennbare Flüssigkeiten
TVD – Taxi-Verband Deutschland
TVE – Televisión Española · Transrapid-Versuchsanlage Emsland
TVG – Tarifvertragsgesetz · Technische Vereinigung Gauß · teilvorgespannte Glasscheibe(n) · Telefonverkehrsgesetz *(Schweiz)*
Tvgg – Turnvereinigung
TVI – Gesamtverband der deutschen Textilveredlungsindustrie
TVNF – Touristenverein Die Naturfreunde
TVO – Tarifvertragsverordnung · Technische Durchführungsverordnung · Tiefbohrverordnung *(Bayern)* · Transportverordnung
TVP – Textured Vegetable Protein *(Kunstfleisch)*
TVS – Transport- und Verarbeitungsschiff
TVT – Tierärztliche Vereinigung für Tierschutz
TVÜ – Tagesverkehrsübersicht
TVVO – Tarifvertragsverordnung
TVz. – Titelverzeichnis
TVZA – Tarifvertrag für die Arbeitnehmer der »Zivilen Arbeitsgruppen« im Gebiet der Bundesrepublik Deutschland
TW – Tankwagen · Teilnehmerwählbetrieb · Teilwert · Terawatt · Textilwirtschaft · Tourenwagen · Turnwart
tw. – talwärts · teilweise
Tw. – Tageswert · Tagewerk · Taxwert · Torwart · Transportwagen · Triebwerk · Turnwart
TWA – Trans World Airlines *(heute zu American Airlines)*
TWAIN – Toolkit without an Important Name
TWB – Temperaturwechselbeständigkeit
TWB, T.-Wb., Twb. – Taschenwörterbuch
TWG – Telegrafenwegegesetz
TWh – Terawattstunde
TWI – tyre wear indicator
Twip – twentieth of a point
TWK – technisch-wirtschaftliche Kennziffer[n]
TWL – Technische Werksleitung · Technisch-Wissenschaftliche Lernmittelzentrale *(Berlin)*
TWP – technische Werksplanung
TWS – Technische Werke Stuttgart · Teletypewriter Service *(Fernschreibdienst)*
TWU – Transport Worker's Union of America *(USA)*
TWUA – Textile Worker's Union of America *(USA)*
TWV – technisch-wissenschaftliche Veranstaltungen · technisch-wissenschaftliche Vereinigung · technisch-wissenschaftlicher Verein · technisch-wissenschaftliches Vortragswesen · Telemann-Werkeverzeichnis
TWZ – technisch-wissenschaftliche Zusammenarbeit
TWZA – Technisch-Wissenschaftliches Zentralamt
Tx – Telex
TX – Texas *(Staat der USA)*
txt – text
typ. – typisch · typisieren · typographisch · typologisch
Typ. – Typograph[ie] · Typologie
typogr. – typographisch
typol. – typologisch
Tz – Terzett
TZ – Tageszeitung · Tarazuschlag/-zuschläge · Tarifzone · technisches Zeichnen; technische[r] Zeichner[in] · technische Zentralstelle · technisches Zentrum · Teilzeit · telegrafische Zahlungsanweisung *(Post)* · Teuerungszulage · Thrombinzeit *(Med.)* · Tierzucht · Tourenzahl; Tourenzähler · Trainingszeit[en] · Trainingszentrum · Transportzentrale
TZ, Tz. – Teilzahlung

Tz. – Tanz · Terzett · Textziffer
TZA – Teilzeitarbeit
TZÄndG – Teuerungszulagenänderungsgesetz
TZB – Technische Zentralbibliothek [Hannover] · Theologische Zentralbibliothek *(des Evangelischen Regionalverbandes)* · Teilzeitbeschäftigung
TzBfG – Gesetz über Teilzeitarbeit und befristete Arbeitsverträge
TZF – Technische Zentralstelle der deutschen Forstwirtschaft
TZG – Teuerungszulagengesetz · Tierzuchtgesetz · Truppenzollgesetz
TZH – Tourismuszentrale Hamburg
TZI – themenzentrierte Interaktion
Tzlg. – Teilzahlung
T.-Zul. – Teuerungszulage
TZV – Todesfall-Zusatzversicherung *(Vw.)*
TZZ – Teilzahlungszuschlag/-zuschläge

U*u*

u – Uran *(atomare Masse)*
U – Umleitung · Unit · Universität · Unter... *(bei Nachwuchsmannschaften im Sport)* · Unterführung · Untergrundbahn · Unteroffizier *(Bw.)* · Unterseeboot · Uran *(Element)* · Uraufführung · Uri *(Schweiz)* · Urschrift
Ü – Übergabezug *(Bahn)*
U, U. – Umdrehung[en] · Umfang · Umformer · Umlage[n] · Umsatz; Umsätze · Unfall · Union · Unterricht
u. – und · unser[e] · unten · unter · unterhalb
ü. – über · übrig
U. – Ultimo · Umlauf · Umschlag; Umschläge · Umschließung · Umstellung · Umweg · Unterhalt · Unterhaltung · Unterkunft · Untersuchung · Urlaub · Urteil
Ü., Ü – Übertrager; Übertragung
UA – Ukraine *(Kfz)* · underground area (CERN) · unsichtbare Ausfuhr · Unterabschnitt · Unterabteilung · Unterausschuss · Unteroffizieranwärter *(Bw.)* · Untersuchungsamt · Untersuchungsausschuss · Uraufführung · user area
ÜA – Übergangsabkommen · Überschussanteil
u. a. – und andere[s] · unter anderem; unter anderen · usque ad *(lat.:* »bis zu«)
u. ä. – und ähnlich
ü. a. – über alles
u. A. – unter Abschnitt · unter Anweisung · unter Anzeige · unter Aufgabe
u. Ä. – und Ähnliches · und Ältere · unsere[r] Ära
UAA – United Arab Airlines · Urananreicherungsanlage
u. a. a. – und alle anderen; und alles andere
UAAB – Unabhängiger Arbeitskreis Arzneimittelpolitik Berlin
u. a. a. O. – und am angeführten/angegebenen Ort · und an anderen Orten
UAC – universal access control
UAE – United Arab Emirates *(Vereinigte Arabische Emirate; Kfz)* · Universalanschlusseinheit
u. a. f. – ut aliquid fiat *(lat.:* »damit etwas geschehe«)
UAG – Umweltauditgesetz
UAH – Hrywnja *(Währung in der Ukraine)*
UAI – Union Académique Internationale · Union Astronomique Internationale · Union des Associations Internationales
UAIA – Union des Agences d'Information Africaines
UAL – United Air Lines *(USA)* · Unterabteilungsleiter · Unteroffizieranwärterlehrgang *(Bw.)*
UAM – Union Africaine et Malgache
u. a. m. – und andere[s] mehr
u. Ä. m. – und Ähnliche[s] mehr
UAMCE – Union Africaine et Malgache de Coopération Economique
UAMPT – Union Africaine et Malgache des Postes et Télécommunications
u. a. O. – und anderen Ortes
UAP – Unabhängige Arbeiterpartei
UAPT – Union Africaine des Postes et Télécommunications
UART – universal asynchronous receiver-transmitter
UASt – Umsatzausgleichsteuer
UATI – Union des Associations Techniques Internationales
u. a. Ü. – und alle Übrigen; und alles Übrige
UAV – urban activity vehicle
UAW – unerwünschte Arzneimittelwirkung · United Auto Workers *(Gewerkschaft der Automobilarbeiter; USA)*
u. A. w. g., U. A. w. g. – um Antwort wird gebeten *(auf Karten)*
ÜAZ – überbetriebliches Ausbildungszentrum
u. A. z. n. – um Abschied zu nehmen *(auf Karten)*
UB – Umzugskostenbeihilfe · Unbedenklichkeitsbescheinigung · Universitätsbibliothek · Universitätsbund · Unterbau · Unterbezirk · Unterhaltsbeihilfe · Unterhaltsbeitrag · Unternehmensbereich · Urkundenbuch
ÜB – Überrollbügel *(Kfz)*

üb. – über · überall
Üb. – Übersee · Übereinkommen · Überleitung · Übersetzer; Übersetzung · Überschrift · Übersicht · Übertragung[en] · Überweisung[en] · Übung[en]
u. b. – unten beginnend
u. B. – unser Bild
uba, UBA – Umweltbundesamt *(Berlin)*
U-Bahn – Untergrundbahn
Üb.-Anl. – Übungsanlage · Übungsanleitung
Üb.-Auftr. – Überweisungsauftrag
UBE – unsolicited bulk e-mail (*engl.:* »unerwünschte Massen-E-Mail«)
U-Beih. – Unterhaltsbeihilfe
U-Beitrag – Unterhaltsbeitrag
überb. – überbauen; überbaut · überbuchen; überbucht
Überb. – Überbau[ung] · Überbuchung
überf. – überfällig · überfordern; überfordert · überführen; überführt
Überf. – Überfahrt · Überfall; Überfälle · Überforderung · Überführung
Überg. – Übergabe · Übergang; Übergänge
Überg., Übergew. – Übergewicht
Übergr. – Übergriff[e] · Übergröße
überh. – überhängen[d] · überhastet · überhaupt · überheblich · überhöht · überholen; überholt · überhören; überhört
Überh. – Überhang; Überhänge · Überheblichkeit · Überhöhung · Überholung
Überl. – Überlänge · Überlassung · Überlastung · Überläufer · Überlegung[en] · Überleitung
ÜberlG – Überlassungsgesetz · Überleitungsgesetz
Übern. – Übernachtung · Übernahme
Überpr. – Überprüfung
übers. – übersetzen; übersetzt · übersichtlich · übersiedeln
Übers. – Übersatz · Übersee · Übersendung · Übersetzer; Übersetzung · Übersicht · Übersiedelung
Übersch. – Überschall · Überschuss; Überschüsse
Übersch.-Geschw. – Überschallgeschwindigkeit
überschl. – überschlagen · überschlägig; überschläglich
Überschr. – Überschreibung · Überschreitung · Überschrift[en]
überst. – überstanden; überstehen · übersteuern; übersteuert · überstimmen; überstimmt
Überst. – Übersteuerung · Überstimmung · Überstunde[n]
übertr. – übertragbar · übertragen · übertreffen · übertreiben · übertreten · übertrieben · übertroffen
Übertr. – Übertrag · Übertragung · Übertreibung · Übertretung · Übertritt
überw. – überwachen; überwacht · überwältigen · überwältigend · überweisen; überwiesen · überwiegen[d] · überwintern
Überw. – Überwachung · Überwältigung · Überweisung · Überwinterung
überz. – überzählig · überzeugen[d]; überzeugt · überziehen; überzogen · überzüchtet
Überz. – Überzahl · Überzeugung · Überzug/-züge
übf. – überfällig · überführt
UBG – Gesetz über die Unterhaltsbeihilfe für Angehörige von Kriegsgefangenen · Unternehmensbeteiligungsgesellschaft[en]
UBGG – Gesetz über Unternehmensbeteiligungsgesellschaften
übh. – überhaupt · überhöht · überholt
übl. – üblich
ÜblG – Überleitungsgesetz
üblw. – üblicherweise
U-Boot – Unterseeboot
übpl. – überplanmäßig
ubr. – unterbrochen
Ubr. – Unterbrechung
UBS AG – United Bank of Switzerland AG
ÜBS – überbetriebliche Berufsbildungsstätte[n]
übsch. – überschüssig
Übtr. – Übertrag · Übertragung · Übertritt
ÜbV – Überleitungsvertrag
UBV – Unterbezirksvorstand · Verband der Umweltbetriebsprüfer und -gutachter
übz. – überzählig
u. B. z – unser Bild zeigt
u. B. z. m. – um Besuch zu machen *(auf Karten)*
u. c. – una corde (*ital.:* »auf einer Saite«; *Musik*) · usual conditions (*engl.:* »übliche Bedingungen«)
UCA – under color addition
UCCE – Union des Capitales de Communauté Européenne *(Union der EG-Hauptstädte)*
UCE – unsolicited commercial e-mail (*engl.:* »unerwünschte kommerzielle E-Mail«)
UCI – Union Cycliste Internationale *(Internationaler Radsportverband)* · Unterstützungsverein der chemischen Industrie · User Class Identifier
UCISS – Union Catholique Internationale de Service Social
UCJF – Union Chrétienne de Jeunes Filles *(Christlicher Verein Junger Mädchen)*
UCJG – Union Chrétienne de Jeunes Gens *(Christlicher Verein Junger Männer)*

UÇK – Ushtria Çlirimtare Kosovës *(Befreiungsarmee Kosovo)*
UCPTE – Union pour la Coordination de la Production et du Transport de l'Electricité
UCR – under color removal
UCS – universal character set
UCTE – Union for the Coordination of Transmission of Electricity
ÜD – Übersetzerdienst
u. d. – ut dictum (*lat.:* »wie angegeben«; *Pharm.*)
u. D. – unseres Dafürhaltens · unterer Dienst
UDA – Ulster Defence Association
u. d. Ä. – und dem Ähnliche[s]
UDC – Universal Decimal Classification
UDDI – universal description, discovery and integration
UDE – universal data exchange
u. dergl. – und dergleichen
u. dergl. m. – und dergleichen mehr
u. desgl. – und desgleichen
u. desgl. m. – und desgleichen mehr
UDF – universal disc format (*engl.:* »universelles Scheibenformat«)
u. d. F. – und das Folgende; und die Folgenden
UDFF – Union Deutscher Fotofinisher
UdG – Urkundsbeamter der Geschäftsstelle
u. dgl. – und dergleichen; und desgleichen
u. dgl. m. – und dergleichen mehr; und desgleichen mehr
UDJ – Union Deutscher Jazz-Musiker
UdK – Universität der Künste *(Berlin)*
u. d. L. – unter der Leitung
u. d. M. – und der Mitarbeit · unter dem Meeresspiegel · unter dem Mikroskop · unter der Mitwirkung
ü. d. M. – über dem Meeresspiegel
UDMA – ultra direct memory access
UDO – ultra density optical
UDP – Uridindiphosphat · user datagram protocol
UDRP – Uniform Dispute Resolution Policy *(Schlichtungsverfahren für Internetadressen)*
UDS – Unfalldatenspeicher
UdSSR – Union der Sozialistischen Sowjetrepubliken *(hist.)*
u. d. T. – unter dem Titel
UdV – Union der Vertriebenen
UE – Uelzen *(Kfz)* · Unbedenklichkeitserklärung · unsichtbare Einfuhr · Unterhaltungselektronik · Unternehmensergebnis
ÜE – Übergangsentschädigung *(Vw.)*
ue. – unehelich
u. E. – unseres Erachtens · unseres Ermessens · unter Einschränkung
UEA – Union des Etats Africains · Union Européenne de l'Ameublement *(Europäischer Möbelverband)* · Universala Esperanto-Asocio *(Esperanto-Weltbund)*
u. e. a. [m.] – und einige[s] andere [mehr]
UEBL – Union Economique Belgo-Luxembourgeoise
UEC – Union Européenne de la Carosserie · Union Européenne des Experts Comptables Economiques et Financiers *(Europäischer Verband der Wirtschaftsprüfer)* · Urban Entertainment Center
UEF – Union Européenne des Fédéralistes / Union Europäischer Föderalisten
UEFA – Union Européenne des Football Associations / Union of European Football Associations *(Europäischer Fußballverband)*
UEG – Umstellungsergänzungsgesetz · untere Explosionsgrenze
UEK – unabhängige Expertenkommission · Union Evangelischer Kirchen
UEMOA – Union Economique et Monétaire Quest Africaine
UEO – Union de l'Europe Occidentale *(Westeuropäische Union)*
UEP – Union Européenne de Paiements *(Europäische Zahlungsunion)* · Union Européenne des Pédopsychiatres
UER – Uecker-Randow *(Kfz)* · Union Européenne de Radiodiffusion
UET – Unfallersatztarif[e] · Urinexkretionstest *(Med.)*
ÜF – Überlagerungsfrequenz · Übernachtung und Frühstück
u. f. – und ferner · und folgende
UFA, Ufa – Universum-Film-Aktiengesellschaft
ÜFB – Übertragungsfrequenzbereich
ÜFESt – Übersee-Funkempfangsstelle
u. ff. – und folgende
Uffz, Uffz. – Unteroffizier *(Bw.)*
UFG – Unfallfürsorgegesetz
UFI – Union des Foires Internationales *(Internationaler Messeverband)*
UfJ – Untersuchungsausschuss freiheitlicher Juristen
UFK – Ungelenkte[r] Flugkörper
UFO, Ufo – Unabhängige Flugbegleiter-Organisation · unidentified/unknown flying object/unbekanntes Flugobjekt
UFOKAT – Umweltforschungskatalog
Ufr., UFr. – Unterfranken
Ufw – Umformerwerk
Ufw. – Unterfeldwebel

Ufw., Ufwg. – Unfallwagen
UFZ – Umweltforschungszentrum
UG – Umlegungsgesetz · Umstellungsgesetz · Universitätsgesetz · Untergeschoss · Untersuchungsgefängnis
ÜG – Übergangsgesetz · Überleitungsgesetz
ug. – ugandisch
Ug. – Uganda; Ugander
ü. G. – über Grund
UGA – Umweltgutachterausschuss
UGB – Umweltgesetzbuch
UGDV – Durchführungsverordnungen zum Umstellungsgesetz
ugr. – ugrisch
ugf. – ungefähr
UGr. – Unterstützungsgrundsätze
U. g. R. – Urschrift gegen Rückgabe
ugs. – umgangssprachlich
ugt. – unguentum (*lat.:* »Salbe«; *Pharm.*)
u. G. z. w. – um Glück zu wünschen *(auf Karten)*
UH – Unstrut-Hainisch-Kreis *(Kfz)* · Unterhaltshilfe · Unterhitze · Untersuchungshaft
UHA – Union der Hörgeräte-Akustiker
U-Haft – Untersuchungshaft
UHaftEntschäG – Gesetz betreffend die Entschädigung für unschuldig erlittene Untersuchungshaft
UHC – Universitäts-Hockeyclub
UHF – ultra-high frequency
UHG vgl. UBG
UHV – Ultrahochvakuum
üHZB – übertragener Hinzurechnungsbetrag
UI – UEFA-Intertoto · Unfallinvalidität[sversicherung] *(Vw.)* · Union Interparlementaire
u. i. – ut infra (*lat.:* »wie unten [angegeben]«)
UIA – Ukraine International Airlines · Union Internationale contre l'Alcoolisme · Union Internationale des Architectes · Union Internationale des Avocats · Union of International Associations
UIAA – Union Internationale des Associations d'Alpinisme · Union Internationale des Assureurs Aéronautiques
UIAPME – Union Internationale de l'Artisanat et des Petites et Moyennes Entreprises *(Internationale Gewerbeunion)*
UIC – UEFA-Intertoto-Cup · Union Internationale de Cartographie · Union Internationale de Chimie · Union Internationale des Chemins de fer
UICC – unio internationalis contra cancrum/Union Internationale contre le Cancer *(Internationale Vereinigung gegen den Krebs)*
UID – unique identifier · utriusque iuris doctor *(Doktor beider Rechte)*
UIE – Union Internationale des Etudiants
UIL – Unione Italiana del Lavoro
UINF – Union Internationale de la Navigation Fluviale *(Internationaler Binnenschifffahrtsverband)*
UIP – Union Internationale de Patinage *(Internationaler Eislaufverband)* · Union Internationale de Physique Pure et Appliquée · Union Interparlementaire · Universal International Pictures · usual interstitial pneumonia *(Med.)*
UIPE – Union Internationale pour la Protection de l'Enfance *(Internationale Union für Kinderschutz)*
UIPM – Union Internationale du Pentathlon Moderne
UIPPA – Union Internationale de la Physique Pure et Appliquée *(vgl. UIP und IUPAP)*
UIPPI – Union Internationale pour la Protection de la Propriété Industrielle
UIS – Union Internationale de Secours *(Welthilfsverband; vgl. IRU)* · Unternehmerverband Umweltschutz und Industrieservice
UIT – Union Internationale des Télécommunications · Union Internationale de Tir *(Internationaler Schützenverband)*
UITP – Union International de Transport Public
UIV – Union Internationale des Villes et Pouvoirs Locaux *(Internationaler Gemeindeverband)*
uk – unabkömmlich · unkündbar
UK, Uk – Umzugskosten
UK – Umgebungskarte · Unterkante · Unterkommission · Unternehmenskonferenz · Untersuchungskommission
ÜK – Übersichtskarte · Übungskurs[e]
U. K. – United Kingdom [of Great Britain and Northern Ireland]
U-KAT – ungeregelter Katalysator
UKE – Ultrakurzwellenempfänger
UKG, UkG – Gesetz über Umzugskostenvergütung der Beamten
UKH – Unfallkasse Hessen
UKM – Universitätsklinikum Münster
UKML – Ultrakurz-, Kurz-, Mittel-, Langwellenbereich
Üko – Überfallkommando
UKPV – Unabhängige Kommission zur Überprüfung des DDR-Parteivermögens
ukr. – ukrainisch
Ukr. – Ukraine[r]; Ukrainische

UKT – Unfall-Krankenhaus-Tagegeld *(Vw.)*
UKV – Umzugskostenvergütung · Umzugskostenverordnung · Unfall-Krankenversicherung
UKW – Ultrakurzwellen
UKWE – Ultrakurzwellenempfänger
UKWS – Ultrakurzwellensender
UL – Ulm/Alb-Donau-Kreis *(Kfz)* · Ultraleichtflugzeug
ÜL – Überlappung *(EDV)* · Übungsleiter[in]
U/l – Unit pro Liter
ul. – unlöslich
ULA – Union der Leitenden Angestellten
ULB – Universitäts- und Landesbibliothek
ULD – Unbhängiges Landeszentrum für Datenschutz *(Schleswig-Holstein)*
ULEV – ultra low emission vehicle
ULF – Ultraleichtflugzeug
U. L. F. – Unsere[r] Liebe[n] Frau
ÜIG – Überleitungsgesetz
ÜLG – Überseeische Länder und Gebiete
ULMS – Undersea Long-Range Missile System
ULN – universal link negotiation
ULR – Unabhängige Landesanstalt für das Rundfunkwesen *(Schleswig-Holstein)*
ULSI – ultra large scale integration (*engl.*: »Integration in ultragroßem Maßstab«)
ult. – ultimo
Ult. – Ultimatum · Ultimo
ult., ultim. – ultimativ
ÜIV – Überleitungsverordnung
ÜLVSt – Überleitungsvermittlungsstelle *(Post)*
UM – Ouguiya *(Währung in Mauretanien)* · Uckermark *(Kfz)* · unaccompanied minor *(unbegleitet reisendes Kind)* · Unterrichtsministerium · Unzustellbarkeitsmeldung *(Post)*
U/m – Umdrehungen pro Minute
u. M. – unter dem Meeresspiegel · unter Mitarbeit · unter Mitwirkung
ü. M. – über dem Meeresspiegel
UMA – unified memory architecture · upper memory area
UmAn – umkoppelbare Antriebsmassen *(Bahn)*
Umarb. – Umarbeitung
UMB – upper memory block
umb. – umbauen; umbaut · umbetten · umbuchen
Umb. – Umbau · Umbettung · Umbuchung
Umbr. – Umbruch
UmD, UMD – Unfallmeldedienst
Umd. – Umdeutung
Umdr. – Umdrehung[en] · Umdruck
umf. – umfahren · umfassen[d] · umfunktioniert
Umf. – Umfang · Umformer · Umformung
umfgl. – umfänglich
umfgr. – umfangreich
UMG – Gesetz über den Verkehr mit unedlen Metallen *(1926)*
umg. – umgänglich · umgangssprachlich · umgeändert · umgearbeitet · umgehen · umgehend
Umg. – Umgang · Umgebung · Umgehung
umgearb. – umgearbeitet
umgeb. – umgebaut · umgebettet · umgebucht
umged. – umgedeutet
umgedr. – umgedreht
umgek. – umgekehrt
umgel. – umgelautet · umgelegt · umgeleitet
umgest. – umgestalten; umgestaltet · umgestellt
Umgr. – Umgrenzung · Umgruppierung
Umg.-Str. – Umgehungsstraße
UMI – Universalmessinstrument
U/min – Umdrehungen pro Minute
UMK – Umweltministerkonferenz · Universalmesskammer · unkonventionelle Methoden zur Krebstherapie
Umk. – Umkehrung
Umkr. – Umkreis
UML – Unified Modeling Language
Uml. – Umladung · Umlage[n] · Umland · Umlauf · Umlaut · Umleitung
UmlG – Umlegungsgesetz
UMLS – unified medical language system
uml. u. R. – umlaufend unter Rückerbittung
u. M. n. – unserer Meinung nach
UMOFC – Union Mondiale des Organisations Féminines Catholiques
UMP – Union pour la Majorité du Président *(Partei; Frankreich)* · Uridinmonophosphat
Umr. – Umrandung · Umrechnung · Umriss[e]
UMS – Umweltmanagementsystem · unified messaging system
ums. – umseitig · umsichtig · umsonst
Ums. – Umsatz; Umsätze · Umsetzung · Umsicht
UMSC – UMTS Mobile Switching Center
Umsch. – Umschaltung · Umschau · Umschuldung
umschr. – umschreiben; umschrieben
Umschr. – Umschreibung · Umschrift
UMSICHT – [Fraunhofer-Institut für] Umwelt-, Sicherheits- und Energietechnik
Ums.-St., UmsSt. – Umsatzsteuer

UmsStG – Umsatzsteuergesetz
Umst. – Umstand; Umstände · Umstellung
UmstEG, UmstErgG – Umstellungsergänzungsgesetz
UmstG – Umstellungsgesetz
umstpfl. – umsatzsteuerpflichtig
UmstVO – Umstellungsverordnung *(Berlin)*
UMTS – Universal Mobile Telecommunications System
UMU – Union mittelständischer Unternehmen
U-Musik – Unterhaltungsmusik
u. M. v. – unter Mitarbeit/Mitwirkung von
UMW – Unternehmerverband mittelständische Wirtschaft
Umw. – Umwandlung · Umwechslung · Umweg
UmwG – Gesetz über die Umwandlung von Kapitalgesellschaften
UmwR – Umweltrecht
UmwStG – Umwandlungssteuergesetz
UmzKostG – Umzugskostengesetz
UN – United Nations *(engl.: »Vereinte Nationen«)* · Unna *(Kfz)*
un. – uniert
u. N. – unter Naturschutz · unter Normal · unter Null
unabl. – unablässig
UNAMSIL – United Nations Mission in Sierra Leone *(UN-Beobachtermission in Sierra Leone; ab 1999)*
unang. – unangebracht · unangebrochen · unangemeldet · unangemessen · unangenehm
UNB – Untere Naturschutzbehörde
unb. – unbekannt
unbeb. – unbebaut · unbebildert
unbed. – unbedenklich · unbedeutend · unbedingt
unbef. – unbefangen · unbefugt
unbefl. – unbefleckt
unbefr. – unbefriedigend; unbefriedigt
unbegr. – unbegreiflich · unbegrenzt · unbegründet
unbeh. – unbehaglich · unbehelligt · unbeholfen
unbek. – unbekannt · unbekümmert
unbem. – unbemängelt · unbemannt · unbemerkt
unber. – unberechenbar · unberechnet · unberechtigt · unberichtigt
unbesch. – unbeschadet · unbeschädigt · unbeschäftigt · unbescheiden · unbescholten
unbeschr. – unbeschrankt · unbeschränkt · unbeschreiblich · unbeschrieben
unbest. – unbeständig · unbestechlich · unbestimmt
unbestr. – unbestraft · unbestreitbar · unbestritten
unbet. – unbeteiligt · unbetont
unbew. – unbewachsen · unbewacht · unbewaldet · unbewältigt · unbeweglich · unbewegt · unbewiesen · unbewusst
unbez. – unbezahlbar; unbezahlt · unbezähmbar
unbr. – unbrauchbar · unbrennbar
UNC – uniform naming convention
UNCTAD – United Nations Conference on Trade and Development
UNDC – United Nations Disarmament Commission *(Abrüstungskommission der UN)*
UNDCP – United Nations Drug Control Programme
UNDOF – United Nations Disengagement Observer Force *(UN-Beobachtungsstreitmacht für die Truppenentflechtung; in Damaskus ab 1974)*
UNDP – United Nations Development Programme
UN-DPKO – United Nations Department of Peacekeeping Operations
UNDRO – United Nations Disaster Relief Coordinator
U. N. E. – United Nations of Europe
UN-ECE – United Nations Economic Commission for Europe
UN-ECLAC – United Nations Economic Commission for Latin America and Carribean
UNEF – United Nations Emergency Force
unehel. – unehelich
uneig. – uneigennützig
uneingeschr. – uneingeschränkt
unempf. – unempfänglich · unempfindlich
unentb. – unentbehrlich
unentg. – unentgeltlich
unentsch. – unentschieden
unentschl. – unentschlossen
UNEP – United Nations Environment Programme
unerf. – unerfahren · unerfindlich · unerforschlich · unerforscht · unerfüllbar · unerfüllt
unerg. – unergiebig
unergr. – unergründlich
unerh. – unerheblich
unerkl. – unerklärbar · unerklärlich
unerl. – unerlässlich · unerlaubt · unerledigt
unerm. – unermesslich · unermüdlich
unertr. – unerträglich
unerw. – unerwartet · unerweisbar; unerweislich · unerwidert · unerwünscht
UNES – Union Nationale des Etudiants de Suisse *(Verband der Schweizerischen Studentenschaften)*
UNESCAP – United Nations Economic and Social Commission for Asia and the Pacific
UNESCO – United Nations

Educational, Scientific and Cultural Organization
UN-ESCWA – United Nations Economic and Social Commission for Western Asia
UNEUE – United Nations Emergencies Unit for Ethiopia
unf. – unfähig · unfair · unfassbar · unfehlbar · unfein · unfertig · unförmig
Unf. – Unfall; Unfälle
UNFCCC – United Nations Framework Convention on Climate Change
UnfFürsG – Unfallfürsorgegesetz
UNFICYP – United Nations Peace-Keeping Force in Cyprus *(UN-Streitmacht zur Erhaltung des Friedens auf Zypern; ab 1964)*
unfl. – unflektiert *(Sprachw.)*
UNFPA – *(früher:)* United Nations Fund for Population Activities, *(heute nur noch:)* United Nations Population Fund
unfr. – unfrankiert · unfrei · unfreiwillig · unfreundlich · unfruchtbar
Unf.-R. – Unfallrente
unfrw. – unfreiwillig
UnfVerhV – Unfallverhütungsvorschriften
Unf.-Vers. – Unfallversicherung
ung. – ungefähr · ungefährlich · ungenau · ungern · ungültig · ungünstig
ung., ungar. – ungarisch
ungeb. – ungebeten · ungebildet · ungebührlich · ungebunden
ungebr. – ungebrannt · ungebräuchlich · ungebraucht · ungebrochen
unged. – ungedeckt · ungedient *(Mil.)* · ungeduldig
ungeh. – ungehalten · ungeheftet · ungeheuer[lich] · ungehindert · ungehörig · ungehorsam
ungek. – ungekündigt
ungel. – ungelegen · ungelernt · ungelöst
ungen. – ungenannt · ungenau · ungenießbar · ungenügend · ungenutzt; ungenützt
unges. – ungesalzen · ungesättigt · ungesattelt · ungesehen · ungesetzlich · ungesichert · ungesund
ungesch. – ungeschädigt
ungeschl. – ungeschlagen · ungeschlechtlich · ungeschliffen
ungest. – ungestört
ungestr. – ungestraft
ungew. – ungewiss · ungewöhnlich · ungewohnt · ungewollt
ungez. – ungezählt · ungezähmt · ungezähnt · ungezogen
ungezw. – ungezwungen
ungl. – ungleich[mäßig] · unglücklich
unh. – unhaltbar · unhandlich · unharmonisch · unheilbar · unheimlich · unhöflich · unhörbar
UNHCR – United Nations High Commissioner for Refugees *(Hoher Kommissar der UNO für Flüchtlinge)*
UNHCHR – United Nations High Commissioner for Human Rights *(Hoher Menschenrechtskommissar der UNO)*
Uni – Universität
UNI – Union Network International
UNIAPAC – Union Internationale des Associations Patronales Catholiques *(Internationale Vereinigung der katholischen Arbeitgeberverbände)*
UNIATEC – Union Internationale des Associations Techniques Cinématographiques
UNIC – United Nations Information Centre
UNICA – Union Internationale du Cinéma d'Amateurs
UNICE – Union des Industries de la Communauté Européenne
UNICEF – United Nations Children's Emergency Fund
UNICOM – Universal Integrated Communication
Unicos – Unix Cray Operating System
UNIDO – United Nations Industrial Development Organization
UNIDROIT – Institut International pour l'Unification du Droit Privé *(Internationales Institut zur Vereinheitlichung des Privatrechts)*
UNIFIL – United Nations Interim Force in Lebanon *(UN-Interim-Streitmacht im Libanon; ab 1978)*
uniform. – uniformiert
Uni-Kl. – Universitätsklinik
UNIKOM – United Nations Iraq-Kuwait Observation Mission *(UN-Irak-Kuwait-Beobachtungsmission; ab 1991)*
UNILAC – universal linear accelerator *(Schwerionenforschung)*
UNIMA – Union Internationale de la Marionette
Unimog – Universalmotorgerät
UNIPEDE – Union Internationale des Producteurs et Distributeurs d'Energie Electrique
unis. – unisono *(ital.; Musik)*
UniStG – Universitätsstudiengesetz *(Österreich)*
UNITA – União Nacional para Independência Total de Angola
UNITAR – United Nations Institute for Training and Research
univ. – universal; universell
Univ. – Universalität · Universität · Universum
UNIVAC – universal automatic computer
Univ.-Bibl. – Universitätsbibliothek[en]

Univ.-Prof. – Universitätsprofessor[in]
UNIX – *(urspr. UNICS)* Uniplexed Information and Computing System
unk. – unkenntlich · unkindlich · unkündbar · unkundig
Unk. – Unkenntnis · Unkeuschheit · Unkosten
unkl. – unklar · unklug
unl. – unlängst · unlauter · unliebsam · unlimitiert · unlogisch · unlösbar · unlöslich
UnlWG – Gesetz gegen den unlauteren Wettbewerb
UNMEE – United Nations Mission in Ethiopea and Eritrea *(UN-Mission in Äthiopien und Eritrea; ab 2000)*
UNMIBH – United Nations Mission in Bosnia and Herzegovina *(UN-Mission in Bosnien-Herzegowina; ab 1995)*
UNMIK, Unmik – United Nations Interim Administration Mission in Kosovo *(UN-Übergangsverwaltung im Kosovo; ab 1999)*
UNMOGIP – United Nations Military Observer Group in India and Pakistan *(UN-Militär-Beobachtungsgruppe in Indien und Pakistan; ab 1949)*
UNMOP – United Nations Mission of Observers in Prevlaka *(UN-Beobachtermission in Prevlaka; ab 1996)*
UNMOVIC – United Nations Monitoring, Verification and Inspection Commission *(in Irak)*
ü. NN – über Normalnull
UNO – United Nations Organization
UN-OCHA – United Nations Office for the Coordination of Humanitarian Affairs
UN-ODCCP – United Nations Office for Drug Control and Crime Prevention
UNOG – United Nations Office at Geneva *(Büro der Vereinten Nationen in Genf)*
UNOMIG – United Nations Observer Mission in Georgia *(UN-Beobachtungsmission in Georgien; ab 1993)*
UNON – United Nations Office at Nairobi *(Büro der Vereinten Nationen in Nairobi)*
UNOPS – United Nations Office for Project Services
UNOV – United Nations Office at Vienna *(Büro der Vereinten Nationen in Wien)*
UNPA – United Nations Postal Administration
unpag., unpg. – unpaginiert
unpf. – unpfändbar
UNPO – Unrepresented Nations and Peoples Organization
unr. – unrasiert · unreal; unrealistisch · unrecht · unredlich · unreell · unregelmäßig · unreif · unrein · unrentabel · unrichtig · unrühmlich · unruhig
unr., unrat. – unrationell
UNREF – United Nations Refugee Fund
unreg., unregelm. – unregelmäßig
unrent. – unrentabel
UNRRA – United Nations Relief and Rehabilitation Administration *(Hilfs- und Wiederaufbauverwaltung der UNO; 1945–1947)*
uns. – unsauber · unser[e] · unsicher · unsymmetrisch
UNSC – United Nations Security Council *(Sicherheitsrat der UNO)*
UNSCC – United Nations Standards Coordinating Committee
UNSCOM – United Nations Special Commission
unselbst. – unselbstständig
UNSPSC – Universal Standard Products and Services Classification
unstr. – unstreitig; unstrittig
unt. – unten · unter · unterhalb
Unt. – Unterhalt · Unterlage[n] · Untermiete[r] · Unterricht · Unterstützung · Untersuchung
UNTAET – United Nations Transitional Administration in East Timor *(UN-Übergangsverwaltung in Osttimor; ab 1999)*
UntBeihG vgl. UHG
Unterbr. – Unterbrechung · Unterbringung
UnterbrG – Unterbringungsgesetz
Unterfr. – Unterfranken
Unterg. – Untergang · Untergebene[r] · Untergeschoss
unterh. – unterhalb
Unterh. – Unterhalt · Unterhaltung · Unterhändler
Unterm. – Untermiete[r]
Untern. – Unternehmen; Unternehmer; Unternehmung
Unterred. – Unterredung
Unters. – Untersuchung
untersch. – unterschätzen; unterschätzt · unterscheiden; unterschieden · unterschiedlich · unterschoben
Untersch. – Unterscheidung; Unterschied
unterschr. – unterschreiten; unterschritten
Unterst. – Unterstand · Unterstellung · Unterstützung
unterw. – unterwegs · unterweisen; unterwiesen
Unterz. – Unterzeichner; Unterzeichnete; Unterzeichnung
untgl. – untauglich
untr. – untragbar · untrennbar · untrüglich
UNTSO – United Nations Truce Supervision Organization *(UN-Organisation zur Überwachung des Waffenstillstandes; ab 1948)*
UNU – United Nations University *(Universität der Vereinten Nationen)*

UNV – United Nations Volunteers *(Freiwilligenprogramm der Vereinten Nationen)*
unv. – unverändert · unverschämt · unvollendet · unvollständig
unv., unverantw. – unverantwortlich
unverb. – unverbesserlich · unverbindlich · unverbunden
unverbr. – unverbraucht · unverbrüchlich
unverd. – unverdaut · unverdichtet · unverdünnt
unverg. – unvergänglich · unvergessen; unvergesslich
unverh. – unverheiratet
unverk. – unverkäuflich
unverp. – unverpackt
unvers. – unversehrt · unversichert
unversch. – unverschämt
unverz. – unverzollt
unverz., unverzgl. – unverzüglich
unvollst. – unvollständig
unvorb. – unvorbereitet
unvors. – unvorsichtig
unw. – unwegsam · unwesentlich · unwillig · unwirklich · unwirksam · unwohl · unwürdig
unz. – unzahlbar · unzählig · unzüchtig · unzufrieden
Unz. – Unzahl · Unzeit · Unzucht; Unzüchtigkeit · Unzufriedenheit
unzerbr. – unzerbrechlich
unzerst. – unzerstört
unzertr. – unzertrennbar; unzertrennlich
Unzufr. – Unzufriedenheit
unzug. – unzugänglich
unzul. – unzulänglich · unzulässig
Unzul. – Unzulänglichkeit · Unzulässigkeit
unzurechn. – unzurechnungsfähig
unzust. – unzuständig · unzustellbar
unzuv. – unzuverlässig
unzw. – unzweideutig · unzweifelhaft
UO – Unteroffizier · Unterordnung
ÜO – Übertragungsoperation
u. o. – und oft
u. ö. – und öfter
Uoffz. – Unteroffizier[e]
UOG – Universitätsorganisationsgesetz
Üp – Überlandpost *(Post)*
UP – ungesättigte Polyester · Universalitätsprinzip · Universitätsprofessor · Union Postale Universelle *(vgl. UPU)* · Unterzeichnungsprotokoll · Unterprogramm
ÜP – Übersetzerprogramm *(EDV)*
up. – unpaginiert
Up. – Umwandlungspunkt
u. P. – unter Putz
UPDF – universal printer driver format
UPE – Union Parlementaire Européenne · unverbindliche Preisempfehlung
UPF – ultraviolet protection factor
UPI – Umwelt- und Prognose-Institut *(Heidelberg)* · United Press International
UpM, UPM, U. p. M. – Umdrehungen pro Minute
u. p. m. – unus pro multis (*lat.*: »einer für viele«)
UPL – Universitätsparteileitung *(DDR)*
UPR – Unfallversicherung mit Prämienrückgewähr
UPS – uninterruptible power supply · United Parcel Service
UP-Schweißen – Unterpulverschweißen
UPU – Union Postale Universelle
ÜPV – Überstundenpauschalvergütung
UPZ – Unterrichtspflichtzeit
UR – Ultrarot · Unfallrente · unter Rückerbittung · Untersuchungsrichter · Urheberrecht · Uri *(Schweiz; Kfz)* · Urkundenregister · Urschrift gegen Rückgabe
u. R. – umbauter Raum · unserer Rechtsprechung · unter Rückerbittung · urschriftlich gegen Rückgabe
URA – Universalringantenne
URC – uniform resource characteristics
Urdox – Urandioxid
URF – Union des Services Routiers des Chemins de Fer Européens
Urf. – Urfassung · Urform
URG – Urheberrechtsgesetz
URGeh – Unfallruhegehalt *(Post)*
urgerm. – urgermanisch
urgesch. – urgeschichtlich
Urh. – Urheber
UrhG – Urheber[rechts]gesetz
Urh.-R., UrhR – Urheberrecht[e]
UrhRG – Urheberrechtsgesetz
UrhWahrnG – Gesetz über die Wahrnehmung von Urheberrechten und verwandten Schutzrechten
URI – uniform resource identifier · Union Radioélectrique Internationale
uridg. – urindogermanisch
urk., urkdl. – urkundlich
Urk. – Urkunde[n]
UrkBdG – Urkundsbeamter der Geschäftsstelle
UrkStG – Urkundensteuergesetz
URL – uniform resource locator
Url. – Urlaub
UrlG – Urlaubsgesetz
UrlO – Urlaubsordnung
UrlVO – Urlaubsverordnung
URN – uniform resource name
Urs. – Ursache[n]
urschr. – urschriftlich
urs., ursächl. – ursächlich
URSI – Union Radio-Scientifique Internationale
urslaw. – urslawisch
urspr. – ursprünglich

Urspr. – Ursprung; Ursprünge
URt – Unfallrente
Urt. – Urteil · Urtext
urug. – uruguayisch
Urug. – Uruguay[er]
urug$ – uruguayischer Peso *(Währung)*
US – Ultraschall · Unfallschaden *(Vw.)* · United States [of America] · Unterhaltssicherung
U/s – Umdrehungen pro Sekunde
u. s. – ut supra (*lat.:* »wie oben«)
U. S. – Usbekistan-Sum *(Währung)*
USA – United States Army · United States of America *(auch Kfz)*
ÜSA – Überspannungsableiter
USABI – Umsatz- und Saldenbilanz *(im EWS)*
USADA – United States Anti-Doping Agency
USAEC – United States Atomic Energy Commission
USAF – United States Air Force
USAFE – United States Air Force [in] Europe
USAP – Ungarische Sozialistische Arbeiterpartei
USAREUR – United States Army Europe *(Oberkommando der US-Streitkräfte in Europa)*
USB – universal serial bus
usb., usbek. – usbekisch
Usb., Usbek. – Usbeke[n]; Usbekistan
US-Bundesstaaten – *siehe Übersicht*
USBV – unkonventionelle Spreng- und Brandvorrichtung
USC – Universitätssportclub
USCHI – Ultraschall-Leit- und Informationssystem
USCIS – US Citizenship and Immigration Services
USD – US-Dollar
USDA – United States Department of Agriculture *(Landwirtschaftsministerium)*
U/sec – Umdrehungen pro Sekunde
u. s. f., usf. – und so fort
USG – Umweltgutachter- und Standortregistrierungsgesetz · Umweltschutzgesetz *(Schweiz)* · Unterhaltssicherungsgesetz
US GAAP, US Gaap – United States Generally Accepted Accounting Principles
U. Sh. – Uganda-Schilling *(Währung)*
USIA – United States Information Agency · Uprawlenije Sowjetskogo Imuschtschestwa w Awstrii (*russ.:* »Verwaltungsstelle des sowjetischen Besitzes in Österreich«)
USIS – United States Information Service
USK – Unterhaltungssoftware-Selbstkontrolle · Unterstützungskommando
USL – Unix System Laboratories
USM – United States Mail · United States Marines
USMC – United States Marine Corps · United States Maritime Commission
USN – United States Navy
USO – United Service Organization *(Betreuungsorganisation für US-Soldaten und deren Familien)*

US-Bundesstaaten

AK, Alas. – Alaska
AL, Ala. – Alabama
AR, Ark. – Arkansas
AZ, Ariz. – Arizona
CA, Calif. – California
CO, Col., Colo. – Colorado
CT, Conn. – Connecticut
DC, D. C. – District of Columbia
DE, Del. – Delaware
FL, Fla. – Florida
GA, Ga. – Georgia
HI, Ha. – Hawaii
IA, Ia. – Iowa
ID, Id. – Idaho
IL, Ill. – Illinois
IN, Ind. – Indiana
KS, Kan. – Kansas
KY, Ky. – Kentucky
LA, La. – Louisiana
MA, Mass. – Massachusetts
MD, Md. – Maryland
ME, Me. – Maine
MI, Mich. – Michigan
MN, Minn. – Minnesota
MO, Mo. – Missouri
MS, Miss. – Mississippi
MT, Mont. – Montana
NC, N. C. – North Carolina
ND, N. D., N. Dak. – North Dakota
NE, Neb., Nebr. – Nebraska
NH, N. H. – New Hampshire
NJ, N. J. – New Jersey
NM, N. M., N. Mex. – New Mexico
NV, Nev. – Nevada
NY, N. Y. – New York
OH, Oh. – Ohio
OK, Okla. – Oklahoma
OR, Or., Oreg. – Oregon
PA, Pa. – Pennsylvania
RI, R. I. – Rhode Island
SC, S. C. – South Carolina
SD, S. D., S. Dak. – South Dakota
TN, Tenn. – Tennessee
TX, Tx., Tex. – Texas
UT, Ut. – Utah
VA, Va. – Virginia
VT, Vt. – Vermont
WA, Wash. – Washington
WI, Wis. – Wisconsin
WV, W. Va. – West Virginia
WY, Wyo. – Wyoming

USP – unique selling point/position · United States Patent · United States Pharmacopoeia *(Arzneibuch der USA)*
u. sp. – und später
USPA – Union Syndicale Panafricaine
USPD – Unabhängige Sozialdemokratische Partei Deutschlands *(hist.)*
USPO – United States Patent Office
US$ – United-States-Dollar *(Währung)*
US-Schweißen – Unterschienenschweißen
USSR – Ukrainische Sozialistische Sowjetrepublik
USt. – Umsatzsteuer
UStDB – Umsatzsteuer-Durchführungsbestimmungen
UStDV – Verordnung zur Durchführung des Umsatzsteuergesetzes
UStG – Umsatzsteuergesetz
USt-IdNr. – Umsatzsteuer-Identifikationsnummer
UStR – Umsatzsteuer-Richtlinien
U-Strab, UStrab – Unterpflasterstraßenbahn
USTS – United States Travel Service *(in Frankfurt)*
USV – unterbrechungsfreie Stromversorgung
USW – Ultraschallwelle[n] · Universitätsseminar der Wirtschaft
usw. – und so weiter
USY – Union Schweizerischer Yachtclubs
UT – Umwelttechnik · Unfalltod[versicherung] *(Vw.)* · Universal Time · Unterlagerungstelegrafie · Unterrichtstag · Unterwassertelegrafie · Utah *(Staat der USA)*
ÜT – Überlagerungstelegrafie · Übermaßteil
Ut. – Utah *(Staat der USA)*
u. t. – usual terms *(engl.)*
u. T. – unter der Theke; unter dem Tisch · unterer Teil · unterer Totpunkt
UTA – Umwelttechnische[r] Assistent[in] · Union des Transports Aériens · Urantrennanlage/-arbeit
UTC – universal time coordinated *(koordinierte Weltzeit)*
UTD – Untertagedeponie
UTM – universale transversale Merkatorprojektion
UTP – unshielded twisted pair · Uridintriphosphat
UTRAN – UMTS Terrestrial Radio Access Network
UTS – universelle Temperatursteuerung
UTTAS – Utility Tactical Transport Aircraft System *(Kampfzonen-Transporthubschrauber)*
UU – Unix-to-Unix
u. U. – unter Umständen
Uub – Ununbium *(Element)*
UUCP – Unix-to-Unix Copy Protocol
UUE – Unix-to-Unix Exchange
UUI – User-to-User Information
u. U. i. V. m. – unter Umständen in Verbindung mit
u. u. r. – under usual reservation *(engl.:* »unter dem üblichen Vorbehalt«)
u. u. R. – urschriftlich unter Rückerbittung
Uuu – Unununium *(Element)*
u. ü. V. – unter üblichem/dem üblichen Vorbehalt
UV – Ultraviolett · Umlandverband · Umlaufvermögen · Unfallverhütungsvorschrift[en] · Unfallversicherung · Unionsvertrag · Unitasverband der Wissenschaftlichen Katholischen Studentenvereine · Unternehmensverband · Unterstützungsverein[igung] · Untersuchungsstelle für Verkehrstauglichkeit · Unterverband
ÜV – Überleitungsverordnung · Überleitungsvertrag · Übertragungsverordnung
uv. – unverkäuflich · unversehrt · unversichert
u. v. – um vorzustellen *(auf Karten)*
u. V. – unter Vorbehalt
UVA – Unter-Versicherungsart *(Vw.)*
u. v. a. – und viele[s] andere
u. V. a. – unter Verzicht auf
u. v. a. m. – und viele[s] andere mehr
UVB – Ultraviolettbereich
UvD – Unteroffizier vom Dienst
UVF – Umlandverband Frankfurt
UVG – Unfallversicherungsgesetz · Unterhaltsvorschussgesetz
u. v. m. – und vieles mehr
UVNG – Unfallversicherungs-Neuregelungsgesetz
ÜVO – Übertragungsverordnung
UVollzO – Untersuchungshaftvollzugsordnung
UVP – Umweltverträglichkeitsprüfung[en]
UVPG – Gesetz über die Umweltverträglichkeitsprüfung
UVR – Ungarische Volksrepublik · Unternehmensverband Ruhrbergbau
uvsf. – unverseifbar *(Chemie)*
UVV – Unfallverhütungsvereinigung · Unfallverhütungsvorschrift[en]
UVW-Regel – Ursache-Vermittlung-Wirkung-Regel
Uw – Unterwerk *(Bahn)*
UW – Umspannwerk · Unterstützungswohnsitz · Unterwasser[stand]
Uw. – Umstandswort *(Sprachw.)* · Umwandlung · Unterwerk
u. W. – und Weitergabe · unlauterer Wettbewerb · unseres Wissens · unter Wasser
ü. W. – über Wasser
Üwa – Überwachung

ÜwaBz – Überwachungsbezirk
ÜwaD – Überwachungsdienst
Ü-Wagen – Übertragungswagen
Uwdlg. – Umwandlung
UWG – Gesetz gegen den unlauteren Wettbewerb · Gesetz über den Unterstützungswohnsitz *(1908)* · Unabhängige Wählergemeinschaft
ÜWG – Überparteiliche Wählergemeinschaft
UWL – Unterwasserlabor
UWS – Umweltschutz
UXGA – ultra extended graphics array
UZ – Uhrzeit · Ultrazentrifuge · Umschlagszahl · Umwandlungszone · Unfallziffer · Unterhaltszulage; Unterhaltszuschuss · Ursprungszertifikat · Ursprungszeugnis · Urteilsziffer · Usbekistan *(Kfz)*
u.z. – und zwar · unten zitiert · urschriftlich zurück
u.Z. – unsere[r] Zeit[rechnung] · unser Zeichen
UZA – Unternehmensverband für Zeitarbeit
UZB – Ultrakurzzeitgedächtnis · Unfalltod-Zusatzversicherungs-Bedingungen *(Vw.)*
u.Zchg. – unsere Zeichnung
u.z.d. – um zu danken *(auf Karten)*
UZG – Unfallrentenzulagegesetz · Unterhaltshilfezulagengesetz
UZg. – Ursprungszeugnis
UZV – Unfall-Zusatzversicherung · Unterhaltszuschussverordnung
u.zw. – und zwar
UZwG – Gesetz über den unmittelbaren Zwang bei Ausübung öffentlicher Gewalt durch Vollzugsbeamte des Bundes
UZwGBw. – Gesetz über die Anwendung unmittelbaren Zwangs und die Ausübung besonderer Befugnisse durch Soldaten der Bundeswehr und zivile Wachsoldaten

Vv

v – velocitas (*lat.:* »Geschwindigkeit«) · verso (*lat.:* »auf der Rückseite«)
V – Vakuum · Valeur *(franz.);* Valor *(span.);* Valore *(ital.);* Value *(engl.)* · Valuta · Vanadin, Vanadium *(Element)* · Variante · Vatikanstadt *(Kfz)* · Verband · Verbindung · Verdrängung *(von Wasser)* · Verdunstung · Verkäufer *(Rechtsspr.)* · Verkehrsbüro *(Bahn)* · Vermessung · Verordnung · Versicherung · Versorgung · Verstärker; Verstärkung *(Technik)* · Versuch · Vinyl · Visus *(Sehschärfe)* · Vize · Voce *(Musik)* · Vogtlandkreis *(Kfz)* · Volt · Volumen · Vorarlberg *(Kfz)* · römisches Zahlzeichen für 5
v. – van · variabel · veränderlich · versus (*lat.:* »gegen«) · verte! (*lat.:* »[bitte] wenden!«) · vertikal · via (*lat.:* »[auf dem Weg] über«) · vice (*lat.:* »wie«) · vide, videas, videatur (*lat.:* »siehe«) · vidi (*lat.:* »ich habe [es] gesehen«) · vitrum (*lat.:* »Glas«; *Pharm.*) · violett · vokal · vokalisch · voll · vollständig · vom · von · vor · vorläufig · vormittags · vorn
V. – Vene[n] · Veränderung[en] · Verb · Verbindung[en] · Verfasser · Verfassung · Verfügung · Verkauf; Verkäufer · Verkehr · Verlag · Verordnung · Vertrag · Vertreter; Vertretung · Verwalter; Verwaltung · Verzug · Vierer · Violine · Visus *(Med.)* · Vokal · Vokativ · Vorkommen · Vorkommnis[se] · Vorschrift
VA – Veränderungsanzeige · Verbandsausschuss · Verbraucheranalyse · Verbrauchsabgabe · Verbundanlage · Verkaufsabteilung · Verkehrsagentur · Verkehrsamt · Verkehrsabteilung · Verlagsangestellte[r] · Verlagsanstalt · Verlegerausschuss · Vermessungsabteilung · Vermessungsamt · Vermessungsamtmann · Vermessungsausschuss · Vermittlungsausschuss · Vermögensabgabe · Versicherungsamt · Versicherungsanstalt · Versicherungsart · Versorgungsamt · Versorgungsanstalt · Versorgungsartikel *(Bw.)* · Versuchsabteilung · Versuchsanstalt · Vertragsarzt · Verwaltungsabteilung · Verwaltungsakt · Verwaltungsamt · Verwaltungsangestellte[r] · Verwaltungsausschuss · viehseuchenpolizeiliche Anordnung · Virginia *(Staat der USA)* · Vizeadmiral · Volksausgabe · Voltampere · Voranmeldung · Vorzugsaktie[n] · vulnerability assessment tools *(Schwachstellenerkennung)*
va. – veraltet · vollautomatisch
Va. – Vakuum · Viola · Virginia *(Staat der USA)*
v.a. – von allem/allen · vor allem
VAA – Verband angestellter Akademiker und leitender Angestellter der chemischen Industrie
VAB – Verband der Angestellten der Bundeszentralverwaltung · Verband der Arbeitnehmer der Bundeswehr · Vereinigung Angestellter Bühnenkünstler *(in*

der DAG) · Verwaltungsaufsichtsbehörde
V. a. B. – Vereinigung alter Burschenschafter
v. Abg. – vor Abgabe · vor Abgang
V.-Abschl. – Vertragsabschluss
VACBI – video and computer based instruction
VAD – Vereinigung von Afrikanisten in Deutschland
VäD, VÄD – Vertrauensärztlicher Dienst
VADA – Verband Aktiver Deutscher Autovermieter
v. A. d. F./Fr. – vor Ablauf der Frist
VAE – Vereinigte Arabische Emirate
VAEU – Vereinigung der Arbeitgeberverbände energie- und versorgungswirtschaftlicher Unternehmungen
vaf, VAF – Verband alleinstehender Frauen
VAF – Verband angestellter Führungskräfte · Verband arbeitsmedizinisches Fachpersonal · Verband von Aufbaufirmen für Fernmeldeanlagen
VAG – Verband der Aufbau- und Geräteindustrie für Kommunalzwecke · Versicherungsaufsichtsgesetz
V. a. G. – Verein auf Gegenseitigkeit[en]
VAh – Voltamperestunde
VAHRG – Gesetz zur Regelung von Härten im Versorgungsausgleich
VAK – Verband der Arbeitsgeräte- und Kommunalfahrzeug-Industrie · Versorgungsartikelkatalog *(Bw.)* · Versuchsatomkraftwerk · Vertikal-Aufklärungs- und Kampfflugzeug
Val. – Valenz *(Sprachw.)* · Valorisierung · Valuta
val. p. – valeur per *(franz.);* valor per *(span.);* valore per *(ital.;* »Wert per/am ...«)
VAM – Verband der Anbieter von Mobilfunkdiensten · vereinfachendes Auswertungsmodell · virtueller Arbeitsmarkt *(Online-Jobbörse der BA)*
VAMV – Verband alleinerziehender Mütter und Väter
VAN – Value Added Network(s)
V. A. N. – Video-Art-Network *(Post)*
V.-Ang. – Verwaltungsangestellte[r]
VAnw. – Verwaltungsanweisung
VAnz. – Veränderungsanzeige
VAO – Verwaltungsanordnung
VAÖD – Verband der Angestellten im öffentlichen Dienst
VAP – value added per person · Verband aktiver Pharmaunternehmen · Verein der Ausländischen Presse · Vereinigung der Arbeitgeberverbände der Deutschen Papierindustrie · Verlagsabgabepreis · Versorgungsanstalt der Deutschen Post · Verträge für die arbeitsrechtliche Praxis
Var – Volt-ampère-réactif *(Einheit)*
VaR – Value at Risk
VAR – value added reseller
VAR – Vereinigte Arabische Republik *(1958–1961)* · Verwaltungsamtsrat
var. – variabel · variieren
Var. – Variabilität · Variante · Variation[en] · Varieté
VARIG – Viação Aerea Rio Grandense *(brasilianische Luftverkehrsgesellschaft)*
var. lect. – varia lectio (*lat.:* »andere Lesart«)
VARTA – Vertrieb, Aufladung, Reparatur transportabler Akkumulatoren
VAs, VAsec – Voltamperesekunde
VAS – vierstellige ausführliche Systematik
V. A. S. V. – Verband alter Sondershäuser Verbandler
VAT – value added taxe (»Umsatzsteuer«; *GB und Irland*)
Vat. – Vaterschaft · Vatikan
V. A. T. – Vereinigung Alter Turnerschaften
VATM – Verband der Anbieter von Telekommunikations- und Mehrwertdiensten
VAU – Schweizerischer Verband der Autotransport-Unternehmer
VäU – Vertrauensärztliche Untersuchung *(Vw.)*
v.-aut. – vollautomatisch
VautomVerschr – Verordnung über die automatische Verschreibungspflicht
VAV – Vereinigte Arbeitgeberverbände Nahrung und Genuss Hessen, Rheinland-Pfalz · Verwaltungsamt für Verkehr
VAVÖ – Verband Alpiner Vereine Österreichs
VAw – Versorgungsanwärter *(Post)*
VAW – Vereinigte Aluminium-Werke · Verwaltungsamt für Wirtschaft
v. A. w. – von Amts wegen
VAwS – Verordnung über Anlagen zum Lagern, Abfüllen und Umschlagen wassergefährdender Stoffe
VAX – Virtual Architecture Extended
VAZ – Veranlagungszeitsachen · Veranlagungszeitraum · Veranstaltungszentrum · Voranmeldungszeitraum
VB – Valenzband *(Chemie)* · Verfassungsbeschwerde · Verhandlungsbasis · Verkaufsbereich · Verkehrsbetrieb[e] · Verlegungsbeschluss · Versicherungsbe-

auftragte[r] · Versorgungsbereich · Versorgungsbetrieb[e] · Versuchsbericht · Versuchsbetrieb · Verwaltungsbereich · Verwaltungsbezirk · Verwertungsbetrieb · Visual Basic · Vogelsbergkreis *(Kfz)* · Völkerbund · Volksbegehren · Volksbibliothek · Volksbücherei · Volksbund · Vollziehungsbeamter; Vollzugsbeamter · Vollzugsbekanntmachung · Vollzugsbestimmung[en] · Vorgeschobener Beobachter *(Bw.)*
vb. – verbal · verbessert · verbindend · verbindlich · verbunden
Vb. – Verb · Verband · Verbindung · Vereinbarung · Verbrauch · Verbund
VBA – Verband der Bergungs- und Abschleppunternehmen · Verkehrsbeeinflussungsanlage · Visual Basic for Applications
VBB – Verband Berliner Ballspielvereine · Verband der Beamten der Bundeswehr · Verein der Bibliothekare an öffentlichen Büchereien · Verkehrsverbund Berlin-Brandenburg
Vbb. – Verbindungen
VbBV – Verband der beratenden Betriebs- und Volkswirte
VBBV – Verband der Beamten der Bundeswehrverwaltung
VBChI – Verband Basler Chemischer Industrieller
vbd. – verbunden
Vbd. – Verband · Verbindung · Verbund · Vorbedingung
Vbdg. – Verbindung · Vorbedingung
Vbdgn. – Verbindungen · Vorbedingungen
vbdl. – verbindlich · vorbildlich
VBE – Verband Bildung und Erziehung · VESA BIOS Extension
VBef. – Vollstreckungsbefehl
VBeh. – Versorgungsbehörde[n]
Vbem. – Vorbemerkung[en]
VBEW – Verband der Bayerischen Elektrizitätswirtschaft
Vbf – Verschiebebahnhof
VbF – Verordnung über [Anlagen zur Lagerung, Abfüllung und Beförderung] brennbare[r] Flüssigkeiten
VBG – Vermögensbildungsgesetz · Verwaltungsberufsgenossenschaft · Volksschullehrerbesoldungsgesetz · Vorschriftenwerk der Berufsgenossenschaften
VBH – Verbindungs- und Beobachtungshubschrauber
VBHG – Verband Bergbaugeschädigter Haus- und Grundeigentümer
VBI – Verband Beratender Ingenieure
VBK – Verband Bildender Künstler · Verband Berliner Konsumgenossenschaften · Verband der Deutschen Bodenbelags-, Kunststoff-Folien- und Beschichtungs-Industrie · Versicherungsbestätigungskarte · Verteidigungsbezirkskommando *(Bw.)*
VBL – Versorgungsanstalt des Bundes und der Länder
VBl. – Verkehrsblatt · Verwaltungsblatt · Verordnungsblatt
VBLA – Verband der Bekleidungs-, Leder- und Ausrüstungsarbeiter der Schweiz
VBLU – Versorgungsverband bundes- und landesgeförderter Unternehmen
VBM – Verband der Bayerischen Metall- und Elektro-Industrie · Vereinigung Betrieblicher Marktforscher
VBMI – Verein der bayerischen Metall verarbeitenden Industrie
VBNS – Very High Bandwidth Networks · Very High Performance Backbone Network Services
VBO – Volksschullehrerbesoldungsordnung
VBOB – Verband der Beschäftigten der obersten und oberen Bundesbehörden
vBP – vereidigter Buchprüfer
VBPV – Verband der Bayerischen Papier, Pappe und Kunststoff verarbeitenden Industrie
vBR – vereidigter Bücherrevisor
VBR – variable bit rating · Verband Deutscher Baustoff-Recycling-Unternehmen
Vbr. – Verbrauch[er] · Verbrechen; Verbrecher
VBRO – Buchführungs- und Rechnungslegungsordnung für das Vermögen des Bundes
Vbr.-St. – Verbrauchssteuer
VBS – Vereinigung der Bergbau-Spezialgesellschaften · Völkerbundsatzung
VBU – Verband der Betriebsbeauftragten für Umweltschutz · Vereinigung der deutschen Biotechnologieunternehmen
v. B. u. Z. – vor Beginn unserer Zeitrechnung
VBV – Verein für Berufsbildung der Versicherungswirtschaft · Vereinigung beratender Betriebs- und Volkswirte · Volksschullehrerbesoldungsverordnung
vbw, VBW – Vereinigung der Bayerischen Wirtschaft
VBW – Verein für europäische Binnenschifffahrt und Wasserstraßen · Volksbildungswerk
.VBX – Visual Basic Custom Control Extension *(Dateierweiterung)*
VBZ – Verband der Lieferanten für Brandschutz, Zivilschutz und Erste Hilfe · verlorener Baukostenzuschuss

VBZV – Verband Bayerischer Zeitungsverleger
VC – vector control · Venture Capital(ist) · Vereinigung Cockpit · Videocomputer · Vinylchlorid · virtual channel · Volleyballclub
Vc. – Violoncello
v. C. – vor Christus
VCC – Video Compact Cassette
VCD – Verband der Campingplatzunternehmer in Deutschland · Verkehrsclub Deutschland
v. c. ep. – vitrum cum epistamio vitreo (*lat.:* »Flasche mit Glasstöpsel«; *Pharm.*)
VcG – Vereinigung clubfreier Golfer
v. C. G. – vor Christi Geburt
VCH – Verband Christlicher Hospize · Verband des Chemikalienhandels
v. Chr. – vor Christus
v. Chr. G. – vor Christi Geburt
VCI – Verband der Chemischen Industrie
vCJD – Variante der Creutzfeld-Jakobs-Disease
VCM – Verband Christlicher Motorradfahrer · Verein für Creditmanagement · virtual channel memory
VCO – voltage controlled oscillator
VCÖ – Verkehrsclub Österreich
VCR – Videocassettenrecorder
VCS – Videocomputersystem
VC-SDRAM – virtual channel synchronous dynamic random access memory
VCSEL – vertical cavity surface emitting laser
VCVD – Vespa-Club von Deutschland
VD – Vaud/Waadt *(Schweiz; Kfz)* · venereal disease[s] *(engl.)* · vergleichende Darstellung · Vermessungsdirektor · Versorgungsdienst · vertrauliche Dienstsache · Verwaltungsdirektion; Verwaltungsdirektor[in] · Video-Disc · Vierfarbendruck
vd. – verdient[e] · verdichtet · verdünnt · verschieden[e]
v. d. – various dates *(engl.)* · von dem/der · vor dem/der
v. D. – vom Dienst
VDA – Verband der Automobilindustrie · Verband Deutscher Vereine für Aquarien- und Terrarienkunde · Verband Deutscher Arbeitgeber · Verband Deutscher Architekten · Verein für das Deutschtum im Ausland · Vergütungsdienstalter
VdA – Verband deutscher Archivarinnen und Archivare
v. d. A. – vor der Abgabe/Ausfertigung
VDÄÄ – Verein Demokratischer Ärztinnen und Ärzte
VDAI – Verband der deutschen Automatenindustrie
VDAJ – Verband Deutscher Agrarjournalisten
VdAK – Verband der Angestellten-Krankenkassen
VdAR – Vorsitzender/Vorsitzer des Aufsichtsrates
VDAT – Verband Deutscher Automobil-Tuner · Verband Deutscher Ayurveda-Therapeuten
VDAV – Verband Deutscher Adressbuch-Verleger · Verband Deutscher Amateurfotografenvereine
VdAW – Verband der Agrargewerblichen Wirtschaft
VDAX – DAX-Volatilitätsindex *(vgl. Dax)*
VdB – Verband der Bodenbelags-Hersteller · Verband der Bundesbankbeamten *(im DBB)*
VDB – Verband der Deutschen Bahnindustrie · [Bundes]verband der vereidigten Buchprüfer; Verband Deutscher Bücherrevisoren · Verband Deutscher Baubiologen · Verband Deutscher Bodenbelags-Hersteller · Verband Deutscher Buchbindereien für Verlag und Industrie · Verband Deutscher Betriebswirte · Verband Deutscher Bürgervereine · Verband Deutscher Burschen · Verein Deutscher Bibliothekare · Volksverband der Bücherfreunde
VDBF – Verband der Briefumschlag- und Papierausstattungs-Fabriken
VDBiol – Verband Deutscher Biologen
VDBUM – Verband der Baumaschinen-Ingenieure und Meister
VdBV – Verband der beratenden Betriebs- und Volkswirte
VDBW – Verband Deutscher Betriebs- und Werksärzte
VdC – Verband der Cigarettenindustrie
VDC – Vehicle Dynamics Control *(engl.; Fahrdynamikregelung)* · Vereinigung Deutscher Contactschalen-Spezialisten · Vereinigung Deutscher Yacht-Charterunternehmen
VdCh – Verein deutscher Chemiker
VDD – Verband der Diätassistenten · Verband der Diözesen Deutschlands · Verband Deutscher Diplomhandelslehrer · Verband Deutscher Drehbuchautoren · Verband Deutscher Drogisten · Verein Deutscher Dokumentare · Verein Deutsch-Drahthaar
VdDA – Vereinigung der Deutschen Adelsverbände
VdDB – Verein deutscher Diplom-Bibliothekare an wissenschaftlichen Bibliotheken
VDDI – Verband der Deutschen Dental-Industrie · Verband der Dozenten an Deutschen Ingenieurschu-

len · Verband Deutscher Diplom-Ingenieure
VdDK – Verband der Deutschen Küchenmöbelindustrie
VDDT – Verband Deutscher Diplom-Trainer
VDDW – Verband der Deutschen Wasserzählerindustrie
VDE – Verband Deutscher Elektrotechniker · Verein Deutscher Emailfachleute
v. d. E. – vor dem Essen
VdEF – Verein der Eisenbahnfreunde
VDEfa – Verein Deutscher Emailfachleute
VDEh – Verein Deutscher Eisenhüttenleute
VDEI – Verband Deutscher Eisenbahn-Ingenieure
VDEM – Verband Deutscher Energie-Manager
VDES – Verband Deutscher Eisenbahner-Sportvereine
VDESB – Vereinigung Deutscher Executive-Search-Berater
VDEV – Verein Deutscher Eisenbahnverwaltungen
VDEW – Vereinigung Deutscher Elektrizitätswerke
VdF – Verband der deutschen Fruchtsaft Industrie · Verband der Faustkämpfer · Verband der Flugleiter
VDF – Verband der Deutschen Faserplattenindustrie und verwandter Betriebe · Verband der Deutschen Fitness- und Freizeitunternehmen · Verband der Führungskräfte in Bergbau, Energiewirtschaft und zugehörigem Umweltschutz · Verband der Deutschen Fassverwertungsbetriebe · Verband Deutscher Flieger · Verband Deutscher Flugleiter · Verband Deutscher Freilichtbühnen · Verein Deutscher Freimaurer · Versorgungsdienst-Feldwebel
VDFE – Verband Deutscher Filmexporteure
VDFG – Vereinigung Deutsch-Französischer Gesellschaften in Deutschland und Frankreich
VDFU – Verband Deutscher Freizeitunternehmen
VDFZ – Verband der Faserzement-Industrie
VDG – Verband Deutscher Geigenbauer · Verband der Deutschen Granitindustrie · Verein Deutscher Gießereifachleute · Vereinigung Deutscher Gewässerschutz
VDGAB – Verein Deutscher Gewerbeaufsichtsbeamter
VDGD – Verband Deutscher Grafik-Designer
VdH – Verband der Handelsauskunfteien · Verband der Heimkehrer
VDH – Verband Deutscher Heilbrunnen · Verband Deutscher Hypothekenbanken · Verband für das Deutsche Hundewesen · Volldruckhöhe
v. d. H. – vor der Höhe
VDHA – Verband Deutscher Haushüter-Agenturen
VDHI – Verein Deutscher Heizungsingenieure
VDHK – Verband Deutscher Höhlen- und Karstforscher
VDI – Verein Deutscher Ingenieure
VDID – Verband Deutscher Industrie-Designer
VDIF – VESA Display Identification File
VDIG – Vereinigung Deutsch-Italienischer Gesellschaften
VdIK – Verband der Importeure von Kraftfahrzeugen
VdJ – Vereinigung demokratischer Juristen
VDJ – Verband Deutscher Jungdrogisten · Verband Deutscher Jungzüchter *(Rinder)*
VdK – Verband der Konsumgenossenschaften · Verband der Kriegs- und Wehrdienstopfer, Behinderten und Sozialrentner Deutschlands
VDK – Verband des Kraftfahrzeughandels und -gewerbes · Verband Deutscher Klavierhändler · Verband Deutscher Kleingärtner · Verband Deutscher Kunsthistoriker · Verband Deutscher Küstenschiffseigner · Volksbund Deutsche Kriegsgräberfürsorge
VDKC – Verband Deutscher Konzertchöre
VDKF – Verband Deutscher Kälte-Klima-Fachleute · Verband Deutscher Kur- und Fremdenverkehrsfachleute
VDKI – Verein Deutscher Kohleimporteure
VdKL – Verein deutscher katholischer Lehrerinnen
VDKL – Verband Deutscher Kühlhäuser und Kühllogistikunternehmen
VDKS – Verband Deutscher Kapitäne und Schiffsoffiziere
VdL – Verband der Lackindustrie · Verband der Landsmannschaften · Verband deutscher Landwirtschaftskammern
VDL – Verband der Deutschen Lederindustrie · Verband Deutscher Akademiker für Ernährung, Landwirtschaft und Landespflege · Verband Deutscher Diplomlandwirte · Verband Deutscher Lehrer · Verband Deutscher Leitern- und Fahrgerüstehersteller · Verband Deutscher Leuchtröhren- und Lichtwerbeanlagen-Hersteller · Verband Deutscher Luftfahrt-Techniker · Vereinigung Deutscher Landesschafzuchtverbände · Vereinigung Deutscher Lokomotivfabriken
VDLIA – Verband Deutscher Lehrer im Ausland

VDLM – Verein Deutscher Luftfrachtmakler
V. d. L. S. A. – Vereinigung deutscher Lektoren und Sprachlehrer im Ausland
VDLU – Verband Deutscher Luftfahrtunternehmen
VDLUFA – Verband Deutscher Landwirtschaftlicher Untersuchungs- und Forschungsanstalten
VdM – Verband der Motorjournalisten · Verband deutscher Musikschulen · Verzeichnis der maschinentechnischen und elektrotechnischen Anlagen *(Bahn)*
VDM – Verband der Deutschen Milchwirtschaft · Verband der Deutschen Möbelindustrie · Verband Deutscher Makler · Verband Deutscher Meteorologen · Verband Deutscher Mineralbrunnen · Verein Deutscher Metallhändler · Vereinigte Deutsche Metallwerke · Vereinigung für Dental-Materialkunde
V. D. M. – verbi divini magister (*lat.:* »Lehrer des göttlichen Wortes«)
VDMA – Verband Deutscher Maschinen- und Anlagenbau
VDMD – Verband Deutscher Mode- und Textil-Designer
VDMFZ – Verband der Mitfahr-Zentralen in Deutschland und Europa
VDMG – Verband Deutscher Meteorologischer Gesellschaften
VDMK – Verband Deutscher Musikerzieher und konzertierender Künstler
VDMT – Verband Deutscher Museums- und Touristikbahnen
VdN – Verfolgte[r] des Naziregimes
VDN – Verband der Druckindustrie Nord · Verband der Netzbetreiber · Verband des Deutschen Nahrungsmittelgroßhandels · Verband Deutscher Nähmaschinenhändler · Verband Deutscher Naturparke
V.D.N. – Vin doux naturel *(Likörwein aus Südfrankreich)*
VDNE – Verband Deutscher Nichtbundeseigener Eisenbahnen
VDO – Vereinigung Deutscher Opernchöre und Bühnentänzer · Vereinigung Deutscher Ordensobern
Vdöl – Vertreter des öffentlichen Interesses
VdP – Vereinigung deutscher Pilotinnen
VDP – Verband der Deutschen Parkett-Industrie · Verband Deutscher Papierfabriken · Verband Deutscher Prädikats- und Qualitätsweingüter · Verband Deutscher Präparatoren · Verband Deutscher Privatschulen · Verband Deutsche Puppentheater
VdpB – Verband der privaten Bausparkassen
VDPC – Vereinigung der Deutschen Plastischen Chirurgen
VDPCh – Vereinigung der Deutschen Plastischen Chirurgen
VDPG – Verband Deutscher Physikalischer Gesellschaften
VDPI – Verband Deutscher Post-Ingenieure
VDPP – Verein demokratischer Pharmazeutinnen und Pharmazeuten
VDPW – Verband der Patentwirtschaftler
V. D. Q. S. – vin de qualité supérieure
VdR – Verband der Restauratoren
VDR – Verband Deutscher Realschullehrer · Verband Deutscher Reeder · Verband Deutscher Reisestellenleiter · Verband Deutscher Rentenversicherungsträger · Vereinigung Deutscher Restauratorenverbände · Verband Deutsches Reisemanagement
VdRBw – Verband der Reservisten der Bundeswehr
VDRG – Verband Deutscher Rundfunk- und Fernseh-Fachgroßhändler
VDRI – Verein Deutscher Revisionsingenieure
VDRJ – Vereinigung Deutscher Reisejournalisten
VDRK – Verband deutscher Rohr- und Kanaltechnik-Unternehmen
VDRL-Test – Venereal-Diseases-Research-Laboratories-Test *(Med.)*
VDRS – Verband Deutscher Rettungsassistenten und -sanitäter
VDRZ – Verband Deutscher Rechenzentren
vds – Verband Deutscher Sonderschulen
VdS – Verband der deutschen Sperrholzindustrie · Verband der Schadenversicherer · Verband deutscher Soldaten · Vereinigung der Sternenfreunde
VDS – Verband der Sachversicherer · Verband Deutscher Schulmusikerzieher · Verband Deutscher Seilbahnen · Verband Deutscher Sonderschulen – Fachverband für Behindertenpädagogik · Verband Deutscher Sportfachhandel · Verband Deutscher Sportjournalisten · Verband Deutscher Sportpresse · Verband Deutscher Studentenschaften · Verein Deutscher Schaufensterdekorateure · Verein Deutscher Schleifmittelwerke · Verein Deutscher Spediteure · Verein Deutsche Salzindustrie · Verein Deutsche Sprache · Vereinigung

Demokratischer Studenten Österreichs · Vereinigung Deutscher Schmelzhütten · Vereinigung Deutscher Softwarehersteller · Vereinigung Deutsche Sanitärwirtschaft
VDSF – Verband Deutscher Sportfischer
VDSG – Verband Deutscher Schulgeographen
VDSI – Verband der Deutschen Schmuck- und Silberwarenindustrie · Verband Deutscher Sicherheitsingenieure
VDSL – very high data rate DSL
VDSM – Verband der Stadt-, Sport- und Mehrzweckhallen
VdSO – Vereinigung deutscher Sanitätsoffiziere
VDSS – Verband der Deutschen Sperrholz- und Spanplattenindustrie · Verband Deutscher Schifffahrts-Sachverständiger
VDST – Verband Deutscher Sporttaucher
VdT – Verein der Techniker
VDT – Verband der Deutschen Tapetenindustrie · Verband Deutscher Techniker · Verband Deutscher Tennislehrer · Verband Deutscher Tonmeister · Vereinigung Deutscher Tanzlehrer und Tanzschulen
vdt. – vidit (*lat.:* »hat es gesehen«)
VDTG – Verband des Deutschen Tapetengroßhandels
VDTT – Verband Deutscher Tierarztfrauen und Tierärztinnen
VdTÜV – Verband der Technischen Überwachungsvereine
VdU – Verband deutscher Unternehmerinnen
VDU – Verband der Deutschen Uhrenindustrie · Verband der Unterhaltspflichtigen für unehelich geborene Kinder
VDÜ – Verband deutschsprachiger Übersetzer literarischer und wissenschaftlicher Werke
vdv – Vereinigung der Vertragsfußballspieler
VdV – Vereinigung des Verkehrsgewerbes · Vereinigung der Vertragsfußballspieler
VDV – Verband Deutscher Diplomvolkswirte · Verband Deutscher Verkehrsunternehmen · Verband Deutscher Verkehrsverwaltungen · Verband Deutscher Vermessungsingenieure · Verband Deutscher Volksbibliothekare
VDVA – Verband Deutscher Verkehrs-Amateure
VDVF – Verein Deutscher Versicherungs-Fachwirte
vdw – Verband der Wohnungswirtschaft
VDW – Verband Deutscher Weinexporteure · Verband der Wellpappen-Industrie · Verband Deutscher Werbefilmproduzenten · Verein Deutscher Werkzeugmaschinenfabriken · Vereinigung Deutscher Wissenschaftler
VDWS – Verband Deutscher Windsurfing- und Wassersportschulen
VDWZ – Verzeichnis deutscher wissenschaftlicher Zeitschriften
VdZ – Vereinigung der deutschen Zentralheizungswirtschaft
VDZ – Verband des deutschen Zweiradhandels · Verband Deutscher Zeitschriftenverleger · Verband Deutscher Zoodirektoren · Verein Deutscher Zementwerke · Verein Deutscher Zuckertechniker
v. d. Z. – vor der Zeitrechnung
VDZB – Verband der Deutschen Zahnärztlichen Berufsvertretungen
VDZI – Verband Deutscher Zahntechniker-Innungen
v. d. Ztr. – vor der Zeitrechnung
v. d. Ztw. – vor der Zeitenwende
VDZV – Verein Deutscher Zeitungsverleger
v. d. Zw. – vor der Zeit[en]wende
vE – verdeckte Einlage
VE – Verbergänzung *(Sprachw.)* · verdeckte[r] Ermittler · Verkehrseinheit · Verrechnungseinheit
VEA – Bundesverband der Energieabnehmer
VEAB – Volkseigener Erfassungs- und Aufkaufbetrieb *(DDR)*
VEB – Vereinigung Evangelischer Buchhändler und Verleger · Volkseigener Betrieb *(DDR)*
VEBA – Vereinigte Elektrizitäts- und Bergwerks-Aktiengesellschaft
VEC – Vechta *(Kfz)*
VEDAG – Verband Deutsch-Schweizerischer Ärztegesellschaften
VEDES – Vereinigung Deutscher Spielwarenhändler
VEDEWA – Vereinigung der Wasserversorgungsverbände und Gemeinden mit Wasserwerken
VEEMB – Verband evangelischer Einrichtungen für Menschen mit geistiger und seelischer Behinderung
VEF – Vereinigung Evangelischer Freikirchen
VEG – Bundesverband des Elektro-Großhandels · Volkseigenes Gut *(DDR)*
VEGF – Vascular Endothelial Growth Factor *(Med.)*
VEH – Volkseigener Handel *(DDR)*
VEI – Volkseigene Industrie *(DDR)*
VEID – Bundesverband Verwaiste Eltern in Deutschland

VEJ – Vereinigung Europäischer Journalisten
vEk – verwendbares Eigenkapital
VeK – Verband evangelischer Kirchenchöre Deutschlands
VEK – Volkseigenes Kombinat/Volkseigenes Kontor *(DDR)*
VELA – Vereinigung leitender Angestellten
Veledes – Verband der Lebensmittel-Detaillisten der Schweiz
VELKD – Vereinigte Evangelisch-Lutherische Kirche Deutschlands
VEM – Vereinigte Evangelische Mission · Vereinigung der Eisen- und Metallindustrie Rheinland-Rheinhessen · Vereinigung katholischer Erzieherinnen an Mädcheninternaten · Volkseigene Betriebe des Elektromaschinenbaus *(DDR)*
ven. – venerabilis *(lat.)* · venerisch · venezianisch
VENRO – Verband Entwicklungspolitik deutscher Nichtregierungsorganisationen
VEP – Verbraucherendpreis · Verkaufseinzelpreis · Verkehrsentwicklungsplan
VER – Verden *(Kfz)*
ver. – vereinigt · verus (*lat.:* »wahr, echt«)
Ver. – Veranda · Verein[igung] · Vereinigte ...
veränd. – verändern; verändert · veränderlich
verändl. – veränderlich
Veranl. – Veranlagung · Veranlasser; Veranlassung
VeranlR – Veranlagungsrichtlinien
verantw. – verantworten; verantwortlich
verb. – verbessern; verbessert · verbieten · verbinden · verbindlich · verboten · verbunden
Verb. – Verband · Verbannung · Verbesserung · Verbindlichkeit[en] · Verbindung · Verbund
VerBAV – Veröffentlichungen des Bundesaufsichtsamtes für das Versicherungs- und Bausparwesen
Verbdg. – Verbindung[en]
Verbg. – Verbeugung
Ver.-Bl. – Vereinsblatt/-blätter
verbr. – verbrannt · verbrauchen; verbraucht · verbrecherisch · verbrennen · verbreiten · verbreitern; verbreitert · verbreitet · verbrieft
Verbr. – Verbrauch; Verbräuche; Verbraucher · Verbrechen; Verbrecher · Verbrennung[en]
Verbr.-Abg. – Verbrauchsabgabe
VerbrKrG – Verbraucherkreditgesetz
Verbr.-Pr. – Verbraucherpreis[e]
Verbr.-St. – Verbrauchssteuer · Verbrechensstatistik
verchr. – verchromt
verd. – verdächtigen; verdächtigt · verdecken; verdeckt · verdichten; verdichtet · verdicken; verdickt · verdienen; verdient · verdorben · verdunkeln; verdunkelt · verdünnen; verdünnt · verdunsten; verdunstet
Verd. – Verdacht · Verdächtigung · Verdammung · Verdauung · Verderben · Verdichtung · Verdienst[e] · Verdingung · Verdünnung · Verdunkelung · Verdunstung
ver.di, Verdi – Vereinte Dienstleistungsgewerkschaft
vereh. – verehelicht
Vereinb. – Vereinbarung[en]
vereinf. – vereinfachen; vereinfacht
VereinfG – Vereinfachungsgesetz
VereinsG – Vereinsgesetz
VereinsV – Verordnung zur Durchführung des Vereinsgesetzes
Verf. – Verfahren · Verfall · Verfärbung · Verfasser · Verfassung · Verfehlung[en] · Verfolgung · Verfügung[en]
VerfG – Verfassungsgericht
Verfg. – Verfügung
VerfGG – Verfassungsgerichtsgesetz
VerfGH – Verfassungsgerichtshof
VerfGHG – Gesetz über den Verfassungsgerichtshof
verfl. J. – verflossenen Jahres
verfr. – verfrachten; verfrachtet · verfrüht
VerG – Vereinsgesetz
VERG – Verband des Elektro- und Rundfunkgroßhandels
verg. – vergangen · vergeben · vergebens; vergeblich · vergessen · vergeuden; vergeudet · vergiften; vergiftet · vergilbt · vergolden; vergoldet · vergüten; vergütet
Verg. – Vergabe · Vergangenheit · Vergaser · Vergehen · Vergeltung · Vergessenheit; Vergesslichkeit · Vergiftung · Vergoldung · Vergünstigung · Vergütung
VergDA – Vergütungsdienstalter
Verges. – Vergesellschaftung
Verg.-Gr. – Vergütungsgruppe
vergl. – verglasen; verglast · vergleiche!; vergleichen; verglichen
Vergl. – Verglasung · Vergleich
VerglO – Vergleichsordnung
Vergn. – Vergnügen; Vergnügung[en]
VergnAusnV – Vergnügungsausnahmeverordnung
Vergn.-St., VergnSt. – Vergnügungssteuer
VergnStG – Vergnügungssteuergesetz
vergr. – vergriffen · vergrößern; vergrößert

Vergr. – Vergrößerung[en]
verh. – verhaften; verhaftet · verhalten · verhandeln · verheiratet · verhindern; verhindert · verhören; verhört
Verh. – Verhaftung[en] · Verhalten · Verhältnis[se] · Verhandlung[en] · Verhinderung · Verhör[e]
verj. – verjährt · verjüngen; verjüngt
Verj. – Verjährung · Verjüngung
Verj.-Fr. – Verjährungsfrist
verk. – verkaufen; verkauft · verkehren · verkoken · verkommen · verkörpern; verkörpert · verkümmern; verkümmert · verkünden; verkündet; verkündigen; verkündigt · verkürzen; verkürzt
Verk. – Verkalkung · Verkarstung · Verkauf; Verkäufer[in] · Verkehr · Verkokung · Verkörperung · Verkündigung; Verkündung · Verkürzung
VerkA – Verkehrsamt
Verk.-Bed. – Verkaufsbedingungen · Verkehrsbedingungen
VerkFinG – Verkehrsfinanzgesetz
Verkl. – Verkleidung · Verkleinerung[en]
Verk.-Pr. – Verkaufspreis[e]
Verk.-Pr., Verk.-Progr. – Verkaufsprogramm · Verkehrsprogramm
verk. Progr. – verkürztes Programm
Verk.-St. – Verkaufssteuer · Verkehrssteuer
Verk.-Stat. – Verkaufsstatistik · Verkehrsstatistik
verl. – verladen · verlagern; verlagert · verlangen; verlangt · verlängern; verlängert · verlassen · verlässlich · verlegen · verlegt · verleihen · verletzen; verletzt · verlieben; verliebt · verliehen · verlobt · verlogen · verloren
Verl. – Verladung · Verlag[e] · Verlagerung · Verlängerung · Verlauf · Verlegenheit · Verleger · Verlegung · Verleihung · Verletzung[en] · Verlöbnis; Verlobung · Verlust[e]
Verl.-A., Verl.-Anst. – Verlagsanstalt
Verl.-Buchh. – Verlagsbuchhandel; Verlagsbuchhandlung
Verl.-Debit.-Nr. – Verlagsdebitorennummer
VerlG, VerlagG – Gesetz über das Verlagsrecht
Verl.-Ges. – Verlagsgesellschaft
VerlPA – Verlagspostamt
VerlPÄ – Verlagspostämter
Verl.-St. – Verladestation · Verlängerungsstück
verm. – vermachen; vermacht · vermahlen; vermahlt · vermählt · vermarkten; vermarktet · vermehrt · vermengen; vermengt · vermerken; vermerkt · vermessen · vermieten; vermietet · vermindern; vermindert · vermischen; vermischt · vermissen; vermisst · vermitteln; vermittelt · vermuten
Verm. – Vermächtnis · Vermählung · Vermarktung · Vermengung · Vermerk · Vermessung · Verminderung · Vermischung · Vermittler; Vermittlung · Vermögen · Vermutung[en]
VermA – Vermessungsamt
VermÄDA – Dienstanweisung für die Vermessungsämter in Bayern
Verm.-Amtm., VermAmtm. – Vermessungsamtmann
Verm.-Ant. – Vermögensanteil[e]
VermBDV – Verordnung zur Durchführung der lohnsteuerlichen Vorschriften des Gesetzes zur Förderung der Vermögensbildung der Arbeitnehmer
VermBewG – Vermögensbewertungsgesetz
VermBG – Vermögensbeteiligungsgesetz · Vermögensbildungsgesetz
Verm.-Bild. – Vermögensbildung
Verm.-Dir., VermDir. – Vermessungsdirektor
VermG – Vermessungsgesetz
Verm.-Ing. – Vermessungsingenieur
VermIngBO – Berufsordnung der öffentlich bestellten Vermessungsingenieure
Verm.-Insp., VermInsp. – Vermessungsinspektor
VermKatAmt – Vermessungs- und Katasteramt
VermOI, VermOInsp. – Vermessungsoberinspektor
VermS – Vermögensschaden[versicherung]
Verm.-St., VermSt. – Vermögenssteuer
VermStDV – Vermögenssteuer-Durchführungsverordnung
VermStG – Vermögenssteuergesetz
VermStR – Vermögenssteuer-Richtlinien
VermStVerbG – Vermögenssteuerverbundgesetz *(Hessen)*
vern. – vernachlässigen; vernachlässigt · vernehmen · verneinen; verneint · vernichten; vernichtet · vernieten; vernietet · vernommen · vernünftig
veröff. – veröffentlichen; veröffentlicht
Veröff. – Veröffentlichung[en]
verp. – verpachten; verpachtet · verpacken; verpackt
Verp. – Verpächter · Verpachtung · Verpackung
VerpackV – Verordnung über die Verwendung von Verpackungsabfällen

verpf. – verpfänden; verpfändet
verpfl. – verpflanzen · verpflegen; verpflegt · verpflichten; verpflichtet
Verpfl. – Verpflegung · Verpflichtung[en]
Verpfl.-K. – Verpflegungskosten
VerpflO – Verpflegungsordnung
Verp.-K. – Verpackungskosten
Verp.-St. – Verpackungssteuer
verr. – verrechnen; verrechnet · verreisen; verreist · verringern; verringert
Verr., Verrech. – Verrechnung
Verr.-Einh. – Verrechnungseinheit[en]
Verr.-Sch. – Verrechnungsscheck
vers. – versammeln; versammelt · versanden; versandet · versäumen; versäumt · versehen · versehentlich · versenden; versendet · versetzen; versetzt · versichern; versichert · versiert · versilbert · versorgen; versorgt · versuchen
Vers. – Versäumnis · Versagen · Versager · Versalien · Versammlung · Versand · Versandung · Versehen · Versehrte[r] · Versendung · Versetzung · Versicherung · Version · Versöhnung · Versorgung · Versuch[e]
VersA – Versicherungsamt · Versicherungsanstalt · Versorgungsamt · Versorgungsanstalt · Versuchsamt · Versuchsanstalt
Vers.-Ag. – Versicherungsagent[ur]
Vers.-Ang[est]. – Versicherungsangestellte[r]
Vers.-Anst. – Versicherungsanstalt · Versorgungsanstalt · Versuchsanstalt
Vers.-Anw. – Versorgungsanwärter; Versorgungsanwartschaft · Versuchsanweisung
VersAufsG – Versicherungsaufsichtsgesetz
Vers.-Bed. – Versicherungsbedingungen
Vers.-Best. – Versicherungsbestimmungen · Versorgungsbestimmungen
Vers.-Bez. – Versorgungsbezüge
versch. – verschenken · verschieben · verschieden; verschiedentlich · verschiffen · verschoben · verschollen · verschuldet
Versch. – Verschiebung · Verschiedenes · Verschiedenheit · Verschulden · Verschuldung · Verschulung
VerschÄndG – Gesetz zur Änderung von Vorschriften des Verschollenheitsrechts
VerschG – Verschollenheitsgesetz
verschl. – verschlechtern; verschlechtert · verschleudern · verschließen · verschlimmert · verschlossen
Verschl. – Verschlechterung · Verschleiß · Verschluss; Verschlüsse
Vers.-Einr. – Versorgungseinrichtung
Vers.-Empf. – Versorgungsempfänger
VersG – Versammlungsgesetz · Versicherungsgesetz · Versorgungsgeld · Versorgungsgesetz
VersG, Vers.-Geb. – Versandgebühr[en] · Versäumnisgebühr[en]
Vers.-Gesch. – Versandgeschäft
VersJ – Versicherungsjahr
Vers.-N. – Versicherungsnehmer
Vers.-Nr. – Versandnummer · Versicherungsnummer
VersorgA – Versorgungsamt
Vers.-Pol. – Versicherungspolice
VersR – Versicherungsrecht · Versorgungsrecht
Vers.-R., Vers.-Richtl. – Versandrichtlinie[n] · Versicherungsrichtlinie[n] · Versorgungsrichtlinie[n]
VersRt – Versorgungsrente
Vers.-St., VerSt. – Versicherungssteuer
VersStDV – Versicherungssteuer-Durchführungsverordnung
VersStG – Versicherungssteuergesetz
verst. – verstaatlicht · verstanden · verstärken; verstärkt · verstehen · versteigern; versteigert · verstellen; verstellt · versteuern; versteuert · verstorben · verstoßen · verstümmelt
Verst. – Verstaatlichung · Verständigung · Verstärker · Verstärkung · Versteifung · Versteigerung · Versteuerung · Verstoß; Verstöße
VerstG, VersteigG – Gesetz über das Versteigerungsgewerbe
Vers.-Tr. – Versicherungsträger · Versorgungsträger
VerstV – Versteigerervorschriften; Versteigerungsvorschriften
Ver. St. v. A. – Vereinigte Staaten von Amerika
VersU, VersUrt. – Versäumnisurteil
VersVerfG – Gesetz über das Verfahren in Versorgungssachen
VersVG – Gesetz über den Versicherungsvertrag
Vers.-W., VersW – Versicherungswirtschaft
Vers.-Z. – Versäumniszuschlag
vert. – vertagen; vertagt · vertatur (*lat.:* »[bitte] wenden!«) · verteidigen; verteidigt · verteilen; verteilt · vertikal
Vert. – Vertagung · Verteidiger; Verteidigung · Vertei-

ler · Verteilung · Verteuerung · Vertikale
vertr. – vertraglich · vertrauensvoll · vertraulich · vertreiben · vertreten · vertrieben
Vertr. – Vertrag; Verträge · Verträglichkeit · Vertrauen · Vertraulichkeit · Vertreibung · Vertreter; Vertretung · Vertrieb · Vertriebene[r]
Vertr.-Ges. – Vertragsgesellschaft · Vertriebsgesellschaft
VertrHG – Vertragshilfegesetz
vertrl. – verträglich · vertraulich
Vertr.-Part. – Vertragspartner
vertrv. – vertrauensvoll
vertrw. – vertretungsweise
Verv., Vervielf. – Vervielfältigung[en]
Verv.-R. – Vervielfältigungsrecht[e]
verw. – verwahren; verwahrt · verwaist · verwalten; verwaltet · verwandeln; verwandelt · verwandt · verwarnen; verwarnt · verwechseln; verwechselt · verweigern · verweisen · verwenden; verwendet · verwerten; verwertet · verwesen; verwest · verwiesen · verwildert · verwittert · verwitwet · verworfen · verwundet
Verw. – Verwalter; Verwaltung · Verwandlung · Verwandte[r] Verwarnung · Verwechslung · Verweigerung · Verweis[e] · Verwendung · Verwertung · Verwesung · Verwitterung · Verwundete[r]; Verwundung
VerwA – Verwaltungsamt
Verw.-Amtm., VerwAmtm. – Verwaltungsamtmann
Verw.-Ang. – Verwaltungsangestellte[r]
Verw.-Bez. – Verwaltungsbezirk[e]
Verw.-Bl., VerwBl. – Verwaltungsblatt
VerwG – Verwahrungsgesetz · Verwaltungsgericht · Verwaltungsgesetz · Verwarnungsgeld · Verwarnungsgesetz
Verw.-Geb. – Verwaltungsgebäude · Verwaltungsgebühren
VerwGebG – Verwaltungsgebührengesetz
VerwGebO – Verwaltungsgebührenordnung
Verw.-Ger. – Verwaltungsgericht
VerwGerG – Verwaltungsgerichtsgesetz
Verw.-Ges. – Verwertungsgesellschaft
VerwGH – Verwaltungsgerichtshof
VerWiGeb – vereinigtes Wirtschaftsgebiet
Verw.-Insp., VerwInsp. – Verwaltungsinspektor[in]
VerwO – Verwaltungsordnung
Verw.-R., VerwR – Verwaltungsrat · Verwaltungsrecht
Verw.-Rspr., VerwRspr. – Verwaltungsrechtsprechung
VerwV – Verwaltungsvorschrift[en]
VerwVereinfG – Verwaltungsvereinfachungsgesetz
VerwVerfG – Verwaltungsverfahrensgesetz
VerwVollstrG – Verwaltungsvollstreckungsgesetz
VerwZustG – Verwaltungszustellungsgesetz
verz. – verzehren; verzehrt · verzeichnen; verzeichnet · verzerrt · verzichtet · verzieren; verziert · verzinkt · verzinnt · verzinslich; verzinst · verzogen · verzögern · verzollen; verzollt
Verz. – Verzehr · Verzeichnis · Verzerrung · Verzicht · Verzierung · Verzinsung · Verzögerung · Verzollung · Verzug
Verz.-Nr. – Verzeichnisnummer
Verz.-Z. – Verzugszinsen · Verzugszuschlag
VES – ventrikuläre Extrasystole *(Med.)* · Vereinigte Elektroenergiesysteme *(im RGW)* · Versuchs- und Entwicklungsstelle
VESA – Video Electronic Standards Association
Vet. – Veteran[en] · Veterinär
VEW – Verband der Elektrizitätswerke Österreichs · Vereinigte Elektrizitätswerke Westfalen
VEZ – Verkehrserziehungszentrum · Voreinflugzeichen
VF – Vakuumfluoreszenz · variable frequency · Verkaufsfläche · Verkaufsförderung · Vertikalflug · video frequency · Vielfachfeld · vocal/voice frequency · Vorwärtsfahrt
Vf. – Verfahren · Verfasser · Verfassung · Verfügung[en] · Vorfahrt
v. f. – verso folio (*lat.:* »auf der Rückseite des Blattes«)
v. F. – vom Fass · von Ferne
V. f. – Vorschrift[en] für
VfA – Verband für Außer-Haus Verpflegung · Versicherungsstelle für Apotheker
VFA – Verband forschender Arzneimittelhersteller · Vereinigung Freischaffender Architekten Deutschlands · Verein zur Förderung der Arbeitssicherheit in Europa · Verwaltungs- und Finanzausschuss
VFAT – virtual file allocation table
VfB – Verein für Ballspiele · Verein für Bewegungsspiele · Verein für Bürowirtschaft
vfdb – Vereinigung zur Förderung des deutschen Brandschutzes
VFDB – Verband der Funkamateure in Telekommuni-

kation und Post *(früher: Verband der Funkamateure der Deutschen Bundespost)*
VFE – Verband der Führungskräfte der Eisen- und Stahlerzeugung und -verarbeitung · Vermögens-, Finanz- und Ertragslage
VFED – Verein zur Förderung der gesunden Ernährung und Diätik
VFF – Verband der Fährschifffahrt und Fährtouristik · Verband der Fenster- und Fassadenhersteller
VfG – Versuchsanstalt für Getreideverwertung
VFG – Verband für Flüssiggas · Verkehrsfinanzgesetz · Vieh- und Fleischgesetz
Vfg. – Verfassung · Verfügung[en]
VfGH – Verfassungsgerichtshof
VfGHG – Gesetz über den Verfassungsgerichtshof
VfIE – Vereinigung freier Ingenieure für Entsorgungstechniken
VFIR – very fast infrared
VfK – Verein für Kommunalwissenschaften · Verein für Kraftsport
VFKV – Verein zur Förderung der klinischen Verhaltenstherapie
VfL – Verein für Leibesübungen · Verein für Leichtathletik · Verein für Luftfahrt
VFL – Vogelfluglinie
vfl. J. – verflossenen Jahres
VFLL – Verband der Freien Lektorinnen und Lektoren
VFM – Verband der Fahrrad- und Motorrad-Industrie · Verein zur Förderung der Medienforschung
VFME – Verband der Führungskräfte der Metall- und Elektroindustrie
VFMG – Vereinigung der Freunde der Mineralogie und Geologie
VFP – Dienstvorschrift über Fahrvergünstigungen des Personals
VfR – Verein für Rasenspiele/Rasensport
VFR – Visual Flight Rules
VfS – Verein für forstliche Standorterkundung *(Bayern)*
VFS – Verein zur Förderung der Studienreform · Verkehrsfliegerschule · Verkehrsfunkstelle
V. f. S. – Verein für Sozialpolitik
VfSchutzG vgl. VSchG
VfV – Vermittlungsstelle für Vertragsforschung
VfW – Verband für Wärmelieferung · Vereinigung für Wertstoffrecycling
Vfw[g]. – Vorführwagen
VG – Verbundene Wohngebäudeversicherung *(Vw.)* · Verbundglas · Vereinsgemeinschaft · Vereinsgesetz · Verlagsgesetz · Verlagsgruppe · Vermögensgesetz · Versicherungsgesetz · Verteidigungsgerät · Vertragsgesetz · Verwaltungsgemeinschaft · Verwaltungsgericht · Verwertungsgesellschaft · Viehseuchengesetz · volkswirtschaftliche Gesamtrechnung · Vormundschaftsgericht
vg. – vage · vergangen · vergeben · vergessen · vorrangig · vorig
Vg. – Vereinigung · Vorgang; Vorgänge · Vorgeschichte
vGA – verdeckte Gewinnausschüttung
VGA – [Bundes]verband der Geschäftsstellenleiter der Assekuranz · video graphics array
VGAD – Verstärkter Grenzaufsichtsdienst
VGB – Verband der Grafischen Betriebe · Vereinigung der Großkesselbesitzer · Technische Vereinigung der Großkraftwerksbetreiber
vgbl. – vergeblich
VGCT – Verein für Gerbereichemie und -technik
VGD – Verband der Geschichtslehrer Deutschlands · Verband der Grafik-Designer
VGebO – Verwaltungsgebührenordnung
VGemO – Verwaltungsgemeinschaftsordnung für den Freistaat Bayern
VGF – Verkehrsgesellschaft Frankfurt
VGG – Gesetz über die Verwaltungsgerichtsbarkeit · Verwaltungsgerichtsgesetz
Vgg. – Vereinigung
v. G. G. – von Gottes Gnaden *(hist.)*
VGH – Verfassungsgerichtshof · Verwaltungsgerichtshof
VGHG – Gesetz über den Verfassungsgerichtshof
VGI – Verband geschlossene Immobilienfonds
VGK – Verwertungsgesellschaft für gebrauchte Kunststoffe
VGKO – Verwaltungsgerichtskostenordnung
vgl. – vergleiche
Vgl. – Verglasung · Vergleich
vgl. a. – vergleiche auch
vgl. d. – vergleiche da/dies/dort
VglO – Vergleichsordnung
vgl. o. – vergleiche oben
VGLvD – Vereinigte Großlogen von Deutschland
vgm. – vorgemeldet
VgnStG – Vergnügungsteuergesetz
VGNV – Verkehrsgebührennachverarbeitung
VGO – Verwaltungsgebührenordnung · Verwaltungsgerichtsordnung · Vollzugsgeschäftsordnung
vgo. – vergoldet
VGP – Verbands-Gebrauchs[hund]prüfung · Vereinigung von Grossisten für den Photohandel

VGPO – Verbands-Gebrauchsprüfungsordnung
VGR – Verein gegen Rechtsmissbrauch · Verwaltungsgerichtsrat · volkswirtschaftliche Gesamtrechnung
V.-Gr., VGr – Vergütungsgruppe
Vgr. – Vergrößerung[en] · Vorgriff
v. Gr. – volle Größe · von Greenwich
VgRÄG – Vergaberechtsänderungsgesetz
VGrS – Vereinigter Großer Senat
VGS – Vereinigte Große Senate
Vgsch. – Vorgeschichte
VGT – Verkehrsgerichtstag
Vgt. – Vergütung
Vgt.-Gr. – Vergütungsgruppe
VGU – Virtual Global University
v. g. u. – vorgelesen, genehmigt, unterschrieben
VgV – Vergabeverordnung
VGW – Valutagegenwert · Verband der Deutschen Gas- und Wasserwerke
VH – Vereinigte Hospitien · Versandhaus · Vertragshilfe · Verbundene Hausratversicherung *(Vw.)* · Vickershärte
vh. – verheiratet · vorher
v. h. – von hinten
v. H., vH – vom Hundert
v. H. – vom Hause
VHAW – Vereinigung hessischer Arbeitgeber- und Wirtschaftsverbände
vhb, VHB – Virtuelle Hochschule Bayern
VHB – Verband der Hersteller von Bauelementen für wärmetechnische Anlagen · Verbindungen höchster Belastbarkeit · Verhandlungsbasis · Versicherungs-Haftpflicht-Bedingungen *(Vw.)*
VHBB – Verband der höheren Verwaltungsbeamten Bayerns
VHDI – Versicherungsholding der Deutschen Industrie
Vhdlg. – Verhandlung[en]
Vhdlgn. – Verhandlungen
Vhdw – Vorhandwerker
VHF – very high frequency
VHG – Vertragshilfegesetz
VHI – Verband der deutschen Holzwerkstoff-Industrie
V. H. N. – Vickers Hardness Number *(Vickershärtezahl)*
v. h. n. v. – von hinten nach vorn
VHS – Verhandlungssache · Video-Home-System · Volkshochschule
VHSC – Radio Telegraphy Very High Speed Club
VHSF – Verband Hessischer Sportfischer
VHSI – Very High Scale Integration
VHTV – Verband höherer technischer Verwaltungsbeamter
VhU – Vereinigung der hessischen Unternehmerverbände
VHV – Vereinigte Haftpflichtversicherung [des deutschen Baugewerbes] · Vereinigung der Holzhandelsverbände · Vereinigung Hessischer Verwaltungsrichter · Vertragshilfeverordnung
VHVP – Verband Hessischer Vertragspsychotherapeuten
vhw, VHW – [Deutsches] Volksheimstättenwerk
Vhw. – Verhaltensweise · Verhältniswahl · Verhältniswort
VHZV – Verband Hessischer Zeitungsverleger
VI – Vermessungsingenieur[in] · Vermessungsinspektor[in] · Verwaltungsinspektor[in] · Virgin Islands · Viskositätsindex · visual interface
v. i. – verbum intransitivum · vide infra (*lat.:* »siehe unten«)
VIA – Verein für Internationale Ausbildung
Viacom Inc. – Video and Audio Communications Inc.
VIAG – Vereinigte Industrie-Unternehmungen Aktiengesellschaft
VIB – Verein für Internationale Begegnung
VIBEX – Vibrations-Expositionsdatenbank *(der BIA)*
VIC – video interface chip
VICI – Verband der Ingenieure in der Chemischen Industrie
vid. – vide, videas, videatur (*lat.:* »siehe«)
VIE – Viersen *(Kfz)*
ViehFIG – Vieh- und Fleischgesetz
ViehsG – Viehseuchengesetz
View – Verein für Innovation, Existenzgründung und Wachstum
VIFGG – Gesetz zur Einführung einer Verkehrsinfrastrukturfinanzierungsgesellschaft
VIJ – Verein für Internationale Jugendarbeit
VIK – Verband der Industriellen Energie- und Kraftwirtschaft
VIM – vendor independent messaging
VIP – Vereinigung der Industriefilmproduzenten · video interface port
V. I. P., VIP – very important person[s] (*engl.:* »sehr wichtige Person[en]«)
Virge – video and rendering graphics engine
vis. – visuell
Vis. – Visagist · Visier · Visum
V. i. S. d. P. – Verantwortlich im Sinne des Pressegesetzes/Presserechts
Visk. – Viskosität
VIT – Verband Internationaler Tauchschulen
Vit. – Vitamine

VIV – Verband industriegebundener Versicherungsvermittler
viv. – vivace (*ital.:* »lebhaft«; *Musik*)
v.i.v. – von innen verstellbar
VIW – Vereinigte Institute für Wärmetechnik
VIZ – Vereinigung für internationale Zusammenarbeit
VJ – Versicherungsjahr · Versorgungsjahr · Videojockey · Videojournalist[in]
vj. – verjährt · verjüngt · vierteljährig; vierteljährlich
Vj. – Verjährung · Verjüngung · Vierteljahr · Vorjahr
v.J. – vom Jahre · vergangenen/vorigen Jahres; vergangenes/voriges Jahr
VJA – Verwaltungsstellenjugendausschuss
VJB – Vierteljahresbeitrag
Vj.-Ber., Vjber. – Vierteljahresbericht[e]
Vj.-H., Vjh. – Vierteljahresheft[e]
VJN – Verband der Journalisten in Niedersachsen
VJP – Verbandsjugendprüfung · Vierteljahresprämie
Vjs., Vj.-Schr., Vjschr. – Vierteljahresschrift
VK – Variabilitätskoeffizient · Vektorkardiograph[ie] · Verband der Kriegsdienstverweigerer · Verbundkarten *(EDV)* · Vergaserkraftstoff · Verkehrskarte · Verkehrskontrolle · Verlagskatalog · Vermögenskontrolle · Versicherungskarte · Versicherungskasse · Versicherungskaufmann · Verwaltungskommission · Vitalkapazität *(Med.)* · Vizekanzler · Vizekonsul · Völklingen *(Kfz)* · Vollkasko[klasse] *(Vw.)* · Vollkraft · Vorbehaltskauf · Vorbehaltskäufer · Vorkante · Vorkultur · Vorschriftenkommission
VK, Vk. – Volkskunde
vk. – vakant · verkauft · verkürzt
Vk. – Vakanz · Vakat · Verkauf; Verkäufer · Verkehr · Verteilerkasten · Volkskunst · Vollkasko
VKA – Verband der Kommunalen Aktionäre des RWE · Vereinigung der kommunalen Arbeitgeberverbände · Volkskontrollausschuss *(DDR)*
VKB – Verband katholischer Verleger und Buchhändler · Verwaltungskostenbeitrag
Vk.-Bl., VkBl. – Verkehrsblatt
VKD – Verband der Köche Deutschlands · Verband der Krankenhausdirektoren Deutschlands · Vereinigung für kundenfreundliche Dienstleister
Vkde. – Volkskunde
VkdL – Verband katholischer deutscher Lehrerinnen
VKE – Verband der Vertriebsfirmen kosmetischer Erzeugnisse · Verband Kunststoff erzeugende Industrie und verwandte Gebiete · Vorschrift über die Kosten- und Erfolgsrechnung *(Bahn)*
VKF – Verband kommunaler Fuhrparks- und Stadtreinigungsbetriebe
Vkf. – Verkauf; Verkäufer · Verkleinerungsform
Vkfl. – Verkaufsfläche
VKG – Vektorkardiogramm; Vektorkardiographie *(Med.)* · Verbraucherkreditgesetz · Verband der Kraftfahrzeug-Ersatzteil- und -Zubehör-Großhändler *(heute: GVA)*
VKI – Verband der Körperpflegemittel-Industrie · Verein für Konsumenteninformation · verteilte künstliche Intelligenz
V.K.I.T. – Verband Katholischer Internate und Tagesinternate
VKJO – Verband Katholischer Jugendorganisationen
VkK – Verkehrskasse *(Bahn)*
VKK – Verein für Kraftsport und Körperpflege · Verteidigungskreiskommando
VKL – Verkaufsleiter; Verkaufsleitung
VKLD – Verband der Katholischen Lehrerschaft Deutschlands
VKM – Verband der Komponisten und Musikwissenschaftler der DDR · Vereinigung kleiner Menschen
VKO – Verkaufsorganisation
VKPF – Vereinigung katholischer Priester und ihrer Frauen
Vk.-R. – Verkaufsrecht · Vorkaufsrecht
VKRG – Verband katholischer Religionslehrer und Gemeindereferenten
VKS – Verband Kommunale Abfallwirtschaft und Stadtreinigung · Vereinigung Deutscher Kraftwagenspediteure
VKSE – Vertrag über konventionelle Streitkräfte in Europa
Vk.-St., VkSt – Verkaufsstelle
VKU – Verband kommunaler Unternehmen · Verkehrsunfall
VKVI – Verband der kartografischen Verlage und Institute
VL – Verbindungslinie · Verbundleitung · Vereinigung Luftfahrt · Verkaufsleiter[in]; Verkaufsleitung · Verlagsleiter[in]; Verlagsleitung · Verlängerungsleitung · vermögenswirksame Leistung[en] · Versuchsleiter[in]
vl. – verlängert · verloren · vorläufig *(selten für: vlg.)*
v.l. – varia lectio (*lat.:* »andere Lesart«) · von links

VlA – Anordnung zur Verlängerung
VLA – Amt für Verteidigungslasten · Verband Liberaler Akademiker · very large array *(Radioteleskop)* · Very Light Aircraft *(Motorflugzeugkategorie)*
VlB, VlBest. – Bestimmungen zur Verlängerung
VLB – Verband der Lehrer an beruflichen Schulen · Versuchs- und Lehranstalt für Brauerei · Verzeichnis lieferbarer Bücher · VESA Local Bus
VlBek. – Bekanntmachung zur Verlängerung
VLBI – Very Long Baseline Interferometry
VLBS – Verband der Lehrer an beruflichen Schulen
VLDL – very low density lipoprotein *(Lipoprotein sehr geringer Dichte)*
V-Leute – Vertrauensleute · Verbindungsleute
VLF – Verband Landwirtschaftlicher Fachschulabsolventen · very low frequency
VlG – Gesetz zur Verlängerung
VLG – Volksschullehrergesetz
vlg. – verlagert · verlängert · verlegen · vorläufig · vulgär
Vlg. – Veranlagung · Verlag · Verlagerung · Verlängerung · Verleger · Verlegung
vlgt. – verlagert · verlängert · verlegt · verleugnet
VLGU – Verband landwirtschaftlicher und gärtnerischer Unternehmen
VLIW – very long instruction word
VLK – Verband der leitenden Krankenhausärzte Deutschlands
vll. – vielleicht
VLM – Vereinigte Landsmannschaften Mitteldeutschlands · Verzeichnis lieferbarer Musikalien
v.l.n.r. – von links nach rechts
VLP – Video Long Play
VLR – Verband lokaler Rundfunk *(in NRW)* · visitor location register *(Handy)* · Vortragender Legationsrat
VLS – Verzeichnis lieferbarer Schulbücher
VLSI – very large scale integration
VLT – very large telescope
VlV – Verordnung zur Verlängerung
VlVorschr., VlVschr. – Vorschriften zur Verlängerung
VLwF – Verordnung über das Lagern wassergefährdeter Flüssigkeiten
VLWZ – Virtuelles Lern- und Wissenszentrum
VLZ – Verzeichnis lieferbarer Zeitschriften
VM – Valutamark · Verbrennungsmotor · virtual machine · Voltmeter
vm. – vermessen · vermisst · vermitteln; vermittelt · vormals · vormittags
Vm. – Vermerk · Vermessung · Vermittler; Vermittlung · Vollmilch · Vordermann · Vormann · Vormittag
v.M. – vergangenen/vorigen Monats
VMA – Vanillinmandelsäure
V-Mann – Vertrauensmann · Verbindungsmann
VMB – Virtueller Marktplatz Bayern
VMC – Visual Meteorological Conditions
VM/CMS – Virtual Machine/Conversational Monitor System
VME – VersaModule Eurocard Bus · Verstärkungsmesseinrichtung
VMI – Verband Württembergisch-Badischer Metallindustrieller/Verband der Metallindustrie Baden-Württemberg · Vereinigte Möbelindustrie · video module interface
VMK – Verkehrsministerkonferenz
VMOS – vertical metal oxide semiconductor
VMPA – Verband der Materialprüfungsämter
VMS – virtual memory system
VMU – Vereinigung Mittelständischer Unternehmer
VMV – Verband Metallverpackungen
VN – Vereinte Nationen · Versicherungsnehmer · Vietnam *(Kfz)* · Vorneigung der Fassung *(Optik)*
Vn. – Vorname
VNachweisTierAM – Verordnung über Nachweispflichten für Arzneimittel, die zur Anwendung bei Tieren bestimmt sind
VNCI – Verband der Niederländischen Chemischen Industrie
VNE – Vereinigung der Niedersächsischen Zulieferer- und Dienstleistungsbetriebe für die Erdöl- und Erdgasindustrie
VNR – Verband Norddeutscher Rechenzentren
VNS – vegetatives Nervensystem *(Med.)*
VO – Veredelungsordnung · Vergleichsordnung · Vergütungsordnung · Verkehrsordnung · Verordnung · Visual Objects · Vollzugsordnung
v.o. – von oben
VOAR – Verwaltungsoberamtsrat
VOB – Vergabe- und Vertragsordnung für Bauleistungen
VÖB – Bundesverband Öffentlicher Banken Deutschlands
Voba, VOBA – Volksbank
Vobax – Volksbanken-Aktienindex

VÖBB – Verbund öffentlicher Bibliotheken Berlin
VOBl. – Verordnungsblatt
VOD – Vereinigung der Ordensoberinnen Deutschlands · Video on demand
Vodis – voice operated driver information systems
VOE – Verband oberer Angestellter der Eisen- und Stahlindustrie
VOEST – Vereinigte Österreichische Eisen- und Stahlwerke
VOF – Verdingungsordnung für freiberufliche Leistungen
Vofü – Volksfürsorge
VOH – Verkehrsopferhilfe
VOI – Vermessungsoberinspektor[in] · Verwaltungsoberinspektor[in]
VÖI – Verband Österreichischer Ingenieure
VÖIG – Vereinigung Österreichischer Investmentgesellschaften
VoIP – Voice over IP
Vok. – Vokabel · Vokabular · Vokal · Vokalist[in] · Vokativ *(Sprachw.)*
Vok.-Ens. – Vokalensemble
VOL – Verdingungsordnung für Leistungen, ausgenommen Bauleistungen · Vereinigte Ostdeutsche Landsmannschaften · Verordnung über die Aufstellung von Durchschnittssätzen für die Ermittlung des Gewinns aus Land- und Forstwirtschaft
Vol. – Volant · Voliere · Volontär[in]; Volontariat · Volumen
volkst. – volkstümlich
Volksw. – Volkswirt[in]; Volkswirtschaft; Volkswirtschaftler[in] · Volkswohlfahrt
Vollm. – Vollmacht
vollst. – vollständig
Vollstr. – Vollstrecker; Vollstreckung
Vollstr.-Bef., VollstrBef. – Vollstreckungsbefehl
Vollstr.-Gkl., VollstrGkl. – Vollstreckungsgegenklage
Vollstr.-Kl., VollstrKl. – Vollstreckungsklausel
vollsynchr. – vollsynchronisiert
vollz. – vollzählig
Vollz. – Vollzahl · Vollzähligkeit · Vollziehung; Vollzug
VollzA – Geschäftsanweisung für die Vollziehungsbeamten der Finanzverwaltung
VollzB, VollzBea. – Vollziehungsbeamter; Vollzugsbeamter
VollzO – Vorläufige Strafvollzugsordnung
VOLRV – Verordnung über die Lebens- und Rentenversicherung aus Anlass der Neuordnung des Geldwesens
Vomag – Voigtländische Maschinenbau AG *(hist.)*
v. o. n. u. – von oben nach unten
Vopo – Volkspolizei; Volkspolizist *(DDR)*
VOPR – Verordnung Preisrecht
VOR – very high-frequency omnidirectional range *(Flugzeugtechnik)*
vor. – voraus · vorig
Vorarb. – Vorarbeit[en] · Vorarbeit[er]
Vorb. – Vorbedingung[en] · Vorbehalt · Vorbemerkung[en] · Vorbereitung · Vorbericht · Vorbestellung · Vorbeugung
Vorb.-D., VorbD – Vorbereitungsdienst
Vorbed. – Vorbedingung[en]
Vorbeh. – Vorbehalt[e]
Vorbeh., Vorbehandl[g]. – Vorbehandlung
Vorbem. – Vorbemerkung[en]
Vorber. – Vorbereitung[en] · Vorbericht[e]
Vorbest. – Vorbestellung[en]
Vorbf – Vorbahnhof *(Bahn)*
vordr. – vordringlich
Vordr. – Vordruck[e]
VorE, Vorentw. – Vorentwurf; Vorentwürfe
VorE, Vorentsch. – Vorentscheidung[en]
Vorf. – Vorfahre[n] · Vorfahrt · Vorfall; Vorfälle · Vorfeld · Vorfilm · Vorführung[en]
Vorg. – Vorgabe · Vorgang; Vorgänge · Vorgeschichte · Vorgesetzte[r]
vorg., vorges. – vorgesehen · vorgesetzt
vorg., vorgesch. – vorgeschoben
VorgVO – Vorgesetztenverordnung *(Bw.)*
vorh. – vorhanden · vorher[gehend]
Vorh. – Vorhaltung[en]
Vorj. – Vorjahr
Vork. – Vorkommen · Vorkommnis[se]
vorl. – vorladen · vorläufig · vorliegen[d]
Vorl. – Vorladung · Vorlage[n] · Vorlauf; Vorläufe · Vorleger · Vorleistung[en] · Vorlesung[en]
vorm. – vormalig; vormals · vormittags
Vorm. – Vormarsch · Vormittag · Vormund[schaft]
VormG – Vormundschaftsgericht
VormO – Vormundschaftsordnung
VormschG – Vormundschaftsgericht
vor. Mts. – vorigen Monats
Vorn. – Vorname[n]
Vorp. – Vorposten
vorr. – vorsätzlich · vorrangig · vorrätig
Vorr. – Vorrat; Vorräte · Vorrecht[e] · Vorrede; Vorredner · Vorreinigung · Vorrichtung[en]
vors. – vorsätzlich · vorsichtig · vorsitzen[d] · vorsorgend · vorsorglich
Vors. – Vorsatz; Vorsätze · Vorsicht · Vorsilbe · Vorsitz; Vorsitzende[r] · Vorsorge

VorsBPersA – Vorsitzender des Bundespersonalausschusses
Vorsch. – Vorschaltung · Vorschrift[en] · Vorschuss; Vorschüsse
VorschaltG – Vorschaltgesetz
vorschm. – vorschriftsmäßig
vorschn. – vorschnell
Vorschr. – Vorschrift[en]
vorschw. – vorschriftswidrig
Vorst. – Vorstadt · Vorstand; Vorstände · Vorsteher · Vorstellung[en] · Vorstoß; Vorstöße
Vorst.-Mitgl. – Vorstandsmitglied[er]
Vors.-Unt. – Vorsorgeuntersuchung[en]
Vortr. – Vortrag; Vorträge · Vortrupp
vorw. – vorwärts · vorweisen · vorwiegend
Vorw. – Vorwahl · Vorwand; Vorwände · Vorwerk · Vorwort
Vorwgn. – Vorwegnahme
Vorw.-Nr. – Vorwahlnummer
vorz. – vorzeitig · vorzüglich
Vorz. – Vorzimmer · Vorzug
Vorz.-A., VorzA – Vorzugsaktie[n]
vorz. erh. – vorzüglich erhalten
VOS – Vereinigung der Opfer des Stalinismus
VOSch. – Verordnung über das Schornsteinfegerwesen
VoSchG – Volksschulgesetz
v. o. T. – vom oberen Totpunkt
VoV – Vollzugsvorschrift
VÖV – Verband öffentlicher Verkehrsbetriebe
VoxML – Voice Markup Language
VP – Verarbeitungsprogramm *(EDV)* · Verkaufspreis · Verkaufsprogramm · Verkehrspolitisches Programm · Verkehrspolizei · Versicherte Person *(Vw.)* · Versorgungspackung · Versorgungspunkt *(Mil.)* · Verstellpropeller · Versuchsprogramm · Versuchsprodukt · Verursacherprinzip · Verwaltungspräsident[in] · Vizepräsident[in] · Volkspartei · Volkspolizei *(DDR)* · Vollpension · Vorauspersonal *(Mil.)* · Vorposten
VP, Vp. – Versuchsperson
v. P. – von Privat
VpA – Verband privater Abwasserentsorger
VPA – Verband Privater Arbeitsvermittler
VPB – Verband Privater Bauherren · vertikale Preisbindung · Volkspolizei-Bereitschaft *(DDR)*
VPD – Volkspolizei-Dienststelle *(DDR)*
vpf. – verpfändet
vpfl. – verpflanzt · verpflegt · verpflichtet
Vpfl. – Verpflanzung · Verpflegung · Verpflichtung[en]
VPI – Vapor Phase Inhibitor *(engl.; isolierender Schutz)* · Verbraucherpreisindex · Verein der Photo-Industrie und deren Vertretungen in der Schweiz · Verkehrspolizei-Inspektion · Volkspolizei-Inspektion *(DDR)*
VPK – Verband privater Kinderheime · Verkehrstechnische Prüfungskommission
VPKA – Volkspolizei-Kreisamt *(DDR)*
VPLT – Verband für professionelle Licht- und Tontechnik
vpm – Volumengehalt pro Million
VPM – Verein zur Förderung der Psychologischen Menschenkenntnis
VPN – Virtual Private Network
VPO – Vereinigung Politischer Ostflüchtlinge · Volksschulprüfungsordnung · Vorprüfungsordnung
VPöA, VPÖA – Verordnung über die Preise bei öffentlichen Aufträgen
VPOB – Vorprüfungsordnung für die Bundesverwaltung
VPP – Volkspolizeipräsidium *(DDR)*
VPR – Volkspolizei-Revier *(DDR)*
VPr., VPräs. – Vizepräsident
v. Pr. – von Privat
VPRA – Verband Privater Rundfunkanbieter Baden-Württemberg
VPRB – Vereinigung der Photokopier- und Reproduktionsbetriebe
VPRT – Verband Privater Rundfunk und Telekommunikation
VPS – Video Processing System · Videoprogrammierungssystem
VPT – Verband Physikalische Therapie · video programming by text
VQ – Verbrauchsquote
Vr – Verstärker *(Technik)*
VR – Veranlagungsrichtlinien · Verbraucherrat *(DIN)* · Verdampferreaktor · Vereinsregister · Verkaufsrecht · Verlagsrecht · Vermessungsrat · Verwaltungsrat · virtual reality; virtuelle Realität · Völkerrecht · Volksrepublik · Volksrepublik China *(Kfz)* · Vorkaufsrecht · Vormundschaftsrichter · Vorschussrichtlinien · Vorstandsrat
v. r. – von rechts
VRA – Vertraulicher Runderlass Außenwirtschaft
VRAM – video random access memory
VRB – Verband der Ruhestandsbeamten und Beamtenhinterbliebenen · Vereinigung der Regierungsbaumeister des Eisenbahnbauwesens
vrb. – verbessert · verbilligt · verbunden

VRC – vertical redundancy check
VRD – virtual retinal display
VRdS – Verein der Redeschreiber deutscher Sprache
VRE – Versammlung der Regionen Europas
VREW – Verband Regenerative Energiewirtschaft
vrf. J. – verflossenen Jahres
VRG – Verkehrsradargerät · Versorgungsschadenrentengesetz
Vrg. – Vereinigung · Vergangenheit · Vergaser · Vorgang
vrgr. – vergriffen · vergrößert
VRH – Verband der Reformwarenhersteller
VRI – Verband der Reibbelagindustrie
VRKD – Verband reisender Kaufleute Deutschlands
VRL – Verstärker für Rundfunkleitungen
V-RL – Vogelschutz-Richtlinie
VRM – Vereinigung der Regierungsbaumeister des Maschinenwesens
vrm. – vermarkten; vermarktet · vermerken; vermerkt · vermessen · vermindern; vermindert · vermisst · vormerken
Vrm. – Vermarktung · Vermerk[e] · Vermessung · Verminderung
VRML – Virtual Reality Markup Language · Virtual Reality Modeling Language
VRN – Verkehrsverbund Rhein-Neckar
v. r. n. l. – von rechts nach links
VRR – Verkehrsverbund Rhein-Ruhr
VRS – Verkehrsrechts-Sammlung
vrt. – vertikal
VRV – Vorderer Rand des Verteidigungsraumes *(Mil.)*
VRW – Verband Rechts- und Wirtschaftsdienste
v. R. w. – von Rechts wegen
Vrz., Vrzs. – Verzeichnis
VS – Verarbeitungssystem *(EDV)* · Verband deutscher Schriftsteller *(in der IG Medien)* · Verbindungsstelle · Verhandlungssache · Verkaufssumme · Vermögensschaden · Verschlusssache · Versicherungsschein · Versicherungssumme · Verstellschraube · Villingen-Schwenningen/Schwarzwald-Baar-Kreis *(Kfz)* · Valais/Wallis *(Schweiz; Kfz)*
vs. – versus (*lat.:* »gegen«)
v. s. – vide supra (*lat.:* »siehe oben«) · volti subito (*ital.:* »wende schnell um«; *Musik*)
VSA – Verband Schweizerischer Abwasserfachleute · Verbands-Schiedsrichterausschuss · Verband Schweizerischer Annoncen-Expeditionen · Vereinigung Schweizerischer Angestelltenverbände · Verschlusssachenanweisung für Bundesbehörden · Versehrtensportabteilung
VSAC – Verband der Schweizerischen Angestelltenorganisationen der chemischen Industrie
VSAK – Verband Schweizerischer Antiquare und Kunsthändler
VSAT – very small aperture terminal
VSB – Verein für Sozialpolitik, Bildung und Berufsförderung · Vereinigung der Sozialversicherungsärzte Berlin · Vereinigung Schweizerischer Bibliothekare
VSBI – Verband sächsicher Bildungsinstitute
VSBM – Vertrauens- und Sicherheitsbildende Maßnahmen
VSchG – Gesetz über die Zusammenarbeit des Bundes und der Länder in Angelegenheiten des Verfassungsschutzes
VSchL – Volksschullehrer[in]
Vschr. – Vorschrift[en]
VSchulG – Volksschulgesetz
VSD – Ventrikelseptumdefekt *(Med.)*
v. S. d. – von Seiten der/des
VSE – Verband Schweizerischer Elektrizitätswerke
VSF – Verbund selbstverwalteter Fahrradbetriebe
VSG – Verband Schweizer Galerien · Verband Schweizer Grafiker · Verband Schweizerischer Gärtnermeister · Verband Selbstständiger und Gewerbetreibender · Verbund-Sicherheitsglas · Vereinigte Schmiedewerke GmbH · Verein Schweizerischer Gymnasiallehrer · Versehrtensportgemeinschaft · Viehseuchengesetz · Volkssportgemeinschaft
VSI – Verband der Softwareindustrie Deutschlands · Verband Selbstständiger Ingenieure
VSIA – Verband Selbstständiger Ingenieure und Architekten
VSIG – Vereinigung des Schweizerischen Import- und Großhandels
VSJ – Verband der Schweizer Journalisten
VSK – Verband der vereidigten und öffentlich bestellten Sachverständigen für das Kraftfahrzeugwesen · Verband Schweizerischer Konsumvereine *(früher)*
vsl. – versehentlich · voraussichtlich
VSM – Verband für Schiffbau und Meerestechnik · Verband Saarländischer Grundstücksmakler · Verband Süddeutsche Mineralölwirtschaft · Verein Schweizerischer Maschinenindustrieller

VSME – Verband der Sächsischen Metall- und Elektroindustrie
VSO – Volksschulordnung
VSOP – VLBI Space Observatory Programme *(Radiointerferometer)*
V. S. O. P. – very superior old pale/very soft old product
VSP – Verein der Schweizer Presse · Vereinigung Schweizerischer Petroleumgeologen und Ingenieure
v. s. pl. – verte, si placet (*lat.:* »bitte wenden«)
VSR – Verband der Serviermeister und Restaurantfachkräfte · Verband Selbstständiger Revisionsingenieure
VSRA – Vereinigung Südwestdeutscher Rundfunkanbieter
VSS – Verband der Schweizerischen Studentenschaften · Vereinigung Schweizerischer Straßenfachmänner
VSSTÖ – Verband Sozialistischer Studenten Österreichs
VSSZ – Vereinigung Schweizerischer Schulzahnärzte
VST – Verband Schweizerischer Transportanstalten · Verband staatlich geprüfter Techniker · Vereinigung Schweizerischer Tiefbauunternehmer · Virtuelle Studiotechnik
vst. – verstanden; verständlich · verstärkt · versteigert · vollständig
Vst. – Verstärker; Verstärkung · Vorstellung · Vorstufe
Vst., Vst – Vermögen[s]steuer · Versicherungssteuer · Verwaltungsstelle · Vorstand · Vorsteher
VSt., VSt – Verbindungsstelle · Vergnügungssteuer · Verkaufsstelle · Vermittlungsstelle · Vermögensstelle · Vermögen[s]steuer · Verteilungsstelle · Verwaltungsstelle · Vorsteuer
VStBw – Verbindungsstab der Bundeswehr *(Bw.)*
Vstdg. – Verständigung
vstdl. – verständlich
VStDV – Vermögen[s]steuer-Durchführungsverordnung
VStER – Vermögen[s]steuer-Ergänzungsrichtlinien
VStG – Vermögen[s]steuergesetz
Vstg. – Verständigung · Versteigerung · Versteuerung
VStGB – Völkerstrafgesetzbuch
VStO – Vergnügungssteuerordnung
VSTOL – Vertical and Short Take-off and Landing
vstpfl. – verbrauchsteuerpflichtig
VStR – Vermögen[s]steuer-Richtlinien
VStRG – Vermögen[s]steuer-Richtliniengesetz
V. St. v. A. – Vereinigte Staaten von Amerika
VStW – Vermittlungsstelle mit Wählbetrieb *(Post)*
v. St. w. – von Staats wegen
VSu – Versicherungssumme *(Vw.)*
VSV – Verband des Schweizerischen Versandhandels · Verband Schweizerischer Viehhändler · Verbraucherschutzverein · Versehrtensportverband/-verein · Vertrauensschadenversicherung
VSVI – Vereinigung der Straßenbau- und Straßenverkehrsingenieure
VSVT – Verband Schweizerischer Vermessungstechniker
VSW – Bundesverband der Studenten an Wirtschaftsakademien und Höheren Wirtschaftsfachschulen · Verband der Südwestdeutschen Wohnungswirtschaft · Verband/Vereinigung für Sicherheit in der Wirtschaft · Vereinigung der Sächsischen Wirtschaft
VSwP – Verbandsschweißprüfung
VSWV – Verband schöngeistiger und wissenschaftlicher Verleger
V. Sync – Vertical Synchronization
VSZV – Verband Südwestdeutscher Zeitungsverleger
VT – Triebwagen mit Verbrennungsmotor *(Bahn)* · Vatu *(Währung in Vanuatu)* · Verbandstag · Verfahrenstechnik · Verkündungstermin · Vermont *(Staat der USA)* · Verschleißteil · Versorgungsträger · Videoterminal · Videotext[tafel] · Volumenteil[e]
vt. – vertagt · verteilt · vertikal · vertraulich · volkstümlich
Vt. – Vater · Verkehrstonne[n] · Vermont *(Staat der USA)* · Verteiler; Verteilung · Vetter · Viertel · Vortag · Vorteil
v. t. – verbum transitivum
v. T. – vom Tage
v. T., vT – vom Tausend
VTA – Vereinigung der Teer- und Asphaltmakadam herstellenden Firmen · Veterinärmedizinische[r] Assistent[in]
VTAD – Verein der Technischen Analysten Deutschlands
VTCC – Verein der Textilchemiker und Coloristen
Vtdg. – Verteidigung
VTFF – Verband Technischer Betriebe für Film und Fernsehen
VTG – Vereinigte Tanklager- und Transportmittel-Gesellschaft · Verfahrenstechnische Gesellschaft · Vermögens- und Treuhandgesellschaft *(des DGB)*
VTH – Verband der Technischen Händler
VTK – Verkehrs- und Tiefbaukombinat *(DDR)*

VTL – Vorläufige Technische Lieferbedingungen
VTOL – Vertical Take-off and Landing *(Senkrechtstarter)*
VTR – Video-Tape-Recording
Vtr. – Vertrag · Vertreter; Vertretung · Vortrag; Vorträge
VTr. – Versicherungsträger
Vtrg. – Vertrag · Vertretung · Vortrag[ender]
VtrHiG – Vertragshilfegesetz
VtSt., VtSt – Verteilerstelle; Verteilungsstelle
VTT – Verein für Tiefbohrtechnik
VTV – Verband für Textverarbeitung · Volkstrachtenverein
VU – Verband der Übersetzungsbüros · Verfassungsurkunde · Versäumnisurteil · Versicherungsunternehmen
Vü, VÜ – Verkehrsüberwachung
VÜ – Verbandsübereinkommen/-übereinkunft · Vereinsübereinkommen/-übereinkunft · Vorüberträger *(Technik)*
v. u. – von unten
VUA – Verein für Umwelt und Arbeitsschutz · Veterinäruntersuchungsanstalt
v. u. Ä. – vor unserer Ära
VUB – Verkehrsunfallbereitschaft
VUBD – Vereinigung Umweltwissenschaftlicher Berufsverbände Deutschlands
VUBI – Verband unabhängig beratender Ingenieurfirmen
Vubic – Verband unabhängig beratender Ingenieure und Consultants
VUD – Verband der Unterhaltungssoftware Deutschlands
VUE – Verband unabhängiger Energie- und Umweltberater
v. u. g. – vorgelesen und genehmigt
v. u. h. – vorn und hinten
VÜK – Verein zur Überwachung von Kraftfahrzeugen
VuKV, VuKVerw. – Vermessungs- und Katasterverwaltung
Vulg. – Vulgata
vulk. – vulkanisch · vulkanisiert
VuMA – Verbrauchs- und Medienanalyse
v. u. n. o. – von unten nach oben
VUSA – Verkehrsunfall mit Sachschaden
VUT – Verband unabhängiger Tonträgerunternehmen
v. u. T. – vor unterem Totpunkt
VuV – Vereinigung unabhängiger Vermögensverwalter Deutschlands · Vermietung und Verpachtung
VuVO – Verordnung über die Feststellung von Leistungen aus den gesetzlichen Rentenversicherungen bei verlorenen, zerstörten, unbrauchbar gewordenen oder nicht erreichbaren Versicherungsunterlagen *(1960)*
VUZ – Vereinigung umfassende Zahntechnik
v. u. z. – von und zu[rück]
v. u. Z. – vor unserer Zeit[rechnung]
VV – Verbesserungsvorschlag/-schläge · Verdingungsvorschrift · Verkehrsverein · Verkehrsvorschrift[en] · Versailler Vertrag · Versicherungsverein · Verteilervermittlung · Verwaltungsstellenvorstand · Verwaltungsvorschrift[en] · Volksverein *(DDR)* · Vollzugsvorschriften
Vv. – Venae, Venen *(Med.)*
v. v. – vice versa (*lat.:* »umgekehrt«) · von vorn
VVAB – Verband der Vereinigungen Alter Burschenschafter
VVABAV – Verordnung zum Vollzug arzneimittel-, betäubungsmittel- und apothekenrechtlicher Vorschriften
VVaG – Versicherungsverein auf Gegenseitigkeit
VVB – Vereinigung der Versicherungsbetriebswirte · Vereinigung/Verwaltung Volkseigener Betriebe *(DDR)*
VVBetrKLMBG – Verwaltungsvorschrift zur Durchführung von Betriebskontrollen nach dem Lebensmittel- und Bedarfsgegenständegesetz
VVD – Volkswagen-Versicherungsdienst
VVDA – Verlegerverband Deutscher Anzeigenblätter
VVDS – Verleger-Verband der deutschsprachigen Schweiz
V. V. D. St. – Verband der Vereine Deutscher Studenten
VVE – Vertrag über eine Verfassung für Europa *(EU)*
VVEAB – Vereinigung Volkseigener Erfassungs- und Aufkaufbetriebe für landwirtschaftliche Erzeugnisse *(DDR)*
VVG – Gesetz über das Verfahren in Versorgungssachen · Versicherungsvertragsgesetz · Versorgungs- und Verkehrsgesellschaft Hannover · Verwaltung Volkseigener Güter *(DDR)* · Vorverkaufsgebühr
vvg. – vorverlegt
VVg. – Verbesserungsvorschlag · Vorverlegung
VVH – Vereinigung Volkseigener Handelsbetriebe *(DDR)*
VVK – Verband der Versicherungskaufleute · Verband Vollpappe-Kartonagen · Verein für Volkskunde · Vermittlungs-Vorschlagskarte[n] *(der Bundesanstalt für Arbeit)*
VVM – Verbrauchervereinigung Medien

VVMD – Verband der Vertriebe von Musikinstrumenten und Musikelektronik in Deutschland
VVN – Vereinigung der Verfolgten des Naziregimes
v. v. n. h. – von vorn nach hinten
VVO – Vaterländischer Verdienstorden *(DDR)* · Veredelungsverordnung · Vereinfachungsverordnung · Verkehrs- und Verkaufsordnung · Verpackungsverordnung · Versicherungsverordnung
VVS – Verkehrsversicherungsschein · vertrauliche Verschlusssache
VvU – Vereinigung von Unternehmerinnen
VVV – Verband verbraucherorientierter Versicherungs- und Finanzmakler · Vereeniging voor Vremdlingen Verkeer *(Fremdenverkehrsverein, NL)* · Vereinigung/Verwaltung Volkseigener Verlage *(DDR)* · Verkehrs- und Verschönerungsverein
VVW – Vereinigung/Verwaltung Volkseigener Warenhäuser *(DDR)* · Verwaltung Volkseigener Werften *(DDR)*
VW – Verhältniswahl · Volkswagen[werk] · Volkswirtschaft · Volkswohlfahrt · Vorwähler
Vw. – Verhältniswort *(Sprachw.)* · Verwalter; Verwaltung · Verweis[e] · Verwendung · Verwertung · Volkswirt · Vorwerk · Vorwort
Vw., VW – Vorwahl
v. W. – vergangene/vorige Woche
VwA – Verwaltungsamt · Verwaltungsangestellte[r] · Verwaltungsanordnung
VWA – Verband der weiblichen Arbeitnehmer · Verwaltungs- und Wirtschaftsakademie[n]
Vw.-Amtm. – Verwaltungsamtmann
Vw.-Ang., Vw.-Angest. – Verwaltungsangestellte[r]
VWB – Verband der Wirtschaftsberatenden Berufe · Versicherungswechselbescheinigung *(Vw.)*
Vw.-Best., VwBest. – Verwaltungsbestimmung[en]
Vw.-Bez. – Verwaltungsbezirk
VWBM – Verband Württemberg-Badischer Metallindustrieller
vwd, VWD – Vereinigte Wirtschaftsdienste
Vw.-Dir. – Verwaltungsdirektion/-direktor
VWF – Verband der Wissenschaftler an Forschungsinstituten
VwG – Verwaltungsgericht
VWG – Vereinigte[s] Wirtschaftsgebiet[e]
VwGebO – Verwaltungsgebührenordnung
VwGG – Verwaltungsgerichtsgesetz
VwGH – Verwaltungsgerichtshof
VwGKG – Verwaltungsgerichtskostengesetz
VwGO – Verwaltungsgerichtsordnung
VwGR – Verwaltungsgerichtsrat
VwI – Verwaltungsinspektor[in]
VWI – Verband der Bildpost und Wunschkarten-Industrie · Verband Deutscher Wirtschaftsingenieure
VWJ – Vereinigung der Wirtschaftsjuristen
VwKG, VwKostG – Verwaltungskostengesetz
VWL – vermögenswirksame Leistung[en] · Volkswirtschaftslehre
VWLZ – Verband Wohnraumleuchten-, Lampenschirm- und Zubehör-Industrie
Vw.-Mögl. – Verwendungsmöglichkeit[en]
VwO – [Branntwein-]Verwertungsordnung
v. w. o. – verhandelt wie oben
VwOI – Verwaltungsoberinspektor[in]
VwR – Verwaltungsrat · Verwaltungsrecht
VWR – Volkswirtschaftsrat
VwS – Verwaltungssekretär[in]
VWS – Verein Westdeutsche Sportpresse · Versuchsanstalt für Wasserbau und Schiffsbau
VWt. – Verkehrswacht
VwV, Vwv. – Verwaltungsvorschrift[en]
VwVA – Anweisung für das Verwaltungsvollstreckungsverfahren
VwVfG – Verwaltungsverfahrensgesetz
Vw.-Vfg., VwVfg. – Verwaltungsverfügung[en]
VwVG – Verwaltungsvollstreckungsgesetz
VwVG, VwVerfG – Verwaltungsverfahrensgesetz
Vw.-Vrschr. – Verwaltungsvorschrift[en]
VwvSprG – Verwaltungsvorschrift zum Sprengstoffgesetz
Vw.-Z., Vwz. – Verwendungszweck
VwZG – Verwaltungszustellungsgesetz
VwZVG – Verwaltungszustellungs- und Vollstreckungsgesetz *(Bayern)*
Vw.-Zw. – Verwendungszweck
vz – verzinkt
Vz – Vorzug *(Bahn)*
VZ – Veranlagungszeitraum · Verantwortungszulage · Verbraucherzentrale · Verkaufszahl[en] · Verlustzuweisung · Versäumniszuschlag · Verseifungszahl · Verwaltungszentrum/-zen-

tren · Verzugszeit · Verzugszinsen · Vorauszahlung
vz. – verzollt · vorzüglich
Vz. – Verzeichnis · Verzollung · Verzug · Verzweigung · Vorzeichen · Vorzug
v. Z. – vor Zahlung · vor [der] Zeit[rechnung]
VZA – Verkehrszeichenanlage
Vzbv – Bundesverband der Verbraucherzentralen
VZFS – Verband zoologischer Fachgeschäfte der Schweiz
VZG – Vereinszollgesetz
Vzg. – Verzögerung · Verzug · Vorzug
Vzge. – Vorzüge
vzgl. – vorzüglich
VZH – Verbraucher-Zentrale Hessen
VZI – Verband der Zigarettenpapier verarbeitenden Industrie
VZIP – Verbraucherzentrale für Importprodukte
VZN – Verbraucherzentrale Niedersachsen
VZPO – Verbands-Zuchtprüfungsordnung
VZR – Verkehrszentralregister
VZS – Vereinigte Zivilsenate · Verkehrssicherheitszentrum Sachsenring
Vzw. – Verzweiger; Verzweigung
v. Zw. – vor der Zeit[en]wende

Ww

w – wertvoll *(Prädikat der FBW)*
W – Wähler *(Fernmeldew.)* · Währung · Wasserstand · Watt · Wechsel · Wechselstrom · Weiche · Weimaraner · Weite · Werbung · Werst *(Längenmaß)* · Wert · West[en] · Wien *(Kfz)* · Woche · Wochenblatt · Wochenschrift · Wolfram *(Element)* · Wolle · Wuppertal *(Kfz)*
w. – warm · weiblich · weich · weiß · weiter[e/s] · wenden! · werktags · wesentlich · westlich · wirklich · wöchentlich · wörtlich
W. – Wahl; Wähler · Wald · Wand · Warte · Wasser · Weiler · Weite · Weizen · Werbung · Wert · Wissen · Wissenschaft · Wort; Wörter · Wunde · Würde
WA – Wahlausschuss · Wandelanleihe *(Börse)* · Wärmeaustauscher · Warschauer Abkommen *(für den Luftverkehr)* · Washington *(Staat der USA)* · Washingtoner Artenschutzabkommen · Weimarer Ausgabe · Werbeabteilung · Werksangehörige[r] · Wertangabe · Wettbewerbsabkommen *(Post)* · Wetteramt · Wiedergutmachungsamt · Wirtschaftsabkommen · Wirtschaftsamt · Wirtschaftsausschuss · Wissenschaftliche[r] Angestellte[r] · Wissenschaftlicher Ausschuss · Wochenausgabe · Wohnungsamt
Wa. – Waage · Waffe[n] · Wagen · Waggon · Wand · Ware[n] · Wasser
WAA – Wiederaufarbeitungsanlage[n] · World Athletic Association
WaAV, WaAusgV – Warenausgangsverordnung
WAB – Warenausgangsbuch · Werbeaußenbeamter · Windows Address Book
WABA – World Alliance for Breastfeeding Action
WABI – Windows Application Binary Interface
WAbk – Wertbrief- und Wertkästchenabkommen
WAbk. – Warschauer Abkommen · Wirtschaftsabkommen
WABV – Westdeutscher Amateur-Boxverband
WACC – weighted average cost of capital · World Association of Christian Communication
Wachst. – Wachstation · Wachstube · Wachstum
Wachtm. – Wachtmeister
Wada, WADA – World Anti-Doping Agency
WAEA – World Airline Entertainment Association
WaEV, WaEingV – Verordnung über die Führung eines Wareneingangsbuches
WAF – Warendorf *(Kfz)*
WaffG – Waffengesetz
WAG – Gambia *(Kfz)* · Währungsausgleichsgesetz
Wag. – Wagen · Waggon · Wagnis
WaGebO – Wasserwirtschafts-Gebührenordnung *(Bayern)*
Wagu – Wagentechnische Untersuchung der Züge
WAGUS – Wissenschaftliche Arbeitsgruppe Gesundheit und Sport *(an der Universität Karlsruhe)*
Wahlb., Wahlber. – Wahlberechtigte[r]; Wahlberechtigung
Wahlb., Wahlbez. – Wahlbezirk[e]
WahlG – Wahlgesetz
WahlO – Wahlordnung
WahlprüfG – Wahlprüfungsgesetz
WährG – Währungsgesetz
wahrsch. – wahrscheinlich
Währungscodes – *siehe Übersicht S. 406 f.*
WAIS – wide area information server *(EDV)*
WAK – Wartburgkreis *(Kfz)* · Westdeutsche Akademie für Kommunikation · Wiederaufbereitungsanlage · Wildschadenausgleichskasse
WAL – Sierra Leone *(Kfz)*
wall., wallon. – wallonisch

WAM – Westliche Altmark *(Kfz)*
WamS – Welt am Sonntag
WAN – [Eisenbahn]wagennorm · Nigeria *(Kfz)* · Wide Area Network *(EDV)*
WAND – wireless ATM network demonstrator
WAP – Werk[s]abgabepreis · wireless application protocol
WaR, Wa.R. – Wassermann-Reaktion *(Med.)*
WArb. – Werkstättenarbeiter
WARR – Wissenschaftliche Arbeitsgemeinschaft für Raketentechnik und Raumfahrt
WAS – waschaktive Substanzen · Wasserabgabesatzung
WASAG – Washington Special Action Group *(USA)*
Waschupo – Wasserschutzpolizei
WaSG – Wassersicherstellungsgesetz
Wash. – Washington *(Staat der USA)*
WasHG, WassHG – Wasserhaushaltsgesetz
WASP – White Anglo-Saxon Protestant
Waspo – Wassersport
WassG – Wassergesetz
WasSG – Wassersicherstellungsgesetz
WassVerbG, WasVbG – Wasserverbandsgesetz
WassVerbVO – Wasserverbandsverordnung
WaStrG – [Bundes]wasserstraßengesetz
WaStrVermG – Gesetz über die vermögensrechtlichen Verhältnisse der Bundeswasserstraßen
WAT – Wissenschaftlicher Aktionskreis Tabakentwöhnung
WATA – World Association of Travel Agencies
WATM – wireless asynchronous transfer mode
WaV – Warenhausverordnung
WAV – Wasserabscheidevermögen · Wirtschaftliche Aufbauvereinigung *(nach 1945)*
WaVbVO – Wasserverbandverordnung
WAY – World Assembly of Youth
WAZ – Westdeutsche Allgemeine Zeitung · Wochenarbeitszeit
Wb – Weber *(SI-Maßeinheit)*
WB – Wahlbezirk · Wählerbund · Wanderbund · Wasserballast · Wehrbeauftragter des Bundestages · Wehrbeitrag · Wehrbereich · Wehrbezirk · Wehrmachtsbericht *(NS)* · Weiterbildung · Weltbank · Weltbund · Werkbericht · Werkbund · Wiedergutmachungsbehörde · Wingolfsbund · Wirkungsbereich · Wirtschaftsbereich · Wirtschaftsbetrieb[e] · Wissenschaftliche Bibliothek · Wittenberg *(Kfz)* · Wohnungsbau · Wohnungsbeihilfe · Wohnbezirk
Wb. – Wasserball · Weiterbildung · Wohnbezirk · Wortbildung
Wb., WB – Wörterbuch; Wörterbücher
W. B. – way bill *(Versandavis, Frachtbrief)*
WBA – Wohnbezirksausschuss · World Boxing Association
WBB – Wehrbereichsbibliothek
Wbb. – Wörterbücher
WBC – World Boxing Council
WBCA – Weltbewegung Christlicher Arbeitnehmer
WBCSD – World Business Council for Sustainable Development *(Weltunternehmerrat für nachhaltige Entwicklung)*
.wbdJ – Works-Datenbank *(Dateierweiterung)*
WBDJ – Weltbund der Demokratischen Jugend
WBE – Weißbroteinheit
WBEG – Wachstums- und Beschäftigungsergänzungsgesetz
WBEG, WBErgG – Gesetz zur Änderung und Ergänzung des Wertpapierbereinigungsgesetzes
W.-Ber., Wber. – Wochenbericht[e]
W.-Bew. – Wohnraumbewirtschaftung
WBewG – Wohnraumbewirtschaftungsgesetz
WBez. – Wehrbezirk[e]
WBezV – Wehrbezirksverwaltung
WbG – Gesetz über den Wehrbeauftragten des Bundestages · Weiterbildungsgesetz
WBG – Wehrbeitragsgesetz · Wertpapierbereinigungsgesetz · Wettbewerbsgesetz *(vgl. GWB)* · Wilhelm-Busch-Gesellschaft · Wohnraumbewirtschaftungsgesetz · Wohnungsbaugesetz
WBGA – Wehrbereichsgebührnisamt *(Bw.)*
WBGU – Wissenschaftlicher Beirat der Bundesregierung Globale Umweltveränderungen
WBK – Waffenbesitzkarte · Wehrbereichskommando · Wehrbezirkskommando · Westfälische Berggewerkschaftskasse · Wohnungsbaukreditanstalt *(Berlin)*
wbl. – weiblich
W.-Bl., Wbl. – Wochenblatt
WBMP – wireless bitmap
WBO – Wehrbeschwerdeordnung · World Boxing Organization
WBS – Warenbegleitschein · Weiterbildungsstiftung *(in der chemischen Industrie)* · Wetterbeobachtungsschiff · Wetterbeobachtungssatellit · Whole Business Securitisation · Wohnberechtigungsschein

Währungscodes

AED – Dirham *(Vereinigte Arabische Emirate)*
AFN – Afghani *(Afghanistan)*
ALL – Lek *(Albanien)*
AMD – Dram *(Armenien)*
ANG – Niederl.-Antillen-Gulden *(Niederländische Antillen)*
AOA – Kwanza *(Angola)*
ARS – Argentinischer Peso *(Argentinien)*
AUD – Australischer Dollar *(Australien, Heard und McDonaldinseln, Kiribati, Kokosinseln, Nauru, Norfolkinsel, Tuvalu, Weihnachtsinsel)*
AWG – Aruba-Florin *(Aruba)*
AZM – Aserbeidschan-Manat *(Aserbeidschan)*
BAM – Konvertible Mark *(Bosnien und Herzegowina)*
BBD – Barbados-Dollar *(Barbados)*
BDT – Taka *(Bangladesch)*
BGN – Lew (neu) *(Bulgarien)*
BHD – Bahrein-Dinar *(Bahrein)*
BIF – Burundi-Franc *(Burundi)*
BMD – Bermuda-Dollar *(Bermuda)*
BND – Brunei-Dollar *(Brunei Darussalam)*
BOB – Boliviano *(Bolivien)*
BRL – Real *(Brasilien)*
BSD – Bahama-Dollar *(Bahamas)*
BTN – Ngultrum *(Bhutan)*
BWP – Pula *(Botsuana)*
BYR – Belarussian Rubel (neu) *(Weißrussland)*
BZD – Belize-Dollar *(Belize)*
CAD – Kanadischer Dollar *(Kanada)*
CDF – Kongo-Franc *(Demokrat. Republik Kongo)*
CHF – Schweizer Franken *(Schweiz, Liechtenstein)*
CID – Cookinsel-Dollar *(Cookinseln)*
CLP – Chilenischer Peso *(Chile)*
CNY – Renminbi Yuan *(Volksrepublik China)*
COP – Kolumbianischer Peso *(Kolumbien)*
CRC – Costa-Rica-Colón *(Costa Rica)*
CSD – Serbischer Dinar *(Serbien und Montenegro)*
CUP – Kubanischer Peso *(Kuba)*
CVE – Kap-Verde-Escudo *(Kap Verde)*
CYP – Zypern-Pfund *(Zypern; griechischer Teil)*
CZK – Tschechische Krone *(Tschechische Republik)*
DJF – Dschibuti-Franc *(Dschibuti)*
DKK – Dänische Krone *(Dänemark, Färöer, Grönland)*
DOP – Dominikanischer Peso *(Dominikanische Republik)*
DZD – Algerischer Dinar *(Algerien)*
EEK – Estnische Krone *(Estland)*
EGP – Ägyptisches Pfund *(Ägypten)*
ERN – Nakfa *(Eritrea)*
ETB – Birr *(Äthiopien)*
EUR – Euro *(in Belgien, Deutschland, Finnland, Frankreich, Griechenland, Irland, Italien, Luxemburg, Niederlande, Österreich, Portugal, Spanien; Andorra, Französisch-Guayana, Guadeloupe, Martinique, Mayotte, Monaco, Réunion, San Marino, St. Pierre und Miquelon, Vatikanstadt)*
FJD – Fidschi-Dollar *(Fidschi-Inseln)*
FKP – Falkland-Pfund *(Falklandinseln)*
GBP – Pfund Sterling *(Großbritannien)*
GEL – Lari *(Georgien)*
GHC – Cedi *(Ghana)*
GIP – Gibraltar-Pfund *(Gibraltar)*
GMD – Dalasi *(Gambia)*
GNF – Guinea-Franc *(Guinea)*
GTQ – Quetzal *(Guatemala)*
GYD – Guyana-Dollar *(Guyana)*
HKD – Hongkong-Dollar *(Hongkong)*
HNL – Lempira *(Honduras)*
HRK – Kuna *(Kroatien)*
HTG – Gourde *(Haiti)*
HUF – Forint *(Ungarn)*
IDR – Rupiah *(Indonesien u. Timor-Leste)*
ILS – Neuer Schekel *(Israel)*
INR – Indische Rupie *(Indien)*
IQD – Irak-Dinar *(Irak)*
IRR – Rial *(Iran)*
ISK – Isländische Krone *(Island)*
JMD – Jamaika-Dollar *(Jamaika)*
JOD – Jordan-Dinar *(Jordanien)*
JPY – Yen *(Japan)*
KES – Kenia-Schilling *(Kenia)*
KGS – Kirgisistan-Som *(Kirgisistan)*
KHR – Riel *(Kambodscha)*
KMF – Komoren-Franc *(Komoren)*
KPW – Nordkoreanischer Won *(Demokrat. Volksrepublik Korea; Nordkorea)*
KRW – Südkoreanischer Won *(Republik Korea; Südkorea)*
KWD – Kuwait-Dinar *(Kuwait)*
KYD – Kaiman-Dollar *(Kaimaninseln)*

Währungscodes (Fortsetzung)

KZT – Tenge *(Kasachstan)*
LAK – Kip *(Laos)*
LBP – Libanesisches Pfund *(Libanon)*
LKR – Sri-Lanka-Rupie *(Sri Lanka)*
LRD – Liberianischer Dollar *(Liberia)*
LSL – Loti *(Lesotho)*
LTL – Litas *(Litauen)*
LVL – Lats *(Lettland)*
LYD – Libyscher Dinar *(Libyen)*
MAD – Dirham *(Marokko)*
MDL – Moldau-Leu *(Republik Moldau/Moldawien)*
MGA – Ariary *(Madagaskar)*
MKD – Denar *(Mazedonien)*
MMK – Kyat *(Myanmar)*
MNT – Togrog *(Mongolei)*
MOP – Pataca *(Macau)*
MRO – Ouguiya *(Mauretanien)*
MTL – Maltesische Lira *(Malta)*
MUR – Mauritius-Rupie *(Mauritius)*
MVR – Rufiyaa *(Malediven)*
MWK – Malawi-Kwacha *(Malawi)*
MXN – Mexikanischer Peso Nuevo *(Mexiko)*
MYR – Malaysischer Ringgit *(Malaysia)*
MZM – Metical *(Mosambik)*
NAD – Namibia-Dollar *(Namibia)*
NGN – Naira *(Nigeria)*
NIO – Córdoba *(Nicaragua)*
NOK – Norwegische Krone *(Norwegen)*
NPR – Nepalesische Rupie *(Nepal)*
NZD – Neuseeland-Dollar *(Neuseeland u. Niue)*
OMR – Rial Omani *(Oman)*
PAB – Balboa *(Panama)*
PEN – Nuevo Sol *(Peru)*
PGK – Kina *(Papua-Neuguinea)*
PHP – Philippinischer Peso *(Philippinen)*
PKR – Pakistanische Rupie *(Pakistan)*
PLN – Zloty (neu) *(Polen)*
PYG – Guaraní *(Paraguay)*
QAR – Katar-Riyal *(Katar)*
ROL – Leu *(Rumänien)*
RUB – Rubel *(Russland)*
RWF – Ruanda-Franc *(Ruanda)*
SAR – Saudi-Riyal *(Saudi-Arabien)*
SBD – Salomonen-Dollar *(Salomonen)*
SCR – Seychellen-Rupie *(Seychellen)*
SDD – Sudanesischer Dinar *(Sudan)*
SEK – Schwedische Krone *(Schweden)*
SGD – Singapur-Dollar *(Singapur)*
SHP – St.-Helena-Pfund *(St. Helena)*
SIT – Tolar *(Slowenien)*
SKK – Slowakische Krone *(Slowakische Republik)*
SLL – Leone *(Sierra Leone)*
SOS – Somalia-Schilling *(Somalia)*
SRD – Suriname-Dollar *(Suriname)*
STD – Dobra *(São Tomé und Príncipe)*
SVC – El-Salvador-Colon *(El Salvador)*
SYP – Syrisches Pfund *(Syrien)*
SZL – Lilangeni *(Swasiland)*
THB – Baht *(Thailand)*
TJS – Somoni *(Tadschikistan)*
TMM – Turkmenistan-Manat *(Turkmenistan)*
TND – Tunesischer Dinar *(Tunesien)*
TOP – Pa'anga *(Tonga)*
TTD – Trinidad-und-Tobago-Dollar *(Trinidad und Tobago)*
TWD – Taiwan-Dollar (neu) *(Taiwan)*
TZS – Tansania-Schilling *(Tansania)*
UAH – Griwna *(Ukraine)*
UGX – Uganda-Schilling *(Uganda)*
USD – US-Dollar *(USA u. Mikronesien, Marshallinseln, Palau)*
UYU – Uruguayischer Peso *(Uruguay)*
UZS – Sum *(Usbekistan)*
VEB – Bolívar *(Venezuela)*
VND – Dong *(Vietnam)*
VUV – Vatu *(Vanuatu)*
WST – Tala *(Samoa)*
XAF – CFA-Franc *(Äquatorial-Afrika: Äquatorialguinea, Gabun, Kamerun, Republik Kongo, Tschad, Zentralafrikanische Republik)*
XCD – Ostkaribischer Dollar *(Westindien: Anguilla, Antigua und Barbuda, Dominica, Grenada, Montserrat, Saint Kitts und Nevis, Saint Lucia, St. Vincent und Grenadinen)*
XOF – CFA-Franc *(Westafrika: Benin, Burkina Faso, Elfenbeinküste, Guinea-Bissau, Mali, Niger, Senegal, Togo)*
XPF – CFP-Franc *(Neukaledonien, Französisch-Polynesien, Wallis und Futuna)*
YER – Jemen-Rial *(Jemen)*
YTL – Yeni Türk Lirası/ Neue Türkische Lira *(Türkei)*
ZAR – Rand *(Südafrika, Lesotho, Namibia)*
ZMK – Kwacha *(Sambia)*
ZWD – Simbabwe-Dollar *(Simbabwe)*

Wbs. – Wirbelsäule
WBSG, WBSchlussG – Wertpapierbereinigungsschlussgesetz
WBt – Walfangboot
WBT – Web-based Training · Windows-based Terminal *(EDV)*
WBU – Weltblindenunion
WBV – Wagenbehandlungsvorschriften *(Bahn)* · Waldbauernvereinigung · Waldbesitzervereinigung · Wasserballverein · Wehrbereichsverwaltung · Wehrbezirksverwaltung
WBXML – WAP Binary XML *(EDV)*
Wbz – Weichenbauzug *(Bahn)*
WBz – Walzbronze
WBZ – Werbender Buch- und Zeitschriftenhandel
WC – water-closet *(engl.)*
WCC – World Council of Churches *(Weltkirchenrat)*
WCF – World Childhood Foundation · World Curling Federation
WCL – World Confederation of Labor
WCM – Web Content Management
WCO – World Cello Organization *(Kronberg)* · World Customs Organization
WCOTP – World Confederation of Organizations of the Teaching Professors
WCRP – World Climate Research Program
WCT – World Championship Tennis Group
WCVM – World Council for Venue Management
WD – Dominica *(Kfz)* · Wachdienst · Werksdirektor · Westdeutschland · Wetterdienst · Wiener Dokument · Wirkungsdosis · Wirtschaftsdienst · Wochendienst · Wochendurchschnitt
wd. – wasserdicht · westdeutsch
WDA – Wehrdisziplinaranwalt · Wirtschaftsakademie Deutscher Apotheker
WDB – Wehrdienstbeschädigung
WDC – World Data Centre
WDG – Gesetz über den Deutschen Wetterdienst · wärmedämmendes Glas
Wdg. – Wanderung · Wendung[en] · Werdegang · Wiedergabe · Wiedergutmachung · Windung[en] · Würdigung
Wdh., Wdhlg. – Wiederholung
WDir. – wissenschaftlicher Direktor
W.d.K., WdK – Wirtschaftsverband der deutschen Kautschukindustrie
WdKl. – Widerklage
WDL – Windows Driver Libary *(EDV)*
WDM – wavelength division multiplexing · Windows Driver Model
WDO – Wehrdisziplinarordnung
WDR – Westdeutscher Rundfunk
WDSen. – Wehrdienstsenat
Wdst. – Widerstand
wdt. – westdeutsch
WDVS – Wärmedämmverbundsysteme
WDW – Wirtschaftsverband Deutscher Werbeagenturen
WDZ – Weltdatenzentrum
WE – Währungseinheit[en] · Wärmeeinheit[en] · Weimar *(Kfz)* · Werteinheit · Wiedereinsetzung · wissenschaftliche Einrichtung · Witterungseinflüsse · Wohneinheit[en] · Wohnungseigentum · Wohn[ungs]einheit[en]
WEA – Windenergieanlage
WEAA – Western European Airports Association
WEAG – Waren-Ein- und Ausfuhr-GmbH · Western European Armaments Group
WEB – Wareneingangsbescheinigung · Wareneingangsbuch
Web. – Weberei
WEBM – Wirtschaftsverband Eisen, Blech und Metall verarbeitende Industrie
WEBSY – Wetterberichts-System
WEC – World Energy Council
WECA – Wireless Ethernet Compability Alliance
WEF – World Economic Forum *(Genf)*
WEG – Wirtschaftsverband Erdöl- und Erdgasgewinnung · Wohnerhaltungsgesetz *(Schweiz)* · Wohnungseigentümergemeinschaft · Wohnungseigentumsgesetz · Württembergische Eisenbahngesellschaft
WegeG – Wegegesetz
Wegeg. – Wegegeld
Wegf. – Wegfall · Wegführung
Wegl. – Weglegen
WehrB – Wehrbeauftragter
wehrf. – wehrfähig
Wehrpfl. – Wehrpflicht
WehrpflG – Wehrpflichtgesetz
WehrR – Wehrrecht
WehrsG – Wehrsoldgesetz
wehrtgl. – wehrtauglich
WEI – Wirtschaftsgruppe Elektroindustrie
weidm. – weidmännisch
Weim.Verf. – Weimarer Verfassung
WeinG – Weingesetz
Weinstr. – Weinstraße
WeinWiG – Weinwirtschaftsgesetz
Weis. – Weisung[en]
WEK – Welterdölkongress · Welternährungskonferenz · Wiedereintrittskörper
Weko – Wettbewerbskommission *(Schweiz; eidgenössisches Kartellamt)*

WEL – Werkstoffeinsatzliste
WELL – Whole Earth 'lectronic Link
WEMA – Wirtschaftsverband Eisen-, Maschinen- und Apparatebau
WEN – Weiden i. d. Opf. *(Kfz)*
w. En. – weiblicher Eigenname
WEP – Welternährungsprogramm · wireless equivalent privacy
WErbbR – Wohnungserbbaurecht
WerbeVOStBerG – Werbeverordnung zum Steuerberatungsgesetz
Werkst. – Werkstatt; Werkstätten · Werkstoff[e]
werkt. – werktäglich; werktags
Wertp. – Wertpapier[e]
WertpBEG vgl. WBEG
WertpBSG vgl. WBSG
WertR – Wertermittlungsrichtlinien
WertV – Wertermittlungsverordnung
WertZO – Wertzollordnung
WES – Wesel *(Kfz)*
WESSZ – doppelte westeuropäische Sommerzeit
westd. – westdeutsch
westf. – westfälisch
Westf. – Westfale, Westfälin · Westfalen
westgerm. – westgermanisch
westidg. – westindogermanisch
westl. – westlich
westl. L. – westliche[r] Länge
Westm. – Westmächte · Westmark
WESZ – westeuropäische Sommerzeit
WET – Western European Time
WEU – West[ern] European Union/Westeuropäische Union
WEV – Währungsergänzungsverordnung · Wehrersatzverwaltung *(Bw.)* · Wirtschaftsgruppe Elektrizitätsversorgung
WEVA – World Electric Vehicle Association
WEZ – Walderlebniszentrum · Warteeinflugzeichen · westeuropäische Zeit
WF – Wagenfähre · Waggonfabrik · Wahrscheinlichkeitsfaktor · Werbefernsehen · Werkfoto[s] · Wirtschaftsförderung · Wolfenbüttel *(Kfz)* · Work-Factor-System
Wf. – Waffe[n] · Wagenführer · Wasserfall · Werkfoto[s] · Werkführer · Westfalen · Wurf; Würfe
wf. – wasserfrei
WFA – Wählerfernamt · Wohnungsbauförderungsanstalt · World Federation of Advertisers
WfB – Werkstätten für Behinderte
WFB – Wohnungsbauförderungsbestimmungen
WFC – World Finance Center *(Shanghai)* · World Food Council
WFG – Wachstums- und Beschäftigungsförderungsgesetz · Deutsche Wagnisfinanzierungs-Gesellschaft · Wirtschaftsförderungsgesetz
Wfl. – Wohnfläche
WfM – Wired for Management
WFMH – World Federation for Mental Health
WFN – Werbefachverband Niedersachsen · Women's Financial Network
WFNS – World Federation of Neurosurgical Societies · The World Foundation for Natural Science
WFP – Waldfunktionsplan · World Food Programme *(Welternährungsprogramm)*
WFR – Wanderfeldröhre · Weltfriedensrat
WFS – Wegfahrsperre
WFTGA – World Federation of Tourist Guide Associations
WFTU – World Federation of Trade Unions *(Weltgewerkschaftsbund)*
WFUNA – World Federation of United Nations Associations
WFV – Weltfrontkämpferverband · Weltfunkvertrag · Westdeutscher Fußballverband
WfW – Windows for Workgroups
WFW – Weltföderation der Wissenschaftler · Werk[s]feuerwehr
WG – Grenada *(Kfz)* · Waffengesetz · Wählergemeinschaft · Wahlgesetz · Währungsgesetz · Wandergewerbe · Wassergesetz · Wechselgesetz · Wechselstromgenerator · Wehrgesetz · Weihnachtsgeld · Weingesetz · Wellengenerator · Werbegemeinschaft · Wiedergutmachung · Wirtschaftsgut · Wissenschaftliche Gesellschaft · Wohngeld · Wohngemeinschaft · Wohnungsgesetz
wg. – wassergeschützt · wegen · westgermanisch · wiegen
Wg. – Waage · Wagen · Waggon · Weg
w. g. – weight guaranteed *(garantiertes Gewicht)*
W. G. – Western Germany
WGA – Wiedergutmachungsamt · Wirtschaftsvereinigung Groß- und Außenhandel
WGB – Weltgewerkschaftsbund
Wgdr. – Wiegendruck[e]
W. Geh. R. – Wirklicher Geheimer Rat
WGG – Wiedergutmachungsgesetz · Wohngebietsgruppe *(DDR)* · Wohnungsgemeinnützigkeitsgesetz

WGK – Wassergefährdungsklasse · Wiedergutmachungskammer
WGL – Wissenschaftliche Gesellschaft für Luftfahrt · Wissenschaftsgemeinschaft Gottfried Wilhelm Leibniz
wgl. – weglegen · wenngleich
Wgl. – Wagen-/Waggonladung
WGLR – Wissenschaftliche Gesellschaft für Luft- und Raumfahrt
WGMS – World Glacier Monitoring Service *(Gletscherbeobachtung; Zürich)*
WGO – Weltgesundheitsorganisation *(vgl. WHO)*
W.-Gr. – Wagengröße · Warengruppe
WGSch. – Wandergewerbeschein
WGT – Weltgebetstag · Wirtschaftsgütertarif
WGT, W. G. T. – Western Greenwich Time
WGU – Wissenschaftliche Gesellschaft für den Umweltschutz
WGZ – Westdeutsche Genossenschafts-Zentralbank · Wohnungsgeldzuschuss
Wh – Wattstunde
WH – Wiederherstellung · Winterhalbjahr · Wirtschaftshochschule · Wissenschaftliche Hochschule · Württemberg-Hohenzollern
wh. – wechselhaft · wiederholt · wohnhaft
Wh. – Wiederholung · Wirtshaus · Wohnhaus
WHG – Wasserhaushaltsgesetz
Whg. – Wohnung
Whgn. – Wohnungen
WHL – Wissenschaftliche Hochschule Lahr
WHO – World Health Organization *(Weltgesundheitsorganisation)*
WHQL – Windows Hardware Qualiy Laboratories
WHS – Wirtschaftshochschule
Whs. – Warenhaus · Wirtshaus
WHU – Wissenschaftliche Hochschule für Unternehmensführung
WHV – Westdeutscher Handball-Verband · Wilhelmshaven *(Kfz)*
WHW – Winterhilfswerk *(NS)*
WI – wachhabender Ingenieur · wavelet image · Wiesbaden *(Kfz)* · Wirtschaftsinformatik · Wirtschaftsingenieur · Wirtschaftsinstitut · Wisconsin *(Staat der USA)*
Wi. – Widerstand · Winter · Wirtschaft · Wissen[schaft]; Wissenschaftler · Witwe[r]
WIAD – Wissenschaftliches Institut der Ärzte Deutschlands
Wib – Wirtschaftsberechnung
Wi.-Beih. – Witwenbeihilfe
WIBF – Women's International Boxing Federation
WICE – World Industry Council for the Environment
Widia – Wie Diamant *(Stahl)*
Wido, WIdO – Wissenschaftliches Institut der Ortskrankenkassen
WiedergG – Wiedergutmachungsgesetz
wiederh. – wiederholen; wiederholt
Wi-Fi, Wifi – wireless fidelity
Wifo – Institut für Wirtschaftsforschung *(Österreich)*
WIG – Wolfram-Inert-Gas
Wigru – Wirtschaftsgruppe
WIIW – Wiener Institut für Internationale Wirtschaftsvergleiche
Wik – Wiederinkraftsetzung
WIL – Wittlich *(Kfz)*
WiLaPrü – Wissenschaftliches Landesprüfungsamt *(Berlin)*
willk. – willkommen · willkürlich
WILPF – Women's International League for Peace and Freedom
WIM – Wehrwissenschaftliches Institut für Materialuntersuchungen *(Bw.)* · wireless identification module
WIMP – weakly interacting massive particle
WIN-MBA – Wirtschaftswissenschaften für Ingenieure und Naturwissenschaftler – Master of Business Administration
WINS – Windows Internet Naming Service
Winsock – Windows Sockets
WinVN – Windows Visual Newsreader
Wipika – wind powered inflation kite aircraft
Wi.-Pl. – Wirtschaftsplan
WiPO – Wirtschaftsprüferordnung
WIPO – World Intellectual Property Organization
Wipog – Wirtschaftspolitische Gesellschaft
Wi.-Pol., Wipol – Wirtschaftspolitik
Wi.-Pr. – Wirtschaftsprüfer
WiR – Wirtschaftsrat · Wirtschaftsrecht · Wissenschaftsrat
Wi.-Rt. – Witwenrente
wirtsch. – wirtschaftlich
Wirtsch. – Wirtschaft · Wirtschafter[in]; Wirtschaftler[in] · Wirtschaftlichkeit
Wirtsch.-Abk. – Wirtschaftsabkommen
Wirtsch.-Gesch. – Wirtschaftsgeschichte
Wirtsch.-Ing. – Wirtschaftsingenieur
Wirtsch.-Pol. – Wirtschaftspolitik
Wirtsch.-Pr. – Wirtschaftsprüfer; Wirtschaftsprüfung
Wirtsch.-Stat. – Wirtschaftsstatistik
Wirtsch.-Ver. – Wirtschaftsvereinigung
Wirtsch.-Verb. – Wirtschaftsverband

WIS – Weiterbildungs-Informationssystem · Weltinstitut der Sparkassen
Wis., Wisc. – Wisconsin *(Staat der USA)*
WISC – Wechsler-Intelligence-Scale *(USA)*
WiSG – Wirtschaftssicherstellungsgesetz
WiSo – Wirtschafts- und Sozialpolitik · Wirtschafts- und Sozialwissenschaft[en]
wiss. – wissenschaftlich · wissentlich
Wiss. – Wissenschaft; Wissenschaftler[in]; Wissenschaftlichkeit
wiss. Ang./Angest. – wissenschaftliche[r] Angestellte[r]
wiss. Dir. – wissenschaftliche Direktion; wissenschaftliche[r] Direktor[in]
wiss. Mit./Mitarb. – wissenschaftliche[r] Mitarbeiter[in]
Wiss. R. – Wissenschaftlicher Rat
WiStG, WiStrG – Wirtschaftsstrafgesetz
Witt. – Witterung
WIV – Wissenschaft, Industrie und Verwaltung
WiVV – Wirtschaftsverband Versicherungsvermittlung
WiWa – [Scheinwerfer]wisch- und -waschanlage
WIWEB – Wehrwissenschaftliches Institut für Werk-, Explosiv- und Betriebsstoffe *(Bw.)*
WIZ – Wissenschaftliches Informationszentrum
WIZO – Women's International Zionist Organization
Wj. – Wahljahr · Wirtschaftsjahr
w. J. – weibliche Jugend
WJB – Weltjahresbestleistung
WJC – World Jewish Congress *(Jüdischer Weltkongress)*
WjD – Wirtschaftsjahresdurchschnitt
WJD – Wirtschaftsjunioren Deutschland
WJU – Wirtschaftsjunioren
WK – Wanderkarte · Wasserkraft · Weltkarte · Weltkrieg · Werbungskosten · Wetterkarte · Wiedergutmachungskammer · Wiederholungskurs · Wiesbadener Kurier · Wirtschaftskammer *(Österreich)* · Wohnkultur
Wk. – Werk · Wirkung
WKA – Wasserkraftanlage · Windkraftanlage
WKD – Wirtschaftskontrolldienst
WKF – Wirtschaftsvereinigung Kräuter- und Früchtetee
Wkg. – Wirkung
WKI – Wilhelm-Klauditz-Institut *(Fraunhofer-Institut für Holzforschung)*
WKK – Weltkraftkonferenz · Wirtschaftsverband Kernbrennstoffkreislauf
Wkm – Wagenkilometer
WKM – [Europäischer] Wechselkursmechanismus · Westdeutsche Kunstmesse International
Wkm., Wkmstr. – Werkmeister
WKN – Wertpapier-Kennnummer
WKÖ – Wirtschaftskammer Österreich
WKP – Weibliche Kriminalpolizei
Wkr. – Wahlkreis · Wasserkraft · Wehrkreis *(DDR)* · Wirkkraft
.wks – worksheet *(Dateierweiterung)*
WKS – Bundesversuchs- und -forschungsanstalt für Wärme-, Kälte- und Strömungstechnik *(Österreich)* · Werkkunstschule
Wkst. – Werkstatt; Werkstätten · Werkstoff[e]
wktgs. – werktags
WKV – Warenkreditverkauf · Warenkreditversicherung *(Vw.)* · Wasserkraftwerk
WKZ – Wagniskennziffer · Werbekostenzuschuss/-zuschüsse
Wkz., Wkzg. – Werkzeug[e]
WL – Saint Lucia *(zu: Windwards Islands; Kfz)* · Warenladung · Warenlager · Wasserleitung · water-line/Wasserlinie · Weimaraner Langhaar · Wellenlänge · Werk[s]leiter; Werk[s]leitung · Winsen/Luhe, Landkreis Harburg *(Kfz)*
wl. – wasserlöslich · wertlos · wesentlich · wöchentlich
w. l. – wenig löslich
w. L. – westliche[r] Länge
WLAN – wireless local area network
WLL – Wireless Local Loop *(stationäres Funkverbindungssystem)*
WLO – Wettlaufordnung
wlösl. – wasserlöslich
WLSGV – Westfälisch-Lippischer Sparkassen- und Giroverband
WLT – Westfälisches Landestheater *(Castrop-Rauxel)*
WLV – Westfälischer Lippischer Landwirtschaftsverband · Württembergischer Leichtathletikverband
WLZ – Württembergische Landwirtschaftliche Zentralgenossenschaft
WM – Warmmiete · Wattmeter · Wechselstrommotor · Weilheim-Schongau *(Kfz)* · Weißmetall · Weltmeisterschaft[en] · Werkzeugmaschine[n] · Widerstandsmaterial · Wirtschaftsminister[ium] · Wortmaschine *(EDV)*
WM, Wm. – Wagenmeisterei · Weltmeister · Werkmeister · Wertmarke
wm. – weidmännisch
w/m, W/M – weight or

measurement *(Maß oder Gewicht)*
WMA – Wehrmedizinalamt · Windows Media Audio · World Medical Association
WMAP – Wilkinson Microsoft Anisotropy Probe *(Raumsonde der NASA)*
WMF – Windows Metafile Format *(EDV)* · Württembergische Metallwaren-Fabrik
WMI – Windows Management Interface
WMK – Wirtschaftsministerkonferenz
WML – Wireless Markup Language
WMO – World Meteorological Organization
WMS – Weiten-Maßsystem *(des Deutschen Schuhinstituts)* · Wolmirstedt *(Kfz)*
WN – Waiblingen/Rems-Murr-Kreis *(Kfz)*
w. n. – wie nachstehend · wie nebenstehend
WND – St. Wendel *(Kfz)*
W.-Nr. – Warennummer · Werknummer · Wohnungsnummer
WNW – Westnordwest[en]
wnw. – westnordwestlich
WO – Wachoffizier · Wahlordnung · Wechselordnung · Wegeordnung · Weltorganisation · Worms *(Kfz)*
Wo. – Woche · Wohnung · Wolle
wö. – wöchentlich
w. o. – weiter oben · wie oben
WOA – World Olympians Association
w. o. a. – wie oben angegeben
WOB – Wolfsburg *(Kfz)*
WoBauÄndG – Wohnungsbauänderungsgesetz
WoBauFG, WoBauFördG – Wohnungsbauförderungsgesetz
WoBauG – Wohnungsbaugesetz
WoBeiG – Gesetz über Wohnungsbeihilfen
WoBewG – Wohnraumbewirtschaftungsgesetz
WoBindG – Gesetz über Bindungen für öffentlich geförderte Wohnungen
wöch. – wöchentlich
WoEigG – Wohnungseigentumsgesetz
WoFV – Verordnung zur Berechnung von Wohnflächen
WOG – Westfälische Ornithologen-Gesellschaft
WoGeldG, WoGG – Wohngeldgesetz
WÖGWV – Verordnung über die Weiterbildung und Prüfung auf dem Gebiet des Öffentlichen Gesundheitswesens
WohlfA – Wohlfahrtsabgabe · Wohlfahrtsamt
WohnA – Wohnungsamt
WohnbauGebG – Gesetz über Gebührenbefreiungen beim Wohnungsbau
WohnBeihG – Gesetz über Wohnungsbeihilfen
WohnEigG – Wohnungseigentumsgesetz
WohnG – Wohnungsgesetz
WohnGebBefrG – Gesetz über Gebührenbefreiungen beim Wohnungsbau
WohnRBewG – Wohnraumbewirtschaftungsgesetz
WohnsG – Gesetz über die Aufschließung von Wohnsiedlungsgebieten *(1933)*
WOM – Weltorganisation für Meteorologie
W. O. M. A. N., WOMAN – World Organization of Mothers of all Nations / Weltorganisation der Mütter aller Nationen
WOMitbestG – Wahlordnungen zum Mitbestimmungsgesetz
W. o. O. – Werk ohne Opuszahl
WoPDV – Verordnung zur Durchführung des Wohnungsbau-Prämiengesetzes
Wo-PersVG, WO-PVG – Wahlordnung zum Personalvertretungsgesetz
WoPG – Wohnungsbau-Prämiengesetz
WoPR – Richtlinien zum Wohnungsbau-Prämiengesetz
Worm-Platten – Write-once-read-many-Platten *(Datenspeicher)*
WoVermittG – Wohnraumvermittlungsgesetz
Wp – Watt peak *(Solarstrom)*
WP – Wahlperiode · Warenprobe · Warenprüfung · Wasserprobe[n] · Wechselprotest · Weltpokal · Werkstoffprüfung · Westfalenpost
WP, Wp. – Wirtschaftsprüfer; Wirtschaftsprüfung · Wertpapier
wpa – with particular average *(mit Teilschaden)*
WPA – Works Progress/Projects Administration *(USA)*
WPBG – Wertpapierbereinigungsgesetz
WPC – World Peace Conference · World Petroleum Congress · World Power Conference *(für Energie)*
WPflG – Wehrpflichtgesetz
.wpg – WordPerfect Graphics *(Dateierweiterung)*
WPG – Wohnungsbau-Prämiengesetz
WPGET – Women Professional Golfer's European Tour
WpHG – Wertpapierhandelsgesetz
WPK – Wirtschaftspressekonferenz · Wirtschaftsprüferkammer · Wissenschaftspressekonferenz
WPKN – Wertpapierkennnummer
WPkt – Wertpaket *(Post)*
Wpl. – Wohnplatz
wpm, WpM – words per minute *(engl.)*/Wörter pro Minute

WPO – Wirtschaftsprüferordnung · Wohngebietsparteiorganisation *(DDR)* · World Packaging Organisation
W.-Pr. – Wagenprüfung · Warenprobe · Warenprüfung · Wasserprobe[n]
WPS – Wellenpferdestärke · Wertpapierservice · Windows Printing System · Workplace Shell
WPSt – Wertpapiersteuer
WpÜG – Wertpapiererwerbs- und -übernahmegesetz
WPV – Weltpostverein
WPVertr. – Weltpostvertrag
WR – Wahlrecht · Währungsreform · Weltrekord · Wernigerode *(Kfz)* · Westfälische Rundschau · Winterreifen · Wirtschaftsrat · Wirtschaftsrecht · Wirtschaftsredakteur; Wirtschaftsredaktion · Wirtschaftsring · Wissenschaftsrat
W/R – warehouse receipt *(Lagerhausbescheinigung)*
W. R. – war risk *(Kriegsrisiko)*
WRAM – Windows Random Access Memory
WRD – Wasserrettungsdienst
WRJO – World Jewisch Restitution Organization
WRK – Westdeutsche Rektorenkonferenz · Wirtschaftsraumkoordinator
Wrkg. – Wirkung
WRL – Wagenrücklauf · Warenrücklauf
WRMG – Wasch- und Reinigungsmittelgesetz
WRRC – World Rock 'n' Roll Confederation
WRV – Weimarer Reichsverfassung · Weltraumvertrag
Ws – Wattsekunde · Wechselstrom
WS – Waffensystem · Werkschutz · Samoa *(früher Westsamoa; Kfz)* · Wiedergutmachungssenat · Wintersemester · Wirbelsäule *(Med.)* · Worldscale *(engl.)*
WS, Ws. – Wassersäule
Ws. – Wasser · Wertsache[n] · Wochenschrift
WSA – Wasserstraßenamt · Wasser- und Schifffahrtsamt · Wirtschafts- und Sozialausschuss
WsBeih. – Waisenbeihilfe
WSC – Wassersportclub · Wintersportclub · World Security Council *(Weltsicherheitsrat)*
W. S. C. – Weinheimer Senioren-Convent *(Verbindungsw.)*
W.-Sch. – Waffenschein · Warenschein
WSchP – Wasserschutzpolizei
Wschr. – Wochenschrift
WSchVO – Wärmeschutzverordnung
WSD – Wasser- und Schifffahrtsdirektion
WSdg – Wertsendung *(Post)*
WSDL – Web Service Description Language
Wsec – Wattsekunde
WSF – Weißenfels *(Kfz)* · Weltsozialforum · Wirtschafts- und Sozialforschungsinstitut
Wsg – Waisengeld
WSG – Wärmeschutzglas · Wasserschutzgebiet · Wassersportgemeinschaft · Wehrsoldgesetz · Wohnsiedlungsgebiet/-gesetz
W. S. g. u. – Wenden Sie gefälligst um!
WSI – Wirtschafts- und Sozialwissenschaftliches Institut der Gewerkschaften
WSL – Weltbund zum Schutz des Lebens
WSO – Wirbelschichtofen
WSP – Wasserschutzpolizei · Web Standards Project
W.-Sp. – Warenspende · Wasserspiegel · Wassersport · Wirtschaftsspiegel
WSR – Weltsicherheitsrat
WsRt – Waisenrente
wss., wssg. – wässrig
WS$ – Tala *(Währung in Samoa)*
WSt – Wechselsteuer
WST – Westerstede/Ammerland *(Kfz)*
Wst. – Werkstatt · Widerstand
W.-St., WSt. – Wasserstand · Wasserstelle · Wechselsteuer
WSt, Wst., WStahl – Werkzeugstahl
wstd. – westdeutsch
WStDV – Wechselsteuer-Durchführungsverordnung
WStG – Wechselsteuergesetz · Wehrstrafgesetz
WStM – Wechselsteuermarke
Wstr. – Wechselstrom · Weinstraße
W.-Str., WStr. – Wasserstraße[n]
WStrRG – Gesetz zur Reinhaltung der Bundeswasserstraßen
WSTS – World Semiconductor Trade Statistics
WSTW – Weiterbildendes Studium Tourismuswissenschaft
WSV – Wärmeschutzverglasung · Wassersportverein[igung] · Wasser- und Schifffahrtsverwaltung · Wintersportverein[igung]
WSVO – Wärmeschutzverordnung
WSW – Westsüdwest[en]
wsw. – westsüdwestlich
wt – weight (*engl.:* »Gewicht«)
WT – Wachturm · Waffentechnik · Waldshut *(Kfz)* · Wassertechnik · Wassertiefe *(in Schwimmbädern)* · Wasserturm · Wechselstromtelegrafie · Wehrtechnik · Wiederholungsteil · wireless telegraphy (*engl.:* »drahtlose Telegrafie«)
wt. – waffentechnisch · weight (*engl.:* »Gewicht«)

W. T. – Wachturm · Wasserturm · water tank *(engl.)*/ Wassertank
WTA – wissenschaftlich-technische Abteilung/Anstalt · wissenschaftlich-technische[r] Assistent[in] · Wissenschaftlich-technische Aufklärung *(DDR)* · Women's Tennis Association
WTAA – World Trade Alliance Association
WTAO – World Touring and Automobile Organization
WTB – Welttemperaturbereich · Westfälischer Turnerbund
Wtb. – Wörterbuch
WTC – World Tennis Championship · World Trade Center
WTCA – World Trade Centers Association
WTG – Welt-Tierärztegesellschaft · wissenschaftlich-technische Gesellschaft
Wtg. – Wartung · Wertung
wtgl. – werktäglich · wertgleich
wtgs. – werktags
WTI – West Texas Intermediate *(Rohölsorte)*
wtl. – wertlos · wörtlich
WTLS – wireless transport layer security
WTM – Wittmund *(Kfz)*
WTO – World Tourism Organization · World Trade Organization
WTS – Wirtschaftlicher Totalschaden
WTT – Wehrtechnische Teststelle
WTTC – World Travel and Tourism Council
WTZ – Wechselstrom-Zweitontelegrafie · wissenschaftlich-technisches Zentrum · wissenschaftlich-technische Zusammenarbeit
WTZE – Westdeutsches Tumorzentrum Essen
WU – Wählerunion · Warenumschlag · Weltunion · Westunion · Wirtschaftsuniversität Wien · Wochenumsatz
WÜ – Würzburg *(Kfz)*
w. u. – weiter unten · wie unten
w. ü. – wie üblich
Wü. – Württemberg
WUA – Welturheberrechtsabkommen
WUG – Weißenburg-Gunzenhausen *(Kfz)*
Wü.-Hhz., Wü.-Ho. – Württemberg-Hohenzollern
WUN – Wunsiedel *(Kfz)*
Württ. – Württemberg
WUS – World University Service
WUST, Wust – Warenumsatzsteuer
WUV – Wagenunterhaltungsvorschriften *(Bahn)*
WV – Saint Vincent und die Grenadinen *(Kfz)* · Warenverzeichnis · Wehrverwaltung · Werksverbund · West Virginia *(Staat der USA)* · Wirtschaftliche Vereinigung deutscher Gaswerke · Wirtschaftsverband · Wirtschaftsvereinigung · Wirtschaftsvertreter · Wohlfahrtsverband
WV, Wv. – Wählerverzeichnis · Wiedervorlage · Wörterverzeichnis
Wv. – Weiterverwendung · Wiederverwendung
w. v. – weiter vorn · wieder vorlegen · wie vorstehend
WVA – Weltverband der Arbeitnehmer · World Veterinary Associations
WVA, W. V. A. – Wirtschaftsverband Asbest
W. Va. – West Virginia *(Staat der USA)*
WVAO – Wissenschaftliche Vereinigung für Augenoptik und Optometrie
WVB – Wirtschaftsvereinigung Bergbau
Wvb. – Wirtschaftsverband
WVIB – Wirtschaftsverband Industrieller Unternehmen Baden
WVM – Wirtschaftsvereinigung Metalle
w. Vn. – weiblicher Vorname
WVO – Wirtschaftsverwaltungsordnung
WVS – Wirtschaftsvereinigung Stahl
WVU – Wasserversorgungsunternehmen
WVV – Wirtschaftsverband Versicherungsvermittlung · Wissenschaftlicher Verein für Verkehrswesen
WVZ – Wertverhältniszahl · Wirtschaftliche Vereinigung Zucker
Wvz. – Warenverzeichnis
WW – Westerwaldkreis *(Kfz)* · Wildwasser[rennen] · Winword
WW, Ww. – Warmwasser · Wasserwerk
W/W – warehouse warrant *(Lagerhausberechtigung)*
Ww. – Wegweiser · Westerwald · Witwe[r]
w. W. – warmes Wasser
WWA – Wasserwirtschaftsamt
WWCL – Worldwide Championship of LAN-Gaming
Wwe. – Witwe
WWF – *(heute:)* World Wide Fund for Nature, *(früher:)* World Wildlife Fund
WWG – Werbewissenschaftliche Gesellschaft *(Österreich)* · world wide grid
WWI – Wirtschaftswissenschaftliches Institut der Gewerkschaften
WWiG – Weinwirtschaftsgesetz
WWNSS – Worldwide Network of Standard Seismograph Stations
WWR – Wildwasserrennen
Wwr. – Witwer
Ww.-R., WwR – Witwenrente
WWS – Warenwirtschaftssystem

WWU – Wirtschafts- und Währungsunion
WWV – Wärmewirtschaftsverband · Werkdienstwohnungsvorschriften
Wwv., Ww.-Vers. – Warmwasserversorgung
WWW – World Weather Watch *(weltweite Wetterforschung)* · World Wide Web *(Internet)*
WWWC – World Wide Web Consortium
WY – Wyoming *(Staat der USA)*
Wyo. – Wyoming *(Staat der USA)*
WYRE – Worldwide Young Researchers for the Environment
WYSBYGI – what you see before you get it *(engl.:* »Was man sieht, bevor man es erhält«)
WYSIWYG – what you see is what you get *(engl.:* »Was auf dem Bildschirm dargestellt ist, wird auch ausgedruckt«)
Wz – Wählzeichen · Wertzeichen
WZ – Wahlzentrum · Wartezeit · Weltzeit · Werkzeitschrift · Wirtschaftszentrum · Wissenschaftszentrum
WZ, Wz. – Warnzeichen · Wohnzimmer
WZ, Wz., Wz – Warenzeichen · Wasserzeichen
WZB – Wissenschaftszentrum Berlin für Sozialforschung
WZBl. – Warenzeichenblatt
w. z. b. w. – was zu beweisen war
Wzg – Wertzeichengeber
WZG – Warenzeichengesetz · Weingärtnerzentralgenossenschaft; Winzerzentralgenossenschaft
Wzg. – Werkzeug
Wzl – Wert zum Inkasso
Wzm – Werkzeugmaschinen
WzN – West zu Nord
WZO – Weinzollordnung · Wertzollordnung
WzS – West zu Süd
WZV – Wasserzweckverband
WZV, WZVO – Weihnachtszuwendungsverordnung
W3 – world wide web

X *x*

X – Bundeswehrfahrzeuge der NATO-Hauptquartiere · extra *(engl., franz.:* »außerordentlich ..., besonders ...«) · engl. für das Wort »cross« · römisches Zahlzeichen für 10
XA – extended architecture · extended attribute
XCHS – extended Cylinder/Head/sector
xd-Card – extreme digital card
XDF – extended density format
Xe – Xenon *(Element)*
Xerogr. – Xerographie
Xerok. – Xerokopie
Xetra – Exchange Electronic Trading
XFDL – extensible forms description language
XGA – extended graphics array
XHD – extra high density
XHTML – extensible hypertext markup language
XIP – execute in place
XL – extra large *(Kleidungsgröße)*
Xlink – extended lokales Informatiknetz Karlsruhe
XLink – XML Linking Language
XMA – extended memory area
XML – extensible markup language
XMM – X-ray multi mirror *(ESA)*
XMR – X-magnetoresistive
XMS – extended memory specification
Xnor – exclusive nor *(Math.)*
XO – Executive Officer
Xoff – exchange off *(Datenaustausch ausgeschaltet)*
Xon – exchange on *(Datenübertragung ein)*
Xor – exclusive or *(Logik; »ausschließendes Oder«)*
XScale – extended scale *(Prozessor)*
XSL – extensible stylesheet language
X-Strahlen – Röntgenstrahlen
XT – extended technology
XXL – extra extra large *(Kleidungsgröße)*
XXS – extra extra small *(Kleidungsgröße)*
Xyl. – Xylograph[ie] · Xylometer · Xylophon · Xylose
X3D – extensible 3D

Y *y*

y – why *(engl.:* »warum«)
Y – Bundeswehr *(Kfz)* · Yttrium *(Element)*
Y, ¥ – Yen *(Währung in Japan)*
y., Y. – Yard
YAC – yeast artificial chromosome
YACC – Yet Another Compiler Compiler *(Hilfsprogramm für das Betriebssystem Unix)*
YAFIYGI – you asked for it, you got it
YAG-Laser – Yttrium-Aluminium-Granat-Laser
Y. A. R., YAR – York-Antwerp-Rules/York-Antwerpener Regeln *(für Großhavariefälle)*
Yb – Ytterbium *(Element)*
YB – yearbook
YC – Yachtclub

YCW – Young Christian Workers
YD – Yemen-Dinar *(Währung)*
yd., Yd. – Yard
yds., Yds. – Yards
YE – Jemen *(Kfz)*
YIG – yttrium iron garnet
YMCA – Young Men's Christian Association *(Christlicher Verein Junger Männer)*
YMCU – Young Men's Christian Union *(Weltbund der Christlichen Vereine Junger Männer)*
YMHA – Young Men's Hebrew Association *(Weltverband Jüdischer Junger Männer)*
YOB – year of birth
yp – yellow pages
Y. RJ – Jemen-Rial *(Währung)*
YSL – Yves Saint-Laurent *(frz. Modeschöpfer)*
YU – Jugoslawien *(Serbien und Montenegro; Kfz)*
Yuppie – young upwardly mobile professional people; young urban professional people
YV – Venezuela *(Kfz)*
YWCA – Young Women's Christian Association *(Christlicher Verein Junger Mädchen)*
YWHA – Young Women's Hebrew Association *(Weltverband Jüdischer Junger Mädchen)*
Y2K-Problem – Year-2000-Problem

Z z

Z – Zambia *(Sambia; Kfz)* · Zähler · Zeitung · Zeitschrift · Zenit · Zentralblatt · Zentrale · Zentrifuge *(Technik)* · Zentrum · Zero · Zoll[amt] · Zug · Zwickau *(Kfz)*
z. – zu · zum · zur
Z. – Zahl · Zahlung · Zeile · Zeit · Zettel · Zeuge · Zeugnis · Ziffer · Zimmer · Zitat · Zuchthaus · Züchter · Zucker · Zurücknahme · Zusammensetzung
Z., Z – Zeichen · Zone
ZA – Republik Südafrika *(Kfz)* · Zahlungsabkommen · Zahlungsanweisung · Zahnarzt · Zentralabteilung · Zentralamt · Zentralanstalt · Zentralarchiv · Zentralarchiv für Empirische Sozialforschung *(Köln)* · Zentralausschuss · Zinsabkommen · Zollamt · Zonenamt · Zusatzabkommen
ZÄ – Zahnärztin
za. – zirka
z. A. – zur Ansicht · zum Abholen / zur Abholung · zur Anstellung
ZAA – Zentralanmeldeamt
ZAB – Zeitungsausschnittbüro · Zollamt am Bahnhof
ZAbfO – Zollabfertigungsordnung
ZAbfSt. – Zollabfertigungsstelle
ZAD – Zentraler Antwortdienst
ZADIK – Zentralarchiv des Deutschen und Internationalen Kunsthandels
ZAE – Zentrum für arbeitsbedingte Erkrankungen
ZAED – Zentralstelle für Atomenergie-Dokumentation
ZAG – Zentralarbeitsgemeinschaft
ZAGG – Zentrale Arbeitsgruppe Geheimnisschutz *(DDR)*
Zahl. – Zahlung[en]
Zahl.-Bef. – Zahlungsbefehl
Zahlm. – Zahlmeister
zahlr. – zahlreich
Zahlst. – Zahlstelle
Zahl.-Term. – Zahlungstermin
ZahnHkG – Zahnheilkundegesetz
ZAHV – zusätzliche Alters- und Hinterbliebenenversorgung
ZAK – Zentrale Ausfuhrkontrolle · Zentraler Arbeitskreis · Zentraler Artikelkatalog · Zentrum für Angewandte Kommunikationstechnologie
ZÄL – zentrale ärztliche Leitung
ZAM – Zentrum für angewandte Mikroelektronik der Bayerischen Fachhochschulen · Zweiseitenband-Amplitudenmodulation
ZAMG – Zentralanstalt für Meteorologie und Geodynamik *(Österreich)*
ZAMOR – Zentrum für ambulante und mobile Rehabilitation
z. Anst. – zur Anstellung
ZAnw – Zahlungsanweisung
z. Anw. – zur Anwendung
ZAnwO – Zollanweisungsordnung
ZAPO – Zulassungs-, Ausbildungs- und Prüfungsordnung
ZAPP – Zentrum für Arzneimittelinformation und Pharmazeutische Praxis
ZARN – Zweckverband Abfallwirtschaft Rhein-Neckar
ZAs – Zentrale Erfassungsstelle asbeststaubgefährdeter Arbeitnehmer
ZAS – Zentrale Anzeigenstatistik · Zinsabschlagsteuer · Zweckverband Abfallverwertung Südhessen
ZASt – zentrale Auskunftstelle · zentrale Abrechnungsstelle · zentrale Aufnahmestelle · Zollaufsichtsstelle
ZAStDA – Dienstanweisung für die Zollaufsichtsstellen
ZAT – Zentralverband Ambulanter Therapieeinrichtungen

ZAUG – Zentrum für Arbeit und Umwelt Gießen
ZAUM – Zentrum für Arbeits- und Umweltmedizin
ZAV – Zentralarbeitsgemeinschaft des Straßenverkehrsgewerbes · Zentralstelle für Arbeitsvermittlung · Zollabfertigungsvorschriften · Zollamtsvorsteher
ZAW – Zentralverband der deutschen Werbewirtschaft
ZB – Zahlungsbefehl · Zahlungsbewilligung · Zentralbatterie · Zentralbild · Zentralbibliothek · Zentralblatt · Zentralbüro · Zimmer mit Bad · Zivilbeschädigte[r] · Ziviler Bevölkerungsschutz · Zulassungsbüro · Zulassungsbestimmung[en] · Zürcher Bibel · Zusatzbestimmung[en] · Zustellungsbevollmächtigter · Zwischenbericht
z. B. – zum Beispiel · zur Beachtung
ZbA – Zusammenfassung betrieblicher Anordnungen
ZBA – Zentralvereinigung Berliner Arbeitgeberverbände · Zollbetriebsassistent
ZBB – Zentralstelle für Berufsförderung und Berufsausbildung
ZBD – zenithal bi-stable devices
Z.-Bef. – Zahlungsbefehl
z. Begl. – zur Beglaubigung
ZBF – Zentrale Bühnen-, Fernseh- und Filmvermittlung · Zugbahnfunk
ZBG – Erstes Gesetz über Maßnahmen zum Schutz der Zivilbevölkerung
ZBI – Zentralverband der Ingenieurvereine
ZBIE – Zentralbüro für internationale Eisenbahntransporte
ZBK – zentrale Bereichskonferenz
ZBKM – Zentralbüro für Kernmessungen
Zbl., ZBl. – Zentralblatt
ZBR – Zentralbankrat · Zentralbüro für Reservierungen · zone bit recording
ZBS – Zentrale Beschaffungsstelle · Zentrale Bußgeldstelle · Zentrale Busstation
ZBT – Zahnärztlicher Bundestarif für das Versorgungswesen
ZBV – Zentralstelle für Bahnstromversorgung
z. b. V. – zur besonderen Verfügung/Verwendung
Zchg., Zchng. – Zeichnung[en]
Zchn. – Zeichen · Zeichnen
ZD – Zeitschriftendienst · Zeitungsdienst · Zentraldienst · Zentraldirektion · Zimmer mit Dusche
z. D. – zur Disposition
ZDA – Zentrale Direktionsabteilung
z. d. A. – zu den Akten
ZDAW – Zentralausschuss der Agrargewerblichen Wirtschaft
ZDB – Zeitschriftendatenbank · Zentralverband des Deutschen Baugewerbes
ZDE – Zentrale Dokumentation Elektrotechnik
ZDF – Zweites Deutsches Fernsehen · Zentralverband des Deutschen Friseurhandwerks
ZDG – Zentralverband der Deutschen Geflügelwirtschaft · Zivildienstgesetz
Zdg. – Zündung
ZDH – Zentralverband des Deutschen Handwerks
Zdh. – Zündhölzer
ZDI – Zentralverband Deutscher Ingenieure
ZdK, ZDK – Zentralkomitee der Deutschen Katholiken
ZDK – Zentralverband Deutsches Kraftfahrzeuggewerbe · Zentralverband Deutscher Kaninchenzüchter · Zentralverband Deutscher Konsumgenossenschaften
ZDL – Zentralausschuss der Deutschen Landwirtschaft · Zivildienstleistende[r]
zdm – Zentralverband Deutscher Milchwirtschaftler
ZDN – Zentrum zur Dokumentation von Naturheilverfahren
ZDP – Zentralverband des deutschen Pfandkreditgewerbes
zds – Zentralverband Deutscher Schornsteinfeger
ZDS – Zentralverband der Deutschen Schweineproduktion
ZDv – zentrale Dienstvorschrift
ZDW – Zentralamt des Deutschen Wetterdienstes
Zdw. – Zündwaren
ZDWV – Zentralverband demokratischer Widerstandskämpfer und Verfolgtenorganisationen
ZE – Zahlungseinheit[en] · Zahlungseinstellung · Zeiteinheit[en] · Zentraleinheit *(EDV)* · zentraler Einkauf · Zugkrafteinheit
z. E. – zu Ehren · zum Exempel · zur Einsichtnahme
z. ebn. E. – zu ebener Erde
ZeBWis – Zentrale Betreuungsstelle Wismut *(der Berufsgenossenschaften)*
ZED – zentraler Ermittlungsdienst
ZEE – Zero Emission Engine *(Projekt des TEA)*
ZEF – Zentrum für Entwicklungsforschung
ZEG – Zentrale Einkaufsgemeinschaft · Zivile Einsatzgruppe · Zuständigkeitsergänzungsgesetz · Zweirad-Einkaufsgenossenschaft
ZEI – Zentrum für Europäische Integrationsforschung *(Bonn)*
zeitgen. – zeitgenössisch
zeitl. – zeitlich · zeitlos

Zeitl. – Zeitlohn · Zeitlupe
Zeitschr. – Zeitschrift[en]
zeitw. – zeitweilig · zeitweise
Zeitw. – Zeitwert · Zeitwort
ZeitwVO – Zeitwertverordnung
ZEK – Zentrale Ethikkommission *(bei der Bundesärztekammer)* · zentrales Entwicklungs- und Konstruktionsbüro · Zentralexekutivkomitee
ZEL – Zentralersatzteillager
Zellst. – Zellstoff
ZeltVO – Zeltverordnung
zentr. – zentral[isiert] · zentralistisch · zentriert · zentrisch
Zentr. – Zentrale · Zentralismus; Zentralist · Zentrum
zentrif. – zentrifugal
zentrip. – zentripedal
ZEP – Zuchteignungsprüfung
ZerlegG – Zerlegungsgesetz
Zers. – Zersetzung
Zerschl. – Zerschlagung
ZErsDG – Gesetz über den Zivilen Ersatzdienst
Zerst. – Zerstörung[en]
zerstr. – zerstreut · zerstritten
Zerstr. – Zerstreuung
ZERV – Zentrale Ermittlungsstelle für Regierungs- und Vereinigungskriminalität
ZeSP – Zentrale Stoff- und Produktionsbank *(im BIA)*
ZEU – Zentrum für europäische Forschung
ZeugGebO – Gebührenordnung für Zeugen und Sachverständige
ZeugSEntschG – Gesetz über die Entschädigung von Zeugen und Sachverständigen
ZEvA – Zentrale Evaluations- und Akkreditierungsagentur Hannover
ZEVIS – zentrales Verkehrsinformationssystem
ZEW – Zentrum für Europäische Wirtschaftsforschung *(Mannheim)*
Zf – Zugführer *(Bahn)*
Zf, ZF – Zugangsfaktor
ZF – Zeitfahren · Zeitforschung · Zentrale Frachtberechnung *(Bahn)* · Zentrifuge · Zero-Frequency *(engl.:* »Nullfrequenz«) · Zusatzfutterfläche · Zwischenfrequenz
Zf. – Zinsfuß · Zufahrt · Zufuhr · Zusammenfassung
z. F. – zu Fuß · zur Folge
ZfA – zentrale Zulagenstelle für Altersvermögen
ZFA – Zentral-Fachausschuss
ZFAR – Zentrum zur Förderung von Auslandsinvestitionen in Russland
ZfB – Zentralstelle für Betriebswirtschaft und Datenverarbeitung *(Bahn)* · Zentrum für Bucherhaltung
ZFB – Zentrum für Bucherhaltung
ZfBB – Zeitschrift für Bibliothekswesen und Bibliographie
ZfD – Zeitschrift für Datenverarbeitung
ZFD – Zollfahndungsdienst
z. F. d. W. – zur Förderung der Wissenschaft[en]
ZfG – Zeitschrift für Geschichtswissenschaft · Zentrale für Gasverwendung
Zfg. – Zufügung · Zusammenfassung
ZFH – Zweifamilienhaus
ZFI – Zentralstelle für Internatsberatung
zfr. – zinsfrei · zollfrei
ZFSt. – Zollfahndungsstelle
ZFU – Zentralstelle für Fernunterricht
ZFUW – Zentrum für Fernstudium und universitäre Weiterbildung
ZfV – Zeitschrift für Vermessungswesen
ZFV – Deutsche Zentrale für Fremdenverkehr · Zugförderungsvorschriften
ZfZ – Zentralstelle für Zivilschutz
ZFZwSt. – Zollfahndungszweigstelle
ZG – Zentralgenossenschaft · Zivilgericht · Zollgesetz · Zollgewicht · Zug *(Schweiz; Kfz)* · Zuständigkeitsgesetz *(hist.)* · Zustellungsgesetz
Zg. – Zeitung · Zeuge · Zeugung · Zug · Zugabe · Zugang
Z. G. – Zoologischer Garten
ZGB – Zivilgesetzbuch *(Schweiz)*
ZGD – Zollgrenzdienst
ZGDV – Zentrum für Grafische Datenverarbeitung *(Darmstadt)*
z. g. e. – ziemlich gut erhalten
ZGebO – Gebührenordnung für Zeugen und Sachverständige
z. gefl. K. – zur gefälligen Kenntnis[nahme]
ZGF – Zoologische Gesellschaft Frankfurt
Zgf. – Zugfolge · Zugführer
Zgh. – Zugehörigkeit
ZGK, ZGKom. – Zollgrenzkommissar[iat]
Zgkw – Zugkraftwagen
zgl. – zugleich
Zgm – Zugmaschine
Zgn. – Zeugen · Zeugnis
z. g. R. – zur gefälligen Rücksprache
z. gr. T. – zum großen/größten Teil
ZGS – Zentrale Genehmigungsstelle
zgs. – zusammengesetzt
zgst. – zusammengestellt
ZGV – Zentrale für Gussverwendung · Zentralverband Gewerblicher Verbundgruppen
zgw. – zugewandert · zugweise
z. g. w. V. – zur gefälligen weiteren Veranlassung

ZH – Zentralheizung · Zürich *(Kfz)*
z. H. – zur Hälfte
z. H., z. Hd., z. Hdn. – zuhanden; zu Händen
ZHD – Deutsches Zentrum für Handwerk und Denkmalpflege
z. Hd. [v.], z. Hdn. [v.] – zu Händen [von]
ZHG vgl. ZahnHkG
ZHH – Zentralverband Hartwarenhandel
ZHK – Zusatzheilkosten
ZHKG vgl. ZahnHkG
zhlr. – zahlreich
ZHS – zentrale Hochschulsportanlage
ZHV – Zoll- und Handelsvertrag
z. H. v. – zu Händen von
ZI – Zentralinkasso *(Vw.)* · Zentralinstitut · Zittau *(Kfz)* · Zollinhaltserklärung · Zollinspektor
Zi. – Ziffer · Zimmer
ZIAC – Zentralinstitut für Anorganische Chemie
ZIB – Konrad-Zuse-Zentrum für Informationstechnik Berlin
ZIDA – Zentrum für Information und Dokumentation der Außenwirtschaft *(DDR)*
ZiF – Zentrum für interdisziplinäre Forschung
ZIF – Zero Insertion Force
Ziff. – Ziffer
ZIG – Zentrum für Innovation in der Gesundheitswirtschaft
Zig. – Zigarre · Zigarette · Zigarillo
ZigStLO – Zigarrensteuerlager-Ordnung
ZIGUV – Zentrales Informationssystem der gesetzlichen Unfallversicherung
ZIHOGA – Zentrale und Internationale Management- und Fachvermittlung für Hotel- und Gaststättenpersonal
Zim. – Zimmer
Zi. m. fl. w. u. k. W. – Zimmer mit fließendem warmem und kaltem Wasser
ZIMT – Zentral-Institut für Medizintechnik
ZInk – Zentralinkasso
ZinsA – Zinsanweisung
zinsl. – zinslos
ZIOC – Zentralinstitut für Organische Chemie
.zip – zigzag inline package *(zeilenweise im Zickzack gefaltetes [Daten]-Paket)*
Zip, ZIP – Zukunftsinvestitionsprogramm
ZIP – zone improvement plan · zone information protocol
ZIPC – Zentralinstitut für Physikalische Chemie
ZIS – Zeitschriften-Informations-Service · Zentrale Informationsstelle Sporteinsätze *(NRW)* · Zürcher Institut für Spezialseminare
zit. – zitieren; zitiert
Zit. – Zitadelle · Zitat[e]
zit. n. – zitiert nach
ZIV – Zentrale Informationsstelle für Verkehr · Zweirad-Industrie-Verband
ziv. – zivil · zivilisatorisch · zivilisiert
Ziv. – Zivil · Zivilisation · Zivilist[en]
Ziv. Anw., ZivAnw. – Zivilanwärter
Zivi – Zivildienstleistender
ZivS – Zivilsenat
Ziv.-S., ZivS – Zivilsache
ZJD – Zionistische Jugend Deutschlands
ZK – Zeitkontrolle · Zentrale Kommission/Zentralkommission · Zentralkatalog · Zentralkomitee · Zivilkammer · Zollkontrolle · Zugkraft · Zwischenklärung *(Technik)*
ZK, Zk.– Zollkasse · Zuschlagkarte
zk. – zurück
Zk. – Zahlkarte · Zündkerze[n]
z. K. – zur Kenntnis[nahme]
ZKA – Zentraler Kreditausschuss · Zentralkatalog für Auslandsliteratur · Zollkriminalamt
ZKB – Zimmer, Küche, Bad
ZKBB – Zimmer, Küche, Bad, Balkon
ZKBS – Zentrale Kommission für biologische Sicherheit
ZKDSG – Zugangskontrolldiensteschutzgesetz
ZKF – Zentralverband Karosserie- und Fahrzeugtechnik
ZKfSK – Zentrale Kommission für Staatliche Kontrolle
Zkft. – Zukunft · Zusammenkunft
z. K. g. – zur Kenntnis genommen
ZKK – Zentrale Kundenkartei
ZKM – Zentrum für Kunst und Medientechnologie *(Karlsruhe)*
ZKMA – Zentraler Kapitalmarktausschuss
ZKR – Zentralkommission für die Rheinschifffahrt · zerlegbare Kopframpe
ZKSK vgl. ZKfSK
z. Kts. – zur Kenntnis[nahme]
Zkw – Zugkraftwagen
Zl – Zloty *(Währung in Polen)* · Zugleitung[en]
ZL – Zahllast · Zahlungsliste · Zentrallabor[atorium] · Zusatzleistung[en] · Zusatzliste · Zwischenlandung
Z£ – Zypern-Pfund *(Währung)*
Zl. – Zahl · Zeile · Ziel
z. l. – ziemlich löslich
ZLB – Zentrallaboratorium
ZLDI – Zentralstelle für Luft- und Raumfahrtdokumentation und -information
ZLE – zero latency enterprise
Zle. – Zeile · Ziele
Zlg. – Zahlung · Zerlegung · Zulassung · Zuleitung
z. l. l. – ziemlich leicht löslich
ZLO – Zolllagerordnung
z. lö. – ziemlich löslich

ZLU – Zentrum für Logistik und Unternehmensplanung
Zm – Zugmaschine
ZM – Zementmörtel · zusammenfassende Meldung *(EU)* · Zwischenmahlzeit · Zwischenmodulation
ZM, Zm. – Zeitmessung
Zm. – Zahlmeister · Zeitmaß; Zeitmesser/-messung
ZMA – zahnmedizinische[r] Assistent[in] · Zeitungsgemeinschaft für Marktforschung und Absatzförderung in der Standortpresse
ZMBH – Zentrum für Molekulare Biologie Heidelberg
ZMD – Zentrale Marinedienststelle *(Bw.)* · Zentraler Medizinischer Dienst *(DDR)* · Zentralrat der Muslime in Deutschland · Zentralstelle für maschinelle Dokumentation · Zentrum für Mikroelektronik Dresden
ZMF – zahnmedizinische[r] Fachassistent[in] · Zentrale Marktforschung
ZMG – Zeitungs-Marketing-Gesellschaft
ZMilDBw – Zentrale Militärische Bundeswehrdienststellen
ZMK – Zentrale Militärkraftfahrstelle *(Bw.)*
ZMM – Zollmaschinenmeister
ZMO – Zentralverband der Mittel- und Ostdeutschen
ZMP – Zentrale Markt- und Preisberichtstelle *(für Erzeugnisse der Land-, Forst- und Ernährungswirtschaft)*
ZMR – Zentrale Messwertregistrierung · Zentrales Melderegister *(Österreich)*
ZMV – zahnmedizinische[r] Verwaltungsassistent[in]
Zn – Zink *(Element)*
ZN – Zahlungsnachweis · Zimmernachweis · Zimmernummer · Zweigniederlassung
Zn. – Zeichen · Zeitnahme · Zunahme · Zuname
z. n. – zu nehmen · zu nennen
z. N. – zum Nachteil
ZND – zentrale Namendatei
ZNK – zentrale Namenkartei
ZNP – Ziviles Notstandsprogramm
ZNS – Zentrales Nervensystem/Zentralnervensystem *(Med.)*
ZNT – Zentrum für Neue Technologien
z. N. v. – zum Nachteil von
ZO – Zahlungsordnung · Zulassungsordnung · Zuständigkeitsordnung · Zollort
ZOA – Zentralverband der Organisationen des Deutschen Automaten-Aufstellgewerbes
ZOB – Zentraler Omnibusbahnhof
ZollA – Zollamt
ZollG – Zollgesetz
ZollK – Zollkasse
ZollT – Zolltarif
ZOMM – Zollobermaschinenmeister
ZÖNU – Zentrum für Ökologie, Natur- und Umweltschutz
Zoo – Zoologischer Garten
zool. – zoologisch
Zool. – Zoologe; Zoologie
ZOP – Zeitordnungsplan
ZOSchF – Zolloberschiffsführer
ZÖV – zentrale Ölversorgung · Zentralstelle für öffentliche Verwaltung
ZOZ – Zulassungsordnung für Kassenzahnärzte
Zp – Zugbildungsplan
ZP – Zentrumspartei · Zersetzungspunkt · Zielpunkt · Zimmerpreis · Zusatzpatent · Zusatzprovision
z. P. – zur Person
z. Pf. – zu Pferd[e]
ZPKK – Zentrale Parteikontrollkommission [der SED] *(DDR)*
ZPktk – Zollpaketkarte *(Post)*
ZPL – Zentrale Parteileitung *(DDR)*
ZPO – Zivilprozessordnung
ZPP – Zinkprotoporphyrin *(Med.)*
ZPR – Zivilprozessrecht
ZPÜ – Zentralstelle für private Überspielungsrechte
Zr – Zirkonium *(Element)*
ZR – Zentralrat · Zentralregister · Zivilrecht · Zollrat · Zollrecht
zr. – zahlreich
Zr. – Zimmer
z. R. – zu Recht · zur Revision · zur Ruhe
ZREU – Zentrum für rationelle Energieanwendung und Umwelt
ZRHO – Rechtshilfeordnung in Zivilsachen
ZRK – Zentrale Regionenkonferenz
ZRS – Zivilrechtssache
ZS – Zahlungsstelle · Zentralsekretariat · Zentralstation · Zentralstelle · Zivilschutz · Zivilsenat · Zollsekretär · Zulassungsstelle
Z$ – Simbabwe-Dollar *(Währung)*
zs. – zusammen
Zs. – Zeitschrift · Zusage · Zusatz; Zusätze · Zusammensetzung
z. S. – zur Sache · zur See
Zs.-Ausr. – Zusatzausrüstung
ZSB – Zentrale Studienberatung · Zweiseitenband
ZSch. – Zollschiffer
ZSchF – Zollschiffsführer
ZSchKG – Gesetz über das Zivilschutzkorps
Zschr. – Zeitschrift · Zuschrift[en]
ZSD – Ziviler Sicherheitsdienst
ZSekr. – Zollsekretär · Zugsekretariat; Zugsekretärin
Zs. f. – Zeitschrift für ...
Zsfg. – Zusammenfassung · Zusammenfügung

ZSG – Zentralsportgemeinschaft
zsges. – zusammengesetzt
zsgest. – zusammengestellt
Zshg. – Zusammenhang
ZSK – Zentraler Sportklub · Zielsuchkopf · Zivilschutzkorps · Zweiwellenschneckenkneter
ZSKA – Zentraler Sportklub der Armee *(Moskau)*
ZSKG – Gesetz über das Zivilschutzkorps
ZSK-LV – Verordnung über die Laufbahnen der Angehörigen des Zivilschutzkorps
ZSK-VorgesetztenV – Verordnung über die Regelung des Vorgesetztenverhältnisses im Zivilschutzkorps
ZSL – Zentrale Sendeleitung · zero slot lan
zs. m. – zusammen mit
Zs.-Prot. – Zusatzprotokoll
ZSprSt. – Zentrale Spruchstelle für Fürsorgestreitsachen
ZSR – Zentrum für Strahlenschutz und Radioökologie · Zugsteuerrechner *(Bahn)*
Zss. – Zeitschriften
Zst. – Zustand
ZSt. – Zentralstelle · Zollstelle · Zweigstelle
Zst., Zstg. – Zusammenstellung · Zustellung
z. Stn. – zur Stellungnahme
ZStV – Zentrales Staatsanwaltschaftliches Verfahrensregister
Zstzg. – Zusammensetzung[en]
ZSV – Zentrale Vermittlungsstelle
ZSW – Zeitschaltwerk · Zentrum für Sonnenenergie- und Wasserstoff-Forschung
z. s. Z., z. s. Zt. – zu seiner Zeit
ZT – Zähltaste · Zahlungstermin · Zeittakt · Zolltarif · zone time (*engl.:* »Zonenzeit«)
Zt. – Zeit · Zeitung *(selten)* · Zitat · Zuteilung
z. T. – zum Teil · zum Termin
ZTar. – Zolltarif
ZTarG – Zolltarifgesetz
ZTG – Zeittaktgeber · Zentralverband des Tankstellen- und Garagengewerbes · Zentrum für Telematik im Gesundheitswesen *(Krefeld)* · Zolltarifgesetz
Ztg. – Zeitung · Zuteilung
Ztg.-M. – Zeitungsmeldung · Zuteilungsmenge
Ztgn. – Zeitungen
ZTL – Zentrale Transportleitung · Zweikreis/Zweistrom-Turbinen-Luftstrahltriebwerk
ztl. – zeitlich · zeitlos
Ztl. – Zeitlupe · Zuteilung
Ztln. – Zuteilungen
Ztm. – Zeitmaß; Zeitmesser/-messung
Ztn. – Zeitnahme; Zeitnehmer
Ztr. – Zeitrechnung · Zentner · Zentrale · Zentrum · Zutritt
Ztr.-Arb.-Gem. – Zentralarbeitsgemeinschaft
z. tr. H. – zu treuen Händen
Ztr.-Hzg., Ztrhzg. – Zentralheizung
Ztr. Vorb. – Zentralverband
Ztr. vorb. – Zutritt verboten
Ztschr. – Zeitschrift
ZTV – zusätzliche technische Vertragsbedingungen/Vorschriften
ztw. – zeitweilig; zeitweise
Ztw. – Zeitenwende · Zeitwort
Ztw., ZtW – Zeitwert
ZU – Zentralunternehmen · Zustellungsurkunde
Zü – Zugüberwachung *(Bahn)*
z. u. – zeitlich untauglich
z. U. – zur Unterschrift · zur Untersuchung
Zub – Zugbegleitdienst; Zugbegleiter; Zugbegleitpersonal *(Bahn)*
Zub. – Zubehör
Zubr. – Zubringer
ZuckG – Zuckergesetz
ZuckStBefrO – Zuckersteuerbefreiungsordnung
ZuckStDA – Dienstanweisung zum Zuckersteuergesetz
ZuckStDB – Durchführungsbestimmungen zum Zuckersteuergesetz
ZuckStG – Zuckersteuergesetz
ZuckStVO – Zuckersteuervergütungsordnung
zuf. – zufällig · zufolge
Zuf. – Zufall; Zufälle · Zufuhr
ZuflUV – Verordnung über das Zufließen und die Überlassung von Kosten
zug. – zugängig; zugänglich
Zug. – Zugabe[n] · Zugang; Zugänge
zugel. – zugelassen
zuget. – zugeteilt
zugew. – zugewandert · zugewiesen
Zugew. – Zugewanderte[r] · Zugewinn
zugl. – zugleich
ZugVO – Zugabeverordnung *(1932)*
ZUK – zentrale Unternehmenskonferenz
zuk. – zukünftig
zul. – zulässig · zuletzt
Zul. – Zulage[n] · Zulässigkeit · Zulassung
Zul.-Best. – Zulassungsbestimmung[en]
Zul.-Ord. – Zulassungsordnung
Zul.-T. – Zulassungstermin
ZUMA – Zentrum für Umfragen, Methoden und Analysen *(Mannheim)*
Zündw. – Zündwaren
ZündwMG, ZündwMonG – Zündwarenmonopolgesetz
ZündwStDB – Durchführungsbestimmungen zum Zündwarensteuergesetz
ZündwStG – Zündwarensteuergesetz

zur. – zurück
zus. – zusammen · zusätzlich
Zus. – Zusammenhang · Zusammensetzung · Zusatz; Zusätze
Zus.-Best. – Zusatzbestimmung[en]
Zusch. – Zuschuss; Zuschüsse
Zuschr. – Zuschrift[en]
ZuSEG, ZuSEntschG vgl. ZeugSEntschG
Zus.-Schl. – Zusammenschluss; Zusammenschlüsse
zust. – zuständig · zustellen
Zust. – Zustand; Zustände · Zuständigkeit · Zusteller; Zustellung
ZustBz – Zustellbezirk
ZustErgG – Zuständigkeitsergänzungsgesetz
ZustVO – Zuständigkeitsverordnung
ZustVO AltG – Verordnung zur Regelung von Zuständigkeiten auf dem Gebiet des Arbeits-, Immissions- und technischen Gefahrenschutzes
ZustVOArbtG – Zuständigkeitsverordnung auf dem Gebiet des Arbeitsschutzes und technischen Gefahrenschutzes
ZustVOGewAr – Verordnung über die Regelung von Zuständigkeiten im Gewerbe- und Arbeitsschutzrecht sowie in anderen Rechtsgebieten
ZustVOGewIAR – Verordnung über die Regelung von Zuständigkeiten im Immissions-, Gewerbe- und Arbeitsschutzrecht sowie in anderen Rechtsgebieten
ZustVOOWI – Verordnung über sachliche Zuständigkeiten für die Verfolgung und Ahndung von Ordnungswidrigkeiten
Zut. – Zutaten · Zuteilung
zuw. – zuweilen · zuweisen
Zuw. – Zuwachs; Zuwächse · Zuweisung · Zuwendung[en]
ZuwStG – Zuwachssteuergesetz
zuz., zuzgl. – zuzüglich
ZV – Zahlungsverkehr · Zechenverband · Zeitungsverlag · Zeitungsvertrieb · Zentralverband · Zentralvereinigung · Zentralverriegelung · Zentralverwaltung · Zentralvorstand · Zivilverteidigung · Zollvertrag · Zollvorschrift · Zusatzversicherung · Zwangsversteigerung · Zwangsvollstreckung · Zweckverband
z. v. – zu verkaufen · zu vermieten · zu vernichten
z. V. – zum Verkauf · zum Vermerk · zum Vorgang · zur Verfügung · zur Vernichtung · zur Verwendung · zur Vormerkung
ZVA – Zeitungsvertriebsamt · zentrale Versorgungsanlage · Zentralverband der Augenoptiker · Zentralverkehrsamt
ZVAB – Zentrales Verzeichnis antiquarischer Bücher
ZVB – zusätzliche Vertragsbedingungen
ZVBw – Zentrum für Verifikationsaufgaben der Bundeswehr
ZVD – zentraler Venendruck *(Med.)*
ZVDFUe – Zahlungsverkehr-Datenfernübertragung
ZVDH – Zentralverband des Deutschen Dachdeckerhandwerks
ZVDS – Zwischenbuchhändler-Verband der deutschsprachigen Schweiz
ZVE – Zählervergleichseinrichtung · Zentrale Vermittlungseinrichtung
ZVEH – Zentralverband der Deutschen Elektrohandwerke
ZVEI – Zentralverband Elektrotechnik- und Elektronikindustrie
ZVerkV – Zusatzstoff-Verkehrsverordnung
z. Vfg. – zur Verfügung
ZVG – Gesetz über die Zwangsversteigerung und die Zwangsverwaltung · Zentralverband Gartenbau · Zwangsversteigerungsgesetz · Zweckverbandsgesetz
z. Vg. – zum Vorgang
ZVI – Zentralverband der Ingenieure des öffentlichen Dienstes in Deutschland
ZVK – Zentralverband der Krankengymnasten · Zentralverband des Kraftfahrzeughandwerks · Zusatzversorgungskasse
ZVL – Zentrale Verkaufsleitung
ZVO – Zentralverband der Optiker · Zusatz-Vollzugsordnung · Zuständigkeits- und Verfahrensordnung
ZVOB – Zweckverband Ostdeutscher Bauverbände
ZV[-Port] – zoomed video port
ZVR – Zentralverband des Raumausstatterhandwerks
ZVS – Zentralstelle für die Vergabe von Studienplätzen *(Dortmund)*
ZVSHK – Zentralverband Sanitär Heizung Klima
ZVV – Zürcher Verkehrsverbund
ZVW – Zentralverwaltungswirtschaft
ZW – Zählwerk · Zeitwert · Zellwolle · Zielwahl · Zimbabwe *(Kfz)* · Zweibrücken *(Kfz)* · Zentralstelle für den Werkstättendienst *(Bahn)*
zw. – zwar · zwecks · zwei · zwischen
Zw. – Zahlungsweise · Zahlwort · Zeitwort · Zollwert · Zuwachs · Zwang · Zweck · Zweig... · Zwillinge
ZWA – Zollwertanmeldung

Zw.-Anl. – Zwangsanleihe
Zw.-Betr. – Zweigbetrieb[e]
z. W. d. G. – zur Wiederherstellung der Gesundheit
zw. d. L. – zwischen den Loten
ZweckVG – Zweckverbandsgesetz
Zwgn., Zwg.-Ndlg. – Zweigniederlassung
Zwgst., Zwg.-St. – Zweigstelle[n]
Zwgst.-L. – Zweigstellenleiter/-leitung
zwgw. – zwangsweise
ZWK – Zweckverband Wasserversorgung Kurpfalz
z. w. l. – ziemlich wenig löslich
ZWO – Zionist World Organization
ZwPA – Zweigpostamt
ZwPÄ – Zweigpostämter
ZWPktk – Zollwertpaketkarte *(Post)*
Zw.-R., ZwR, Zw.-Rchn[g]. – Zwischenrechnung
ZWST – Zentralwohlfahrtsstelle der Juden in Deutschland
Zw.-St. – Zweigstelle[n] · Zwischenstecker · Zwischenstock[werk]
ZwV – Zwangsvollstreckung
ZwV, Zw.-V. – Zweckverband
z. Wv. – zur Wiederverwendung · zur Wiedervorlage
z. w. V. – zur weiteren Veranlassung · zur weiteren Verwendung/Verwertung
Zw.-Verb. – Zweckverband · Zweckverbindung
ZwVerbG, ZwVG – Zweckverbandsgesetz
Zw.-Vollstr., ZwVollstr. – Zwangsvollstreckung
Zw.-W. – Zweigwerk[e]
Zw.-W., Zw.-Whg. – Zweitwohnung
Zw.-W., Zw.-Wtg. – Zwischenwertung
Zw.-Z. – Zwischenzähler
zyl. – zylindrisch
Zyl. – Zylinder
zypr. – zypriotisch; zyprisch
ZZ – Zeitzone[n] · Zollzweigstelle · Zonenzeit · zweieiige Zwillinge *(Med.)* · Zwischenzähler
zz. – zurzeit
Zz. – Zeilen · Zeitzone[n] · Zinszahl[ungen] · Zylinderzahl
z. Z. – zur Zeit
ZZF – Zentralamt für Zulassungen des Fernmeldewesens · Zentralverband Zoologischer Fachbetriebe
zzgl. – zuzüglich
ZZK – Zentraler Zeichenkanal
Zzlg. – Zinszahlung · Zuzahlung
Zzlgn – Zinszahlungen · Zuzahlungen
zzt. – zurzeit
z. Zt. – zur Zeit
ZZulV – Zusatzstoff-Zulassungsverordnung
ZZZ – Zeitzonenzähler

Umgekehrtes Verzeichnis der Abkürzungen und Kurzwörter (von der Vollform zur Kurzform)

Aachen *(Kfz)* – AC
Aalen/Ostalbkreis *(Kfz)* – AA
Aargau *(Schweiz; Kfz)* – AG
Abänderungsgesetz – AbändG · AbGes.
abends – ab. · abds.
Abgabenordnung – AbgO · AO
abgefasst – abg. · abgef.
abgekürzt – abg. · abgek.
abgesandt – ab. · abges.
abgeschlossen – abg. · abgeschl.
abgestempelt – abg. · abgest.
Abitur – Ab. · Abi · Abit.
Abiturient[en]; Abiturientin[nen] – Ab. · Abit.
Abkürzung – Abk. · Akü
Abkürzungsfimmel – Aküfi
Abkürzungslexikon – Akülex.
Abkürzungssprache – Aküspr. · Aküspra
Ablativ *(Sprachw.)* – Abl.
Ablativus absolutus *(Sprachw.)* – Abl. abs.
Ablaut *(Sprachw.)* – Abl.
Abonnement – Abo
abonnieren; abonniert – ab.
Absender – Abs.
Absetzung – Abs.
Absicherungsgesetz – AbsG · Abs.-Ges. · AbsichG
absichtlich – abs.
absolut – abs.
Absolvent – Abs.
Absteiger *(Sport)* – Abst.
abstrakt – abstr.
Abtei – Abt.
Abteilung – A. · Abt. · Abtlg.
abwesend – abw.
abzüglich – abz. · abzgl.
a cappella *(Musik)* – a c. · a capp.
accedit (*lat.:* »es kommt hinzu«) – acc.
accelerando (*ital.:* »schneller werdend«; *Musik*) – acc. · accel.
account of – a/o
accusativus cum infinitivo *(lat.; Sprachw.)* – acc. c. inf. · a. c. i.
Acetylsalicylsäure – ASS
Achskilometer – Achskm
Acre *(Flächeneinheit in USA u. GB)* – A · ac
Actinium *(Element)* – Ac
ad acta (*lat.:* »zu den Akten«) – a. a.
adagio (*ital.:* »langsam«; *Musik*) – adgo · ado.
ad capsulam (*lat.:* »in eine Kapsel«; *Pharm.*) – ad caps.
Addendum (*lat.:* »Zusatz; Ergänzung«) – Add.
Addition – Add.
Aden/Jemen *(Kfz)* – ADN
ad finem (*lat.:* »bis zum Ende«) – ad fin.
ad generalia (*lat.:* »zum Allgemeinen«) – ad gen.
ad hanc vocem (*lat.:* »bei diesem Wort«) – a. h. v.
ad honorem (*lat.;* »zur Ehre«) – a. h. · a. H.
ad hunc locum (*lat.:* »an diese Stelle«) – a. h. l.
ad infinitum (*lat.:* »bis ins Unendliche«) – ad inf.
ad initium (*lat.:* »zu Beginn; am Anfang«) – ad init.
ad interim (*lat.:* »einstweilen; unterdessen; vorläufig; zwischenzeitlich«) – a. i. · ad int.
Adjektiv *(Sprachw.)* – Adj.
adjektivisch – adj.
ad libitum (*lat.:* »nach Belieben«) – ad l. · ad lib. · ad libit. · a. l.
ad litteram (*lat.:* »nach dem Buchstaben«; *wörtlich*) – ad lit.
ad locum (*lat.:* »am Ort; zum Ort«) – ad loc.
ad maiorem Dei gloriam (*lat.:* »zur größeren Ehre Gottes«) – A. M. D. G.
ad notam (*lat.:* »zur Kenntnisnahme«) – a. n.
ad oculos (*lat.:* »vor Augen; augenfällig«) – ad oc.
Adolf-Grimme-Institut – AGI
ad publicandum (*lat.:* »zum Veröffentlichen«) – a. p.
ad rationem [meam] (*lat.:* »auf [meine] Rechnung«) – ad rat. · ad rat. m.
ad referendum – ad ref.
Adressat; Adresse – Adr.
ad saturationem (*lat.:* »bis zur Sättigung«) – ad sat.
ad separatum (*lat.:* »für sich; getrennt«) – ad sep.
ad specialia (*lat.:* »zu den besonderen Umständen«) – ad spec.
ad usum (*lat.:* »zum Gebrauch«) – a. u.

ad valorem (*lat.:* »dem Wert nach«) – ad. v. · ad val. · a. v.
Advent – Adv.
Adverb *(Sprachw.)* – Adv.
adverbial, adverbiell *(Sprachw.)* – adv.
adversativ *(Sprachw.)* – advs.
adversus (*lat.:* »gegen«) – adv. · advs.
ad vitrum (*lat.:* »in eine Flasche einfüllen«; *Angabe auf Rezepten*) – ad vitr.
ad vivum (*lat.:* »nach dem Leben [geschaffen]«) – A. V.
Aeroflot Russian International Airlines *(Russland)* – Aria
Aerolineas Argentinas – AA
Aerolinee Italiane Internazionali – ALITALIA
Aeronautik[er] – Aero. · Aeron.
aeronautisch – aero. · aeron.
affabile (*ital.:* »freundlich«; *Musik*) – aff.
affettuoso (*ital.:* »leidenschaftlich«; *Musik*) – affet.
affinis (*lat.:* »verwandt«; *Biol.*) – aff.
Afghani *(Währung)* – Af
Afghanistan *(Kfz)* – AFG
Afrika – Afr.
Afrikaans – Afr.
Afrika, Karibik und pazifischer Raum – AKP
Afrikaner – Afr.
afrikanisch – afr. · afrik.
Afrikanische Union – AU
Afrikanisch-Madagassische Union – AMU
Aggregat – A · Aggr.
agitato (*ital.:* »aufgeregt; heftig«; *Musik*) – ag. · agit.
Ägypten *(Egypt; Kfz)* – ET
Ahrweiler *(Kfz)* – AW
Aichach/Friedberg *(Kfz)* – AIC
Air Canada – AC · A. C.
Air France – AF
Air India – AI
Akademie der Künste – Ak. d. K. · Akad. d. K.
Akademie der Wissenschaft[en] – AdW · A. d. W. · Akad. d. Wiss. · Ak. d. Wiss.
Akkusativ *(Sprachw.)* – Akk.
Alabama *(Staat der USA)* – AL · Ala.
Alaska *(Staat der USA)* – AK · Alas.
Albanien *(Kfz)* – AL
Alderney *(Great Britain; Kfz)* – GBA
alemannisch – al. · alem.
Alemannische – Al. · Alem.
al fine (*ital.:* »bis zum Schluss«; *Musik*) – al f. · a. f.
Algerien *(Kfz)* – DZ
Algerischer Dinar – DA
alkalisch *(Chemie)* – alk.
allargando (*ital.:* »langsamer, breiter werdend«; *Musik*) – allarg.
allegretto (*ital.:* »mäßig schnell«; *Musik*) – allegr.
allegro (*ital.:* »schnell«; *Musik*) – all.
allegro ma non troppo (*ital.:* »schnell, aber nicht zu sehr«; *Musik*) – all. m. n. tr.
allgemein anerkannte Regeln der Technik – AART · aaRT
allgemeine Ausführungsbestimmung[en] – AllgABest. · AllgAusfBest.
allgemeine Geschäftsbedingungen – AGB · AllGeschBed.
allgemeine Haftpflichtversicherungsbedingungen – AHB · AHVB · AllgHaftpflVersBed.
allgemeine Kraftverkehrsversicherungsbedingungen – AKB · AllgKVerkVersBed.
allgemeine Krankenversicherungsbedingungen – AKrB · AKV · AllgKrankVersBed.
allgemeine Lebensversicherungsbedingungen – ALB · AllgLebVersBed.
Allgemeiner Deutscher Sprachverein *(hist.)* – ADS · ADSV
Allgemeiner Studentenausschuss; *(heute meist:)* Allgemeiner Studierendenausschuss – AStA
Allgemeines Zoll- und Handelsabkommen – AZH
allgemeine Versicherungsbedingungen – AllgVersBed. · AVB
Allgemeinmediziner, Praktiker, Internisten *(Ärzte der Primärversogung)* – API
Allgemeinzustand – AZ
Allied Air Forces Central Europe *(NATO)* – AAFCE · AIRCENT
Allied Air Forces Northern Europe *(NATO)* – AAFNE · AIRNORTH
Allied Air Forces Southern Europe *(NATO)* – AAFSE · AIRSOUTH

Allied Command Atlantic *(NATO)* – ACLANT
Allied Command Channel *(Alliiertes Oberkommando Ärmelkanal)* – ACCHAN
Allied Command Europe *(NATO)* – ACE
Allied Forces Central Europe *(NATO)* – AFCENT
Allied Forces Mediterranean *(NATO)* – AFMED
Allied Forces Northern Europe *(NATO)* – AFNORTH
Allied Forces Southern Europe *(NATO)* – AFSOUTH
Allied Land Forces Central Europe – LANDCENT
Allied Land Forces Central Europe *(NATO)* – ALFCENT
Allied Military Government – AMG
Allied Mobile Force *(NATO; alliierte bewegliche Eingreifreserve)* – AMF
Allied Tactical Air Force *(NATO)* – ATAF
all inclusive – AI
All Nippon Airways – ANA
al segno (*ital.:* »bis zum Zeichen«; *Musik*) – al s.
Altenburger Land *(Kfz)* – ABG
Altenkirchen *(Kfz)* – AK
Alterseinkünftegesetz – AEG · AEinkG · AltEinkG
Altersteilzeit(arbeit) – ATZ
altfränkisch – afr. · afränk. · afrk.
altfranzösisch – afr. · afranz. · afrz.
altfriesisch – afr. · afries. · afrs.
altgermanisch – agerm.
altgriechisch – agr. · altgr.
althochdeutsch – ahd.
altindisch – ai. · aind.
altirisch – air.
altisländisch – aisl.
Altkatholik(en) – AK · Altk. · Altkath.
altlateinisch – alat. · altl. · altlat.
altmodisch – amd.
altniederfränkisch – anfr. · anfränk. · anfrk.
altniederländisch – and.
altnordisch – an. · anord.
Altötting *(Kfz)* – AÖ
altpersisch – apers.
altrussisch – ar. · aruss.
altsächsisch – alts. · altsächs. · as. · asächs.
altserbisch – aserb.
altslawisch – asl. · aslaw.
Altsparer – Altsp. · Altspar. · ASp.
altsprachlich – altspr.
alttestamentlich – alttest.
Aluminium *(Element)* – Al
Alzey-Worms *(Kfz)* – AZ
am angeführten/angegebenen Ort – a. a. O.
Amberg *(Kfz)* – AM
Amberg-Sulzbach *(Kfz)* – AS
ambulante medizinische Betreuung – AMB
ambulantes Operationszentrum *(Med.)* – AOZ
Americium *(Element)* – Am
amerikanisch – am. · amer. · amerik.
am gleichen Ort – a. gl. O.
amnesty international – ai
Amperesekunde – As · Asec
Amperestunde – Ah
Amsterdam, Rotterdam, Antwerpen – ARA-Häfen
Amtsgericht – AG · AmtsG
Analog-digital-Converter *(EDV)* – ADC
analog-digital-digital *(analoge Aufnahme, digitale Bearbeitung, digitale Wiedergabe)* – ADD
Analog-digital-Umsetzer *(EDV)* – ADU
Analog-digital-Wandler *(EDV)* – ADW
ana partes aequales (*lat.:* »zu gleichen Teilen«; *Vermerk auf Rezepten*) – aa · aa · aa. · aa. pt. aequ. · ana
andante (*ital.:* »gehend; mäßig langsam«; *Musik*) – and.
andantino (*ital.:* »ein wenig gehend«; *Musik*) – andno. · andtno.
anderer Ansicht – a. A.
anderer Meinung – a. M.
Änderungsverfügung – Änd.-Verf. · ÄndVfg. · Änd.-Vfg.
Andorra *(Kfz)* – AND
Angebot – Ang. · Angeb.
Angehörige[r] – Ang. · Angeh.
angekündigt – ang. · angek.
Angestellte[r] – Ang. · Angest. · Angst.
anglofranzösisch – aglfrz.
Angola *(Kfz)* – ANG
Angström[einheit] – Å

Anhalt-Zerbst *(Kfz)* – AZE
Anhang, Anhänger – Ah. · Ahg. · Anh.
Anhängerkupplung – AHK
animato (*ital.:* »beseelt, belebt«; *Musik*) – anim.
Anklage – Ankl.
Ankläger – Ankl.
Anklagevertreter; Anklagevertretung – Ankl.-Vertr.
Anklang – Ankl.
Ankunft – Ank.
Anlagefondsverordnung – AFV
Anlagegesetz – AnlG · Anl.-Ges.
Anlagekapital – AnlK · Anl.-K.
Anlagekosten – AnlK · Anl.-K.
Anlegekosten – AnlK · Anl.-K.
Anmerkung der Redaktion – Anm. d. Red.
Anmerkung des Herausgebers – A. d. H. · A. d. Hrsg.
Anmerkung des Übersetzers – A. d. Ü.
Annaberg *(Kfz)* – ANA
anni currentis (*lat.:* »laufenden Jahres«) – a. c.
anni futuri (*lat.:* »künftigen Jahres«) – a. f.
anni praesentis (*lat.:* »des gegenwärtigen Jahres«); anni praeteriti (*lat.:* »des vergangenen Jahres«) – a. p. · a. pr.
Anonyme Alkoholiker – AA
Anordnung – AnO · Anord. · Anordn. · AO
Anordnung *(Rechtsw.)* – A
Anrufbeantworter – AB
Ansbach *(Kfz)* – AN
Anschlussheilbehandlung – AHB
Anschrift[en] – An. · Anschr.
Anstalt des öffentlichen Rechtes – AdöR · A. d. ö. R. · AöR
Anthropologe; Anthropologie – Anthr. · Anthrop. · Anthropol.
anthropologisch – anthr. · anthrop. · anthropol.
Aorist *(Sprachw.)* – Aor.
Apokope *(Sprachw.)* – Apok.
Apolda/Weimarer-Land *(Kfz)* – AP
Apostilb *(Messeinheit)* – asb
appassionato (*ital.:* »leidenschaftlich«; *Musik*) – app. · appass.
Appellation contrôlée (*frz.:* »kontrollierte Marke«) – A. C.
Appellation d'Origine Contrôlée – A. O. C.
Appellation d'Origine Protégée – AOP
Appellativ[um] *(Sprachw.)* – App.
Appenzell-Außerrhoden *(Schweiz; Kfz)* – AR
Appenzell-Innerrhoden *(Schweiz; Kfz)* – AI
Apposition *(Sprachw.)* – Appos.
Approbation – Appr. · Approb.
Approbationsordnung – AO · ApprO
Approbationsordnung für Apotheker – AAppO
Approbationsordnung für Ärzte – ÄAppO · AppOÄ
approbieren; approbiert – appr. · approb.
approximativ *(Math.)* – appr. · approx.
April – Apr.
äquivalent – äq. · äquiv.
Äquivalent; Äquivalenz – Äq. · Äquiv.
aramäisch – aram.
Arbeitgeber – AG · ArbG · Arbg.
Arbeitsamt – AA · ArbA
Arbeitsausschuss für Begriffe im Fertigungsverfahren *(im DNA)* – ABF
Arbeitsausschuss für Berufsausbildung – AFB
Arbeitsausschuss für Klassifikation *(im DNA)* – AfK
Arbeitsausschuss für Netzplantechnik – AfN
Arbeitsausschuss für Sensitometrie *(im DNA)* – AfS
Arbeitsausschuss Normenpraxis *(im VDI)* – ANP
Arbeitsausschuss Qualitätssicherung Folientastaturen – AAQS
Arbeitsausschuss Regel- und Sicherheitseinrichtungen für Gas und Ölfeuerungen *(im DNA)* – ARS
Arbeitsausschuss Transportrationalisierung – ATR
Arbeitsausschuss Zeichnungen *(im DNA)* – AZ
Arbeitsbeschaffungsmaßnahme – ABM
Arbeitsbeschaffungsprogramm – ABP
Arbeitsbeschaffungsreserven – ABR
Arbeitsförderungsgesetz – AFG · ArbFördG
Arbeitsgebiet – Arb.-Geb.
Arbeitslosengeld – AG · ALG · AlG

Arbeitslosenhilfe – ALHi · Alhi
Arbeitslosenunterstützung – Alu · ALU · ArblU · Arbl.-Unt.
Arbeitslosenversicherung – ALV · ArblVers. · Arbl.-Vers. · AV · AVers.
Arbeitsminister[ium] – ArbM · Arb.-Min.
Arbeitsnachweis – AN · Arb.-Nachw.
Arbeitsordnung – AO · ArbO · Arb.-Ord.
Arbeitsunfähigkeit – AU
Architektengesetz – ArchG
Architektenkammer Hessen – AKH
Architektenverein – AV
architektonisch – arch.
Architektur – Arch.
Archiv – Arch.
Archiv *(EDV)* – ARC
Archivalien – Archvl.
archivalisch – arch.
Archivar – Arch.
Archivassessor – ArchAss. · Arch.-Ass.
Archivdirektor – ADir. · A.-Dir. · ArchDir. · Arch.-Dir.
Argentinien *(Kfz)* – RA
Argon *(Element)* – Ar
Arizona *(Staat der USA)* – AZ · Ariz.
Arkansas *(Staat der USA)* – AR · Ark.
Armenien *(Kfz)* – AR
arpeggio, arpeggiando *(ital.:* »als gebrochenen Akkord spielen«; *Musik)* – arp. · arpegg.
Arrondissement – Arr.
Arsen *(Element)* – As
Artikel – Art.
Artikelnummer[n] – Art.-Nr.
Arzt/Ärzte im Praktikum – AiP
Aschaffenburg *(Kfz)* – AB
Aschersleben/Staßfurt *(Kfz)* – ASL
Aserbaidschan *(Kfz)* – AZ
Asien-Pazifik-Ausschuss der deutschen Wirtschaft – APA
Aspirata *(Sprachw.)* – Asp.
assai *(ital.:* »sehr · genug · recht«; *Musik)* – ass.
Astat[in] *(Element)* – At
Astronomische Einheit – AE
a tempo *(ital.:* »im Tempo [des Anfangs]«; *Musik)* – at. · a tem.
Äthiopien *(Kfz)* – ETH
Atmosphäre *(technische A.)* – at
Atomgewicht – AG · A.G. · A.-Gew. · At.-Gew.
Attaché – Att.
Atto (= 10^{-18}) – a
attributiv – attr.
auch unter ander[e]n – a.u.a.
auch unter dem Titel *(Buchw.)* – a.u.d.T.
Auditorium – Aud.
Auditorium maximum *(größter Hörsaal)* – Audimax
Aue-Schwarzenberg *(Kfz)* – ASZ
auf Abruf – a.A.
auf Anfrage – a.A.
auf angeführter/angegebener Seite – a.a.S.
auf Anhänger *(Mil.)* – a.A.
auf Anordnung – a.A.
auf Anraten – a.A.
auf Antrag – a.A.
auf Befehl – a.B.
auf besonderem Wege – a.b.W.
auf Bestellung – a.B.
auf dem Dienstweg – a.d.D.
auf dem Gelände – a.d.G.
auf der Durchreise – a.d.D.
auf der Höhe – a.d.H.
auf Dienstleistung – a.D.
auf Dienstreise – a.D.
auf Gegenseitigkeit – aG · a.G.
auf Kohle[basis] – a.K.
auf Kommissionsbasis – a.K.
auf Kredit – a.K. · a.Kr.
auf Kriegsdauer – a.K. · a.Kr.
Auflage – Aufl.
auf Lebenszeit – a.L.
auf Lieferung – a.L.
Aufmersamkeitsdefizitsyndrom – ADS
Aufmerksamkeitsdefizit- und Hyperaktivitätssyndrom – ADHS
auf Probe – a.P.
auf Rechnung; auf Reise[n] – a.R.
auf richterliche Anordnung/Anweisung – a.r.a.
auf Seite – a.S.
auf Sicht – a.S.
Aufsichtsbehörde – AB · Aufs.-B. · Aufs.-Beh.
auf Stapel – a.St.
auf Tausend – aT

auf unbestimmte Zeit – a.u.Z.
auf Wartegeld – a.W.
auf Widerruf – a.W.
auf Wunsch – a.W.
auf Zeit – a.Z.
Augsburg *(Kfz)* – A
Aurich *(Kfz)* – AUR
aus dem Besitz – a.d.Bs.
aus dem Hause – a.d.H.
aus dem Jahre – a.d.J.
aus der Gegend – a.d.G.
aus diesem Grund; aus diesen Gründen – a.d.Gr.
ausreichend – ausr.
ausschließend; ausschließlich – ausschl.
ausschließlich Berichtigungsaktie *(Börse)* – exBA
ausschließlich Bezugsrecht *(Börse)* – exB · exBR
ausschließlich Dividende *(Börse)* – exD · ex-Div.
Ausschuss Federn *(DIN)* – AF
Ausschuss Gestaltung von Normen *(DIN)* – AGN
Ausschuss Normenpraxis *(DIN)* – ANP
Ausschuss Normungsgrundsätze *(DIN)* – ANG
Ausschuss Wälzlager *(DIN)* – AWL
Außenhandel – AH
Außenhandelsbank – AB · AHB
Außenhandelserlasse – AHE
Außenhandelsgesetz – AHG
Außenhandelskontor – AHK
Außenhandelsorganisation – AHO
Außenhandelsrecht – AR
Außenhandelsrundschreiben – AHR · AH-Rdschr.
Außenhandelsverband – AV
Außenhandelsverband für Mineralöl – AFM
Außenhandelsvereinigung des Deutschen Einzelhandels – AVE
Außenspiegel – AS · ASp · Asp.
außer Betrieb – a.B.
außer Dienst – a.D.
außer Konkurrenz – a.K.
außer Kraft – a.K.
außerordentlich – ao. · a.o.
außer Reichweite – a.R.
außer Tarif/außertariflich – aT
aus Sicherheit – a.S.
Australien *(Kfz)* – AUS
Auswärtiges Amt – AA
Auszubildende[r] – Azubi
automatisiertes Schaltgetriebe *(Kfz)* – ASG
Autorenkorrektur – AK
Avenue *(engl./franz.)* – Ave.

Bachelor of Science – B.S. · B.Sc.
Bachfestbuch *(Musik)* – BFB
Bachjahrbuch *(Musik)* – BJ
Bachwerkeverzeichnis *(Musik)* – BWV
Bad Doberan *(Kfz)* – DBR
Bad Dürkheim/Weinstraße *(Kfz)* – DÜW
Bad Ems/Rhein-Lahn-Kreis *(Kfz)* – EMS
Baden-Baden *(Kfz)* – BAD
Baden-Württemberg – Ba.-Wü. · BW
Baden-Württemberg, Landesregierung und Landtag *(Kfz)* – BWL
Badezimmer – BZ
Bad Hersfeld-Rotenburg *(Kfz)* – HEF
Bad Homburg vor der Höhe/Hochtaunus-Kreis *(Kfz)* – HG
Bad Kissingen *(Kfz)* – KG
Bad Kreuznach *(Kfz)* – KH
Bad Neustadt an der Saale/Rhön-Grabfeld *(Kfz)* – NES
Bad Oldesloe/Stormarn *(Kfz)* – OD
Bad Segeberg *(Kfz)* – SE
Bad Tölz-Wolfratshausen *(Kfz)* – TÖL
Bahama-Dollar *(Währung)* – B$
Bahama Islands *(Kfz)* – BS
Bahncard – BC
Bahnhof – Bf. · Bh. · Bhf.
Bahnstation – Bst. · B.-St.
Bahnsteig – Bstg.
Bahnübergang; Bahnübergänge – BÜ
Bahrain *(Kfz)* – BRN
Bahrain-Dinar *(Währung)* – BD
Baht *(Währung in Thailand)* – B
Bakterie[n] – Bkt.
Bakterie[n]; Bakteriologe; Bakteriologin; Bakteriologie – Bakt.
bakteriell; bakteriologisch – bakt.
Baldachin – Bald.
Balingen/Zollernalbkreis *(Kfz)* – BL
Balkan – Blk.

Balken – Blk.
Balkon – Bal. · Blk.
Ballade – Ball.
Ballast – Ball.
Ballclub – BC
Ballen – Bll.
Ballett; Balletteuse – Ball.
Ballismus *(Med.)* – Ball.
Ballistik – Ball.
ballistisch – ball.
Ballistokardiographie *(Med.)* – BKG
Ballklub – BK
Ballon – Ball.
Baltikum – Balt.
baltisch – balt.
Balustrade – Bal.
Bamberg *(Kfz)* – BA
Band – B. · Bd.
Bandage – Band.
bandagieren; bandagiert – band.
Bändchen *(kleines Buch)* – Bdch. · Bdchn.
Bande – Bd.
Bände *(Plural zu Band [Buch])* – Bde.
Bänden *(zu: der Band)* – Bdn.
Banderole – Band.
banderolieren – band.
Bandscheibe[n] *(Med.)* – BS
Bandverstärker – BV
Bang & Olufsen – B&O
Bangladesch *(Kfz)* – BD
Bankaktie – BA
Bankangestellte[r] – B.-Ang. · B.-Angest.
Bankaufsichtsbehörde – BAB
Bankbevollmächtigte[r] – BankB · Bank-Bev. · BB
Bankett – Bank.
Bankgeschäft – Bk.-Gesch.
Bankgesellschaft – Bk.-Ges.
Bankguthaben – Bk.-Guth.
Bankhaftungsgesetz – BkHG
Bankkaufmann – B.-Kaufm.
Bankkonto – BK · Bk.-K. · Bk.-Kto.
Bankkredit – Bk.-Kr.
Bankleitzahl – BLZ
Bankordnung – BO
Bankrat – BankR
Bankrecht – BankR
bankrott – bank.
Bankrott – Bank.
Bankvorausdarlehen – BVD
Baptist[en] – Bapt.
Baptisterium – Bapt.
baptistisch – bapt.
bar *(Meteor.)* – b
Barbados – Barb.
Barbados *(Kfz)* – BDS
Barbados-Dollar *(Währung)* – BDS$
Barbar – Barb.
barbarisch – barb.
Barbecue – BBQ
Barbestand – Barb. · Barbest.
Barbiturat; Barbitursäure – Barb.
Barett – Bar.
Bargeld – Bgld.
Bariton – Bar.
Barium *(Element)* – Ba
Barkarole – Bark.
Barkasse – Bark.
Barkette – Bark.
Barmherzigkeit – Barmh.
Barn *(Einheit des Wirkungsquerschnitts)* – b
Barnim *(Kfz)* – BAR
Barock – Bar.
Barometer – Brm.
Barometer[stand] – B. · Bar.
Baron[esse] – B. · Bar.
Barpreis – Barpr.
Barrel – bar · bl
Bart – Bt.
Barverkauf – Barv. · Barverk.
Barzahlung – Barz. · Barzahl.
Basalt – Bas.
Basaltemperatur *(Med.)* – BT
Basar – Bas.
Basel – Bas.
Basel-Land *(Kfz)* – BL
Basel-Stadt *(Kfz)* – BS
Basis – B. · Bas.
Basisfrequenz – BF
Basiskomponente – BK
baskisch – bask.
basso/Basso continuo (*ital.:* »Generalbass«; *Musik*) – b.c. · B.c.
Bastard – Bast.
Bataillon – Bat. · Bt. · Btl.
Bataillon *(Österreich)* – Baon

Bataillonsversorgungspunkt *(Mil.)* – BVP
Bathylthermometer – BT
Batterie – Ba. · Bat. · Batt.
Batterie *(Mil.)* – Bttr.
Bauch-Oberschenkel-Po (Fitnessstudio) – Bop
Baudirektion – BD · BDir.
Baudirektor[in] – Baudir. · BauDir. · BD · BDir
Baudurchführungsverordnung – BauDVO
bäuerlich – brl.
Bauernbund – Bbd.
baufällig – bauf.
Baufinanzierung – Baufinzg. · Baufzg.
Bauführer; Bauführung – Bauf.
Baugebührenordnung – BauGO
Baugelände – Baugel.
Baugenehmigung – Baugen.
Baugesellschaft – Bauges.
Baugesetz – BauG · Bauges.
Baugesetzbuch – BauGB
Baugestaltung – Baugest.
Baugruppe – B.-Gr. · BGr
Bauherr – Bh.
Bauhöhe – BH
Bauingenieur – Bauing.
Bauinspektor – BI · BInsp. · B.-Insp.
Baujahr – Bauj. · Bj. · BJ
Baukosten – Bauk. · BK
Baukostenzuschuss – BKZ · Bkz.
Bauleiter – Baul.
Bauleitung – Baul. · Baultg.
Bauleitungsbuch – BLB
Baumassenzahl – BMZ
Baumeister – Bm. · Bmstr.
Baumschutzsatzung – BSS
Baumuster – Bm. · Bmstr.
Baumuster-Nummer – BN · B.-Nr.
Baumwolle – Bw. · BW
Bauplan; Baupläne – Baupl.
Bauplatz; Bauplätze – Baupl. · Bpl.
Baupolizei – Baupol. · BP · BPol. · B.-Pol.
Baupolizeiverordnung – BPolVO
Baurat – BauR · BR
Baurecht – BauR · BR
Baureihe – BR
Bausparkasse[n] – BSK · BSpK
Baustelle – Bst. · B.-St.
Bautechnik[er] – Bautechn. · B.-Techn.
bautechnisch – bautechn. · btechn.
Bautrupp[s] – B.-Tr. · BTr.
Bautzen *(Kfz)* – BZ
Bauvorlagenverordnung – BauVorlV · BauVorlVO
Bayern – B · Bay. · BY · By.
Bayern, Landesregierung und Landtag *(Kfz)* – BYL
Bayernpartei – BP
Bayern-Verfassung – BV
Bayreuth *(Kfz)* – BT
Bazar – Baz.
Bazillen; Bazillus – Baz.
Bazillenemulsion *(Med.)* – BE
Beamtenanwärter – BA
Beamter; Beamtin – Bea. · Beamt.
Beamter auf Lebenszeit – B. a. L.
Beamter auf Widerruf – B. a. W.
Beamter auf Zeit – B. a. Z.
Beamter zur Wiederverwendung – B. z. W. · B. z. Wv.
Bearbeiter; Bearbeitung – Bearb.
bearbeitet – bearb.
Bearbeitungskennzeichen – BKZ
Beauftragte[r] der Bundesregierung für Kultur und Medien – BKM
Beauftragter des Bundeskanzlers – BBK
Beauftragter für die biologische Sicherheit – BBS
Beckenendlage *(Med.)* – BE
Becquerel – Bq
Bedarf – Bed.
Bedarfs- und Optimierungsplan(ung) – BOP
bedeckt – bed.
bedeutend – bdt. · bdtd. · bed.
bedeutet – bed.
Bedeutung – Bdtg. · Bed.
Befähigungsnachweis – Bef.-Nachw.
Befähigungszeugnis – Bef.-Zeugn. · Bef.-Zgn.
Befehlshaber – Befh. · Bfh.
Beförderung – Bef. · Bf.
Beförderungsbedingungen – Bef.-Bed.
Beförderungsbeschränkung[en] – Bef.-Beschr.
Beförderungsdienst der Bundeswehr – BFDBw
Befragungsergebnis – Befr.-Erg.

Begegnung – Beg. · Bg.
Beginn – Beg. · Bg.
Beglaubigung – Begl. · Bgl.
begleichen – begl. · bgl.
Begleitschein – Begl.-Sch.
Begleitschreiben – Begl.-Schr.
beglichen – begl. · bgl.
Begräbnis – Begr. · Bgr.
begradigen; begradigt – begr. · bgr.
Begradigung – Begr. · Bgr.
Begrenzung – Begr. · Bgr. · Bgrz.
begründen; begründet – begr. · bgr.
behelfsmäßig – beh. · bhm.
Beiblatt; Beiblätter – Beibl. · Bbl.
beifügen – beif. · bfgn.
beigeheftet – beig. · beigeh.
Beiheft – Beih. · Bh.
Beihilfe – Beih. · BH · Bhf.
Beihilfengrundsätze – BeihGr. · BGr. · BHGr.
beiliegend – beil. · blg.
Beisitzer – Beis. · Bs.
Beispiel – Beisp. · Bsp.
beispielhaft – beisp. · beisph. · bsph.
beispielsweise – beisp. · beispw. · bspw.
Beitrag; Beiträge – B. · Beitr. · Bg. · Btr.
Beitragsbemessungsgrenze; Beitragsbemessungsgrundlage – BBG · Beitr.-Bem.-Gr.
Beitragsrückerstattung – BRE
Beitrags- und Gebührensatzung – BGS
Bekämpfung – Bek. · Bkg.
Bekanntmachung – Bek. · Bkm. · BM
Beklagte[r] – Bekl. · Bkl.
Bekleidung – Bekl. · Bkl.
Belarus *(Weißrussland; Kfz)* – BY
Belgien *(Kfz)* – B
Belichtungsmesser – Bel.-M. · BM
beliebige Sicht *(Bankw.)* – b.S.
Belize *(Kfz)* – BZ
Benin *(Kfz)* – RPB
Berchtesgadener Land *(Kfz)* – BGL
Bereitschaftsdienst – Ber.-D. · Ber.-Dienst
Bergassessor – Bergass. · Bg.-Ass. · Bg.-Assess.
Bergbau – Bergb. · Bgb.
Bergheim/Erftkreis *(Kfz)* – BM
Bergisch-Gladbach/Rheinisch-Bergischer Kreis *(Kfz)* – GL
Bergpolizei – BP · BPol. · B.-Pol.
Bergpolizeiverordnung – BPolVO · BPV
Bergrat – BergR · BgR · BR
Bergrettungsdienst; Bergungs- und Rettungsdienst – BRD
Bergwerk – Bergw. · Bgw.
Berkelium *(Element)* – Bk
Berlin – BE · Berl. · Bln. · Bn.
Berlin *(Kfz)* – B
Berlinale – Berl.
Berlin-Brandenburgische Akademie der Wissenschaften – BBAW
berlin[er]isch – berl.
Berlin, Senat und Abgeordnetenhaus *(Kfz)* – B
Bern *(Kfz)* – BE
Bernburg *(Kfz)* – BBG
Berufsberatung – Ber.-Ber. · Ber.-Berat. · Berufsber.
Berufsgenossenschaft – Ber.-Gen. · Berufsgen. · BG
Berufsinformationszentrum/-zentren – BIZ
Berufsschulgesetz – BerSchG · BSchG
Berufsunfähigkeit – BU
Berufsunfähigkeits-Zusatzversicherung – BUZ
Berufsunfallversicherung – BUV
Berufung – Ber. · Bfg.
Beryllium *(Element)* – Be
Bes *(Masseneinheit Kilogramm in Italien)* – b
beschränken; beschränkt – beschr. · bschr.
beschrankt – beschr. · bschr.
Besoldungsgruppe – BesGr. · Bes.-Gr. · BGr · B.-Gr.
besondere, besonderer, besonderes; besonders – bes. · bsd. · bsds.
Bestandsaufnahme – Best.-A. · Best.-Aufn.
Bestellung – Best. · Bstg. · Bstgn. · Bstlg.
Betäubungsmittel – BtM · BTM · Btm.
Betrag; Beträge – Betr. · Btr.
Betreff – Betr. · Btr.
Betreuung – Betr. · Btrg.
betriebliche Altersversorgung – bAV · BAV · BetrAV
Betriebsleiter – Btr.-L. · Btr.-Ltr.
Betriebsleitung – Btr.-L. · Btr.-Ltg.
Betriebsordnung – BetrO · Betr.-Ord. · BO
Betriebsprüfer; Betriebsprüfung – Betr.-Pr. · BP · Bp. · BPr. · B.-Pr.

Betriebsvereinbarung[en] – Betr.-Ver. · BV
Betriebsverfassung – BetrV · BetrVerf.
bevollmächtigt – bev. · bevollm.
Bevollmächtigte[r] – Bev. · Bevollm.
Bewährungshelfer – BewH · Bew.-H. · Bh.
Bewährungshilfe – BewH · Bew.-H. · Bew.-Hi. · BewHi
bezahlen; bezahlt – b · bez. · bz · bz.
bezahlt Brief *(Börse)* – bz B
bezahlter Brief repartiert *(Börse)* – bB rep
bezahlt Geld *(Börse)* – bz G
bezahlt Geld repartiert *(Börse)* – bG rep
bezahlt Papier *(Börse)* – bP
bezahlt und Brief *(Börse)* – bB · bezB · bez. B.
bezahlt und Geld *(Börse)* – bG
bezüglich – bez. · bezgl. · bzgl.
Biberach *(Kfz)* – BC
Bibliographisches Institut & F. A. Brockhaus AG – Bifab
Bielefeld *(Kfz)* – BI
Bildschirmtext – btx · BTX
Billion[en] – Bill. · Bio.
Birkenfeld *(Kfz)* – BIR
birmanisch – birm.
Birr *(Währung in Äthiopien)* – Br
bis auf weiteres – b. a. w.
bis auf Widerruf – b. a. W.
bischöflich – bfl. · bisch. · bischöfl.
Bismutum *(Wismut; Element)* – Bi
Bistum; Bistümer – Bist. · Bs. · Bt.
bit – b
Bitburg-Prüm *(Kfz)* – BIT
Bitterfeld *(Kfz)* – BTF
bitte Rücksprache – bR · b. R.
bitte um Rücksprache – b. u. R.
bitte wenden – b. w.
Blei *(lat. Plumbum; Element)* – Pb
Blindkilowatt – BkW
Blitzinformationsdienst *(Karlsruhe)* – BLIDS
Blutalkoholkontrolle; Blutalkoholkonzentration – BAK
Blutdruck *(Med.)* – BD
Blutkörperchensenkungsgeschwindigkeit *(Med.)* – BSG
Blutkörperchensenkungsreaktion *(Med.)* – BKS · BSR
Böblingen *(Kfz)* – BB
Bochum *(Kfz)* – BO
Body Cell Mass *(Med.; Körperzellmasse)* – BCM
Body-Mass-Index – BMI
Bohrium *(Element)* – Bh
Bolívar *(Währung in Venezuela)* – B
Bolivien *(Kfz)* – BOL
Bonn *(Kfz)* – BN
Bor *(Element)* – B
Bördekreis *(Kfz)* – BÖ
Borken *(Kfz)* – BOR
Bosnien und Herzegovina – BIH *(Kfz)* · BuH
Botsuana *(Kfz)* – RB
Bottrop *(Kfz)* – BOT
Boulevard – Blvd.
Brake/Wesermarsch, Unterweser *(Kfz)* – BRA
Brandenburg *(Kfz)* – BRB
Brandenburg, Landesregierung und Landtag *(Kfz)* – BBL
Brasilien *(Kfz)* – BR
Braunkohlenbergwerk – BKB · Brk.-Bergw.
Braunschweig *(Kfz)* – BS
Breitband-ISDN – B-ISDN
Breite – Br.
Bremen *(Hansestadt Bremen; Kfz)* – HB
britisch – br. · brit.
Brom *(Element)* – Br
Broteinheit – BE
Brunei *(Kfz)* – BRU
Brunei-Dollar – BR$
brutto für netto – bfn · b. f. n.
Bruttoinlandsprodukt – BIP
buchstabieren; buchstabiert; buchstäblich – buchst.
Bulgarien *(Kfz)* – BG
Bund der Steuerzahler – BdSt.
Bund der Vertriebenen – BdV
Bundesagentur für Arbeit – BA
Bundesangestelltentarif – BAT
Bundesapothekerkammer – BAK
Bundesapothekerordnung – BApO
Bundesarbeitgeberverband Chemie – BAVC
Bundesarbeitsgericht – BAG · BArbG
Bundesarchitektenkammer – BAK
Bundesarchiv – BArch.
Bundesärztekammer – BÄK
Bundesärzteordnung – BÄO

Bundesautobahn – BAB
Bundesernährungsministerium – BEM
Bundesfinanzminister[ium] – BFM
Bundesgartenausstellung – BGA
Bundesgartenschau – BUGA
Bundesgesundheitsamt – BGA
Bundesgrenzschutz – BGrenzSch · BGS
Bundesgrenzschutz *(Kfz)* – BG
Bundesjustizminister[ium] – BJM
Bundeskriminalamt – BKA
Bundesminister[ium] für Familie, Senioren, Frauen und Jugend – BMFSFJ
Bundesminister[ium] der Finanzen – BMF
Bundesminister[ium] der Justiz – BMJ
Bundesminister[ium] der Verteidigung – BMVg
Bundesminister[ium] des Innern – BMI
Bundesminister[ium] für Bildung und Forschung – BMBF
Bundesminister[ium] für das Post- und Fernmeldewesen *(hist.)* – BMP
Bundesminister[ium] für Gesundheit und soziale Sicherung – BMGS
Bundesminister[ium] für Post und Telekommunikation *(hist.)* – BMPT
Bundesminister[ium] für Verbraucherschutz, Ernährung und Landwirtschaft – BMVEL
Bundesminister[ium] für Verkehr *(hist.)* – BMV
Bundesminister[ium] für Verkehr, Bau- und Wohnungswesen – BMVBW
Bundesminister[ium] für wirtschaftliche Zusammenarbeit – BMZ
Bundesminister[ium] für Wirtschaft und Arbeit – BMWA
Bundesministergesetz – BMinG
Bundesministerium für Gesundheit und Konsumentenschutz *(Österreich)* – BMGK
Bundesministerium für Unterricht *(Österreich)* – BMfU
Bundesrat *(Kfz)* – BD
Bundesregierung *(Kfz)* – BD
Bundesrepublik Deutschland – BRD
Bundestag *(Kfz)* – BD
Bundesverfassungsgericht – BVerfG · BVG
Bundesversicherungsanstalt für Angestellte – BfA
Bundeswehr *(Kfz)* – Y
Bundeswirtschaftsminister[ium] – BWM
Bund für Umwelt und Naturschutz Deutschland – BUND
Burgenland *(Österreich; Kfz)* – B
Burgenlandkreis *(Kfz)* – BLK
Burkina Faso *(Kfz)* – BF
Burundi *(Kfz)* – RU
Business to Business – BtB · B2B
Business to Consumer – BtC · B2C
Büsingen *(Kfz)* – BÜS
Byte *(EDV)* – B

Cabriolet – Cabr. · Cabrio
cadenza *(ital.; Musik)* – cad.
Cadmium *(Element)* – Cd
calando (*ital.:* »abnehmend«; *Musik*) – cal.
Calcium *(Element)* – Ca
California – Calif.
Californium *(Element)* – Cf
Call Center – CC
Calw *(Kfz)* – CW
Canada; Canadian[s] – Can.
cantabile (*ital.:* »sanglich«; *Musik*) – cant.
Captain *(engl.)* – Capt. · Cpt.
cash against documents (*engl.:* »Kasse gegen Dokumente«) – c. a. d.
cash and carry *(engl.)* – C & C
cash before delivery (*engl.:* »zahlbar vor Lieferung«) – c. b. d.
cash/collect on delivery (*engl.:* »zahlbar bei Lieferung«; *Nachnahme*) – cod · c. o. d.
cash in advance *(Zahlung im Voraus)* – c.i.a.
cash on shipment *(Zahlung bei Verschiffung)* – c. o. s.
cash with order (*engl.:* »zahlbar bei Auftragserteilung«) – c. w. o.
Cäsium *(Element)* – Cs
Celle *(Kfz)* – CE
Celsius – C · Cel. · Cels.
Cent[s] – c · c. · ct. · Ct.
Centavo – c · c.
Centavos – ctvs
Centavos; Centésimo, Centimes – C
Centesimi – Cnt.
Centesimo – c · c.
Centime – c · c.
Centime[s] – ct.

Centimo – c · c.

Céntimos – cts · cts.

Cents – C

Cents; Centavos; Centésimos; Centimes – cts · cts.

Cerium *(Element)* – Ce

certificate *(engl.)* – cert. · Cert.

Ceylon-Rupie – CR

Cham *(Kfz)* – CHA

Champions League – CL

Chefarzt; Chefärztin – ChA

Chef[in] des Bundeskanzleramtes – ChBK

Chef[in] des Bundespräsidialamtes – ChBPr. · CHBPrA

Chef[in] des Stabes – ChdSt · Ch. d. St.

Chefdirigent[in] – Chefdir. · Ch.-Dir.

Chefingenieur[in] – Chefing. · Ch.-Ing.

Chefkorrektor[in] – Chefkorr. · Ch.-Korr.

Chefkorrespondent[in] – Chefkorr.

Chefpilot[in] – Chefp. · Chefpil. · Ch.-P. · Ch.-Pil.

Chefplaner[in] – Chefpl. · Ch.-Pl.

Chefredakteur[in]; Chefredaktion – Chefred. · Ch.-Red.

Chefsekretärin – Chefsekr. · Ch.-Sekr.

Chef[in] vom Dienst – Ch. v. D. · CvD

Chemische Elemente – *siehe Übersicht S. 438*

Chemnitz *(Kfz)* – C

Chief Executive Officer *(im Vorstand)* – CEO

Chief Financial Officer – CFO

Chief Information Officer – CIO

Chief Investment Officer – CIO

Chief Operating Officer – COO

Chief Risk Officer – CRO

Chiffre – Ch.

chiffrieren; chiffriert – chiff. · chiffr.

Chile *(Kfz)* – RCH

China Airlines – CAL

Chlor *(Element)* – Cl

christlich – chr. · christl.

Christlich-Demokratische Arbeitnehmerschaft – CDA

Christlich-Demokratischer Pressedienst – CDP

Christlich-Demokratische Union [Deutschlands] – CDU

Christlich-demokratische Volkspartei *(Schweiz)* – CVP

Christliche Arbeiter-Hilfe *(der KAB)* – CAH

Christliche Arbeiterjugend – CAJ

Christliche Arbeiterjugend, Frauenjugend – CAJF

Christliche Friedenskonferenz – CFK

Christliche Gewerkschaft Bergbau Chemie Energie – CGBCE

Christliche Gewerkschaft des Post- und Fernmeldepersonals – CGP

Christliche Gewerkschaft Deutscher Eisenbahner – CGDE

Christliche Gewerkschaft Metall – CGM

Christliche Medien-Akademie *(Wetzlar)* – CMA

Christliche Pfadfinderschaft – CP

Christliche Presse-Akademie – CPA

Christlicher Bau- und Holzarbeiter-Verband – CBHV

Christlicher Chemiearbeiter-Verband Deutschlands – CCVD

Christlicher Dienst für das Gastgewerbe – CDfG

Christlicher Entwicklungsdienst – CED

Christlicher Gewerkschaftsbund Deutschlands – CGB

Christlicher Metallarbeiterverband – CMV

Christlicher Nachrichtendienst – CND

Christlicher Studenten-Weltbund – CSW

Christlicher Textil-, Bekleidungs- und Lederarbeiter-Verband – CTBLV

Christlicher Verein Junger Frauen – CVJF

Christlicher Verein Junger Männer/Menschen – CVJM

Christliches Jugenddorfwerk Deutschlands – CJD

Christlich-Islamische Begegnung – CIBEDO

Christlich-konservative Volkspartei *(Schweiz · gegr. 1994)* – CKP

Christlich-Soziale Arbeitnehmerschaft – CSA

Christlich-Soziale Union *(Bayern)* – CSU

Christopher Street Day – CSD

Chrom – Chr.

Chrom *(Element)* – Cr

circa (*lat.:* »ungefähr«) – ca.

Cloppenburg *(Kfz)* – CLP

Cobalt *(Element)* – Co

Coburg *(Kfz)* – CO

Chemische Elemente

Actinium – Ac
Aluminium – Al
Americium – Am
Argentum *(Silber)* – Ag
Argon – Ar
Arsen – As
Astat – At
Aurum *(Gold)* – Au
Barium – Ba
Berkelium – Bk
Beryllium – Be
Bismutum – Bi
Bohrium – Bh
Bor – B
Brom – Br
Cadmium – Cd
Calcium – Ca
Californium – Cf
Carboneum *(Kohlenstoff)* – C
Cäsium – Cs
Cerium – Ce
Chlor – Cl
Chrom – Cr
Cobalt – Co
Cuprum *(Kupfer)* – Cu
Curium – Cm
Darmstadtium – Ds
Dubnium – Db
Dysprosium – Dy
Einsteinium – Es
Erbium – Er
Europium – Eu
Fermium – Fm
Ferrum *(Eisen)* – Fe
Fluor – F
Francium – Fr
Gadolinium – Gd
Gallium – Ga
Germanium – Ge
Hafnium – Hf
Hassium – Hs
Helium – He
Holmium – Ho
Hydrargyrum *(Quecksilber)* – Hg
Hydrogenium *(Wasserstoff)* – H
Indium – In
Iod – I
Iridium – Ir
Kalium – K
Krypton – Kr
Lanthan – La
Lawrencium – Lr
Lithium – Li
Lutetium – Lu
Magnesium – Mg
Mangan – Mn
Meitnerium – Mt
Mendelevium – Md
Molybdän – Mo
Natrium – Na
Neodym – Nd
Neon – Ne
Neptunium – Np
Nickel – Ni
Niob – Nb
Nitrogenium *(Stickstoff)* – N
Nobelium – No
Osmium – Os
Oxygenium *(Sauerstoff)* – O
Palladium – Pd
Phosphor – P
Platin – Pt
Plumbum *(Blei)* – Pb
Plutonium – Pu
Polonium – Po
Praseodym – Pr
Promethium – Pm
Protactinium – Pa
Radium – Ra
Radon – Rn
Rhenium – Re
Rhodium – Rh
Rubidium – Rb
Ruthenium – Ru
Rutherfordium – Rf
Samarium – Sm
Scandium – Sc
Seaborgium – Sg
Selen – Se
Silicium – Si

Chemische Elemente (Fortsetzung)

Stannum *(Zinn)* – Sn
Stibium *(Antimon)* – Sb
Strontium – Sr
Sulfur *(Schwefel)* – S
Tantal – Ta
Technetium – Tc
Tellur – Te
Terbium – Tb
Thallium – Tl
Thorium – Th
Thulium – Tm
Titan – Ti
Ununbium – Uub
Unununium – Uuu
Uran – U
Vanadium – V
Wolfram – W
Xenon – Xe
Ytterbium – Yb
Yttrium – Y
Zink – Zn
Zirconium – Zr

Cochem-Zell *(Kfz)* – COC
Code civil – CC · cc
Coesfeld *(Kfz)* – COE
col basso (*ital.:* »mit dem Bass«; *Musik*) – c. b. · c. B.
colla destra (*ital.:* »mit der rechten Hand«; *Musik*) – c. d.
colla parte (*ital.:* »mit der Hauptstimme«; *Musik*) – c. p.
coll' arco (*ital.:* »mit dem Bogen [zu spielen]«; *Musik*) – c. a.
colla sinistra (*ital.:* »mit der linken Hand«; *Musik*) – c. s.
colla voce (*ital.:* »mit der [Haupt]stimme«; *Musik*) – c. v.
col legno (*ital.:* »mit dem Holz des Bogens [zu spielen]«; *Musik*) – c. l.
Colorado *(Staat der USA)* – CO · Colo.
Columbium *(Element)* – Cb
computer-aided/assisted architectural design – CAAD
computer-aided/assisted design *(engl.; computerunterstütztes Konstruieren)* – CAD
computer-aided/assisted design and manufacturing *(engl.; computerunterstütztes Konstruieren und Fertigen)* – CADAM
computer-aided/assisted education – CAE
computer-aided/assisted engineering *(engl.; computerunterstütztes Konstruieren)* – CAE
computer-aided/assisted industry – CAI
computer-aided/assisted informationslogistic – CAI
computer-aided/assisted inking *(engl.; computerunterstütztes Einfärben)* – CAI
computer-aided/assisted instruction – CAI
computer-aided/assisted learning – CAL
computer-aided/assisted manufacturing *(engl.; computerunterstütztes Fertigen)* – CAM
computer-aided/assisted measurement and control – CAMAC
computer-aided/assisted molecular design *(engl.; computerunterstütze Strukturoptimierung)* – CAMD
computer-aided/assisted office – CAO
computer-aided/assisted planning *(engl.; computerunterstützte Arbeitsplanung)* – CAP
computer-aided/assisted printing *(engl.; computerunterstütztes Drucken)* – CAP
computer-aided/assisted process engineering *(engl.; computerunterstützte Verfahrenstechnik)* – CAPE
computer-aided/assisted publishing – CAP
computer-aided/assisted quality assurance/control *(engl.; computerunterstützte Qualitätssicherung)* – CAQ
computer-aided/assisted sales – CAS
computer-aided/assisted software/system engineering *(engl.; computerunterstützte Programmierungstechnik)* – CASE

computer-aided/assisted synthesis planning *(engl.; computerunterstützte Syntheseplanung)* – CASP
Computertomogramm; Computertomograph[ie] – CT
computerunterstützter Unterricht – CUU
con affetto (*ital.:* »mit Leidenschaft«; *Musik*) – c. aff.
Concerto grosso; Concerti grossi *(Musik)* – Conc. gr.
conditio sine qua non (*lat.:* »Bedingung, ohne die etwas nicht geschehen kann«) – c. s. q. n.
con moto (*ital.:* »mit Bewegung · etwas beschleunigt [zu spielen]«; *Musik*) – c. m.
Connecticut *(Staat der USA)* – CT · Conn.
con sordino (*ital.:* »mit Dämpfer«; *Musik*) – con sord. · c. s.
Container – Cntr. · Cont.
Continuo *(Musik)* – Cont.
Copyright *(engl.)* – Cop.
Corps consulaire *(Kfz)* – CC
Corps diplomatique *(Kfz)* – CD
Corrigenda (*lat.:* »Verbesserungen«) – corr. · Corr.
Corticotropin-Releasing-Hormon *(Med.)* – CRH
cost and freight (*engl.:* »Kost und Fracht« [im Preis eingeschlossen]) – c. a. f. · cf · c. f. · c. & f.
cost and insurance (*engl.:* »Kosten und Versicherung [im Preis eingeschlossen]«) – c. i. · c. & i.
Costa Rica *(Kfz)* – CR
cost, assurance, freight *(engl.)* oder: **coût, assurance, fret** (*franz.:* »Kosten, Versicherung, Fracht [im Preis inbegriffen]«) – caf
cost, insurance, freight (*engl.:* »Kosten, Versicherung, Fracht [im Preis eingeschlossen]«) – cif · c. i. f.
cost, insurance, freight and commission (*engl.:* »Kosten, Versicherung, Fracht und Provision [im Preis eingeschlossen]«) – cif & c · c. i. f. c.
cost, insurance, freight and exchange (*engl.:* »Kosten, Versicherung, Fracht und Wechseldiskontkosten [im Preis eingeschlossen]«) – cif & e · c. i. f. & e.
cost, insurance, freight and interest (*engl.:* »Kosten, Versicherung, Fracht und Bankzinsen [im Preis eingeschlossen]«) – cif & i · c. i. f. & i.
cost, insurance, freight, commission and interest (*engl.:* »Kosten, Versicherung, Fracht, Provision und Bankzinsen [im Preis eingeschlossen]«) – cifci · c. i. f. c. i. · c. i. f. c. & i.
cost, insurance, freight, war (*engl.:* »Kosten, Versicherung, Fracht, Kriegsrisiko [im Preis eingeschlossen]«) – cifw · c. i. f. w.
Côte d'Ivoire *(Elfenbeinküste; Kfz)* – CI
Cottbus *(Kfz)* – CB
crescendo (*ital.:* »im Ton anschwellend«; *Musik*) – cr. · cresc.
Cruzeiro – Cruz.
Cruzeiro *(Währung in Brasilien)* – Cr$
cum dividendo (*lat.:* »mit Dividende[n]«) – c. d. · c. div.
cum grano salis (*lat.:* »mit einem Körnchen Salz«; *mit Einschränkung*) – c. g. s.
cum infamia (*lat.:* »mit Schande«) – c. i.
cum laude (*lat.:* »mit Lob«) – c. l.
cum sigillo (*lat.:* »mit Siegel«) – c. s.
cum tempore *(lat.; mit akademischem Viertel)* – c. t.
cum testamento annexo (*lat.:* »mit beigefügtem Testament«) – c. t. a.
Cuprum *(Kupfer; Element)* – Cu
Curaçao *(Kfz)* – CU
Curium *(Element)* – Cm
curriculum vitae (*lat.:* »Lebenslauf«) – curr. v. · c. v.
Cuxhaven *(Kfz)* – CUX

da capo (*ital.:* »vom Kopf an [wiederholen]«; *Musik*) – d. c.
Dachau *(Kfz)* – DAH
Dachgeschoss – Dachg. · DG
Dachreling – DR
Dachterrasse – DT
dadurch – dad.
dafür – daf.
dagegen – dag.
daheim – dah.
daher – dah.
dahinter – dah.
Dakota – Dak.

Dalasi *(Währung in Gambia)* – D
dal segno (*ital.:* »vom Zeichen an [wiederholen]«; *Musik*) – d. s.
damalig; damals – dam.
Dänemark *(Kfz)* – DK
dänische Krone – dkr
dankenswerterweise – dankwtw. · dkwtw.
Darmstadt *(Kfz)* – DA
Darmstadtium *(Element)* – Ds
das heißt – d. h.
das heißt unter anderem – d. h. u. a.
das ist – d. i.
dasselbe – dass.
das sind – d. s.
Datenschutzbeauftragter – DSB
Datenschutzverordnung *(Deutsche Telekom)* – DSV
Datum – D. · Dat.
Dauerauftrag – DA · DAu · D.-Auftr.
Daun *(Kfz)* – DAU
dazwischen – dazw.
decrescendo (*ital.:* »abnehmend«; *Musik*) – dec. · decr. · decresc.
de facto – d. f.
defensiv – def.
Defensive – Def.
definieren; definiert – def.
Definition – Def.
definitiv – def.
Defizit – Def.
defizitär – def.
Deggendorf *(Kfz)* – DEG
de jure (*lat.:* »von Rechts wegen«) – d. j.
Deka – D
Deka... – da · dk
Dekade – Dek.
Dekagramm – dag · Dg *(veraltet)* · dkg
Dekaliter – dal · dkl
Dekameter – dam · Dek. · dkm
deklinabel; deklinieren; dekliniert *(Sprachw.)* – dekl.
Deklination – Dekl.
Delaware *(Staat der USA)* – DE · Del.
Delegation[en]; Delegierte[r] – Del. · Deleg.
Delitzsch *(Kfz)* – DZ
Delmenhorst *(Kfz)* – DEL
Demarkationslinie – Dem.-L. · DL · D-Linie
Dementi – Dem.
demilitarisierte Zone – DMZ
Demmin *(Kfz)* – DM
demnach – demn.
demnächst – demn.
demzufolge – demz. · demzuf.
Denkmal; Denkmäler – Denkm. · Dkm. · Dm.
Denominazione di Origine Controllata *(ital.)* – DOC · D. O. C.
Denominazione di Origine Controllata e Garantita *(ital.)* – DOCG · D. O. C. G.
Deo optimo maximo (*lat.:* »dem besten und höchsten Gott«) – D. O. M.
Departement *(franz.);* **Department** *(engl.)* – Dep. · Dept. · Dpt.
Depression – Depr.
der Ältere – d. Ä.
der/die/das Obengenannte; der/die/das Obige – d. O.
dergleiche[n] – dergl. · dgl. · drgl.
der Herausgeber – d. H.
der Jüngere; die Jüngere – d. J.
der laufenden Woche – d. l. W.
derselbe – ders.
der Verfasser; die Verfasserin – d. V. · d. Verf. · d. Vf.
der Vertreter; die Vertreterin; die Vertretung – d. V. · d. Vertr.
derzeit – dz. · dzt. · dztg.
derzeitig – dz. · dzt. · dztg.
des/dieses Monats – d. M. · d. Mts. · ds. M. · ds. Mts.
desgleichen – desgl.
des Jahres/dieses Jahres – d. J. · ds. Js.
des jetzigen Jahres – d. j. J.
des laufenden Jahres – d. l. J.
des laufenden Monats – d. l. M.
Desoxyribonukleinsäure – DNA (= desoxyribonucleic acid) · DNS
Dessau *(Kfz)* – DE
desselben – dess.
Destillat; Destillateur; Destillation – Dest.
destillieren; destilliert – dest.
Destination – Dest.
destra mano (*ital.:* »mit der rechten Hand«; *Musik*) – d. m.
des vorigen Jahres – d. v. J.
Detail – Det.

detto, ditto *(Österreich)*; dito (*ital.*; · *franz.*: »dasselbe, ebenso«) – do. · dto.
deutsch – d. · dt.
Deutsch als Fremdsprache – DaF · DAF
Deutsch als Zweitsprache – DaZ · DAZ
Deutsche Kommission Elektrotechnik Elektronik Informationstechnik im DIN und VDE – DKE
Deutscher Bundestag – DBT
Deutscher Kulturrat *(Bonn/Berlin)* – DKR
Deutscher Normenausschuss – DNA
Deutsches Arzneibuch – DAB
Deutsches Institut für Normung – DIN
Deutschland – Dtl. · Dtld.
Deutschland *(Kfz)* – D
Dezi... – d
Dezigramm – dg
Deziliter – dl
dezimal – dez.
Dezimalklassifikation – DK
Dezimeter – dcm · Dez. · dm
Dezitonne – dt
Diakonisches Werk – DW
diejenige[n] – diej.
Dienstanweisung – DA · DAnw. · D.-Anw. · Dienstanw.
Dienstaufseher[in]; Dienstaufsicht – DA · D.-Aufs. · Dst.-Aufs.
Dienstuntauglichkeit – DU
Diepholz *(Kfz)* – DH
die Redaktion – d. R. · d. Red.
diese[r] Woche – d. W.
dieselbe[n] – dies.
dieses Bandes – d. B.
dieses Blattes – d. Bl.
dieses Buches – d. B.
dieses Jahrgangs – d. J.
diesjährig – diesj.
diesseitig; diesseits – diess.
Differenz – Diff.
Differenzial *(totales D.)* – d
diffus – diff.
Dillingen a. d. Donau *(Kfz)* – DLG
diminuendo (*ital.*: »abnehmend [in der Tonstärke]«; *Musik*) – dim. · dimin.
Dinar – Din
Dinar *(Iran)* – D
Dingolfing-Landau *(Kfz)* – DGF
Dinkelsbühl *(Kfz)* – DKB
Dippoldiswalde/Weißeritzkreis *(Kfz)* – DW
Dirham *(Währung in Marokko)* – DH
Disease-Management-Programm *(Med.)* – DMP
Distanz – Dist.
distanzieren; distanziert – dist.
District of Columbia *(USA)* – DC · D. C.
dito (*ital.*; *franz.*: »dasselbe, ebenso«) – dt.
Döbeln *(Kfz)* – DL
Doktor – Dokt. · Dr.
Doktorand; Doctorandus – Dd.
Doktorand[in] – Dokt.
Dokument[ation] – Dok.
Dolmetscher[in] – Dolm.
Dominica *(Kfz)* – WD
Dominikanische Republik *(Kfz)* – DOM
dominikanischer Peso – dom$
Don (*in Italien Titel, in Spanien Anrede:* »Herr«) – D.
Donau-Ries *(Kfz)* – DON
Dong *(Währung in Vietnam)* – D
Doppelbesteuerungsabkommen – DBA · DoppBestAbk.
Doppelhaus – DH · Do.-H.
Doppelhaushälfte – DHH
Doppelzimmer – Doppelz. · Do.-Z. · Do.-Zi. · Dp.-Z. · Dp.-Zi. · DZ
Dortmund *(Kfz)* – DO
Dortmund-Ems-Kanal – DEK
Dow Jones Euro Stoxx 50 – DJE Stoxx 50
Dow-Jones-Index – DJI
Dow Jones Sustainability Index – DJSI
Dresden *(Kfz)* – DD
Dresdner Bank – DB
Drucksache – Dr. · Drcks. · Drs. · DS
Drucksache[n] des Deutschen Bundesrates – BR-Drs. · BRDrucks.
Drucksache[n] des Deutschen Bundestages – BTD · BT-Drs. · BTDrucks.
Druckverfahren – Dr.-Verf. · DV
Druckvermerk – Dr.-Verm. · DV
Druckvorschrift – Dr.-Vorschr. · DV
Druckwasserreaktor – DWR
Duales System Deutschland – DSD
Dubnium *(Element)* – Db
Duisburg *(Kfz)* – DU
dümmster anzunehmender User – DAU

Durchgang – D. · Dg. · Drchg.
Durchlaucht – Durchl.
Durchmesser – d · D. · Dm. · Dmr. · Durchm.
Durchwahlnummer – Durchw.-Nr. · Dw.-Nr.
Düren *(Kfz)* – DN
Düsseldorf *(Kfz)* – D
Dutzend – Dtz. · Dtzd. · Dzd.
Dysprosium *(Element)* – Dy

Eau de Parfum – EdP · E. d. P.
Eau de Toilette – EdT · E. d. T.
eben – eb.
ebenda; ebendort – ebd.
Ebersberg *(Kfz)* – EBE
Ecuador *(Kfz)* – EC
ehedem – ehd. · ehed.
ehemalig, ehemals – eh. · ehem.
Ehevertrag – EV
ehrenamtlich – e. · ea.
ehrenhalber – eh. · e. h.
Ehren halber – E. h.
Ehrenzeichen – Eh.-Z. · EZ
Ehrwürden – Ehrw.
Eichsfeld *(Kfz)* – EIC
Eichstätt *(Kfz)* – EI
Eigenbau – Eb. · Egb.
Eigenbedarf – Egbd. · Egbdf. · Eig.-Bed.
Eigenkapitalfinanzierung – EKF
Eigenkapitalhilfe[programm] – EKH
Eigenschaftswort – Eig.-W. · Ew.
eigentlich – eig. · eigentl. · eigtl.
Eigentumsvorbehalt – Eigt.-Vorb. · EV
Eigentumswohnung – Eigent.-Whg. · Eigt.-Whg. · ETW · EW
Einband – Einb. · Einbd.
Einbauschrank; Einbauschränke – Einb.-Schr. · Einbauschr.
eindringlich – eindr. · eindrgl.
eindrücklich – eindr.
eineiige Zwillinge *(Med.)* – EZ
einfach – einf.
Einfamilienhaus – EFH · Einf.-Hs.
Eingangsnummer – Eing.-Nr. · E-Nr.
eingetragen – e. · eingetr.
Einheitsmiete – EHM · Ehm.
Einkommen – Eink. · Ek.
Einkommensteuergesetz – EStG
Einkommensteuergesetz *(seltener für: EStG)* – EinkStG
Einliegerwohnung – Einl.-Whg. · ELW
Einsteinium *(Element)* – Es
Einvernehmen – Einv. · Einvern.
Einverständnis – Einv. · Einverst.
Einwand; Einwände – Einw.
einwandfrei – einw. · einwdfr. · ewdfr.
Einwohner – E. · Einw. · Ew. · EW
Einwohnermeldeamt – EinwMA · EMA
Einwohnerzahl – Einw.-Z. · Einw.-Zahl · EwZ · Ew.-Z. · EZ
Einzahl – Einz. · Ez.
Einzahlung – Einz. · Einzlg. · Ez. · Ezg.
Einzelgebührennachweis – EGN
Einzelhaft – EH · Einzelh.
Einzelhandel – EH · Einzelh.
Einzelhaus – EH
Einzelpreis – Einzelpr. · Einz.-Pr. · EPr. · E.-Pr.
Einzelzimmer – Einzelz. · Einz.-Z. · Einz.-Zi. · EZ
Einzelzimmerzuschlag – EZZ
Eisen *(lat. ferrum; Element)* – Fe
Eisenach *(Kfz)* – EA
Elastizitätsmodul – E · *E* · El.-Mod.
Elbe-Elster *(Kfz)* – EE
elektrisch – el. · elektr.
elektrische Fensterheber – EFH · el. FH
elektrischer Außenspiegel – eAsp
elektrische Schweißung – SE
elektrisches Glasschiebedach – eGSD
elektrisches Schiebedach – ESD
elektrisches Stahlschiebedach – eSSD
Elektrizitätswerk – Eltwerk · Elt-Werk · ELW · EW · E-Werk
elektronische Bremskraftverteilung *(Kfz)* – EBV
elektronisches Stabilitätsprogramm *(Kfz)* – ESP
elektronisches Telefonbuch – ETB
elektronisch geregelte Bremse – ELB
elektronisch verstellbare[r] Außenspiegel – el. Asp.
Elektrotechnik[er] – El.-Techn. · Elektrotechn. · E-Techn.
Elementarladung – e · *e*
Elevator – El. · Elev.

Ellipse – Ell.
elliptisch – ell.
El Salvador *(Kfz)* – ES
Elsass; Elsässer – Els.
elsässisch – els.
Elsass-Lothringen – Els.-Lothr.
Elternbeirat – EBR
embryonale Stammzellen – ES
Embryonenschutzgesetz – ESchG
Emden *(Kfz)* – EMD
emeritiert; emeritus (*lat.:* »in den Ruhestand versetzt«) – em. · emer.
Emmendingen *(Kfz)* – EM
emotionale Intelligenz – EI
Emsland *(Kfz)* – EL
Energie – E · *E* · En.
Ennepe-Ruhr-Kreis *(Kfz)* – EN
Entscheidungen des Bundesarbeitsgerichts – BAGE
Entscheidungen des Bundesdisziplinarhofes – BDHE
Entscheidungen des Bundesgerichtshofs in Strafsachen – BGHSt.
Entscheidungen des Bundesgerichtshofs in Zivilsachen – BGHZ
Entscheidungen des Bundespatentgerichts – BPatGerE
Entscheidungen des Bundessozialgerichts – BSGE
Entscheidungen des Bundesverfassungsgerichts – BVerfGE
Entscheidungen des Bundesverwaltungsgerichts – BVerwGE
Entscheidungen des Oberverwaltungsgerichts – EOVG
Entscheidungssammlung – ES
Entscheidungssammlung des Verwaltungsgerichtshofs – ESVGH
Epilepsie; Epileptiker – Ep. · Epil.
episkopal – ep. · epis. · episk.
Erbach/Odenwaldkreis *(Kfz)* – ERB
Erbium *(Element)* – Er
Erding *(Kfz)* – ED
erforderlich – erf. · erfdl. · erford.
erforderlichenfalls – erfdlf. · erfdlfs. · erforderlf. · erforderlfs.
Erfurt *(Kfz)* – EF
Eritrea *(Kfz)* – ER
Erkennungsdienst – ED · Erk.-D.
Erkennungssignal – Erk.-S. · Erk.-Sign. · ES
Erlangen *(Kfz)* – ER
Erlangen-Höchstadt *(Kfz)* – ERH
ernste Musik – E-Musik
Errata (*lat.:* »Irrtümer; [Druck]fehler«) – Err.
Erstaufführung – EA · Erstauff.
Erstausgabe – EA · Erstausg.
erwähnen; erwähnt – erw.
erwähnenswert – erwähnw.
Erzbischof – Eb. · Ebf. · Erzb.
erzbischöflich – erzb. · erzbisch.
Erzbistum – Eb. · Ebst. · Ebt. · Erzb.
Erzherzog – Ehz. · Ehzg. · Erzh. · Erzhzg.
Erzherzogin – Ehzgn. · Ehzgin.
Erzherzogtum – Ehzgt. · Ehzgtm.
Eschwege/Werra-Meißner-Kreis *(Kfz)* – ESW
Escudo – Esc
espressivo (*ital.:* »ausdrucksvoll«; *Musik*) – espr. · espress.
Essen *(Kfz)* – E
Esslingen a. N. *(Kfz)* – ES
Esslöffel – El · El. · Essl.
established (*engl.:* »gegründet«) – est. · estab.
Estland *(Kfz)* – EST
Estland; Estländer; Estländische – Estl.
etwaig; etwas – etw.
etwas bezahlt *(Börse)* – e. b.
etwas bezahlt, Brief *(Börse)* – etw bB · etw. bez. B.
etwas bezahlt, Geld *(Börse)* – etw bG · etw. bez. G.
Euer Ehren; Euer Ehrwürden – E. E.
Euer Ehrwürden – E. Ew.
Eure Majestät – Ew. M.
Europäische Atomgemeinschaft; European Atomic Energy Community – EURATOM · Euratom
Europäische Ausfuhrbank – EAB
Europäische Bank für Wiederaufbau und Entwicklung – EBWE
Europäische Investitionsbank, European Investment Bank *(engl.)* – EIB
Europäisches Gericht erster Instanz – EuG

Europäische Sicherheitsstrategie *(EU)* – ESS

Europäische Sicherheits- und Verteidigungspolitik *(EU)* – ESVP

Europäisches Patentamt – EPA

Europäisches Währungsabkommen – EWA

Europäisches Währungsinstitut – EWI

Europäisches Währungssystem – EWS

Europäische Währungsunion – EWU

Europäische Wirtschaftsgemeinschaft – EWG

Europäische Wirtschafts- und Währungsunion – EWWU

Europäische Zahlungsunion – EZU

Europäische Zentralbank – EZB

Europium *(Element)* – Eu

Euskirchen *(Kfz)* – EU

evangelisch – ev. · evgl.

Evangelische Kirche in Deutschland – EKD

Evangelische Kirche von Hessen und Nassau – EKHN

eventuell – ev. · evt. · evtl.

Exemplar[e] – Ex. · Expl.

exemplarisch – ex. · exempl.

Experiment[e] – Exp. · Exper.

Fabrik; Fabrikant; Fabrikat; Fabrikation – Fabr. · Fb. · Fbr.

Facharzt – FA

Fachärztin – FÄ

Fachausschuss für Anstrichtechnik *(im VDI)* – FfA

Fachausschuss für Jugendfragen – FJF

Fachausschuss Getriebetechnik *(im VDI)* – FG

Fachausschuss Ingenieurausbildung *(im VDI)* – FI

Fachausschuss Kraftfahrzeug-Technik – FKT

Fachausschuss Kunststoffe *(im VDI)* – FK

Fachausschuss Lebensmitteltechnik *(im VDI)* – FL

Fachausschuss Staubtechnik *(im VDI)* – FS

Fachausschuss Verfahrenstechnik *(im VDI)* – FV

Fachausschuss Wärmeforschung *(im VDI)* – FW

Fachbereich – Fachb. · Fachber. · FB

Fachbereichskonferenz – FBK

Fachbereichsrat – FBR

Fachhochschule – FH · FHS

Fachhochschule der Wirtschaft – FHDW

Fachhochschule des Bundes für öffentliche Verwaltung – FHB

Fachhochschule des Mittelstandes – FHM

Fachhochschule für Ökonomie und Management – FOM

Fachhochschule für Technik – FHT

Fachhochschulreife – FHSR

Fachnormenausschuss – FA · FN · FNA

Fahrdynamik-Regelung *(Kfz)* – FDR

Fahrenheit – F

Fahrzeug – Fahrz. · Fhrz. · Fz.

Fälligkeitsmonat – FKM · FM

Farad – F

Far East Time *(engl.:* »fernöstliche Zeit«) – FET

Färöer *(Kfz)* – FR

Februar – F. · Febr.

Federation-Cup – Fed-Cup

Femto... – f

Fensterheber – FH

Ferienhaus – FeHs. · FH · Fr.-H.

Ferienwohnung – FeWo[.] · FW

Fermium *(Element)* – Fm

Fidschi *(Kfz)* – FJI

Filialdirektion; Filialdirektor – FD

Filiale – Fil.

Finanzminister[ium] – FinMin. · FM · FMin.

Finnland *(Kfz)* – FIN

Firma – Fa.

Flachdruck – Flachdr. · Fl.-Dr.

Fläche – F · Fl.

Flächeneinheit – FE

Flächenmaß – FM

Flammpunkt – Flp. · FP · Fp.

flektieren; flektiert *(Sprachw.)* – fl. · flekt.

Flensburg *(Kfz)* – FL

Flexion *(Sprachw.)* – Flex.

Florida – FL

Florida *(Staat der USA)* – FL · Fla.

Flughafen; Flughäfen – Fl.-Hf. · Flugh.

Flugzeug – F · Flgz. · Flugz. · Flzg.

Fluor *(Element)* – F

föderal; föderalistisch; föderativ – föd.

Föderalismus; Föderalist; Föderation – Föd.
Folge – F. · Flg. · Fol.
folgend[e] – f. · flg. · folg.
folgende [Seiten, Paragraphen o. Ä.] – ff.
Forchheim *(Kfz)* – FO
Forint *(Währung in Ungarn)* – Ft
Forschungsgruppe Wahlen *(Mannheim)* – FGW
Forschungsreaktor – FR
Forschungsreaktor München – FRM
Forstamt – FA · FoA
fortepiano (*ital.:* »laut und sogleich leise«; *Musik*) – fp
fortissimo (*ital.:* »sehr laut; äußerst kräftig«; *Musik*) – ff · fortis.
fortississimo (*ital.:* »ganz besonders laut; kräftig«; *Musik*) – fff
Fortsetzung folgt – F. f. · Forts. f.
Fortsetzung und Schluss folgen – F. u. S. f.
forzando, forzato (*ital.:* »verstärkt; plötzlich betont«; *Musik*) – forz. · fz
Frachtbrief – FB · Fr.-Br. · Frbr.
Franc Djibouti – FD
Francium *(Element)* – Fr
Franc Malgache *(Währung auf Madagaskar)* – FMG
Franc Malien *(Währung in Mali)* – F. M.
Frankenthal *(Kfz)* – FT
Frankfurt am Main – Ffm
Frankfurt am Main *(Kfz)* – F
Frankfurter Allgemeine Sonntagszeitung – F. A. S.
Frankfurter Allgemeine Zeitung – F. A. Z. · FAZ
Frankfurter Rundschau – FR
Frankfurt/Oder *(Kfz)* – FF
Frankreich *(Kfz)* – F
Frankreich *(NATO)* – FR
französisch – fr. · franz. · frz.
Fräulein – Frl.
Fraunhofer-Gesellschaft – FG
Fraunhofer-Patentstelle für die Deutsche Forschung – PST
frei ab Fabrik – f. a. F.
frei ab Haus – f. a. H.
frei ab hier – f. a. h.
frei ab Werk – f. a. W.
frei an Bord – f. a. B.
Freiberg *(Kfz)* – FG
Freiburg *(Schweiz; Kfz)* – FR
Freiburg i. Br., Breisgau-Hochschwarzwald *(Kfz)* – FR
frei Dock – f. D.
Freie Hansestadt Bremen, Senat und Bürgerschaft *(Kfz)* – HB
Freie und Hansestadt Hamburg, Senat und Bürgerschaft *(Kfz)* – HH
Freie Universität *(Berlin)* – FU
frei Haus – fr. H.
Freising *(Kfz)* – FS
frei von – fr. v.
freiwilliges Jahr im Unternehmen – FJU
freiwilliges ökologisches Jahr – FÖJ
freiwilliges soziales Jahr – FSJ
Fremdsprache – FS
fremdsprachig – frdspr. · fremdspr.
fremdsprachlich – frdsprl. · fremdsprl.
Fremdwort – Frdw. · Fremdw. · Fw.
Frequenz – f · F · Freq. · Frq.
Freudenstadt *(Kfz)* – FDS
Freyung-Grafenau *(Kfz)* – FRG
Friedberg/Wetteraukreis *(Kfz)* – FB
Friedrichshafen/Bodenseekreis *(Kfz)* – FN
Friesland *(Kfz)* – FRI
Fulda *(Kfz)* – FD
für Damen – f. D.
für das/dieses Jahr – f. d. J.
für das; für den; für die – f. d.
für [den] Dienstgebrauch – f. d. D. · f. D. G.
für den eigenen Bedarf – f. d. e. B.
für den eigenen Gebrauch – f. d. e. G.
für den Linksunterzeichneten/Linksunterzeichner – f. d. L.
für den Rechtsunterzeichneten/Rechtsunterzeichner – f. d. R. · F. d. R.
für die Dame[n] – f. d. D.
für die Richtigkeit – f. d. R. · F. d. R.
für die Richtigkeit der Abschrift – f. d. R. d. A. · F. d. R. d. A.
für die Richtigkeit der auszugsweisen Abschrift – f. d. R. d. a. A. · F. d. R. d. a. A.
für die Richtigkeit der Unterschrift – f. d. R. d. U. · F. d. R. d. U.
für eigenen Bedarf – f. e. B.
für eigenen Gebrauch – f. e. G.
Fürstenfeldbruck *(Kfz)* – FFB

Fürstentum Liechtenstein *(Kfz)* – FL
Fürth/Bayern *(Kfz)* – FÜ
Fußbodenheizung – FBH · Fbhz. · Fbhzg.
Fußgängerzone – FgZ · Fuzo
Futur[um] *(Sprachw.)* – Fut.

Gadolinium *(Element)* – Gd
Gallium *(Element)* – Ga
Gambia *(Kfz)* – WAG
Ganzzug *(Bahn)* – Gag
Garage – Ga. · Gar. · Gge.
Garmisch-Partenkirchen *(Kfz)* – GAP
Gas[etagen]heizung – GH
Gebietskörperschaft – GK
Gebiss – Geb.
gebrannt – gbr. · gebr.
gebraucht – gbr. · gebr.
Gebrüder – Gebr.
Gebührenordnung – GebO. · GO
Gebührenverordnung – GebV · GebVO
gebunden – gb. · gbd. · geb. · gebd.
Gefängnis – Gef. · Gefg.
Gefängnisarzt – Gef.-Arzt
Gefängnisdirektor – Gef.-Dir.
Gefängnispfarrer – Gef.-Pf.
Gefängnisverwalter; Gefängnisverwaltung – Gef.-Verw.
Gefolge – Gefg. · Gfge.
Gefolgschaft – Gefgsch. · Gfsch.
Gefreiter – G · Gef. · Gefr.
Gefreiter vom Dienst *(Bundeswehr)* – GvD
gegebenenfalls – ggb. · ggbfs. · ggf. · ggfs.
gegen – geg. · g. · gg.
gegen gefällige Rückgabe – g. gef. R. · g. g. R.
Gegenprobe – GP
gegen Rückgabe – g. R. · G. R.
Gegensatz – Geg. · Ggs.
gegenseitig – ggs.
gehobener Dienst – geh. D.
Geld – G.
Geld *(Börse)* – G
Geld und Brief *(Börse)* – GB
Gelsenkirchen *(Kfz)* – GE
geltendes/gültiges Recht – g. R. · G. R.
Gemeinde – G · Gde. · Gem. · Gmde. –
Gemünden/Main *(Kfz)* – GEM
General – G · Gen.
Generalbundesanwalt – GBA
Generalgouvernement; Generalgouverneur – Gen.-Gouv. · GG
Generalinspekteur – Gen.-Insp. · GI
Generalinspektor; Generalinspektion – GI
Generalkonsul[at] – Gen.-Kons. · GK · G.-Kons.
Generalleutnant – GenLt · GenLtn · GL
Generalmajor – GenMaj · GM
Generalmusikdirektor – GMD
Generalsekretär; Generalsekretariat – Gen.-Sekr. · G.-Sekr. · GSekr.
Generalstaatsanwalt – GStA
Generalvikar – Gen.-Vik. · GV
Genf *(Schweiz; Kfz)* – GE
Genfer Konvention – G. K.
Georgia – GA
Georgia *(Staat der USA)* – GA · Ga.
Georgien *(Kfz)* – GE
Gera *(Kfz)* – G
Gericht – G · Ger.
Germanium *(Element)* – Ge
Germersheim *(Kfz)* – GER
Gerundium *(Sprachw.)* – Ger.
gesammelte Abhandlungen – ges. Abh.
gesammelte Aufsätze – ges. Aufs.
gesammelte Schriften – ges. Schr. · GS
gesammelte Werke – ges. W. · G. W.
Gesamtschule – GS
Gesandter; Gesandtschaft – G · Ges.
Gesandtschaft – Gs. · Gsdtsch.
Gesangverein – GV
Geschäftsführer[in]; Geschäftsführung – Gesch.-F. · GF · Gf. · Gschf. –
Geschwindigkeit – G · Geschw.
Gesellschaft – Ges. · Gs.
Gesellschaft bürgerlichen Rechts – GbR
Gesellschafter – Ges.
Gesellschafter-Geschäftsführer – GGF
Gesellschaft für deutsche Sprache *(Wiesbaden)* – GfdS
Gesellschaft mit beschränkter Haftung – GmbH
Gesellschaft mit beschränkter Haftung und Compagnie Kommanditgesellschaft – GmbH & Co. KG
Gesellschaft nach bürgerlichem Recht – G. n. b. R.
Gesetz[es]sammlung – GS

Gesetzblatt – GBl. · Ges.-Bl.
Gesetzbuch – GB
Gesetzliche Krankenversicherung – GKV
gesetzliche Regelung – ges. Reg.
gesetzliche Rentenversicherung – GRV
gesetzlicher Vertreter – ges. Vertr. · GV
Gesetzliche Unfallversicherung – GUV
gesetzlich geregelt – ges. ger.
gesetzlich geschützt – ges. gesch.
Gesundheit – Ges.
Gesundheitsamt – GA · GesA
Gewerbeaufsicht – GA · Gw.-Aufs.
Gewerbeaufsichtsamt – GAA · GewAA · GewAufsA · GwAufsA · Gw.-Aufs.-A.
Gewerbeaufsichtsämter – GAÄ · GewAÄ · GewAufsÄ ·
Gewerkschaft Christlicher Berg- und Energiearbeiter – GCBE
Gewerkschaft der Eisenbahner Deutschlands – GdED
Gewerkschaft der Gemeindebediensteten *(Österreich)* – GdG
Gewerkschaft der Polizei – GdP
Gewerkschaft der Sozialversicherung – GdS
Gewerkschaft Deutscher Bühnenangestellter – GDBA
Gewerkschaft Deutscher Lokomotivführer und Anwärter – GDL
Gewerkschaft Deutscher Musikerzieher und konzertierender Künstler *(in der IG Medien)* – GDMK
Gewerkschaft Druck und Papier *(Schweiz)* – GDP
Gewerkschaft Erziehung und Wissenschaft – GEW
Gewerkschaft Gartenbau, Land- und Forstwirtschaft – GGLF
Gewerkschaft Handel, Banken und Versicherungen – HBV
Gewerkschaft Holz und Kunststoff –GHK
Gewerkschaft Landwirtschaft und Forsten – GLF
Gewerkschaft Nahrung-Genuss-Gaststätten – NGG
Gewerkschaft Öffentliche Dienste, Transport und Verkehr – ÖTV
Gewerkschaft öffentlicher Dienst *(Österreich)* – GÖD
Gewerkschaft Textil, Chemie, Papier (Schweiz) – GTCP
Gewerkschaft Textil und Bekleidung – GTB
Gewinn[-] und Verlust[rechnung] – GuV
Ghana *(Kfz)* – GH
Gibraltar – Gibr.
Gibraltar *(Kfz)* – GBZ
Gießen *(Kfz)* – GI
Gifhorn *(Kfz)* – GF
Giga – G
Gigabit – Gbit
gigabits per second – Gbps · GBPS
Gigabyte – GB · GByte
Gigahertz – GHz
Gigakalorie – Gcal
Gigavolt – GV
Gigawatt – GW
Gigawattstunde – GWh
Glarus *(Schweiz; Kfz)* – GL
Glasschiebedach – GSD
Glauchau/Chemnitzer Land *(Kfz)* – GC
gleich bleibend – glbld.
gleiche Anschrift – gl. A.
gleichen Namens – gl. N.
gleicher Ansicht – gl. A.
gleicher Meinung – gl. M.
gleiche[r] Nummer – gl. Nr.
gleiches Muster – gl. M.
gleich laufend – gleichl. · gleichld. · gleichlfd.
Goethe-Institut – GI
Gold *(lat. aurum; Element)* – Au
Göppingen *(Kfz)* – GP
Görlitz *(Kfz)* – GR
Goslar *(Kfz)* – GS
Gotha *(Kfz)* – GTH
Göttingen *(Kfz)* – GÖ
Gourde *(Währung auf Haiti)* – G. · Gde.
Grad – Gr.
Grad Celsius – °C
Gramm – g
Grammatik – Gr. · Gram. · Gramm.
Graubünden *(Kfz; Schweiz)* – GR
Graz *(Kfz)* – G
grazioso (*ital.:* »anmutig«; *Musik*) – graz.
Great Britain – Gt. Br. · Gt. Brit.
Greifswald *(Hansestadt Greifswald; Kfz)* – HGW

Greiz *(Kfz)* – GRZ
Grenada *(Kfz)* – WG
Grieche[n]; Griechin; Griechenland – Gr. · Griech.
Griechenland – Grchl.
Griechenland *(Kfz)* – GR
Grönland; Grönländer[in] – Grld.
Großbritannien – Gr.-Br. · Gr.-Brit.
Großbritannien *(Great Britain; Kfz)* – GB
Größe – Gr.
Größe *(Math.)* – G
Groß-Gerau *(Kfz)* – GG
Großherzog – Ghg. · Grhzg.
Großherzog[in] – Ghrz. · Ghz. · Ghzg.
Großherzogin – Ghgin · Ghzgin · Grhzgin
Großherzogtum – Ghgt. · Ghrzgt. · Ghzgt. · Grhzgt.
grosso modo (*lat.:* »in grober Form«; *Pharm.*) – gr. m.
grosso modo pulverisatum/pulveris (*lat.:* »in grober Pulverform«; *Pharm.*) – gr. m. p.
grosso pulverisatus (*lat.:* »grob gepulvert«; *Pharm.*) – gr. p.
größter gemeinsamer Teiler *(Math.)* – g. g. T. · ggT
Grundbuch – GB · Grdb. · GrdB
Grundbuchamt – GBA
Grundbuchordnung – GBO · GO
Grundbuchverfügung – GBVfg.
Grundgesetz – GG · GrundG
Grundkurs – GK
grundsätzlich – grds.
Guam *(Kfz)* – GU
Guatemala *(Kfz)* – GCA
Guernsey *(Great Britain; Kfz)* – GBG
Guinea-Peso *(Währung)* – PG
Gummersbach/Oberbergischer Kreis *(Kfz)* – GM
Günzburg *(Kfz)* – GZ
Güstrow *(Kfz)* – GÜ
Gütersloh *(Kfz)* – GT
Guyana *(Britisch G.)* – BRG
Guyana *(Kfz)* – GUY

Hafenbahnhof – Hfbf
Hafnium *(Element)* – Hf
Haftanstalt – HA · H.-Anst. · HAnst.
Haftpflicht – Haftpfl. · Hpfl.
Hagen *(Kfz)* – HA
Hahnium *(Element)* – Ha
Haiti *(Kfz)* – RH
Halbband – Hbd.
Halberstadt *(Kfz)* – HBS
Halbjahr – Halbj. · Hbj. · Hj.
Halbpension – HP
Halle *(Kfz)* – HAL
Halswirbelsäule *(Med.)* – HWS
Hamburg – Hbg. ·
Hamburg *(Bahn · Post)* – Hmb
Hamburg *(Hansestadt Hamburg; Kfz)* – HH
hamburgisch – hamb. · hbg.
Hameln-Pyrmont *(Kfz)* – HM
Hamm *(Kfz)* – HAM
Hämoglobin *(Med.)* – Hb
Hanau *(Kfz)* – HU
Hand – Hd.
Handbuch; Handbücher – Handb. · Hb. · Hdb.
Handelsgesetzbuch – HGB
Handelskammer – HK
Handelslehrer – Hdl. · HL
Handelsregister – Hdl.-Reg. · HR · HReg.
Handelsregister Abteilung A (Einzelkaufleute) – HRA
Handelsregister Abteilung B (Gesellschaften) – HRB
handlich – handl. · hdl.
Handlungsbevollmächtigter – Hdl.-Bev. · HB
Handlungsvollmacht – Hdlg.-Vollm. · HV
Handwerk[er] – Handw. · Hdw. · HW
Handwerksbetrieb – Handw.-Betr. · Hdw.-Betr.
Handwerkskammer – HandwK · Handw.-K. · HK · HwK · HWK
Handwerksordnung – HandwO · HdwO · HO · HwO
Handwörterbuch – Handwb. · Hdwb. · HW · Hwb.
Hannover *(Kfz)* – H
Hardtop *(Kfz)* – HT
Hassfurt/Hassberge *(Kfz)* – HAS
Hassium *(Element)* – Hs
Hauptbahnhof – Hbf. · Hbhf.
Hauptfeldwebel *(Bw.)* – HF · HFw · Hfw. · HptFw
Hauptgefreiter *(Bw.)* – HG · HptGefr

Hauptmann *(Bw.)* – Hptm
hauptsächlich – haupts. · hpts.
Hauptstadt; Hauptstädte – Hptst.
Hauptverwaltung – Hpt.-Verw. · Hptverw. · HV · H.-Verw. · HVerw.
Havelland *(Kfz)* – HVL
Hawaii – HI
Heck[scheiben]wischer – HeWi · HW
Heide *(Kfz)* – HEI
Heidelberg/Rhein-Neckar-Kreis *(Kfz)* – HD
Heidenheim (Brenz) *(Kfz)* – HDH
Heilbronn *(Kfz)* – HN
heilig – hl. · hlg.
Heilige[r] – Hl. · Hlg.
Heilpraktiker[in] – Heilpr. · HP · Hp.
Heinsberg *(Kfz)* – HS
Hektar – ha
Hekto… – h
Hektogramm – hg
Hektoliter – hl
Hektometer – hm
Hektopascal *(Einheit)* – hPa
Hektoster – hs
Hektowatt – hW
Helium *(Element)* – He
Helmstedt *(Kfz)* – HE
Henry *(Einheit)* – H
Heppenheim/Bergstraße *(Kfz)* – HP
Herausgeber – Hg. · Hgb. · Hrg. · Hrsg.
herausgegeben – hg. · hgb. · hgg. · hrg. · hrsg.
Herford *(Kfz)* – HF
Herne *(Kfz)* – HER
Herr – Hr.
Herrn – Hrn.
herrschende Ansicht – h. A.
herrschende Lehre – h. L.
herrschende Meinung – h. M.
herrschende Rechtsprechung – h. R. · h. Rspr.
Herstell[ungs]datum – Herst.-D.
Herstell[ungs]kosten – Herst.-K.
Herstell[ungs]verfahren – Herst.-Verf.
Hersteller; Herstellung – H · Herst. · Hrst.
Hertz *(Einheit)* – Hz
Herzog – Hzg.
Herzog[in] – Hrzg.
Herzogin – Hzgin
herzoglich – herz. · herzgl. · hzgl.
Herzogtum – Hrzgt. · Hzgt. · Hzgtm. · Hzt. · Hztm.
Hessen, Landesregierung und Landtag *(Kfz)* – HEL
Hildburghausen *(Kfz)* – HBN
Hildesheim *(Kfz)* – HI
Hilpoltstein *(Kfz)* – HIP
hinsichtlich – hins.
Hinterachsbremsassistent *(Kfz)* – HBA
Hinterachsvollverzögerung *(Kfz)* – HVV
hochdeutsch – hd. · hochd.
Hochfrequenz – HF · Hfr. · Hfrz.
Hochsauerlandkreis *(Kfz)* – HSK
Hochschulrahmengesetz – HRG
Hochschulrektorenkonferenz – HRK
höchstens – höchst.
Höchstrichterliche Entscheidungen in Zivilsachen – HEZ
Höchstrichterliche Finanzrechtsprechung – HFR
Höchstrichterliche Rechtsprechung – HöchstRR · HRR
Hochwohlgeboren – Hwg.
Hochwürden – Hochw.
hochwürdig[st] – hochw.
Hochwürdig[st]er Herr *(Anrede)* – H. H.
Hof *(Kfz)* – HO
Höhe *(Math.)* – h
Hoheit – H. · Hoh.
hoheitlich – hohtl.
Holmium *(Element)* – Ho
Holzminden *(Kfz)* – HOL
Homberg/Efze, Schwalm-Eder-Kreis *(Kfz)* – HR
Homburg/Saar, Saarpfalz-Kreis *(Kfz)* – HOM
Homepage – HP
Honduras *(Kfz)* – HN
Hongkong *(Kfz)* – HK
Hongkong-Dollar *(Währung)* – HK$
Höxter *(Kfz)* – HX
Hoyerswerda *(Kfz)* – HY
hundert – hd. · hdt.
Hundert – H. · Hd. · Hdt.
Hydrargyrum *(Quecksilber; Element)* – Hg
Hyperbeltangens *(Math.)* – tgh

Iberia *(spanische Luftverkehrsgesellschaft)* – IB
ibidem (*lat.:* »ebenda; ebendort«) – ib. · ibd.
Idaho *(Staat der USA)* – ID · Id.
idem (*lat.:* »derselbe; dasselbe«) – id.
idem quod (*lat.:* »so viel wie«) – i. q.
Ihre Durchlaucht – I. D.
Ihre Durchlauchten – I. I. D. D.
Ihre Erlaucht – I. E.
Ihre Erlauchten – I. I. E. E.
Ihre Kaiserliche und Königliche Hoheiten – I. I. K. K.
Ihre Königliche Hoheit – I. Kgl. H. · I. K. H.
Ihre Majestät – I. M.
Ihre[r] Hochwohlgeboren – I. H.
Ihre[r] Hoheit – I. H.
Illinium *(Element)* – Il
Illinois *(Staat der USA)* – IL · Ill.
Ilm-Kreis *(Kfz)* – IK
im Allgäu – i. A.
im Allgemeinen – i. A. · i. Allg. · im Allg.
im Besonderen – i. B. · i. Bes.
im Breisgau – i. Br.
im Einzelnen – i. E.
im engeren Sinn – i. e. S.
im Folgenden – i. F.
im Ganzen – i. G.
im Sinne der/des – i. S. d.
im Sinne von – i. S. v.
im Taunus – i. T.
im Übrigen – i. Ü.
im Vogtland – i. V.
im Voraus – i. V.
im Wesentlichen – i. W.
in Abwesenheit – i. A.
in anderen Worten – i. a. W.
in dem/diesem Sinne – i. d. S.
in [der] Fassung – i. F.
in der Fassung vom/von – i. d. F. v.
in der geltenden Fassung – i. d. g. F.
in der Regel – i. d. R.
Indiana *(Staat der USA)* – IN · Ind.
Indien *(Kfz)* – IND
indische Rupie *(Währung)* – iR
Indium *(Element)* – In
indoeuropäisch – ie · ie. · i.-e.
indogermanisch – idg. · indog. · indogerm.
Indonesien *(Kfz)* – RI · *auch:* IN
Industrie- und Handelskammer – IHK
Ingenieur[in] – Ing.
Ingolstadt *(Kfz)* – IN
Inhaber[in] – Inh.
inklusive – inkl.
in Ruhe – i. R.
Institut für Deutsche Sprache *(Mannheim)* – IDS
Integrierte Gesamtschule – IGS
integrierte Produktpolitik *(EU)* – IPP
Intelligenzquotient – Intell.-Quot. · Int.-Quot. · IQ
Intercity *(Bahn)* – IC
Internationale Atomenergieorganisation *(Wien)* – IAEO
Internationaler Strafgerichtshof *(Den Haag)* – ISGH · IStGH
Internationaler Währungsfonds – IWF
Internationales Militärtribunal – IMT
Internationales Rotes Kreuz – IRK
International Organization for Standardization – ISO
Internet-Abkürzungen – *siehe Übersichten S. 452 ff. und S. 455*
Iowa *(Staat der USA)* – IA · Ia. · Io.
Irak *(Kfz)* – IRQ
Irak-Dinar – ID
Iran *(Kfz)* – IR
Iridium *(Element)* – Ir
Irland *(Kfz)* – IRL
islamisch – isl. · islam.
Island *(Kfz)* – IS
Island; Isländer – Isl.
isländisch – isl. · isländ.
isländische Krone – ikr
Isle of Man *(Great Britain; Kfz)* – GBM
Israel *(Kfz)* – IL
Israel[i]; Israeliten – Isr.
Italien *(Kfz)* – I
Italien; Italiener – It.
italienisch – it. · ital.
Itzehoe/Kreis Steinburg *(Kfz)* – IZ

Jahr – J. · Jr.
Jahrbuch; Jahrbücher – Jahrb. · Jb. · Jhb. · Jhrb.
Jahrbücher – Jbb.

Internetabkürzungen – Domainendungen für Länder (ccTLD)

Afghanistan – .af
Ägypten – .eg
Albanien – .al
Algerien – .dz
Amerikanische Jungferninseln *(Virgin Islands of the United States)* – .vi
Amerikanisch-Samoa – .as
Andorra – .ad
Angola – .ao
Anguilla – .ai
Antarktis – .aq
Antigua und Barbuda – .ag
Äquatorialguinea – .gq
Argentinien – .ar
Armenien – .am
Aruba – .aw
Ascension – .ac
Aserbaidschan – .az
Äthiopien – .et
Australien – .au
Bahamas – .bs
Bahrain – .bh
Bangladesch – .bd
Barbados – .bb
Belarus *(Weißrussland)* – .by
Belgien – .be
Belize – .bz
Benin – .bj
Bermuda – .bm
Bhutan – .bt
Bolivien – .bo
Bosnien-Herzegowina – .ba
Botsuana – .bw
Bouvet-Insel – .bv
Brasilien – .br
Britische Jungferninseln *(British Virgin Islands)* – .vg
Britisches Territorium im Indischen Ozean – .io
Brunei Darussalam – .bn
Bulgarien – .bg
Burkina Faso – .bf
Burundi – .bi
Chile – .cl
China – .cn
Christmas-Insel – .cx
Cookinseln – .ck
Costa Rica – .cr
Côte d'Ivoire *(Elfenbeinküste)* – .ci
Dänemark – .dk
Demokratische Republik Kongo *(ehemals Zaire)* – .cd
Demokratische Volksrepublik Korea *(Nordkorea)* – .kp
Deutschland – .de
Dominica – .dm
Dominikanische Republik – .do
Dschibuti – .dj
Ecuador – .ec
El Salvador – .sv
Eritrea – .er
Estland – .ee
Falkland-Inseln – .fk
Färöer – .fo
Fidschi – .fj
Finnland – .fi
Föderierte Staaten von Mikronesien – .fm
Frankreich – .fr
Französische Südterritorien – .tf
Französisch-Guayana – .gf
Französisch-Polynesien – .pf
Gabun – .ga
Gambia – .gm
Georgien – .ge
Ghana – .gh
Gibraltar – .gi
Grenada – .gd
Griechenland – .gr
Grönland – .gl
Großbritannien – .uk
Guadeloupe – .gp
Guam – .gu
Guatemala – .gt
Guernsey – .gg
Guinea – .gn
Guinea-Bissau – .gw
Guyana – .gy
Haiti – .ht
Heard und McDonaldinseln – .hm

Internetabkürzungen – Domainendungen für Länder (ccTLD)

Honduras – .hn
Hongkong – .hk
Indien – .in
Indonesien – .id
Irak – .iq
Iran – .ir
Irland – .ie
Island – .is
Isle of Man – .im
Israel – .il
Italien – .it
Jamaika – .jm
Japan – .jp
Jemen – .ye
Jersey – .je
Jordanien – .jo
Jugoslawien *(Serbien und Montenegro)* – .yu
Kaiman-Inseln – .ky
Kambodscha – .kh
Kamerun – .cm
Kanada – .ca
Kap Verde – .cv
Kasachstan – .kz
Katar – .qa
Kenia – .ke
Kirgisistan – .kg
Kiribati – .ki
Kokos-(Keeling-)Inseln – .cc
Kolumbien – .co
Komoren – .km
Kroatien – .hr
Kuba – .cu
Kuwait – .kw
Laos – .la
Lesotho – .ls
Lettland – .lv
Libanon – .lb
Liberia – .lr
Libyen – .ly
Liechtenstein – .li
Litauen – .lt
Luxemburg – .lu
Macau – .mo
Madagaskar – .mg
Malawi – .mw
Malaysia – .my
Malediven – .mv
Mali – .ml
Malta – .mt
Marokko – .ma
Marshallinseln – .mh
Martinique – .mq
Mauretanien – .mr
Mauritius – .mu
Mayotte – .yt
Mazedonien – .mk
Mexiko – .mx
Minor Outlying Islands *(US-Außengebiete)* – .um
Monaco – .mc
Mongolei – .mn
Montserrat – .ms
Mosambik – .mz
Myanmar – .mm
Namibia – .na
Nauru – .nr
Nepal – .np
Neukaledonien – .nc
Neuseeland – .nz
Nicaragua – .ni
Niederlande – .nl
Niederländische Antillen – .an
Niger – .ne
Nigeria – .ng
Niue – .nu
Nördliche Marianen-Inseln – .mp
Norfolk-Inseln – .nf
Norwegen – .no
Oman – .om
Österreich – .at
Pakistan – .pk
Palästinensische Gebiete – .ps
Palau-Inseln – .pw
Panama – .pa
Papua-Neuguinea – .pg
Paraguay – .py
Peru – .pe
Philippinen – .ph
Pitcairn-Inseln – .pn

Internetabkürzungen – Domainendungen für Länder (ccTLD)

Polen – .pl
Portugal – .pt
Puerto Rico – .pr
Republik Kongo – .cg
Republik Korea *(Südkorea)* – .kr
Republik Moldau *(Moldawien)* – .md
Reunion – .re
Ruanda – .rw
Rumänien – .ro
Russische Föderation – .ru
Salomonen – .sb
Sambia – .zm
Samoa *(früher Westsamoa)* – .ws
San Marino – .sm
São Tomé und Príncipe – .st
Saudi-Arabien – .sa
Schweden – .se
Schweiz – .ch
Senegal – .sn
Seychellen – .sc
Sierra Leone – .sl
Simbabwe – .zw
Singapur – .sg
Slowakische Republik – .sk
Slowenien – .si
Somalia – .so
Spanien – .es
Sri Lanka – .lk
St. Helena – .sh
St. Kitts und Nevis – .kn
St. Lucia – .lc
St. Pierre und Miquelon – .pm
St. Vincent und die Grenadien – .vc
Südafrika – .za
Sudan – .sd
Südgeorgien und Südliche Sandwichinseln – .gs
Suriname – .sr
Svalbard und Jan-Mayen-Inseln *(Spitzbergen)* – .sj
Swasiland – .sz
Syrien – .sy
Tadschikistan – .tj
Taiwan – .tw
Tansania – .tz
Thailand – .th
Timor-Leste – .tp
Togo – .tg
Tokelau-Inseln – .tk
Tonga – .to
Trinidad und Tobago – .tt
Tschad – .td
Tschechische Republik – .cz
Tunesien – .tn
Türkei – .tr
Turkmenistan – .tm
Turks- und Caicos-Inseln – .tc
Tuvalu – .tv
Uganda – .ug
Ukraine – .ua
Ungarn – .hu
Uruguay – .uy
Usbekistan – .uz
Vanuatu – .vu
Vatikanstadt – .va
Venezuela – .ve
Vereinigte Arabische Emirate – .ae
Vereinigte Staaten von Amerika – .us
Vietnam – .vn
Wallis- und Futuna-Inseln – .wf
West-Sahara – .eh
Zentralafrika – .cf
Zypern – .cy

Jahresband – Jbd. · J.-Bd.
Jahresbände – Jbde. · J.-Bde.
Jahrgang; Jahrgänge – Jahrg. · Jg. · Jhg. · Jhrg.
Jahrgänge – Jgg. · Jhgg.
Jahrhundert – Jahrh. · Jh. · Jhdt.
Jahrtausend – Jahrt. · Jhtsd. · Jt. · Jtsd.
Jahrtausende – Jhtsde.
Jamaika *(Kfz)* – JA
Januar – Jan. · Jr.
Japan *(Kfz)* – J
Japan Air Lines – JAL

Internetabkürzungen – Geläufigste Kürzel der elektronischen Kommunikation

acknowledgement *(Zustimmung)* – ack
alles klar – ak
also known as *(auch bekannt als)* – aka
as far as I know *(soweit ich weiß)* – afaik
as soon as possible *(sobald wie möglich)* – asap
at the moment *(im Moment)* – atm
away from keyboard *(bin weg von der Tastatur)* – afk
be back later *(komme später wieder)* – bbl
before *(bevor)* – b4
be right back *(bin gleich wieder da)* – brb
bye for now *(erstmal tschüs)* – b4n, bfn
by the way *(so nebenbei)* – btw
congratulations *(Gratulation)* – cg, gratz
cybersex *(virtueller Sex)* – cs
face to face *(von Angesicht zu Angesicht)* – f2f
for your information *(zu deiner Information)* – fyi, FYI
frequently asked questions *(häufig gestellte Fragen)* – FAQ
good night *(Gute Nacht)* – gn8
grin *(Grinsen)* – g
hugs and kisses *(Umarmung und Küsse)* – hak
in my humble opinion *(meiner bescheidenen Meinung nach)* – imho
I see *(ich verstehe)* – IC
just kidding *(nur Spaß)* – jk
keep it simple and stupid *(erklär es idiotensicher)* – kiss
keine Ahnung – ka
kein Problem – kp
Kuss – X
laughing out loud *(laut lachen)* – lol
moment *(Moment)* – mom
no matter *(macht nichts)* – nm
no problem *(kein Problem)* – np
ok – k
please *(bitte)* – pls, plz
read the fucking manual *(lies die verdammte Anleitung)* – rtfm
rolling on the floor laughing *(lachend auf dem Boden liegen)* – rofl, rotfl
see you *(man sieht sich)* – cu
see you later *(bis später)* – cul, cul8r
thanks *(danke)* – thx, tnx
too late *(zu spät)* – 2L8
wait *(warte)* – w8
weekend *(Wochenende)* – we
why? *(wieso?)* – y?
you *(du)* – u

jeder Monat – j. M.
jedes/jeden Monats – j. M. · j. Mts.
jedes Jahr; jedes/jeden Jahres – j. J.
jemand – J. · jem. · jmd.
jemandem – jmdm.
jemanden – jmdn.
Jemen *(Kfz)* – YE
Jena *(Kfz)* – J
Jerichower Land *(Kfz)* – JL
Jersey *(Great Britain; Kfz)* – GBJ
Jesus Christus – J. C. · J. Chr.
jeweilig; jeweils – jew.
Jod *(Element)* – I
Jordan-Dinar – JD.
Jordanien *(Kfz)* – JOR
Joule *(Einheit)* – J
Jugoslawien *(Serbien und Montenegro; Kfz)* – YU
just-in-time *(engl.; zur gleichen Zeit [hergestellt])* – Jit

kaiserlich – k. · kais. · ksl.
Kaiserliche und Königliche Hoheiten – K. K. H. H.
kaiserlich-königlich, Kaiserlich-Königlich – k. k. · K. K.
kaiserlich und königlich – k. u. k.
Kaiserslautern *(Kfz)* – KL

Kalifornien *(Staat der USA)* – CA
Kalium *(Element)* – K
Kalorie[n] – K
Kambodscha *(Kfz)* – K
Kamenz *(Kfz)* – KM
Kanada *(Kfz)* – CDN
kanadischer Dollar *(Währung)* – can$ · kan$
Kansas *(Staat der USA)* – KS · Kan.
Kapital bildende Lebensversicherung – KLV
Kapitalertragsteuer – KapSt. · KESt
Kapitalertragsteuergesetz – KapStG
Karlsruhe *(Kfz)* – KA
Kärnten *(Kfz)* – K
Kasachstan *(Kfz)* – KZ
Kassel *(Kfz)* – KS
Kassenarzt – KA
Kassenärztliche Bundesvereinigung – KBV
Kassenärztliche Vereinigung – KÄV · KV
Kassenärztliche Vereinigung Deutschlands – KVD
Kassendentistische Vereinigung Deutschlands – KDVD
Kassenzahnärztliche Bundesvereinigung – KZBV
Kassenzahnärztliche Vereinigung – KZV
Kassenzahnärztliche Vereinigung Deutschland – KZVD
Katar *(Kfz)* – Q
Katholische Universität Eichstätt – KUE
Kaufbeuren *(Kfz)* – KF
Kauffrau – Kffr.
Kaufmann – Kfm.
kaufmännisch – kaufm. · kfm.
Kelheim *(Kfz)* – KEH
Kempten *(Kfz)* – KE
Kenia *(Kfz)* – EAK
Kentucky *(Staat der USA)* – Ken. · KY · Ky.
Kernkraftwerk – KKW
Key Account Manager – KAM
Kiel *(Kfz)* – KI
kilo... – k
Kilo[gramm]kalorie – kcal
Kiloampere – kA
Kilobyte[s] – KB
kilocycle per second *(engl.:* »Kilohertz«) – kcps · kc/s
Kiloelektronenvolt – keV
Kilogauß – kG
Kilogramm – kg · Kilo
Kilogrammmeter – kgm
Kilogramm pro Pferdestärke-Stunde – kg/PSh
Kilohertz – kHz
Kilojoule – kJ
Kiloliter – kl
Kilometer – Kil. · km
Kilometer pro Stunde – km/st
Kilometer pro Stunde *(engl.: kilometer per hour)* – km/h
Kilometertonne – kmt
Kilonewton – kN
Kiloohm – kΩ
Kiloparsec – kpc
Kilopascal – kPa
Kilopond – kp
Kilopondmeter – kpm
Kilotonne – kt
Kilovolt – kV
Kilovoltampere – kVA
Kilowatt – kW
Kilowattjahr – KWJ
Kilowatt peak – kWp
Kilowattstunde – kWh
Kina *(Währung in Papua-Neuguinea)* – K
Kinderschutzbund – KSB
Kindertagesstätte – Kita · KT
kindisch – kind.
kindlich – kindl.
Kip *(Währung in Laos)* – K
Kirchheimbolanden/Donnersbergkreis *(Kfz)* – KIB
Kirgisistan *(Kfz)* – KS
Kitzingen *(Kfz)* – KT
Kleinigkeiten bezahlt *(Börse)* – Kl bz
kleinstes gemeinsames Vielfaches *(Math.)* – kgV · k. g. V.
Kleve *(Kfz)* – KLE
knot *(engl.)* – kt
Knoten – Kn.
Knoten *(Schifffahrt)* – kn
Koblenz *(Kfz)* – KO
Kohlenstoff *(Carboneum; Element)* – C
Kohlenwasserstoffe – KWS · KW-Stoffe
Köln *(Kfz)* – K
Kolumbien *(Kfz)* – CO
Kommandant – Kdt. · Kmdt.

Kommandant[ur] – K. · Komm.
Kommandantur – Kdtr. · Kmdtr.
Kommandeur – Kdr. · Kmdr.
Kommission Reinhaltung der Luft im VDI und DIN – Normenausschuss – KRdL
komplett – kompl. · kpl.
Kongo *(Demokratische Republik; Kfz)* – CD
Konjugation *(Sprachw.)* – Konj. · Konjug.
konjugieren; konjugiert *(Sprachw.)* – konj. · konjug.
Konjunktion[en] *(Sprachw.)* – Kj. · Konj. · Konjunkt.
Konjunktiv *(Sprachw.)* – Kj. · Konj. · Konjunkt.
Konjunktur – Konj. · Konjunkt.
Konrad-Adenauer-Stiftung – KAS
Konstanz *(Kfz)* – KN
Konto – K. · Kto.
Kontoauszug – KA · Kto.-Ausz.
Kontonummer – Ko.-Nr. · Kto.-Nr.
Kontrapunkt *(Musik)* – Kp
Kopeke – Kop.
Korbach/Waldeck-Frankenberg *(Kfz)* – KB
Korean Airlines – KAL
Körperschaft – Körp. · Kpsch.
Körperschaft des öffentlichen Rechts – KdöR · K. d. ö. R. · Körp. d. ö. R.
Körperschaftsteuer – KörpSt. · Körp.-St. · KSt.
Kosekans *(Math.)* – cosec
Kosinus *(Math.)* – cos
Kost, Assekuranz, Fracht – K. A. F. · KAF
Kosten – Ko. · Kost.
Kosten, Fracht, Assekuranz – KFA
Kosten-Nutzen-Analyse – KNA
Kosten-Nutzen-Rechnung – KNR
Kostenordnung – KO · KostO
Kostenrechnung – Kost. R. · Kost. Rechn.
Kostenstelle – KSt
Kosten und Fracht – K. u. F.
Kotangens *(Math.)* – cot · cotg · ctg · Kot.
Köthen/Anhalt *(Kfz)* – KÖT
kraft Amtes – kr. A.
kraft Auftrages – kr. A.
Kraftfahrt-Bundesamt – KBA
Kraftfahrzeug – Kfz · KFZ
Kraft-Wärme-Kopplung – KWK
Krankengymnastik – KG · Krk.-Gym.
Kreditanstalt für Wiederaufbau – KfW
Krefeld *(Kfz)* – KR
Kroatien *(Kfz)* – HR
Kronach *(Kfz)* – KC
Krone, tschechische *(Koruna česká)* – Kč
Krypton *(Element)* – Kr
Kuba *(Kfz)* – C
Kubikdezimeter – cbdm · cdm · dm^3 · kbdm
Kubikkilometer – cbkm · ckm · km^3
Kubikmeter – cbm · kbm · m^3
Kubikmillimeter – cbmm · cmm · mm^3
Kubikzentimeter – cbcm · ccm · cm^3 · kbcm
Küche, Dusche, Bad – KDB
Ku-Klux-Klan *(USA)* – KKK
Kulmbach *(Kfz)* – KU
Kultusminister[ium] – KM · Kumi
Kultusministerkonferenz – KMK
künstliche Intelligenz[forschung] – KI
Künstliches Leben *(neuer Begriff von Biologen, Mathematikern und Informatikern)* – KL
Künzelsau/Hohenlohekreis *(Kfz)* – KÜN
Kupfer – Kpf.
Kurfürst – Kurf.
Kurs-Cash-Flow-Verhältnis – KCV
Kurs-Gewinn-Verhältnis – KGV
Kurs-Umsatz-Verhältnis – KUV
Kurtschatovium *(Element)* – Ku
Kurzschrift – Kschr. · Kurzschr.
Kürzung – Krz. · Krzg. · Kürz. · Kz. y Kzg.
Kusel *(Kfz)* – KUS
Kuwait *(Kfz)* – KWT
Kuwait-Dinar – KD.
Kwacha *(Währung in Sambia)* – K
Kwawza *(Währung in Angola)* – Kz
Kyat *(Währung in Birma)* – K
Kyffhäuserkreis *(Kfz)* – KYF

Laboratoriumsmedizin – Lab.-Med. · LM
Laborinformationssystem – LIS
Labor-Informations- und Management-System – LIMS
Ladenschluss – LS
Ladenschlussgesetz – LadSchlG · LSchlG
Lahn-Dill-Kreis *(Kfz)* – LDK
Lambert *(Einheit)* – L
Landau/Pfalz *(Kfz)* – LD
Länderfinanzausgleich – LFA
Landesrechnungshof – LRH

Landesregierung – LR · LReg.
Landessozialgericht – LSG · LSozG
Landesverfassung – LV · LVf. · LVfg.
Landesverordnung – LaVO · LV · LVO
Landesversicherungsamt – LVA · LVAmt
Landesversicherungsanstalt – LVA
Landesversorgungsamt – LVA · LVersA
Landesverwaltungsgericht – LVerwG · LVG
Landesverwaltungsgesetz – LVG · LVwG
Landeswahlordnung – LWahlO · LWO
Landeszentralbank – LZB
Landgericht – Ld.-Ger. · LG · LGer.
Landgerichtspräsident – LdGerPräs. · Ld.-Ger.-Präs. · LGPräs.
Landkreis Dahme-Spreewald *(Kfz)* – LDS
Landkreis Oder-Spree *(Kfz)* – LOS
Landsberg/Lech *(Kfz)* – LL
Landshut *(Kfz)* – LA
Landtag – Ldtg. · LT
Landtagsabgeordnete[r] – LAbg. · L.-Abg.
Landtagspräsident – Ldtg.-Präs. · LT-Präs.
Landwirt[schaft] – Landw. · Ldw.
landwirtschaftlich – landw. · ldw.
Langley *(Einheit)* – lan · ly
Lanthan *(Element)* – La
larghetto (*ital.:* »etwas gedehnt, langsam«; *Musik*) – larg.
Lauf an der Pegnitz/Nürnberger Land *(Kfz)* – LAU
Lawrencium *(Element)* – Lr
Lebanese International Airways – LIA
Leer *(Kfz)* – LER
legato (*ital.:* »gebunden«; *Musik*) – leg.
leggiero (*ital.:* »leicht, spielerisch«; *Musik*) – legg.
Leipzig *(Kfz)* – L
Lempira *(Währung in Honduras)* – L
Leone *(Währung in Sierra Leone)* – Le
Lesotho *(Kfz)* – LS
Lettland *(Kfz)* – LV
Leu *(Währung in Rumänien)* – l
Leveraged Buy-out – LBO
Leverkusen *(Kfz)* – LEV
Lew *(Währung in Bulgarien)* – Lw
Libanon *(Kfz)* – RL
Libyen *(Kfz)* – LAR
Libyscher Dinar – LD.
Lichtenfels *(Kfz)* – LIF
Lilangeni *(Währung in Swasiland)* – E · *E*
Limburg-Weilburg *(Kfz)* – LM
Limes *(Math.)* – lim
limited (*engl.:* »mit beschränkter Haftung«) – Ld. (selten) · lim. · Lim. · ltd. · Ltd. ·
Lindau *(Kfz)* – LI
Linz *(Kfz)* – L
Lippe/Detmold *(Kfz)* – LIP
Litauen *(Kfz)* – LT
Liter – l · Lt. · Ltr.
Lithium *(Element)* – Li
loco (*ital.:* »an seiner Stelle« *[zur Aufhebung eines Oktavzeichens]; Musik*) – lo. · Lo.
loco citato (*lat.:* »am angeführten Ort«) – l. c.
loco laudato (*lat.:* »am genannten/angeführten Ort«) – l. l.
loco sigilli (*lat.:* »anstatt des Siegels«) – l. s.
loco supra citato (*lat.:* »am oben angeführten Ort«) – l. s. c.
Logarithmus *(Math.)* – lg · log
logarithmus naturalis *(Math.)* – ln
Lörrach *(Kfz)* – LÖ
Louisiana *(Staat der USA)* – LA · La.
Lübeck *(Hansestadt Lübeck; Kfz)* – HL
Lüchow-Dannenberg *(Kfz)* – DAN
Ludwigsburg *(Kfz)* – LB
Ludwigshafen *(Kfz)* – LU
Ludwigslust *(Kfz)* – LWL
Luftfahrtbundesamt – LBA
Lufthansa – LH
Lumen *(Einheit)* – lm
Lumensekunde *(Einheit)* – lms
Lumenstunde *(Einheit)* – lmh
Lüneburg *(Kfz)* – LG
Lutetium *(Element)* – Lu
Lux *(Einheit)* – lx
Luxemburg *(Kfz)* – L
Luxemburg *(NATO)* – LU
Luxsekunde *(Einheit)* – lxs
Luzern *(Schweiz; Kfz)* – LU

Mach[zahl] – M · Ma
Madagaskar *(Kfz)* – RM
Madam *(engl.)* – Mad.
Madame *(franz.)* – Mme.
Mademoiselle *(franz.)* – Mlle.
Magdeburg *(Kfz)* – MD
Magister – M. · Mag. · Mg. · Mgr. y Mr.

Magister artium *(Österreich)* – Mag. art.
Magister Artium; Master of Arts *(engl.)* – M. A.
Magister Chirurgiae *(lat.)* – M. C. · M. Ch. · M. Chir.
Magister Chirurgiae Dentalis *(lat.)* – M. Ch. D.
Magister Chirurgiae Orthopaedicae *(lat.)* – M. Ch. Orth.
Magister Legum *(lat.)*; Master of Laws *(engl.)* – LL. M. · M. L.
Magister pharmaciae *(Österreich)* – Mag. pharm. – Mg. ph.
Magister philosophiae *(Österreich)* – Mag. phil.
Magister rerum naturalium *(Österreich)* – Mag. rer. nat.
Magister Scientiae *(lat.)*; Master of Science *(engl.)* – M. Sc.
Magnesium *(Element)* – Mg
Maine *(Staat der USA)* – ME · Me.
Main-Spessart-Kreis *(Kfz)* – MSP
Main-Taunus-Kreis *(Kfz)* – MTK
Mainz(-Bingen) *(Kfz)* – MZ
Malawi *(Kfz)* – MW
Malaysia *(Kfz)* – MAL · *auch:* PTM
malaysischer Dollar – M$
Mali *(Kfz)* – RMM
Malta *(Kfz)* – M
Mangan *(Element)* – Mn
Mannheim *(Kfz)* – MA
Mansfelder Land *(Kfz)* – ML
Manuskript – MS · Ms. · Mskr.
Manuskripte – Mss.
Marburg-Biedenkopf *(Kfz)* – MR
marcato (*ital.:* »betont«; *Musik*) – marc.
Marketing – Mark. · Mkt. · Mktg.
Marketingabteilung – Mark.-Abtlg. · Mkt.-Abtlg. · Mktg.-Abtlg.
Marketingleiter – Mark.-L. · Mark.-Ltr. · Mktg.-L. · Mkt.-Ltr.
Marketing-Management – MM
Märkischer Kreis *(Kfz)* – MK
Märkisch-Oderland *(Kfz)* – MOL
Marokko *(Kfz)* – MA
Maryland – MD
Maryland *(Staat der USA)* – MD · Md.
März – Mrz.
Massachusetts *(Staat der USA)* – MA · Mass.
Massachusetts Institute of Technology *(USA)* – MIT
Masse – M.
Masse[n]einheit – ME
Massenwirkungsgesetz – MWG
Master of Advanced Studies – MAS
Master of Arts – M. A.
Master of Business Administration – MBA
Master of Business and Engineering – MBE
Master of Business Controlling – MBC
Master of Business Informatics – MBI
Master of Business Law – MBL
Master of Business Marketing – MBM
Master of Ceremonies – M. C.
Master of Dental Surgery – M. D. S.
Master of Engineering – M. Eng.
Master of European Studies – MEUS
Master of Financial Consulting – MFC
Master of Information- and Communication-Management – MCM
Master of Laws – LL. M. · M. L.
Master of Philosophy – M. Ph.
Master of Science – MSc · M. Sc.
Master of Surgery – M. S.
Maul- und Klauenseuche – MKS
Mauretanien *(Kfz)* – RIM
Mauritius *(Kfz)* – MS
Mauritiusrupie – MR
maximum weight *(engl.)* – max. wgt. · max. wt.
Max-Planck-Gesellschaft – MPG
Max-Planck-Institut – MPI
Maxwell *(Einheit)* – M · Mx
Mayen-Koblenz *(Kfz)* – MYK
Mazedonien *(ehem. jugosl. Republik; Kfz)* – MK
Mecklenburg-Strelitz *(Kfz)* – MST
Mecklenburg-Vorpommern – MeckPom · MeckPomm · MV
Mecklenburg-Vorpommern, Landesregierung und Landtag *(Kfz)* – MVL
Mega... – M
Megabar – MbMBar
Megabit pro Sekunde – Mbit/s · Mbps
Megabyte – MB · Mbyte · MByte · Meg
Megaelektronenvolt – MeV
Megahertz – MHz

Megajoule – MJ
Megalith – Meg.
Megameter – Mm
Megaohm – MΩ
Megaparsec – Mpc
Megaphon – Meg.
Megapond – Mp
Megasiemens – MS
Megatonne – Mt
Megavolt – MV
Megavoltampere – MVA
Megawatt – MW
Megawatt elektrischer Leistung – MWe
Megawattstunde – MWh
Mehrfamilienhaus/-häuser – Mehrf.-H. · MFH
Mehrfrequenzwahlverfahren – MFV
Mehrwertsteuer – Mehrw.-St. · MWS · Mw.-St. · MwSt.
meiner Ansicht nach – m. A. n.
meiner Meinung – m. M.
meiner Meinung nach – m. M. n.
meines Dafürhaltens – m. D.
meines Erachtens – m. E.
meines Wissens – m. W.
Meißen *(Kfz)* – MEI
Meitnerium *(Element)* – Mt
Member of Congress *(USA)* – M. C.
Member of Parliament *(GB)* – M. P. · MP
Member of the European Parliament – MEP
Member of the House of Representatives – M. H. R.
Member of the Order of the British Empire – M. B. E. · MBE
Memmingen *(Kfz)* – MM
Mendelevium *(Element)* – Md
Merseburg-Querfurt *(Kfz)* – MQ
Merzig-Wadern *(Kfz)* – MZG
Mesdames *(franz.)* – Mmes.
Mesdemoiselles *(franz.)* – Mlles.
Messerspitze – Msp.
Messieurs *(franz.)* – Messrs. · MM. · Mrs.
Meter – m · Mtr.
Meterkilogramm – mkg
Meter-Kilogramm-Sekunde-Ampere-System – MKSA-System
Meter-Kilogramm-Sekunde-System – MKS-System
Meterkilopond – mkp
Meter pro Sekunde – m/s · m/sec
Metertonne – mt
Meter-Tonne-Sekunde-System – MTS-System
Meter über Meer – m ü. M.
Meter Wassersäule – m Ws
Meterzentner – mctr
Mettmann *(Kfz)* – ME
Mexiko *(Kfz)* – MEX
mezza voce (*ital.:* »mit halber Stimme«; *Musik*) – m. v.
mezzoforte (*ital.:* »halblaut; mittelstark«; *Musik*) – mf
mezzopiano (*ital.:* »halbleise«; *Musik*) – mp
Michigan *(Staat der USA)* – MI · Mich.
Miesbach *(Kfz)* – MB
Mikrofarad – µF
Mikrogramm – µg
Mikrohenry – µH
Mikroliter – µl
Mikrometer – µm · Mikr. · Mikrom.
Mikroohm – µΩ
Mikroprozessor – µP
Mikrosekunde – µs · µsec
Mikrosiemens – µS
Mikrovolt – µV
Mikrovoltsekunde – µVs
Mikrowatt – µW
miles per hour (*engl.:* »Meilen pro Stunde«) – mph · m. p. h.
Milli... – m
Milliampere – mA
Milliamperesekunde – mAs
Milliangström – mÅ
Milliarde[n] – Md. · Mia. · Mrd.
Millibar – mb · mbar
Millifarad – mF
Milligal – mGal · mgal
Milligauß – mG
Milligramm – mg
Milligrammelementstunde – mgeh
Millihenry – mH
Millijoule – mJ
Millilambert – mL
Milliliter – ml
Millimeter – mm

Millimeter Hydrargyrum *(vgl. Millimeter Quecksilbersäule)* – mm Hg
Millimeter Quecksilbersäule *(Einheit)* – mm QS
Millimeter Wassersäule *(Einheit)* – mm WS
Millimikron – mμ
Millimol – mM · mmol
Milliohm – mΩ
Million[en] – Mio · Mio.
Millipond – mp
Millirad – mrad
Milliröntgen – mr
Millirutherford – mrd
Millisekunde – MS · msec
Millitex – mtex
Millivolt – mV
Millivoltsekunde – mVs
Milliwatt – mW
Miltenberg *(Kfz)* – MIL
Mindelheim/Unterallgäu *(Kfz)* – MN
Minden-Lübbecke *(Kfz)* – MI
Minister/Ministry of Defence *(engl.:* »Verteidigungsminister[ium]«) – MOD
Ministerialdirektor – MD · Md. · Min.-Dir. · MinDir.
Ministerialdirigent – MD · Md. · MinDgt. · Min.-Dgt. · MinDirig. · Min.-Dirig.
Ministerialrat – MinR · Min.-Rat · MR
Ministerialregistrator, Ministerialregistratur – Min.-Reg. · Min.-Rgstr.
Ministerpräsident – MP · MPr. · MPräs.
Ministerpräsidentenkonferenz – MPK
Minnesota *(Staat der USA)* – MN · Minn.
Minute – m · min · Min.
Minutenvolumen – MV · M.V.
Mired *(Einheit)* – M
Mississippi *(Staat der USA)* – MS · Miss.
Missouri *(Staat der USA)* – MO · Mo.
Mister *(engl.)* – Mr
Mistress *(engl.)* – Mrs
mit Abbildung[en] – m. Abb.
mit anderem; mit anderen – m. a.
mit anderen Worten – m. a. W.
mit Änderungen – m. Ä.
mit Anlagen – m. A.
mit Beleg[en] – m. B.
mit beschränkter Haftpflicht/Haftung – m. b. H. · mbH
mit Bitte um Rücksprache – m. B. u. R.
mit dem Titel – m. d. T. · m. d. Tit.
mit den Worten – m. d. W.
mit der Aufgabe – m. d. A.
mit der Aussicht auf – m. d. Auss. a.
mit der Bitte – m. d. B.
mit der Bitte um Kenntnisnahme – m. d. B. u. Ktn.
mit der Bitte um Übernahme – m. d. B. u. Ü.
mit Einschränkung[en] – m. E. · m. Einschr.
mit Erlaubnis – m. E.
Mitfahrgelegenheit – MFG
mit freundlichen Grüßen – m. f. G. · mfG · MfG
Mitglied – M. · Mgl. · Mitgl.
Mitglied der Nationalversammlung – MdN · M. d. N.
Mitglied der Volkskammer *(DDR)* – MdV · M. d. V.
Mitglied des Abgeordnetenhauses – MdA · M. d. A.
Mitglied des Arbeitskreises – MdA · M. d. A.
Mitglied des Aufsichtsrates – MdA · M. d. A.
Mitglied des Bundesrates *(Österreich)* – BR
Mitglied des Bundestages – MdB · M. d. B.
Mitglied des Europäischen Parlaments – MdEP
Mitglied des Kreistages – MdK · M. d. K.
Mitglied des Landtages – MdL · M. d. L.
Mitglied des Nationalrates *(Österreich)* – MdNR · NR
Mitglied des Reichstages – MdR · M. d. R.
Mitglied des Senats – MdS · M. d. S.
Mitglied des Staatsrates *(DDR)* – MdStR
mit letztem Schreiben – m. l. Schr.
mit letzten Ergänzungen – m. l. E.
mit Rechnung – m. R.
mit Recht – m. R.
Mitteldeutscher Rundfunk – MDR
mittelenglisch – me. · mengl.
mitteleuropäische Sommerzeit – MESZ
mitteleuropäische Zeit – MEZ
Mittlerer Erzgebirgskreis *(Kfz)* – MEK
Mittweida *(Kfz)* – MW
mit Verpflegung – m. V.
mit Wirkung vom – m. W. v.

mit Wissen von – m. W. v.
mobiles Einsatzkommando – MEK
moderato (*ital.:* »mäßig schnell«; *Musik*) – mod.
möglich[st] – mög. · mögl.
Moldau *(Kfz)* – MD
Molybdän *(Element)* – Mo
Monaco *(Kfz)* – MC
Mönchengladbach *(Kfz)* – MG
Mondaufgang – MA
Mondfinsternis – MF
Monduntergang – MU
Mongolei *(Kfz)* – MGL
Monseigneur – Mgr.
Monsieur – M.
Monsignore – Mgr. · Msgr.
Montana – MT
Montana *(Staat der USA)* – MT · Mont.
morendo (*ital.:* »verhauchend«; *Musik*) – mor.
Mosambik *(Kfz)* – MOC
Mosbach/Neckar-Odenwald-Kreis *(Kfz)* – MOS
Mühldorf a. Inn *(Kfz)* – MÜ
Muldentalkreis *(Kfz)* – MTL
Mülheim an der Ruhr *(Kfz)* – MH
München *(Kfz)* – M
Mundart – Ma. · Mdt. · Mua.
mundartlich – ma. · mdal.
Münster/Westfalen *(Kfz)* – MS
Müritz *(Kfz)* – MÜR
mutatis mutandis (*lat.:* »mit den nötigen Änderungen«) – m. m. · mut. mut.
mutato nomine (*lat.:* »mit/nach Änderung des Namens«) – m. n.
Myanmar *(Kfz)* – MYA
Myria... – ma
Myriade – M
Myriagramm – Mg
Myriameter – Mm

nach Christi Geburt – n. Chr. G.
nach Christo/Christus – n. Chr.
nach Elfmeterschießen – n. E.
Nachfolge; Nachfolger[in] – Nachf. · Nchf. · Nf.
Nachwort – Nachw. · NW · Nw.
Nadir *(Astron.)* – Na
Namibia *(Kfz)* – NAM
Nano... – n
Nanofarad – nF
Nanogramm – ng
Nanoliter – nl
Nanometer – nm
Nanosekunde – ns
Nassauische Sparkasse – Naspa
Nationalbibliographie – Nabi
Nationalbibliothek – NB
Nationale Armutskonferenz – NAK
Nationaler Ethikrat – NER
Nationales Olympisches Komitee – NOK
Nationale Sportkommission – NSK
Natrium *(Element)* – Na
natürliche Familienplanung – NFP
Naturschutzbund Deutschland (Naturschutz, Artenschutz, Biotopschutz, Umweltschutz) – NABU
Naturschutzjugend – NAJU
Naturwissenschaft[en]; Naturwissenschaftler[in] – Naturw. · Naturwiss. · Nat.-Wiss. · Ntw.
Nebraska *(Staat der USA)* – NE · Neb.
Neodym *(Element)* – Nd
Neon *(Element)* – Ne
Nepalesische Rupie *(Währung)* – NR
Neper *(physikalische Maßeinheit)* – Np
Neptunium *(Element)* – Np
Neubrandenburg *(Kfz)* – NB
Neuburg-Schrobenhausen/Donau *(Kfz)* – ND
Neuchâtel/Neuenburg *(Schweiz; Kfz)* – NE
neuenglisch – ne.
neufranzösisch – nfrz.
neugriechisch – neugr. · ngr.
neuhochdeutsch – nhd.
neulateinisch – neulat. · nl. · nlat.
Neumarkt *(Kfz)* – NM
Neumünster *(Kfz)* – NMS
neuniederdeutsch – nnd.
neuniederländisch – nnl.
Neunkirchen/Saar *(Kfz)* – NK
neunordisch – nnord.
neurolinguistisches Programmieren / neurolinguistic programming – NLP
Neuseeland *(Kfz)* – NZ
Neuss *(Kfz)* – NE

Neustadt/Aisch *(Kfz)* – NEA
Neustadt/Waldnaab *(Kfz)* – NEW
Neustadt/Weinstraße *(Kfz)* – NW
Neu-Ulm *(Kfz)* – NU
Neuwied/Rhein *(Kfz)* – NR
Nevada *(Staat der USA)* – NV · Nev.
New Hampshire *(Staat der USA)* – NH · N.H.
New Jersey *(Staat der USA)* – NJ · N.J.
New Mexico *(Staat der USA)* – NM · N.M. · N.Mex.
Newton – N
Newtonmeter *(Einheit)* – Nm
New York *(Staat der USA)* – NY · N.Y.
New York City – N.Y.C.
New York Mercantile Exchange – NYMEX
New York State – N.Y.S.
New York Stock Exchange *(New Yorker Börse)* – NYSE
Nicaragua *(Kfz)* – NIC
nicht eheliche Lebensgemeinschaft[en] – NEL
Nichtregierungsorganisation – NGO *(non-governmental organisations; engl.)* · NRO
Nickel *(Element)* – Ni
Nidwalden *(Schweiz; Kfz)* – NW
Niederlande *(Kfz)* – NL
Niederländische Antillen *(Kfz)* – NA
Niederösterreich *(Kfz)* – N
Niedersachsen, Landesregierung und Landtag *(Kfz)* – NI
Niederschlesischer Oberlausitzkreis *(Kfz)* – NOL
Niederschrift – Nds. · Ndschr. · NS · Ns. · Nschr.
Niedrigenergiehaus/-häuser – NEH
Nienburg *(Kfz)* – NI
Niger *(Kfz)* – RN · auch: NIG
Nigeria *(Kfz)* – WAN
Nit *(Einheit)* – nt
Nitrogenium *(Stickstoff; Element)* – N
Nobelium *(Element)* – No
Nominativ *(Sprachw.)* – N. · Nom.
nominativus cum infinitivo *(lat.; Sprachw.)* – n.c.i.
Nordfriesland *(Kfz)* – NF
Nordhausen *(Kfz)* – NDH
Nordhorn/Bentheim *(Kfz)* – NOH
Nordrhein-Westfalen – NrhW · NrhWf · NRW · NW *(offiziell, aber selten)*
Nordrhein-Westfalen, Landesregierung und Landtag *(Kfz)* – NRW
Nordvorpommern *(Kfz)* – NVP
Nordwestmecklenburg *(Kfz)* – NWM
Normenausschuss – NA
Normenausschuss Akustik, Lärmminderung und Schwingungstechnik *(DIN)* – NALS
Normenausschuss Armaturen *(DIN)* – NAA
Normenausschuss Bauwesen *(DIN)* – NABau
Normenausschuss Bergbau *(DIN)* – NABERG
Normenausschuss Beschichtungsstoffe und Beschichtungen *(DIN)* – NAB
Normenausschuss Bibliotheks- und Dokumentationswesen *(DIN)* – NABD
Normenausschuss Bild und Film *(DIN)* – NBF
Normenausschuss Bürowesen *(DIN)* – NBü
Normenausschuss Chemischer Apparatebau *(DIN)* – FNCA
Normenausschuss Daten- und Warenverkehr in der Konsumgüterwirtschaft *(DIN)* – NDWK
Normenausschuss Dental *(DIN)* – NADENT
Normenausschuss Druckgasanlagen *(DIN)* – NDG
Normenausschuss Druck- und Reproduktionstechnik *(DIN)* – NDR
Normenausschuss Eisen-, Blech- und Metallwaren *(DIN)* – NAEBM
Normenausschuss Eisen und Stahl *(DIN)* – FES
Normenausschuss Erdöl- und Erdgasgewinnung *(DIN)* – NÖG
Normenausschuss Ergonomie *(DIN)* – FNErg
Normenausschuss Farbe *(DIN)* – FNF
Normenausschuss Feinmechanik und Optik *(DIN)* – NAFuO
Normenausschuss Feuerwehrwesen *(DIN)* – FNFW
Normenausschuss Gastechnik *(DIN)* – NAGas
Normenausschuss Gebrauchstauglichkeit und Dienstleistungen *(DIN)* – NAGD

Normenausschuss Gießereiwesen *(DIN)* – GINA
Normenausschuss Gleitlager *(DIN)* – NGL
Normenausschuss Grundlagen des Umweltschutzes *(DIN)* – NAGUS
Normenausschuss Heiz-, Koch- und Wärmgerät *(DIN)* – FNH
Normenausschuss Heiz- und Raumlufttechnik *(DIN)* – NHRS
Normenausschuss Holzwirtschaft und Möbel *(DIN)* – NHM
Normenausschuss Informationstechnik *(DIN)* – NI
Normenausschuss Kältetechnik *(DIN)* – FNKä
Normenausschuss Kautschuktechnik *(DIN)* – FAKAU
Normenausschuss Kommunale Technik *(DIN)* – NKT
Normenausschuss Kraftfahrzeuge *(DIN)* – FAKRA
Normenausschuss Kunststoffe *(DIN)* – FNK
Normenausschuss Laborgeräte und Laboreinrichtungen *(DIN)* – FNLa
Normenausschuss Lebensmittel und landwirtschaftliche Produkte *(DIN)* – NAL
Normenausschuss Lichttechnik *(DIN)* – FNL
Normenausschuss Luft- und Raumfahrt *(DIN)* – NL
Normenausschuss Maschinenbau *(DIN)* – NAM
Normenausschuss Materialprüfung *(DIN)* – NMP
Normenausschuss Mechanische Verbindungselemente *(DIN)* – FMV
Normenausschuss Medizin *(DIN)* – NAMed
Normenausschuss Nichteisenmetalle *(DIN)* – FNNE
Normenausschuss Papier und Pappe *(DIN)* – NPa
Normenausschuss Persönliche Schutzausrüstung *(DIN)* – NPS
Normenausschuss Pigmente und Füllstoffe *(DIN)* – NPF
Normenausschuss Qualitätsmanagement, Statistik und Zertifizierungsgrundlagen *(DIN)* – NQSZ
Normenausschuss Radiologie *(DIN)* – NAR
Normenausschuss Rettungsdienst und Krankenhaus *(DIN)* – NARK
Normenausschuss Rohrleitungen und Dampfkesselanlagen *(DIN)* – NARD
Normenausschuss Rundstahlketten *(DIN)* – NRK
Normenausschuss Sachmerkmale *(DIN)* – NSM
Normenausschuss Schienenfahrzeuge *(DIN)* – FSF
Normenausschuss Schweißtechnik *(DIN)* – NAS
Normenausschuss Sicherheitstechnische Grundsätze *(DIN)* – NASG
Normenausschuss Sport- und Freizeitgerät *(DIN)* – NASport
Normenausschuss Stahldraht und Stahldrahterzeugnisse *(DIN)* – NAD
Normenausschuss Tankanlagen *(DIN)* – NATank
Normenausschuss Technische Grundlagen *(DIN)* – NATG
Normenausschuss Terminologie *(DIN)* – NAT
Normenausschuss Textil und Textilmaschinen Textilnorm *(DIN)*
Normenausschuss Veranstaltungstechnik, Bühne, Beleuchtung und Ton *(DIN)* – NVT
Normenausschuss Verpackungswesen *(DIN)* – NAVp
Normenausschuss Wasserwesen *(DIN)* – NAW
Normenausschuss Werkstofftechnologie *(DIN)* – NWT
Normenausschuss Werkzeuge und Spannzeuge *(DIN)* – FWS
Normenausschuss Werkzeugmaschinen *(DIN)* – NWM
Normenprüfstelle *(im DIN)* – NP
Normenstelle Elektrotechnik *(DIN)* – NE
Normenstelle Schiffs- und Meerestechnik *(DIN)* – NSMT
North Carolina *(Staat der USA)* – NC · N.C.
North Dakota *(Staat der USA)* – ND · N.D.
Northeim *(Kfz)* – NOM

Norwegen *(Kfz)* – N
norwegische Krone *(Währung)* – nkr
Nox *(Einheit)* – nx
Numerus clausus – NC
Nummer – Nr.
Nürnberg *(Kfz)* – N

ob der Tauber – o.d.T. · o.T.
oben angeführt – o.a.
oben angegeben – o.a.
oben beginnend – o.b.
oben erwähnt – o.e.
oben genannt – o.g. · o.gen.
Oberallgäu *(Kfz)* – OA
oberbay[e]risch – obb.
Oberbefehlshaber – OB · Ob. · Ob.-Bfh.
Oberbefehlshaber der Luftwaffe – Ob.d.L.
Oberbefehlshaber der Marine – Ob.d.M.
Oberbefehlshaber des Heeres – Ob.d.H. · OBH
Oberbürgermeister[in] – OB · OBM · O.-Bgmstr.
oberdeutsch – obd. · oberd. · oberdt.
Oberhausen *(Kfz)* – OB
Oberhavel *(Kfz)* – OHV
Oberlandesarbeitsgericht – OLAG
Oberlandesgericht – OLG · OLGer.
Oberlandesgerichtspräsident – OLGPr. · OLGPräs.
Oberösterreich *(Kfz)* – O
Oberspreewald-Lausitz *(Kfz)* – OSL
Oberster Finanz[gerichts]hof – OFH · OFGH
Oberster Gerichtshof – ObGH · OGH
Oberster Rechnungshof – ORH
Oberstes Bundesgericht – OBG
Oberstudiendirektor[in] – OSD · OStD · OStDir. · OStudDir.
Oberstudienrat/-rätin – OSR · OStR · OStudR
Obwalden *(Schweiz; Kfz)* – OW
Öchsle *(Einheit)* – Oe
Odenwald – Odw.
oder ähnliche, oder Ähnliche[s] – o.ä. · o.Ä.
oder andere[s] – o.a.
oder dergleichen – o.dgl.
oder desgleichen – o.desgl.
Offenbach *(Kfz)* – OF
Offenburg/Ortenaukreis *(Kfz)* – OG
öffentlich – ö. · öff. · öfftl.
öffentlicher Personennahverkehr – ÖPNV
Ohio *(Staat der USA)* – OH · O.
Ohm *(Einheit)* – Ω
ohne Ort[sangabe] *(bei Büchern)* – o.O.
ohne Ort und Jahr *(bei Büchern)* – o.O.u.J.
Ohre-Kreis *(Kfz)* – OK
Oklahoma *(Staat der USA)* – OK · Okla.
ökologisch – ök. · ökol.
ökonomisch – ök. · ökon.
Oktanzahl – OZ
Oldenburg *(Kfz)* – OL
Olpe *(Kfz)* – OE
Oman *(Kfz)* – OM
ordentlich – o. · ord.
ordentliche Generalversammlung – o.GV · oGV
ordentliche Hauptversammlung – o.HV · oHV
ordentliche Mitgliederversammlung – o.MV · oMV
ordentlicher Haushalt – o.H.
ordentlicher öffentlicher Professor – o.ö.Prof.
ordentlicher Professor – o.P. · o.Prof.
ordentliches Mitglied – o.M.
Ordnungswidrigkeit[en] – OWi
Oregon *(Staat der USA)* – OR · Oreg.
Ørsted *(Einheit)* – Oe
Osmium *(Element)* – Os
Osnabrück *(Kfz)* – OS
Ostallgäu *(Kfz)* – OAL
Osterholz-Scharmbeck *(Kfz)* – OHZ
Osterode/Harz *(Kfz)* – OHA
Österreich *(Austria; Kfz)* – A
Österreichische Akademie der Wissenschaften – ÖAW
Österreichische Apothekerkammer – ÖAK
Österreichische Ärztekammer – ÖÄK
Österreichische Bundesbahnen – ÖBB
Österreichische Nationalbank – OeNB · ÖNB
Österreichische Nationalbibliothek – ÖNB
Österreichische Norm – ÖNORM
Österreichischer Normenausschuss – ÖNA
Österreichisches Normungsinstitut – ÖN

Österreichisches Wörterbuch – ÖWB
Ostholstein *(Kfz)* – OH
ostindogermanisch – ostidg.
ostmitteldeutsch – omd. · omdt. · ostmd. · ostmdt.
Ostprignitz-Ruppin *(Kfz)* – OPR
Ostvorpommern *(Kfz)* – OVP
Ottawa – Ott.
Ouguiya *(Währung in Mauretanien)* – UM
ounce (*engl.:* »Unze«) – oz · oz.
ounces *(Plural zu: oz, oz.)* – ozs · ozs.
Overheadprojektor – OHP
Oxygenium *(Sauerstoff; Element)* – O

Paderborn *(Kfz)* – PB
Pakistan *(Kfz)* – PK
Pakistan International Airlines – PIA
pakistanische Rupie *(Währung)* – pR
Palladium *(Element)* – Pd
Panama *(Kfz)* – PA
Papst – Pp.
Paraguay *(Kfz)* – PY
Parallaxensekunde – Parsec · Parsek
Parchim *(Kfz)* – PCH
par excellence (*franz.:* »vorzugsweise, schlechthin«) – p. e. · p. exc.
par exemple *(franz.)*; per exemplum (*lat.:* »zum Beispiel«) – p. e. · p. ex.
par heure *(franz.)*; per hour (*engl.:* »pro Stunde«) – p. h. · p. hr.
Parlamentarischer Ausschuss – PA
Parlamentarischer Rat – ParlR · PR
parlamentarischer Staatssekretär – Parl StS
parlamentarischer Untersuchungsausschuss – PUA
Parlamentarisches Kontrollgremium – PKG
parlamentarische Untersuchungskommission – PUK
par minute *(franz.)*; per minute (*engl.:* »pro Minute«) – p. m. · p. min.
par ordre (*franz.:* »auf Veranlassung«) – p. o. · PO
par seconde *(franz.)*; per second (*engl.:* »pro Sekunde«) – p. s.
Partizip *(Sprachw.)* – Part.
part[s] per billion *(Chemie)* – ppb. · p. p. b.
part[s] per million *(Chemie)* – ppm · p. p. m.
Pascal *(Einheit)* – Pa
Passacaglia *(Musik)* – Pass.
Passau *(Kfz)* – PA
Peine *(Kfz)* – PE
Pennsylvania *(USA)* – PA · Pa.
per annum (*lat.:* »das Jahr hindurch«) – p. a.
per cassa (*ital.:* »bar«) – p. c.
per day (*engl.:* »pro Tag«) – p. d.
per decretum (*lat.:* »durch Verfügung«) – p. d.
per diem/pro die (*lat.:* »pro Tag«) – p. d.
Periodensystem der Elemente *(Chemie)* – PSE
per medio (*ital.:* »zur Monatsmitte«) – p. m.
per month (*engl.:* »pro Monat«) – p. m.
per os (*lat.:* »durch den Mund«) – p. o.
per, pro mille (*lat.:* »je, auf Tausend«) – p. m.
per procura/per procurationem (*lat.:* »in Vollmacht«) – pp. · p. p. · ppa. · p. pa. · p. pro. · p. proc.
per rectum *(Med.; rektal)* – p. r.
Peru *(Kfz)* – PE
per ultimo (*ital.:* »zum Monatsletzten«) – p. u.
Peseta – Pta
Pesetas – Ptas
Peso – P
Peta... – P
Petabit – Pb · PBit
Petabyte – PB · PByte
Pfaffenhofen *(Kfz)* – PAF
Pfarrei; Pfarrer – Pf. · Pfr.
Pfarrgemeinderat – PGR
Pfarrkirchen/Rottal-Inn *(Kfz)* – PAN
Pforzheim/Enzkreis *(Kfz)* – PF
Philippine Airlines – PAL
Philippinen *(Kfz)* – RP · auch: PI
Phon *(Einheit)* – Ph
Phosphor *(Element)* – P
Phot *(Einheit)* – ph
pianissimo *(ital.; Musik)* – pp
piano *(ital.; Musik)* – p
piano pianissimo *(ital.; Musik)* – ppp
Pico... – p
Picofarad – pF
Picohenry – pH
Picometer – pm
Picosekunde – ps

Pinneberg *(Kfz)* – PI
Pirmasens, Südwestpfalz *(Kfz)* – PS
Pirna/Sächsische Schweiz *(Kfz)* – PIR
pizzicato (*ital.:* »gezupft; angerissen«; *Musik*) – pizz.
Platin *(Element)* – Pt
Plauen *(Kfz)* – PL
Plön *(Kfz)* – PLÖ
Plutonium *(Element)* – Pu
Polen *(Kfz)* – PL
Political Correctness – PC
Polonium *(Element)* – Po
Portugal *(Kfz)* – P
Postleitzahl – PLZ
Postskript[um] – PS
Potsdam *(Kfz)* – P
Potsdam-Mittelmark *(Kfz)* – PM
Präimplantationsdiagnostik – PID
praktisches Jahr *(Med.)* – PJ
Praseodym *(Element)* – Pr
Präsident[in] des Bundesrechnungshofes – PrBRH
Pressekonferenz – PK
Prignitz *(Kfz)* – PR
Prime Minister *(engl.)* – P.M.
privat; privatim – pr. · priv.
Privatdienstvertrag – Pr.-DV
Privatdozent[in] – PD · Pr.-Doz. · Priv.-Doz.
private Haftpflichtversicherung – PH · PHV
private Krankenversicherung – PKV
pro analysi *(Chemie)* – p.a.
pro anno (*lat.:* »pro Jahr; für das Jahr«) – p.a.
Probenummer – Pr.-Nr.
probeweise – prbw. · prob. · probw.
Problem[e]; Problematik – Pr. · Probl.
pro centum (*lat.:* »für das Hundert«) – p.c.
pro copia (*lat.:* »für die Richtigkeit der Abschrift«) – p.c.
pro domo (*lat.:* »für sich selbst; in eigener Sache«) – p.d.
pro dosi (*lat.:* »je Dose«) – p.d.
Produkt[e]; Produktion; Produktivität; Produzent[in] – Prod.
Produkt[ions]nummer – Pr.-Nr.
Produkthaftungsgesetz – ProdHaftG
Produktinformation – PI
Produktionsausfall; Produktionsausfälle – Prod.-Ausf.
Produktionseinheit – PE
Produktionsjahr – PJ
Produktionsstätte[n] – Prod.-St.
Produktionssteigerung – Prod.-St.
Produktionsweise – PW
produktiv; produzieren[d] – prod.
pro forma (*lat.:* »der Form wegen«) – p.f.
pro, per mille (*lat.:* »je, auf Tausend«) – p.m.
pro memoria (*lat.:* »zur Erinnerung«) – p.m.
pro mense (*lat.:* »pro Monat«) – p.m.
Promethium *(Element)* – Pm
Promille – Pr. · Prom.
pro Person – p.P.
pro rata (*lat.:* »nach Verhältnis«) – p.r.
pro rata aetatis (*lat.:* »entsprechend dem Alter«) – p.r.aet.
pro rata temporis (*lat.:* »entsprechend dem Zeitablauf«; *Vw.*) – p.r.t. · prt
Protactinium *(Element)* – Pa
pro tempore (*lat.:* »für jetzt; vorläufig«) – p.t.
Prothese – Pr.
Protokoll[e]; Protokollant[in] – Pr. · Prot.
Provision – Pr. · Prov.
provisionsfrei – prov.-fr.
provisorisch – pr. · prov.
psychologisch – psych. · psychol.
Psychologische Kampfführung *(Mil.)* – PSK
psychopathisch – psychop.
psychosomatisch – psychosom.
Public to Private – P2P
Puerto Rico *(Kfz)* – PR
Pula *(Währung in Botsuana)* – P
Punkt – P. · Pkt. · Pt.
Punkte – Pkte.

Qatar Riyal *(Währung in Katar)* – QR
Quadratdezimeter – dm^2
Quadratkilometer – km^2
Quadratmeter – m^2
Quadratmillimeter – mm^2
Quadratzentimeter – cm^2
Quadrillion – Quadr.
Qualität – Q. · Qual.
Qualität *(Technik)* – Q
Qualität durch Verantwortung – QudV
Qualitätsfaktor – QF

Qualitätsgruppe – QG
Qualitätskoeffizient – QK
Qualitätskontrolle – QK
Qualitätsmanagement – QM
Qualitätsmanagementsystem – QMS
Qualitätssicherung – QS
Qualitätssicherungseinheit – QSE
Qualitätssicherungssystem – QSS
Qualitätssicherungsvereinbarung[en] – QSV
Qualitätssiegel – QS
Qualitätswein bestimmter Anbaugebiete – QbA · Q. b. A.
Quecksilbersäule – QS
Quedlinburg *(Kfz)* – QLB
Queen Elizabeth 2 *(britisches Passagierschiff)* – QE2
Queen Mary 2 *(britisches Passagierschiff)* – QM2
Quetzal *(Währung in Guatemala)* – Q
quod erat demonstrandum (*lat.:* »was zu beweisen war«) – q. e. d.
quod erat faciendum (*lat.:* »was zu tun war«) – q. e. f.
quod erat inveniendum (*lat.:* »was zu [er]finden/herauszufinden war«) – q. e. i.
quod est (*lat.:* »das ist«) – q. e.
quod vide[as] (*lat.:* »sieh[e] dies«) – q. v.

Rad *(= Zentijoule)* – rd
Radium *(Element)* – Ra
Radius *(Math.)* – r
Radon *(Element)* – Rn
Rahmenrichtlinien – RRL
rallentando (*ital.:* »langsamer werdend«; *Musik*) – rall.
Rand – Rd.
Rand *(Währung in Südafrika)* – R
Randnummer – Rdnr. · Rd.-Nr. · Rn.
Randziffer – Rd.-Z. · Rd.-Ziff.
Rastatt *(Kfz)* – RA
Ratzeburg/Herzogtum Lauenburg *(Kfz)* – RZ
Raummeter – Rm
Raummeter ohne Rinde – RmoR
Raumtemperatur – RT · R. T.
Raumtiefe – RT
Ravensburg *(Kfz)* – RV
Reaktionsgeschwindigkeit – RG
Reaktionsgeschwindigkeitskonstante – RGK
Reaktionssicherheitsquotient *(Psych.)* – RSQ
Reaktionsvermögen – RV
Rechnung – Rechn. · Rechng. · Rg.
Rechnungsauszug – RA
Rechnungseinheit[en] – RE
rechnungsführend – rf.
Rechnungshof – RH
rechts – r.
Rechtsanwalt – RA · R.-Anw. · RAnw.
Rechtsanwälte – RÄ · RAe
Rechtsanwaltsordnung – RAO
rechtskräftig – rkr.
Rechtsmittel – RM
Rechtsnachfolge – RN
rechts oben – r. o.
Rechtsordnung – RO
Rechtspflege[r] – Rechtspfl. · RPfl. · R.-Pfl.
Rechtsprechung – Rechtspr. · Rspr.
Rechtsschutz – RS
Rechtssprache – Rechtsspr. · Rspr.
rechts und links – r. u. l.
rechts unten – r. u.
rechts vor links – r. v. l.
Recklinghausen *(Kfz)* – RE
Redakteur[in]; Redaktion – Red.
redaktionell – red.
redigieren; redigiert – red.
Regeln für den Schlagwortkatalog – RSWK
Regeln zur alphabetischen Katalogisierung – RAK
Regeln zur Erschließung von Nachlässen und Autographen – RNA
Regen *(Kfz)* – REG
Regensburg *(Kfz)* – R
Regierender Bürgermeister – RBm.
Regierungsamtmann – RA · RAmtm. · Reg.-Amtm.
Regierungsanzeiger – Reg.-Anz.
Regierungsbauamtmann – RBA
Regierungsbaudirektor – RBauD · RBau-Dir. · RBDir.
Regierungsbauinspektor – RBI
Regierungsbaumeister – RBm. · Reg.-Bm. · Reg.-Bmstr.

Regierungsbaurat; Regierungsbaurätin – RB · R.-Bez. · RBauR · RBR · RegBR
Regierungsbaureferendar[in] – RBRef.
Regierungsbezirk – RB · R.-Bez. · RBz. · Reg.-Bez. · Rg.-Bez.
Regierungsblatt – Rbl. · Reg.-Bl. · Rg.-Bl.
Regierungsdirektor[in] – RD · RDir. · R.-Dir. · Reg.-Dir.
Regierungsentschließung – RE
Regierungsentwurf – RE · RegE · Reg.-Entw.
Regierungsgewerbeinspektor[in] – RGwI
Regierungsgewerbeobersekretär[in] – RGwOSekr.
Regierungsgewerberat; Regierungsgewerberätin – RGwR
Regierungsinspektor[in] – RI
Regierungsinspektoranwärter[in] – RIA
Regierungsmedizinalrat; Regierungsmedizinalrätin – RMedR
Regierungsoberbauinspektor[in] – ROBI
Regierungsoberinspektor[in] – ROI
Regierungspräsident; Regierungspräsidium – Reg.-Pr. · Reg.-Präs. · Rg.-Pr. · Rg.-Präs. · RP
Regierungsrat; Regierungsrätin – RegR · Reg.-Rat · RR
Regierungsschuldirektor[in] – RSD
Regierungssekretär[in] – RS
Regierungs- und Vermessungsrat – RuVR
Regierungsvermessungsrat; Regierungsvermessungsrätin – RegVR · RVermR · RVR
Regierungsveterinärrat – RVetR · RVR
Register – Reg. · Rg. · Rgstr.
Registertonne – RT
Registriernummer – Reg.-Nr. · R.-Nr.
registriertes Warenzeichen – reg. Wz.
Registrierung – Reg.
Reiheneinfamilienhaus/-häuser – REFH
Reihenendhaus – REH
Reihenhaus/-häuser – RH
Reihenmittelhaus – RMH
Remscheid *(Kfz)* – RS
Renaissance – Ren.
Rendsburg-Eckernförde *(Kfz)* – RD
Rente – R. · Rt.
Rentenversicherung – RV
Rentenzahlung – RZ
Rentner[in] – Rtn.
repartieren; repartiert *(auch Börse)* – rep.
Reporter ohne Grenzen – RoG
Reporters sans Frontières – RSF
Republik China *(Taiwan; Kfz)* – RC
Republik Kongo/Brazzaville *(Kfz)* – RCB
Republik San Marino *(Kfz)* – RSM
Republik Südafrika *(Kfz)* – ZA
Reserve – R. · Res. · Rs.
Resümee – Res.
Reuters *(Nachrichtenagentur)* – rtr
Reutlingen *(Kfz)* – RT
Revision – Rev. · Rv.
Rezept – Rez. · Rzpt. · Rzt.
rezeptpflichtig – Rp · Rp. · Rx[-Präparate] · rzptpfl. · rztpfl.
Rhein – Rh.
Rhein-Donau-Ölleitung – RDO
rheinfränkisch – rhfrk.
rheinisch – rh.
Rheinland – Rhld.
Rheinland-Pfalz – RP
Rheinland-Pfalz, Landesregierung und Landtag *(Kfz)* – RPL
Rhein-Main-Donau – RMD
Rhenium *(Element)* – Re
Rhesusfaktor *(negativ)* – rh
Rhesusfaktor *(positiv)* – Rh
rhetorisch – rhet.
Rhode Island *(Staat der USA)* – RI · R. I.
Rhodium *(Element)* – Rh
Rhombus – Rh.
Rhythm and Blues – R&B
Rial *(Währung im Iran)* – Rl · Rl.
Richter[in] – Ri. · Rr.
Richter[in] am Amtsgericht – RiaA
Richtergesetz – RiG
Richterspruch – Rspr.
Richterwahlgesetz – RiWG · RiWahlG · RWG
Richtlinie[n] – Richtl. · RL
Richtpreis – Rpr.
Richtwert – RW
Riesa-Großenhain *(Kfz)* – RG
rinforzando (*ital.:* »deutlich stärker werdend«; *Musik*) – rf. · rfz. · rinf. · rinforz.
Risiko – R.

Risikoabstand – RA
Risikokapitalgesellschaft – RKG
Risikoprioritätszahl *(Logistik)* – RPZ
Risikostrukturausgleich – RSA
Risikostrukturausgleichs(änderungs)verordnung – RSAV
Risikozuschlag *(Vw.)* – RZ
ritardando (*ital.:* »langsamer werdend«; *Musik*) – rit. · ritard.
ritenuto (*ital.:* »im Tempo zurückgehalten«; *Musik*) – rit. · riten.
Riyal *(Währung in Saudi-Arabien)* – Rl · Rl.
Robert-Koch-Institut – RKI
romanisch – rom.
romantisch – rom.
römisch – röm.
römisches Recht – römR
römisches Zahlzeichen für 1 000 – M
römisches Zahlzeichen für 10 – X
römisches Zahlzeichen für 5 – V
römisches Zahlzeichen für 50 – L
römisches Zahlzeichen für 500 – D
römisch-katholisch – rk · r.-k. · röm.-kath.
Röntgen *(Einheit)* – R
Röntgenstrahlen – X-Strahlen
Röntgenuntersuchung – RU
Rosenheim *(Kfz)* – RO
Rostock *(Hansestadt Rostock; Kfz)* – HRO
Rotenburg/Wümme *(Kfz)* – ROW
Rotes Kreuz – RK
Roth bei Nürnberg *(Kfz)* – RH
Rottweil *(Kfz)* – RW
Ruanda *(Kfz)* – RWA
Rubel *(Währung)* – Rbl
Rubidium *(Element)* – Rb
Rückerstattung – RE
Rückkaufwert – RW
Rücksprache – R · Rspr.
rückwirkend – rückw.
Rückzahlung – Rückz. · RZ
Rüdesheim/Rheingau-Taunus-Kreis *(Kfz)* – RÜD
Rufname – Rfn.
Rufnummer – Rfn. · Rfnr. · Rnr. · R.-Nr. · Ruf-Nr.
Rügen *(Kfz)* – RÜG
Rumänien *(Kfz)* – RO
Rupiah *(Währung in Indonesien)* – Rp · Rp.
Rupie *(Währung)* – R · Re.
Russische Föderation *(Kfz)* – RUS
Ruthenium *(Element)* – Ru
Rutherfordium *(Element)* – Rf

Saale-Holzlandkreis *(Kfz)* – SHK
Saale-Orla-Kreis *(Kfz)* – SOK
Saalfeld-Rudolstadt *(Kfz)* – SLF
Saalkreis *(Kfz)* – SK
Saarbrücken *(Kfz)* – SB
Saarland – SL
Saarland, Landesregierung und Landtag *(Kfz)* – SAL
Saarlouis *(Kfz)* – SLS
Sachsen – S. · Sa. · SN
Sachsen-Anhalt – ST
Sachsen-Anhalt, Landesregierung und Landtag *(Kfz)* – LSA
Sachsen, Landesregierung und Landtag *(Kfz)* – LSN
sächsisch – sächs.
Sächsische Akademie der Wissenschaften – SAW
Saint *(engl.)* – St.
Saint *(franz.)* – St
Sainte *(franz.)* – Ste
Saint Lucia *(zu: Windwards Islands; Kfz)* – WL
Saint Vincent und die Grenadinen *(Kfz)* – WV
Sakrament[e] – Sakr.
Saldo – S
sale and lease back – SLB
sale and rent back – SRB
Salzburg *(Kfz)* – S
Salzgitter *(Kfz)* – SZ
Salzwedel *(Kfz)* – SAW
Samarium *(Element)* – Sm
Sammlung – Samml. · Sg. · Slg.
Samoa *(früher Westsamoa; Kfz)* – WS
San, Sankt, Sant', Santa, Santo, São – S.
Sangerhausen *(Kfz)* – SGH
Sankt Gallen *(Schweiz; Kfz)* – SG
Sanskrit – Sa. · Sskr.
sanskritisch – sanskr. · skr.
Santa *(span.; portug.)* – Sta.
Sante *(ital. Plural zu Santa);* Santi *(ital. Plural zu Santo)* – SS.

Santo *(span.)* – Sto.
Saudi-Arabien *(Königreich; Kfz)* – KSA
Saulgau *(Kfz)* – SLG
Scandinavian Airlines System – SAS
Scandium *(Element)* – Sc
Schadenfreiheit[sklasse] *(Vw.)* – SF
Schadenfreiheitsrabatt *(Vw.)* – SFR
Schadenhäufigkeit *(Vw.)* – SH
Schadenklasse *(Vw.)* – S
Schaffhausen *(Schweiz; Kfz)* – SH
Schaumburg *(Stadthagen; Kfz)* – SHG
Scheinfeld *(Kfz)* – SEF
Scheitel-Steiß-Länge *(Med.)* – SSL
scherzando *(ital.; Musik)* – scherz.
Schiebedach – SD
Schiebehubdach – SHD
Schiedsrichter – Schdsr. · Schiedsr. · Schiri · SR
Schleswig-Flensburg *(Kfz)* – SL
Schleswig-Holstein – SH
Schleswig-Holstein, Landesregierung und Landtag *(Kfz)* – SH
Schleswig-Holstein Musik-Festival – SHMF
Schmalkalden-Meiningen *(Kfz)* – SM
Schmelzpunkt – Schmp. · Sm. · Smp.
Schönebeck *(Kfz)* – SBK
Schreibmaschine – SM
Schriftleiter; Schriftleitung – Schriftl. · SL
schriftlich – schr. · schriftl.
Schülervertretung – SV
Schulrat – SchR · SchulR · SR
Schutzkontakt – Schuko
Schutzpolizei; Schutzpolizist – SchP · Sch.-Pol. · Schupo
Schutzzoll; Schutzzölle – Schutzz. · Sch.-Z.
Schwabach *(Kfz)* – SC
Schwäbisch Hall *(Kfz)* – SHA
schwach – schw. · sw.
Schwandorf *(Kfz)* – SAD
Schwangerschaftswoche – SSW
Schweden *(Kfz)* – S
schwedische Krone – skr
Schwefel *(Sulfur; Element)* – S
Schweinfurt *(Kfz)* – SW
Schweiz *(Confoederatio Helvetica; Kfz)* – CH
Schweizer Franken – sfr · sFr.
Schweizerische Nationalbank – SNB
Schweizerische Normenvereinigung – SNV
Schweizerischer Ausschuss für Prüfung und Zertifizierung – SAPUZ
Schweizerischer Bundesrat – SBR
Schweizerischer Verein für die deutsche Sprache – SVDS
Schweizerisches Rotes Kreuz – SRK
Schweizerisches Zivilgesetzbuch – SchwZGB
Schweizerische Volksbibliothek – SVB
Schweizerische Zentrale für Handelsförderungen – SZH
Schweizerische Zentrale für Verkehrsförderungen – SZV
Schweizerische Zentralstelle für Friedensarbeit – SZF
schwerbehindert – schwb.
Schwerbehinderte[r] – Schw. · Schwerb. · Schwerbeh.
Schwerbehindertengesetz – SchwbG · SchwBG · Schwerb.-Ges.
Schwerbeschädigtengesetz – SBG
schwer entflammbar *(Chemie)* – SE
Schwerin *(Kfz)* – SN
Schwerpunkt – Schp. · Schwp. · SP
schwerwiegend – schwwgd.
Schwulenverband in Deutschland – SVD
Schwyz *(Schweiz; Kfz)* – SZ
science *(engl.; franz.)*; scientia (*lat.:* »Wissenschaft«) – sc.
Science-Fiction – SciFi · Sci-Fi · SF
Seaborgium *(Element)* – Sg
Seemeile – sm
Seenotrettungskreuzer – SRK
Seeschifffahrtsstraßenordnung – SeeSchStrO · SSchSO
Seeschiffsregister – SSR
Seestraßenordnung – SO · SSO
Seewasserstraßenordnung – SWO
see you – cu
Segment – Sgt.
Sehr geehrte[r] ... – S. g.
sehr gut erhalten – s. g. e.
sehr leicht löslich – s. l. l.
sehr wenig löslich – s. w. l.
Seine ... *(bei Anreden)* – S. · Se.
Seine[r] Durchlaucht – S. D. · S. Durchl.
Seine Eminenz – S. E. · Se. E · S. Em.

Seine Erlaucht – S. E.
Seine Exzellenz – S. E. · Se. E.
Seine Hoch[ehr]würden/Hochwohlgeboren/Hoheit – S. H.
Seine Kaiserliche Hoheit – Se. K. H. · S. K. H.
Seine kaiserliche und königliche Hoheit – S. k. u. k. H.
Seine Königliche Hoheit – Se. Kgl. H. · S. Kgl. H.
Seine Magnifizenz – S. Magn.
Seine Majestät – S. Maj. · Se. M. · S. M.
Seiner ... *(bei Titeln)* – Sr.
Seiner Majestät Schiff – S. M. S.
seitdem – sd.
Seite – S.
Sekans *(Math.)* – sec
Sekante – Sek. · Skt.
Sekretär; Sekretariat; Sekretärin – Sekr.
Sektion – Sekt. · Skt.
Sekunde – s · sec · Sek.
Sekunde *(Einheit)* – sek
Selbstbedienung – SB
Selbstbeteiligung *(Vw.)* – SB
Selbsthilfegruppe[n] – SHG
selbstständig – sbst. · selbst.
Selbstständigkeit – Sbst.
Selen *(Element)* – Se
selig – sel.
seligen Andenkens – s. A.
seligen Angedenkens – sel. A.
sempre (*ital.:* »immer«; *Musik*) – sem.
Sen *(jap. Münze)* – S
Senegal *(Kfz)* – SN
senior – sen. · sr.
Senior[en] – Sen.
Sensor – Sen. · Sens.
senza pedale (*ital.:* »ohne Pedal«; *Musik*) – s. p.
senza sordino (*ital.:* »ohne Dämpfer«; *Musik*) – s. S.
senza tempo (*ital.:* »ohne Tempoangabe«; *Musik*) – s. T.
separat – sep.
September – Sept.
Sequenz[en] – Seq.
Serbien, Montenegro *(Kfz)* – SCG
serbokroatisch – skr.
Seychellen *(Kfz)* – SY
sforzando, sforzato (*ital.:* »verstärkt, hervorgehoben«; *Musik*) – sf · sfz.
Siedepunkt – Sdp. · Sp · SP
Siegburg/Rhein-Sieg-Kreis *(Kfz)* – SU
Siegen *(Kfz)* – SI
siehe – s.
siehe Abbildung[en] – s. Abb.
siehe auch – s. a.
siehe auch Seite – s. a. S.
siehe bei – s. b.
siehe dort – s. d.
siehe Folgende[s] – s. F.
siehe hinten – s. h.
siehe oben – s. o.
siehe Rückseite – s. R.
siehe Seite – s. S.
siehe Tarif – s. T.
siehe unten – s. u.
siehe unter – s. u.
siehe vorn – s. v.
Siemens *(Einheit)* – S
Sierra Leone *(Kfz)* – WAL
Sievert *(Einheit)* – Sv
Sigmaringen *(Kfz)* – SIG
Signatur – Sig. · Sign.
signiert – sig. · sign.
Silber *(lat. argentum; Element)* – Ag
Silizium *(Element)* – Si
Simmern/Rhein-Hunsrück-Kreis *(Kfz)* – SIM
Singapore-Dollar – S$
Singapur *(Kfz)* – SGP
Singular – Sg. · Sing.
Sinus *(Math.)* – sin
Skonto – Sk.
Skot *(Maßeinheit)* – sk
slowakische Krone – Ks
Slowakische Republik *(Kfz)* – SK
Slowenien *(Kfz)* – SLO
smorzando (*ital.:* »verlöschend«; *Musik*) – sm. · smorz.
Soest *(Kfz)* – SO
sofern – sof.
sofort; sofortig – sof.
so genannt – s. g. · sog. · sogen.
sogleich – sogl.
Sol *(Währung in Peru)* – S/.
solange – sol.
Solidaritätszuschlag – Soli · SolZ · SolZu

Solingen *(Kfz)* – SG
Solothurn *(Schweiz; Kfz)* – SO
Soltau-Fallingbostel *(Kfz)* – SFA
Somalia *(Kfz)* – SP
Sömmerda *(Kfz)* – SÖM
Sonneberg *(Kfz)* – SON
Sonnenaufgang – SA
Sonnenfinsternis – SF · Sofi
Sonnenuntergang – SU
sospirando, sospirante (*ital.:* »seufzend«; *Musik*) – sosp.
sostenuto (*ital.:* »gehalten, getragen«; *Musik*) – sost. · sosten.
sotto voce (*ital.:* »gedämpft«; *Musik*) – s. v.
South African Airways – SAA
South Carolina *(Staat der USA)* – SC · S. C.
South Dakota *(Staat der USA)* – SD · S. D.
souverän – souv.
Souverän[ität] – Souv.
so viel als – sva.
so viel wie – svw.
sowie – sw.
sozusagen – szs.
Spalt[e] – Sp.
Spanien *(España; Kfz)* – E
Spannweite – Spw.
Sparkasse – Spark. · SpK · Spk. · Sprk.
Speyer *(Kfz)* – SP
spezifisch – sp. · spez.
spezifische Absorptionsrate *(Strahlenmessung)* – SAR
spezifisches Gewicht – spez. Gew. · sp. G./Gew.
spezifische Wärme – spez. W. · sp. W. · s. W.
spirituoso (*ital.:* »geistvoll, feurig«; *Musik*) – spir.
Spree-Neiße *(Kfz)* – SPN
Sri Lanka *(Kfz; früher Ceylon)* – CL
St. Ingberg *(Kfz)* – IGB
St. Wendel *(Kfz)* – WND
staatlich – st. · staatl. · stl.
staatlich genehmigt – staatl. gen.
staatlich geprüft – staatl. gepr.
Staatsanwalt[schaft] – StA · St.-Anw.
Staatsarchiv[ar] – StA · St.-Arch.
Staatsdienst – St.-D. · StD
Staatsgerichtshof – StaatsGH · StGH
Staatsgesetz – StG
Staatsminister[ium] – StM
Staatssekretär – Sts. · St.-Sekr.
Staatssekretär des Bundeskanzleramtes – StBK
Stabilität – St. · Stab.
staccato (*ital.:* »kurz abgehoben«; *Musik*) – stacc.
Stade *(Kfz)* – STD
Stadion – St. · Stad.
Stadium – St. · Stad.
Stadtbibliothek – SB · Stabi · Stb. · StB · St.-Bibl.
Stahlhebedach – SHD
Stahlschiebedach – SSD
Stand – St. · Std.
Standard – St. · Stand. · Std.
Standard *(Normung)* – STD
Ständige Impfkommission – STIKO
Ständige Konferenz der Rektoren und Präsidenten der Staatlichen Fachhochschulen der Länder – FRK
Ständiger Ausschuss für geographische Namen – StAGN
Ständiger Internationaler Gerichtshof – StIGH
Starnberg *(Kfz)* – STA
Statistisches Amt der Europäischen Gemeinschaften – SAEG
Statistisches Bundesamt – StatBA · StBA
Statistisches Jahrbuch – St. Jb.
Statistisches Landesamt – StatLA
Statistisches Warenverzeichnis – St. W.
statt – st.
status quo (*lat.:* »Zustand wie bisher«) – s. q.
Steiermark *(Kfz)* – ST
Steinfurt *(Kfz)* – ST
stellvertretend – stellv. · stv.
Stellvertreter[in]; Stellvertretung – Stellv. · StV · Stv.
Stendal *(Kfz)* – SDL
Steradiant *(Einheit)* – sr
Sternberg *(Kfz)* – STB
Steuerberater; Steuerberatung – StB · Stb. · St.-Ber.
Steuerberaterin – StBin
Stibium *(Antimon; Element)* – Sb

Stiftung des bürgerlichen Rechts – SdbR
Stiftung des öffentlichen Rechts – SdöR
Stilb *(Einheit)* – sb
stimmhaft *(Sprachw.)* – sth.
stimmlos *(Sprachw.)* – stl.
Stokes *(Einheit)* – St
Stollberg *(Kfz)* – STL
Stralsund *(Hansestadt Stralsund; Kfz)* – HST
Straubing *(Kfz)* – SR
stretto (*ital.:* »gedrängt«; *Musik*) – str.
stringendo (*ital.:* »schneller werdend«; *Musik*) – str · string.
Strontium *(Element)* – Sr
Studiendirektor[in] – Stud.-Dir.
Studienprofessor[in] – St.-Pr. · St.-Prof.
Studienrat/Studienrätin – StR
Studienrat/Studienrätin im Kirchendienst – StR i. K.
Studienrat/Studienrätin im Privatschuldienst – StR i. Pr.
Studienreferendar[in] – St.-Ref. · Stud.-Ref.
Stunde[n] – Std.
Stundentonne[n]; Tonne[n] pro Stunde – Stuto
stündlich – std. · stdl.
Stuttgart *(Kfz)* – S
Suchsystem – SUSY
süddeutsch – sd. · südd. · süddt.
Südkorea *(Republik; Kfz)* – ROK
Südliche Weinstraße *(Kfz)* – SÜW
Suhl *(Kfz)* – SHL
Suriname *(Kfz)* – SME
Swasiland *(Kfz)* – SD
Syli *(Währung in Guinea)* – SY
Syrien *(Kfz)* – SYR

Tadschikistan *(Kfz)* – TJ
täglich – t. · tägl. · tgl.
Taka *(Währung in Bangladesch)* – Tk.
Tangens *(Math.)* – tan · tang · tg
Tangente – Tang. · Tgt.
tangential – tang.
Tangentialkraft – T
Tansania *(Kfz)* – EAT
Tantal *(Element)* – Ta
tasto solo (*ital.:* »die Taste [Bassstimme] allein«; *Musik*) – t. s. · TS
tatsächlich – tats.
Tauberbischofsheim/Main-Tauber-Kreis *(Kfz)* – TBB
Taunus – Ts.
Tausend – T · T. · Td. · Tsd.
tausend Euro – T€ · TEUR
tausend Festmeter – Tfm
tausend Kilometer – Tkm · TKM
Tausendstelmasseneinheit – TME
Tausend Tonnen *(als Maßeinheit)* – Tt
Taxkurs *(Börse)* – T
Taxwert – Tw.
Technetium *(Element)* – Tc
Teelöffel – Teel. · TL · Tl.
Teil – T. · Tl.
Teile – Tle.
Teilnahme; Teilnehmer – Teiln. · Tln.
teilweise – teilw. · tlw. · tw.
telefonieren; telefonisch – tel. · telef.
Tellur *(Element)* – Te
Teltow-Fläming *(Kfz)* – TF
Temperatur – T · Temp. · Tp.
Temperaturgrenze – TG
Temperaturkoeffizient – TK
Temperaturkompensation – TK
Temperaturwechselbeständigkeit – TWB
Tempo – T. · Tp.
tempo *(ital.; Musik)* – t · T
Tennessee *(Staat der USA)* – TN · Tenn.
tenuto (*ital.:* »ausgehalten, getragen«; *Musik*) – ten.
Tera... *(Einheit)* – T
Terabit – Tb · Tbit
Terabyte – TB · TByte
Teraelektronenvolt – TeV
Teraflops *(vgl. FLOPS)* – TFLOPS
Teravolt – TV
Terawatt – TW
Terawattstunde – TWh
Terbium *(Element)* – Tb
Tesla *(Einheit)* – T
Tessin *(Schweiz; Kfz)* – TI
Testament – T · T. · Test.
testamentarisch – test.
Texaner; Texas *(Staat der USA)* – TX · Tex.
Thai Airways Company – TAC
Thailand *(Kfz)* – t · T · THA
Thallium *(Element)* – Tl
Thorium *(Element)* – Th

Thulium *(Element)* – Tm
Thurgau *(Schweiz; Kfz)* – TG
Thüringen – TH · Th. · Thür.
Thüringen, Landesregierung und Landtag *(Kfz)* – THL
Tiefpunkt – TP · Tp.
Tieftemperaturkonservierung – TTK
Tirol *(Kfz)* – T
Tirschenreuth *(Kfz)* – TIR
Titan *(Element)* – Ti
Titelverzeichnis – Tit.-Verz. · TVz.
Titularbischof – Tit.-Bisch.
Titularprofessor – Tit.-Prof.
Titulatur – Ttl.
titulieren; tituliert – tit.
Togo *(Kfz)* – RT · *auch:* TG
Tonne – t
Tonne[n] pro Kilometer – t/km
Tonnenkilometer – tkm
Tonnenmeter – tm
tons deadweight *(engl.)* – tdw · TDW
Torgau-Oschatz *(Kfz)* – TO
traditionelle chinesische Medizin – TCM
transzendentale Zahl 2,71828... *(Math.)* – e · *e*
Traunstein *(Kfz)* – TS
Treffpunkt – TP · Tp. · Tr.-P. · Trp.
tremolando (*ital.:* »zitternd, bebend«; *Musik*) – trem.
Trier *(Kfz)* – TR
Trinidad und Tobago *(Kfz)* – TT
Tschechische Republik *(Kfz)* – CZ
Tuberkulose – Tb · Tbc
Tübingen *(Kfz)* – TÜ
Tugrug *(Währung in der Mongolischen Volksrepublik)* – Tug.
Tunesien *(Kfz)* – TN
tunesischer Dinar – tD
Türkei *(Kfz)* – TR
Türkische Lira – TL
Turkmenistan *(Kfz)* – TM
tutti (*ital.:* »alle«; *Musik*) – t.
Tuttlingen *(Kfz)* – TUT
typisch – typ.
typographisch – typ. · typogr.
typographischer Punkt – p
typologisch – typ. · typol.
überall – üb.
über alles – ü. a.
über dem Meeresspiegel – ü. d. M. · ü. M.
über Grund – ü. G.
Übernachtung und Frühstück – ÜF
über Normalnull – ü. NN
Überrollbügel *(Kfz)* – ÜB
über Wasser – ü. W.
üblich – übl.
üblicherweise – üblw.
Uckermark *(Kfz)* – UM
Uecker-Randow *(Kfz)* – UER
Uelzen *(Kfz)* – UE
Uganda *(Kfz)* – EAU
Ukraine *(Kfz)* – UA
Ukraine International Airlines – UIA
Ulm/Alb-Donau-Kreis *(Kfz)* – UL
um Abschied zu nehmen *(auf Karten)* – u. A. z. n.
um Antwort wird gebeten *(auf Karten)* – u. A. w. g. · U. A. w. g.
um Besuch zu machen *(auf Karten)* – u. B. z. m.
Umdrehungen pro Minute – U/m · U/min · UpM · UPM · U. p. M.
Umdrehungen pro Sekunde – U/s · U/sec
umgangssprachlich – ugs. · umg.
um Glück zu wünschen *(auf Karten)* – u. G. z. w.
Umsatzsteuer-Identifikationsnummer – USt-IdNr.
um vorzustellen *(auf Karten)* – u. v.
Umweltbundesamt *(Berlin)* – uba · UBA
Umweltschutz – UWS
um zu danken *(auf Karten)* – u. z. d.
und – u.
und ähnlich – u. ä.
und Ähnliche[s] – u. Ä.
und Ähnliche[s] mehr – u. Ä. m.
und alle anderen; und alles andere – u. a. a.
und alle Übrigen; und alles Übrige – u. a. Ü.
und Ältere – u. Ä.
und andere[s] – u. a.
und andere[s] mehr – u. a. m.
und dergleichen – u. dergl. · u. dgl.
und dergleichen mehr – u. dergl. m. · u. dgl. m.
und desgleichen – u. desgl. · u. dgl.

und desgleichen mehr – u. desgl. m. · u. dgl. m.
und einige[s] andere [mehr] – u. e. a. [m.]
und ferner – u. f.
und folgende – u. f. · u. ff.
und oft – u. o.
und öfter – u. ö.
und so fort – u. s. f. · usf.
und so weiter – usw.
und viele[s] andere – u. v. a.
und viele[s] andere mehr – u. v. a. m.
und vieles mehr – u. v. m.
unehelich – ue. · unehel.
Ungarn *(Hungaria; Kfz)* – H
ungefähr – ugf. · ung.
unisono *(ital.; Musik)* – unis.
United Air Lines *(USA)* – UAL
United Arab Airlines – UAA
United Kingdom [of Great Britain and Northern Ireland] – U.K.
United Nations *(engl.:* »Vereinte Nationen«) – UN
United States of America *(auch Kfz)* – USA
Universitätsprofessor[in] – Univ.-Prof. · UP
Unna *(Kfz)* – UN
unregelmäßig – unr. · unreg. · unregelm.
Unstrut-Hainisch-Kreis *(Kfz)* – UH
unter anderem; unter anderen – u. a.
unter dem Meeresspiegel – u. d. M. · u. M.
Ununbium *(Element)* – Uu
Unununium *(Element)* – Uuu
Uran *(atomare Masse)* – u
Uran *(Element)* – U
Uri *(Schweiz; Kfz)* – UR
urkundlich – urk. · urkdl.
ursächlich – urs. · ursächl.
Uruguay *(Kfz)* – ROU
Usbekistan *(Kfz)* – UZ
US-Bundesstaaten – *siehe Übersicht S. 477*
US-Dollar – USD
Utah *(Staat der USA)* – UT · Ut.

Vakat – Vk.
Valais/Wallis *(Schweiz; Kfz)* – VS
Vanadin, Vanadium *(Element)* – V
Vatikanstadt *(Kfz)* – V
Vaud/Waadt *(Schweiz; Kfz)* – VD
Vechta *(Kfz)* – VEC
Venezuela *(Kfz)* – YV
veränderlich – v. · veränd. · verändl.
Verantwortlich im Sinne des Pressegesetzes/Presserechts – V. i. S. d. P.
Verbindung – V · V. · Vb. · Vbd. · Vbdg. · Verb. · Verbdg.
Verden *(Kfz)* – VER
Vereinigte Arabische Emirate – VAE
Vereinigte Arabische Emirate *(United Arab Emirates; Kfz)* – UAE
Vereinte Dienstleistungsgesellschaft – ver.di · Verdi
Vereinte Nationen – VN
Verfasser – V. · Verf. · Vf.
Verfassung – V. · Verf. · Vf. · Vfg.
Verfassungsgericht – VerfG
vergangene/vorige Woche – v. W.
vergangenen/vorigen Jahres; vergangenes/voriges Jahr – v. J.
vergangenen/vorigen Monats – v. M.
vergleiche – vergl. · vgl.
vergleiche auch – vgl. a.
vergleiche da/dies/dort – vgl. d.
vergleiche oben – vgl. o.
Vermerk – Verm. · Vm. · Vrm.
Vermont *(Staat der USA)* – VT · Vt.
versus *(lat.:* »gegen«) – v. · vs.
vertraulich – vertr. · vertrl. · vt.
vertrauliche Dienstsache – VD
vertrauliche Verschlusssache – VVS
Vertreter; Vertretung – V. · Vertr. · Vtr.
Vertretung – Vtrg.
vertretungsweise – vertrw.
Verwalter; Verwaltung – V. · Verw. · Vw.
Verwaltungsgericht – VerwG · Verw.-Ger. · VG · VwG
Verwaltungsgerichtshof – VerwGH · VGH · VwGH
Verwaltungsinspektor[in] – VerwInsp. · Verw.-Insp. · VI · VwI
Verwaltungsoberinspektor[in] – VOI · VwOI
Verwaltungspräsident[in] – VP
Verwaltungsrat, Verwaltungsrätin – VerwR · Verw.-R. · VR · VwR
Verwaltungssekretär[in] – VwS
Verzeichnis – Verz. · Vrzs. · Vrz. · Vz.
via *(lat.:* »[auf dem Weg] über«) – v.

US-Bundesstaaten

Alabama – AL, Ala.
Alaska – AK, Alas.
Arizona – AZ, Ariz.
Arkansas – AR, Ark.
California – CA, Calif.
Colorado – CO, Col, Colo.
Connecticut – CT, Conn.
Delaware – DE, Del.
District of Columbia – DC, D.C.
Florida – FL, Fla.
Georgia – GA, Ga.
Hawaii – HI, Ha.
Idaho – ID, Id.
Illinois – IL, Ill.
Indiana – IN, Ind.
Iowa – IA, Ia.
Kansas – KS, Kan.
Kentucky – KY, Ky.
Louisiana – LA, La.
Maine – ME, Me.
Maryland – MD, Md.
Massachusetts – MA, Mass.
Michigan – MI, Mich.
Minnesota – MN, Minn.
Mississippi – MS, Miss.
Missouri – MO, Mo.
Montana – MT, Mont.
Nebraska – NE, Nebr.
Nevada – NV, Nev.
New Hampshire – NH, N.H.
New Jersey – NJ, N.J.
New Mexico – NM, N.Mex.
New York – NY, N.Y.
North Carolina – NC, N.C.
North Dakota – ND, N.D., N.Dak.
Ohio – OH, Oh.
Oklahoma – OK, Okla.
Oregon – OR, Oreg.
Pennsylvania – PA, Pa.
Rhode Island – RI, R.I.
South Carolina – SC, S.C.
South Dakota – SD, S.D., S.Dak.
Tennessee – TN, Tenn.
Texas – TX, Tx.
Utah – UT, Ut.
Vermont – VT, Vt.
Virginia – VA, Va.
Washington – WA, Wash.
West Virginia – WV, W. Va.
Wisconsin – WI, Wis.
Wyoming – WY, Wyo.

vice versa (*lat.:* »umgekehrt«) – v.v.
Viersen *(Kfz)* – VIE
vierteljährig; vierteljährlich – vj.
Vietnam *(Kfz)* – VN
Villingen-Schwenningen/Schwarzwald-Baar-Kreis *(Kfz)* – VS
Virginia *(Staat der USA)* – VA · Va.
vivace (*ital.:* »lebhaft«; *Musik*) – viv.
Vogelsbergkreis *(Kfz)* – VB
Vogtlandkreis *(Kfz)* – V
Völklingen *(Kfz)* – VK
Volkshochschule – VHS
Volksrepublik China *(Kfz)* – VR
Volt – V
Voltampere – VA
Volt-ampère-réactif *(Einheit)* – Var
Voltamperesekunde – VAs · VAsec
Voltamperestunde – VAh
vom Dienst – v.D.
vom Fass – v.F.
vom Hause – v.H.
vom Hundert – v.H. · vH
vom Tage – v.T.
vom Tausend – vT · v.T.
von – v.
von allem/allen – v.a.
von Amts wegen – v.A.w.
von dem/der – v.d.
von Ferne – v.F.
von hinten – v.h.
von hinten nach vorn – v.h.n.v.
von links – v.l.
von links nach rechts – v.l.n.r.
von oben – v.o.

von oben nach unten – v. o. n. u.
von Privat – v. P. · v. Pr.
von rechts – v. r.
von rechts nach links – v. r. n. l.
von Rechts wegen – v. R. w.
von Staats wegen – v. St. w.
von und zu – v. u. z.
von unten – v. u.
von unten nach oben – v. u. n. o.
von vorn – v. v.
von vorn nach hinten – v. v. n. h.
vor – v.
vor allem – v. a.
Vorarlberg *(Kfz)* – V
voraussichtlich – vsl.
vor Christus – v. C. · v. Chr.
vor dem/der – v. d.
Vorname – Vn. · Vorn.
vorrangig – vg. · vorr.
Vorstand – Vorst. · Vst · Vst.
Vorverkaufsgebühr – VVG

Waggon – Wa. · Wag. · Wg.
Wagniskennziffer – WKZ
Wahlbezirk – Wahlb. · Wahlbez. · WB
Waiblingen/Rems-Murr-Kreis *(Kfz)* – WN
Waldshut *(Kfz)* – WT
Warendorf *(Kfz)* – WAF
Warenprobe – WP · W.-Pr.
Warenprüfung – WP · W.-Pr.
Warenzeichen – WZ · Wz. · Wz
Wärmeeinheit[en] – WE
Wartburgkreis *(Kfz)* – WAK
Washington – WA · Wash.
wasserdicht – wd.
Wasserkraftanlage – WKA
Wasserkraftwerk – WKV
Wasserschutzpolizei – Waschupo · WSchP · WSP
Wasserzeichen – WZ · Wz. · Wz
was zu beweisen war – w. z. b. w.
Watt – W
Wattmeter – WM
Watt peak *(Solarstrom)* – Wp
Wattsekunde – Ws · Wsec
Wattstunde – Wh
Weber *(SI-Maßeinheit)* – Wb
wegen – wg.
Wegfahrsperre – WFS
weiblich – w. · wbl.
Weiden i. d. Opf. *(Kfz)* – WEN
weidmännisch – weidm. · wm.
Weilheim-Schongau *(Kfz)* – WM
Weimar *(Kfz)* – WE
Weißenburg-Gunzenhausen *(Kfz)* – WUG
Weißenfels *(Kfz)* – WSF
Weiterbildung – WB · Wb.
Welternährungskonferenz – WEK
Weltföderation der Wissenschaftler – WFW
Weltfriedensrat – WFR
Weltgebetstag – WGT
Weltkrieg – WK
Weltzeit – WZ
wenngleich – wgl.
werktäglich – werkt. · wtgl.
werktags – w. · werkt. · wktgs. · wtgs.
Wernigerode *(Kfz)* – WR
Werst *(Längenmaß)* – W
Wertpapierkennnnummer – WKN · WPKN
Wesel *(Kfz)* – WES
Westerstede/Ammerland *(Kfz)* – WST
Westerwaldkreis *(Kfz)* – WW
Westeuropäische Union – WEU
westgermanisch – westgerm. · wg.
westindogermanisch – westidg.
Westliche Altmark *(Kfz)* – WAM
West Virginia *(Staat der USA)* – WV · W. Va.
Wettlaufordnung – WLO
Wiederholung – Wdh. · Wdhlg. · Wh.
Wiedervorlage – WV · Wv.
wieder vorlegen – w. v.
Wien *(Kfz)* – W
wie nachstehend – w. n.
wie nebenstehend – w. n.
wie oben – w. o.
wie oben angegeben – w. o. a.
Wiesbaden *(Kfz)* – WI
wie üblich – w. ü.
wie unten – w. u.
wie vorstehend – w. v.
Wilhelmshaven *(Kfz)* – WHV

Winsen/Luhe, Landkreis Harburg *(Kfz)* – WL
Wirbelsäule – Wbs.
Wirbelsäule *(Med.)* – WS
Wirkung – Wk. · Wkg. · Wrkg.
Wirtschaftsprüfer[in]; Wirtschaftsprüfung – Wi.-Pr. · Wirtsch.-Pr. · WP · Wp.
Wirtschaftsprüferkammer – WPK
Wirtschaftsprüferordnung – WiPO · WPO
Wirtschafts- und Währungsunion – WWU
Wisconsin *(Staat der USA)* – WI · Wis. · Wisc.
Wismar *(Hansestadt Wismar; Kfz)* – HWI
Wismut *(Bismutum; Element)* – Bi
Wissenschaft; Wissenschaftler[in]; Wissenschaftlichkeit – W. · Wi. · Wiss.
wissenschaftlich – wiss.
wissenschaftliche[r] Angestellte[r] – WA · wiss. Ang./Angest.
wissenschaftliche[r] Mitarbeiter[in] – wiss. Mit./Mitarb.
wissenschaftlich-technische[r] Assistent[in] – WTA
Wittenberg *(Kfz)* – WB
Wittlich *(Kfz)* – WIL
Wittmund *(Kfz)* – WTM
Wohnung – Whg. · Wo.
Wolfenbüttel *(Kfz)* – WF
Wolfram *(Element)* – W
Wolfsburg *(Kfz)* – WOB
Wolmirstedt *(Kfz)* – WMS
World Council of Churches *(Weltkirchenrat)* – WCC
World Energy Council – WEC
World Federation of Trade Unions *(Weltgewerkschaftsbund)* – WFTU
World Food Programme *(Welternährungsprogramm)* – WFP
World Health Organization *(Weltgesundheitsorganisation)* – WHO
World Jewish Congress *(Jüdischer Weltkongress)* – WJC
World Security Council *(Weltsicherheitsrat)* – WSC
World Trade Organization – WTO
Worms *(Kfz)* – WO
wörtlich – w. · wtl.
Wunsiedel *(Kfz)* – WUN
Wuppertal *(Kfz)* – W
Württemberg – Wü. · Württ.
Württemberg-Hohenzollern – WH · Wü.-Hhz. · Wü.-Ho.
Würzburg *(Kfz)* – WÜ
Wyoming *(Staat der USA)* – WY · Wyo.

Xenon *(Element)* – Xe

Yard – y. · Y. · yd. · Yd.
Yards – yds. · Yds.
Yemen-Dinar – YD
Ytterbium *(Element)* – Yb
Yttrium *(Element)* – Y

Zahlung – Z. · Zahl. · Zlg.
Zahlungsanweisung – ZA · ZAnw
Zahlungsbefehl – Zahl.-Bef. · Z.-Bef. · ZB
Zahlungstermin – Zahl.-Term. · ZT
Zahnarzt – ZA
Zahnärztin – ZÄ
zahnmedizinische[r] Assistent[in] – ZMA
zahnmedizinische[r] Fachassistent[in] – ZMF
zahnmedizinische[r] Verwaltungsassistent[in] – ZMV
Zambia *(Sambia; Kfz)* – Z
Zeichen – Z · Z. · Zchn. · Zn.
Zeile – Z. · Zl. · Zle.
Zeit – Z. · Zt.
Zeiteinheit[en] – ZE
zeitgenössisch – zeitgen.
zeitlich – zeitl. · ztl.
zeitlos – zeitl. · ztl.
Zeitschrift – Z · Zeitschr. · Zs. · Zschr. · Ztschr.
Zeitschrift für ... – Zs. f.
Zeitung – Z · Zg. · Zt. · Ztg.
zeitweilig; zeitweise – zeitw. · ztw.
Zenti... – c
Zentigramm – cg
Zentiliter – cl
Zentimeter – cm
Zentimeter-Gramm-Sekunden-System – CGS-System

Zentimeter pro Sekunde – cm/s
Zentner – Ztr.
Zentralafrikanische Republik *(Kfz)* – RCA
Zentrale Ethikkommission *(bei der Bundesärztekammer)* – ZEK
Zentrales Nervensystem/Zentralnervensystem *(Med.)* – ZNS
Zeugnis – Z. · Zgn.
Ziffer – Z. · Zi. · Ziff.
Zigarette – Zig.
Zigarillo – Zig.
Zigarre – Zig.
Zimbabwe *(Kfz)* – ZW
Zimmer – Z. · Zi. · Zim. · Zr.
Zimmer, Küche, Bad – ZKB
Zimmer, Küche, Bad, Balkon – ZKBB
Zimmer mit Bad – ZB
Zimmer mit Dusche – ZD
Zink *(Element)* – Zn
Zinn *(Stannum; Element)* – Sn
zirka – za.
Zirkonium *(Element)* – Zr
Zitat – Z. · Zit. · Zt.
zitieren; zitiert – zit.
zitiert nach – zit. n.
Zittau *(Kfz)* – ZI
Zivildienstleistender – ZDL · Zivi
Zloty *(Währung in Polen)* – Zl
zu – z.
zu den Akten – z. d. A.
zu ebener Erde – z. ebn. E.
zu Ehren – z. E.
zu Fuß – z. F.
Zug *(Schweiz; Kfz)* – ZG
Zugabe – Zg. · Zug.
Zugang – Zg. · Zug.
zugängig; zugänglich – zug.
zu Händen [von] – z. H. [v.] · z. Hd. [v.] · z. Hdn. [v.]
zuletzt – zul.
zum – z.
zum Abholen/zur Abholung – z. A.
zum Beispiel – z. B.
zum Exempel – z. E.
zum großen/größten Teil – z. gr. T.
zum Nachteil – z. N.
zum Nachteil von – z. N. v.
zum Teil – z. T.
zum Verkauf – z. V.
zu Pferd[e] – z. Pf.
zur – z.
zur Ansicht – z. A.
zur Anstellung – z. A. · z. Anst.
zur Anwendung – z. Anw.
zur Beachtung – z. B.
zur Beglaubigung – z. Begl.
zur besonderen Verfügung/Verwendung – z. b. V.
zu Recht – z. R.
zur Hälfte – z. H.
Zürich *(Kfz)* – ZH
zur Kenntnis genommen – z. K. g.
zur Kenntnis[nahme] – z. K. · z. Kts.
zur Unterschrift – z. U.
zur Untersuchung – z. U.
zur Verfügung – z. V. · z. Vfg.
zur Vernichtung – z. V.
zur Verwendung – z. V.
zur Vormerkung – z. V.
zur weiteren Veranlassung – z. w. V.
zur weiteren Verwendung/Verwertung – z. w. V.
zur Wiederverwendung – z. Wv.
zur Wiedervorlage – z. Wv.
zur Zeit – z. Z. · z. Zt.
zurzeit – zz. · zzt.
zusammen – zs. · zus.
Zusammenfassung – Zf. · Zfg. · Zsfg.
Zusammenhang – Zshg. · Zus.
zusätzlich – zus.
Zuschrift[en] – Zschr. · Zuschr.
zu seiner Zeit – z. s. Z. · z. s. Zt.
Zustand – Zst. · Zust.
zuständig – zust.
Zuständigkeit – Zust.
Zuteilung – Zt. · Ztg. · Ztl. · Zut.
zu treuen Händen – z. tr. H.
zu verkaufen – z. v.
zu vermieten – z. v.
zu vernichten – z. v.
zuzüglich – zuz. · zuzgl. · zzgl.
Zweibrücken *(Kfz)* – ZW
Zweifamilienhaus – ZFH
Zwickau *(Kfz)* – Z
zwischen – zw.
Zypern *(Kfz)* – CY